図書館情報学教育の戦後史

資料が語る専門職養成制度の展開

根本 彰
[監修]

中村百合子/松本直樹
三浦太郎/吉田右子
[編著]

ミネルヴァ書房

まえがき

　メディアを取り巻く状況が大きな変革を迎え，社会の急激な変化のなかに置かれた図書館がその存在意義や目的を模索するなかで，図書館情報専門職養成のあり方が問われている。大学基準協会が図書館員養成課程基準を定めてから65年が経った今，日本の図書館情報専門職の歴史を振り返りこれまでのみちのりを確認することは，21世紀の図書館情報学教育の進展のための基本的な作業であると考えられる。本書は現在の日本の図書館情報学教育と図書館情報専門職養成制度が形作られていく過程を物語る資料を集め，図書館情報専門職教育史におけるそれらの資料群の位置づけを討究することを目的として編集された。具体的には図書館情報学専門課程，司書養成，司書教諭養成の展開の核となった一次資料を示しながら各々の史的発展を整理するとともに，関連データの分析や図書館情報学教育および図書館情報専門職養成の国際動向を背景に，図書館情報学教育・図書館情報専門職の戦後史を総括しようと試みた。

　本書は戦後の図書館情報学教育史全体に関わる巻頭論文に続いて2部構成となっている。各章の構成は以下の通りである。序章「図書館情報学教育の戦後史」は，戦後の図書館政策から現在にいたる図書館情報学教育史の展開を概観し日本の図書館情報学教育を総括している。第Ⅰ部には主要一次資料の解説論文，国外の図書館情報学教育の動向に関わる論考および資料が収められている。第1章「図書館情報学専門課程の変遷」，第2章「司書養成の変遷」，第3章「司書教諭養成の変遷」は，主要一次資料を参照しながらそれぞれの歴史をまとめている。第4章「図書館情報専門職養成の国際動向」は，アメリカ，イギリス，シンガポール，韓国，台湾の5カ国の図書館情報専門職と図書館情報学教育の歴史と現状に関する論考6本から構成されている。

　資料1「図書館情報学専門課程関係資料」は図書館情報学専門課程設置機関が文部省／文部科学省に提出した大学課程設置審査書類を中心とする一次資料30点を掲載している。資料2「司書養成関係資料」は日本図書館協会，文部省／文部科学省などの提案や答申，法令などを中心とした司書養成に関する一次資料44点を掲載している。資料3「司書教諭養成関係資料」は学校図書館法改正関連資料を中心とした司書教諭養成に関する一次資料58点を掲載している。資料4は図書館情報学専門課程，司書養成，司書教諭養成に横断的に関わる共

通の一次資料5点を掲載している。

　第Ⅱ部はデータ編であり司書養成，司書教諭養成，図書館情報学専門課程の基礎的データ調査の結果と図書館情報学教育者へのインタビューを掲載している。各章の構成は以下の通りである。第5章「司書および司書教諭の資格取得者の実績」では，司書・司書補・司書教諭の資格取得者数に関する調査結果を示した。また学校図書館司書教諭講習・修了証書発行数も示した。第6章「司書養成および司書教諭養成のテキスト一覧」では，1948年から2013年までに刊行された司書養成，司書教諭養成のテキストの出版状況を分析している。第7章「図書館情報学専門課程の動向と実績」では，専門課程の基礎的データや組織改編に関わる調査結果を示した。第8章「図書館情報学専門課程4校の変遷と現在」では図書館情報学専門課程をもつ4機関の専門課程に所属する教育者に対して行ったインタビュー記録を収めた。

　また付録として図書館情報学専門課程，司書養成，司書教諭養成，図書館界のできごとをまとめた「図書館情報専門職教育戦後史年表」を掲載した。

　第Ⅰ部第1章から第4章まではそれぞれ独立した論文であり，巻頭論文（序章）と合わせて読むことで戦後の図書館情報専門職の展開をたどることができるようになっている。また第Ⅰ部に掲載した資料は戦後の図書館情報専門職の展開を語っており，順を追って見ていくとそこには図書館情報専門職の戦後史が立ち現れてくる。さらに第Ⅰ部各章からは資料への参照をてがかりに論文と資料を往復しながら読むことで，各資料の歴史的位置づけや資料を存立させた社会的文脈が浮かび上がってくるような構成を試みた。

　これまで多くの図書館情報学教育に関する研究が行われてきた。しかしながら司書養成，司書教諭養成，図書館情報学専門課程という図書館情報学教育を構成する3つの柱のすべてを射程に入れ通史的に捉えた研究は存在していなかった。また図書館情報学教育および専門職養成に関わる一次資料は関連研究のなかで断片的に示されてきたものの，まとまった形で目にすることはなかった。本研究では司書・司書教諭養成プログラムと専門課程の教育プログラムを束ねることを意図した横断的なプロジェクトが戦後から現在までに幾度か立ち上がったことに着眼し，それらを図書館情報専門職確立に向けた軌跡と捉えている。図書館情報専門職養成教育の戦後史を俯瞰する全体像をはじめて提示した研究成果として本書を世に問うものである。

＊＊＊

　本書は根本彰先生の東京大学ご退任にあたり，先生にご指導を受けた教え子が中心となり企画した研究プロジェクトの成果物である。長年にわたるご指導への感謝の気持ちをこめて本書を先生に捧げたい。先生のこれまでのご研究から私たちが学んできたことを議論するなかで，1995年に先生が東大に移られた直後に先生の教えを受けたメンバーは，先生とともに占領期研究に取り組む機会を通じてアメリカと日本の図書館思想，図書館制度，および図書館専門職養成制度について比較，分析する視点を学び，そうしたアカデミックな経験を通じて今日私たちが研究を続けていく上での基本的な視座を育むことができたことをあらためて確認した。また先生の研究領域は図書館情報学の複数の領域に展開されてきたものの，図書館情報学教育に対するご関心と熱意がなかでもひときわ強いのではないかという意見で一致し，今回の研究プロジェクトの中心テーマを図書館情報専門職養成に定めた。そして占領期研究は根本先生がすでに研究成果をあげられまとまった成果を提出していることから，占領期研究から次の時代に視点を進め戦後の図書館情報学教育史の全体像を明らかにする研究を進めることにした。

　研究メンバーは司書養成研究班（代表 松本直樹），司書教諭養成研究班（代表 中村百合子），図書館情報学専門課程研究班（代表 吉田右子）の３班に分かれ，それぞれの研究課題に取り組むこととした。各班は研究会を重ねながら，各班で設定した課題に関わる調査と分析を進めその成果をまとめた。また代表者の３名は別の研究会を立ち上げ，司書養成，司書教諭養成，図書館情報学専門課程という日本の図書館情報学教育の３つの大きな柱を横断的・重層的に捉えるための視点と，個々の班の研究で明らかになった調査結果と図書館情報学教育全体の布置を検討した。

　これまで断片的に示されてきた日本の図書館情報専門職養成の制度的特異性や図書館情報専門職教育の内包する課題を歴史的資料から実証的に同定することにより，多様なアクターによる文化政治学的な争点が複層的に絡まり合うなかで展開されてきた図書館情報学教育史／図書館情報専門職養成史の全体像が浮かび上がった。ただし本書は専門職養成に関わる本質的議論のために必要となる基本的なデータを提示する段階にとどまっている。また図書館情報専門職教育の形成過程の分析にあたり，本研究では図書館界を中心に図書館情報専門

職の養成と教育を描いているが，実際にはそれは国の社会教育政策，科学技術政策，関係所管部局の政策などの関係性のなかで具現化され方向づけられてきた。制度・政策が図書館情報専門職養成の形成過程に実質的にどのように関わっているのかという課題は今後分析されるべきテーマとして残されている。図書館情報専門職向上のために続けられてきた真摯な取り組みを継承し，日本における図書館情報専門職を確立するために，研究者は戦後構築された日本の図書館情報学教育史に刻まれた記憶と記録に対峙しながら，課題を一つ一つ実証的に解明していかなければならないだろう。本書がそのための基礎資料となり，21世紀の図書館情報専門職養成の方向性に関わる開かれた議論の出発点となることを願っている。本書は図書館情報専門職教育および養成をめぐる問題を捉えていく際に必要となる基本的視座と多様な視点を，関連資料とその分析を通じて提示することを意図している。図書館情報学研究者・社会教育史研究者のみならず図書館実務者にも手に取っていただければ幸いである。

  2015年2月

編者を代表して
中村百合子・吉田右子

図書館情報学教育の戦後史
―― 資料が語る専門職養成制度の展開 ――

目　次

まえがき

序　章　図書館情報学教育の戦後史 …………………………………… 1
　　はじめに ……………………………………………………………… 1
　　1　戦前の図書館学 ………………………………………………… 2
　　2　GHQ/SCAP 占領下の図書館政策 …………………………… 4
　　3　大学における図書館学 ………………………………………… 5
　　4　図書館学の位置づけの変化 …………………………………… 11
　　5　学会活動にみる図書館学 ……………………………………… 18
　　6　1960年代から70年代にかけての議論 ………………………… 22
　　7　バブル期／ポストバブル期における図書館情報学教育への移行 … 29
　　8　21世紀の図書館情報学教育 …………………………………… 36
　　おわりに ……………………………………………………………… 43

第Ⅰ部　戦後日本の図書館情報専門職の養成と教育

第1章　図書館情報学専門課程の変遷──組織改革を通じた学の模索　53
　　はじめに ……………………………………………………………… 53
　　1　図書館情報学教育黎明期──1947年～1953年 ……………… 55
　　2　図書館学教育の模索──1954年～1976年 ………………… 58
　　3　図書館情報学の確立──1977年～1984年 ………………… 66
　　4　図書館情報学の拡大──1985年～1994年 ………………… 71
　　5　図書館情報学の変容──1995年～2009年 ………………… 74
　　6　ポスト図書館情報学の構築──2010年～2013年 ………… 82
　　おわりに ……………………………………………………………… 86

第2章　司書養成の変遷──養成制度高度化の模索 ………………… 105
　　はじめに ……………………………………………………………… 105
　　1　司書養成制度の確立──1950年～1957年 ………………… 107
　　2　司書養成制度改革の提案──1958年～1976年 …………… 111
　　3　図書館職員の需要調査と図書館事業振興法──1977年～1984年 …… 125

4　省令科目増加運動——1985年〜1998年 ……………………… 128
　　5　図書館法改正と継続教育——1999年〜2013年 …………… 135
　　おわりに ……………………………………………………………… 142

第3章　司書教諭養成の変遷
　　　　——学校図書館法改正による制度改革の模索 ……………… 157
　　はじめに ……………………………………………………………… 157
　　1　司書教諭養成制度の確立——1953年〜1956年 ……………… 159
　　2　学校図書館法改正の試み——1957年〜1973年 ……………… 168
　　3　四者合意の成立と挫折——1974年〜1990年 ………………… 178
　　4　学校図書館法改正の実現——1991年〜1997年 ……………… 183
　　5　学校図書館担当者養成の再検討——1998年〜2013年 ……… 187
　　おわりに ……………………………………………………………… 191

第4章　図書館情報専門職養成の国際動向 ………………………… 203
　　1　アメリカ図書館協会認定校の変遷とiSchoolの動向 ………… 203
　　2　イギリスにおける図書館情報学教育の概況 ………………… 222
　　3　シンガポールにおける図書館情報学教育の変遷 …………… 228
　　4　韓国における図書館情報学教育の歴史 ……………………… 235
　　5　韓国における司書養成制度の最近の動向
　　　　——法的根拠，養成機関，教育科目を中心に ……………… 237
　　6　中華民国（台湾）の図書館情報学教育百年史の概観 ……… 242

資　料
　　1　図書館情報学専門課程関係資料 …………………………… 251
　　2　司書養成関係資料 …………………………………………… 365
　　3　司書教諭養成関係資料 ……………………………………… 493
　　4　共通資料 ……………………………………………………… 753

第Ⅱ部　データでたどる図書館情報専門職の養成と教育

第5章　司書および司書教諭の資格取得者の実績 817

第6章　司書養成および司書教諭養成のテキスト一覧 849

第7章　図書館情報学専門課程の動向と実績 919
　　1　図書館情報学専門課程の同定作業 919
　　2　調査とその考察 922
　　3　図書館情報学専門課程の実績 927

第8章　図書館情報学専門課程4校の変遷と現在 933
　インタビュー1　東京大学における図書館学講座の歴史 ...... 根本　彰 ... 933
　インタビュー2　愛知淑徳大学における図書館情報学科の創設 ...... 村主朋英 ... 961
　インタビュー3　駿河台大学における図書館情報学に関するコースの変遷
　　　　　　　　 ...... 金　容媛 ... 975
　インタビュー4　鶴見大学におけるドキュメンテーション学科の設立
　　　　　　　　 ...... 長塚　隆 ... 982

図書館情報専門職教育戦後史年表 987
あとがき 1027
人名索引 1031
事項索引 1033

序　章

図書館情報学教育の戦後史

は じ め に

　評論家の山本七平が1970年代中頃の『日本経済新聞』に「実学と虚学」という連載コラムを書いていて，そのなかの「虚学は"索引のない本"」という記事で図書館学について述べている。それは，次のような内容である。[1]

　　太平洋戦争直後，占領軍は日本の大学に図書館学講座がないことを知り，東京大学に図書館学の講座を設けるように指示したところ，「図書館学なぞ，学問ではない」と言って拒否された。そこで"実学"の本家である慶応大学がこれを引き受けることになった。聖書にコンコーダンスという索引があってこれによって分析的で体系的な理解が進むが，図書館学を拒否する日本においては，政治的議論や学問には索引が欠如していて，用いる言葉や概念が錯綜し互いに手探りで議論をしている。

　最初の図書館学の導入過程については本章でこの後に述べるところであり，おおむねそれに近い経過があったことは事実である。むしろ，ここで注目しておきたいのは，聖書に対してコンコーダンスのような分析的知によってアプローチする西欧的な文化構造は，その後40年が過ぎて日本に普及したのかという問題である。索引は個々の文化的要素を言語に還元し，これを手がかりに再編成するためのデータベースを作成するという考え方である。

　日本において過去そうしたものが欠けていたことは確かであった。このこと自体を問うべきではある。だが，現在出版されている学術専門書のなかで巻末索引をもつものについての正確な数値はないが，手近にあるものをざっと見た限り，人文社会系の単著の研究書にはかなりの割合で索引が付けられている。

また，多数の著者による論文集を除くと，共同的な研究書にも付けられる傾向が強くなっている。少なくとも1970年代に比べれば増えているように思われる。この40年で年間の出版点数が大幅に増え，人文社会系の大学院改革によって博士論文が多数書かれるようになり，そうした索引をもつ学術書が増えているということがある。また，デジタル情報革命により，インターネット上の情報が索引的な仕組みによって分析的知に加工されて提供されている状況があることも影響しているのだろう。

　では，長期的にみれば図書館学的な知が普及しつつあるといってよいのだろうか。それが以下に述べることである。本章はさらに30年さかのぼって戦後まもない時期より，こうした状況を検討するものであるが，その前に戦前の図書館学の形成についてもみておく。

1　戦前の図書館学

　わが国の近代図書館学は，文部省の田中稲城が1888年から1889年にかけてハーバード大学をはじめとする米国の学術図書館を訪問しその管理法や資料整理法を研究したことを出発点としているとされる。明治末から大正期において米国を中心とした紹介がなされた。田中の『図書館管理法』(1900) や『図書館小識』(1915)，そして1909年から1910年にかけて渡米した和田萬吉の『図書館管理法大綱』(1922) などである。田中が帝国図書館長として，また和田が東京帝国大学図書館長として運営の近代化に尽力したように，みずからの渡米経験をもとに図書館運営の近代化をめざした人に，他にも大阪府立図書館の今井貫一，大橋図書館の坪谷善四郎，山口県立山口図書館の佐野友三郎らがいる。[2]

　これが大正期から昭和戦前期になると，アメリカの実践事例がいっそう詳しく紹介されるようになるばかりでなく，より日本的な土壌に根差した図書館学の形成が試みられるようになる。その典型は洋書と異なった扱いが必要な和漢書の整理のための分類や目録などの研究であった。目録法における書名主記入論と著者主記入論の論争や十進分類法の導入と森清によるNDCの開発などにみることができる。

　日本的な図書館学はわが国の歴史，特に近代において図書館をどのように位置づけるかを鋭く問うた図書館史研究によって頂点を迎えたということができ

る。それをリードした竹林熊彦，小野則秋は，わが国あるいは中国文明の産物である文庫とヨーロッパの近代制度の輸入概念としての図書館との歴史的関係というもっとも基本的課題に立ち返り，図書館の本質を追求しようとした。[3]

　これらの図書館学の知を図書館界全体で共有するには，図書館員の団体である図書館協会や図書館学の向上のための情報交換の場や普及のための教育機関や研修機関が必要である。国単位の図書館関係団体として米英についで世界で3番目に古いといわれる日本文庫協会が1892年に創設され，これは1908年に日本図書館協会と改称された。同協会は図書館員の知識向上と図書館員養成や研修の仕組みをつくろうとし，図書館大会の開催や『図書館雑誌』の発刊，図書館事項講習会の開催などを実施した。また，文部省に働きかけて1921年に設立されたのが文部省図書館員教習所である。これは，まもなく帝国図書館附設となり，その後，何度か名称を変えながらも戦後まで継続することになる。大正期から昭和初期においては，教習所以外にも日本図書館協会や文部省によって図書館員養成のための講習会は数多く開催された。1933年の「公立図書館職員令」改正によって館長および司書の任用資格として「公共図書館司書検定試験」制度が設けられ，1937年より実施されたことはそうした戦前の動きの総決算となるべきものであったが，これが制度として定着することはなかった。[4]

　こうした戦前までの図書館学や図書館学教育が，戦後期の新しい図書館学形成のための源泉として機能したかというとそうではない。戦後の図書館学は戦前の伝統的基盤を整理技術などの点では引き継ぎながらも，基本的な部分は一から作り直そうとしたものであった。当初，実質的にアメリカ合衆国によって行われた占領政策に基づく図書館振興の考え方とその思想を受容したわが国図書館（学）関係者によって行われたアメリカ図書館学（ライブラリアンシップ）こそが戦後一貫して図書館学や図書館制度に影響してきたものである。[5]

　だが，その作り直しもさまざまな要因によって現在の図書館情報学にそのまま継承されているとはいえない。これ以降は図書館情報学の出発点を戦後のアメリカ図書館学の導入過程に探り，それが独立を回復してからどのように変貌し，その後どのように展開して現在にいたっているのかを概観する。

2　GHQ/SCAP 占領下の図書館政策

　アメリカ的な理念として，いかなる近代組織も図書館的な機能を保持するべきだというものがある。そして，占領軍（GHQ/SCAP）が近代的な軍隊であったことは，なかに統計資料局（Statistical and Reports Section：SRS）を抱えて，資料の収集整理提供を重要な軍事活動と捉えていたことからわかる。また，占領開始直後の1945年11月から東京都千代田区内幸町の放送会館（NHK）に民間情報教育局（Civil Information and Education Section：CIE）関係者向けの図書館が開設され，それは翌年1月に日本人にも開放された図書館として模様替えし，さらに全国各地につくられるようになる。いわゆる CIE 図書館である。さらには，国家という組織においても図書館が必要だという考え方から，国立国会図書館法に基づき国立国会図書館が成立したのは1948年2月のことであった。これは，アメリカ連邦政府の議会図書（Library of Congress）をモデルにしたものである。

　彼らは，図書館が出版，新聞，映画やラジオ放送などと並ぶメディアの一つであり，どのような組織もその機能をもつものと捉えていたのである。CIE の教育政策のなかでは，図書館政策は日本のそれ以前のものと比べると重要なものとされていた。GHQ/SCAP の歴代の図書館担当官（Libraries Officer）は初代のキーニー（Phillip O. Keeney）以来一貫して，図書館員養成への取り組みに積極的であった。これに加えて，米国本国から招聘された図書館の専門家も口をそろえてこの問題の重要性について発言をした。第一次教育使節団のメンバーの一人カーノフスキー（Leon Carnovsky），国立国会図書館をつくるときの図書館使節クラップ（Verner Clapp）やブラウン（Charles Brown），同館の整理技術と図書館サービスの基盤整備について助言するために来日したダウンズ（Robert Downs）はそれぞれこの問題について触れている。また，後に述べるようにアメリカの著名な図書館関係者が図書館学を講ずるために来日している。高等教育分野において，大学の教育・研究に関してアドバイスをするために来日したアメリカの専門家が，わが国の大学における図書館サービスと職員の専門的サービスの問題点について触れている報告書がある。このように CIE 全体において，図書館振興は政策の一つと位置づけられ，その重要な柱として専門的な図書館員の養成が掲げられていた。

さらに重要なのは，1947年から49年にかけての時期に文部省において学校図書館の設置を進める改革プランが検討され，同省に学校図書館協議会が設置されたことである。第一次教育使節団報告書では公共図書館の振興が中心であって，学校図書館についてはほとんど触れられていなかったが，CIEでは積極的に学校図書館を振興する考え方があった。1947年3月にアメリカ図書館協会（American Library Association：ALA）職員で児童サービスや学校図書館の専門家であるグラハム（Mae Graham）が来日して，特に文部省に対して学校図書館政策の振興を説き，これによって『学校図書館の手引』（1948）が刊行され，学校図書館協議会が設立されてそこが学校図書館基準を策定した。このような一連の動きによって，占領下で進められた教育カリキュラムの自由化に対応して，学校図書館を教材提供や自由研究の場とする先進的な学校改革を検討していたのである。[11]

　だが，まもなく1950年7月の朝鮮戦争開始を受けて教育改革はアメリカ流の自由なものから，以前の統制的なものに戻ることになり，これにより学校図書館政策は消えていくことになった。1953年にかろうじてできた学校図書館法 司教2 は，学校図書館運動に関わった全国学校図書館協議会に結集する教員の働きかけによって議員立法が行われたためにできた。他方，図書館法 司書2 の制定は社会教育関係3法のなかで2番目の1950年に実施されたが，その内容は公共図書館を法的に認知する程度のものにとどまった。こうしてみると，戦後の図書館政策は占領初期のアメリカの影響が強かった時期に，国立国会図書館の設置やCIE図書館の設置に典型的にみられるように強力に推し進められた。しかしながら，占領政策が転換した1950年以降になると占領軍や政府主導の図書館施策は後回しのものになったと言えよう。

3　大学における図書館学

（1）図書館学の出発

　先に述べた一部の例を除くと，わが国の大学における図書館学は戦後の現象である。独自の図書館学講習が行われた大学もあったが，大きくいうと新しい法令によって大学で図書館学を実施することが制度化される場合と，新しい理念に基づく教育改革を実施するために文部省がCIEと共催で講習会を実施する場合とがあった。いずれの場合でも，この時期の特色として，従来図書館学

が行われていなかった大学で開講されたり，教育学という枠組みのなかで実施されたりしたことが挙げられる。

同志社大学ではすでに1945年から図書館学講習所が開設され，また京都大学附属図書館には1948年に1年課程の京都大学図書館学校が開設されたりしている。他にも関西大学，東洋大学，天理大学などで図書館学の講習会が開催された。文部省図書館職員養成所は，1949年に，帝国図書館から切り離され，独立した教育機関として再出発した。[12]

大学で図書館学が教えられる要因の一つとして重要なのが，教育職員免許法施行規則（1949年11月）に教員資格を取得するための科目として図書館学1単位が取り入れられたことである。同規則の第5条3項において，教職免許取得のための専門科目（教職教養科目）として，教育哲学，教育史，教育社会学，教育行政学，教育統計学と並んで図書館学が選択科目として受講できることになった。当時，図書館学が教育諸科学の一つの構成要素と位置づけられようとしていたことが分かる。また，教職に関する専門科目を重視する考えが強かったから，この措置によって，戦後，旧制の師範学校を母体にしてできた教員養成系の大学の多くが図書館学を開講することになった。

この状況は教育指導者講習（Institute for Educational Leadership : IFEL）の大学教員養成講座において，図書館学が開講され，教育学部や学芸学部に配属になった大学教員の多くが図書館学を受講したことも影響している。文部省はCIEとの共催で新しい民主主義教育の担い手を養成するために，教育指導者講習を1948年から1951年にかけて実施した。当時，新しく独立した行政委員会として制度化された教育委員会がスタートしたところで，教育長や指導主事は大学で養成すべき専門職とされた。また，新しい教育学は教育改革の重要な柱であったから，初期のIFELはそうした教育長や大学での教育学の教員を集めて行うものであった。

このなかで図書館学についての講義が行われている。たとえばIFELの1期と2期の教育長を対象とした「図書館の利用」という講習や中等教育の指導主事を集めた同名の講習が開催され，当時GHQ/SCAPにおいてCIE図書館の統括的役割を果たしていたフェアウェザー（Jane Fairweather）が関与してそれぞれ200人から300人の教育専門家を対象に図書館学についての講義を行った。また，第2期大学教育学部教授長期講習会（1949）においては，教育原理，教育社会学など教育学系の6科目11単位に加えて，図書館学1単位が開講された。[13]

序章　図書館情報学教育の戦後史

これは，先の教職教養科目に図書館学が入ったことと対応している。

後期は主事や学校の管理者に対する講習が中心であったが，第5期，6期（1950年から51年）には，独立の講習会として図書館学講習が行われている。このときはノースカロライナ大学ライブラリースクールのディーンで目録法の研究で著名なエーカーズ（Susan Akers）が来日して，指導していった。受講者としてたとえば第6期には，公共図書館長6名，大学図書館員7名，大学助教授5名，その他8名の計26名が受講している。このなかには，木寺清一（大阪府立図書館長），渋谷国忠（前橋市立図書館長），廿日出逸暁（千葉県立図書館長）などの著名図書館員も含まれており，アメリカ流の図書館学が教授されそれをもとに新しい図書館学の構築が討論された重要な機会であった。[14]

（2）図書館法における図書館学

これらの動きのなかで図書館学を制度化するための要因としてもっとも大きかったのは，1950年成立の図書館法 司書2 によって図書館司書が大学において養成されることになったことである。また，司書講習も大学で実施されることになった。このことは今でこそ当然のように考えられているが，2つの点で重要な意義をもつ。一つは，それ以前図書館学についての本が書かれ，東京帝国大学で和田萬吉によって図書館学が講じられたことがあったとはいえ，図書館学はわが国で学問と見なされていたわけではなかった。それが，一気に大学において図書館学が講義され，一定の単位を取得した受講者に対して司書という法定資格が付与される可能性がでてきたという点である。これは，文部行政およびわが国の大学において図書館学が正式に認知されうることを意味する。

もう一つは，当時，新制大学が成立し，大学の数は増えたとはいっても高等教育への進学率が今と比べはるかに低かった時代であったから，司書の資格はそれ自体高学歴のものを意味したことである。すなわち司書は，新しい高等教育の理念のもとに一般教育，専門教育と段階を踏んで一つの学問をマスターした人が，それらと並んでさらに15単位の図書館学の勉学を行った上になりたつ高度専門職業人の資格として出発したのである。保母，栄養士や保健婦など同時期にできた法的資格が大学卒の学歴を要求していなかったことと対比してみるとき，司書は関連の深い教育系の専門資格としての社会教育主事や学芸員の資格とともに，アカデミックな資格として制度化されたことが分かる。

ただ1950年図書館法の附則には，図書館職員で司書の資格を望むものは1955

表序-1　図書館専門職員養成講習会（文部大臣委嘱）

年度	旧帝大系国立大学	左以外の国立大学	私立大学
1951	東北，東京，名古屋，京都，九州		
1952	東北，東京，名古屋，京都，九州	新潟，横浜，信州，香川，広島	
1953	東京，九州	北海道学芸，群馬，横浜，信州，富山，金沢，三重，神戸，岡山，広島，徳島，高知	東洋，愛知学院
1954	東京，京都	秋田，静岡，三重，岡山，山口，愛媛，鹿児島	愛知学院
1955	九州	千葉，信州，香川，長崎	
1956		高知	東洋，駒澤，鶴見女子短大
1957		佐賀	東洋，鶴見女子短大，天理，愛知学院
1958			東洋，鶴見女子短大，愛知学院，熊本商科

年までに講習を受けることによって，図書館法に規定する条件によらずとも司書資格を取得することができるという優遇措置が設けられた 司書2 。当時，現場の図書館指導者には旧制中学レベルの学歴をもった人たちが多かった。彼らに対する講習会が1951年から5年間，特に帝大系の大学で開催されたことが，図書館学の振興と密接に絡むものとなっている。法律に明記されながら大学での司書養成がその通りに実施されなかったことは，その後禍根を残すことになる。

（3）図書館専門職員養成講習

　講習に先立って，講習会の講師を養成するための指導者講習会が1951年に3回実施された。そのうち第1回目は東京大学，第2回目と3回目は慶應義塾大学で行われた。この講習会は当時の図書館界のリーダーを集めたもので，彼らの議論によって司書講習で教授すべき内容が定められ，3回の講習会で作成されたシラバスがそれ以降の講習会のカリキュラムを構成するものとなった。[15]

　図書館専門職員養成講習は1951年から1955年にかけて全国の大学で開催された。その一覧は，表序-1の通りである。これをみると，早い時期ほど旧帝国大学系の大学で開催され，その後新制大学でも開催されるようになったことが

分かる。東大および慶應での指導者講習会→帝国大学系の養成講習→新制大学の養成講習という構造は，アメリカの強い影響力でつくられた慶應義塾大学の日本図書館学校（Japan Library School：JLS）で行われた指導者講習会を別とすれば，旧来のアカデミズムの影響構造をそのまま忠実になぞることであった[16]。

東京大学で1952年に実施された第2回の図書館専門職員養成講習の科目とその担当者をみてみよう（表序-2）。必須科目の担当者は，東京大学図書館の職員（司書官を含む）や文部省職員，そして森清や廿日出逸暁といった図書館界の指導者で占められていた。そして，東京大学在籍の著名な学者が選択科目のなかでも教育系と社会科学系，そして分野に関わる専門文献の解題を担当していたことが分かる。このように大学を挙げて司書養成に協力する態度がみられたのである。この状況は講習が実施された他の大学でも同様であった。

（4）東京大学か，慶應義塾大学か

このように図書館学は日本のアカデミズムの中枢部との関わりをもつようになったが，まだそれは講習会というレベルであった。これに対して，大学に米国流のライブラリースクールを開設して専門的な図書館員養成を行うべきことも早い時期から主張されていた[17]。国立国会図書館の草創期にそのアドバイザーとして来日し，サービス部門および整理技術について指導したイリノイ大学図書館学校教授ダウンズは，いわゆるダウンズ報告書（1948）のなかでそのことを勧告している[18]。1950年6月の彼の2度目の来日は，GHQとALAの要請により図書館学校設置の対象大学を検討するためのものであった。彼は来日早々，図書館関係者および大学関係者と会談を行い，候補大学を国立，私立の6大学に絞り具体的に検討を行っていった[19]。この6校から東京大学と京都大学の2校を選択し，最終報告では両校はほぼ候補大学として甲乙つけがたいとしながらもいくつかの理由で東京大学にライブラリースクールを設置すべきことを勧告している。

ところが，その年の暮れに新ライブラリースクールの責任者として来日したギトラー（Robert L. Gitler）は，着任早々，ダウンズとは別の基準で候補大学を検討し，また大学と交渉を行った結果，慶應義塾大学に図書館学校を設置することを決めた。彼の後の回想ではダウンズが報告書で特にどの大学の名称も挙げていないとして，彼自身が白紙の状態で選考したように述べているが，これは資料と食い違いをみせている点である[20]。その背景には，ダウンズとギトラー

表序-2 1952年度図書館専門職員講習会（東京大学）

	科目名	講師	所属
必須科目	図書館通論	土井重義	東京大学図書館
	図書館実務	青野伊予児	東京大学図書館
	図書選択法	土井重義	東京大学図書館
	図書館目録法	土井重義（和漢書）	東京大学図書館
		大内直之（洋書）	国立国会図書館
	図書分類法	森清	上野図書館
	レファレンス・ワーク	男沢淳	東京大学図書館
	図書運用法	石黒宋吉	東京大学図書館
	図書館対外活動	廿日出逸暁	千葉県立図書館
	児童に対する図書館奉仕	三谷栄一（公共図書館）	山梨県立図書館
		深川恒喜（学校図書館）	文部省
	視聴覚資料	波多野完治	お茶の水女子大学
選択科目・甲	学校教育と公共図書館	海後宗臣	東京大学教育学部
	特殊資料	小川昴（レコード）	長野県立図書館
		高柳光寿（古文書）	東京大学史料編纂所
		村尾成允（フィルム）	国立国会図書館
選択科目・乙	社会教育	宮原誠一	東京大学教育学部
	社会学	日高六郎	東京大学新聞研究所
	ジャーナリズム	千葉雄次郎	東京大学新聞研究所
	図書解題及び図書評論	鈴木鴻一郎（社会科学文献）	東京大学社会科学研究所
		西川正身（アメリカ文学文献）	東京大学文学部
		中屋健弌（アメリカ学文献）	東京大学教養学部
		朝比奈貞一（自然科学）	東京大学理学部
	図書館史	岡田温	国立国会図書館
	図書印刷史	長沢規矩也（漢籍）	法政大学
		岩井大慧（東洋学）	駒澤大学・東洋文庫
		鈴木信太郎（フランス本）	東京大学文学部
		永峯光名（インキュナビュラ）	東京大学図書館

の日本の大学教育に対する考え方の違い，ダウンズが帰国してギトラーが来日する間に候補大学の図書館員養成に対する考え方の変化などがあった。[21]実学志向の強い慶應義塾大学にライブラリースクールが設置されたことは，米国流のライブラリアンシップを日本で実施しようとするときに自然な選択であったと

思われる。

　これとは別に，同じ1950年末に文部省から図書館職員養成所を東京大学に吸収することの打診があったが実現されなかったという。その場合，附属図書館の下に置くのか，どこかの学部に置くのか不明であるが，養成所の教員だった舟木重彦が新組織の教員として想定されていたという証言がある[22]。

　慶應義塾大学に決定したのと同じ頃に，東京大学，京都大学，東京学芸大学の3国立大学に図書館学の専任教官のポストが配置されている。このうち東京大学と京都大学には1951年度より教育学部に1講座分の定員がつけられ，東京学芸大学には1名分の教官定員がつけられた。東京大学の講座について，海後宗臣は"戦後図書館学講座が文学部に設けられることになったが，これはCIEとの話し合いで文部省が東京大学につけた新講座であった。しかし文学部はこの天下り講座を喜ばなかったので教育学部に分け与える話があり，高木［八尺］文学部長が教育学部長を兼任していたので簡単にこれが教育学部の講座に移ってしまった"と述べている[23]。1953年に東京大学の新講座に就任した裏田武夫はいずれ2講座分に拡張して，ここをアメリカのライブラリースクール規模のものにする構想をもっていると述べている[24]。

　だが，それは一部の図書館関係者が期待したような程度の高いライブラリースクールになることはなかった。何よりも，東京大学に1講座相当の実員が配置されるのは1970年代になってからであり，2講座分になることはとうとうなかった。ここに，帝大系アカデミズムの観点からするとアメリカ流の図書館学がきわめて実学的であり，日本の帝大系大学の学風に位置づけにくいものであったことがうかがわれる。また，日本という文化的な土壌のなかで図書館を育てるための思想が，アメリカ流のライブラリアンシップ教育を受け継ぐなかで十分に培われるものであったかどうかという課題は先送りになったということができる。

4　図書館学の位置づけの変化

（1）養成講習の変化

　先にみた表序-1によると，図書館専門職員養成講習の初期5カ年の後期にあたる1953年，54年あたりになると旧帝大系の大学での講習が少なくなり，新制の教育／学芸大学が中心になるとともに，私立大学での講習が始まるように

なった。1952年の図書館法改正 司書9 によって，それまで教育学部・学芸学部においてのみ司書の養成が可能であったものが，現行のように大学のあらゆる学部において養成が可能なように切り替えられている。そして，56年以降は図書館法施行後5年の猶予期間が終了して，現在あるような司書講習に切り替わるわけであるが，その実施校はきわめて少なくなり，かつ私立大学が主体になった。図書館学を開講する大学も同じ傾向であった。

このことは，図書館法成立以来の課題であった一定数の司書の確保が達成されたことをもって司書の養成が確立し，大学での事業に移行したことを示している。当時の図書館法第5条1項では，司書となる資格を有するものとして，①「大学又は高等専門学校を卒業した者で第6条の規定による司書の講習を修了したもの」，②「大学を卒業した者で大学において図書館に関する科目を履修したもの」，③「3年以上司書補として勤務した経験を有する者で第6条の規定による司書の講習を修了したもの」の3種類を挙げていた。このうち，1号と3号で言及されている司書の講習の内容は第6条で規定されていた。そこでは，講習について文部大臣の委嘱を受けて大学が行うことと，詳細については文部省令で定めるが15単位を下回ることができないことが規定されている。これにしたがい，同法施行規則では15単位の司書講習科目が設定されていた。

それ以外の図書館学教育の場はどうだったのかをみておこう。

（2）慶應義塾大学JLSのその後

慶應義塾大学文学部に設置されたJLS 専門2 は日本で唯一の学科レベルで図書館学を教授する場であった。ギトラーがディーンを務めていた1956年までは，アメリカ人による英語の授業を中心にしており，アメリカ流のライブラリアンシップが教授された。入学資格を，①新制大学第2学年修了者，②旧制高等学校もしくは大学予科修了者，③旧制専門学校卒業者，④旧制高等師範学校卒業者とし，大学の2年修了以上を入学要件としたことは，アメリカの当時のプロフェッショナルスクールと共通する点である。その後も，カリキュラムはそのまま引き継がれただけではなく，アメリカ人の講師を招聘しての講習会を開催したり，多数の卒業生がアメリカに留学したりというように，しばらくの間この方針は維持されていったといえる。

だが，異なった環境である日本の大学に移植されたアメリカ図書館学だけに，日本の制度に合わせた変更も余儀なくされることは徐々に明らかになった。た

とえば，ギトラー帰国後に学科主任を務めた橋本孝はもともと哲学者であった人だが，すでに1959年という早い時期に，"大学の目的は教育と研究にあり，図書館学科の目的も当然図書館学の教育と研究を通じて社会に寄与することにあると言える。大切なことは経済学部が銀行員の養成機関ではないのと同様に，図書館学科は単に図書館員養成を目的とする職業学校とは異なることであり，これについては世間一般に誤解がないではない"と述べている(26)。これは，高度の専門職を養成することで社会に寄与するものと捉えるアメリカ型のプロフェッション教育を支える考え方とは異なるものであった。ここに，アカデミックディシプリンを中心とする文学部に組み入れられたことで，アメリカの大学と同様の運営を行うことが困難であった事情がうかがえる。そして，このことは入学条件が1962年から文学部の他学科と同じ扱いになり，アメリカ的なプロフェッション教育と決別することに結び付いていった(27)。

（3）図書館学科の不成立

　他に図書館学を教える場としては図書館職員養成所があり，ここはようやく1964年になって図書館短期大学として正規の学校教育に位置づけられることになる。学科レベルで図書館学を行う構想はいくつかの大学で存在していたが，近い形で実現をみたのは東洋大学社会学部に設けられた図書館学専攻（1959年設置）のみであった(28)。

　図書館法第5条1項では，司書となる資格をもつものとして，「大学を卒業した者で第6条の規定による司書の講習に関する科目を履修したもの」と並んで，「大学を卒業した者で大学において図書館に関する科目を履修したもの」が挙げられている 司書2 。この文章の「図書館に関する科目」とは何か。これは図書館法施行規則 司書4 にある「司書の講習に関し，履修すべき科目」ではないことは明らかである。だが大学における司書養成は，長いあいだ文部省が大学での履修科目を司書講習の科目に認定するという変則的な形で行われてきた。

　図書館法制定当時書かれた同法の解説書として現在でも参照されることがある西崎恵『図書館法』では，「図書館に関する科目を現在置いている大学は，立教大学，東京学芸大学，京都大学等であるが，図書館学の重要性が認識されてくるのに伴い，逐次置かれてゆく傾向にある」としている(29)。ここに名前が挙げられた大学では図書館学が開講されていたにせよ，学科を構成するようなも

のではなかった。ここに，文部当局者は大学における「図書館に関する科目」を個々の大学の判断にゆだねるものとし，単位数や科目について行政的な対応をしていなかったことがうかがえる。

　大学において図書館員養成のために必要な科目の基準は，大学基準協会によってつくられた。大学基準協会は国・公・私立大学の有志が新制大学の発足にあたり，大学の質的向上をめざして1947年に設立した民間団体で，各大学が自主的なカリキュラムを組むときの参考になるカリキュラム案を作成していた。図書館学に関しては，まず1949年に最初の「圖書館員養成課程基準」 専門1 がつくられた。これは必修科目20単位にさらに選択科目を修得させるかなり大きなカリキュラム案であった。これは1954年に改訂されて「図書館学教育基準」 専門4 となった。基準はアメリカの図書館員養成が大学での専門職教育において行われていることを背景にし，大学で図書館員の専門教育を行うことを前提にして，専任教員4名，最低38単位の専門科目履修を規定している。この38単位という数値はその後もたびたび一つの基準として話題に上ることになる。

　しかしながら，これから述べるように，慶應義塾大学以外に専門の課程がつくられる機会はあまりない状態が続いたことや，文部省が1956年に大学設置基準をつくって大学のカリキュラムをコントロールするようになるにしたがい，大学基準協会の役割そのものが軽視されるようになったこともあって，同基準が実質的に生かされる機会は多くはなかった。また，1950年図書館法は大学で図書館学を行うことを前提にし，講習会はあくまで短期間に司書の数を一定数確保するための便法であった。[30] 図書館法では大学で養成することが明記されているにもかかわらず，長い間，大学における司書養成のカリキュラムが省令として整備されなかった理由の解明は進んでいない。推測できる理由として，図書館法でいう「図書館学に関する科目」が慶應義塾大学のようなアメリカ流のライブラリースクールのカリキュラムに準ずるものなのか，大学基準協会の基準案レベルのものか，司書講習科目で代替するものなのかについて議論して，省令に含める要求を示すことに図書館関係者が一本化できなかったことに求められるように思われる。その背景には，1950年代に専任の教員を配置して図書館学を開講した大学は数校しかなく，まして学科構成をもつ大学は慶應義塾大学しか現れず，そうした議論を行うまでにいたらないままに司書講習にゆだねたという事情があったものと思われる。

　塩見昇は"司書の場合，社会教育主事のように『省令で定める』という規定

を欠き，それを大学が主体的・積極的に生かすだけの経緯と条件を持たず，講習が主であるという形を恒常化してきており，『講習科目に相当する』との認定手続が続けられている"と批判的に述べている。たしかに，社会教育主事や学芸員になるために大学で履修すべき科目は省令で定められており，この変則的な事態は，のちに述べるように実に2008年の図書館法改正およびそれに基づく省令改正時まで続くのである。

（4）学校図書館運動の影響

　学校図書館運動も図書館学振興に大いに関わる要素であり，再度整理しておこう。初期の教育改革の指針であった第一次教育使節団報告書やそれを受けての日本側の教育刷新委員会の報告，さらに文部省がまとめた『新教育指針』などに，自由主義的な教育方法への改善が謳われていた。具体的に学校図書館振興が政策として示されたのは，1947年春にCIEから文部省に対して，学校図書館運営のための資料を作成するように指示があったことである。こうして作成されたのが『学校図書館の手引』(1948) である。これを皮切りに読書教育や学校図書館設置の運動が全国的に繰り広げられた。

　同じ頃に成立した学校教育法施行規則に，学校の施設として図書館を置かなければならないことを明記したことも見逃せない。先に述べたように，IFELの第6期は学校図書館の運営をテーマにしたものであった。1953年の学校図書館法制定によって司書教諭講習を大学が行うことになり，そのカリキュラムが「学校図書館司書教諭講習規程」 司教7 で定められた。東京学芸大学には図書館学の専任教官が発令され，早速，司書教諭講習が始まった。講習に認定するという形で，大学においても授業が行われた。

　しかしながら，学校図書館に対する関心はちょうど学校図書館法 司教2 が制定される頃がピークで徐々に退潮の傾向を示すようになる。これは，司書教諭の必置義務が免除される状態が長く続くとともに，学校図書館を教育課程に生かす授業に対する熱意が徐々にうすれていったためである。その背後に，1950年代半ばの教育課程行政の変化のなかで，学習指導要領を文部省が制定しこれに準じた教育を全国一斉に行うという，かなり中央統制的な教育課程行政が始まり，教材や授業のための補助資料を教師が自由に使用して学習活動を実施することを保証する制度的な基盤が失われていったことも大きな要因として挙げることができる。

このようにして，1950年代後半には教育学あるいは教員養成系の大学における図書館学の位置づけはだんだん曖昧になっていくのである。

（5）教職科目における図書館学

それを示すもう一つの要因が，先にも触れたように教員養成課程において図書館学が一定の位置づけにあったのが失われていったことである。1954年の教育職員免許法の改定にともなう同法施行規則の全面改定によって，教科専門科目の単位数が増加するのに対して教職専門科目の単位数が減少した。またそれにともなう変更において，教職に関する専門科目として例示された科目のなかで図書館学は残されるのであるが，従来6科目のうちの1科目であったのに対して，例示科目が増えて16科目中の1科目という扱いになった。教員に図書館学の基本を教授することが戦後教育改革のなかで一定の位置を占めていたはずであったが，この改定によってその制度的な根拠のかなりの部分を失うことになった。なお，教職専門科目の例示は1988年までその形で同規則中に残されるのであるが，1989年の改定で例示されなくなることによって，教職課程と図書館学との関係は切れることになる。

（6）その他の館種の職員養成

図書館法 司書2 は社会教育関係法規の一つとしてつくられた関係で，実質的に公共図書館法であると考えられているが，法の成立過程では総合的な図書館法をつくる動きもあった関係で初期の段階では他の館種の職員養成も意図していた。先に述べたように，法成立時から5年間は大学図書館や学校図書館も含んだ図書館職員のための図書館学の講習を行い，司書資格を与えていた。他にそれに相当する制度もないために，その後も司書資格は図書館員一般のための基礎資格として見なされていたといえる。

大学図書館についてはそのための法の成立もなく，人事院において公務員の職階制を検討していた時期に国立大学図書館の司書についても検討していたが，結局のところつくられなかった。もともと，国立，公立，私立と大学の設置母体別に動くことが多く，その図書館についても3つの母体別にそれぞれ大学図書館の協力組織がつくられた。

岩猿敏生は，国立大学図書館職員の早い頃の採用に関して1950年から1958年を選考任用時代，1958年以降を公務員採用試験時代と呼んでいる。選考任用時

表序-3　1957年度図書館学開講単位数

設置別	講義単位数					計
	2単位以上	4単位以上	8単位以上	15単位以上	38単位以上	
国立	14	22	8	2	0	46
公立	1	0	1	1	0	3
私立	9	5	7	6	2	29
図書館職員養成所					1	1
計	24	27	16	9	3	79
百分率	30%	34%	20%	12%	4%	100%

代においては，図書館職員については各大学がそれぞれの条件で採用を行っていた時代であり待遇は必ずしもよいとはいえなかった。1950年代後半になって，人事院は一般の公務員の枠において認め始め，当初は司書または司書補資格をもつものから，各大学が採用対象者を選考するものとされた。その後，1960年から国立大学職員は各大学が実施する専門職員採用試験によって選考するものとなり，さらに，1964年からは，これを全国一斉に人事院が行う試験に切り替えた。1972年からこれは公務員採用試験の試験区分の一つとしての図書館学試験になった。このあとはしばらくの間，安定的な職員採用の時代が続くことになる。公立・私立大学の図書館についてもそれぞれの自治体，法人の都合で変化はあったが，一定数の専門的な職員を雇用する動きを示していた。

専門図書館はもともと設置母体がばらばらであり，それに対応して職員採用についても個別の事情に応じて行われていた。図書館法も個々の専門図書館職員までは想定していなかった。

(7) 大学における図書館の位置づけ

本節の最後に，大学における図書館学の位置づけを数字で把握しておこう。1957年の時点で，大学正規課程において図書館学がどのように実施されたのかを表序-3でみてみると，全体で79大学において開講されているが，2から7単位開設のところが64%と過半数を占めることが分かる[35]。これは教員養成系の大学・学部において図書館学が選択科目として開設されたことを示している。学校図書館法上の司書教諭資格相当の8単位以上を開設するところが36%，図書館法上の司書資格に相当する15単位以上を開設するところが16%，学科レベルの38単位以上を開設するところは3大学（図書館職員養成所を含む）で4%であった[36]。

戦後の学術体制再編期のなかで，図書館学は確固たる地位を築くことはできなかったということができるであろう。

5　学会活動にみる図書館学

（1）研究活動の隆盛

　司書の養成を大学で行うためには，その基盤となる学問の存在，そしてその前提となる研究が必要である。この時期に図書館学の講習会と講座が開設される状況があったために，各地で図書館学の研究会や学会がつくられるようになった。すでに1946年には旧青年図書館員連盟の関係者により日本図書館研究会の発足をみていたが，1950年前後の図書館学教育に対する関心のたかまりのなかでいくつかの学会の成立があった。文部省とCIEが共催したIFELの第6期講習からIFEL図書館学会が，東京大学における第1回の指導者講習会および専門家養成講習から東京大学図書館学会が，九州大学における専門家養成講習から西日本図書館学会が生まれた。いずれも図書館学がこれから大学において本格的に取り組まれるときに，そのアカデミックな基盤をつくろうというものである。また，大学における業績づくりのための論文発表のメディアを発行しようという意図もあったものと考えられる。

　たとえば，東京大学図書館学会をみてみよう。東京大学附属図書館は司書官であった河合博，土井重義のリーダーシップによって，早くからCIEと接触をもつとともに1948年から大学図書館職員のための講習会などを開催していた。それらの動きがもととなって，図書館長を会長とする東京大学図書館学会を1952年に設立する。機関誌『季刊図書館学』をみると，おおむね全国の図書館関係者が寄稿しており，内容的には整理技術の研究報告とアメリカの図書館サービスおよび図書館員養成についての記事が多い。戦前までに蓄積してきた整理技術を中心とする図書館学と新しいアメリカ図書館学を併置しながら模索を始めたということができるだろう。

　このような大学を中心とする図書館学研究の動きは，京都大学や同志社大学，天理大学，東洋大学，信州大学などにもあった。ただ多くは日本図書館学会の成立によってその活動に吸収されていく。独自のものとして残るのは京都の日本図書館研究会や福岡の西日本図書館学会くらいであった。

（2）日本図書館学会の成立

　日本図書館学会は，1952年5月の全国図書館大会において有志による日本図書館学会結成についての提案がなされ，翌年6月の図書館大会後に創立総会を開催することで発足した。その発起人をみると，文部省，東京大学図書館，国立国会図書館，日本図書館協会，日本図書館研究会など当時の日本の図書館界を代表するグループから加わっていた。本学会の設立の趣旨は，すでに存在する各学会，研究会の連絡調整にあたる「総合学会」というものであり，最初提案された規約ではどこかの図書館関係団体に所属するもののみが入会資格をもつことになっていた。これはすぐに個人会員を認めることに修正されたが，この「総合学会」という性格は1956年に規約が改正されてすべての会員が基本的に個人会員という資格に改められるまで保持されることになるのである。[37]

　この学会設立に関わって特徴的な点がいくつかある。第一にこの学会設立は図書館学が制度的に認知される重要な場であったということである。設立総会に来賓として文部省大学局長（代理）と学術会議事務局長が挨拶している。将来的に科学研究費における学問分野としての位置づけや，学術会議への登録と委員の派遣といった一個の学問として認知されるための手続きがとられようとしたということである。

　第二に，文部省がそのような図書館学の認知に積極的に関与したということである。設立総会で経過報告と規約説明を行っているのが文部省の武田虎之助および雨宮祐政であった。武田は学会活動を開始した時期に活動の中心的な役割を果たしている。図書館法成立後の大学における図書館学教育研究をサポートする体制をつくることに熱心であったのは文部省関係者であったということである。

　第三に，上記の「総合学会」という位置づけであるとか，会長に東京大学教育学部長海後宗臣に就任を要請するといったことにみられる権威主義である。総合学会の意味づけはあまり明確ではないが，要は会員資格に何らかの制限を行って学会としての権威を保とうということであろう。学会の役員選出の母体となる図書館研究団体として，IFEL図書館学会，神奈川図書館学会など18もの団体が掲げられている。新しい学会がこれら既成のものと別格の存在として自らを位置づけたということである。[38]

　図書館学と直接関わりのない海後が会長になったことも権威づけの一環であったと考えられる。海後はもともとCIEと密接な関わりをもって戦後教育

改革に携わった人物であったから，図書館学とまったく無縁であったとはいえないかもしれない。彼は日本図書館学会の会長に就任して以来，1962年に退任するまでの10年間会長職にあり，熱心に研究大会などに参加していたということである。だが，彼の自伝『教育学五十年』では教育学関連諸学の学会について述べているが，彼自身会長の職にあった日本図書館学会のことにはまったく触れていない。[39]

このように，この学会は当初文部省主導のもとに図書館学教育研究をサポートするためにつくられたが，その際に旧来の学会に形式面で歩調を合わせていくつか権威づけの方策をとった。このことが学会と図書館界の距離を遠ざけさせたことは否めないであろう。

図書館大会参加者に呼びかけることで設立され，当初「総合学会」として他の団体との関係を重視したことで，その研究活動は図書館関係者から注目され，『図書館雑誌』や『図書館界』にはその関連記事が掲載されたりしている。最初のころは「学会」としての活動がまだ軌道に乗っていないことを批判する記事が目立つが，第3回の研究大会あたりからは「進歩」のあとがあることが評価されるようになっている。[40]そこでは，図書館学に関するさまざまな発表がなされた。学問草創期に特有の学問論や方法論に関わるものもあれば，整理技術に関する長年の研鑽の成果を披露したものもあった。また，図書館関係の研究に文部省の科学研究費が支出され，その結果をまとめた報告もあった。だが，「学問」としての図書館学を追求し，その質を向上させようとすればするほど図書館界が求めているものと離れてくることになった。1950年代半ばになると図書館の現場でも研修体制が整ってきて，地域，館種，あるいは主題による図書館関係団体が設置され，図書館運営に関わる研究発表などを行う場が提供されるようになる。そうすると，図書館員のあいだでもあえて学会という場で発表を行うインセンティブは生じなくなる。それでは，そもそも学会を支えるべき大学で図書館学を教える人々はどうであったのか。

（3）日本図書館協会教育部会の設立

図書館学のその後の動向を把握するのによい例としては，1959年に日本図書館協会に設けられた教育部会を挙げることができるであろう。

先ほど検討したように，この当時大学で図書館学が開講されているといってもほとんどが10単位以下であり，講義する人も非常勤講師がほとんどであった。

図書館学教育者は，多くの場合，図書館現場において長く実務経験をもつ人々であり，彼らはその経験を買われて教育に携わることになった。教育部会はこうした人々が意見を交換し利害を主張する場として設けられた。それは純粋の図書館学の研究とは一線を画するものであったので，別の団体設置を必要としたのである。記録では学会と教育部会は守備範囲を異にするものであることが述べられている程度で，両者の関係が真剣に議論された様子はみられない。[41]

教育部会の発起人は，学会創立の中心になった武田虎之助をはじめ，日本図書館学会で活躍している人がほとんどであった。学会は図書館大会から生まれたし，学会創設時の考え方ではこれは図書館界の研究部門を統合するものであった。最初の学会事務局は上野図書館内の日本図書館協会事務局におかれていた。それが，学会創立からわずか6年後の1959年に教育部会が設置されたのは，2つの理由があるだろう。

一つは，前項で述べたように図書館学が日本のアカデミズムにうまく位置づけられなかったことである。この時点では通常の学問分野のように研究者が一定の研究業績を評価されてフルタイムの研究教育職に就くという制度が図書館学においてつくられることはほとんどなかった。専門課程をもつ慶應義塾大学や1964年にできた図書館短期大学にしても，教員の多くは実務家で研究志向の強い人か，他分野の研究者が図書館学分野に越境してその職に就くケースだった。大学に司書課程がつくられ専任の図書館学担当者が多数配置されるようになると同時に，大学院で図書館学の研究指導が始まるのは1970年代以降である。

もう一つは，日本図書館学会で行われている「研究」が図書館界で要求されているものとずれがあると認識されていたことである。いわゆる「現場」と「研究」の乖離である。これについては次節で論ずることにしたい。

こうして日本図書館協会が「現場」をふまえた「教育」に関わる場として再度位置づけられることになるのである。そもそも日本の図書館学の祖型を提供してくれたアメリカの図書館界には学会（academic society）が存在せず，専門職団体（professional society）であるALAが図書館学の教育，研究に全面的に関わる場であった。だから，この教育部会は，わが国のアカデミズムにおいてうまく定着しなかった図書館学を再興するために，専門職団体で新規まき直しをはかったということもできよう。

日本図書館学会は，教育部会がつくられるころから長い不振の時期に入っていく。学会誌である『図書館学会年報』が1950年代には年に2〜3回出ていた

のに，60年代になると刊行が不安定になり，年に1回出すので精一杯であったことにはっきりと表れている。刊行が安定するのは1970年代以降である。

　学会事務局は設立以来，日本図書館協会におかれていたが，1960年代になると東京大学に一時的におかれ，1962年から図書館職員養成所に移された。日本図書館学会は，占領の産物である図書館学熱が旧式のアカデミズムの殻をまとって出現したものであり，新しい図書館学研究を継続的に支える力にはあまりならなかった。だが，日本図書館協会にしてもアメリカのように専門職団体が大学のカリキュラムをコントロールするほどの力をもちえなかったから，学会と協会の二重体制はその後も継続した。学会によってアカデミズムの位置づけを保ちながらも，アメリカのように専門職団体でも研究教育体制がつくられるという二重性はその後も続くが，日本図書館協会と日本図書館学会の関係は急速に疎遠になっていく。図書館界にとっては学会のもつ学術コミュニティにコミットするための形式性，権威性のみが必要だったのである。

6　1960年代から70年代にかけての議論

（1）ドキュメンテーションの動き

　技術論を中心とする図書館学は1950年代後半からドキュメンテーション技術との関係を強くもつようになる。これは，図書館技術を汎用化した技術的な体系であり，1960年代中頃以降の図書館情報学への変化の先駆けとなったものである。アメリカでは1930年代から40年代にかけて，アメリカドキュメンテーション協会（American Documentation Institute：ADI）の組織化と図書館関係者の関与という大きな動きがあった。それは遅れて1950年代後半にわが国に導入されていくことになる。図書館学関係者の一部はこのような動向にも積極的に対応していく。というのは，技術は制度や文化よりも移転することが容易であったからである。

　日本のドキュメンテーション概念の導入は戦前にもみられるが，本格的になるのは独立を回復して，産業技術立国を指向する1950年代になってからである。1950年代前半に国の科学技術政策の一貫として，たとえば国立国会図書館に科学技術資料室が設置され，米国のPBレポートの収集を開始するとともに積極的に科学技術雑誌を購入し，国内の図書館や研究機関への資料提供を行うようになった。1956年には科学技術庁が設置され，翌年に同庁管轄の特殊法人日本

科学技術情報センター（JICST：現 JST）がつくられ，わが国のドキュメンテーション活動の拠点の一つとなる。ここは，内外の技術レポート，逐次刊行物，会議録を多数収集し，その記事の抄録を作成し『科学技術文献速報』に掲載し，資料のコピーサービス，翻訳といった仕事を行った。また，日本学術会議は国際ドキュメンテーション連盟（Fédération Internationale de Documentation：FID）のナショナルメンバーとして登録され，そこにドキュメンテーション研究連絡会が設置された。民間の動きとしては，1950年にできた国際十進分類法協会は1958年には日本ドキュメンテーション協会と改称し，国際十進分類法（UDC）の管理と普及，ドキュメンテーション技術の研究開発と普及の中心となった。また1952年の専門図書館協議会の設立などもこの時期の動きである。

1960年代には，ドキュメンテーションは学術分野の情報の発生から流通，組織化，検索，利用までを含む広範な技術的領域と理解されるようになった。このなかには学術用語，文献の編集技術，著作権，印刷，出版，視聴覚資料作成法といった今日の図書館情報学のボーダーあるいは範囲外とされるものも含まれている。この時期のドキュメンテーションの議論と知識・技術を集大成したものとして『情報管理便覧』(1963)，『情報管理実務講座』(1965-1966)，『ドキュメンテーションハンドブック』(1967) がある。図書館学の動きとドキュメンテーションの動きを比較すると，資料組織論やレファレンスサービスに対する関心の部分で共通点もあったが，方法的には前者が人文学的な指向性が強いのに対して後者は科学技術指向性が強いとか，前者が公共図書館や大学図書館をフィールドにしそうした機関の関係者が関わっていたのに対して後者は大学研究室，企業や専門図書館をフィールドにしそのような関係者が多いといった歴然とした違いがあった。これは米国にもみられた相違点である。

1950年代に技術論を採用したもう一つの研究団体が日本図書館研究会であった。ここは戦前からの整理技術中心主義を忠実に守り，50年代には整理技術中心の図書館学を実践していく。しかしながら，技術論的図書館学が一般にドキュメンテーションへと引き寄せられるのに対して，こちらは1960年代以降徐々に公共図書館政策を重要な柱に据えて日本図書館協会の政策をサポートする役割を果たすようになっていく。

（2）司書課程の状況

先にみたように，図書館法第5条1項では1号と3号で司書講習について規

定し，具体的にその制度的な運用が実施されたが，2号で規定された「大学において図書館に関する科目を履修したもの」については省令で規定されていなかった 司書2 。図書館法制定当時，急いで現場の図書館員に司書の資格を与えることが優先された結果，講習のみを制度化したものと考えられる。だが，すでにその時期に，慶應義塾大学には日本図書館学校（JLS）が開設され，東京大学や京都大学には文部省が図書館学振興のために講座を設置している。また，東洋大学や同志社大学では，図書館学や図書館員養成を積極的に推進しようという動きがあった。図書館法施行規則 司書4 の附則第3項に，司書の講習を受ける者のうち，大学の学生，聴講生，研究生で「司書の科目に相当する単位」を修得した場合には講習科目として認めるという規程があったため，図書館学を開講した大学では結果的に司書の養成も併せて行うことができたことになる。事実，その後，司書課程と呼ばれることになる大学での養成は講習科目を基準にすることになる。(43)

　大学における教育課程を，講習の科目表に基づいて実施することに対する批判は，最初から存在した。大学基準協会は1950年に「図書館員養成課程基準」を発表して20単位の必修科目を決め，1954年には「図書館学教育基準」を発表して図書館学の専門課程として38単位以上の修得を必要とした。つまり大学においての図書館学の履修は現職者に対する15単位の講習とは当然異なるものという考え方である。だが，これは図書館法の「図書館に関する科目」とイコールではないし，大学基準協会はあくまでも国公私立大学の関係者の集まりである民間団体であり，基準をつくる以上の強制力をもっていなかった。

（3）日本図書館協会における議論

　日本図書館協会に教育部会ができるのは1959年のことである。図書館法の公布後10年近い年月が流れ，図書館員養成教育が講習のみならず大学でも実施されるようになっていたことで，大学での教育担当者と図書館現場を結び付ける場が必要になったものである。日本図書館協会は図書館員の団体であるが，先にも述べたようにアメリカでは図書館協会自体が養成の推進主体であったし，教育部会が構築されたことによって，ここを拠点とした図書館員養成の議論が活発になった。今でこそ，館種別の図書館員の団体がそうしたことを議論する場になっているが，1950年代から1960年代初頭まではそのような意識はあまりなく，図書館協会を館種を超えた養成の場として位置づけようとしたものであ

る。

　特に毎年開催している全国図書館大会は関係者が一堂に集まって議論する場であり，1961年11月の東京大会では「図書館員の養成はいかにあるべきか」という問題別部会が開催された。そのなかでは，法制度の違いによる館種間の相違が少しずつ出始めている状況が一方であるなかで，統合的な図書館専門職員を養成するにはどうしたらよいかが議論された。また，新しく起こってきたドキュメンテーションという技術的領域が図書館全体に対して大きな影響を与えることがはっきりしてきたなかで，それへの対応が議論された。ここで出された要望は大学図書館部会，専門図書館部会，文献情報活動部会からの意見を総合するかたちで，教育部会長中村初雄と日本図書館協会理事長岡部史郎名で文部大臣あての陳情書としてまとめられた。その内容は次の５つのものである。[44]

　Ｉ　図書館職員養成所を速やかに大学に昇格すること
　Ⅱ　司書養成講習制度及び司書教諭養成講習制度を改善すること
　Ⅲ　図書館学専門課程を充実すること
　Ⅳ　図書館学教育担当者養成制度を充実すること
　Ⅴ　各大学に図書・文献類及び図書館の利用の科目を一般教養課程並びに
　　　専門課程に於て必修単位として設置すること

　これらは図書館法制定以来の専門職員に関する課題をまとめたものでいずれも重要なものである。Ｉの図書館職員養成所については次節で述べ，ここではⅡからⅣにおいて通常の大学における図書館学教育の充実が述べられていることについて少し触れておきたい。この時点ではまだ司書課程の数も少なく専門課程への移行について十分に可能性があることを前提にした議論が行われている。またその際に，図書館法第５条２項の「図書館に関する科目」が省令で明示されていない問題点を指摘し，また，大学基準協会の図書館学教育基準（1954）の38単位が引き合いに出されて，しっかりした専門教育を行うことが述べられている。続く1962年の図書館大会では，文献情報活動委員会でつくられてきたドキュメンタリスト養成案について議論されたが，その場で受け入れられずに持ち越された。

　そして1963年に教育部会長が以前に文部省にいた深川恒喜（東京学芸大学）になり，その下に図書館学教育改善委員会を設置することで，養成の議論が活

表序-4　図書館学教育改善試案（1965）共通2 で提案された教育課程

	必修科目	選択科目	関連科目	その他
公共図書館	30単位　基礎部門・経営管理部門・奉仕部門・資料部門・整理部門	6単位　児童図書館経営論等	社会教育等28単位	実習50時間必要 語学2カ国語
大学図書館	30単位　理論及び管理，図書館資料論，図書館奉仕，資料の組織	8単位　文献解題等	各学問分野の概論，方法論，学説史等	語学・統計学，大学図書館理論と文献解題以外は他と共通
特殊専門図書館	38単位　理論及び管理，情報・資料とその処理・管理技術，サービス	10単位　情報理論及びコミュニケーション等	言語学等8科目例示	演習6単位，実習8単位，4年制図書館学科，ないし大学院課程
学校図書館	14～20単位　学校図書館学概論等6科目	6単位　児童，青少年文献等	教育行政等7科目例示	専任教員1名，兼任2名。学校図書館資料図書室の必要

発になった。そこでは，図書館法，学校図書館法の成立で館種ごとにばらばらに行われていた図書館員養成を統合すべく，公共，大学，特殊専門，学校の館種ごとに小委員会をつくって専門家が議論を行い，これをもとにして大学で実施可能な統一的なカリキュラム案をつくろうとした。委員会は2つの中間報告 共通1 を経て最終的に1965年に「図書館学教育改善試案」共通2 を発表した。

試案では，4つの館種ごとにカリキュラム案の概要が提案されている[45]（表序-4）。だが，それぞれの大学の事情に応じて開設できるような柔軟性をもたせたものであり，特に4年制大学の図書館学科として開設する場合は，図書館学教育基準（1954）に準拠して便宜的に館種を超えてコアとなる共通的科目（必修）20単位（基礎部門，資料部門，整理部門，管理部門，奉仕部門，実習）を設定していた。この試案の発表を受けて，1967年10月には図書館学教育研究集会が開催されて，図書館学教育関係者の意見交換が行われたが，これを実現するための方策について意見の一致はみなかった。

（4）図書館法施行規則改正（1968）

日本図書館協会における議論の高まりを受けて，文部省社会教育局に「司書講習等の改善に関する会議」が設置されて改革の議論が始まり，同年「司書講習等の改善に関することについて（報告）」が公開された。これに基づき1968年に図書館法施行規則が一部改正になった 司書19 。一連のことについては当

時の同局社会教育課の担当官中島俊教が報告しているものと，会議の議長を務めた図書館短期大学学長岡田温が後年図書館大会で報告しているものがある。(46)

　同会議は，1967年6月20日に第1回が開催されて以来，同年12月16日まで計7回にわたって議論を行った。タイトルが「司書講習等」となっているのは，文部省では省令改正でできる講習科目の改訂のみを議論する予定であったことを示している。会議の参加者であるが，議長の岡田温は国立国会図書館司書監を経て，当時国立図書館短期大学の第2代目の学長となったばかりであった。裏田武夫（東京大学教育学部），深川恒喜（東京学芸大学），藤川正信（慶應義塾大学文学部），和田吉人（東洋大学社会学部）の4名は図書館学教育に携わっている立場からの参加者で，上里美須丸（千葉県立中央図書館長）と石井富之助（小田原市立図書館長）が実務者サイドからの参加者である。

　検討の初期の段階では，本来専門職の養成は大学の正規課程で行うものであるので，講習の存続について議論し，大学での養成を大学基準協会「図書館学教育基準」や日本図書館協会教育部会の議論をもとにして検討すべきである，という意見が複数の参加者から提出された。議論の過程では，短大での講習の廃止，司書補講習を廃止して現司書養成を司書補養成と位置づけるデノミネーション，そして一級司書，二級司書等の等級化，実務的内容の講習科目と学術的内容の講習科目の対比など，これまで図書館界で出されてきた意見が表明された。(47) だが，議論の前提が法改正をともなわない範囲にとどめられることが確認されると，講習は司書養成のあり方を中心にするものになった。

　これらの意見を集約したかたちで最終的に12月20日に社会教育局長木田宏宛に報告書が提出された。報告書は，"法律を改正して，現行「司書」より更に高度の知識，判断力，作業能力を有する専門職として「上級司書」(仮称)を規定することが絶対的に必要と思われる"という強い調子の文章で始まる。だが，この部分や司書補の廃止のような法改正をともなう部分は結局のところは先送りにされることが前提になっており，全体には緩やかな改正の提言になっている。まず，法改正で「上級司書」(仮称)を規定すべきことを前提に講習科目38単位案を示すとあるが，これはあくまでも理想論である。また司書補は将来的に廃止されるべきなので，ここでの審議から除外している。そして，即時の法改正ができない場合には，法改正の第一段階として省令改正によって現行司書講習を19単位科目表に改訂するとし，具体的に司書講習の実施地域，実施大学，受講者資格，実施内容，講師選定，講習内容，司書補講習との分離な

ど，効果を上げるための指導を強化するとしている。

　最後に，大学での司書養成については，図書館学科を設けられるよう考慮し，その場合の科目および単位数は別表を参考にし，大学基準協会の図書館学教育基準を下回らないようにするということで，議論からはずしている。要するに，図書館界での熱い議論を受けても制度的な基本は変えず，講習科目を15単位から19単位に増やすことだけを決めたのである。この19単位の根拠として，理想的には38単位であるが，ひとまずその半分の19単位を法制化したということが語られている。こうして，1968年3月に図書館法施行規則は改正された 司書19 。

（5）司書養成についての1970年代以降の議論

　文部省関係者で唯一発言していた中島は繰り返し，省令改正後においても図書館関係者が上級司書の可能性を一丸となって主張し続けるなら，それを実現することはできると述べていた。

　これに対応するように，1971年に日本図書館協会教育部会長に就任した室伏武（亜細亜大学）の下に，図書館学教育基準委員会がつくられて図書館学教育を全体的に見直す検討を継続することになる。それは図書館学教育研究集会や図書館大会にて行われ，室伏を初めとして岡田温や和田吉人などが積極的に意見を発表し，専門課程の基準や司書課程を拡張する考え方について討論が行われた。

　1972年に同委員会による討議をまとめた「教育改善試案」 共通3 が公表された。これは1965年のものに比べて，司書講習を廃止するとともに，養成を，短期大学を含む大学に限定したこと，館種を超えた養成の体系を示したこと，そして学歴と図書館学教育によって専門司書，普通司書，司書補の区分をつくったことなど大きな変更があった。こうした司書のグレード化はすでに文部省での議論で出ていたものであるが，これが日本図書館協会の報告として改めて出されたことで，『図書館雑誌』上で批判が集中した。特に，同じ図書館協会内に設置されている図書館員の問題調査研究委員会は，この試案に対して，現状認識，司書講習廃止，グレード別司書資格，そして教育内容と教員の役割について議論が不十分であることを指摘している。65年試案ですら，図書館界において十分な合意がなかったのに，さらにラジカルな改善案が出たことでとうてい受け入れられることはなく，結局のところこの案は宙に浮いたものに

なった。

　その後，1975年に日本図書館協会から「図書館学教授要目」が出されたが，これは司書のグレード化のような制度面の変更ではなくて，図書館学の教育体系を明らかにして何を教えるべきかの目標を定めるものであった。[51]図書館学教育部会はその後，養成教育の内容面の議論を進めていくが，これは，制度面での現状維持を前提としていた。すなわち，(1)図書館員養成と大学における図書館学教育の切り離し，(2)図書館法による司書・司書補，学校図書館法による司書教諭という二元的養成，(3)それぞれの養成における講習の存続，そして(4)養成におけるグレード制の否定である。

　以上，1960年代から70年代の議論は，最初は多館種の専門職員の制度をつくり一元的に養成することをめざしたが，図書館法と学校図書館法による法制的な枠組みを打ち破って新しいものをつくり出すことはできずに終わったといえる。

　これは日本図書館学会の図書館学教育の議論と，日本図書館協会の現場主義図書館学との決別を意味するものであった。大きくいってわが国の図書館研究，図書館情報学研究には，アメリカ流の技術論的図書館学からくる流れと日本的な現場実践主義図書館論からくる流れがあったといえる。両者の分離はすでに占領期が終わったところで明瞭になっていた。戦後初期には両者は分離せずに並列していたが，日本図書館協会は60年代になると実践主義を選択した。1960年代後半から70年代にかけて両者はいっそう相互の距離を拡げた。研究者のなかにも技術論を選択した研究者と実践主義に追随した研究者がいて，両者が同じ土俵に立って議論することはあまりなかった。

7　バブル期／ポストバブル期における図書館情報学教育への移行

（1）図書館コンピュータ化と情報検索技術

　日本における図書館へのコンピュータ導入は1960年代後半に始まっているが，当初は個々の図書館の貸出業務や予約業務などの特定のものをシステム化して利用する実験的なものであった。アメリカでOCLC（当初，Ohio College Library Center，後にOnline Computer Library Center）が1970年代初頭に資料の目録化を初めとする整理業務への適用を開始するようになるが，このレベルのシス

テム化を進めるためには何よりも日本語処理が可能になる必要があった。1976年に東京大学に設置された情報図書館学研究センターは学術雑誌総合目録のコンピュータ編集を開始するとともに，目録・所在情報システムの開発を開始したが，当初はカナ文字表記によるものであった。センターはその後文部省の意向を受けて文献情報センターへと改組された。1970年代末にようやく日本語の漢字処理技術が進展し始めることにより，国立国会図書館ではJapan-MARCの提供が始まり，東京大学文献情報センターは1984年に目録所在情報サービス（NACSIS-CAT）を開始した。さらに，1986年に同センターが再度改組されて国立大学共用施設としての学術情報センターへと発展し，大学図書館とのオンラインネットワークサービスである学術情報ネットワークも始まった。

このように，アメリカと比べると10年ほどのタイムラグをともなって日本の図書館コンピュータネットワークは開始されている。大学図書館はNACSIS-CATにつないで，コピー目録ないしオリジナル目録を作成していたが，その後，オンラインのOPACや総合目録を通じてデータを提供することができるようになっていった。同じ時期に，公共図書館向けの目録事業のためにTRC-MARCやNippan-MARC，大阪屋MARCが開発されて，出版流通企業とコンピュータ系企業が公共図書館の目録システムおよびそのコンテンツ作成を受託する構造がつくられた。国立国会図書館がJAPAN-MARCを制作して提供するという構想があったが，どうしてもタイムラグが存在するために，商業出版流通をベースにして行う商用MARCの存在の前にうまくいかなかった。国立図書館のナショナルMARCがうまくいかなかったのはどの国でも似たような状況であったといえる。

書誌情報処理技術のコンピュータシステム化は図書館情報学教育を大きく変容させた。というのは，それ以前，個別館ごとに目録作成や分類付与ができる必要があったから，整理技術を体得していることが専門的な図書館員の第一の条件と考えられていた。だが，オリジナル目録を誰かがつくればあとは基本的にコピー可能ということになると，整理技術は一部の特殊な資料（例：郷土資料や古典籍，外国語資料など）を扱う図書館やそういう部門を除くと，それほどの専門性を要求されなくなった。

他方，日本科学技術情報センター（JICST）は1976年から日本および外国の科学技術文献の書誌と抄録を提供する情報検索サービスJOISを開始した。このころから，特許情報や新聞記事情報，ビジネス情報などを検索システムに載

せてオンラインで提供するサービスがさまざまな分野で開始されることになる。当初は，検索利用そのものに専門知識が必要とされ，接続時間を単位にした課金法で単価もきわめて高かったので，その専門家（のちにサーチャーと呼ばれる）の育成が必要とされた。日本ドクメンテーション協会（1986年以降，情報科学技術協会〔INFOSTA〕と改称）はその方面の研修事業を行い，検索技術の検定試験を実施することで専門技術の普及に努めた。

（2）図書館学・ドキュメンテーションから図書館情報学へ

1960年代後半に米国で図書館学から図書館情報学への転回が叫ばれるようになったころ，わが国でも専攻課程をもつところにそうした対応を行い，より情報学的な志向性を強めるところも出てきた。慶應義塾大学は，すでに1967年に大学院文学研究科に図書館・情報学専攻の修士課程を開設し，従来からの文学部図書館学科は翌1968年にその名称を図書館・情報学科へと変更していた 専門7 。

戦前の文部省図書館職員教習所の流れを汲む図書館職員養成所は，1964年に図書館短期大学図書館科をもって正規の教育機関として開学した 専門6 。これができるにあたっては，同養成所の卒業生を初めとして日本図書館協会などの図書館関係者・機関が文部省に陳情を続けたことがある。その背景にはこれまで述べたように，図書館司書の専門課程における教育を推進することが第一の目的であった。先に述べたように占領期には東京大学にこの学校を移転させるプランも検討されていた。だが，それはうまくいかず，上野図書館に専門学校として置かれた養成所は少数の教員のもとに細々と図書館員養成を続けた。この間，文部省の関係者の意識のなかでは，質的にも規模的にもこれが4年制大学に値するものとする認識はあまりなかった。旧制の専門学校が新制の高等教育機関に移行する際に，大学設置基準に満たないものを救う意図で短期大学制度ができていたが，この原則に沿って，図書館職員養成所は国立で唯一の単科短期大学として再構築されたわけである。国立大学としたのは，戦前からの国の機関であったことに加えて，公立図書館，大学図書館，学校図書館の多くがそれ自体，教育機関であったり，教育機関の附属施設であったりすることが大きい。

しかしながら，折から，産業界や科学技術研究に資するドキュメンテーション領域の専門家養成という考え方を推進する声も強まり，そのため1971年に文

献情報学科が増設された 専門8 。さらに1979年に茨城県つくばに移転して図書館情報大学として再出発することになった 専門13 。1967年にはつくば研究学園都市移転機関として閣議了解されていたというから，短大開学当初より新しい国の科学技術推進計画に位置づけられていたことは明らかである。実際に，4年制の国立大学として発足した同大学は，図書館学をドキュメンテーション，情報学の動きに発展させる動きに対応したものであるが，さらにコンピュータサイエンスを中心とした情報処理の最先端の動きや知識情報学のような新しい動きにも対応していた。

図書館学教育の議論は大学基準協会でも行われた。1977年には従来の「図書館学教育基準」 専門4 が改訂されて「図書館・情報学教育基準」 専門10 が出された。1982年にはこれが改訂されて「図書館・情報学教育に関する基準およびその実施方法」 専門14 が示された。これらが，1979年開学の図書館情報大学およびその後できたいくつかの専門課程の図書館情報学教育機関のカリキュラムに影響を与えたことは確かである。

（3）バブル経済期の図書館員養成と図書館界

一般の大学に設置された司書課程はこの時期に急激に増加していった。図序－1は，2012年の時点で存在した230の大学の司書課程が最初に設置された時期を示しているが，1970年代が圧倒的に多いことが分かる。また図序－2に示した年度別の養成者数のデータは1972年以降しかないが，これによると1972年に年間5000人程度だったものが，1980年代には8000人台と徐々に増加していって，2000年には年間1万人を超える人数に達していることが分かる。なお，1970年以降，現在にいたるまでの司書養成者数の総計は，年平均7000人とすれば45年間の見積もりで30万人に上る。

慶應義塾大学，図書館情報大学を典型とした図書館情報学の専門教育はこの時期にさらにいくつかの大学で実施されることになった。まず，1985年に名古屋郊外にあった愛知淑徳大学が文学部に図書館情報学科を設置し 専門15 ，まもなく修士課程 専門16 ，博士課程 専門17 の大学院の設置も行った。続いて，1994年に埼玉県飯能市に開設された駿河台大学が文化情報学部を設置し，そこに置かれた文化情報学科と知識情報学科は全体的に図書館情報学を幅広く学ぶことを可能とした 専門18 。これらの新しい教育課程の出現は図書館員および図書館関連職について広く専門課程を学んで就職することが可能になって

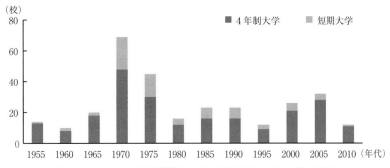

図序-1　2012年司書課程設置大学の課程設置年代別の数の推移

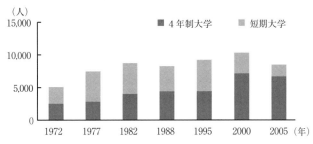

図序-2　司書資格養成者数の推移

いると思わせ，図書館情報学が認知されたことを意味していると受け止められた。

この時期に公立図書館や大学図書館の整備が一定の定着をみたこともあり，政策的な議論が急に高まった。1978年に，超党派の国会議員が集って読書，出版，図書館等の領域の振興を目的として，図書議員連盟が設立された。従来から，出版関係は憲法第21条の言論出版の自由との関係があって，政治的に動きにくいとされていたが，高度成長期において子どもや青少年の読書問題や出版産業の振興，国民の権利としての図書館利用などが政治的なテーマにもなってきたことを示している。ちなみに，議員連盟とは，国会議員が何らかの目的をもって相互の意見交換や情報収集，活動の協力を行うもので，超党派，特定政党を問わず，政策や政治課題だけでなく，業界団体の連帯推進や趣味，娯楽なども含めた多様な性格をもって結成される。現在，国会内には300近い数の議員連盟があるから，個々の議員は多数の議員連盟を掛け持ちしている。

この議員連盟が，1981年に図書館事業基本法（仮称）の検討に入った。半年

間で図書館関係団体を多数巻き込んで検討が進んで法案も策定されたが，反対運動が大きくなったことにより，それが国会に提出されることなく，まもなく政策的なレベルでは終了していった。[54]法案は民間のものも含めて全館種の図書館を対象としていたが，中心となるのはすべての自治体設置を義務づけることを想定した公立図書館であった。また，国の図書館政策を策定し，館種を超えた図書館ネットワークを確立させ，それとともに専門職員の配置を全館種的に整備することが特徴といえる。これに対して，戦前戦中の中央図書館制度のように図書館に対する上からの統制意図が露わであり，せっかく実を結び始めた『中小レポート』(1963)，『市民の図書館』(1970)以来の地域的な図書館づくり運動を否定するものであるといった批判の声が一挙に高まった。

　この動きについては，この時期，冷戦体制下における保革の政治思想対立がまだ濃厚に存在していたなかで，日本図書館協会が中央政府から距離を置いた位置を選択していたこと，また図書館界で発言していた人たちの多くが「市民」や「地域住民」を意識した革新思想を背景にしていたこと，それにもかかわらず保守党の国会議員も含めて図書館政策に関心を寄せる幅広い層の人たちがいたこと，また，学術情報政策や科学技術振興政策において図書館が占める位置も反映していたこと，など複数の背景的な要因を指摘することができる。だが，そうした思想や政策の対立を超えて突き進むほどのリーダーシップが得られずに頓挫した。

　その5年後の1986年に図書館界がまとまったことがあった。それが8月24日から29日まで，世界55カ国から2200名の参加者を得て東京で開催された国際図書館連盟（International Federation of Library Associations : IFLA）世界大会である。日本の図書館および図書館情報学が発展し，世界に対して一定の発言を行う機会であり，同時に国内においても図書館界が結束し，相互の位置づけを確認するだけでなく，政財界やマスメディアを通じて国民に図書館の存在を主張する機会となった。[55]確かにこのように総括されることが多いし，事実，この前後の10年間が日本の図書館界にとっての黄金期であったことは否定できない。こうした大規模な国際会議の開催は主催者だけの努力では難しく，国や開催地の自治体の支援金，関連企業の負担金などによって実現されることが一般的であり，この大会でもそれが可能になった。

　この大会への外国からの参加者は3割程度であって，残りの7割は日本人であった。多くの日本の図書館関係者や関連する出版関係者，行政や公益団体の

関係者が館種や職種を超えて一つのIFLA東京大会準備委員会をつくって集まり，準備をしてこれに備えた。国内的には，主催団体の日本図書館協会が全国図書館大会でこうした役割を果たしてきたとはいえ，すでに述べたように1970年代以降，学校図書館や大学図書館，専門図書館関係者はそれぞれの館種や設置機関を基盤とする団体が活動の場であったから，このように日本の図書館界全体を反映した統一ある動きはおそらくは初めてのものであった。しかしながら，言葉の壁があったことは大きく，日本の図書館状況を世界に向けて発信し，それをベースにした国際的討議ができたかというとそうではなかった。これもある意味では外圧があったからこそ可能であったものであり，終わるとまとまりを継続させることはできなかった。

（4）司書資格の法改正のための議論

1990年代になると，政府の規制緩和路線と文部省の生涯学習政策が影響を与え始める。専門職の配置は一種の規制であるから，規制緩和は図書館員の専門職主義にとって逆風となる。図書館は学歴格差を否定する生涯学習政策において学習機会を提供する機関と位置づけられたため，自らの専門的資格取得の弾力化も要求された。社会教育関係の資格として，司書は社会教育主事および博物館学芸員と並ぶ生涯学習を推進する専門の職とされたので，これらの養成について社会教育審議会という共通の場で議論されることになった。

議論は，当初は日本図書館研究会のメンバーを中心として関西地区での議論が先行していたが，のちに日本図書館協会の教育部会において具体的に科目数や単位数の増加に対する提案を検討し，文部省（のちに文部科学省）の審議会で議論するというかたちをとった。規制緩和の枠組みのなかで，議論は制度面の現状維持をふまえており，1960年代終わりから1970年前後にあった上級司書の議論については，養成段階で付与するのではなく，責任ある機関が研修の体系を整備して担うかたちをとることになった。そうして公表されたのが，文部省生涯学習審議会社会教育分科会が1996年に公表した「社会教育主事，学芸員及び司書の養成，研修等の改善方策について（報告）」である。司書講習については従来の科目表に比べて，社会教育主事，学芸員に共通する生涯学習概論を新設したことのほか状況に合わせた科目設定が行われ，全体の単位数は最低20単位となった。この報告に基づいて1996年に図書館法施行規則が改正された[56]（司書35）。

この改革には，3つの社会教育関係法定資格の足並みをそろえて生涯学習社会を支える専門家を育成するという意図が存在したことは事実である。だが，これらがもともと専門資格的な側面をあまりもたず，学んだ人が単位をそろえれば資格となるという点で，規制緩和時代の生涯教育の典型となるような役割を果たすことになったことは皮肉である。

　他方，同じ1990年代に，子どもの読書の問題が政策的な次元で議論されることが増えてくる。1993年に図書議員連盟とは別に，子どもと本の議員連盟が発足した。子どもの本離れ，読書離れは，児童書出版，幼稚園，保育所，小中学校，児童図書館，学校図書館といったさまざまな分野の関係者に共通の問題として意識されていて，それは2001年の子どもの読書活動推進法の制定につながっていった。これにより，自治体ごとに子どもの読書活動の推進に関する基本計画を策定することが求められるようになった。

　また，デジタルメディアではなく，印刷出版メディアの市場を守ろうという動きは，新聞社も含めた印刷媒体の生産者および流通業者，そしてそれを媒介する図書館等の公的機関全体の課題としても認識され，2003年の文字・活字文化振興法の公布に結び付いていった。このようにして，この時期の議論としては生涯学習が叫ばれ，また，子どもや青少年の読書振興が重視され，さらに活字メディアの市場の維持と読者の育成が大きな課題となった。

　もう一つ，司書教諭資格制度の大きな変更が1990年代後半から2000年代前半にかけてあった。これについて次節の（2）項で述べることにする。

8　21世紀の図書館情報学教育

（1）バブル経済崩壊とネット社会時代の図書館情報学

　1990年代から21世紀初頭にかけてはポストバブル経済の時代であり，マクロな政策としては新自由主義が採用されたということができる。具体的には，行政としては中央省庁の再編・スリム化が行われ，財政としては歳出削減および歳入構造の見直しがめざされた。また，競争市場を前提として規制緩和をめざし，金融としては国際的な自由な市場においての自己責任を強調した。また，社会福祉や教育などの公共サービスはできるだけスリム化し，公的保障と私的保障を分離して，社会サービスについて新しい基準で実施することが議論された。

他方，この時代はインターネットが一般に普及し，新しい通信方式とコンテンツへのアクセスが可能になった。つまり，従来，有線・無線の通信は特定の通信方式により，音声，文字，画像，動画の特定メディアを一対一あるいは一対多で通信することを可能にするのみだった。だが，インターネットはネット上の仮想空間において，多様なメディア形式のコンテンツに対して，多様な通信方式で通信することを同時に実現することになった。これが図書館情報学にとって重要なのは，多様な形式のコンテンツを扱う仮想的な図書館をネット上に実現可能にしたからである。

　図書館がこれまで扱ってきた文字情報，画像情報，音声情報，動画情報はすべてデジタル化することで，ネット上の仮想図書館で扱うことができるようになったことの影響力はきわめて大きい。集めて蓄積すれば，時間軸で情報を提供できる図書館的な役割が可能になる。分散的なネット空間に置かれた仮想図書館の情報を横断的に検索できるようにするのは，検索エンジンの仕組みであり，それを実現させたのはYahoo！やGoogle等の民間企業であった。こうした企業の無料サービスを通じて世界仮想図書館にアクセスが与えられるようになれば，従来の図書館サービスへの影響は小さくないと考えられた。

　だが，実際には知的財産権の問題や，歴史的な情報資源に対するデジタル化の遅れ，外部に出さない内部情報があることなどによって，ネット空間にある誰もがアクセス可能な情報は一部にすぎないことが指摘されている。そのため，ネットワーク時代の図書館の役割は知的財産権の問題を解決し，情報資源に対するデジタル化を進め，内部にある情報をアクセス可能な外部情報に変換するといったことが指摘できる。だが，こうしたデジタル図書館サービスを本格的に展開できる図書館はそれほど多くないことも事実である。そもそも，市場を前提とした新自由主義経済が支配する時代に公的サービスを前提とした図書館が入り込む余地はあまり大きくない。

　図書館情報学の危機も進んでいる。1980年代に増えた図書館情報学の専門課程であるが，1990年代以降は，公務員系でも民間でも図書館専門職としての就職が可能な職域がかなり限られている。そのため大学によってさまざまだが，以前の名称から「応用社会学部メディアコミュニケーション学科」（東洋大学），「メディア情報学部図書館・アーカイブズコース」（駿河台大学）専門26，「人間情報学部人間情報学科リソースマネージング系列」（愛知淑徳大学）専門27というように変化させている。

1979年開学の国立の図書館情報大学は2002年に筑波大学と合併し，2004年には閉学した 専門22 。単独の4年制大学としてはわずか25年存続しただけだった。名称変更の際に，学部は「情報学群知識情報・図書館学類」 専門25 ，大学院は「図書館情報メディア研究科」という名称を使用していて，必ずしも図書館情報学という名称にこだわっていない。世界的にみてもこのような単独大学は3つしかなかったが，そのうち，デンマークの王立図書館情報専門大学は最近コペンハーゲン大学の情報学専門課程として位置づけられているように，総合大学に位置づけられるのが一般的なあり方といえなくもない（もう一つはフランス・リヨンの国立情報図書館学高等学院〔ENSSIB〕）。

　他方，新しい動きもある。横浜市にある鶴見大学文学部に2004年にドキュメンテーション学科ができた 専門23 。ここに図書館学，情報学，書誌学の3コースがあるが，これらの名称は1980年代以前の名称に戻っている感がある。また2011年に，九州大学大学院統合新領域学府ライブラリーサイエンス専攻が新設された。大学院のみの専攻であり，ここでのライブラリーサイエンスは従来の意味の図書館学よりも広い概念で，"ユーザーの視点に立った情報の管理と提供を確保し，同時に「知の創造と継承」を支えるあらたな「場」（これを「ライブラリー」と呼びます）を科学"するとされている。そこには記録情報管理や文書館学（アーカイブズ学），書誌学などの分野が併せて存在していると考えられる。

　このように，20世紀末に図書館情報学という言葉でまとまったようにみえたこの領域がさまざまな状況の変化によって名称の変更と再度の統合を余儀なくされている様子が分かる。

（2）学校図書館法の改正

　先にも述べたように，学校図書館法附則で，当分の間，司書教諭を置かないことができると定められていたため，司書教諭の配置が進まなかった。1990年代になると，子ども読書の推進や学校カリキュラムの変化などを受けて1997年にこの規定が改正された。これにより，司書教諭を置かないことができるのは2003年3月31日までの間となり，12教室以上の学校に義務設置されることになった。これは，全国の学校の半数以上に形式的にせよ司書教諭が配置されたという点できわめて重要な改正ではあったが，別の理由により司書教諭の役割について学校において議論が進まなかったという点で多くの関係者の期待を裏

切るものであった。

　20世紀末から21世紀初頭にかけては，文部科学省としては生涯学習政策を前面に出し，学校教育についても「ゆとり」を合い言葉にして従来の習得型の学習から多様な学習方法を取り入れたカリキュラムへと移行する路線を歩むことを想定していた。しかしながら，一部の経済学や自然科学系の研究者や教育学者によって確かな学力をつけさせるカリキュラムを議論する声が高まり，それはマスメディアを通じた国民的な議論ともなった。こうして，2002年から始まった新しい学習指導要領で想定する学習が総合的な学習の時間を正科に取り入れるなどの新しいタイプのものであったのに対して，従来型の学力観へと戻す力となり，2003年にはそれに対応した指導要領の一部変更が行われた。

　こうした動きが学校図書館制度にも影響しないわけはない。司書教諭が教員の校務分掌の一つにすぎない状態では，学校全体の教育方法，教育評価に関わる動きによって，新しい学校図書館を利用した学習方法へのサポートなどが積極的に行われるわけにはいかなかった。2012年度の文科省の調査によれば，学校における司書教諭の配置は12学級以上の学校では100％に近く，11学級以下を含めたすべての学校においても60％強となっている。(58)だが，それらのほとんどは図書館の運営に関わる程度の役割しか果たすことができない状況であった。

（3）図書館法の改正

　初等中等教育を新しい世紀に合わせたものに変化させることができなかったことは，生涯学習政策にも影響を与えた。20世紀末に文科省が生涯学習政策局を筆頭局に位置づけたにもかかわらず，その後も実際には初等中等教育局がもっとも重要な役割を果たしている状況に変化はない。このなかで，2000年代初頭に生涯学習政策局において図書館法と博物館法の改正が行われた。そのために，社会教育課に図書館と博物館の「在り方検討協力者会議」が設置され，それぞれ報告書「これからの図書館像―地域を支える情報拠点をめざして―」（2006年3月）司書38，「新しい時代の博物館制度の在り方について（報告）」（2007年6月）を発表して，新しい時代の図書館，博物館についてのイメージを明らかにした。それに加えて，2009年2月にはそれぞれの専門職員である司書・司書補，学芸員・学芸員補の養成についての報告書が出されている。(59)

　これらの報告書が司書，学芸員の新しい役割に言及し，それを可能にするための司書養成，学芸員養成を前面に出したことにより2008年4月に法改正が行

われた。前から述べているように，司書養成は制度的には司書講習しか存在せず，法的には大学での正規課程の養成は司書講習を読み替えるという変則的な法解釈が行われていたが，今回の改正により，大学での養成と司書講習がそれぞれ法に位置づけられ，順序も大学での養成が先になった。現状に合わせて大学の課程を中心とする養成体系になり，最低の単位数も20単位から24単位に増えた。また，学芸員に関しては，従来の12単位から19単位と大幅に増加している。これは2010年4月から施行された。

　以前に比べれば，生涯学習政策の一環として整備が進んだとはいえるだろうが，司書にせよ学芸員にせよその改革はあくまでも法的な枠組みを変えることなく，遅れていたものを現状に合わせて進めたにすぎない。たとえば，司書，学芸員は法において大学他での所定の単位取得によって「司書（学芸員）となる資格を有する」という表現があるだけで，資格を授ける主体がはっきりしない。教員資格の場合，教育職員免許法によって，大学が規定の科目を開講し，受講生はそれらを学んで単位を取得し，最終的に都道府県教育委員会に申請して資格を授けられることになっている。しかしながら，司書や学芸員の資格取得者が何人いるのか，文科省の統計に一切現れていない。これは大学も法的な資格賦与者になっておらず，数を把握していないからだ。では，図書館協会や博物館協会などの民間団体がそうしたことをやっているかといえばやっていない。こんな資格でよしとしているところに生涯学習関係が軽視されている文科省内部の状況がよく現れているし，民間団体もやるべきことの本質が分かっていないのである。

　なお，日本図書館協会は2010年度より認定司書の制度を始めた。これは，司書資格をもつ同協会会員にさらに体系的な研修を受けてもらうと同時に最終的に論文を提出しそれを評価することで，認定司書として審査委員会が認定するというものである。司書全体の研鑽努力を奨励し，司書職のキャリア形成や社会的認知の向上に資することをねらいとし，2013年度までの3年間で71人の認定司書が生まれている。これ自体は自主的な努力として評価されるべきものであるが，問題は司書資格が前提としている図書館法上の公共図書館の有資格者だけが対象になり，他の館種の職員には適用されなかったことである。また，公立図書館だけを考えても正規職員数だけで1万1000人ほどあり，うち司書資格保持者が5900人ほどいるなかで，この程度の数の認定司書の存在がどのような影響力をもつのかについては未知数である。

（4）LIPER 研究と図書館情報学教育の現在

　LIPER（Library and Information Professions and Education Renewal）は，日本図書館情報学会の創立50周年事業の一環として，2003年度から科学研究費補助金を受けて3カ年で行った図書館情報学教育に関する共同研究である。当時の上田修一同会長を研究代表者として，筆者も含めて多数の関係者を集めて開始された。LIPER の正式名称は「情報専門職の養成に向けた図書館情報学教育体制の再構築に関する総合的研究」であって，この通称はアメリカでやはり図書館情報学教育の動向を研究した調査の略称 KALIPER から借りたものである。その目的は，国際水準からみて著しく立ち遅れているようにみえる図書館専門職の養成の現状を評価して，望ましい改善策を提案するところにあった。

　LIPER は，いくつかの研究グループによる個別の研究と図書館現場からの直接の意見の吸い上げや議論をもとに，2006年3月に報告書 共通5 をまとめて終了した。その間，学会の創立50周年国際シンポジウムでは KALIPER の責任者であったミシガン大学情報図書館学大学院のデュランス（Joan Durrance）教授を招待して講演をしてもらってもいる。最終報告書の内容は次のとおりである。

(1)　図書館員養成の基本が法的制度としての司書養成や司書教諭養成となっている
(2)　それで専門的とされていることで国際水準から著しく乖離している
(3)　図書館員の養成・研修は戦後館種ごとにばらばらになったままである
(4)　図書館情報学の専門教育と司書養成・司書教諭養成教育が分離している
(5)　図書館法の「大学における図書館の科目」の法制化が行われていない
(6)　養成された司書等の知識・技術水準について評価されていない

こうした分析をもとにして，同報告書はいくつかの提言を行っている

(1)　将来的には国際水準に合わせて大学院レベルでの図書館情報学の専門教育を標準とすべきこと
(2)　そこに達するまではできるだけ個々の司書養成課程において工夫して館種を超えた共通の基礎領域をあつかうことを目標にする

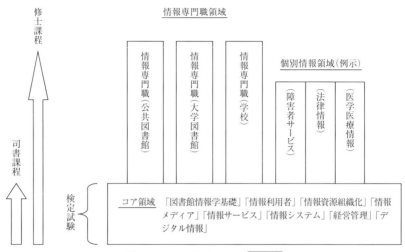

図序-3　LIPER提言の骨子 共通5

(3) 教育評価に使用できる図書館情報学検定試験の実施を検討する

　この提言では併せて，現行の司書課程と将来的な大学院での養成の関係を示すとともに，将来的に大学院で実施すべきカリキュラムの案と，その一部にあたる当面は司書課程で実施すべきコア領域科目を示した。これが図序-3である。

　提言は，将来的には大学院レベルでの養成を行う必要があるが，現時点では司書養成制度が厳として存在しているから，これを単に公共図書館員を養成するだけでなく，もっと多様な図書館専門職とする方向へ打ち出すことを強調している。また，その手段として，図書館情報学検定試験を実施することで「一つの図書館情報学」に導くことを意図している。幸いにも2008年の図書館法改正によって，大学での司書養成が制度化された。これ自体がLIPERの検討を反映しているといえるが，省令改正による司書養成科目が13科目24単位になり，選択科目のなかには，「図書館サービス特論」「情報サービス特論」「図書館総合演習」といった館種を拡張した教育内容を取り込めるようになり，全体に館種を超えた教育が可能になっていることが特徴である。

　この報告と提言を受けて，その後，筆者を研究代表者として2期の科学研究費受領によってこれをどのように進めるのかについての検討を行ってきた。

LIPER2（2006-2009），LIPER3（2010-2014）は，LIPER報告提言を実現するために，「一つの図書館情報学」をつくるために避けて通れない図書館情報学検定試験を実施し，その前提となる一つの知識をまとめるために「図書館情報学教科書」の刊行を行ってきた。検定試験に関しては，2007年度から試験的運用を始め，2010年度からは学会主催で正式に実施し，2013年度までに毎年200人から300人ほどの受験者を集めた。また，3巻本の「図書館情報学シリーズ」の教科書を関係者に分担執筆してもらい，アメリカの標準的な図書館情報学概説書の翻訳も併せて進めた。

このようなLIPERの改革は新しい世紀の一つの在り方を示したものであったが，あくまでもアメリカ的な専門職養成制度を念頭に置いて構想しているために，日本的な行政制度や人事制度，およびそれに対応した教育制度との関係がうまくいっていなかったことも確かである。国を挙げての司法改革の一環として法科大学院制度がつくられたのにもかかわらず，これが当初の設計どおりうまく進まず合格者数が減っていることが典型的に示している。まして，当初から行政や教育制度の末端に置かれていたにすぎない図書館員養成はなかなか苦難の道を歩むほかないということがいえよう。

おわりに

2005年度から2007年度まで文部科学省生涯学習政策局で開催された「これからの図書館の在り方検討協力者会議」に筆者も参加した。このなかの司書養成の議論に際して，筆者はLIPERの研究成果と歴史的な認識をふまえて次のことを主張した。

> 司書養成を国際水準に合わせ変更し，大学・大学院で38単位取得（これは以前から目安になっている単位数）を義務付ける必要がある。これにより，司書資格は公共図書館だけではなく，館種を超えた図書館専門職の養成の共通基盤になる。さらに次のことを検討すべきである。
> 1　司書補の廃止（図書館法4条，5条，6条の改正）
> 2　司書講習の廃止（5条1項1号の廃止，猶予期限を設ける）
> 3　司書の最低学歴要件を学士とする（5条1項2号の改正）
> 4　大学における図書館に関する科目の制度化（5条1項2号の改正）

5 省令の全面改正（大学における科目の追加と科目・単位の大幅見直し）

 だが，このなかで実際に検討が行われ，改正をみたのは4と5のみである。LIPERの議論の成果は4の大学の科目の制度化を実現させたことにより一応の反映はあったという見方もあるだろう。だが，それは何よりも2，3を前提としていることであり，さらに，過去の議論をふまえれば38単位という単位数とそれが前提としている司書の位置づけを実現して初めていえることである。

 筆者は，LIPER研究の担当者として文科省の学術情報，学校図書館，公共図書館の各担当部局に働きかけを行ってみたが，担当者の言によれば法改正は不可能ではないが，そのためには利害関係者間の調整や世論の働きかけが重要だということだった。後で，中央省庁の「協力者会議」は最初から議論の枠組みが与えられており，図書館の方の会議については最初から現行図書館法の枠組みのなかで議論することになっていたと聞いた。このことの確認をしないままにスタートしたために，議論はすれ違いのままであり，年度の代わり目で筆者は委員を降ろされたことがそれを物語る。要するに，研究成果だけでは不十分で，図書館界としての合意をつくり戦略的に行政当局に働きかけをする必要があるということである。

 2006年度から，同じ生涯学習政策局にこの会議と並行して「これからの博物館の在り方検討協力者会議」がつくられ，登録博物館制度と学芸員養成制度について法改正を前提とした制度改革がめざされていた。学芸員は司書と1年違いの1951年博物館法で制度化されたときから，学士を学歴要件としていた。また，学芸員講習も最初はあったのだが，1955年の法改正で廃止され，大学での養成と認定試験ほかによって資格付与を行っており，司書と別の道を歩んできた。だが結局のところ，学芸員課程が司書課程と並んで置かれている大学も多く，比較的簡単にとれることから，その専門性が重視されてきたとはいえない。

 今回の会議のなかでは，従来，大学で出していた学芸員資格を「基礎資格」として1年間の現場経験がなければ正規の学芸員資格（上級学芸員あるいは専門学芸員）にしないというように，かなり制度の根幹に関わるところから見直しの議論をしていたことは確かで，それはマスメディアでも報道された。[65] 博物館の議論は最初から法改正も前提とした議論の場となっていたようだが，こちらにしても，学芸員課程の関係者の大きな反対の声により，科目数・単位数の増加のみで基本的な制度改革はできないままに終わった。既得権を前提とし，根

本的な制度改革を行うことを拒否し先に進めない状況は学芸員・司書ともに共通しているように思われる。

　図書館に関しての館種を超えた職員養成の議論は，1960年代なかばの日本図書館協会における議論，1980年代初頭の図書館事業基本法の提案，そして2000年代中頃のLIPERによる提言の計3回の機会があった。最初の二つは批判が強くそのまま立ち消えになり，最後のLIPERについては検定試験の実施というかたちで2013年度まで継続して実施していたが，それも見直しを余儀なくされている。図書館情報学の関係者が職業集団として一つにまとまる見通しはついていない。

　筆者が常々主張しているように，日本には，歴史的に知を広く媒介する仕組みが存在していたが故に，そのための専門家の存在を必要とせず，図書館員の存在を軽視してきた。これまでみてきたように，20世紀末のデジタル通信革命は図書館情報学的な知の存在をすべての人々に突きつけたが，図書館情報学そのものがこの革命に十分対応しきれていない。それはアメリカですらそうであり，まして，ほそぼそとやってきた日本ではなおさら難しいことである。

　だが，阪神淡路大震災や東日本大震災を経験して，記録や知識を歴史的に媒介する仕組みが日本に十分形成されていなかったことが明るみになった。たとえば過去の津波の高さについて，近代的な観測体制ができてからのものは分かっているとしても，それ以前に実は100年単位の頻度で起きる巨大津波にはほとんど対応できていないことが指摘された。こうしたことのために図書館，博物館，文書館のような施設の重要性が再認識されている。このような大きな歴史観に立った図書館情報学教育の再構築が必要になっているといえる。

注
(1)　山本七平「"虚学は"索引のない本"」『日本経済新聞』1976年4月5日付け．
(2)　武居権内『日本図書館学史序説』理想社，1960，477p．
(3)　竹林熊彦『近世日本文庫史』大雅堂，1943，436p．小野則秋『日本文庫史研究』上，大雅堂，1944，714p．
(4)　菅原春雄「我が国における図書館学教育の発展について」『研究紀要（文教大学女子短期大学部）』21集，1977.12，p.49-58．
(5)　アメリカにおけるlibrary scienceとlibrarianshipの歴史的関係，およびそれらの訳語としての図書館学がどのように使われているかは厳密な議論の必要があるが，本章では特に区別せずに一貫して図書館学の用語を使う．
(6)　この部局は占領行政のための記録管理と情報サービスを行っていた．占領末期の1950

年以降,民間史料局(Civil Historical Section:CHS)と改称され,占領体制を自己評価する報告書作成を主たる任務とするようになった。高野和基解説・訳『占領管理の体制』 *GHQ/SCAP History of the Non-Military Activities of the Occupation of Japan, 1945-1951.*(GHQ日本占領史 2)日本図書センター,1996,p. 68-71.

(7) 近年CIE図書館についての研究が進んでいる。大島真理「CIE図書館の女性図書館員たち」『図書館界』Vol. 56, No. 4, 2004. 11, p. 224-235. 豊後レイコ『あるライブラリアンの記録:レファレンス・CIE・アメリカンセンター・司書講習』女性図書館職研究会,2008, 54p. 今まど子「CIEインフォメーションセンターの活動」『現代日本の図書館構想:戦後改革とその展開』今まど子・高山正也(編著)勉誠出版,2013, p. 87-154.

(8) ALAの国際関係特別委員会の動きを中心に米国図書館関係者の図書館政策への働きかけについて次の論文で述べている。根本彰「占領初期における米国図書館関係者来日の背景:ALA文書ほかの一次資料に基づいて」『図書館情報学会誌』Vol. 45, No. 1, 1999. 3, p. 1-16.

(9) 1947年来日の学術顧問団,1948年来日の人文科学顧問団や1951年に来日した工業教育使節団がそれである。これらについては,中山茂「サイエンス・ミッションズの来日」『通史日本の科学技術 1 占領期1945-1952』学陽書房,1995,p. 122-131.

(10) 戦後教育改革におけるGHQ/SCAPの図書館政策を概観したものに,奥泉栄三郎「図書館政策」明星大学戦後教育史研究センター編『戦後教育改革通史』明星大学出版部,1993, p. 361-374がある。

(11) 中村百合子『占領下の学校図書館改革:アメリカの学校図書館の受容』慶應義塾大学出版会,2009,394p.

(12) 大佐三四五『図書館学の展開』丸善,1954,p. 148-153.

(13) 根本彰「IFEL図書館学講習について」『占領期教育指導者講習会研究集録 昭和25年 図書館学』すずさわ書店,2001,p. 3-10.

(14) 佐藤貢「IFEL受講者の評価」『中部図書館学会誌』Vol. 2, No. 1, 1960. 9, p. 163-177.

(15) 前掲(12), p. 135-137.

(16) 同上,p. 138-143.

(17) 三浦太郎,根本彰「占領期日本におけるジャパン・ライブラリースクールの創設」『東京大学大学院教育学研究科紀要』41巻,2002. 2,p. 475-490.

(18) 「ダウンズ報告書」の全文は,『国立国会図書館三十年史 資料編』国立国会図書館,1980, p. 393-425. に掲載。ライブラリースクールについては,p. 399 参照。

(19) ちなみに,候補大学は東京,慶應,早稲田,日本,京都,同志社であった。裏田武夫「まぼろしの東大ライブラリー・スクール:GHQ文書ファイルにもとづいて」『東京大学情報図書館学研究センター紀要』第1号,1982. 3,p. 3-38.

(20) ロバート・ギトラー「日本図書館学事始め」『ライブラリアンズフォーラム』Vol. 1, No. 3. 9, 1984. 9,p. 3-11. なお,この文章はギトラーが座談会で話した内容に澤本孝久氏によって翻訳編集の段階でかなり手が入れられているということから,そのとおりに話されたかどうかは定かではない。高山正也「慶応義塾大学図書館学科創立に関する主要資料の解題」『Library and Information Science』No. 28, Special Issue 1990(1991. 8),

⑳ p. 22. なお，ギトラーは来日直後に京都大学に設置することを希望したとの証言もある。小倉親雄「ギトラーさんとの再会」『IFEL 図書館学』11号, 1959. 4, p. 62.
㉑ なおダウンズはギトラーの決定に賛意を示したということである。細野公男「図書館・情報学科40年をふりかえって」『Library and Information Science』No. 28, Special Issue 1990 (1991. 8), p. 3.
㉒ このことは翌年の図書館大会で議論されている。「全国図書館大会記録」『図書館雑誌』Vol. 45, No. 1, 2, 1951. 12, p. 254. さらに石山洋氏が証言している。「石山洋氏インタビュー」日本図書館情報学会50周年記念事業実行委員会編『日本図書館情報学会 創立50周年記念誌』日本図書館情報学会, 2003, p. 36.
㉓ 海後宗臣『教育学五十年』評論社, 1971, p. 232.
㉔ 裏田武夫「司書養成の問題点」『図書館界』Vol. 5, No. 4, 1953. 12, p. 126.
㉕ 天野敬太郎編『図書館総覧』文教書院, 1951, p. 238.
㉖ 橋本孝「図書館員の教育をこう進めている」『図書館雑誌』Vol. 53, No. 4, 1959. 4, p. 112-113.
㉗ 1962年度から入学条件が変わり，文学部学生を中心とするようになったことについては，慶応義塾大学文学部図書館・情報学専修の倉田敬子氏に『学科要覧』をもとに調査していただいた。ご協力に感謝したい。
㉘ 前掲㉖, p. 113-114.
㉙ 西崎恵『図書館法』(復刊) 日本図書館協会, 1970, p. 79.
㉚ 今まど子「図書館学教育部会」『近代日本図書館の歩み』本編, 日本図書館協会, 1993, p. 491-495.
㉛ 塩見昇「司書・司書補とその養成」『図書館法を読む』森耕一編, 補訂版, 日本図書館協会, 1995, p. 113.
㉜ 以上，塩見昇『日本学校図書館史』全国学校図書館協議会, 1986, p. 143-182. 前掲⑪.
㉝ 広松邦子「戦後教育改革と学校図書館」『図書館年鑑 1983』日本図書館協会, 1983, p. 282-288.
㉞ 岩猿敏生『大学図書館』雄山閣, 1976, p. 60-63.
㉟ 伊東正勝「1958年の図書館：図書館学教育」『図書館雑誌』Vol. 52, No. 12, 1958. 12, p. 402.
㊱ 38単位以上の私立大学として慶應義塾大学と早稲田大学が挙げられているが，早稲田大学については当時そのような図書館学の教育体制をもっていたかどうか不明である。
㊲ 根本彰, 三浦太郎「日本図書館情報学会20年略史 (1952年-1972年)」『日本図書館情報学会創立50周年記念誌』日本図書館情報学会, 2003, p. 1-20.
㊳ 「学会彙報」『図書館学会年報』Vol. 2, 1955. 10, p. 112.
㊴ 前掲㉓, p. 269.
㊵ 森耕一「学会の印象」『図書館界』Vol. 7, No. 5, 1955. 11, p. 176. 裏田武夫「学会の進歩を第3回学会に見る」『図書館雑誌』Vol. 49, No. 12, 1955. 12, p. 427-429.
㊶ 「図書館大会記録 (教育部会)」『図書館雑誌』Vol. 53, No. 8, 1959. 8, p. 342-343.
㊷ 『情報管理便覧』日刊工業新聞社, 1963, 1330p., 『情報管理実務講座』日刊工業新聞

社, 1965-1966, 全12巻. 文部省大学学術局編『ドキュメンテーションハンドブック』東京電機大学出版局, 1967, 715p.

㊸ この時期の大学での図書館学教育と司書資格の関係については未解明の点が多い。資格を誰の権限で出すのか, 大学長の権限で出す際の基準は何かというあたりのことである。1953年度に, 文部省が大学で開講している科目を認定して取得者に資格証明書を出すことが始まった(「図書館学講座略年表」『東洋大学図書館学講座史』東洋大学図書館学講座, 1975, p. 18.)。これが, 大学で養成する際に司書講習科目を準用したカリキュラムを採用することにつながったと考えられる。ここには大学の自治と文部行政との関係もからんでの複雑な議論がありうるが, 今後の検討課題としたい。

㊹ 「図書館学教育の改善刷新に関する陳情」『図書館雑誌』Vol. 56, No. 6, 1962. 6, p. 290-291, 310.

㊺ 「図書館学教育改善試案」『図書館雑誌』Vol. 59, No. 9, 1965. 9, p. 406-411.

㊻ 中島俊教「改訂のねらいと留意点」『図書館雑誌』Vol. 62, No. 6, 1968. 6, p. 218-220. 同「司書養成制度の現状と将来」『現代の図書館』Vol. 9, No. 2, 1971. 6, p. 92-96.『昭和63年度全国図書館大会記録』日本図書館協会, 1988, p. 226-228.

㊼ 以上は, 文部科学省社会教育課に残されているこの会議の会議資料による。残されているのは, 計7回のうちの第1回, 2回, 3回, 4回, 6回, そして7回の会議の式次第および配付資料の一部と最終報告書である。残っている配布資料の多くは委員に事前に意見を提出してもらって, それをタイプで打ち直したものである。議事録は存在していないようだ。これらについては, 根本彰「司書講習等の改善に関することについて(報告)」(1967) の解説『日本図書館情報学会誌』Vol. 53, No. 3, 2007. 9, p. 172-182. で解説し, 資料を付与している。

㊽ 「図書館学教育改善試案」『図書館雑誌』Vol. 66, No. 6, 1972. 6, p. 30-34.

㊾ このような議論をリードした室伏武には次の論文がある。室伏武「司書講習廃止論」『図書館界』Vol. 23, No. 6, 1972. 3, p. 224—227. 室伏武「司書職制度論」『図書館界』Vol. 24, No. 6, 1973. 3, p. 251-257.

㊿ 日本図書館協会図書館員の問題検討委員会「「図書館学教育改善試案」について」『図書館雑誌』Vol. 67, No. 1, 1973. 1, p. 25-26. 是枝英子「図書館学教育改善試案への質問」『図書館雑誌』Vol. 67, No. 2, 1973. 2, p. 69-70. ほか

(51) 日本図書館協会図書館学教育部会『図書館学教授要目』作成委員会『図書館学教授要目』日本図書館協会, 1976, 82p.

(52) 『図書館情報大学史：25年の記録』筑波大学図書館情報メディア研究科, 2005, p. 6-7.

(53) 松本直樹「司書資格成立過程・現状：日本の専門職養成の構造からみた図書館専門職養成の検討」シンポジウム「日本の専門職養成の構造からみた図書館専門職養成の検討」2013年3月16日, 東京大学. http://www.jslis.jp/events/130316/130316_matsumoto.pdf (2014年5月1日確認) より。

(54) 「特集「図基法」(図書館振興基本法) 状況を考える」『季刊としょかん批評』No. 1, 1982, 207p.

(55) 「IFLA 東京大会20周年記念懇話会」http://www.nichigai.co.jp/lib_support/ifla2.html

（2014 年 5 月 1 日確認）
⑯ 渡辺信一，柴田正美「「司書・司書補講習科目の内容」改正：最近の動き」『図書館界』Vol. 44，No. 2，1992. 7，p. 76-80.
⑰ http://lss.ifs.kyushu-u.ac.jp/（2014 年 5 月 1 日確認）
⑱ 文部科学省初等中等教育局『平成24年度学校図書館の現状に関する調査』文部科学省，2012，61p. http://www.mext.go.jp/a_menu/shotou/dokusho/link/_icsFiles/afieldfile/2013/05/16/1330588_1.pdf（2014 年 5 月 1 日確認）
⑲ 以上の報告書については，文科省の HP に置かれている。「これからの図書館の在り方検討協力者会議」http://www.mext.go.jp/b_menu/shingi/chousa/shougai/019/，「これからの博物館の在り方検討協力者会議」http://www.mext.go.jp/b_menu/shingi/chousa/shougai/014/（2014 年 5 月 1 日確認）
⑳ LIPER のホームページは次のところにあり，以下の報告書等もすべて残してある。http://www.jslis.jp/liper/index.html（2014 年 5 月 1 日確認）
㉑ 日本図書館情報学会『2013年図書館情報学検定試験の結果分析』日本図書館情報学会，2014，10p.
㉒ 根本彰編著『図書館情報学基礎』東京大学出版会，2013，267p. 根本彰，岸田和明編著『情報資源の組織化と提供』東京大学出版会，2013，198p. 根本彰編著『情報資源の社会制度と経営』東京大学出版会，2013，286p.
㉓ リチャード・ルービン著，根本彰訳『図書館情報学概論』（*Foundations of Library and Information Science, 3*rd *ed.*）東京大学出版会，2014，372p.
㉔ 根本彰「図書館員養成とポスト LIPER 報告」『図書館雑誌』Vol. 101，No. 11，2007. 11，p. 741-743.
㉕ http://www.mext.go.jp/b_menu/shingi/chousa/shougai/014/shiryo/07012608/004.htm（2014 年 5 月 1 日確認）
㉖ 根本彰「日本の知識情報管理」『理想の図書館とは何か：知の公共性をめぐって』ミネルヴァ書房，2011，p. 3-22.
㉗ 石川徹也，根本彰，吉見俊哉編著『つながる図書館・博物館・文書館：デジタル化時代の知の基盤づくりへ』東京大学出版会，2011，272p.

（根本　彰）

第Ⅰ部

戦後日本の図書館情報専門職の養成と教育

第1章

図書館情報学専門課程の変遷
―― 組織改革を通じた学の模索 ――

はじめに

　本章は，第二次世界大戦後に設置され学科以上のレベルで図書館情報学専攻をもつ大学について，その沿革と概要を一次史料に基づき概観したものである。本章では，以下のような時代区分にしたがい順を追って図書館情報学の専門課程について述べていく。

- 1期：図書館情報学教育黎明期（1947年～1953年）
- 2期：図書館学教育の模索（1954年～1976年）
- 3期：図書館情報学の確立（1977年～1984年）
- 4期：図書館情報学の拡大（1985年～1994年）
- 5期：図書館情報学の変容（1995年～2009年）
- 6期：ポスト図書館情報学の構築（2010年～2013年）

　1期は，大学基準協会による分科教育基準として「図書館員養成課程基準」の検討がはじまった1947年から，慶應義塾大学文学部図書館学科の設置を経て日本図書館学会が設立されるまでの時期を対象とする。2期は，大学基準協会による「図書館学教育基準」が発表された1954年から1976年までの，東洋大学応用社会学部図書館学専攻の設置，国立図書館短期大学の設置など学部レベルでの図書館学の専門課程の設置や，慶應義塾大学における図書館・情報学の大学院レベルの研究教育の開始にいたる時期をたどる。この時期は日本図書館協会教育部会を中心に図書館学の教育と研究が一体的に議論され，後の図書館情報大学の開学への道筋を切り開いた時代でもある。3期は1977年の「図書館・情報学教育基準」の発表から図書館情報大学設立にいたる時期を扱い，日本に

おける図書館情報学の確立期の状況をたどり当時の図書館情報学の射程を検討する。4期は愛知淑徳大学文学部に図書館情報学科が設置された1985年から，駿河台大学に文化情報学部知識情報学科が設置された1994年までを対象とし，図書館情報学の拡大期の動きを追う。5期はインターネットが本格的に普及し，図書館情報学が図書館への求心性を弱めつつ知識情報資源全般に関わる領域に対象を拡張していく2010年までの動向をまとめる。専門課程の実質的な動きとしては図書館情報大学の閉学，東洋大学，駿河台大学などの学部レベルにおける専門課程で大胆な改組がみられた時期である。6期は愛知淑徳大学が文学部図書館情報学科を人間情報学部人間情報学科へと改組した2010年から，九州大学大学院に統合新領域学府ライブラリーサイエンス専攻が設置されるまでの時期をみていく。

　各機関の歴史は，各機関に所属する教員によってその詳細が明らかにされてきた。戦後の図書館専門職養成においてもっとも長い伝統をもつ慶應義塾大学の沿革は『Library and Information Science（慶應義塾大学文学部開設100周年記念特別号）』，『慶応義塾大学文学部図書館・情報学科50年記念誌』に，戦前期から図書館員養成を行ってきた筑波大学前身校については，『図書館情報大学同窓会橘会八十年記念誌』，『図書館情報大学史：25年の記録』に歴史がまとめられている。東洋大学は『東洋大学図書館学講座史』や岩淵泰郎の論考がある。愛知淑徳大学は学科創立10周年に，駿河台大学は創設10周年と文化情報学部終了時にその歩みをまとめている。ただしこれらの論考は記念誌的な性格をもち，各教育機関の文化的政治的背景のもとで特定の視点から書かれている部分もある。

　また図書館学教育に関わる雑誌の特集号において各専門課程の状況が明らかにされてきた。2003年に行われた日本図書館情報学会創立50周年記念シンポジウムでは慶應義塾大学・筑波大学・東京大学の専門課程が所属教員によって紹介され，各専門課程の教育・研究と図書館情報学教育全体に関わる深い議論がなされている。橋本典尚は1990年から2000年を対象に，図書館情報学科の専門課程をもつ3機関を分析しているが，1950年代から現在までの図書館学／図書館情報学の専門課程を通史的に扱った先行研究は存在しない。

　本章では，専門課程の設立時に焦点をあてて各機関が文部省／文部科学省に提出した認可申請書等の大学課程設置審査書類をたどることで，それぞれの大学がどのような理念と政策のもとで図書館学／図書館情報学の教育・研究を創造しようとしていたのかを探り，それらがいかなる時代背景のなかにあったの

かを検証する。

1 図書館情報学教育黎明期
——1947年～1953年——

（1）大学基準協会図書研究委員会による図書館学教育に関する基準の検討

　大学基準協会は1947年に大学基準改定案として"専門科目については別表の各分野ごとに示された各部門にわたり適当数の授業科目を設けなければならない"と改め，分科教育基準に関して別表を添付する改訂を行った。[9]同時期に分科教育基準が作成されたのは社会事業学，新聞学，歯学，家政学，神学，仏教学，体育学，芸術学である。[10]

　1948年に基準委員会が設置した関西地区の図書研究委員会のメンバーは以下のとおりである。鳥養利三郎（委員長・京都大学），原隨園（副委員長・京都大学），勝義孝（京都府立医科大学），松好貞夫（同志社大学），平田隆夫（立命館大学），宮崎圓遵（龍谷大学），多屋頼俊（大谷大学），清水辰次郎（大阪大学），飯田繁（大阪商科大学），森川太郎（関西大学），冨士貞吉（大阪医科大学），田中達男（大阪理工科大学），宮下孝吉（神戸経済大学），松島周藏（兵庫県立医科大学），東晋太郎（関西学院大学），加地哲定（高野山大学），幹事は本田弘人（京都大学），内藤敏夫（京都大学），宮西光雄（京都大学），田内靜三（大阪大学），田中敬（大阪大学），小野則秋（同志社大学）。CIEの要望により設置された東京地区の分科会のメンバーは以下のとおりである。[11]佐々木吉郎（主査・明治大学），高木八尺（東京大学），河合博（東京大学），山口隆二（東京商科大学），植村琢（東京工業大学），柄澤日出雄（慶應義塾大学），羽里彦左衛門（千葉医科大学），森村豊（日本大学），市川秀雄（中央大学），舟木重彦（上野図書館講習所），加藤宗厚（東京文理科大学），小松芳喬（早稲田大学），田中豊喜（幹事・明治大学）。

　ライブラリアン養成について議論された東京地区第1回会合では"大学課程としての4カ年制の研究を進めると同時に，河合，山口，柄澤の3委員で小委員会を構成し4カ年制の基準案を作成することとなった"。また関西地区第1回委員会では討議資料として"図書館学下級課程（Undergraduate Courses），図書館学上級課程（Graduate Courses），同簡易課程（Shorter Courses）の教育科目を列挙した基準案"が提出された。基準案は図書館学上級課程と簡易課程は削除された上で，1949年3月3日の東京地区第10回会合において了承された。[12]

(2)「圖書館員養成課程基準」の制定

1949年2月28日に制定された基準は「圖書館の任務を完全に且つ有効に果し得るための圖書館員の養成を目的」とし，必修科目は20単位以上，4年制大学の4年あるいは3〜4年で履修可能と定めた 専門1 。選択科目には「学校図書館」，「大学図書館」，「専門図書館の諸問題」を設定し，館種別科目が盛り込まれている。館種別の科目が設定されているのは，1949年の基準のみである。

(3) 慶應義塾大学文学部図書館学科の設置

1951年4月1日に慶應義塾大学に図書館専門職養成のための専門課程が設置された 専門2 。日本初の図書館学科設置の経緯については，すでに先行研究がその詳細を明らかにしている。[13]

図書館学科設置資料の「学科設置概要」では，図書館学科の目的を"本學科は福澤諭吉創業の精神に則り，獨立自尊の人格を育成し，精深な理論と応用の技術を具え且つ公共の福祉に奉仕し得る司書を養成すると共に合わせて我が國における圖書館學の發達を計り，以て廣く文化の發展に貢獻すること"としている。[14] 入学資格は，(1)新制大学第二年次の修了者，(2)旧制高等学校，大学予科修了者，(3)旧制専門学校の卒業者，(4)旧制高等師範学校の卒業者である。一般教養科目（人文・社会・自然）36単位以上，図書館学専門科目・関連科目・自由選択科目（既設科目群から選択）84単位以上，総計120単位の修得が卒業の要件であった。学生定員は50名であり，教授陣はアメリカ人講師5名とアメリカ人司書1名，日本人の兼任講師2名から構成された。[15] 1954年に最初の日本人専任教員が置かれ，1956年には5人全員が日本人となった。[16]

図書館学科設置にあたり一般向けの募集要項である *Japan Library School Announcement Catalogue*（英語版学科要項）と，これを縮約した日本語の「慶應義塾大學圖書館學科要項」（日本語版学科要項）が公表された。要項には設置の経緯とともに「図書館学の意義」という文章が掲載された。冒頭に図書館学が単に書籍の管理に関わる技術ではないこと，図書館を"資料の提供と指導に当る"中核的な施設として位置づけた上で図書館学を"社会の進歩に貢献する人々の要求に應えて知識的且つ啓発的な資料のあらゆる出所と型を獲得し，保存し，利用し，実地に應用する知識と特殊の学問の一体系である"と定義し，アメリカではライブラリーサイエンス，ライブラリアンシップ，ライブラリースタディーズと呼ばれていることを紹介している。図書館は図書館学を身に付

けた専門職によって有効に機能しうるとし，設置の目的が日本初の図書館専門職養成にあることを明記した[17]。

●カリキュラム

カリキュラムについては12科目24単位の必修科目に加え，実習と見学が課せられた。科目の構成としては，分類と目録を中心とする資料組織関係の科目が多く設置され，修得すべき単位数も多い。児童サービスについては，関連科目も含めると3科目が用意されている。

図書館学科はアメリカ・日本の両国で共同運営された。ロックフェラー財団からの資金援助により職員，教材，資料，書籍が提供され，慶應義塾大学では教室や事務所などの設備を用意した。同学科にはアメリカ型のライブラリアン養成プログラムが導入され，ライブラリアンシップの精神と実務的な専門職スキルを直接日本に移入するものであった。このような実務中心の図書館専門職養成の試みは，1956年6月30日にロックフェラー財団の財政援助が終了するまで続いた[18]。

図書館学科および図書館・情報学科の変遷については，所属教員がまとめた先行研究がある[19]。1972年のカリキュラム改訂が最も大きな改訂であり，公共図書館向きの実務教育から各館種の問題をアカデミックに扱う方向への転換がみられた。1984年のカリキュラム改訂は慶應義塾大学文学部の学則改定，学科の研究対象領域の変化，情報技術の進展が背景にあった。研究課題の中心は科学コミュニケーションを中心とした「情報学」研究へと移り，その成果は1983年に出版された『図書館・情報学概論』に結実した[20]。その後1984年度までに，情報システム系，資料組織系，資料系の3専攻が設けられ，1989年度，1991年度のカリキュラム改訂を経て1993年に図書館コース，情報メディアコース，情報検索コースの3コース制が導入された[21]。

（4）日本図書館学会の設立

1952年4月28日，日本図書館学会が創立に向けて発表した「日本図書館学会設立の趣旨」 専門3 には，既設の図書館関係団体が，それぞれの研究機能を学会に結集する必要性と研究活動を相互に支援しあうための組織の必要性が示された。設立の趣旨において学会は，研究面に焦点を定めて活動を行っていく姿勢を明確に打ち出した。1960年代以後，図書館学専門課程をもつ大学は徐々に増加したが，国内の図書館学専門課程をもつ機関間で公的な連携が形成され

ることはなかった。日本図書館学会は，研究者同士を結び付け学術研究を通して専門課程教育機関の関係性を構築し，図書館学教育について検討する場として機能した（本書序章5（2）を参照）。

2　図書館学教育の模索
——1954年～1976年——

（1）大学基準協会「図書館学教育基準」の制定

1950年4月18日に基準委員会は「図書館学教育基準案」を再審議したが，1949年3月に削除された修士課程における図書館学課程および図書館事務簡易課程が保留扱いで再審議され，再び保留とされている。1954年4月に大学基準協会は「図書館学教育基準」 専門4 を発表した。この基準は1953年4月21日にいったん大学基準協会理事会兼評議会が承認したものの，不完全であることが判明したため，見直しが行われた。見直しを行った「図書館学教育基準分科会」のメンバーは高木貞二（主査・東京大学），ギトラー（Robert L. Gitler）（慶應義塾大学），泉井久之助（京都大学），岡田温（国会図書館），小松芳喬（早稲田大学），斎藤敏（日本大学），土岐善麿（日本図書館協会），武田虎之介（追加委員・東京学芸大学），裏田武夫（委員兼幹事・東京大学）であった。

基準改正は，"単に既設の施設に即応する図書館人の養成だけでなく，図書館学という学問を創っていく人をも養成するための基準を作る"ことをめざした。委員会ではギトラーが提出したJapan Library Schoolの要綱や，アメリカのライブラリースクールの基準，裏田，岡田試案などを中心に検討が行われ，裏田による第2次試案に基づいて図書館学教育基準分科会案が決定された。

同基準は単位数の合計を38単位以上，専任教員を最低4名と定めた。専攻科目担当の専任教員数の規定は医学と歯学分野を除いては，他の分科教育基準にはなかった。科目は，(1)基礎部門，(2)資料部門，(3)整理部門，(4)管理部門の4部門から構成された。

藤川正信は1954年基準について，(1)4部門の関連性の欠如，(2)分類・目録技術への偏重，(3)管理部門への原理的アプローチの欠如，(4)理念としての図書館史と図書館の個別史の切り分けの不備，(5)科目「青少年と図書館」の位置づけ，(6)ファイリング技術の軽視，(7)書誌的資料・調査研究資料の軽視などを批判している。

（2）東洋大学社会学部応用社会学科図書館学専攻の設置

　1959年に東洋大学社会学部応用社会学科図書館学専攻コースが設置された 専門5 。文学部社会学科を社会学部に昇格するにあたり，第二次世界大戦前に社会事業関係やマスコミ関係の人材を輩出した社会事業学科，文化学科を社会学部第一部に復活させるべく，応用社会学科が新設された。新学科は社会福祉学，矯正科学，図書館学の３つの領域から構成され，社会福祉主事，保護司，司書，労務管理者等の養成をめざすものであり，「社会技師ソーシャル・エンジニア」への要請に応えるとしている。専攻は「社会福祉学コース」「広報学コース」「図書館学コース」であり，定員は応用社会学科全体で50名，学位の名称は社会学士である。図書館学コースの教員は助教授（専任）２名，講師（兼任）１名から構成された。

　社会学部に図書館専攻コースが設けられた理由は，応用社会学科設置を推進した一人であった和田吉人が図書館を社会的運動と捉え，図書館学の基礎を社会学に求めたからである。東洋大学では図書館学専攻の教員である石井敦を中心に公共図書館調査が実施され，図書館設立運動期にはそうした活動と実質的に関わっていた。応用社会学科を構成する社会福祉学，広報学，図書館学の学問的拠り所について"広報学と図書館学は情報の科学に依拠しているし，社会福祉学は行動の科学によっている。ここでの情報科学とは，インフォメーション・サイエンスではなくて，コミュニケーション理論である"とし，図書館学の学問的基盤を社会学の下位領域であるコミュニケーション論に求めた。2000年の応用社会学科からメディアコミュニケーション学科への改組において図書館学への求心力は弱まったものの，コミュニケーション論を教育・研究基盤とする考え方は継承された。

　図書館学教育への高い評価が図書館学専攻の発足の契機でもあり，"将来は一学科とする前提のもとに"設置され，学科昇格はコースの課題であり続けた。1962年に専攻はマスコミ学，社会福祉学，図書館学，社会心理学の４つとなり，1974年には文部省委嘱司書講習を終了し図書館学の専門教育にシフトした。1990年に岩淵泰郎は情報図書館学科設置に向けた取り組みについて"現代的な要素の一つは情報化への対応であり，いま一つの要素は生涯学習の時代への対応と考えられる。そして，この二つの要素を，社会学部に図書館学専攻を置いた東洋大学の理念を決して損なうことなく取り入れ，消化し，具現化することによって，図書館情報大学でもなく，また，慶応義塾大学でもなく，東洋大学

独自の新しい情報図書館学が提示できるように努力したい"と述べている。[35]

●カリキュラム

東洋大学図書館情報学専攻のカリキュラムについては,『東洋大学百年史』や橋本の論考が変遷を詳述している。1959年から1970年までに新規に科目を設定しながら専門科目の必修単位を24単位から38単位まで増やした。科目ドキュメンテーションが新設されたのは1973年である。1988年から1989年にかけて情報学の専門科目が増加し,さらに1990年から図書館学科への昇格のために図書館学専門科目の充実を図っている。[36] 1990年には新設科目として情報検索,情報メディア,出版・読者論,情報図書館学特講Ⅰ(学校図書館・児童サービス論),情報図書館学特講Ⅱ(美術ドキュメンテーション)が立てられた。[37]

(3) 図書館学専門教育機関設立に向けた動向

1950年代後半になると図書館職員養成関係者は,図書館員養成と図書館学の関係に着目するようになる。そこには図書館専門職養成の基盤は図書館学にあり,図書館学の学問的レベルを引き上げることが,図書館員の専門職としてのレベルを向上させるという考え方があった。それを実現するための具体的な方策として,関係者は図書館学専門課程をもつ教育機関設立を目標の一つに掲げ運動を開始した。

日本では1921年に文部省が東京美術学校構内に図書館員教習所を開設し,図書館員養成が開始されている。1925年に図書館講習所に改称した同機関は1945年の一時閉鎖を経て1947年に帝国図書館附属図書館職員養成所として再設置され,1949年からは文部省図書館職員養成所として図書館専門職の養成を継続的に実施し,図書館短期大学,図書館情報大学を経て現在の筑波大学情報学群知識情報・図書館学類にいたる。図書館法の制定時,図書館職員養成所は司書資格の特例事項とされた。西崎は"司書となる資格については,さきに述べた第五条第一項の規定が原則であるが,この法律施行の際に,図書館等に勤務する者について与えられる附則第四項の暫定的な資格の他に,更に二つの特例がある。一つは現在東京の上野にある文部大臣所管の図書館職員養成所の卒業生に関する者である。……図書館職員養成所は暫定的なものであることがわかる。将来は大学の中に吸収される予定である"と述べ,図書館職員養成所の大学への編入に言及している。[38]

しかしながら大学基準協会が"戦後新しくわが国に紹介された図書館学"と

記述するなど，戦前に文部省図書館講習所で講じられていた図書館学および同講習所で実施されていた図書館員養成は，その後も図書館学教育に関わる意思決定過程では正式な位置づけをもち得なかった。"正規の学校ではなく文部省の一機関というワクの中で正しい軌跡に乗らずいわばアウト・サイダーとして養成が細々とおこなわれ"，その状況は1964年に国立図書館短期大学が設置されるまで放置された。当時の図書館職員養成所は"教育に関する中央官庁である文部省が，もっとも非合理的な非能率的な教育機関しか運営できないのは，ムジュンしている。……講師は実質的にはすべて非常勤講師である……誰がどのような方法で講師をきめるのか明らかでない"と批判されるなど，きわめて中途半端な状況で運営されていた。

1959年に設立された日本図書館協会教育部会は図書館学教育のレベル向上をめざし活動を開始したが，その動きは図書館職員養成所における大学昇格運動と重なり1961年以降の図書館学教育改善への働きかけによって本格化した。日本図書館協会は1961年の総会で，図書館学教育について文部省と大学への要望書の提出を決議し，1962年に「図書館学教育の改善刷新に関する陳情」を文部省に提出した 司書16 （本書序章6（3）および第2章2（1）を参照）。この文書では「科学・技術の文献・資料の収集，組織的提供等をする情報処理の技術専門職員」が大量に求められているとした上で，図書館専門職員が「情報処理の技術専門職員」として活動すべき状況になっていること，欧米ではそうした専門職が図書館学の専門課程や大学院で養成されていることを指摘している。

1962年の図書館大会総会では文部省図書館職員養成所の大学昇格の推進を決議した。同年12月に「図書館学教育の改善刷新について」を文部省に提出，「文部省図書館職員養成所の短期大学昇格について」の要望書を作成し，図書館学教育改善委員会委員長深川恒喜，図書館職員養成所所長伊東正勝が中心となって国会への陳情が行われた。翌年の総会では文部省図書館職員養成所の大学昇格のために「図書館職員養成所の大学昇格を促進するための委員会（図書館学教育改善委員会）」の設置を議決した。

図書館学研究者はこの時期に，図書館学をどのような学問として捉えていたのだろうか。1963年にアメリカの図書館研究者アシャイム（Lester Asheim）が来日し，「図書館セミナー」が開催され「専門職に対する認識の再検討と，コア・カリキュラムの概念の明確化およびその構成方法」というテーマのもとに，

図書館学教育に関する議論が集中的に行われた。出席者は藤井和夫，藤川正信，福田直美，後藤純郎，浜田敏郎，堀内郁子，岩猿敏生，河野徳吉，前島重方，長沢雅男，中村初雄，小倉親雄，沢本孝久，スポフォールド（Dorothy Spofford），津田良成，裏田武夫，渡辺茂男である。藤川は後年「図書館学教育の本質的諸問題」というタイトルの論文でセミナーの記録を残している。[45]

藤川は"図書館の存在理由，目的，活動，援用される技術……の結合様式が図書館という組織を規定するものであり，その結合様式になんらかの法則性が発見され，法則として確立されるのでなければ図書館学の学問としての独自性は失われる"として，図書館学の学問的存立要件に言及した上で，"ほかの学問領域には，程度の差はあっても認められている学問成立の基盤，すなわち方法論の確立とそれから導かれる諸方法およびその比較検討，明確な対象の規定，それらを内容として取り上げた記述（記録としての図書，論文等）が不足している"[46]と指摘し，図書館学がアカデミックな領域として存在するための基盤の欠如を批判した。[47]

コア・カリキュラム編成のための基本的アプローチとしては，(i)情報・知識の本質，(ii)情報・知識の生産過程，(iii)情報・知識の伝達，(iv)情報・知識内容の把握，(v)情報源（資料）の利用者特性および利用法の展望および開発状況，(vi)利用に応ずる情報源（資料）の処理方法，(vii)利用のための組織，機構の経営・管理の7つを挙げている。[48]"情報の生産（表現），流通，利用というサイクルを社会的情報伝達組織の観点から対象として捕える"[49]ことが図書館学へのアプローチとして示されたように，藤川は図書館を社会における情報伝達組織の一つと見なし，情報伝達プロセスで出現する多様な現象の総体を捉え原則を見出すことを図書館学の確立であるとした。

1965年に日本図書館協会図書館学教育改善委員会は"図書館学について，より高度の履修をなさしめようとする場合，大学院や専攻科において図書館学を開設することを今後考うべきである"とし，大学院レベルでの図書館教育について言及した[50] 共通2 （本書序章6(3)および第2章2(2)を参照）。

（4）図書館短期大学図書館科の設立

文部省図書館職員養成所の大学昇格に向けた図書館界の集中的な運動は，1964年の国立図書館短期大学設置に結実した。1921年開校以来，40年の歳月をかけて養成所は正式な高等教育機関に編入されたのであった 専門6 。定

第1章　図書館情報学専門課程の変遷

員は図書館科が80名，別科（特別養成課程）が40名である。専門教育科目の教員は，教授（専任）1名，助教授（専任）1名，講師（専任）1名，（兼任）4名から構成された。[51]科学技術の進歩にともなう資料の増加とその収集，整理，保存に携わる高度な知識と技術への社会的要請が高まったこと，図書館短期大学での図書館学の研究と図書館経営の中核となる専門職員の教育の必然性が設置の理由として述べられている。[52]

大学基準協会や国立大学図書館協会が大学院設置を視野に入れた図書館学振興策を推進していたこともあり，図書館短期大学は開学当初から4年制大学への昇格をめざした。[53]図書館短期大学の設置審査の際，審査会報告書（第4部会）の設置者に対する留意事項のなかに，"図書館科は，その設置使命から推しても2年制短期大学をもって甘んずることなく，近い将来4年制大学に拡張することがのぞましい"という文言があった。ただし，文部省大学学術局長から図書館短期大学学長宛の「図書館短期大学の設置について」（通知）では，上記の4年制への拡張については，"当該短期大学を所管する文部省が尊重すべき意見であると認められるので，この通知書からは除く"とされている。[54]

1969年4月に図書館科は図書館学科へ改称された。

(5) 慶應義塾大学大学院文学研究科図書館・情報学専攻修士課程の設置

1967年に慶應義塾大学に日本初の図書館情報学の大学院修士課程が設置された 専門7 。入学定員10名，教員組織は，専任教授3名，兼任教授1名，兼任講師6名から構成された。課程修了後の学位は文学修士である。専攻設置の理由としては，学術研究の進展を背景に情報処理に関わる科学的研究への要請が高まったこと，そのために，(1)情報に関わる研究レベルを上げること，(2)基礎的研究能力をもつ高度な専門職を養成することが挙げられている。[55]1960年代からアメリカのライブラリースクールでは図書館学から図書館情報学への改称が徐々にみられるようになった。慶應義塾大学ではそうしたアメリカの動向を敏感につかみ，迅速に図書館情報学を冠した大学院修士課程コースを設置したといえる。学部も1968年に図書館・情報学科に改称している。

● カリキュラム

必修科目と選択科目を併せて32単位以上の履修が義務づけられた。情報学特論，情報分析論，情報システム特論，情報検索特論，情報処理機械論など，情報管理・情報処理に関わる科目と研究方法論を扱う科目から構成されている。[56]

日本初の図書館情報学修士課程のカリキュラムについて，設計に携わった津田は"最初にアメリカから持ち込まれたレファレンス重視のカリキュラムに，次にドキュメンテーションの色合いの濃い自然科学分野を中心にした学術情報という接ぎ木をしたわけです。……そのてきめんの現れが1967年の時の大学院の新設のプランなんです。この時作った修士課程のカリキュラムは，図書館学の枠を越えた情報学寄りのものとなりました"と振り返っている[57]。小林は修士課程が図書館学と情報学の統合の時期に設置されたことについて，"1951年に設定され，その後数次にわたって改訂されてきた'図書館学'の路線の延長線に当る部分と，むしろこれと対立する形で発達してきた電子計算機化の路線との理念的統合にせまられる時期になっていた"と述べている[58]。

1972年にカリキュラム改訂があり，「情報メディア」「情報検索」「情報システム」の3コースを設けた。その後1989年度に学部と同時にカリキュラム改訂を行っている[59]。

（6）図書館短期大学文献情報学科の設置

1970年代に入ると学術情報を処理する専門職への要請はさらに高まった。図書館短期大学では既設の図書館学科を，図書館学科（定員80名），文献情報学科（定員40名）に分離し改組した 専門8 。専門教育科目の担当教員は，教授（専任）2名，助教授（専任）2名，講師（兼任）8名から構成された。科学技術の進歩を背景とした文献情報の収集，整理，提供に対し，効率的な処理が望まれていること，またそうした処理に機械化処理が導入されるようになることで，文献情報活動のための専門職員の養成が望まれていることが学科新設の理由となっている[60]。育成する人材として「アシスタント・ドキュメンタリスト」が挙げられている。専門科目はドキュメンテーション総論，図書館学，情報処理技術論，情報利用法の各カテゴリーにグルーピングされていた。

（7）慶應義塾大学大学院文学研究科図書館・情報学専攻博士課程の設置

1975年慶應義塾大学大学院文学研究科に図書館・情報学専攻の博士課程が設置された 専門9 。修業年限3年で入学定員は2名である。教員は，教授（専任）4名，教授（兼任）2名，助教授（専任）1名，講師（兼任）3名の構成であった。1967年の図書館・情報学専攻修士課程の設置に際して示された設置理由と同様，設置の背景には，学術研究の急速な発展への対応が挙げられた。博

士課程では情報処理に関わる学術研究体制の確立のための図書館情報学研究者の育成が明確に示された[61]。

●カリキュラム

授業科目は情報メディア特殊研究，情報処理特殊研究，情報システム特殊研究の科目群から構成されている[62]。

(8) 1970年代から1980年代への動き

1972年に日本図書館協会教育部会図書館学教育基準委員会は「図書館学教育改善試案」を発表した。"図書館教育は，大学院課程でなければじゅうぶんに行なうことができない。(略) 司書課程は，早急に図書館学科に移行し，大学院を設置することが基本的な課題である。(略) 図書館学科においては，一般的な総合教育を，大学院課程においては，高度の分化した教育がなされることが必要である……司書資格は，学歴と図書館学教育によって区分される必要がある。大学院課程で図書館学を専攻した者は，専門司書，大学（4年制）で図書館学を専攻した者は，普通司書，短期大学で図書館学を専攻した者は，司書補とする。このようにして，はじめて司書の専門性を保証される"として，図書館職員のグレード制の導入と大学院課程での教育が提言された[63]。この試案に対して図書館員から，図書館専門職域にグレード制を持ち込むことへの強い懸念と批判があった[64]。図書館学教育基準委員会は専門的職務の遂行という観点からその正当性を説明した。現職の図書館職員の批判には，図書館の社会機関としての理念と図書館運営のための個別の専門職的スキルに必要な理念との混同がみられ，基準委員会との議論は噛み合わなかった[65] 共通3 （本書序章6(5)および第2章2(4)を参照)。

1970年代に入ると，国立大学協会や国立大学図書館協議会による図書館学専門課程の設置に向けた働きかけが顕在化した。1970年に国立大学協会図書館特別委員会は図書館学講座増設の必要性を示し，教育学部等の研究施設や大学附属研究所の可能性を提案した[66]。1973年に文部省学術審議会特別委員会学術情報分科会は報告書「学術情報の流通体制の改善について」のなかで，情報処理専門家を"学術情報の生産，伝達，処理，蓄積，検索，提供という一連の流れの中で専門的知識や技術を生かして働く専門家"とし"原則として，学部課程で諸専攻分野を修めた者が，大学院課程で図書館・情報学を修めるという養成機関を主力とすべき"として，高度な専門知識をもつ情報管理専門家をアメリカ

のように大学院課程で養成する考えを示した。[67]

1973年7月31日に国立大学図書館協議会は文部大臣宛の要望書において今井功会長名で「図書館情報学総合研究機関の設置」として，大学図書館における情報処理技術の重要性と電子計算機を使った図書館業務の機械化や情報検索の開発のための研究の必要性を訴え，図書館情報学の大学院レベルでの研究のための高度な研究教育機関の設置を求めた。[68]1977年に国立大学協会は「大学図書館の昭和53年度予算に関する要望書」を提出し，図書館情報学の教育研究体制拡充・強化の措置として，大学院レベルでの図書館情報学の教育研究の必要性を訴えた。[69]

3　図書館情報学の確立
——1977年～1984年——

（1）「図書館・情報学教育基準」および「図書館・情報学教育の実施方法について（案）」の制定

大学基準協会は図書館学教育基準を改訂するため，図書館学教育研究委員会第1回会合を1974年の7月16日に開催した。以後1977年1月6日まで20回の会議を重ね，1977年2月15日に23年ぶりの改訂となる「図書館・情報学教育基準」専門10 および「図書館・情報学教育の実施方法について（案）」専門11 を発表した。委員会のメンバーは沢本孝久（委員長，慶應義塾大学），裏田武夫（東京大学），大塚明郎（応用光学研究所），桜井宣隆（図書館短期大学），長山泰介（医薬情報センター），浜田敏郎（慶應義塾大学），深川恒喜（武蔵野女子大学），藤原鎮男（東京大学），前島重方（国学院大学），室伏武（亜細亜大学）である。[70]

新基準の目的は"図書館・情報学教育は，図書館・情報学に関する学理および技術を教授し，あわせてその応用能力を展開させること"であり基礎部門，メディア・利用部門，情報組織部門，情報システム部門の4部門から構成された。[71]部門の大枠に関しては1954年基準の基礎部門，資料部門，整理部門，管理部門を踏襲しつつ，この間の図書館学／図書館・情報学の進展が組み込まれている。資料部門はメディア・利用部門へ，管理部門は情報システム部門へ名称変更がなされた。

1977年基準のもっとも大きな変化は専門領域名が「図書館学」から「図書

館・情報学」に変更されたことである。基準発表の前年に新基準の説明と意見交換が行われた日本図書館協会図書館学教育部会研究集会の場でも名称変更に意見が集中した。図書館学教育研究委員会は"「図書館・情報学」と称するものは，一つの学問としてとらえるものであって，「図書館学および情報学」という二つの学問の並列ないし混在を意味するものではない"としている。ただし委員会では図書館学を"人間の知的・情緒的活動の所産である各種記録資料を目的的・系統的に収集・組織・保管し，利用に供するための体系的知識であり，かつ，そのため開発された実用技術の総体"，情報学を"情報の本質と情報行動，情報の流通に影響を及ぼす諸要因，さらに，もっとも効果的な情報利用を目的とした情報処理の手段・方法等に関して研究する学問領域"と定義しているが，両者を"合体融合した新らしい領域"を図書館情報学であるとするにとどまり「図書館情報学」の定義は示されていない。"例示科目を見たかぎりでは両者の並列ないし混在の印象は拭い切れない。図書館情報学という新しいジャンルが明快でない"との批判があった。

委員会の解説のなかで図書館情報学の学問的基盤として挙げられているのは「数学・言語学・論理学・生理学・心理学等」であり，これらの領域は図書館学よりもむしろ情報学の存立を支える研究領域といえる。図書館情報学は情報学の学問的内容に依拠した学問として説明されている。

内容面での変化は，管理部門から情報システム部門への変更であった。管理部門に入れられていた図書館の伝統的な施設運営に関わる科目群に加え，新設部門には情報システム論，情報システム管理，図書館建築，図書館機械化論等，情報システムに関わる科目群が置かれた。委員会は科目群の変更のねらいを"情報需要に対応する全プロセスをシステムとして把握させること"と表現し，新基準は図書館情報学に関して，図書館という物理的施設から情報に関わる活動の動的プロセスを扱う教育・研究領域へのパラダイムシフトを映し出した。各部門についての解説では図書館・情報学概論は概観にとどまらず図書館情報学の理念基盤を教授すること，資料組織化へのコンピュータの導入，情報システム部門ではシステムの分析・評価・設計に関わる理論と技法を扱うことが言及されている。

(2) 図書館情報大学設立前史

図書館学を専門とする国立大学設置の決定を受けて，「図書館大学（仮称）

準備委員会」は1978年に『図書館大学（仮称）の構想について』 専門12 を発表した。この時点では大学名として「昭和図書館大学」「図書館大学」「図書館情報大学」などの候補があった。

　新大学の意義・目的のなかでは，知的所産の保存を担う図書館の伝統的機能から情報の組織化と提供に関わる情報処理機能への変化を強調し，その背景に"学際的，国際的研究交流の急激な進展，研究組織の大型化，スピード化"があり，"学問研究を常に国際的水準に維持していくためには，学術情報の有効適切な供給が不可欠"であることが指摘されている。公立図書館に関しては市民情報の供給に関して言及があるものの，学術情報処理に関わる専門職養成の緊急性が設置目的において強調されている。

　人材養成イメージとしては横断的かつ学際的知識をもち"情報の諸現象を社会的，歴史的に把握し，その組織化に必要な知識・技術，とりわけ技術革新の最新の成果を駆使することのできる，いわばシステム設計にたえられ，かつ，図書館（情報センター）の経営能力をそなえた専門職員"とし，活動の場として図書館（情報センター）に加え，研究所，資料室，調査室が挙げられ，呼称として「インフォーメイション・サイエンテイスト」，「インフォーメーション・オフイサー」が使われている。教育研究の基本構想では"図書館情報活動を科学的に把握し，整序し，体系づけ，これにはたらく諸原則を解明"するとあり，施設を中心とした視点から脱却し情報活動に関わる動的サイクルを対象とした新たな情報専門職養成の視座と養成のための学問の展開の方向性が示されている。

　養成する人材に司書・図書館員という言葉が使われず，図書館が情報センターと同義に使われるなど，新設される図書館情報学の専門大学が，従来の図書館教育とは異なる枠組みをもつことが強調された。それまでの図書館学を"教養的図書館学"，教育を"短期大学制度による情報処理の基本技術の修得に終始するアシスタント・ライブラリアンの教育"とし，社会の要請に対応するためにそうした段階から脱却する方向が明示されている。1979年3月29日の参議院文教委員会で，新設される図書館情報大学が"図書館その他各種情報資料センターにおける基幹的な専門職員の養成，さらに図書館情報学に関する理論的，実証的な研究の推進"とする機関であることと，現職者への研修や講習会の開催等の面で"従来の図書館短大とはかなり異なった，積極的な構想で進めている"と説明されている。

この構想をふまえ図書館情報大学創設準備委員会は最終段階の計画書として『図書館情報大学の創設準備について　まとめ』を1979年9月19日に発表し，図書館情報大学設立の経緯，開設全体計画，教育研究組織，教育課程など日本初の図書館情報学を専門とする4年制大学の全体像を示した。

(3) 図書館情報大学図書館情報学部図書館情報学科の設立

1979年3月国立学校設置法が改正されて図書館情報大学の設置が決定し，同年10月1日に図書館情報大学が開学し1980年4月1日から学生を受け入れた専門13。図書館情報学部図書館情報学科の1学部1学科で構成され，入学定員120名，3年次編入学定員20名，図書館情報学専攻科入学定員30名，学位の名称は学芸学士である。大学院修士課程図書館情報学研究科の入学定員30名と定められた。教員は教授（専任）8名，助教授（専任）3名，講師（専任）1名，講師（兼任）8名から構成された[85]。設置の目的は情報の蓄積，伝達，利用に関わる現象と実践を理論的かつ実践的に研究すること，学際的知識を基盤に図書館情報学の専門知識をもつ"基幹図書館職員及び情報処理専門職員"を養成することである[86]。大学設置の意義は，伝統的な図書館が科学技術情報の発展にともなう情報処理への要請に応えるため「情報センター」へ移行する必要性とともに説明され，図書館情報大学が情報に関わる高度で専門的な業務に携わる専門職員を育成し，図書館情報学を理論的・実践的アプローチから研究する中心的機関となることが示された[87]。

●カリキュラム

専門科目は必修科目36単位と履修者の活動分野に応じた科目58単位以上を選択履修し，計94単位以上の履修が課せられた。専門科目は図書館情報学，情報社会関係論，情報媒体論，情報組織化論，図書館情報システム論に分けられており，図書館情報学の基礎理論から情報センターの管理に及んだ[88]。専門科目群は図書館情報学，情報メディア，情報組織化，情報システム論を中核とし，図書館の社会制度的基盤となる教育・政治・経済などは基礎学芸科目と呼ばれる一般教育科目で扱われることになっていた。図書館情報大学の専門科目群について"図書館学関係の科目と情報学関係の科目が並置されていて，両領域の合体・融合した新科目は見当たらない。合体・融合にはまだ程遠いし，科目のふくらみが情報学のほうに傾斜しているように思える。情報処理技術者養成のほうに面を向けて，司書養成が軽視されている感じをもつ"といった批判もあっ

(89)
た。

　図書館情報大学の設立は，図書館情報学という新しい学問領域の存在を前提として実現化した教育機関であった。図書館情報大学設置準備室が作成した『図書館情報大学案内』において図書館情報学は図書館学と情報学が合体・融合した新領域と説明されていたが，大学設立当時，確固たる一領域として確立していたかどうかは疑問の余地がある。創設時の学長松田智雄は"この学問領域のなかには，従来，ともすれば不毛の対立感情とはてしない論議が対抗していたが，所詮両者の学問的客体には，分業に基づく差異があり，その取り扱いの方法についても関連し合っている"と述べ対立項目は明記されていないものの，図書館情報学における"分業に基づく差異"を指摘している。人文学的なアプローチと自然科学的アプローチの差異に根ざす図書館学と情報学の分断は，すでに図書館短期大学時代に表出している。図書館短期大学の教員であった草野正名は図書館情報学への違和感を示した上で人文学的アプローチによる「図書館文化学」を提唱した。一方で，藤川は図書館情報学は"人間の智慧と知識を覆う知の根源とその働きや現れを明かにするものでなければならない。(略)図書館情報学は人間の「知」の法則を求める学問領域である(略)新しい知の概念に基く，新しい法則の樹立を目指すものである"とし，図書館学あるいは情報学という既存の学問領域とは別の次元で図書館情報学を構想する考え方を示した。

　1993年に新たな講座となる知識情報論講座が開設された。これは図書館情報学における「知識」に焦点化した領域の拡張を意図しており，図書館情報大学における図書館情報学の方向性の一つの表明であった。さらに2000年に6講座を4つの分野「情報メディア社会」「情報メディアマネージメント」「情報メディアシステム」「情報メディア開発」に編成し直した。

　大学基準協会は1982年に「図書館・情報学教育に関する基準およびその実施方法」を発表したが，1977年の「図書館・情報学教育基準」との相違点はほとんど見られない 専門14 。

4　図書館情報学の拡大
──1985年～1994年──

（1）愛知淑徳大学文学部図書館情報学科の設置

　1985年愛知淑徳大学に慶應義塾大学，図書館情報大学に続く第3番目の図書館情報学科が設置された 専門15 。定員は100名，教員は，教授（専任）2名，教授（兼担）1名，教授（兼任）3名，助教授（専任）1名，助教授（兼担）1名，助教授（兼任）4名，講師（兼任）1名から構成された。設置の趣旨には図書館情報大学と同様，情報の発生から活用にいたる情報と知識のサイクルに関わる専門職の養成を掲げ，卒業生の活動場所として図書館，情報資料センター，官公庁，銀行，一般企業，報道機関等が挙げられている。[93]

　設置の理由として図書館情報大学における情報関連産業への就職状況と慶應義塾大学文学部図書館・情報学科における良好な就職状況へ言及するなど，情報化の急速な進展を背景に図書館情報学領域が拡大する傾向にあるなかで新学科が設置されたことがうかがえる。[94]

　同学科創設を主導した津田は，新学科は情報学を中核として図書館学をその一部と位置づけた。[95] "基礎情報学というものにより大きな荷重を掛けて（略）遺伝の情報から生体の情報，それから脳と情報，そして概念の形成，学習と情報，個人間のコミュニケーション，団体を対象とした場合のコミュニケーション，そして社会知識の構築といったように，スペクトルを描こうと"したと説明している。[96]人材育成に関しては，情報産業への就職を視野に入れ"情報mindを持った，知識情報学を学びコンピュータの情報への利用に関する知識と技術で武装した，'テクノ・レディ'の養成"を目標に掲げた。[97]

　1990年度からは編入学を受け入れ，1991年4月に学科臨時定員増により定員が150名となりコース制（文化情報コース・応用情報コース）を導入した。[98]

●カリキュラム

　専門科目群は，1991年の2コース「応用情報学」と「文化情報学」の導入に合わせて科目群が2つに分けられた。応用情報学コースは情報システムやデータベース構築に，文化情報学コースは情報利用に重点を置くカリキュラム構成となっていた。[99]

（2）愛知淑徳大学文学研究科修士課程図書館情報学専攻の設置

愛知淑徳大学は図書館情報学科の第1期生の卒業に合わせて，1989年に文学研究科のなかに図書館情報学専攻を設置した 専門16 。既存の研究科は国文学専攻，英文学専攻であり，図書館情報学専攻は3番目の新設専攻であった。入学定員5人で学位の名称は文学修士である。教員は，教授（専任）7名，助教授（専任）1名，講師（兼任）2名から構成された。

設置の理由としては，情報化の進展のなかで情報技術の進歩にともない図書館情報学が社会的に求められる学問領域となっていることが挙げられている。(100) 修士課程ではカリキュラムの中心に情報学，情報メディア，情報検索，情報処理技術が置かれ，同時に同専攻の特色ともいえる情報の本質を討究する科目が置かれた。(101)

カリキュラムは情報学の基礎的研究である「情報学一般」，「情報処理技術」，「情報検索論」，「情報メディア論」を柱としている。

（3）愛知淑徳大学文学研究科博士課程図書館情報学専攻の設置

愛知淑徳大学は修士課程第1期生の修了に合わせ，1991年に文学研究科に博士後期課程図書館情報学専攻を設置した 専門17 。慶應義塾大学についで全国で2番目の図書館情報学博士後期課程であった。定員6名，学位の名称は文学博士である。

博士後期課程設置の理由として，図書館情報学研究者の必要性，高度情報化社会に対応した研究者と職能人の育成が挙げられている。特に研究者の必要性について，全国約200機関で実施されている図書館学・図書館情報学教育は"ミニマムな教育"であり，図書館情報学研究者の不足が学術情報活動の遅滞を招いているとし，研究者養成の必要性を指摘している。(102) 生体情報や遺伝子情報など基礎情報学の追究がオリジナリティのある領域として示された。(103)

● カリキュラム

科目群は基礎情報学，情報システム，情報メディア，情報処理技術の4つのカテゴリーから構成されている。(104)

（4）駿河台大学文化情報学部知識情報学科知識コミュニケーションコースの設置

駿河台大学は1994年に文化情報学科と知識情報学科からなる文化情報学部を

設置した 専門18 。知識情報学科の入学定員は90名，3年次編入学定員20人，学位の名称は学士（文化情報学）である。教員は，教授（専任）4名，助教授（専任）2名，講師（専任）1名から構成された。

文化情報学は音響映像情報，景観観光情報，知識基盤情報，記録管理情報の4種類の情報を対象とする領域からなる学問分野の総称であり，対象領域はそれぞれ「知覚的・非文字系・複数形態」である音響映像情報資源，「知覚的・非文字系・唯一存在」である景観観光情報資源，「知識的・文字系・複数形態」である知識基盤情報資源，「知識的・文字系・唯一存在」である記録管理情報資源と規定されている。

文化情報学部では情報資源と利用者の仲介をする専門職を"情報プロフェッショナルとしてのメディエイター"と呼び，人材育成の目標としている。学部長の安澤秀一は，文化情報学を"全ての情報のうち蓄積により利用価値が発生する情報（情報資源）に関して研究する学問分野"と定義した。他大学の図書館情報学科との差異については，"情報に関して，必要に応じて素早くかつ的確にアクセスする方法や，情報の正確で効率よい利用技術など，広範な領域を立体的・実践的に学ぶ"点にあり，情報メディエイターは情報資源と利用者の"中間にあって需要と供給を適切かつ有効に結び付けていく能力を備えた人材"と説明された。

知識情報学科は図書館情報学と文書学の2つの領域からなる学科であり，知識系の文字記録を専門に扱う2つのコースが置かれた。知識コミュニケーションコースは"電子機器の積極的導入による高度検索技法の確立とサービス提供を行なう情報メディエイター"の育成を，レコード・アーカイヴズコースは"レコードマネージャー・アーキヴィストにとどまらず，組織体の集合記憶の保管・保存という機能をも担い得る情報メディエイター"の育成をめざす。知識コミュニケーションコースの英語名はCourse for Library and Information Managementであり実質的に「図書館情報学」を対象領域としていたが，日本語では「知識コミュニケーション」と表現された。

これまでの図書館情報学専門課程が，文献資料を主たる対象領域としていたのに対し，駿河台大学は「記録文書」を含めたすべての文字情報に対象領域を拡張し，図書館情報学と文書館学の2つのコースを設定することでこれらの領域をカバーする構想をはじめて打ち出した。2001年度から知識情報学科のコース分けが変更され，知識コミュニケーションコース，アーカイブコース，情報

管理システムコースの3コース制となった。

◉カリキュラム

　知識情報学科の専門科目は情報関連科目群，基幹科目群，専攻科目群から構成されている。情報関連科目群は情報基礎科目と情報応用科目からなり，基幹科目群は共通基幹科目と学科基幹科目からなる。専攻科目群は40単位以上の修得が義務づけられている。知識コミュニケーションコース，レコード・アーカイヴズコース各専門に合わせて，専攻科目群と副専攻科目群から科目を履修する。演習科目は，ゼミナールと卒業論文である。(111)

5　図書館情報学の変容
——1995年～2009年——

（1）駿河台大学大学院文化情報学研究科文化情報学専攻の設置

　1994年の文化情報学部設立から5年後の1999年に，駿河台大学は文化情報学一専攻からなる文化情報学研究科を設置した 専門19 。入学定員10名，学位の名称は修士（文化情報学）である。教員は，教授（専任）10名，助教授（専任）2名，講師（兼任）4名から構成された。(112)

　学部課程では対応しきれない高度な教育課程が必要となったことが大学院設置の理由であり，学部に設置された映像情報コース，観光情報コース，知識コミュニケーションコース，レコード・アーカイヴズコースに対応する領域を大学院に設定し，より高度な専門知識をもつ「情報資源管理者」の育成をめざした。(113)

　人材育成については「図書館員」「アーキビスト」「記録管理者」「博物館員」「観光・景観情報管理者」等の個別の職種の枠組みを越えて，情報の発生から保存までを統合的かつ理論的に扱える情報専門職の養成をめざす。進路としては"図書館，文書館，調査室，博物館等の運営担当要員，官庁企業等の文書・記録管理要員，マスメディア等の情報資源管理要員，観光産業・観光関係団体等の情報資源管理要員，公園・都市景観等の情報資源管理要員"が挙げられている。(114)

　欧米において図書館情報学や文書館学を基盤とした「レコード・マネージメント」という専門領域が存在し大学院レベルの教育が行われ，官庁・企業等において文書の発生から保存にいたる幅広い業務に携わる「インフォメーショ

ン・プロフェッショナル」や「記録管理者（レコード・マネージャー）」が養成されているとした上で，日本ではこの領域の高等教育機関がないこと，文書館学・図書館学・博物館学が情報資源管理の面で共通点をもち，情報技術の進展によりその接点はさらに増加していくことが設置の趣旨として述べられた。[115]

●カリキュラム

大学院のカリキュラムでは，文化情報学部の4つのコース（映像情報コース，観光情報コース，知識コミュニケーションコース，レコード・アーカイヴズコース）に対応した領域を設定している。[116]

（2）東洋大学社会学部メディアコミュニケーション学科の設置

東洋大学では2000年に学科改組が行われ7学科が新設された 専門20 。応用社会学科は社会福祉学科，社会文化システム学科，メディアコミュニケーション学科，社会心理学科へと再編され，図書館学専攻はメディアコミュニケーション学科に編入された。メディアコミュニケーション学科の学生定員は110名，学位の名称は学士（社会学）である。教員は，教授（専任）8名，助教授（専任）3名，講師（兼任）37名から構成された。

既設の応用社会学科の対象とするマスコミュニケーション，図書館などに関して，内容の拡張，変容，レベルの高度化が進展し，従来の枠組みを越えた研究領域が求められるようになったことを設置の理由としている。新学科はあらたに「メディアコミュニケーション」という学問領域を設定し，社会学におけるメディア理論に立脚したマス・コミュニケーションおよび情報現象の解明の研究・教育を行う。[117]具体的な教育内容として，マス・コミュニケーションのメッセージの制作，伝達，受容，効果，影響，利用に関わる問題，情報の制作，蓄積，組織化，探索，システムに関わる諸課題が挙げられている。[118]メディアコミュニケーション学を基盤に，時代に即したメディア・リテラシーを身に付け情報への的確な判断力と洞察力をもち，情報産業への要求を業務へ反映できる人材を育成することを目標としている。[119]

●カリキュラム

教育課程では卒業後の進路として想定される，(1)新聞・出版・広告といったマスコミ界を想定する「マスコミュニケーションの探究」，(2)放送界を想定する「メディアと社会の探究」，(3)図書館・情報センター・資料室情報サービス機関を想定する「情報現象の探究」という3コースを設定した。既存の図書館

専攻の継承発展的コースに位置づけられる「情報現象の探究コース」は，"情報の生産・流通・収集・組織化・保存・利用・加工などの過程で，情報化社会を先導する人材"を育成するとしている。

東洋大学は1959年の応用社会学科の設置以来，マス・コミュニケーション論と図書館学が教育研究領域の中心であったが，これらの学問領域の枠組みが21世紀においてもはや有効性をもち得ないとの認識が，応用社会学科からメディアコミュニケーション学科への改組の契機となった。東洋大学が伝統的に扱ってきたマス・コミュニケーションと図書館の概念は，メディアコミュニケーションという新たな領域の枠組みにおいてメディア環境に合わせて規定し直された。メディアコミュニケーション学科の理念やカリキュラムには図書館情報学が含まれているが，その概念を示す表現としてはメディアコミュニケーション学が使われている。

(3) 慶應義塾大学文学部人文社会学科図書館・情報学専攻の設置

慶應義塾大学文学部は2000年に哲学，史学，文学，図書館・情報学，人間関係学科の5学科を，人文社会学科に統合した。この変更にともない図書館・情報学科は図書館・情報学系へと改組された。教育課程においては，図書館情報学は第2学年進級の際の17の履修コースの一つ「図書館・情報学履修コース」を構成することとなった。

(4) 図書館情報大学区分制博士課程大学院情報メディア研究科の設置

2000年に図書館情報大学は「情報メディア研究」を推進する大学教員，研究者，高度な専門職業人の育成を掲げ，既存の図書館情報学研究科を改組し，区分制博士課程大学院情報メディア研究科を設置した 専門21 。博士前期課程の入学定員が34名，後期課程の入学定員が18名，学位名は修士（学術），修士（図書館情報学），修士（情報学），博士（学術），博士（図書館情報学），博士（情報学）である。教員構成は博士前期課程が教授（専任）31名，助教授（専任）18名，講師（専任）5名，助手（専任）12名，博士後期課程が，教授（専任）32名，助教授（専任）18名，講師（専任）5名，助手（専任）12名の体制であり，図書館情報学分野の大学院として日本最大規模であった。

●カリキュラム

博士前期課程の授業科目は教員組織である4分野に基づき「情報メディア社

会」「情報メディアマネージメント」「情報メディアシステム」「情報メディア開発」の各科目群から構成された。博士後期課程の授業科目は共通科目が情報メディア特別実験A，情報メディア総合特別演習，情報メディア特別実験Bである。それ以外の科目は博士前期課程と同様に4分野の科目群からなる。

（5）筑波大学図書館情報専門学群・図書館情報メディア研究科の設置

2002年10月図書館情報大学は筑波大学と統合し，図書館情報専門学群が設置された 専門22 。図書館情報大学は図書館情報学分野の先導的存在として，研究・教育の領域，方法，内容面で新しい枠組みが求められた結果，25年間の独立大学機関としての歴史を閉じ総合大学との統合に踏み切った[125]。統合の経緯については，『図書館情報大学史』に詳述されている[126]。専門学群の入学定員150名，3年次編入定員30名，学位の名称は学士（図書館情報学）である。

専門学群では図書館情報学をコンピュータによる情報処理，管理，提供および社会制度の整備によって，知的活動によって生み出された図書・資料，学術文献等の情報を効果的・適正に流通させるための"知識の創成に係る社会的・技術的基盤に関する総合的学問領域"と定義している。養成する人材として，専門知識・専門スキルをもつ図書館職員情報・資料センター職員，主題知識をもつ情報処理技術者，マルチメディアに関わるコンテンツ開発者が示されている[127]。新学類のあらたな教育内容としてコンテンツの理解と分析，知識の表現と発信方法が盛り込まれたが，そうした情報内容に関わる教育・研究は，その後の改組において図書館情報専門学群が知識情報・図書館学類と情報メディア創成学類の2学類へと分離するなかで，後者の対象領域として明確化・差別化されていく。

●カリキュラム

図書館情報専門学群には図書館情報管理主専攻と図書館情報処理主専攻の2つの専攻が置かれ，専門科目は，共通科目と専攻別科目が置かれ，基礎科目（20.5単位），専門基礎科目（0～14単位），専門科目（82～96単位）のカテゴリーごとに履修する。第2年次以降にコースに分かれ，それぞれの専門分野の学習を深める。

大学院は博士前期課程の入学定員が37名，学位の名称は修士（図書館情報学）であり，博士後期課程の入学定員は21名，学位の名称は博士（図書館情報学）

である。前期課程においては，専門職として必要な基礎的で幅広い知識を修得するために，多様な講義の開設，フィールドワークの重視，複数指導制度を採用した。後期課程においては，専門知識を基盤に国際的に活動することができる専門的人材の育成のために，集団教育制度の導入，段階的な研究指導，前期課程との研究教育の接続などを重視した。

　2014年4月現在，博士前期課程では情報学修士プログラムと図書館情報学修士プログラムが提供されている。図書館情報学修士プログラムでは，留学生を対象にすべての授業を英語で行う図書館情報学英語プログラムを2012年度に開設した。日本の先端的な情報技術を修得し知識情報資源の国際的専門家の養成をめざしている。また図書館情報学キャリアアッププログラムは図書館や類似機関，企業の情報部門などの勤務者のキャリアアップを目的に設置され，知識情報資源に関わるプロセスについて，高度な知識を身に付け，高度な図書館情報学領域の専門職の養成をめざしている。

（6）鶴見大学文学部ドキュメンテーション学科の設置

　鶴見大学は2004年に文学部にドキュメンテーション学科を設置した 専門23 。入学定員60名で学位の名称は学士（文学）である。教員組織は，教授（専任）4名，講師（専任）2名，講師（兼任）19名から構成された。文学部には1998年に入学定員60名の文化財学科が設置されていた。

　ドキュメンテーションとは文字資料から視聴覚資料まで多様な資料である「ドキュメント」を収集・整理・保管し，データ化して蓄積し適切な形態で提供できるようにするための知識と技術と規定され，ドキュメンテーション学は資料のもつ価値を把握した上で利用促進と文化継承に関わる理論と実践の体系と定義された。またドキュメンテーション学科が対象とする資料は古典籍から電子出版物にいたる「文科系文献」であり，文献資料自体の内容を分析・調査する書誌学／文献資料学と，それらの利用のための仕組みを構築する情報処理学から構成されている。図書館情報学はこの2つの領域を媒介する領域と位置づけられており，書誌学的な領域をカバーするライブラリーアーカイブコースと情報処理学的な領域をカバーするデジタルドキュメンテーションコースが設けられた。

　人材養成としては，古典籍等の資料をデジタル情報処理の手法で扱える専門職や，実務的な文献の情報処理が必要な現場で活躍できる専門職の養成が挙げ

られている。⁽¹²⁹⁾
●カリキュラム
　文献資料に焦点を当てた書誌学的分野のコースであるライブラリーアーカイブコース，文献資料のコンピュータ処理に焦点を当てた人文情報処理学分野のコースであるデジタルドキュメンテーションコースが設けられ，両分野をつなぐ図書館情報学科目を2年次までに修学し，3年次から各コースに分かれ専門分野を深く学ぶ。ライブラリーアーカイブコースには，書誌学分野の専門科目が，デジタルドキュメンテーションコースには，人文情報処理学分野の専門科目が盛りこまれている。専門的知識と技術修得のために専門の必修科目（41単位），選択科目（36単位以上）が設けられる⁽¹³⁰⁾。専門科目は必修科目とライブラリーアーカイブコース科目，デジタルドキュメンテーションコース科目から構成される。

（7）駿河台大学大学院現代情報文化研究科文化情報学専攻の設置

　駿河台大学は既存の文化情報学専攻に加えて法情報文化専攻を新設し，文化情報学研究科を改組・拡充し新たに現代情報文化研究科として再編した 専門24 。入学定員は各専攻ともに15名であった。教員は，教授（専任）13名，助教授（専任）3名，講師（兼任）6名から構成された。⁽¹³¹⁾
　文化情報学部の設置以来一貫して掲げられてきた情報メディエーターの育成は，改組後の研究科にも受け継がれ，文化情報学専攻はデジタル情報技術を基盤に記録管理学，文書学，図書館学を総合した「文化情報資源管理学」の教育をベースに情報資源管理を担う専門的人材の育成をめざし，法情報文化専攻は伝統的な法分野に情報関連法を付加した教育をベースに法律についての専門知識をもつ情報管理専門職の育成をめざすとしている。⁽¹³²⁾
●カリキュラム
　選択必修科目は基幹科目，情報関係，法学関係から構成され，選択科目は情報学分野，文学分野，法学分野からなり，文化情報学の中核的領域である業務文書分野，行政記録管理分野，メディア情報分野，景観観光情報分野，法学分野にグループ化されている。⁽¹³³⁾

（8）駿河台大学文化情報学部メディア情報学科の設置

　駿河台大学は1994年に文化情報学部を設立し，そのなかに音響映像情報と景

観・観光情報を扱う文化情報学科と文献と文書を扱う知識情報学科を設置した。しかし知識情報学科の教育内容に時代的齟齬が生じたことを受け2006年に知識情報学科を再編し，メディア情報学科を設置した。メディア情報学科の定員は140名，3年次編入学定員は10名，学位は学士（文化情報学）である。教員は，教授（専任）8名，助教授（専任）4名，講師（専任）3名，講師（兼任）86名から構成された。既設の「文化情報学科」は入学定員が130名から90名へ，3年次編入定員は20名から10名へと定員が縮小され，教員は，教授（専任）10名，助教授（専任）1名，講師（専任）3名，講師（兼任）86名の体制となった。[134]

メディア情報学科設置は，インターネットの発展により情報の生産・流通・利用・保存のあり方に変化が生じ，情報のストックに焦点を当ててきた知識情報学科の教育内容と現状との齟齬が生じたためとしている。新設のメディア情報学科はコンテンツの作成，発信を含めマルチメディア情報を総合的に扱うことのできる専門職の育成を意図し，知識情報学科が扱ってきた情報資源の蓄積に関わる領域は文化情報学科に含めることで，ストックとフローという概念に基づいた2つの学科の存立を明確にしている。[135]

情報のストックを主に扱う文化情報学科には観光サービスコース，図書館情報メディアコース，アート＆アーカイブズコースが，フローの側面を主に扱うメディア情報学科には映像音響メディアコース，情報デザインコースが設置された。[136]この改組では情報技術の進展にともなうコンテンツの作成・発信に関わる領域を強化したことによって，改組前の知識情報学科が担っていた主に文字情報からなる情報資源を対象とした，書誌・索引・目録など図書館情報学の中核領域は相対的に縮小することとなった。

●カリキュラム

メディア情報学科，知識情報学科ともに学部基幹科目A群，学部基幹科目B群，学科基幹科目に加え，コース別に各専門に応じた科目群を修得するカリキュラムとなっている。[137]

（9）筑波大学情報学群知識情報・図書館学類の設置

2002年に筑波大学と統合した図書館情報大学は，筑波大学内の教育組織の位置づけにおいて医学，芸術・体育の2つの専門学群と同レベルの専門学群として筑波大学に編入されたが，2007年の組織再編により，図書館情報専門学群は，9つある学部レベルの教育組織の情報学群に編入された。情報学群には情

報科学類，情報メディア創成学類，知識情報・図書館学類の3つの学類が設置され，知識情報・図書館学類が図書館情報学をコア領域とする組織を引き継いだ 専門25 。入学定員100名，3年次編入学定員10名，学位名は学士（図書館情報学）である。図書館情報専門学群の教員は47名が知識情報・図書館学類へ，15名が情報メディア創成学類へ移行した。

知識情報・図書館学類は，知識・情報の蓄積・流通・制度を人間・文化・社会・情報技術から探究すること，図書館からインターネットにいたる知識共有の制度全般を扱い，共有された知識を活用できる人材を育成するとし，図書館は知識共有の仕組みの一つとして位置づけられている。知識情報・図書館学類は，人間に注目し知識獲得や知識行動を扱う知識科学主専攻，情報技術に注目し知識情報に関わる技術を扱う知識情報システム主専攻，社会に着目し知識情報に関わる社会制度を扱う情報経営・図書館主専攻から構成された。

改組前の図書館情報専門学群は図書館情報学を軸に周辺領域を扱っていたのに対し，専門学群の解体により，教育研究の目標は知識共有の仕組みを総合的に解明する分野として，より拡張された領域に再設定された。

●カリキュラム

知識情報・図書館学類では1年次と2年次は専門基礎科目を履修し，3年次からは知識科学，知識情報システム，情報経営・図書館の3つの専攻に分かれ，所属する主専攻の専門科目を中心に他の主専攻の専門科目を履修し専門知識を深める。4年次からは卒業研究のために研究室に所属する。3主専攻の専門科目は複数のクラスターから構成される。

知識科学主専攻科目は，専門情報，知識共有，知識行動，知識発見の4クラスター，知識情報システム主専攻科目は，知識情報システムの実際，知識情報システムの実装，知識情報システムの設計，知識情報の組織化，知識情報システムの原理の5クラスター，情報経営・図書館主専攻科目は知識情報環境の構築，知識情報サービスの経営，知識情報サービスの構成，知識情報の社会化，知識情報の規範，図書館と書物の文化の6クラスターから構成された。

（10）駿河台大学メディア情報学部図書館・アーカイブズコースの設置

駿河台大学は2006年に設置したメディア情報学科を2009年にメディア情報学部に昇格させ文化情報学部を閉じて，1学部1学科（メディア情報学科），3コース（「映像・音響メディアコース」「デジタルデザインコース」「図書館・アーカイ

ブズコース」)に改組した 専門26 。入学定員150名,3年次編入学定員10名,学位は学士(メディア情報学)である。入学定員からみれば既設の文化情報学部の定員250名に対し,メディア情報学部は160名であり,学部定員は大幅に削減された。教員は,教授(専任)12名,准教授(専任)8名,講師(専任)2名と兼任教員25名から構成された。

メディア情報学科の学部への格上げは,情報メディアをめぐる環境の進展に対応したものである。すなわち出版や放送という枠組みのなかに配置されていたコンテンツがインターネットと融合するクロスメディア時代において,多様なメディアに対応できる人材養成をめざすための改組と説明されている。

またストックとしての情報資源をそれぞれ固有の方法論で扱ってきた図書館,博物館,文書館といった類縁機関との間に情報資源のデジタル化を契機として,機能的な融合が起こっていることも学部再編の背景となった。メディア情報学部は図書館員・博物館員・アーキビスト・記録管理者(文書管理者)に共通の専門知識に着目した人材育成を表明している。

3コースのうち図書館・アーカイブズコースは駿河台大学の特色である図書館情報学と記録管理学の両方を視野に入れた教育を行うこととし,デジタル情報技術についての基本的知識と情報資源の収集・蓄積・組織化についての専門知識をもつ「情報資源管理者」の育成をめざした。

●カリキュラム

メディア情報学部メディア情報学科の専攻科目群は専攻基礎科目,専攻基幹科目,専攻発展科目からなる。専攻発展科目はコースごとの科目群とメディア情報応用科目に分けられている。

6 ポスト図書館情報学の構築
―― 2010年～2013年 ――

(1) 愛知淑徳大学人間情報学部・人間情報学科の設置

愛知淑徳大学は2010年に文学部図書館情報学科を人間情報学部・人間情報学科へ改組した 専門27 。入学定員は200名,学位の名称は学士(人間情報)である。

教員は,教授(専任)12名,准教授(専任)3名,講師(専任)1名,助教(専任)5名と兼任教員4名から構成された。

人間情報学科は，図書館情報学科で行われてきた情報学の理論的研究，情報技術，情報工学などの分野を再編拡充する目的により設置された。人間の特性を心理的・生理的・行動的に分析しながら情報の表現，提供，管理を追究するために，ヒューマンアナライジング系列（心理学系），コンテンツデザイニング系列（人間工学系），リソースマネージング系列（図書館情報学系）が設置された[145]。図書館情報学は情報を効果的に活用するために，情報の発生から利用にいたるプロセスのなかで人間，情報，モノの3つを管理・運営するための手段と方法を理論的に追究する学問と定義されている[146]。

既存の図書館情報学科における人材イメージが，情報処理・管理のプロセスに関わるスキルを身に付けることにあったのに対し，人間情報学科でのそれは，人間の特性に着目した「モノ作り」やシステム構築ができる人材へと変化し，人間・情報・機械に関わるプロダクツとインターフェースの構築が強調されている。職種としては「システムエンジニア，プログラマ，検索オペレータ，DTPオペレータ，CADオペレータ，WEBデザイナ，CGデザイナ，ゲームクリエイタ，アートディレクタ，ロボットデザイナ，カラーコーディネータ，図書館司書，司書教諭，教員（情報），学芸員など，情報の専門技術者および情報スペシャリスト」が挙げられている[147]。

新学科では，「モノ作り」というキーワードや「社会的弱者支援」などの視点から，人間と情報の多様な関わり合いを複数の学問分野から解明するアプローチの導入が示された。

●カリキュラム

専門科目は，人間情報学部の必修科目と選択必修科目である基礎共通科目群，系列共通科目群，系列科目群から構成されている。基礎共通科目群は，学部全体の専門基礎教育の基盤的科目として設定されている。系列共通科目群は，ヒューマンアナライジング系列，コンテンツデザイニング系列，リソースマネージング系列の3つに分かれる。これら3系列は学生の指針となる科目群としているが，系列を越えての履修も可能である。系列科目群は卒業プロジェクトⅠと卒業論文・卒業制作からなり，1年時から研究プロジェクトに取り組む[148]。

（2）九州大学大学院統合新領域学府ライブラリーサイエンス専攻修士課程の設置

九州大学は2011年に大学院統合新領域学府 ライブラリーサイエンス専攻修

士課程を設置した 専門28 。オートモーティブサイエンス専攻とユーザー感性学専攻についで新設された専攻である。学生定員は10名，学位の名称は修士（ライブラリーサイエンス）である。教員は，教授（専任）7名，准教授（専任）3名，講師（専任）1名と兼任教員6名から構成された。

「ライブラリーサイエンス」という新たな領域について，ライブラリーを「ユーザーの知の創造・継承活動を支える場」と定義し，ライブラリーにおける情報の管理と提供に関わる課題解決のための学問領域と説明している。対象領域は，図書館情報学，記録管理学を中心に情報科学，情報法制，学習科学，コミュニケーション論，情報リテラシー論，テクスト学などが挙げられている。情報の管理側の視点に偏向した図書館情報学と記録管理学に対しユーザー側からの視点を摂取し，提供と受容のギャップを埋めることがライブラリーサイエンスの目的であり，情報・人間・社会に関わる課題を解決しユーザーを支援する高度な専門人材の育成が目標として掲げられている。養成する専門職として想定しているのは，アーキビスト／レコードマネジャー，サブジェクトライブラリアン，図書館の経営・管理の責任者，公的機関の記録管理部門の管理責任者，民間企業や大企業，医療機関などの記録管理部門の管理責任者，情報の管理・提供法や利用法に関する理論構築やシステムの新規開発などを行う人材，ライブラリーサイエンス研究者である。

◉カリキュラム

　教育課程は，修士論文指導である特別研究，学府共通科目，基礎科目からなる必修科目，実習，演習科目である必修選択のPTL・インターンシップ科目，選択科目である専門科目からなる。

（3）愛知淑徳大学大学院文化創造研究科文化創造専攻図書館情報学領域の設置

　愛知淑徳大学大学院は2013年に既設の文学研究科文学専攻（国文学コース，図書館情報学コース），現代社会研究科現代社会専攻（地域・国際社会コース，メディアプロデュースコース，都市環境デザインコース），文化創造研究科創造表現専攻を再編し，文化創造専攻1専攻からなる文化創造研究科を新設した 専門29 。新研究科は，⑴国文学領域，⑵クリエイティブライティング領域，⑶図書館情報学領域，⑷メディアコミュニケーション領域，⑸都市環境デザイン領域の5領域からなる。定員は文化創造専攻博士前期課程40名，博士後期課程が6名で，学位は修士（文学・図書館情報学・学術）と博士（文学・図書館情報学・学術）であ

る。教員は，博士前期課程は教授（専任）24名，准教授（専任）7名と兼任教員6名から，博士後期課程は教授（専任）20名，准教授（専任）3名から構成された。[154]

　文学，文芸，情報学，メディア，造型デザインを主たる対象としていた既存の5専攻は，「表象」という概念で一つにまとめられた。図書館情報学領域は広義の情報学までをカバーし，問題発見能力，批判的吟味能力，質的評価能力をもつ人材の育成をめざす。このなかで高度な資質をもつ図書館司書の養成が明示された。[155]

● カリキュラム

　教育課程は，講義を中心とした特殊講義科目，演習を中心とした特殊演習科目，研究指導担当教員からの論文指導である特殊研究科目からなる。図書館情報学領域の特殊講義科目は，情報学特殊講義Ⅰから情報学特殊講義Ⅸまでの9科目からなる。特殊演習科目は情報学特殊演習Ⅰから情報学特殊演習Ⅸまでの9科目，特殊研究科目は情報学特殊研究Ⅰから情報学特殊研究Ⅶの7科目である。[156]

（4）九州大学大学院統合新領域学府ライブラリーサイエンス専攻博士後期課程の設置

　九州大学は2013年4月に統合新領域学府ライブラリーサイエンス専攻博士後期課程を設置した 専門30 。入学定員は3名である。学位の名称は博士（ライブラリーサイエンス）である。[157] 教員は，教授（専任）4名，准教授（専任）3名から構成された。[158]

　博士後期課程は，図書館情報学・記録管理学・アーカイブズ学，情報科学の統合領域として位置づけられるライブラリーサイエンスの立場から，情報管理を探究する研究者の養成や解決する研究者，記録情報に関わる人材養成に携わる教育者の養成を目的として設置されている。アメリカ図書館協会の図書館情報学修士課程の認定校の約半数が記録管理とアーカイブズ学の領域を扱っている。こうした状況のなかで九州大学がライブラリーサイエンスという新しい枠組みで情報管理に関わる研究者を育成し，記録管理の専門職を養成することの意義が示された。[159]

　進路として，図書館情報学，記録管理学・アーカイブズ学，情報科学を専門領域とする大学等の教員，研究者としての資質をもつ大学図書館員，組織の記

録情報管理システムにおいて教育的立場にあるレコードマネージャーやアーキビスト，ユーザーの情報アクセスに視点を置いた情報管理システムに関わるエンジニア・研究者が想定されている。[160]

●カリキュラム

科目は講義科目1つと演習科目2つから構成されている。入学時には図書館情報学，記録管理学・アーカイブズ学，情報科学の3つの分野に関して，基盤的な知識をもつこと，さらにはライブラリーサイエンスの研究に必要とされる情報法制と学習科学の知識を前提とする。

ライブラリーサイエンス特別研究は3年間継続的に履修し，研究者としての能力を養うとともに，博士論文をまとめるための科目として設定されている。主指導教員，副指導教員，必要に応じて九州大学に所属する教員，または他の大学や研究所等の教員等アドバイザリー委員が指導する。[161]

おわりに

戦後の図書館学専門課程の出発点は，大学基準協会による「図書館員養成課程基準」の制定と慶應義塾大学文学部への図書館学専門課程の設置であった。1950年代後半から東洋大学社会学部応用社会学科図書館学専攻の設置，国立図書館短期大学の設立など学部レベルでの図書館学の専門課程の設置や，慶應義塾大学における図書館・情報学専攻修士課程の設置が続いた。この時期に日本図書館協会教育部会を中心に図書館学の教育と研究が一体的に議論され，後の図書館情報大学の開学への道筋が切り開かれた。

1960年代は1965年の文部省情報図書館課の設置，1968年の国立大学図書館協議会設立，1969年の科学技術情報の流通に関する基本的方策（NIST構想）など，科学技術政策と情報処理技術に関わる機関の設置や政策の策定によって特徴づけられている。科学技術会議の1960年の答申「十年後を目標とする科学技術振興の総合的基本方策について」は情報処理の技術専門職員に言及するなど，1960年代以降，科学技術の発展にともなう学術情報および文献の増大に対応できる専門職への要請が社会的に高まった。1967年に設立された慶應義塾大学図書館・情報学専攻の大学院設置理由として，学術研究の急速な発達と情報処理に関わる専門職の要請が挙げられるなど，同時代の図書館学／図書館情報学に対し，学術情報に携わる専門職育成への緊急性の高いニーズが存在してい

た。

　1960年代以降の図書館学／図書館情報学の専門課程設置に向けた動きは，このような科学技術政策と学術情報処理システムの構築と密接に関連していた。科学技術情報の処理に関わる諸問題は，書籍を主たる操作対象とする図書館学よりもむしろ，文献の生産から利用にいたるプロセスを専門技術として体系化したドキュメンテーション活動との親和性が高かった。ドキュメンテーション活動は，パンチカードやマイクロフィルム技術といった情報検索のための技術的手法を取り入れた文献管理の専門技術として1960年代の情報管理の中核的領域であった。その後，情報管理の中心はコンピュータ技術へと移行し1990年代にインターネットが出現するまで，コンピュータによる情報処理が図書館情報学における中心的な課題の一つとなった。

　学術情報処理を主たる業務とする大学図書館と専門図書館の現場では，学術情報の生産，伝達，処理，蓄積，検索，提供プロセスに関わる学問領域が求められた。図書館は情報センターへ，図書館司書は情報処理の技術専門職員へと表現が変化し，文献の収集・組織化・提供を中心とする専門領域であった図書館学から，図書館情報学への名称変更が促された。それは資料組織化を中心とする伝統的な専門領域から学術情報を高速に処理し学術活動を総合的に支援する専門領域への転換を意味していた。学術情報機関の関係者にとって図書館学／図書館情報学の振興は，学術情報を処理する専門的スキルを身に付けた情報専門職の育成と同義であった。大学図書館関係者は1960年代後半から図書館情報学専門課程の増設とともに，高度な図書館情報学教育の研究と教育を担う大学院設置の要望を継続的に表明した。

　図書館専門課程に関する議論には，図書館実務の高度化にともなう専門職の高度な教育やカリキュラムの充実と同時に，図書館専門職を育成し図書館学の研究に携わる教員と研究者の育成というメタレベルの課題が含まれていた。1968年に加藤宗厚は"これから教員をどう養成して行くか。現在具体的にいって専攻学科をもっている所は少い。まして修士課程は慶応大学に限られる，博士課程は全然ないという段階"と図書館学の教員養成について言及している。[162] 1960年代後半の時点で図書館学を修得できる博士後期課程をもつ大学は東京大学教育学研究科，京都大学教育学研究科などに限られていたが，1975年に慶應義塾大学大学院文学研究科に図書館・情報学専攻の博士課程が設置され，一定数の図書館情報学研究者の育成が継続的に行われるようになった。

1970年代半ばから1980年代半ばは「図書館・情報学教育基準」の発表，図書館情報大学開学など日本における図書館情報学の確立期ともいえる時代である。学術審議会は1980年に「今後における学術情報システムの在り方について」を答申し，学術情報の共有と情報ネットワークの構築に向けた将来像を提示した。答申では情報関係の個別の学部や図書館学の分野で行われてきた情報専門職の養成を統合的に行う機関として図書館情報大学への期待が示されている。1980年の答申は1983年の東京大学文献情報センター設置，1986年の学術情報センター設置等，学術情報の流通と提供を担う中核的な機関へと具現化された。

1960年代から図書館教育関係者が集中的かつ継続的に行った図書館学教育の向上への働きかけは国立図書館短期大学設置への流れをつくり出し，さらには同大学を基盤として4年制の図書館情報大学設置に結実した。図書館情報大学は図書館の運営と管理および資料の整理技術を中心とする伝統的な図書館学と，情報の特性や解釈，情報検索，情報流通，情報利用に関わる多様な側面を研究する情報学との融合をめざす機関として構想された。図書館情報大学では，育成する人材の呼称に図書館員，司書よりもむしろインフォメーション・サイエンティスト，インフォメーション・オフィサー，インフォメーション・スペシャリスト等の表現を使い，伝統的な図書館学と図書館情報学の区別を強く意識していた。

1979年に図書館情報大学が設置された後，愛知淑徳大学文学部図書館情報学科，駿河台大学文化情報学部知識情報学科が設置されるなど，1980年代から図書館情報学は拡大期を迎えた。ただし学問分野としての名称の定着には時間がかかった。慶應義塾大学が図書館情報学を冠した修士課程を設置したのは1967年であったが，日本図書館学会が学会員の総意を得て日本図書館情報学会に改称したのは1998年である。

1980年代以後，図書館情報学を専門とする学部学科が立ち上がってゆくなかで，図書館情報学が文献と情報に関わる実践的専門技術を越えて学として存在しうるかという議論が表出し，図書館情報学専攻自体を問題化した。愛知淑徳大学の図書館情報学科を設計した津田はこの問題を"情報活動にはどうしてもその対象分野の知識が必要になります（略）エキスパートシステムを例にとれば知識ベースが無い推論エンジンだけのシステムといったところで，それのみでは明らかに何か欠けている感があります。従って図書館情報学の知識を活用する場合には，その都度必要な対象知識を自分の頭の中に作ることが求められ

ることになります（略）図書館情報学科の学生は理屈から言って，図書館情報学の知識を対象とした情報しか扱えないということになり得るわけです"と表現した。

　図書館情報学はメディアの発展にともなう図書館の段階的な変化を受け入れつつ，記録情報の選択，収集，組織化，提供過程を研究の対象とする学問として1970年代から1990年代に独自の対象領域を確立し学問分野として認知されるようになった。図書館は情報センター，知識センターといった新たな呼称を纏うことによって，伝統的な機能から科学技術情報を扱う場所となっていることを強調し，学術情報に関わる先導的動向が図書館学から図書館情報学への展開と重なった。そもそも特定の機関にとらわれず知識情報のサイクルを管理する動的なプロセスを図書館情報学の中核とする考え方はすでに1960年代から存在していた。しかしそうした場合でも図書館学／図書館情報学はそのプロセスが展開される何らかの物理的な施設・機関を前提としていた。しかしながらインターネットはそうした原則自体を取り去るものであり，図書館情報学に領域の対象・範囲・定義に見直しを迫った。

　インターネットを主な要因とする情報メディアをめぐる根本的な変化のなかで，アカデミックな立場から取りうる選択として図書館情報学は研究対象を拡大し領域を拡張した。それは図書館情報学の枠組みの拡張であると同時に，図書館情報学の伝統的な領域の相対的縮小でもあった。

　たとえば愛知淑徳大学や駿河台大学は「知識情報学」という言葉で拡張した図書館情報学の新たな領域を表した。駿河台大学は文化情報学という学問領域のもとに「知識基盤情報資源」を扱う「知識情報学」として図書館情報学を位置づけ，隣接領域に「記録管理情報資源」を扱うアーカイブズ学を設定した。図書館情報学とアーカイブズ学を一つの学科内に並置した初めての例である。駿河台大学では情報資源を総合的に扱う新たな学問分野として設定した文化情報学においてそこで活動する専門職を，「情報プロフェッショナルとしてのメディエイター」と表現した。1990年代には，インターネットの可能的様態が複数の選択肢として示されている状況であり，その可能性が図書館情報学の枠組みを広げるための契機として捉えられ新たな領域と専門職が設定された。しかしながら1994年に"先駆的かつ明確な理念"をもって設立された駿河台大学文化情報学部がメディア情報学部へ移行することに関して金容媛は"文化情報学部はその重要性にもかかわらず，新しい学問分野の体系には確立されず，社会

的認知も不十分な状況"が続いたと述べ，文化情報学が学問として確立しなかったと振り返っている。インターネットとインターネット上で扱われるデジタル情報が，図書館情報学の研究内容や方法に実質的な影響を及ぼすのは2000年以降である。

　インターネットが本格的に普及した1995年以降，図書館情報学は対象領域と方法論について根本から見直しの必要に迫られ，知識情報資源全般に関わる領域に対象を拡張していくことになる。専門課程の実質的な動きとしては図書館情報大学の閉学，東洋大学，駿河台大学などの学部レベルの専門課程で大胆な改組がみられた時期である。対象領域の拡張に合わせ領域の名称について，文献情報学，知識情報学などの表現が用いられたり，専門課程で養成される専門職の名称にインフォメーション・プロフェッショナル（情報専門職），記録管理者（レコード・マネージャー），情報資源専門家などの名称が用いられるようになった。物理的施設としての図書館への求心力は1960年代から段階的に弱まっていった。インターネットとデジタル技術の急速な発展により伝統的な図書館情報学の情報組織化の手法はインターネット情報資源を含めたデジタル情報組織化の手法へと拡張／転換された。2000年代に入ると図書館は情報空間において情報資源を扱う選択肢の一つと捉えられるようになった。また図書館情報学専門課程の関心の焦点は情報処理に関わる工学的な視点から，知識資源のマネージメントや情報資源に関わるプロセスにおける人的側面へと移行していった。

　2000年代中期以後，図書館情報学専攻大学院の定員増によって大学院の学生数が増加し図書館情報学研究の量的増加がみられた。同時期に，現職者を対象に週末や夜間に授業を行う図書館情報学の大学院教育が複数の教育機関で始まった。慶應義塾大学文学研究科は2004年に情報資源管理分野の修士課程を設け，情報専門職の再教育を目的とした教育プログラムを開始した。入学定員は10名で，入学時に大学卒業後3年以上経過し，図書館の実務経験か司書資格をもつことが出願の条件となっている。修了要件は32単位の科目履修と修士論文である。筑波大学図書館情報メディア研究科では，前身校の図書館情報大学時代から社会人大学院生を積極的に受け入れてきた。2014年5月現在，図書館情報学分野の現職者を対象に高度専門職業人の育成をめざす図書館情報学キャリアアッププログラムを開講している。また博士後期課程においては，現職者が一定数の割合を占めている。さらに公共図書館職員を対象に図書館経営管理

コースを開設し，図書館員のスキルアップの機会を提供している(166)。

21世紀に入り，図書館情報学に関わる国内・国際的関係団体によって図書館情報学への新たなガイドラインや提言が出された。国際図書館連盟（IFLA）は，2000年に「図書館／情報教育プログラムのためのガイドライン」（*Guidelines for Professional Library/Information Educational Programs 2000*）を発表した。このガイドラインは1976年に発表された「ライブラリースクールのための基準」（*Standards for Library Schools*）を改訂したものである。2000年のガイドラインで図書館情報学のコア要素として，情報の原理・法則から管理運営にいたる領域をカバーする10項目（① The Information Environment, Information Policy and Ethics, the History of the Field, ② Information Generation, Communication and Use, ③ Assessing Information Needs and Designing Responsive Services, ④ The Information Transfer Process, ⑤ Organization, Retrieval, Preservation and Conservation of Information, ⑥ Research, Analysis and Interpretation of Information, ⑦ Applications of Information and Communication Technologies to Library and Information Products and Services, ⑧ Information Resource Management and Knowledge Management, ⑨ Management of Information Agencies, ⑩ Quantitative and Qualitative Evaluation of Outcomes of Information and Library Use）を提示している(167)。

また国内では2003年4月から2006年3月の3年間，文部科学省科学研究費の支援を受け日本の図書館情報学教育の向上のために，日本図書館情報学会の会員約30名からなる研究プロジェクト「情報専門職の養成に向けた図書館情報学教育体制の再構築に関する総合的研究」が開始された。プロジェクトチームは2006年に「LIPER報告書」で図書館情報学改革案を提唱した。改革案はコア領域，特定の情報サービスに関わって設定される個別情報領域，館種ごとに設定される情報専門職領域からなる図書館情報学のカリキュラム構造を示しつつ，図書館情報学教育と司書養成の統合の可能性を検討した 共通5（本書序章8（4）参照）。

2011年に九州大学大学院統合新領域学府に設置されたライブラリーサイエンス専攻は，すべての情報資源を扱う情報空間を視野に入れ，そこで活動する利用者と知的創造に着目する21世紀の図書館学を「ライブラリーサイエンス」と呼称し，情報資源を扱う横断的な専門職の育成を明確に打ち出した。ここでライブラリーサイエンスは図書館情報学と記録管理学および周辺分野を統合した学問領域として新たに定義しなおされている。

ポスト図書館情報学の時代における図書館情報学の新たな名称が，今後複数の可能性のなかから一つに収斂されるまで時間がかかるかもしれないが，すでにその内容はインターネットの発展と情報資源のデジタル化の影響を受けて20世紀の図書館情報学とは位相を異なる実態として示されつつある。「文献情報の管理」から「知識情報資源の管理」へ，「情報機関・施設」から「情報空間」に対象領域は移動し，教育・研究プログラムの変化に結び付いている。1990年代中期以後，"図書館情報学そのものの定義や目的についての議論がきわめてしにくい状況が続いていた（略）しかしながら，インターネットが民生化されて15年がすぎた今，ようやくこれからの見通しがつけやすい状況ができてきた"のである。

　ポスト図書館情報学の兆しは周辺学問領域との融合に関わる動きにも現れている。デジタル情報を中核とした実質的な MLA (Museum, Library, Archives) 連携の進展が，図書館情報学，博物館情報学，アーカイブズ学の統合を促している。IFLA が2012年に発表した「図書館情報学専門職教育プログラムのためのガイドライン」(*Guidelines for Professional Library/Information Educational Programs*) では，図書館情報学とアーカイブズ学，博物館学が研究領域を共有する状況をふまえた内容になっている。現段階では"組織文書や公文書，歴史資料，写真，図面，地図，音声資料，映像資料，放送番組に至るまでの知識情報資源（メディア）について統一的に扱う情報専門職は生まれていない"状況にある。しかし図書館・文書館・博物館など施設・機関に個別に焦点をあて，そのなかで起こる諸現象を教育・研究の対象とする20世紀モデルから，知的創造活動に関わるすべての営為を統合的に捉える21世紀モデルへの転換は図書館情報学において確実に起こりつつある。

　一方，人間の統制を超えるレベルに達した科学技術がもたらした弊害が，科学を統御する人間への着目を促している。図書館情報学分野においても20世紀に確立した情報の収集・組織化・提供に関わる技術の高度化・精緻化を基盤に，情報を利用し知的生産に携わる人間の活動に着眼した研究・教育への要請が高まっている。人間の知識コミュニケーションに関わる理念的基盤の確立や，人間の知的活動と情報メディアの連関を批判的に記述していくための方法論へ照準した研究は今後いっそう求められるようになるだろう。

　慶應義塾大学の Japan Library School 以降，日本の図書館情報学教育への海外の図書館学／図書館情報学の制度的な移入の動きはみられなかった。海外の

図書館情報学専門課程の動向は，研究者個人の国際的学術コミュニティにおける活動と個人的交流を通じて継続的に報告されてきたものの，日本の図書館情報学専門課程に直接的な影響を与えるまでにはいたらなかった。

　ただし北アメリカの図書館情報学関係の有力な大学によって構成されたコンソーシアムであるiSchoolが2000年代半ばから，アメリカ・カナダにとどまらずヨーロッパ，アジアの関係大学を巻き込む形で連携を進め，日本では筑波大学がiSchoolに加わっている（本書第4章1参照）。またアジア太平洋地域の図書館情報学コミュニティの構築をめざすCiSAP（Consortium of iSchools Asia Pacific）には，筑波大学と九州大学が参加している。ヨーロッパでは欧州連合（EU）を中心とした高等教育の制度的統一化に向けた動きが，図書館情報学教育に及び，図書館情報学分野におけるグローバル化に向けた動きは加速している。しかしながら国際的な図書館情報学ネットワークへの参画は日本の図書館情報学界の内発的な推進力によるものではなくむしろ，図書館情報学専門課程をもつ各機関に対する学内からの国際化への要請が強く働いているといってよいだろう。

　日本図書館協会の教育部会等の組織において図書館情報専門職の育成と図書館情報学自体の向上に関わる議論は1950年代以降継続されてきた。1960年代に図書館専門職のレベルの向上と図書館学確立に向けた働きかけが本格化した。図書館学教育関係者は国立図書館短期大学の開学を目標に結束し，最終的にはこの運動は国立図書情報大学の設立に結び付いたのである。図書館情報学専門課程をもつ大学には一定数の図書館情報学研究者が配置され，図書館情報学関係の学会活動を通して図書館情報学研究を発展させた。しかしながら，1960年代までは一体化していた図書館学／図書館情報学向上の議論と図書館情報専門職の議論は，その後離反していく（本書序章6（5）参照）。1970年代以降の図書館教育専門組織の議論は司書講習科目の改正に方向づけられ，図書館学／図書館情報学専門課程をもつ教育機関の理念やカリキュラムに直接接続されなかった。図書館学／図書館情報学専門課程をもつ機関では図書館界や教育部会での議論よりも，情報政策制度や政策に直接結び付く人材に関わる社会的要請を背景に，各教育組織に必要な教育組織をつくり上げていった。

　教育面でみれば，図書館情報学専門課程をもつ大学では，情報に関わる高度な専門知識をもつ情報専門職の養成を中心に教育課程を構築してきた。それは教育研究体制において公共図書館司書養成に軸足を置く司書課程とは異なる方

向性とレベルをもつこととなった。ただし専門課程をもつ大学が養成した研究者が一定の割合で司書課程の教員になり司書養成に携わることにより，図書館情報学専門課程機関は日本の司書養成制度を間接的に支えてきたのである。

　本章では専門課程設置に関わる概略を示すにとどまり，複数のテーマが今後の研究課題として残されている。大学基準協会の図書館学／図書館情報学基準が専門課程に与えた直接的・間接的影響，各専門課程が文部省／文部科学省に提出した設置審査資料の作成過程，各専門課程設立時の学外専門委員による当該課程に関わる議論，日本図書館協会教育部会と専門課程の関係といったテーマはとりわけ図書館情報学専門課程史にとって重要な課題である。

注

(1) ①『Library and Information Science（慶應義塾大学文学部開設100周年記念特別号）』No. 28，Special Issue 1990（1991.8）．②慶応義塾大学文学部人文社会学科図書館・情報学系図書館・情報学専攻内図書館・情報学科開設50年記念行事実行委員会編『慶應義塾大学文学部図書館・情報学科50年記念誌：1951-2001』慶応義塾大学文学部図書館・情報学専攻，2001，85p.

(2) ①図書館情報大学同窓会橘会八十年記念誌編集委員会『図書館情報大学同窓会橘会八十年記念誌』図書館情報大学同窓会橘会八十年記念誌編集委員会，2002，262p. ②筑波大学大学院図書館情報メディア研究科編『図書館情報大学史：25年の記録』筑波大学大学院図書館情報メディア研究科，2005，372p.

(3) ①『東洋大学図書館学講座史』東洋大学図書館学講座，1975，111p. ②岩淵泰郎「応用社会学科図書館学専攻の歴史」『白山図書館学研究　岩淵泰郎教授古稀記念論集』緑蔭書房，2002，p. 115-132.

(4) 『Journal of Library and Information Science（学科創立10周年を記念して）』Vol. 9，1995.7.

(5) ①『文化情報学　駿河台大学文化情報学部紀要（文化情報学部創設十周年記念号）』Vol. 10，No. 2，2003.12. ②『文化情報学（文化情報学部終了記念号）』Vol. 18，No. 2，2011.12.

(6) 日本図書館学会研究委員会編『図書館学の研究と教育』日外アソシエーツ，1982，111p.

(7) 「日本図書館情報学会創立50周年記念シンポジウム記録：これからの図書館情報学研究と教育」『日本図書館情報学会誌』Vol. 49，No. 4，2004.5，p. 172-194.

(8) 橋本典尚「大学の図書館情報学科にみる視点：一九九〇～二〇〇〇：ケース：愛知淑徳大学図書館情報学科・慶応義塾大学図書館・情報学科・東洋大学図書館学専攻の周辺からみて」『名古屋大学大学文書資料室紀要』第20号，2012.3，p. 35-76.

(9) 大学基準協会十年史編纂委員会『大学基準協会』大学基準協会，1957，p. 123.

(10) 同上，p. 127.

(11) 大学基準協会年史編さん室『大学基準協会55年史　通史編』大学基準協会，2005，p. 225.

(12) 同上，p. 225，226.

⒀　①根本彰「まぼろしの東大ライブラリースクール再考：占領期におけるアメリカ図書館学の導入過程解明の手がかりとして」『図書館情報学の創造的再構築』吉田政幸，山本順一編，勉誠出版，2001，p.246．②根本彰，三浦太郎「占領期におけるジャパン・ライブラリースクールの創設」『東京大学大学院教育学研究科紀要』Vol.41，2002.2，p.482-487．③細野公男「図書館・情報学科40年をふりかえって」『Library and Information Science』No.28，1991.8，p.1-8．④Gitler, Robert L., Buckland, Michael ed., *Robert Gitler and the Japan Library School : An Autobiographical Narrative*, Lanham, Md.: Scarecrow Press, 1999. ⑤ロバート・ダウンズ著，今まど子訳「資料紹介：日本の新しい図書館学校」『現代日本の図書館構想：戦後改革とその展開』今まど子，高山正也編著，勉誠出版，2013，p.155-160．⑥今まど子「ダウンズ・ペーパーについて」『現代日本の図書館構想：戦後改革とその展開』今まど子，高山正也編著，勉誠出版，2013，p.161-168．⑦ロバート・L．ギトラー「日本図書館学事始め」『現代日本の図書館構想：戦後改革とその展開』今まど子，高山正也編著，勉誠出版，2013，p.169-185．⑧高山正也「日本図書館学事始め」の解題『現代日本の図書館構想：戦後改革とその展開』今まど子，高山正也編著，勉誠出版，2013，p.186-197．

⒁　慶應義塾大學文學部圖書館學科設置概要　一，目的及び使命

⒂　①慶應義塾大學文學部圖書館學科設置認可申請書　慶應義塾大學文學部圖書館學科設置概要　九，入學，履修方法及學位授與．②慶應義塾大學文學部圖書館學科設置認可申請書　慶應義塾大學圖書館學科要項　一九五一年

⒃　前掲⒀③，p.4．

⒄　Japan Library School, *Japan Library School Announcement Catalogue*, 1951.

⒅　①慶應義塾大學文學部圖書館學科設置認可申請書　八，學部及學科別科目概要。②英語版学科要項1951。③日本語版学科要項1951。④前掲⒀③，p.4．

⒆　①長澤雅男「図書館・情報学の教育」『Library and Information Science』No.10，1972.10，p.1-12．②小林胖「大学院カリキュラムの改訂とその将来への投影」『Library and Information Science』No.10，1972.10，p.13-18．③図書館・情報学科カリキュラム委員会「慶応義塾大学図書館・情報学科のカリキュラムの現状」『Library and Information Science』No.11，1973.10，p.1-62．④図書館・情報学科カリキュラム委員会「慶応義塾大学図書館・情報学科のカリキュラムの現状（完）」『Library and Information Science』No.12，1974.10，p.275-297．⑤上田修一「慶応義塾大学文学部図書館・情報学科のカリキュラムの変遷」『Library and Information Science』No.28，1990.8，p.25-73．

⒇　同上④，p.2-5，⑤，p.26．

(21)　①同上⑤p.29．②田村俊作「文学研究科図書館・情報学専攻情報資源管理分野の誕生から現在まで」『MediaNet』Vol.15，2008.10，p.66．

(22)　大学基準協会年史編さん室『大学基準協会55年史　通史編』大学基準協会，2005，p.226．

(23)　①同上，p.227．②池田美千絵「1950年代の大学基準協会による図書館学教育に関する基準」『學苑：文化創造学科紀要』No.865，2012.11，p.21．③山内美千絵，薬袋秀樹「戦後日本における図書館学教育科目案の変遷：館種別図書館職員養成の観点から」『日本生涯教育学会論集』No.31，2010.9，p.123-132．池田は「大学基準協会内部に，「図書

館学教育基準」の制定に消極的で時期尚早であるという考え方と，図書館学を学問として確立しようという意見の二つがあった。その中で，CIE の強い要望により，関西地区，東京地区の両方で司書養成コースの基準について話し合われることとなったこと，「図書館学教育基準分科会」の委員にギトラーが加わっていることから「図書館学教育基準」成立に CIE の後押しがあったことを示唆している（池田，p. 22.）。

(24) 前掲(22)，p. 227.
(25) 同上，p. 227-228.
(26) 大学基準協会十年史編纂委員会『大学基準協会』大学基準協会，1957, p. 190.
(27) 藤川正信「図書館学教育の本質的諸問題」『図書館界』Vol. 18, No. 5, 1967. 1, p. 155.
(28) 東洋大學社會學部増設認可申請書，第一，東洋大学社会学部増設要項　三，目的及び使命
(29) 東洋大學社會學部増設認可申請書，九　職員組織
(30) 和田吉人「東洋大学の図書館学専攻」『論集・図書館学研究の歩み』日本図書館学会研究委員会編，日外アソシエーツ，1983, p. 66.
(31) 橋本典尚「大学の図書館情報課程一九九〇-二〇〇〇：ケース：東洋大学図書館学専攻と東洋大学短期大学の周辺からみて」『名古屋大学大学文書資料室紀要』Vol. 19, 2011. 3, p. 33.
(32) 東洋大学創立百年史編纂委員会，東洋大学井上円了記念学術センター編「社会学部応用社会学科」『東洋大学百年史　部局編』1987, p. 345.
(33) 同上，p. 344.
(34) 前掲(31)，p. 40-41.
(35) 岩淵泰郎「東洋大学図書館学専攻の新カリキュラムと今後の課題」『白山情報図書館学会誌』Vol. 2, 1990. 3, p. 5.
(36) 前掲(31)，p. 41，前掲(32)，p. 345-349.
(37) 橋本典尚「白山情報図書館学会の軌跡（1987〜2002）と東洋大学社会学部図書館学専攻と東洋大学短期大学」『短期大学図書館研究』第30号，2010. 3, p. 35.
(38) 西崎恵『図書館法　復刻版』日本図書館協会，1970（初版は羽田書店，1950），p. 38, 93-94)
(39) 大学基準協会十年史編纂委員会編『大学基準協会十年史』大学基準協会，1957. p. 190.
(40) 神本光吉「図書館学教育論」『法政大学文学部紀要』No. 19, 別冊1974. 3, p. 13.
(41) 裏田武夫「司書養成の問題点」『図書館界』Vol. 5, No. 4, 1953. 12, p. 127-128.
(42) 「図書館学教育の改善刷新に関する陳情」『図書館雑誌』Vol. 56, No. 6, 1962. 6, p. 12.
(43) 「図書館員の養成」『図書館雑誌』Vol. 57. No. 3, 1963. 3, p. 34.
(44) 「昭和38年度総会議事録」『図書館雑誌』Vol. 57, No. 7, 1963. 7, p. 41.
(45) 前掲(27)，p. 148-157.
(46) 同上，p. 150.
(47) 同上，p. 152.
(48) 同上，p. 156.
(49) 同上

⑸⓪ 「図書館教育改善試案」『図書館雑誌』Vol. 59, No. 9, 1965. 9, p. 31.
⑸① 図書館短期大学の設置について　五, 職員組織に関する書類　職員総括表
⑸② 図書館短期大学の設置について　一, 設置要項　目的または事由
⑸③ 「D 現在の図書館学教育に関する具体的提言」『図書館学教育改善委員会報告』図書館学教育改善委員会, 1965.
⑸④ 図書館短期大学の設置について　審査会報告書
⑸⑤ 慶応義塾大学大学院の専攻の増設について, 一, 目的・事由
⑸⑥ 慶応義塾大学大学院の専攻の増設について, 三, 学部及び学科別学科目又は講座に関する書類　四, 履修方法及び卒業の要件に関する書類
⑸⑦ 津田良成「図書館情報学の展開と構築：二つの大学に関わって」『同志社大学図書館学年報』第19号, 1993. 6, p. 9.
⑸⑧ 前掲⑲②, p. 14.
⑸⑨ 前掲⑲⑤, p. 33.
⑹⓪ 図書館短期大学文献情報学科の設置について　設置審査書類
⑹① 慶應義塾大学大学院文学研究科図書館・情報学専攻（博士課程）設置要項　文学研究科設置協議書　一, 設置要項　目的又は事由
⑹② 慶應義塾大学大学院文学研究科図書館・情報学専攻（博士課程）設置要項　三, 学部及び学科別学科目又は講座に関する書類　学則新旧比較対照表
⑹③ 日本図書館協会図書館学教育部会図書館学教育基準委員会「図書館学教育改善試案」『図書館雑誌』Vol. 66, No. 6, 1972. 6, p. 30-34.
⑹④ ①是枝英子「図書館学教育改善試案への質問」『図書館雑誌』Vol. 67, No. 2, 1973. 2, p. 21-22. ②植村民也「「図書館学教育改善試案」の問題点」『図書館雑誌』Vol. 67, No. 2, 1973. 2, p. 22-23. ③是枝洋「「図書館学教育改善試案」を読んで」『図書館雑誌』Vol. 67, No. 2, 1973. 2, p. 24.
⑹⑤ 「「図書館学教育を考える」討論集会記録」『図書館界』Vol. 25, No. 2, 1973. 8, p. 44-55.
⑹⑥ 『国立大学協会会報』第50号, 1970. 11, p. 24-26.
⑹⑦ 『文部広報』第575号, 1973. 8, p. 5.
⑹⑧ 『国立大学図書館協議会総会資料』第22回, 1975, p. 25, 35.
⑹⑨ 『国立大学協会会報』第78号, 1977. 11, p. 100.
⑺⓪ 沢本孝久「図書館学教育委員会報告」『会報』（財団法人大学基準協会）第35号, 1977. 12, p. 41-49.
⑺① 「図書館・情報学教育基準」『会報』第35号, 1977. 12, p. 68.
⑺② 図書館学教育部会「第8回図書館学教育部会研究集会の報告」『図書館雑誌』Vol. 70, No. 12, 1976. 12, p. 499-501.
⑺③ 前掲⑺⓪, p. 43.
⑺④ 同上, p. 42-43.
⑺⑤ 神本光吉「図書館学教育論（続）」『法政大学文学部紀要』No. 25, 1979. 1, p. 114.
⑺⑥ 前掲⑺⓪, p. 43.

⑺　同上，p. 45.
⑺　同上，p. 46-49.
⑺　図書館大学（仮称）準備委員会『図書館大学（仮称）の構想について』1978，p. 1.
⑻　同上，p. 1.
⑻　同上，p. 2.
⑻　同上，p. 2.
⑻　同上，p. 2.
⑻　国会議事録　第八十七国会　参議院文教委員会会議録第六号　1979年3月29日
⑻　図書館情報大学設置計画　大学等の概要を記載した書類　教員組織の概要
⑻　図書館情報大学設置計画　大学等の概要を記載した書類　目的
⑻　図書館情報大学設置計画　『図書館情報大学案内』p. 1.
⑻　図書館情報大学設置計画　大学等の概要を記載した書類　授業科目の概要
⑻　前掲⑺，p. 111.
⑼　松田智雄「新大学「図書館情報大学」：その論理構造」『大学図書館研究』第19号，1981. 11，p. 2.
⑼　草野正名「新図書館文化学の提唱（緒論）：比較図書館学的方法による考察」（故斎藤毅前学長追悼記念号）『図書館短期大学紀要』No. 15，1978. 9，p. 14-15.
⑼　藤川正信「図書館情報大学の教育研究」『大学図書館研究』第19号，1981. 11，p. 4.
⑼　愛知淑徳大学　大学の学部の学科の設置について　図書館情報学科設置の趣旨並びに特に設置を必要とする理由　1　趣旨
⑼　愛知淑徳大学　大学の学部の学科の設置について　図書館情報学科設置の趣旨並びに特に設置を必要とする理由　2　特に設置を必要とする理由　(3)図書館情報大学及び慶応義塾大学文学部図書館情報学科の状況
⑼　前掲⑸，p. 3.
⑼　同上，p. 19.
⑼　同上，p. 4.
⑼　菅野育子「図書館情報学科の年譜（1985年度〜1995年度）」『Journal of Library and Information Science』Vol. 9，1995. 7，p. viii.
⑼　前掲⑸，p. 22-23.
⑽　愛知淑徳大学大学院設置認可申請書（愛知淑徳大学文学研究科・修士課程・図書館情報学専攻）設置の趣旨及び特に設置を必要とする理由　2. 特に設置を必要とする理由
⑽　愛知淑徳大学大学院設置認可申請書（愛知淑徳大学文学研究科・修士課程・図書館情報学専攻）設置の趣旨及び特に設置を必要とする理由　3. 本研究科の特色
⑽　愛知淑徳大学大学院設置認可申請書（愛知淑徳大学文学研究科・博士課程・図書館情報学専攻）課程変更の趣旨及び特に課程変更を必要とする理由　3. 博士課程の特色　(2)博士後期課程〈図書館情報学博士後期課程を特に必要とする理由〉
⑽　愛知淑徳大学大学院設置認可申請書（愛知淑徳大学文学研究科・博士課程・図書館情報学専攻）課程変更の趣旨及び特に課程変更を必要とする理由　3. 博士課程の特色　(2)博士後期課程〈図書館情報学博士後期課程の特徴と他大学との比較〉

第1章　図書館情報学専門課程の変遷

(104)　同上
(105)　駿河台大学文化情報学部設置認可申請書類（文化情報学部知識情報学科）　2.設置する大学等の概要を記載した書類　大学等の概要を記載した書類　教員組織の概要
(106)　駿河台大学文化情報学部設置認可申請書類（文化情報学部知識情報学科）　3.大学等の設置の趣旨及び特に設置を必要とする理由を記載した書類　大学等の設置の趣旨及び特に設置を必要とする理由　Ⅰ．設置の趣旨　1.文化情報学部設置の理念
(107)　同上
(108)　金容媛「知識情報学科　知識コミュニケーションコース（1994-2005），メディア情報学科 図書館情報メディアコース（2006-2011）を中心に（文化情報学部終了にあたって）」『文化情報学』Vol.18, No.2, 2011.12, p.69.
(109)　駿河台学園八十年史編纂委員会『駿河台学園八十年史』学校法人駿河台学園, 1998, p.198.
(110)　駿河台大学文化情報学部設置認可申請書類（文化情報学部知識情報学科）　3.大学等の設置の趣旨及び特に設置を必要とする理由を記載した書類　大学等の設置の趣旨及び特に設置を必要とする理由　Ⅲ．教育課程の特色　1.文化情報学部（Faculty of Cultural Information Resources）の教育目標
(111)　①駿河台大学文化情報学部設置認可申請書類（文化情報学部知識情報学科）　3.大学等の設置の趣旨及び特に設置を必要とする理由を記載した書類　大学等の設置の趣旨及び特に設置を必要とする理由　Ⅲ．教育課程の特色　2.カリキュラム体系。②駿河台大学文化情報学部設置認可申請書類（文化情報学部知識情報学科）大学等の概要を記載した書類　授業科目の概要2-8，2-9，2-10.
(112)　駿河台大学大学院文化情報学研究科設置認可申請書類　設置する大学院等の概要を記載した書類　大学等の概要を記載した書類
(113)　駿河台大学大学院文化情報学研究科設置認可申請書類　大学院の設置の趣旨及び特に設置を必要とする理由を記載した書類　Ⅲ．教育課程の特色　2.文化情報学研究科と既存学部（文化情報学部）との関係
(114)　①駿河台大学大学院文化情報学研究科設置認可申請書類　大学院の設置の趣旨及び特に設置を必要とする理由を記載した書類　Ⅱ．特に設置を必要とする理由　1.情報資源の管理の側面から。②駿河台大学大学院文化情報学研究科設置認可申請書類　大学院の設置の趣旨及び特に設置を必要とする理由を記載した書類　Ⅲ．教育課程の特色　8.修了後の進路
(115)　同上①
(116)　①駿河台大学大学院文化情報学研究科設置認可申請書類　大学院の設置の趣旨及び特に設置を必要とする理由を記載した書類　Ⅲ．教育課程の特色。②前掲(112)
(117)　東洋大学社会学部第1部メディアコミュニケーション学科設置認可申請書　1学科の設置の趣旨及び特に設置を必要とする理由を記載した書類　2.社会学部メディアコミュニケーション学科の設置趣旨
(118)　東洋大学社会学部第1部メディアコミュニケーション学科設置認可申請書　1学科の設置の趣旨及び特に設置を必要とする理由を記載した書類　1-3　教育課程の特徴　3.専門科目

第Ⅰ部　戦後日本の図書館情報専門職の養成と教育

(119) 前掲(117)。②東洋大学社会学部第1部メディアコミュニケーション学科設置認可申請書　1学科の設置の趣旨及び特に設置を必要とする理由を記載した書類　1-6　卒業後の進路
(120) ①東洋大学社会学部第1部メディアコミュニケーション学科設置認可申請書　1学科の設置の趣旨及び特に設置を必要とする理由を記載した書類　1-4　履修指導の方法。前掲(119)②
(121) 慶應義塾大学文学部人文社会学科設置（2000年）認可申請書類　1学科の設置の趣旨及び特に設置を必要とする理由を記載した書類　設置の趣旨及び設置を必要とする理由　2特に設置を必要とする理由
(122) 慶應義塾大学文学部人文社会学科設置（2000年）認可申請書類　4学則　文学部学科改組に伴う学則の変更
(123) 慶應義塾大学文学部人文社会学科設置（2000年）認可申請書類　1学科の設置の趣旨及び特に設置を必要とする理由を記載した書類　設置の趣旨及び設置を必要とする理由　6学部・学科の特色
(124) 図書館情報大学（図書館情報学研究科改組後の）「区分制博士課程大学院情報メディア研究科設置（2000年）に関する大学院等の概要を記載した書類　大学院等の概要を記載した書類
(125) 筑波大学図書館情報専門学群（2002年）の設置に関する書類　設置の趣旨・必要性〈筑波大学図書館情報専門学群を設置する趣旨・必要性〉
(126) 前掲(2)②
(127) 前掲(125)
(128) 鶴見大学文学部ドキュメンテーション学科設置（2004年）届出書類　1　設置する学部等の概要を記載した書類及び学部等の設置の趣旨等を記載した書類
(129) 鶴見大学文学部ドキュメンテーション学科設置（2004年）届出書類　学部等設置の趣旨　鶴見大学文学部ドキュメンテーション学科の設置の趣旨等を記載した書類　1.設置の趣旨及び必要性
(130) 鶴見大学文学部ドキュメンテーション学科設置（2004年）届出書類　学部等設置の趣旨　鶴見大学文学部ドキュメンテーション学科の設置の趣旨等を記載した書類　2.教育課程編成の考え方・特色
(131) 駿河台大学大学院現代情報文化研究科設置届出書　現代情報文化研究科文化情報学専攻　大学院等の概要を記載した書類
(132) 駿河台大学大学院現代情報文化研究科設置届出書　現代情報文化研究科文化情報学専攻　大学院等の設置の趣旨等を記載した書類　Ⅰ　設置の趣旨・必要性　4）養成しようとする人材
(133) 駿河台大学大学院現代情報文化研究科設置届出書　現代情報文化研究科文化情報学専攻　大学院等の設置の趣旨等を記載した書類　Ⅱ　教育課程変遷の考え方・特色　大学等の概要を記載した書類　授業科目の概要
(134) 駿河台大学文化情報学部メディア情報学科設置届出書　大学等の概要を記載した書類
(135) 駿河台大学文化情報学部メディア情報学科設置届出書　学部等の設置の趣旨等を記載

した書類　Ⅰ　設置の趣旨及び必要性　(a) 教育研究上の理念，目的
(136) ①波多野宏之「文化情報学部におけるアーカイブズ分野の専攻科目（文化情報学部終了にあたって）」『文化情報学』Vol. 18, No. 2, 2011. 12, p. 80.　②前掲(108), p. 71.
(137) 前掲(134)
(138) 筑波大学情報学群知識情報図書館学類（2007年の設置に関する書類　Ⅰ設置の趣旨・必要性　1　学群改組の趣旨・必要性　2　情報学群の編制の考え方及び教育目標
(139) 石井啓豊「特別寄稿　図書館情報学の展望：知識共有の総合科学」筑波大学大学院図書館情報メディア研究科編『図書館情報大学史：25年の記録』筑波大学大学院図書館情報メディア研究科，2005, p. 28-40.
(140) 駿河台大学メディア情報学部及び心理学部設置届出書　1. 基本計画書
(141) 駿河台大学メディア情報学部及び心理学部設置届出書　9. 設置の趣旨等を記載した書類　メディア情報学部の設置の趣旨等を記載した書類　1. 設置の趣旨及び必要性　（1）文化情報学部の沿革とそれを取り巻く状況の変化
(142) 駿河台大学メディア情報学部及び心理学部設置届出書　9. 設置の趣旨等を記載した書類　メディア情報学部の設置の趣旨等を記載した書類　1. 設置の趣旨及び必要性　（3）どのような人材を育成するのか
(143) ①駿河台大学メディア情報学部及び心理学部設置届出書　9. 設置の趣旨等を記載した書類　メディア情報学部の設置の趣旨等を記載した書類　3. 学部, 学科等の名称および学位の名称　②駿河台大学メディア情報学部及び心理学部設置届出書　3. 教育課程等の概要
(144) ①愛知淑徳大学人間情報学部設置認可申請書　基本計画書　②愛知淑徳大学人間情報学部設置認可申請書　設置の趣旨等を記載した書類　オ　教員組織の編成の考え方及び特色（平成21年度以降の認可申請書に関しては，文部科学省高等教育局高等教育企画課大学設置室のウェブサイトから閲覧が可能である。）
(145) 愛知淑徳大学人間情報学部設置認可申請書　基本計画書　新設学部等の目的
(146) ①愛知淑徳大学人間情報学部設置認可申請書　設置の趣旨等を記載した書類　ア　設置の趣旨及び必要性　(c)。②愛知淑徳大学人間情報学部設置認可申請書　設置の趣旨等を記載した書類　ウ　学部・学科等の名称及び学位の名称　(a) 学部・学科の名称の理由
(147) 愛知淑徳大学人間情報学部設置認可申請書　設置の趣旨等を記載した書類　ア　設置の趣旨及び必要性　(a) 教育研究上の理念, 目的, 到達目標
(148) ①愛知淑徳大学人間情報学部設置認可申請書　設置の趣旨等を記載した書類　エ　教育課程の編成の考え方及び特色　(b) 科目区分の設定, 各科目区分の科目構成の理由（実施方針等）。②愛知淑徳大学人間情報学部設置認可申請書　基本計画書　教育課程等の概要
(149) ①九州大学大学院　統合新領域学府　ライブラリーサイエンス専攻（修士課程）の設置（平成23年度開設）設置認可申請書　基本計画書。②九州大学大学院　統合新領域学府　ライブラリーサイエンス専攻（修士課程）の設置（平成23年度開設）設置認可申請書　4. 教員組織の編成の考え方及び特色（資料7）

⑴₅₀ ①九州大学大学院　統合新領域学府　ライブラリーサイエンス専攻（修士課程）の設置（平成23年度開設）設置認可申請書　1.設置の趣旨及び必要性　(2)教育研究上の理念，目的（資料2）。②九州大学大学院　統合新領域学府　ライブラリーサイエンス専攻（修士課程）の設置（平成23年度開設）設置認可申請書　2.専攻等の名称及び学位の名称

⑴₅₁ ①九州大学大学院　統合新領域学府　ライブラリーサイエンス専攻（修士課程）の設置（平成23年度開設）設置認可申請書　九州大学ライブラリーサイエンス専攻設置の背景　教育研究上の理念と目的（資料2）基本計画書　新設学部等の目的。②九州大学大学院　統合新領域学府　ライブラリーサイエンス専攻（修士課程）の設置（平成23年度開設）設置認可申請書　1.設置の趣旨及び必要性　(3)養成する人材像及び進路（資料3）

⑴₅₂ 九州大学大学院　統合新領域学府　ライブラリーサイエンス専攻（修士課程）の設置（平成23年度開設）設置認可申請書　3.教育課程の編成の考え方及び特色（資料5）

⑴₅₃ 愛知淑徳大学文化創造研究科設置認可申請書　設置の趣旨等を記載した書類（文化創造研究科）

⑴₅₄ 愛知淑徳大学文化創造研究科設置認可申請書　基本計画書

⑴₅₅ 愛知淑徳大学文化創造研究科設置認可申請書　設置の趣旨等を記載した書類　ア設置の趣旨及び必要性　3）養成する人材

⑴₅₆ 愛知淑徳大学文化創造研究科設置認可申請書　設置の趣旨等を記載した書類（文化創造研究科）エ教育課程の編成の考え方及び特色　3）教育課程の構成

⑴₅₇ ①九州大学大学院　統合新領域学府　ライブラリサイエンス専攻の課程変更　平成25年度開設　設置認可申請書　2.専攻等の名称及び学位の名称。②九州大学大学院　統合新領域学府　ライブラリサイエンス専攻の課程変更　平成25年度開設　設置認可申請書　4.教員組織の編成の考え方及び特色（資料5）

⑴₅₈ 九州大学大学院　統合新領域学府　ライブラリサイエンス専攻の課程変更　平成25年度開設基本計画書

⑴₅₉ 九州大学大学院　統合新領域学府　ライブラリサイエンス専攻の課程変更　平成25年度開設　設置認可申請書　1.設置の趣旨及び必要性　(1)設置の背景（資料1）

⑴₆₀ 九州大学大学院　統合新領域学府　ライブラリサイエンス専攻の課程変更　平成25年度開設　設置認可申請書　1.設置の趣旨及び必要性　(2)教育研究上の理念と目的，養成する人材像及び進路

⑴₆₁ ①九州大学大学院　統合新領域学府　ライブラリサイエンス専攻の課程変更　平成25年度開設　設置認可申請書　3.教育課程の編成の考え方及び特色（資料4）。②九州大学大学院　統合新領域学府　ライブラリサイエンス専攻の課程変更　平成25年度開設　設置認可申請書　5.教育方法，履修指導，研究指導の方法及び修了要件

⑴₆₂ 日本図書館協会編『図書館学教育研究集会記録』日本図書館協会，1968，p.36.

⑴₆₃ 前掲⑸₈，p.23-24.

⑴₆₄ 前掲⑴₀₈

⑴₆₅ 前掲⑵₁②，p.64.

⑴₆₆ 中山伸一「筑波大学大学院図書館情報メディア研究科における図書館員を対象とした教育の現状（〈特集〉図書館員に求められる資質とキャリア形成）」『情報の科学と技術』

Vol. 59, No. 2, 2009. 2, p. 69-73.

(167) IFLA. *Guidelines for Professional Library/Information Educational Programs* 2000. http://www.ils.unc.edu/daniel/IFLA/Guidelines2000c.html（2014年5月31日確認）

(168) 2010年に刊行された *Foundations of Library and Information Science* 第3版では図書館情報学の主要な主題領域を，図書館の歴史と使命，LIS専門職，図書館の知的組織化，組織としての図書館，テクノロジーのインパクト，情報学，情報政策，情報政策と図書館，倫理と価値に設定している。『図書館情報学概論』リチャード・ルービン，根本彰訳 東京大学出版会，2014，p. 8.

(169) 根本彰編『図書館情報学基礎』（シリーズ図書館情報学1）東京大学出版会，2013，p. 223.

(170) IFLA. *Guidelines for Professional Library/Information Educational Programs* 2012. http://www.ifla.org/publications/guidelines-for-professional-libraryinformation-educational-programs-2012（2014年5月31日確認）

(171) 前掲(169), p. 241.

（吉田右子）

第2章

司書養成の変遷
――養成制度高度化の模索――

はじめに

　本章では，戦後の司書養成制度形成に関わる資料について幅広く取りあげ，そうした資料の意義，社会的背景，受容を歴史的背景のなかから解説する。

　対象とした資料は，図書館法第5条1項1号，2号で規定する司書の養成に関わるものが中心である。資料は日本図書館協会（図書館情報学教育部会を含む），文部省（文部科学省）などの提案や答申，法令などを中心とした。個人による試案や論評は資料への言及にとどめた。司書補については，基本的に取りあげていない。対象期間は戦後から2013年までである。

　本研究と関係する資料には，国立教育政策研究所『図書館に関する基礎資料』(1)がある。また，『図書館法規基準総覧』(2)は各種法令や答申などを掲載している。図書館法，同法施行規則の解説および改正の経緯については西崎恵の『図書館法』(3)が詳しい。

　司書養成に関わる文献のレビューは多い。比較的まとまったものだけでも，以下のものがある。『図書館学会年報』は1975年から1982年まで埜上衛による図書館学教育のレビューを掲載していた(4)。『図書館界』は，定期的に図書館員の養成や図書館学教育についての文献レビューを掲載してきた。高橋重臣(5)，編集委員会(6)，久保輝巳(7)，川崎良孝(8)，渡辺信一(9)，柴田正美(10)，横山桂(11)などがある。他に，近年のレビューとして大谷によるものがある(12)。

　毎年の動向を掲載する資料には『図書館年鑑』の「図書館員の養成と図書館学教育」（1985年までは「図書館員の養成と教育」）がある。『図書館年鑑』には他に「図書館学開講大学」「司書・司書補・司書教諭講習実施大学」も掲載されている。

　統計資料には，文部省による『社会教育の現状』(1951年，1952年，1953年，1954

年,1955年,1956年,1957年,1960年,1961年,1962年,1963年),『大学における社会教育主事・司書学芸員関係科目開設状況』(1973年,1979年),日本図書館協会教育部会(図書館学教育部会)による『図書館学教育担当者名簿』(1963年,1967年,1972年,1977年,1983年),『日本の図書館学教育』(1988年),『日本の図書館情報学教育』(1995年,2000年,2005年)がある。これらの資料によって,司書講習,司書課程の開講数,養成者数などを知ることができる。

司書養成を含む図書館学・図書館情報学教育に関する図書には,学会によるものとして,日本図書館学会研究委員会[13],日本図書館情報学会研究委員会などによるものがある[14]。定期刊行物には,教育部会による『会報』がある。なお,教育部会の活動については,『図書館雑誌』に掲載される活動報告,部会総会資料,『全国図書館大会報告』も参考になる。

本章では,以下のような時代区分を行っている。

- ・1期:司書養成制度の確立(1950年〜1957年)
- ・2期:司書養成制度改革の提案(1958年〜1976年)
- ・3期:図書館職員の需要調査と図書館事業振興法(1977年〜1984年)
- ・4期:省令科目増加運動(1985年〜1998年)
- ・5期:図書館法改正と継続教育(1999年〜2013年)

時代区分は,制度の変更およびそれに向けた運動の有無によった。1期は制度確立期であり,この時期は司書養成制度に対する変革運動はあまりみられない。2期は日本図書館協会に教育部会が発足し,そこを基点に改革運動が繰り広げられた。3期は2期から一転して持続的な制度改革運動は低調で,養成の全国的計画策定のための調査が行われる一方で,図書館事業振興法など突発的に改革案が提起された。4期は文部省に設けられた審議会,日本図書館協会,日本図書館研究会を舞台に,省令科目をめぐって活発に議論が交わされた。5期は,再び図書館情報学の教育者により抜本的改革が提起された一方,4期同様,司書養成に関わる実質的議論は文部科学省に設けられた会議で行われた。また,新規の養成以外に,研修制度,検定試験,認定制度など図書館職員のキャリア全体を視野に入れた制度の構築もみられた。

司書養成制度に関わるアクターは,以下のとおりである。まず,文部省・文部科学省の司書養成に関わる部局(主に社会教育課)は,講習の委嘱および司書

講習相当科目の認定をすることで，司書となる資格を有する者の質と量の決定に重要な役割を果たした。2番目に，厳密な意味でいう職能団体ではないが，それに相当する日本図書館協会を挙げられる。特に，教育部会（図書館学教育部会，図書館情報学教育部会）は改革運動の中核を担った。また，総会，理事会，常務理事会等は教育部会の活動に一定の影響力を及ぼすとともに養成教育のあり方にも影響を与えた。3番目に，以下の議論ではほとんど出てこないが，図書館および設置機関は，司書採用数を決定することによって，最終的に専門的職員として働く者の数を決定する役割を果たした。4番目に，こちらも以下の議論でほとんど出てこないが，司書を養成する大学・短期大学は，講習の実施と司書課程の開講によって有資格者の量を，開講形態（司書課程か，専門課程か）によって質を決定する重要な役割を果たした。以上のような4つのアクターに加え，図書館学・図書館情報学の教育者・研究者は，文部省・文部科学省に設けられた審議会等のメンバーとして，また教育部会のメンバーとして，さらには，養成を行う大学教員として養成教育のあり方，特に教育の質を議論する主導的役割を果たしてきた。

1　司書養成制度の確立
——1950年～1957年——

　本節では，図書館法成立の経緯およびその後の司書養成のあり方を規定することになる法規を確認するとともに，養成制度定着の初期についてみていく。

（1）図書館法の成立

　図書館法の検討は1946年から始まった。[15] 当初，資格は国立中央図書館，都道府県立中央図書館に附属の図書館学校修了者と司書検定試験合格者に付与することが検討されていた。また，現職者は例外的に身分保障する予定であった。しかし，当時の図書館担当官フェアウェザー（Jane Fairweather）が現職者を無期限に身分保障することに難色を示したため，文部省は彼らに講習会で資格付与することを検討し，図書館法の最終法案で大学の他，講習が加えられ法案はそのまま成立した[16] 司書1 。

　1950年，図書館法（昭和25年4月30日法律第118号）が公布施行された 司書2 司書4 。第5条は司書及び司書補の資格を，第6条は司書及び司書補の講習

を定めた。(17)科目は14科目15単位で，必修科目と選択科目（甲群，乙群）から構成される。養成制度の特徴としては，講習と大学による養成を制度化したこと，履修単位数が多くないこと，単位修得のみで資格取得ができること（資格試験がない），などを挙げることができる。また，科目の特徴として「図書目録法」を除きすべて1単位であること，選択科目が多く設定されていることなどを挙げることができる（なお，図書館法による養成制度成立の意義については，序章3（2）を参照のこと）。科目については，大学基準協会による1949年の「図書館員養成課程基準」が一定の影響を与えているといわれている。(18)

次に，その後の司書養成のあり方を決定することになる図書館法，施行規則，附則の規定について確認しておこう。第5条1項は"次の各号の一に該当する者は，司書となる資格を有する"と規定し，1号は司書講習を定め，2号で"大学を卒業した者で大学において図書館に関する科目を履修したもの"と定めた。1号については第6条2項で科目単位を文部省令で定めるとしたが，2号の科目は明確にされなかった。

ここで注目されるのは，『図書館法：逐条解説』(1950)を執筆した井内慶次郎と『図書館法』(1950)を執筆した西崎恵で，条文を異なるように解釈していたとみられる点である。図書館法の立案に直接携わった井内は，『図書館法：逐条解説』において"図書館に関する科目というのは，所謂専門科目のことで，専門科目として図書館に関する科目の置かれた大学は現在のところまだない"と述べている。(19)また，そのすぐ後には"図書館に関する科目ではなくて，図書館に関する講座の置かれているのは，立教大学，東京学芸大学，京都大学，富山大学であるが，これらの講座は司書となる資格には直接関係のないものである"と述べている。(20)一方，図書館法公布当時，社会教育局の局長だった西崎は"図書館に関する科目を現在置いている大学は，立教大学，東京学芸大学，京都大学等である"と井内と異なる意味でほぼ同様の大学名を挙げている。(21)このような齟齬は，当時の文部省社会教育局において「図書館に関する科目」が何を指すか明確でなかったことを示唆するものといえよう。

「図書館に関する科目」が明確にされなかった点は社会教育法，博物館法と大きく異なる。社会教育法（昭和24年6月10日法律第207号）は施行2年後に一部を改正し，社会教育主事の身分と資格要件の規定を設けた。社会教育主事の資格取得について，第9条の四1項3号で定め"大学において文部省令で定める社会教育に関する科目の単位を修得した者"とした。博物館法（昭和26年12月

1日法律第285号）は博物館法第5条1項1号に"学士の称号を有する者で，大学において博物館に関する科目の単位を修得したもの"と定め，第3項が"修得すべき博物館に関する科目の単位は，文部省令で定める"としている。

　図書館法が第5条1項2号で"大学において図書館に関する科目"を文部省令で定めなかったことについて，大学における学問の自由という観点から特段問題ではないという考えや大学基準協会の定めた基準に基づく教育が期待されるとの考えがある一方，立法上の不備との指摘もある。結局，2008年に図書館法が改正されるまで，この条文は変更されなかった。

　図書館法第5条1項の大学は学校教育法第1条に掲げられた大学である。その場合，大学は新制大学を指すが，当時，旧制の学校を卒業して図書館で働いていたものが多かったことから，附則第10項が旧制の学校について規定している。

　この第5条1項の大学に短期大学を含むかどうかは曖昧である。栗原祐司は2008年の図書館法改正に際し，附則第10項で"並びに文部省令で定めるこれらの学校に準ずる学校"と規定していながら"文部科学大臣が定めた告示等は置かれていない"と述べている。しかし，立法後間もなく，以下の理由から短期大学も含むとの見解が図書館関係者から示されている。すなわち，高等学校を卒業後，司書補の資格を取得し，3年以上勤務したのち，司書の講習を修了すれば司書になることができる（第5条1項3号）。この場合，4年制大学を卒業して司書になるものより場合によっては，早く資格を取得できることになってしまうのである[22]。

　図書館法施行規則の附則第3項は司書の講習を受けるもののうち，大学で司書講習相当科目の単位を修得したものは，司書講習の単位として認めるとした。この附則自体は単なる単位の読み替えを規定したものであったが，この条文を根拠として大学での司書講習相当科目による資格付与が行われるようになった。このことは，CIE担当官が期待していた大学基準協会の「図書館員養成課程基準」による大学での養成と大きく乖離したものであった[23]。なお，文部省は1951年1月，国公私立大学長宛の文部次官通達「司書講習の相当科目の単位認定について」 司書5 により，認定の手続きを定めている。

　図書館法の附則第6項は，暫定有資格者が講習を受講することで，5年経過後も司書となる資格を有することを規定している。なお，暫定有資格者は，図書館法施行時点で司書および司書補の職務についていたものとされる。図書館

法の施行日は公布から3カ月後のため，1950年7月30日時点になる。

　図書館法第6条1項は，講習は"教育学部又は学藝学部を有する大学が，文部大臣の委嘱を受けて行う"とした。その後，1952年に，日本図書館協会などの働きかけを受け，図書館に関する科目が文学部によって開講されることが多いとの理由から，実態に合わせて文言を「大学が」に改正している 司書8 司書9 。

　また，そのときの改正で附則第4項について，「大学の附属図書館」とあるのを「学校に附属する図書館」に改めた。これによって小中高等学校附属の図書館も含むことになった。この改正は，"図書館機能の相互連関及び図書館職員の人事交流"を意図した改正とされる。ただし，暫定有資格者は教育職員免許法の普通免許状を有するものなどに限定した。

　司書となる資格は単位認定により付与される。図書館法施行規則（文部省令第27号）の第7条により単位の認定は大学が"試験，論文，報告書その他による成績審査に合格した受講者に対して行う"とされた。

　1951年から図書館専門的職員養成講習実施要綱に基づき司書講習が開始された 司書6 。講習が始められる前より，文部省，大学などで講習会が開催されていたが，図書館法成立後の1951年には，図書館指導者講習会が3回にわたって開催された。講習会では，参加者の共同研究のかたちをとり，その成果は省令科目のシラバスとして『図書館学講義要綱』にまとめられた 司書7 。これは1952年に改訂されている。

　このように，1950年に図書館法が成立し司書養成が始まった。大学における「図書館に関する科目」での教育について，省令で規定されなかった一方，講習については図書館法施行規則で科目単位数が明確化されることで，その後，この規定を準用した養成が大学において行われることになった。制度のほころびをついて，法律の意図しない司書養成が行われることになった。

（2）司書講習の継続

　文部省は1955年で暫定有資格者を対象とした図書館員養成講習を打ち切った。その後，少数の大学に司書講習の委嘱を行った。司書講習を継続したのは，図書館界から要望があったためと，文部省がまだ十分司書有資格者が図書館に行きわたっていないと認識していたためと考えられる。当時の文部省の考えは『官報』の「試練に立つ公共図書館」から読みとることができる 司書11 。た

だし，文部省は，以降，暫定有資格者に対する講習ではなく，"図書館法の「講習による資格」を与える方法として"行った（石田事務官の発言）。このことは，それ以後は勤務経験ではなく，一定の学歴が必要になることを意味している。文部省の算定では，公共図書館の有資格者の必要数は3171名であったが，司書講習受講者のうち，公共図書館に残ったのは1809名であった。

　1956年，社会教育審議会は文部大臣からの諮問に応じ「社会教育施設振興の方策はいかにすべきか（答申）」を示す。そこでは「(2)図書館職員養成制度について」という項目があり，そのなかで，(イ)大学の図書館学科の充実を図ること，(ロ)現行講習制度を継続すること，(ハ)司書資格認定制度を新たに設けること，(ニ)図書館職員養成所を拡充整備すること，などが求められている。いくつか注目される点があるが，この答申の背景については明確でない 司書10 。

　1957年3月，日本図書館協会内に図書館法改正委員会が設けられ，その小委員会が図書館法を論議し，5月に素案を報告した。その後，委員会で審議され，中間案を全国図書館大会に報告した。その意見を取り入れ，草案が作成された。草案では，司書職務の内容を明示した上で，資格について4年制大学卒業を原則とした。また検定試験の実施も盛り込んだ。検定試験実施は1953年の図書館法改正案から懸案となっていたものであり，資格取得多様化の一方策として考えられている。学歴要件は高校卒業以上であり，文部省令で方法・内容を規定し，合格者には合格証書を授与するとした。他に講習単位数を18単位に増やすほか，司書補を専門職員から除外した 司書12 。しかし，その後，図書館法改正の動き自体が頓挫し，この案は実現に向かわなかった。

　このころまで，藤川正信が"図書館員養成の問題については，全国的な規模で検討が行われ意見が交換されることがこれまでに殆どなかった"と述べているように，図書館法が成立し養成が始まったが，それを対象化し議論する場がなく，養成制度の望ましいあり方についての提案は図書館法改正の議論を除くとあまりみられなかった。

2　司書養成制度改革の提案
―― 1958年～1976年 ――

　この時期，日本図書館協会に教育部会が発足し，1965年には「図書館学教育改善試案」(1965)がつくられた。また，1967年には文部省に設けられた司書

講習科目の再検討委員会により「司書講習等の改善に関すること（報告）」が示された。さらに，1972年には教育部会に図書館学教育基準委員会が設置され，「図書館学教育改善試案」(1972) がつくられた。一連の改革案のなかで，司書講習科目の再検討委員会の案が不完全なかたちではあったが，図書館法施行規則改正をもたらした。

（1）教育部会発足[34]

1958年，藤川正信は第6回日本図書館学会総会にて"現在の養成内容が図書館法に準拠するところが多く，従って公共図書館員養成の面に著しく偏っている"と指摘し，"養成の主体は，講習会形式を排除した大学またはそれと同等の機関にあるべきである"[35]と述べて，大学での教育を想定した私案を発表した。

同年6月，全国図書館大会では，図書館員の養成問題を検討するため，日本図書館協会に新たに教育部会を設置することをめざし「図書館学教育者集会」が開催される。その経緯は『ニュース・レター』1号の記事「教育部会準備会のうごき」にあるとおりである 司書13 。

1959年，教育部会が発足する。初代部会長は中村初雄（慶應義塾大学）であった。同年の全国図書館大会では，①各大学において学生に図書館利用を適切に行えるようにする講座開設と，②専門的職員としての資格，技術を身に付けさせるための図書館学教育を行うことが議論された[36]。

規定では，"本部会の事務局を日本図書館協会事務局内に置く"（第2条）とされ，"本部会の会員は日本図書館協会会員のうち図書館学の教育に関心あるものとする"（第4条）とされた 司書14 。このように，図書館学教育を検討する団体が職能団体内部に設置された点に特徴がある。この趣旨について，発足に関わった藤川は，図書館学の教育を担っているもの以外にも，図書館員の質向上に関心のある現場の図書館員に入ってもらうことを考えていたようである[37]。

教育部会の目的は"図書館学教育の充実向上をはかるための諸問題を研究し，かつ関係者相互の連絡を緊密にすること"（第3条）とある。原案では「図書館員の教育」となっていたが，規定を討議した際，小倉親雄が現職図書館員の質向上を含められるようにするためと，図書館学とした方がより融通性があると指摘し，図書館学教育に落ち着いた[38]。

教育部会では1958年時点での図書館学開講状況の調査を行い，『ニュース・レター』の1号で発表した。ここから，司書資格付与が可能な15単位以上を開

講する大学はわずか十数校にすぎないことが分かる。

　教育部会は早速活動を始め，1960年3月22日，文部省への陳情書を提出した。このときの陳情の内容は2点で"大学の一般教養課程に図書館学科目を設置"と"大学の専門課程に図書館学の科目を設置し，または科目を設置している大学においては図書館学科を設立しあるいはその内容を拡大，増強せられたい"である 司書15 。

　1960年の全国図書館大会における教育部会の議論（1960年5月26日）では，養成に関係して以下のような議論があった。まず，中村初雄が司書・司書補講習について"今年も6ヵ所で講習が行われますが，いつまでも今のままの暫定法でやっていいものなのか"と問題提起をしたところ，岩猿敏生は"公共図書館の補助をもらう場合の最低基準の中に，司書の数があるが，広島県下では，これに充当する公共図書館はあまりない。こういうときであるので，現在の状況では，この制度を廃止してしまうというようなことはできないのではないか"と答えている。補助金受給条件に「公立図書館の最低基準」の司書有資格者数が結び付くことによって，司書講習中止が難しくなっている。また，藤川正信は司書講習は必要だが"大学では基礎的なものからみっちり図書館学を教えている"とし，2つのトラックを前提に，別の名称を新たに考案する必要性を指摘している。

　1961年11月9日の全国図書館大会教育部会では，今後の職員養成のあり方が議論され，安西郁夫は国公立大学に図書館学の講座を設置することを提起している。それに対し，中村初雄はそのことはこれまでも要望してきたが"文部省で予算を渡しても，他のことに使ってしまい，名目的に1人位の講師を置くにすぎない"と述べている。また，椎名六郎も教育大にかつて働きかけたことがあるが"金がないと云われ，文部省にその事を話すと30-40人の講師を置く位の金はあるはずだと云う。東大・京都大でも同様である"と述べている。一方，大山敷太郎は甲南大学の例として，自分はまったく図書館の素人だが教授会に諮って司書資格の取れる科目を設置できるようにしたとの発言がある。

　甲南大学のように，このころから，大学の学部・学科に司書課程を設置することが増えてくる。甲南大学では文学部，相模女子大学では国文科，中京大学では文学部の教員が中心になり，事務担当職員と連携して学則改正などを行っている。文部省に対する手続きとしては，学則改正の届け出を出し，併せて「図書館学講座開講申請」「図書館学設置認可」等と呼ばれる書類を提出してい

るようである。その際は,文部省社会教育局図書館担当の職員とも連携をとっている。大学での開講に際しては,科目単位数を大学教育に合うよう4単位科目にすること,文部省了解のもとに他学部,他学科の学生による単位修得を認めることが多かったようである。

1962年6月19日,全国図書館大会の決議に基づき「図書館学教育の改善刷新に関する陳情」が文部大臣に提出された 司書16 (要望事項については,序章6(3)を参照のこと)。

なお,この年から翌年にかけて,アメリカ図書館協会のアシャイム(Lester Asheim)が来日したことを契機に,図書館学教育の本質的な議論が一部の研究者の間で交わされた。図書館の発達,当時の社会的状況などから図書館学教育のあり方が議論され,コア・カリキュラムの試案が藤川により示されている(この際の議論については,第1章2(3)を参照)。

(2) 図書館学教育改善試案 (1965)

1963年5月,日本図書館協会の総会で図書館職員養成所を大学に昇格することを促進することが決議された。また,同年の理事会で,このことを検討する特別委員会を設けることが決まった。その後,特別委員会は,図書館職員養成のあり方も併せて検討することとされた。同年末,「図書館学教育改善委員会」が設置され,教育部会が世話役となり4つの小委員会(公共,学校,大学,特殊)に分かれて活動を始めた(序章6(3)も参照)。1964年6月,日本図書館協会総会で中間報告がなされ,同年9月2日の全国図書館大会問題別第3部会「図書館専門職員の養成はいかにすべきか」では,第1次中間報告が示された 共通1 。その際の議論では館種ごとに,教育内容・体制について多様な意見が出されている。

その後,図書館学教育改善委員会では全国的なアンケートの他,特に意見を聞きたい150名に対して郵送で意見聴取を行った。そして,1965年3月,第2次中間報告が『図書館雑誌』に示された。この動きと並行して日本図書館学会は1963年から「各国における図書館学教育の比較研究」(代表者伊東正勝)を文部省科学研究費により行っており,1965年の第13回日本図書館学会の研究大会で成果が発表された。学会発表後,教育部会は学会より外国資料の提供を受け,資料調査を行っている。

1965年6月「図書館学教育改善試案」を含む『図書館教育改善委員会報告』

が発表される 共通2 。この図書館学教育改善試案では図書館専門職員の望ましい養成方式，カリキュラム案がまとめられた。試案は大学での図書館専門職員養成を基本とし，公共図書館，大学図書館，特殊専門図書館，学校図書館，それぞれの専門的職務に従事する職員養成のための教育について，必修課程，選択課程について，内容，単位数を整理した。

大学，短期大学における課程編成のあり方についても整理し，各職種の教育に共通するコア科目として20単位が設定された。さらに養成を行う大学・短期大学の事情により，館種に即した教育を付加できるようになっている。

それぞれの館種では，公共図書館30単位，大学図書館30単位，特殊専門図書館38単位，学校図書館20〜26単位（他に関連科目として「教育行政」などが挙げられている）の修得が規定された。しかし，館種ごとに設定された科目名称，科目内容が統一されておらず「コア」の内容が明確にされなかったことは，その後のこの試案の展開を困難にした。

「図書館学教育改善試案」のとりまとめは度重なる小委員会委員長の交代などにより難航した。椎名六郎は"各館種別委員会の委員長が，いろいろな事情で交代し，深川［恒喜］委員長の苦労は察するにあまりがある。最後まで難航し，私も委員の一人として，ある点では最後まで反対した。しかし全国の協会員に約束した時間もあるので，一応全会員満場一致の賛成を得られないまま，一種の中間報告のような形で諒承し，与えられた時間内での作業は終了した"と回想している。

「図書館学教育改善試案」に対する『図書館界』の反応は低く，また冷たかった。久保輝巳は"試案発表前に2回も中間報告を出して会員の意見を求めるなど苦心の成果報告であったにも拘わらず，館界に広く試案を中心とした論議を展開するには到らなかった"と述べている。菊池租は用語，内容面の整理が十分でない点を批判している。また，全国図書館大会でこの取り扱いについて発言した際，ある図書館学の「老大家」から"あの試案にはまだたくさん問題が残っていて，われわれは試案としてでも認めちゃいないんだ"と指摘されたことを述べている。また，菅井光男は，関連団体との調整不足等を指摘し批判している。神本光吉は公共図書館の案について，図書館学教育ではなく司書養成科目になっていること，2単位科目が多く細切れであること，関連科目の単位が多く必修・選択科目が少ないこと，実習内容が不明であること，などを批判している。

(3) 図書館法施行規則改正

　1965年，全国図書館大会公共図書館部会行政分科会で，文部省社会教育課事務官の柴内貞夫は"専門職員教育計画については，文部省としては大学当局とも検討中である。大学の科目内容は，大多数が図書館法による15単位の科目にあわせている。これが今の図書館にどれだけの効果があるかということも検討する時期が来ているが，これと関連して講習の科目を検討しなければならない。しかし，講習をやめることは図書館法の改定とからんでむずかしい問題である。現時点では社会教育施設分科会で望ましい基準と司書講習科目改善の二つを検討すべく進めている"と述べている。

　教育部会の動きであるが，「図書館学教育改善試案」に対する館界の関心は先ほど述べたように低く，また冷たかった。しかし，深川は教育部会の部会長になった岡田温に継続して検討するよう申し送りをした。これを受けて岡田は，多くの大学の図書館学コースが司書講習相当科目で開講されている現状をふまえ，「コア科目」の検討を進める。

　1966年10月20日の全国図書館大会図書館学教育部会では「コア」の意味について議論し，①必修科目グループという意味なのか，②教育用語でいう「コア・カリキュラム」の「コア」なのか，また，①各館種に共通する「コア」なのか，②館種ごとの「コア」なのか，等を議論したが，図書館学教育改善委員会の委員であった和田吉人からは"コアとは何かを考えないままで4部会に分けた"と説明がなされている。そして，このコア科目については教育部会で検討することとされた。また，同部会では，司書講習科目の充実改善の要望を全体会議に出すことを決めた。この背景には私立大学・地方短期大学が，司書講習に準じて養成を始めることが増えていたことがある。

　司書講習科目の充実改善の要望に対し，文部省社会教育課の中島俊教は"今後の問題として委員会を構成するにあたって関係者に加わっていただいて十分検討する考え"と述べている。1967年6月，文部省は図書館界の要望に応じて，岡田温（図書館短期大学），藤川正信（慶應義塾大学）ら7名に司書講習科目の再検討委員を委嘱する。委員は他に裏田武夫（東京大学），深川恒喜（東京学芸大学），和田吉人（東洋大学），上里美須丸（千葉県立図書館），石井冨之助（小田原市立図書館）であった。

　1967年11月9日，全国図書館大会第12部会「図書館学教育」が開かれ，司書講習の存続について議論した。結果，"現在大学や短大の図書館専攻コースを

出た人は全国図書館員の2～5％であり，しかもこの人たちが公共図書館へはいる率はさらに少ない"ことから，講習継続が確認された。文部省の中島俊教も当時の文献で"市町村の中には，現在の講習による司書を置くことさえ困難な町村が少なからずある"ことを指摘している。

1967年12月，文部省に設けられた委員会は「司書講習等の改善に関することについて（報告）」をまとめる（議論の経緯については，序章6（4）参照）。委員会は，単位数について当初30単位を想定したが，文部省が図書館法改正がなければそこまでの単位数増はできないと難色を示したため，15単位を若干上回る程度にとどまることになった。これは図書館法第6条2項が"履修すべき単位数は，十五単位を下まわることができない"と定めていたことによる。なお，報告では「上級司書」の構想が示されている 司書18 。ここで想定されている上級の資格は，多くの単位を修得したものに「上級司書」という名称を付与するものである。

1965年の「図書館学教育改善試案」と決定的に異なるのはコアと発展的内容を明確に整理したことである。こうした「コア」と「発展」の組み合わせでカリキュラムを提示する方法は，この後も，「図書館学教育改善試案」（1972）やLIPER研究に引き継がれていく。その他，報告では上級司書制度が確立された場合は別表2を科目とすること，その他の留意事項として"(1)図書館学科を国公私立大学で設置されるよう文部省が配慮すること，(2)公共図書館等における専門的職員の受け入れ体制の確立を促すこと，(3)図書館の専門職員の国家試験制度を検討すること"が挙げられた。(3)の「国家試験制度」の詳細は不明だが，科目改定に関わった中島俊教の文献から，1級（上級）の資格取得の一方策として検討されていたと推測できる。この「司書講習等の改善に関することについて（報告）」は当時公表されず，1988年10月27日の全国図書館大会第11分科会での岡田温による報告で，知られることになる。

なお，省令改正後，文部省の中島俊教は繰り返し，図書館関係者が上級司書の可能性を一丸となって主張するなら，それを実現することはできると述べていた。中島はそれにとどまらず"局長［木田宏］から，必要とあらば法律の改正も敢て辞するものではないとの言質を得ていた"という。木田からは"現在の図書館法は公共図書館法に過ぎない。図書館法というからには，すべての館種の図書館を含むものとすることができないであろうかというような積極的な提案さえ出ていた"という。しかし，中島は，図書館側からの社会および行政

117

への働きかけが弱いことを指摘し多様な手段を使っての働きかけが不可欠だと述べている。

1968年3月29日「図書館法施行規則の一部を改正する省令」（文部省令第5号）が出された 司書19 司書20 。科目名称に一部変更があった他は「司書講習等の改善に関することについて（報告）」とほぼ同内容であった。他に省令改正により，従来，司書講習の受講資格者は"大学又は法附則第十項の規定により大学に含まれる学校を卒業した者"とされていたものを"大学に二年以上在学して，六十二単位以上を修得した者又は高等専門学校若しくは"に改めた。これにより，大学在学中のものが司書講習の受講ができるようになるとともに受講資格が短期大学卒業程度であることが明確になった。このように受講資格が変更されたことは，現職者向けの教育という司書講習の性格を変えたと評された。[68] 短期大学卒業程度に変更された点については，図書館短期大学創立の影響が指摘されている。

単位数は4単位の増加だったが，演習科目は時間数が講義科目の2倍あるため，修得に必要な時間数は大幅に増加した。さらに施行規則第8条で修了者の氏名を文部大臣に報告することを義務づけた。他に，高等専門学校修了者の受講資格認定，司書講習修了証書授与者の文部大臣から講習開講大学長への変更 司書17 ，等がこの時期に行われた。

大学における司書課程について，今回の改定は直接影響を与えるものではない。中島は4年制大学に対し大学基準協会の示す単位数（38単位）を念頭に本格的な司書養成に取り組むことを求めている[69]。

また，施行規則第2条1項2号が改正されたが，この制度変更は学校図書館関係者に大きな影響をもたらした。以前は高等学校卒業後，司書補資格を取得した場合，司書講習を受講することはできた。しかし，この改正により勤務経験の場から学校図書館が明示的に除外されたことで，学校図書館の勤務経験を使って受講すること自体ができなくなった。これにより，司書講習の30％ともいわれていた学校図書館関係者が司書講習から閉め出されることになったという[70]。

施行規則改正を受け，日本図書館協会では司書講習講義要綱作成委員会を発足させ，教育部会長を総括委員として，司書講習の教授内容を『図書館員指導資料・司書講習講義要綱案』 司書21 としてまとめている。

このころ，すでに司書は不足しておらず過剰であるという認識が図書館関係

表 2-1 司書養成者数

	講　習	大学課程	図書館職員養成所	計
1951	696	202	60	958
1952	396	202	43	641
1953	711	202	58	971
1954	816	202	51	1,069
1955	530	202	67	799
1956	255	202	74	531
1957	329	204	78	611
1958	354	360	108	822
1959	475	400	96	971
1960	593	452	106	1,151
1961	496	423	102	1,021
3カ年経験	656	—	—	656
1962	558（125）	604	101	1,263
合計	6,865	3,655	944	11,464

者の間で共有されつつあった。1962年までの資格取得者数について，文部省は『社会教育の現状』のなかで示している（表2-1）。「司書講習を受けて」という記事のなかで，ある司書講習受講者は"オリエンテーションの際に講習担当者より，司書・司書補の資格取得はできるが，就職の保障がないので期待しないように，ここで斡旋できるのは極く限られた数である旨の説明があった"と書いている。さらに椎名六郎は"女子短大では栄養（料理），育児（保育），図書館学が，学生吸収の三種の神器だということを聞いた。（中略）そんなに多く教育しても，日本では働く職場があるだろうか"と疑問を呈している。1973年9月1日付けの朝日新聞の記事は"司書の有資格者は毎年八千人前後誕生しているが，就職は狭き門だ"と書いている。

1975年3月26日，公明党参議院議員の内田善利と矢原秀男は第75回参議院文教委員会にて，図書館法の一部を改正する法律案を発議した。内田は司書，司書補について地方自治体の規模に応じて義務的に配置することを政令による基準で定めることを提起したが改正はなされなかった 司書23 。

（4）図書館学教育改善試案（1972）

1970年前後，図書館界では司書講習への批判が強まる。図書館員の問題調査研究委員会(準備委員会)は1969年12月に図書館員の専門性について議論し，1970年5月の『図書館雑誌』に「図書館員の専門性とは何か：いまこそ協会の出

番」をまとめた。そのなかでは，図書館員の専門性に関し，日本図書館協会の関与があまりないと批判している。さらに"専門性の実現をはばんでいるもの"として，現行の司書職制度がいい加減であること，養成上の問題（養成機関，カリキュラム），実践に対する図書館学の姿勢に問題があることなどを指摘している。

　この図書館員の問題調査研究委員会は，1966年全国図書館大会での「図書館職員の問題研究会」開催を契機に発足したもので，"第一線の現場の職員の意見が出される場がほしい"との理由から生まれている。委員会では，①図書館員の専門性を明らかにし，現行の司書職制度の批判の上にたって，専門職としての司書職制度確立のための調査研究を行う，②司書職制度未確立のために日常職場でおこる図書館員の問題の窓口となることがめざされた。メンバーは現職者が多いが，大学教員として鈴木徳三（大妻女子大学），室伏武（亜細亜大学）がいる。

　1960年代，図書館員養成の問題は，主に研究者を中心に議論されてきたが，このころから，現職者や現場に軸足を置く研究者の意見が出されるようになる。そうした変化のなかで，司書養成においては実践的知識の教授が強調されるようになる。そのことは図書館学を基礎にした情報・記録に関する原理，理論ではなく，司書のための臨床的技術をこれまでと同様，重視することにつながっていく。

　1970年，石井敦は図書館学教育者について，公共図書館を知らない，なかでも中小図書館を知らないと批判する。さらに，司書講習によって司書のインフレが起きているとし"1日も早くやめた方がよい"と述べている。また，大阪市立中央図書館の石塚栄二は司書講習について，大学，専門，学校等の館種の受講生が多いこと，公立図書館向けになっていないことを批判している。そして"日本の公共図書館の貧しい現状の正しい把握や，将来の展望など自分の職業についての正しい認識を与えることが不十分あるいは欠けたまま"になっていると批判する。他にも教育内容が技術志向であること，教育方法がマスプロ教育であること，教員の経験能力が不足していることなどを批判している。1970年2月の『図書館雑誌』では，他にも「夏期司書講習に終止符を」「司書講習は即時停止せよ」などのタイトルが並ぶ。

　こうした状況下，社会教育審議会（会長：柴沼直）の「急激な社会構造の変化に対処する社会教育のあり方について」（1971年4月社会教育審議会答申）は"大

学における講座・科目および司書講習の充実，資格試験制度の創設など，司書の養成制度の改善と処遇の改善が図られなければならない"と述べ，養成制度の課題をまとめている 司書22 。同審議会は，1968年から新しい社会における社会教育のあり方を検討してきたものである。答申では学校，家庭とのつながりをもった生涯教育という観点が基本に据えられている。具体的施策として公民館等の社会教育施設整備のための財政措置の必要性がうたわれたが，図書館に関する言及は少なかった。[81]

1971年，教育部会総会で，司書課程開講大学の増加，大量の受講者の存在をふまえ，大学における図書館学教育のあり方が話し合われた。[82] また，このとき，教育部会長に室伏武（亜細亜大学）が選出された。その後，教育部会内に図書館学教育基準委員会が設置され"大学における図書館学教育の改善について"議論を重ねた（序章6（5）を参照）。委員会は，委員長が室伏武（亜細亜大学）で，委員は，大田和彦（図書館短期大学），岡田温（東洋大学），北嶋武彦（東京学芸大学），黒岩高明（図書館短期大学），久保輝巳（関東学院大学），今圓子（獨協大学），鈴木德三（大妻女子大学），友野玲子（共立女子大学），中村初雄（慶應義塾大学），浜田俊郎（慶應義塾大学），深川恒喜（東京学芸大学），前島重方（国学院大学），和田吉人（東洋大学）であった。1965年に出された同名の試案を策定[83] した図書館教育改善委員会は，日本図書館協会の総会，理事会の決議に基づく委員会であったが，今回は教育部会のもとに設置されたものであった。

1972年6月の『図書館雑誌』で，「図書館学教育改善試案」が発表された。改善試案は「図書館学教育基準」「司書課程基準」「司書教諭課程基準」「司書補課程基準」「司書資格」「司書教諭資格」に分かれている 共通3 。1965年の試案が，専門教育課程の教育内容の改善を主に意図していたのに対し，1972年の試案は教育制度，資格制度をふくむ専門職養成の制度全体を抜本的に改革する提案であった。

この改善試案は"図書館法第6条に規定されている司書および司書補の講習，学校図書館法第5条4項の規定による「学校図書館司書教諭講習規程」を廃止し，大学における図書館学教育の拡充を前提条件"としている。また，館種を超えた養成の体系を示すとともに，学歴と受けた図書館学の教育によって専門司書（大学院課程），普通司書（大学4年制），司書補（短期大学）の区分をつくった。普通司書は1級と2級に分けられ，1級は図書館学専攻とした。また，図書館学科・司書課程・司書教諭課程・司書補課程等の設置は文部大臣が大学に

対して認可するとされ，認可は5年ごとに更新するとされた。[84]

　図書館学教育改善試案は，基本が大学の専門課程であり，専門科目（「基礎部門」「資料部門」「資料組織部門」「奉仕部門」「経営管理部門」の5部門，38単位以上修得）と関連科目から構成される。専門科目の基礎部門には「情報科学」「読書科学」など省令科目にはない科目が挙げられ，資料部門には人文・社会・自然科学分野の文献解題などが挙げられている。また，経営管理部門には各館種（学校図書館，大学図書館，専門図書館等）の科目が設定されている。司書課程，司書教諭課程，司書補課程は専門課程の各部門から所定の科目を修得することになっている。このように改善試案は「司書講習の改善に関することについて（報告）」と同様，コアと発展の組み合わせのスタイルを踏襲している。ただし，省令科目ではなく新たな科目をコアに充てている。

　改善試案に対し，館界の反応は鈍くまた悪かった。滝本清明は"「改善試案」[85]は，あまり評判がよくないようだが，どこがよくないのか明瞭にはならず，部会長の室伏先生も困っておられた"と述べている。[86]

　1972年8月に第5回教育者研究集会で議論がなされ，9月には関東地区で公聴会が開催された。ここでは県立，区立，大学，学校，専門図書館の各1名から意見をもらい議論をしたが，文部省の認可を5年ごとに受けることの是非に[88]議論が集中した。ここでは大学自治の問題が指摘されている。また，翌年3月には関西で日本図書館研究会との合同による集会が行われた。ここでは特に司[89]書講習廃止に対して反対意見が出された。関西において教育部会の案は「司書講習廃止論」と捉えられた。志保田務はこの案に対し"近畿の図書館界，殊に桃山学院大学司書講習会で教鞭をとる論客が論陣を張り，司書講習が大学における図書館学教育の実際に比べて遜色ない"ことを主張したと述べている。[90]

　その後，1973年に是枝英子は，現状の制度との乖離，検討メンバーの正統性等を批判している。また，植松民也は学歴至上主義，専門職としては依然とし[91]て単位数が不足していること，司書講習廃止は行き過ぎであること，等を批判している。同年，全国図書館大会では，講習廃止について十分な調査が行われ[92]ているのか，という批判が出されている。他にそれまで司書講習を批判していた図書館員の問題調査研究委員会は，①現状分析が科学的でなく説得力をもっていない，②法改正による司書講習廃止は現実的でない，③グレード別司書資格は意味がない，などと批判した。図書館学教育基準委員会の委員であった久[93]保輝巳は，"試案の立脚点の弱さ，科目内容における奉仕論の軽視，児童図書

館論の無視，司書資格グレード化の当否，文部大臣の認可をめぐる大学自治の問題"等が問題とされたとまとめている。(94)一方，策定に携わった今は"わが国にはプロフェッションの概念が育っていなかったこともあって，図書館界には受け入れられず，がっかりした"と回想している。(95)

1973年の教育部会の部会総会記録では，前年同様，臨時総会提出後，最終案を決定するとともにその実現を推進すると書かれている。(96)同年11月14日，日本図書館協会各部会および関係委員会との意見交換会を行い最終的に「図書館学教育基準」として発表することが決定した。(97)その後，教育部会の図書館学教育基準委員会（委員長：室伏武）によって継続的に審議され，最終的に1975年4月2日，日本図書館協会常務理事会に"改善案と趣旨が提出され，了承された"(98)とある。しかし，その後，この案が養成の制度改革をもたらすことはなかった。

（5）図書館学教授要目

『図書館学教授要目』は図書館学の教育体系を明らかにすることと，教育目標を定めたものである 司書24 。

教育部会では「図書館学教育改善試案」をまとめた後の仕事として，大学における図書館学教育改善のため，教授要目作成に取り組む。そのために「図書館学教授要目作成委員会」を1972年6月に設置した。(99)その後，1973年，1974年に第1次案，第2次案，第3次案が作成された。(100)そして，1976年5月に『図書館学教授要目』が刊行された。

全体の委員長は岡田温で，科目と分科会の主査は以下のとおりである。「図書館学概論」（岡田温），「図書館史」（高橋重臣），「図書館資料論」（弥吉光長），「逐次刊行物」（浜田敏郎），「参考業務」（北嶋武彦），「図書館資料組織論」（中村初雄），「情報検索」（桜井宣隆），「図書館奉仕論」（渡辺正亥），「参考業務」（北嶋武彦），「読書指導」（阪本一郎），「図書館経営論」（青野伊予児）。各科目が想定する単位数は4～6単位となっている。

『図書館学教授要目』では大学の専門課程を念頭に置き，各科目について，教える内容，参考資料が示されている。図書館学と情報科学とを総合的に捉えることをめざしたが，現実には従来の司書講習の内容とあまり変わらなかったとも評価されている。(101)これに対する受け止めは塾上衛が"その内容・教育方法について，教育界からもまた館界からも体験に基づいた意見は出ないままである"(102)と述べているように反響はあまりなかった。

柴田正美は"図書館学の教育体系を確立しようとする目的で，大学における図書館学科の教授要目としてシラバスの内容までが提示された。内容に対する批判もあるようだが，教授要目作成の努力に対しては高い評価が与えられており，今後のカリキュラム検討にあたっての基盤が示された"と評価している。

根本彰は，図書館学教育改善試案以降，教育部会が教育制度ではなくこうした教授内容に焦点化していった動きについて"図書館員養成と大学における図書館学教育の切り離し"が進んだと評価し"図書館法による司書・司書補，学校図書館法による司書教諭という二元的養成が固定化"されてしまったと指摘している。

（6）図書館員の専門性

司書や図書館の専門的職員の養成は，職員制度と密接に関わっている。司書職制度・専門職制度確立が1970年前後以降，活発に取り組まれた。ここでは，日本図書館協会に設けられた図書館員の問題調査研究委員会の活動について確認しておく。

専門職制度確立の基盤として，まずは専門的職務が明示される必要がある。公共図書館については，文部事務次官通牒として「司書および司書補の職務内容」（1950年9月　文社施第370号）があったが，必ずしも十分活かされてこなかった 司書3 。

公立図書館を設置する地方自治体によっては司書職制度を採用したが，その広がりは限定的であった。また，1960年代後半の東京都公立図書館長協議会による司書職制度確立の動きが，図書館問題研究会東京支部，東京都職員労働組合等による反対によって頓挫したことは，その後の司書職制度の全国的広がりや確立に障害になったといわれている。こうしたなか，すでに述べたように日本図書館協会に図書館員の問題調査研究委員会が設けられ"図書館員の専門性を明らかにし，現行の司書制度の批判の上に立って，専門職としての司書職制度の確立のために調査研究"に取り組んだ。

委員会では，1970年に中間報告，1971年，1972年に続・中間報告を出している。1970年の中間報告では項目として"高度の図書館学教育と権威ある資格認定制度"の必要性を挙げている。しかし，内容は論点整理にとどまっており，司書講習の存廃および資格認定の主体（国か日本図書館協会）および国家試験の是非について言及しているのみである。その後，教育部会の「図書館学教育改

善試案」に対する批判はあるものの，委員会の議論は専門性の内容に向かい，制度のあり方への言及はほとんどみられなくなる。

　1971年度，日本図書館協会の事業計画として専門職員の資格認定に関する調査研究体制の確立が提案され，その後，3月の評議員会にて正式に承認された。そして1971年8月に「専門職委員会」が設立され（委員長は岡田温），その第2回の会議では，司書より高度な資格を検討すること，各館種共通の司書を検討すること，などを確認したが，その後，この委員会は実質的な活動をあまり行わなかった。

　1974年3月「図書館員の専門性とは何か（最終報告）」が示された。そこでは，Ⅱの3「司書養成の現状と問題点」で養成の現状と問題点が挙げられているが，具体的な提案はなされていない。報告では"司書にかかわる養成と制度の問題は複雑多岐な問題を含んでおり，短時日での全般的解決は困難である"との文言もみられる。専門性の要件としては"利用者を知ること"，"資料を知ること"，"利用者と資料を結びつけること"が示された。薬袋は，この報告に対し，"専門職制度（主に資格認定）の検討を専門職委員会に，専門職養成（図書館学教育）の検討を教育部会に委ねており，委員会では十分検討していない"と分析している。

　その後，図書館員の問題調査研究委員会は1976年に『図書館員の専門性とは何か』を刊行した。また，東洋大学図書館，東京都荒川区立図書館での図書館員配置転換問題に取り組んだ。さらに「図書館員の倫理綱領」制定に取り組み，1980年には日本図書館協会総会で採択されている。しかし，専門職制度と養成教育のあり方を一体として議論すること，さらに制度構築に向かうことはなかった。

3　図書館職員の需要調査と図書館事業振興法
―― 1977年～1984年 ――

　本節では図書館職員の需要に関する調査，図書館事業振興法をめぐる議論をみていく。この時期は前の期と比較して，司書養成制度を抜本的に改革しようとする持続的な活動はみられなかった。

（1）図書館職員の需要調査

1975年5月，日本図書館協会図書館学教育部会の部会総会で裏田武夫（東京大学）は"教育部会は図書館員養成を全般的に考える唯一の機関である。その意味からマンパワー・プロブレム的なとらえ方で，どれほど図書館員が必要であるか，そのために国の機関がどの程度分担するのか，また，その教育内容，そして，その教育者の資質はどんなものが要求されるか等についてじっくり検討する計画を考えてほしい"と意見を述べた[114]。こうした図書館員の全国的需要調査の背景には，海外のマンパワー・プロジェクトの影響がある。特に，アメリカ図書館協会理事会が採択した"Library Education and Manpower"が参考にされている[115]。

1978年10月，図書館学教育全国計画委員会が発足した[116]。担当幹事は北嶋武彦（東京学芸大学，1979年6月8日から黒木努〔図書館短期大学〕）で，委員は渋谷嘉彦（相模女子大学），高山正也（慶應義塾大学），常盤繁（東京大学），浜田敏郎（慶應義塾大学）である[117]。委員会では，当初，既存データを用いる予定だったが有用なデータが得られなかったことから公共・大学図書館50館を対象に職員採用状況等の調査を行い中間報告を出版した[118]。その後，全国図書館大会開催地と併せ，九州地区（1980年），関東地区（1981年），東海・北陸地区（1982年）の実態調査を行い，調査結果を刊行した[119]。

この時期，図書館学教育部会の図書館学教育研究集会では，図書館・情報学教育基準の改定，国際的な図書館情報学の動向，学術情報システム，教育へのコンピュータ導入のあり方などが議論されている。また，上で述べたように司書の採用状況や司書職制度の調査などは活発に取り組まれた。しかし，前の期のように図書館員の養成や教育の制度自体に対する関心は低かった。こうしたなか，「図書館事業振興法」の問題が浮上し図書館学教育全国計画委員会を発展的に改組し「専門職制度検討委員会」が発足する[120]。

（2）図書館事業振興法の検討

1980年10月，全国図書館大会で図書議員連盟の有馬元治より議員立法として図書館振興法を制定するとの構想が発表される[121]（序章7（3）も参照）。翌1981年3月6日の図書議員連盟の呼びかけに呼応するかたちで「図書館事業振興法（仮称）検討委員会」が発足した。この委員会には日本図書館協会以外に，公立大学協会図書館協議会，私立短期大学図書館協議会，公立短期大学図書館協

議会，私立大学図書館協会，全国学校図書館協議会，国立大学図書館協議会，国立私立大学図書館協会委員会，全国公共図書館協議会が参加している（のちに日本盲人社会福祉協議会も加わる）。

　議論のはじめから，専門職員養成のあり方が大きな問題となっている。検討委員からの発言として"専門職員養成の現状のみなおしと新しい制度における責任の所在（英国・米国等の実情と比較して）"が問題として出され，日本図書館協会の奥野定通委員（東京都立図書館）は"人材の育成・確保　①「司書職」を各館種共通の専門職種として確立。このための教育内容，資格認定制度の改定。②人材確保のための制度的，財政的措置"をメモとして発表している。

　これに対し，図書館学教育部会は5月23日「新しい専門職員の養成，配置，採用に関する要望事項」を検討委員会の協会代表に提出している。そこでは，"①現行規定により高度の教育を受けた専門職員の必置を制度化する。②専門職員養成のあり方については同部会が検討する。③専門職員の採用制度を確立されたい"と述べられていた。また，7月には図書館学教育部会内に「専門職制度検討委員会」を設置した（委員は，小野泰博，北嶋武彦，古賀節子，今まど子，渋谷嘉彦，高宮秀夫，高山正也，常盤繁，浜田敏郎，渡辺信一，石塚正成，黒木努）。

　同年7月1日，第3回検討委員会では，専門職員の資格条件を明示する必要性とその内容について意見が分かれた。そこでは，"養成の立場，各館種ごとの業務上必要とされる条件の相違，統一総合的名称・資格の必然性等が議論され，法案に明記することについては意見の一致をみたものの，学歴，取得単位数および資格試験制度導入等について結論を出すに到らなかった"。

　7月20日に示された，要綱小委員会の「図書館情報基本法（草案）」では，資格について"専門職員の資格は，大学に○年以上在学し○単位以上を修得したもので，かつ図書館に関する専門科目○単位以上を履修したものにあたえられるものとする"とされた。ここの○は未確定であることを表している。その後，8月3日の臨時委員会では，専門職員の問題が「最も意見の分かれた事項」として挙げられている。特に"専門職資格要件が，(ｱ)短大卒（2年62単位取得），(ｲ)専門科目履修単位数を24単位以上ということを明記するか否かということ"を調整できず，両論併記になった。単位数を24とする案は，8月15日に全国学校図書館協議会による学校図書館職員養成計画委員会が示した「司書教諭および学校司書の資格基準（第2次案）」を検討材料としたことによる。

　9月に示された「図書館事業の振興方策について（第一次案報告）」では「5.

専門職員の充実と必置」で，教育について言及されている[129] 共通4 。しかし，そこでは"一定のレベルの専門的教育と館種の特殊性に応じた教育が必要である"との記述にとどまっている。また，同時に示された「図書館事業基本法（要綱（案））」では，"19（専門職員の資格） 図書館政策委員会は，本法施行の3年以内に専門職員の資格要件について基準を定めるものとする"としている。そして，「付則」で"1. 図書館政策委員会が，第19の専門職員の資格要件を制定するまでの間，専門職員の資格は，大学に2年以上在学し，62単位以上を修得した者で，かつ図書館に関する専門科目24単位以上を履修したもの，または，専門職員の講習を修了したものとすること"と定められた。

栗原均は，付則に暫定規定を設けたことと3年間の猶予期間をとったことの背景について"関係者の十分な検討の期間を設け，広いコンセンサスを得るまで明示することは避け"たと述べている[130]。また，日本図書館協会政策委員会は第2章，第5章および第19条について否定的意見を8月27日付けで提出している[131]。

その後，図書館事業振興法は，各団体に持ち帰って議論が進むなかで，多くの問題点が指摘され，また，異論，反論が噴出したことにより成立の動きは頓挫する[132]。

このときの図書館学教育部会の対応について，北嶋武彦は「会報」で，"「図書館事業振興法案」の動きと歩調を合わせ，専門職制度検討委員会を設け，積極的に推進する方針であった"と述べている[133]。しかし，同法案自体が頓挫したこともあり，結果的に成果を上げることはできなかった。

図書館学教育部会では1981年の全国図書館大会の分科会にて，国家公務員（図書館学）採用試験を担当した経験をもつ日本人事試験研究センターの鈴木幸平を迎えてパネルディスカッションを開催した。また，1983年の全国図書館大会では，國學院大學の鳥居美和子が国家検定試験導入について提起を行っている[135]。しかし，議論は十分深まらなかった。

4　省令科目増加運動
—— 1985年～1998年 ——

この節では，図書館法施行規則改正に向けた動きについてみていく。1989年までは，近畿地区図書館学科協議会による提案や，日本図書館研究会の図書館

学教育研究グループによる活動，それに呼応した日本図書館協会図書館学教育部会などが活発に省令科目改正を提起したが，文部省に動きはみられなかった。1990年以降，文部省に設けられた検討の場がリードする形で議論がすすめられ，1996年に図書館法施行規則改正にいたった。

（1）関連団体の協同

　1986年8月13日，社会教育審議会成人教育分科会指導者養成小委員会は「社会教育主事の養成について（中間報告）」をまとめた。この報告は，時代の進展に即応できる質の高い社会教育主事養成をめざして，養成内容の変更を意図したものであった。大学における養成は，総単位数は従来どおり24単位とされたが，科目内容，編成の変更が提起された。図書館界ではこの動きと連動し，修得科目の単位数を19単位から大幅に増やそうとする動きが出てくる。同年，12月20日，第38回近畿地区図書館学科協議会は日本図書館協会理事長および図書館学教育部会宛てに要請文を出す 司書25 。内容は，社会教育主事養成カリキュラム改定の動きがあること，文部省は要請があれば司書についてもカリキュラムの再検討をする意向らしいこと，前回の省令科目改定から20年を経過していること，文部省への働きかけは日本図書館協会が行うのが適当であること，などが書かれている。また，近畿地区図書館学科協議会としては内容面で積極的に協力する旨も書かれている。

　近畿地区図書館学科協議会で提案を行った塩見昇は，①経営，施設計画に関する科目，資料についての学習が欠落している等，時代に合った科目にすること，②臨時教育審議会が掲げる「生涯学習体系への移行」を教育改革の基調として，文部省が社会教育主事養成のカリキュラム改定を取り上げたこの時期こそ提起をするよい機会であること，③実質的な司書養成教育が司書講習科目に準拠している以上，その時代にあった改定が求められること，などを提案の理由に挙げている。

　翌1987年2月，日本図書館研究会は休眠していた図書館学教育研究グループを再開し，カリキュラムの具体的中身について検討を進める。そして，①図書館法施行規則に基づく司書講習科目について単位数および組み立ての変更をも含む科目内容の見直し，②近畿地区において学科レベル以上の図書館学開講大学を実現するという2つの目標を掲げる。また，当時，図書館学教育研究グループのメンバーの一部は，図書館学教育部会の幹事も務めていたことから，

"対文部省への働きかけは教育部会で，実質的な研究討議の中心は日図研の研究グループで，という暗黙の役割分担"があったともされる。

同年3月，全国図書館大会交流会の席上，塩見昇は文部省学習情報課施設係長と会った際，文部省の意向を確認したところ，"現段階において文部省が音頭をとって科目および単位数を改定する考えはないこと"を確認している。

その後，5月の図書館学教育研究グループ例会では埜上衛，志保田務，柴田正美による試案が示される。7月の例会では，3つの案をふまえ総枠を24単位とすること，公立図書館を対象とすること，が確認された。24単位とするのは，社会教育主事の講習規定が24単位であること，全国学校図書館協議会の「司書教諭および学校司書の資格基準（第2次案）」が24単位となっていたことによる。

8月5日から7日にかけて図書館学教育部会による図書館学教育研究集会が開催された。その際，柴田がグループ案を発表した。研究集会では，カリキュラム改定の必要性について合意がなされた。また，かつてのように，養成制度を抜本的に改革することはせず省令科目を変更するという方向性が確認された。

1987年の全国図書館大会では「図書館員の資格・役割およびその教育」と題して分科会が開催されたが，そこでカリキュラム改定を求める提案がなされた（「司書養成科目（省令）改正に向けて（提案）」）。それを受け図書館学教育部会は理事長に対し，早急に働きかけを行うよう要請した。その後，12月24日付けで事務局長は理事長名の要望書を文部省社会教育局長に渡した 司書26 。

この要望書では，急速な社会的諸条件の変化，それに併せた社会教育施設の対応の必要性が述べられ，社会教育主事の講習規程等が改定されていることを指摘している。そして，図書館についても，施行規則改正から約20年が経過していること，公立図書館の条件も大きく変化していることから，図書館法施行規則の講習科目等の見直しを要望している。

翌1988年，図書館学教育部会は4月から7月にかけて拡大幹事会を開催し，司書講習科目の見直しを検討している。拡大幹事会のメンバーは，岩猿敏生（関西大学），古賀節子（青山学院大学），今まど子（中央大学），桜井宣隆（図書館情報大学），柴田正美（三重大学），渋谷嘉彦（相模女子大学），高山正也（慶應義塾大学），細野公男（慶應義塾大学），渡辺信一（同志社大学）である。その後，3案（今，柴田，渋谷）の例示科目を載せた「文部省令科目の改正に向けて（要望）」をまとめ，日本図書館協会常務理事会に提出した。常務理事会はそれを審議したのち，文部省生涯学習局長に提出した 司書27 。こうした活発な取

り組みにもかかわらず，省令科目改正は進まなかった。

（2）文部省の関与

　1990年2月，文部省社会教育審議会施設分科会は「図書館に関するワーキンググループによる検討会」を発足させた（同年11月「生涯学習審議会社会教育分科審議会施設部会図書館専門委員会」に改称）。メンバーは委員長に藤川正信（図書館情報大学），委員は青山孝行（埼玉県教育委員会），川口政男（東京都立図書館），北嶋武彦（大正大学），鈴木英二（千葉経済短期大学），高村久雄（流通経済大学），竹内紀吉（浦安市立図書館），田中久文（図書館情報大学），細野公男（慶應義塾大学）であった。この検討会は毎月1回開催され，司書および司書補養成についてと，公立図書館の設置及び運営上の望ましい基準について1年間かけて検討することが予定された。この検討会は学術局大学課ではなく学習情報課に設置されている。

　このころまで，司書養成に関する議論は図書館学教育部会などが主導してきたが，渡辺によれば，1990年代に入り文部省が司書養成についてコミットを強めたと分析している。その背景には，生涯学習センター構想，規制緩和があると推測している。

　発足したばかりの検討会に対し，文部省事務局側が「司書講習科目素案」を1990年3月に提示した 司書28 。この素案は司書講習について，"専門的職員に望まれる資質・能力のすべてを養成することは，現行の単位数を倍増しても困難"であり，"より高度で実践的な資質や能力は，OJT，OFF JT等の実務および現職研修を通じて修得し，錬磨していくことがより効果的でかつ適切な方法"と説明されたという。そして司書講習を"あくまでも司書および司書補養成のオリエンテーション"と位置づけた。科目名称が大きく変更された他，科目はすべて必修としたこと，生涯学習・社会教育に関する基本的理解を図るための科目を設けたこと，幅広い教養と専門性深化のため「図書館特講」を設けたことなどが主な特徴である。

　図書館学教育部会では，単位数が19単位から15単位に引き下げられたこと，オリエンテーションと位置づけながらその後の養成・研修の具体案が示されていないことなどから，現行のカリキュラムの大幅な退行になると捉え，5月に幹事会としての見解を発表した。また，検討会メンバーにも働きかけを行った。検討会メンバーの多くも反対だったようである。

同年，全国図書館大会の第11分科会では日本図書館協会理事長宛に「全国図書館大会大会決議：司書養成科目（省令）の改定について（要望）」が出されている。ここでは，単位数の大幅な減少が危惧されると述べられている 司書29 。

日本図書館協会では1990年5月に，常務理事会が主催し文部省学習情報課長等との懇談の場をもった。そこで文部省側から"15単位にこだわらないこと""オリエンテーションであるという表現が不適切であったこと"が述べられた。その後，文部省の事務当局は修正案，さらに再修正案 司書28 を出したが単位数は空欄とされた。

1991年6月28日，図書館専門委員会は「司書・司書補講習の科目内容（案）」を発表した。この案では，素案で15単位となっていたものが20単位に増えたが，生涯学習関連科目が3科目3単位追加になっており，実質的に司書関連科目は17単位であった。

これに対し，10月6日，図書館学教育部会は緊急研究集会を開催し，図書館専門委員会委員長藤川正信を招き議論した。そこでは，図書館専門委員会の組織的位置づけ，司書講習と大学の教育との違いの確認，新規講習科目についてなどの情報交換がなされた。

さらに10月23日の全国図書館大会（徳島）の分科会「21世紀へ向けての図書館学教育」では河井弘志からカリキュラム案に対する要望が提出された。その後，要望は大会決議として全会一致で可決された。そこでは，6月に示された案について最終案ではないとされているが，その進展については明確でないため，早急にカリキュラム案を示すことを求めた。同年12月5日，理事長名で文部省生涯学習局長宛に「司書講習科目（新カリキュラム案）についての要望」を提出している 司書30 。その後，1992年1月，文部省学習情報課の銭谷眞美学習情報課長と日本図書館協会役員との懇談会が開かれ，文部省側から学芸員，社会教育主事との科目改定も関わるため，図書館専門委員会の検討が停滞していることが述べられている。

1992年，生涯学習審議会答申（「今後の社会の動向に対応した生涯学習の振興方策について」）が示される。この答申に関し，朝日新聞が「図書館司書など資格要件，『大卒』なくす方向　審議会答申受け文部省」という見出しの記事を掲載する 司書31 。この記事について，日本図書館協会の栗原均事務局長と酒川玲子常務理事が学習情報課に出向いて確認したところ，生涯学習振興課が情報源であること，生涯学習の一環として現在と異なる資格取得方法を検討している

こと，法改正は検討していないこと，の説明を受けた。当時，司書および司書補の講習は学習情報課が所管し，生涯学習振興課の所管ではなかった。

こうした動きに1992年11月，日本図書館協会は「生涯学習審議会答申にかかわる日本図書館協会の見解」を出す。ここでは"1.学歴偏重の是正について，2.司書の専門性について，3.ボランティア参加の問題について"の基本姿勢を示した 司書32 。

1993年3月，生涯学習審議会社会教育分科審議会計画部会司書専門委員会（以下「司書専門委員会」）は，司書養成の改善について検討を開始した。特別委員は幸田三郎，長澤雅男，諸節トミエ，専門委員は竹内紀吉，田中久文，細野公男，松村多美子，村田文生であった。1993年7月，図書館学教育部会幹事（有志）と文部省学習情報課との懇談会が開かれた。そして，同年11月，日本図書館協会の酒川玲子事務局長より，図書館学教育部会に対し「カリキュラム最終案」をまとめるよう，要請があった。図書館学教育部会では拡大幹事会を開催し3案（今，柴田，渋谷）を統合し，1991年6月の図書館専門委員会案も取り入れた新たな案を策定し，それを基礎に議論し，12月23日に図書館学教育部会としての最終案がまとまった。図書館学教育部会で案をまとめる際，日本図書館協会との案のすりあわせが必要とされる。部会長であった渡辺信一は，このころのことを振り返り，常務理事会に出席しカリキュラム改定などについて説明すると，なかには"改革を忌避する人もあって，現場の声は必ずしも好意的なものとは限らない"と述べている。

図書館学教育部会による最終案の単位数は24単位である。司書，学芸員，社会教育主事共通科目と司書の科目に大別し，後者についてはさらに「図書館情報学の基礎」「図書館の計画と経営」「図書館資料」「図書館・情報サービス」の大科目に分けるとともに，選択必修の「図書館演習／実習」「図書館特講」も設けた。それらにはそれぞれ大学，司書講習のために「中科目」「小科目」が示された。

その後，1994年3月9日，司書専門委員会による日本図書館協会に対するヒアリングが行われた。ここでは"司書資格制度にグレード制，専門資格，尊称の付与"を設けることが議論された。司書専門委員会は1995年に入って具体的な検討を行い，8月ごろおおよその案が固まった。その後，11月に司書専門委員会案を計画部会に上げた。1995年12月，日本図書館協会に対し，文部省生涯学習審議会社会教育分科審議会計画部会長から改善案が提示される。それに対

して1996年1月，日本図書館協会と学習情報課長との懇談会が開かれ，月末には「社会教育主事，学芸員及び司書等の養成及び研修の充実の在り方についての意見照会について」を生涯学習審議会社会教育分科審議会計画部会に提出した 司書33 。2月，図書館学教育部会は緊急研究集会を開催し対応について協議している。1996年4月24日，生涯学習審議会社会教育分科審議会は「社会教育主事，学芸員及び司書の養成，研修等の改善方策について」を出した 司書34 。

この報告では社会教育指導者の資質向上と高度な専門性の評価という観点から"高度で実践的能力を有する"司書に対し，研修成果等を考慮して，"その専門性を評価する名称を付与する制度を設ける"ことが提起された。

その後，8月，図書館法施行規則改正により科目が改定され，生涯学習関連科目を加えて総単位数は20単位になった。内訳は必修科目12科目18単位，選択科目2科目2単位以上である。構成は乙群丙群に分かれていた選択科目が乙群に整理された。特徴的なのは，社会教育主事，学芸員に共通する「生涯学習概論」が新設されたことである。他に「図書館経営論」「児童サービス論」が新設されるとともに，「情報検索演習」が資料組織系科目から独立した。さらに，資格取得方法の弾力化の一環として単位減免措置規定が設けられた 司書35 司書36 。

この改定について，柴田正美は文部省関係者の話として，図書館法に15単位という規定があり，最大でも19単位までしか増やせないこと，あとは3職（司書，学芸員，社会教育主事）共通のものしか加えられないことの説明があったいう。この報告を実質的にとりまとめた司書専門委員会の組織的性格については細野公男が詳しい。細野によると，司書専門委員会は"計画部会の中に社会教育主事専門委員会・学芸員専門委員会と並んで存在する"ものであり"いわば計画部会の考える社会教育全般の問題の中で，専門分野についての具体的なものを考えるという立場"にあったという。したがって"委員会が独自に考えることができるわけでは"なかったという。そして"情報化／情報機器の進展／情報機器の導入といった背景のもとで，生涯学習社会における社会教育機関の在り方を考えるというのが課題"とされており"司書だけを考えるのではなく，社会教育主事や学芸員との関係を踏まえることが前提"であったという。また"図書館法の改正につながらないという枠組み"もあったという。このように司書専門委員会は"社会教育分科審議会・計画部会の下部機関であり，審議の

結果をすべて計画部会へ上げて，'参考にしてもらう'だけで実際上の決定権を持たな"かったという。また，細野は，議論はあくまで司書講習についてであり，大学における科目ではないこと，大学における科目は大学基準協会の38単位案を基礎に各大学が独自に考えるべきこと，と述べている。

1998年，第5条2項2号が一部改正され，「高等学校」に「中等教育学校」が加えられている。これは1998年9月に出された生涯学習審議会答申「社会の変化に対応した今後の社会教育行政の在り方について」の学歴要件緩和の方向性に沿った改正である 司書37 。

以上述べてきたように，この時期，司書養成の検討は文部省と日本図書館協会を中心に展開された。文部省は，1990年代以降，司書の養成を社会教育主事・学芸員養成と横並びで捉える姿勢を明確にするようになった。それにともない，議論は図書館法上の司書養成に焦点化した。

5 図書館法改正と継続教育
―― 1999年～2013年 ――

この節で取りあげる時期は，司書講習や司書課程など司書資格の取得に焦点があてられてきたこれまでの期と比較し，図書館職員のキャリア全体を視野に入れた議論が行われた。そのなかで，日本図書館協会などによって研修制度や認定制度が構築された。また，日本図書館情報学会を中心にLIPER研究が行われ，「図書館情報学教育改革案」と「図書館情報学検定試験」が提起された（LIPER研究については，序章8（4）も参照）。司書養成については，懸案とされた図書館法と図書館法施行規則の改正が行われた。

（1）日本図書館協会の取り組み

1996年の図書館法施行規則改正後，日本図書館協会の図書館学教育部会は，新カリキュラム移行への対応，図書館学教育におけるファカルティ・ディベロップメント活動などに取り組む。また，図書館学教育部会が一部関わるかたちで，ステップアップ研修，上級司書認定制度にも取り組む。この2つの取り組みは1996年4月に出された「社会教育主事，学芸員及び司書の養成，研修等の改善方策について」で"研修内容の充実と研修体制の整備""司書の高度な専門性を評価する名称の付与"がうたわれたことと関係している。

研修について日本図書館協会では，すでに1993年に研修問題特別委員会を発足させ1995年には報告をまとめている。1997年からは「専門性の確立と強化を目指す研修事業検討ワーキンググループ」が発足し研修についてと高度な専門性を評価する制度について議論を始める。ワーキンググループには図書館学教育部会から2名が参加している。その後，検討は研修委員会に引き継がれていく。

2000年11月，日本図書館協会は中堅職員ステップアップ研修(Librarian Stepup Training : LIST)を開始し，2004年7月からは，さらに中堅職員ステップアップ研修Ⅱ(LIST Ⅱ)が開始された。これにより文部省（文部科学省），国立教育政策研究所社会教育実践研究センター（旧・国立社会教育会館社会教育研修所）による研修事業とともに，研修機会の充実に寄与している。また，2002年10月からは，日本図書館協会に専門職員認定制度特別検討チームが発足し，専門性を評価し名称を付与する制度の検討を始めた。

このように，2000年前後を境にして，日本図書館協会（図書館学教育部会）は，司書講習や司書課程などによる養成教育に関する問題に加え，研修制度の整備，資格認定制度創設など継続教育に積極的に取り組む。こうした背景として，少子高齢化などの社会構造の変化，多様な雇用形態の職員の出現などにより，司書のキャリア形成支援の必要性が高まっていることを挙げられる。

（2）LIPER研究

こうしたなか，図書館学教育部会とは別のところで，図書館学教育についての改革案が生まれる。2003年，日本図書館情報学会は学会創立50周年を迎えた。これを契機として，LIPERプロジェクトが発足した。LIPERによる検討は，これまでの検討と比較し，以下のような特徴がある。まず，これまで養成教育について距離をとってきた学会が主導した点である。これまでも学会員が図書館学教育部会や文部省（文部科学省）の審議会，研究会などで，養成教育を構想したり，意見を述べたりすることはあったが，学会自体が養成教育のあり方に正面から取り組んだのは初めてであった。次に司書，司書教諭など制度的枠組みにとらわれず，「情報専門職」という観点から，教育の問題に取り組んだ点である。ここでいう情報専門職はinformation professionを訳した用語である。意味するところは，図書館員に近いが，特定の館種を想定していない。その点では，1970年前後に試みられた養成教育制度改革に通じる側面がある。

最終報告書では「図書館情報学教育改革案」と「図書館情報学検定試験」が提案されている。前者では，カリキュラムの内容，教育体制が提起されている。カリキュラムはコア領域，個別情報領域，情報専門職領域に分けられる。コア領域の検討では，アメリカの図書館情報学の大学院における必修科目，慶應義塾大学などの専門課程，さらには図書館学教育部会による24単位案などが参考にされた。コア領域は「図書館情報学基礎」「情報利用者」「情報資源組織化」「情報メディア」「情報サービス」「情報システム」「経営管理」「デジタル情報」に細分され，そのなかで科目が設定されている。科目中，重要なものはアスタリスクがつけられ，それは司書講習科目と類似している。ただし，「情報探索行動論」「知的情報資源管理論」は対応する科目がみられない。個別情報領域は主題，情報メディアの形態，利用者という観点から3つの領域（「医学医療情報」等）が例示された。情報専門職領域は，大学図書館，学校図書館などの館種が想定されている。教育体制については，国際的水準の観点から，大学院レベルの専門教育がめざされた。図書館情報学検定試験については，「司書となる資格」（図書館法第5条）に求められる専門的知識を一定の水準に維持するために実施することが提起された。出題範囲は先述したコア領域に対応している。試験は2007年度より実施され2127人が受験した[177] 司書44 。2013年度まで継続されてきた。

　LIPERの活動に対して，LIPERが推進された当時，図書館学教育部会の部会長だった糸賀雅児は，図書館情報学教育全体からみれば部分的改革にすぎないこと，図書館職員の雇用多様化の現状に適合していない等，批判している[178]。また，高山正也は多くの課題の検討が積み残されている点を批判している[179]。また，大学院未設置校，司書講習開催校，短大等からの強い抵抗が予想されると指摘している[180]。

　その後，LIPER 2とも略称される「情報専門職養成をめざした図書館情報学教育の再編成」（2006年度～2009年度）では主に図書館情報学検定試験準備試験実施に向けた取り組みがなされた[181]。さらにLIPER 3と略称される「図書館情報学教育を高度化するための研究基盤形成」では，図書館情報学検定試験の実施，図書館情報学教育体制の調査が行われた。

（3）図書館法改正

　2004年9月7日，「これからの図書館の在り方検討協力者会議」（第1期）（以

下「協力者会議」)が発足した。この会議は"今日の図書館の現状や課題を把握・分析し,生涯学習社会における図書館の在り方について調査・検討を行う"ことを目標とした。「調査研究事項」の(4)には「図書館に必要とされる司書の在り方について」が挙げられている。メンバーは赤堀侃司（東京工業大学大学院),糸賀雅児（慶應義塾大学),児島京子（全国公共図書館協議会),小林路子（市川市教育委員会),齋藤明彦（鳥取県立図書館),鈴木眞理（東京大学大学院),田村孝子（NHK解説委員),常世田良（浦安市教育委員会),根本彰（東京大学大学院),松岡要（日本図書館協会),薬袋秀樹（筑波大学大学院),村田夏子（和洋女子大学),山口和人（国立国会図書館）であった。[182]

2006年3月20日までに計11回の会議が開かれ,最終的に「これからの図書館像―地域を支える情報拠点をめざして―」がまとめられた。第2章3これからの図書館経営に必要な視点の(9)図書館職員の資質向上と教育・研修,②3「司書の養成」では"司書資格の修得科目の改正から既に10年が経過しており,社会の変化に対応して,科目の見直しの検討を行うことも必要である"と明記された 司書38 。

2006年7月「これからの図書館の在り方検討協力者会議」(第2期)が発足した。[183] ここでは,検討課題として「司書課程について」が示され,"図書館法第5条1項2号の「図書館に関する科目」の明確化(司書講習との(科目内容,単位数の)差別化の検討)"が挙げられた。薬袋によれば"修得科目の見直しとともに,「大学で履修すべき図書館に関する科目」(以下「図書館に関する科目」)を検討しようとするものである"とされる。[184] そして"検討に際しては,最初に単位数の上限を決め,その範囲内で科目を検討するのではなく,司書課程で可能な科目数をある程度弾力的にとらえ,その枠内で,司書に必要な科目を検討し,次の段階で,その妥当性や実現可能性等について,図書館関係者や大学教育関係者等の意見を聞くこと"にしたという。[185] 第2期の協力者会議では2007年4月以降,科目検討ワーキンググループが設置され大学における図書館に関する科目の検討を行い,「科目検討ワーキンググループ　議論のまとめ」を示した。[186]

この第2期の協力者会議では,LIPERの研究分担者であった根本彰がLIPERの研究成果をふまえ,司書養成において,大学・大学院での38単位取得義務化,司書補の廃止,司書講習の廃止,司書の最低学歴要件を学士にすること,大学における図書館に関する科目の制度化,省令の全面改正を主張したが,最後の2点のみ検討課題とされ,それ以外は課題とされなかった[187] (詳しくは序章「おわ

りに」を参照)。

　2007年3月,「これからの図書館の在り方検討協力者会議」は「平成18年度における司書養成に関する議論のまとめ」を出す 司書39 。ここでは,協力者会議における今後の検討課題とその方向性が示された。具体的には図書館に関する科目を定める必要性と,現行の司書講習科目に新たに加える科目・単位数等を検討することが確認された。これより以前,教育基本法改正が議論されており,2006年4月には改正教育基本法案が国会に提出され,12月に公布・施行された。これを受けて,図書館法を含む社会教育に関する法律の整備が行われることになる。

　2007年6月28日に設置された中央教育審議会生涯学習分科会制度問題小委員会は,第2期協力者会議の「議論のまとめ」を受け,大学における図書館に関する科目について省令で定めることを検討するとともに,司書講習あるいは司書養成課程における科目,単位については,引き続き検討する必要があることを確認した。[188]

　その後,中央教育審議会生涯学習分科会から,2008年2月「新しい時代を切り拓く生涯学習の振興方策について～知の循環型社会の構築を目指して～(答申)」が出された 司書40 。ここでも"司書の資格要件として大学において履修すべき図書館に関する科目"を"法令上明確に定めること"と"履修すべき科目,単位についての具体的な見直しについては,今後引き続き検討する必要がある"ことが示された。この答申を受け,2008年6月,図書館法が改正される。この改正により,司書養成に関して大学において履修すべき図書館に関する科目を文部科学省令で定めることが示された 司書41 。

　その後,第3期の「これからの図書館の在り方検討協力者会議」が2008年7月に発足し,科目検討ワーキンググループが示した「議論のまとめ」を検討し,最終的に2009年2月「司書資格取得のために大学において履修すべき図書館に関する科目の在り方について(報告)」により図書館に関する科目が明確にされる。[189]「議論のまとめ」では14科目28単位案が示されていたが,最終案では13科目24単位となった 司書42 。

　必修科目は「基礎科目」「図書館サービスに関する科目」「図書館情報資源に関する科目」の3つに区分された。また,新たな科目として「図書館情報技術論」が加わった。他に「図書館経営論」が「図書館制度・経営論」となり単位数が1単位から2単位に変更された。「専門資料論」は廃止され,大学での創

意工夫が可能な選択科目（2科目2単位修得）が設定された。
　報告では，科目の位置づけについて"図書館で勤務し専門的職員として図書館サービス等を行うための基礎的な知識・技術を修得するためのものであり，その後，さらに専門的な知識・技術を身に付けていくための入口として位置づける"とある。注目されるのは，「5. 今後の司書養成の更なる充実に向けて」に，LIPERの問題意識と共通する事項や学会との協同がうたわれている点である（抜粋）。

>・アジア地域を含む諸外国では，図書館の専門的職員の養成が主として大学院修士課程で行われている。こうした現状を踏まえ，今後わが国においても，大学院での教育体制を整備する方向で関係者間での検討を進めることを期待する
>・（略）図書館関係の学会や団体等で必要な調査を行い，図書館関係者間で継続的に議論を深めることが重要である。

　文部科学省は，この報告を受け，図書館法施行規則を改正した 司書43 。これにより，履修すべき科目が14科目20単位から，13科目24単位になった。また，読み替え科目等についても同時に告示した。
　こうした一連の動きに対し，日本図書館協会および図書館学教育部会の対応は以下のとおりである。まず，協力者会議（第2期）の動きを受け，2007年より図書館学教育部会が「大学における図書館に関する科目」の検討を始め，2008年5月31日には参考案をまとめた。日本図書館協会常務理事会は，それに修正を加えた上で文部科学大臣宛に意見として提出した。そこでは，養成を講習から大学に重点を移すとの案を評価する一方，選択科目を廃止し全て必修科目とすること，1単位科目の2単位科目化等は大学の事情に合わせられるようにすること，総単位数を最大26単位とすることなどを求めた。同年7月には，関東と関西で図書館学教育部会の臨時研究集会が開催され，試案の概要を議論している。
　図書館学教育部会としては，「大学における図書館に関する科目」を制定すること，さらに「大学における科目」を「図書館情報学の入門科目」と位置づけることについては，共通の認識をもっていると評価している。しかし，短期大学における司書養成と，司書講習の継続については首肯しがたかった。しか

し，図書館学教育部会部会長の志保田務が日本図書館協会の"総会，評議会，理事会，常務理事会で意見を聞いた結果として，現在においては，図書館法が規定するとおり，短大での司書養成の継続及び司書講習の継続を，追認せざるをえなかった"としている[193]。

　2009年1月，文部科学省が「これからの図書館の在り方検討協力者会議」の報告案に対し意見募集を行った際，日本図書館協会は意見提出（「大学における図書館に関する科目」）を行っている。多くの意見が示されているが，全体として報告について日本図書館協会の方向性と共通していると述べられている[194]。

　このように図書館法および施行規則改正の議論の中心は，文部科学省であった。日本図書館情報学会は，研究者を結集して新たな教育の理想像を描いたが，制度構築には未だ結び付いていない。

（4）図書館法改正後の展開

　図書館法施行規則は2009年に改正された。図書館法の第5条1項1号が"大学を卒業した者で大学において文部科学省令で定める図書館に関する科目を履修したもの"と定めたことにより，大学における司書養成が主体となった。これを契機として，カリキュラムに創意工夫がみられるところが出てきている[195]。

　図書館学教育部会は2014年度に図書館情報学教育部会と名称を変更した。名称変更は学問名称として「図書館情報学」がより一般的になったためと説明されている[196]。近年，「A 司書養成次元」「B 現職者のキャリアアップ次元」「C 関係諸機構との図書館学教育関係事項の調整」という活動領域を設定し，活動をしている。また，2013年に出された「これからの図書館（情報）学教育部会の在り方について（答申）」では，中長期的な部会運営のあり方として，教員の認証，大学課程の認証が提起されている[197]。

　日本図書館情報学会は図書館情報学教育特別委員会図書館情報学教育ワーキンググループを立ち上げ，他分野の資格認定の状況調査等を行った[198]。一方で，後述するように今後の学会運営についてまとめた「学会運営に関する課題について（答申）」[199]では，図書館情報学検定試験の今後に関係して，検定試験を行う意義として"図書館情報学教育の底上げ""図書館情報学教育の質保障の仕組み"などを挙げている。また，将来的な「図書館情報学教育委員会（仮称）」の設置に言及しているように，今後，学会として教育・養成の問題に積極的に関与することが考えられる。

日本図書館情報学会がはじめた図書館情報学検定試験は"情報専門職としてのあるべき知識・技能の修得を判定することにより，情報専門職および情報専門職養成教育の質の向上に寄与する"ことを目的とする。合否はつけず自己評価のため偏差値などが受験者に示される。しかし，受験者数は伸び悩み，採算がとれないことから2013年度の実施後，いったん休止した。

　認定試験に関しては，NPO法人大学図書館支援機構がIAAL大学図書館業務実務能力認定試験を実施している。試験の対象者は大学図書館の図書館員とされ，目的は総合目録の業務および情報サービスの業務に携わる図書館員の実務能力の評価にある。評価は合否によって行われ，合格率は35〜50％とされる。

　専門性を認定し名称付与することは，日本図書館協会によって継続的に検討された。研修委員会による検討ののち，3次にわたる図書館経営委員会専門職員認定制度特別検討チームが検討を行った。検討チームによる検討の一時中断ののち，2007年12月に「専門職員認定制度特別検討チーム」(第4次)が発足し，2010年以降，正式に認定司書の申請が始まった。認定司書制度の趣旨は"日本図書館協会が図書館経営の中核を担いうる司書を専門職員として認定する"ことにある。2014年度の4期までに84名が正式に認定されている。

　こうした日本図書館協会による認定制度の他，特定非営利活動法人日本医学図書館協会による「ヘルスサイエンス情報専門員」の認定制度，国立大学図書館協会中国四国地区協会による図書・学術情報系専門資格認定制度などが開始されている。

おわりに

　さいごにここでは，第1期から第5期までを振り返る。

(1) 第1期：司書養成制度の確立 (1950年〜1957年)

　1950年，図書館法および図書館法施行規則により司書養成制度が確立し，養成が実際に始まった。司書養成に関する制度は，可能的様態が複数存在したが，結果的に以下の特徴をもつものであった。すなわち，①養成は講習と大学において行う，②資格取得のために必要な単位数は必ずしも多くない，③単位修得のみで資格取得ができる (資格試験制度は導入されない)。養成制度がはらむ問題として，①第5条1項2号の条文"大学において図書館に関する科目を履修し

たもの"について，省令等の定めがなかった，②第5条でいう「大学」の範囲が明確さを欠く，③現職者向けの講習制度が，暫定有資格者以外にも適用可能な形で法制化された，④文部省は単位の読み替え規定を使った講習科目相当による大学での司書養成を許容した，等を挙げられる。

（2）第2期：司書養成制度改革の提案（1958年～1976年）

1959年，日本図書館協会に図書館学の教員，研究者を主な構成員とする教育部会が設置された。教育部会では，日本図書館学会等による海外の図書館員養成制度などを参照しつつ新たな司書養成のあり方が議論された。1965年，2年間の議論の末に図書館学教育改善委員会により「図書館学教育改善試案」(1965)が示された。しかし，この案では，各館種のカリキュラムが十分調整されておらず，司書養成制度との接合も明確にされなかった。その後，提示される案はその反省からか，「コア」と「発展」による組み合わせのカリキュラムが提案されていく。1967年，文部省に設けられた図書館法施行規則改正を検討する委員会は「司書講習等の改善に関することについて（報告）」を示し，既存制度に接合する形で高度なカリキュラムを構想した。そこでは，司書のグレード化も提起された。1972年には，教育部会に設けられた図書館学教育基準委員会により「図書館学教育改善試案」(1972)が提起された。ここでも，やはりコアプラス発展型のカリキュラムが構想された。この案では，カリキュラムに限らず，教育機関の認定，司書のグレード化など総合的な教育体制の改革が構想された。

しかし，この間の提案のうち，実現したのは「司書講習等の改善に関することについて（報告）」を受けた1968年の図書館法施行規則改正にすぎなかった。大学において大学基準協会が示す「図書館学教育基準」による専門教育はほとんど広がらなかった。

（3）第3期：図書館職員の需要調査と図書館事業振興法（1977年～1984年）

第3期において，養成に関わる議論の中心はやはり図書館学教育部会であったとはいえ，持続的な改革運動は第2期と比較し限定的であった。この間，教育部会により取り組まれたのは，主に図書館員が職に就く段階，つまり養成する側からみた場合の「出口」の検討であった。

日本図書館協会図書館学教育部会では，1978年，図書館学教育全国計画委員

会を発足させ，アメリカのマンパワー計画に倣い，同様の計画を構想する。そのための調査は継続的に行われた。その成果は専門職制度定着の貧弱な実態を明らかにはしたが，それが養成制度改革に活かされたとはいいがたい。この間，図書館学教育部会では，海外の図書館情報学教育の動向や，最新の情報技術の動向を，研究集会等で積極的に取り上げている。しかし，そこで得られた知識は，司書養成制度や教育内容の改善に活かされたというより，その後，設置されることになる専門課程，大学院の設置に活かされたといえよう。

　この時期，専門課程と司書養成の教授内容の質的な分離が明確になっていく。専門課程では専門職としての操作対象は図書から，記録，情報へと抽象化されると想定し，機関にとらわれない知識情報処理プロセスが教授されるようになる。司書養成は制度的布置に枠づけられており，「図書館情報学」という学問からみた場合，図書館という機関を基盤に置く限定した内容を扱わざるをえなかったのはやむをえなかった。

　また，この時期は，図書館事業振興法の策定が構想され，教育制度についても積年の課題が一挙に解決するかのような期待がもたれたが，構想が頓挫することでその期待は急速にしぼんだ。この挫折は，館種，設置母体ごとの図書館の活動が定着するなかで，抱える課題が多様化し，制度的統合が難しくなっていることを象徴している。

（4）第4期：省令科目増加運動（1985年〜1998年）

　1985年から1998年，再び図書館界では司書養成のあり方について多くの議論が交わされた。しかし，第2期と決定的に異なるのは，この時期にめざされたのは，省令科目の改定であり，かつてのような養成体制の抜本的改革はほとんど議論されなかったことである。

　このころ，すでに司書養成制度は安定的に運用されており，そこに照準を合わせた改革が取り組まれる。1990年ごろまで，社会教育主事養成の改革や生涯学習社会への注目のなかで，図書館学教育部会，日本図書館研究会は省令科目の改革案を繰り返し議論し，文部省にも働きかけを行った。しかし，文部省に図書館法施行規則改正の動きはみられなかった。1990年に入ると，文部省に設けられた委員会，検討会が牽引するかたちで，改革案が提起される。その案は必ずしも図書館界が求めたものではなかった。特に，制度的布置に由来する制約要因（生涯学習関連科目の設定，現場経験による科目免除等）は，図書館関係者

にとっては望まないものであった。

　その後，日本図書館協会，図書館学教育部会，文部省の担当官，審議会のメンバーなどによる多様なルートを通じたコミュニケーションがなされ，最終的に1996年，「社会教育主事，学芸員及び司書の養成，研修等の改善方策について」が示された。これにより図書館法施行規則改正がなされた。

（5）第5期：図書館法改正と継続教育（1999年～2013年）

　1990年代後半以降，研修制度の整備や認定制度の構築が日本図書館協会を中心に取り組まれる。このことは「社会教育主事，学芸員及び司書の養成，研修等の改善方策について」でも提起され，また，日本図書館協会でも「研修問題特別委員会」「専門性の確立と強化を目指す研修事業検討ワーキンググループ」で継続的に議論された。これまで，活発に議論されてきた資格取得をめざす新規参入者のための講習，大学での養成に加え，図書館職員になって以降の研修制度や認定制度についても議論されるようになったわけである。それらは，それぞれ中堅ステップアップ研修や認定司書制度等として制度化された。

　この時期，第2期と同様，教育体制および内容について，抜本的な改革案が日本図書館情報学会を中心にした研究グループによって提起された。LIPER研究が示した「図書館情報学教育改革案」は，大学院での教育を視野に入れたコアプラス発展型のカリキュラムである。また，「図書館情報学検定試験」も提起され，これは，教育機関の自己評価と受験者自身の学習成果の確認が意図された。

　司書養成制度の改革は2004年以降活動をはじめた「これからの図書館の在り方検討協力者会議」により進められた。当初，省令科目改正をめざしたが，教育基本法改正にともない図書館法改正が射程に入ることで，図書館法改正も視野に改革案が検討された。2008年，図書館法が改正され，懸案とされてきた"大学において図書館に関する科目"（旧第5条1項2号）という条文を"大学において文部科学省令で定める図書館に関する科目"に変更した。同時に，第5条1項1号と同2号の入れ替えもなされた。そして，2009年の図書館法施行規則改正により科目，修得単位数が変更された。アジェンダの設定という面では第4期同様，文部科学省のイニシアティブが強かったが，実質の議論においては，研究者の貢献も大きかったといえよう。

第Ⅰ部　戦後日本の図書館情報専門職の養成と教育

注
⑴　国立教育政策研究所社会教育実践研究センター『図書館に関する基礎資料（平成24年度社会教育指導者の育成・資質向上のための調査研究事業）』文部科学省国立教育政策研究所社会教育実践研究センター，2013，492p.
⑵　武田英治，山本順一『図書館法規基準総覧（第2版）』日本図書館協会，2002，1814p.
⑶　西崎恵『図書館法』（復刊）日本図書館協会，1970，202p.
⑷　以下の文献がある。埜上衛「図書館学教育（1973-74）（文献展望〔図書館関係・ドキュメンテーション〕）」『図書館学会年報』Vol. 21, No. 3, 1975. 12, p. 156-158. 埜上衛「図書館学教育（1975）（文献展望〔図書館関係〕）」『図書館学会年報』Vol. 23, No. 1, 1977. 6, p. 39-41. 埜上衛「図書館教育1977（文献展望）」『図書館学会年報』Vol. 24, No. 3, 1978. 9, p. 158-160. 埜上衛「図書館教育1977-78（文献展望）」『図書館学会年報』Vol. 25, No. 3, 1979. 9, p. 131-135. 埜上衛「図書館学教育1979-80（文献展望）」『図書館学会年報』Vol. 28, No. 2, 1982. 6, p. 92-94.
⑸　高橋重臣「図書館員の養成（最近10年における図書館学の発展（特集））」『図書館界』Vol. 19, No. 4, 1967. 11, p. 104-106.
⑹　編集委員会「文献レビュー・図書館学教育（図書館教育・続（特集））」『図書館界』Vol. 22, No. 1, 1970. 5, p. 16-21.
⑺　久保輝巳「大学における図書館員教育」『図書館界』Vol. 28, No. 2, 1976. 9, p. 105-110.
⑻　川崎良孝「大学における図書館員・図書館学教育」『図書館界』Vol. 36, No. 5, 1985. 1, p. 371-378.
⑼　渡辺信一「図書館員の養成と教育」『図書館界』Vol. 45, No. 1, 1993. 5, p. 151-160.
⑽　柴田正美「養成と研修」『図書館界』Vol. 53, No. 3, 2001. 9, p. 284-292.
⑾　横山桂「図書館員の養成と研修」『図書館界』Vol. 61, No. 5, 2010. 1, p. 415-426.
⑿　大谷康晴「研究文献レビュー　公共図書館職員の養成教育と継続教育」『カレントアウェアネス』No. 290, 2006. 12, p. 23-29.
⒀　日本図書館学会研究委員会『図書館学の教育（論集・図書館学研究の歩み（第3集））』日外アソシエーツ，1983，169p.
⒁　日本図書館情報学会研究委員会『図書館情報専門職のあり方とその養成　シリーズ・図書館情報学のフロンティア』（No. 6）勉誠出版，2006，250p.
⒂　図書館法の成立経緯については裏田，小川の文献が詳しい。裏田武夫，小川剛『図書館法成立史資料』日本図書館協会，1968，473p.
⒃　川原亜希世，松崎博子「省令科目の成立に影響を与えた諸要因について」『図書館界』Vol. 63, No. 2, 2011. 7, p. 148-155. 参照は p. 149.
⒄　司書講習に関する省令科目に影響を与えた要因について川原らの研究がある。また，科目の変遷については山内等がまとめている。同上および山内美千絵，薬袋秀樹「戦後日本における図書館学教育科目案の変遷：館種別図書館職員養成の観点から」『日本生涯教育学会論集』Vol. 31, 2010, p. 123-132.
⒅　前掲⒃

⑲　井内慶次郎『図書館法：逐条解説（社会教育第5巻第7号附録）』［文部省社会教育局］1950，80p. 引用はp. 20.
⑳　同上
㉑　前掲(3)，p. 79.
㉒　以上の解釈は土井六郎による。土井六郎「図書館法の改正について」『図書館界』Vol. 8，No. 1，1956. 7，p. 16-17. 他に図書館法委員会記録では，以下のように書かれている。"第5条第1，2号では単に大学を卒業した者となつていてその中には四年制の大学卒の外に短大卒を含める解釈をしている。これは博物館の学芸員の資格との間にも懸隔を生じてくるが，如何にするかというのが論点である"。図書館法委員会「図書館法改正のために」『図書館雑誌』Vol. 47，1953. 11，p. 348-350. 引用はp. 348.
㉓　大学基準協会による「図書館員養成課程基準」に関しては以下の文献が詳しい。池田美千絵「1950年代の大学基準協会による図書館学教育に関する基準」『学苑』No. 865，2012. 11，p. 11-26.
㉔　有山崧「図書館法第6条改正の提唱」『図書館雑誌』Vol. 45，1951. 1，p. 3. 他に私立大学図書館協会から請願が出されている。私立大学図書館協会，私立大学図書館協会史編纂委員会『私立大学図書館協会史：東京私立大学図書館協議会より第十五回総会まで』私立大学図書館協会，1982，63p.
㉕　前掲(3)，p. 188.
㉖　図書館専門職員養成講習第1回指導者講習会・日本図書館協会『図書館学講義要綱（改訂版）』日本図書館協会，1952，116p.
㉗　1954年6月1日，図書館法施行規則第9条が一部改正され，「但し，特別の事情がある場合には，適宜な方法によつて公示するものとする」が加わった。1955年6月21日「昭和三十年度司書及び司書補講習実施要綱」が告示され，それ以降，官報での公告は行われていない。
㉘　「昭和31年度全国図書館大会議事録」『図書館雑誌』Vol. 50，1956. 7，p. 218-269. 参照はp. 230-231. 他に私立大学図書館協会からも文部大臣あての要望書が出されている。前掲㉔，私立大学図書館協会，私立大学図書館協会史編纂委員会，p. 67-70.
㉙　同上「昭和31年度全国図書館大会議事録」，引用はp. 231. なお，石田の発言の後，慶應義塾大学のRobert Gitlerが以下のように発言していることが注目される。「もしも講習会の措置が，ずっと続けられるとすれば，図書館学のコースが，なおざりにされ，高い専門家が投げ捨てられると思います。私は慶應の学生を雇って貰おうと云う意味でいっているのではないが，全体としての図書館学の水準が落ちることを恐れているのです」。
㉚　石田清一「職員養成」『図書館雑誌』Vol. 50，1956. 12，p. 486-487.
㉛　図書館法改正については，成文化小委員会とナショナルプラン小委員会が設置された。メンバーは委員会議事録によると以下のとおりである。廿日出逸暁，雨宮祐政，武田虎之助，志智嘉九郎，鈴木賢祐，椎名六郎，竹田平，桑原善作，石井富之助，西村清一，宮田平三，叶沢清介，渡辺正亥，佐藤真（「図書館法改正委員会報告」『図書館雑誌』Vol. 51，1957. 10，p. 554-559.）．
㉜　1961年10月の理事会で（a）「今直ちに推進せず，必要ありと認めた時改めて委員会を

(32) 作り検討する」(b)「改正委員会は改称する」と決定された。「協会通信」『図書館雑誌』Vol. 55, 1961, p. 365-366. 引用は p. 365.

(33) 藤川正信「図書館員養成の諸問題」『図書館学会年報』Vol. 5, No. 2, 1958.10, p. 121-138. 引用は p. 121.

(34) 教育部会発足の経緯については第1章5(3)も参照のこと。

(35) 前掲(33), p. 135.

(36) 「昭和34年度全国図書館大会議事録」『図書館雑誌』Vol. 53, 1959.8, p. 254-325. 参照は p. 295.

(37) 同上, p. 342-345.

(38) 同上

(39) 「昭和35年度全国図書館大会議事録」『図書館雑誌』Vol. 54, 1960.7, p. 239-306. 引用は p. 286-290.

(40) 最低基準については, 図書館法施行規則の第2章を参照。

(41) 前掲(39), p. 290.

(42) 「日本図書館協会創立70周年記念全国図書館大会議事録」『図書館雑誌』Vol. 56, 1962.1, p. 35-173. 引用は p. 141-143. 以下の中村, 椎名, 大山の発言も同様。

(43) 甲南大学, 相模女子大学, 中京大学の事例はそれぞれ以下の文献による。『甲南大学の図書館学教育』甲南大学文学部図書館研究室, 1980, 22p. 相模女子大学司書・司書教諭課程編『相模女子大学図書館学教育40周年記念誌』相模女子大学司書・司書教諭課程, 2001, 83p. 松村信美「中京大学における司書・司書教諭課程の歩み」『中京大学図書館学紀要』No. 10, 1989.2, p. 3-13.

(44) アシャイム氏はその後, 図書館学教育部会が取り組むことになるナショナル・プランのもととなった"Library Education and Manpower"に取り組むアメリカ図書館協会図書館教育事務局 (Office of Library Education) の事務局長になる。

(45) 藤川正信「図書館学教育の本質的諸問題：図書館教育セミナー」『図書館界』Vol. 18, No. 5, 1967.1, p. 148-157.

(46) 「昭和38年度社団法人日本図書館協会総会議事録」『図書館雑誌』Vol. 57, 1963.7, p. 336-342. 参照は p. 341.

(47) 中間報告段階でのメンバーは以下のとおり。公共図書館小委員会：委員長　竹田平, 幹事　渡辺茂男, 委員　伊東正勝, 小河内芳子, 中村初雄, 長久保由次郎, 服部金太郎, 和田吉人, 大学図書館小委員会：委員長　団野弘之, 幹事　前島重方, 委員　青野伊予児, 奥村嗣, 鈴木賢祐, 関野真吉, 高井望, 武田虎之助, 藤田豊, 特殊専門図書館小委員会：委員長　井出翁, 幹事　北島武彦, 委員　石井秀雄, 河野徳吉, 椎名六郎, 廿日出逸暁, 藤川正信, 学校図書館小委員会：委員長　横山孝次郎, 幹事　室伏武, 委員　金沢考, 鈴木英二, 成田喜英, 野津直久, 深川恒喜。

(48) 「図書館学教育改善委員会（小委員会）中間報告」『図書館雑誌』Vol. 59, 1965.1, p. 26-29.

(49) 「昭和39年全国図書館大会記録」『図書館雑誌』Vol. 58, 1964.12, p. 557-632. 参照は p. 583-586.

⑸0　「図書館学教育改善委員会第二次中間報告」『図書館雑誌』Vol. 59, 1965. 3, p. 92-99.
⑸1　伊東正勝「各国における図書館学教育の比較研究」『図書館学会年報』Vol. 13, No. 1, 1966. 8, p. 73-139.
⑸2　「昭和42年度総会議事録（昭和42年6月2日・東京国立博物館）」『図書館雑誌』Vol. 62, 1967. 8, p. 350-374. 参照は p. 367-368.
⑸3　岡田温「図書館の教育界」『図書館雑誌』Vol. 60, 1966. 12, p. 488-490.
⑸4　椎名六郎「図書館学教育雑想」『図書館雑誌』Vol. 64, 1970. 8, p. 340-343. 引用は p. 342.
⑸5　久保輝巳「大学における図書館員教育」『図書館界』Vol. 28, No. 2, 1976. 9, p. 105-110. 引用は p. 105.
⑸6　菊池租「Homo sui generis：自焚記」『図書館雑誌』Vol. 60, 1966. 7, p. 133-136. 引用は p. 133.
⑸7　管井光男「「図書館学教育改善試案報告」について」『図書館雑誌』Vol. 60, 1966. 9, p. 374-375.
⑸8　神本光吉「図書館学教育論」『法政大学文学部紀要　別冊』No. 19, 1974. 3, p. 1-51. 参照は p. 33.
⑸9　「昭和40年度全国図書館大会記録」『図書館雑誌』Vol. 59, 1965. 12, p. 517-600. 引用は p. 535.
⑹0　「昭和41年度全国図書館大会記録」『図書館雑誌』Vol. 60, 1966. 12, p. 501-578. 引用は p. 548-550.
⑹1　同上, p. 550.
⑹2　「昭和42年度全国図書館大会記録（石川・1967年11月8～10日）」『図書館雑誌』Vol. 61, 1967. 12, p. 535-614. 引用は p. 587.
⑹3　中島俊教「改訂のねらいと留意点（司書講習カリキュラム改訂にあたって（特集））」『図書館雑誌』Vol. 62, 1968. 6, p. 218-220, 引用は, p. 218.
⑹4　中島俊教「司書養成制度の現状と将来（図書館における"人"の問題（特集））：日本の場合」『現代の図書館』Vol. 9, No. 2, 1971. 6, p. 92-96.
⑹5　全国図書館大会実行委員会『昭和63年全国図書館大会記録』全国図書館大会実行委員会, 1988, 271p. 岡田による発表は p. 226-228.
⑹6　前掲⑹4, p. 93.
⑹7　同上
⑹8　和田吉人「単位増による問題点：講座への受入れ組込み（司書講習カリキュラム改訂にあたって（特集））」『図書館雑誌』Vol. 62, 1968. 6, p. 221-222.
⑹9　前掲⑹3, p. 219.
⑺0　木夏通夫「講習実施校よりみた図書館法施行規則の一部改正について（司書講習カリキュラム改訂にあたって（特集））」『図書館雑誌』Vol. 62, 1968. 6, p. 226-227.
⑺1　文部省社会教育局編『社会教育の現状』1963, 138p. 表は p.78 を参考に作成した。なお、1956年に文部省社会教育施設課の石田清一作成のものと数値が異なる。前掲⑶0。表中「3カ年経験」は司書講習受講時、「3年経験不足の者」（p. 76）とされている。引用文献の表の注には「経験年数不足者に公布するもの（図書館法第8条第3項参照）」とあ

るが，これは図書館法第5条1項3号の誤りと考えられる。3号は「三年以上司書補（国立国会図書館又は大学の附属図書館の職員で司書補に相当するものを含む。）として勤務した経験を有する者で第六条の規定による司書の講習を修了したもの」である。1962年の（　）内の数値もその人数である。なお，「合計」の数値は，1961年までの3年経験不足の者を含んだ数値となっている。

(72) 「司書講習を受けて」『図書館雑誌』Vol. 64, 1970. 2, p. 60-61. 引用は p. 61.
(73) 椎名六郎「図書館学教育雑想」『図書館雑誌』Vol. 64, 1970. 8, p. 340-343. 引用は p. 342.
(74) 朝日新聞「司書：私の場合」『朝日新聞』1973年9月1日付け東京朝刊14面。
(75) 図書館員の問題調査研究委員会「図書館員の専門性とは何か：いまこそ協会の出番」『図書館雑誌』Vol. 64, 1970. 5, p. 213. なお，委員会は，1970年1月に田中隆子を委員長に迎え正式に発足した。
(76) 図書館員の問題調査研究委員会「専門性を保った司書職制度の調査研究：図書館員の問題調査研究委員会の経過報告」『図書館雑誌』Vol. 64, 1970. 6, p. 284.
(77) 1970年度は他に委員長として田中隆子（国立国会図書館），委員として，秋谷省三（東京大学総合図書館），伊藤松彦（国立国会図書館），井波輝子（国立国会図書館），柿沼隆志（都立墨田川高等学校），工藤又四郎（都立日比谷図書館），小池愛子（国立国会図書館），斎藤忍（玉川大学図書館），島村徳子（都立烏山工業高等学校），中島春之（江東区立城東図書館長），村口敏子（最高裁判所図書館），他に地方委員として上田格（大阪市立中央図書館），沢居紀充（京都大学図書館），新開肇（広島女子大学図書館），三上強二（青森県立図書館）がいる。「昭和45年度報告（総会資料）」『図書館雑誌』Vol. 65, 1970. 8, p. 407-424. 名簿は p. 419.
(78) 石井敦「図書館員教育への提言：公共図書館の立場から（図書館学教育：図書館員養成と現職者研修（特集））」『図書館界』Vol. 21, No. 6, 1970. 3, p. 203-207. 引用は p. 205.
(79) 石塚栄二「司書講習の功罪」『図書館雑誌』Vol. 64, 1970. 2, p. 51-53. 引用は p. 51.
(80) 岡崎義富「夏期司書講習に終止符を：主として大学図書館の立場から」『図書館雑誌』Vol. 64, 1970. 2, p. 8-10. 住谷雄幸「司書講習は即時廃止せよ：専門職制度確立のためには」『図書館雑誌』Vol. 64, 1970. 2, p. 57-59.
(81) 「ニュース　社教審答申成る！」『図書館雑誌』Vol. 65, 1971. 6, p. 313.
(82) 「「図書館学教育を考える」討論集会記録」『図書館界』Vol. 25, No. 2, 1973. 8, p. 44-55. 参照は p. 45 の室伏武の発言。
(83) 日本図書館協会教育部会図書館学教育基準委員会「図書館学教育改善試案」『図書館雑誌』Vol. 66, 1972. 6, p. 278-282.
(84) 同上
(85) 前掲(82), p. 44-55.
(86) 滝本清明「第9部会　図書館学教育」『図書館雑誌』Vol. 67, 1973. 2, p. 58.
(87) 北嶋武彦「第5回図書館学教育研究集会報告：教育部会」『図書館雑誌』Vol. 66, 1972. 12, p. 599-604.
(88) 「昭和47年度報告（総会資料）」『図書館雑誌』Vol. 67, 1973. 8, p. 365-380. 参照は p. 370-371.

(89) 前掲(82), p. 44-55.
(90) 桃山学院大学社会教育センター編『司書講習の三十年：桃山学院大学司書・司書補講習会30周年記念誌』桃山学院大学社会教育センター，1990，p. 19.
(91) 是枝英子「図書館教育改善試案への質問（図書館学教育改善試案について）」『図書館雑誌』Vol. 67, 1973. 2, p. 69-70.
(92) 植松民也「「図書館学教育改善試案」の問題点（図書館学教育改善試案について）」『図書館雑誌』Vol. 67, 1973. 2, p. 70-71.
(93) 日本図書館協会図書館員の問題調査研究委員会「「図書館学教育改善試案」について」『図書館雑誌』Vol. 67, 1973. 1, p. 25-26.
(94) 久保輝巳「大学における図書館員教育」『図書館界』Vol. 28, No. 2, 1976. 9, p. 105-110. 引用は p. 107-108.
(95) 今まど子「図書館学教育部会の初期から中期のころ（小特集［日本図書館協会］図書館学教育部会50周年）」『図書館雑誌』Vol. 105, 2011. 7, p. 442-445. 引用は p. 443. なお，今まど子氏へのインタビューによると，当時の教育部会内部も「図書館学教育改善試案」の支持で固まっていたわけではなかったという（2014年2月20日明治大学に於いて）。
(96) 「部会総会記録（公共図書館，大学図書館，学校図書館，特殊専門図書館，教育部会）（昭和48年度社団法人日本図書館協会定期総会議事録）」『図書館雑誌』Vol. 67, 1973. 8, p. 354-358, 引用は p. 357.
(97) 「昭和48年度報告（総会資料）」『図書館雑誌』Vol. 68, 1974. 8, p. 353-367. 参照は p. 359.
(98) 「昭和49年度報告（総会資料）」『図書館雑誌』Vol. 69, 1975. 8, p. 345-364. 引用は p. 352.
(99) 「部会総会記録（公共図書館，大学図書館，学校図書館，特殊専門図書館，教育部会）（昭和47年度社団法人日本図書館協会定期総会議事録（昭和47年6月1日・東京））」『図書館雑誌』Vol. 66, 1972. 8, p. 386-390.
(100) 日本図書館協会図書館学教育部会『図書館学教授要目』作成委員会『図書館学教授要目』日本図書館協会，1976，82p. 参照は p. 2-3.
(101) 神本光吉「図書館学教育論：続」『法政大学文学部紀要』No. 25, 1979, p. 105-125. 参照は p. 106.
(102) 前掲(4), 埜上（1979），p. 131.
(103) 柴田正美「カリキュラム改訂をめぐって：大学基準協会と日本図書館協会」『みんなの図書館』No. 139, 1988. 12, p. 32-39. 引用は p. 36-37.
(104) 根本彰「「司書講習等の改善に関することについて（報告）」（1967）の解説」『日本図書館情報学会誌』Vol. 53, No. 3, 2007. 9, p. 172-182. 引用は p. 174.
(105) 薬袋秀樹『図書館運動は何を残したか：図書館員の専門性』勁草書房，2001，248p.
(106) 図書館員の問題調査研究委員会「図書館員の専門性とは何か：いまこそ協会の出番」『図書館雑誌』Vol. 64, 1970. 5, p. 213.
(107) 図書館員の問題調査研究委員会「図書館員の専門性とは何か：委員会の中間報告（図書館員の専門職性）」『図書館雑誌』Vol. 64, 1970. 11, p. 528-530. 引用は p. 530.
(108) 以下の文献を参照。日本図書館協会図書館員の問題調査研究委員会「図書館員の専門性とは何か：その現実と課題：社会教育法改正に関連して（続・委員会の中間報告）」

『図書館雑誌』Vol. 65, 1971. 11, p. 582-587. 日本図書館協会図書館員の問題調査研究委員会「図書館員の専門性とは何か（委員会の中間報告：3）」『図書館雑誌』Vol. 66, 1972. 11, p. 548-551.

(109) 同上「図書館員の専門性とは何か：その現実と課題：社会教育法改正に関連して（続・委員会の中間報告）」, 参照は p. 585.

(110) 日本図書館協会図書館員の問題調査研究委員会「図書館員の専門性とは何か（最終報告）」『図書館雑誌』Vol. 68, 1974. 3, p. 104-111.

(111) 同上, p. 106.

(112) 前掲(105), p. 71.

(113) 日本図書館協会図書館員の問題調査研究委員会『図書館員の専門性とは何か：委員会の記録』日本図書館協会, 1976, 199p.

(114) 「部会総会記録（公共図書館, 大学図書館, 学校図書館, 図書館学教育部会, 専門図書館部会）」『図書館雑誌』Vol. 69, 1975. 8, p. 331-335. 引用は p. 335. なお, 教育部会は1974年5月30日に部会規定を改正した。その第1条（名称）は「この部会は, 日本図書館協会図書館学教育部会という」と規定していることから, 少なくともこの時期以降, 名称は図書館学教育部会に変更されている。「協会通信」『図書館雑誌』Vol. 68, 1974. 9, p. 402-403.

(115) 策定経緯について今まど子による紹介がある。今まど子「ALA の「図書館教育とマンパワー」について」彌吉光長先生喜寿記念会編『圖書館と出版文化：彌吉光長先生喜寿記念論文集』弥吉光長先生喜寿記念会, 1977, p. 223-238.

(116) 浜田敏郎「図書館学教育部会長再任のごあいさつ」『会報』No. 9, 1979. 7, p. 1-2.

(117) 当時, 図書館学教育部会幹事だった今によると, 調査は常盤繁が中心になって行われたという。インタビューによる（2014年2月20日明治大学に於いて）。

(118) 日本図書館協会図書館学教育部会, 図書館学教育全国計画委員会『図書館職員の需要に関する調査研究：図書館学教育全国計画委員会中間報告』日本図書館協会図書館学教育部会, 1980, 40p.

(119) 日本図書館協会『図書館職員の採用制度に関する調査：九州地区, 関東地区』日本図書館協会図書館学教育部会, 1982, 27p. 日本図書館協会『図書館職員の採用制度に関する調査：東海・北陸地区』日本図書館協会図書館学教育部会, 1984, 23p. 調査のあり方に関する議論については以下の文献が参考になる。「図書館学教育全国計画予備調査報告をめぐって（要旨）」『会報』No. 10, 1979. 10, p. 4-6.

(120) 「総会資料　昭和56年度報告」『図書館雑誌』Vol. 76, 1982. 8, p. 507-530. 参照は p. 516.

(121) 日本図書館協会編『近代日本図書館の歩み：本編』日本図書館協会, 1993, p. 273-275.

(122) 栗原均「（仮称）図書館事業振興法の推進について〈報告〉」『図書館雑誌』Vol. 75, 1981. 5, p. 303. 団体の名称は引用文献記載のとおりである。

(123) 同上.

(124) 栗原均「図書館事業振興法（仮称）について：4　第3～4検討委員会を中心に」『図書館雑誌』Vol. 75, 1981. 8, p. 534-535. 引用は p. 534.

(125) 同上, p. 534.

⑱ 同上,p.535.
⑫ 栗原均「図書館事業振興法(仮称)について:5 第1次案とりまとめについて」『図書館雑誌』Vol.75,1981.9,p.591.
⑬ 図書館問題研究会常任委員会「「図書館事業基本法」についての見解」『みんなの図書館』No.61,1982.6,p.58-61. 参照はp.61.
⑭ 図書館事業振興法(仮称)検討委員会「図書館事業の振興方策について(第一次案報告),昭和56年9月」『図書館雑誌』Vol.75,1981.10,p.660-662.
⑮ 栗原均「図書館事業振興法(仮称)について:6 第1次案とりまとめとその後」『図書館雑誌』Vol.75,1981.10,p.663.
⑯ 同上
⑰ 当時の経緯について栗原均へのインタビューがある。「経営的手腕をもった異色の図書館人 栗原均」『ず・ぼん』No.9,2004.4,p.126-181.
⑱ 北嶋武彦「思い出すことども」『会報』No.28,1989.11,p.4-5. 引用はp.5.
⑲ 「全国図書館大会図書館学教育分科会開かる」『会報』No.14,1982.3,p.10.
⑳ 全国図書館大会実行委員会『昭和58年全国図書館大会記録』全国図書館大会実行委員会,1983,178p. 発表はp.102-103.
㉑ 渡辺信一「図書館学教育の立場から:司書養成をめぐる状況(第34回〔日本図書館研究会〕研究大会:1 シンポジウム「いま,問われる『司書』」〈特集〉)」『図書館界』Vol.45,No.2,1993.6,p.244-246. 参照はp.244.
㉒ 近畿地区図書館学科協議会の概要は,青木次彦の文献が詳しい。青木次彦「近畿地区図書館学科協議会の歩み(記録抜粋)」『同志社大学司書課程』青木次彦編,1982,15p. 経緯については塩見の文献を参照。塩見昇「司書養成のカリキュラムをめぐる当面の課題」『図書館雑誌』Vol.81,1987.6,p.334-335.
㉓ 「News資料司書養成科目(省令)改定につき文部省への働きかけについて(要請)」『図書館雑誌』Vol.81,1987.2,p.59-66. 参照はp.64.
㉔ 図書館学教育研究グループについては渡辺の文献がある。同文献によると発足は1972年12月である。当時,教育部会による「図書館学教育改善試案」に向け会員の結束が求められるなか,発足したとある。渡辺信一「図書館学教育研究グループ」『図書館界』Vol.48,No.4,1996.11,p.240-241.
㉕ 柴田正美「司書養成科目〈省令〉改訂についてその動きと改訂試案(第29回〔日本図書館研究会〕研究大会シンポジウム):グループ研究発表」『図書館界』Vol.40,No.2,1988.7,p.70-77. 参照はp.70.
㉖ 「第1部日本図書館研究会50年史(特集日本図書館研究会の50年)」『図書館界』Vol.48,No.4,1996.11,p.167-278. 引用はp.214.
㉗ 「図書館学教育研究グループ例会報告/案内」『図書館界』Vol.39,No.1,1987.5,p.36-39. 引用はp.36.
㉘ 「図書館学教育研究グループ例会報告/案内」『図書館界』Vol.39,No.2,1987.7,p.70-72.
㉙ 「図書館学教育研究グループ例会報告/案内」『図書館界』Vol.39,No.3,1987.9,p.131

-132.
(145) 『会報』No.26に当時の現行科目との読み替え等が載っている。また，柴田が解説記事を書いている。前掲(140)
(146) 「News 司書養成科目（省令）改正に向けて（提案）」『図書館雑誌』Vol.81，1987.12，p.701-708. 参照は p.702.
(147) 「協会通信　常務理事会」『図書館雑誌』Vol.83，1989.9，p.609-611. 参照は p.610.
(148) 日本図書館協会図書館年鑑編集委員会『図書館年鑑　1990』日本図書館協会，1990，p.307.
(149) 銭谷眞美「図書館専門委員会の報告」『図書館雑誌』Vol.86，1992.7，p.461.
(150) 「図書館学教育部会緊急研究集会報告」『会報』No.32，1991.10，p.3-7. 参照は p.3.
(151) 渡辺信一「司書課程カリキュラムの10年：1996年カリキュラムとこれからを考える」『会報』No.77，2006.10，p.1-3. 参照は p.2.
(152) 今まど子「文部省による司書講習科目見直し素案の概要」『図書館雑誌』Vol.84，1990.7，p.442-443. 引用は p.442.
(153) 同上，p.442.
(154) 「協会通信　常務理事会」『図書館雑誌』Vol.84，1990.7，p.461-462.
(155) 「協会通信　常務理事会」『図書館雑誌』Vol.84，1990.6，p.397-399.
(156) 「図書館学教育部会緊急研究集会報告」『会報』No.32，1991.10，p.3-7.
(157) 「〈資料〉　第77回全国図書館大会決議」『図書館雑誌』Vol.86，1992.1，p.27.
(158) 「文部省学習情報課と日本図書館協会役員との懇談会記録」『図書館雑誌』Vol.86，1992.3，p.162-166.
(159) 「平成4年度図書館学教育部会幹事会記録」『会報』No.33，1992.10，p.3-4. 参照は p.4.
(160) 「文部省組織令の一部を改正する政令」昭和63年6月17日政令197号を参照。
(161) 生涯学習審議会社会教育分科審議会「社会教育主事，学芸員及び司書の養成，研修等の改善方策について（報告）」『図書館雑誌』Vol.90，1996.6，p.416-425.
(162) 「News 図書館学教育部会幹事（有志）と文部省学習情報課との懇談会」『図書館雑誌』Vol.87，1993.8，p.491-499. 参照は p.492.
(163) 渡辺信一「わが国における図書館学教育／司書養成の現状と問題点：カリキュラム改定の経緯と教育部会の取り組みを中心に（図書館学教育の現状と今後の展望）」『図書館雑誌』Vol.89，1995.6，p.418-422.
(164) 日本図書館協会図書館学教育部会「司書養成カリキュラム案について：報告／提案」『図書館雑誌』Vol.88，1994.4，p.241-245.
(165) 前掲(151)，p.2-3.
(166) 「計画部会と㈳日本図書館協会とのヒアリング（報告）」『図書館雑誌』Vol.88，1994.5，p.312-313. 引用は p.313.
(167) 「緊急研究集会報告」『会報』No.41，1996.3，p.2-8.
(168) 「News 生涯学習審計画部会講習科目の改善案を発表」『図書館雑誌』Vol.90，1996.2，p.73.
(169) 「News 社会教育主事，学芸員及び司書等の養成及び研修の充実の在り方についての意見照会について」『図書館雑誌』Vol.90，1996.3，p.146-147.

⑽　前掲⑿

⑾　柴田正美「省令科目をふりかえる（特集　図書館情報学教育の行方）」『図書館雑誌』Vol. 103，2009. 4，p. 216-219.

⑿　前掲⑿。以下の引用はp. 3.

⒀　日本図書館協会研修問題特別委員会「日本図書館協会と研修」『図書館雑誌』Vol. 89，1995. 12，p. 1008-1012.

⒁　日本図書館協会による一連の取り組みについては大谷の文献が詳しい。大谷康晴「公共図書館職員の専門性向上と日本図書館協会」『図書館情報専門職のあり方とその養成』日本図書館情報学会研究委員会編，勉誠出版，2006，p. 111-128.

⒂　糸賀雅児「雇用多様化の時代における図書館専門職の養成（特集　これからの図書館員制度　⑴専門職養成を考える）」『図書館雑誌』Vol. 101，2007. 11，p. 737-740.

⒃　LIPERプロジェクトについては研究成果報告書を参考にした。上田修一『情報専門職の養成に向けた図書館情報学教育体制の再構築に関する総合的研究（科学研究費補助金（基盤研究A）研究成果報告書）平成15年度—平成17年度』2006，456p.

⒄　受験者数については，以下の文献を参考にした。学会運営に関する臨時委員会「学会運営に関する課題について（答申）」図書館情報学会，2013. 4，12p. 日本図書館情報学会図書館情報学教育特別委員会「2013年度図書館情報学検定試験の結果分析」2014. 2. なお，2007年から2009年までは検定料無料の「準備試験」である。

⒅　前掲⒂

⒆　高山正也「新たな司書養成提案にみる大学図書館員養成についての課題（特集　大学図書館2006）」『図書館雑誌』Vol. 100，2006. 10，p. 670-673.

⒇　高山正也「これからの専門職図書館員養成のあり方：糸賀・根本両論に加えて（特集　これからの図書館員制度（2）具体化に向けて）」『図書館雑誌』Vol. 102，2008. 3，p. 150-152.

(181)　根本彰「情報専門職養成をめざした図書館情報学教育の再編成（科学研究費補助金研究成果報告書）」2010. 6，課題番号18200016.

(182)　養成のあり方を中心とした検討経過については薬袋の文献がある。薬袋秀樹「これからの図書館の在り方検討協力者会議における「大学において履修すべき図書館に関する科目」に関する検討状況」『図書館雑誌』Vol. 102，2008. 9，p. 650-653.

(183)　メンバーは石川徹也（東京大学史料編纂所），糸賀雅児（慶應義塾大学），井上玲子（我孫子市教育委員会），金容媛（駿河台大学），志保田務（桃山学院大学），常世田良（日本図書館協会），根本彰（東京大学大学院），馬場祐次（国立教育政策研究所社会教育実践研究センター），三谷久子（前大阪府立図書館），薬袋秀樹（筑波大学大学院）。

(184)　薬袋秀樹「大学において履修すべき図書館に関する科目の検討経過について」『会報』No. 85，2008. 9，p. 1-3. 引用はp. 2.

(185)　同上

(186)　大谷康晴「「図書館に関する科目」科目検討ワーキンググループの活動」『会報』No. 97，2011，p. 9-10. メンバーは糸賀雅児，大谷康晴，荻原幸子，斉藤泰則，薬袋秀樹である。

(187) 根本彰「図書館員養成とポスト LIPER 報告（特集これからの図書館員制度 (1)専門職養成を考える）」『図書館雑誌』Vol. 101, 2007. 11, p. 741-743.
(188) 制度問題小委員会（第 7 回）議事録・配付資料「生涯学習・社会教育関係制度に関する提言事項の今後の検討の方向性について（案）」(2007. 11. 22)（http：//www.mext.go.jp/b_menu/shingi/chukyo/chukyo 2 ／006／siryou／07112609／001.htm（2014年 5 月 31 日確認））
(189) メンバーは，赤堀侃司（東京工業大学），糸賀雅児（慶應義塾大学），井上玲子（我孫子市教育委員会），大谷康晴（青山学院女子短期大学），荻原幸子（専修大学），小西和夫（大阪市立図書館），志保田務（桃山学院大学），鈴木良雄（神奈川県立図書館），常世田良（日本図書館協会），平野英俊（日本大学），馬場祐次（国立教育政策研究所社会教育実践研究センター），薬袋秀樹（筑波大学大学院）。
(190) これからの図書館の在り方検討協力者会議『司書資格取得のために大学において履修すべき図書館に関する科目の在り方について（報告）』2009. 72p. 引用は p. 12.
(191) 志保田務「大学司書課程科目制定に対する日図協図書館学教育部会としてのとりくみ（特集　図書館法改正をめぐって）」『図書館雑誌』Vol. 102, 2008. 9, p. 642-645.
(192) 「News 日図協，司書養成の省令科目について提起」『図書館雑誌』Vol. 102, 2008. 8, p. 503-504.
(193) 志保田務「JLA 図書館学教育部会案」『会報』No. 85, 2008. 9, p. 4-5. 引用は p. 4.
(194) 「News　日図協，「大学における図書館に関する科目」について意見提出」『図書館雑誌』Vol. 103, 2009. 3, p. 133-134.
(195) 田窪等は近畿大学の事例を，二村は明星大学の事例を紹介している。田窪直規，川原亜希世「近畿大学の司書課程運営について：戦略，コンセプト，関連資格」『現代の図書館』Vol. 50, No. 2, 2012. 6, p. 133-138. 二村健「明星大学の新しい司書課程」『現代の図書館』Vol. 49, No. 3, 2011. 9, p. 192-195.
(196) 「2012年度総会・第 1 回研究集会報告」『会報』No. 100, 2012. 9, p. 20.
(197) 日本図書館協会図書館学教育部会将来構想検討委員会「これからの図書館（情報）学教育部会の在り方について（答申）」『日本図書館情報学会会報』No. 106, 2014. 5, p. 22-23.
(198) 青柳英治「日本図書館情報学会図書館情報学教育特別委員会「図書館情報学教育担当 WG」の活動」『会報』No. 102, 2013. 1, p. 2-4.
(199) 学会運営に関する臨時委員会「学会運営に関する課題について（答申）」図書館情報学学会, 2013. 4, 12p.
(200) 「LIPER 最終報告にある図書館情報学教育改革案の日本図書館情報学会としての実行可能性を検討するための臨時委員会」による答申による。LIPER 最終報告にある図書館情報学教育改革案の日本図書館情報学会としての実行可能性を検討するための臨時委員会「Liper 臨時委員会の答申について」2006.

（松本直樹）

第3章

司書教諭養成の変遷
―― 学校図書館法改正による制度改革の模索 ――

はじめに

　ここに掲載する資料は，戦後に制度化された学校図書館司書教諭の養成史に関わる資料58点である。1953年の学校図書館法成立から，2013年までを対象として，司書教諭の養成に関わって組織によって公表された文書を整理し，重要と思われるものを選定した。選定作業は，司書教諭課程班の今井福司，高橋恵美子，中村百合子の3名で，別掲の図書館情報専門職教育戦後史年表の司書教諭養成に関する部分を，過去に作成された学校図書館史の年表や関連の先行研究を参照しながら作成した後に行った[(1)]。その際は，一点一点の資料について，司書教諭養成への具体的な言及（特に養成課程とそのカリキュラムについて）の有無やその記述の分量，推定される影響力等を検討した。選定ののちには，できるだけ一次資料に近いものを探して，改めて活字化して本書に収めた。

　年表の作成を進めるなかで，司書教諭の養成に関わる出来事はほとんどが学校図書館法の改正にむけた動きという形で起きていることが明らかになった。しかもそれは，いわゆる学校司書（学校図書館事務職員等）との職務の分担とそれぞれの養成のあり方の議論に展開しており，それらを含めると関連資料は膨大な数にのぼった。最終的に，本書への掲載資料は制度化された司書教諭に関わる重要なものに限って選定したが，本章でそのようないわゆる学校司書についての議論を含めて，選定した各資料の背景について説明しておきたい。

　本章では，以下のような時期区分を便宜的に行っている。

・1期：司書教諭養成制度の確立（1953年～1956年）
・2期：学校図書館法改正の試み（1957年～1973年）
・3期：四者合意の成立と挫折（1974年～1990年）

・4期：学校図書館法改正の実現（1991年〜1997年）
・5期：学校図書館担当者養成の再検討（1998年〜2013年）

　これは，司書教諭の養成に関わって，エポックメイキングと思われる動きがみられた年を新しい時期区分の起点とする，簡便な方法で行った。第1期は，戦後，司書教諭とその養成が制度化されたもっとも初期の段階である。第2期については，学校図書館法の教職員配置に関わる規定の不足にもかかわらず，1957年ころから，学校図書館専任の担当者の配置の試みが各地で起きてきたことに着目した。この時期，学校図書館の職員制度を改めようという国会での試みが続いた。第3期は，全国学校図書館協議会（全国SLA），日本教職員組合（日教組），日本高等学校教職員組合（日高教）の一ツ橋派，麹町派という四者間で，学校図書館法改正に向けての合意形成がいったん実現し，しかしそれが挫折していった時期である。第4期は，1990年代に入って政治，メディア，教育に大きな地殻変動があり，これが1997年の司書教諭に関わる学校図書館法改正へとつながっていった時期である。そして第5期は，学校図書館法改正の直後からはじまった，次なる課題の認識と新たな法改正運動，学校図書館担当者の養成制度の根本からの再検討の時期である。この原稿の執筆最終段階で推敲作業をしていたところ，2014年6月20日，学校図書館法の改正がふたたび実現し，「学校司書」が法律にその名を刻まれた。本章は2013年までを対象とした資料整理に基づいているが，2014年の学校図書館法改正は，これまた歴史の転換点になるだろう。

　学校図書館の戦後史については本格的な歴史研究はいまだなく，本章の時期区分は，繰り返しになるが，今回の資料の整理と説明のための便宜的なものである。今後，さらなる研究が行われることが期待される。司書教諭養成の戦後史を論じたものには菅原春雄の論稿「司書教諭養成の諸問題：カリキュラムを中心に」があり，このなかで"司書教諭養成のあゆみ"が整理されている[2]。しかし，歴史研究を意図して書かれた論稿ではなく，1960年から1970年代の動きはほとんど触れられていない。いっぽう，戦後の学校図書館法改正に関わる歴史については，1970年代半ば以降，たびたび整理され，論じられてきた。たとえば，深川恒喜「学校図書館法の発達史試論」[3]，福島康子「学校図書館法改正運動略史(1)」[4]，広松邦子「学校図書館法の理念と現実のはざまで」[5]，高橋恵美子の「学校図書館法改正運動の歴史とその背景」[6]がある。また，全国学校図書館

協議会発行の『学校図書館』誌では折々に学校図書館法の歴史が議論されており，主なものに1983年の「特集　学校図書館法制定30年（その1）」[7]，1997年の学校図書館法改正時の「特集　学校図書館法改正成る」[8]，さらに2003年の「特集　学校図書館法制定50年」[9]がある。どれも，その時代の学校図書館の関係者が書いたもので，少なくとも部分的には，大変具体的であったり，生き生きとしていたりして貴重な情報が得られたが，同時に，主観に偏っているとみえる記述があった。

1　司書教諭養成制度の確立
—— 1953年～1956年 ——

(1) 学校図書館法の成立

学校図書館の担当者に特別な知識や技能が不可欠であることは，占領期に学校図書館の概念が日本に紹介され，移入・受容されようとしたときすぐに関係者には理解された。それは，そもそも占領軍のアメリカ人の基本的な認識であっただろうが，同時に，学校図書館を整備しようとして動きはじめた教師らが，学校図書館づくりが容易でないことから，そう実感したのであった[10]。学校図書館コンサルタントのグラハム（Mae Graham）の招聘と同時期，「学校図書館（室）運営の手引」編修委員会が文部省に置かれた。そして翌1948年12月には『学校図書館の手引』が出版された。その"第二章　学校図書館の組織"の"第一節　設置の基準"には，学校図書館の担当者について次のように書かれており，専門的知識と教育の必要性が認識されている。

> 二　人の構成とその運営——学校図書館はいかに小さい規模のものであっても，形の上からは司書・事務員の二つの職制が必要である。司書は教師の中から選ばれ，学校図書館の経営に全責任をになう。本格的に図書館経営をすることになると，相当の専門的知識を必要とするが，現状では，図書館教育を受けた教師もいないことであるから，選ばれた人は，今後，専門的な技術を習得するように進んで行く必要がある[11]。

同書の出版と前後して，IFEL（Institute for Educational Leadership：教育指導者講習）で図書館学が開講されて指導者が養成され[12]，各地でも講習会が頻繁に行

われるようになると、(13)戦後新教育の実現に学校図書館が不可欠であるといった認識が教育関係者に広まり、学校図書館の充実のための施策を文部省に要請する動きが活発化する。この時期に出された種々の請願書には、学校図書館の担当者の養成が入っている。(14)そして、1950年2月に全国の教師らによる全国学校図書館協議会が設立され、ここを中心に、学校図書館のための専門的な教育を受けた担当者の配置に関する定めを含めた、学校図書館に関する法律の制定へと運動が展開されていった。(15)

学校図書館法は、1953年7月、第16回国会（特別会）（第5次吉田内閣）に提出され、成立した。そして、8月8日に公布、翌1954年4月1日に施行され、司書教諭が制度化された。しかし、第5条に文部省令で定める司書教諭講習を修了した司書教諭を、"学校図書館の専門的職務を掌らせる"ために学校には置かなければならないとされたにもかかわらず、附則の2として、"当分の間、司書教諭を置かないことができる"とされた。

このとき、全国学校図書館協議会に集まって熱心に運動をしていた人たちの間に、法成立を喜ぶ気もちだけでなく、この担当者に関する制度化について大きな不安が生まれたことは想像に難くない。たとえば、法制定直後に『学校図書館』誌に「「学校図書館法」補説」として全国学校図書館協議会の事務局研究部から寄せられた文章には、"特に司書教諭制度については、交渉中、文部省が非常な難色を示しただけに、杞憂を感じるのである。(中略)下手をすれば、「当分の間」は「永久に」とも読みかえることができるわけである"などと述べられていた。(16)

学校図書館法の成立の経緯は、かつては文部省の深川恒喜や全国学校図書館協議会の松尾弥太郎など、当時を実際に知る人たちによって書かれていたが、近年、安藤友張らによって、新たな史料が発掘、整理され、歴史研究がはじまった。安藤は、1952年から1953年の間に作成された学校図書館法案等を検討し、この間の文部省、全国学校図書館協議会らの主要アクター間の動きを明らかにした。(17)この論文で安藤は、司書教諭の養成制度の発足について、1952年12月に全国学校図書館協議会が発行した冊子『世論に訴える 学校図書館法の制定をめざして』に収載の「学校図書館法案要綱」（文責は全国学校図書館協議会事務長の松尾弥太郎とされている）では、"第6　司書教諭の講習は、都道府県教育委員会が教育学部または学芸学部を有する大学に委嘱して行う"などとされていたが、翌1953年3月ごろに作成され、国会上程が見込まれていた法案では

"大学における学校図書館に関する専門科目"とされ，最終的に成立した学校図書館法では"司書教諭の講習は，大学が文部大臣の委嘱を受けて行う"とされたという変遷を明らかにしている。

　法制定時の国会での議論は，国会会議録にみることができる。同法案は，町村金五衆議院議員（改進党）や大西正道衆議院議員（右派社会党）ら，25名の超党派の議員によって国会に提出された 司教1 。衆議院では1953年7月21日の本会議で，委員会への付託を省略して審議することが動議され，そのまま可決された。そして同日，参議院に審議が付託された 司教2 。同文部委員会では7月24日に町村議員，大西議員による提案趣旨説明があり 司教3 ，28日に具体的な審議があり 司教4 ，参議院に審査報告がされ 司教5 ，翌29日に参議院本会議で可決した。

　このなかで，7月28日の参議院文部委員会の議論 司教4 は，附則第2項の問題のほか，司書教諭講習について財政の裏づけとの関係で議論しており，かなり突っ込んだものとなっている。この時点で，司書教諭講習については，相馬助治参議院議員（日本社会党）の質問に対して，次のような答弁が，文部政務次官の福井勇によってされており，すでにその制度化の方向性が示されている。

　　五条の4にありまする「司書教諭の講習に関し，」云々，これは「文部省令で定める。」こうなつておりまするが，この点につきましては司書教諭の職務を完全に成し遂げますには専門的な多くの仕事がございます。公立の小，中，高等学校は約三万五千人，それに学校増加数等を見込みますと，四万五千人に上る司書教諭を養成しなければなりませんので，理想とする単位数の全部の講習を行うことは大変むずかしいのではないかと考えます。このような理由で講習計画は約十年間に互りまして一年間に約四千五百人に対し図書館通論，学校図書館学概論，図書選択法，図書目録法，図書分類法，読書指導及び図書館利用指導法，青少年文献などの課目について講習する腹案でございます。なお司書教諭の必修単位といたしましての御指摘は文部省といたしましては大体四単位乃至八単位を履修できるように，その講習をするように研究中でございます。

これに対して，相馬議員は，"第一段の答弁は私を満足せしめましたが，第二

段の答弁は，四乃至八というのは少きに失すると思うのです。併しこれは議論に亘りますから，いずれ他の機会に触れることにいたします"と返している。

　以上のような，司書教諭の養成に関わるものを含んだ国会での議論ののち，学校図書館法は成立し，司書教諭は制度化された。しかし制度化の直後から，司書教諭養成については，全国学校図書館協議会では，次のような懸念等がもたれていた。

> 　司書教諭養成について，大学養成コースで，単位を取ることのできる旨が，この法文ではおちている。この次の国会あたりで，早速修正を出さなければなるまい。何しろ急に修正意見が出され，一夜で徹夜して作り上げただけに，若干の不備な点が各処にある。その最も目につくのが，この点である。
> 　単位の数も，文部省は，参議院文部委員会で四―八単位とのべている。協議会は八―十二を主張している。四単位などとちよろつかにやられてはたまらない。理由は金がないからという。「学校図書館運営に必要な」という面から単位数を決めるべきで，金の面からきめるべきではないと一応，太田［周夫］課長には申し入れをした。大体，八―一〇に落ちつかせたいと思う。これも今後の対文部省工作できまることである。考えられる単位は，学校図書館概論，分類，目録，視聴覚資料，図書館教育，図書館資料（選択を含めて）［，］学校図書館実務，読書指導（読書心理を含めて）［，］青少年文献，学校図書館施設等である。(18)

全国学校図書館協議会内ではこのように，講習ではなく大学での養成，また養成のための単位数と科目名について考えがあった。しかしこれは文部省の考えとは違っていたということのようである。

（2）学校図書館司書教諭講習規程の公布と司書教諭養成の開始

　ともあれ制度化された司書教諭の養成は，学校図書館法成立の翌年，同法の施行後の夏に，はじめられることになった。1954年6月17日，文部省は「昭和二九年度司書教諭養成講習会開催について」 司教6 を公にし，同年8月15日から31日に，東京学芸大学と大阪学芸大学の2大学で講習を開催することを発表した。このなかでは，受講者の資格として，"小学校中学校又は高等学校

表3-1 司書教諭講習規程科目の単位数と免除および読み替え規定

科目名	単位数	司書講習科目との単位の読み替え（附則3）	経験2年での免除 （附則5）	経験4年での免除
学校図書館通論	1	－	有	有
学校図書館の管理と運用	1	図書館実務及び図書館運用法	有	有
図書の選択	1	図書選択法	有	有
図書の整理	2	図書目録法及び図書分類法	－	－
図書以外の資料の利用	1	視聴覚資料	－	有
児童生徒の読書活動	1	児童に対する図書館奉仕	有	有
学校図書館の利用指導	1	－	－	有

（盲ろう養護の各学校を含む）の教諭免許状（普通及び仮免を含む）を持ち昭和二十四年四月以降二年以上司書教諭に相当する職務に従事し所轄庁が推薦する者"とあり，司書教諭にあたるような仕事の経験者とされている。そのような者を，東京学芸大学と大阪学芸大学で300名ずつ募集していた。

　この初回講習について，7月9日に第5回全国学校図書館協議会の総会が京橋昭和小学校で開催された後で，文部省初等中等教育課長の大橋文雄と事務官の深川恒喜が残って，説明を行っていた。深川が学校図書館法施行にともなう諸施策等の説明をし，そして"本年度司書教諭養成について"，"補助金，負担金の配分方法について"，"学校図書館審議会について"の"まさに，火花を散らす質疑応答がくりかえされた"という。[19]このときに，深川は講習の趣旨を，"本年度は司書教諭講習の初年度であることから，その指導者となり得る人の選択がむつかしくかつ，適切な人も少いので，来年度よりの司書教諭講習にそなえ，指導者たるべき人の養成講習とするものである"，"単位は八単位"などと述べている。この当時，司書教諭の資格には12単位が必要と考えていた人が多かった，これは"当時図書館法による司書が，必要単位数が15単位とされていたので，それに類推して考えられたわけである"と椎野正之は述べており，[20]一部の関係者の期待は文部省の判断や全国学校図書館協議会内よりも高かったようである。

　文部省は，続いて8月6日に，学校図書館司書教諭講習規程 司教7 を定めた。ここで設けられたのは，表3-1に示す7科目8単位であった。全国学校図書館協議会が，学校図書館法成立直後に考えていた10科目と対照させると，

163

"青少年文献"と"学校図書館施設"を除く8科目分の内容は残っているようにみえる。しかし，附則の2から5において，各種の単位修得免除が定められていた。特にその後，長く影響をもったのが，附則3および5である。3においては，図書館法に定められる司書講習科目の履修との読み替えが定められ，また5においては，"二年以上良好な成績で司書教諭に相当する職務に従事した旨の所轄庁の証明を有する者"への4科目の履修の免除，同じく4年以上の職務の従事の証明で6科目の履修の免除が定められた。

　この規程の制定について，8月20日付けの『学校図書館速報版』第10号に報告があるが，その冒頭には，"文部省自身司書教諭問題の重要性を明記しておきながら，このように一方的でしかも形式的な省令を出し多分に現場側を憤慨させている。予算その他の問題と独善的に関連ずけ(ママ)，「量」においてのみその解決策を見出そうとした文部省側の安易な意図には全く解しかねるものがある"[21]とあり，全国学校図書館協議会が批判的に受けとめていたことが分かる。特に，経験による単位減免には批判が集中したという[22]。その批判が指摘していたのは，"良好な成績で司書教諭に相当する職務に従事した"経験をいかに認定するかという問題と，"学校図書館の管理と運用，児童・生徒の読書活動など，教育ともっとも深いつながりのある科目の単位をすべて経験におきかえ，図書の整理などの図書館の技術的な科目の方を必修としたこと"に"目録法や分類法を知っておればまあまあといった考え方"が透けてみえ，そのように司書教諭の性格が誤って形づくられていくのではないか，というようなことであった[23]。

　はじめての講習の開講についても，『学校図書館速報版』第10号に報告がある。それによれば，初日には東京会場には約370名，大阪会場には236名が出席した[24]。最終的な講習受講者は東京で633名，大阪で284名の合計917名であった[25]。そして司書教諭講習修了証公布数は，東京学芸大学で621，大阪学芸大学で273であった[26]。このとき，東京での講習の参加者によって，第1期生会が結成されていた。最終日の8月31日，閉講式後に第1回総会を開き，決議の採択と役員の選出を行ったという[27]。このときに決議されたものは，文部省当局，教育委員会，各都道府県大学に宛てた3点であった 司教8 。また，大阪では，受講生一同からの要請がまとめられた 司教8 。これらのなかで，学校図書館に関する教育について，文部省に対しては"教員養成大学又は学部に，少なくとも必修科目として学校図書館学概論及び読書指導の講座を設けられたい"と，各都道

表3-2 第1回司書教諭講習実施カリキュラムおよび講師

東京学芸大学		大阪学芸大学	
科目名	講師	科目名	講師
図書以外の資料の活用	深川恒喜（文部事務官），裏田武夫（東京大学講師）	学校図書館通論及び管理運用	三輪計雄（大阪学大助教授），芝野庄太郎（同上）
学校図書館の利用指導	阪本一郎（東京学大教授），渡辺正（東京学大附属小教諭），新国康人［筆者注：おそらく「重人」の誤り］（同上）	図書の選択	竹林熊彦（天理大講師），酒井忠雄（大阪学大助教授）
図書館整理	後藤紀郎［筆者注：正しくは純郎］（日本大学文学部講師），鈴木英二（船橋高校教諭），藤川正信（慶応大学図書館学校講師）	図書の整理と図書以外の資料	仙田正雄（天理大教授），尾原淳夫（大阪市指導主事），木寺清一（大阪府立図書館司書部長），三輪計雄（大阪学大助教授）助手［として］，肥塚篤次（大阪学大附属図書館），有本直三（同上）
		読書指導と図書館教育	西脇英逸（大阪学大教授），岸本未彦［筆者注：おそらく「末彦」の誤り］（同上），彌吉菅一（大阪学大助教授），酒井忠雄（同上），徳広龍男（同上），芝野庄太郎（同上），尾原淳夫（大阪指導主事）

　府県大学に対しては"出来る限り早急に貴学（又は貴学部）内に学校図書館学の講座を設け，必修科目に入れて頂きたい。少くとも学校図書館学概論及び図書館及図書利用法を学校選択に指定される程度に御努力頂きたい"と述べられている。また大阪の要請書では，"大学の教養課程に「学校図書館通論」及び「学校図書館利用の指導」の講座を必須科目に加えられたい"などとある。要請の内容に開きはあるが，大学での教育の拡大が志向されていたことは共通している。

　東京と大阪で行われた講習の教科と講師，所属（すべて『学校図書館速報版』記事のママ）は表3-2とおりであった。[28]資格付与のための講習であるにもかかわらず，東西で開講科目が一致していなかった。

　そのような内容の不統一に対する問題意識から，日本教育大学協会第二部図書館学教育部会によって，"全国各大学に照会して，すでに実施せられた講義

要綱ならびにその編集に関する意見を集め，新たにその編集委員会を設けて"，1955年7月に『学校図書館司書教諭講習講義要綱［試案］』が編集，発行された。そして翌1956年6月には，『学校図書館司書教諭講習講義要綱［改訂試案］』が出版された。これらの2冊に共通して，冒頭に「討議編集協力者」として名前が挙げられているのは，次の12人である。芦谷清，裏田武夫，阪本一郎，鈴木英二，武田虎之助，新国重人，服部金太郎，深川恒喜，藤川正信，松尾弥太郎，和田吉人，渡辺正。また，目次に挙げられた項目（章立て）は，学校図書館司書教諭講習規程の科目名のとおり，2冊で変わらず，Ⅰ　学校図書館通論；Ⅱ　学校図書館の管理と運用；Ⅲ　図書の選択；Ⅳ　図書の整理；Ⅴ　図書以外の資料の利用；Ⅵ　児童生徒の読書活動；Ⅶ　学校図書館の利用指導であった（ただし，改訂試案の版では，巻末に，「参考文献」に加えて「参考資料」がある）。

　2年目の司書教諭講習は，1955年の夏に，14大学15会場（新潟大学が2会場）で実施することとなった。同年10月15日付けの『学校図書館速報版』第43号に，その実施概要がまとめられている。これによると，"実際に2単位ないし4単位（一部会場では8単位）を受講した者が，2554名，すでに私立大学等で相当単位（7科目8単位）を充足し，資格取得のために形式上申込を行つた者が1044名"であった。その実際の受講生2554名のうち，"未経験者が208名で約8％，2年経験者が1102名で約45％，4年経験者が1244名で約47％"であったという。そして全国で68名が講師を務め，その内訳は"大学関係者（教授，助教授，講師）が30名，大学図書館関係者が13名，国公立図書館関係者が13名，小・中・高校関係者が4名，県市教委関係者が4名，文部事務官3［名］，図書館職員養成所教官1［名］"であったという。また，開講科目が，7科目8単位であったのは信州大学，千葉大学，九州大学，宮崎大学で，3科目4単位（図書の整理，図書以外の資料の利用，学校図書館の利用指導）のみの開講であったのが北海道大学，東北大学，新潟大学，新潟大学高田分校，東京学芸大学，横浜国立大学，愛知学芸大学，京都学芸大学，山口大学，福井大学，香川大学であった。

　私立大学での単位の修得については，『学校図書館年鑑　昭和31年版』に，"私立大学においては，文部大臣の委嘱が現在なされていない。しかし，既に委嘱された大学の第二会場という形で，二十九年度には国学院大学，東洋大学，三十年度には東洋大学，鶴見短期大学，専修大学，愛知学院大学，関西大学，

京都女子大学等において実施された。これらの大学の講習修了者は，委嘱された大学の認定により，文部省に報告されている"とある。東洋大学や京都女子大学の講習については，『学校図書館速報版』にしばしば短報が掲載されている。夏に国立大学を会場として開催される講習と，私立大学が各地で夏に限らず実施している講習に違いがあるかについては疑問をよくもたれていたようで，全国学校図書館協議会に寄せられた司書教諭講習に関する質問への解答として，次のように説明されている。"別に講習内容，修了後の資格に変りはありません。国立大の場合は文部省の委嘱による（学図法第5条）場合が多く，4単位講習（8単位中）が主で，私立は［学校図書館司書教諭講習］規程付則2項によっています"。

1956年2月6日から11日には，東京学芸大学において，文部省，東京学芸大学，日本教育大学協会主催による「司書教諭養成指導者研究集会」が開催された。その趣旨は，"大学，司書教諭講習等の図書館学担当者の参集を求め，その研究を推進するとともに司書教諭養成講習の改善とあわせて司書教諭講習指導者の養成を図ることを趣旨として行なわれる"ことになっていた。これには，126名が参加し，各科目ごとの班別研究と，司書教諭講習講義要綱の全体での検討が行われた。

（3）学校図書館審議会の設置とその提言

司書教諭の養成について定め，資格付与に着手する一方で，文部省は1954年3月31日に，学校図書館審議会令（政令第61号）を，学校図書館法（第2章第8条から第12条）の定めに従って制定した（翌4月1日施行）。学校図書館審議会は1954年10月1日，1955年9月3日，1956年7月17日の3度，答申を提出した。この審議会の招集と審議経過については，委員として参加した松尾弥太郎が書き残している。松尾によれば，第2回の答申では学校図書館法に基く負担金による購入図書基準額の引上げについて述べたが，同審議会が合意しないうちに，その基準を切り下げて記載した学校図書館法施行令（政令第313号）が，1954年12月16日に公布，施行されてしまった。そのような事態にみられるように，学校図書館審議会の答申には実行力はほとんどなかったと思われる。

とはいえ，答申内容をみてみると，1956年7月17日付の第3回答申「学校図書館振興の総合的方策について」司教9では，"司書教諭の養成について"また"司書教諭の設置について"の記述がある。養成については，学校図書館

法第5条を改正して"大学における図書館学の履修により，司書教諭の資格を取得しうるよう"にするべきこと，履修単位の免除の規定の改正および適用の厳正化，司書教諭と図書館法に定められる司書の養成の関連づけがなされるべきことなどがいわれている。[41]

2　学校図書館法改正の試み
——1957年～1973年——

（1）学校図書館専任の担当者配置の試みから二専門職種制を求める動きへ

　1950年代半ばを過ぎると，学校図書館に専任の担当者を置く地域が出てくる。それは，専任の司書教諭または学校図書館事務職員等の配置を，各都道府県が決めたということである。1957年5月2日に，文部省から「学校図書館司書教諭講習修了証書交付者数および司書教諭の発令について（通達）」 司教10 が出され，司書教諭の発令について，"格別御配慮の上学校図書館の振興を期せられるようお願いします"とされた。そして同年9月1日から，愛知県では高校で，担当授業の軽減をされ，辞令を受けた司書教諭の配置が進められはじめた。[42]いっぽうで1958年度に入って，栃木県では県立高校の学校図書館の事務職員に対する公費支弁が決まった。[43]1959年4月1日から，高知県では小・中・高校に計9名の専任司書教諭の配置が行われた。[44]同じ1959年に静岡県ではすべての公立高校64校にいわゆる学校司書の配置が決定した。[45]そして1960年4月には，神奈川県ですべての県立高校へのいわゆる学校司書の配置が決定した。[46]同じ4月に，東京都では，すべての公立高校への専任司書教諭の配置が決まった。[47]

　1959年7月号の『学校図書館』誌に深川恒喜が明らかにしたところによれば，1954年から1958年の間に，39大学で司書教諭講習が実施され，約1万3千人が司書教諭講習を修了した。また，大学で図書館学を開講するところが"60余にのぼっている"ということであった。さらに，同年5月に日本図書館協会で教育部会が発足したことにふれ，それを"一つの機会として，大学での図書館学の充実と，特に司書教諭資格取得につながる養成方式の改善がいっそう切実な要望となってくると思われる"と述べている。また，司書教諭の発令は進んでいないが，1958年5月には500名以上が発令されているとしていた。[48]

　だが，1960年前後には『学校図書館』誌に「特集　司書教諭」[49]や同編集部による「司書教諭制度の沿革とその問題点：補職されない一万五千人の有資格

者」が掲載されており，司書教諭の制度の問題が整理されたり，「学校司書」という言葉との錯綜等が議論されたりしている。後者の論稿と並んで，同誌には，全国学校図書館協議会事務局長の松尾弥太郎による「学校司書法制化運動の展望：学校図書館の前進のために」が掲載されていて，「学校司書」という名称が誕生し，関係者の間に広まり，法制化を望むようになった経緯が整理されている。これによれば，1957年に札幌で開催された全国学校図書館協議会第8回全国大会と翌1958年に岡山で開かれた同第9回全国大会が，同協議会による運動における，「事務職員」から「学校司書」へという用語使用の転換点だったようである。1957年の要請決議では，"学校図書館法の一部を改正し，学校図書館に専任の事務職員（学校司書）を設置する道を拓くこと"とされていたが，翌年の要請決議では，"学校図書館法の一部を改正し，学校図書館に専任の学校司書（学校図書館に勤務する事務職員）を専門職として設置すること"とされ，"専門職"という言葉もみえる。この松尾の文献では"もちろん，私たちは共存をねらっている。したがって，学校図書館運営の主体は，司書教諭とし，これを補佐していくアシスタントの役割としての学校司書を考え，この身分の公務員化，運動の方向を，先ず，ここに置かなければならない。その学校司書が，将来，司書教諭に伸びたり，公共図書館の司書にのびたり，あるいは，一般公務員の事務系統にのびたり，とにかく埋もれないような道を拓くことや，専門職員としての職域を確立すること，これは第二段の運動目標と考えなければならない"とも述べられており，論稿のタイトルにもあるように，全国学校図書館協議会として学校司書という事務職員の専門職の法制化，つまり学校図書館の二専門職制がめざされはじめていたと理解される。

（2）全国学校図書館協議会図書館職員委員会の検討

このような状況にあって，1959年10月に全国学校図書館協議会は図書館職員委員会を設置した。その趣旨は，"学校司書の身分保障・適正配置の声が各府県で高まるのに呼応して，これの抜本的解決をはかるためにどうしたらよいかという基本的な方針を樹立することが必要になってきた。(略) その原案作成を委嘱"するためとされている。そのように，図書館職員委員会のもともとの関心は学校司書にあったが，司書教諭との関連も考えられていた。同委員会は，1960年5月27日に「学校図書館職員の配置方針」第1次案（素案）を，同年12月には「学校図書館職員の配置方針 改正第2次案」を，そして，1961年

5月には「学［校］図［書館］職員［の］配置方針案　第3次案」を発表した。[56]

　素案では，"司書教諭は専任と兼任とを設ける。専任司書教諭は原則として授業を担当させてはならない"とされていたが，これについて，まったく授業を担当しないでいい司書教諭が生まれるか等の批判的な意見が出されたという。[57] 第2次案では"学級規模9学級　蔵書3,000冊，専用諸室の面積90平方メートルの学校"に，第3次案では"学級編成の規模が6学級以上で，蔵書2,000冊を超える学校"に，専任の司書教諭1名を配置するとした。その養成については，"8単位を下ることができない"こととして，履修免除の廃止をいっている。また，第2次案から"司書教諭講習は，文部大臣から委嘱された大学が実施することが立前になっていたが，大学の自主的判断で開講できるよう"に改めるという趣旨で，大学での実施が提案された。[58]いっぽうで学校司書については，かなり具体的な提案が検討された。素案では，"学校図書館専門事務職員には主任学校司書，学校司書，学校司書補の職階を設ける"とあり，第2次案からは学校司書と学校司書補のみが残り，前者には資格を設けることとされた。[59] その資格は，第2次案では"12単位を下ることができない"，第3次案では"9単位を下ることができない"とされた。

（3）日本社会党による学校図書館法改正の試み

　1961年4月，第38回国会（常会）（第二次池田内閣）に，矢嶋三義参議院議員（日本社会党）らによって，「学校図書館法の一部を改正する法律案」が提出された 司教11 。学校図書館法の改正がはじめて国会で議論されることとなったのである。国会の議案審議表および会議録によれば，同法案は4月14日に両院の文教委員会に予備審査を付託され，5月30日に参議院の文教委員会では実質的な審議がされたものの，審議未了で6月8日に国会が閉会し，そのまま廃案となった。その趣旨は，各地の学校で私費または公費で，さまざまな形態で雇用される学校図書館の事務職員の身分と待遇の安定化を図るため，学校図書館法第5条を改めて，"司書助教諭"を設けることのみを提案するきわめてシンプルなものであった。しかし，"司書助教諭"は全国学校図書館協議会の議論では現れていなかったもので，"うれしいやら，困惑やらというのが実感であった"と，当時の同協議会事務局次長の佐野友彦は回顧している。[60]佐野によれば，同法案は"教育行政の問題として今後なるべく助教諭をなくしていくという方針なのに，また新たなる助教諭を設置することを提案する結果となった。

これと抵触して与党の支持も得られ"なかったという[61]。

その2年後の1963年，第43回国会（常会）（第二次池田内閣）には，改めて，豊瀬禎一参議院議員（日本社会党）らによって，「学校図書館法の一部を改正する法律案」 司教12 が提出された。これも審議未了のまま国会が閉会して，廃案となった。この法案は，国会の議案審議表および会議録によれば，参議院の文教委員会には1963年3月27日に，衆議院の文教委員会には翌日28日に，予備審査が付託されている。しかし，28日に参議院文教委員会で趣旨説明は行われたものの，実質的に審議されることはなかった。ただ，法案の内容は，1961年のときと違って，全国学校図書館協議会の「学校図書館職員の配置方針」第3次案とほぼ一致しており，"学校図書館の専門的職務に従事する専門的職員は，司書教諭，学校司書及び学校司書補とする"というものであった。このとき，司書教諭に関する規定の考え方は変わらず，"学校司書は，司書教諭の職務を助ける"，"学校司書補は，司書教諭及び学校司書の職務を助ける"とされていた。また，学校司書補には，高卒の学歴（またはそれと同等以上の資格）以外に，特別の資格は設けられていなかった。さらに，司書教諭の養成を大学で行うことができるよう定めており，これについて，3月28日に豊瀬参議院議員は次のように説明している 司教13 。

> 司書教諭の資格付与に関してであります。現行法は，文部大臣の委嘱を受けて行なう大学において，司書教諭の講習を受け，それを修了した者に資格が与えられることとなっておりますが，本案では，この講習のほかに，直接，文部大臣の認める大学において前述の講習相当の単位を修得した者については資格を付与されることといたしました。このことは，実は今日でも事実上行われていることで，五十以上の各大学において，講習相当の単位を修得した者は，文部大臣が講習を委嘱した大学を通じて資格を付与される仕組みになっているのであります。それゆえ，かような煩瑣な手続を省くとともに，大学における学生たちにさらに意慾的に単位を修得せしめ，司書教諭資格者の養成確保に万全を期することを目ざしたのであります。

この次に学校図書館法の改正が国会に上程されるのは，6年後のことである。1969年，第61回国会（常会）（第二次佐藤内閣）に，安永英雄参議院議員（日本社

会党）らによって，「学校教育法及び学校図書館法の一部を改正する法律案」司教14 が提出された。国会の議案審議表および会議録によれば，参議院では7月14日に，衆議院では翌15日に文教委員会に審議が付託され，7月17日の参議院文教委員会で提案理由の説明がされている。この法案は，学校教育法と学校図書館法に「学校司書」を規定し，その資格も定めるという案で，司書教諭については，大学での講習の実施のための改正がいわれているくらいである。ただ，学校司書の規定にあたり，司書教諭との職務の分担について定めようとしていた。それは，"小・中・高等学校及び特殊教育諸学校に必要な職種として，新たに学校司書を学校教育法の中で定め，またその職務については，現行の学校図書館法第四条［第一項］に定める図書館業務のうち，第三号から第五号を司書教諭の専門的職務とし，第一号及び第二号つまり，図書館資料の収集，分類配列及びその目録の整備等の専門的職務を学校司書の職務と" 司教15 するという，斬新なものであった。だが，この法案も，8月5日に国会が閉会し，実質的な審議はされることもないままに廃案となった。

この日本社会党案の上程と前後して，実は自由民主党内でも，学校図書館法の一部を改正する法律案が検討されていたという。それは『月刊社会教育』で紹介されている 司教16 。しかし，"非民主的" などと，否定的な受けとめをされており，実際にこの法案が国会で審議されることはなかった。この法案では，司書教諭を廃して学校図書館主事とし，ほかに学校司書（事務職員）を置くとしている。また学校司書の資格は，図書館法による司書資格とも関連づけられており，公共図書館との人事交流も想定されていた。

（4）日本図書館協会図書館学教育改善委員会学校図書館小委員会の提言

国会での学校図書館法改正の動きとの関連については明らかではないが，日本図書館協会は1963年，図書館学改善委員会を発足させ，この委員会のなかに学校図書館小委員会が置かれた[63]。図書館学改善委員会の使命は，端的にいえば，"図書館職員養成所の大学昇格の実現について推進の役割をになうこと，および，わが国の図書館専門職員の養成について，望ましい養成方式やそのカリキュラムを立案すること"[64] であった。

学校図書館小委員会の委員長は横山孝次郎，監事は室伏武，委員は金沢孝，鈴木英二，成田喜英，野津直久，深川恒喜，佐野友彦であった[65]。翌1964年，学校図書館小委員会は，"大学における学校図書館学教育に関する最低必要条件

表3-3 学校図書館学教育に関する最低必要条件（科目および単位数）

学校図書館小委員会中間報告 共通1		図書館学教育改善試案 共通2		
科　目	単位数		科　目	単位数
		必修科目	図書館学概論	2
学校図書館学概論	2－2－2		学校図書館学概論	2
学校図書館資料論	3－4－4		学校図書館資料論	3－4
図書館資料組織論	3－4－4		学校図書館資料組織論	3－4
学校図書館経営論	2－2－4		学校図書館経営論	2－4
読書指導	2－2－4		読書指導	2－4
［合計単位数］	12－14－18		［必修科目合計単位数］	14－20
		選択科目	児童，青少年文献	2
			ストリー・テリング〔ママ〕	2
			学習資料	2
			視聴覚資料	2
			学校図書館学特殊講義	2
			学校図書館実習	2
			［選択科目合計単位数］	6
		関連科目	教育行政 教育管理 教育課程 学習指導 ガイダンス（カウンセリング） コミュニケーション 教育調査，研究	

を示した"中間報告を発表した 共通1 。このなかで科目および単位数は表3－3のように示され，単位数は大学の事情に応じて12〜18単位とすることができるようにされていた。そして，1965年5月，図書館学改善委員会は「図書館学教育改善試案」を日本図書館協会の総会に提出した。ここでは同じく表3－3に示すような科目と単位が提言された 共通2 。そして，"本案の実施に際しては，それぞれの大学の事情に応じて14〜20単位ぐらいの教育計画とすべきである"とされた。しかも，"現行の学校図書館法に基づく「司書教諭講習」はこれを廃止するとともに，現職教育による養成方式については，改めて検討しなおすことが必要である"というラディカルとみえる指摘もあった。同試案ではさらに，学校図書館のほか，公共図書館，大学図書館，特殊専門図書館の

それぞれについて図書館学教育の課程が提案されるとともに，4年制大学の図書館学科では，"コアとなる共通的科目"（6科目と図書館学実習）を基盤として，"これに公共，大学，専門，学校の各分野の特殊性を加え，各職種の専門的教育の課程を構成する"という考え方も示されていた。

　だが，この試案について『図書館雑誌』に報告した，図書館学教育改善委員会委員長の深川恒喜は，"試案は，わが国で，図書館学教育が制度として発足して以来，15余年を経た今日，内外の図書館事象の今後の発達を展望して，ひとつの望ましい改善案を，提供したものでありますが，これを実現するためには，なかなか容易でない事情が数多くわだかまっていることは，本誌の読者各位も，よくご存知のところであります"[67]と述べていた。この試案を実現できるとは，作成者本人たちも考えていなかったのかと疑われる。特に，最終的に提出された試案では最低単位数が20単位とされているなど，その提言内容は，当時の司書教諭養成の実情だけでなく，学校図書館法改正に関わる議論との乖離も大きかった。

（5）自由民主党による学校図書館法改正の試み

　1972年，西岡武夫衆議院議員（自由民主党）らによって，はじめて与野党合同で，第68回国会（常会）（第三次佐藤内閣）に，「学校図書館法の一部を改正する法律案」 司教17 が上程された。これははじめて与党・自由民主党が中心になって国会に提出された学校図書館法改正案であり，提出者は5名，賛成者には255名もの議員の名前が挙がっている。この法案では，司書教諭は"大学において文部省令で定める学校図書館に関する科目を履修したもの"もしくは"司書教諭の講習を修了したもの"とされており，司書教諭の大学での養成について明記している。しかし一方で，"学校図書館の専門的職務を掌らせる"という学校図書館法第5条の規定は消え，"司書教諭は，校長の監督を受け，学校図書館に関する校務を処理する"とされていた。また，学校司書が定められ，"司書教諭の監督を受け，図書館資料の整理，保存その他の専門的事務に従事する"，"事務職員をもつて充てる"とされた上で，"大学において文部省令で定める学校図書館に関する科目を履修したもの又は学校司書の講習を修了したもの"などとされていた。この法案は，国会の議案審議表および会議録によれば，衆議院では5月26日に，参議院でも同29日に文教委員会に審議を付託された。そして，6月7日の衆議院文教委員会でこの法案は委員長より新たな形で

提出され 司教18，それが翌々日の9日に衆議院本会議で可決され，参議院に送られた 司教19。この新しい法案では，学校司書については，"司書教諭の指示の下に，図書館資料の整理，保存その他の専門的事務に従事する"こととして，"当分の間，事務職員をもつて充てるものとする"とされ，2点の大きな変更があった（下線は筆者による）。

しかし，このまま6月16日に国会が閉会となって，閉会中も参議院において審議を継続するはずが，閉会期間が短くて実現しなかった 司教20。そして，選挙が行われて，1972年7月6日に第69回国会（臨時会）が召集されても，審議されることなく，そのまま廃案となった。実はこのとき，学校図書館法が成立した1953年8月8日に同じく成立していた理科教育振興法と，また学校教育法についても，同じ西岡議員から改正法案が出されており，理科教育振興法については会期中に改正が実現している。このときの「学校図書館法の一部を改正する法律案」は，当時，"成立の見通しが強く"なったと受けとめられていたが，[68]『図書館雑誌』ではこの法案について問題点が議論されていた。[69] このような批判がどれだけ影響したかは分からないが，結局この法案も廃案となった。

（6）日本社会党による学校図書館法改正の試みふたたび

翌1973年6月21日，第71回国会（特別会）（第二次田中内閣）に小林武参議院議員（日本社会党）らが，「学校教育法及び学校図書館法の一部を改正する法律案」 司教21 を提出，国会の議案審議表および会議録によれば，同日，参議院の文教委員会に審議が付託された。これは学校司書を，学校教育法，学校図書館法ほか関係法律に定めようというものであった。学校司書については学校司書講習による資格を定めている。司書教諭については，学校司書との職務分担について規定している。具体的には，学校司書は，学校図書館法の第4条第1項第1号，第2号，第4号に掲げられる事項に係る専門的職務を，"図書館資料の利用に関するもの"を除いて担当するとしており，いっぽうで司書教諭は第4条1項第3号，第4号のうち"図書館資料の利用に関するもの"および第5号に掲げられる事項に係る専門的職務をつかさどるとしている。これは，1969年の第61回国会（常会）に同じく日本社会党の議員によって提出された「学校教育法及び学校図書館法の一部を改正する法律案」 司教14 と対照させると，学校図書館法第4条第1項第4号の"図書館資料の利用その他学校図書館の利用に関し，児童又は生徒に対し指導を行うこと"について，学校司書もこれを

175

一部担当できることとしている点が異なっていた。

　この法案は第71国会（特別会）中，1973年6月26日に参議院文教委員会で小林議員によって趣旨説明が行われたが，進展をみることなく，9月27日に国会が閉会した。閉会中も審査が継続されたが，終わらず 司教22 ，第72回国会（常会）（第二次田中内閣）に持ち越された。そして約1年後の1974年5月30日の参議院文教委員会 司教23 で検討されているのだが，このとき，片岡勝治参議院議員（日本社会党）に，学校図書館の行政姿勢について文部省が消極的ではなかったかと問われたのに対する，文部省初等中等教育局長の岩間英太郎の答弁が印象的である（下線は筆者による）。

　　議員立法はたくさんあるわけでございますけれども，たとえば産業教育振興法，それから理科教育振興法，そういう一連の学校の教育の実際の内容に即応した施設設備の充実というふうな観点から，国会でもって法律を制定される。それらにつきましては，特に戦後荒廃をいたしました学校教育というものを立て直す上に非常に役に立ってきたというふうに私ども考えております。また，毎年の予算の充実等につきましても私どもは進めてきたつもりでございます。ただ，理科教育とか，何か産業教育，これは戦前から長い伝統のあった教育でございますが，学校図書館というもの，これは戦後，アメリカにおきましてある程度成功しておるというふうなことで，戦後の新しい学校制度とともにわが国にも取り入れられてきたものであります。ところが，昭和三十一年から三十三年ぐらいをピークにいたしまして，学校図書館というものにつきましての教育というものがあまり具体的にいえばふるわなかったというふうな傾向がございます。たとえば，司書教諭の人数も千人ぐらい，実際に司書教諭の資格を持っております者は六万人以上もあるわけでございますけれども，そういうふうな状態，それから図書の内容も昭和四十四年現在で，大体基準に比べまして一五〇％から一六〇％以上というふうな充実を見せてきておりますけれども，実際に図書館教育がどの程度活用されておるかと申しますとまだ心もとないというふうな実態がございます。これが一つは戦後の新しい教育のやり方で，まだわが国に定着しておらなかったというふうな点が，言ってみれば，日本の教育の体質に必ずしも合っていなかったというふうな面があって今日に至っておるわけでございます。しかしながら，ただいま先生が御指摘にな

りましたように，たとえば図書館の施設の問題，こういうものにつきましても国庫補助の対象にするというふうな努力，それから教材費を通じましても設備の充実の努力，そういうものは私ども重ねてまいったわけでございます。今後の図書館教育というものは，わが国の教育の体質から考えましてどういうふうに伸ばしていったらいいのか，この問題につきましては，非常に私どもも重要な問題だというふうに考えておりますけれども，まだいろいろ問題がございましてさらに一そう努力をする必要があろうというふうに考えます。

この発言については後から，"先ほどちょっと，いまの日本の学校教育になじまないというふうな言い方を申し上げましたが，その点につきましては，まだその図書館教育というものが，日本の学校教育にほんとうにとけ込んでいないというふうな意味で申し上げたわけでございまして，用語にやや不適当な点がございましたことは，おわびを申し上げたいと思います"とお詫びが引き出される。しかしこのあと，政府から出席の国務大臣・奥野誠亮衆議院議員（自由民主党）から，次のように法案が否定されてしまう。

　意見を求められました学校教育法及び学校図書館法の一部を改正する法律案につきましては，学校図書館の現状におきましては，学校司書の職を新設することがほかの事務職員等との均衡上問題があり，また給与体系，定数の算定についても問題があることからいたしまして，政府としては賛成いたしかねます。

この法案はこの日に参議院文教委員会は通過し，参議院本会議に回されたが，審議されることはなく，このまま廃案となった。

（7）日本図書館協会教育部会図書館学教育基準委員会の提言
　1970年代に入ってふたたび，日本図書館協会内で，図書館学教育について検討する機運が生まれる。1971年，同協会の教育部会内に図書館学教育基準委員会が設置され，"大学における図書館学教育の改善について"議論されることとなった。委員会の委員長は室伏武，委員は大田和彦，岡田温，北嶋武彦，黒岩高明，久保輝巳，今圓子，鈴木徳三，友野玲子，中村初雄，浜田敏郎，深川

恒喜，前島重方，和田吉人の13名であった。この委員会は，1972年5月8日に「図書館学教育改善試案」を提出し，それは1972年6月号の『図書館雑誌』で発表された 共通3 。これは，司書，司書補，司書教諭の各講習を廃止し，大学における図書館学教育を拡充し，図書館学科，また大学院を計画的に設置していくことを提案するものであった。さらに，司書の資格は学歴と図書館学教育によって区分される必要があると言明された。

　司書教諭については，この報告書では，1級と2級の二つの"免許"が提案された。これは，"教育職員免許法による免許制"として考えられていた。司書教諭1級免許状の要件は，大学で学校図書館学を専攻し，専門科目を38単位以上，教職に関する科目を10単位以上修め，学士号を有することとされた。司書教諭2級免許状の要件は，小・中・高の普通免許状を有し，専門科目を18単位以上修めることとされた。"大学における学校図書館学の非専攻課程"が2級と考えられていた。2級免許状を所有し，1級免許状を取得しようとする者は，"一年課程または学校図書館経験3年を経て検定試験によって取得できる制度を設ける"とされていた。いっぽうで，この図書館学教育改善試案では，"専門職"と区分される"専門司書"は大学院卒とされており，4年制大学卒業の1級は"準専門職"とされた。

　司書教諭に二つの免許が提案されたことに対しては，"現状の司書教諭配置の状況からみて，あまりに理想に走っているのではないかと思われる"という声があがった[70]。また，『図書館雑誌』には，図書館学教育改善試案が，講習を廃止し，大学で図書館学教育を行うこととし，資格の基礎に短大卒，学士や修士等の学位（学歴）を求めたことに対する強い批判などが寄せられた[71]。

3　四者合意の成立と挫折
―― 1974年〜1990年 ――

（1）四者合意の成立と学校司書の制度化の試み

　1974年春，第72回国会（常会）での学校図書館法改正案が廃案になると，学校図書館に関連する複数の組織の意見表明が活発化する。いっぽうで文部省は，1975年5月12日に，「昭和五十年度学校図書館司書教諭講習の実施及び司書教諭の発令について」を通知し 司教24 ，司書教諭の発令を促した。司書教諭資格取得者はいるはずであるのに，発令が進んでいなかった。

第3章　司書教諭養成の変遷

　この時期の，司書教諭の養成を含む学校図書館に関する制度の改革をめざす活動の中心は，全国学校図書館協議会（全国SLA），日本教職員組合（日教組），日本高等学校教職員組合（日高教）の一ツ橋派と麹町派である。組合の組織率低下が本格化しようとしていたが，教職員の要請は，まずは組織内で意見をまとめ，組織としての意見表明を通じて行われることが一般的であるのには変わりはおそらくなかった。この時期，司書教諭養成に関わって，日本図書館協会（JLA）は独自の動きをしていた。深川恒喜が1978年12月に書き記したところによれば，このころまでに，日本図書館協会と全国学校図書館協議会の間では"人的相互乗り入れ，交流"が不可能な関係になっており，両者は学校図書館に関心を寄せていたが，別々に動いていた。日本図書館協会図書館学教育部会はたとえば，1976年に「大学における図書館学科の教授要目」として『図書館学教授要目』を刊行している。この要目中には，学校図書館への言及も数箇所あるが，学校図書館の教職員の養成を強く意識してはいなかったようである。

　さて，笠川昭治によれば，"学校図書館運動は，全国SLAも組合側も，それぞれ独自に展開してきたが，1974（昭和49）年9月に初めて同じテーブルにつき，協議を開始した"という。これは，過去に学校図書館法改正がかなわなかったことをふまえ，"［日本］社会党案作成の背景にある日教組，日高組（一ツ橋派），日高組（麹町派）の三者に対して，共同して学図法改正運動を実施する意志はないか，という主旨"で，全国学校図書館協議会が呼びかけたものであった。この協議の成果は，翌1975年の6月に四者の間で「学校図書館法改正運動についての覚え書」 司教25 が交わされるというかたちでまずは結実した。この時点で四者は法制局へこの立法化を依頼したが，法制局では立法作業の前にいくつかの点については四者の間でさらに明確にしなければならないということで，四者はさらに協議を重ねて，法制案を細かく検討した。

　そして1977年11月，四者による「学校図書館法改正法律案要綱」（いわゆる「四者合意」） 司教26 が公表された。この要綱では，司書教諭は"教諭としての相当の経験と，司書教諭の資格を有する教諭をあてるものとする。（原文太字）**この場合，相当の経験とは教諭として良好な成績で6年以上勤務したものをいう**"とされており，かつてのどの法案でもいわれていなかったような，教諭歴6年という要件が加えられていた。大学での養成についても，定めていた。学校司書についても，覚え書のときと同様に，"大学に2年以上在学したもので，教職に関する科目10単位，学校図書館に関する科目24単位以上履修した者"などと資格

179

表3-4　学校図書館職員養成計画委員会が示した司書教諭と学校司書の資格の最低要件

	1978年9月第1次案 司教29	1980年8月第2次案 司教33
司書教諭	教育職員の普通免許状を所有 学校図書館に関する専門科目32単位以上	教育職員の普通免許状を所有 学校図書館に関する専門科目24単位以上
学校司書	大学に2年以上在学し，62単位以上を修得 教職に関する専門科目10単位以上 学校図書館に関する専門科目26単位以上	大学に2年以上在学し，62単位以上を修得 教職に関する専門科目10単位以上 学校図書館に関する専門科目24単位以上

を定め，教育職員とするべきなどとしていた。これをもって四者は"11月7日法制局と改正法案の立法について話し合いを再開。12月からの通常国会［筆者注：第83回国会（臨時会）を指すと思われる］に提出できるように鋭意作業をいそいでもらうことを要請した"。そして"小川仁一衆議院議員（［日本］社会党学図法改正小委員会委員長）を通じ，衆議院法制局に法案作業を要請"した。これに対して，翌1978年2月，「学校教育法及び学校図書館法の一部を改正する法律案」 司教27 が提示された。しかし，この法案は，司書教諭と学校司書の職務規定の関係が四者合意にそった内容になっていない，さらに学校司書が教育職俸給表の2等級とされる道が閉ざされているなどとして，この法案の修正を法制局に迫ったが，受け入れられず，第84回国会（常会）への上程は断念された。そして全国学校図書館協議会は「学校図書館法改正運動の中間総括」 司教28 を作成，各県の学校図書館協議会に送付した。

翌1979年8月6日にも，四者の代表は衆議院法制局を訪ねて，法律案の改正について要請し 司教31 ，同年12月には，法制局から一歩前進と受け取ることができる見解を引き出した。これを受けて，1980年1月14日に，四者は衆議院法制局へ，第2次「学校教育法及び学校図書館法の一部を改正する法律案要綱」 司教32 を提出した。司書教諭については，教諭としての6年の経験が求められているなど，この時点でも当初の方針と変更はなかった。しかし，これが，四者合意に基づく学校図書館法の改正法案の最後のものとなり，結局，法改正にはいたらなかった。

四者合意に基づく学校図書館法改正に向けての活動のいっぽうで，全国学校図書館協議会は学校図書館職員養成計画委員会を発足させ，1978年9月に，「司書教諭および学校司書の資格基準（第1次案）」 司教29 を発表した。続けて，1979年11月，第2次の学校図書館職員養成計画委員会を設置し，さらに検

討を加えて，翌1980年8月には「司書教諭および学校司書の資格基準（第2次案）」司教33 を発表した。このなかで提案されている，司書教諭と学校司書の資格の最低要件は表3-4のようである。

これらのなかのカリキュラムの提案は，学校図書館法制定後に出されたはじめてのものであった（私案を除く）。具体的で，一見すると現実味があるが，しかしこの発表がどのような影響を及ぼしたかについては明らかではない。

（2）図書館事業基本法案作成への全国学校図書館協議会の関与

四者合意による学校図書館法改正への運動のいっぽうで，1981年の3月13日，図書議員連盟が図書館事業振興法を図書館関連団体に提案し，図書館界全体を巻き込む別の大きな動きが現れてきた。この振興法の提案を受けて，全国学校図書館協議会の金田一春彦会長を座長に，11の図書館関連団体の代表が集まり，図書館事業振興法検討委員会でこれを検討することとなった。

同振興法検討委員会は，1981年8月31日，図書館事業基本法要綱案に合意した。そして，翌月，図書議員連盟事務局長に対し，「図書館事業の振興方策について（第一次案報告）」共通4 を提出した。これを受けて，全国学校図書館協議会は「図書館事業基本法の付則で改正されるべき学校図書館関係法律案要綱」司教34 を作成し，公表した。図書館事業基本法要綱案では図書館に専門職員を必ず置くべきことを定めているが，学校図書館について特別の記述はない。いっぽうその付則には，"専門職員の資格"が定められており，"大学に2年以上在学し，62単位以上を修得した者で，かつ図書館に関する専門科目24単位以上を履習（ママ）したもの，または，専門職員の講習を修了したもの"とされていた。これは，翌1982年4月24日付けの同委員会からの「図書館問題研究会の質問書への回答」に，"暫定的条件としての二四単位の内容は未決定である。ただ現行図書館法（施行規則）の一九単位では低すぎるとの議論が主流を占め，同時に，学校図書館法改正論との関連で策定されつつある，「全国SLA学校図書館職員養成計画委員会」による『司書教諭および学校司書の資格基準（第二次案）』＝学校図書館速報版昭和五五年八月一五日号発表＝が，一つの検討材料になっている"と背景説明がされていた。あらゆる館種を対象とした図書館専門職員の養成に関する法律案作成に，全国学校図書館協議会の議論が参考にされ，影響を与えていたことは興味深い。「図書館事業基本法の付則で改正されるべき学校図書館関係法律案要綱」司教34 でも，1980年に公表していた

「司書教諭および学校司書の資格基準（第2次案）」 司教33 と同内容が，司書教諭と学校司書の資格について，提案されている。結局，図書館事業基本法の国会上程は断念されるが，全国学校図書館協議会は，その後も，図書議員連盟に対し，学校図書館法の改正だけでも実現してほしいと働きかけたという。[91]

（3）日本教職員組合による専任司書教諭制度の模索

またいっぽうで，日本教職員組合にも独自の動きがあった。四者合意による動きが進んでいるにもかかわらず，その内容と異なる討議資料を複数回にわたり，出したのである。1979年3月1日の職場討議資料「学校図書館法の改正運動について」 司教30 ，1984年の学校図書館職員対策委員会の設置，[92]同委員会による翌1985年12月18日付け「学校図書館職員制度の考え方」の発表，翌1986年の「新しい学校図書館職員制度（新司書教諭制度）の考え方」[94]の発表，さらに1987年6月25日の「教育は人——すべての学校図書館に専任教諭を」 司教35 の発表などである。これは，法制局の回答から学校司書の法制化に困難を感じ，また集会において"圧倒的多数の県から，あらたな専任の「司書教諭」制度を確立し，教育職員免許法を改正して「司書教諭免許状」を制度化すべき"[95]との意見が出されたことを受け，日本教職員組合が"新しい司書教諭＝専任司書教諭"[96]の制度化に意見を変えていったということである。[97]日本教職員組合の2つの資料で提案されていた，学校司書が移行してなることをも想定した，専任司書教諭の要件をまとめると，表3-5のようになる。日本教職員組合および日本高等学校教職員組合の一ツ橋派と麹町派はこのあと，1988年，1999年に，文部省や国会請願を行ったが，[98]法案の国会上程までにはいたらなかった。日本教職員組合のこうした動きに対して，全国学校図書館協議会はこの後，1987年8月1日付けで，四者合意の認識に基づいて作成したという「学校図書館法を改正して豊かな教育を!!」 司教36 を研究討議資料として発表し，このなかで日本教職員組合の独自の動きを批判している。この時期の，全国学校図書館協議会と日本教職員組合がそれぞれに記していた批判の妥当性については検討できると思われるが，ここにきて，四者合意は完全に崩壊，挫折したとみられる。

（4）新たな学校図書館関連団体の発足

さて，全国学校図書館協議会と日本教職員組合らとの合意とその崩壊のいっぽうで，1980年代に入ると，いわゆる学校司書を中心とする団体の発足が相次

表3-5 日本教職員組合が示した専任司書教諭の資格要件

1979年「学校図書館法の改正運動について」 司教30	1987年「教育は人——すべての学校図書館に専任教諭を」 司教35
大学に二年在学し、六二単位以上を修得した者（高専卒業者等を含む）で、教職に関する科目と学校図書館に関する科目を一定単位以上修得したもの〔ママ〕 （注＝その場合の単位数は、教育職員免許法による教諭なかんずく養護教諭「別表第二、第六」と、従来の四者合意事項「教職科目一〇単位、専門科目二四単位」を参考にしながら、学校教育のなかでの学校図書館のあり方を重視して具体化します）。	基本資格は短大卒以上とし、教職に関する分野十六単位、図書館に関する分野二十四単位を最低取得するものとする（二級普通免許状）。学士号をもち、教職員〔ママ〕に関する分野十六単位、図書館に関する分野二十八単位をとったものは、「一級普通免許状」とする。

ぐ。たとえば、1982年3月には学図法改正をめざす全国学校司書の会（1990年に日本学校図書館教育協議会に改称）が、1985年8月には学校図書館問題研究会が発足している。学校図書館問題研究会の活動はすぐに活発になり、1990年2月24日に、より歴史の長い図書館問題研究会、親子読書地域文庫全国連絡会、児童図書館研究会とともに4団体主催で、シンポジウム「学校図書館に専任の専門職員を！」を開催、翌1991年には『なにかおもしろい本な〜い』を編集するなどしている。[99]

そうした組織の活動では、いわゆる学校司書だけでなく、司書教諭にも関心が寄せられた。たとえば、1990年の7月30日に学校図書館全国集会において日本学校図書館教育協議会は、「専任司書教諭制度案 科目・単位数 第一次素案」 司教37 を公表した。この案では、専任司書教諭の資格要件に、教職に関する分野16単位以上、図書館に関する分野24から28単位を定めており、その単位数は日本教職員組合案とほとんど変わらないが、科目内容についてはより詳細に記述している。ただしその影響力については明らかではない。

4　学校図書館法改正の実現
——1991年～1997年——

（1）司書教諭制度の部分修正の実現

1990年代に入るころから、日本社会は大きな変化を経験する。世界に目を向ければ、1989年から1991年の間に、天安門事件、ベルリンの壁の崩壊、湾岸戦

争勃発，ソ連崩壊。そして日本では，1988年のリクルート事件の発覚，1989年の昭和天皇の崩御，土井たか子委員長率いる日本社会党の躍進（マドンナ旋風），1993年には細川護熙首相の連立政権発足と自由民主党の下野，1994年には村山富市日本社会党委員長率いる自社さ連立政権の発足，また1995年には阪神淡路大震災，地下鉄サリン事件が起きた。1996年には日本社会党が社会民主党に改組され，分裂し，その動きのなかから現在の民主党が結成された。

　このような日本政治の地殻変動の上に，過去，日本教職員組合や全国学校図書館協議会などが，日本社会党と密接に協議を重ねてきた学校図書館法改正の働きかけに，手ごたえが感じられるようになってきた。1989年にマドンナ旋風のなかで初当選した肥田美代子参議院議員（日本社会党）や，日本教職員組合の支持を背景に1990年に初当選した輿石東衆議院議員（日本社会党），当選1回にして日本社会党書記長となり注目されていた赤松広隆衆議院議員らが，2001年以降，文教委員会や衆議院本会議で，学校図書館に関わって発言しはじめた。

　1992年度の末には，文部省は学校図書館図書標準を制定，翌年度からの5年間で500億円の地方交付税措置を行って，学校図書館の蔵書の充実を促した。また続く1993年3月31日に「公立義務教育諸学校の学級編制及び教職員定数の標準に関する法律及び公立高等学校の設置，適正配置及び教職員定数の標準等に関する法律の一部を改正する法律」が公布され，翌4月1日，施行された。これにより，小・中学校については"学校図書館の重要性と事務量を考慮し，事務職員が図書館事務を分担できるよう複数配置の基準を改善し，二七学級以上の小学校及び二一学級以上の中学校に二人を配置できるよう措置"，高校については"学校図書館の機能の充実に資するため学校図書館担当の事務職員の配置基準を改善し，一二学級以上の全日制の課程及び定時制の課程に一名を配置できるよう措置"され，学校図書館への事務職員の配置が促された。[100]文部省が1995年8月に公表した，児童生徒の読書に関する調査研究協力者会議の最終報告書「児童生徒の読書に関する調査研究協力者会議報告」，1996年7月に公表された中央教育審議会第一次答申「21世紀を展望した我が国の教育の在り方について」では，学校図書館の新しい役割やその充実などが提言された。[101]

　学校図書館法の改正が本格的に動き出したのは，おそらく1996年に入ってからである。1996年2月20日，自由民主党文教制度調査会・文教委員会が，「学校司書教諭に関する小委員会」(ママ)がまとめた「学校図書館法の一部を改正する法

律案」司教38 を了承し，与党文部調整会議に提出した。そうして，1996年6月12日，「学校図書館法の一部を改正する法律案」は，木宮和彦参議院議員（自由民主党）らによって第136回国会（常会）に提出された 司教41 。しかしこのときは，国会の議案審議表および会議録によれば，同17日に文教委員会に審議が付託されたものの，19日に国会が閉会し，次期国会での継続審議とされたが，そのまま廃案となった 司教42 。同時期，社会民主党も「学校図書館法等の一部を改正する法律案の仕組み（案）」司教39 を公表していた。その内容は自由民主党案とは異なり，司書教諭の免許制度（司書教諭専修免許状，司書教諭一種免許状，司書教諭二種免許状，司書助教諭免許状）の創設，司書教諭の定数化などがまとめられた一大改革案であった。

　こうした動きに対して，1996年3月，全国学校図書館協議会学校図書館職員養成制度検討委員会は「学校図書館職員養成制度の改善に関する要望書」司教40 を発表した。この要望書では，司書教諭の養成を大学で行い，司書教諭講習は廃止する方向，また履修の減免を廃止する，さらに図書館法に定められる司書資格のための科目を司書教諭また学校司書の養成科目に読み替える措置も行わないなどとしていた。そして，1980年に公表していた「司書教諭および学校司書の資格基準（第2次案）」司教33 に照らして，司書教諭と学校司書については専門科目24単位以上の履修を定めるよう要望した。また，1996年4月17日，日本図書館協会は「学校図書館法の一部を改正する法律案要綱（素案）に対する見解」を発表し，素案のような改正では，"学校図書館の充実につながらないばかりか，自治体独自の［専任職員の配置］施策にも水を差すものである"とし，問題点への対応を要請した。[102]

　1997年3月，その前年の図書館法施行規則の一部改正をうけ，「学校図書館司書教諭講習規程の一部を改正する省令」司教43 が公布され（4月1日施行），司書教諭資格の単位として読み替え可能な科目に変更が加えられた。いよいよ次は学校図書館法の改正となった。1997年4月25日，南野知惠子参議院議員（自由民主党）らによって，「学校図書館法の一部を改正する法律案」司教44 が改めて発議された。国会の議案審議表および会議録によれば，5月2日，参議院文教委員会に審議が付託され，同委員会で6日に趣旨説明，8日に審議され，同日，可決した。8日の採決前には，阿部幸代参議院議員（日本共産党）より，学校司書の制度化の動議がされたが，賛成少数でこれは否決された。そして，8日，「学校図書館法の一部を改正する法律案」に関する「審査報告書」

司教45 が参議院文教委員長から参議院議長に提出され，翌9日には参議院本会議で審議，可決された。衆議院に移って，同5月22日に委員会に審議が付託され，23日に趣旨説明が行われ，30日に審議，可決され 司教46 ，衆議院文教委員長より「学校図書館法の一部を改正する法律案（参議院提出）に関する報告書」 司教47 が衆議院議長に提出された。6月3日には衆議院本会議で審議が行われて，可決された。そして，6月11日，「学校図書館法の一部を改正する法律」は公布，施行された。同日，文部省令「学校図書館司書教諭講習規程の一部を改正する省令」 司教48 もあわせて公布，施行された。

（2）学校図書館法改正にあたっての国会の附帯決議と関係者の反応

　学校図書館法改正の内容はシンプルで，附則第2項の司書教諭の配置の猶予規定を，"当分の間"から，"平成15年3月31日までの間（政令で定める規模以下の学校にあっては，当分の間）"とし，また緊急に多くの養成が必要なことから，第5条第3項中の，司書教諭の講習を大学が文部省から委嘱を受けて行うとしていたものを，"大学その他の教育機関"としたという2点であった。しかし，両院で，法改正の可決と同時に行われた「附帯決議」は，表3-6に示すように，学校図書館担当者についてかなり踏み込んだ内容を含んでいた。司書教諭の養成制度の柔軟な運用，司書教諭の専任化の検討と，またいわゆる学校司書についても，現に勤務する者がその職を失う結果にならないよう配慮すべきことなどである。しかし，附帯決議で留意点が示されたとはいえ，このときの法改正は，司書教諭の養成について，大学以外でも文部省に委嘱されれば養成講習を実施することができるようにするという，その質の向上に結びつくといいがたいものであった。むしろ，安直に大量の養成が行われる危険性があった。

　改正学校図書館法公布の当日，1997年6月11日，学校図書館問題研究会，児童図書館研究会，大学図書館問題研究会，点字図書館問題研究会，図書館問題研究会の5団体は合同で「≪緊急共同声明≫学校図書館法「改正」に対し，「専任・専門・正規」職員の配置を求める声明」 司教49 を発表した。続いて8月，日本図書館協会が見解「学校図書館法一部改正について」 司教50 を公表した。それぞれに，このときの法改正を，「専任・専門・正規」職員の配置，「学校図書館に専任で専門の職員を」という願いの実現という意味では事態の改善につながらないと受けとめていた。またいっぽうで，法改正実現の機運に乗って，1997年12月に，日本学校図書館学会が創立され，司書教諭のあり方を

第3章 司書教諭養成の変遷

表3-6 両院の学校図書館法改正時の附帯決議における司書教諭の養成への言及

参議院文教委員会附帯決議 （1997年5月8日）司教45	衆議院文教委員会附帯決議 （1997年5月30日）司教47
二　政府は，司書教諭講習について，社会の情報化などの進展に応じて，講習内容の現代化を図るとともに，教員免許状取得前の受講を可能にするなど受講資格を弾力化すること。 三　政府は，学校図書館の利用の状況，学校図書館において司書教諭の果たす役割等を勘案し，司書教諭の教諭としての職務の在り方に関し，専任の司書教諭の在り方を含め，検討を行い，その結果に基づいて所要の措置を講ずること。 四　政府及び地方公共団体は，司書教諭の設置及びその職務の検討に当たっては，いわゆる学校司書がその職を失う結果にならないよう配慮すること。	二　政府及び地方公共団体は，この法律の趣旨を体し，司書教諭の計画的養成・発令に努めるとともに，小規模校への設置についても配慮すること。 三　政府は，司書教諭講習について，講習内容の現代化及び教員免許状取得前の受講を可能にするなど受講資格の弾力化を図り，時代の進展に応じたものとなるよう努めること。 四　政府は，学校教育における学校図書館の意義・機能，司書教諭の果たす役割等を勘案し，司書教諭の教諭としての職務の在り方に関し，担当授業時間数の軽減や司書教諭の専任化を含め，検討を行い，その結果に基づいて所要の措置を講ずること。 五　政府及び地方公共団体は，司書教諭の設置及びその職務の検討に当たっては，現に勤務するいわゆる学校司書がその職を失う結果にならないよう配慮するとともに，職員配置を含めた，学校図書館整備のための地方公共団体独自の施策を，より一層充実するよう配慮すること。

含め，学校図書館に関する研究がさらに活発になった[103]。

5　学校図書館担当者養成の再検討
——1998年～2013年——

（1）司書教諭講習カリキュラムの改訂と各団体の反応

　学校図書館法改正の実現に続いて，文部省と，また学校図書館関係の組織や研究者が，司書教諭養成の具体的な内容について改めて検討しはじめた。まずは学校図書館法改正の直後の1997年6月，文部省が「学校図書館の充実等に関する調査研究協力者会議」を発足させた。この委員会は，翌1998年2月25日，「司書教諭講習等の改善方策について　報告」司教51 を公表した。このなかで，司書教諭の新しい要件は5科目10単位とされ，実務経験による軽減措置の廃止が提案された。司書養成との関連づけについては，次のように述べられ，読み替えを存続させるとしても，司書科目の「資料組織概説」と「図書館資料

論」を，新しい司書教諭科目の「学校図書館メディアの構成」に読み替えることだけが適当であるとされた。

> 司書教諭の資格が他の資格と隔絶したものでないことは当然であるが，本来，司書教諭の資質向上は，教諭として求められる資質能力，言い換えれば教育職員免許や現職研修と深く関連して論じられるべきものであり，現行のような大幅な読替えは，司書教諭の使命・役割に対する学校関係者の理解を誤らせるおそれがあるものと考える。

また，10単位という総単位の決定については次のような理由が述べられていた。

> 大幅な単位数増を求める意見が審議の中でもあったところであり，諸外国の中には司書教諭に相当する職に高度の専門性を求め，多くの必要単位数の修得を要求しているところも見受けられる。しかし，我が国の場合，①現在の司書教諭講習では，実務経験による大幅な単位軽減を受けた修了者が大半で，実際に講習科目のすべてを履修する比率は低く止まっているのが現実であること，②教員免許状とあわせて司書教諭講習相当科目を取得しようとする大学の学生や現職教員の負担等に鑑みて慎重に判断すべきこと，等もあわせて勘案すれば，今回は，総単位数は10単位とすることが適当であると考える。

この最終報告を受けるかたちで，文部省は続く３月18日に，「学校図書館司書教諭講習規程の一部を改正する省令」 司教52 を公布した（1999年４月１日施行：ただし第２条の改正規定は1998年４月１日施行）。このときになって，附則第５項で定められていた，司書教諭に相当する職務に従事した旨の所轄庁の証明による免除は原則として行われなくなった。ただし，司書講習の科目との読み替えは，第３条に規定され，別途，文部科学大臣が定めることとした。現在，図書館法第５条第１項に規定される「文部科学省令で定める図書館に関する科目」の，「図書館情報資源概論」（２単位）および「情報資源組織論」（２単位）の修得が，「学校図書館メディアの構成」（２単位）の修得に相当するものと見なされている。また，「児童サービス論」（１単位）は，「読書と豊かな人間性」（２単位）の修得によって読み替えが可能とされており，大学によっては相互乗

り入れの開講が行われている。「図書館基礎特論」（選択必修科目，1単位）と「図書館サービス特論」（選択必修科目，1単位）が，司書教諭講習科目と相互乗り入れで開講されることも，認められている。

　司書教諭講習規程の改正に続いて，各組織が司書教諭の養成についての再検討に着手し，その結果を発表していった。日本図書館協会の学校図書館部会は，1998年8月7日に，第28回夏季研究集会において，本間ますみ学校図書館部会長による「司書教諭養成課程を考える―提案」 司教53 を検討した。このなかでは，"学校図書館職員の職務"を"司書教諭の仕事"として列挙し，それぞれの仕事について養成科目を提案していた。この案は，翌1999年8月4日に，第29回学校図書館部会夏季研究集会で，「司書教諭養成科目（第二次案）」 司教55 として改めて提示され，検討された。このときには"なお，文部省に対して学校図書館部会の意見を出す機会があることを前提にして検討したいと思いますので，司書教諭の養成課程が文部省内で再検討されるものであろうということ，司書教諭とは別に学校司書について具体的な要求を出す状況にないという現実を踏まえて，この学校図書館職員の養成について敢えて「司書教諭」の養成課程ということで提案しております"と注意喚起をしている。前年の春に「学校図書館司書教諭講習規程の一部を改正する省令」が公布されていたが，早くも司書教諭の養成課程の再検討を要望したいというのであった。

　いっぽう全国学校図書館協議会は比較的現実的な動きをしていた。まずは1998年12月1日に「学校図書館司書教諭講習講義要綱　第2次案」 司教54 を発表した。この作成委員会は，"日本図書館協会［図書館学］教育部会の協力をえて"，1998年4月に設置されていた。委員のリストをみると，ほとんどが大学の教員であり，おそらく日本図書館協会図書館学教育部会の会員であったと思われる。まずは第1次案が作成され，全国学校図書館協議会主催，日本図書館協会後援で1998年9月11日に実施された，図書館学担当大学教員全国研究集会に提示，検討され，修正されたものがこの第2次案であった。この委員会は，最終的に，2009年12月に『学校図書館』誌上で「学校図書館司書教諭講習講義要綱」 司教58 を公表した。現在まで，この要綱は，学校図書館の充実等に関する研究協力者会議が「司書教諭講習等の改善方策について　報告」 司教51 中に発表した「（別表1）司書教諭講習科目の改善（5科目10単位）」に示された，5科目の"ねらい"と"内容"のリスト（これは「学校図書館司書教諭講習規程の一部を改正する省令」 司教52 が出された際の通知文書に「（別紙2）司書教諭

第Ⅰ部　戦後日本の図書館情報専門職の養成と教育

の講習科目のねらいと内容」として添付された）とともに，広く参照されているものと推測される。

　また日本教職員組合は1999年4月に，新しい学校図書館と専任司書教諭制度研究会（新学図）を発足させた。この研究会は，2000年3月には，『私たちの考える新しい学校図書館：専任司書教諭制度をめざして』を発表し，2001年には『学校図書館教育のデザイン』を刊行，さらに2003年にはかなり詳細な「専任司書教諭養成課程案」 司教57 を発表した。1990年に「専任司書教諭制度案　科目・単位数　第一次素案」 司教37 を公表していた日本学校図書館教育協議会は，2000年に日本学校図書館教育協議会「専任司書教諭の養成科目」 司教56 を公表した。また2013年にはブックレット形式で『学校教育と学校図書館：シンポジウム専任司書教諭の果たすべき職務とは』を刊行した。日本教職員組合と日本学校図書館教育協議会は，一貫して，専任司書教諭の実現を訴えていた。両組織は協力して1999年12月に，『21世紀の学校図書館：情報化・専任司書教諭・学図法改正』を刊行し，戦後の学校図書館運動を整理し，その新しいあり方を提示した。

（2）学校図書館職員の制度と養成制度の再検討

　また，図書館情報学研究者の間にも，学校図書館専門職を含む図書館専門職の養成を大きく検討するプロジェクトが生まれた。2003年から，日本図書館情報学会が総力を挙げて行った，「情報専門職の養成に向けた図書館情報学教育体制の再構築に関する総合的研究」，通称LIPER（Library and Information Professions and Education Renewal）である。2005年9月30日には，『「情報専門職の養成に向けた図書館情報学教育体制の再構築に関する総合的研究（LIPER）」学校図書館班中間報告：「学校内情報メディア専門家」の可能性』が公表された。そして，2006年1月23日付けで公表されたLIPER報告 共通5 では，公共図書館職員（司書）と司書教諭の養成のみが文部科学省令によって定められている状況に対し，それらに限定されないものとして，情報専門職養成の改革案が提出された。それは，8つのコア領域（図書館情報学基礎；情報利用者；情報資源組織化；情報メディア；情報サービス；情報システム；経営管理；デジタル情報）と，それらと平行して，またその学習の上に，個別の情報領域（障害者サービス，法律情報，医学医療情報など）と館種別の情報専門職領域（公共図書館，大学図書館，学校図書館）の科目群を履修するという考え方であった。そして，学部および

司書課程においてはコア領域を学習し，大学院修士課程ではコア領域の科目に加えて個別情報領域を選択的に学び，さらに情報専門職領域のいずれかを学ぶという構造であると説明された。このなかで，情報専門職（学校図書館）については，学校教育論，学習情報メディア論，学習環境デザイン論，教授・学習支援論，子ども読書論の修得が求められるとされた。

おわりに

　司書教諭の養成のあり方は，学校図書館法改正運動のなかで検討されてきたとみてよいだろう。法改正による司書教諭とその養成に関する制度の改革なくしては，司書教諭養成が改善することはないという理解が広まっていたと思われる。日本図書館協会，日本図書館情報学会に大学に所属する研究者が集まって行われた検討および提言 共通1 共通2 共通3 共通5 は，法改正までの道程を示しておらず，現実味のあるものと見なされない状況もしくは雰囲気があったと推測される。

　第1期（1953年〜1956年），学校図書館法の成立から学校図書館審議会の活動が終了するまでのこの時期には，司書教諭資格の制度化が行われた。法制定運動は全国学校図書館協議会を中心に行われたが，法案策定の最終段階から，法律の内容を具体化する制度の設計および運用の作業に移ると，文部省が主導権を握るようになり，その外部は対応に追われるようになっていった。司書教諭の養成制度に関わっても，期待されていたよりも少ない単位数での養成課程となり，経験による免除規定が設けられ，さらに"充て"職で司書教諭の定員が確保されず，かつ附則第2項によって実際の配置が行われない流れができ，といった，法制定運動のなかでは想像されていなかったと思われる，法の定めによる構造的な問題の発生に悩まされるようになった。ただ，司書教諭講習を修了して司書教諭資格を取得する者は，1954年の制度発足初年度を除き，その後は数千人である年が続き，資格取得者は増えていった（「学校図書館司書教諭講習・修了証書発行数」，本書 p.847参照）。

　第2期（1957年〜1973年）に入ると，司書教諭の制度の不備は広く認識されるようになる。1957年ころから，一部の地域では，専任の司書教諭もしくは学校図書館事務職員等の公費による配置が決定していった。全国学校図書館協議会は，増え続ける学校図書館事務職員らを無視することはできなくなり，1960年

ころからその人たちを「学校司書」と呼んで，司書教諭との学校図書館二専門職種制を訴えはじめた。いっぽうで，専任の司書教諭が実現した地域では，当時の日本の学校文化との不和が明らかになった格好で，定着はしなかった。

　国会には，1961年，1963年，1969年，1972年，1973年〜1974年の5回，学校図書館法の改正が上程され，司書教諭の制度改革と，学校図書館担当者の二つめの職（司書助教諭や学校司書，学校司書補）の法制化が試みられた。しかし55年体制にあったこの時期を，今，振り返って考えてみれば，法改正が実現する可能性があったとするなら，おそらくそれは，1972年の第68回国会（常会）における，自由民主党提案の法案 司教17　司教18 であっただろう。もしくは，実際に国会に上程はされなかったが，1969年に自由民主党内で作成されたという，図書館法と関連づけられた学校図書館法改正案 司教16 も可能性があったかもしれない。しかしともに，（学校）図書館関係団体が望み，支持した法改正案ではなかったようである。法改正の内容についていえば，この時期の国会での議論は，学校図書館の担当教職員にまつわる制度を改めることが中心であったが，司書教諭の養成についても，司書教諭講習に関わる学校図書館法の規定を改め，大学での司書教諭の養成を正当に定める必要性は認識されており，自由民主党提出の法案にもそれは反映されていた。とはいえ，文部省令で定める学校図書館に関する科目に具体的にどのようなものが想定されていたかについては，明らかではない。つまり，学校司書の法制化が学校図書館法改正の鍵となって，司書教諭の養成制度の改良に関する具体的な議論にはなかなか至らなくなってしまっていたのだと思われる。

　第3期（1974年〜1990年）の司書教諭養成に関わる動きは，全国学校図書館協議会，日本教職員組合，日本高等学校教職員組合の一ツ橋派と麹町派による四者合意の成立とその挫折が軸となっていた。各組織のなかの議論も容易にはまとめられなかったとみえ，特に日本教職員組合については方針が揺れた。当時の資料には，他の組織に対する不満や自己正当化がうかがわれるものもあり，合意は大変不安定なものであったと思われた。また，それによって学校図書館法改正案の国会上程はいっそう遠のいていったように思われる。とはいえ，この間にも，司書教諭資格の要件については検討が繰り返され，一定の合意が得られはじめた。1975年6月の四者覚え書 司教25 および1977年11月の「学校図書館法改正法律案要綱」（四者合意）司教26 で学校司書の資格要件の一つに挙げられていた，学校図書館に関する科目の履修が最低"24単位"必要であると

の考え方が，1980年以降には，司書教諭，学校司書，図書館の専門職員，専任司書教諭の資格要件の提言にも反映されていった。

　この時期，学校図書館法改正の国会上程は一度もかなわなかったが，いっぽうで学校図書館職員制度の方向性，運動の戦略は関係組織によって検討された。学校図書館二専門職種制の実現可能性，適不適など，その後もこの時期の議論が繰り返された。一見大きく主張が異なる各組織提出の文書も，煎じ詰めれば，学校図書館専門職の養成および配置の実現を主張していると理解される。ただ，それについて，二つめの職種（学校司書）の制度化を可能とみるか，また二専門職種制が望ましいとみるか，という点で，判断が異なった。いっぽうで，1950年代末から一部地域で実現していた専任司書教諭は学校現場での困難が大きく，1960年代後半には配置を終了していった。[112]日本教職員組合がいわゆる学校司書を司書教諭に移行させることも想定した，新しい専任司書教諭の一職種制の案を提出したところで，どれだけ現実味があり，支持者がいたであろうか。振り返ってみれば，学校図書館の担当教職員の制度改善の方向性と運動の戦略は，関係組織によってこの時期までに検討しつくされていたと思われる。

　第4期（1991年～1997年），1990年代に入り，政治が大きく揺れ動いたこの時期に連立与党（自社さ連立政権）の提案によって，自由民主党の方針に沿って，学校図書館法の改正がはじめて実現した。両院での附帯決議によって，司書教諭養成制度の再検討が期待されることとなった。養成課程の内容の改善はこのあと一定程度実現したが，同時に，行政は司書教諭資格取得者数を急激に増加させる方向に向かった。

　第5期（1998年～2013年）になって，学校図書館法の改正に力を得て，また1990年代後半のインターネットの普及による新しい情報環境の出現によって，学校図書館には新たな役割が期待されはじめ，さらに学習指導要領で学校図書館を必要とする教育が提唱された。これらを受け，学校図書館のための専門職のあり方が改めて議論されはじめ，司書教諭の資格要件の単位数の提案にとどまらない，養成教育の内容についての検討と提案が行われるようになった。国会では2001年には子どもの読書活動の推進に関する法律が，2005年には文字・活字文化振興法が成立し，文部科学省が2005年10月に発表した教職員配置等の在り方に関する調査研究協力者会議による「今後の学級編制及び教職員配置について（最終報告）」でも次のように，司書教諭の定数化と学校図書館の事務体制の整備の重要性に対する認識が示された。

小学校・中学校・高等学校を通じて，学校における児童生徒の読書活動等を充実させる観点から，司書教諭定数を措置するとともに学校図書館に関する事務体制の充実を図るなど個に応じたきめ細かな指導が徹底される体制づくりを行う必要がある[113]。

実際，鳥取県と岩手県では，専任司書教諭の配置が試みられたという[114]。しかし，養成に関していえば，現時点までに，改革が本格化するきざしは感じられない。いっぽうで，2010年を過ぎたころから，学校司書の法制化が国会でも話題になって，2014年6月20日，学校図書館法が改正され，学校司書が法制化された。司書教諭とその養成に関する制度の改革は，次なる課題であろうか。

注
(1) 参照した主な研究および年表は次のとおり。ただし，この後，本章で個別に言及していく文献は以下のリストから除いた。
松尾弥太郎「一，学校図書館運動のあゆみ」『学校図書館年鑑 昭和31年版（1956年）』全国学校図書館協議会編，大日本図書，1956，568p.，p. 3-23.
「学校図書館関係年表」『図書館年鑑 1983』日本図書館協会図書館年鑑編集委員会編，日本図書館協会，1983，771p.，p. 316-323.
「一 年表」『21世紀の学校図書館：情報化・専任司書教諭・学図法改正』日本学校図書館教育協議会編，労働教育センター，1999，299p.，p. 268-284.
全国学校図書館協議会『学校図書館五〇年史』編集委員会編『学校図書館五〇年史』同協議会，2004，575p.
塩見昇「学校図書館法の60年 略年表」『日本図書館協会学校図書館部会・近畿ブロック集会：今こそ考えよう 学校図書館〜学校図書館法成立から60年〜』近畿ブロック集会実行委員会編，[同実行委員会]，2013，44p.，p. 15-16.
(2) 菅原春雄「司書教諭養成の諸問題：カリキュラムを中心に」『研究紀要』No. 42，1998. 12，p. 11-24.
(3) 深川恒喜「学校図書館法の発達史試論」『Library and Information Science』No. 13，1975. 10，p. 13-30.
(4) 福島康子「学校図書館法改正運動略史(1)」『図書館学』No. 37，1981. 2，p. 36-41.
(5) 広松邦子「学校図書館法の理念と現実のはざまで」『図書館雑誌』Vol. 79，No. 8，1985. 8，p. 446-448.
(6) 高橋恵美子「学校図書館法改正運動の歴史とその背景」『現代の図書館』Vol. 32，No. 1，1994. 3，p. 34-42.
(7) 「特集 学校図書館法制定30年（その1）」『学校図書館』No. 393，1983. 7. 特に，佐野友彦「学校図書館法改正運動30年」（p. 28-32，35-40，42-47，49-51）および「学校図書

⑻　「特集　学校図書館法改正成る」『学校図書館』No.561, 1997.7. 特に，浅井昭治「学校図書館法改正運動略年表」(p.74-75)。

⑼　「特集　学校図書館法制定50年」『学校図書館』No.627, 2003.1. 特に，浅井昭治「学校図書館法改正運動の歩み」(p.32-37)。

⑽　中村百合子『占領下日本の学校図書館改革：アメリカの学校図書館の受容』慶應義塾大学出版会，2009, 394p. を参照。

⑾　文部省『学校図書館の手引』師範学校教科書，1948, 126, 9p., p.7.

⑿　IFEL の図書館学の講義内容，その影響等については，次の論考を参照。
　　阪本一郎「IFEL 図書館館班の開講」『学校図書館』No.233, 1969.5, p.63-66（回顧日本の学校図書館〈12〉）。
　　根本彰「IFEL 図書館学について」『占領期教育指導者講習研究集録　昭和25年　図書館学』根本彰・解題執筆，すずさわ書店，2001, 229p., p.3-10.
　　杉浦良二「『IFEL 図書館学』における学校図書館学研究」『学校図書館学研究』Vol.15, 2013.3, p.53-64.

⒀　中村百合子「米占領下日本における学校図書館職員養成の着手：1946-49」『文化学年報』No.54, 2005.3, p.17-48. を参照。

⒁　前掲⑴，松尾弥太郎「一．学校図書館運動のあゆみ」に，学校図書館法成立までの請願書がひととおりまとめられている。ただし，日本教職員組合そのほかの団体がこの時期に提出したものまでは網羅されていない。

⒂　松尾弥太郎「学校図書館誕生の前後(1)」『学校図書館』No.229, 1969.11, p.47-50（回顧　日本の学校図書館〈18〉）.；松尾弥太郎「学校図書館誕生の前後(2)」『学校図書館』No.230, 1969.12, p.51-54（回顧　日本の学校図書館〈19〉）。などに，全国学校図書館協議会事務局長であった松尾が，同協議会に集まった多くの教師たちを巻き込んで，かなり熱心に法制定運動をしたことが書かれている。

⒃　[全国学校図書館協議会] 事務局研究部「「学校図書館法」補説」『学校図書館』No.34, 1953.9, p.20.

⒄　安藤友張「戦後初期（1952-1953）の日本における学校図書館法の成立過程：諸法案の特徴および比較考察を中心に」『日本図書館情報学会誌』Vol.59, No.2, 2013.6, p.79-95.

⒅　前掲⒃，p.21.
　　いっぽうで有吉忠行は，次の10科目が，（同じような内容を指しているとは思われるが）"法制定への過程で，全国学校図書館協議会案として" 考えられていたとしている。それは，学校図書館概論，学校図書館実務，学校図書館資料（選択・整理・保存），図書分類法，図書目録法，読書指導，図書館教育，学校図書館施設・用品・用具，青少年文献・出版事情，視聴覚資料の取扱いである（有吉忠行「司書教諭制度の発足」『学校図書館』No.236, 1970.6, p.44（回顧日本の学校図書館〈22〉）．）。

⒆　「文部省側と一問一答　もめた司書教諭・予算配分」『学校図書館速報版』No.8, 1954.7.20, p.5.

⑳　椎野正之「学校司書という言葉を聞いて頭に浮かぶもろもろの事ども」『図書館雑誌』Vol. 62, No. 4, 1968. 4, p. 10.
㉑　「特別資料：本年度　司書教諭講習規程」『学校図書館速報版』No. 10, 1954. 8. 20, p. 3.
㉒　前掲⒅, 有吉忠行「司書教諭制度の発足」.
㉓　前掲⒅, 有吉忠行「司書教諭制度の発足」, p. 43-44.
㉔　「文部省主催　司書教諭講習：混乱のうちに開講」『学校図書館速報版』No. 10, 1954. 8. 20, p. 2.
㉕　「司書教諭：東西で917名」『学校図書館速報版』No. 17, 1954. 12. 5, p. 8.
㉖　山本房吉「六　司書教諭」『学校図書館年鑑　昭和31年版 (1956年)』全国学校図書館協議会編, 大日本図書, p. 238-251. 本書所収「学校図書館司書教諭講習・修了証書発行数」(p. 847) も参照.
㉗　「第一回司書教諭講習　一應の幕をとじる」『学校図書館速報版』No. 11, 1954. 9. 5, p. 2.
㉘　前掲㉔
㉙　日本教育大学協会第二部図書館学教育部会編『学校図書館司書教諭講習講義要綱 [試案]』全国学校図書館協議会, 1955. 引用は「はしがき」［ページ記載無し］より. 文部省は, 同1955年7月4日付けで通達「司書教諭講習の講義要綱について」を各大学事務局長宛に発し, この試案を参考案として示したともいわれている (前掲㉖, 山本房吉「六　司書教諭」).
㉚　日本教育大学協会第二部図書館学教育部会編『学校図書館司書教諭講習講義要綱 [改訂試案]』全国学校図書館協議会, 1956.
㉛　この「参考資料」は,「インフォメーション・フアイル用件名表目標 (案)」;「読書能力の発達段階」;「読書興味の発達段階」;「図書館教育カリキュラム (案)」の4点である.
㉜　「昭和30年度司書教諭講習実施要綱」『学校図書館速報版』No. 32号外, 1955. 6. 24, p. 2.
㉝　「受講者約2500　形式上申込者約1000　受講者中約半数が4年以上経験者　本年度司書教諭講習開催状況わかる」『学校図書館速報版』No. 43, 1955. 10. 15, p. 1.
㉞　前掲㉖,『学校図書館年鑑』, p. 250. また, 前掲⒀も参照されたい.
㉟　次のような記事.
　　「東洋大学司書教諭講習：全国SLAより講師派遣」『学校図書館速報版』No. 10, 1954. 8. 20, p. 8.
　　「東洋大学司書教諭講習　好評をよぶ：九月より東京で土日講習」『学校図書館速報版』No. 11, 1954. 9. 5, p. 7.
　　「予想以上に集つた受講者：東洋大学主催司書教諭単位取得土日講習はじまる」『学校図書館速報版』No. 12, 1954. 9. 20, p. 8.
　　「附則第2項にもとづく司書教諭講習：京都女子大で開催」『学校図書館速報版』No. 34, 1955. 7. 15, p. 3.
　　「東洋大学主催司書教諭単位取得講習：12月26日〜2月18日　平塚市高浜高校で」『学校図書館速報版』No. 49, 1955. 12. 15, p. 8.
㊱　「司書教諭講習についての質問と回答」『学校図書館速報版』No. 69, 1956. 7. 5, p. 5.

(37) 「文部省主催司書教諭養成指導者研究集会：2月6日～11日　と東京学芸大学で開催」『学校図書館速報版』No. 49，1955. 12. 15，p. 2.
(38) 「文部省主催司書教諭養成指導者研究集会：集会者126名　講義要項中心に討議」『学校図書館速報版』No. 55，1956. 2. 15，p. 1.（この記事中では，「司書教諭講習講義要項」とあるが，これが「司書教諭講習講義要綱」であることは，前掲(37)の記事に明らかである。）この記事では，全国からの126名の参加者氏名が掲載されている。
(39) 「学校図書館審議会答申（第一回答申）」『学校図書館法関係法令通達集』文部省初等中等教育局，1957，p. 102-103（昭和32年度）．；「学校図書館審議会答申（第二回答申）」，同上，p. 103-104.；「学校図書館審議会答申（第三回答申）」，同上，p. 105-109.
(40) 松尾弥太郎「学校図書館審議会てんまつ」『学校図書館』No. 233，1970. 3，p. 49-52.
(41) 学校図書館審議会（第三回答申）の後には，学校図書館審議会の委員の招集はなかった。学校図書館審議会令は1966年に，「学徒厚生審議会令等を廃止する政令」（政令第211号）によって廃止された。この間のことは，松尾弥太郎「学校図書館審議会の足跡：なぜ有名無実化したか」『学校図書館』No. 111，1960. 1，p. 21-25. にも書かれている。ちなみに，学校図書館法施行令も，2001年に学校図書館法施行令を廃止する政令（政令第148号）によって廃止された。
(42) 大林淳男「愛知県における司書教諭の発令」『学校図書館』No. 240，1970. 10，p. 47-50（回顧　日本の学校図書館〈25〉）．；安藤友張「1950-60年代の愛知県における専任司書教諭の配置」『同志社大学図書館学年報 別冊』No. 32，2006，p. 1-16. に詳しい。
(43) この経緯については，伊藤義道「栃木県における学校図書館事務職員の公費配置」『学校図書館』No. 238，1970. 8，p. 51-54（回顧　日本の学校図書館〈23〉）．を参照。
(44) 山下茂嘉「実践記録：司書教諭の24時間」『学校図書館』No. 106，1959. 8，p. 26-28.
(45) この経緯については，遠藤英三「静岡県における学校司書の公費配置」『学校図書館』No. 249，1971. 7，p. 51-54（回顧　日本の学校図書館〈28〉）．を参照。この職はいわゆる学校司書であったが，予算名義はそのようになっておらず（「学校司書の公費配置：静岡県で実現，高校64名」『学校図書館速報版』No. 168，1959. 4. 5，p. 1.），「その他の職員」となっていた（遠藤英三，p. 53）。この予算名義が静岡県の学校図書館への職員配置にそのあと大きく影響したことが，遠藤の論考に書かれている。各地で，厳密にどのような職名を与えられて予算計上されはじめ，それがいかに変化していき，またどのような歴史的意味があるかについては，これまでのところ調査が不十分であるが，学校司書の歴史としてよく検証されてしかるべきであろう。『学校図書館速報版』には，1960年1月時点の調査で，全国の学校図書館職員の職名には60以上のバリエーションがあるという記事が見つかる（「約500の県市町村で実現：学校図書館職員（兼任も含む）の公費配置」『学校図書館速報版』No. 235，1961. 2. 15，p. 1.）。
(46) この経緯は，「どのようにして実現したか〈神奈川県〉学校司書14名の公費配置」『学校図書館速報版』No. 201，1960. 3. 5，p. 1-2. に詳しい。予算名義は，「作業員」であったようである（「予算，議会で承認：東京・神奈川」『学校図書館速報版』No. 205，1960. 4. 15，p. 1.）。
(47) 東京都のこの措置や愛知県での司書教諭の配置に対する当時の経過については，イン

フォーマルな場での否定的な議論を含めて，前掲⒇のほか，たびたび書き記されてきた．
柿沼隆志「学校図書館専門職の系譜」『図書館雑誌』Vol. 62, No. 3, 1968.4, p. 19-22.
柿沼隆志「日本における学校図書館専門職員の諸問題」『Library and Information Science』No. 11, 1973.12, p. 89-103.
廣末邦子「東京都の専任司書教諭制度をめぐって」『現代の図書館』Vol. 32, No. 1, 1994.3, p. 43-49.
安藤友張「1960年代の東京都における専任司書教諭制度」『教養研究』Vol. 14, No. 1, 2007.7, p. 1-19.

(48) 深川恒喜「学校図書館行政の今後」『学校図書館』No. 105, 1959.7, p. 48.
(49) 「特集　司書教諭」『学校図書館』No. 106, 1959.8, p. 8-31.
(50) 『学校図書館』編集部「司書教諭制度の沿革とその問題点：補職されない一万五千人の有資格者」『学校図書館』No. 111, 1960.1, p. 8-16.
(51) 松尾弥太郎「学校司書法制化運動の展望」『学校図書館』No. 111, 1960.1, p. 29-30.
(52) 同上, p. 31.
　　　また，札幌，岡山での要請決議で，"学校図書館に勤務する事務職員のうち，図書館法に定める司書補の有資格者に対しては，その経験年数を司書補としての経験年数として認め，司書への道が開かれるよう，図書館法を改正すること"（p. 29-30）ともされていることは興味深い．この時期には，司書資格への連結が考えられていたわけである．
(53) 「司書教諭と学校司書を配置：学校図書館法を改正して」『学校図書館速報版』No. 229, 1960.12.15, p. 1-3.
(54) 同上, p. 1.
　　　1957年に日本図書館協会が『図書館雑誌』に発表した図書館法改正案については，司書補の廃止をふくんでいることなどが学校司書にとって不利なものとして否定的に受けとめていることを，平塚禅定が1959年4月の『学校図書館』誌に発表している（平塚禅定「学校司書をどうする：学校図書館法の改正を望む」『学校図書館』No. 102, 1959.4, p. 33-35.）．このような意見にもみられるように，いわゆる学校司書を含んだ，学校図書館職員制度の検討が課題として認識されるようになった．
(55) 「学校図書館職員の配置方針　改正第2次案」『学校図書館速報版』No. 229, 1960.12.15, p. 3.
(56) 「学図職員配置方針案　第3次案」『学校図書館速報版』No. 246, 1961.6.5, p. 2.
(57) 「学校司書の将来の道をとざすな」『学校図書館速報版』No. 210, 1960.6.5, p. 2-3, p. 2. この素案は，1960年5月27日に新宿区の公立学校共済組合施設で開催された第11回全国学校図書館協議会総会の場で発表され，討議が行われた．
(58) 前掲(53), p. 2.
(59) 前掲(57), p. 2.
(60) 前掲(7), 佐野友彦「学校図書館法改正運動30年」, p. 32.
(61) 前掲(7), 佐野友彦「学校図書館法改正運動30年」, p. 32.
(62) このほか，日本図書館協会事務局「学校図書館法の一部を改正する法律案をめぐっての経過報告」『図書館雑誌』Vol. 63, No. 10, 1969.10, p. 17-18. ほか，同号掲載の諸氏

の意見文(p. 5-16)；井口恵子「「学校図書館法」改正をめぐって」『こどもの図書館』Vol. 16, No. 5, 1969. 8, p. 740.

(63) 日本図書館協会『図書館学教育改善委員会報告』同協会, 1965, [23p.].

(64) 「図書館学教育改善試案：図書館学教育改善委員会報告」『図書館雑誌』Vol. 59, No. 9, 1965. 9, p. 26.

(65) 前掲(63). ただし, 中間報告 共通1 には佐野友彦の名前はなかった。

(66) 前掲(64)

(67) 前掲(64)

(68) このとき, "[参議院文教委員会] 委員長が学図法を上程すれば与党が賛成の意を表し, さらに野党を代表して安永英雄氏（[日本] 社会党）が賛成演説を行い, 採決をする準備ができて" いたと, 佐野友彦は記している（前掲(7), 佐野友彦「学校図書館法改正運動30年」, p. 40.）

(69) 「〈座談会〉学校図書館法（改正）の方向を批判する」『図書館雑誌』Vol. 66, No. 9, 1972. 9, p. 24-33.

(70) 福島康子・山本芳枝「図書館学教育改善試案について：図書館関係法との関連について」『図書館学』No. 22, 1973. 3, p. 16.

(71) 『図書館雑誌』で〈図書館学教育改善試案について〉の特集として掲載された3本の意見文はどれも批判的であった（是枝英子「図書館学教育改善試案への質問」『図書館雑誌』Vol. 67, No. 2, 1973. 2, p. 69-70.；植松民也「「図書館学教育改善試案」の問題点」, p. 70 - 71.；是枝洋「「図書館学教育改善試案」を読んで」, p. 72.）。

(72) 日本教職員組合についてかなり批判的な立場から書かれた一冊ではあるが, 同組合の通史として, 森口朗『日教組』新潮社, 2010, 239p.（新潮新書397）. がある. このなかでも, "臨教審に翻弄されて弱体化しはじめた日教組は, 1980年代後半から始まった労働組合再編により決定的な打撃を受けます.（略）1980年代中盤に50％を割り込んだ日教組の加入率は, 分裂によりさらに低下し30％台半ばまで落ち込みました. 新規採用教員の加入率はさらに低く20％前後となり, それが今日まで続いています"（p. 68-69）などとある.

(73) 深川恒喜「日本図書館協会と全国学校図書館協議会との関係について」『図書館雑誌』Vol. 72, No. 12, 1978. 12, p. 597.

　　深川はこの論稿で, 赤裸々に, 両者の関係について書いている. 同氏は, 1965年に「図書館学教育改善試案」が作成されたときの, 日本図書館協会の教育部会長であった. それで当時, "図書館学教育は, 司書教諭の養成にも, 大きいかかわりをもっていることでもあり, 学校図書館のあり方を変えるには, 図書館界全体のことをふまえて立論や運動のしかたが必要だというようなことを述べて, せめて, 各県で, 学校図書館のリーダーシップをとっておられる中心校, 拠点校, 研究校など, 10校くらいはJLAの会員にもなられて, 研究や推進をしてほしいものだと述べたところ, それが [全国] SLAの幹部のお方の逆憐(ママ)にふれたということを, 後々, 何かのおりに聞いてびっくりしたことがある. この聞きかじりが誤りであるという証明があれば, まことに, ありがたい. 私は謝して誤伝, 誤聞であることを直ちに表明したい. それを待つ心である"（p. 597）と記

している.

⑺₄ 日本図書館協会図書館学教育部会『図書館学教授要目』作成委員会『図書館学教授要目』日本図書館協会, 1976, 82p.

⑺₅ 笠川昭治「学校図書館用語を考える:学校図書館法をめぐって」『現代の図書館』Vol. 32, No. 1, 1994. 3, p. 31.

⑺₆ 前掲(7), 佐野友彦「学校図書館法改正運動30年」, p. 43.

⑺₇ 「学図法改正法律案要綱まとまる:司書教諭の資格条件など明確化 12月の通常国会に提出めざす」『学校図書館速報版』No. 837, 1977. 11. 15, p. 1.

⑺₈ 同上

⑺₉ 「学図法改正 今国会への提案を断念:法制局提示の改正案に不満 次期国会成立めざす」『学校図書館速報版』No. 853, 1978. 4. 25, p. 1.

⑻₀ 同上

⑻₁ 同上

⑻₂ 前掲(7), 佐野友彦「学校図書館法改正運動30年」, および, 「法制局へ学図法改正案要綱提出:四者合意による第2次改正案」『学校図書館速報版』No. 916, 1980. 1. 25, p. 1.

⑻₃ 前掲⑻₂, 「法制局へ学図法改正案要綱提出:四者合意による第2次改正案」.

⑻₄ 司書教諭養成カリキュラムの私案には, 次のようなものがある.
 松本茂「司書教諭待望論」『学校図書館』No. 14, 1951. 12, p. 8-14.
 尾原淳夫「司書教諭性格論」『学校図書館』No. 14, 1951. 12, p. 14-20.
 塩見昇「「図書の整理」2単位 学校図書館の専門的職務にみあう養成教育を考える」『図書館界』Vol. 46, No. 4, 1995. 1, p. 212-216.
 澤利政「問われる学校図書館職員の養成」『図書館界』Vol. 49, No. 3, 1997. 9, p. 128-137.

⑻₅ 「図書館事業基本法要綱案成る 図書議員連盟の要請に回答:11図書館団体の検討実る」『学校図書館速報版』No. 976, 1981. 9. 15, p. 1.

⑻₆ 同上

⑻₇ 同上

⑻₈ 栗原均「図書館事業基本法(仮称)について:報告・その7」『図書館雑誌』Vol. 75, No. 11, 1981. 11, p. 788-789.

⑻₉ 同上

⑼₀ 「「図書館事業基本法」についての見解」『みんなの図書館』No. 61, 1982. 6, p. 61.

⑼₁ 前掲(7), 佐野友彦「学校図書館法改正運動30年」.

⑼₂ 前掲(1), 日本学校図書館教育協議会編『21世紀の学校図書館:情報化・専任司書教諭・学図法改正』.

⑼₃ 神奈川県高等学校教職員組合『図書専門委員会活動報告 1985年度』同組合, 1986, 59p.

⑼₄ 前掲(1), 日本学校図書館教育協議会編『21世紀の学校図書館:情報化・専任司書教諭・学図法改正』.

⑼₅ このような意見は, "学図法改正運動を通じて, とくに小・中学校の盛り上がりが不十分であったという反省から, [一九七九年]一月十七日, 日教組独自の学校図書館職員全

(95) 国集会を開催"した際に出されたという(「学校図書館法の改正運動について」『日教組教育新聞』1979.3.1号外，p.1.)
(96) 「教育は人:すべての学校図書館に専任教諭を」『日教組教育新聞』1987.6.25号外，p.2.
(97) 1984年から1997年までの，日本教職員組合による専任司書教諭制度の提案と運動については，前掲(1)，日本学校図書館教育協議会編『21世紀の学校図書館:情報化・専任司書教諭・学図法改正』，と，荘司英夫「専任司書教諭制度に道をひらく」『現代の図書館』Vol. 35, No. 4, 1997.12, p.215-218. にまとまっている。また，全国学校図書館協議会と日本教職員組合の動きが一致していなかったことについては，栗原克丸「学校図書館法改正の動きと展望:日教組，全国SLA案をめぐって」『図書館雑誌』Vol. 81, No. 12, 1997.12, p.722-724. にも整理されている。
(98) 前掲(6)
(99) 学校図書館問題研究会編著『なにかおもしろい本な〜い:司書のいる学校図書館』教育史料出版会，1991，207p.
(100) 角田喜彦「公立義務教育諸学校の学級編制及び教職員定数の標準に関する法律及び公立高等学校の設置，適正配置及び教職員定数の標準等に関する法律の一部を改正する法律」『法令解説資料総覧』No. 143, 1993.12, p.19-26.
(101) 1990年代以降活発化した学校図書館に関わる国の施策のすべてをここで言及することは紙幅の関係でできない。堀川照代「子どもの読書活動推進の動向」『子どもの読書活動と人材育成に関する調査研究』【地域・学校ワーキンググループ】報告書』国立青少年教育振興機構，2013，130p.，p.11-28. などを参照のこと。現在，文部科学省は，「学校図書館」に関するウェブページを開設している(http://www.mext.go.jp/a_menu/shotou/dokusho/index.htm (2014年3月31日確認))。
(102) 日本図書館協会「学校図書館法の一部を改正する法律案要綱(素案)に対する見解」『学校図書館法関連資料集:1997年6月の「改正」を中心に』ぱっちわーく編集部編，『ぱっちわーく』事務局，1998，202p.，p.186-187.
(103) たとえば，熱海則夫(研究代表者)『学校図書館の効果的な運営と司書教諭の在り方に関する総合的研究」調査研究結果報告書』熱海則夫，2000，30p.；熱海則夫(研究代表者)『「学校図書館の効果的な運営と司書教諭の在り方に関する総合的研究 その2」調査研究結果報告書』熱海則夫，2001，50p.
(104) 「◇研究討議◇ 司書教諭養成課程」『第29回学校図書館部会夏季研究集会報告集:学校図書館の基本を問いなおす』井上明ほか編，日本図書館協会学校図書館部会，2000.3，p.45.
(105) 古賀節子「司書教諭講習義要綱作成までの経緯」『学校図書館』No. 578, 1998.12, p.24.
(106) 同上
(107) 日本教職員組合新しい学校図書館と専任司書教諭制度研究会編『私たちの考える新しい学校図書館:専任司書教諭制度をめざして』同研究会，2000，45p.
(108) 新しい学校図書館と専任司書教諭制度研究会編『学校図書館教育のデザイン』アドバンテージサーバー，2003，222p.

第Ⅰ部　戦後日本の図書館情報専門職の養成と教育

(109)　日本教職員組合新しい学校図書館と専任司書教諭制度研究会編『日教組・専任司書教諭養成課程案』同研究会，2003，47p.
(110)　日本学校図書館教育協議会『学校教育と学校図書館：シンポジウム専任司書教諭の果たすべき職務とは』同協議会，2013，42p.
(111)　前掲(1)，日本学校図書館教育協議会編『21世紀の学校図書館：情報化・専任司書教諭・学図法改正』．
(112)　たとえば愛知県では，1966年の発令が最後であった（前掲(47)，安藤友張「1960年代の東京都における専任司書教諭制度」)。東京都では，1968年からいわゆる学校司書の配置が進められるようになり，司書教諭の採用は行われなくなった（前掲(47)，柿沼隆志「日本における学校図書館専門職員の諸問題」)。
(113)　教職員配置等の在り方に関する調査研究協力者会議「今後の学級編制及び教職員配置について（最終報告）」［文部科学省］初等中等教育局財務課，2005.10.3, http://www.mext.go.jp/b_menu/shingi/chousa/shotou/029/toushin/05100402.htm（2014年10月31日確認)．
(114)　安藤友張「学校図書館法改正後の鳥取県・岩手県における専任司書教諭配置施策に関する事例研究」『教養研究』Vol.16, No.2, 2009.12, p.1-39. で，2007年から2008年にかけて，現地関係者へのインタビューが行われている。

（中村百合子）

第4章

図書館情報専門職養成の国際動向

1 アメリカ図書館協会認定校の変遷と iSchool の動向

　本節は"iSchool（アイ・スクール）"と呼ばれる，図書館情報学をある程度の基盤としつつも，その枠を超えた研究・教育体制を確立しようとする試みに焦点を当てる。iSchool は北米（アメリカ・カナダ）を発祥とし，現在では日本を含め世界各地に広がりをみせているが，その背景の一つには北米での1970年代以降の「伝統的な図書館学プログラムの危機」がある。本節では最初に，その「危機」や「危機からの脱却」を示すものとして，アメリカ図書館協会認定校（認定プログラム）の変遷状況を確認したい。その上で，iSchool の現状や特色，また iSchool としての研究・教育面での関心を示す会合"iConference"の動向について，簡単ながらまとめることとする。

（1）アメリカ図書館協会（ALA）による認定プログラムの動向
① 伝統的な図書館学プログラムの危機[1]

　アメリカおよびカナダにおいて，「図書館員養成」に焦点を当てた図書館学教育は，1925年以降，アメリカ図書館協会（ALA）による「認定」（Accreditation）を通じて，教育内容の標準化と「質保証」が成されてきた。つまり，アメリカ図書館協会の担当部署――1956年より現行の「認定委員会」（Committee on Accreditation）が担当する――が図書館学教育の標準を規定し，各校がその標準を満たしているかどうかの調査を実施してきた。こうした「アメリカ図書館協会の認定を受けた図書館司書養成のための大学院プログラム」[2]が，アメリカ・カナダにおける，いわゆる「ライブラリースクール」（図書館学校）として位置づけられるといえよう。

　1950・60年代は「ベビーブーマーの大学進学」と相まって，アメリカ図書館

協会による認定を受けたプログラムを設置する大学数が増加し，1970年代の最盛期にはアメリカ・カナダにおいて70を超えるライブラリースクールが設置された。

このような状況は，1970年代に入ると一変する。端的には，1990年に千代が以下のようにまとめている。"アメリカでは1970年代に入ると図書館学校への入学希望者が減少し始めた。この結果逼迫した財政事情および研究や学術面により力を入れようとする大学側の要望により，この12年間にシカゴ大学，南カリフォルニア大学，ヴァンダービルト大学，エモリー大学など14の名門図書館学校が次々に閉校に追い込まれていった[3]"。ルービン（Richard E. Rubin）は「名門図書館学校」（ライブラリースクール）の閉鎖，あるいは「伝統的な図書館学プログラムの危機」の背景として，各大学のなかで図書館学プログラムが低い位置づけしか与えられていなかったこと，すなわち大学全般の評判の面でも，あるいは（ロースクールや医学部のように）寄付金の誘因としても，図書館学プログラムが機能していなかったことを挙げている[4]。

こうした「伝統的な図書館学プログラムの危機」は，アメリカにおける図書館学教育機関の草分けといえるコロンビア大学のライブラリースクールが1992年6月をもって閉校したことで頂点に達したといえる。これが「頂点」というのは，その後も閉校（課程閉鎖）が相次ぐとの予想があったものの，それに反して閉校の流れには歯止めがかかり，アメリカ図書館協会の認定に基づくプログラムは持ちこたえることができたからである。

② アメリカ図書館協会認定プログラムの推移と現状

表4-1は1975年〜2013年の「アメリカ図書館協会認定プログラム（認定校）」の推移を，アメリカ図書館協会でのデータに基づき[5]，アメリカ・カナダの州ごと（アメリカ領プエルトリコを含む）にまとめたものである。実際にはアメリカ図書館協会認定プログラムないしライブラリースクールの閉鎖のピークといえるのは1980年〜1995年で，この時期に上述の各校を含めた19校が認定取消となり，最少期には56校にまでライブラリースクール数が落ち込んだ。ただし，この時期（1987年）に閉鎖したデンバー大学（コロラド州）は2003/04年に認定が復活している。またセントキャサリーン大学（ミネソタ州）でも2009/10年にアメリカ図書館協会からの認定が復活し，2006/07年にはヴァルドスタ州立大学（ジョージア州）が同州内で課程を閉鎖したクラーク・アトランタ大

学と入れ替わるかたちで，新たにアメリカ図書館協会認定プログラムを設けている。2013年末までの時点では，アメリカ図書館協会認定プログラム，すなわちライブラリースクールの数は58校にまで回復している。2014年1月には，オタワ大学（カナダ・オンタリオ州）が新たにアメリカ図書館協会認定プログラムとして認められた。(6)一方，サザンコネチカット州立大学（コネチカット州）はアメリカ図書館協会認定委員会の判断により，2015年12月をもってアメリカ図書館協会認定プログラムの資格を失うこととなった。

また本節執筆時点で，アメリカ図書館協会認定プログラムの新設を申請する動きも確認できる。

イーストカロライナ大学（ノースカロライナ州）とシカゴ州立大学（イリノイ州）は認定のための審査手続きに入っており，アメリカ図書館協会の担当者による訪問調査を経て，それぞれ2015年1月と2016年6月に認定の可否が決まることになっている。加えて，サザンカリフォルニア大学（カリフォルニア州）がアメリカ図書館協会に対し認定申請中であるが，サザンカリフォルニア大学は1986年に図書館学課程を閉鎖しており，約30年ぶりのアメリカ図書館協会認定プログラムの復活をめざしている。(7)

（2）iSchool をめぐって(8)
① iSchool の発足と経緯

このようにアメリカ図書館協会による図書館学プログラムの認定の仕組みが現在も継続している一方で，2000年代からは iSchool（アイ・スクール）と呼ば(9)れる，図書館情報学を基盤としつつ，幅広い情報領域に関する研究・教育を志向する（必ずしも「図書館司書養成」という枠にとどまらない）大学院課程の構築が，アメリカの伝統あるライブラリースクールのなかから進められてきた。

iSchool の萌芽となる動きが始まったのは1988年のことで，この年にピッツバーグ大学，ドレクセル大学，シラキューズ大学の関係者による「図書館以外の領域を加えた情報学スクール」の構築への協議が始まった。また，図書館学教育の関係者の間で，「図書館学」(library science) ないし「図書館情報学」(library and information science) という名称は「幅の狭さ」を感じさせる一方で，「情報学」という名称こそが幅広い応用を示すはずだ，といった議論が起きていたことも，iSchool 設立の前史として挙げられる。現に，上に挙げた大学のうち，シラキューズ大学はすでに1974年に "School of Library Science" を "School of

第Ⅰ部　戦後日本の図書館情報専門職の養成と教育

表4-1　アメリカ図書館協会認定図書館学（図書館情報学）修士課程設置校一覧

国	設置州等	大学名	認定期間	iSchool	注記
アメリカ	アイオワ	アイオワ大学	1969/70年-現在		
	アラバマ	アラバマ大学	1972/73年-現在		
		アラバマ農工大学	1973/74年-1982年8月		1981年課程閉鎖
	アリゾナ	アリゾナ大学	1972/73年-現在		
	イリノイ	イリノイ大学	1924/25年-現在	○	
		シカゴ大学	1932/33年-1991年12月		1990年課程閉鎖
		ドミニカン大学	1936/37年-1957年2月 1960/61年-現在		旧：ロザリーカレッジ
		ノーザンイリノイ大学	1967/68年-1994年5月		1994年5月課程閉鎖
	インディアナ	インディアナ大学	1951/52年-現在	○	
		ボール州立大学	1978/79年-1987年2月		1985年8月課程閉鎖
	ウィスコンシン	ウィスコンシン大学マディソン校	1924/25年-現在		
		ウィスコンシン大学ミルウォーキー校	1974/75年-現在		
	オクラホマ	オクラホマ大学	1930/31年-現在		
	オハイオ	ケースウェスタンリザーブ大学	1924/25年-1987年12月		1986年課程閉鎖
		ケント州立大学	1961/62年-現在		
	オレゴン	オレゴン大学	1966/67年-1980年1月		1978年8月課程閉鎖
	カリフォルニア	カリフォルニア大学バークレー校	1924/25年-1994年5月	○	アメリカ図書館協会認定取消後にiSchool加盟
		サザンカリフォルニア大学	1936/37年-1987年12月		1986年課程閉鎖
		カリフォルニア大学ロサンゼルス校	1960/61年-現在	○	
		サンノゼ州立大学	1967/68年-現在		
	カンザス	エンポリア州立大学	1930/31年-1958年2月 1964/65年-現在		
	ケンタッキー	ケンタッキー大学	1940/41年-現在		
	コネチカット	サザンコネチカット州立大学	1970/71年-2015年12月		2013年10月認定取消決定
	コロラド	デンバー大学	1932/33年-1987年2月 2003/04年-現在		
	コロンビア特別区	アメリカ・カトリック大学	1946/47年-現在		
	サウスカロライナ	サウスカロライナ大学	1972/73年-現在		
	ジョージア	エモリー大学	1928/29年-1990年2月		1988年8月課程閉鎖
		アトランタ大学	1941/42年-1988年6月		クラーク・アトランタ大学に併合
		クラーク・アトランタ大学	1941/42年-2005年5月		2005年課程閉鎖

第4章 図書館情報専門職養成の国際動向

(1975年より，2013年12月時点)

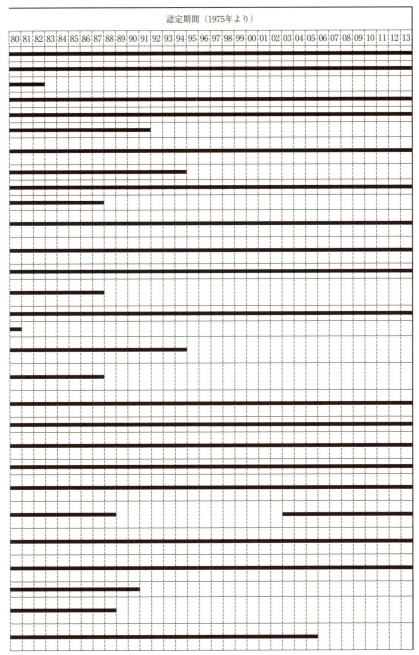

認定期間（1975年より）

207

第Ⅰ部　戦後日本の図書館情報専門職の養成と教育

国	設置州等	大学名	認定期間	iSchool	注記	75 76 77 78 79
アメリカ		ヴァルドスタ州立大学	2006/07年-現在			
	テキサス	テキサス女子大学	1936/37年-現在			
		テキサス大学オースティン校	1951/52年-現在	○		
		ノーステキサス大学	1965/66年-現在			
	テネシー	ジョージ・ピーボディー・ティーチャーズカレッジ	1930/31年-1990年1月		1979年ヴァンダービルト大学に併合，1988年8月課程閉鎖	
		テネシー大学	1972/73年-現在			
		ヴァンダービルト大学	1974/75年-1990年2月		1988年8月課程閉鎖	
	ニュージャージー	ラトガース大学	1954/55年-現在	○		
	ニューヨーク	プラット・インスティテュート	1924/25年-現在			
		コロンビア大学	1925/26年-1993年12月		1992年6月課程閉鎖	
		シラキューズ大学	1928/29年-現在	○		
		ニューヨーク州立大学オルバニー校	1930/31年-1959年2月 1965/66年-現在			
		ニューヨーク州立大学ジェネセオ校	1944/45年-1959年2月 1966/67年-1985年2月		1983年8月課程閉鎖	
		ニューヨーク市立大学クイーンズ・カレッジ	1968/69年-現在			
		ロングアイランド大学	1969/70年-現在			
		ニューヨーク州立大学バッファロー校	1970/71年-現在			
		セントジョーンズ大学	1974/75年-現在			
	ノースカロライナ	ノースカロライナ大学チャペルヒル校	1932/33年-現在	○		
		ノースカロライナ・セントラル大学	1973/74年-現在			
		ノースカロライナ大学グリーンズボロ校	1980/81年-現在			
	ハワイ	ハワイ大学	1965/66年-現在			
	フロリダ	フロリダ州立大学	1951/52年-現在	○		
		サウスフロリダ大学	1973/74年-現在			
	ペンシルバニア	ドレクセル大学	1924/25年-現在	○		
		ピッツバーグ大学	1962/63年-現在	○		
		ペンシルバニア・クラリオン大学	1974/75年-現在			
	マサチューセッツ	シモンズカレッジ	1924/25年-現在			
	ミシガン	ミシガン大学	1926/27年-現在	○		
		ウェスタンミシガン大学	1946/47年-1984年12月		1983年課程閉鎖	

第4章　図書館情報専門職養成の国際動向

認定期間（1975年より）

|80|81|82|83|84|85|86|87|88|89|90|91|92|93|94|95|96|97|98|99|00|01|02|03|04|05|06|07|08|09|10|11|12|13|

国	設置州等	大学名	認定期間	iSchool	注記	75	76	77	78	79
アメリカ		ウェイン州立大学	1965/66年–現在			━	━	━	━	━
	ミシシッピ	サザンミシシッピ大学	1978/79年–現在							━
		ミシシッピ大学	1979年夏–1986年6月		1984年12月課程閉鎖					━
	ミズーリ	ミズーリ大学コロンビア校	1967/68年–現在			━	━	━	━	━
	ミネソタ	セントキャサリーン大学	1929/30年–1959年2月 2009/10年–現在		旧:セントキャサリーンカレッジ					
		ミネソタ大学	1933/34年–1986年12月		1985年6月課程閉鎖	━	━	━	━	━
	メリーランド	メリーランド大学	1965/66年–現在	○		━	━	━	━	━
	ユタ	ブリガムヤング大学	1968/69年–1995年2月		1993年8月課程閉鎖	━	━	━	━	━
	ルイジアナ	ルイジアナ州立大学	1932/33年–現在			━	━	━	━	━
	ロードアイランド	ロードアイランド大学	1969/70年–現在			━	━	━	━	━
	ワシントン	ワシントン大学	1924/25年–現在	○		━	━	━	━	━
	プエルトリコ	プエルトリコ大学	1988/89年–現在							
カナダ	アルバータ	アルバータ大学	1968/69年–現在			━	━	━	━	━
	オンタリオ	トロント大学	1935/36年–現在	○		━	━	━	━	━
		ウェスタンオンタリオ大学	1967/68年–現在			━	━	━	━	━
	ケベック	マギル大学	1927/28年–現在			━	━	━	━	━
		モントリオール大学	1967/68年–現在			━	━	━	━	━
	ノバスコシア	ダルハウジー大学	1970/71年–現在			━	━	━	━	━
	ブリティッシュコロンビア	ブリティッシュコロンビア大学	1961/62年–現在			━	━	━	━	━

出典:Accredited Library and Information Studies Master's Programs from 1925 through Present. American http://www.ala.org/accreditedprograms/directory/historicallist(2014年5月29日確認)
ただし1975年以前の認定取消校は本表には含んでいない。

Information Studies" に改称しており,またピッツバーグ大学は従来の"Graduate School of Library Science" という名称を,1996年に"School of Information Sciences" と改めている。

　その後,しばらくこうした新たな「情報学スクール」への動きは停滞していたものの,2001年より参加大学数を増やしつつ新課程構築に向けた具体的な取り組みが進行した。2003年には新たな「情報学スクール」が"iSchool" と名づけられ,この時点で10校が iSchool 構築への協働作業に参加した。2005年になると iSchool の連合組織として iSchools Caucus(別名 iCaucus)が結成された。iCaucus の規約としては,iCaucus 参加校は年会費を払い,iCaucus での意志決定に参加できることが定められた。また,iCaucus 参加校に求められること

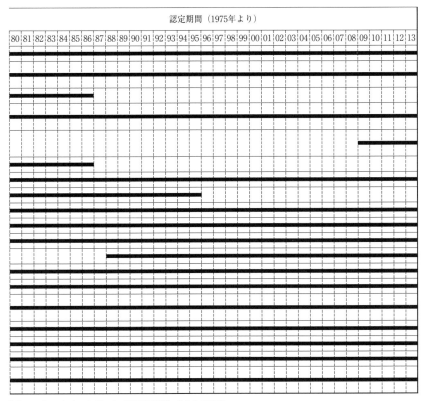

Library Association のデータ（1975年以降）をもとに作成。

として，実態をともなう助成研究の実施，研究者の養成，「情報領域」の発展への貢献，といった点が規約に掲げられた。

　こうして2008年までに，アメリカ・カナダのみならずシンガポールの大学も含め，表4-2に掲げる大学がiCaucusに参加し，iSchoolという名の新たな「情報学スクール」の動きが目立つようになってきた。アメリカ図書館協会認定を受けることを取りやめた後にiCaucusに参加しているカリフォルニア大学バークレー校を含め，いくつかの大学はアメリカ図書館協会認定を受けないまま——言い換えればライブラリースクールを母体としないまま——iSchoolとしての課程を構築している。

表4-2　2008年時点でのiCaucus参加校

ピッツバーグ大学，ドレクセル大学，シラキューズ大学，ワシントン大学，ミシガン大学，イリノイ大学，ノースカロライナ大学，フロリダ州立大学，インディアナ大学，テキサス大学，ラトガース大学，カリフォルニア大学バークレー校（※），カリフォルニア大学アーバイン校（※），カリフォルニア大学ロサンゼルス校（UCLA），ペンシルバニア州立大学（※），ジョージア工科大学（※），メリーランド大学，トロント大学，カーネギーメロン大学（※），シンガポール・マネジメント大学（※）

注：※はアメリカ図書館協会認定プログラム未設置。
出典：Larsen, Ronald L. "iSchools History." http://ischools.org/about/history/origins/（2014年5月29日確認）をもとに作成。

② iSchool・iConferenceの現状と特色

現行のiSchool各校やiCaucusの動向については，ウェブサイト"iSchools"（http://ischools.org/）で確認できる。2014年5月時点でiCaucusに参加し，iSchoolと見なされている大学とその課程は表4-3のとおりで，全55校にまで広がっている。アメリカ・カナダでは28校のうち7校がアメリカ図書館協会認定プログラムを設置せずにiSchoolに参加している。また表4-2・表4-3を比べると，イギリスの各校を中心に，ヨーロッパにおいてiSchool参加への動きが進んでいることが分かる。ヨーロッパのiSchoolも，伝統的な図書館学教育を行ってきたところ（例：ユニバーシティ・カレッジ・ロンドン，シェフィールド大学，北欧の各校）と，そうでないところ（例：フランスのテレコム・ブルターニュ）に分かれる。その他，太平洋圏では早くからiSchoolに参加したシンガポール・マネジメント大学のほか，オーストラリア，中国，韓国，日本（筑波大学）にiSchoolへの動きが広がっている。

ウー（Dan Wu）らは，2010年9月時点でiSchool（当時27校）は以下3つの種類の大学に分けられるとしている。

(1) 図書館情報学の系統
(2) コンピュータ・サイエンスの系統
(3) ビジネス・マネジメントの系統

この区分も表4-3に反映させているが，2010年9月以降にiSchoolに参加した大学には，必ずしもこの3区分に当てはまらないところもあると考えられる。例としては，情報通信やメディア研究の系統（ミシガン州立大学，カタロニア通信制大学など），デジタル人文学の系統（グラスゴー大学，ポルト大学など）が

第4章　図書館情報専門職養成の国際動向

表4-3　"iSchools.org"におけるiSchool一覧（2013年12月時点）

国	大学名	大学院等の名称 (中国・日本を除き英語表記のみ)	主な所在地	アメリカ図書館協会からの認定	Wu et al. (2011)での分類+α
アメリカ	イリノイ大学	Graduate School of Library and Information Science	イリノイ州アーバナ・シャンペーン	○	LIS
	インディアナ大学	School of Informatics and Computing	インディアナ州ブルーミントン	○	LIS・CS
	ウィスコンシン大学マディソン校	School of Library and Information Studies	ウィスコンシン州マディソン	○	(LIS)
	ウィスコンシン大学ミルウォーキー校	School of Information Studies	ウィスコンシン州ミルウォーキー	○	(LIS)
	カリフォルニア大学バークレー校	School of Information	カリフォルニア州バークレー	※	BM
	カリフォルニア大学アーバイン校	The Donald Bren School of Information and Computer Sciences	カリフォルニア州アーバイン		CS
	カリフォルニア大学ロサンゼルス校	Graduate School of Education and Information Studies	カリフォルニア州ロサンゼルス	○	LIS
	ケンタッキー大学	College of Communications and Information Studies	ケンタッキー州レキシントン	○	(LIS)
	ジョージア工科大学	College of Computing	ジョージア州アトランタ		CS
	テキサス大学オースティン校	School of Information	テキサス州オースティン	○	LIS
	ノーステキサス大学	College of Information	テキサス州デントン	○	LIS
	テネシー大学ノックスビル校	School of Information Sciences	テネシー州ノックスビル	○	(LIS)
	ラトガース大学	School of Communication and Information	ニュージャージー州ニューブルンスウィック	○	LIS
	シラキューズ大学	School of Information Studies	ニューヨーク州シラキューズ	○	LIS
	ノースカロライナ大学	School of Information and Library Science	ノースカロライナ州チャペルヒル	○	LIS
	フロリダ州立大学	School of Library and Information Studies	フロリダ州タラハッシー	○	LIS
	カーネギーメロン大学	School of Information Systems and Management, Heinz College	ペンシルバニア州ピッツバーグ		BM
	ピッツバーグ大学	School of Information Sciences	ペンシルバニア州ピッツバーグ	○	LIS
	ペンシルバニア州立大学	College of Information Sciences and Technology	ペンシルバニア州ステートカレッジ		CS

213

第Ⅰ部　戦後日本の図書館情報専門職の養成と教育

国	大学名	大学院等の名称 (中国・日本を除き英語表記のみ)	主な所在地	アメリカ図書館協会からの認定	Wu et al. (2011)での分類+α
アメリカ	ドレクセル大学	College of Computing and Informatics	ペンシルバニア州フィラデルフィア	○	LIS
	ミシガン大学	School of Information	ミシガン州アナーバー	○	LIS
	ミシガン州立大学	Department of Telecommunication, Information Studies, and Media	ミシガン州イーストランシング		(その他)
	ミズーリ大学	School of Information Science & Learning Technologies	ミズーリ州コロンビア	○	(LIS)
	メリーランド大学	College of Information Studies	メリーランド州カレッジパーク	○	LIS
	メリーランド大学ボルチモア・カウンティ校	Department of Information Systems	メリーランド州ボルチモア		BM
	ワシントン大学	Information School	ワシントン州シアトル	○	LIS
カナダ	トロント大学	Faculty of Information	オンタリオ州トロント	○	LIS
	ブリティッシュ・コロンビア大学	School of Library, Archival and Information Studies	ブリティッシュ・コロンビア州バンクーバー	○	(LIS)
イギリス	ユニバーシティ・カレッジ・ロンドン	Department of Information Studies	ロンドン		(LIS)
	シェフィールド大学	Information School	シェフィールド		LIS
	グラスゴー大学	Humanities Advanced Technology and Information Institute	グラスゴー		(その他)
	ストラスクライド大学	Department of Computer and Information Science	グラスゴー		(CS)
	ノーザンブリア大学	Information Sciences	ニューカッスル		(LIS)
アイルランド	ユニバーシティ・カレッジ・ダブリン	School of Information and Library Studies	ダブリン		(LIS)
フランス	テレコム・ブルターニュ（電気通信国立大学）	Department of Logic Uses, Social Sciences and Information	ブレスト, レンヌ		(その他)
スペイン	カタロニア通信制大学	Information and Communications Science Studies	バルセロナ		(その他)
	バレンシア工科大学	School of Informatics	バレンシア		(CS)
ポルトガル	リスボン・ノヴァ大学	School of Statistics and Information Management	リスボン		(BM)
	ポルト大学	Faculty of Engineering in co-operation with the Faculty of Arts	ポルト		(その他)

第4章　図書館情報専門職養成の国際動向

国	大学名	大学院等の名称 (中国・日本を除き英語表記のみ)	主な所在地	アメリカ図書館協会からの認定	Wu et al. (2011)での分類+α
ドイツ	ベルリン・フンボルト大学	Berlin School of Library and Information Science	ベルリン		LIS
	ジーゲン大学	Institute for Media Research	ジーゲン		(その他)
オランダ	アムステルダム大学	Graduate School of Humanities, Archives and Information Studies	アムステルダム		(その他)
フィンランド	タンペレ大学	School of Information Sciences	タンペレ		(CS)
スウェーデン	ボラス大学	The Swedish School of Library and Information Science	ボラス		(LIS)
デンマーク	コペンハーゲン大学	Royal School of Library and Information Science	コペンハーゲン		LIS
ノルウェー	オスロ・アーケシュフース・ユニバーシティ・カレッジ	Department of Archivistics, Library and Information Science	オスロ		(LIS)
オーストラリア	チャールズ・スタート大学	School of Information Studies	ニューサウスウェールズ州ワガワガ		(LIS)
	メルボルン大学	Melbourne School of Information	ビクトリア州メルボルン		(CS)
	サウス・オーストラリア大学	School of Computer and Information Science	サウス・オーストラリア州アデレード		(CS)
中国	南京大学	信息管理学院（Department of Information Management）	江蘇省南京市		(LIS)
	武漢大学	信息管理学院（School of Information Management）	湖北省武漢市		LIS
韓国	ソウル国立大学	School of Convergence Science and Technology	ソウル特別市		(CS)
	成均館大学	Library and Information Science Department	ソウル特別市		(LIS)
シンガポール	シンガポール・マネジメント大学	School of Information Systems	シンガポール		BM
日本	筑波大学	大学院図書館情報メディア研究科(Graduate School of Library, Information and Media Studies)	茨城県つくば市		(LIS)

注：※カリフォルニア大学バークレー校は1993年5月にアメリカ図書館協会認定課程を閉鎖（表4-1も参照）。
　　「Wu et al. (2011)での分類+α」における表記は以下を意味する。
　　・LIS＝図書館情報学系　・CS＝コンピュータ・サイエンス系　・BM＝ビジネス・マネジメント系。
　　（　）はWu et al. (2011)ではiSchool参加前のため記述がなく、筆者（古賀）独自の判断で付したもの。
出典：iSchools. "iSchools Directory." http://ischools.org/directory/（2014年5月29日確認）をもとに作成。

215

表4-4 iConference 開催一覧

開催年	開催地	全体テーマ
2005	ペンシルバニア州立大学	（未設定）
2006	ミシガン大学	情報に関する研究の最先端 (Research Frontier in Information)
2008	カリフォルニア大学ロサンゼルス校	i の未来：システム，自己，社会 (iFutures: Systems, Selves, Society)
2009	ノースカロライナ大学チャペルヒル校	研究，教育，関わりあい (Research, Education, Engagement)
2010	イリノイ大学	（未設定）
2011	ワシントン大学	創造性，一貫性，大胆さ (Inspiration, Integrity, and Intrepidity)
2012	トロント大学	文化―デザイン―社会 (Culture—Design—Society)
2013	テキサス州フォートワース 主管校：ノーステキサス大学	行動する学問：データ―革新―知恵 (Scholarship in Action: Data—Innovation—Wisdom)
2014	ベルリン 主管校：ベルリン・フンボルト大学	壁を崩す：文化―文脈―コンピューティング (Braking Down Walls: Culture—Context—Computing)
2015	カリフォルニア州ニューポートビーチ 主管校：カリフォルニア大学アーバイン校（予定）	創造―協力―祝福 (Create—Collaborate—Celebrate)
2016	ドレクセル大学（予定）	（未定）

出典："About the iConference." iSchools. http://ischools.org/the-iconference/about-the-iconference/（2014年5月29日確認）

挙げられる。

また，チュー（Heting Chu）はアメリカ国内のアメリカ図書館協会認定プログラムのうち，iSchool の5校，非 iSchool の5校について，2009年9月時点での教育内容を比較した。その結果，iSchool のほうにより多くの開講科目と，より新しい（「法律図書館学」「学校図書館学」のような伝統的なものではない）専修コースの設置，および学部レベルでの教育課程の設置という傾向がみられるものの，全体としては修士レベルでは iSchool と非 iSchool での教育内容に大きな違いは認められないと結論づけた。

このように iSchool の傾向を探る研究成果に加え，iSchool 各校ないし iCaucus が研究成果を共有する場として機能している会合の内容にも注目しておき

たい。この会合は"iConference"と呼ばれ，2005年以降，2007年を除いて毎年開催されている。表4-4はiConferenceの開催地と全体テーマの一覧を示したものである。

また，本節執筆時点で最新の会合である，第9回のiConference（2014年3月開催，於：ベルリン）については，表4-5に内容の細目を示した。セッション等のタイトルだけで内容が分かりにくいものについては，表4-5の「注記」で簡単に補足している。各セッション等の詳細については，このiConferenceのウェブサイトから予稿集や独自のウェブサイトにリンクが張られているので，参照いただきたい。このiConferenceの内容をみると，一部には伝統的な図書館情報学のトピック（例：ペーパーセッション 18番・21番，交流・参加セッション 16番，ワークショップ 11番）もみられるものの，全体としては「情報と社会との関わり」を中心とした，あるいは広い意味での「社会情報学」に該当しそうなトピックが扱われていることが分かる。

　以上，概観レベルの記述にとどまったが，本節の要点をまとめると，以下のことがいえそうである。
・北米（アメリカ・カナダ）では現在もアメリカ図書館協会による認定プログラムが適用されており，新規の認定も行われている状況であるため，「伝統的な図書館学プログラムの危機」からはひとまず脱したと判断できそうである。
・ただし同じアメリカ図書館協会認定校においても，伝統的なプログラムに依拠する大学と，iSchoolの名でより広範な研究活動を志向する大学とに分化している。
・iSchoolは北米を超えて全世界に波及しており，各校は図書館情報学，コンピュータ・サイエンス，ビジネス・マネジメントなどの異なるルーツから出発しつつ，広い意味での「社会情報学」に関わる研究を進めている。

注
(1) この節の記述は，主に以下に依拠した。Rubin, Richard E. *Foundation of Library and Information Science*, 3rd ed. Neal-Schuman, 2010（根本彰訳『図書館情報学概論』東京大学出版会，2014，p. 48-49.）。その他，以下も参照。山本順一「苦悩するアメリカ図書館学教育」『図書館界』Vol. 43, No. 5, 1992. 1, p. 216-227. Paris, Marion. *Library School Closings : Four Case Studies*. Scarecrow Press, 1988, 168p.
(2) 以下を参照。O'Brien, Karen L. "Accreditation of Library and Information Science Edu-

表 4-5　2014年（第 9 回）iConference（於：ベルリン）内容一覧

セッションの種類	番号	標題	注記
全体セッション （Plenary Session）	1	オープンアクセスを超えてオープンデータへ	
	2	カルチャー・コンピューティングの衝突：人文学・遺産分野におけるデジタル・プロジェクトの成功に向けて	
ペーパーセッション （Paper Session）	1	文化：文化面の［さまざまな］考え方のはざまで，そしてそれらをまたがって	「情報収集行動に対する文化の影響」「文化イベント情報」などに関する発表が行われた。
	2	情報アクセスの遮断	軍事収容所における情報アクセス権や『ハリー・ポッター』に対する検閲などに関する発表が行われた。
	3	研究データの管理	
	4	情報の探索・管理・回避	
	5	データ・キュレーション	
	6	情報の理論的側面	ドキュメンテーション理論や「Twitter上のレトリック」などに関する発表が行われた。
	7	市民の科学	「市民による科学活動」や「ガバナンス（統治活動）における情報の役割」などに関する発表が行われた。
	8	監視	NSA（米国国家安全保障局）による監視活動などに関する発表が行われた。
	9	デジタル上の若年層	子ども向けのデジタルないしオンライン活動（SNS，読書など）に関する発表が行われた。
	10	文化研究とデジタル面の課題	
	11	データの質をめぐる討議	
	12	情報行動	
	13	現代社会における文書館・図書館・博物館の役割	
	14	情報の検索・探索	
	15	情報の共有	
	16	情報行動（その 2 ）	
	17	よりよい包含［参加］	

	18	仮想・現実の空間	図書館空間，学習空間やオンライン学習に関する発表が行われた。
	19	情報分析の諸相	
	20	プライバシーの壁：プライバシーの保障	
	21	デジタル・レファレンス	
	22	教育政策	
	23	システムのデザイン	
	24	ネットワーク分析	
	25	ゲーミング	
交流・参加セッション (Sessions for Interaction and Engagement: SIE)	1	社会情報学と社会技術研究をつなぐ：ロブ・クリング（Rob Kling）を記念して	クリング（1944年生－2003年没）はインディアナ大学教授を務め，社会情報学（social informatics）の第一人者とされた。
	2	領域をつなぎ，研究者をつなぐ：学習科学と情報学との間の壁を崩す	
	3	情報と周縁的立場：倫理的課題	移民など「周縁的立場」にいる人々にとっての情報の位置づけなどを討議する機会。
	4	データ集中社会におけるプライバシーの価格は？	
	5	国際的iSchoolコミュニティの模範づくり	
	6	研究のストーリーづくり：新たな様式・新たな声のもとでの研究の実施	
	7	物質と仮想の壁を崩す：場所を基盤としたクチコミ情報システム（social enabler）	ここでの「場所を基盤としたクチコミ情報システム」とは，地理情報を加味したソーシャルサイトといえる。プログラム抄録ではYelpやFoursquareなどが具体例として示されている。
	8	「効果」から「絡み合い」へ：社会物質性（sociomateriality）をめぐるフィッシュボウル式討議	
	9	iSchoolのカリキュラムに対する起業的思考の導入	
	10	あなたは評価対象となっているか？ 評価活動における新たな手法の必要性	
	11	人々が残す痕跡といかに関わるか：文化，文脈，コンピューティング	

		12	アナログ・インターネット：事後的関与	このプログラムは「芸術を基盤とする研究」（arts-based research）の一環として行われる。ここでの「アナログ・インターネット」は，文字通り，インターネットによる伝達を人手で再現する取り組みである。
		13	iSchool の歴史	
		14	情報の影で：ノイズ，誤報，エラー，故障としての失敗を考える	
		15	オリジナル性はどこで終わり，盗用はどこで始まるか	
		16	図書館情報学における社会正義	
		17	情報のなかのネットワーク：理論的・分析的手法の相互交流	
ワークショップ (Workshop)		1	細分化と構築：iSchool における社会技術的学問の促進	
		2	創作者（メイカー）としての研究者：学術研究における「ものづくり」の役割の追求	ここでの「ものづくり」（making）や「メイカー」は，3Dプリンターなどを活用した個人（ないしソーシャル）レベルでの「ものづくり」，あるいは「メイカーズムーブメント」の文脈のなかにある。
		3	iSchool における出版活動の変化	
		4	デジタルコレクションの文脈：規模レベルでの知的・組織的機能	
		5	iSchool における領域横断的活動	
		6	単一の文字列を超えて：研究コミュニティ間のギャップを埋める	ここでの具体的な「研究コミュニティ」は，情報学，情報検索，人間とコンピュータの相互作用（HCI），自然言語処理の各領域のものを念頭に置いている。
		7	情報の社会科学の追求	
		8	情報の研究はジャンル研究に対し何ができるか	
		9	空間情報学の進歩	
		10	デジタル上の若年層：新たな領域横断的研究ネットワークに向けて	

	11	iSchoolにおける［情報］組織化の領域：コア領域を共同で，デジタル上で高度に教える

注：上記リストは「セッションの種類」とそのなかでの番号順に整理したものであり，必ずしも時間順には並んでいない。
　　標題内の［　］は筆者（古賀）が補足したもの。
出典："Conference Agenda." *iConference Berlin 2014*. https：//www.conftool.com/iConference2014/sessions.php（2014年5月29日確認）

cation," *Encyclopedia of Library and Information Science*, 3rd ed., Bates, Marcia J., editor-in-chief, Boca Raton, CRC Press, 2010, Vol.1, p.38-41.；American Library Association. *ALA Accredited Programs*. Chicago, American Library Association. http：//www.ala.org/accreditedprograms/（2014年5月29日確認）

(3)　千代由利「コロンビア大学図書館学校閉校へ」『カレントアウェアネス』No.135, 1990.11. http：//current.ndl.go.jp/ca702（2014年5月29日確認）

(4)　前掲(1), p.49.

(5)　American Library Association. *Accredited Library and Information Studies Master's Programs from 1925 through Present*. Chicago, American Library Association. http：//www.ala.org/accreditedprograms/directory/historicallist（2014年5月29日確認）

(6)　*Prism : the Office for Accreditation Newsletter*. Vol.22, No.1, 2014 Spring, p.2. http：//www.ala.org/offices/sites/ala.org.offices/files/content/accreditation/prp/prism/prismarchive/Prism_spring_2014.pdf（2014年5月29日確認）

(7)　Ibid., p.4.

(8)　この節の記述は，主に以下に依拠した。Larsen, Ronald L. "History of the iSchools," *iSchools*, iSchools Organization, 2008. http：//ischools.org/about/history/（2014年5月29日確認）

(9)　本節では詳述しないが，1998年から2000年にかけては，アメリカ図書館協会認定プログラムを中心とした図書館情報学教育のカリキュラム分析プロジェクトとしてKALIPERが実施され，この前後においても北米でのアメリカ図書館協会認定プログラムにおいて，図書館員に限定しない広範囲の情報専門職を養成しようとする動向が確認された。例として以下を参照。中島幸子，北口己津子「21世紀の図書館情報学教育：KALIPER報告をを中心に」『同志社大学図書館学年報』Vol.27, 2001.5, p.60-71.；酒井由紀子「北米の図書館情報学教育の現況」『情報の科学と技術』Vol.52, No.7, 2002.7, p.354-363.

(10)　"iSchools Directory," *iSchools*, iSchools Organization. http：//ischools.org/directory/（2014年5月29日確認）

(11)　Wu, Dan, Daqing He, Jiepu Jiang, Wuyi Dong and Kim Thien Vo "The state of iSchools : an analysis of academic research and graduate education," *Journal of Information Science*, Vol.38, No.1, 2011.2, p.15-36. なお，当時インディアナ大学はSchool of Library and Information ScienceとSchool of Informatics and Computingが別々にiSchoolに参加していたが，のちに前者は後者に統合されている。

⑿ Chu, Heting "iSchools and non–iSchools in the USA: an examination of their master's programs," *Education for Information*, Vol. 29, No.1, 2012.3, p. 1-17.
⒀ "Conference Agenda," *iConference Berlin 2014*. https://www.conftool.com/iConference2014/sessions.php（2014年5月29日確認）

（古賀　崇）

2　イギリスにおける図書館情報学教育の概況

　イギリスの図書館情報学教育においては，20年近くも前から，伝統的な図書館学から情報マネジメントへの重点のシフトがみられた[1]。特に最近は，ビジネス情報やデジタル情報等と関連づけたコースが増えるなど，多様化が進んでいる。本節では，まずイギリスの図書館情報専門家協会（Chartered Institute of Library and Information Professionals: CILIP）が認定する図書館情報学関連コースを紹介し，現在の図書館情報学教育の特徴を考える。また，CILIPによる情報専門家の資格認定制度の現状とその他の取り組みを紹介する。

（1）大学における図書館情報学教育
①　CILIPによる図書館情報学関連コースの認定
　イギリスでは，1980年代に図書館専門職の資格試験が廃止され，専門職団体による図書館情報学コースの認定（Accreditation）制度がそれに取って代わった。現在は，CILIPが高等教育機関からの申請に応じて認定を行っているが，教育や学習体験の質等に加えて，カリキュラムの内容がCILIPが発表した『専門職の知識・スキルベース』（Professional Knowledge and Skills Base: PKSB）[2]に沿った内容であるかが審査基準となる。このPKSBは，図書館，情報，知識に関連する分野で働く人々に求められる多岐にわたるスキルをまとめたもので，①倫理と価値観，②それを中核とする専門知識と一般スキル，③職場の組織的背景や図書館・情報・知識セクターを取り巻く環境に関する理解，という3要素で構成される。

　このうち，②の専門知識と一般スキルは，前者が8項目（知識・情報の組織化，知識・情報のマネジメント，知識・情報の利用と探索，研究スキル，情報ガバナンスとコンプライアンス，レコードマネジメントとアーカイビング，コレクションの管理と構築，リテラシーと学習），後者が4項目（ITとコミュニケーション，顧客志向・サービスデザイン・マーケティング，プランの策定とマネジメント，リーダーシップとアド

ボカシー）に細分化されている。これらの項目は，いずれも6～10個の具体的なスキルで構成されるが，カリキュラムの多様性確保のため，各項目につきスキルの50％を学生に教えることが認定の最低条件となっている（①と③については100％）。認定は5年ごとの更新制であるが，コース内容に大幅な変更があった場合は，その限りではない。

② CILIPに認定されたコースの概要

2014年5月現在，17の大学がCILIPの認定を受けた図書館情報学関連コースを設置している。地域的な内訳は，イングランド10，ウェールズ2，スコットランド3，北アイルランド1，ドイツ1となっている。表4-6は，目下CILIPの認定を受けているイギリス内のコースの一覧である。CILIPがウェブサイトで公開しているデータを基に作成した。なお，U of Brightonは，コース再編のため，学生の募集を中止しており，Loughborough, Northumbria, Sheffield, Strathclyde, West of Englandは，現コースの認定期間が2014年末で終了する。表中のF, P, Dは，それぞれフルタイムコース，パートタイムコース，遠隔教育コースの略である。また，学位についてはFdSc = Foundation Degree（学士号コースの最初の2年に相当），BSc = Bachelor of Science（学士号，フルタイムでは通常3年），PG Dip = Postgraduate Diploma（大学院レベルの資格だが，通常120単位で取得可能で修士論文は不要），MA/MSc = Master of Arts/Science（修士号，フルタイムで約1年，通常180単位で修士論文の提出も必要）となっている。

③ 図書館情報学教育の趨勢

ここで，イギリス内の大学における今日の図書館情報学教育の特徴を把握するために，約10年前のCILIP認定図書館情報学コースと比較してみたい。当時も，現在とほぼ同じく16大学がCILIPの認定を受けた図書館情報学コースを提供していたが，コース数は学部課程が14，大学院課程が44であったのに対し，現在ではそれぞれ10（ファンデーションコース1つを含む）と34に減っている。10年前に比べると，いわゆる情報専門職の活躍の場は明らかに広がっているにもかかわらず，CILIPが認定するコースの数が大幅に減少しているという事実は，CILIPが掲げる図書館情報学の枠組みから外れたところで，大学側が情報専門職の養成を行っていることを意味する。ウムとフェザー（Um & Feather）(2007) は，図書館情報学における情報マネジメントスキルの比重が

表4-6 図書館情報学関連コースの開設校とコース名

大学名	学科・学部名	コース名	形態
Aberystwyth U	Institute of Management, Law and Information Science, Dept of Information Studies	BSc Information and Library Studies (Single Honours)	F/D
		BSc Information and Library Studies (Joint Honours)	F
		BSc Information Management (Major)	F
		BSc Information Management (Single Honours)	F/D
		BSc Business Information Management	F
		MA / PG Dip Information and Library Studies	F/D
		MSc / PG Dip Information Management (Research Training)	F/D
		MSc / PG Dip Management of Libraries and Information Services	D
		MSc Information Systems (Research Training)	F
		MSc / PG Dip Records and Information Management	F/D
		MSc / PG Dip Information Governance and Assurance	F/D
		MA / PG Dip Archive Administration	F/D
City U London	School of Informatics, Dept of Information Science	MSc/PG Dip Information Science	F/P
		MA/MSc/PG Dip Library Science	F/P
Cranfield U	School of Defence and Security, Dept of Informatics and Systems Engineering	MSc/PG Dip Information Capability Management	F/P
Glyndŵr U	Library and Information Management	BSc (Hons) Library and Information Management	P
		FdSc Library and Information Practice	P
King's College London	School of Arts and Humanities, Dept of Digital Humanities	MA Digital Asset and Media Management	F/P
Loughborough U	Dept of Information Science	BSc Information Management and Computing	F

第1章　図書館情報専門職養成の国際動向

		BSc Information Management and Business Studies	F
		MA/MSc/PG Dip Information and Library Management	F
		MSC/PG Dip Information and Knowledge Management	F
Manchester Metropolitan U	F of Humanities, Languages, and Social Sciences, Dept of Information and Communications	MA/PG Dip Library and Information Management	F/P
		MSc/PG Dip Information Management	F/P
Northumbria U	F of Engineering and Environment, Dept of Mathematics and Information Sciences	MA/MSc/PG Dip Information and Library Management	D
		MA/MSc/PG Dip Information and Records Management	D
		BSc (Hons) Librarianship	D
Robert Gordon U	School of Information and Media, Dept of Information Management	MSc/PG Dip Information and Library Studies	F/P/D
		MSc/PG Dip Information Management	F/P/D
		MSc Digital Curation	F/D
U College London	F of Art and Humanities, Dept of Information Studies	MA/PG Dip Library and Information Studies	F/P
		MSc/PG Dip Information Science (Post-experience)	F/P
U of Brighton	F of Science and Engineering, School of Computing, Engineering and Mathematics	MA Information Studies	F/P
U of Glasgow	School of Humanities, Humanities Advanced Technologies and Information Institute	MSc Information Management and Preservation (Digital)	F/P
		MSc Information Management and Preservation (Archives and Records Management)	F/P
U of Sheffield	F of Social Science, Information School	MA librarianship	F/P
		MSc Information Management	F/P
		MSc Information Systems	F/P
		MSc Health Informatics	P+D

		MSc Digital Library Management	F/P
U of Strathclyde	F of Science, Dept of Computer and Information Sciences	MSc/PG Dip Information and Library Studies	F
		MSc/PG Dip Information Management	F
U of Ulster	F of Social Sciences, School of Education	MSc/PG Dip Library and Information Management	P
U of the West of England	F of Environment and Technology, Dept of Computer Science and Creative Technologies	MSc /PG Dip Information Management	P/F

高くなり，ビジネス研究やメディア研究，コンピュータ科学，情報システム等の分野との関係も強まったことで，もともと図書館情報学教育に関心のない大学が情報マネジメントやIT，情報システム等の分野で学位を出し始めたと述べているが，その傾向は今も続いているといってよいだろう。

一方，現在CILIPに認定されているコースも多様化が進んでいる。表4－6からは，コースの所属も人文系，社会科学系，科学系とさまざまであることが分かる。また，コースの名称も，libraryやlibrarianshipよりinformation managementを掲げるコースが多く，以前はみられなかったknowledge managementやmedia managementといった言葉も使われている。

（2）CILIPによる資格認定制度

今日では，高等教育機関が授与する図書館情報学の学位それ自体が，専門知識とスキルを保証するものとして認識されているが，CILIPはそれを補完するかたちで，必ずしも教育課程に依らない，情報専門家のための資格認定制度を提供している。2005年，CILIPは新しい資格認定の枠組みを発表して，Certification→Chartership→Fellowshipという情報専門職のためのキャリアパスを明確に示した。従来の資格がCILIP認可の図書館情報学コースの学位をほぼ前提としていたのに対し，新たにCertificationという準専門職のためのステップが追加されたことで，学位をもたない者や他分野からの参入者にも門戸が開かれた。CILIPの認定を受けた大学院課程で修士号もしくはpostgraduate diplomaを取得すると，Charterlshipの段階から始めることが可能になる。CILIPは各段階で一定の要件を満たしている候補者に資格を付与するほか，各人が専門職として継続的な努力を続けているかどうかの認定も行う。

第4章　図書館情報専門職養成の国際動向

（3）職業資格や研修

大学の学位やCILIPの資格認定に加え，図書館情報学分野の職業資格（Vocational Qualification）を授与しているのが，政府公認で職業資格の授与を行う教育開発インターナショナル（Education Development International：EDI）である[6]。EDIは，カレッジ等を通じて，現在図書館アシスタントとして働いている人々を主な対象とした資格を授与している。また，正規の資格の授与は行っていないが，1990年代からイギリスの読書推進運動を先頭に立って引っ張ってきた団体 Opening the Book も，図書館関係団体と連携して，1万人を超える図書館職員に対して研修を行ってきた[7]。特に，図書館現場の第一線で活躍する職員を対象としたオンラインの研修コースは，イギリスのほぼすべての図書館サービスで採用されるなど，大きな影響力をもっている。

本節では，イギリスの図書館情報学教育について概観した。CILIPの認定を受けている課程に限定しても，その内容は多様化してきている上，独自に情報マネジメントや情報技術，情報システムなどのコースを提供している大学も多い。CILIPも，狭い意味での図書館学教育からの転換を図ってきたが，より大きな枠組みで情報専門職やその養成について考える必要があると思われる。

注

(1) Y. Um & J. Feather（2007）"Education for Information Professionals in the UK." *The International Information & Library Review*. 39：260-268.
(2) http://www.cilip.org.uk/cilip/jobs-and-careers/professional-knowledge-and-skills-base（2014年5月26日確認）
(3) http://www.cilip.org.uk/cilip/jobs-careers/starting-library-and-information-career/how-become-librarian-or-information（2014年5月26日確認）
(4) S. Parker（2005）"Education for Library and Information Science in the UK"（LIPER 講演会資料2005年2月12日於東京大学）内のリストを参考にした。http://www.flet.keio.ac.jp/~ueda/liperfiles/liperindex.html でアクセス可能。（2014年5月26日確認）
(5) 前掲(1)
(6) http://www.ediplc.com/index.asp（2014年5月26日確認）
(7) http://www.openingthebook.com/（2014年5月26日確認）

（Kaori Richards）

第Ⅰ部　戦後日本の図書館情報専門職の養成と教育

3　シンガポールにおける図書館情報学教育の変遷

　シンガポールは人口約549万人，東京23区ほどの面積で，天然資源がほとんどない小さな都市国家である(1)。1960年の独立時にはその存続すら危ぶまれていた小国であったが，教育・人材開発を重視することで着実な発展を遂げ，貿易・投資立国として今や一人あたりのGDPではアジアで1位となっている(2)。特に近年は，高等教育産業の強化・拡大を図っており，国内外の優秀な学生の確保に努めるとともに，専門職人材の育成，海外からの研究者・教員の招聘，欧米の有名大学の招致などを積極的に行っている。

　1990年代から急速に進んだ先進国化計画のもと，シンガポールの街並みも様変わりしている。中心部は観光施設やカジノ，大型ホテルなどが相次いでできたことで，国外からの観光客で非常に活気づいている。一方郊外の住宅エリアでは，都市計画の見直しとともに，公営住宅のリノベーションが行われ，モダンな教育・文化施設の建設が進むなど，生活環境の質が向上した。そのなかで公共図書館も，都市交通の整備に合わせて各ターミナル駅前に設けられ，市民の憩いの場，生涯学習の場としてすっかり定着している。

　だが図書館情報学教育はアジア諸国のなかでも後発であり，高等教育機関での専門教育が始まったのは1993年と新しい。さらにシンガポールの国情を反映して数度の改編が行われており，その過程で図書館情報学教育のあり方も変化している。そこで本節では，シンガポールにおける図書館情報学教育の変遷とその背景について，アジア諸国との簡単な比較もふまえながら，シンガポールでの図書館情報学の存在意義について検討する。

（1）アジア諸国における図書館情報学教育の始まり

　初めに東南アジア地域全体の図書館情報学の始まりについて，簡単に記しておきたい。

　アジア諸国で図書館情報学教育が始まったのは，第二次世界大戦後，独立を経て本格的な国家建設が進むようになった1950年代以降である。図書館員を養成するための図書館学教育の始まりには，アメリカ・イギリスなど欧米諸国の強い影響があったが，米英両国の図書館教育の援助手法には違いがあった。日本を含めアメリカの影響下にあった国々では，アメリカ図書館協会や民間財団

228

の支援によって多くの専門家が現地に派遣され,図書館員への研修を行い,図書館学校の設立にあたった。これらの学校が,後に図書館学の学位を授与する学部や大学院となった。

　一方イギリスでは,専門職の認定を学位ではなくイギリス図書館協会の会員資格としていたこともあり,イギリス連邦(British Commonwealth)の国々でも同会員資格の取得が奨励されていた。試験はイギリスで受験する他,イギリス国外で受験する方法(外部試験)が採られていた。なおイギリス国内では図書館学の大学教育は重視されておらず,内容も資格試験準備を目的としたものであったため,アメリカのように国外で図書館学の大学を開設するという教育援助は行われず,シンガポールでも図書館学校はつくられなかった。こうした背景がイギリス連邦の国々で,図書館学校の設立が遅れた一因となった。それでもシンガポール国内でイギリス図書館協会などの会員資格や学位をもつ「有資格者」は,1970年代初頭には100名ほどにのぼっていた。

　しかし1970年代に入り外部試験制度が廃止されたことで,隣国マレーシアなど,自国に図書館学校をつくる国も増えてきたが,シンガポールにはつくられなかった。シンガポール図書館協会が講習を行う試みはあったものの,専門職教育を受けるためにはイギリスやオーストラリアなどへ留学するしかなかった。結果として,1970年代から1980年代にかけて,シンガポールでは図書館学教育の空白期間が生じ,図書館情報学の資格・学位取得者はいても,国内に専門の教育機関やプログラムがないという状況が長く続いていたのである。

(2) 図書館情報学教育の始まり

　図書館情報学教育の始まりは,国家コンピュータ庁(National Computer Board)が発表した2つの政策文書にある。一つは,国の情報基盤を整備しシンガポールを「インテリジェント・アイランド」(intelligent island)とする計画書,*IT 2000 Report*(1992)である。もう一つが,シンガポールを「学習国家」(learning nation)と「知識のハブ」(knowledge hub)とするための図書館振興の計画書である,*Library 2000 Report*(1994)である。

　この2つの報告書は共に,21世紀での先進国化を目標とする国の開発計画をもとに,シンガポールを知識情報立国として発展させるための計画書として発表された。*IT 2000 Report*では,シンガポールの情報基盤の全体像が示されたが,*Library 2000 Report*では,図書館は情報基盤の一つとして位置づけら

れた。政府が情報政策を重視したのは，情報通信ネットワークが国際競争力を支える重要な要素であり，シンガポールが抱える国土面積や国内市場規模，人口の制約など，経済発展の制約条件を克服するための手段としての役割を担うとの認識があったからである。Library 2000 Report には図書館情報学の専門家の育成が示されるなど，国内で情報学の専門職教育を行う必要性が出てきた。

当時，国内の総合大学としては国立シンガポール大学（National University of Singapore）1校のみであったが，1991年に新たに国の西部のジュロン工業地帯にナンヤン工科大学（Nanyang Technological University）が開かれた。1993年には大学院応用科学研究科に情報学の修士課程（MSc in Information Studies）が50名の定員で開講した。当初はパートタイムコースのみであり，授業は夕方に行われ，修了要件は必修6科目と選択2科目，論文であった。情報学修士課程の目的は，図書館情報学や，情報マネジメント，コンピュータ技術などの学問分野を駆使し，付加価値のある情報製品やサービスを開発して届けることのできる，新たな情報サービスやシステムの専門家の教育にあった。最初のカリキュラムでは，幅広い情報分野のなかでも，特に図書館情報サービスを意識してつくられ，図書館情報学プログラムは「コース」として設けられた。

1997年には国立図書館庁との協定締結により，図書館職員向けの研修プログラムが始まった。Library 2000 Report の計画では，2000年までに国立図書館庁に280名の情報サービス専門家を養成することが計画されていたが，実際に講義を受けた職員によると，通常の夜間授業ではなく，図書館職員のみを対象とした集中講義等が昼間に行われ，現職のライブラリアンへの専門教育が計画通り進められた。研修開始から2年間で多くの修士号取得者が輩出され，国立図書館庁では，昇進にあたっては情報学の修士号以上を必要とするという人事の内部規定ができた。このように，開設当初のナンヤン工科大学の情報学プログラムにおいて，図書館情報専門職のための教育機関という位置づけが明確になされていたといえる。

（3）情報学プログラムの改編

1993年の開設以来，情報学プログラムに在籍する学生は，図書館職員かIT専門家をめざす学生のどちらかであった。カリキュラムは図書館情報学を意識しながらも，両方のニーズを取り入れた構成になっていたが，実際に授業が始まると，図書館学志向の学生からは図書館学関連の科目が少ないとの不満が挙

がり，逆にIT志向の学生からは，IT分野が不十分だという反応があった。ま(16)た国立図書館庁職員への教育が一段落したことで図書館情報学コースへのニーズも減り，一方でIT系を専門とする入学希望者が急増していた。

そこで2000年にカリキュラムの改編を行い，必修3科目に，選択Aグループから2科目，選択Bグループから4科目，および修士論文の提出を修了要件とする，現行カリキュラムの構成となった。そして学生の学習目的や修了後のキャリアに合わせて，新たに「図書館情報サービス」と「情報マネジメント・システム」の2つの研究領域（concentration）に分けた。また従来のパートタイム・プログラムに加え，フルタイム・プログラムが30名の定員で開かれた。こうした改編もあり，情報学修士課程全体への志願者数は，創設時は50名だったがその後着実に増え，2000年には420名，さらにカリキュラム改編後の2001年には700名が応募するなど，情報学プログラムへの人気は非常に高まった。

2002年に情報学研究科（Division of Information Studies）は，コミュニケーション学大学院（School of Communication Studies）に移動し，情報システム研究科，ナレッジマネジメント研究科，マスコミュニケーション研究科とともに，コミュニケーション・情報学部（Wee Kim Wee School of Communication & Information）を構成している。現在の情報学研究科の領域は，「情報学」（Information Science），「ナレッジマネジメント」（Knowledge Management），「情報システム」（Information Systems），「図書館情報学」（Library and Information Science），「記録文書と電子図書館」（Archives and Digital Libraries）の5つとなった。

（4）図書館情報学領域の変化

開設当初，情報学研究科は図書館情報学と情報マネジメント・システムの2領域だったが，改編により図書館情報学は5つある領域の一つとなり，研究科での存在意義が相対的に下がっていることが分かる。この背景について，学内の要因と学外の要因の両面から考えてみたい。

学内の要因として，図書館情報学領域の学生数が少ない点がある。情報学研究科への志願者を対象とした調査では，図書館情報学領域を希望したのは2000年で12%，2004年でも19%であった。もっとも人気のある領域は，情報マネジメント領域の35%，ついで情報システム領域の31%であった（2004年）。調査では志願者は自分の教育や職に関連した専門を選ぶ傾向にあることが分かった

が，図書館に関する仕事をしている人は13%のみであり，一方で情報関連の領域は業種を問わず好まれる傾向にあった[20]。業種を問わず応用可能な情報学系の領域に学生が集まるのは当然といえよう。

他のアジア諸国では，図書館情報学プログラムは，人文や社会科学の学部や学科に設けられることが多い。しかしナンヤン工科大学はかつて工業技術大学であり，創設時に情報学科が属した応用科学部もIT分野を元とする学部である。IT・情報領域を専門とする教員が多いこともあり，カリキュラム改編を行う過程で，学生の志望もあることから情報系科目が多い構成となり，図書館情報学の学内でのプレゼンスが下がっていったことが推察される。

また外的要因としては，将来のキャリアとの関連が指摘できる。図書館関連の仕事は限られていることから，図書館以外のキャリア形成に向けた教育をする必要があった。また国内および国外においてより高度なITスキルが求められる仕事が増え，キャリアチャンスが拡大していることも要因である。図書館の仕事は給料が安く地味な仕事という印象をもたれているので，優秀な学生ほど新しい時代の仕事である情報専門職を選ぶということもある[21]。経済的な成功を特に重視するシンガポール人気質としては，キャリアチャンスが限られている図書館情報学の領域は魅力的に映らないのである。

(5) 情報学教育の国際的な連携

現在，シンガポールにおいては，図書館情報学は独立した学問領域というよりも，情報学の一つのサブカテゴリーとして位置づけられている。南洋理工大学では，図書館情報学領域の学生向けの科目名にはいずれも「図書館 (library)」の語が付いておらず，伝統的な図書館学による「手作業によるコレクション開発」から，「情報通信コミュニケーションによる情報知識マネジメントの開発」へと，核となる科目が変化したことが表れている[22]。つまり図書館情報学を扱う機関が，従来の図書館学校 (Library School) ではなく，情報学教育の機関 (Information School) であるとの認識がなされている。こうした図書館情報学を内包するかたちでの情報学教育は，近隣のアジア諸国では，たとえばマレーシアのマラ工科大学 (Universiti Teknologi MARA) などが同様の位置づけで行っているなど，グローバルな規模で拡大している。

本章の第1節にもあるように，情報学教育の国を超えたネットワークが誕生している。一つがiSchoolであり，もう一つが2008年に結成されたアジア太平

洋情報学教育研究コンソーシアム（Consortium of iSchools Asia‒Pacific：CiSAP）である。CiSAPは情報学の教育と研究を行う高等教育機関によって構成されており，2008年12月に10カ国11大学で結成された。同じ情報学の教育機関の集まりであるiSchoolは北米やヨーロッパの教育機関によって構成されているが，CiSAPはアジア太平洋地域の大学からなり，会員や地域の環境などが多様であるなどiSchoolとはかなり違った特徴をもっている。[23][24]

「コストパフォーマンス」という言葉が日本でもよく聞かれるようになっているが，シンガポール人は日本人以上に費用対効果に敏感であり，それは教育に対しても同様である。南洋理工大学の卒業生数名に，教育と職とのつながりについてのインタビューを行ったことがあるが，図書館以外の職に就いている人は一様に，大学院時代の学費と時間に対する経済的効果を重視し，待遇面を重視して職選びを行っていたことが印象的であった。情報学領域がシンガポールで非常に人気があるのは，そうした経済的見返りが十分に見込めることが大きいと推察される。

近隣のアジア諸国でも1990年代に「図書館学」から「図書館情報学」へと，学部名称やカリキュラムの再編が進んだ。しかし国によっては情報学教育を十分に行えるだけの教育設備が整っていない教育機関や，大学で学んだ情報学のスキルを生かせるだけの職に就くことが困難な国もある。こうした国では図書館サービスも電子サービスよりは，印刷メディア中心のサービスを提供していることが多く，情報学科目よりも図書館学科目のほうが人気であることの方が多い。アジアにおける図書館情報学教育においては，シンガポールのような情報学を中心に展開する国と，図書館学を中心とする国に二分しているが，こうした傾向は今後も続くと思われる。

注

(1) 人口のうち，シンガポール人・永住者は384万人（2013年9月）。http://www.mofa.go.jp/mofaj/area/singapore/data.html （2014年5月31日確認）

(2) World Economic Outlook Database April 2014. http://www.imf.org/external/ns/cs.aspx?id=28 （2014年5月31日確認）

(3) 当時はマレーシアとのマラヤ連邦であった。なお同じイギリス連邦の国であっても，オーストラリア，インド，南アフリカなどでは早くから図書館学校がつくられているが，主にディプロマコース（postgraduate diploma）であった。

(4) Selvarani, Sabaratnam (1996) "Library Education and Training the Singapore Scenario," Khunying Maenmas Chavalit ed., *Introduction to ASEAN Education and Training*, Thailand : The ASEAN Committee on Culture and Information, p. 108.
(5) 講習は実質2年間で終了した。正規の教育ではなく内容のレベルも低いため，国が継続に強く反対し，打ち切りのような形になったとの話もある（2008年3月，国立図書館庁職員へのインタビューによる）。
(6) Khoo, Christopher (2005) "Educating LIS Professionals for Singapore and Beyond," Jessie Tan, et al., eds, *Celebrating 50 years of Librarianship in Malaysia and Singapore*, Library Association of Singapore and Persatuan Pustakawan Malaysia, p. 27.
(7) National Computer Board Singapore (1992) *A Vision of an Intelligent Island*, Singapore.
(8) Library 2000 Review Committee (1994) *Library 2000 : Investing a Learning Nation*, Ministry of Information the Arts, 1994, 171 p.
(9) 高安健一（2000）「シンガポールにおける情報化構想と経済発展」北村かよ子編『情報化の進展とアジア諸国の対応』アジア経済研究所，p.142-143.
(10) 南洋理工大学の前身は，中国の地以外で初めて設立された華語教育を行う南洋大学（Nanyang University）を母体とする，1981年創設の南洋技術専門学校（Nanyang Technological Institute）である。（田村慶子（2012）「シンガポールの華人社会と南洋大学の創設」『マレーシア研究』第1号，p.37 ; Nanyang Technological University "Our history," http : / / www.ntu.edu.sg / ABOUTNTU / CORPORATEINFO / Pages / Ourhistory.aspx（2014年5月31日確認））
(11) Higgins, S. E., & Chaudhry, A. S. (2003) Articulating the unarticulated elements of the information science paradigm. *Journal of Education for Library and Information Science*, 44(1), p. 5.
(12) Nanyang Technological University, Division of Information Studies (2000) *MSc in Information Studies*, Nanyang Technological University, p. 2.
(13) 前掲(8), p. 97.
(14) 国立図書館庁図書館職員へのインタビューによる（2008年3月）。
(15) 2008年3月，国立図書館庁・人事部職員へのインタビューによる。なお採用時の入職要件としては，分野を問わず学士号以上の学歴が必要となっている。
(16) 前掲(6), p. 27.
(17) Higgins, S. E., & Chaudhry, A. S. (2003) "Articulating the unarticulated elements of the information science paradigm," *Journal of Education for Library and Information Science*, 44(1), p. 216.
(18) 現在では「放送・映画学」「ジャーナリズム・出版」「広報」「コミュニケーション調査」と合わせ，5つの研究科となっている。
(19) 前掲(6), p. 30.
(20) Khoo, Christopher S.G., et al. (2004) "A cluster analysis of LIS students in Singapore," *Journal of Education for Library and Information Science*. 45 (1), Winter, p. 36-57. Khoo, Christopher S.G. & Chennupati, K.R. (20049 "Profile of LIS applicants selecting different

specializations," *Libri*. 54（2），p. 67-81
(21) Khoo, C., & Al‒Hawamdeh, S.（2000）"IT in the information studies curriculum : How much is enough? How much is too much?" *Singapore Journal of Information Management*, 29, p. 31-43.
(22) Miwa, Makiko（2006）"Trend and issues of LIS education in Asia," *Journal of education for library and information Science*, Vol. 47, No. 3, p. 167-180.
(23) 2014年現在，オーストラリア（5大学），中国（1大学），インド（1大学），日本（2大学），韓国（1大学），マレーシア（2大学），ニュージーランド（2大学），パキスタン（1大学），シンガポール（2大学），台湾（3大学），タイ（4大学）から構成されている。シンガポールはナンヤン工科大学と，シンガポールマネジメント大学が会員である。http : //www.cisap.asia/members.htm（2014年5月31日確認）
(24) Sugimoto, Shigeo, et al.（2013）"CiSAP : Collaboration Efforts among Information Schools in Asia‒Pacific," IFLA 2013 Satellite Meeting Workshop on Global Collaboration of Information Schools. http : //www.cisap.asia/docs/IFLA%202013%20Satellite%20 Meeting.Global%20collaboration%20of%20information%20schools.pdf#page=10（2014年5月31日確認）

（宮原志津子）

4　韓国における図書館情報学教育の歴史

（1）戦　前

　韓国における最初の図書館学教育は，1931年8月に実施された「図書館事項講習会」である。講習会の主催機関は朝鮮教育会や朝鮮図書館連盟であったが，実際に主管したのはほとんど国立中央図書館の前身である朝鮮総督府図書館であった。これは現職者に7日程度の短期間に分類や目録のような図書館の実務を習得させる目的で1943年まで9回にわたって行われたものである。韓国では初めての近代式図書館学教育として意義があるが，あくまでも現職者のための教育であり，司書の養成のための教育ではないことに限界がある。

（2）図書館法の成立以前（1945年～1962年）

　戦後3年間の米軍政期（1945. 9～1948. 8）を経て1950年代までは，1945年に設立された国立図書館の役割が非常に大きい。1946年4月には，1年課程の国立図書館附設国立図書館学校が設立され，韓国では初めて司書養成教育が行われた。この学校の入学定員は30名で，入学資格は30歳未満の高級中学校や師範学校の卒業者などで，当時の教育レベルとしては相当高いものであった。韓国

戦争の勃発で1950年に中断されるまで計5回77名の司書が輩出された。現職者教育と分離した司書養成のための図書館学教育が初めて実施されたことが特徴である。

　一方，図書館を含むアメリカの教育援助は米軍政期から多く行われたが，その政策は旧秩序を維持するレベルにとどまっていた。アメリカの援助は韓国戦争の勃発とともに1952年から再開され，教育政策の一環として大学レベルの図書館学教育の導入をもたらした。1956年8月，第4次教育施設団として派遣されたピーボディ教育大学は，教師教育の改善のための長期的な計画として「ピーボディプロジェクト」を遂行し，そのプロジェクトの一部として大学に図書館学科の創設を図った。これによって，1957年3月には私立の延世大学に文学部および大学院の図書館学科，1年コースの図書館学校，夏・冬休みの司書教諭コースが同時に開設された。前者は学位課程であり，後者の2つのコースは非学位課程である。プロジェクトが終わる1962年8月までの6年間，アメリカから派遣されたスウィガーやバージェス，クロスリンなどの図書館学専門家は，延世大学図書館学科の創設から安定した基盤づくりまできわめて重要な任務を果たした。延世大学で始まった図書館学教育は，1955年から教養選択コースとして図書館学教育を行っていた梨花女子大学にも影響を及ぼし，1959年に梨花女子大学に図書館学科が正式に開設されるなど，ほかの大学にも多くの刺激を与えた。[3]

（3）図書館法の成立以降（1963年～）

　図書館学教育が大学という高等教育機関で行われるようになったものの，司書資格が法的な地位を得たのではなかった。1945年に創立した韓国図書館協会が韓国戦争以降再創立されてから，もっとも力を注いだ事業は図書館法の制定であった。1955年から韓国図書館協会を中心とする図書館界の働きの結果，図書館法が成立したのは1963年のことであった。これによって司書資格の法的根拠が初めて確保され，大学レベルの図書館学教育が社会的に認められるようになった。図書館法の成立とともに中央大学（1963），成均館大学（1964）にも図書館学科が設置され，1974年には慶北大学をはじめとする地方所在の大学にも図書館学科が設置され始めた。特に，1970年代末から1980年代の初めまでには26の大学に図書館学科が設置されるなど，韓国ではこの時期において名実ともに学部レベルの図書館学教育が定着したといえる。

現在，司書養成のための図書館情報学教育は40の大学（5つの短大を含む）と3つの大学附設司書教育院で運営されており，一般的に短大は準司書，4年制大学は2級正司書，大学院の博士課程（修士は司書職の経験を加える）は1級正司書の養成コースとして位置づけられている。

注
(1) 国立中央図書館『国立中央図書館史』国立中央図書館，1973, p.225-231.
(2) 韓国図書館協会『韓国図書館協会60年史』韓国図書館協会，2005, p.34-110.
(3) この経緯については次の論文に詳しい。曺在順「1950年代韓国における図書館学教育の導入背景：「ピーボディ・プロジェクト」の展開を中心に」『日本図書館情報学会誌』Vol. 50, No.2, 2004, p.43-57.

(曺　慧麟)

5　韓国における司書養成制度の最近の動向
――法的根拠，養成機関，教育科目を中心に――

韓国で司書を養成するための教育機関は主に4年制大学（学部，大学院を含む），2年制大学，司書教育院に分けることができ，主に大学の学部課程で重点的に行われているといえる。講習会形式であるが，1931年にはじめて形式を備えた教育として「図書館事項講習会」が開催されて以来，多くの変化と発展が韓国図書館の司書養成制度で行われた。本節では，現在の韓国図書館司書養成のためにどのような法的根拠と教育機関があるかということと，これら教育機関で行われる教育科目について説明する。

（1）司書の資格基準および法的根拠

韓国の司書資格は1966年から発行された国家資格で1級正司書，2級正司書，準司書に区分されており，韓国図書館協会が文化体育観光部長官から委託を受けて資格証を発行している。

2012年2月17日に改定された図書館法第6条は，1)図書館は大統領令が定めるところにより，図書館運営に必要な司書，「初・中等教育法」第21条2項による司書教諭及び実技教師を置かなければならず，図書館運営に必要な電算の職員など専門職員を置くことができる。2)第1項による司書の区分及び資格要件や養成に関して必要な事項は大統領令で定める。3)国家および地方自治体は

図書館職員の専門的業務遂行能力向上のために努力して，その教育機会を提供しなければならない，と規定している。また，施行令第4条2項には司書の区分と資格要件が次のように示されている。すなわち，司書の資格証を受ける条件は，大学で文献情報学（図書館学，文献情報科，図書館科）を専攻して卒業した者，または法令でこれと同等の学力があると認められた者として文献情報学（図書館学，文献情報科，図書館科）を専攻した者（一定の単位履修後無試験で資格取得）と提示されるのである。2011年12月末現在，司書の資格証発行現況は計7万3339件である。その内訳は，1級正司書が1879件，2級正司書が4万2649件，準司書が2万8811件である。

　1級正司書は，1)「高等教育法」に規定された大学院で，文献情報学や図書館学博士号を受けた者，2) 2級正司書の資格証をもち，かつ高等教育法による大学院で，文献情報学や図書館学以外の博士学位を受けたり，情報処理技術士の資格を受けた者，3) 2級正司書の資格証をもち，かつ図書館勤務の経歴やそのほかに文化体育観光部令で定める機関で，文献情報学または図書館学に関する研究経歴が6年以上あり，高等教育法による大学院で修士学位を受けた者，4) 2級正司書の資格証をもち，かつ図書館などでの勤務経験が9年以上ある者で，文化体育観光部長官が指定した教育機関で文化体育観光部長官が定め，告知する所定の教育課程を履修した者，に発行される。

　2級正司書は，1)高等教育法に規定された大学（教育大学，師範大学，高等教育法第2条5号による遠隔大学，産業大学およびこれに準ずる各種学校を含む）で，文献情報学や図書館学を専攻して卒業した者，または法令でこれと同等の学力があると認められた者で，文献情報学を専攻した者，2)高等教育法による大学院で，文献情報学や図書館学の修士号を受けた者，3)高等教育法による教育大学院で，図書館学教育や司書教育を専攻して修士学位を受けた者，4)高等教育法による大学院で，文献情報学や図書館学以外の修士号を受けた者で，指定教育機関で所定の教育課程を履修した者，5)準司書資格証をもち，かつ高等教育法による大学院で修士学位を受けた者，6)準司書資格証を所持して図書館などでの勤務経験が3年以上あり，指定教育機関で所定の教育課程を履修した者，7)高等教育法による大学を卒業して，準司書資格証をもち，かつ図書館などでの勤務経験が1年以上ある者で，指定教育機関で所定の教育課程を履修した者，に発行される。

　準司書は，1)高等教育法による専門大学（専門学士の学位を授与するサイバー

〔cyber〕大学を含む)で,文献情報科や図書館科を卒業した者,またはそれと同等以上の学力がある者で文献情報科や図書館科を専攻した者,2)高等教育法による専門大学(専門学士の学位を授与するサイバー大学を含む)を卒業した者,またはそれと同等以上の学力がある者で,指定教育機関において所定の教育課程を履修した者,3)高等教育法による大学を卒業した者で,在学中に文献情報学や図書館学を副専攻した者,に発行される。

　ここで「図書館などでの勤務経験」とは,次の各機関で司書または司書行政業務を専任で担当して勤務した経験をいう。すなわち,1)国家または地方自治体の設立する公共図書館・専門図書館,2)法第31条１項および第40条２項にしたがい,地方自治体に登録された私立公共図書館・専門図書館,3)大学図書館,学校図書館,4)そのほかに小さな(Jag-un)図書館(読書を高める環境づくりのため政府が支援する,ある程度の規模の図書館)であり,設置母体として,国家機関および地方自治体,図書館に関する非営利法人も含まれる。また,外国の大学または大学院で,文献情報学または図書館学を専攻して学士号以上の学位を取得した者で,司書の区分別の資格要件と同等の学力があると文化体育観光部長官が認めた場合には,当該司書の資格証を発行できるとされている。

(2) 司書養成機関

　2013年現在,大学の文献情報学科教授協議会に登録された文献情報学科は４年制大学が35校,２年制大学が５校(計40校)で,文献情報学科または図書館学科が置かれている。このうち大学院修士課程を置いているのは28校であり,博士課程を置いているのは15校である。なお,16の教育大学院に文献情報学科が設置されている。

　図書館情報学(図書館学)または図書館専攻がある大学は以下のとおりである。

　　江南大学(Kangnam University),建国大学(Konkuk University),京畿大学(Kyonggi University),慶北大学(Kyungpook National University),慶星大学(Kyungsung University),慶一大学(Kyungil University),啓明大学(Keimyung University),公州大学(Kongju National University),光州大学(Gwangju University),ナサレ大学(Korea Nazarene University),大邱カトリック大学(Catholic University of Daegu),大邱大学(Daegu University),大林大学(Daelim University College),大眞大学(Daejin University),德成女子大学(Duksung

Women's University), 同徳女子大学 (Dongduk Women's University), 東元大学 (Tongwon College), 東義大学 (Dong‐Eui University), 明知大学 (Myongji University), 釜山大学 (Pusan National University), 釜山女子大学 (Busan Women's College), 祥明大学 (Sangmyung University), ソウル女子大学 (Seoul Women's University), 成均館大学 (Sungkyunkwan University), 淑明女子大学 (Sookmyung Women's University), 崇義女子大学 (Soongeui Women's College), 新羅大学 (Silla University), 延世大学 (Yonsei University), 梨花女子大学 (Ewha Womans University), 仁川大学 (Incheon National University), 全南大学 (Chonnam National University), 全北大学 (Chonbuk National University), 全州大学 (Jeonju University), 中部大学 (Joongbu University), 中央大学 (Chungang University), 昌原文星大学 (Changwon Moonsung University), 清州大学 (Cheongju University), 忠南大学 (Chungnam National University), 韓南大学 (Hannam University), 漢城大学 (Hansung University)

その他,文化体育観光部長官が指定した教育機関として,啓明大学司書教育院,釜山女子大学付設の釜山司書教育院,成均館大学併設の韓国司書教育院の3つの機関がある。

(3) 養成機関の教育科目(大学の文献情報学科に開設されている教育科目を中心に)

これら教育機関で開設している教育科目は学部基礎科目,専攻必修科目,専攻選択科目に分けられる。多くの文献情報学科では学科制から学部制に移行したが,専攻必修科目が減って,全体開設科目数に占める平均科目の割合は2009年現在,6.05%となっている。

図書館情報学で扱われる教科科目を8個の科目領域(異論を唱える研究者もいる)に分けると,その現状は次のようである。2009年現在,全国図書館情報学科で開設されている科目数は,文献情報学一般分野171科目,情報組織学分野126科目,情報調査・工学分野192科目,図書館情報センター経営学分野200科目,情報学分野258科目,書誌学分野57科目,記録管理学分野44科目,語学分野26科目であり,計1074科目である。これは,2004年の総科目数996科目から増えており,次第に各分野で科目数が増えつつあることが分かる。これらの科目を,文献情報学一般,情報組織,情報提供,図書館情報センター経営,情報

学，書誌学，記録管理学としてカテゴリー化してみると，各領域には次の事柄が含まれる。
- 図書館情報学一般：文献情報学概論，図書館史，文献情報学研究方法論，文献情報学セミナー，司書教諭制度と教育論，図書館と出版，著作権
- 情報組織分野：分類論，分類実習，目録理論，目録実習，非図書資料の組織化，メタデータ論，古文献組織
- 情報提供分野：参考情報サービス論，主題情報資料提供，学術情報の活用，非図書資料の活用，子どもや青少年資料サービス，人文社会学情報源，科学技術情報源，逐次刊行物，読書治療，読書教育，情報利用者論
- 図書館情報センター経営分野：蔵書開発論，各館種別図書館経営論，逐次刊行物管理，非図書資料管理，蔵書管理論，図書館建築，図書館情報協力，図書館文化プログラム
- 情報学分野：情報検索論，デジタル図書論，図書館システム運営，情報処理論，データベース構築，索引と抄録，インターネットサービスの構築，情報システム分析設計，知識構造論，計量情報学，マルチメディア論
- 書誌学分野：書誌学概論，東洋書誌，中国書誌，古典資料の理解，古書鑑定
- 記録管理学分野：記録管理システム，文書管理論，記録保存論，政府刊行物

　このような領域別分類と調整作業については，まだ韓国文献情報学界の課題として残されており，変化する社会のニーズに合わせて徐々に整備，充実され，再分類されるべきである。

　韓国では，文献情報学科または図書館学科を専攻した学生に，卒業と同時に司書の資格証を与えている。このような司書の資格証の提供に対して，文献情報学界で多様な意見が継続的に提起されている。現在，研究会，学術会，論文を通じてこのような制度の充実のための努力が絶えず行われている状況であり，特に資格を付与する方法と教育科目の整備について研究が活発に行われている。

参考文献

グヮクドンチョル「図書館情報学教育の本質と方向に関する考察」『韓国図書館情報学会誌』Vol. 42, No. 2, 2011, p. 69-83.

ノヨンフィ，アンインジャ「韓国図書館情報学教科課程に対する変化分析研究」『韓国図書館情報学会誌』Vol. 40, No. 2, 2009, p. 429-450.

「図書館法」第6条第2項および同法施行令第4条第2項

「図書館法」第46条および同法施行令第22条

韓国図書館協会　http://www.kla.kr/jsp/main.do（2014年4月30日確認）

(林　炯延)

6　中華民国（台湾）の図書館情報学教育百年史の概観

　本節では，中華民国図書館情報学の発展過程を，4つの時期に分けて明らかにする。すなわち，第1期は中国大陸時期の図書館学教育（1912年～1948年），第2期は台湾の図書館学教育の成長期（1949年～1979年），第3期は図書館学教育の発展期（1980年～1991年），そして第4期は図書館情報学の変容期（1992年～2011年）である。なお，中華民国政府を中心として論じることとし，日本統治時期における台湾の図書館学教育は含めない。

(1) 第1期：中国大陸時期における図書館学教育（1912年～1948年）

　中華民国の図書館学教育は，1920年にアメリカ人ウッド（Mary Elizabeth Wood, 中国名韋棣華，1861-1931）と沈祖栄（1884-1977）が武昌文華大学に初の図書館学校である「文華図書科」（Boone Library School）を開設したことから始まった。文華図書科は1929年に私立武昌文華図書館学専門学校となった。それはニューヨークのコロンビア大学にあった図書館学校の制度に倣ったものであり，中華民国における図書館人材養成機関として最初の図書館学校である。

表4-7　中国大陸時期の図書館学教育（1912年～1948年）の重要な出来事

1910年	・M. ウッドが「文華公書林」（Boone Library）を設立
1912年	・中華民国が成立
1914 – 1917年	・武昌文華大学の卒業生である沈祖栄と胡慶生がアメリカに渡り図書館学を専攻
1920年	・武昌文華大学に文華図書科を開設
1925年	・上海国民大学に図書館学科を開設
1926年	・文華図書科がアメリカ第二次義和団事件賠償返還金による資金援助を受ける
1927年	・金陵大学文学部に図書館学科を開設
1929年	・文華図書科が私立武昌文華図書館学専門学校となる
1931年	・M. ウッドが死去
1934年	・文華図書館学専門学校にアーカイブズ管理の特別講習を開設
1941年	・国立社会教育学院に図書館・博物館学科を開設
1947年	・国立北京大学に図書館学専修科を開設

第 4 章　図書館情報専門職養成の国際動向

（2）第 2 期：台湾の図書館学教育の成長期（1949年～1979年）

　この時期には，台湾の図書館事業の発展とともに，図書館人材養成教育が展開し始めた。アメリカ図書館界の積極的な協力により，5つの大学で図書館学科が開設された。なお，いくつかの大学院で図書館学の関連コースが設置されたにもかかわらず，図書館学研究科はまだ開設されていなかった。この段階では，教育部が図書館学科のカリキュラムに指導的な役割を担っており，中国図書館学会（中華民国図書館学会の前身）が司書の在職教育に取り組んでいた。

表 4-8　台湾の図書館学教育の成長期（1949年～1979年）の重要な出来事

1949年	・中華民国政府が台湾に移転される
1953年	・中国図書館学会（2005年中華民国図書館学会に改名）が成立
1954年	・国立中央図書館（国家図書館の前身）が台北にて復館される
	・国立台湾大学外国語学科で図書館学の授業を展開
1955年	・台湾省立師範学院が台湾省立師範大学（後の国立台湾師範大学）に昇格するとともに，社会教育学科を開設し，その学科内に図書館学専攻課程を設けた。これが台湾で初の図書館学校である
1957年	・台湾省立師範大学中国語研究科の目録学コースに院生 6 名入学
1961年	・国立台湾大学に図書館学科を開設し，文学部長沈剛伯が学科長を兼任し，准教授頼永祥が実際の学科に関する校務を司る
1964年	・私立世界ジャーナリズム・コミュニケーション専門学校に図書資料科を開設し，修業年限を 2 年または 3 年とする
1968年	・私立中国文化大学歴史学研究科に図書文物コースを設置
1970年	・私立輔仁大学文学部に図書館学科を設置し，昼間部と夜間部で学生募集
1971年	・国立中央図書館に「図書館学研究班」を開設し，大卒対象の授業を行う
	・私立淡江大学に「教育資料科学学科」を開設
1972年	・国立政治大学中国語研究科に目録学コースを設置，院生 5 名入学

（3）第 3 期：図書館学教育の発展期（1980年～1991年）

　図書館事業の盛んな発展や社会の科学技術人材ニーズにともない，この時期には，図書館学教育体制は，主に学部に学科を開設した制度から，修士や博士課程をも開設した制度に発展していった。教育部は依然として図書館学カリキュラムに指導的な役割を担っていた。1991年の「図書館学教育改善報告」ではさまざまな図書館学教育問題が検討された。たとえば，図書館学は情報科学と統合すべきだとか，カリキュラムが保守的で古く改善されるべきだとか，司書の人事制度が硬くて革新すべきだとか，図書館法を通過させるべきだといった点である。これらの問題は核心を突いており，次の変容期に積極的な働きかけがなされた。

243

表4-9　図書館学教育の発展期（1980年～1991年）の重要な出来事

1980年	・国立台湾師範大学社会教育学科に夜間部の図書館教育専攻課程を増設 ・教育部の許可により，国立台湾大学に図書館学研究科を設置し，修士課程を開設
1985年	・国立台湾師範大学に社会教育研究科を設置
1988年	・教育部の許可により，国立台湾大学図書館学研究科に博士課程を開設し，1989年から博士院生募集開始
1991年	・私立淡江大学に教育資料科学研究科を設置，その設置趣旨は図書館学，情報科学や視聴学資料作成に関する専門研究・教育や行政に携わる人材を養成することである

（4）第4期：図書館情報学の変容期（1992年～2011年）

　1995年に，教育部による共通必修科目の撤廃で，大学自身は必修科目を設定することができるようになった。1999年「アーカイブズ法」や2001年「図書館法」の制定にともない，図書館やアーカイブズ保存施設の発展が求められるようになった。この時期に図書館学校が5校から9校に増えたということは，図書館学教育の活力を示唆する。たとえば，図書館学校の図書館情報学科への改組，修士課程の急速な発展，学科あるいは研究科の改組，デジタル図書館情報学プログラムや短期研修クラス，社会人大学院コースなどの開設，多様化する専攻課程やプログラム，図書館情報学校への教育評価の実施，デジタル教育の実施などがある。

　本節は正規の教育を軸にして，1912～2011年の中華民国における図書館情報学教育の発展を4つの時期に分けて，図書館学校の成立，教育体系の整備，カリキュラムの作成や，図書館学と情報科学との統合などを検討した。図書館学が図書館情報学へ発展・変容しているなかで，いくつかの重要な出来事は次の①～⑧のようにまとめられる。

　①1920年に武昌で初の図書館学校が成立したが，台湾においては1955年に初の図書館学校が成立した。②1980年に初めて図書館学研究科修士課程が設置された。③1988年初の博士課程が設置された。④1993年に図書館学校が図書館情報研究科・学科に改組された。⑤図書館情報学校が5校から9校に増えた。⑥カリキュラム改正，たとえばデジタル図書館，ナレッジマネジメント，漢籍整理など。⑦継続教育の盛んな発展，たとえば単位制コース，社会人大学院，eラーニング修士課程や短期研修クラスなど。⑧多様化するプログラムの開設，たとえば図書館情報学以外に，アーカイブズ管理，情報コミュニケーション，デジタル出版やデジタルコレクションなどのプログラムが登場した。

表4-10 図書館情報学の変容期（1992年～2011年）の重要な出来事

1992年	・中華図書館情報学教育学会（CALISE）が成立 ・私立輔仁大学が許可を得て「図書館情報学科」に改名 ・空中大学（＝放送大学）人文学部に図書館学専攻課程を設置し，「図書館学概論」の講義を行う
1993年	・図書館学校が図書館情報学科へ改組
1994年	・私立輔仁大学に図書館情報学研究科を設置
1995年	・私立世新大学（前身は私立世界ジャーナリズム・コミュニケーション専門学校）に図書館情報学科を再設置 ・学問の自由や各大学の特色づくりのため，教育部が共通必修科目の要求を撤廃，各大学自身が必修科目を設定
1996年	・国立政治大学が図書館情報学研究科の設置を申し出
1997年	・国立台湾師範大学社会教育学科の図書館学専攻課程が図書館情報学専攻課程に改名 ・国立台湾大学図書館学科が図書館情報学科に改名
1998年	・私立玄奘大学人文社会学部に図書館情報学科を設置
1999年	・8月に国立中興大学図書館情報学研究科が第1期院生10名を募集 ・12月に国家図書館と国立政治大学が連携して図書館情報学修士課程単位制コースを開設，総計34名院生募集 ・私立輔仁大学図書館情報学研究科・学科で当学年前期の教育評価が実施される
2000年	・私立世新大学が図書館情報学研究科修士課程の設置を申し出 ・私立淡江大学教育資料科学学科が「情報・図書館学科」に改名 ・いくつかの図書館情報学研究科に社会人大学院コースを開設する。たとえば，私立世新大学図書館情報学研究科の「社会人大学院2年制コース」や国立台湾師範大学社会教育研究科の「学校図書館マネジメント専攻修士課程単位制コース」である
2001年	・私立世新大学図書館情報学科が「情報・コミュニケーション学科」に改名 ・国立台湾大学で図書館情報学科，ビジネスマネジメント学科，情報マネジメント学科や情報工学科が連携してナレッジマネジメントプログラムを開設
2002年	・国立政治大学図書館情報学研究科が「図書館情報・アーカイブス学研究科」に改名 ・国立交通大学電子情報学大学院の社会人修士課程に「デジタル図書館情報専攻」を開設 ・国立台湾師範大学に図書館情報学研究科を設置 ・図書館情報学単位制コースの開設：修士課程のレベルでは国立政治大学，国立台湾師範大学，国立中興大学の3校が単位制コースを開設，学部のレベルでは国立政治大学が「学校図書館司書研修クラス」や「アーカイブス管理単位制コース」を開設，国立中山大学が「高校図書館学校司書単位制コース」や「司書専門職在職研修クラス」を開設
2003年	・国立台湾大学図書館情報学研究科に社会人大学院修士課程を開設
2004年	・国立中興大学図書館情報学研究科に修士課程単位制コースを開設 ・国立政治大学図書館情報＆アーカイブス学研究科とアーカイブス管理局が連携して「アーカイブス管理入門クラス」を開設
2005年	・9月9日に中華図書館情報学教育学会（CALISE）が「2005年図書館情報学研究科長・学科長座談会」を開催，図書館情報学研究科・学科に所属する教員の専門研究分野に関する調査を行う ・国立台湾師範大学図書館情報学研究科にデジタル教育専門人材養成課程を開設 ・私立輔仁大学図書館情報学科が文学部を支援して漢籍整理プログラムを開設
2007 － 2009年	・国立中興大学，国立台湾師範大学，私立世新大学や国立政治大学では「デジタルコレクションプログラム」を開設
2009年	・国立台湾師範大学図書館情報学研究科に博士課程を設置 ・国立政治大学図書館情報＆アーカイブス学研究科が社会人向けのeラーニング修士課程を開設 ・国立台湾師範大学社会教育学科の図書館情報学専攻課程が募集停止 ・国立交通大学の社会人向けのデジタル図書館情報専攻修士課程が募集停止
2011年	・国立政治大学図書館情報＆アーカイブス学研究科が博士課程を設置

表4-11 台湾における図書館情報学研究科・学科一覧表

名称	設立	所在地	所属部局	教育課程	教員・学生
国立台湾師範大学社会教育学科図書館情報学専攻	1955年	台北市	文学部	学部(1955年～2009年), 2009年から募集停止	募集停止
国立台湾大学図書館情報学科	1961年	台北市	文学部	学部：1961年 修士課程：1980年～ 博士課程：1989年～	専任教員10名, 学生342名
私立世新大学情報・コミュニケーション学科	1964年	台北市	コミュニケーション学部	専門学校：1964年～1993年 学部：1995年～ 3年制専門学校卒業生向けの在職者研修プログラム：1998年～ 修士課程：2000年～	専任教員10名, 学生267名
私立輔仁大学図書館情報学科	1970年	新北市	教育学部	学部：1970年～ 夜間部：1970年～ 修士課程：1994年～	2010年文学部から教育学部に所属 専任教員11名, 学生555名
私立淡江大学情報・図書館学科	1971年	新北市	文学部	学部：1971年～ 修士課程：1991年～	元は教育資料科学学科, 2000年に改名 専任教員10名, 学生308名
国立政治大学図書館情報・アーカイブス学研究科	1996年	台北市	文学部	修士課程：1996年～ 社会人向けのeラーニング修士課程：2010年～ 博士課程：2011年～	専任教員6名, 院生33名, 社会人院生22名
私立玄奘大学図書館情報学科	1998年	新竹市	情報コミュニケーション学部	学部：1998年～	専任教員5名, 学生121名
国立中興大学図書館情報学研究科	1999年	台中市	文学部	修士課程：1999年～	専任教員5名, 院生37名
国立台湾師範大学図書館情報学研究科	2002年	台北市	教育学部	修士課程：2002年～ 博士課程：2010年～	専任教員7名, 院生62名, 社会人院生66名
国立交通大学社会人大学院デジタル図書館情報専攻	2002年	新竹市	電子情報学部	社会人修士課程：2002年～2009年	募集停止

出典：王梅玲「台湾図書館教育史（1954-2007年）」『台湾図書館事業與教育史研討会論文集』国立政治大学図書館情報・アーカイブス学研究科, 2007, p.69. に基づき, 現状に照らして作成。

謝辞

　本節は，原著者の国立政治大学図書館情報・アーカイブス学研究科の王梅玲教授の許可を得て，日本語に抜粋翻訳したものであり，原文の出典は，王梅玲「図書資訊学教育百年発展史」（蔡明月編『図書資訊学教育』五南図書出版社，2013, p.1-35.）である。本節を作成するにあたり，ご快諾いただいた王教授に感謝申し上げる。また，協力していただいた方々へ心から感謝の気持ちと御礼を申し上げ，謝辞にかえさせていただく。

（顔　淑娟）

資料

凡　例

1．収録範囲・対象

　本資料リストには1949年から2013年までの，日本の図書館情報専門職養成史に関係する項目を収録した。

2．構成・内容

　本資料リストは，各資料の資料記号，タイトル，サブタイトル，著者，提出者，日付，掲載誌タイトル，掲載誌巻号，掲載誌発行年月，掲載誌ページ等から構成されている。

　資料記号「専門」が付与されているものは専門課程，資料記号「司書」が付与されているものは司書養成の，資料記号「司教」が付与されているものは司書教諭養成のそれぞれの変遷に関わる主要一次資料リストである。専門課程，司書養成，司書教諭養成の複数の領域にまたがる資料には資料記号「共通」が付与されている。

3．年号について

　年月日は判明する範囲で記した。年，月，日が特定できない場合は，特定可能な範囲にとどめた。また資料原典自体の発表年月日が特定できず二次的に掲載された資料の年月日が特定できた場合は，掲載資料の年月日を日付に記した。

4．記述について

・資料リストのタイトル，サブタイトル，著者，提出者は資料に掲載されている表現のままにした。
・原文に則して旧漢字・旧かな遣いはそのままとした。
・原文の誤りと思われる箇所はそのままとし，上に（ママ）と記す。
・人名の表記に関しては，原資料に示されている通りとした。
・抄録されている法令や抜粋している議事録・大学課程設置認可申請書類等については，タイトルに続いて（抄）と表示した。
・原資料のレイアウト（改行，字下げ，空白）および表組み等は，内容を損ねない程度に変更したところがある。
・省略部分は（略）と表記している。
・原典で抜けている部分を追加する場合は，[　]にはさんで正しい文字等を入れている。
・原文が縦書きの場合は，各資料の末尾の出典に続けて「原典縦書き」と表記している。
・司書1，司書2，司書4，司書6，司書8，司書9，司書11，司書19，司書35，司書36，司書41，司書43，司教3，司教4，司教13，司教15，司教23，司教46については，出典に示したデータベースから，まずテキスト版をダウンロードし，それを同じデータベースのPDF版の原典に照らし合わせて，点検，修正作業を行った。

1
図書館情報学専門課程関係資料

- 専門1 圖書館員養成課程基準…252
- 専門2 Japan Library School Announcement Catalogue（1951年設置）…252
- 専門3 日本図書館学会設立の趣旨…264
- 専門4 図書館学教育基準…265
- 専門5 東洋大學社会學部増設認可申請書（1959年設置）（抄）…266
- 専門6 図書館短期大学設置要項（1964年設立）（抄）…268
- 専門7 慶応義塾大学大学院の専攻の増設について（1967年設置）（抄）…270
- 専門8 図書館短期大学文献情報学科設置要項（1971年設置）（抄）…270
- 専門9 慶應義塾大学大学院文学研究科博士課程図書館・情報学専攻　修士課程中国文学専攻設置協議書（1975年設置）（抄）…272
- 専門10 図書館・情報学教育基準…273
- 専門11 図書館・情報学教育の実施方法について（案）…274
- 専門12 図書館大学（仮称）の構想について（抄）…275
- 専門13 図書館情報大学設置計画書および図書館情報大学案内（1979年設立）（抄）…276
- 専門14 図書館・情報学教育に関する基準およびその実施方法…278
- 専門15 愛知淑徳大学文学部図書館情報学科設置認可申請書（1985年設置）（抄）…280
- 専門16 愛知淑徳大学文学研究科・修士課程・図書館情報学専攻設置認可申請書（1989年設置）（抄）…283
- 専門17 愛知淑徳大学文学研究科・博士課程・図書館情報学専攻設置認可申請書（1991年設置）（抄）…285
- 専門18 駿河台大学文化情報学部設置認可申請書類（1994年設置）（抄）…288
- 専門19 駿河台大学大学院文化情報学研究科設置認可申請書類（1999年設置）（抄）…295
- 専門20 東洋大学社会学部第1部メディアコミュニケーション学科設置認可申請書（2000年設置）（抄）…299
- 専門21 図書館情報大学（図書館情報学研究科改組後の）区分制博士課程大学院情報メディア研究科設置（2000年）に関する大学院等の概要（2000年設置）（抄）…305
- 専門22 筑波大学図書館情報専門学群（2002年）の設置に関する書類（2002年設置）（抄）…310
- 専門23 鶴見大学文学部ドキュメンテーション学科設置（2004年）届出書類（2004年設置）（抄）…323
- 専門24 駿河台大学大学院現代情報文化研究科設置届出書（2005年設置）（抄）…329
- 専門25 筑波大学情報学群知識情報・図書館学類（2007年）の設置に関する書類（2007年設置）（抄）…333
- 専門26 駿河台大学メディア情報学部及び心理学部設置届出書（2009年設置）（抄）…340
- 専門27 愛知淑徳大学人間情報学部設置認可申請書（2010年設置）（抄）…346
- 専門28 九州大学大学院統合新領域学府ライブラリーサイエンス専攻（修士課程）の設置（平成23年度開設）設置認可申請書（2011年設置）（抄）…350
- 専門29 愛知淑徳大学文化創造研究科設置認可申請書（2013年設置）（抄）…355
- 専門30 九州大学大学院統合新領域学府ライブラリサイエンス専攻の課程変更（平成25年度開設）（2013年設置）（抄）…359

資　料

専門1

圖書館員養成課程基準

$$\begin{pmatrix}昭和二十四年二月二十八日基準委員會にて決定\\昭和二十五年四月二十五日評議員會にて承認\end{pmatrix}$$

一、圖書館員養成課程は圖書館の任務を完全に且つ有效に果し得るための圖書館員の養成を目的とする。
二、圖書館員養成課程を必修科目と選擇科目に分ける。必修科目は二十單位以上とする。
三、圖書館員養成課程は四年制大學の第四年において，或は第三年及第四年に跨つて之を履修せしめることが出來る。その設置科目を例示すれば次のようなものである。

イ、必修科目	單位	ロ、選擇科目
圖書館學槪論，圖書館管理法	三	公共圖書館の諸問題
目錄法及び分類法（和漢書）	四	成人教育と公共圖書館
目錄法及び分類法（洋書）	四	讀書相談
圖書選擇法（和漢書）	二	圖書館宣傳法
圖書選擇法（洋書）	一	兒童圖書館
參考事務	四	農村圖書館並に地域圖書館制
實習，見學及び圖書整理實地	二	學校圖書館
計	二〇	大學圖書館管理法
		特殊圖書館の諸問題
		圖書及び印刷の歷史
		圖書館史
		英語（特に圖書館學に關するもの）

出典：『大學基準協會會報』財団法人大學基準協會，No. 5，1950年，p. 23 – 24. 公益財団法人大学基準協会の許可を得て転載。

専門2

JAPAN LIBRARY SCHOOL ANNOUNCEMENT CATALOGUE

KEIO UNIVERSITY
- Bulletin of Brochure -
JAPAN LIBRARY SCHOOL
（FACULTY OF LITERATURE）

1．Faculty Roster
2．Calendar
3．Establishment of a New School in the Faculty of Literature
4．What is Meant by Library Science, Librarianship, Library Studies
5．Who may enter the Library School

6. Directions and Procedure for Admission
7. Tuition, Scholarships, Housing
8. Instruction to be in English
9. Requirements for Graduation from Library School, Keio University
10. Practice and Observation
11. Concerning the Courses of Instruction, the Semester Programs and the Class Schedules

KEIO UNIVERSITY
JAPAN LIBRARY SCHOOL
(Faculty of Literature)

ADMINISTRATIVE OFFICERS OF THE UNIVERSITY FOR
KEIO – GIJUKU

Koji Ushioda .... President of the University
Takashi Hashimoto .... Director of Academic Affairs
Junzaburo Nishiwaki .... Dean, Faculty of Literature
Eiichi Kiyooka .... Director, International dept., and Liaison Officer

AMERICAN FACULTY AND STAFF OF THE LIBRARY SCHOOL
FOR THE AMERICAN LIBRARY ASSOCIATION AND SCAP

Robert L. Gitler, B. A., G. C. L., M. S.
.... Director of the School and Visiting Faculty, Library Science
Frances Neel Cheney, B. A., B. S., M. S. .... Visiting Faculty, Library Science
Bertha Margaret Frick, B. A., M. S. .... Visiting Faculty, Library Science
Hannah Hunt, B. A., B. S. in L. S. .... Visiting Faculty, Library Science
Edgar R. Larson, B. A., B. A. in L. S. .... Visiting Faculty, Library Science
Phyllis Jean Taylor, B. A., B. A. in L. S. .... Visiting Librarian – in – Charge

JAPANESE FACULTY AND STAFF OF SCHOOL
(to be announced)

II
CALENDAR, 1951 – 1952

KEIO UNIVERSITY ACADEMIC YEAR:
    April 1 – Sept. 30   First (Spring) Semester
    October 1 – March 31   Second (Fall – Winter) Semester

資　料

LIBRARY SCHOOL SEMESTER SCHEDULE

First semester :	2 April – 6 July	(143 weeks)
	Summer Recess	
	12 September – 28 September	(2weeks)
		165 weeks
	1 October – 20 December	(12 weeks)
Second semester :	Winter Recess	
	14 January – 14 March	(9weeks)
		21 weeks
		376 weeks, Total

SCHEDULE OF DATES, LIBRARY SCHOOL

Application period .... January – April
　　　　Interview, physical exams, etc., as arranged for by appointment.
First day for class assembly (Spring semester) .... Monday, 29April 1951
Founder's Day .... Monday, 23, April 1951
Summer Recess .... Monday, 9 July – Wednesday, 12 September 1951
Resumption of Classes, First (Spring) Semester .... Wednesday, 12 September 1951
Last day of classes .... Friday, 28 September 1951
First day for Class Assembly (Fall – Winter Semester) .... Monday, 1October 1951
Winter Recess (New Year, Christmas Holidays)......
　　　　............................Thursday, 20 December 1951 – Thursday, 10 January 1952
Resumption of classes, Second (Fall – Winter) Semester ...... Monday, 14 January 1952
Last day of classes .... Friday, 14 March 1952

NOTE : National holidays will be observed as proscribed by Keio University Administration.

TENTATIVE Summer School Program to be Held for In – Service Librarians
　　　　　　　23 July – 31 August
　　　　　　　　　1951

III
THE ESTABLISHMENT OF A NEW SCHOOL IN THE
FACULTY OF LITERATURE

　A new profession – – – a new activity – – LIBRARY WORK is developing in Japan today. To help sponsor and promote librarianship and also to provide well – trained librarians to serve and work with their fellow citizens of Japan in all types of libraries, a new professional library school is being established through the combined efforts of the American Library Association and the Supreme Commander for the Allied Powers.

Beginning with the new school year, 1 April 1951, the Library School will open its doors to qualified students − −young women as well as young men − − from all Japan. It is logical and appropriate, in a historical sense, that KEIO − gijuku has been chosen by the American Library Association as the University in which is being established the first national professional library school. It will be the first full year's course, incorporated as a part of university study, which is aimed at attracting students to this new field from all parts of the country.

The Library School will be a part of the Faculty of Literature and will be administered jointly by the Dean of the Faculty and the Director of the School.

This new venture is in the true Keio spirit and tradition of its revered founder, Fukuzawa Yukichi, one of the first truly modern men of Japan. He was liberal and progressive in his thoughts and actions in a time when it took great courage to stand apart from the crowd as an individual with new and creative ideas. His aspirations for Keio were high and far−seeing. It is in this forward looking tradition of Fukuzawa that the American Library Association is founding the Japan Library School withing(ママ) the framework of the Faculty of Literature on the Mita Campus of Keio−gijuku.

IV
WHAT IS MEANT BY LIBRARY SCIENCE, LIBRARIANSHIP, LIBRARY STUDIES

With the announcement of the establishment of the new Library School as a part of the Faculty of Literature at Keio University, much interest has been manifested in this new field of library work − −Librarianship. It is not surprising, therefore, that there have been many inquiries as to just what this subject is concerned with, what it is, and further, how it may be defined.

Librarianship, Library Science or Library Studies, are terms which may be used almost interchangeably. In America today they frequently are. For example, there is no more difference in the meanings of the terms Librarianship, Library Science and Library Studies in an academic sense than there is in the shades of meaning among the three terms Medicine, Medical Science and Medical Studies.

資　　料

It can be said that Library Science is that body of knowledge and special learning concerned with the acquisition, preservation, utilization and the making available of all sources and types of informational and inspirational material which meet the needs of persons in their contributions to the forward progress of society.

The professional librarian -- the graduate of a library school -- is the purveyor of library science and through the channel of the institution of the library he becomes the practitioner of librarianship, just as a doctor is a practitioner of medicine.

In short, Library Science offers preparation for a career to the person who has a broad education and who is keenly interested in books, people and life. Success and great personal satisfaction will be the reward of the librarian who is an outgiving, friendly person, who is intelligent, tolerant, imaginative and quick in understanding, and who is interested in making his contribution to the forward progress of Japan through the medium of Library Service.

V
WHO MAY ENTER THE LIBRARY SCHOOL

A. Matriculated (University Degree Candidates)

A new principle has been introduced into higher education (University and College) in Japan. In the past it has been traditional for students to complete their University and/or college studies in the same institution in which they began it.

This is no longer necessary for students who are preparing for a career of Library Service.

It should be noted that transfer students from other reputable universities and colleges will be accepted at Keio for admission to this new program of library science studies. And Keio students, also, may transfer from Faculties in which they have been studying to the Library Science program in the Faculty of Literature. The Library School will be open to those students who:
1. have completed satisfactorily their first two or three years of university or college work at a recognized institution of good standing.
2. are in good scholastic standing and can provide the Director and the Keio Administration with an official transcript (record) of their previous academic work.
3. are graduates of Keio or other universities and colleges of good standing.
4. can present letters of recommendation supporting their application to the Li-

brary School.

Transfer students may be admitted to the Library Science course at Keio on the basis of the excellence of their previous scholastic records. However, the University and the Library School reserve the right to have an applicant stand for entrance examinations where his previous academic record indicates the advisability of such procedure.

Students from other educational institutions who are admitted to the Library School program at Keio will receive credit for studies that they have completed elsewhere. With their entrance to Keio University, they may complete their university education and for the year's work in Library Science studies, they will receive their degree from Keio in accordance with the new uniform regulations pertaining to degrees now being instituted throughout Japan by Monbusho.

B. Non‑Matriculated (Non‑degree, special, auditor students)
A limited number of students will be accepted in the Library School as special, auditor or non‑degree candidates.

These may be persons who, although not eligible for a university degree because of their lack of previous college or university preparation necessary for admission to Keio University, are desirable applicants for the School because of their previous library experience or special recommendation.

They may enroll for the year's work. They will receive a certificate for the satisfactory completion of their studies in the Library School.

VI
DIRECTIONS AND PROCEDURE FOR ADMISSION

Interested persons who believe themselves qualified should if possible call in person or write immediately to the Director of the Library School :

Professor Robert L. Gitler, Director
Japan Library School (Faculty of Literature)
Keio University
Mita, Minatoku, Tokyo

資　　料

Candidates for admission should note and adhere to the following information and procedures in making application for admission.

1. At the time of presenting or mailing the application form (enclosed with this catalogue) the candidate should:

a. Include and enclose an <u>official</u> <u>transcript</u> — <u>the record</u> — of previous university and/or college studies.
b. Include and enclose a <u>money orderfor</u> ¥1500, the amount of <u>the application fee</u>.
c. Include and enclose two or three <u>letters</u> <u>of</u> <u>recommendation</u> from qualified persons who can write with some knowledge of the student's merit and potential as a candidate for admission to the School.
d. Enclose if possible, <u>an identification photograph</u>.

2. As soon as the Director, the Keio Admissions officers and the School's Faculty evaluate the student's application and record, he will be notified of the action taken by this group on his application.

3. If the student's previous record is such that no further examination is deemed necessary, the applicant will be notified of his admission (subject to his satisfactory passing of the physical examination to be taken after his arrival at Keio). Date of physical examination will be indicated with this notice of admission.

4. But if the student's previous scholastic record is such that he is required to stand for examination, he will be notified when he is to appear and what, approximately, the examination areas will cover.

VII
<u>TUITION, SCHOLARSHIPS, HOUSING</u>

A. <u>Tuition and other fees</u>. Tuition charges at Keio University for a full academic year is ¥12,000. Other charges are listed as follow:

  1. Application fee   ¥ 1500 (already noted above)
  2. Student fee   500 (for student activities, etc.)
  3. Transfer (entrance) fee   3000 (in lieu of Admission fee of ¥5000)
  4. Improvement fee (exempt) — — — —
     TOTAL FEES ¥ 17000

B. Steps are now being taken for the provision of a number of scholarships for students who can qualify for them. Scholarship assistance may be in varying amounts and form. Students should apply to:
> Professor Eiichi Kiyooka, Director of International Department

On their own initiative students may contact the Japan Scholarship Association and Monbusho.

C. Housing in the Tokyo area is crowded. Students are urged to plan carefully on the matter. The University maintains dormitories, but there is a waiting list for occupancy.

There is a student committee on the campus which endeavors to assist students in the matter.

VIII
INSTRUCTION TO BE IN ENGLISH

The faculty of this Library School have come from many of the leading library schools and libraries in the United States: Columbia University, George Peabody College, the University of Washington (Seattle), Western Reserve University, The Library of Congress, the Territorial Library of Hawaii.

The American faculty will be assisted by a Japanese staff. Instruction will be in English, but interpreters and translators will be in constant attendance to assist students and teachers in understanding each other. Although it is advisable and will be of great assistance for the prospective student to have at least a reading knowledge of the English language, failure to understand English will not necessarily block his admission to the School.

IX
REQUIREMENTS FOR GRADUATION FROM THE LIBRARY SCHOOL, KEIO UNIVERSITY

To receive the Keio University Degree in Library Science, students must meet the following requirements:

1. Students will have to their credit 4 years of college and/or university credit of

which 1 year or not less than 30 semester units will consist of Library Science studies satisfactorily completed. (24 units of required courses − − the balance in elective subjects in Library Studies)

2. Studies other than those in Library Science may consist of General Education and subjects elected in other Faculties at Keio and/or other institutions of similar standing.

3. It is expected that students will meet the general requirements for University graduation.

4. To receive credit for work taken in Library Science, students are expected to be in regular attendance. Unwarranted absences from classes will be cause for withdrawing students from the roles.

5. Non−matriculated students upon completion of at least 30 semester units of library studies will receive a certificate of completion.

X
PRACTICE AND OBSERVATION

Students enrolled in the Library School should plan to spend approximately four weeks, probably during the summer vacation, in an observation and practice assignment.

This will be carried on in one of the many American supervised libraries now operating throughout Japan.

It is planned to place each student under the supervision of a professional librarian. There is no pay for this experience, but it satisfies one of the requirements of the School's program.

COMPLETE LIST
OF COURSES

Course No.	Title	Professor	No. of Units
100	Libraries, Librarians and Society	Gitler	2
101	Social (adult) education and the Library	Gitler, Larson	2

102	The Organization, Administration and Management of Libraries	Larson, Cheney	2
110	Cataloging and Classification of Library Materials (Technical Processes of the Library)	Frick	3
111	Classification and Cataloging of Japanese and Chinese Materials (Part I)		1
112	Advanced Cataloging and Classification of Library Materials	Frick	3
113	Classification and Cataloging of Japanese and Chinese Materials (Part II)		1
120	Informational and Bibliographic Sources and Methods	Cheney	3
121	Japanese and Chinese Library Materials (Pt. I)		1
122	Informational and Bibliographic Sources and Methods, including Reference Service	Cheney	3
123	Japanese and Chinese Library Materials (Part II)		1
130	Book Selection and Reader's Advisory Service	Cheney, Larson	2

COMPLETE LIST OF COURSES

Course No.	Title	Professor	No. of Units
140	The School Library and its Management	Hunt	2
150	Library Work with Children and Young People	Hunt	2
151	Children's Literature and Story Telling	Hunt	2
160	Audio – Visual Materials in Library Service	Larson	2
170	Library Service for Farm (Rural) Areas and Villages — Regional Library Service	Hunt	2
180	The History of Books and Libraries	Frick	2
190	Education for Librarianship: The Library School and its Students	Cheney, Gitler and Staff	2
200	Practice and Observation	Gitler, Staff	

SEMESTER PROGRAM OF PROFESSIONAL COURSES

FIRST SEMESTER (SPRING):

Required:

Lib. 100	Libraries, Librarians and Society	Gitler	2
Lib. 110	Cataloging and Classification of Library Materials (Technical Processes of the Library)	Frick	3

資　料

Lib. 111	Classification and Cataloging of Japanese and Chinese Materials (Part I)		1
Lib. 120	Informational and Bibliographic Sources and Methods	Cheney	3
Lib. 121	Japanese and Chinese Library Materials (Part I)		1
Lib. 150	Library Work with Children and Young People	Hunt	2
Electives:			
Lib. 130	Book Selection and Reader's Advisory Service	Cheney, Larson	2
Lib. 140	The School Library and its Management	Hunt	2
Lib. 160	Audio-Visual Materials in Library Service	Larson	2
Lib. 200	Practice and Observation (to be arranged)		

SECOND SEMESTER (FALL-WINTER):

Required:			
Lib. 101	Social (Adult) Education and the Library	Gitler, Larson	2
Lib. 102	The Organization, Administration and Management of Libraries	Larson, Cheney	2
Lib. 112	Advanced Cataloging and Classification of Library Materials	Frick	3
Lib. 113	Classification and Cataloging of Japanese and Chinese Materials (Part II)		1
Lib. 122	Informational and Bibliographic Sources and Methods, including Reference Service	Cheney	3
Lib. 123	Japanese and Chinese Library Materials (Part II)		1
Electives:			
Lib. 151	Children's Literature and Story Telling	Hunt	2
Lib. 160	Audio-Visual Materials in Library Service	Larson	2
Lib. 170	Library Service for Farm (Rural) Areas and Villages--Regional Library Service	Hunt	2
Lib. 180	The History of Books and Libraries	Frick	2
Lib. 190	Education for Librarianship: The Library School and its Students	Gitler, Staff	2

SCHEDULE OF CLASSES:

First semester (Spring):

TIME	8:40	9:40	10:40	~~11—12~~ 11:40- 12:40	~~12—1~~ 12:40- 1:30	1:30	2:30	3:30
Monday		Lib. 120(3) Cheney	Lib. 120(3) Cheney			Lib. 110(3) Frick	Lib. 110(3) Frick	Lib. 140(2) Hunt

Day	8:40	9:40	10:40	11:40–12:40	12:40–1:30	1:30	2:30	3:30
Tuesday		Lib. 130(2) Cheney, Larson	Lib. 100(2) Gitler			Lib. 150(2) Hunt	Lib. 160(2) Larson	
Wednesday		Lib. 120(3) Cheney	Lib. 120(3) Cheney			Lib. 110(3) Frick	Lib. 110(3) Frick	Lib. 140(2) Hunt
Thursday		Lib. 130(2) Cheney, Larson	Lib. 100(2) Gitler			Lib. 150(2) Hunt	Lib. 160(2) Larson	
Friday		Lib. 120(3) Cheney	Lib. 121(1)			Lib. 110(3) Frick	Lib. 111(1)	

SCHEDULE OF CLASSES:
Second semester (Fall – Winter):

TIME	8:40	9:40	10:40	11:40–12:40	12:40–1:30	1:30	2:30	3:30
Monday		Lib. 180(2) Frick	Lib. 112(3) Frick	Lib. 112(3) Frick			Lib. 122(3) Cheney	Lib. 122(3) Cheney	
Tuesday		Lib. 170(2) Hunt	Lib. 102(2) Larson, Cheney	Lib. 101(2) Larson, Gitler			Lib. 151(2) Hunt	Lib. 160(2) Larson	
Tuesday								Lib. 190(2) Gitler & Staff	
Wednesday		Lib. 180(2) Frick	Lib. 112(3) Frick	Lib. 112(3) Frick			Lib. 122(3) Cheney	Lib. 122(3) Cheney	
Thursday		Lib. 170(2) Hunt	Lib. 102(2) Larson, Cheney	Lib. 101(2) Larson, Gitler			Lib. 151(2) Hunt	Lib. 160(2) Larson	
Thursday								Lib. 190(2) Gitler & Staff	
Friday			Lib. 112(3) Frick	Lib. 113(1)			Lib. 122(3) Cheney	Lib. 123(1)	

出典：慶應義塾大學文學部図書館学科設置認可申請書

資料

専門3

日本図書館学会設立の趣旨
(昭和27年（1952）4月28日発表)

　国立国会図書館の設置・図書館法の公布・学校図書館の設置と充実等，戦後一連の動きはわが国図書館活動の近代化とその活発化を語っております。

　これに伴って，新しい技術と有能な専門職員が強く求められ，従来文部省図書館職員養成所一ヶ所だけだった図書館職員養成機関も，ここ一，二年間に急激にふえて，二十に近い大学に図書館学の学科又は講座が開かれております。

　これに呼応して，図書館員が結成する団体も，古い歴史のあるものに加えて次々に発足を見つつあります。

　このような事実は，社会的要請に応えた図書館界の必然的な歩みとみられ，且つこの傾向は今後一層盛になると考えられます。

　しかしながらこのような現象は，基礎になる技術と理論すなわち図書館学の樹立と展開と裏ずけ(ママ)なしには，到底見事な結実は期待できないでありましょう。

　図書館学研究の現状は，個人として又は共同しての研究の意慾はみられますが，日常の雑務に追われ，且つ資料の不備並に経済的に恵まれない事情等のために遅々として進まないどころか，むしろ萎縮しつつある実情であります。

　この際これらの障害を排除して堅実で効果的な図書館学研究の足場を築くため既設の図書館関係団体の持つ研究機能を結集して一本にし，大学その他の関係者と個人研究者をも加えて新に学会を設立し，研究活動の相互援助と応分の助成の途を開くことがいかに必要であるかが痛感されます。

　既存の各団体は，従来以上に夫々独自な活動を続けながら，研究面だけの全国的な連絡機関の結成を目標にするものであります。

　幸にしてこの学会が発足できますれば，他の学界の進歩に伍して図書館学の新分野を開拓し，日本学術会議に代表者を送ると共に国家の研究助成金獲得のためにも有利な地歩の確立が期待されます。

　以上の趣旨をおくみとりの上，進んでご参加下さるようお勧めいたします。

　　　　　　　　　　　　　　　　　　　　　　　昭和二十七年四月二十八日
　　　　　　　　　　　　　　　　　　　　　　　日本図書館学会設立発起人一同

設立発起人氏名（ABC順）

安倍 能成	足立 正夫	秋岡 梧郎	天野敬太郎	青野伊豫兒	有山　崧
土井 重義	衛藤 利夫	古野 清人	今沢 慈海	石田幹之助	伊藤 亮三
伊藤 猷典	海後 宗臣	柿沼　介	蒲池 正夫	柄沢日出雄	加藤 宗厚
小出 憲宗	小池上春芳	金光鑑太郎	益宮 幸雄	松好 貞夫	三輪 計雄
森　清	村上 清造	中田 邦造	中村 祐吉	西村 精一	岡村 千曳
小野 則秋	大佐三四五	乙部泉三郎	阪本 一郎	斉藤　敏	仙田 正雄

1　図書館情報学専門課程関係資料・3，4

酉水　孜郎　　杉原　丈夫　　鈴木　賢祐　　田部　重治　　竹林　熊彦　　武田虎之助
田中　敬　　　土岐　善麿　　彌吉　光長　　渡邊　正亥
　　出典：日本図書館情報学会公式ホームページ　学会紹介　http://www.jslis.jp/aboutus/setsuritsu.html
　　　　（2014年5月31日確認）

専門4

図書館学教育基準

(昭和二九・四・廿七決定)

注意
(一) この分科教育基準は，特に必要のない限り「大学基準」で制定している部分を省いているから，必ず「大学基準」を参照すること。
(二) この分科教育基準は，一般的標準を表わしたものである。
一、目的
　図書[館]学教育はあらゆる図書館の機能達成及び活動に対し必要適切な学術を教授研究し，併せて社会の進展に資するための応用能力を展開せしめることを目的とする。
二、授業科目及びその単位数
　1　専門科目
　　イ、専攻科目はこれを左の四部門に分ける。
　　　(一)　基礎部門　六単位以上
　　　　　（図書館学概論，コミュニケーションと図書館，青少年と図書館，図書館史等）
　　　(二)　資料部門　八単位以上
　　　　　（図書選択法，調査及び書誌的資料，読書とその資料，視聴覚資料等）
　　　(三)　整理部門　八単位以上
　　　　　（図書目録法，図書分類法等）
　　　(四)　管理部門　六単位以上
　　　　　（図書館組織・経営，図書館施設・建築，図書館対外活動等）
　　ロ、関連科目は広く人文・社会・自然・応用科学の諸科目から選択して設定する。
　2　専攻科目は各部門を通じて合計三十八単位以上履修しなければならない。
　3　実習，演習は必ず行うものとする。
三、専攻科目担当の専任教員
　最少限四名を置く。その他適当数の助手を置くものとする。
四、施設
　授業，研究，実習に不可欠の専用図書室（児童，青少年用の集書を含む）を完備し，学内外の協力図書館と相俟つて（ママ），専門教育の効果を促進するよう運営するものとする。その他必要な展示材料，視聴覚器材，整理作業用器材を備えるものとする。

資料

　　備考　本基準は図書学科に於ける教育を対象とするものである。
　本基準は図書館学科における教育を対象とするものである。
出典：『大學基準協會會報』財団法人大學基準協會, No.21, 1954年7月, p.84-85. 公益財団法人大学基準協会の許可を得て転載。

専門5

東洋大學社会學部増設認可申請書（抄）

第一、東洋大学社会学部増設要項
（略）
三、目的及び使命
　本学は，明治二十年故井上円了博士の創立にかゝり，その建学の精神は，東洋古来の学術文化の本旨を究明し，その真髄を昂揚すると共に，広く欧米諸国の学問思想を摂取融合して，普遍的にして，しかも民族の佃 [手書きママ] 性豊かな新しい文化を創造しようとするところにある。
　このことは「哲学館創立の趣旨」に明らかに説かれているが，その高邁な理想に基く堅実な学風は，数ある私立大学中にあって極めて特色のある存在となっている。
　従って本学の教育目的は，この学祖建学の精神に則り，これを顕現発揚するため新時代に則応する教育体制を整備充実し，日本文化再建増進に役立つ国家有為の人材を養成することに外ならない。
　曩に本学は，新制大学として，文学部第一部・第二部，経済学部第一部・第二部，法学部第一部・第二部ならびに大学院文学研究科を設置し，鋭意前述の目的使命達成のため努力を重ねてきたのであるが，今回ここに文学部第一部・第二部に所属する社会学科を社会学部第一部・第二部に昇格させ，従来の社会学科のほかに特に応用社会学科を新設して，現代日本の要求する社会技師ソーシャル・エンジニアの養成を計りたい考えである。
　すなわち社会学科においては，理論社会学，社会誌学，民族社会学等の理論を教授するとともに，特に社会誌学においては社会調査の技術を，また民族社会学においては移民の問題を学習せしめ，社会調査技術員，海外移住指導者の養成を計りたい。
　既に本学においては大正末期から昭和初期にかけて社会事業学科，文化学科等が設置され，社会事業関係並びにマス・コミ関係の多数の人材を養成してきたが，不幸戦争中これ等学科が休止することとなったが，今回これを復活させて応用社会学科を設置し，社会福祉学，矯正科学の理論並びに実践技術を修得せしめ，これに図書館学を加えて社会福祉主事，保護士，司書，労務管理者等を養成し，現代社会の要求に応じたいと考える。

第七　修業年限　履修方法及び学士号
社会学部第一部応用社会学科　専門教育科目

学科目又は講座	必修単位数	選択必修単位数	選択単位数
1　必修科目			
社会学概論	4		
応用社会学概論	4		
社会調査及び実習	4		
社会心理学	4		
広報学	4		
卒業論文	4		
2　選択必修科目			
社会福祉学概論 AC		4	
社会福祉学方法論 A		4	
産業社会学 AB		4	
犯罪社会学 A		4	
図書館学 BC		4	
社会福祉学演習（Ⅰ）A		2	
社会福祉学演習（Ⅱ）A		2	
広報学演習（Ⅰ）B		2	
広報学演習（Ⅱ）B		2	
図書館学演習（Ⅰ）C		2	
図書館学演習（Ⅱ）C		2	
社会福祉学特講 A		4	
社会福祉学実習（Ⅰ）A		2	
社会福祉学実習（Ⅱ）A		2	
広報学特講（Ⅰ）B		4	
広報学特講（Ⅱ）B		4	
広報学特講（Ⅲ）B		4	
広報学特講（Ⅳ）B		4	
図書館学特講（Ⅰ）C		4	
図書館学特講（Ⅱ）C		4	
図書館学特講（Ⅲ）C		4	
図書館学特講（Ⅳ）C		4	
3　選択科目			
社会政策			4
人口問題			4

資　料

経済史			4
経済政策			4
経営学総論			4
政治学概論			4
憲法			4
民法			4
行政法			4
労働法			4
矯正保護法制			4
人文地理学			4
宗教民族学			4
産業概説			4
職業指導			4
	24	72	60
備考 (一) 選択必修科目のＡ・Ｂ・Ｃの区分を次の通りとする。 Ａは社会福祉学を主として履修するもの Ｂは弘報学（ママ）を主として履修するもの Ｃは図書館（学）を主として履修するもの 学生はＡ・Ｂ・Ｃの区分に従い夫々二十八単位以上を履修するものとする。			

出典：東洋大學社会學部増設認可申請書

専門6

図書館短期大学設置要項（抄）

一　設置要項

目的または事由

　最近諸科学の進歩殊に科学技術の急速な発達にともない図書およびその他の資料は膨大な量に達している。これらの図書資料を収集，整理，保存して迅速適確な図書館奉仕を行うためには高度の知識と技術とが強く要求されている。この時代の要請にそい図書館学の研究と図書館経営の中核となる専門職員を教育するため現在の図書館職員養成所を組織替えして，図書館短期大学を設置せんとするものである。

授業科目の概要　図書館科

授業科目	単位数			備考
	必修	選択	自由	
（専門教育科目）				必修を含め五〇単位以上
図書館通論	四			
図書館史	二			
図書館資料概説	四			（図書選択法を含む。）
人文科学資料		二		⎫
社会科学資料		二		⎬ 二科目四単位選択必修
自然科学資料		二		⎭
児童・青少年文献			二	
視聴覚資料			二	（整理法を含む。）
図書分類法	四			
図書目録法（洋書）	二			
図書目録法（和書）	二			
図書整理法演習	四			
古文献整理法			二	
特殊資料整理法			二	
ドキュメンテーション			二	
図書館経営論	二			
公共図書館運営法		四		（対外活動を含む。）
大学図書館運営法		二		⎫
学校図書館運営法		二		⎬ 四単位選択必修
調査図書館運営法		二		⎭
資料運用法	二			
レファレンス・ワーク	二			
資料運用法演習	二			（レファレンスワーク演習を含む。）
読書指導			二	
図書館施設論			二	
社会教育施設論	二			
コミニュケーション概説（ママ）			二	
図書学			二	（出版史を含む。）
社会調査			二	
図書館実習	二			

出典：図書館短期大学設置要項

資　料

|専門7|

慶応義塾大学大学院の専攻の増設について（抄）

一、設置要項
目的または事由

　本邦唯一の図書館学科が本塾大学文学部に開設されて以来，今春を以て満十五年を迎えたので，これを機会に同学科を基礎とする図書館・情報学専攻を大学院文学研究科に増設するものである。

　本来図書館学は，人間の知的所産である記録資料の組織化および総合的利用に関する研究ならびにその実施に当る高度の職能人の養成に関わるものであるが，近来学問領域の如何を問わず，学術研究・開発の急速な変革・発展に即応し，それに関わる情報の特性の把握および処理に関する科学的研究推進の体制が要求されるに至つたので，情報に関する研究水準を高め，同時に基礎的研究能力を付与し，高度の専門的職能を開発することを目的とし，まず修士課程を設置するものである。

〈カリキュラム〉
三、学部及び学科別学科目又は講座に関する書類
学部及び学科別学科目又は講座
文学研究科　新設　図書館・情報学専攻　修士課程

授業科目	単位数	授業科目	単位数
		同　　　Ⅱ	4
情報学特論	4	情報検索特論Ⅰ	4
情報分析論Ⅰ	2	同　　　Ⅱ	2
同　　　Ⅱ	2	同　　　Ⅲ	2
同　　演習	2	同　　演習Ⅰ	2
情報システム特論	4	同　　演習Ⅱ	2
同　　演習Ⅰ	2	同　　演習Ⅲ	2
同　　演習Ⅱ	2	情報処理機械論	4
研究調査法Ⅰ	4	計	44

　　出典：慶応義塾大学大学院の専攻の増設について

|専門8|

図書館短期大学文献情報学科設置要項（抄）

一、設置要項
　目的または事由
　　近年，学術研究や技術開発の分野における情報活動の果す役割がきわめて重要視され，

かつ、最近のぼう大な文献情報の生産とあいまって、その能率的、経済的な処理が強く望まれている。

一方、科学技術の急速な進歩は、文献情報の収集、整理、提供の処理技術の能率化を求めて、その機械化技術の研究開発をうながし、図書館は、いわゆる情報化社会の一翼を担う図書館として変革するため、各業務の機械化による処理技術を導入するすう勢にある。

文献情報学科は、この情報処理技術の進歩に伴う文献情報活動に対応できる専門的職員の教育を目的としたものであり、かつ短期大学(ママ)の教育水準にも配慮して、アシスタント・ドキュメンタリストとしての知識と能力を教授するものである。

（注）既設の図書館学科（一二〇名）を、図書館学科（八〇名）文献情報学科（四〇名）に分離改組するものである。

授業科目の概要　（新設）文献情報学科　専門教育科目

授業科目	単位数		
	必修	選択	自由
ドキュメンテーション総論			
ドキュメンテーション概説	四		
情報センター経営論	二		
情報理論概説Ⅰ	二		
情報理論概説Ⅱ		二	
図書館学Ⅰ			
図書館概論		二	
図書館史		二	
図書学		二	
大学図書館運営法		二	
専門図書館運営法		二	
特許資料図書館運営法		二	
図書館学Ⅱ			
図書館資料論		二	
人文科学資料概説		二	
社会科学資料概説		二	
自然科学資料概説		二	
科学技術資料概説		二	
資料整理論		四	
資料整理演習		二	

資　料

情報処理技術論 I			
文献情報収集選択法	二		
比較目録分類法		四	
情報解析論	二		
情報解析演習	一		
情報蓄積法	二		
情報蓄積演習	一		
検索法	二		
検索法演習	一		
情報処理技術論 II			
電子計算器プログラミング I	二		
電子計算器プログラミング II		二	
機器操法	二		
機器操法実験	一		
情報利用法			
文献情報作成法		二	
ドキュメンテーション標準化	二		
文献複製・配布論	二(ママ)	二(ママ)	
文献複製実験		一	
関連科目			
自然科学概論		二	
コミユニケーション論		二	
外国書講読		二	
実習			
図書館実習	二		

出典：図書館短期大学文献情報学科設置要項

専門9

慶應義塾大学大学院文学研究科博士課程図書館・情報学専攻修士課程中国文学専攻設置協議書（抄）

一、設置要項

目的または事由

　本邦で最初の図書館学科が本塾大学文学部に開設されて以来二十年を超えるに至った。その間満十五年を機会に同学科を基礎とする図書館・情報学専攻を大学院文学研究科に

増設したが、当時はまず修士課程を設置するにとどめたのである。本来図書館・情報学は人類の智的所産である記録資料の組織化及び総合的利用に関する研究並びにその実施に当る高度の職能人の養成にかかわるものであるが、近年、学問領域の如何を問わず、さらに個別領域を超えて、学術研究の急速な発展に即応し、さらに社会の文化的要求の深化にも即応するため、それに関わる情報の特性の把握、処理ならびに受容に関する学術研究推進の体制が要請されるに至った。

　博士課程は修士課程を基盤とし、独創的研究によって学問的水準を高め、研究を指導する能力を養成することを目的とする。

（略）

三、学部及び学科別学科目又は講座に関する書類

新設　文学研究科　図書館・情報学専攻　博士課程

授業科目	単位数	授業科目	単位数
情報メディア特殊研究Ⅰ	4	情報処理特殊研究演習Ⅰ	4
情報メディア特殊研究Ⅱ	2	情報処理特殊研究演習Ⅱ	4
情報メディア特殊研究Ⅲ	2	情報システム特殊研究Ⅰ	4
情報メディア特殊研究演習Ⅰ	4	情報システム特殊研究Ⅱ	2
情報メディア特殊研究演習Ⅱ	4	情報システム特殊研究Ⅲ	2
情報処理特殊研究Ⅰ	4	情報システム特殊研究演習Ⅰ	4
情報処理特殊研究Ⅱ	2	情報システム特殊研究演習Ⅱ	4
情報処理特殊研究Ⅲ	2	計	48

出典：慶應義塾大学大学院文学研究科博士課程図書館・情報学専攻　修士課程中国文学専攻設置協議書

専門10

図書館・情報学教育基準

（五二・二・一五　理事会決定）

一、目的

　図書館・情報学教育は、図書館・情報学に関する学理および技術を教授し、あわせてその応用能力を展開させることを目的とする。

二、授業科目およびその単位数

　専門教育科目は、専攻科目と関連科目に分ける。

　1、専攻科目

　（一）専攻科目は、これを左の四部門に分ける。

　　（1）基礎部門（六単位以上）必要に応じ演習を行うものとする。

　　　（図書館・情報学概論、図書館史、社会と図書館、学術の発達・普及と図書館等）

資　料

　　（２）メディア・利用部門（八単位以上）必ず実験または演習を行うものとする。
　　　　（情報メディア論，参考調査資料論，参考調査演習，情報要求調査等）
　　（３）情報組織部門（八単位以上）必ず実験または演習を行うものとする。
　　　　（情報組織論，分類・目録法，情報検索，情報流通技術論等）
　　（４）情報システム部門（八単位以上）必ず実験または演習を行うものとする。
　　　　（情報システム論，情報システム管理，図書館建築，図書館機械化論等）
　（二）右の他に図書館・情報学実習（二単位以上）は必ず行うものとする。
　（三）専攻科目は実習を含め，各部門を通じて合計三十八単位以上を履修するものとする。
　２、関連科目
　　関連科目は，広く人文・社会・自然・応用の諸科学から選択して履修するものとする。
　　（哲学，論理学，言語学，文学史，教育学，社会学，経営学，数学，自然科学通論，生理学，心理学，情報工学等）
三、その他
　その他の事項に関しては，大学規準および大学設置基準によるものとする。
備考
１、本基準は，図書館学教育基準（二九・四・二七決定）を改訂したものである。
２、本基準は，図書館・情報学部における教育基準であるが，大学の学部において，図書館・情報学科を設けた場合にも本基準によるものとする。

出典：『会報』財団法人大学基準協会，No.35，1977年12月，p.68－69．公益財団法人大学基準協会の許可を得て転載。

専門11

図書館・情報学教育の実施方法について（案）

（五二・二・一五　理事会決定）

　図書館・情報学の教育に関しては，左のような事項に留意して実施することが望ましい。
一、専攻科目の専任教員数
　専攻科目の各部門ごとに最少限一名の専任教員を置き，その他適当数の助手を置くものとする。
二、授業方法
　授業は，講義，実験，演習および実習のいずれかにより，またはこれらの併用により行うものとする。
三、施設設備等
　教育と研究に不可欠な図書・雑誌その他の資料および施設設備を用意し，またそれに必要な機器材を備えるものとする。

出典:『会報』財団法人大学基準協会，No.35，1977年12月，p.68-69．公益財団法人大学基準協会の許可を得て転載。

専門12

図書館大学（仮称）の構想について（抄）

1 意義及び目的

現代における激しい社会変動，科学技術の進展などは，通信交通手段の発達，コンピュータ等による情報処理技術の高度化と相まって，情報の生産と流通を飛躍的に増大させ，人間は，個人と集団とを問わず，日常的な判断から高次の意志決定に至るまで，情報の処理と選択を欠くことのできない要件とするに至った。

このような情勢のもとで，人間の知的所産の保存を中心にしてきた長い伝統と歴史を有する図書館は，一大転換を求められ，過去から今日この瞬間にいたるまでのすべての情報を組織的に把握し，体系化し，それらの中から需要者が最も必要とする情報を，迅速に，確実に，かつ，個別的に供給するという役割が著しく増大することとなった。

とりわけ，学術情報については，学際的，国際的研究交流の急激な進展，研究組織の大型化，スピード化とともに，学問研究を常に国際的水準に維持していくためには，学術情報の有効適切な供給が不可欠であり，いわば，「情報を制するものは学問を制す」という事態は，より国家的なレベルで現出している。さらに，この現象は，社会のあらゆる分野に及びつつあり，企業体等における研究開発のための産業情報の供給はいうまでもなく，これに対応できる新しい職域の開拓は，緊急の課題となってきている。

また，地域社会における市民に必要とされる，いわば，市民情報の供給は，地域産業の育成開発のための資料提供，郷土資料の保存，生涯教育，児童図書サービスへの対応等と相まって，図書館利用の生活化を目ざして著しく領域を拡大するとともに，重要性を増してきている。

すなわち，今日の図書館情報活動は，対象としての情報の面でも，供給形態の面でも，多面化するとともに，より高度な知識と技術を必要とするようになり，これに適切に対応するために必要な知識・技術と豊かな教養を身につけた専門職員の養成は，国家・社会の強く要請するところとなっている。

以上のような趣旨から，筑波研究学園都市に創設される本大学は，図書館情報学に関するわが国では唯一の大学として，情報の蓄積・伝達・利用の諸現象及びこれらの効果的な実践の方途を理論的・実証的に研究するとともに，その学理のもとに，個別科学にかたよらない横断的，学際的知識と情報の全般にわたる総合的な知識を基盤にもち，情報の諸現象を社会的，歴史的に把握し，その組織化に必要な知識・技術，とりわけ技術革新の最新の成果を駆使することのできる，いわばシステム設計にたえられ，かつ，図書館（情報センター）の経営能力をそなえた専門職員を養成することを目的とするものである。

資　料

　なお，頭脳都市に設けられる本大学は，知識情報に係る有力な教育研究機関として，他の諸機関との情報サービスの面を主とした活発な連けい協力，地域社会との密接な結びつきを配慮することにより一層その目的をはたしうるものといえる。

2　教育研究の基本構想
　現代の情報化社会においては，もはや，従来の教養的図書館学ないし，短期大学制度による情報処理の基本技術の修得に終始するアシスタント・ライブラリアンの教育では，社会の要請に対応しえないことは，明らかである。
　本大学においては，単なる技術の教育訓練を超えて，情報の洪水に流されることなく，これに主体的，積極的にとりくんでいくことにより，情報化社会における人間性の回復を目ざして，教育研究を推進するものとし，この理念を体して変動する社会に弾力的に適応できる「科学的な職業人」，すなわち，図書館（情報センター）はもちろん，調査所，研究所，産業界の資料室，調査室等情報蓄積を基礎とする諸機関においても，先駆的に活動のできる，インフォーメイション・サイエンテイストあるいはインフォーメイション・オフイサーと称されるような専門職員の育成と，そのための研究開発を行うものとする。
（1）図書館情報活動を科学的に把握し，整序し，体系づけ，これにはたらく諸原則を解明し，情報社会が要請する新しい図書館情報活動に寄与する実践的な開発研究を行う。
（2）広い学問領域にわたる総合的な基礎知識を背景に，図書館情報活動に必須の専門的知識・技術とこれを再構成していく応用能力を備えさせ，かつ，ライブラリアンシップを養う教育を行う。
（3）教育研究体制は，従来の学問体系等にとらわれることなく，実践の場との有機的な関連のもとに科学技術の進展及び社会の要請に柔軟に対応しうるよう編成する。
（4）新しい時代の「開かれた大学」として，現職者教育，生涯教育等に積極的にとりくむとともに，地域住民に情報提供を行うなど，大学教育及び施設の開放を本大学の使命の一つとして対応する。
（5）国際的な学術交流を推進するものとし，外国人留学生の受入れはもとより，海外の大学，研究機関との教員及び学生の交流を積極的に行う。

　　出典：図書館大学（仮称）創設準備委員会『図書館大学（仮称）の構想について』図書館大学（仮称）創
　　　設準備委員会，1978年，p.1-2．

専門13

図書館情報大学設置計画書および図書館情報大学案内（抄）

大学等の概要を記載した書類
目的

情報の蓄積，伝達，利用の諸現象及びこれらの効果的な実践の方途を理論的・実証的に研究するとともに，その学理の下に，個別科学にかたよらない横断的，学際的な知識と情報の全般にわたる総合的な知識を基盤にもち，図書館情報学に関する知識と技術を身につけた，基幹図書館職員及び情報処理専門職員を養成する。

『図書館情報大学案内』図書館情報大学創設準備室
本学のめざすもの

　現代は情報化社会ともいわれているように，私たちは日々生みだされる膨大な情報の洪水のなかで，ひとりひとりの生活においても，また国，地方公共団体，企業，学校，研究所などにおける諸活動においても，「情報」の適切な選択と処理を欠いては何をすることもできなくなってきています。

　このような社会情勢のもとでは，これまでのようにともすれば書物を保存し，利用することを中心としてきた図書館では，社会の要請に必ずしも十分にこたえることができなくなってきました。したがって図書館は，情報の量と質の面で，また，サービスの面で，大量かつ高度で複雑なものを取り扱うことのできるように「情報センター」として充実してゆくことが求められています。このことは，企業や行政機関，研究所などにおいても同様であって，科学技術の進展とともに情報・資料センターなどの役割がますます重要なものとなってきていることは，いうまでもありません。

　このためには，図書館，情報センター，資料センターなどがもっと整備されてゆくことはもちろん必要ではありますが，とりわけこれらの施設で高度の専門的な業務に従事しうる知識と技術をもった人材を養成することが緊急の課題となっており，図書館界をはじめとして，企業，行政機関，研究所などの各方面から，長年にわたり，専門の大学の設置の要望がつづけられてきました。

　本学は，以上のような社会の要請にこたえて，図書館情報学に関する特色ある教育研究活動を行い，図書館その他各種情報・資料センターにおいて指導的な役割をはたすことのできる高度の専門職員を養成するとともに，図書館情報学に関する理論的・実証的な研究をすすめようとするものです。

図書館情報学とは

　図書館情報学とは，図書館その他各種情報・資料センターにおける活動を対象とする領域ですが，内容的には，伝統的な「図書館学」と新しい「情報学」とが合体・融合した新領域ということができます。

　「図書館学」は，各種の記録資料の組織的な収集・整理・提供を図るための知識・技術を体系化した学問領域であり，「情報学」は，さまざまな種類の情報について，その本質の解明と効果的な利用を目的とした情報の加工・検索・伝達など情報に関する研究を既存の科学を基礎として体系的に行うことをめざしている学問領域です。

　この両者が合体・融合した新しい領域は，ヨーロッパやアメリカでは，ライブラ

資　料

リー・アンド・インフォーメイション・サイエンス（Library and Information Science）として確立しつつあります。

学部・学科・カリキュラムなど
（略）
（２）カリキュラム
（略）
　イ　専門科目

区　　　分	授　業　科　目
図書館情報学（図書館情報学の基礎となる理論を扱う分野）	図書館情報学概論，図書館情報学史，情報科学基礎，組織・管理論，計量書誌学，図書館文化史，書誌学，計量書誌学，図書館情報学研究法，比較図書館情報学，図書館情報学講読
情報社会関係論（図書館その他各種情報・資料センターにおける活動とこれをとりまく社会との関係を扱う分野）	図書館情報環境論，学術情報流通論，情報システム利用論，図書館情報制度論，コミュニケーション論，情報流通論，言語心理学，出版技術論，出版流通論，著作権論，学術発達史，図書館建築論，情報社会関係論講読
情報媒体論（各種情報，資料の形態面，属性面及び内容面の特性と利用法を扱う分野）	情報媒体概論，情報資料形態各論，情報資料構成論，参考調査論，専門資料各論，資料論
情報組織化論（各種情報・資料を利用のために組織化し，及び処理する方法を扱う分野）	情報組織化論，情報検索論，分類目録論，書誌記述機械化論，索引抄録論，情報意味論，検索言語論，文献情報作成論，データ構造論，ファイル構成論，データベース構成論，データベース管理学，古文献整理法，古文書整理法，逐次刊行物組織論，ニューメディア組織論
図書館情報システム論（図書館その他各種情報・資料センターにおける活動の全過程をシステムとして把握させ，その構成・機能・経営管理及び処理技術を扱う分野）	情報システム論，システム解析手法，図書館情報センター経営論，計算機システム，自然言語処理，パターン処理，プログラム言語，図書館オートメーション，図書館情報協力機構論，計算機ネットワーク，入出力機器論，人工知能，インテリジェント機能論，印写工学概論，マイクロフォームシステム演習，図書館資料保存科学，博物館論，児童図書館運営論

出典：図書館情報大学設置計画書および図書館情報大学案内，p. 1, 3 - 4.

専門14

図書館・情報学教育に関する基準およびその実施方法

　　　　　　　　　　　　　　　　　二九・四・二七決定
　　　　　　　　　　　　　　　　　五二・二・一五改訂
　　　　　　　　　　　　　　　　　五七・六・一五　〃

Ⅰ　図書館・情報学教育に関する基準

278

一　目的

　　図書館・情報学教育は，図書館・情報学に関する学理および技術を教授し，あわせてその応用能力を展開させることを目的とする。

二　専門教育科目

　　専門教育科目は，専攻科目と関連科目とに分けて偏りのないよう履修させるものとする。

三　その他の事項

　　その他の事項に関しては，大学基準および大学設置基準によるものとする。

　　　備考

　　　　1　本基準は，図書館・情報学教育基準（五二・二・一五改訂）を改訂したものである。

　　　　2　本基準は，図書館・情報学部における教育基準であるが，大学の学部において，図書館・情報学科を設けた場合にも本基準によるものとする。

II　図書館・情報学教育の実施方法

　　図書館・情報学の教育に関しては，次のような事項に留意して実施することが望ましい。

一　専門教育科目

　　専門教育科目は専攻科目と関連科目に分ける。

　1　専門科目は次の四部門に分ける。

　　(1)　基礎部門（六単位以上）必要に応じ演習を行うものとする。

　　(2)　メディア・利用部門（八単位以上）必ず実験または演習を行うものとする。

　　(3)　情報組織部門（八単位以上）必ず実験または演習を行うものとする。

　　(4)　情報システム部門（八単位以上）必ず実験または演習を行うものとする。

　2　右の他に図書館・情報学実習（二単位以上）は必ず行うものとする。

　3　専攻科目は実習を含め，各部門を通じて合計三十八単位以上を履修するものとする。

　4　関連科目は，広く人文・社会・自然・応用の諸科学から選択して履修するものとする。

　　以上のような趣旨に基づいて図書館情報学教育に必要な専門教育科目を例示すれば，別表のとおりである。

二　専攻科目の専任教員数

　　専攻科目の各部門ごとに最小限一名の専任教員を置き，その他適当数の助手を置くものとする。

三　授業方法

　　授業は，講義，実験，演習および実習のいずれかにより，またはこれらの併用により行うものとする。

資　料

四　施設設備等
　教育と研究に不可欠な図書・雑誌その他の資料および施設設備を用意し，またそれに必要な機器材を備えるものとする。

「別表」
図書館・情報学教育に関する専門教育科目

専攻科目	
基礎部門	図書館・情報学概論，図書館史，社会と図書館，学術の発達・普及と図書館等
メディア利用部門	情報メディア論，参考調査資料論，参考調査演習，情報要求調査等
情報組織部門	情報組織論，分類・目録法，情報検索，情報流通技術論等
情報システム部門	情報システム論，情報システム管理，図書館建築，図書館機械化論等
関連科目	
哲学，論理学，言語学，文学史，教育学，社会学，経営学，数学，自然科学通論，生理学，心理学，情報工学等	

（付記）昭和二十九年四月二十七日決定の図書館学教育基準は，昭和五十二年二月十五日図書館・情報学教育基準に改訂されたが，その審議経過については，「昭和五十一年度事業報告書」中「図書館学教育研究委員会報告」を参照のこと（会報第三十五号所載）。

出典：「図書館・情報学教育に関する基準およびその実施方法」『財団法人大学基準協会基準集』No. 33，1982年，p. 134-136．公益財団法人大学基準協会の許可を得て転載。

[専門15]

愛知淑徳大学文学部図書館情報学科設置認可申請書（抄）

図書館情報学科設置の趣旨及び特に設置を必要とする理由
1　趣旨
　情報化社会といわれる現代においては，膨大な情報が，あらゆる空間で時間の進行とともに常に生産されている。こうした現代社会においては，"情報"の適切な選択と処理が何よりも不可欠となってきた。
　ここに，情報の発生，伝達，変換，蓄積，検索といった一連の利用状況を把握し，そこから必要な情報の所在を知り，かつ処理，活用しうる人材の育成が強い社会的要請となっている。
　こうした人材は，図書館をはじめとする種々の情報資料センターはいうに及ばず，官公庁，銀行，会社，報道機関等の組織体においても，広く切実に求められている。愛知淑徳学園は，明治38年創立以来，常に，時代の要望，社会の要請に応えて有為な人材の育成に努めてきたところであり，今日においては，大学，短期大学，高等学校及び中学校を擁する女子教育の総合学園となるに至っている。
　創立以来の80年の伝統と実績を踏まえ，さらに時代の進展に即応すべく，大学部に新

たに図書館情報学科を設立し，既設学科（英文学科，国文学科）の協力体制のもとに，幅広く情報管理能力を身につけた人材の育成を図ろうとするものである。
（略）

3　教育課程の概要

① 図書館情報学概論を基とし，情報検索行動論，社会と情報，コミュニケーションと情報などを扱う情報学Ⅰ～Ⅴを含む基礎科目群。
② 資料組織概説を基とし，資料の分類，目録，索引・抄録，主題分析などを扱う，資料組織論Ⅰ～Ⅳと資料選択論を含む資料組織科目群。
③ 情報メディア概説を基とし，人文，社会，自然の諸科学分野の図書資料やAV資料及びその利用を扱う情報メディア論Ⅰ～Ⅴを含む情報メディア科目群。
④ 情報システム概説を基とし，各種図書館，情報サービス機関などをシステムという観点から論じ，その管理，運営に言及する情報システム管理Ⅰ～Ⅳの情報システム科目群。
⑤ 情報検索概説を基とし，参考調査活動，文献検索，オンライン検索などを扱う参考調査法Ⅰ～Ⅲ及び情報検索法などを含む情報検索科目群。
⑥ 情報処理技術概説を基とし，図書館機械化，オフィス・オートメーション，情報処理などを扱う情報処理技術Ⅰ～Ⅲ及びプログラミングを含む情報処理技術科目群。

以上6群を柱として構成されており，それぞれの群の基本科目，プログラミング及び図書館情報学実習が必修で，他は各群毎に2～3科目の選択が求められている。

この他に，専門分化した選択科目群として，情報システム評価，ビジネス情報，マスコミュニケーション，データベース作成などの図書館情報学特殊講義（一）～（六）および，博物館学，博物学実習が準備されている。卒業論文は選択である。

なお，言語学，表現学といった文学部共通科目及び比較文学，文学概論その他の図書館情報学科指定の他学科専門科目からの関連選択科目群がある。

〈カリキュラム〉
授業科目の概要

科目名	配当年次	単位数			
		必修	選択	自由	
図書館情報学概論	1	4			8科目28単位
情報検索概説	2	4			
情報メディア概説	2	4			
資料組織概説	1	4			
情報システム概説	2	4			
情報処理技術概説	1	4			
プログラミング	1	2			
図書館情報学実習	3	2			

資　料

情報学Ⅰ	2		2		3科目6単位以上
情報学Ⅱ	2		2		
情報学Ⅲ	1		2		
情報学Ⅳ	1		2		
情報学Ⅴ	2		2		
参考調査法Ⅰ	2		2		3科目6単位以上
参考調査法Ⅱ	2		2		
参考調査法Ⅲ	3		2		
情報検索法	3		2		
情報メディア論Ⅰ	2		2		3科目6単位以上
情報メディア論Ⅱ	2		2		
情報メディア論Ⅲ	3		2		
情報メディア論Ⅳ	3		2		
情報メディア論Ⅴ	3		2		
資料選択論	3		2		3科目6単位以上
資料組織論Ⅰ	2		2		
資料組織論Ⅱ	2		2		
資料組織論Ⅲ	3		2		
資料組織論Ⅳ	3		2		
情報システム管理Ⅰ	2		2		2科目4単位以上
情報システム管理Ⅱ	3		2		
情報システム管理Ⅲ	3		2		
情報システム管理Ⅳ	3		2		
情報処理技術Ⅰ	3		2		2科目4単位以上
情報処理技術Ⅱ	2		2		
情報処理技術Ⅲ	3		2		
図書館情報学特殊講義(一) 情報システム評価	4		2		2科目4単位以上
図書館情報学特殊講義(二) ビジネス情報	4		2		
図書館情報学特殊講義(三) マスコミュニケーション	4		2		
図書館情報学特殊講義(四) 検索論特殊	4		2		
図書館情報学特殊講義(五) 文献情報ネットワーク	4		2		

図書館情報学特殊講義(六) データベース作成	4		2	
博物館学	3		2	
博物館学実習	4		3	
論文	4		8	

出典：愛知淑徳大学文学部図書館情報学科設置認可補正申請書

専門16

愛知淑徳大学文学研究科・修士課程・図書館情報学専攻
設置認可申請書（抄）

2．設置の趣旨及び特に設置を必要とする理由を記載した書類

設置の趣旨及び特に設置を必要とする理由

1．設置の趣旨

　愛知淑徳大学は，昭和50年4月，文学部（国文学科及び英文学科）をもつ大学として開学し，その後，昭和60年4月に，新たに，図書館情報学科を増設して今日に至っている。この間，国文学科及び英文学科の卒業生は，年々激しさを加えつつある中学校・高等学校の教員採用試験にも200名余が合格する実績をあげたことを始め，その他社会各界にも多方面に進出し活躍している。

　また，卒業後，他大学の大学院へ進学する者，海外に留学する者，あるいは研究生などとして，さらに，研究に従事する者もいる。図書館情報学科は，情報化社会の目ざましい発展をとげつつある今日，日進月歩の情報の整理，検索等に関し，研究・教育を積み重ね，昭和64年(ママ)3月には，大きな期待の中に最初の卒業生が社会へ送り出されようとしているところである。

　今日，生涯学習の重要性にかんがみ，その対策推進について社会的要請も強く，さらには，情報化，国際化など急激な社会の進展に伴い，これらに対応できる指導的能力をもつ人材の育成を担う高等教育の質的向上は，国家的見地からも緊急課題といえよう。

　本学では，開学以来，教授陣の充実に努め，指導力の向上と研究の推進を図り，また教育・研究施設の整備にも力を注ぐなど，高等教育機関としての充実に意を用いてきたところであるが，特に，中部地区唯一の図書館情報学科の新設により，既設の国文学科，英文学科も他大学に見られぬ特色ある教育実績を挙げつつあるところである。

　学部三学科の完成を期に，本学の従来の教育成果を一層高め，より高度な研究成果を挙げることを目指し，三専攻がそれぞれの専門分野の深化，領域の拡大を基底として，特に，本学の最も大きな特色としている「情報教育」に力点をおきつつ，三専攻一体となって資質の高い専門的職能人として，国際社会に通用する広い視野に立つ人材の育成，地域社会への貢献を期し，ここに愛知淑徳大学大学院文学研究科を設置しようとするも

資　　料

のである。
（略）
3．本研究科の特色
（1）学部の充実を基礎とする各専攻分野の深化
　本学の文学研究科は，国文学・英文学・図書館情報学の三専攻を設置しようとしているが，それぞれが（資料5・6・7）に示されているように，学部教育の充実の上に次に述べる各専攻分野の特色を生かし，その深化をはかっている。
（略）
　③図書館情報学専攻
　　図書館情報学専攻は，学部課程よりさらに情報という視点を強化し，情報学，情報メディア，情報検索，情報処理技術の4本の柱でカリキュラムを構成し，コンピューターなどの情報技術を習得することにより，情報伝達及び情報の普及，分析，その効果などに焦点を当てると共に，情報の本質を追究する研究能力の養成を図ろうとするものである（資料7）。
（略）
〈カリキュラム〉
（3）図書館情報学専攻
　文学部図書館情報学科の専門科目は，情報学の基礎および情報内容の伝達即ちコミュニケーション関係の科目から成り立つ『情報学一般』の科目群と「資料組織」関係，「情報メディア」関係，「情報システム管理」関係など，従来の図書館情報学を構成する科目群と，参考調査法とコンピュータによる情報検索とからなる『情報検索論』系科目群と，各種プログラム言語，電子図書館，データベース作成などの『情報処理技術』系科目群の6グループから形成されている。
　大学院修士課程においては，特に，情報学の基礎的研究およびその教育，情報におけるコミュニケーションの面，およびコンピュータによる情報検索，情報処理技術などに重点を置いているので，『情報学一般』，『情報処理技術』，情報組織論を含めた『情報検索論』および情報システムを含めた『情報メディア論』の4本の柱にしぼっている。

設置する大学院等の概要を記した書類
授業科目の概要　専門教育科目　文学研究科図書館情報学専攻

授業科目の名称	授業を行う年 時(ママ)	単位数		
		必修	選択	自由
A群　16単位以上選択必修				
情報学特殊講義Ⅰ	1	4		
情報学特殊講義Ⅱ	1		4	
情報普及学特殊講義	1		4	

情報検索特殊講義	1	4	
情報メディア特殊講義Ⅰ	1	4	
情報メディア特殊講義Ⅱ	1	4	
情報処理技術特殊講義	1	4	
B群　4単位以上選択必修			
情報学特殊講義Ⅱ演習	2	4	
情報普及学特殊講義演習	2	4	
情報検索特殊講義演習	2	4	
情報メディア特殊講義Ⅰ演習	2	4	
情報メディア特殊講義Ⅱ演習	2	4	
情報処理技術特殊講義演習	2	4	
C群　自由選択科目			
情報システム特殊講義	1, 2	4	
情報要求分析特殊講義	1, 2	4	
情報学特殊講義Ⅲ	1, 2	4	
情報学特殊講義Ⅳ	1, 2	4	
情報学特殊講義Ⅴ	1, 2	4	
E群　自由選択科目　上記C群・E群より8単位以上選択必修			
文献検索法	1, 2	4	
文献情報管理法	1, 2	4	
翻訳論	1, 2	4	
対照言語学	1, 2	4	

出典：愛知淑徳大学文学研究科・修士課程・図書館情報学専攻設置認可申請書

専門17

愛知淑徳大学文学研究科・博士課程・図書館情報学専攻設置認可申請書（抄）

課程変更の趣旨及び特に課程変更を必要とする理由

1．課程変更の趣旨

　愛知淑徳大学は，本学園創立70周年にあたる昭和50年4月に，地域社会の期待と要請に応え，国文学科，英文学科をようする文学部として開学した。開学以来，社会の国際化・情報化の進展に対応して，施設設備の充実はもとより，教育内容の充実と向上に努め，昭和60年4月に図書館情報学科を増設するにいたった。図書館情報学科の完成を機に，平成元年4月，高学歴化社会の要請に応え，この3学科をもととする3専攻の大学

資　　料

院文学研究科修士課程を開設した。平成3年3月には，本学にとって最初の文学修士が巣立とうとしている。

　本学の大学院文学研究科は，80有余年の女子教育の伝統をもつ学園を設立母体としながら，男性にもその門戸を開放したが，開学当初から男女の別なく，募集人員をはるかに超える多数の志願者があった（資料1）。また，生涯教育という時代を反映し，志願者の年齢層の幅が22歳から50歳台の高年者まで広がりを見せている（資料2）。志願者の出身大学も，中京地区のみならず全国24の国公私立大学と多様であった（資料3）。こうした本学大学院文学研究科への志願状況は，長い伝統をもつ本学園への信頼と本学の国際化・情報化に即応した教育内容に対する期待の大きさの現れであろう。

　このように，性別，世代の違いを超え，さまざまな大学から入学してきた本学の大学院生は，当然のことながら学問研究の意欲に燃えており，さらに高度な学問研究を志す者が多い。こうした性別・年齢を超えて，より高度な学問研究を志す傾向は，高学歴化が進む現在，本学修士課程修了予定者だけではなかろう。しかるに，当中京地区には博士課程を有する文学研究科が極めて少ないのが現状である（資料4）。そこから，修士課程完成を機に，引き続き本学に文学研究科博士課程の設置を強く望む声が高まってきているのである。

　こうした要望に応え，本学に文学研究科博士課程を設置し，精深な学識と研究能力をもち，博士の学位を有する人材を育成することは，生涯教育の一環としても設立された本学の大学院において，ただ単に研究者の養成にとどまらず，生涯学習の時代に必要な高度な学識をもった社会教育の指導者あるいは資質の高い専門的職能人の養成にもつながり，地域社会からも期待されているところである。

　以上のような事情と地域社会の期待にかんがみ，本学園としては，平成3年4月をめざして，既存の大学院文学研究科修士課程3専攻を博士課程と課程変更を計画するものである。
（略）
3．博士課程の特色
（略）
（2）博士後期課程
　博士後期課程における各専攻の特色は次の通りであるが，他大学修士課程修了者には，国際化，情報化に即応した，本学博士前期課程における共通科目の履修の機会を与える。
　また，博士後期課程履修者に，すみやかに博士の学位の授与を可能ならしめるべく，指導教員制を徹底し，博士論文に結実するよう，研究指導を行っていく。
（略）
③　図書館情報学専攻
　前期課程の科目群で提供された情報学の4分野（情報学，情報メディア，情報システム，情報処理）から各自の専門分野を選び，その演習とともにそれを深化させ博士論文

に結実するよう指導する。また，自己の専門分野だけでなく幅広い関連領域を学習するよう指導する。

なお，図書館情報学博士後期課程は，慶應義塾大学についで全国で2番目となるが，その必要性と特徴は次のとおりである。

〈図書館情報学博士後期課程を特に必要とする理由〉
(ア) 図書館及び学術情報活動における高度の資格を有する人材の必要性

現在，約200に近い大学，短大で図書館学及び図書館情報学の教育が行われているが，その多くが司書養成のためのミニマムな教育を行っている上，国際的に認められ得る正規の専門教育を受けている教員あるいは研究者の数は圧倒的に不足している。それがわが国の図書館を含む学術情報活動の遅れの原因となっており，その分野での高度の資格を有する人材の養成は急務である。

(イ) 高度情報化社会にふさわしい研究者および職能人の育成

現在の情報化社会では，より強い情報指向の図書館学，文献情報学，知識情報学の教育・研究体制が望まれており，本学におけるようなコンピュータおよびヒューマン・コミュニケーションの知識・技術を大々的に取り入れた図書館情報学の教育・研究体制の確立と，その中で育成される高度情報化社会に応しい高度の資質を有する研究者あるいは職能人の育成は，真に，社会的要請である。

(ウ) 問題解決に役立ちうる人材の育成

図書館，博物館などの機関で働く要員ばかりでなく，一般社会の種々の面で日常に直面する諸問題の解決に当たって，適切な情報源を知っており，情報を収集，分析して，問題解決に役立てる能力を有する人材育成は，今後ますます必要となってくる。本学で養成しようとするこうした高度の知識と技術を有する人材は，各専門分野の専門家と協力し合い，我が国の文化と技術の発展に寄与しうるであろう。

〈カリキュラム〉
図書館情報学専攻博士後期課程の講義概要

研究指導科目名	
基礎情報学特殊研究Ⅰ 基礎情報学特殊研究Ⅰ演習（生体情報）	情報メディア特殊研究Ⅰ 情報メディア特殊研究Ⅰ演習 （知識情報の組織化と濃縮化）
基礎情報学特殊研究Ⅱ （情報要求分析）	情報システム特殊研究Ⅱ （図書館情報システム）
基礎情報学特殊研究Ⅲ （情報普及）	情報メディア特殊研究Ⅱ 情報メディア特殊研究Ⅱ演習 （書誌学）

資　料

基礎情報学特殊研究Ⅳ (問題解決)	情報処理技術特殊研究Ⅰ 情報処理技術特殊研究Ⅰ演習 (情報処理)
情報システム特殊研究Ⅰ 情報システム特殊研究Ⅰ演習 (情報と記号)	情報処理技術特殊研究Ⅱ (システム構築)

注：原資料では科目名とともに「研究指導の概要」が示されていたが，概要は省略した。
出典：愛知淑徳大学文学研究科・博士課程・図書館情報学専攻設置認可申請書

專門18

駿河台大学文化情報学部設置認可申請書類（抄）

３．大学等の設置の趣旨及び特に設置を必要とする理由を記載した書類
大学等の設置の趣旨及び特に設置を必要とする理由
Ⅰ．設置の趣旨
１．文化情報学部設置の理念
（１）**文化情報学とは―音響映像情報，景観観光情報，知識基盤情報，記録管理情報という四つのサブコンセプトから構築する学問研究分野**を総称する概念です。

　これからの情報化社会においては，人々が生活の全ての場面で情報を必要とし，それだけに情報が価値を高め，このような情報を取り扱う専門家としての情報プロフェッショナルが必要となります。文化情報学とは，端的に**情報プロフェッショナル**を必要とする部署において，情報提供の専門性を高度に発揮できるような論理的検討と合理的実践を行える人材の育成を目標とする学問領域ということができます。すなわち，それぞれの目的に応じた**必要情報選択の理論と技法**，また**必要情報流通の理論と技法**，そして**情報資源蓄積保全の理論と技法**の開発は，既存の学問的枠組みを超えた学際的思考を必要としております。言い換えれば，**個別文化の歴史的独自性と人類の普遍的人間性を調和させる**という現代の課題に挑戦するために，情報資源を有効に活用し，文化知識の創造に寄与し，国際的な文化交流に役立ち，さらに未来の人類に引き渡す文化資産の総目録を用意するという，新しい学問研究分野を開拓しなければなりません。その際，無限の情報資源について無限定に操作しても明確な成果は得られないでしょう。そこで，一定の研究領域を設定する切り分け基準として，直接・間接の別はあるものの，五感によって知覚できる領域，言い換えれば，**非文字系の情報資源**と，情報データを表現する形態として**文字・記号を使用する系列の情報資源**という，二つを設定できます。また別の切り分け基準として，**情報資源の存在形態ないし提供手段が複数あるもの**，すなわち複数製作されている情報資源と，**原則的には単数しかないもの**，すなわち世に存在がただ一つの情報資源という，二つを設定することができます。これらを組み合わせて，情報資源について分野の領域設定をすると，**知覚的・非文字系・複数形態の分野として音響映像情報資源**を，**知覚的・非文字系・唯一存在の分野として自然景観**をはじめとする

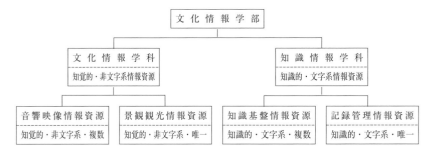

景観観光情報資源を，知識的・文字系・複数形態の分野として文献・コンピュータソフトウェア等の知識基盤情報資源を，知識的・文字系・唯一存在の分野として記録管理情報資源を，想定できることになります。そして，これらの蓄積・存在している情報資源を利用するにあたっての検索の手段として，知識や概念の操作による索引に依存する知識基盤・記録管理の情報資源と，知覚的・経験的な検索の比量の高い音響・映像・景観観光の情報資源に区分できます。さらに共通項で括れば，**知覚的・非文字系の情報資源としての音響映像情報・景観観光情報**と，**知識的・文字系の情報資源としての知識基盤情報・記録管理情報**とに，分けることができます。文化情報学部では，前者を文化情報学科で扱い，後者を知識情報学科で扱うことになります。このようなことから，ここでは，上記の**音響映像情報，景観観光情報，知識基盤情報，記録管理情報**という四つのサブコンセプトから構築できるような学問研究分野を設定し，総称して**文化情報学**という新しい概念に基づく新しい学部を構想する必要があります。
（略）
2．文化情報学部の構成内容

文化情報学部は，情報科学の基礎知識を共通基盤とし，**音響映像情報，景観観光情報，知識基盤情報，記録管理情報**という四つのサブコンセプトに分化させた内容を，文化情報学科及び知識情報学科の2つにまとめることによって構成されます。基本的な共通課題は次のようになります。

今日，複雑多岐になってしまった無限の情報資源に対して，特定目的に対応する情報ないし知識を入手したいと願う人々，つまり情報の需要者・利用者との距離はますます拡がりつつあります。そこで情報資源と情報需要者との中間にあって，適切な情報を適切なときに無駄なく的確に提供する仲介媒介という役割が，期待されるようになってきました。文化情報学部の目指す人材養成とは，適切な必要情報の需要と供給というシステムを構築し維持するために，**的確な判断能力と確実な情報処理能力を兼ね備えた情報流通システムの担い手を育成する**ことにあります。すなわち単なる**情報処理技術者**の養成を意味するのではなく，**情報メディエィター**を養成することといってよいでしょう。

このことは，また学生にとって，学ぶことについての明確な目標を明示することにもなり，目的意識と達成手段との関連が具体的に把握できることになります。

資　料

(略)

(2) 知識情報学科

　人類は情報の体系的組織化としての知識を言語によって他者に伝達してきました。伝達の手段として，言語表現手段である文字が発明され，記録媒体の上に固定されました。印刷という技術は，文字による知識の普及に貢献しました。人間の知的情報行為の成果は，広く知識の公開普及を目的としてなされた場合と，特定組織体における行動意志決定の伝達とそれを受けて遂行された行為記憶の記録とに分けられます。前者を知識コミュニケーションコースにおいて扱い，後者をレコード・アーカイヴズコースにおいて扱います。

◎**知識コミュニケーションコース―情報メディエイターという役割に応えることのできる人材を育成するコース**

　人類の経験的知的営為の結果としての，文字による言語の記録物の生産・創造があり，それらは様々な施設において，保管・蓄積され，利用に供されております。保管量の膨大化は，物理的な保管容量を必要とするのみならず，保管情報量の複雑多岐化は，迅速的確な利用の妨げになります。また知識普及と利用の範囲は，一施設あるいは一国内のみにおける内部利用にとどまるというよりは，地球規模での国際的利用へと大きく転換がせまられております。例えば，わが国においては，近年とみに欧米諸国より指摘されている情報を取り込むだけという評価から生じた情報摩擦に対処する必要があります。これまでのカード目録といった古い図書整理的発想ではなく，電子機器の積極的導入による高度検索技法の確立とサービス提供をはからなければ，情報に対する量的のみならず，質的にも高度化する需要拡大に対応できなくなるといえます。**情報メディエイターという役割に応えることのできる新しい人材**の育成が必要であります。

◎**レコード・アーカイヴズコース―組織体の集合記憶の保管・保存という機能をも担い得る情報メディエイターを育成するコース**

　学術，非営利，官民を問わず，様々な組織体における業務遂行及び管理行為の成果並びにその過程での経験に関する記録を組織体の集合記憶とするための，様々な媒体による記録の作成，流通，蓄積，検索，保管，保存などの手続，管理，運営に関する知識は，これまでにあまり重要視されておりませんでした。高度情報化社会に対応するため，また国際的な流れに即応するためにも，**レコードマネージャー・アーキヴィストにとどまらず，組織体の集合記憶の保管・保存という機能をも担い得る情報メディエイターを育成すること**を目的としています。

(略)

Ⅲ．教育課程の特色

1．文化情報学部（Faculty of Cultural Information Resources）の教育目標

　文化情報学部のメインコンセプトは，地球市民意識（人類の普遍的人間性）という考え方に立って，**国民的文化記憶（文化の歴史的独自性）という情報資源基盤を整備し，人類の共同情報資産として活用するための人材を育成する**ことであります。ここでは，

音響・映像情報，景観観光情報，知識管理情報，記録管理情報という4つのサブコンセプトから構築できるような学問研究分野を設定し，総称して文化情報学という新しい概念に基づく新しい学部を設置します。そして，文化情報学部においては，次の3つを教育目標として掲げます。

　　　　　○必要情報選択の理論と技法の研究開発と教育
　　　　　○必要情報流通の理論と技法の研究開発と教育
　　　　　○情報資源蓄積保全の理論と技法の研究開発と教育

（1）サブコンセプトとしての文化情報学科
（略）
（2）サブコンセプトとしての**知識情報学科**（Depa[r]tment of Knowledge Information Resources Management）

　人類の知的，組織的活動の成果は，文字による言葉の記録として歴史的に累積され，この膨大な知識記録の集積の上に，現在の人類の知的文化的活動が展開され，未来へ向けての人類の新たな可能性を拓くためのかけがえのない情報資源と考えられます。この文字記録としての情報資源を知的活動の成果と組織的業務成果とに着目し，次の2つのコースを設けます。

◎**知識コミュニケーションコース**（Course for Library and Information Management）

　人類の経験的知的営為の結果としての，文字による言語の記録物の生産・創造に始まり，その流通と蓄積検索，保存という過程と，検索により利用された結果の学術的拡大再生産に至る過程を対象に，情報資源群としての蔵書の構築，検索のための資料組織化，利用・提供等の業務とそれに付随する技術，これら各業務の総合的管理運営，知的活動に固有な国際的協調の在り方などを研究・教育対象とします。**著作物書誌情報の収集・整理・保管・便宜提供のための検索手段作成，いわゆる主題分類を超えて，著作物に内在する知識形成要素情報の検索手段作成及び文献情報資料解析センターの管理運営に携わる人材の育成を目的とします。**

◎**レコード・アーカイヴズコース**（Course for Record and Archives Management）

　学術，非営利，官民を問わず，様々な組織体における業務遂行及び管理行為の成果並びにその過程での経験に関する記録を組織の集合記憶とするため，種々の媒体による記録の作成，流通，蓄積，検索，保存等の手続，管理，運営等に関する研究と教育を行います。**非営利・営利を問わず，様々な組織体における遂行業務及び管理行為についての集合記憶を活用するため，様々な媒体による記録の作成・伝達・受領・配布・蓄積・保管・保存の手続と，収納・検索・保全手段の管理運営に携わる人材の育成を目的とします。**

〈カリキュラム〉
2．カリキュラム体系

資　料

(略)

(3) 知識情報学科　知識コミュニケーションコース

　知識の記録物としての情報資源は集積・蓄積されることによって，さらに大きな新たなる知識情報資源を創出するという特性があります。このためには，図書館や情報センターに蔵書としてこれら知識情報資源として蓄積し組織化して，必要に応じて検索・提供できることが必要な基礎的条件となります。そこで，Ⅰ専攻科目群は，まず，情報資源群としての蔵書の構築，検索のための資料組織化，利用・提供等に関する科目として，情報資料論，情報検索論，情報分析論，資料組織論，参考調査論，参考資料論を配置し，さらにそれに付随する技術・業務の総合的管理運営に関する科目として，図書館情報センター経営論，情報サービス論，知識社会学等の科目を配置しています。

　Ⅱ副専攻科目群は，書誌情報の収集・整理・保管に関するものとして書誌学と計量書誌学，さらに知識環境に関するものとして情報環境論，知識ベース論，蔵書構築論，図書館情報政策論等の科目を配置しています。

(4) **知識情報学科　レコード・アーカイヴズコース**

　業務に応じて，業務遂行のための組織行動に伴って生ずる言葉や文字による記録資料の情報資源は利用目的に応じて，整理・保存し，その情報資源を体系的に統制を加えることが必要であります。そこで，これら記録資料の特性を明らかにするために，Ⅰ専攻科目群は，種々の媒体による記録の作成，流通，蓄積，検索に関する科目として，組織記憶論，記録管理論，企業記録論，行政記録論等を，また，記録の保存等の手続，管理等に関する科目として，史料管理論，記録媒体修復論，記録媒体複製論等を，さらに，組織体における運営に関する科目としてオフィス・マネジメント論を配置しています。

　Ⅱ副専攻科目群は，レコード・アーカイヴズを取り扱うために必要な基礎能力を身につける科目として歴史史料論，古書体講読等を配置しています。

　なお，四つのコースともⅡ副専攻科目群には，各自が専攻する科目と他コースの専攻科目群の科目が密接に関連する場合には，その科目を副専攻科目として配置し，相互に他コース専攻科目を履修できるように配慮しています。

授業科目の概要
〔知識情報学科〕

授業科目の名称	授業を行う年次	単位数又は時間数			備考
		必修	選択	自由	
A群・B群は略					
C群（情報関連科目群）					
Ⅰ情報基礎科目					
情報処理概論Ⅰ	1	2			

情報処理概論Ⅱ	1		2		
情報処理実習Ⅰ	1	1			
情報処理実習Ⅱ	1		1		
情報処理実習Ⅲ	2		1		
情報処理実習Ⅳ	2		1		
Ⅱ情報応用科目					
情報システム論	3・4		2		Ⅰ群より必修3単位を含む6単位以上,合計14単位以上
情報システム設計論	3・4		2		
データベース論	3・4		2		
データベース設計論	3・4		2		
情報ネットワーク論	3・4		2		
人工知能論	3・4		2		
テレコミュニケーション論	3・4		2		
コンピュータ・セキュリティ論	3・4		2		
D群(基幹科目群)					
Ⅰ共通基幹科目					
情報管理概論	2	2			Ⅰ群より必修4単位を含む8単位以上,Ⅱ群より必修2単位を含む4単位以上,合計20単位以上
情報メディア概論	2	2			
情報セキュリティ概論	2		2		
マスメディア論	2		2		
経営システム論	2		2		
会計原理	2		2		
編集技術論	2		2		
知的所有権論	2		2		
Ⅱ学科基幹科目					
知識情報学概論	2	2			
図書館情報学	2		2		
記録情報学	2		2		
ニューメディア論	2		2		
保存科学	2		2		
E群(専攻科目群)					
知識コミュニケーションコース					
Ⅰ専攻科目					

資　　料

情報資料論	3・4		2	
情報検索論	3・4		2	
図書館・情報センター経営論	3・4		2	
情報分析論	3・4		2	
資料組織論Ⅰ（目録分類論）	3・4		2	
資料組織論Ⅱ（索引抄録論）	3・4		2	
情報サービス論	3・4		2	
知識社会学	3・4		2	
参考調査論	3・4		2	
参考資料論	3・4		2	
Ⅱ副専攻科目				
情報環境論	3・4		2	
知識ベース論	3・4		2	
蔵書構築論	3・4		2	
図書館情報政策論	3・4		2	
計量書誌学	3・4		2	
書誌学	3・4		2	
レコード・アーカイヴズコース				
Ⅰ専攻科目				
記録管理論	3・4		2	
オフィス・マネジメント論	3・4		2	
史料管理論	3・4		2	
企業記録論	3・4		2	
行政記録論	3・4		2	
組織記憶論	3・4		2	
記録媒体修復論	3・4		2	
記憶媒体複製論	3・4		2	
文化環境設計論	3・4		2	
環境芸術論	3・4		2	
Ⅱ副専攻科目				
歴史史料論Ⅰ（文字記録）	3・4		2	
歴史史料論Ⅱ（非文字記録）	3・4		2	

いずれかのコースのⅠ群より12単位及びⅢ群の必修8単位を含む40単位以上

古書体講読Ⅰ（前近代）	3・4		2	
古書体講読Ⅱ（近代）	3・4		2	
音響アーカイヴズ論	3・4		2	
映像アーカイヴズ論	3・4		2	
Ⅲ演習科目等				
ゼミナールⅠ	3	4		
ゼミナールⅡ	4	4		
卒業論文	4		4	

卒業要件　124単位以上
○A群（共通基礎科目群）　Ⅰ群より6単位，Ⅱ群より14単位及びⅢ群の必修2単位を含む34単位以上
○B群（外国語科目群）　Ⅰ群より必修4単位を含む10単位以上，Ⅱ群より1か国語6単位以上　合計16単位以上
○C群（情報関連科目群）　Ⅰ群より必修3単位を含む6単位以上，合計14単位以上
○D群（基幹科目群）　Ⅰ群より必修4単位を含む8単位以上，Ⅱ群より必修2単位を含む4単位以上　合計20単位以上
○E群（専攻科目群）　いずれかのコースのⅠ群より12単位及びⅢ群の必修8単位を含む40単位以上

出典：駿河台大学文化情報学部設置認可申請書類（文化情報学部知識情報学科）

専門19

駿河台大学大学院文化情報学研究科設置認可申請書類（抄）

大学院の設置の趣旨及び特に設置を必要とする理由を記載した書類
Ⅰ．設置の趣旨
１．駿河台大学及び文化情報学部について
（略）
２．文化情報学研究科（修士課程）の設置の趣旨
（１）現代社会と総合大学構想
（略）
（２）高度な情報化社会における情報資源の管理・保存・提供に関する高度な能力と豊かな学識を有する人材の育成

　文化情報学部では，情報資源の利用並びに活用に貢献する知識と能力を有する人材として，従来からのライブラリアンやアーキビストとは異なる，更に高度な情報専門職の教育を目指して，研究・教育体制を整備してまいりました。ここで養成された情報専門職を本学では情報メディエーターと呼びますが，情報資源のどのような側面に関して資源管理を行なうかによって，そこで要求される具体的な人材の条件は多様であります。しかし，情報に関する研究の学問的重要性や社会・経済的意義については，学術審議会

資　　料

が特定研究領域推進分科会の下に情報学部会を設け，情報学研究の長期総合的な推進方策について建議していることからも，改めて強調するまでもありません。この建議においては，情報に関する学問を従来の情報科学・計算機科学よりも広い視野で捉え，社会・コミュニケーション的側面に配慮しつつ，将来確立されるべき情報に関する学問（情報学）の構成分野の一つとして「**社会・法・経済・文化情報システム**」の必要性を指摘しています。この「社会・法・経済・文化情報システム」の構築につながるのが文化情報学であり，それは具体的には，情報資源の収集，保存，管理，利用を研究対象とするものになります。このような視点から，文化情報学研究科は文化情報学専攻を設け，**情報資源を取り扱う専門職業人の育成と文化情報学研究者の育成**をはかることにより，学術審議会の建議にも応えようとするものであります。

　情報化社会の進展に伴い，情報資源の利・活用の必要性が増大していますが，この分野の研究者，管理者，担当者などの人材は著しく不足しております。とくに，来るべき知識集約社会における高度な研究や教育を支える図書館等の有能なメディア情報管理専門職の不足は従来から指摘されていたところですが，さらに近年，官庁における情報公開や民間企業における PL 法対応に伴う文書や電子記録，すなわち情報資源の管理が重要な課題となっているにもかかわらず，この方面の専門的知識を有する人材が不足しております。

　このような記録管理は，レコードマネジメントとして欧米では専門職制度が確立しております。たとえば，欧米の大学では，文書記録のみならず景観情報等の非文字記録を含め，情報資源の管理に関する高度な専門知識と能力を有する職業人や研究者育成のための修士課程や博士課程の大学院が機能していますが，我が国ではこの分野の大学院はほとんどありません。**文化情報学研究科は，図書館等の情報施設に加え，官庁や企業の図書室や資料室などを含め，現場で活躍する記録管理担当者等の情報専門職を対象にする高度職業人育成とともに，出版物以外にも広く業務記録，映像記録，音声記録，文書記録等の情報管理専門家と，この分野についての高度職業人並びに研究者育成を目的に**しております。

（3）文化情報学研究科の規模と将来構想
（略）
Ⅱ．特に設置を必要とする理由
1．情報資源の管理の側面から

　コンピュータの発展に主導され出現した高度情報化社会における，いわゆる情報問題のひとつに，官庁や企業で作成される文書の増大や，本や雑誌などの出版物の増大に代表される，情報資源の量的増加の問題があります。このように情報資源が増大するに伴って，それらを効果的かつ効率的に管理・保存し，提供する能力を持った情報専門職が各所で求められるようになってきました。例えば，公共図書館や学術図書館の急激な増加に加えて，情報公開制度の確立や製造物責任法（PL 法）の施行，品質管理に関す

る国際規格の普及などに伴って，官庁や企業における文書管理も以前にも増して重要になってきました。書籍等の情報メディア管理に電子的手段が利用されるだけでなく，電子メールやワープロ文書を含むいわゆる電子記録が広まるにつれて，あらゆる組織・機関において，その組織的な管理の必要性が認識されつつあります。

このような文書や記録の管理の理論・技術に関しては，欧米においては，図書館情報学や文書館学をベースとしたレコード・マネージメントという確立された専門領域が存在し，大学院レベルで，専門家や研究者が育成されています。そして，実際にそのような人材は社会においても活躍しており，官庁や企業等における文書の作成や管理・ファイリング法から，そのデータベース化，さらには，歴史的な資料の保存に至るまで，幅広い活動に従事しています。このような人材はしばしば「インフォメーション・プロフェッショナル（以下情報専門職という）」や「記録管理者（レコード・マネージャー）」と呼ばれますが，我が国においては，現在のところ，これらの人材を専門的に育成する高等教育機関は見あたらないといっても過言ではありません。

このような情報資源の作成・管理・保存・提供に，以前から関わってきた職種として，図書館員や博物館員を挙げることができます。これらはそれぞれ文書館学・図書館学・博物館学という背景となる学問を持っていますが，情報資源の管理・保存・提供という観点から見れば，「図書館員」「アーキビスト」「記録管理者」「博物館員」の間には，情報専門職に必要とされる知識・能力という点で数多くの共通点があります。しかも，最近のコンピュータ技術の発展，特に，データベースの技術の進展によって，これらの職種に共通する部分は今後さらに増えることが予想されます。

さらに，近年の余暇時間の増大に伴う旅行産業の発展により，特に，観光情報・景観資源の管理・保全・提供に新たな注目が集まっております。この業務を遂行する「観光・景観情報管理者」の場合にも，やはり，その基盤となるのは，文書や出版物，あるいは写真やビデオ，CD，DVD等情報メディアの管理・保全・提供であり，すでに挙げた「アーキビスト」などと共通の知識・技術が必要とされています。

以上のように，「図書館員」「アーキビスト」「記録管理者」「博物館員」「観光・景観情報管理者」などの情報資源の管理者に対する社会的な要請は，今後，すでに指摘したような事務的文書の電子化やデータベースの発展，さらにはマルチメディアやインターネット（ママ）の発達に伴なって，ますます増えていくと予想されます。そこで，本学の文化情報学研究科は，そのような**情報資源の管理・保存・提供を行うための人材の育成を従来の「図書館員」「アーキビスト」「記録管理者」「博物館員」「観光・景観情報管理者」**といった個別の形態の枠を越え，更に広い情報の発生・生産の段階から利用・保存の段階に至るまでの総合的な理論の裏づけをもった情報専門職の養成を通じて，高度情報化社会への貢献を果たそうとするものであります。

（略）

〈カリキュラム〉

資　料

設置する大学院等の概要を記載した書類
大学院等の概要を記載した書類
授業科目の概要（文化情報学研究科文化情報学専攻）

授業科目の名称	配当年次	単位又は時間数		
		必修	選択	自由
演習科目				
文化情報学演習	1～2	8		
必修特殊科目	1・2			
文化情報学特殊講義	1・2	2		
研究調査法	1・2	2		
情報システム特殊研究	1・2	2		
情報セキュリティ特殊研究	1・2	2		
選択講義科目				
情報応用技術特殊研究	1・2		2	
記録史料情報学特論	1・2		2	
図書館情報学特論	1・2		2	
記録管理論特論	1・2		2	
博物館情報学特論	1・2		2	
電子記録論特論	1・2		2	
電子図書館論特論	1・2		2	
情報メディア倫理特論	1・2		2	
行政資料論特論	1・2		2	
オフィスマネジメント特論	1・2		2	
政治文化特論	1・2		2	
情報検索論特論	1・2		2	
情報資源管理論特論	1・2		2	
情報メディア論特論	1・2		2	
マスメディア論特論	1・2		2	
映像資料管理論特論	1・2		2	
音響資料管理論特論	1・2		2	
景観観光情報論特論	1・2		2	
文化地理情報論特論	1・2		2	
美術情報資源論特論	1・2		2	

備考
演習科目は，8単位必修。必修特殊科目は，8単位必修。選択講義科目の中から16単位以上，計32単位以上を修得し，かつ修士論文を提出し，最終試験（口頭試問）に合格しなければならない。

出典:駿河台大学大学院文化情報学研究科設置認可申請書類

専門20

東洋大学社会学部第1部メディアコミュニケーション学科
設置認可申請書(抄)

1 学科の設置の趣旨及び特に設置を必要とする理由を記載した書類
1-1 設置の趣旨
1.経緯
(略)
2.社会学部メディアコミュニケーション学科の設置趣旨

　現代社会を規定する特徴の一つは,情報テクノロジーが社会生活のあらゆる領域に浸透し,人びとの生活が,それまでの時代よりもはるかに複雑なコミュニケーション環境のなかで営まれているということである。すなわち,現代人の生活は,マス・メディアからパーソナル・メディアまでのさまざまな情報伝達メディア,あるいは印刷物からデータベースまでのさまざまな情報蓄積メディアが構成するきわめて多様かつ重層的なコミュニケーション環境によって支えられている。

　しかも近年,このコミュニケーション環境は急速に変容している。例えば,各種のデータベース,電子書籍や通信衛星を利用した専門放送,多チャンネル・ケーブルテレビやインターネットなどの登場と普及によって,情報の高度化と専門化,情報内容と伝達手段のマルチメディア化,放送／通信／情報蓄積メディアの融合,一体化などの現象が進展している。その結果,マス・コミュニケーションとパーソナル・コミュニケーション,放送と通信,情報伝達と情報蓄積といった従来の弁別では対応できないような新しい領域に存在する情報が,人びとの生活の中で重要性を増しつつある。

　このように,社会の情報化がますます進行している現状に鑑みれば,マス・メディアの情報伝達に限定した「マス・コミュニケーション」,あるいは情報蓄積の社会システムとしての「図書館」といった研究領域の境界を越えた,新しい水準での社会の「メディアコミュニケーション」の研究が要請されていることは明らかである。同時に,新たな学問の枠組みのもとで,社会の要請に応じた高度情報化社会を先導しうる人材の育成が急務とされている。

　以上のような認識に基づき,本学科では,社会学の視座からとらえたメディアの理論に立脚し,かつ人間,情報,社会といった幅広い視野を持ちながら,マス・コミュニケーションや情報現象を解明するための研究を行い,それに基づく専門教育を行うこととする。具体的には,情報の制作,評価,組織化といった視点を定め,情報の伝達,蓄積,探索,受容過程,効果,影響,および情報内容そのものを多面的に研究することと,この新たな学問の枠組みに基づいた専門教育を行い,新時代のメディア・リテラシーを身につけ,情報内容に対する的確な判断力と洞察力を持ち,高度情報化社会の諸分野の

資　　料

要求に応じられる人材を育成することを，学科の基本理念として掲げる。
１－２　特に設置を必要とする理由
（略）
１－３　教育課程の特色
１．一般教養的授業科目
（略）
２．学部共通科目
（略）
〈カリキュラム〉
３．専門科目
（１）本学科では，高度情報化社会におけるメディアコミュニケーションの枠組みの中で，メディアと情報を社会学の視座からとらえ，メディアの理論に立脚しながら，社会調査などの実証的手法も重視した教育を行う。同時に，高度情報化社会における人間，情報，社会といった幅広い視野から，メディアコミュニケーションの社会的役割を理解し，メディアや情報のあり方を的確に判断・洞察する能力を身につけさせるための教育をおこなう。その上で，マス・コミュニケーションのメッセージの制作，伝達，受容，効果，影響，利用といった観点から，情報の制作，蓄積，組織化，探索，システムといった観点まで，メディアと情報を基軸に高度情報化社会の諸局面におけるさまざまな問題を取り扱う専門教育を行う。

　具体的には，社会科学・社会学の視座と方法と，メディアコミュニケーション学の概要を学び，マス・コミュニケーションから社会情報に至る幅広い領域の中から，各人の関心によって科目を選択できるようにカリキュラムを編成する。
（２）１年次から４年次までゼミ形式の「演習」を設け，教員それぞれの専門性を活かしたゼミを運営する。
（３）社会学部生としての共通分母を構成するため，学部共通科目を開設しているが，特に「社会調査および実習」[に]において，本学科所属の教員は，メディアコミュニケーションに係わるテーマを設定し，現地調査や内容分析といった手法を用いて実施すべく，授業内容の整備を行う。ガイダンスにおいて，本学科所属教員のコースを履修するよう，本学科生には指導する。
（資料３　略）

資料4　メディアコミュニケーション学科開講科目の体系（1群科目および2群必修・選択必修科目）

★印は，メディアコミュニケーション学科基幹科目

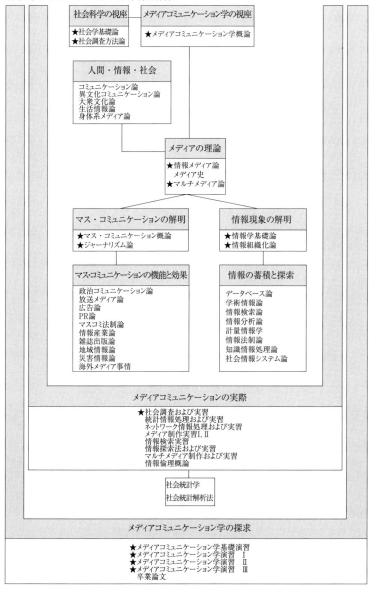

資　　料

1－4　履修指導の方法
　本学科は，以下のような人材を養成することを目標とする。
［A］「マスコミュニケーションの探求」
　1．情報テクノロジーの発達によって，メディアコミュニケーションにかかわる諸領域は急速に拡大・成長し，高度情報化社会はさらなる発展をみようとしている。その結果，従来のマス・メディアと通信メディアは融合し，マス・コミュニケーションとパーソナル・コミュニケーションの端境はボーダーレス化しつつある。新聞・雑誌などの文字メディアにおいても，放送の変容やインターネット・データベースといったニューメディアによる情報の影響を被りその役割が変化しつつあると同時に，インターネット新聞や［CD］ROM・データベースによる雑誌・書籍の発行などのニューメディアの活用も進展しつつある。
　2．このような時代に，新聞・出版・広告界では，従来の新聞や雑誌などの社会的役割を理解しつつ，新しいコミュニケーションのメディアも駆使できる人材が求められている。
　3．そこで，新しい時代に即して，技術と社会・技術と人間といった幅広い視野のもとにマスコミュニケーションの効果・影響を考察しつつ，新聞・雑誌などの情報の制作・伝達能力を有する人材を育成することを目標とする。
　4．このような人材は，新聞・出版・広告といったマスコミ界のみならず，一般企業の広報などの領域でも求められる人材であろう。
［B］「メディアと社会の探求」
　1．従来のマスメディアの中で，高度情報化，中でもマルチメディア化の影響を最も強く被るのは，放送である。衛星放送とCATVの発展は多チャンネル化・専門放送化を促進し，放送と通信の融合は他のメディアとのネットワーク化と放送メディアの生活情報システム化を促していく。
　2．このような時代に，衛星放送やCATVなどの放送ニューメディアを含む放送界では，従来の放送メディアは勿論のこと，衛星放送・CATVに限らず，それらとネットワーク化されるインターネット，電話，データベースといったメディアをも理解し，使いこなせる人材が求められている。
　3．そこで，新しい時代に即して，技術と社会・技術と人間といった幅広い視野のもとに，コミュニケーションの効果・影響のみならず，生活情報に関する要求なども考察しつつ，放送系メディアとそれに融合する様々なメディアを駆使して，情報の制作・伝達とともに蓄積・評価・探索といった能力を有する人材を育成することを目標とする。
　4．このような人材は，従来の放送局のみならず，衛星放送・CATVのほかに，様々な情報系企業で必要とされる人材であろう。
［C］「情報現象の探求」
　1．高度情報化社会では，情報蓄積メディアや通信メディアにおいてもマスメディアを凌駕する発展をみて，従来の図書館などの情報提供サービスに大きな変容をもたらす

と同時に，各種の新しいサービスの登場とそれらにかかわる新しい情報企業の誕生・発展を促している。

　2．このような時代に，情報化社会全体を俯瞰しながら，情報の生産・流通・収集・組織化・保存・利用・加工などの過程で，情報化社会を先導する人材が求められれている(ママ)。

　3．そこで，新しい時代に即して，技術と社会・技術と人間といった幅広い視野のもとに，情報にかかわる要求や法制度といった社会的要件も考察しつつ，情報機器を駆使し，情報の様々な過程で活躍する能力を有する人材を育成することを目標とする。

　4．このような人材は，各種図書館・情報センター・一般企業の資料室のほか，データベース作成機関・各種情報サービス企業などで必要とされる人材であろう。

それぞれの目標に対応する履修モデルを資料に示した。指導方法は以下のとおりである。

[A]「マスコミュニケーションの探求」

　1．〈1年次〉

　　1年次には，社会学・メディアコミュニケーション学・マスコミュニケーションといった幅広い視座から専門分野への導入の基礎と実証的研究の方法論，情報処理，外国語の学習のほか教養的科目を中心に学習する。

　2．〈2年次〉

　　2年次にはマスコミュニケーションを取り巻くコミュニケーションや社会・人間とのかかわりに関する科目と外国語及び教養的科目を学習する。

　3．〈3年次〉

　　3年次には，新聞・出版・広告などにかかわる専門科目を中心に，メディア制作の実習科目や教養的科目を学習する。

　4．〈4年次〉

　　4年次には卒業論文の研究を中心に，専門科目や教養的科目を学ぶ。

[B]「メディアと社会の探求」

　1．〈1年次〉

　　1年次には，社会学・メディアコミュニケーション学・マスコミュニケーションといった幅広い視座から専門分野への導入の基礎と実証的研究の方法論，情報処理，外国語の学習のほか教養的科目を中心に学習する。

　2．〈2年次〉

　　2年次にはマスコミュニケーションを取り巻くコミュニケーションや社会・人間とのかかわりに関する科目と外国語及び教養的科目を学習する。

　3．〈3年次〉

　　3年次には，放送や関連する情報サービスなどにかかわる専門科目を中心に，メディア制作の実習科目や教養的科目を学習する。

資料

4．〈4年次〉

　4年次には卒業論文の研究を中心に，専門科目や教養的科目を学ぶ。

[C]「情報現象の探求」

1．〈1年次〉

　1年次には，社会学・メディアコミュニケーション学・情報学といった幅広い視座から専門分野への導入の基礎と実証的研究の方法論，情報処理，外国語の学習のほか教養的科目を中心に学習する。

2．〈2年次〉

　2年次には情報学を取り巻くコミュニケーションやメディアといった科目と外国語及び教養的科目を学習する。

3．〈3年次〉

　3年次には，情報学の様々な専門領域にかかわる科目を中心に，情報検索の実習科目や教養の科目を学習する。

4．〈4年次〉

　4年次には卒業論文の研究を中心に，専門科目や教養的科目を学ぶ。

（資料5　略）

2　設置する学科の属する学部の概要を記載した書類

社会学部メディアコミュニケーション学科授業科目の概要

学科専門科目

授業科目の名称	配当年次	単位数			備考
		必修	選択	自由	
メディアコミュニケーション学概論	1	4			20単位必修
メディアコミュニケーション学基礎演習	1	4			
メディアコミュニケーション学演習Ⅰ	2	4			
メディアコミュニケーション学演習Ⅱ	3	4			
メディアコミュニケーション学演習Ⅲ	4	4			
マス・コミュニケーション概論	1〜2		4		26単位以上選択必修
情報学基礎論	1〜2		4		
情報組織化論	1〜2		2		
情報メディア論	1〜2		2		
メディア史	1〜2		2		
コミュニケーション論	1〜2		2		
異文化コミュニケーション論	1〜2		2		
大衆文化論	1〜2		2		

生活情報論	1～2		2	
身体系メディア論	1～2		2	
ジャーナリズム論	3～4		2	
政治コミュニケーション論	3～4		2	
放送メディア論	3～4		2	
マルチメディア論	3～4		2	
広告論	3～4		2	
PR論	3～4		2	
マスコミ法制論	3～4		2	
情報産業論	3～4		2	
学術情報論	3～4		2	
情報検索論	3～4		2	
情報分析論	3～4		2	
メディア制作実習Ⅰ	3～4		2	
メディア制作実習Ⅱ	3～4		2	
情報検索実習	3～4		2	
データベース論	3～4		2	
雑誌出版論	3～4		2	
地域情報論	3～4		2	
災害情報論	3～4		2	
海外メディア事情	3～4		2	
知識情報処理論	3～4		2	
情報法制論	3～4		2	
計量情報学	3～4		2	
社会情報システム論	3～4		2	
卒業論文	4		8	

出典:東洋大学社会学部第1部メディアコミュニケーション学科設置認可申請書

専門21

図書館情報大学（図書館情報学研究科改組後の）区分制博士課程大学院情報メディア研究科設置(2000年)に関する大学院等の概要(抄)

大学院等の概要を記載した書類

目的

　科学技術の急速な発展のもとでの情報環境を取りまく社会と文化構造の変化に対して，

資　料

学際的かつ先端的な情報メディア研究を推進する大学教員，研究者及び高度な専門職業人を養成し，21世紀におけるマルチメディアネットワーク情報化社会における学問的，社会的要請に応えることを目的としている。

〈カリキュラム〉
授業科目の概要
情報メディア研究科　博士前期課程（情報メディア専攻）

授業科目の名称	配当年次	単位数又は時間数		
		必修	選択	自由
情報メディア社会				
情報メディア制度論	1・2		2	
情報著作権法論	1・2		2	
図書館情報文化史論	1・2		2	
古文献・書誌論	1・2		2	
著作文化論	1・2		2	
情報知識化方法論	1・2		2	
情報知識化分析論	1・2		2	
専門知識形成論	1・2		2	
専門情報・資料論Ⅰ（経済）	1・2		2	
専門情報・資料論Ⅱ（歴史）	1・2		2	
専門情報・資料論Ⅲ（文学）	1・2		2	
国際教育文化情報論	1・2		2	
国際文化情報論Ⅰ（ドイツ）	1・2		2	
国際文化情報論Ⅱ（イギリス）	1・2		2	
国際文化情報論Ⅲ（フランス）	1・2		2	
情報メディアマネージメント				
図書館情報センター機能論	1・2		2	
図書館情報センター施設計画論	1・2		2	
児童青少年図書館論	1・2		2	
図書館情報センター経営管理論	1・2		2	
情報サービスシステム構成論	1・2		2	
図書館情報センター利用分析論	1・2		2	
学校メディアセンター運営論	1・2		2	
情報評価論	1・2		2	
情報分析論	1・2		2	

情報メディア組織化方法論	1・2		2	
データベース構築論	1・2		2	
文献データ構造論	1・2		2	
データベース利用論	1・2		2	
データベース資源活用論	1・2		2	
学術情報データベース論	1・2		2	
学術情報流通システム論	1・2		2	
学術情報検索論	1・2		2	
情報メディアシステム				
情報メディアシステム論	1・2		2	
情報物理論	1・2		2	
メディア物理論	1・2		2	
数値演算論	1・2		2	
数式処理システム論	1・2		2	
情報アクセスシステム論	1・2		2	
情報システムインタフェース論	1・2		2	
電子化ドキュメントシステム論	1・2		2	
情報資源管理論	1・2		2	
ディジタル図書館システム論	1・2		2	
ディジタルメディアシステム論	1・2		2	
情報メディア開発				
認知心理論	1・2		2	
身体知情報論	1・2		2	
精神認識論	1・2		2	
パターン認識論	1・2		2	
情報認知論	1・2		2	
媒体物性論	1・2		2	
情報メディア素材論	1・2		2	
図書館情報メディア開発基盤論	1・2		2	
図書館情報メディア開発手法論	1・2		2	
マルチメディア通信活用論	1・2		2	
マルチメディア学習論	1・2		2	
マルチメディア教育応用論	1・2		2	
各共通				
情報メディア実験・演習Ⅰ	1	2		

資　料

情報メディア実験・演習Ⅱ	1	2		
情報メディア実験・演習Ⅲ	1・2	4		
計		8	132	
修了要件単位 講義科目22単位以上，必修科目（実験・演習Ⅰ及びⅡ）8単位以上かつ修士論文を提出し審査に合格すること。			

授業科目の概要
情報メディア研究科　博士後期課程（情報メディア専攻）

授業科目の名称	配当年次	単位数又は時間数		
		必修	選択	自由
情報メディア社会				
情報メディア制度研究	1・2・3		2	
情報著作権法研究	1・2・3		2	
図書館情報文化史研究	1・2・3		2	
古文献・書誌研究	1・2・3		2	
著作文化研究	1・2・3		2	
情報知識化研究	1・2・3		2	
専門知識形成研究	1・2・3		2	
専門情報・資料研究Ⅰ（経済）	1・2・3		2	
専門情報・資料研究Ⅱ（歴史）	1・2・3		2	
専門情報・資料研究Ⅲ（文学）	1・2・3		2	
国際教育文化情報研究	1・2・3		2	
国際文化情報研究Ⅰ（ドイツ）	1・2・3		2	
国際文化情報研究Ⅱ（イギリス・フランス）	1・2・3		2	
情報メディアマネージメント				
図書館情報センター機能研究	1・2・3		2	
図書館情報センター施設計画研究	1・2・3		2	
図書館情報センター経営管理研究	1・2・3		2	
図書館情報センター利用教育研究	1・2・3		2	
情報サービスシステム構成研究	1・2・3		2	
情報サービス利用分析研究	1・2・3		2	
情報評価研究	1・2・3		2	
情報メディア組織化研究	1・2・3		2	
データベース構築研究	1・2・3		2	

文献データ構造研究	1・2・3		2
データベース利用研究	1・2・3		2
データベース資源活用研究	1・2・3		2
学術情報データベース研究	1・2・3		2
学術情報流通システム研究	1・2・3		2
学術情報検索研究	1・2・3		2
情報メディアシステム			
情報メディアシステム研究	1・2・3		2
量子論的情報メディア研究	1・2・3		2
情報メディアシステム解析研究	1・2・3		2
情報アクセスシステム研究	1・2・3		2
情報システムインタフェース研究	1・2・3		2
電子化ドキュメントシステム研究	1・2・3		2
情報資源管理システム研究	1・2・3		2
ディジタル図書館システム研究	1・2・3		2
ディジタルメディアシステム研究	1・2・3		2
情報メディア開発			
認知心理研究	1・2・3		2
身体知情報研究	1・2・3		2
心身情報認知研究	1・2・3		2
パターン認識研究	1・2・3		2
情報認知研究	1・2・3		2
媒体物性研究	1・2・3		2
情報メディア素材研究	1・2・3		2
図書館情報メディア開発基盤研究	1・2・3		2
図書館情報メディア開発手法研究	1・2・3		2
マルチメディア通信活用研究	1・2・3		2
マルチメディア学習研究	1・2・3		2
マルチメディア教育応用研究	1・2・3		2
各共通			
情報メディア特別実験A	1	2	
情報メディア総合特別演習	1・2	2	
情報メディア特別実験B	1・2・3	2	
計		6	98

資　料

修了要件単位
講義科目（講義A及びB）4単位以上，必修科目（特別実験A及びB，総合特別演習）6単位以上を修得，かつ博士論文を提出し審査に合格すること

　　　　出典：図書館情報大学（図書館情報学研究科改組後の）区分制博士課程大学院情報メディア研究科設置
　　　　　　（2000年）に関する大学院等の概要を記載した書類

専門22

筑波大学図書館情報専門学群（2002年）の設置に関する書類（抄）

設置構想の概要
設置の趣旨・必要性
〈筑波大学図書館情報専門学群を設置する趣旨・必要性〉

　図書館情報大学は，図書館情報学に関する高度の理論と技術についての教育研究を行う国立唯一の専門大学として，昭和54年に設置された。以来20余年の間，図書館情報学の扱う図書館と情報をめぐる環境の急激な変化に柔軟に対応しつつ，資料・情報の流通技術と提供に関わる優れた人材を輩出してきた。

　しかし，科学技術の進展に伴う高度化・学際化への対応，現下の厳しい財政事情，法人化の流れなど，今後，大学間の競争が極めて厳しくなることが予想され[る]中で，今後の図書館情報大学が果たすべき役割を思量した時，全国の大学における図書館情報学分野での社会貢献の在り方等に関し範を示す存在として，研究分野，研究方法，教育内容・方法等で新たな枠組みを求める必要があるとの認識に至った。

　かかる認識に基づき，80余年にわたる図書館情報学の歴史を持ち，この分野における先進的な取組みの実績を有している図書館情報大学と，多様で幅広い学問領域にわたる先進的な教育研究の実績を有している筑波大学の，ともに社会的・国際的に「開かれた大学」として成果を挙げてきている両大学が統合し，統合後の筑波大学に図書館情報専門学群を設置することで，両大学の人的・物的資源の融合による時代の要請と学術文化の進展に則した，総合的，多角的な教育研究活動をより強力に推進できるとともに，社会の要請と学生のニーズに応える教育を提供できるものと考える。以上のことから，筑波大学に図書館情報専門学群を設置することとしたい。

○図書館情報専門学群における教育目標

　図書館情報専門学群は，人類の知的活動の所産である図書・資料，学術文献等の情報の効果的かつ適正な流通を図るために，大量の情報のコンピュータによる情報処理及び情報の管理，提供サービス，そのための社会制度の探求を対象とする図書館情報学に関する特色ある教育を通じて，情報の流通技術と提供に関わる人材を育成することを目標とする。

○専門学群とする必要性

　図書館情報専門学群においては，高度な専門知識と技術を備えた図書館職員，情報・資料センター職員，取り扱う領域に関する体系的な主題知識を有する情報処理技術者，及びマルチメディアの形態をもつコンテンツ開発者を養成することを目的とする。

　これら情報の管理と処理に当たる人材には，欧米でいうリベラルアーツに相当する真の意味での教養知識である幅広い学問領域に対する「広く浅い知識」と，図書館情報学の専門領域に関わる「深く高度」な知識と技術の両方を修得していることが要求される。そのため，図書館情報学の教育では，この両方を相互の有機的な関係性をとらえつつ修得させることが重要である。

　今や，知識の創成に係る社会的・技術的基盤に関する総合的学問領域に進化してきている図書館情報学を修得させるためには，入学後の早い段階から目的を定めた特色ある教育を展開する必要があり，筑波大学に設置する体育，芸術，医学の分野と同様に専門学群として設置する必要がある。

○図書館情報メディア研究科について

　情報メディア研究科は，従来の図書館情報学を一段と発展させ，人間の知的創造活動の基盤となるソフトインフラ全体について学際的かつ総合的な教育と研究を行い，将来より一層進行する情報化社会を先駆的に担う人材を養成するために，図書館情報学研究科を改組拡大し，区分制博士課程大学院として2000年4月に設置されている。

　今回，図書館情報学の研究教育基盤の強化と一層の発展を期して，図書館情報大学と筑波大学を統合することに伴い，統合後の筑波大学に当該分野の大学院を設置するが，総合大学の中での教育研究分野の性格をより明確にするために，名称を「図書館情報メディア研究科」と改める。

〈カリキュラム〉
教育課程編成の考え方等
〈図書館情報専門学群〉

　社会の各層・各側面で創成・再生産される知識と情報は，あらゆる内容，レベル，学問分野に及ぶことから，図書館情報学は本質的に学際的領域である。また，図書館情報学はさまざまな情報の取り扱いに関わる学問分野であるが，情報の扱い方に関する専門的な知識のみならず，扱う情報の内容についての基本的な知識と素養が必要である。従って，図書館情報学の専門性の発揮のためには，人文社会系から自然科学・工学系にわたる幅広い学問分野にわたる知識の習得が必要であり，また，理論と実践のいずれにも偏らない教育が必要である。

　以上から，教育課程編成の基本方針は以下の6点である。
①情報の管理と処理のための知識と技術に関する教育と，取り扱う情報や知識そのものの内容すなわちコンテンツの理解や分析に関する教育とを行う。

資　　料

②社会・法律・経済・コミュニケーション・文化に関して図書館情報学の観点からの教育を行う。
③人類の知的活動の所産を蓄積する図書館という組織体の枠組みを，社会における知識・情報の流通システムの一つととらえる観点からの教育を行う。
④人間の知覚・認知・学習・行動に関して図書館情報学の視点からアプローチする教育を行う。
⑤人間のもつ情報認知，情報処理の機構に関して生理学的・心理学的な視点を含む図書館情報学の立場からアプローチする教育を行う。
⑥知識情報を収集し，加工・蓄積することにとどまらず，人間が自分で創成した情報や知識をいかに表現するかに関連する領域や，それを他者に対していかに発信するかに関する領域の教育を行う。

(略)

〈大学院「図書館情報メディア研究科」〉

　博士前期課程（ミドル・エグゼクティブ対応）は，図書館情報メディア研究において，専門化に不可欠な基礎的かつ幅広い知識を習得し得るようなトレーニングを行う。具体的には，
（1）幅広い範囲にわたる柔軟で多様な講義科目の開設，
（2）フィールドワーク，ワークショップの重視，
（3）複数指導教官制を採用する。
　また，入学生については，国籍，年齢，経験を問わず意欲のある者が入学できるように，多様な入学選抜方法を採用することにより，広く国際社会や国内実務社会から多くの入学者を受け入れる。
　博士後期課程（エグゼクティブ対応）は，図書館情報メディアに関する高度な専門知識を有した上で論理的な洞察力と豊かな創造性を兼ね備えた責任者として活躍できる世界に通用する人材を育成することを目標とする。具体的には，
（1）集団的な研究教育指導体制の確立，
（2）研究計画書に従った段階を追っての指導と審査の仕組みを組みあわせる，
（3）博士前期課程の基礎的専門教育システムと博士後期課程の一層高度に専門的な教育システムとの間に関連性をもたせ，研究指導の効率化と体系化を図る。
　また，入学生については，国籍，年齢，経験を問わず意欲のある者が入学できるように，本研究科博士前期課程の修了者以外にも，他大学大学院の修士課程修了者，現職社会人，修士課程修了者と同等の学識や実務経験を有する社会人，外国人留学生，外国政府機関等社会人留学生を積極的に受け入れるための入学者選抜制度を導入する。

(略)

図書館情報専門学群　授業科目の概要（案）
専門科目

授業科目名	配当年次	単位数		
		必修	選択	自由
共通				
○図書館情報学概論	1		2	
○図書館情報社会論	1		2	
○情報媒体概論	1		2	
○情報組織化論	1		2	
○目録情報システム論	1		2	
○分類論	1		2	
プログラミング言語	1		2	
プログラミング言語演習Ⅰ	1		2	
プログラミング言語演習Ⅱ	1		2	
○計算機システム	1		2	
○データベース	1		2	
○自然言語処理	1		2	
○知識情報概論	1		2	
基礎数学Ⅰ	1		2	
基礎数学Ⅱ	1		2	
図書館情報学方法基礎	2		2	
知的財産権論	2		2	
○図書館情報センター経営論	2		2	
○情報サービス論Ⅰ	2		2	
○情報サービス論Ⅰ演習	2		2	
○情報検索論	2		2	
○情報検索論演習	2		2	
○情報システム論	2		2	
図書館データベースシステム	2		2	
図書館業務システム	2		2	
専門科目（共通）小計			40〜50	

資　料

図書館情報管理主専攻分野

授業科目名	配当年次	単位数		
		必修	選択	自由
理論・方法				
計量情報学	2		2	
文献情報論	2		2	
数値情報論	2		2	
特許情報論	3		2	
読書科学	2		2	
情報流通				
○コミュニケーション論	2		2	
学術情報流通論	3		2	
出版流通論	3		2	
出版技術論	4		2	
社会・制度				
社会システム論	3		2	
○生涯学習論	3		2	
○社会教育	2		2	
教育文化政策論	3		2	
○図書館情報制度論Ⅰ	3		2	
○図書館情報制度論Ⅱ	3		2	
知的財産権論演習	3		2	
情報社会制度論	2		2	
歴史				
○図書館文化史概論	2		2	
○西洋図書館文化史	2		2	
○東洋図書館文化史	2		2	
経営				
○公共図書館論	3		2	
大学図書館論	3		2	
専門図書館論	3		2	
●学校経営と学校図書館	2		2	
●学習指導と学校図書館	2		2	
○児童図書館論	3		2	
図書館建築論	3		2	

コレクション形成論	2		2	
情報サービス				
情報サービス論Ⅱ	3		2	
情報媒体				
情報媒体論	3		2	
情報資料保存法	4		2	
情報資料				
○人文科学資料論	3		2	
人文科学資料論演習	3		2	
○社会科学資料論	3		2	
社会科学資料論演習	3		2	
○科学技術資料論	3		2	
科学技術資料論演習	4		2	
○歴史資料論	3		2	
歴史資料論演習	3		2	
○官公庁資料論	3		2	
官公庁資料論演習	3		2	
児童青少年資料論	3		2	
専門資料論	2		2	
図書学・書誌学				
日本図書学	2		2	
中国図書学	2		2	
西洋書誌学	2		2	
近代書誌学概論	2		2	
古典文献				
古文献講読（和文）	2		2	
古文献講読A	3		2	
古文献講読B	4		2	
古文献講読（漢文）	2		2	
漢文講読A	3		2	
漢文講読B	3		2	
情報組織化				
○目録情報システム論演習	2		2	
●学校図書館メディアの構成	3		2	
書誌情報データベース構築論	3		2	

資　料

○マルチメディア組織法	3		2
情報組織化各論			
逐次刊行物組織論	3		2
○ニューメディア組織論	3		2
ファクト情報組織化論	3		2
○古文献整理法	2		2
○古文書整理法	3		2
情報検索			
検索言語論	4		2
索引抄録論（学術文献）	3		2
索引抄録論（特許文献）	3		2
データベース設計・利用論	3		2
データベース利用特論	3		2
総合			
○情報管理特論	3		2
情報管理演習	3		2
○図書館情報学実習	3		4
卒業研究	4	8	
専門科目小計		8	32～42

履修方法
（1）基礎科目（20.5単位）
　　①共通科目　必修 15.5単位　②関連科目　必修　5 単位
（2）専門基礎科目（0〜14単位）
　　選択　0〜14単位
（3）専門科目（90〜104単位）
　　必修　8 単位　選択 82〜96単位
1．卒業要件 124.5単位
2．司書取得者は○付き科目（司書講習相当科目）を別表のとおり取得する。
3．司書教諭取得者は●付き科目（司書教諭講習相当科目）を必修として修得し，その他教職に関する科目等を修得すること

図書館情報処理主専攻分野

授業科目名	配当年次	単位数		
		必修	選択	自由
共通（注：図書館情報管理主専攻分野と同様のため省略）				
プログラミング				
プログラミング法	2		2	

コンピュータアーキテクチャ				
○ハードウェア基礎	2		2	
計算機アーキテクチャ	2		2	
計算機システム構成	3		2	
データベース				
ファイル構成論	2		2	
データベース構成論	3		2	
データベース管理システム	3		2	
ソフトウェア				
プログラミング言語各論Ⅰ	2		2	
プログラミング言語各論Ⅱ	3		2	
ソフトウェア記述法	3		2	
ソフトウェア構成論	4		2	
ヒューマンインタフェース				
ヒューマンコンピュータインタフェース	3		2	
グラフィクス	3		2	
○マルチメディアシステム	3		2	
オペレーティングシステムとネットワーク				
オペレーティングシステム	3		2	
プログラミング言語処理系	3		2	
ネットワークコミュニケーション	3		2	
媒体材料				
媒体物理学	2		2	
媒体物性論	3		2	
新素材媒体	3		2	
情報媒体機器	3		2	
言語処理				
形式言語	3		2	
機械翻訳	4		2	
情報の知識化				
知識情報行動論	2		2	
情報知識化論	3		2	
知識形成論	3		2	
知識共有論	3		2	
情報知識化各論	3		2	

資　料

知識と機能			
知識論	2		2
記号論	3		2
パターン認識	3		2
知能論	3		2
知識システム			
知識システム論	2		2
●情報メディアの活用	3		2
知識表現手法	3		2
人工知能論	3		2
知識システム各論	4		2
情報システム			
検索アルゴリズム	2		2
経営情報システム	3		2
学術情報システム	3		2
情報サービスシステム	3		2
○図書館データベースシステム演習	3		2
○図書館ネットワークシステム	3		2
テクニカルコミュニケーション	4		2
○電子図書システム	4		2
総合			
情報処理演習Ⅰ	2		2
情報処理演習Ⅱ	3		2
情報処理総合演習Ⅰ	2		2
情報処理総合演習Ⅱ	3		2
○図書館情報学実習	3		4
卒業研究	4	8	
専門科目小計		8	32～42

履修方法
（1）基礎科目（20.5単位）
　　①共通科目　必修 15.5単位　②関連科目　必修　5単位
（2）専門基礎科目（0～14単位）
　　選択　0～14単位
（3）専門科目（90～104単位）
　　必修　8単位　選択 82～96単位
　1．卒業要件 124.5単位
　2．司書取得者は○付き科目（司書講習相当科目）を別表のとおり取得する。
　3．司書教諭取得者は●付き科目（司書教諭講習相当科目）を必修として修得し，その他教職に関する科目等を修得すること。

図書館情報メディア研究科（博士前期課程）授業科目の概要（案）
授業科目概要

授業科目名	配当年次	単位数または時間数		
		必修	選択	自由
図書館情報メディア研究科　博士前期課程（図書館情報メディア専攻）				
図書館情報メディア社会				
情報メディア制度論	1・2		2	
情報著作権法論	1・2		2	
図書館情報文化史論	1・2		2	
古文献・書誌論	1・2		2	
著作文化論	1・2		2	
情報知識化方法論	1・2		2	
情報知識化分析論	1・2		2	
専門知識形成論	1・2		2	
専門情報資料論Ⅰ（経済）	1・2		2	
専門情報資料論Ⅱ（歴史）	1・2		2	
専門情報資料論Ⅲ（文学）	1・2		2	
国際教育文化政策論	1・2		2	
国際文化情報論Ⅰ（ドイツ）	1・2		2	
国際文化情報論Ⅱ（イギリス）	1・2		2	
国際文化情報論Ⅲ（フランス）	1・2		2	
図書館情報メディアマネージメント				
図書館情報センター機能論	1・2		2	
図書館情報センター施設計画論	1・2		2	
児童青少年図書館論	1・2		2	
図書館情報センター経営管理論	1・2		2	
情報サービスシステム構成論	1・2		2	
図書館情報センター利用分析論	1・2		2	
学校メディアセンター運営論	1・2		2	
情報評価論	1・2		2	
情報分析論	1・2		2	
情報メディア組織化方法論	1・2		2	
データベース構築論	1・2		2	
文献データ構造論	1・2		2	

資　　料

データベース利用論	1・2		2	
データベース資源活用論	1・2		2	
学術情報データベース論	1・2		2	
学術情報流通システム論	1・2		2	
学術情報検索論	1・2		2	
図書館情報メディアシステム				
情報メディアシステム論	1・2		2	
情報物理論	1・2		2	
メディア物理論	1・2		2	
数値演算論	1・2		2	
数式処理システム論	1・2		2	
情報アクセスシステム論	1・2		2	
情報システムインターフェース論	1・2		2	
電子化ドキュメントシステム論	1・2		2	
情報資源管理論	1・2		2	
ディジタル図書館システム論	1・2		2	
ディジタルメディアシステム論	1・2		2	
情報ネットワークメディア論	1・2		2	
高速ネットワークシステム論	1・2		2	
画像情報メディア論	1・2		2	
図書館情報メディア開発				
認知心理論	1・2		2	
身体知情報論	1・2		2	
精神認識論	1・2		2	
パターン認識論	1・2		2	
情報認知論	1・2		2	
媒体物性論	1・2		2	
情報メディア素材論	1・2		2	
図書館情報メディア開発基盤論	1・2		2	
図書館情報メディア開発手法論	1・2		2	
マルチメディア通信活用論	1・2		2	
マルチメディア学習論	1・2		2	
マルチメディア教育応用論	1・2		2	
画像情報表現メディア応用基盤論	1・2		2	

マルチメディア情報表現システム開発手法論	1・2		2	
情報表現システム技術開発論	1・2		2	
各共通				
情報メディア実験・演習Ⅰ	1	2		
情報メディア実験・演習Ⅱ	1	2		
情報メディア実験・演習Ⅲ	1・2	2		
修了要件単位 講義科目22単位以上，必修科目（実験・演習Ⅰ，Ⅱ及びⅢ）8単位を修得，かつ修士論文を提出し審査に合格すること。				

図書館情報メディア研究科（博士後期課程）授業科目の概要（案）

授業科目概要

授業科目名	配当年次	単位数または時間数		
		必修	選択	自由
図書館情報メディア研究科　博士後期課程（図書館情報メディア専攻）				
図書館情報メディア社会				
情報メディア制度研究	1・2・3		2	
情報著作権法研究	1・2・3		2	
図書館情報文化史研究	1・2・3		2	
古文献・書誌研究	1・2・3		2	
著作文化研究	1・2・3		2	
情報知識化研究	1・2・3		2	
情報知識化方法研究	1・2・3		2	
専門知識形成研究	1・2・3		2	
専門情報資料研究Ⅰ（経済）	1・2・3		2	
専門情報資料研究Ⅱ（歴史）	1・2・3		2	
専門情報資料研究Ⅲ（文学）	1・2・3		2	
国際教育文化政策研究	1・2・3		2	
国際文化情報研究（ドイツ）	1・2・3		2	
国際文化情報研究（イギリス・フランス）	1・2・3		2	
図書館情報メディアマネージメント				
図書館情報センター機能研究	1・2・3		2	
図書館情報センター施設計画研究	1・2・3		2	
図書館情報センター経営管理研究	1・2・3		2	
図書館情報センター利用教育研究	1・2・3		2	
情報サービスシステム構成研究	1・2・3		2	

資　料

情報サービスシステム利用分析研究	1・2・3		2
情報評価研究	1・2・3		2
情報メディア組織化研究	1・2・3		2
データベース構築研究	1・2・3		2
文献データ構造研究	1・2・3		2
データベース利用研究	1・2・3		2
データベース資源活用研究	1・2・3		2
学術情報データベース研究	1・2・3		2
学術情報流通システム研究	1・2・3		2
学術情報検索研究	1・2・3		2
図書館情報メディアシステム			
情報メディアシステム研究	1・2・3		2
量子論的情報メディア研究	1・2・3		2
情報メディアシステム解析研究	1・2・3		2
情報アクセスシステム研究	1・2・3		2
情報システムインターフェース研究	1・2・3		2
電子化ドキュメントシステム研究	1・2・3		2
情報資源管理研究	1・2・3		2
ディジタル図書館システム研究	1・2・3		2
ディジタルメディアシステム研究	1・2・3		2
情報ネットワークメディア研究	1・2・3		2
高速ネットワークシステム研究	1・2・3		2
画像情報メディア研究	1・2・3		2
図書館情報メディア開発			
認知心理研究	1・2・3		2
身体知情報研究	1・2・3		2
心身情報認知研究	1・2・3		2
パターン認識研究	1・2・3		2
情報認知研究	1・2・3		2
情報メディア素材研究	1・2・3		2
図書館情報メディア開発基盤研究	1・2・3		2
図書館情報メディア開発手法研究	1・2・3		2
マルチメディア通信活用研究	1・2・3		2
マルチメディア学習研究	1・2・3		2

マルチメディア教育応用研究	1・2・3		2	
画像情報メディア応用基盤研究	1・2・3		2	
マルチメディア情報表現システム開発手法研究	1・2・3		2	
情報表現システム技術開発研究	1・2・3		2	
各共通				
情報メディア特別実験A	1	2		
情報メディア総合特別演習	1・2	2		
情報メディア特別実験B	1・2・3	2		
修了要件単位 講義科目(講義A及びB)4単位以上,必修科目(特別実験A及びB,総合特別演習)6単位以上を修得,かつ博士論文を提出し審査に合格すること。				

出典:筑波大学図書館情報専門学群(2002年)の設置に関する書類

専門23

鶴見大学文学部ドキュメンテーション学科設置(2004年)届出書類(抄)

学部等の設置の趣旨
鶴見大学文学部ドキュメンテーション学科の設置の趣旨等を記載した書類
1. 設置の趣旨及び必要性

　鶴見大学文学部の伝統と時代の要請を踏まえ,大学ならびに学部全体の活性化を図るためにドキュメンテーション学科を新設する。

　ここに言うドキュメンテーションとは,文字資料をはじめ視聴覚資料に及ぶ多彩な諸資料(ドキュメント)を収集・管理(整理・保管)し,有効適切にデータ化して蓄積し,使用可能な形で社会に提供(流通・配布)するための知識と技術の総体を意味する。資料の持つ価値や可能性を的確に情報処理して幅広い利用に供すると共に,未来への確実な文化的継承までを見据えるものである。そういった資料学としての理論と実践の体系がドキュメンテーション学である。

　本学科では主に,古典籍から現代の電子出版物までを併せたいわゆる文科系の文献を中心とする諸資料を対象として,従来の文献資料学と現今の情報処理学を融合させた,新しい時代の資料情報処理学の理論構築と実践技術の教育・研究を行うことを目的とする。文献資料それ自体の徹底的精査の方途と対象の特性に即した情報処理の方法の錬磨とを,総合的・体系的に教育・研究する固有の学問領域を形成すると共に,文科系特に人文系諸学の基礎学としての役割を果たそうとするものである。

　本学は,昭和28年短期大学開学以来司書課程において,昭和29年からは文部省(現文部科学省)委嘱司書・司書補講習において,さらに昭和38年からは文学部司書課程を開設して多くの司書・司書補を養成し,並行して本学図書館自体の充実にも努めてきた。

資　　料

　大学図書館に基盤を置くこれら従来の図書館情報学では，図書館の一般資料を主として扱ってきた。しかし，そういった一般資料のみならず，古典籍等の特殊・貴重文献から現代社会が生み出す一般企業等における実務書類等まで，より広範囲の資料を対象とすることが学界の念願であり時代の要請でもあろう。本学の図書館人養成の実績を踏まえながら，さらに広範で発展した資料情報処理学の教育・研究を行う本学科を本学に設置することに重要な意義を見いだす所以である。
　また本文学部は，文献資料に基礎を置いた着実で実証的な教育・研究を最大の特色としている。これは一般に文献学と呼ばれる学的方法であり，全国大学図書館中有数の古典籍コレクションを含む蔵書群がそれを支援してきた。そのことを踏まえ，特に本文学部に本学科を設置する意義は，文献資料に基礎を置く教育・研究を展開する既設3学科が蓄積してきた文学・語学・文化財学（歴史学）等の諸資料とその知見が，そのまま新学科が行う教育・研究の対象となりうると同時に，それらのさらなる精査と情報処理化をとおして既設3学科に有益な情報と方法を提供し，もって既設3学科に大きく貢献しその基礎をより強く固めうるところにある。のみならず，本学科が提供する最新の情報処理の知識・技術によって，学部全体としてより高度な研究の道をも開きうるものである。それによりまた，各学問分野の特色を顕在化させつつも，本学部全体のいっそうの融合を図り，教育・研究体制のさらなる充実を目指す。
　本学科は，図書館情報学の分野を仲立ちにして，人文系諸学の根幹である文献資料（典籍）それ自体の特質を解明する書誌学的分野と，コンピュータを駆使してそれらの有効利用を追求する先端的人文系情報処理学の分野とにまたがって構成され，それぞれが高い独自性を備えつつ，全体として一つの総体・体系をなしているところに大きな特徴がある。その教育・研究の実効のために，図書館情報学を共通項にして，典籍等の文献資料に密着した書誌学的色彩が強いコースとしてライブラリーアーカイブコースを，データのコンピュータ処理を導入した情報処理学を主とするコースとしてデジタルキュメンテーションコースを設け，かつ両者の間を隔てることなく柔軟に連動させるものである。
　書誌学的分野は，従来必要性が認められながらも専門的に教育・研究する学科等はほとんどなく，この分野の専門コースが設けられること自体が画期的であろう。しかも単なる書物調査の方法論にとどまらず，そこで得られた種々の知識を最新の情報処理技術によって加工し，広汎な伝達と継承とを実現することを目指す教育・研究を行うものである。その過程で，本学図書館により高度な書誌学的方法論を供給し，高度で先端的な情報源としての大学図書館のいっそうの活性化に資することをも目指す。
　先端的人文系情報処理学の分野は，主に現代社会にあふれる多種多様な文献資料の有効利用を教育・研究するものであり，同時に本学文学部の情報教育充実の一翼をになうものである。また，使用目的に応じた人文系情報やその情報処理あるいは情報機器そのものへの適切な対応力を養い，学問世界のみならず現代実務社会にも貢献しようとするものである。

両分野の資料処理には，コンピュータ技術が不可欠であるので，両コース共にコンピュータの理論と技術修得のカリキュラムが多く組まれている。また，コンピュータ技術を含む文献資料の処理全体において，高度で実用的な語学力（特に英語力）が要求される。そのために，共通教育としての英語教育をより充実させるとともに，専門科目としての英語教育も組み入れている。これにより，全体に語学力（英語力）とコンピュータ処理の高い運用能力を養うことを目指す。

上記の教育を共通の基盤としながら，従来の図書館有用の人材に加えて，一方で，現在不足している特殊資料（古典籍，古文書等）処理の高度な知識・技術とコンピュータ処理の基本的知識・技術を併せ持ち，図書館・文庫・文書館等で高度な専門職として活躍しうる人材や，他方で，汎用的な文献資料処理の知識・技術とコンピュータを駆使した高度でかつ文科系の視点に立った実用的情報処理の知識・技術を併せ持ち，実務社会の職域（公的機関や企業等）で時代に即応して活躍しうる人材を養成する。

以上を総じて，本ドキュメンテーション学科は，我が国の書物をはじめとする古今東西の文献を中心とする諸資料の究明とそれらの情報処理の両面に関して幅広く知識を授けるとともに，図書館情報学を含め書誌学・先端的人文系情報処理学の各分野で深く特化された教育・研究を行い，一般社会のモラルはもとより，特に文化的遺産としての古典籍の領域や現代の情報処理の領域に関して高い倫理性を涵養し，種々の課題に資料情報処理学の複合的な視点から柔軟に対応できる能力を開発し，それらを兼ね備えた人材の養成をとおして社会貢献を展開しようとするものである。

(略)

〈カリキュラム〉

2．教育課程編成の考え方・特色

(略)

ライブラリーアーカイブコースは，従来の図書館有用の人材に加えて，一方で，現在不足している特殊資料（古典籍・古文書等）処理の高度な知識・技術とコンピュータ処理の基本的知識・技術を併せ持ち，図書館・文庫・文書館等で高度な専門職として活躍しうる能力を養成することが可能な，広範でかつ深化した書誌学的分野の専門科目を設ける。デジタルドキュメンテーションコースは，汎用的な文献資料処理の知識・技術とコンピュータを駆使した高度でかつ文科系の視点に立った実用的情報処理の知識・技術を併せ持ち，実務社会の職域（公的機関や企業等）で時代に即応して活躍しうる能力を養成することが可能な，総合的でかつ実務的な先端的人文情報処理学分野の専門科目を設ける。ただし，各コースにより特化した科目履修のみならず，両コースからの広範な履修も可能にし，学生の多様な要求に応えて，より多彩な人材の養成を目指す。

ライブラリーアーカイブコースは，人文系諸学の根幹である文献資料（典籍）を直接に取り扱って学ぶ意味で，デジタルドキュメンテーションコースは，情報処理に不可欠のコンピュータ技術を実際に学ぶ意味で，ともに実践的教育を重視して演習科目の充実をはかる。特に，ライブラリーアーカイブコースでは，本学図書館にある豊富な典籍を

資　料

有効に活用しそれに直接触れることの出来る演習を，デジタルドキュメンテーションコースでは，平成14年度に開設したマルチメディア教育センターのコンピュータ教室でのよりきめの細かな演習を，それぞれ行なう。
(略)

1　設置する学部等の概要を記載した書類及び学部等の設置の趣旨等を記載した書類

授業科目の概要
文学部ドキュメンテーション学科
専門科目

授業科目の名称	配当年次	単位数又は時間数		
		必修	選択	自由
必修科目				
情報システム概論	1	2		
ドキュメント処理 I	1	2		
情報機器教育論	1	2		
ドキュメント処理 II	1	2		
ネットワーク概論	1	2		
コンピュータ概論	1	2		
データベース概論	1	2		
マルチメディア概論	1	2		
総合英語 I	2	2		
アルゴリズム論	2	2		
e-リファレンス論	2	2		
特殊英語演習 I	2	1		
情報基礎演習 I （プログラミング）	2	1		
情報基礎演習 II （インターネット）	2	1		
情報基礎演習 III （アプリケーション）	2	1		
日本語コミュニケーション（文章）	2	2		
情報基礎演習 IV （データベース）	2	1		
情報基礎演習 V （マルチメディア）	2	1		
特殊英語演習 II	2	1		
総合英語 II	3	2		
情報社会と倫理	3	2		
特殊英語演習 III	3	1		

科目名	配当年次	講義単位	演習単位	備考
情報と職業	3	2		
特殊英語演習Ⅳ	3		1	
卒業論文演習	4		2	
ライブラリーアーカイブコース選択科目（備考：選択したコースの科目より，講義18単位以上，演習8単位以上，他のコースと合わせて36単位以上修得しなければならない。）				
書物文化論	1	4		
ドキュメント基礎Ⅰ	2	2		
ドキュメント基礎Ⅱ	2	2		
和紙の文化史	2	2		
文字学概説	2	2		
日本の古典籍	2	2		
古筆鑑賞	3・4	4		
書道史	3・4	4		
日本書誌学	3・4	4		
西洋書誌学	3・4	2		
印刷技術論	3・4	2		
写経・刊経概説	3・4	2		
書誌学特殊講義Ⅰ（歌集）	3・4	2		
蔵書印概説	3・4	2		
書誌学特殊講義Ⅱ（古活字版）	3・4	2		
出版概説	3・4	2		
近代書誌	3・4	2		
書誌学特殊講義Ⅲ（書物意匠論）	4	2		
書誌学特殊講義Ⅳ（典籍伝来史）	4	2		
ドキュメント処理演習Ⅰ	2		1	
ドキュメント処理演習Ⅱ	2		1	
古典籍読解演習Ⅰ	2		1	
書誌学基礎演習	2		1	
古写本演習	3・4		2	
古版本演習	3・4		2	
エッセイ・ライティング（英語）	3・4		4	
古典籍読解演習Ⅱ	3・4		1	
書誌学特別演習Ⅰ（内典）	3・4		1	
書誌学特別演習Ⅱ（絵入典籍）	3・4		1	
e-リファレンス演習	3・4		1	

資　料

古典籍読解演習Ⅲ	3・4	1	
書誌学特別演習Ⅲ（勅撰集）	3・4	1	
伝記資料演習	3・4	1	
西洋書誌演習	3・4	1	
デジタルドキュメンテーションコース選択科目			
情報システム各論Ⅰ	2	2	
データベース各論Ⅰ	2	2	
マルチメディア各論Ⅰ	2	2	
ネットワーク各論Ⅰ	2	2	
情報システム各論Ⅱ	3・4	4	
データベース各論Ⅱ	3・4	4	
マルチメディア各論Ⅱ	3・4	4	
ネットワーク各論Ⅱ	3・4	4	
書誌データ共有論	3・4	2	
情報とアルゴリズム	3・4	2	
情報利用の指導法	3・4	2	
データベース特論（索引・抄録）	3・4	2	
流通システム論	3・4	2	
デジタル情報と著作権	3・4	2	
コンピュータ利用論	4	2	
アプリケーション演習Ⅰ	2	1	
データベース構築演習Ⅰ	2	1	
データベース検索演習Ⅰ	2	1	
マルチメディア演習Ⅰ	2	1	
インターネット演習Ⅰ	2	1	
ビジネス・ライティング（英語）	3・4	4	
アプリケーション演習Ⅱ	3・4	1	
プログラミング演習Ⅰ	3・4	1	
データベース構築演習Ⅱ	3・4	1	
データベース検索演習Ⅱ	3・4	1	
マルチメディア演習Ⅱ	3・4	1	
デジタルアーカイブ演習	3・4	1	
インターネット演習Ⅱ	3・4	1	
プログラミング演習Ⅱ	3・4	1	

書誌データ共有演習	3・4		1	
書誌作成演習	3・4		1	
データベース特別演習（索引・抄録）	3・4		1	
特別実習	3・4		2	
卒業論文	4	4		
卒業の要件：4年以上在学し，必修61単位，選択69単位以上修得しなければならない。				

出典：鶴見大学文学部ドキュメンテーション学科設置（2004年）届出書類

専門24

駿河台大学大学院現代情報文化研究科設置届出書（抄）

大学院等の設置の趣旨等を記載した書類
Ⅰ　設置の趣旨・必要性
　1）設置の趣旨および経緯
（設置の趣旨）文化情報学研究科は，情報資源の利用並びに活用に貢献する知識と能力を有する専門職業人と文化情報学研究者の育成を図ることを目的に平成11年に設置され，今日まで他大学院博士課程への進学者の他，情報産業等へ修士号取得者を送り出してきた。また，地方公共団体職員等の文書管理業務担当者や図書館司書を社会人学生として迎え入れ，行政文書管理部門の専門家や高度な図書館司書などの記録管理分野での高度職業人育成にも実績を挙げている。しかし，21世紀における情報化社会の進展に伴い，記録管理分野の研究と専門職業人育成には，社会のフレームワークに関する総合的なアプローチが必要であり，とくに法学分野からの情報管理の知見を必要とする状況が強まった。同時に法学研究の分野でも，社会の情報化に対応して，従来の大学院における教育研究の対象とされた法的専門知識をもった専門職業人や組織管理者等の育成について，情報資源の利活用に関する理解と情報技術能力の習得等の資質が不可欠であるとされるようになった。このような観点から，文化情報学研究科を改組・拡充して，本学における修士レベルの法学教育を取り入れ，現行の「文化情報学専攻」に加えて「法情報文化専攻」を設置し，新たに「現代情報文化研究科」として再編し，現代の情報社会が求める専門職業人や研究者を育成することとしたものである。「文化情報学専攻」は，情報化社会に対応する法的な素養をもった情報資源の保存や活用に関する教育・研究を対象とし，一方「法情報文化専攻」は，情報資源のうち特に「情報資産」に関する理解と情報管理能力を基礎とする法的専門知識の活用や法情報文化の発展に関する教育・研究を目指すものであり，文学関係と工学関係の複合分野である文化情報学研究科に法学関係を融合させた研究科として設置される。
（略）
　2）設置の必要性

資　　料

　　文化情報学と法学分野を融合させた教育・研究組織の必要性は，情報社会の進展に伴って，企業・官公庁等における「情報資産」の組織・管理の重要性が高まりつつあることに由来している。ここで「情報資産」とは，情報資源の中でも特に「情報知的財産権」の対象としての無形資産を指している。このような情報資産としての知的財産の重要性については，すでに，政府の「知的財産戦略大綱（以下，大綱）」（平成14年7月）にも指摘されており，「大綱」の抄録は，"「知的財産立国」とは（中略）無形財産の創造を産業の基盤に据えることにより，我が国経済・社会の再活性化を図るというビジョンに裏打ちされた国家戦略である"と述べている。それには，発明・創作活動の推進に重ねて，そのプロダクツである情報資産の管理・組織化もまた必要不可欠である。情報資産の管理・組織化には，修士レベルの法学教育を基礎に，特許，商標，意匠，著作権などの伝統的知的財産権と，IT技術やインターネットの普及によって出現した，ビジネスモデル特許，デジタル著作権，データベースなどの新しい知的財産権，さらに情報社会における社会秩序の維持に関する法的・倫理的・技術的な課題等の専門知識を具備した人材が要求される。例えば，情報資産の的確な管理および取り扱いを怠った場合，中央及び地方の政府のみならず企業等も含めた組織に与える損害は甚大となる可能性がある。このような事態に対処するためには，これらの組織は，情報資産の管理・保護の専門家を置き，十分なリスク管理や記録管理を行なっていく必要がある。このように，情報資源管理に関わる文化情報学の分野には，法学分野にも精通した人材が不可欠であり，わが国としてこれらの人材の育成が急務である。

　　従来の文化情報学研究科は，企業や官公庁等における情報管理・記録管理を専門とする情報メディエータの養成を進めているが，情報資産の管理・保護の重要性が高まる中で，情報関連法制の専門知識を持った情報メディエータを育成するためには，法学分野の研究・教育の視点をもって，情報資源についての教育・研究を行う専攻を設置する必要がある。本学における情報管理に関する法学研究・教育は，これまで法学研究科において契約法，消費者法，行政法等個別の分野で行われてきた。しかし，21世紀における情報社会の進展を考慮すれば，従来の公法・私法といった学問体系に沿った法学教育・研究のみならず，情報分野に精通した法律の専門的知識をもった人材育成を目的とする法情報文化の分野の教育・研究が必要となるとする認識は，法学教育のサイドでも深まっていた。そこで，文化情報学研究科を改組し，情報技術をベースにした情報資源の保存や活用を研究する文化情報学の教育・研究と，法学分野の教育・研究を融合させることにより，法学的理解が十分にある情報メディエータから情報分野に精通した法律の専門的知識をもった人材まで，幅広い分野にわたる専門職業人や研究者の育成を図るべきであるとの結論に達したものである。

（略）

　　4）養成しようとする人材

（略）

　　① **文化情報学専攻〈情報化社会における情報資源管理の専門家（情報メディエー**

タ）の育成〉 主としてデジタル情報技術をベースに，従来の記録（文書）管理学，文書館学，図書館学等を総合した文化情報資源の管理学を追求し，法学，政治学的基礎を身につけ，アカウンタビリティの核心としての官庁・企業等の組織における情報資源管理の諸課題を対象とする専門的な人材を育成する。

② **法情報文化専攻〈情報化社会における情報資産管理を対象とする法律的専門知識をもつ組織マネジメント専門家の育成〉** 文化情報学との融合を基に，主として現代法の研究をベースに，公法・私法という伝統的な法学教育研究の仕組みを再編し，憲法や民法等の基本となるべき法分野に加えて情報関連法制の教育・研究を中心に，情報社会において特に情報資産の管理に関連する諸問題に対応できる人材を育成する。

〈カリキュラム〉
大学等の概要を記載した書類
授業科目の概要
現代情報文化研究科文化情報学専攻修士課程

授業科目の名称	配当年次	単位数又は時間数		
		必修	選択	自由
選択必修科目				
＊文化情報学特殊講義	1・2		2	
＊法情報文化特殊講義	1・2		2	
＊研究調査法	1・2		2	
＊情報システム特殊研究	1・2		2	
＊情報セキュリティ特殊研究	1・2		2	
＊憲法研究	1・2		2	
＊情報社会特論	1・2		2	
選択科目（情報学分野）				
＊情報メディア倫理特論	1・2		2	
＊電子記録論特論	1・2		2	
＊情報検索論特論	1・2		2	
＊データベース設計特論	1・2		2	
＊情報ネットワーク特殊研究	1・2		2	
＊マルチメディア論特論	1・2		2	
情報処理言語特殊研究	1・2		2	
情報関連専門職特論	1・2		2	
景観観光情報論特論	1・2		2	

資　料

文化地理情報論特論	1・2		2	
選択科目（文学分野）				
＊記録管理論特論	1・2		2	
＊情報メディア論特論	1・2		2	
＊マスメディア論特論	1・2		2	
＊映像資料管理論特論	1・2		2	
＊音響資料管理論特論	1・2		2	
＊公務員倫理特論	1・2		2	
行政文書管理論特論Ⅰ	1・2		2	
行政文書管理論特論Ⅱ	1・2		2	
＊行政資料論特論	1・2		2	
図書館情報学特論	1・2		2	
博物館情報学特論	1・2		2	
電子図書館論特論	1・2		2	
美術情報資源論特論	1・2		2	
情報資源管理論特論	1・2		2	
観光情報資源論特論	1・2		2	
記録史料管理論特論	1・2		2	
記録史料情報学特論	1・2		2	
＊行政情報システム特論	1・2		2	
オフィス・スタディーズ特論Ⅰ	1・2		2	
オフィス・スタディーズ特論Ⅱ	1・2		2	
行政組織管理論特論	1・2		2	
選択科目（法学分野）				
＊行政法研究	1・2		2	
＊公共政策特論	1・2		2	
＊行政組織における情報	1・2		2	
＊契約社会における法と情報	1・2		2	
＊情報と不法行為	1・2		2	
＊企業における法と情報	1・2		2	
＊著作権法研究	1・2		2	
＊情報公開法研究	1・2		2	
＊個人情報保護法研究	1・2		2	
＊社会福祉法と情報	1・2		2	

選択科目（課題研究）				
課題研究Ⅰ	1・2		2	
課題研究Ⅱ	1・2		2	
演習科目				
文化情報学演習ⅠA	1・2		4	
文化情報学演習ⅡA	1・2		4	
文化情報学演習ⅠB	1・2		4	
文化情報学演習ⅡB	1・2		4	

修了要件
演習科目ⅠA・ⅡAあるいはⅠB・ⅡBのはいずれか2科目8単位必修。選択必修科目及び選択講義科目の中から24単位以上（但し，選択必修科目4単位以上を含む），計32単位以上を修得し，かつ修士論文を修得し，最終試験（口頭試問）に合格しなければならない。
（ママ）

履修指導方法
選択必修科目は，基幹科目（＝文化情報学特殊講義，研究調査法），情報関係（＝情報システム特殊研究，情報セキュリティ特殊研究）及び法学関係（＝憲法研究，情報社会特論）から各々1科目は可能な限り1年次に履修するよう指導する。また，選択科目については情報学分野，文学分野及び法学分野から最低1科目2単位ずつは履修するよう指導する。

出典：駿河台大学大学院現代情報文化研究科設置届出書

専門25

筑波大学情報学群知識情報・図書館学類（2007年）の設置に関する書類（抄）

筑波大学情報学群の設置計画の概要
計画の概要
情報学群　知識情報・図書館学類
設置の趣旨等の概要
Ⅰ　設置の趣旨・必要性
1　学群改組の趣旨・必要性
（略）
2　情報学群の編制の考え方及び教育目標
　人間は，知識や情報を記録し，共有し，利用する様々な技術とそれに基づく文化的・社会的システムによって現代社会を築きあげてきた。コンピュータやネットワークなどの情報基盤を発展させ，人間が持つ知識と情報を，効率よくかつ効果的に利用できる環境をさらに進化させることは，我々が将来に向けて持続的・安定的に発展していくために必要不可欠である。
　こうした社会的要請に応えるために，情報学群には情報科学類，情報メディア創成学類，知識情報・図書館学類の3学類をおき，知識と情報の記録，蓄積，共有，加工，利

資　　料

用といった諸活動に関わる様々な情報技術とともに，それによって支えられる人間の知的活動とその社会的・文化的基盤を十分に学び，社会や企業，大学や研究機関などにおいて将来をリードすることのできる人材を育成する。
（1）情報科学類
（略）
（2）情報メディア創成学類
　インターネットや携帯電話の普及に代表されるネットワーク情報社会の発展に伴って，コミュニケーション技術は高度に変貌してきており，伝達する情報の表現としてのコンテンツの制作から流通までを幅広い視野で扱える人材の重要性が高まってきている。このような社会的ニーズに応えるために，情報工学・情報科学の立場から情報技術の高度化を推進する人材を育成してきた情報学類と，情報技術の知識を基礎に，人・文化・社会の幅広い視点から情報の流通を担う人材を養成してきた図書館情報専門学群とが協力して情報メディア創成学類を設置し，情報メディアやネットワークの最新技術の基礎から応用を含むコンピュータサイエンスをベースに，コンテンツに関する科学と技術の領域の教育を展開し，幅広い視点に立って，多様なコンテンツによって支えられるネットワーク情報社会をリードする人材を育成する。
（3）知識情報・図書館学類
　知識情報・図書館学類では，社会における知識・情報の蓄積・流通の成り立ちやそのシステムのあり方を，人間や文化，社会，情報技術などの側面から探求する。図書館からインターネットにいたる知識共有の仕組みの企画・運営やそれを支える情報システムについての教育を行い，共有された知識を企業活動や先端の研究活動，市民活動など，人間の知的営みに活用できる人材を育成することを目指す。
　そのような人材を育成するために知識情報・図書館学類では，知識科学主専攻，知識情報システム主専攻，情報経営・図書館主専攻の3主専攻を設ける。これら主専攻では図書館情報専門学群での教育目標を継承して，情報の流通と蓄積の仕組みを適正に構築・管理するための経営的能力，技術的能力を教育するとともに，情報の活用能力にも重点を置いた教育を行う。知識共有の場の伝統的シンボルである図書館だけでなく，知識と情報の蓄積と活用という行為そのものに焦点をあてることで，情報社会を支える総合科学としての現代的意義を明確化するとともに，文理融合教育の実践を通じて，自ら考え，自ら解決する能力を持つ，自立した人材を輩出させる。

〈カリキュラム〉
Ⅱ　教育課程編成の考え方・特色
1　全学的方針
（略）
2　情報学群
　情報学群の教育課程は，情報科学類，情報メディア創成学類，知識情報・図書館学類

の3学類において，情報に関わる広範な専門知識の習得が可能な様に構成されている。
各学類のカリキュラム編成に当って，情報学群として以下の様な共通の特色を持たせた。

- カリキュラムに情報学群としての一体感を持たせるとともに，学群内の転学類への対応が容易になるよう，専門基礎科目及び専門科目のうち，主として1年次履修科目に内容的に共通な科目群を学類ごとに設け，情報学群の全ての学生が一定の共通の基礎的知識を修得するようにした。
- 情報学群全体として情報に関わる非常に多様で広範な科目群を展開することができることを利用して，それぞれの学類に所属する学生がその学類単独では扱えないようなより広い領域の情報に関わる知識を習得できるようにした。
- 情報学群内の各学類の独立性を保ちつつ，学生の多様な研究要求に応えるため，学生が研究領域の近い他学類の教員の指導を受けられる場を積極的に提供する。

(1) 情報科学類

(略)

(2) 情報メディア創成学類

情報メディア創成学類の教育課程は，情報メディア創成主専攻の1主専攻分野により編成する。

広い意味でのコンテンツと新しいメディアをベースとする新産業を創造あるいはリードできるような知識・技術・創造力・チャレンジ精神を一体として学べるように構成する。

- 専門基礎科目：メディアを扱うための情報技術の領域を中心に，認知科学やデザインなど人間的側面の領域，メディア論やコンテンツの流通などを扱う社会的側面の領域をカバーするような広い視野に立った専門基礎教育を展開する。
- 専門科目：「コンテンツ創成」と「コンテンツ流通基盤」に関する領域の学習を2本の柱とし，基礎から応用まで実践的な知識を学ぶ。

実験，演習，インターンシップ等を十分に取り入れコミュニケーション力・行動力を養うとともに，コンテンツビジネスやメディアビジネスの最前線の現場で活躍する産業界の人材を講師に招いての講義から応用開発やビジネス創出の発想法や方法論を学び，企画を提案し，具体化・遂行する能力を養う。

(3) 知識情報・図書館学類

知識情報・図書館学類の教育過程は，知識科学主専攻，知識情報システム主専攻，情報経営・図書館主専攻の3主専攻分野により編成する。

知識・情報の蓄積・流通にかかわる文化や社会，人間の行動，情報技術を文理の区別無く包括的・総合的に教育するが，単にバラエティに富むカリキュラムを提供するのでなく，学習内容が有機的に連結して意味を為すこと，課程を通じて確実に本学類の教育目標が達成されることに留意して，図書館情報専門学群の教育課程を改訂している。具体的には以下の様に，専門基礎教育の重点化，総合的な演習科目の設置，単位の実質化を図る。

資　　料

- 卒業要件において専門基礎科目の必要単位数を増やし，学類共通として1・2年次を対象に基礎理論・基礎技術を中心とした科目群を展開する。また，科目数を少数に厳選し，その多くを必修科目とすることで，全ての学生が一定水準以上の文理融合型の基礎を身に付けるよう配慮する。
- 2年次と3年次に必修として演習科目を配し，応用的・実際的な文脈で，個別科目で学んだことの意義や相互の関連を総合的に理解させることを目指している。これとは別に，従来，図書館情報学実習の名称で行ってきた，職場での専門的な職業経験科目を継承し，図書館や企業におけるインターンシップを推進する。
- GPAによる学習到達度評価を導入し，それに基づく個別履修指導を実施して，単位の実質化を図る。

授業科目の概要

授業科目の名称	配当年次	単位数		
		必修	選択	自由
専門基礎科目				
学群共通				
情報社会と法制度	1		2	
知的財産概論	2		2	
学類共通				
知識情報概論	1	2		
知識情報演習Ⅰ	2	2		
知識情報演習Ⅱ	2	2		
知識情報演習Ⅲ	2	2		
情報基礎	1	2		
情報基礎実習	1	1		
情報リテラシ実習	1	1		
プログラミング演習Ⅰ	1	2		
プログラミング演習Ⅱ	1	2		
情報数学	1	2		
論理学	1	2		
基礎数学Ⅰ	1		2	
基礎数学Ⅱ	1		2	
統計	1	2		
量的調査法	2		2	
多変量解析	2		2	

テクスト解釈	2		2	
専門英語Ⅰ	2	1.5		
専門英語Ⅱ	2	1.5		
知識探索論	2		2	
質的調査法	2		2	
情報行動論	2		2	
知識発見基礎論	2		2	
情報システム概説	1		2	
知識資源組織化論	2		2	
データベース概説	2		2	
コンピュータシステムとネットワーク	2		2	
自然言語解析基礎	2		2	
メディア社会学	2		2	
生涯学習と図書館	2		2	
公共経済学	2		2	
経営・組織論	2		2	
情報行政法	2			2
知的探求の世界Ⅰ	2			1.5
知的探求の世界Ⅱ	3			1
専門科目				
学類共通				
インターンシップ	3・4		2	
知識情報特論Ⅰ	4		2	
知識情報特論Ⅱ	4		2	
知識情報特論Ⅲ	4		2	
知識情報特論Ⅳ	4		2	
知識情報特論Ⅴ	4		2	
知識情報特論Ⅵ	4		2	
学校経営と学校図書館	3・4		2	
学校図書館メディアの構成	3・4		2	
学習指導と学校図書館	3・4		2	
読書と豊かな人間性	3・4		2	
情報メディアの活用	3・4		2	
知識科学主専攻				

資　　料

特許情報論	3・4		2	
医療情報論	3・4		2	
テクニカルコミュニケーション	3・4		2	
サイエンスコミュニケーション	3・4		2	
知識形成論	3・4		2	
知識論	3・4		2	
レファレンスサイエンス	3・4		2	
システム思考とモデリング	3・4		2	
学術メディア論	3・4		2	
コミュニティ情報論	3・4		2	
図書館環境計画論	3・4		2	
知識構造化法	3・4		2	
知識構造表現	3・4		2	
計量情報学	3・4		2	
データマイニング	3・4		2	
新計算パラダイム論	3・4		2	
ビジュアルデータマイニング	3・4		2	
知識科学実習	3	2		
専門英語III	3	1		
専門英語IV	3	1		
卒業研究	4	6		
知識情報システム主専攻				
ディジタルライブラリ	3・4		2	
ディジタルドキュメント	3・4		2	
情報サービスシステム	3・4		2	
マルチメディアシステム	3・4		2	
情報検索システム	3・4		2	
Webプログラミング	3・4		2	
ソフトウェア工学	3・4		2	
データベース技術	3・4		2	
データ表現と処理	3・4		2	
情報デザインとインタフェース	3・4		2	
ヒューマンインターフェイス	3・4		2	
知識資源の記述	3・4		2	

知識資源の分析	3・4		2	
知識資源の用語管理	3・4		2	
グリッドコンピューティング	3・4		2	
ソフトウェア構成	3・4		2	
データ構造とアルゴリズム	3・4		2	
テキスト処理	3・4		2	
マークアップ言語	3・4		2	
知識情報システム実習	3	2		
専門英語Ⅲ	3	1		
専門英語Ⅳ	3	1		
卒業研究	4	6		
情報経営・図書館主専攻				
経営情報システム論	3・4		2	
公共図書館論	3・4		2	
学術情報基盤論	3・4		2	
情報サービス経営論	3・4		2	
情報経済論	3・4		2	
パブリックガバナンス論	3・4		2	
情報サービス構成論	3・4		2	
コレクションとアクセス	3・4		2	
教育文化政策	3・4		2	
学校教育と情報利用	3・4		2	
メディア教育と発達	3・4		2	
情報法	3・4		2	
知的財産権論	3・4		2	
図書館情報法制度論	3・4		2	
メディア社会文化論	3・4		2	
社会情報学	3・4		2	
出版文化・書誌論	3・4		2	
図書館文化史論	3・4		2	
古文書論	3・4		2	
日本図書学	3・4		2	
中国図書学	3・4		2	
情報経営・図書館実習	3	2		

資　料

専門英語Ⅲ	3	1	
専門英語Ⅳ	3	1	
卒業研究	4	6	

［履修方法］
1．基礎科目
（1）共通科目
　　必修 13.5単位　自由 0～6単位
（2）関連科目
　　必修 3単位　自由 0～6単位
2．専門基礎科目
　　必修 25単位　選択 34単位
　　自由 0～4.5単位
3．専門科目
　　必修 10単位　選択 32単位

（備考）
1．共通科目の自由科目は，次により履修する。
　・総合科目A　0～6単位
　・体育　0～2単位
2．関連科目の自由科目は，知識情報・図書館学類以外の科目（総合科目及び教職に関する科目を除く）から履習する。

［卒業要件］
上記履習方法により，合計125.5単位以上を修得すること。

出典：筑波大学情報学群知識情報・図書館学類（2007年）の設置に関する書類

専門26

駿河台大学メディア情報学部及び心理学部設置届出書（抄）

基本計画書
新設学部等の目的
メディア情報学部の目的

　メディア情報学部の母体である文化情報学部は，平成6年，「情報資源の蓄積と情報財の流通」に焦点を当て，それに関する専門家としての「情報メディエイター」の育成を図ることを目的として，文化情報学科，知識情報学科を持つ学部として設置された。平成18年には，インターネットの急速な進展等に対応し，情報のストックの側面を文化情報学科で，フローの側面をメディア情報学科で扱うべく改組した。しかし今日，情報メディアをめぐる環境は更に進展し，ストックとしての情報資源を扱う博物館，図書館，文書館といった機関相互の機能やその社会的役割の融合への期待が高まる一方，文学作品や映像作品などのコンテンツも，従来の出版，放送の枠を超えて，インターネットと

融合するなどいわゆるクロスメディアの世界が出現しようとしている。このように情報メディアが融合化する状況に総合的かつ柔軟に対応できる人材を育成するため，やや異質な存在であった文化情報学科観光サービスコースを新設の現代文化学部現代文化学科に移し，従来の文化情報学部を「メディア情報学部」と改称するとともに，2学科5コースを1学科3コース，すなわち「メディア情報学科」「映像・音響メディアコース」「デジタルデザインコース」「図書館・アーカイブズコース」に改組する。
（略）

9．設置の趣旨等を記載した書類
メディア情報学部の設置の趣旨等を記載した書類
1．設置の趣旨及び必要性
（1）文化情報学部の沿革とそれを取り巻く状況の変化
　メディア情報学部の母体である文化情報学部は，平成6年，「情報資源の蓄積と情報財の流通」に焦点を当て，それに関する専門家としての「情報メディエイター」の育成を図ることを目的として，文化情報学科，知識情報学科を持つ学部として設置された。平成18年には，インターネットの急速な進展等に対応し，情報のストックの側面を文化情報学科で，フローの側面をメディア情報学科で扱うべく改組し，文化情報学科には観光サービスコース，図書館情報メディアコース，アート＆アーカイブズコースの3コースが，メディア情報学科には映像音響メディアコース，情報デザインコースの2コースが置かれた。ここでは，情報のストックとフローの諸課題を従来型のアナログコンテンツから新たなデジタルコンテンツに至るまで幅広い分野と手法で扱うことを意図していた。
　しかし今日，メディアや情報をめぐる環境は更に急速に進展し，デジタル情報や，動く映像情報の圧倒的優位性や，インターネット利用の定着，また，固定型情報通信から移動・携帯型（モバイル）情報通信へと大きく移り変わってきている。ここでは，文学作品や映像作品などのコンテンツも，従来の出版，放送の枠を超えて，インターネットと融合するなどのいわゆる「クロスメディア」という語で表される多元的メディア型の社会が出現しようとしている。
　すなわち，時代背景として，新聞の文字，ラジオの音声，テレビ放送の映像など，これまで独自に発展してきたメディアの情報が，デジタル技術とインターネットによって一つに融合しようとする一方で，これらを縦横に貫き遍在するクロスメディアの発想と知識を持つコンテンツ・クリエイターが必要とされている。映画や音楽，アニメやゲームといったコンテンツからショッピングモール，企業情報までもWebやモバイルを通して配信されるようになり，コンテンツ・クリエイターにはこれまでとは異なる開発と管理能力が求められている。こうした時代においては，テレビや映画，音楽，出版，デザインといったメディア関連の専門職に従事する者だけではなく，一般企業において情報発信や記録管理に携わる者にも最新の知識と最先端の技能が求められ，それらを駆使

資　　料

する能力と表現する技能が必要とされる。
　クロスメディアの展開を支えているのは飛躍的に発展してきた情報技術である。したがって，これに対応するコンテンツ・クリエイターを育成するには，ネットワークの構築と運用やセキュリティ管理の理論と実践にかかわる教育が求められる一方で，文字，グラフィックス，動画，音楽・音声などを含むデジタル・コンテンツを作成，編集，配信，アーカイブ，検索するための知識と技術を身に付けるための教育も不可欠である。更に，21世紀はソフトパワーの時代といわれ，そのソフトパワーの実体をなす文化情報資源を管理する図書館，博物館，文書館は，人類の文化遺産の共有化を実現する公共機関として，その蓄積・保存という点で類縁機関でもある。情報資源の管理・保存・提供という点からみれば，「図書館員」・「博物館員」・「アーキビスト」・「記録管理者（文書管理者）」の間には必要とされる知識や技術に多くの共通点がある。情報技術の発展によって，これら職種の共通点は今後更に増加すると予想される。図書館・情報センター，博物館，文書館，美術館などの社会・教育施設の公開性と記録媒体の技術的及び量的な変化に対応していく必要がある。更に，年金記録や薬剤投与問題で明らかになったとおり，記録管理の徹底は緊急の課題である。公的機関はむろんのこと，民間企業においても製造物責任などで文書での情報資源管理が必須となっている。こうした状況に対応できる人材が求められるが，日本において記録管理について開講する大学は殆どない状況である。すなわち，ストックとしての情報資源を扱う図書館，博物館，文書館といった機関についても，それぞれに電子図書館，バーチャル・ミュージアム，デジタル・アーカイブズなどの呼称で変容が図られると同時に，これら相互の機能やその社会的役割の「融合」への期待が高まっており，これに対応した教育が望まれている。

（2）メディア情報学部の設置と目的
　このように，デジタル化を主たる方法として一元的に情報資源を活用できる利便性を社会にもたらす能力に加えて，メディアの本質を理解し，各種メディアの特性に精通し，かつ情報技術の発展に伴う新たなメディアの出現にも柔軟に対応できる能力を持つ人材を育成するため，メディア情報学科を研究・教育の中核とし，これを学部に格上げすることとする。既存の文化情報学科は従来のコースを次の通りに再編又はメディア情報学科に吸収する。すなわち，観光サービスコースの扱う内容は，研究・教育の主な対象が情報資源そのものから情報材の流通へと展開したことにより，メディア情報学部として扱うにはやや異質な部分があるので，当該コースを廃止し，この分野は現代文化の一側面と捉え直して現代文化学部に統合することとする。また，図書館情報メディアコースとアート＆アーカイブズコースの教育内容については，メディアや情報を学ぶ基礎的分野として不可欠であるのでこれを「図書館・アーカイブズコース」に統合しメディア情報学部のコースに加える。このようにしてメディア情報学部は，1学科3コース，すなわち「メディア情報学科」，「映像・音響メディアコース」「デジタルデザインコース」「図書館・アーカイブズコース」で構成するものとする。

（3）どのような人材を育成するのか

　メディア情報学部においては，基本的な情報資源管理の手法をベースにしながら，マスメディアの理論や技術を背景に映像や音響の創造・加工・発信を担当し，また，ウェブデザインやCGなどのデジタル表現を習得し，新しいコミュニケーション活動を展開できる人材を育成することが目標となる。なお，学部学科理念の形成やカリキュラムの編成に当たっては，全般に従来と比べて，実習・演習系科目を増やし，これらを低学年から導入するよう配慮して，知識や理論を身に付けるのみならず，実務のできる人材を育成するような教育体制を整備することとした。

【映像・音響メディアコース】

　本コースは，映像・音響・文字情報の基本と特質を理解し，メディアの理論と実際を講義と実践的実習などから多角的に学ぶことのできる映像・音響メディアコースとして位置付けられる。ここでは，映像や音響のクリエイターへの道を切り拓くのみならず，広く社会活動における価値ある情報を見抜く力，価値ある情報を魅力的に発信するメディアリテラシーを身に付け，デジタルメデイア社会にあって力強く自律的に生きていくことのできる人間の育成を目指す。（ママ）

【デジタルデザインコース】

　本コースでは，情報教育担当教員の養成及びデジタル情報の制作・配信を実践できる人材の養成を目標としている。卒業後の進路としては，コンテンツ製作者，システムズ・エンジニア（SE），プログラマー，デジタルデザイナー，情報教育担当教員などを想定している。

【図書館・アーカイブズコース】

　本コースでは，図書館・情報センター，博物館，文書館のみならず記録管理にも対応可能な人材を育成する。また，専門教育の結果として司書や学芸員，司書教諭の資格取得が可能であり，その他，情報検索技術試験，電子ファイリングデザイナー試験など多様な資格も取得しやすい。デジタル技術の急速な進歩の中で，様々な情報資源の作成，組織化，蓄積のメカニズムなどについて知見を持つ情報社会の担い手を育成し，デジタル情報技術をベースにしたこのような情報資源管理者を養成することが目標であり，これこそ，社会のどのような組織においても必要とする人材である。

（略）

〈カリキュラム〉

3．教育課程等の概要

資　　料

授業科目の名称				配当年次	単位数		
					必修	選択	自由
専攻科目群	専攻基礎科目		情報メディア概論	1前		2	
			情報管理概論	1後		2	
			マスメディア論	1前		2	
			記録情報概論	1後		2	
	専攻基幹科目	コース共通科目	映像制作実習	2前		1	
			音響制作実習	2後		1	
			情報処理実習Ⅲ	2前		1	
			情報処理実習Ⅳ	2後		1	
			情報検索実習	2前		1	
			デジタルフォト実習	2後		1	
			マルチメディア論	2前		2	
		コース共通科目	CM制作論	2後		2	
			日本国憲法	2前		2	
			編集技術論	2後		2	
			情報と数学	2前		2	
			情報と統計	2後		2	
			情報資料論	2前		2	
			情報組織化論	2後		2	
			都市と文化施設	2前		2	
			情報メディア倫理	2後		2	
			メディアリテラシー	2前		2	
			デジタル著作権論	2後		2	
			情報と経済	2前		2	
			メディア・アート論	2後		2	
			社会と経済の歴史	2前		2	
		コース基幹科目	図書館・アーカイブズコース	図書館情報学	2前		2	
				企業記録論	2後		2	
				博物館概論	2前		2	
				情報サービス論	2後		2	
				図書館・情報センター経営論	3・4前		2	
				図書館情報政策論	3・4後		2	
				図書館サービス論	3・4前		2	

専攻発展科目	図書館・アーカイブズコース	博物館情報学	3・4前		2
		博物館資料論	3・4後		2
		電子文書と記録管理	3・4前		2
		記録媒体保存論	3・4後		2
		アート・ドキュメンテーション	3・4前		2
		アート・マネジメント論	3・4後		2
		アーカイブズ学	3・4前		2
		映像・音響アーカイブズ論	3・4後		2
		歴史資料論	3・4前		2
		情報サービス演習	2・3後		2
		デジタルアーカイブズ論	3・4前		2
		デジタル・アーカイブズ演習	3・4後		2
	メディア情報応用科目	クロスメディア論	3・4前		2
		映像演出論	3・4後		2
		インターネット構築論	3・4前		2
		セキュリティ分析論	3・4後		2
		情報検索論	3・4前		2
		CM制作研究	3・4後		2
		データベース設計論	3・4前		2
		歴史とコンピュータ	3・4後		2
		情報関連専門職	3・4前		2
		図書館情報システム演習	3・4後		2
		デジタル制作演習Ⅰ（グラフィックス）	3・4前		2
		デジタル制作演習Ⅱ（マルチメディア）	3・4後		2

卒業要件及び履修方法

卒業要件は，基礎科目群からは，基礎科目は「文化と情報」から4単位を含む20単位以上，情報基礎科目は必修3単位を含む4単位以上，外国語科目は，必修外国語から必修6単位を含む6単位以上，選択外国語から選択した外国語4単位以上。
キャリア育成科目群からは，必修2単位を含む10単位以上。
演習科目群からは，必修16単位を含む16単位以上。
専攻科目群からは，専攻基礎科目は2単位以上，専攻基幹科目は，コース共通科目から12単位以上，コース基幹科目から選択したコース2単位以上を含む6単位以上，計18単位以上，専攻発展科目は，選択したコースから16単位を含む36単位以上，自由選択単位（各科目群の必要単位数を超える修得単位）8単位，計124単位以上を修得すること。

出典：駿河台大学メディア情報学部及び心理学部設置届出書

資　　料

専門27

愛知淑徳大学人間情報学部設置認可申請書（抄）

基本計画書
新設学部等の目的
人間情報学部　人間情報学科
　本学部は，既設の文学部図書館情報学科をもとに設置するものである。
　本学部においては，これまで図書館情報学科で行ってきた生命情報を含む「情報学の理論的研究」や「情報技術・情報工学」にかかわる科目群を充実させ，従来からの科目群と有機的に関連させ再編することにより，人間の特性を心理的・生理的・行動的な側面から計測，分析する理論や技術，およびそれらにもとづき，様々な情報を適切に表現，提供，活用，管理する理論や技術について，教育・研究していく。
　これにより，人間の特性を情報やものづくりにいかすことのできる人材の育成，ならびに情報やものの在り方と人間の感覚・能力との関係を理解し，その知識と技術を活かしうる人材を育成する。

設置の趣旨等を記載した書類
ア　設置の趣旨及び必要性
（a）教育研究上の理念，目的，到達目標
　人間情報学部人間情報学科は，文学部図書館情報学科をもとにして設置し，今日の情報技術の進展や情報社会の変化に準ずる充実した情報教育を実現しようとするものである。
（略）
　1985年文学部に学科増設した図書館情報学科では，これまで約四半世紀にわたって，情報の発生・伝達・変換・蓄積・検索といった一連の流れを把握し，そこから必要な情報の所在を知り，かつ処理，活用できる人材の育成を目指し，時代の社会背景ならびに技術背景に対応すべく情報専門教育を実践してきた。この結果，図書館司書，情報処理技術者，ファイリングデザイナー，データベースサーチャー等をはじめとする情報専門技術者を輩出すると共に，高度な情報技術専門知識を有する多くの卒業生を社会に送り出し，社会貢献への一役を担うことができたものと確信している。ただ日々，情報技術環境が大きく変貌し続ける中，情報教育は情報技術専門分野の拡大ならびに時代の趨勢に遅れることなく，充実・拡充していく必要性があることを看過することは当然のことながらできないのである。
　文学部図書館情報学科を大きなひとつの基軸として，教育研究分野を充実・拡充する本学部は，「人間」と「情報」を重要なキーワードとして，特に「人間」の側面に重点を置き，人間の特質を明らかにし，それに見合った情報に関する理論や技術，および社会環境のあり方を文系，理系を問わず，文理融合することにより多方面から教育・研究

していくことを大きな目的としている。人間の知覚・認知特性ならびに機械および情報技術の開発やその特性という，人間科学と情報学の両者の基礎を併せ持つ人材の育成体制を整えることにより，人間の特性に基づいたモノ作りやシステム作り，情報の提示方法や環境の評価，さらに障害者を含む高齢者等の社会生活弱者に適したユニバーサルデザインやバリアフリーの実現，個性や個人差に対応したカスタマイズ，障害者に対するエイドなどをはじめ，人間と機械・情報技術間のインターフェースやインターラクションの問題に幅広く対応できる人間形成に大いに役立つことができるものと考える。
（略）

(c) 研究対象とする中心的な学問分野

　本学部は，文系，理系という枠組に捉われることなく，「人間」と「情報」とを中心的な研究対象としていることから，（認知）心理学分野，工学分野，図書館情報学分野の3学問分野を最も中心的な学問分野として位置付けている。第一には，実験や観察を繰り返すことにより，人間の感性や知覚，記憶，思考，学習，推論，問題解決，あるいは行動に関する原理や原則を探求し，明らかにすることを目的とした学問分野ならびに関連領域分野である。第二には，明らかにした人間の認知に関する原理や原則を念頭に置きながら，情報工学，人間工学，システム工学，ソフトウェア工学などを基軸とした理念に基づく実践的なモノ作りや環境作りを考究することを目的[と]した学問分野ならびに関連領域分野である。第三には，情報の発生から利用に至るまでの情報プロセスにおいて，情報をより高度に，かつより効果的に利活用していくために，人間と情報，モノとを相互に運用・運営管理することのできる手段ならびに方法を理論的に探究することを目的とした学問分野ならびに関連領域分野である。これら3つの学問分野が，本学部における主要な研究対象である。

(d) 卒業後の具体的な進路

　本学部において目指す人材育成の具体的な職種イメージは，システムエンジニア，プログラマ，検索オペレータ，DTPオペレータ，CADオペレータ，WEBデザイナ，CGデザイナ，ゲームクリエイタ，アートディレクタ，ロボットデザイナ，カラーコーディネータ，図書館司書，司書教諭，教員（情報），学芸員など，情報の専門技術者および情報スペシャリストである。もちろん，本学部において習得できる知見や技術は，既述の情報専門職という職種に限定されることなく，高度に進展していく情報社会の中での幅広い社会・経済活動において，有用に発揮できる能力であることは言うまでもない。むしろ，情報社会が高度に進展すればするほど，多分野にわたって必要とされる知見や技術であると言える。よって，一般企業等における一般職あるいは総合職を問わず，幅広い卒業後の進路先に対応できるものである。
（略）

資　料

〈カリキュラム〉
エ　教育課程の編成の考え方及び特色
(a) 教育課程の編成・具体的な工夫
(略)

(b) 科目区分の設定，各科目区分の科目構成の理由（実施方針等）
　（１）全学共通履修科目
(略)

　（２）「専門科目」
　本学部の専門科目は，資料1（科目群）にあるように基礎共通科目群と系列共通科目群，および系列科目群で構成している。基礎共通科目群は，本学部における必修科目ならびに選択必修科目として掲げ，主として「人間科学の基礎」および「情報学の基礎」に必要な最も基礎的な専門科目によって編成している。この基礎共通科目群は，本学部に共通すべき専門基礎教育基盤である。
　基礎共通科目群は具体的には以下の通り，「メディアリテラシ」，「情報関係法」などをはじめとする必修科目8科目，ならびに「認知心理学Ⅰ」，「生命情報学」，「デザイン概論」，「情報数学」，「情報処理論」などをはじめとする選択必修科目22科目によって編成しており，上級年次に向けて，より専門的な学習を効果的に進めていくにあたり，最も必要となる基礎教育科目によって編成している。
(資料1　略)

表1　基礎共通科目群一覧

基礎共通科目	必修科目	メディアリテラシ，情報関係法，人間情報入門，文献講読演習，情報検索演習，統計演習Ⅰ，プレゼンテーション演習，キャリアデザイン（人間情報）
基礎共通科目	選択必修科目	認知心理学Ⅰ，認知心理学Ⅱ，実験心理学，発達心理学，生命情報学，デザイン概論，ユニバーサルデザイン論，コミュニケーション論，消費者行動論，調査法演習，心理実験演習Ⅰ，情報数学，情報処理論，ネットワーク論，情報セキュリティ論，人工知能，数理科学，プログラミング論，プログラミング演習1（C），プログラミング演習2（VB），プログラミング演習3（Java），コンピュータネットワーク演習

　次の系列共通科目群においては，系列共通科目群の中を更に3つの専門系列分野に分けている。具体的には，人間の感覚情報の計測，分析，評価を念頭に置いた「ヒューマンアナライジング系列」，そして感覚情報に基づく社会や情報システムに関わる製品の企画，設計，開発，制作を念頭に置いた「コンテンツデザイニング系列」，さらに知識として集積された情報の識別，検索，運用，管理を念頭に置いた「リソースマネージング系列」の3系列である。系列共通科目群の内容は，3系列それぞれの系列におけるより専門的な科目によって編成している。なお，これら系列共通科目群における各科目は，

決して系列の枠組に捉われることなく，最終的な学習研究プロジェクトを目標として，学生は各自必要な科目を履修することが可能であり，他系列の科目であっても必要性に応じて自由に履修することができることとしている。もちろん，学習目標に準ずることが重要ではあるが，系列間に境界を設けている訳ではない。ここでの系列が意味するところのものは，学問・学習領域を理解するための道標であり，学生各自の学習目標を定めやすく，かつ将来の学習の方向性を見定めやすくするためのものである。

まず，「ヒューマンアナライジング系列」においては，「視覚心理学Ⅰ」，「聴覚心理学」，「人間工学」などをはじめとする計18科目を編成している。また「コンテンツデザイニング系列」においては，「ヒューマンインタフェース」，「マルチメディアデザイン論」，「マルチメディアシステム論」などをはじめとする計20科目を編成し，「リソースマネージング系列」においては，「情報学概論」，「情報コミュにケーション史」，「メディアコミュニケーション論」などをはじめとする計21科目を編成している。なお，これら系列共通科目群の3系列いずれにおいても，出来る限り数多くの演習科目を設置している点が，本学部教育課程の内容のひとつの大きな特徴である。

表2　系列共通科目群一覧

系列共通科目	選択科目	ヒューマンアナライジング系列	視覚心理学Ⅰ，視覚心理学Ⅱ，聴覚心理学，知覚情報処理Ⅰ，知覚情報処理Ⅱ，色彩学，感覚生理学，感性工学，人間工学，生体工学，言語心理学，情報センシング，パターン認識，心理実験演習Ⅱ，実験計測演習，評価法演習，統計演習Ⅱ，計測制御演習
		コンテンツデザイニング系列	ヒューマンインタフェース，マルチメディアデザイン論，マルチメディアシステム論，ロボティクス，プロダクトデザイン論，学習メディア論，データベース論，システム設計・開発論，Web・アニメ制作演習，CG制作演習Ⅰ，CG制作演習Ⅱ，映像制作演習，サウンド制作演習，ロボット製作演習，マルチメディアデザイン演習，データベース設計演習，システム設計演習，モデリング・シミュレーション演習，ビジュアライゼーション演習，インターンシップ
		リソースマネージング系列	情報学概論，情報コミュニケーション史，記号処理論，メディアコミュニケーション論，情報利用論，情報サービス論，情報メディア論，学術情報メディア論，科学コミュニケーション論，知識表現論，知識情報分析論，社会情報システム論，学術情報システム論，認知情報システム論，知的リソースアクセス管理論，アーカイブズ論，コーパス言語学，学術情報検索演習，知識情報分析演習，知的リソースアクセス演習，データマイニング演習

最後の系列科目群においては，3系列ごとに設定される専門領域での高度に特化された専門応用科目，具体的には「卒業プロジェクトⅠ」，「卒業プロジェクトⅡ」，「卒業プロジェクトⅢ」「卒業プロジェクトⅣ」，「卒業論文・卒業制作」，以上の5科目によって編成している。本学部のひとつの特色は，教育課程の中心に学習研究プロジェクト（具体的な授業科目名称は，「卒業プロジェクトⅠ〜Ⅳ」）を位置づけ，1年次より学習研究プロジェクトに向けた学習計画を立て，効果的な学習プロセスを実現していくことがで

資　　料

きる教育指導体制を図ることであるということは，すでに述べた通りである。その意味では，これら系列科目群における内容が，本学部教育の最終目標となる。

　具体的な科目名称は「卒業プロジェクトⅠ」，「卒業プロジェクトⅡ」，「卒業プロジェクトⅢ」，「卒業プロジェクトⅣ」，「卒業論文・卒業制作」，以上5科目となる訳ではあるが，実質的には専任教授12名ならびに准教授3名の計15名の各専門領域に準じての開講となることから，学生の履修選択の範囲も十分に堅持している。

表3　系列科目群一覧

系列科目	必修科目	卒業プロジェクトⅠ，卒業プロジェクトⅡ，卒業プロジェクトⅢ，卒業プロジェクトⅣ，卒業論文・卒業制作

　なお，これら卒業プロジェクトにおける具体的な主要テーマ例としては，「視覚の実験心理学」，「脳情報処理モデリング」，「消費者行動観察」，「ヴィジュアルイメージとユーザビリティの評価」，「自然および社会現象のモデル化とシミュレーション」，「共通アプリケーションソフトウェアのシステム開発への応用」，「最適な情報提供のためのメタデータ構築」，「文化遺産デジタル化による知識基盤の構築」，「学術情報メディアと科学コミュニケーション」，「情報探索行動研究」などがある。
　　出典：愛知淑徳大学人間情報学部設置認可申請書

専門28

九州大学大学院統合新領域学府ライブラリーサイエンス専攻（修士課程）の設置（平成23年度開設）設置認可申請書（抄）

基本計画書
新設学部等の目的
　高度情報社会における情報と人間，情報と社会の新たな調和などの複合的な課題を解決するために，情報ユーザーの知的活動を支え，さらに社会の急速な情報化がもたらす新たな要求に応えられる高度な専門人材の養成を目的としている。

1．設置の趣旨及び必要性
（1）設置の背景（資料1　略）
　九州大学大学院統合新領域学府ライブラリーサイエンス専攻設置の背景として，以下の通り，情報の管理・提供の意義を述べ，現代社会における情報の管理・提供に関する課題と求められる新たな人材像を明らかにした上で，その人材養成の場として，本専攻を本学に開設する意義を述べる。

1）情報の管理・提供の意義（資料1-a）
　科学，技術，社会システム，哲学，芸術などの人類の文化の進歩は，それまでに蓄積

されてきた情報の上になされてきたことは言うまでもない。記録された知やデータとしての情報を利用し，あるいは批判・検討し，理論，法則，技術，解釈，規則などの新たな知が創造される。また，観測や調査を通して得られた新たなデータが利用されることもある。創造された知や新たなデータは書籍，文書，資料などの形で記録され，再び他の人々や後世の人々の創造活動に利用される。芸術における知の創造活動でも，他の芸術作品，哲学的な知識，そしてときには科学技術といった蓄積された情報の影響は大きい。これらの創造活動で生み出された知は，人々に継承されて利用され，社会全体の文化の進歩につながる。文化の進歩は，まさにこの「知の創造・継承活動」にあるが，創造された知や記録されたデータといった情報の「管理」（つまり，情報の評価・選別，収集，整理・保存）と，必要な情報の「提供」は，知の創造・継承活動にとって必要不可欠である。そして，知の創造・継承プロセスにおいては，ユーザーの視点に立った情報の管理と提供を行うことで，ユーザーの知の創造・継承活動を支える「場」（情報の管理と提供を行う「ヒト」やシステム，蓄積された情報，情報を求めるユーザー同士の間の，あるいは，情報の管理と提供を行う「ヒト」とユーザーとの間の相互作用の場，さらにそれらの入れ物としての場所）が重要な役割を果たす。

　なお，上記の，ユーザーの視点に立った情報の管理と提供を行うことで，ユーザーの知の創造・継承活動を支える「場」を，我々は「ライブラリー」と呼ぶ。現在，「ライブラリー」は図書館に限定されて使用される言葉ではなく，ここでも，単に「図書館」を指す用語としては用いない。

2）現代社会における情報の管理・提供に関する課題（資料1-b　略）
　情報の管理・提供に関するこれまでの学問分野としては，図書館情報学と記録管理学が挙げられ，これらは扱う情報の相違から独立に発展してきた。両分野とも，情報ユーザーの視点に立つことの重要性が認識されてはいたが，ともすれば，情報の管理・提供を行う側の論理での管理・提供になりがちであった。このため，時として，ユーザーの要求に対して，両分野での情報の分類や整理に基づいて提供できる情報と，ユーザーが真に必要とする情報の間にずれが生じることがあった。

　図書館情報学は，主に図書館における情報の管理・提供に関する学問分野である。これまで図書館では，日本十進分類法（NDC）等の分類法により書籍等を管理・提供してきた。また近年ではキーワード検索による提供も行われている。しかし，書籍等の量も種類も爆発的に増加した現在，これまでの管理・提供法では，ユーザーが必要とする情報を提供できない場合がある。また，知の深化および境界領域における新たな知の創造が目覚ましい現在においては，ユーザーにとっていかにその準備段階を効率よく終えられるかが重要であり，それを支援する人材として，特定の主題領域の知識の概要を把握しユーザーをガイドできるサブジェクトライブラリアンの存在意義は極めて大きい。サブジェクトライブラリアンの存在あるいはその能力が今後の学術研究の発展の鍵を握ると言っても過言ではない。しかし，日本は欧米に比べサブジェクトライブラリアンの整

資　　料

備が遅れており，深刻な問題になりつつある。このように，情報の管理・提供手法の問題やサブジェクトライブラリアンの整備の遅れのため，ユーザーが必要とする情報と提供できる情報の間にずれが生じている。

　一方，記録管理学は，文書や記録の管理・提供に関する学問分野である。国や地方公共団体等の公文書や民間企業の経営に関する文書は，意思決定の過程を記録した情報の宝庫である。したがって，これらの文書は，それらを生産した組織（一方のユーザー）にとって今後の政策や経営方針を決定する際の貴重な知財であり，適切に管理され必要に応じて利用できるようにされていなければならない。また，公文書の適切な保存と公開のルールは，国民・市民（他方のユーザー）の知る権利の保障という民主主義の根幹を支えるものである。さらに，発電所における安全点検などの記録や医薬品製造会社における安全実験などの記録は，現在起こっている問題の原因を調査したり，潜在的な問題の発見やその対策に利用できる貴重なデータであり，適切に管理・提供されてこそ意義がある。このためには，文書や記録の生成のプロセスや利用目的等を把握し，文書や記録の適切な管理計画を立案し，文書や記録の生成と同時に，その情報価値を評価し，必要なものを効率よく利用できる状態で管理されなければならない。しかし，「公文書管理の在り方等に関する有識者会議最終報告」（平成20年11月）でも報告されているように，貴重な公文書が適切に管理されず，所在が分からなくなったり，紛失したりする事態も起きている。安全点検や安全実験の記録に関しても，頻発する不祥事から分かるように，適切に管理されているとは言い難い。さらに，膨大な文書や記録の中から必要な情報をすぐに取り出せるように組織化して保存されてはいない。このような状況では，ユーザーが本来必要とする情報を提供することができず，必要とされる情報と提供できる情報の間にずれが生じている。

　図書館情報学で扱う図書・文献といった情報は，不特定多数の利用者を前提とした資料群である。不特定多数の利用者の便のために，また，管理する組織の便のために，先に述べた日本十進分類法などの固定的な資料の内容に基づく体系化が行われている。一方，記録管理学で扱う文書・記録といった情報は，原則として人間活動の一次的産物としての生の記録であって，大量複製物の形で流通するものではなく，通常は記録群として存在し，その中にそれを生成した組織の機構や機能を反映した体系的な資料群である。このため，その資料を生成した組織や時間的順序といった資料の文脈に基づいた体系化が行われている。

　しかし，図書館では内容による情報の体系化だけを行い，文書館や記録管理の組織では文脈による体系化だけを行えば良いというものではない。たとえば，公文書館で，作成した組織や時期とは関係なく，ある内容に関連する文書を検索したいという要求も考えられるし，また逆に，図書館で，ある学問領域の進展を，「だれが」「いつ」という観点で体系的に取り出したいという要求も考えられる。さらに，必要な情報を使いこなすには，両者の体系化が同時に必要な場合もある。したがって，情報の管理・提供に携わる人材としては，少なくとも図書館情報学，記録管理学の両者の基礎は学んでおくべき

である。さらに，今後の課題として，ユーザーの多様なニーズに応えるためには，より詳細な資料（情報）の特徴を扱う必要がある。資料の内容を特徴付けるには，固定的な既存の分類体系では不十分である。また，資料を文脈的に特徴付けるにも，それを生成した組織等の情報だけでは不十分で，他の資料との関係，あるいは，資料が生成されて現在に至るまでどのような意味付けがされてきたかといった変遷も重要となる場合もある。したがって，図書，文献，文書，記録といった種類の違いや現用か非現用かといった違いから来る表面的な管理・提供法の相違(ママ)を乗り越えて，情報をどのように特徴付けて記述するか，そのためにはどのように管理保存しておくべきかといった，より本質的な点を考察するための基礎を身につけた人材を養成する必要がある。これには，図書館情報学，記録管理学として独立に教育するのではなく，両者を統合して教育し，一方では両者に共通の情報の管理・提供の概念や意義，方法論等を身につけさせ，他方ではそれぞれに固有の部分を理解させることが重要である。

（略）

以上，要するに，

(a) ユーザーのニーズと知の創造・継承プロセスを把握し，ユーザーにとって意義ある情報の管理・提供を行うための能力の養成
(b) ユーザーの多様な情報要求への対応
―図書館情報学で行われている内容に基づく情報の体系化と記録管理学で行われている情報が生成された文脈に基づく情報の体系化の双方の利用
―情報科学的手法による内容に基づく情報の組織化

「ライブラリーサイエンス」とは　資料1－a

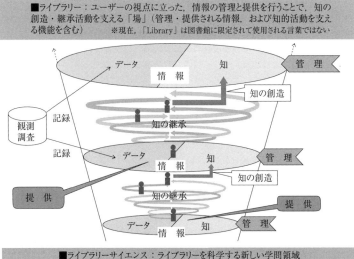

資　料

――インターネット上の情報の膨大さと信頼性を考慮した利用への対応
(c) 電子媒体に記録された情報を法制面や流通制度面で適切に対処できる専門職の養成

が現代社会における情報の管理・提供に関する課題である。
(略)

〈カリキュラム〉
基本計画書
教育課程等の概要

科目区分	授業科目の名称	配当年次	単位数		
			必修	選択	自由
学府共通科目	科学の統合方法論	1前	1		
特別研究	特別研究Ⅰ	1通	2		
	特別研究Ⅱ	2通	4		
基礎科目	情報マネジメント論	1前	2		
	情報システム論	1前	2		
	情報サービス論	1前	2		
	情報法制論	1後	2		
	学習科学	1前	2		
PIL・インターンシップ科目	ライブラリーサイエンスPTLⅠ	1後			
	ライブラリーサイエンスPTLⅡ	2前			
	インターンシップ	1前・後・2前			
専門科目	情報テクスト論	1前		2	
	情報リテラシー論	1後		2	
	インターネットの情報法制	2前		2	
	コミュニケーション論	1前		2	
	図書館マネジメント論	1前		2	
	図書館政策論	1前		2	
	レファレンスサービス論	1後		2	
	ライブラリー資料論	1後		2	
	ライブラリー特殊資料論	1後		2	
	文書記録マネジメント論	1後		2	
	文書記録管理政策論	1前		2	
	文書記録活動論	2前		2	
	文書記録資料論	1前		2	
	文書記録特殊資料論	1後		2	
	情報評価分析論	1前		2	
	情報組織化論	1後		2	
	数理統計	1後		2	
	自然言語解析	1後		2	
	データマイニング	2前		2	

情報セキュリティ論	2前		2	
情報リテラシー演習	1後		2	
コミュニケーション演習	1前		2	
レファレンスサービス演習	1後		2	
ライブラリー資料演習	1後		2	
ライブラリー特殊資料演習	2前		2	
文書記録資料演習	2前		2	
文書記録特殊資料演習	2前		2	
データベース演習	1前		2	
構造化文書運用演習	1前		2	
外国語資料講読演習Ⅰ	1前		2	
外国語資料講読演習Ⅱ	1後		2	
外国語資料講読演習Ⅲ	2前		2	

（修了要件）
　本専攻に2年以上在学し，次の履修方法により40単位以上修得し，かつ，必要な研究指導を受けた上，修士論文の審査及び最終試験に合格することとする。ただし，在学期間に関しては，教授会が優れた業績をあげたと認めた者については，1年以上在学すれば足りるものとする。
（履修方法）
　1から6までに掲げる単位を含む40単位以上を修得しなければならない。
1．科目区分「学府共通科目」について1科目1単位
2．科目区分「特別研究」について2科目6単位
3．科目区分「基礎科目」について5科目10単位
4．科目区分「PTL・インターンシップ科目」について2科目3単位又は2科目4単位
5．科目区分「専門科目」について9科目18単位
6．次に掲げる科目について2単位以上（ただし，（2）及び（3）の授業科目で課程修了の要件とする単位に含めることができるのは，2単位までとする。）
　（1）ライブラリーサイエンス専攻の授業科目（ただし，上記2から5までの単位として修得した単位を除く。）
　（2）本学府他専攻の授業科目
　（3）他学府の授業科目（大学院共通教育科目を含む。）

　出典：九州大学大学院統合新領域学府ライブラリーサイエンス専攻（修士課程）の設置（平成23年度開設）設置認可申請書

専門29

愛知淑徳大学文化創造研究科設置認可申請書（抄）

基本計画書

新設学部等の目的

〔文化創造研究科〕

　本研究科は，高度の専門的学識の獲得と総合的な文化創造の両立を目指す。
　現代社会が要請する科学技術と精神文化との融合のあり方について，文化創造という観点から思索し，凝視し，発見し，提案していくことが，本研究科の使命である。そのために，人間の創造活動を幅広く捉え直し，以下の分野を統合して1専攻とする。

資　　料

（イ）文学（国文学領域）
（ロ）文芸（クリエイティブライティング領域）
（ハ）情報学（図書館情報学領域）
（ニ）メディア（メディアコミュニケーション領域）
（ホ）造型デザイン（都市環境デザイン領域）

　広義における表象文化を対象に，各領域の専門的な研究を深めるとともに学際的研究視野をも身につけ，さらに高次元の創造的表現を追究することを教育目的とする。
　教育課程は，博士前期課程においては学部での学修成果を踏まえて，高度な知識・技術を有する専門職業人を養成することを主眼に，専門領域に特化したより深い学修・研究を行うとともに，一方では専門性を対象化し得る広範な学修を可能にする柔軟な教育課程を編成する。
　博士後期課程においては，前期課程での学修・研究成果を踏まえて，専門分野における研究を一層深化発展させることにより，時代の要請に応えた特に高度な知識・技術・識見を有する専門職業人を養成するとともに，自立して活動ができる研究後継者を育成することを目的として，担当教員を定めて研究指導を中心にした学修・研究を行うこととする。
　これらの課程により養成する人材は次の通り。
（イ）日本の文化，歴史，伝統に対する造詣，総合的な判断力と批判力，そして錬磨された知性と感性による豊かな人間性を備えて，中等教育，高等教育に携わることのできる人材。
（ロ）活字媒体を中心にして，生涯にわたり創造的な言語表現活動に携わることのできる知識と技術を持った人材。
（ハ）人間工学を含む広義の情報学一般に精通して，問題発見能力，批判的吟味能力，質的評価能力を備えた人材。
（ニ）多様な表現領域を対象にして，メディア社会の多様な動向を的確に把握し，それらの動向を独自にデザインする企画力，発想力を備えた人材。
（ホ）都市と建築を工学的視点から捉えるだけではなく，文化的社会的側面にも着目して総合的に把握し，その成果を実際的な提案に結実できる人材。
（略）

設置の趣旨等を記載した書類（文化創造研究科）
ア　設置の趣旨及び必要性
（略）

〈カリキュラム〉
エ　教育課程の編成の考え方及び特色
Ⅰ　博士前期課程の教育課程

1）体系的かつ学際的教育課程の編成（略）
2）弾力的履修システム（略）
3）教育課程の構成
　領域ごとの開設科目の区分は次の３つとし，いずれも領域名を頭に冠する。
　　①特殊講義（科目）
　　②特殊演習（科目）
　　③特殊研究（科目）
　いずれも，同一科目の名称に「a」「b」を付して半期ごとの開講とする。授業科目の学修継続性を重視しての措置であるが，単位は半期ごとに２単位を認定する。なお，「b」からの履修も妨げない。
　①特殊講義科目は，講義を中心とした授業により各分野の研究方法の基礎を理解し，また応用力を習得する。開講はすべて１・２年次として，一部を除きすべて選択科目とする。
　②特殊演習科目は，演習を中心とした授業により各分野の研究に必要な基礎的能力及び応用力を身につける。開講はすべて１・２年次として，一部を除きすべて選択科目とする。
　③特殊研究科目は，修士論文の作成について研究指導担当教員から直接指導を受ける。開講は２年次として，選択必修とする。この科目はこのたびの研究科再編統合により新たに開設することとしたもので，教育課程の大きな柱となるものである。

（１）特殊講義科目
各領域に開設する特殊講義科目は次の通り（各２単位）。
①国文学領域（省略）
②クリエイティブライティング領域（略）
③図書館情報学領域
　　情報学特殊講義Ⅰa, b（必修）
　　情報学特殊講義Ⅱa, b
　　情報学特殊講義Ⅲa, b
　　情報学特殊講義Ⅳa, b
　　情報学特殊講義Ⅴa, b
　　情報学特殊講義Ⅵa, b
　　情報学特殊講義Ⅶa, b
　　情報学特殊講義Ⅷa, b
　　情報学特殊講義Ⅸa, b
④メディアコミュニケーション領域（略）
⑤都市環境デザイン領域（略）
各領域の特殊講義科目の修了要件単位数は，以下の通り。

資　料

①国文学領域（略）
②クリエイティブライティング領域（略）
③図書館情報学領域
　　情報学特殊講義科目中から8単位以上
④メディアコミュニケーション領域（略）
⑤都市環境デザイン領域（略）

（2）特殊演習科目
各領域に開設する特殊演習科目は次の通り（各2単位）。
①国文学領域（略）
②クリエイティブライティング領域（略）
③図書館情報学領域
　　情報学特殊演習Ⅰa，b（必修）
　　情報学特殊演習Ⅱa，b
　　情報学特殊演習Ⅲa，b
　　情報学特殊演習Ⅳa，b
　　情報学特殊演習Ⅴa，b
　　情報学特殊演習Ⅵa，b
　　情報学特殊演習Ⅶa，b
　　情報学特殊演習Ⅷa，b
　　情報学特殊演習Ⅸa，b
④メディアコミュニケーション領域（略）
⑤都市環境デザイン領域（略）
各領域の特殊演習科目の修了要件単位数は，以下の通り。
①国文学領域（略）
②クリエイティブライティング領域（略）
③図書館情報学領域
　　情報学特殊演習科目中から8単位以上
④メディアコミュニケーション領域（略）
⑤都市環境デザイン領域（略）

（3）特殊研究科目
各領域に開設する特殊研究科目は次の通り（各2単位）（すべて選択必修）。
①国文学領域（略）
②クリエイティブライティング領域（略）
③図書館情報学領域
　　情報学特殊研究Ⅰa，b

情報学特殊研究Ⅱ a，b
情報学特殊研究Ⅲ a，b
情報学特殊研究Ⅳ a，b
情報学特殊研究Ⅴ a，b
情報学特殊研究Ⅵ a，b
情報学特殊研究Ⅶ a，b

④メディアコミュニケーション領域（略）
⑤都市環境デザイン領域（略）

特殊研究科目の修了要件単位数は，5領域共通で4単位以上とする。
なお，特殊研究科目担当教員は，博士前期課程の研究指導資格を有する教員をもって充てる。

Ⅱ 博士後期課程の教育課程
1）研究指導の実施方法
（1）基本的な考え方（カリキュラムポリシー）
　博士後期課程は，本研究科を構成する各学問領域およびそれらの学際領域における研究活動の成果として博士の学位を取得し，高度の教育及び研究に従事する者を養成することを目的とする。したがって，学位の取得を目指し学生各自が個々の課題・テーマに関する研究を展開することになる。
　そこで，本研究科博士後期課程においては，授業科目履修を前提とする教育課程は編成せず，資格を有する博士後期課程研究指導担当教員の指導のもとで，博士学位取得に向けて恒常的に研究活動を推進することとする。研究指導は，年間60時間（週120分×30週相当）の研究指導を最低時間として設定する。また，必要に応じて研究指導補助教員を置くことにより，その指導を加えて隣接又は異分野からの批判・評価に堪える，広い視野に立ったより独創的で高度な自立的研究が展開できる環境を整える。
　出典：愛知淑徳大学文化創造研究科設置認可申請書

専門30

九州大学大学院統合新領域学府ライブラリサイエンス専攻の課程変更（抄）
（平成25年度開設）

基本計画書
新設学部等の目的
　高度情報社会における情報と人間，情報と社会の新たな調和などの複合的な課題を解決するために，情報ユーザーの知的活動を支え，さらに社会の急速な情報化がもたらす新たな要求に応えられる高度な専門人材の養成を目的としている。
趣旨等を記載した書類

資　　料

1．設置の趣旨及び必要性
（1）設置の背景（資料1　略）
1）情報の管理・提供の意義とライブラリーサイエンス（資料1－a）

　人類の文化は，それまでに蓄積された情報の上に築かれてきたことは言うまでもない。蓄積された情報を利用し，時にはそこから新たな知としての情報を創造し，さらにこれらを後世に継承するというサイクルが，人類の文化を進歩させてきたと言える。「知の創造・継承活動」を支えるには，「情報」の管理（情報の評価・選別，収集，整理・保存を含む。）と，必要な情報の提供が不可欠である。そして，**知の創造・継承のプロセスにおいては，ユーザーの視点に立った情報の管理・提供を行うことで，ユーザーの知の創造・継承活動を支える「場」が重要な役割を果たす**。ここで言う「場」とは，情報の管理・提供を行う人やシステム，蓄積された情報，情報を求めるユーザー同士の相互作用あるいは情報の管理・提供を行う人とユーザーとの間の相互作用，さらにそれらの入れ物としての場所を包含した概念である。我々は，ユーザーの視点に立った情報の管理・提供を行うことで，ユーザーの知の創造・継承活動を支える「場」を「**ライブラリー**」と呼び，ライブラリーを科学する新しい学問分野を「**ライブラリーサイエンス**」と呼んでいる。

　たとえば，「ライブラリー」の代表例である**大学図書館や専門図書館，公共図書館は，情報の管理・提供を通して，人々の知的活動を支えている**。特に大学図書館は，大学における学生や教育研究者の学習，教育，研究活動を支える重要な学術情報基盤であり，大学における中核機関と言える。

　民間企業などにおける記録管理の「場」も「ライブラリー」である。どのような決定に基づいてどのような業務を行ったかという，組織で生産される記録情報は，組織における意思決定の参考となる再利用可能な貴重な知的財産であり，さらに，訴訟での利用などの社会に対する説明責任に備えるための情報でもある。また，発電所における安全点検などの記録や医薬品製造会社における安全実験などの記録は，現在起こっている問題の原因を調査したり，潜在的な問題の発見やその対策に利用したりできる貴重な情報である。つまり，**民間企業などにおける記録管理の「場」は，情報の管理・提供を通して，その組織の活動そのものを支えている。**

　公文書館等，国や地方公共団体の公文書管理の「場」も「ライブラリー」である。公文書も意思決定の過程を記録した情報であり，今後の政策等を決定する際の参考となる再利用可能な貴重な知的財産である。また，公文書の適切な保存と公開は，国民・市民の知る権利の保障という民主主義の根幹を支えるものである。つまり，**国や地方公共団体の公文書管理の「場」は，公文書の管理・提供を通して，国や地方公共団体における意思決定を支え，国民・市民の知る権利を保障している。**

　これまで，図書館資料の管理・提供は図書館情報学で取り扱い，記録情報の管理・提供は記録管理学・アーカイブズ学で取り扱ってきた。図書館資料は，不特定多数の者の利用を前提とした資料群であり，通常複製物の形で流通するという特徴を持つ。それら

は，不特定多数の利用者の便のために，資料の内容に基づく体系化（分類）が行われている。一方，記録情報は，原則として人間活動の一次的産物としての生の記録であって，大量の複製物の形で流通するものではなく，通常は記録群として存在し，その中にそれらの記録を生成した組織の機構や機能を反映した体系的な資料群である。このため，その記録情報を生成した組織や時間的順序といった文脈に基づいた体系化（整理）が行われている。不特定多数の利用者を前提として作成されるものではなく，個人情報や組織の機密などが含まれる場合もあり，公開／非公開の区別をする必要がある。

　ライブラリーサイエンスは，情報の管理・提供に関する学問分野である図書館情報学と記録管理学・アーカイブズ学，さらに両者の情報の管理・提供を技術的に支える情報科学の3分野を中心として関連する複数の学問分野を統合した学問分野である。

2）情報の管理・提供に関する課題（資料1－b　略）
（略）

3）本専攻博士後期課程設置の必要性
① 情報の管理・提供に関する課題を解決する研究者の養成
　情報の管理・提供に関する課題の多くが，前述の（a）～（d）の課題のように，図書館情報学，記録管理学・アーカイブズ学，情報科学という3つの学問分野の内，複数の学問分野での知見や研究成果を用いて解決が図られるものである。また，前述の（e）で述べたように，我が国における記録情報の適切な管理・提供を行う人材の養成は差し迫った重要な課題であり，そのためにそのような人材を養成する教育者を養成する必要がある。

本専攻博士後期課程では，このような複合的な課題を解決し，ライブラリーサイエンスを深化・発展させる研究者を養成する。なお，記録管理学・アーカイブズ学に軸足を置いて研究を進めた者は，<u>記録情報の適切な管理・提供を行う人材を養成する教育者とも成り得る。</u>

② 研究者養成に関する内外の状況
　米国では，ALA（American Library Association；米国図書館協会）が作成した図書館情報学修士号の認定基準を満たす大学院を修了した者だけが司書資格を得ることができる。平成24年1月現在，米国，カナダ，プエルトリコの63校がALA認定校として登録されており，その内Ph.Dプログラムを有する大学は59%（37校）である。ALAでは認定基準の中で中核的な領域を設定しており，Ph.Dプログラムを有する37校の内，17校がRecord ManagementとArchival Studyの両領域を有している。このように，<u>米国では，ALAが認定している博士後期課程を有する図書館情報学関連の大学院は多く，それらは図書館情報学だけでなく記録管理学やアーカイブズ学を対象領域として含んでいる。</u>
　一方，我が国では，図書館情報学を中心とした博士後期課程を有するのは筑波大学，

資　料

慶應義塾大学などに限られており，アーカイブズ学を中心とした博士後期課程を有するのは学習院大学のみである。日本における記録情報の管理は，実学として存在し，セミナーや講習会などが開かれているが，これらは個別のケースにおける管理法，廃棄の指針などを教えるにとどまっているものが多い。国や地方公共団体あるいは企業等としての記録情報の管理を考えるためには，管理の基本的な考え方と個々の事情に応じた管理の細則，つまり，汎用性と個別性を組み合わせた，情報の適切な管理・提供のあり方を探求する必要がある。また，前述したように，記録情報の適切な管理・提供を行える人材を早急に養成する必要があり，そのためにはまず，このような人材を養成する教育者を養成する必要がある。しかしながら，我が国では，現在，記録管理学を中心に研究・教育を行う研究者養成機関は存在しない。

　このように，**我が国は海外に比べ，情報の管理・提供に関連する分野の研究者養成機関の数が極めて少ないと言える。**
③ 本専攻博士後期課程の独創性
　（1）の2）で挙げた課題のように，情報の管理・提供に関する課題には，図書館情報学，記録管理学・アーカイブズ学，情報科学の内，複数の分野の知見や研究成果を合わせて初めて解決できる課題が多い。そのため，**本専攻博士後期課程では，学生の研究課題に応じてこれらの分野を統合的に教育研究する。これは，日本の他の大学には見られない独創的な教育研究である。**
（略）

〈カリキュラム〉
基本計画書
教育課程等の概要

授業科目の名称	配当年次	単位数		
		必修	選択	自由
特別研究				
ライブラリーサイエンス特別研究	1～3通	12		
専攻共通科目				
ライブラリーサイエンス特論	2前	1		
プレゼンテーション演習	1・2前・後	1		

（修了要件）
1. 博士課程に5年（修士課程に2年以上在学し，当該課程を修了した者にあっては，当該課程における2年の在学期間を含む。）以上在学し，授業科目は必修科目の3科目を含む14単位以上を修得し，かつ，必要な研究指導を受けた上，博士論文の審査及び最終試験に合格することを要件とする。

2. 在学期間に関しては,学府教授会が優れた研究業績を上げたと認めた者については,3年(修士課程に2年以上在学し,当該課程を修了した者にあっては,当該課程における2年の在学期間を含む。)以上在学すれば足りるものとする。
　　対象となる優れた研究業績は「博士論文に関する査読付き論文」とする。
(履修方法)
授業科目の履修にあたっては,次の条件を満たすものとする。
(1) ライブラリーサイエンス特別研究:3年間で12単位
(2) ライブラリーサイエンス特論:1単位
(3) プレゼンテーション演習:1単位

出典:九州大学大学院統合新領域学府ライブラリサイエンス専攻の課程変更(平成25年度開設)

〈補記〉
本資料に掲載した大学の課程設置認可申請書は主として文部科学省の「行政機関の保有する情報の公開に関する法律」に基づく情報公開制度を通じて入手した。同省に提出された設置認可申請書は30年経過後,国立公文書館に移管されるため,30年以上前の資料については国立公文書館から入手した。

2
司書養成関係資料

司書1	1950	第七回国会　衆議院文部委員会　第八号（抄）…367	
司書2	1950	図書館法（抄）…367	
司書3	1950	司書および司書補の職務内容…370	
司書4	1950	図書館法施行規則…374	
司書5	1951	司書講習の相当科目の単位認定について（抄）…379	
司書6	1951	昭和二十六年度図書館専門的職員養成講習実施要綱（抄）…380	
司書7	1951	図書館学講義要綱（抄）…382	
司書8	1952	第十三回国会　衆議院文部委員会　第十一号（抄）…396	
司書9	1952	図書館法の一部を改正する法律…399	
司書10	1956	社会教育施設振興の方策はいかにすべきか（抄）…400	
司書11	1957	試練に立つ公共図書館―その役割と今後の課題―（抄）…401	
司書12	1957	図書館法改正委員会報告（抄）…402	
司書13	1958	教育部会準備会のうごき…406	
司書14	1959	教育部会規定…406	
司書15	1960	大学における図書館学科目の設置を拡大増強するの件…407	
司書16	1962	図書館学教育の改善刷新に関する陳情…408	
司書17	1967	司書資格証明書交付のとり止めについて…412	
司書18	1967	司書講習等の改善に関することについて（報告）…412	
司書19	1968	図書館法施行規則の一部を改正する省令…416	
司書20	1968	図書館法施行規則の一部改正について（抄）…418	
司書21	1969	図書館員指導資料・司書講習講義要綱案（抄）…420	
司書22	1971	急激な社会構造の変化に対処する社会教育のあり方について（抄）…429	
司書23	1975	図書館法の一部を改正する法律案（抄）…430	
司書24	1976	図書館学教授要目（抄）…431	
司書25	1986	司書養成科目（省令）改定につき文部省への働きかけについて（要請）…438	
司書26	1987	「図書館法施行規則」における司書等養成科目等の改定について（要望）…439	
司書27	1989	文部省令科目の改正に向けて（要望）…440	
司書28	1990	司書講習科目素案および素案（再修正案）…442	
司書29	1990	平成２年度　全国図書館大会　決議：司書養成科目（省令）の改定について（要望）…445	
司書30	1991	司書講習科目（新カリキュラム案）についての要望（抄）…446	

資　料

- 司書31　1992　図書館司書など資格要件,「大卒」なくす方向　審議会答申受け文部省…447
- 司書32　1992　生涯学習審議会答申にかかわる日本図書館協会の見解…448
- 司書33　1996　社会教育主事,学芸員及び司書等の養成及び研修の充実の在り方についての意見照会について…449
- 司書34　1996　社会教育主事,学芸員及び司書の養成,研修等の改善方策について（報告）（抄）…452
- 司書35　1996　図書館法施行規則の一部を改正する省令…466
- 司書36　1996　司書及び司書補の講習において履修すべき科目の単位の修得に相当する勤務経験及び資格等（抄）…468
- 司書37　1998　社会の変化に対応した今後の社会教育行政の在り方について（答申）（抄）…469
- 司書38　2006　これからの図書館像—地域を支える情報拠点をめざして—（抄）…470
- 司書39　2007　平成18年度における司書養成に関する議論のまとめ（平成19年3月）…471
- 司書40　2008　新しい時代を切り拓く生涯学習の振興方策について〜知の循環型社会の構築を目指して〜（答申）（抄）…474
- 司書41　2008　社会教育法等の一部を改正する法律（抄）…476
- 司書42　2009　司書資格取得のために大学において履修すべき図書館に関する科目の在り方について（報告）（抄）…478
- 司書43　2009　図書館法施行規則の一部を改正する省令（抄）…487
- 司書44　2013　図書館情報学検定試験受験者数…491

司書1

第七回国会　衆議院文部委員会　第八号（抄）

西崎政府委員　図書館法案の大綱について御説明申し上げます。（略）
　第四條から第六條において，図書館職員に関する規定があります。図書館に関する専門的職員は，これを司書または司書補といたし，司書については原則として大学卒業程度の一般的教養を考慮し，司書補については高等学校卒業程度を基礎として，これに対して専門的研修を必要な資格條件としたのであります。文部大臣は教育学部または学芸学部を有する大学に講習を委嘱し得ることにいたし，これに必要な事項は省令で規定することにいたしました。これによって図書館の活動の基礎條件であります人的整備をはかつて参りたいと思います。

出典：「第七回国会　衆議院文部委員会議録　第八号」1950年3月10日，国会会議録検索システム，http://kokkai.ndl.go.jp/（2014年10月27日確認）〔原典縦書き〕

司書2

図書館法（抄）

（司書及び司書補）
第四條　図書館に置かれる専門的職員を司書及び司書補と称する。
2　司書は，図書館の専門的事務に従事する。
3　司書補は，司書の職務を助ける。
（司書及び司書補の資格）
第五條　左の各号の一に該当する者は，司書となる資格を有する。
　一　大学を卒業した者で第六條の規定による司書の講習を修了したもの
　二　大学を卒業した者で大学において図書館に関する科目を履修したもの
　三　三年以上司書補（国立国会図書館又は大学の附属図書館の職員で司書補に相当するものを含む。）として勤務した経験を有する者で第六條の規定による司書の講習を修了したもの
2　左の各号の一に該当する者は，司書補となる資格を有する。
　一　司書の資格を有する者
　二　高等学校を卒業した者で第六條の規定による司書補の講習を修了したもの
（司書及び司書補の講習）
第六條　司書及び司書補の講習は，教育学部又は学芸学部を有する大学が，文部大臣の委嘱を受けて行う。
2　司書及び司書補の講習に関し，履修すべき科目，單位その他必要な事項は，文部省令で定める。但し，その履修すべき單位数は，十五單位を下ることができない。
（略）

資　　料

（職員）

第十三條　公立図書館に館長並びに当該図書館を設置する地方公共団体の教育委員会が必要と認める専門的職員，事務職員及び技術職員を置く。

2　館長は，館務を掌理し，所属職員を監督して，図書館奉仕の機能の達成に努めなければならない。

3　国から第二十條の規定による補助金の交付を受ける地方公共団体の設置する公立図書館の館長となる者は，司書となる資格を有する者でなければならない。但し，当該図書館の館長となる者のうち，都道府県又は地方自治法（昭和二十二年法律第六十七号）第百五十五條第二項の市（以下「五大市」という。）の設置する図書館の館長となる者及び五大市以外の市の設置する図書館の館長となる者は，更にそれぞれ三年以上又は一年以上図書館の館長又は司書（国立国会図書館又は大学の附属図書館の職員でこれらの職員に相当するものを含む。）として勤務をした経験を有する者でなければならない。

（略）

（国庫補助を受けるための公立図書館の基準）

第十九條　国から第二十條の規定による補助金の交付を受けるために必要な公立図書館の設置及び運営上の最低の基準は，文部省令で定める。

（公立図書館に対する補助その他の援助）

第二十條　国は，図書館を設置する地方公共団体に対し，予算の定めるところに従い，その設置及び運営に要する経費について補助金を交付し，その他必要な援助を行う。

第二十一條　文部大臣は，前條の規定による補助金を交付する場合においては，当該補助金を受ける地方公共団体の設置する図書館が，第十九條に規定する最低の基準に達しているかどうかを審査し，その基準に達している場合にのみ，当該補助金の交付をしなければならない。

（略）

附　　則

1　この法律は，公布の日から起算して三月を経過した日から施行する。但し，第十七條の規定は，昭和二十六年四月一日から施行する。

2　図書館令（昭和八年勅令第百七十五号），公立図書館職員令（昭和八年勅令第百七十六号）及び公立図書館司書検定試験規程（昭和十一年文部省令第十八号）は，廃止する。

3　この法律施行の際，現に都道府県又は五大市の設置する図書館の館長である者及び五大市以外の市の設置する図書館の館長である者は，第十三條第三項の規定にかかわらず，この法律施行後五年間は，それぞれ都道府県若しくは五大市の設置する図書館の館長又は五大市以外の市の設置する図書館の館長となる資格を有するものとする。

4　この法律施行の際，現に公立図書館，旧図書館令第四條若しくは第五條の規定によ

り設置された図書館，国立国会図書館又は大学の附属図書館において館長若しくは司書又は司書補の職務に相当する職務に従事する職員は，第五條の規定にかかわらず，この法律施行後五年間は，それぞれ司書又は司書補となる資格を有するものとする。

5　この法律施行の際，現に公立図書館又は私立図書館において館長，司書又は司書補の職務に相当する職務に従事する職員は，別に辞令を発せられない限り，それぞれ館長，司書又は司書補となつたものとする。

6　第四項の規定により司書又は司書補となる資格を有する者は，この法律施行後五年間に第六條の規定による司書又は司書補の講習を受けた場合においては，この法律施行後五年を経過した日以後においても，第五條の規定にかかわらず，司書又は司書補となる資格を有するものとする。但し，第四項の規定により司書補となる資格を有する者（大学を卒業した者を除く。）が司書の講習を受けた場合においては，第五條第一項第三号の規定の適用があるものとする。

7　図書館職員養成所を卒業した者は，第五條の規定にかかわらず，司書となる資格を有するものとする。

8　旧国立図書館附属図書館職員養成所又は旧文部省図書館講習所を卒業した者及び旧公立図書館司書検定試験規程による検定試験に合格した者は，第六條の規定による司書の講習を受けた場合においては，第五條の規定にかかわらず，司書となる資絡を有するものとする。

9　教育委員会は，この法律施行後三年間に限り，公立図書館の館長となる資格を有する者が得られないときは，図書館に関し学識経験のある者のうちから，館長を任命することができる。但し，その者は，当該期間内に公立図書館の館長となる資格が得られない限り，この法律施行後三年を経過した日以後は，館長として在任することができない。

10　第二條第一項，第三條及び第十五條の学校には学校教育法（昭和二十二年法律第二十六号）第九十八條の従前の規定による学校を，第五條第一項，第十三條第三項並びに附則第四項及び第六項の大学には旧大学令（大正七年勅令第三百八十八号），旧高等学校令（大正七年勅令第三百八十九号），旧専門学校令（明治三十六年勅令第六十一号）又は旧教員養成諸学校官制（昭和二十一年勅令第二百八号）の規定による大学，大学予科，高等学校高等科，専門学校及び教員養成諸学校並びに文部省令で定めるこれらの学校に準ずる学校を，第五條第二項の高等学校には，旧中等学校令（昭和十八年勅令第三十六号），旧高等学校令又は旧青年学校令（昭和十四年勅令第二百五十四号）の規定による中等学校，高等学校尋常科及び青年学校本科並びに文部省令で定めるこれらの学校に準ずる学校を含むものとする。

11　この法律施行の際，現に市町村の設置する図書館に勤務する職員で地方自治法施行の際官吏であつたものは，別に辞令を発せられない限り，当該図書館を設置する市町村の職員に任命されたものとする。

12　この法律施行の際，現に教育委員会の置かれていない市町村にあつては，教育委員

資　　料

会が設置されるまでの間，第七條，第八條，第十三條第一項，第十五條，第十八條及び附則第九項中「市（特別区を含む。以下同じ。）町村の教育委員会」，市町村の教育委員会」又は「教育委員会」とあるのは，「市町村長」と読み替えるものとする。
13　文部省設置法（昭和二十四年法律第百四十六号）の一部を次のように改正する。
附則第十四項中「別に図書館に関して規定する法律が制定施行されるまで，」を「当分の間，」に改める。

出典：『官報』号外第35号，1950年4月30日，p.9-11．〔原典縦書き〕

司書3

司書および司書補の職務内容
（文社施第370号　文部事務次官通牒）

1　司書および司書補の定義

　　司書は，館の大小に応じて，その所掌する職務の広狭を伴うが，次にかかげるそれぞれの職務を，自己の責任と判断によつて処理する能力あるものとする。

　　司書補は，次にかかげる職務中※印あるものは自主的に，他はそれぞれ司書の事前の指示と事後の検査を受けて助手的処理をする能力ある者とする。

2　職務内容

　職務を総務，整理および奉仕の3種に大別して詳記すれば次のとおりである。

(A)　総務的職務

1．教育委員会との連絡
2．諸報告書類の立案
3．事務分掌の立案
4．諸規則の立案
5．全般的諸統計の立案実施と吟味解析
6．基礎（社会）調査の立案と実施
7．館の総合運営計画の立案
8．資料総合運用計画の立案
9．館外奉仕計画の立案
10．広報と宣伝
11．図書及び図書館利用法並びに図書館技術の指導と普及のための講習会の開催
12．総合目録の立案と作製（目録係と協調）
13．印刷カード目録のあつせん又は作製
14．予算の編成
15．支出の調整
16．人事の管理並びに記録の処理

17. 新規採用者の選考と給与の審査
18. 職員の養成と研修
19. 厚生とレクリエーション
20. 図書館協議会の運営
21. 他館（法第三条第四号）との連絡協力と相互貸借
22. 学校，博物館，公民館，研究所等との連絡協力
23. 図書館関係団体及び友好団体との連絡協調
24. 総合評価資料の収集と検討

(B) 整理的職務
(イ) 図書の選択
1. 蔵書統計の作製と観察
2. 図書購入予算資料の作製
3. 購入又は寄贈を申し込むべき図書の選択
4. 公の出版物（法第九条）の選択
5. 複本，代用本の決定
6. 端本，欠本の調査と補充
7. 見計本，売込本の取捨
8. 寄贈本の登録，不登録の決定
9. 廃棄図書の調査
10. 視聴覚資料係との連絡

(ロ) 註文，受入
1. 見積合せと註文先の決定
2. ※註文カードの整理
3. ※註文リストの作製
4. ※交換寄贈の申込
5. ※謝状発送と記録
6. ※図書の検収（註文書類又は寄贈申込書との照会）
7. ※続刊物の受付と記録
8. 寄贈本の評価
9. ※図書の保護（正誤表の処理，はさみ込みものの張りつけ，事前製本の決定等）
10. ※受入作業
    登録番号，日付を入れる，押印，ラベル張り付，図書カード及図書袋の作製と張り付
11. ※図書原簿記入

(ハ) 分類と目録
1. 図書の分類
2. 視聴覚資料の分類

資　　料

 3．件名標目と参照の決定
 4．図書記号（著者記号）の決定
 5．※書架簿の記入
 6．事務用（基本）カードの作成
 7．※印刷カードの註文
 8．※副出（分出を含む）参照カードの作製
 9．※印刷カードの加筆
 10．前二項のカードの校閲
 11．※各種カードの組込み
 12．組込カードの検閲
 13．視聴覚目録との総合調整

(ニ) 蔵書，保管
 1．※排架（閲覧室，書庫内共）
 2．※架上の点検と整備
 3．破損除籍図書の調査と処理
 4．製本図書の調査と処理
 5．製本種別の材料の指示及び納品の検査
 6．※簡易な製本と修理
 7．※法規の加除
 8．貴重図書の保管

(ホ) 新聞，雑誌
 1．選択（登録保管の要否をも含めて）
 2．※受付と記録
 3．※現品の保護（つづり込み，仮表紙をつける等）
 4．※既刊（未製本）分の保管と製本準備
 5．※欠号調査と補充
 6．製本標題の決定
 7．クリッピングのチェックと分類又は件名の標出
 8．※クリッピングの張り込と組込
 9．記事索引の作製

(ヘ) 特殊資料
範囲：郷土資料，地方行政資料，時事に関する情報資料，小冊子一枚物等，マイクロフイルム（フオトスタット，写真印画による複製等は一般図書と同様に扱う）
 1．収集方針の立案
 2．購入予算資料の作製
 3．選択と註文
 4．※受入と保管

5．分類と目録
  6．図書目録との総合調整
  7．主題目録又はリストの編きん(ママ)
  8．※ヴアチカルフアイルによる整理
  9．インフオーメーシヨンフアイルの用意
  10．※マイクロフイルムの管理（目録は一般図書と同様）
(ト) 視聴覚資料
  範囲：美術品，模型，展示物（博物資料を含む），映画フイルム，紙芝居，幻燈スライド，スライドフイルム，写真，掛図，ポスター，図表，グラフ，地図，レコード及びこれらと同類のもの
  1．収集方針の立案
  2．購入予算資料の作製
  3．選択と註文
  4．分類と保管
  5．図書目録及び特殊資料目録との総合調整
  6．※修理
  7．交換又は廃棄
  8．※映写機及び附属物の操作と管理
  9．※幻燈機の操作と管理
  10．※蓄音器の操作と管理
  11．※人形劇の演技と装置の管理
  12．※紙芝居の操作

(C) **奉仕的職務**
(イ) 館内奉仕
  1．※資料の出納
  2．※帯出者の登録
  3．苦情と要求の処理
  4．事故の対策処理（汚破損，紛失等）
  5．※延滞処理
  6．郷土資料利用の案内
  7．地方行政資料利用の案内
  8．時事に関する情報の紹介
  9．時事に関する資料の提供
  10．視聴覚資料利用の案内
  11．クリツピング利用の案内
  12．※目録検索の案内
  13．読書相談（一般及び部門別）

資　料

14. 資料調整指導助言
15. 各種索引及び書誌の整備と利用案内
16. 雑誌索引の整備と利用案内
17. 館内利用統計の作製と観察
18. 新利用者の開拓

(ロ) 館外奉仕（集会，展観の項を参照）
1. 分館との連絡調整
2. 出張所，閲覧所，配本所との連絡調整
3. 貸出文庫（視聴覚資料を含む）の編成と巡回
4. 自動車文庫（視聴覚資料を含む）の編成と巡回

(ハ) 集会，展観（館外奉仕の場合をも含む）
1. 読書会（常置又は随時）の主催又はあつせん
2. 文学その他同好会の主催又はあつせん
3. 各種研究会の主催又はあつせん
4. 美術品の展観，レコード及び映画鑑賞会の主催又はあつせん
5. 幻燈，紙芝居，人形劇及び展示物等利用の集会の主催又はあつせん
6. 新刊図書又は主題別図書の展示会の主催又はあつせん
7. 各種資料模型等の展示会の主催又はあつせん
8. 時事解説のための展示と集会（常置又は随時）

(ニ) 兒童，生徒
1. お話時間の指導
2. 本の読方の指導
3. ※図書館利用法の指導
4. 学校との連絡
5. ※子供の集りの世話
6. 児童室の経営管理

出典：『図書館雑誌』Vol. 44, No. 8, 1950年8月, p. 191-192.

司書4

図書館法施行規則

文部省令第二十七号

　図書館法（昭和二十五年法律第百十八号）第六條第二項，第十九條及び附則第十一項の規定に基き，図書館法施行規則を次のように定める。
　昭和二十五年九月六日
　　　　　文部大臣　天野　貞祐
　　　図書館法施行規則

目次
　第一章　司書及び司書補の講習（第一條—第九條）
　第二章　公立図書館の最低基準（第十條—第二十條）
　第三章　準ずる学校（第二十一條・第二十二條）
　附　則

　　第一章　司書及び司書補の講習
第一條　図書館法（以下「法」という。）第六條に規定する司書及び司書補の講習については，この章の定めるところによる。
第二條　司書の講習を受けることができる者は，左の各号の一に該当するものとする。
　一　大学又は法附則第十項の規定により大学に含まれる学校を卒業した者
　二　法附則第四項の規定により司書となる資格を有する者
　三　司書補となる資格を有する者（法附則第四項の規定により司書補となる資格を有する者を含む。）
　四　法附則第八項の規定に該当する者
第三條　司書補の講習を受けることができる者は，左の各号の一に該当するものとする。
　一　高等学校又は法附則第十項の規定により高等学校に含まれる学校を卒業した者
　二　法附則第四項の規定により司書補となる資格を有する者
第四條　司書の講習において司書となる資格を得ようとする者は，左表の必修科目十一單位以上を修得しなければならない。

必修科目	單位数
図書館通論	一
図書館実務	一
図書選択法	一
図書目録法	二
図書分類法	一
レフアレンス，ワーク	一
図書運用法	一
図書館対外活動	一
兒童に対する図書館奉仕	一
視聴覚資料	一

2　司書となる資格を得ようとする者は，前項のほか，左表の選択科目のうちから，各群にわたつて，それぞれ二單位以上を修得しなければならない。

資　　料

群	選択科目
甲群	学校教育と公共図書館 成人教育と図書館 特殊資料 図書館施設 図書館史
乙群	社会学 社会教育 ジヤーナリズム 図書解題及び図書評論 図書及び印刷史

第五條　司書補の講習において司書補となる資格を得ようとする者は，左表の必修科目十三單位以上を修得しなければならない。

必修科目	單位数
図書館概論	一
図書整理法	二
図書の目録と分類	三
閲覽と貸出	二
参考書解題	一
整本と修理	一
視聽覚資料	一
図書館統計	一
複写技術	一

2　司書補となる資格を得ようとする者は，前項のほか，左表の選択科目のうちから，各群にわたつて，それぞれ一單位以上を修得しなければならない。

群	選択科目
甲群	図書館史 図書館施設
乙群	社会教育 ジヤーナリズム 速記法

第六條　この章における單位の計算の基準は，左の各号に定めるところによる。
　一　一時間の授業につき，二時間の予習又は復習を必要とする講義によるものについては，十五時間の授業の課程
　二　二時間の授業につき，一時間の予習又は復習を必要とする演習によるものについては，三十時間の授業の課程
　三　前二号に掲げるものを除くほか，予習又は復習を必要としない実験又は実習によるものについては，四十五時間の授業の課程
第七條　單位修得の認定は，講習を行う大学が，試験，論文，報告書その他による成績

審査に合格した受講者に対して行う。

第八條　文部大臣は，第四條又は第五條の規定により，司書の講習又は司書補の講習について，十五單位以上の單位を修得した者に對して，それぞれの修了證書を與えるものとする。

第九條　受講者の人數，選定の方法及び講習の期間その他講習實施の細目については，毎年官報で公告する。

　　　第二章　公立圖書館の最低基準

第十條　法第十九條の規定による國から補助金の交付を受けるために必要な公立圖書館の設置及び運營上の最低の基準は，この章の定めるところによる。

第十一條　公立圖書館の館長は，專任且つ有給の者でなければならない。但し，町村の設置する圖書館の館長は，當該圖書館の司書又は當該町村の設置する公民館の館長と兼ねることができる。

第十二條　都道府縣及び地方自治法（昭和二十二年法律第六十七号）第百五十五條第二項の市（以下「五大市」という。）の設置する圖書館（以下「都道府縣及び五大市立圖書館」という。）については，國から補助金を受けようとする年度の前年度に増加した圖書の冊數は，當該地方公共團體の區域内の人口（以下「人口」という。）百万人未滿の場合は人口一人につき〇・〇〇三冊，人口百万人以上の場合は三千冊に百万人を越える人口一人につき〇・〇〇一の割合で累加した冊數を下つてはならない。

第十三條　都道府縣及び五大市立圖書館の司書及び司書補の數は，人口六十万人未滿の場合は七人，人口六十万人以上の場合は七人に六十万人を越える人口二十万人につき一人を累加した數を下つてはならない。

第十四條　都道府縣及び五大市立圖書館奉仕の用に供する建物（以下「建物」という。）の延坪數は，人口六十万人未滿の場合は三百坪，人口六十万人以上の場合は三百坪に六十万人を越える人口十万人につき十五坪を累加した數を下つてはならない。

第十五條　五大市以外の市（特別區を含む。以下同じ。）の設置する圖書館（以下「市立圖書館」という。）については，國から補助金を受けようとする年度の前年度に増加した圖書の冊數は，人口三万人の場合は六百冊，人口三万人以上五万人未滿の場合は六百冊に三万人を越える人口一人につき〇・〇二の割合で累加した數，人口五万人以上十万人未滿の場合は一千冊に五万人を越える人口一人につき〇・〇〇八の割合で累加した冊數，人口十万人以上の場合は一千四百冊に十万人を越える人口一人につき〇・〇〇三の割合で累加した冊數を下つてはならない。

第十六條　市立圖書館の司書及び司書補の數は，人口三万人の場合は二人，人口三万人以上十万人未滿の場合は二人に三万人を越える人口二万人につき一人を累加した數，人口十万人以上の場合は五人に十万人を越える人口五万人につき一人を累加した數を下つてはならない。

第十七條　市立圖書館の建物の延坪數は，人口三万人の場合は七十四坪，人口三万人以上十万人未滿の場合は七十四坪に三万人を越える人口一万人につき十坪を累加した數，

資　料

　　人口十万人以上の場合は百四十四坪に十万人を越える人口一万人につき五坪を累加した数を下つてはならない。

第十八條　町村の設置する図書館（以下「町村立図書館」という。）については，国から補助金を受けようとする年度の前年度に増加した図書の冊数は，人口一万人未満の場合は人口一人につき〇・〇三，人口一万人以上の場合は三百冊に一万人を越える人口一人につき〇・〇一五の割合で累加した冊数を下つてはならない。

第十九條　町村立図書館の司書及び司書補の数は，人口一万人未満の場合は一人，人口一万人以上の場合は一人に一万人を越える人口二万人につき一人を累加した数を下つてはならない。

第二十條　町村立図書館の建物の延坪数は，人口一万人未満の場合は五十坪，人口一万人以上三万人未満の場合は五十坪に一万人を越える人口一万人につき十二坪を累加した数，人口三万人以上の場合は七十四坪に三万人を越える人口一万人につき十坪を累加した数を下つてはならない。

　　　第三章　準ずる学校

第二十一條　法附則第十項の規定による大学に準ずる学校は，左の各号に掲げるものとする。

　一　大正七年旧文部省令第三号第二條第二号により指定した学校
　二　その他文部大臣が大学と同程度以上と認めた学校

第二十二條　法附則第十項の規定による高等学校に準ずる学校は，左の各号に掲げるものとする。

　一　旧師範教育令（明治三十年勅令第三百四十六号）の規定による師範学校
　二　旧青年学校教員養成所令（昭和十年勅令第四十七号）の規定による青年学校教員養成所
　三　旧専門学校入学者検定規程（大正十二年文部省令第二十二号）第十一條の規定により指定した学校
　四　大正七年旧文部省令第三号第一條第五号により指定した学校
　五　その他文部大臣が高等学校と同程度以上と認めた学校

　　　附　　則

1　この省令は，公布の日から施行する。
2　司書の講習を受ける者のうち，法附則第八項の規定に該当するもの及び左の各号に掲げる講習を受講の上修了証を授與されたものに対しては，第四條に掲げる講習の科目中，図書館実務，図書目録法，図書分類法及び図書館史について，それぞれ一單位を修得したものとすることができる。

　一　昭和二十三年度京都大学図書館学講習
　二　昭和二十三年度同志社大学図書館学講習
　三　昭和二十四年度同志社大学図書館学講習
　四　昭和二十四年度関西大学図書館学講習

五　昭和二十四年度日本図書館協会図書館講習
　六　昭和二十四年度文部省図書館職員講習
3　司書の講習を受ける者のうち，この省令施行の日までに，又は施行の日以後に学生，聴講生又は研究生として大学（法附則第十項の規定により大学に含まれる学校を含む。）に在学した者が，在学中第四條に定める司書の講習の科目の單位に相当する單位を修得した場合には，當該單位につき司書の講習の修了に必要な單位を修得したものとすることができる。
4　図書館があらたに設置された場合又は災害その他やむを得ない事情により図書館の建物又は図書が滅失，き損した場合においては，當該年度に関しては，第二章の規定は，都道府県及び五大市立図書館については第十一條及び第十三條，市立図書館については第十一條及び第十六條，町村立図書館については第十一條及び第十九條の規定についてのみ適用があるものとする。

出典：『官報』第7097号，1950年9月6日，p.69-70.〔原典縦書き〕

司書5

司書講習の相当科目の単位認定について（抄）

　　　　　　　　　　　　　　昭和26年1月11日　文社施第562号
　　　　　　　　　　　　　　国，公，私立大学長あて文部次官通達

　図書館法施行規則（昭和25年9月6日文部省令第27号）附則第3項の規定による司書講習の相当科目の単位認定については，下記のとおりあつかわれるようお願いします。

　　　　　　　　　　　　　　　記

様式（略）

備考
（1）科目は，図書館法施行規則第4条の科目名を記載すること。
（2）単位は，前記科目について単位数を記載すること。
（3）相当科目名は，大学において開講した前記科目に相当する科目名を記載すること。
（4）担当教授名は，前記相当科目を担当教授した教授又は講師氏名を記載すること。
（5）講義は，教授時間と，講義期間を記載すること。
　　なお，講義期間は，昭和年月日から昭和年月日までと記載すること。
（6）受講者氏名は，前記講義を受講した学生の氏名を記載のこと。

出典：文部科学省国立教育政策研究所社会教育実践研究センター『平成24年度社会教育指導者の育成・資質向上のための調査研究事業　図書館に関する基礎資料』文部科学省国立教育政策研究所社会教育実践研究センター，2013年，p.126.

資　料

司書6

昭和二十六年度図書館専門的職員養成講習実施要綱（抄）

文部省告示第二十四号

図書館法施行規則（昭和二十五年文部省令第二十七号）第九條の規定に基き，昭和二十六年度における司書及び司書補の講習を次のように定める。

昭和二十六年六月六日

文部大臣　天野　貞祐

　　昭和二十六年度図書館専門的職員養成講習実施要綱

一、受講資格者

　1.司書講習の受講資格

　　イ　大学又は図書館法（昭和二十五年法律第百十八号。以下「法」という。）附則第十項の規定により大学に含まれる学校を卒業した者

　　ロ　法附則第四項の規定により司書となる資格を有する者

　　ハ　司書となる資格を有する者（法附則第四項の規定により司書補となる資格を有する者を含む。）

　　ニ　法附則第八項の規定に該当する者

　2.司書補講習の受講資格

　　イ　高等学校又は法附則第十項の規定により高等学校に含まれる学校を卒業した者

　　ロ　法附則第四項の規定により司書補となる資格を有する者

二、受講者数 ｜

三、講習場所 ｜　別表一の通り

四、講習期間 ｜

五、受講区域 ｜

六、講習科目　別表二の通り

七、受講者選定の方法

　　司書及び司書補の講習の受講者は，次に掲げる順位により，文部省において選定し，選定後は受講者に通知する。

　1.司書講習

　　イ　法附則第八項の規定に該当する者

　　ロ　法附則第四項の規定により司書となる資格を有する者

　　ハ　大学又は法附則第十項の規定により，大学に含まれる学校を卒業した者

　　ニ　法附則第四項の規定により司書補となる資格を有する者

　2.司書補講習

　　イ　法附則第四項の規定により司書補となる資格を有する者

　　ロ　高等学校又は法附則第十項の規定により高等学校に含まれる学校を卒業した者

八、申込の方法

1. 大学又は国立国会図書館に在職する者

　受講希望者は，左記様式による申込書を昭和二十六年六月二十日までに文部省社会教育局（東京都千代田区霞ケ関三の四）に提出しなければならない。

2. 公私立図書館に在職する者

　受講希望者は，居住する都道府県の教育委員会に，左記様式による申込書を，昭和二十六年六月二十日までに提出しなければならない。

　都道府県の教育委員会は，申込書をとりまとめの上，六月二十六日までに文部省社会教育局に提出しなければならない。

3. その他の者

　前二項以外の受講希望者は，前項2に準じて申込の手続をしなければならない。

記

（様式）

司書、（司書補）講習申込書		
氏名		生年月日
住所		
勤務先		
司書、司書補講習の別		
備考		

昭和二十六年　月　日

　　　　　　氏　名　印

文部大臣　天野　貞祐殿

右の通り申し込みます。

（注）
1. 申込書の大きさは、半紙半截大のこと。
2. 備考欄には次のことを記入のこと。
　イ　別表一に示す受講区域外の大学において、受講を希望する者は、その大学名を記入のこと。
　ロ　宿泊場所のあっ旋を希望する者は、その旨を記入のこと。

九、その他

　受講者の集合日時及び宿舎等詳細な事項については，追つて連絡する。

資　料

別表一

講習場所	講習期間	受講者数	受講区域
東北大学	七月十一日―九月十日	約二〇〇名	北海道，青森，岩手，宮城，秋田，山形，福島，新潟
東京大学	六月十一日―九月十日	約三〇〇名	茨城，栃木，群馬，埼玉，千葉，東京，神奈川，山梨，長野
慶応大学	七月二十三日―八月三十一日	約一〇〇名	全国
名古屋大学	七月十一日―九月十日	約二〇〇名	富山，石川，福井，岐阜，静岡，愛知，三重
京都大学	七月十一日―九月十日	約二〇〇名	滋賀，京都，大阪，兵庫，奈良，和歌山，鳥取，岡山，徳島，香川，高知
九州大学	七月十一日―九月十日	約二〇〇名	福岡，佐賀，長崎，熊本，大分，宮崎，鹿児島，広島，山口，島根，愛媛

別表二（略）

出典：『官報』第7320号，1951年6月6日，p.98‐99．〔原典縦書き〕

司書7

図書館学講義要綱（抄）

図書館通論

I　発生
II　形態
III　図書館法
IV　管理
V　関係行政機関との関連
VI　図書館奉仕
VII　図書館相互間及び他の文化諸機関との協力
VIII　図書館経営評価
IX　図書館の基準
X　図書館関係者の団体
参考文献

I　発　　生
　A　史的回顧
　　1　図書館の発生の社会的要因
　　2　図書館の発達の社会的要因
　B　近代図書館事情

1　米国の図書館
     a　国内事情
     b　海外えの Information〔ママ〕
   2　欧州の図書館
   3　ソ連の図書館
   4　亜細亜の図書館
     a　印度の図書館
     b　中国の図書館
   5　日本の図書館
     a　概説
     b　公共図書館
     c　大学図書館
     d　学校図書館
     e　将来の見通し
 C　Community center としての図書館
   1　地域社会とは何ぞや
     a　構造と機能
     b　社会調査について
   2　生活と図書館
     a　生活と教養のための Information
     b　世論の形成と Information
     c　Mass‐communication の clearing house としての図書館
   3　社会教育計画の拠点としての図書館
   4　図書館の目的の確立
 解説　A 史的回顧は，図書館の発生から発展の経過を裏づける社会的要因について考究すべきであるが，Bの近代図書館を打出す因がつかめればよい。（選択課目として図書館史を採る場合は，ここでは極めて略説にとどめてよかろう。）　B 近代図書館事情は，現況を概観しながら，そこに自ら伺われる将来を指向するものをも予見したい。要するに，基底に潜む理念を自得し，図書館人としての自覚を促したい。C Community center としての図書館は，社会教育の領域における図書館の機能がいかに在るべきかを明確にするのが目的である。この課題は活溌な討論を中心にして，受講者中から結論を生み出すようにするのがよい。Ⅶの他の文化諸機関との協力の問題との関連を忘れてはいけない。
Ⅱ　形態
 A　図書館の種類
   1　公共図書館
     a　全国的　国民（立）図書館：国立国会図書館

資　　料

　　　　b　地域的　公立図書館：地方公共団体立図書館
　　　　　　　　　　　私立図書館：法人立・個人立
　　2　専門図書館
　　　a　学術研究
　　　b　調査及び情報
　　3　大学図書館
　　4　学校図書館
　　　a　高等学校
　　　b　中学校
　　　c　小学校
　　5　特殊図書館
　　　a　工場・倶楽部図書館
　　　b　行刑文庫
　　　c　病院図書館
　　　d　点字図書館
　　　e　児童図書館
　　　f　婦人図書館
　　　g　視聴覚 Library
B　図書館の構成要素
　1　図書館資料
　　　a　図書類
　　　　図書
　　　　逐次刊行書
　　　　特殊図書
　　　　記録・古文書・写本
　　　b　視聴覚資料
　2　人
　　　a　図書館職員
　　　　館長
　　　　専門職員
　　　　　司書
　　　　　司書補
　　　　技術職員
　　　　事務職員
　　　　其他
　　　b　図書館委員会
　　　　協議会

　　　　商議会
　　3　施設
　　　a　建物
　　　　奉仕用諸室又は諸席
　　　　　閲覧と貸出・研究調査・学習・集会・展示・映写・音楽
　　　　資料保全用諸室又は諸席
　　　　　書庫・倉庫・貸出文庫準備
　　　　事務用諸室又は諸席
　　　　　附属室
　　　b　設備
　解説　A図書館の種類を挙げる場合，分け方が幾通りもある。経営方法からみて，公開か非公開か折衷か，有料か無料か。経営の主体性からみて，独立か附属か。対象からながめて，全国的か地域的か，一般人か特定人か。設置主体からみて，公立か私立か。図書館網の構成上からみて，中央館か分館か或は衛星館か。分類の目安の立て方によつて，種類が変つてくる。要するに，図書館の機能を明確に把握することが目標であるから，目的論的に解説してから，個々の館種別に及んだ方がよい。公共図書館以外の館については，ここで時間の許す限り討究した方がよい。特に学校図書館については，ここで一通りの概念がつかめる程度に研究したい。Bの1図書館資料は，種類をならべあげるだけでは意味が無い。館の規模と特性に応じて，それ等の資料が，どのように採りあげられなければならないかということを，的確に理解するための基礎知識を得ることが目的であるから，不断にこの角度からの刺激を忘れてはいけない。ここに並べた順序と，図書館法第3条第1号に掲げた順序とを比較し，素材としての称呼と，目的別に呼ぶ場合の相違点をも指摘して，討論するのも効果的であろう。

　逐次刊行書は，雑誌新聞をはじめ一切の継続刊行物を含める。特殊図書はPamphlet, Lieflet, Clipping等を指す。視聴覚資料は，Daleの「学習指導に於ける聴視覚的方法」を挙げている程度と解してよろしい。法第3条第1号の美術品は，ここでは視聴覚資料に入れる。所謂美術品の範囲を極めて広く解して，模写・模造品・複製・原作（建造物をも含む）の写真（フィルムをも）・郷土素人作家（趣味人）の作品等までを含める。

　(2)人，(3)施設は，ⅣB人事管理，同じくD建物管理と関連させ，ⅥB, Cの奉仕を目標としながら研究する。奉仕を先に研究して，後から整理するためにこの章に帰るのも一方法であろう。
Ⅲ　図書館法
　A　成立の経緯
　　1　法制定以前の図書館法制
　　2　成立の過程
　B　法の構造
　　1　概説（他の法令との関連において）

　　　　資　　料
　　　2　主要な点
　　　　a　範囲
　　　　b　機能
　　　　c　職員
　　　　d　公私立図書館の相違点
　　　　e　図書館協議会
　　　　f　基準
　　　　g　国庫補助
　　　　h　経過規定
　　C　附属法規
　　　1　施行令
　　　2　施行規則
　　　3　告示その他
Ⅳ　管理
　　A　事務組織
　　　1　事務組織の必要
　　　2　事務系統並に事務分掌
　　　3　司書および司書補の職務内容
　　　　a　総括的職務
　　　　　(1)　庶務事務
　　　　　(2)　経理事務
　　　　b　整理的職務
　　　　　(1)　図書の選択
　　　　　(2)　註文・受入
　　　　　(3)　分類と目録
　　　　　(4)　蔵書，保管
　　　　　(5)　新聞，雑誌
　　　　　(6)　特殊資料
　　　　　(7)　視聴覚資料
　　　　c　奉仕的職務
　　　　　(1)　館内奉仕
　　　　　(2)　館外奉仕
　　　　　(3)　集会，展観
　　　　　(4)　児童，生徒
　　B　人事管理
　　　1　資質と職能
　　　　a　図書館員は専門職である

b　資質
　　　　⑴　図書館法の規定する資質
　　　　⑵　学校図書館司書の資質
　　　　⑶　大学図書館員の資質
　　　　⑷　米国図書館協会の定めた資質
　　2　労務管理
　　3　待遇と厚生
　　　a　職階制
　　　b　米国に於ける図書館員の待遇
　　　c　厚生
　　〔附〕1　図書館員は如何に在るべきか
　　　　2　図書館員の将来と養成
　　　　3　現職教育の目的，意義並に現状
C　経費
　　1　会計法規
　　　a　予算とは何か
　　　b　決算とは何か
　　　c　費目の意味
　　　d　物品会計
　　　e　会計監査
　　2　資料費
　　3　人件費
　　4　需要費
D　建物管理
　　1　美観
　　　a　庭園
　　　b　清掃
　　　c　塗装，色彩
　　　d　装飾
　　2　衛生
　　　a　採光
　　　b　換気
　　　c　煖房
　　　d　音響
　　　e　清掃
　　　附　手洗，便所，下足等
　　3　防火

資　　料
　　　a　電熱
　　　b　瓦斯
　　　c　機鑵
　　　d　防火施設
　　4　盗難予防
　　5　修繕，手入
　E　諸規程
　　1　図書館法の規定するもの
　　　a　図書館設置条例
　　　b　図書館の設置廃止等の報告に関する規則
　　　c　図書館協議会の設置等に関する条例
　　　d　図書館協議会委員の費用弁償支給条例
　　2　館内諸規則
　　　a　図書館々則
　　　　(1)　構造と具備すべき条件
　　　b　その他諸規程

　解説　本項目中 A 事務組識は文社施第370号文部事務次官通牒の職務内容を説明することを中心とした。しかし更に組織的な事務の必要および事務系統並に事務分掌を加えた。事務系統並に事務分掌は各館のものを比較検討し更に Departmentize した際の責任の限界，職務の範囲並に連絡方法等につき具体的に例示研究する。なお事務系統図なども作製してみることが望ましい。B 人事管理の研究に当つては，a) 良き管理とはどんな事か，b) 管理者の責任並に義務，c) 管理者の心得，d) 管理上の調査，e) 館員の公衆に対する心得，f) 同僚に対する心得，等につき概観する。更に1資質と職能の項目に入つては，図書館員の職務は Profession であつて Occupation ではない事を強く認識する。そして，その為に館員は如何なる資質を要求されているか，また，その資質獲得の為に努力を惜んではならない事等，一般的に図書館員の Moral の問題をとりあげる。C の経費は，動もすると，無視しがちなそして之迄割合に無関心であつた会計法規の重んずべきこと，予算，決算，費目等の持つ意味，並に費目の流用等について，一般の関心をうながし，会計監査並に物品会計の概要を研究する。資料費，人件費，需要費等については自館の比率と他館のそれを，更に全国のそれにつき調査対比させ，若し出来得れば米国のものと比較研究する。

　D の建物管理は専ら館の美観の維持，衛生状態，特に採光・色彩・換気・暖房・防音について研究し更に清潔の問題を考える。防火・盗難予防並に各所修繕・手入等については一通り触れておく。尚この項では設備・備品等についてはふれない。

　E 諸規程は，図書館法に基くものの種類を挙げてその制定手続にも触れる。館内の諸規程は定型が無いが，具備すべき諸条件は洩れなく指摘すべきである。何れにしても代表的な具体例を示し，できれば数館のものを比較研究したい。

V　関係行政機関との関連
　A　概説
　　1　図書館行政の範囲
　　2　公・私立図書館の場合の相違点
　B　政府機関との関係
　　1　文部省との関係
　　　a　一般的連絡
　　　b　法第7条の指導助言について
　　　c　国庫補助及びその他必要な援助
　　2　公の出版物の収集
　　　a　印刷庁発行の刊行物
　　　b　国〔及び地方公共団体〕の機関の刊行物及び資料
　C　教育委員会との関係
　　1　一般的連絡
　　2　経費・人事の連絡
　　3　法第7条の指導助言について
　　4　立案・調査事項について
　　5　図書館協議会の構成並に運営について
　D　地方行政庁及び議会との関係
　　1　一般的連絡
　　2　Information 資料の吸いあげと提供
　　3　行政資料の吸いあげと活用
　E　図書館協議会
　　1　設置
　　2　運営

解説　A概説で，図書館行政の輪廓を描き出す。大体図書館法を中心とし，それから派生した課題を夫々の官公庁との関係において処理して行くことになる。図書館の設置や報告については，B1，C1の一般的連絡の項で研究することにした。尚，本章の研究に当つては留意すべき点として次の如き事項が考えられる。

　1）係員は（館長は特に）図書館のみにとどまらないで関係諸法規に通じ，関係官公庁の事務内容に通じていること。2）関係官公庁の係員と連絡を緊密にし，課題を自由に討議できる程度に人間的理解を深めておくこと。3）図書館の現状把握と将来の企画を説明する資料を常時整備しておくこと。4）図書館奉仕に徹した理念と態度は，対官公庁関係において特に要望される。

VI　図書館奉仕
　A　概説
　　1　図書館奉仕とはどんなことか

資　　料

　　2　奉仕の種類と方法
　B　館内奉仕
　　1　Information
　　2　閲覧方法
　　3　案内事務
　　4　集会活動
　C　館外奉仕
　　1　地域が館舎
　　2　職場，家庭，団体への奉仕

解説　A 概説のうち，1）図書館奉仕とはどんな事かについては，(a) 図書館法第3条の図書館奉仕。(b) 同法第17条の無料。(c) 図書館は誰のものであるか。更にそれが (d) 教育機関。(e) 文化機関。(f) レクリエーション・センター。(g) サービス・センターであることをも強調し，図書館に対する従来の考え方を，此処でも改めて考え直すようにしたい。

2）の奉仕の種類と方法については (a) インフォメーションサービス。(b) 読書指導を通じて個々の人，或は団体に対して教育という（成人教育）奉仕をしていること。(c) 青少年に対して読書の習慣をつける為のサービスをしていること。(d) 実業界に働く人達に対しては職業的な資料，技術的な資料を提供していること。(e) 児童・生徒・学生に対しては勉学の手助をしていること。(f) 家庭人の為には家事経営の為のサービスをしていること。(g) その他趣味・娯楽・研究等について，種々のサービスを提供していること等々について概観する。B 館内奉仕は前述の奉仕を如実に図書館内で行うものであつて，1）の Information には，(a) Information desk に働く人の資質，(b) Information desk に用意すべき資料，特に資料の整備の重要なことを考える。2）の関係方法に於ては (a) 人を対象とした場合，特に年齢的に見た場合に児童室，青少年室，一般成人室の必要性があり，また，(b) 読書能力について考えた場合は読書能力の遅滞している児童・生徒に対する特別施設及び之等に対する読書指導の面について考え更に読書力の減退した老人及び学力の低い婦人等についても特別の考慮を払うべきであることを考える。(c) 運用を中心として考えた場合は開架式か出納式かが当然論じられるのであるが，之は極力開架式と(ママ)もべきであることを研究したい。次で大図書館にあつては，或は中小図書館にあつても幾つかの Alcove を作ることによつて Departmentalization も可能であるから，之につき討議の機会をつくる。書架を公開した場合に生じる排架の問題，殊に Misplace の問題，並に之が対策等につき同様討議したい。出納式の場合は勿論，開架式と雖も全然目録なしでは図書資料の運用は十全を期されない。目録の整備——特に辞書体目録についても此処で一通り触れておきたい。また，之は設備の問題，建築の問題とも関連するが (d) 閲覧の目的なり或は状態なりを中心に考えた場合には研究室，学習室，実習室，レクリエーションの為の読書室或はまた特殊なものとして盲人用読書室（点字図書），盲人用聴取室（Talking Book）等の事など一通り触れておきたい。

更にまた（e）季節などを考慮した時には中庭の開放（ln‐door Reading Court），庭園の開放（Out‐door Reading Court），などの利用にもふれたい。以上の閲覧方法については各図書館の実施に当つては図書館の規模の大小，性質，地域性等に応じて適宜之等の組合せによるものである。3）資料の運用は図書館奉仕が図書館問題の中心であり，その奉仕の中核が資料の運用であることを強調したい。資料の運用に当つては（a）読むことが主となる資料として図書・パンフレット・クリッピング等があるが整理並に閲覧方法のアウトラインにも一応触れておきたい。（b）見ることが主となる資料として地図・掛図・一枚絵・絵巻・ポスター・絵ハガキ・美術品・標本・模型・その他展示物があり，他にProjector其他設備を要するものとしてFilm, Filmstrip, Slide・紙芝居等々がある。之等は陳列室又は陳列函等を設けて陳列観覧させることが望ましいが，之等の設備のない時は廊下，室の一隅，壁，或は書架の上部等を利用すること，またProjector其他設備を要するものは夫々積極的な且つ適切な利用法を構ずべきである。（c）聴くことが主となる資料として，吾盤・Tape‐Recorder,・Talking‐Book等がある。之等は特別な小室又は施設によつて利用することが望ましい。尚之等の資料にして教育的なものInformationalなものは，之を積極的に収集整理して，自由に利用し得られる状態におくべきことにも触れたい。4）案内事務に関しては読書案内並に読書相談に必要な資料として（a）自館蔵書目録，（b）他館蔵書目録，（c）出版目録，（d）批評並解説書，（e）各種の索引類等を案内係机上に備えおくと共に並に係員は之等の内容に通曉していなければならない。5）集会活動が図書館の館外奉仕と相俟つて如何に積極的で且つ効果的な教育活動であるかは論をまたない。之等活動の例として（a）講演会，（b）講習会，（c）Record Concert，（d）映画会・幻灯会，（e）童話会・紙芝居・お話し会，（f）読書会・朗読会，（g）展覧会，（h）遠足，（i）研究旅行，（j）その他の集会活動を用意する。集会活動に当つては，たゞ会合するというだけではなく，集会を通じて図書館に親しませること，図書を必要とする集会とすること，会合前後に読書の興味を喚起させること等，常に集会と図書を結びつけ，運用の効果あらしめる様に工夫することが肝要である。C館外奉仕は近代的な図書館奉仕の様相は静かに館舎内にあつて来館者をまつということではなく，(1)地域が館舎であるという観念を持ち，進んでCommunityの中に行き，分館，配本所，閲書所，自動車文庫停留所等を設置する熱意を持つことである。然し，之等の網の目から残された所えの(ママ)奉仕活動として職場，家庭，団体えの(ママ)奉仕がある。方法としては職場―読書会・回覧組織等々，家庭―電話・郵便による申込に対する配本等々，団体―同様な組織と方法。

Ⅶ　図書館相互間及び他の文化諸機関との協力
　A　分館又は衛星館との協力
　　1　分館その他自館の出先拠点
　　2　衛星館との協力
　　　a　他の図書館
　　　b　国立国会図書館

資　　料

　　　　　c　地方議会の図書室
　　　　　d　学校附属の図書館又は図書室
　　B　他の文化機関との協力
　　　　　a　学校
　　　　　b　博物館（美術館をも含む）
　　　　　c　公民館
　　　　　d　研究所（試験所をも含む）
　　　　　e　報導機関^(ママ)
　　　　　　（1）新聞社
　　　　　　（2）放送局
　　　　　f　各種団体
　　C　其他
　　　　1　会社・工場・商店
　　　　2　個人蔵書家
　　D　協力の方法
　　　　1　図書館資料備付範囲の協定
　　　　2　図書館資料の相互貸借
　　　　3　分類目録作業の協同
　　　　4　Union list の作成
　　　　5　図書館資料の共同購入と共同製本
　　　　6　利用度の低い図書の共同保管

解説　本章は，図書館対外活動と関連させながら研究する。A1は，ここに入れるのは必ずしも妥当ではないが，自館と他館との関係をはつきりさせるには，一応触れた方が効果的であろう。A2で，衛星館という表現を使つたのは，各館夫々自館の自主性を確立して活動計画を樹立する建前からである。D協力の方法は，基本的なものだけ挙げたが，各館種別の具体的な採りあげ方まで考究すべきである。

Ⅷ　図書館経営評価
　A　評価の意義
　B　評価の対象
　　　　1　図書館の物的の面（静態的）
　　　　2　図書館活動の面（動態的）
　C　評価に必要な調査統計
　　　　1　静態的
　　　　　a　蔵書統計
　　　　　b　財産報告
　　　　　c　会計報告
　　　　2　動態的

         a 入館者統計
         b 利用者統計—職業別，年令別，地域別
         c 閲覧図書統計—分類別
         d 事業報告
    D 評価法
      1 職員組織
         a 人員並に人員の配置はよいか
         b 職員の資質はどうか
         c 職員の研修に意が用いられてあるか
         d 待遇はどうか
      2 建物，設備，維持，管理
         a 図書館の位置および設計は良好か
         b 設備は適当か
         c 建物の維持は適当か
         d 建物の管理は適当か
      3 経費
         a 経費は適当か
         b 経理は適当か
      4 組織並に運営
         a 事務の組織は適当か
         b 資料の整理，保管はよいか
         c 地域社会の利用は適切か
         d 図書館員の活動状況
         e 図書館の奉仕活動
         f 閲覧方式は適当か
         g 各 Depart 間の協力はよいか
      5 資料
         a 資料の収集，選択，棄却は効果的か
         b 選択収集に当り地域社会と密接な関連が行われているか
         c 出版界の実情に通暁しているか
         d 図書以外の資料の備付状況はどうか
         e 図書館資料の増加更新に意が用いられているか
      6 奉仕
         a 社会教育の目的に合致しているか
         b Information が地域社会に適応しているか
         c 展覧会，講演会，映画会，レコード・コンサート，読書会等の行事は適切であり，活潑に行われているか

資　　料

　　　d　選択，収集に当り，形式，内容等につき最善の注意が払われているか
　　　e　学校図書館，公民館図書室等との間の協力がうまく行われているか
　　　f　弘報宣伝係が効果的に行われているか〔ママ〕
　　　g　資料の新鮮度はどうか
　　　h　特殊資料の選択収集が適切か
　解説　図書館の経営評価については，評価の意義と必要性を認識せねばならぬ。評価の材料となるべき調査や統計については種々の例をあげ且つその方法は図書館の規模の大小，地域性に応じて適当に工夫改善さるべきものである。評価は静的方面よりも動的方面，機能的方面の評価を重視すること，並に方法については掲出した各項目は更に細分されて評価の徹底を計るべきである。
Ⅸ　図書館の基準（維持並創設）
　A　基準の背後にあるもの
　　1　図書館の目的
　　2　図書館設置の基礎調査
　　　a　地域社会の実態調査
　　　b　地域社会の協力者
　　3　設立計画
　B　基準
　　1　公共図書館基準
　　　a　最低基準
　　　b　望ましい基準
　　2　学校図書館基準
　　　a　基本原則
　　　b　図書資料
　　　c　建物，設備
　　　d　経費
　　　e　人の構成
　　　f　運営
　　3　大学図書館基準
　　　a　基本的原則
　　　b　大学の行政組織に於ける図書館の地位
　　　c　建物
　　　d　蔵書
　　　e　館員
　　　f　予算
　　　g　組織並運営
　　　h　統計及報告

4　A. L. A. の基準
　　　a　奉仕
　　　b　管理及行政
　　　c　大[き]さ並に面積
　　　d　財政
　　　e　建物
　　　f　蔵書
　　　g　人事
　　　h　技術
　解説　図書館の基準については特に基準よりも基準の背後にあるものについて，就中図書館設置の基礎調査の重要性を考えねばならぬ。殊に地域社会の実態調査は綿密正確な事を要するものである。基準については公共図書館基準，学校図書館基準，大学図書館基準等を比較検討するようにする。A. L. A. の基準は資料・文献の入手出来ない時は省略するもやむを得ないであろう。
X　図書館関係者の団体
　A　概説
　B　全国的なもの
　　1　日本図書館協会
　　2　日本図書館研究会（青年図書館員聯盟から）
　　3　全国学校図書館連絡協議会
　C　地方的なもの
　D　外国の図書館協会
　　1　American Library Association
　　2　（British）Library Association
　　3　Indian Library Association

参考文献

和田万吉	図書館史	昭和11
小野則秋	日本文庫史	〃12
竹林熊彦	近世日本文庫史	〃12
木寺清一	図書館経営実務入門	〃24
竹林熊彦	図書館経営入門	〃25
佐藤真	中小図書館の経営	〃26
和田万吉等	増訂　図書館小識	大正11
毛利宮彦	図書館学綜説	昭和24
竹田善作	公共学校　図書館	〃25
図書館教育研究会	学校図書館学概論	〃

資　　料

　　全国学校図書館協議会　学校図書館基準　　　〃
　　文部省　中学校・高等学校評価の基準と手引　　〃26
　　大学基準協会　大学図書館基準（東京案）
　　図書館法・図書館法施行規則・文社施第370号文部事務次官通牒
　　A. L. A.：Post－war standard for public ribraries.　1944.
　　Carnovsky, Leon：Evaluation of public library facilities.　1937.
　　　　　　〃　　　　：Library in the community.　1948.
　　MacDiamid：The administration of public library.　1943.
　　Wheeler, J. L.：The library and the community.　1924.
　　　　（執筆者）：菊池租・西村精一・武田虎之助・渡辺正亥）
　出典：図書館専門職員養成講習第1回指導者講習会『図書館学講義要綱』日本図書館協会，1951年8月，
　　　p.1－11.

司書8

第十三回国会　衆議院文部委員会　第十一号（抄）

○**竹尾委員長**　次に，図書館法の一部を改正する法律案を議題といたし，文部当局の提案理由の説明を求めます。天野文部大臣。

○**天野国務大臣**　今回政府より提出しました図書館法の一部を改正する法律案について御説明申し上げます。

　図書館法は，あらためて申し上げるまでもなく，わが国の図書館の健全な発達をはかり，国民の教育及び文化の発展に寄與することを目的として，昭和二十五年四月，第七国会において制定され，関係者の多年の要望が実現されたものであります。爾来この法の目的に沿つて図書館は，新しい図書館奉仕の機能を確立し，地域社会の文化的中心機関として活発な社会教育活動が展開され，年々著しい進歩を示しております事実は，まことに御同慶にたえません。特に図書館の専門職員の資質の向上については，法の規定に基く講習を契機として，公共図書館及び学校図書館とを問わず，その職責の重要性の自覚を促し，自主的な専門的識見と技術の研究が活発となりましたが，昭和二十六年度においてはすでに約一千二百人の専門職員の資格付與の講習が行われたのであります。政府は専門職員の充実をはかることが，図書館の本質的機能の確立の基礎となり，法の目的を達する原動力となるものと考えますので，この講習の実施について積極的な努力をしているのであります。つきましては，法の規定に基く講習実施の実績にかんがみまして，この講習をより効果的に，計画的に行い得るようにするために，次の通り，現行法の一部を改正する必要が生じたのであります。

　改正の第一点は，図書館の司書及び司書補の資格付與の講習を，教育学部または学芸学部を有しない大学も行い得るように改めようとするものであります。すなわち現行法

によれば，この講習の委嘱は，教育学部または学芸学部を有する大学に限られているのでありますが，現在教育学部または学芸学部を有しない大学の文学部等において図書館に関する科目が置かれているところが多く，かつ自主的な講習も行われている実情なのであります。従つてこれらの大学は当然現行法に基く文部大臣の委嘱講習を行い得る要件を備えているわけでありますから，この点を時宜に適するよう改めたいと思うのであります。

なおこの点については，すでに私立大学図書館協議会から請願がなされ採択されているのであります。

改正の第二点は，図書館の司書及び司書補の暫定資格を，大学以外の学校に附属する図書館に勤務する，教諭免許状を有する者にも與えることに改めようとするものであります。すなわち，現行法においては，法施行の際，大学附属図書館の司書または司書補に相当する職員にそれぞれ暫定資格を與えていますが，大学のみならず，小中高等学校等の附属図書館の職員も活発な活動を行つており，かつ暫定資格を得て，受講の機会を持ち，専門職員の資格の取得を望んでいる者が多いので，これらの職員のうち，教諭免許状を有する者に対し，暫定資格を付與し，講習受講の機会を與えるよう改めたいと思うのであります。

以上が，この法律案の骨子でありますが，現実に処理を迫られている問題でありますので，よろしく御審議の上，すみやかに御賛成くださるようお願いします。

なお，図書館法の改正点については，他に若干存してい[る]ものの，他の法令との関係もあり，目下研究中であることを付言する次第であります。

○**竹尾委員長** ただいまの文部大臣の提案理由の説明に対しまして，文部当局より補足的説明を求められております。これを許します。寺中政府委員。

○**寺中政府委員** このたび政府より提出しました図書館法の一部を改正する法律案についてその大要を御説明申しあげます。

図書館法は，社会教育の精神に基き，図書館の設置及び運営に関し必要な事項を定めてその健全な発達をはかり，国民の教育と文化の発展に寄與することを目的として，去る第七国会において制定され，昭和二十五年法律第百十八号として同年四月三十日公布，同年七月三十日から施行になつたものであります。法施行後現在まで約二年を経過しましたが，この法が関係者の十年余の要望でもありましたので，わが国の図書館関係者に非常な喜びをもたらすと同時に，職務の重要性を自覚せしめ，新しい図書館奉仕の機能確立のために大きな抱負と勇気とを醸成し，着々その実績を示しておりますことは，まことに御同慶にたえないところであります。

法が施行されて以来，短時日の間に，わが国の図書館がどのような発展の過程を示したかを，具体的にその事例をあげれば，およそ，次の通りであります。

第一は，図書館の新設及び復旧の増加であります。すなわち，図書館制度の確立と相まつて，図書館の重要性並びに必要性が痛感されて，新設及び戦災等により復旧計画が促進され，新設のもの約四千館，復旧のもの約十館が数えられるのであります。特に国

資　料

庫補助金交付の最低基準は，新設及び復旧の標準となり，これらの計画が助長されている事実は，この法の特徴とも申すことができるのであります。

　第二は，図書館奉仕機能の整備であります。すなわち，新しい図書館の機能は，地域社会の各種の事情を反映して，動く図書館としての奉仕活動を基調とするわけで，常に地域住民の実生活に即応して，容易に利用し得る体制を整えることが肝要なのであります。従つて各地の図書館は，この精神にのつとつて，閲覧方法も旧来の出納式を接架式に改め，出納手を経ずして自由に図書の利用ができるような設備を施し，かつ直接図書館を利用できぬ人々のために，移動図書館，即なわち自動車文庫を設け，すでに全国で約十五台の移動図書館が活動している等各種の新しい図書館奉仕が進展しつつあるのであります。

　第三は，図書館専門職員の充実であります。すなわち，専門職員である司書及び司書補の資格規定に基いて，これらの職員の資格付与の講習が行われるようになつたのでありますが，この講習を契機として，専門職員の識見技術の向上がはかられるとともに図書館学に関する諸種の研究が旺盛となりまして，おのづから専門職員の資質が向上されて来たのであります。

　文部省としましても，この専門職員の養成充実が，わが国図書館発展の原動力となるものと考え，大いに努力いたしており，このたびの改正もこれに関連するわけでありますが，昭和二十六年度においては，すでに約一千二百人の講習を終り，引続き二十七年度も約二千人の養成講習を予定し，所要の準備を進めているのであります。

　以上申し述べた過去二箇年の法実施の経験から考え，特に重要と思われる専門職員の充実について，現実に，しかも早急に解決を要する問題が生じて参りましたので，次の通り現行法の一部を改正し，法の実施をさらに円滑にし，法の目的を実現したいと思うのであります。

　改正の第一は，法第六條第一項の規定に基く文部大臣の大学委嘱講習を，教育学部または学芸学部を有する大学のみに限定せず，広く大学に委嘱できるように改めようとするものであります。すなわち現在図書館に関する科目が設置されている大学は，東京大学を初め京都大学，早稲田大学及び慶応大学等，国公私立大学を含めて，全国で約十六の大学に及んでおり，それぞれ有能な教授陣容を備えて開講し，自主的な図書館講習を計画実施しているところが多いのであります。しかし図書館に関する科目は，ほとんど文学部に属し，しかも大部分教育学部または学芸学部を有しない大学が設置している実情なのであります。従つて，これらの大学は，教育学部または学芸学部を有しなくとも，十分文部大臣の委嘱講習を実施し得る大学でありますので，講習総合計画との関係からも，時宜に適するよう改めたいと思うのであります。この点の改正については，すでに全国私立大学図書館協議会から請願がなされ，二十六年五月参議院において，同年七月衆議院においてそれぞれ採択されているものであります。

　改正の第二は，法附則第四項の規定によつて，司書及び司書補の暫定資格が，公私立図書館，国立国会図書館並びに大学附属図書館職員に与えられているのでありますが，

これらの職員のみならず，大学以外の学校図書館職員で教諭免許状を有する者及び教諭免許状を有するものとみなされる者についても，同様に暫定資格を附与することに改めようとするものであります。
　すなわち，法制定の際には，この法が公私立図書館を対象として規定していること，また，国立国会図書館支部上野図書館が国立国会図書館法第二十二條の規定により，できる限りすみやかに東京都に移管され公立図書館として再発足すること，並びに専門職員の講習を大学に委嘱することにより，大学図書館の果す役割が大きいこと等の事情を勘案して，これらの図書館職員にそれぞれ暫定資格を付与したものであります。従つて，その当時においては，大学以外の学校図書館職員については，この法の資格規定との直接具体的な関連を生ぜず，しかも，学校教育におけるこの種の規定を予想して暫定資格を付与しなかつたものであります。しかしながら，これらの当初の事情は，その後再検討すべき余地も生れて参り，さらに，講習の実態から申すと，大学以外の学校図書館職員が暫定資格を得ていないために，せつかく有能な職員でありながら受講の機会を失する者もあり，なお，暫定資格を獲得して受講を望む者が多いので，図書館相互間の円滑な人事交流の点からも考慮して，他の図書館職員と同様，法施行の日にさかのぼつて，暫定資格を付与するように改めたいと思うのであります。しかし，学校図書館が，学校教育の学習活動の拠点となる本質的機能の面から考え，これら職員のうち，正式教員，つまり教育職員免許法に規定する教諭免許状を有する者及び教育職員免許法施行法に規定する教諭免許状を有するものとみなされる者のみに，暫定資格を付与することとし，臨時免許状を有する者は除いたのであります。
　以上の二点が，改正の要点でありまして，早急に解決を要する問題なのであります。図書館法の他の点についても，若干改正を必要とする問題もありますが，社会教育法を初め他の法令との関係もあり，なお，十分研究すべき点が多いので，目下検討中であります。右の事情を御了察の上，十分御審議くだされ，一日も早く御賛成くださるように特にお願いする次第であります。

出典：第十三回国会　衆議院文部委員会議録　第十一号，1952年3月19日，国会会議録検索システム，http://kokkai.ndl.go.jp/（2014年10月27日確認）〔原典縦書き〕

司書9

図書館法の一部を改正する法律

図書館法の一部を改正する法律をここに公布する。
御名　御璽

　　　　　　　　　　　　　　　　　　　　　　昭和二十七年六月十二日
　　　　　　　　　　　　　　　　　　　　　　内閣総理大臣　吉田　　茂

法律第百八十五号
　　図書館法の一部を改正する法律

資　　料

　図書館法（昭和二十五年法律第百十八号）の一部を次のように改正する。
　第六條第一項中「教育学部又は学芸学部を有する大学が，」を「大学が，」に改める。
　附則第4項中「大学の附属図書館」を「学校に附属する図書館」に改め，「職員」の下に「（大学以外の学校に附属する図書館の職員にあつては，教育職員免許法（昭和二十四年法律第百四十七号）第四條に規定する普通免許状若しくは仮免許状を有する者又は教育職員免許法施行法（昭和二十四年法律第百四十八号）第一條の規定により普通免許状若しくは仮免許状を有するものとみなされる者に限る。）」を加える。
　　附　　則
この法律は，公布の日から施行する。
　　文　部　大　臣　　天　野　　貞　祐
　　内閣総理大臣　　吉　田　　　茂
出典：『官報』第7627号，1952年6月12日，p.239.〔原典縦書き〕

司書10

社会教育施設振興の方策はいかにすべきか（抄）

昭和31年3月28日　社会教育審議会答申

　社会教育の振興は公民館，図書館，博物館等の施設にまつところがきわめて大きいが，これら施設が真に人間教育の場として役立ち国民文化の進展に寄与できるためにはそれらが充分にその機能を発揮できるような状態におかれていることが必要である。しかるにわが国の社会教育施設の現状はまことに貧弱であり，それが活発な活動を展開するためには，職員，建物，設備等に幾多の改善整備を要する実状である。したがって，とくに同種の設備間の連携はもとより各種施設間の合理的な配置，相互援助，相互調整，共通課題に対する綜合対策の実施等によって職員，資料等の不足を補い，その機能を強化することが極めて重要である。今日問題になっている「青少年教育」についてもこれら施設が相互に提携し，創意工夫を加えて積極的な活動を展開すればその成果には必ず著しいものがあると考えられる。さらに現状においては，関係法令の整備をはじめとしてその充実に画期的な行財政措置を講ずる必要が痛感されている。
　以上のような理由によって，本審議会は各施設毎に次の通りその振興の方策を答申する。

記

（略）
2.図書館
（略）
（2）図書館職員養成制度について
　現行図書館法による専門職員養成制度は大学における図書館学講座の開設を促進するとともに文部大臣委嘱の講習により，司書，司書補の資格を与える等多大の成果をあげ

てきたが専門職員の充実と資質の向上のため次の諸点について更に適切な措置を講ずる必要がある。
　(イ)大学の図書館学科の充実を図ること。
　(ロ)現行講習制度を継続すること。
　(ハ)司書資格認定制度を新たに設けること。
　(ニ)図書館職員養成所を拡充整備すること。
（3）専門職としての地位の確立について
　司書，司書補は図書館の専門職員として図書館法による一定の資格が要求されているが，職階制，任用等における取扱いには，遺憾の点が多いので，これが改正のための措置を講ずる必要がある。なお，現行法では図書館専門職員は任意設置となっているがこれが設置を促進するための適切な措置を講ずる必要がある。
（4）基準について
　現行図書館の最低基準については地域人口に応じた図書の年間増加冊数，専門職員数，建坪数のみを算定の基準としているのみで実際の図書館機能の活動を考慮していない憾みがある。従って，これが改善のために基準の設定に当つては，より具体的な諸条件も考える必要がある。
（5）国庫補助金について
　図書館に対する国庫補助金は従来極めて少額ではあるが，図書館発展のため相当の効果をあげてきたものと認められる。しかるにその金額は年々減額され更に零細補助金としてしばしば打切の措置が伝えられることは遺憾にたえない。社会教育施設の重要性にかんがみ強力な施策によつて補助金が飛やく的に増大するよう努められたい。

出典：文部科学省国立教育政策研究所社会教育実践研究センター『平成24年度社会教育指導者の育成・資質向上のための調査研究事業　図書館に関する基礎資料』文部科学省国立教育政策研究所社会教育実践研究センター，2013年，p.183-185.

司書11

試練に立つ公共図書館―その役割と今後の課題―（抄）

★ 職　　員

　図書館法は，公共図書館について規定している法律であるが，その図書館法で最も重要〔ママ〕していることの一つに，司書および司書補といわれる専門職員がある。この専門職員の養成と充実のために，全国各地で開かれた講習会の受講者，大学における図書館学科の履修者，文部省の図書館職員養成所の卒業生等を合すると，昭和二十六年から三十年の五年間に七一一三名の専門職員有資格者が生れている。
　五年の歳月と中央地方および個人の負担を合せて，多額の経費をかけて養成したこれらの有資格者のうち，現在公共図書館に働いている者はわずかに一八〇九名で，そのほかの五五〇〇名以上の者は学校図書館・大学図書館，民間の会社や商社等に流れている。

資　料

　しかも専門職員の資格は単なる資格であつて，必ずしも任用を伴うものではない。だから，現在公共図書館にいる一八〇九名の有資格者のうちで，司書または司書補として任用されている者は一三四三名となつている。したがつて，いまなお約五〇〇名の有資格者が任用されずにいるわけである。

　公共図書館にとつていちばん不足しているのは専門職員で，おおざっぱに計算してもなお約四千人を必要としている。

　なお，公共図書館における職員の総数は，右に述べた専門職員のほかに，技術職員と事務職員を合して約二五〇〇人である。

　図書館法の規定によると，昭和二十五年七月末現在図書館に在職していた者に対して，学歴の別なく司書および司書補の五年間暫定資格を与え所定の講習を受けることにより専門職員の資格を与えるようになつていたが，この暫定期間も昭和三十年で切れたので，三十一年からは図書館法の規定による学歴を基礎にしてそれぞれ司書および司書補の資格をとるため，正規のコースを経なければ，ならないことになつている。

出典：『官報』第9046号付録，1957年2月21日，p.13-14.〔原典縦書き〕

司書12

図書館法改正委員会報告（抄）

I　経過

　この図書館法改正草案の起草は，本委員会内に，昭和32年3月以降素案起草のため小委員会をおき，昭和32年5月15日，その素案の報告を受け，これを材料として，本委員会に於て審議の結果，中間案を作成して，昭和32年度全国図書館大会に報告した。同大会席上，提起された意見及びその後館界から提出された意見を容れて再び前記起草小委員会に修訂素案の作成を託し，その報告を得て昭和32年11月10日本委員会の審議を重ねて成文化したものが本草案である。

II　趣旨

　本草案も既設のナショナルプラン委員会の結論を入手できない為に基本的な問題が後廻しになっているが，改正要点は，次の通りである。

1. 司書職務の内容を明示し，その資格を，4年制大学卒業を原則とするものであること。
2. 館長資格を，司書[資]格を有するものとし，館種別による経験年数を加えることに改めたこと。
3. 都・道・府県及び市（特別区を含む）の義務設置をおいたこと。
4. 文部大臣の諮問機関として図書館行政の企画と図書館活動の調整等の総合的助言指導を行うための図書館審議会を置くようにしたこと。
5. 私立図書館については，その自主性を尊重したこと。
6. 草案の第1条，第3条，第29条は現行法通りとしてあるがこれは，ナショナル・

プランの設定を待って構想されるべきものである。

　右のような趣旨により起草されたが，これはすべて既出の意見を総合したもので，本委員会が新たに加えたものは絶無である。しかし本委員会が本草案起草の過程において，法全体の構造上（国単位の図書館活動を構想した帰結として）将来国立図書館設置の必要を認めた点を特記したい。その理由は，全国的組織運動としての図書館活動の拠点を，これに求めようとするものである。

　なお，起草にあたっては，現行法を改正することに焦点をおき経過措置事項等附則に譲るべき事項には触れないことにしたが，特に現在の司書補など既得権の尊重に関する問題は慎重に考慮すべきであるという点が強調された。これは他の公共図書館以外の館に勤務する図書館職員に関しても同様である。

図書館法改正草案

(この法律の目的)
第1条　現行法通り。
(定義)
第2条　現行法通り。
(図書館奉仕)
第3条　現行法通り。
(司書)
第4条
　第1項
　　図書館に置かれる専門的職員を司書と称する。
　第2項
　　司書は，図書館資料の収集，整理，保存，調査，提供及び利用指導等の専門的技術（以下「図書館の専門的技術」という）を掌るとともに，図書館設置地域の社会的文化的諸調査を行い，読書普及並びに読書会その他の諸集会の奨励と指導，各種書誌の編さん，読書及び図書館に関する研究調査等の専門的業務に従事する。

　　　★図書館の専門的職員としての身分及び待遇に関する格付は，司書職種の内容が現行法で具体的に明示されていないために，極めて不利な取扱を受けているが，これは法の真の精神が理解徹底を欠く大きな原因ともなっている。この欠陥を是正するために第4条第2項を掲げたが，現行第2条及び第3条の改正をみなければ抜本的な解決は不可能であるが，今日まで明確な改正意見が出ていないのでそのままとし，この項も暫定的な表現にとどめた。

(司書の資格)
第5条　左の1に該当する者は，司書となる資格を有する。
　1．学士の称号を有する者で大学において図書館に関する科目を履修したもの。

資　料

2. 学士の称号を有する者で第6条の規定による司書の講習を修了したもの。
3. 大学に2年以上在学し，62単位以上修得し，国立国会図書館，公立又は私立図書館及び学校（大学を含む。以下同じ）に付属する図書館若しくは図書館において3年以上司書の業務に勤務した経験を有する者で第6条の規定による司書の講習を修了したもの。
4. 図書館司書検定試験に合格したもの。

　　★司書の職務内容の確立に基づき，その資格は大学における図書館学科の履修を原則としそれ以外の者に対しては講習と勤務経験及び検定試験制による資格者の登用を考慮している。

（司書資格検定）

第5条の2

第1項
　　図書館司書の資格検定は，受験者の人物，学力，実技及び身体について授与権者が行う。

第2項
　　図書館司書の資格検定に関し必要な事項は，文部省令で定める。

　　★今日の行政制度からすれば，各都道府県で検定試験を行い，資格付与をすることが妥当であるが，図書館職員の質の向上と人事の交流を容易にする意味では，文部省が管理することが妥当と考えられる。

（司書の講習）

第6条

第1項
　　司書の講習は，大学が文部省の委嘱を受けて行う。

第2項
　　司書の講習に関し，履修すべき科目，単位その他必要な事項は，文部省令で定める。但しその履修すべき単位数は，18単位を下ることができない。

　　★司書資格要件としての図書館に関する専門的知識は，大学における図書館に関する科目（大学基準協会による図書館学基準）を履修したものの外は，基礎学歴の上に図書館に関する最低18単位の科目履修をなすべきが至当と考えた。（現行法は現職者の再教育を主目標として規定している。なお，第5条第3号の業務経験は1年間を6単位とみなしている。）

（略）

図書館法施行に関する細目案要綱

I　司書資格検定

1. 法第5条の2の規定に基いて文部省令で定めること。
　　★文部省令で規定することである。

2. 受験資格は，高等学校を卒業した者又はこれと同等以上の学力がある者と文部大臣が認めたものとすること。
    ★受験資格を規定する。
3. 資格検定は，毎年少くとも1回，文部大臣が行うこと。
    ★資格検定施行について規定する。
4. 資格検定施行の期日，場所及び出願の期限などは，あらかじめ，官報で告示すること。
    ★施行を官報で告示することを規定する。
5. 資格検定の程度，方法及び内容は，左の通りとすること。
    ★資格検定の程度，方法及び内容を規定する。
  (イ) 程度は，大学において図書館に関する科目を履修して卒業したものと同格とし，筆記及び実技の方法により行うこと。
  (ロ) 受験科目の種類及び受験科目についての資格検定の方法は，それぞれ別表に定める通りとする。
    ★別表は省略
6. 資格検定において筆記試験に合格したものは，実技試験を連続して2回まですることができること。
    ★資格検定のうち筆記試験合格者で実技試験不合格の場合は，2回まで実技試験のみとし，筆記試験を免除することを規定する。
7. 受験者は，受験願書に左の各号に掲げる書類を添えて，受験地の都道府県の教育委員会を経て，文部大臣に願い出なければならないこと。
    ★受験手続について規定する。なお，添付を必要とする書類並びに様式などは省略。
8. 資格検定合格者に対しては，合格証書を授与すること。
    ★資格検定合格証書授与を規定する。
9. 資格検定のうち筆記試験合格者に対しては，筆記試験合格証明書を交付する。
    ★筆記試験合格者への証明書交付を規定する。
10. 次の表の上欄に掲げる者は，それぞれの下欄に掲げる手数料を納付すること。
    ★手数料に関する規定である。

上　欄	下　欄
1. 資格検定を願い出る者	円
2. 合格証書の再交付を願い出る者	
3. 筆記試験合格証明書の再交付を願い出る者	

11. 不正の行為を行った者等に対しては，処分を行うこと。
    ★不正行為者の処分を規定する。なお，処分の方法については省略。

資　料

Ⅱ　司書講習
1. 講習科目は，司書検定の科目に準ずることとすること。
    ★講習科目はすべて，司書資格を規定するものであるから，検定科目との関連において決定すべきであろう。
2. 講習の方法及び内容については現行法の規定を準用すること。

出典：『図書館雑誌』Vol. 51，No. 12，1957年12月，p. 554－557.

司書13

教育部会準備会のうごき

昭和33年6月　全国図書舘大会の際，図書舘職員養成所にて図書舘学教育者集会開催（出席者，約40名），次年度においてJLAの中に教育部会を設けることを目途とし，実質的活動を開始することに決定。準備会世話人として，伊東，武田，椎名，裏田，後藤，藤川，北島の7氏を指名。

同年6月　全国に公私立大学，短期大学に依頼し，図書舘学開講状況を調査，結果についてはニュース・レター本号参照。

同年6月　教育部会設置申請を関係書類添付の上，JLA理事長宛提出。（ママ）

同年10月　図書舘職員養成所にて教育部会準備会開催。経過報告，規約案審議，今后の運営等について協議。出席者，25名。

同年12月　世話人会開催。ニュース・レター発行。既存の関係団体との協力及び準備会の性格等について協議。出席者，伊東，武田，椎名，裏田，藤川，後藤，北島，服部

昭和34年3月　世話人会開催。名古屋大会の対策を協議。出席者，伊東，椎名，裏田，後藤，北島

同年5月　世話人会開催。ニュース・レター発行。名古屋大会準備等について協議。出席者，伊東，武田，椎名，後藤，藤川，北島，服部。

出典：日本図書館協会教育部会『ニュース・レター』No. 1，p. 2－3.

司書14

教育部会規定

第1条　本部会を日本図書館協会教育部会と称する。

第2条　本部会の事務局を日本図書館協会事務局内に置く。

第3条　本部会は図書館学教育の充実向上をはかるための諸問題を研究し，かつ関係者相互の連絡を緊密にすることを目的とする。

第4条　本部会の会員は日本図書館協会会員のうち図書館学の教育に関心あるものとする。

第5条　本部会に部会長1名，幹事若干名を置く。
第6条　部会長は本会を代表し，会務を総括する。幹事は幹事会を構成し，会務の執行にあたる。
第7条　部会長および幹事は，本部会定期総会において選出する。
第8条　部会長および幹事の任期は2か年とする。但し重任を妨げない。
第9条　本部会の定期総会は全国図書館大会の会期中に開催する。但し必要あるときは臨時総会を開催することができる。
第10条　本部会の経費は部会通則第9条に規定する収入による。

出典：日本図書館協会教育部会『ニュース・レター』No.2, p.2.

司書15

大学における図書館学科目の設置を拡大増強するの件

昭和35年3月15日

文部大臣
松田竹千代殿

社団法人　日本図書館協会
理事長　中村祐吉

大学における図書館学科目の設置を拡大増強するの件

　去る昭和34年5月29日名古屋市で開催した全国図書館大会において全国の国公私立大学で図書館学を教授している者がほとんど全員集合し，以下の件を満場一致で可決しました。よって参加者の総意を代表して，その速かなる実現を要望するため，ここに陳情致します。

要　望　事　項

1. 大学の一般教養課程に図書館学科目を設置せられたい

理　由

　近時大学学生の学力の低下が問題になっておりますが，これの対策の一つとして学生の自学自習を徹底する必要があります。

　これを奨励する方法は，図書館における学生の活動を盛んにすることであります。これについて研究と勉学に必要な文献および資料の検索法や資料の利用法を指導する必要があります。

　これについては現在図書館員が随時指導をしている大学もありますが，大部分の大学は人員の不足，事務多忙のため指導していないのが実状であります。よってこれを大学の正規の必修科目で指導するため図書館学科目を設置し，組織的，計画的に指導すれば，学生の図書館資料の利用により，大学の目的たる研究活動は飛躍的に進展するものと信じます。その故に速かに図書館学科目を設置するよう，予算その他の措置を講じられ，

資　料

この要望にこたえるよう実施されたい。
2. 大学の専門課程に図書館学の科目を設置し，または科目を設置している大学においては図書館学科を設立しあるいはその内容を拡大，増強せられたい。

理　由

　近時図書館の発展にともない，専門職員即ち司書教諭司書の養成のため図書館学科設置は緊急の要望となっていることは周知の通りであります。また社会教育主事の養成課程にも図書館学が必修になり，この学科設置の必要性はますます重要になってきました。
　現在国立の大学にこの学科目を設置しているのは，わずか40に過ぎず，その単位も2単位か4単位であります。
　これでは社会の要望を満すことは出来ず図書館の振興は思いもよらず，将来図書館の発展を期待は出来ません。
　殊に学校図書館法に規定した司書教諭も現在変則的な講習によって資格を取得している実状であります。
　これでは要求せられるような活動を完全に行うことは出来ません。それに伴う法規を改正し，これを刷新改善するため図書館学科の設置されていない大学にはこれを早急に設置し，すでに設置しある大学においては，この学科の内容を拡大，増強して社会の要望にこたえるよう，予算その他の措置を講じて，実現するよう御努力を願いたい。

以上

　　出典：日本図書館協会教育部会『ニュース・レター』No.3・4，p.2-3．

司書16

図書館学教育の改善刷新に関する陳情

　昭和36年度の全国図書館大会，並びに本年度の協会定期総会の決議にもとづいて，教育部会では，図書館学教育の改善刷新に関し，大学図書館部会，専門図書館部会，文献情報活動委員会からの意見を総合し文部大臣に対する陳情書を作成しました。陳情は6月19日，岡部理事長，中村教育部会長によって行なわれました。

図書館学教育の改善刷新に関する陳情

昭和37年6月19日
　　文部大臣　荒木万寿夫殿
　　　　社団法人　日本図書館協会
　　　　　　理事長　岡部史郎
　図書館（公共，学校，大学，専門，特殊の各種図書館を含む）が我国の学術・文化に貢献してきましたことは，異論のないところであり，さらに世界の学術・文化の発展に寄与貢献するためには，現在の各種図書館を画期的に，発展させることが必要であると

いうことは、関係者のひとしく痛感するところであります。そして、図書館の発展には施設の拡充、増大をはかるとともに、図書館を運営する職員のはたらきによらねばならぬことは勿論であります。しかるに我国のこの方面の実状は、現代社会の要求と、関係者の要望に添わないものが多々あります。これらの改善・刷新を望む関係者の声が、ほうはいとして高まってきていることは、昨年11月、全国より3,000人の参加をもって開催された、全国図書館大会において、本件の実施を要望することが満場一致で可決されましたことからも明らかであります。また本年5月開催された、図書館協会の年次総会においても、重ねて本件の実現を要望することが、満場一致可決されました。よって全国図書館大会参加者、ならびに日本図書館協会正会員2,200名、会員館652館を代表して、下記の事項を要望し、1日も早く、この要望が実現しますよう、御尽力を賜りたくひとえにお願いいたします。

　　要望事項
Ⅰ　図書館職員養成所を速かに大学に昇格すること
　現在の図書館職員養成所は、各種学校に過ぎず、修業年限、教科課程、教官組織も変則的な、暫定的、便宜的な施設としか考えられない。しかるに最近は科学、技術の画期的な進展にともない、官公庁、各種の公私企業団体では、図書館・資料室・調査室・企画室などを拡大強化し、科学・技術の文献・資料の収集、組織的提供などをする情報処理の技術専門職員を、大量に求めている。この情報処理技術は、図書館学の領域に属するものであることは、御承知の通りである。また昭和35年10月4日科学技術会議より政府に提出した「10年後を目標とする科学技術振興の総合的基本方策について」の答申書においても、このような情報処理の技術専門職員がなくては、科学・技術の進展はあり得ないことを強調している。また最近の日米科学会議等においても、科学技術の資料や情報の交換・提供が盛んに行なわれるようになるのは必至である。しかしこれらの資料を処理する専門技術職員が大量に整備されなげれば(ママ)、所期の成果を挙げることはできない。従って、この種職員の養成を急速に実施する必要がある。これらの専門技術職員は図書館専門職員に属すものであるから、それらの職員の養成は、図書館職員養成の一翼として取り扱わなければならないのは当然である。欧米の養成方法もまた、図書館学専門の大学院や図書館学部で養成されている。然るに現在の養成所では、人員の点からも、専門知識と技術の教育の点からも、甚だ不十分であって、とうてい時代の要求に応ずることが出来ない、というのが図書館界ならびに使用者側の声である。よってあらゆる図書館の要求に応ずるような専門職員養成方法を徹底する必要がある。このためには、現在の養成所を、図書館大学に昇格し、学生の定員を増大し、教育内容を改善・刷新し、新時代にふさわしい図書館学教育機関にする必要がある。
Ⅱ　司書養成講習制度及び司書教諭養成講習制度を改善すること
　司書講習制度は昭和25年の図書館法の公布により、現職の職員を再教育してこれに司書の資格を暫定的に与えんとするものである。また司書教諭講習制度は、昭和28年公布の学校図書館法によって現職教員の中から、司書教諭を養成しようとするものである。

資　　料

　本来この両者は，司書，司書教諭養成の大学など本格的な養成機関が整備されない時代の教育方法であって，いずれも当時の客観状勢により，当面の要求を充たすための，一時的・安易な養成法であることは明らかである。それがいつしか，新人養成の速成教育にすりかわった観がある。従って現在の公共図書館や学校図書館が次第に発展充実し，その運営・サービスが長足に進歩した今日，このような養成制度による司書・司書教諭が満足すべき職能を発揮することができないということは当該司書，司書教諭自からも又，管理者，利用者側からも，強く訴えられているところである。現在我国の大学において，司書，司書教諭を養成する課程をもつ大学がまことに僅少である実状に鑑み，講習形式による養成を全面的に否定することはできない。しかし現在の講習制度はあくまでも速成教育であって，かかる安易な方法は，現代の要求には適合しなくなっているから，この養成制度を全面的に改善刷新する必要がある。このためには，科目の整理，新科目の追加，単位数の増加，期間の延長，資格授与の方法，通信教育，資格の国家検定試験なども，講習制度の一環として検討し，発らつたる制度に改善するよう適切なる措置をとらんことを切望する。

　なお，司書養成の問題に明白を欠くものは，図書館法第5条である。第5条2項において，「大学を卒業した者で大学において，図書館に関する科目を履修したもの」とあるが，いかなる科目を何単位履修すべきかは，政令でも省令でも明らかにされていない。最少限度の科目名とそれを履修する単位数を速かに政令か省令をもって決定し，明示せられんことを望む。

Ⅲ　図書館学専門課程を充実すること

　現在我国の国公私立大学において，図書館学の課程または講義を設置している大学は相当あるが，そのうち，司書養成講習の科目相当のないしは，それ以上の科目の課程または講義を設置している大学は僅少であって，大多数の大学は数単位を設置しているに過ぎない。それも図書館学専攻の課程ではなく，教職課程内での講義が多い。これでは各種図書館・資料室・調査室に勤務する専門的職員を養成するには不十分である。よって各大学において，図書館学の専門課程を設置する必要がある。その専門課程も，任意的な便宜的な設置ではなく，昭和29年大学基準協会が決定した図書館学教育基準の如くに，体系的，組織的に配意し，少なくとも38単位以上を課さなければ，徹底しない。それ故に早急に本件を検討し，それに必要な図書館学教育の課程設置に適切な予算の増額と行政措置を講ぜられんことを望む。

Ⅳ　図書館学教育担当者養成制度を充実すること

　図書館学教育を推進するためには，その教育担当者を大量に養成する必要がある。現在各大学において，図書館学の講義担当者は，そのほとんどが人文・社会・自然の各科学の専門研究に従事する傍ら，図書館学の講義をしている向きが多い。図書館学専門の研究者は甚だ僅少である。そしてこれらの専門研究者は，或は自費で海外に留学したり，自費で研究を継続した者である。このような状況にあっては，将来図書館学の教育・研究担当者の輩出を期待することが困難である。それ故にこれらの養成のために，次の措

置を講ずる必要がある。
(1) 図書館学を専攻希望する者に対しては，大学院に入学することを勧誘し，多額の学資を給与すると共に，国費で海外に留学や，視察を行なわしめること。
(2) 現在の図書館学の講義担当者には，国費で海外留学・視察，内地留学などの研修を援助すると共に，研究費を助成すること。
(3) 図書館学講義担当者のため講習会・研究集会をしばしば開催すると共に，研究成果の報告，最新の海外の研究状況などの情報を提供すること。
(4) 図書館学に関する研究論文・調査報告などを刊行し，無料で関係者に配布すること。
(5) 東京大学附属図書館の図書館学資料室を拡大・整備・充実すること。この図書館学資料室の資料は，日本の図書館学発展のため，昭和22年ロックフェラー財団から，一般公開の約束で，東京大学に寄贈したものであって，その上に東京大学附属図書館の所蔵の図書館学資料を加えて，蔵書構成したものである。この資料室に相当多額の予算を配当し，これを充実して，ロックフェラー財団の好意を生かし，無料で自由に利用せしめ，我国図書館学資料の重要なる蓄積施設たらしめると同時に，図書館学の新しい研究の情報センターとしての機能を発揮し，研究者を援助すること。
(6) 日本図書館学会などの団体には，大巾の研究助成金を交付し，個人研究，共同研究を奨励すること。
(7) 本協会の昭和35年3月15日附文書をもって，陳情したように，東京・京都の大学以外の大学にも，速かに図書館学講座を開設するため，人員の配置その他のための予算措置を講ずること。

Ⅴ　各大学に図書・文献類及び図書館の利用の科目を一般教養課程並びに専門課程に於て必修単位として設置すること。

　本件も既に昭和36年3月15日文書をもって陳情したように，各大学においては，各教養課程及び専門科学分野の重要なる図書・文献の解題及び図書館の利用法，必要なる資料による情報の検索・組織などを教授することは，自主的且つ能率的な学習態度を確立し，研究活動を盛んにする，適切な方法である。外国の大学においては，すでにこれを実施し，大きい業績をあげている。わが国においても，すでに実施している大学も見うけられるがこれを更に拡充して実施する必要がある。若しこれが，実現されるならば，教授の能率を高め，大きい成果をあげるものと確信する。よってこれらの科目の設置ならびに普及を速かに，各大学に勧告せられんことを切望する。　以上

出典：『図書館雑誌』Vol.56, No.6, 1962年6月, p.290-291, 310.

資　料

司書17

司書資格証明書交付のとり止めについて

　　　　　　　　　　　　　　　　　　　昭和42年1月24日　文社社第47号
　　　　　　　　　　　　　　　　　　　各関係大学長（短期大学を含む）あて
　　　　　　　　　　　　　　　　　　　　　　　　文部省社会教育局長通知

　文部省では従来から，大学において図書館に関する科目を履修したものに司書の資格証明書を発行交付してきましたが，図書館法第5条の規定では大学において図書館に関する科目を履修した者は当然司書の資格を有することになつていますので任命権者が採用時において司書の資格を確認する際の便宜等のため発行してきたこの司書資格証明書は今後は事務手続き改善のため，とり止めることにいたしました。
　については，下記の点おふくみのうえ遺漏のないようお取り扱いくださるようお願い申し上げます。

記

　大学において図書館に関する科目を履修したものには，当然司書としての資格が発生するが，これを明らかにする必要がある場合は司書任用希望者は，任命権者（都道府県および市町村の教育委員会等図書館の管理機関）に対して大学が発行する卒業証明書および図書館に関する科目の単位取得証明書を提出すること。

<small>出典：文部科学省国立教育政策研究所社会教育実践研究センター『平成24年度社会教育指導者の育成・資質向上のための調査研究事業　図書館に関する基礎知識』文部科学省国立教育政策研究所社会教育実践研究センター，2013年，p.130．</small>

司書18

司書講習等の改善に関することについて（報告）

　わが国の図書館法は施行せられてから既に17年を経過し，わが公共図書館の進歩発展に寄与するところ多大なるものがあつた。しかし，この法律は戦後の混乱期を脱していくばくもない頃に公布されたものであつたため，その後のわが国情の飛躍的な発展に伴つて活発化した今日の図書館の実情に対しては，あたかも成人にまとわせた小児の衣服の感があり，現にわが図書館界はこぞつてこの法律の改正を待ち望んでいる次第である。
　とくに，図書館活動の最も底をなす専門職員の養成ならびにその資格認定については，私共専門職員の養成に当る者も養成された専門職員を採用する者も等しく，今日の図書館活動を担当する専門職員に必要な知識，判断力，作業能力を与えるにはまことに不じゅうぶんなものであることを痛感するものである。
　幸にも今回社会教育局長よりこの件に関して意見を徴せられたので，私共は講習開始以来15年の経験を反省しつつ，審議研究を重ねた結果，別紙のような結論を得たのでここに報告する次第である。

昭和42年12月

岡　田　　　温
裏　田　武　夫
藤　川　正　信
深　川　恒　喜
和　田　吉　人
上　里　美須丸
石　井　冨之助

文部省社会教育局長
　　木　田　　宏　殿

1. 司書講習科目について

　法律を改正して，現行「司書」より更に高度の知識，判断力，作業能力を有する専門職として「上級司書」(仮称)を規定することが絶対的に必要と思われるが，即時の法律改正が困難である場合は，法律改正への第一段階として現行司書講習科目ならびに単位数を，現行法の許す範囲内で別表Ⅰのように省令を改正されることを希望する。ただし別表Ⅰは，他日法律改正によつて「上級司書」が設けられた場合の「上級司書講習科目」別表Ⅱを前提として作成したものである。

　司書補については，将来法律改正によつて司書補は廃止されるべきものとの結論に達したため，今回は審議から外すことにした。司書補を廃止した場合，高校卒の図書館員希望者に対する途は別途考慮することとしたい。

2. 講習実施の方法については次の諸事項について考慮されたい。

　ア）講習委嘱に際しては，講師を適切ならしめるよう指導すること。委嘱大学の選定にあたつては，臨時に審査会を設ける等の慎重な措置を取るようにすること。

　イ）講義科目については，講習の効果を高めるような専門図書を整備し，その積極的利用を計るよう委嘱大学ならびに講師に強く要望すること。また演習科目については，演習に必要な諸設備を用意するよう指導すること。

　ウ）司書講習と司書補講習を必ず分離するよう指導すること。

　エ）委嘱大学は，同一地方にかたよらないように配置し，かつ，大学ごとの受講人員は過剰にならないよう適切な定員を定めること。なお，この場合，経費の面で国庫補助を考慮すること。

　オ）受講者資格を厳重にするよう指導すること。

3. その他次の事項に留意されたい。

　ア）専門職員としての司書を養成するため，国，公，私立大学の学部に，図書館学科

資　　料

(別表　1)

	科　目	単位	内　容
必修	図書館通論	2	図書館の意義および運営一般について総括的に解説し，併せて職業人としての図書館員の責務を説く。 1) 図書館の社会的機能（館種・簡単な歴史を含み，情報管理との関係にも言及する） 2) 図書館の動向（図書館協力問題を含む） 3) 図書館行政（図書館法，その他関係法規を含む） 4) 図書館の内部管理（組織・予算・企画・人事・施設設備等）と実務 5) 図書館員の責務とその研修・養成
	図書館資料論	2	視聴覚資料，郷土資料，その他の資料を含めての図書館資料全般の特質を論じ，資料選択上の着眼点および選択上の参考資料を紹介する。 1) 図書館資料の類型とその特性 2) 選択の基準とその着眼点および主要参考資料の利用法 3) 資料の生産と流通（外国事情にも触れる） 4) 蔵書構成の諸問題 5) 資料の受入と払出 6) 資料の維持管理
	参考業務	2	参考業務の組織，および方法の概要を述べ，一般的参考図書のうち基本的なものにつき解説し，その利用法におよぶ。 1) 参考業務の意義・組織・処理の方法 2) 参考図書の解説 3) 参考図書の利用法
	同上演習	1	基本的参考図書の利用に関する演習問題を課し，調査の方法・技術に習熟させる。
	資料目録法	2	日本目録規則（NCR）を中心として，目録の意義を論じ，目録の実務を概説する。併せて目録編成法におよぶ。 1) 目録の意義・機能・種別 2) 目録規則の解説，およびその適用（洋書にも言及する） 3) 目録編成法 4) 主題目録作成法（索引法を含む）の概要
	同上演習	1	目録規則の基本的条項の適用に関して実物によつて演習問題を課し，目録法の方法・技術に習熟させる。 （図書だけでなく，その他の資料におよぶ）
	資料目録法	2	日本十進分類法（NDC）を中心として，資料分類の理念を論じ分類の実務を概説する。あわせて件名目録法におよぶことが望ましい。 1) 分類の意義 2) 主要分類表の説明 3) 日本十進分類法（NDC）の解説およびその適用（分類規定を含む）
	同上演習	1	日本十進分類法（NDC）中の基本的項目の適用に関して，実物によつて演習問題を課し分類の方法・技術に習熟させる。 （図書だけでなく，その他の資料におよぶ）

	科　目	単位	内　容
必修	図書館活動	2	利用者に対する館内，館外の奉仕活動一般について体系的に説き図書館奉仕の協力について概観する。 1）　奉仕活動の特質とその体系 2）　奉仕の対象と方法（児童・青少年・成人・婦人等に対する奉仕活動） 3）　閲覧と貸出 4）　地域計画とライブラリーシステム 5）　図書館奉仕の協力
		15	
選択	甲群　児童青少年の読書と資料	1	選択については甲，乙各群より2科目づつ(ママ)選択する。
	図書および図書館史	1	
	図書館の施設・設備	1	
	資料整理法特論	1	（郷土資料または逐次刊行物）
	情報管理	1	
		2	
		(5)	
	乙群　社会教育	1	
	社会調査	1	
	人文・社会科学の書誌解題	1	
	自然科学・技術の書誌解題	1	
	マス・コミュニケーション	1	
	視聴覚教育	1	（整理の方法および技術は除く）
		2	
		(6)	
		4	

（別表　Ⅱ）

	科　目	単位	内　容
必修	図書館学概説	2	図書館学一般の内容を紹介し，最近の動向を含め，理論的に概説する。
	○図書館通論	2	
	○図書館資料論	2	
	○参考業務Ⅰ	2	
	同上演習	1	
	参考業務Ⅱ	2	人文・社会科学，自然科学・技術に関する基本的参考資料につき解説し，文献探索および情報探索の大要におよぶ。あわせて参考業務の組織および方法の管理的側面にもふれる。
	同上演習	1	
	○資料分類法Ⅰ	2	
	同上演習	1	

資　料

	科目	単位	内容
必修	資料分類法Ⅱ	2	十進分類法（DC），国際十進法分類法（UDC），米国議院図書館分類法（LC）等を紹介し，カテゴリー分法その他を概説する。
	同上演習	1	
	○資料目録法Ⅰ	2	
	同上演習	1	
	資料目録法Ⅱ	2	Angl‒Am.Code 等の主要目録法について概説する。
	同上演習	1	
	二次文献作成法	2	索引，抄録その他の二次文献の作成法について概説する。
	図書館管理概説	2	組織，予算，企画，人事，施設，設備等の管理面について詳説する。
	○図書館活動	2	
	図書館地域計画論	2	地域の特性に即応する図書館計画の理論と方法について概説する。
		32	
選択	甲・乙各群別表Ⅰに同じ	6	選択については甲・乙各群より3科目づゝ(ママ)選択する。

○印の科目は別表Ⅰと共通

を設けられるよう文部省において考慮すること。図書館学科を設けた場合の科目ならびに単位数は，別表Ⅰ，Ⅱを参考にして大学基準協会設定の図書館学教育基準を下らないよう指導すること。

イ）公共図書館等における専門的職員の受入れの態勢の確立を促がすこと。
ウ）図書館学の講師の充実のため，その養成，確保について考慮すること。
エ）図書館の専門職員の国家試験制度を検討すること。

出典：『日本図書館情報学会誌』Vol.53, No.3, 2007年9月，p.177‒182.

司書⑲

図書館法施行規則の一部を改正する省令

○ 文部省令第五号

図書館法（昭和二十五年法律第百十八号）第六条第二項の規定に基づき，図書館法施行規則の一部を改正する省令を次のように定める。

昭和四十三年三月二十九日

　　　　　　　　　　　　　　　　　　　　　　　　文部大臣　灘尾　弘吉

　　　図書館法施行規則の一部を改正する省令

図書館法施行規則（昭和二十五年文部省令第二十七号）の一部を次のように改正する。
第二条第一号中「大学又は」を「大学に二年以上在学して，六十二単位以上を修得した者又は高等専門学校若しくは」に改め，同条中第二号を次のように改め，第三号を削り，第四号を第三号とする。
二　二年以上司書補（国立国会図書館又は大学若しくは高等専門学校の附属図書館の

職員で司書補に相当するものを含む。）として勤務した経験を有する者
　第三条及び第四条を次のように改める。
第三条　司書補の講習を受けることができる者は，高等学校若しくは法附則第十項の規定により高等学校に含まれる学校を卒業した者又は高等専門学校第三学年を修了した者とする。
第四条　司書の講習において司書となる資格を得ようとする者は，次の表の甲群に掲げるすべての科目並びに乙群及び丙群に掲げる科目のうちそれぞれ二以上の科目について，それぞれ単位数の欄に掲げる単位を修得しなければならない。

群	科　目	単位数
甲群	図書館通論	二
	図書館資料論	二
	参考業務	二
	参考業務演習	一
	資料目録法	二
	資料目録法演習	一
	資料分類法	二
	資料分類法演習	一
	図書館活動	二
乙群	青少年の読書と資料	一
	図書及び図書館史	一
	図書館の施設と設備	一
	資料整理法特論	一
	情報管理	一
丙群	社会教育	一
	社会調査	一
	人文科学及び社会科学の書誌解題	一
	自然科学と技術の書誌解題	一
	マスコミユニケーション	一
	視聴覚教育	一

2　司書の講習を受ける者が，すでに大学（法附則第十項の規定により大学に含まれる学校を含む。）において修得した科目の単位であつて前項の科目の単位に相当するものとして文部大臣が認めたものは，これをもつて前項の規定により修得した科目の単位とみなす。
　　第八条中「文部大臣」を「講習を行なう大学の長」に，「十五単位以上」を「所定」に改め，同条に次の一項を加える。
2　講習を行なう大学の長は，前項の規定により修了証書を与えたときは，修了者の氏名を文部大臣に報告しなければならない。
　　附則中第二項及び第三項を削り，第四項を第二項とする。
　　　附　則

資　料

1　この省令は，昭和四十三年四月一日から施行する。
2　この省令の施行の日前に，改正前の図書館法施行規則（以下「旧規則」という。）第二条第三号の規定に該当して司書の講習を受け，一部の科目の単位を修得した者の司書の講習を受ける資格については，改正後の図書館法施行規則（以下「新規則」という。）第二条第二号の規定にかかわらず，この省令の施行の日から起算して二年間は，なお従前の例による。
3　この省令の施行の日前に，旧規則の規定により司書の講習を修了した者は，新規則の規定により司書の講習を修了したものとみなす。
4　この省令の施行の日前に，旧規則第四条の科目のうち一部の科目の単位を修得した者は，新規則第八条の規定による修了証書の授与に関しては，この省令の施行の日から起算して二年間は，新規則第四条のこれに相当する科目の単位を同条の規定により修得したものとみなす。
5　学校図書館司書教諭講習規程（昭和二十九年文部省令第二十一号）の一部を次のように改正する。
　　附則第三項中「図書館法施行規則」を「図書館法施行規則の一部を改正する省令（昭和四十三年文部省令第五号）による改正前の図書館法施行規則」に改め，同項の表を次のように改める。

上　欄		中　欄	下欄
昭和四十三年三月三十一日以前の司書講習の科目	図書館実務及び図書運用法	学校図書館の管理と運用	一
	図書選択法	図書の選択	一
	図書目録法及び図書分類法	図書の整理	二
	視聴覚資料	図書以外の資料の利用	一
	児童に対する図書館奉仕	児童生徒の読書活動	一
昭和四十三年四月一日以後の司書講習の科目	図書館通論及び図書館活動	学校図書館の管理と運用 児童生徒の読書活動	一 一
	図書館資料論	図書の選択 図書以外の資料の利用	一 一
	資料目録法及び資料分類法	図書の整理	二

出典：『官報』第12384号，1968年3月29日，p.4-5．〔原典縦書き〕

司書20

図書館法施行規則の一部改正について（抄）

　　　　　　　　　　　　　　　　　　昭和43年4月20日　文社社第85号
　　　　　　　　　　　　　　　　　　各国公私立大学長あて
　　　　　　　　　　　　　　　　　　文部省社会教育局長通知

このたび，図書館法施行規則の一部を改正する省令が，別添のとおり昭和43年3月29日文部省令第5号をもって公布され，昭和43年4月1日から施行されました。

今回の改正は，司書の講習について改善を図るもので，改正の要点およびその取り扱いは，下記のとおりでありますので，今後の事務処理等についてよろしくお願いします。

記

1　司書講習の受講資格に関し，大学に2年以上在学して62単位以上を修得した者または高等専門学校を卒業した者は，司書講習を受けることができることとし，司書補となる資格を有する者が司書講習を受ける場合には，2年以上の司書補（国立国会図書館，大学または高等専門学校の附属図書館の職員で司書補に相当するものを含む。）としての勤務経験を必要とすることとしたこと。

　　この改正は，司書講習の受講資格を短期大学卒業程度にそろえ，講習の能率的かつ円滑な実施を図るものであるが，これによって大学在学中のものも受講することができるようになること。

2　図書館活動の発展に即して司書の資質の向上を図るため，司書講習の科目の編成を新しくするとともに単位数を増加し，司書となる資格を得るためには，次の表の甲群のすべての科目の単位ならびに乙群および丙群の科目の単位のうちからそれぞれ2科目以上2単位以上，計19単位以上を修得しなければならないこととしたこと。

（表　略）

（科目の内容は，別紙Ⅰのとおりである。）

3　司書講習の受講者が，既に大学において司書講習の科目に相当する単位を修得している場合における講習科目の単位の修得の免除については，従来附則第3項に規定されていたが，本則事項として第4条第2項に規定したこと。

　　なお，大学において修得した単位であって司書講習の科目の単位に相当するものの認定は，従来「司書講習の相当科目単位認定について」（昭和26年1月11日文社施第562号国，公，私立大学長あて文部次官通達）に基づいて行っていたが，今後，図書館法施行規則第4条第2項の規定による司書講習の相当科目の単位の認定に関しては，別紙Ⅱの様式により，書類を提出すること。

4　司書および司書補の講習の修了証書を与える者を，文部大臣から講習を行なう大学の長に改めたこと。またこれに伴い，講習を行なう大学の長が修了証書を授与したときは，その者の氏名を文部大臣に報告しなければならないこととしたこと。

5　その他所要の経過措置等を定めたこと。

別添（略）

　　出典：文部科学省国立教育政策研究所社会教育実践研究センター『平成24年度社会教育指導者の育成・資質向上のための調査研究事業　図書館に関する基礎知識』文部科学省国立教育政策研究所社会教育実践研究センター，2013年，p.132.

資　　料

司書21

図書館員指導資料・司書講習講義要綱案（抄）

図書館通論
1. 図書館の意義
1.1 図書館の機能
1.2 図書館の構成
1.2.1 図書館資料
　　（ⅰ）図書
　　（ⅱ）逐次刊行物
　　（ⅲ）記録・古文書・写本
　　（ⅳ）特殊資料
　　（ⅴ）視聴覚資料
1.2.2 人
　　（ⅰ）図書館員
　　　　a. 館長
　　　　b. 専門職員
　　　　　①司書
　　　　　②司書補
　　　　c. 技術系職員
　　　　d. 事務系職員
　　　　e. その他
1.2.3 施設
　　（ⅰ）建物
　　　　a. 奉仕のためのスペース（又は貸出し閲覧のためのスペース）
　　　　b. 資料保管のためのスペース
　　　　c. 管理及び整理のためのスペース
　　　　d. その他のスペース
　　（ⅱ）備品
　　（ⅲ）自動車
　　（ⅳ）その他
1.3 図書館の形態（又は図書館の類型）
1.3.1 設置主体別
　　（ⅰ）国立：国立国会図書館
　　（ⅱ）公立：地方公共団体立図書館（都道府県立，市町村立図書館等）
　　（ⅲ）私立：法人立，個人立
1.3.2 利用対象別

（ⅰ）学校図書館：小中高等学校図書館
  a. 意義
  b. 性格（特色）
  c. 活動
  d. 現状
（ⅱ）大学図書館
  a. 意義
  b. 性格
  c. 活動
  d. 現状
（ⅲ）専門図書館
  a. 意義
  b. 性格
  c. 活動
  d. 現状
（ⅳ）公共図書館
  行刊・盲人・病院図書館等を含む

1.4 公共図書館の意義
1.4.1 奉仕対象（一般公衆）
  a. 個人
  b. 集団
1.4.2 公共図書館の社会的役割
  （ⅰ）住民のための調査・研究機関としての
  （ⅱ）住民のための教養と学習の機関としての
  （ⅲ）住民のためのレクーレーション〔ママ〕機関としての
1.4.3 機能
  （ⅰ）資料提供
  （ⅱ）読書興味の拡大と深化
1.4.4 性格
  （ⅰ）公共性
  （ⅱ）中立性
    a. 図書館の自由
  （ⅲ）綜合性
1.4.5 公共図書館の歴史
  （ⅰ）明治期
  （ⅱ）大正期
  （ⅲ）昭和前期

資　　料

　　　　(ⅳ)　昭和後記（ママ）（図書館法以後）
1.4.6　将来の展望
　　　　(ⅰ)　図書館の将来と情報
1.4.7　図書館の相互協力
　　　　(ⅰ)　意義
　　　　(ⅱ)　業務別協力
　　　　　　a.　奉仕
　　　　　　b.　整理
　　　　　　c.　管理
　　　　(ⅲ)　他館種との協力
　　　　　　a.　学校図書館との協力
　　　　　　b.　大学図書館との協力
　　　　　　c.　専門図書館との協力
　　　　　　d.　国立国会図書館との協力
　　　　　　e.　公民館等との協力
1.5　図書館行政
1.5.1　意義
1.5.2　図書館政策
1.5.3　図書館法
　　　　(ⅰ)　成立の経緯
　　　　　　a.　法制定以前の図書館法制
　　　　　　b.　成立の過程
　　　　　　c.　施行後の動向
　　　　　　　　①第7条削除とその他の改正
　　　　　　　　②法改正問題
　　　　(ⅱ)　法の内容
　　　　　　a.　図書館法の目的並に社会教育法との関係
　　　　　　b.　定義
　　　　　　c.　設置
　　　　　　d.　図書館奉仕
　　　　　　e.　職員
　　　　　　f.　公立図書館の公共性
　　　　　　g.　基準と国庫補助
　　　　　　h.　私立図書館
　　　　　　i.　経過規定
　　　　(ⅲ)　付属法規
　　　　　　a.　施行令

            b. 施行規則
            c. 告示・その他
    1.5.4　図書館の基準
        (i)　意義
        (ii)　公共図書館の基準
        (iii)　他の館種の基準
    1.5.5　各種図書館の根拠法規
        (i)　国立国会図書館
        (ii)　学校図書館
        (iii)　その他
    1.5.6　図書館関係法規
        (i)　憲法
        (ii)　教育基本法
        (iii)　社会教育法
        (iv)　著作権法
            a. 内容
            b. 図書館業務と著作権
        (iv)　その他
    1.5.7　行政機関との関係
        (i)　公立図書館
            a. 公立公共図書館の行政組織上の位置
            b. 政府機関との関係
                ①文部省
                ②公の出版物の収集
            c. 教育委員会との関係
            d. 都道府県と市（区）町村立図書館との関係
        (ii)　私立図書館
            a. 都道府県教育委員会との関係
            b. 国及び地方公共団体との関係
        (iii)　図書館同種施設

解説：1.1～1.3は導入部として扱う。
1.4.1公共図書館の定義については必ずしも一定していないが，ここでは，図書館の利用者を対象別に分類した際，「一般公衆」を対象とする図書館を指称するものとして把え公立と私立（広義の）を含むものとする。公共図書館と他の館種とを区別するうえからも，1.3.2で学校，大学，専門図書館の特色と活動状況を明らかにする。
　公共図書館は，一般公衆を対象とする建前から，行刑・盲人・病院などに対する奉仕

資　　料

も当然公共図書館の奉仕に含まれるものと解し，従来の特殊図書館という範疇はとくに設けないこととした。

1.4.2では，近代における公共図書館の発達を述べ，わが国の公共図書館の現状と問題点に言及する。

1.4.3では，これからの社会における自己学習または生涯教育の重要性と公共図書館の意義についてふれたい。

1.4.4(ii)では，図書館活動と「言論出版の自由」との関係を述べ，「図書館の自由宣言」(1954　図書館大会) や A.L.A の「図書館の権利宣言」にもふれる。

1.4.6では，将来の図書館と機械検索の関係についても言及する。

1.4.7はこれからの図書館奉仕が図書館間の相互協力なくしてあり得ないことを理解させ，相互協力の現況とあり方を述べる。

1.5の「図書館行政」は，「国及び地方公共団体が行なう図書館に関する行政」と理解し，3章の「図書館管理」と区別する。

1.5.3「図書館法」は戦前の「図書館令」と対比し，その進歩的側面を明らかにするとともに，成立当時の事情やその後の動向についてもふれたい。

1.5.6では，憲法・教育基本法などの法律をはじめ，条例などにも図書館活動と深い関係をもつ法規があるので，これらの法規を列挙して，図書館活動との関連を説く。

2.　図書館の〔基本的〕業務
2.1　奉仕業務
2.1.1　奉仕活動の種類
　　　(i)　対象別
　　　(ii)　方法別
　　　　　a.　資料の提供
　　　　　b.　資料の紹介と周知
　　　　　c.　集会行事活動
2.2　整理業務
2.2.1　図書の選択
2.2.2　注文・受入
2.2.3　分類と目録
2.2.4　蔵書・保管
2.2.5　新聞・雑誌（逐次刊行物）
2.2.6　特殊資料
2.2.7　視聴覚資料
2.3　総務業務
2.3.1　企画・調査
2.3.2　P・R

2.3.3 人事
2.3.4 財務
2.3.5 建物管理
2.3.6 評価

解説：ここでは，図書館の基本的業務である貸出，参考，児童などの奉仕業務を中心に整理，総務などの業務の実状とあり方およびこれら業務間の相互関連を設く。
　2.3の総務業務は，3の「管理」でくわしく扱うので業務の種類をあげる程度でよいだろう。ただ総務的業務が専門職（司書，司書補）の職務内容であることを認識させ，従来おくれている図書館管理業務への関心を喚起したい。
　本章では，できればスライド，映画などの視聴覚資料を利用して，具体的に図書館業務の実態を把握させたい。

3. 管理
3.1 意義
3.2 計画
3.2.1 意義
3.2.2 目標の樹立
3.2.3 計画のたて方
3.2.4 計画の種類
3.2.5 調査（状況把握）
3.3 組織
3.3.1 意義
3.3.2 組織の形態と図書館組織の類型
3.3.3 組織原則
3.3.4 責任と権限
　　（i）館長
　　（ii）職員
3.3.5 事務分掌
3.3.6 図書館協議会
3.4 人事
3.4.1 公務員としての図書館員
　　（i）勤務条件
　　　a. 任用
　　　b. 給与
　　　c. 旅費
　　　d. 勤務時間，休日，休暇等

資　　料

- (ⅱ) 服務
- (ⅲ) 分限・懲戒
- (ⅳ) 職員団体
- (ⅴ) 争議権
- (ⅵ) 研修，福祉

3.4.2　図書館における人間関係

3.5　財務

3.5.1　予算

3.5.2　決算

3.5.3　契約（又は予算執行）

3.5.4　会計

- (ⅰ) 金銭会計
- (ⅱ) 物品会計
    - a. 物品管理法
- (ⅲ) 会計監査

3.6　事務管理

3.6.1　意義

3.6.2　事務分析・事務改善

3.6.3　帳票・文書

3.6.4　機械化

3.6.5　執務環境

3.7　図書館施設

3.7.1　図書館の創設事務

3.7.2　立地条件と敷地の選定

3.7.3　建設費と経常費

3.7.4　図書館の建築計画

3.7.5　建物管理

3.8　条例と諸規則

3.8.1　条例

- (ⅰ) 図書館設置条例
- (ⅱ) 図書館協議会の設置等に関する条例
- (ⅲ) その他

3.8.1　諸規則（ママ）

- (ⅰ) 利用規則
    - a. 規定事項
    - b. 留意点
- (ⅱ) 図書館庶務規則（程）

(ⅲ)　その他
3.9　図書館統計・調査・評価
3.9.1　意義
3.9.2　種類
3.9.3　統計のつくり方，見方，調査の方法
3.9.4　評価法
3.10　P・R
3.10.1　意義と目的
3.10.2　実施の準備
3.10.3　図書館P・Rの対象
3.10.4　図書館P・Rの内容
3.10.5　図書館P・Rの方法
3.10.6　図書館報
　　　(1)　意義と目的
　　　(2)　発行の方法

解説：「管理」の意義については，区々として一定していないが，ここでは常識的に経営の二次的活動として把える。(岡部史郎：図書館管理論「ひびや〔ママ〕　第77-81　1965-66)
　3.2　では図書館経営における計画の重要性を認識させ各種の計画のたて方を実例をあげて解説する。
　3.3　組織では，一般の「組織原則」を簡単に説明し，図書館の職場に即応した組織のあり方を考察する。なお，ここで分館の組織についてふれたい。
　3.4の人事では，公共図書館職員のほとんどが公務員なので，公務員としての図書館員の地位や勤務条件を説明するとともに，好ましい職場の人間関係について究明する。
　3.5　財務では，図書館予算書の作成過程や分析の仕方を解説し，奉仕業務とこれらの業務との関連性に注目させる。
　3.7　施設では，図書館を創設する際の過程および図書館員としての不可欠な図書館建築上の留意点を述べる。

4.　図書館運動の動向
4.1　図書館運動の意義
4.2　図書館運動の回顧
4.3　図書館関係者の団体
4.3.1　日本図書館協会
4.3.2　全国的なもの
　　　(ⅰ)　日本図書館研究会（青年図書館員聯盟から）

資　　料

　　　　(ⅱ) 日本図書館学会
　　　　(ⅲ) その他
4.3.3　地方的なもの
4.3.4　館種別によるもの
　　　　(ⅰ) 大学図書館関係
　　　　(ⅱ) 学校図書館関係
　　　　　　a. 全国学校図書館協議会
　　　　(ⅲ) 専門図書館関係
　　　　(ⅳ) その他
4.3.5　外国の国書館協会(ママ)
　　　　(ⅰ) American Library Association
　　　　(ⅱ) (British) Library Association
　　　　(ⅲ) IFLA
　　　　(ⅳ) その他
4.4　図書館運動の現況と将来

解説：図書館運動の従来の成果および現状について述べ，図書館の発展が図書館運動と切り離して考えられないことを理解させ，今後のあり方を考察する。

5.　図書館員の責務とその研修
5.1　図書館員の資質
5.1.1　望ましい資質
5.1.2　館種別および職能別の要請する特殊な資質
5.2　図書館員の倫理
5.3　研修
5.3.1　研修の重要性
5.3.2　研修の方法

解説：図書館発展の原動力が，図書館員の斯業に対する熱意と努力にかかっていることを理解させるとともに，これと不可分の関係にある研修の重要性を力説する。

参考文献
　　今沢慈海：図書館経営の理論及び実際　改訂版　風間書房　1950　769p
　　毛利宮彦：図書館学綜説—図書の整理と運用の研究　同学社　1949　457p
　　椎名六郎：図書館学概論　学芸図書　1960　274p
　　日本図書館協会中小公共図書館運営基準委員会編：中小都市における公共図書館の運
　　　　営　日本図書館協会　1963　217p

石塚正成：図書館通論　明治図書　1966　326p　（図書館学シリーズ）

森耕一：図書館の話　至文堂　1966　334p

Gardner, F. M.：図書館の管理―若き館長への手紙　渡辺正亥訳　南江堂　1963　176p

日本図書館協会：図書館ハンドブック　日本図書館協会

間宮不二雄編：欧・中・和対訳　図書館大辞典　改訂版　ジャパン・ライブラリー・ビューロー　1958

文部省：学術用語集図書館編　大日本図書　1958　307p

McColvin, L. R.：現代の図書館―図書館協力計画への手引　河出書房　昭和28

西崎恵一：図書館法　羽田書店

裏田武夫：図書館法成立史資料　裏田武夫，小川剛共著　日本図書館協会

劉国釣：図書館の歴史と中国　松見弘直訳　理想社　1963　250p

イングランド，ウェールズにおける公共図書館サーヴィスの基準　現代の図書館
　　Vol. 2　No. 4，Vol. 3　No. 1 - 2

アメリカ合衆国各州の公共図書館基準　インフォーメーション・サービス　Vol. 2　No. 4　1961

文化学院図書館研究班：社会主義図書館学概論　インフォーメーション・サービス　Vol. 2　No. 2　1961

出典：日本図書館協会編『図書館員指導資料・司書講習講義要綱案』日本図書館協会，1969年，p. 1 - 12.

司書22

急激な社会構造の変化に対処する社会教育のあり方について（抄）

社会教育審議会答申

b 図書館の司書

　図書館には，専門的職員として司書・司書補が置かれている。司書は，今日年々刊行，作成される資料を選択し，整理し，保管するほか，参考業務（レフアレンス・サービス），読書指導案内，図書の選択や検索の援助，図書の所在に関する情報の提供等，広い分野にわたつて利用者に奉仕しなければならないので，高度の能力が要求され，専門的な知識・技術が必要とされているが，現在の司書養成の制度ではじゅうぶんにその目的が達成できるとはいえない。

　したがつて，司書の設置充実を図るとともに，大学における講座・科目および司書講習の充実，資格試験制度の創設など，司書の養成制度の改善と処遇の改善が図られなければならない。

出典：『文部広報』No. 527，1971年5月3日，p. 6.

資　料

司書23

図書館法の一部を改正する法律案（抄）

右の議案を発議する。

　　昭和50年3月26日

　　　　　　発議者　内田善利　矢原秀男

　　　　　　賛成者（略―編集部）

　　参議院議長　河野謙三殿

図書館法の一部を改正する法律

　図書館法（昭和二十五年法律第百十八号）の一部を次のように改正する。
（略）
　第十三条の次に次の一条を加える。
（専門的職員の待遇）
第十三条の二　公立図書館に置かれる専門的職員の待遇については，その職務の特殊性にかんがみ，特別の措置が講じられなければならない。第十三条の二の次に次の一条を加える。
（公立図書館の設置に関する基準）
第十三条の三　公立図書館の設置に関する基準は，当該地方公共団体の住民に対する図書館奉仕が十分に行われることができるように，専門的職員の数，施設，図書館資料及び設備について，地方公共団体の人口に応じ，政令で定める。
　第十八条を次のように改める。
第十八条　削除
　第十九条中「第二十条」を「第二十条第二項」に改める。
第二十条第二項中「前項」を「前二項」に改め，同項を同条第三項とし，同条第一項中「図書館の施設，」を「図書館（第十三条の三の規定による公立図書館の設置に関する基準に適合している図書館を除く。）の施設，図書館資料及び」に改め，同項を同条第二項とし，同条に第一項として次の一項を加える。

　　国は，図書館を設置する地方公共団体に対し，第十三条の三の規定による公立図書館の設置に関する基準に適合している図書館の館長及び専門的職員の給料その他の給与に要する経費，施設，図書館資料及び設備に要する経費その他必要な経費の二分の一を補助するものとする。

　　第二十一条中「前条」を「前条第二項」に改める。
　　附則（略）

理　由

最近における図書館利用の実情にかんがみ，都道府県，市及び特別区に公立図書館の

設置を義務づけ，その図書館のうち少なくとも一つは，政令で定める設置基準に適合しなければならないとするとともに，当該図書館の施設，設備に要する経費等について国が補助することとする等の必要がある。これが，この法律案を提出する理由である。

出典：『図書館雑誌』Vol. 69, No. 5, 1975年5月, p. 208.

司書24

図書館学教授要目（抄）
『図書館学教授要目』の作成について

日本図書館協会図書館学教育部会
『図書館学教授要目』作成委員会
委員長　岡田温

　図書館学教育は，いうまでもなく，図書館学教育の理念に基づいて，科目群を体系的に構成した教育課程（カリキュラム）と，それぞれの科目の指導の順序によってそれらを配列した教授要目（シラバス）によって実施されるものである。したがって，教育課程と教授要目とは表裏一体をなすものである。

　われわれの委員会は，さきに日本図書館協会教育部会図書館学教育基準委員会によって作成中間報告が行なわれた「図書館学教育改善試案」の中の教育課程をふまえて，大学における図書館学教授要目の標準的なものの作成に着手した。このことは，一つにはそれぞれの科目の指導事項を検討し，標準的な教育内容を考えようとすると同時に，さらに一つには，こうした作業をもとにして，改善試案の教育課程の再検討に資することを意図するものである。特に，われわれは大学における図書館学教育の改善のために，その意義の重要性を認めているので，これまでの司書講習のための『図書館学講義要綱』とは根本的に性格を異にするものである。

　なお，この要目作成に当っては，基本的にはおおよそ次の各項目を念頭においた。

1. この教授要目は，大学における図書館学科の教授要目としてできるだけ包括的な案を作成するように心がけた。このことは，教授者が大学における個性的な教育を行なうに際して，適応性を十分に具有することを考慮したためである。
2. 従ってこれまでの内外の図書館学の成果を単に集大成するというのではなく図書館学教育の理念と，図書館学の教育体系を確立しようとするものである。
3. そのために，従来いわれている図書館学と，近年著しい発展を遂げつつある情報科学とを総合的にとらえることを心がけた。
4. このようにして，この教授要目は，大学における図書館学教育の一応の標準を示すように配慮したものである。
5. とはいえ，このことは，教授者の主体的で個性的な教育にいささかの拘束をも加えるものではなく，あくまでも教授者の参考に資することを基本的な性格とするもので

資　　料

ある。
作成経過
　この教授要目の作成は，第Ⅰ期（昭和48年度）と第Ⅱ期（昭和49年度）の2か年にわたって，研究討議によってまとめたものである。
　昭和48年度（第Ⅰ期）は，「図書館学概論」（4単位）「図書館資料論」（4単位）「図書館資料組織論」（6単位）「図書館奉仕論」（4単位）「図書館経営論」（4単位）の5科目。昭和49年度（第Ⅱ期）は，「図書館史」（4単位）「参考業務」（6単位）「逐次刊行物」（4単位）「情報検索」（6単位）「読書指導」（4～6単位）の5科目を作成した。これは，各科目ごとに分科会を構成し，広く各方面の意見を求めながら，およそ1か年を費して完成したものである。
　教授要目の作成の過程は，日本図書館協会図書館学教育部会に図書館学教授要目作成委員会（委員長岡田温）を設置し，全体の構成と分科会の組織および進行の任に当った。
　各分科会は，第一次案の原案を作成し，それを図書館学教授要目作成委員会，各分科会の委員からなる全体会議を開き，各科目間の調整や討議を経て，その結果によって，第一次案が作られた。
　この第一次案は，日本図書館協会が主催した「図書館学教育研究集会」（第6回＝昭和48年度，第7回＝昭和49年度）において研究討議を行なった。この研究集会の結果を十分にとり入れながら，第二次案を作りあげた。
　第二次案は，全体会議，諮問委員への諮問を経て，修正を加え，「全国図書館大会図書館学教育分科会」（昭和48年度，高知，昭和49年度，東京）において討議した。そして，この大会での意見をとり入れて，第三次案が完成した。
　第三次案は，さらに全体会議，諮問委員によって研究討議を重ねて，各分科会は，最終案を完了した。この最終案は，昭和50年2月19日，日本図書館協会において，公聴会を開催し，広く意見を求め，その結果，さらに修正し教授要目として決定したものである。
　この間，多大な時間とエネルギーを投入され教授要目を作成された各分科会の委員の方々，また諮問委員として常に貴重な意見を寄せられた加藤宗厚，椎名六郎の諸先生，さらに建設的な意見をいただいた図書館界の皆様に，ここに深甚の感謝の意を表する次第である。
　この教授要目は，今後，さらに研究を重ね，改訂を続けてよりよいものにしてゆく計画である。その意味において，この要目は，その一歩をふみ出したものであることを付記して，皆様のご批判を乞うものである。
（略）

図書館学概論

　図書館学は，図書館のあらゆる活動を対象とし，その活動内容を科学的に分析把握し，これを体系づけ，そこにある諸原則を明かにするとともに，図書館活動の将来の新しい

実践に寄与することを目的とする社会科学である。なお，図書館学とは何かということをはじめから課題としようとする場合は，「Ⅴ　図書館学とは何か」の項からはじめることも可能である。

Ⅰ　図書館とは何か
　A　情報と図書館
　　1.　情報とは何か
　　2.　情報の蓄積と伝達
　　3.　記録情報の蓄積と伝達の機関としての図書館
　B　図書館の本質
　　1.　性格
　　2.　構成要素
　　3.　機能とその分化
Ⅱ　社会における図書館の役割
　A　記録情報の集積
　B　記録情報の伝播
Ⅲ　図書館の思潮
　A　古代
　B　中世
　C　近世
　D　近代
　E　現代

「図書館史」を単独に開講している場合は，古代から現代に至る記録情報とその集合体である図書館，その利用の事実の流れを簡潔に扱い，図書館の概念を歴史的に概観する。

「図書館史」を開講していない場合は，西洋，東洋，（あるいは日本）に大別し，時代の特長を述べるか，あるいは世界史的にとらえる。しかし，いずれの場合も多くの時間を費すことは避ける。この場合，近世以前は簡単にし，近世以後に重点をおくのも一つの方法である。

Ⅳ　図書館の現状
　A　国立図書館
　　1.　性格
　　2.　機能
　　3.　活動
　　4.　現状と課題
　　5.　国立国会図書館
　　　a　沿革
　　　b　法規
　　　c　組織

資　　料

　　　　d　機能
　　　　e　現状
　　6.　世界の主要な国立図書館
　　　　a　アメリカ議会図書館（Library of Congress）
　　　　b　大英博物館（British Museum）
　　　　c　フランス国立図書館（Bibliotheque National）
　　　　d　その他
B　公共図書館
　1.　性格　地域社会と図書館
　2.　機能
　3.　活動
　4.　法規と基準
　5.　現状と課題
　6.　世界の主要な公共図書館
C　学校図書館
　1.　性格　学校教育と図書館
　2.　機能
　3.　活動
　4.　法規と基準
　5.　現状と課題
D　大学図書館
　1.　性格　大学と図書館
　2.　機能
　3.　活動
　4.　法規と基準
　5.　世界の主要な大学図書館
E　専門図書館
　1.　性格　特定主題の調査・研究と図書館
　2.　機能
　3.　活動
　4.　現状と課題
　5.　世界の主要な専門図書館
F　類縁機関
　1.　文書館
　2.　博物館
　3.　公民館
　4.　その他

- G 図書館協力機構
  1. 性格
  2. 機能
  3. 活動
  4. 現状と課題
  5. 主要な協力機構
- V 図書館学とは何か
  - A 図書館学の特質
    1. 図書館学の領域
    2. 図書館学と隣接科学
  - B 図書館学の発達と現状
  - C 図書館学の課題
- Ⅵ 図書館学の研究法
  ここでは，歴史的研究，統計的研究，比較研究など，図書館学の研究方法を概説する。
- Ⅶ 図書館学の研究と教育の組織
  - A 図書館学の研究機関
  - B 図書館学教育の制度と機関

参考文献
石塚正成　図書館通論　改訂増補　明治書院　1970
草野正名　図書館学原論　増補改訂版　内田老鶴圃　1967
椎名六郎　新図書館学概論　学芸図書　1973
武田虎之助編　図書館学学習の手びき　日本図書館協会　1973（図書館の仕事・24）
渡辺正亥　図書館通論　池上書店　1973
鈴木徳三　機能主義図書館学序説　三弥井書店　1975
Asheim, L. *Persistent Issues in American Librarianship.* Chicago, Univ. of Chicago Press, 1961.
Butler, P. *An Introduction to Library Science.* Chicago, Univ. of Chicago Press, 1933.
Gates, J. K. *Introduction to Librarianship.* N.Y., McGraw-Hill, 1965.
Jefferson, G. *Libraries and Society.* London, J. Clarke, 1969.
Licklider, J. C. R. *Libraries of the Future.* Cambridge, Mass., M. I. T. Press, 1965.
Rawski, C. H., ed. *Toward a Theory of Librarianship.* Metuchen, N. J., Scarecrow, 1973
White, C. M. ed. *Bases to Modern Librarianship.* N.Y., McMillan, 1964.
Corbett, E. V. *An Introduction to Librarianship.* London, J. Clarke, 1966.
　Ⅰ　図書館とは何か，Ⅱ　社会における図書館の役割
石塚正成　図書館通論　改訂増補　明治書院　1970
椎名六郎　新図書館学概論　学芸図書　1973

資　料

武田虎之助編　図書館学学習の手びき　日本図書館協会　1973（図書館の仕事・24）
中村初雄編　新しい図書館　日本図書館協会　1973（図書館の仕事・1）
図書館ハンドブック　増訂版　日本図書館協会　1960
　Ⅲ　図書館の思潮
Johnson, E. D. 西欧の図書館史　小野泰博訳　ぎょうせい　昭49
小野則秋　日本図書館史　京都　玄文社　昭45
Thornton, J. L. ライブラリアンシップ史　三輪昌伸訳　学芸出版社　昭48
Jackson, S. *Libraries and Librarianship in the West.* N. Y., McGraw-Hill, 1974.
　Ⅳ　図書館の現状
　　A　国立図書館
　　　国立国会図書館年報
　　　図書館関係法規基準集　1975年版　日本図書館協会　1975
　　　National Libraries.　UNESCO, 1960.
　　　Johnson, E. D. 西欧の図書館史　小野泰博訳　ぎょうせい　昭49　p. 226-259, 474-491
　　B　公共図書館
　　　西崎恵　図書館法　日本図書館協会　1970
　　　裏田武夫・小川剛　図書館法成立史資料　日本図書館協会　1968
　　　石井富之助　私論・市立図書館の経営　神奈川県図書館協会　1971
　　　中小都市における公共図書館の運営　日本図書館協会　1963
　　　清水正三編　公共図書館の管理　日本図書館協会　1971（図書館の仕事・3）
　　　石井敦・前川恒雄　図書館の発見　日本放送出版協会　1973（NHKブックス194）
　　　市民の図書館　日本図書館協会　1970
　　　小河内芳子編　児童図書館　日本図書館協会　1967（図書館の仕事・20）
　　　Asheim, L. *New Directions in Public Library Development.* Chicago, Univ. of Chicago Press, 1958.
　　　Gregory, K. W. and Stoffel, L. L. *Public Libraries in Cooperation Systems.* Chicago, A. L. A., 1971.
　　　Shera, J. H. *Foundation of the Public Library.* Hamden, Conn., Shoe String, 1965.
　　C　学校図書館
　　　図書館教育研究会編　新版　学校図書館通論　学芸図書　昭47
　　　渡辺正亥　学校図書館概説　学芸図書　1976
　　　American Association of School Librarians. *Media Programs.* Chicago, A. L. A., 1975.
　　　Davies, R. A. *The School Library Media Center.* N. Y., Bowker, 1974.
　　　Fenwick, S. I. *New Definitions of School Library Services.* Chicago, Univ. of Chi-

cago Press, 1960.
- D 大学図書館

    岩猿敏生　大学図書館　雄山閣　1975（日本図書館学講座6）

    Lyle, G. R. *The Administration of the College Library*. 4 th. ed. N.Y., Wilson, 1975.

    Rogers, R. D. and Weber, D. C. *University Library Administration*. N.Y., Wilson, 1971

    Wilson, L. R. and Tauber, M. F. *The University Library*. 2 nd. ed. N.Y., Columbia Univ. Press, 1956.

- E 専門図書館

    伊大知良太郎〔等〕　社会科学ドキュメンテーション　丸善　1968

    ドキュメンテーション・ハンドブック　東京電機大学出版局　昭42

- F 類縁機関

    藤野幸雄　大英博物館　岩波書店　1975（岩波新書）

    Favier, J. 文書館　永尾信之訳　白水社　1971（文庫クセジュ）

    日本社会教育学会編　現代公民館論　東洋館　昭40

    中島俊教　これからの公民館　改訂増補　ぎょうせい　昭50

V 図書館学とは何か

椎名六郎　新図書館学概論　学芸図書　1973

Butler, P. *An Introduction to Library Science*. Chicago, Univ. of Chicago Press, 1933.

Rawski, C. H. ed. *Toward a Theory of Librarianship*. Metuchen, N. J., Scarecrow, 1973.

Shaffer, D. E. *The Maturity of Librarianship as Profession*. Metuchen, N. J., Scarecrow, 1968.

Shera, J. H. *The Foundation of Education for Librarianship*. N. Y., Becker & Hayes, 1973.

Ⅵ 図書館学の研究法

武田虎之助編　図書館学学習の手びき　日本図書館協会　1973（図書館の仕事・24）

Danton, J. P. *The Dimension to Comparative Librarianship*. Chicago, A. L. A., 1973.

Goldhor, H. *Measurement and Evaluation*. Urbana, Univ. of Illinois, Graduate School of Library Science, 1968.

Ⅶ 図書館学の研究と教育の組織

Shera, J. H. *The Foundation of Education for Librarianship*. N.Y., Becker & Hayes, 1973.

Swanson, D. R. *The Intellectual Foundations of Library Education*. Chicago, Univ. of Chicago Press, 1965.

出典：日本図書館協会図書館学校教育部会『図書館学教授要目』作成委員会『図書館学教授要目』1976年, p.1-3, 7-13.

資料

司書25

司書養成科目（省令）改定につき文部省への働きかけについて（要請）

1986年12月20日

日本図書館協会　理事長
　　図書館学教育部会　殿

近畿地区図書館学科協議会

　　司書養成科目（省令）改定につき
　　　文部省への働きかけについて（要請）

冠省
　近畿地区において図書館学を開講している大学の集まりであります本協議会は，去る12月5日，光華女子大学において第38回の定例会を開催いたしました。席上，いま文部省が進めている社会教育主事養成カリキュラムの改正の経緯が紹介され，それを機に司書養成教育のカリキュラムについても意見交換がなされました。伝え聞くところによると，文部省は，司書・学芸員についても，関係者からの要請があればカリキュラムの再検討をせざるを得まいとの考えをもっているようであります。
　本来，大学における専門教育の科目等については，それぞれの大学が独自に決定すべきものでありますが，司書資格を付与するための科目に相当する旨の認定を文部省に求めねばならない関係上，現実の問題として，文部省が図書館法施行規則で定めている司書講習科目・単位数が大学における司書養成教育の開講基準に大きな影響力をもっております。従って，大学における司書養成の今日的なあるべき姿を追求しようとすれば，この省令の内容を再検討することが必要です。
　現行の規定は1968年に改正されたもので，すでに20年近い歳月を経ており，内容上，かなりの問題点を含むことがこれまでから指摘されてきております。そこで，文部省が社会教育主事の養成カリキュラム改正を準備している現在，図書館界として司書講習科目の見直しを文部省に強く働きかけるべきではないかと考えます。当然その場合には，どのように改めることが望ましいかについての構想を用意してあたるべきであり，本協議会としてもその検討を早急に始めることを申し合わせております。
　文部省に対する直接の働きかけは，当然，日本図書館協会が行うことが至当であり，図書館学教育部会が中心になって処していただく必要があろうと私どもは考えておりますが，検討の内容面で積極的に協力してまいりたいと思っております。この件の具体化・推進についてよろしくおとりはからい下さるよう，文書により要請いたします。

文責・連絡先：塩見　昇（大阪教育大学）

出典：『図書館雑誌』Vol. 81, No. 2, 1987年2月, p.64.

司書26

「図書館法施行規則」における司書等養成科目等の改定について（要望）

日　図　協

　　　　　　　　司書養成科目改定について要望

　　　　　　　　　　　　　　　　　　　　　　　　　　　　文部省社会教育局に

　日本図書館協会では，昭和62年度全国図書館大会・第一分科会の決議をうけて，昨年12月，文部省へ別掲の要望書を提出した。

　文部省　社会教育局
　　局　長　斎藤　諦淳殿

　　　　　　　　　　　　　　　　　　　　　　　　　　社団法人日本図書館協会
　　　　　　　　　　　　　　　　　　　　　　　　　　　　理事長　高　橋　徳太郎

「図書館法施行規則」における司書等養成科目等の改定について（要望）

　情報化等を中心とする急速な社会的諸条件の変化に対応して，図書館等の社会教育施設が，生涯学習の観点から改めて，その機能と活動の活発化を求められております。

　さきの臨時教育審議会の答申においても，これに対処する緊急の課題として，司書を含む社会教育関係専門職員の資質・能力の向上と，その養成の再検討の必要性が指摘され，貴文部省におかれても，既に「社会教育主事の養成について」検討を終え，本年2月省令による「社会教育主事講習等規程の一部改正」を実施されました。

　一方，「図書館法」において，公立図書館に置かれる専門的職員である司書及び司書補（以下，司書等とする）にかかる講習科目及び単位数（以下，科目等とする）を定めた「図書館法施行規則第1章」は，昭和43年に改正され，既に20年近くを経過しております。

　先に述べました今日の生涯学習社会への変化と共に，この20年間のわが国公立図書館の諸条件は一変し，図書館及び専門的職員の数も2〜3倍に増加し，奉仕活動の内容も著しく多様になっております。このため，現行規程の内容に，かなりの問題を含むことが，各方面から指摘されてまいりました。

　貴文部省におかれては，このことに関する（別添）昭和62年度全国図書館大会の決議を含む国内図書館学教育担当者の諸意見と，大学における司書養成教育の現状をふまえて，「図書館法施行規則」における司書等の養成科目等の規定の見直しと，その改定に向けての諸施策を早急に進められるよう，強く要望するものであります。

　　出典：『図書館雑誌』Vol.82, No.2, 1988年2月, p.63.

資料

司書27

文部省令科目の改正に向けて（要望）

文部省生涯学習局長宛

平成元年［8月］
日本図書館協会理事長

省令科目改訂の趣旨

1. **生涯学習時代における図書館の機能**
   ア．21世紀へ向けての教育改革の最大の課題として，生涯学習体系への移行が提起されているが，生涯学習体系の下位システムである家庭教育・学校教育・社会教育というそれぞれの学習の場において，図書館は須要な学習支援システムである。
   イ．とくに，個人個人の個性に対応した自主的な学習活動を組織的に保障する機関としては，利用者が必要とする情報・資料を提供することを本質的機能とする図書館が最も適切であると言えよう。
   ウ．生涯学習体系のそれぞれの下位システム内部を，また，異なる下位システムの間を有機的に結合する機構として，それぞれの下位システムに属する同一館種および異なる館種の図書館間のネットワークが重要になろう。

2. **生涯学習を支援する図書館員の役割**
   ア．生涯学習体系において，組織的および個人的な学習を支援するシステムとしての図書館の機能を十分に遂行するために，専門的職員である図書館員（司書）の役割は，現在より一層重要なものとなる。
   イ．学習情報のネットワーク化，学習者に対する情報提供，相談体制の整備に関しては，すでに資料の蓄積があり，また情報サービスの実績がある公共図書館の業務として行うのが適切であり，現実的方策でもある。コミュニティの生活関連情報の提供は，米国の公共図書館において案内・紹介サービスとして実施されている事例があり，我が国においても実施することが可能であると思われる。すなわちコミュニティの生涯学習関連情報を蓄積し，図書館員が利用者の求めに応じて直接的，個人的に相談に応じ，必要な情報を提供したり，場合によっては実際に案内するサービスを行うようにすべきであろう。
   ウ．従来の資料提供および参考業務という基本的なサービスに加えて，より積極的で新しい社会的なニーズに対応するサービスがもとめられており，このために新しいサービスの企画や利用者層の開拓など，図書館経営に意欲的な図書館員が必要になってきている。

3. **21世紀に向けての図書館員の養成**
   ア．生涯学習体系への移行を主軸とする教育体系の総合的再編成に対応して，新しい図書館サービスの理念と，それを実行しうる知識と技術を身に付けた図書館員の養

成が急務である。
- イ．家庭教育，学校教育，社会教育に関連する図書館は，公共図書館だけではなく，学校図書館，大学図書館，専門図書館等，すべての館種が含まれ，また，館種を越えたネットワークを形成する必要があるので，図書館員の養成もすべての館種を視野に入れた総合的な見地からなされるべきである。
- ウ．情報化の進展，特に通信メディアの発達と記録メディアの多様化により，「紙なしコミュニケーション」とか「壁のない図書館」とかが近い将来に実現すると言われている。もちろん図書館資料の中心が図書であることは21世紀になっても変わらないと予測されるが，新しい状況の中でメディアの新旧を問わずその仲介者としての図書館員の養成が必要となろう。
- エ．世界の中で日本の新しい役割が求められている今日，図書館界においても国際間の人的および情報資源の交流が一層盛んになる中で，一定のリーダーシップを要求されるようになるであろう。こうした国際化に対応できる能力も必要である。

4. 省令科目改訂の必要性

- ア．21世紀に向けて新しい時代の要請に対応し得る図書館員を養成するためには，現行の養成制度の見直しが必要であり，特に昭和43年の改訂後20年を経て，時代に合わない部分が出てきている省令科目の科目構成および科目内容の改訂が必要である。
- イ．これまで述べてきたように生涯学習時代を迎えて公共図書館の役割が一層重要になってきており，専門職員である司書の養成も，この観点から再考すべきであるし，また，情報化の進展に対応して，図書館業務全般に変化が生じており，こうした状況に対応するには現行のカリキュラムでは不十分である。
- ウ．なお，生涯学習体系全体に対応するために，将来的にはすべての館種を含む図書館員の養成制度を確立すべきである。また，カリキュラムの改訂と並行して養成に携わる教員の資質の向上が重要であり，このための施策も検討されねばならない。

5. カリキュラム改訂の要点…現行制度との関係

- ア．図書館法に規定されている司書講習のための省令科目の改訂を当面の課題とする。司書講習については，従来より廃止すべきであるという意見や，現職者に限定すべきであるとする考えが出されており，その理由も首肯し得るものがあるが，一方では，門戸を広く開放して，多くの大学，また色々な専攻の学生に資格取得の機会を与えるべきであるという考え方もある。また，図書館の現場へ実際に人材を供給している点では，現在でも一定の機能を果たしていると言えよう。しかし，いずれにしても教育内容の改善が必要であることは，多くの人が認めるところであろう。
- イ．また，大学（短期大学を含む）における司書課程の科目が長い間省令科目に準拠してきた事実に鑑み，改訂後もこの方式が踏襲されることを前提とした改訂を行う。しかし，大学における教育は多様であるべきであり，それぞれ特色を持った図書館員を養成できるような方策が講じられるべきである。そこで，準拠される省令科目のカリキュラムを現状より柔軟に構成するような改訂を行うこととする。

資　料

ウ．また，カリキュラムを柔軟に構成することにより，大学が必要な科目を付加することによって，公共図書館以外の館種に適した図書館員をも養成できるようにする。そして，将来館種別のカリキュラムが構想される時に，その基礎となり，かつそれらと整合性を持ち得るようなカリキュラムを考える。

出典：『図書館年鑑』1990年，p. 307 - 308.

司書28

司書講習科目素案および素案（再修正案）

表1．司書講習科目素案

科　目　名	単位数
〈必修科目〉	(15)
生涯学習・社会教育の基礎	1
図書館活動と図書館の経営	2
図書館資料	2
目録と分類	2
情報管理	2
情報サービスと参考調査	2
図書館演習	2
奉仕計画立案の実際；参考調査の実際；奉仕活動の技術；データ入力，データベース検索の実際	(1)
目録記入の実際；資料分類の実際	(1)
図書館特講（内容選択） 　図書館の施設と設備；人文科学及び社会科学の書誌解題；自然科学と技術の書誌解題；マス・コミュニケーション；視聴覚教育；調査の種類と技法；出版と流通；図書館活動と著作権；図書館とボランティア；図書館の歴史；諸外国の図書館；情報化と図書館；国際化と図書館；児童室の経営；コミュニケーション論；カウンセリングの技術	2
計	15

表2．司書講習科目素案（再修正案）

科　目	単位	内　　容	摘要（現行科目）
生涯学習と図書館		生涯学習の理念，学校教育及び社会教育の意義と役割，施策の現状等を概観し，併せて生涯学習の振興と図書館の責務，動向及び社会的機能について体系的に解説する。 　1）生涯学習の理念（系譜，施策の現状にも触れる） 　2）生涯学習と学校教育 　3）生涯学習と社会教育 　4）生涯学習の内容・方法・形態と学習者 　5）社会教育施設の経営と指導者（各種学習関連施設間の連携・協力を含む）	社会教育① 図書館通論 図書及び図書館史①のうち図書

科　目	単位	内　　　容	摘要（現行科目）
		6） 生涯学習と図書館 7） 図書館の社会的機能（館種・歴史を含む） 8） 図書館の動向（図書館協力問題も含む） 9） 図書館行政（図書館法，その他社会教育法等関係法規も含む） 10） 国際化と図書館（諸外国の図書館の実情を含む）	
図書館活動と図書館の経営		図書館の管理運営一般について概説するとともに，利用者に対する館内，館外の奉仕活動一般について体系的に解説する。 1） 図書館の管理（組織，予算，企画，人事等）と実務 2） 図書館の施設と設備 3） 図書館員の責務と研修・養成 4） 情報の提供（他の科目との関連を踏まえつつ図書館に関する情報サービスについて概説する） 5） 図書館奉仕と著作権 6） 奉仕計画（各種調査，広報を含む）策定の意義とその手順 7） 奉仕活動の特質とその体系 8） 奉仕活動の実際（児童，青少年，成人，婦人，高齢者，障害者等に対する奉仕活動） 9） 奉仕活動とボランティア 10） 児童奉仕の意義と方法 11） 児童室の経営（各種事業の企画・立案，学校図書館等との連携・協力を含む） 12） 図書館奉仕の協力（他の図書館，関連機関との連携・協力の在り方等） 13） 地域図書館計画	図書館通論 図書館活動2 青少年の読書と資料① 図書館の施設と設備①
図書館資料		視聴覚資料，地域資料，その他の資料を含めての図書館資料全般の特質を論じ，資料選択上の着眼点及び参考資料を紹介するとともに地域資料及び逐次刊行物の収集，整理，利用上の留意点を述べる。 1） 図書館資料の類型とその特質 2） 選択の基準とその着眼点及び主要参考資料の利用法 3） 資料の生産と流通（外国事情にも触れる） 4） 蔵書構成の諸問題 5） 資料の受入と払出 6） 資料の維持管理 7） 視聴覚資料，地域資料，及び逐次刊行物の収集，整理，利用上の留意点	図書館資料論2 資料整理法特論① 図書及び図書史① のうちの図書 青少年の読書と資料①

資　料

科　目	単位	内　　容	摘要（現行科目）
資料組織法		8) 児童図書等の収集，整理，利用上の留意点 資料組織法の意義と理念を論じ，その実務を解説する。 1) 資料組織の意義 2) 目録の意義・機能・種別 3) 日本目録規則（NCR）その他の目録規則の解説及びその適用（洋書にも言及する） 4) 機械化における資料組織の在り方について 5) 分類の意義 6) 日本十進分類法（NDC）その他の分類法の解説及びその適用	資料目録法2 資料分類法2
情報管理（情報検索）		情報検索，文献検索，抄録法，索引法，機械的処理等について総合的に解説する。 1) 情報についての基本的理解 2) 情報及び文献検索の意義 3) 情報の処理とその方法 4) 抄録作成法 5) 索引作成法 6) 機械的処理の方法（情報処理機器の種類と概要を含む） 7) コンピュータ・システムの概要 8) データベースの構成と管理	情報管理①
情報サービスと参考調査		学習相談及び学習情報提供の意義，図書館における情報サービスの種類，参考調査の方法等の概要を述べるとともに，参考図書やデータベースのうち基本的なものにつき解説し，その利用法に及ぶ。 1) 学習相談（カウンセリングの技術を含む）及び学習情報提供の意義と図書館における情報サービスの在り方（他の図書館，関連機関との関係にも触れる） 2) 情報サービスの種類（レファレンス・サービス，レフェラル・サービス，カレント・アウェアネス・サービス等）と意義 3) 参考調査の組織・処理の方法 4) 参考図書の解説と利用法 5) 主要データベースの解説と利用法 6) データベース検索の方法（オンライン情報検索に及ぶ）	
図書館演習		基本的な実務に関する演習を通して，実践的な能力の養成を図る。	参考業務演習1 資料目録法演習1

科　目	単位	内　　　容	摘要（現行科目）
Ⅰ類		1) 奉仕計画立案の実際（広報誌，調査票の作成を含む） 2) 児童・青少年，障害者等に対する奉仕活動の実際と技術（ストーリーテリング，読み聞かせ，ブックトーク，対面朗読，書誌解題等）	資料分類法演習1
Ⅱ類		3) 参考調査の実際 4) データ入力，データベース検索の実際	
Ⅲ類		5) 目録記入の実際 6) 資料分類の実際	
図書館特講		A案　2科目選択 (1) 人文科学及び社会科学の書誌解題 (2) 自然科学と技術の書誌解題 (3) 児童図書等の書誌解題 (4) 出版と流通 (5) コミュニケーション論 (6) 視聴覚教育メディア (7) 調査の種類と技術 B案　3類中2類について各類選択 　Ⅰ類 (1) 人文科学及び社会科学の書誌解題 　　　 (2) 自然科学と技術の書誌解題 　　　 (3) 児童図書等の書誌解題 　Ⅱ類 (4) 出版と流通 　　　 (5) コミュニケーション論 　Ⅲ類 (6) 視聴覚教育メディア 　　　 (7) 調査の種類と技法	

出典：日本図書館協会図書館学教育部会　『会報』第30号，1990年11月30日，p.1-4.

司書29

平成2年度　全国図書館大会　決議：司書養成科目（省令）の改定について（要望）

日本図書館協会理事長　髙橋徳太郎殿

　　　　　　司書養成科目（省令）の改定について（要望）

　去る1987年10月，全国図書館（東京）大会・第1分科会の名のもとに，私たちは「司書養成科目（省令）改定に向けて」要望書を貴協会宛，提出いたしました。これは，貴協会・図書館学教育部会による研究集会をはじめ，さまざまな機会における討議の結果，「図書館法施行規則」改定以来20年の年月が経過し，多様化した社会の要求に応える司書養成を行うことが極めて困難であるというコンセンサスに基づくものであります。

資　料

　その後,貴職や事務局長をはじめ,各位のご理解,ご尽力により,同年12月,貴協会・理事長名で文部省社会教育局長宛の要望書(「図書館法施行規則」における司書等養成科目等の改定について)が,また,昨1989年8月には,再び要望書(文部省令科目の改正に向けて)〈同省生涯学習局長宛〉が,それぞれ提出されました。
　しかるに本年4月に明らかとなった社会教育審議会社会教育施設分科会図書館に関するワーキンググループの検討会で提示された「司書及び司書補の講習内容見直しのための素案」によりますと,現行の単位数及び教育内容について大幅な変更が予定されております。同案は,私たちが従来,主張してきた要望の内容とは異なり,後退した内容となっております。もし同素案が成案となったとき,今後のわが国における専門職としての司書養成のあり方に大きな禍根を残すおそれが十分にあります。
　ここに私たちの従来の主張を再確認するとともに同素案がその線に一歩でも近づくべく,貴職におかれましても貴協会の総力をあげて,今後ともわが国の図書館界が意のある方向に進むよう,行動を起こされることを,第76回全国図書館(静岡)大会・第11分科会の名において強く要望するものであります。
　　　1990年10月25日　静岡市民文化会館にて

　　　　　　　　　　　　　　　　　　　　　　　　　全国図書館大会・第11分科会
　　　　　　　　　　　　　　　　　　　　　　　　　〈図書館員養成〉参加者一同

　　　出典:『図書館雑誌』Vol.85, No.1, 1991年1月, p.8.

司書30

司書講習科目(新カリキュラム案)についての要望(抄)

　　　　　　　　　　　　　　　　　　　　　　　　　　　　　　　1991年12月5日
文部省生涯学習局長宛
　　内田　弘保　殿

　　　　　　　　　　　　　　　　　　　　　　　　　　　　社団法人日本図書館協会
　　　　　　　　　　　　　　　　　　　　　　　　　　　　　理事長　髙橋　德太郎
　　　　　　　　　　第77回全国図書館大会決議の送付について

(略)
司書講習科目(新カリキュラム案)についての要望

　本年6月末,文部省生涯学習審議会社会教育分科審議会施設部会図書館専門委員会(以下,「委員会」)は,「司書,司書補講習科目の内容(案)」をまとめました。日図協図書館学教育部会は同案(概要)に基づいて去る10月6日,緊急研究集会を開催するとともに,今年の徳島での全国図書館大会第11分科会においても同案に関する経過報告ならびに討議を行いました。
　同案については「あくまでも司書講習科目であり,また現案は最終案ではない」との

ことでありましたが，その後この案の協議がどのように進展しているのか，全容が明らかにされておりません。そのため，さまざまな疑念や憶測が広がりつつあります。

　委員会，文部省は一刻も早くカリキュラム案の全容を公表して責任ある説明を行われるよう，同時に，公表から施行にいたるまで十分な余裕をもって慎重に対処されるよう，期待しております。

　図書館現場の意見を反映した案を最終的にまとめられるよう，強く念願するところであります。

　　出典：『図書館雑誌』Vol. 86, No. 1, 1992年1月，p. 27.

司書31

図書館司書など資格要件，「大卒」なくす方向　審議会答申受け文部省

　文部省は29日，同省が所管する図書館司書などの資格を定めた法令から，資格を取る際の基準となっている「大学卒」の規定をできる限りなくす方向で検討を始めた。生涯学習審議会（会長・伊藤正己日本育英会会長）が同日，文相に提出した生涯学習の振興策の答申を受けたもの。同審議会は学歴中心から，ボランティア活動や社会経験の評価の重視を打ち出している。文部省は，職業資格を定めた法令の基準を「高校卒」に緩和することで，学歴偏重の見直しのきっかけにしたいとしている。

　学歴偏重の社会への反省から提唱された生涯学習という考え方は，一般には十分，浸透していない。そのため，同省は現状を変える刺激剤として，資格取得の基準緩和の道を探ることにした。

　現在でも，大卒ではない人が資格を取得する道はあるが，いわば「バイパス」程度の位置付け。今後は，その発想を変えて，高校卒を基準として，大卒者には取得のための講習を一部，免除するなどの方式に逆転させたい考え。

　当面の検討の対象となるのは，同省生涯学習局が所管する資格で，図書館司書のほか，社会教育主事，学芸員などがある。さらに同省は，大卒を必須（ひっす）条件にしている資格についても洗い出し，実務経験などで代替できるものについては，改善を検討する。

　小野元之・生涯学習振興課長は「学歴社会を是正するために，足元から見直しを始める。なんとか軌道に乗せ，他局や他省庁にも検討をお願いしていく」と話している。

　一方，答申は，審議会が発足して初めてのもので，生涯学習の体系を示すなかで，ボランティア活動や社会経験などを生涯学習の場として重視しているのが特徴。公的な職業資格の受験に必要な学歴などの条件を公民館活動や民間講座での勉強など生涯学習の成果で置きかえる努力を求め，ボランティア活動の実績を記入できる履歴書づくりなどを提案している。

　さらに，企業などの社会人再教育に対する税制上の優遇▽専門学校の修了者に「学士」と同じような称号を与える▽学校の機能の多元化をはかり生涯学習の施設として整

資　　料

備する——などを提言。

　文部，労働，通産などの省庁がバラバラに取り組んでいる実情への強い批判が出ていることに対応するため，横断的な機関を設ける必要を強調している。

　　出典：『朝日新聞』1992年7月30日，朝刊1総

司書32

生涯学習審議会答申にかかわる日本図書館協会の見解

　1992年7月，生涯学習審議会答申に際し新聞発表が行われた。その紹介記事の中では専ら「司書の資格要件の緩和」を目指す方向が強調されていた。

　折しも司書講習における省令科目の改訂作業も進められているときでもあり，今回の新聞報道に関連して日図協事務局への問い合わせが相次ぐなど，館界の注目を集めた。

　当協会としてはこれを重視し，在京の理事，関係部会，委員会関係者と懇談会を持ち，さらに常務理事会でも検討を加え，今次の答申を契機に文部省に対し，図書館専門的職員の課題にかかわる今後の国の図書館行政について，見解をまとめた。

1　学歴偏重の是正について

　生涯学習審議会答申（以後「答申」と言う）第4部(1)「学歴より生涯にわたる学習の蓄積の重視を」にも書かれている通り，今日の学歴偏重の意識の変革と，それを制度的に補完することの重要性は十分認識するところである。

　しかし，図書館に置かれる専門的職員の資格要件に関しては，図書館法第5条に大卒，高卒それぞれの資格取得の道が定められており，特にあらためて学歴偏重を云々するには当たらないと考える。

　今回の，資格条件を単純に改変しようとする主旨の発言は，「答申」第3部—4で「専門的職員の研修の一層の充実を図る」という主旨に照らして矛盾するものである。熱心さ，親切さのみでは解決されない，生涯学習の基礎的機関である図書館の司書が担当すべき業務内容の専門性を十分認識していないのではないか。

2　司書の専門性について

　図書館法には図書館の専門的職員を司書，司書補とするとある。残念ながらわが国において，未だこれが具体的な施策のなかに生かされていないのが現状である。

　先に発表された「公立図書館の設置及び運営に関する基準」においても，「専門的職員は，資料の収集，整理，保存及び提供，情報サービスその他の専門的業務に従事し，図書館サービスの充実，向上に努めるものとする」とあり，その資質と業務遂行能力には図書館特有の総合的知的領域における強い関心と意欲と併せて，幅広い理解力とが基礎的要件である。いま我々の考える図書館職員とは，これらの資質，能力に加えて『公立図書館の任務と目標』でも述べているように，使命として住民・利用者の資料に対する要求にこたえ，さらに資料要求を拡大していく努力を払うものでなければならない。そのためには図書館に関する専門的学習が不可欠であり，経験の蓄積もまた重要となる。

図書館の職員になるための資格取得には，このことをふまえたうえで多様な道が開かれていることが必要である。

これを具体化するためには，当面の課題として講習科目内容の充実をまず計らねばならない。文部省におかれては，当協会から既に提出している要望の主旨を尊重され，早急に関係委員会等の検討を深め，その実現をはかるよう切望する。

3 ボランティア参加の問題について

生涯学習のひろがりにともない，ボランティアとしての社会参加は，それとして大切なことである。しかし「答申」の中でも特に付言されているように，図書館の人手不足を補うための，恒常的労働力となるようなボランティアへの依存は，むしろ図書館の専門的機能を希薄化し，その発展を妨げ，ボランティア本来の主旨に反するものである。図書館の運営の基本は専門的職員を中心とした職員全体によって支えられることを前提とした上で，ボランティアの参加と協力のあり方を考えなければならない。

4 今こそ図書館に専門職員（司書職）の制度を

図書館が生涯学習の中核的施設として十分に機能するためには，そこに働く職員（体制）の充実を計らなければならない。このことは「答申」でも触れられているところである。

文部省は今こそ，すべての図書館に図書館法で定める司書（補）を置くことを強力に推進されたい。すぐに実施することは困難な自治体等もあるかもしれないが，少なくとも図書館法を守り，法の精神を実施していこうとする国の姿勢が，日本全国の図書館及び図書館職員をどれだけ励ますことになるか，計り知れないものがある。

文部省は，創設以来はじめて学習情報課の中に「図書館振興係」を設けたが，このことの意味は大きい。図書館事業にかかわる生涯学習を振興するための基盤整備の最重点課題として，この問題の積極的改善に取り組まれることを切に要望する。

出典：『図書館雑誌』Vol. 86, No. 12, 1992年12月, p. 908-909.

司書33

社会教育主事，学芸員及び司書等の養成及び研修の充実の在り方についての意見照会について

昨年末文部省の生涯学習審議会社会教育分科審議会計画部会より養成制度の案が発表され，「社会教育主事，学芸員及び司書等の養成及び研修の充実の在り方について」意見を求められたのに対して（本誌2月号p73参照），日本図書館協会は，次の文書をとりまとめて計画部会に提出した。

＊

1996年1月31日

生涯学習審議会社会教育分科審議会
　計画部会長　大野　忠　殿

資　　料

　　　　　　　　　　　　　　　　　　　　　　　社団法人日本図書館協会
　　　　　　　　　　　　　　　　　　　　　　　　　　理事長　栗原　均

社会教育主事，学芸員及び司書等の養成及び研修の充実の在り方についての意見照会について

1.　大学等における養成制度の改善について
(1)大学等における養成内容の改善について
　はじめに
　司書及び司書補の講習科目の見直し充実については，ここ数年来当協会の図書館学教育部会が中心となり，全国的な教育関係者の検討をへて，1994年4月，24単位からなる「司書養成カリキュラム」をまとめた。

　この「日図協案」は文部省学習情報課を通じて既に提案したものであり，生涯学習への対応，社会の変化への対応等の観点及び「養成講習」という一定期間に実施するという時間的制約も考え，現在行っている大学・担当教員の意見も聴取した上でのものであった。

　上記の案を作成するに当たっては，単位数はいわば結果であり，根本は「どのような司書（補）を養成するのか」という考え方に立って十分論議し，これからの図書館員教育に必須の基礎的な学習要件を満たすものとしてまとめた。

　貴部会におかれては最終案の作成に向けて，再度上記日図協案を検討に加えられることを期待したい。

　評価すべき点
・　図書館界の長年の要望であった児童サービスに関わる科目が「児童サービス論」として必須科目となったことはおおいに評価できる。
・　選択科目に「図書館特論」が設けられ，その時々の重要課題を取り上げられる余地が出来たことは良いことである。出来ればこの単位数を2～3単位とし，弾力性を持たせながら全体の単位数を増やすことは考えられないか。
・　司書補の受講科目がすべて必修科目になったことは良いことである。

(2)講習等の科目代替措置としての学習成果の認定の範囲拡大について
・　今回提案されている改善案は図書館員養成の最も基本となるべき科目に絞られたものと解釈できるので，代替措置としての学習成果の認定は原則として行うべきではないと考える。なぜならたとえアルバイト・ボランティア等の経験があったとしても，それは図書館活動全体のごく一部に過ぎず，図書館活動を総体として捉えていることにはならないからである。強いて言えば，社教主事・学芸員がさらに司書の資格を得るときに，共通科目の「生涯学習概論」の免除であろう。

2.　研修制度の充実について
(1)研修内容，方法の充実
・　体系的・計画的な現職研修の重要性は十分認識するところであるが，現在の図書館

現場の職員は非常に厳しく，研修への参加の希望を持ってもその期間中の代替要員が確保されないために，諦めざるをえない状況も一部にはある。本来は各自治体で対応することではあるが，教員の研修の場合と同様に代替職員の予算化を国から自治体へ強く要請することが必要と考える。

・ 大学や研究機関等への研究・研修派遣制度について，例えば大学院で1年学び1年は職場で働く等，在職のままでの研修参加の方法は考えられないか。

(2)研修体制の整備

・ 情報化に対応する研修の条件整備を図る必要がある。「情報検索演習」等の学習のためには最低2人に1台のパソコンが必要となろう。このような設備投資の費用を，補助金の形で講習実施大学に保障する。また学術情報センターの「教育モード」を講習実施大学図書館に開放する等の文部省としての施策が必要である。

・ 研修機会の確保のため各機関が協力・分担することは賛成である。当協会も文部省と連携・協力して研修体制を整備して行きたいと考える。

3. その他

(1)高度な専門性を評価する名称付与

・ 資質の向上，意欲の喚起のため何らかの名称付与（上級司書等の）があってもよいが，問題はその認定を何処で誰がどの様にして行うかである。これを十分に検討するべきである。しかし一方，司書有資格者が図書館に配属されていない現実を無視することは出来ない。司書制度の確立とその中での専門性の評価を一体のものとして考えるべきであろう。

(2)処遇改善・人事交流等

・ 人事交流を行うことはよいが，現状では「配転」されることが多い。人事交流の本来の目的は，図書館の機能の充実，高度化，活力ある運営を図るために他の施設との交流を図るのであるから，再び図書館へ戻ることが認められるべきにもかかわらず，多くの場合再度図書館に勤務することは難しいのが現状である。これの改善がされることが先決であろう。そのためにも上記司書制度の確立が前提となろう。

・ ボランティアの登録制度は，どのようにしてその能力を認めるのか，基準作りが難しいのではないか。あくまでもボランティア自身の学習体験をより拡大するような形で，各図書館の自主的判断により特定化した活用が推進されるべきであろう。

4. 質問事項以外の日図協の意見

(1) 今日司書資格取得の課程を設けている大学・短大は200校余にのぼるが，その中には専任教員をおかず非常勤教員のみで授業を行っているところが，かなりの数に及んでいる。司書課程設置の認可に当たっては，文部省では最低2名の専任教員がいることを条件にしているが，この指導が長い年月のあいだに形骸化している大学・短大もあるので，再申請の折りにはこの点を厳しく審査してほしい。

資　料

(2) 講習科目の対象は図書館法により公立図書館に限られていることは承知しているが，生涯学習が進むなかで大学図書館・学校図書館との協力・連携も重要であるという認識が深まってきている。しかし文部省における所管は皆異なっており養成課程も統一されていない。「図書館」に関わる国の図書館行政についての情報並びに意見形成の窓口を，学習情報課に集中することは出来ないであろうか。

出典：『図書館雑誌』Vol. 90, No. 3, 1996年3月, p.146-147.

司書34

社会教育主事，学芸員及び司書の養成，研修等の改善方策について（報告）（抄）

平成八年四月二十四日
生涯学習審議会社会教育分科審議会報告

I　審議経過

生涯学習審議会社会教育分科審議会では，計画部会を中心に，平成5年3月から「社会教育主事，学芸員及び司書の養成，研修等の改善方策について」調査審議を行ってきた。

検討に当たっては，地域における生涯学習の一層の推進と社会の様々な変化への対応という視点から，平成4年7月の生涯学習審議会答申「今後の社会の動向に対応した生涯学習の振興方策について」で提示された，リカレント教育の推進，ボランティア活動の支援・推進，青少年の学校外活動の充実，現代的課題に関する学習機会の充実という4つの当面の課題も踏まえ，生涯学習社会における社会教育を推進する上で重要な役割を担う社会教育主事，学芸員及び司書の一層の資質の向上と専門性の養成を図るという基本的考え方のもとに審議を進めた。

計画部会での審議とともに，平成5年12月からは，部会の下に，社会教育主事，学芸員及び司書の3つの専門委員会を設置し，専門的な調査審議を行った。この間，審議の参考とするため，大学団体及び関係団体への意見照会も行った。

本分科審議会は，こうした審議を経て，社会教育主事，学芸員及び司書の養成，研修等の改善方策をとりまとめた。なお，国庫補助を受ける場合の公立図書館の館長の司書資格及び司書の配置基準等については，引き続き計画部会において検討する。

II　改善の必要性

所得水準の向上や自由時間の増大など社会の成熟化に伴う学習ニーズの増大や，情報化，国際化，高齢化等の社会の急激な変化に伴う生涯を通じた学習の必要性の高まりを背景に，「人々が，生涯のいつでも，自由に学習機会を選択して学ぶことができ，その成果が適切に評価されるような生涯学習社会」（平成4年7月生涯学習審議会答申より）

を構築することが，重要な課題となっている。
　このような生涯学習社会の構築のために，人々の学習活動を援助する社会教育主事，学芸員，司書等の社会教育指導者の果たす役割は極めて重要である。

　社会教育主事は，社会教育法に基づき都道府県・市町村教育委員会事務局に置かれる社会教育に関する専門的職員である。これからの社会教育主事は，地域における人々の自由で自主的な学習活動を側面から援助する行政サービスの提供者としての役割に加え，社会教育事業と他分野の関連事業等との適切な連携協力を図り，地域の生涯学習を推進するコーディネーターとしての役割を担うことが一層期待されており，その養成及び研修の改善・充実を図る必要がある。
　学芸員は，博物館法に基づき博物館に置かれる専門的職員である。これからの博物館は，地域における生涯学習推進の中核的な拠点としての機能の充実や，地域文化の創造・継承・発展を促進する機能や様々な情報を発信する機能の向上等により，社会の進展に的確に対応し，人々の知的関心にこたえる施設として一層発展することが期待されている。学芸員は，多様な博物館活動の推進のために重要な役割を担うものであり，その養成及び研修の改善・充実を図る必要がある。
　司書は，図書館法に基づき図書館に置かれる専門的職員である。これからの図書館は，地域における生涯学習推進の中核的な拠点として，現代的課題に関する学習の重要性や住民の学習ニーズの高まりにこたえて，広範な情報を提供し，自主的な学習を支援する開かれた施設として一層発展することが期待されている。司書は，幅広い図書館活動の推進のために重要な役割を担うものであり，その養成及び研修の改善・充実を図る必要がある。
　また，生涯学習社会にふさわしい開かれた資格とする観点から，幅広い分野から多様な能力，経験を有する人材が得られるように，専門的資質の確保に留意しつつ，資格取得の途を弾力化する必要がある。

　社会教育主事，学芸員及び司書の養成，研修の改善・充実を図る一方で，教育委員会事務局及び博物館，図書館における組織や運営体制を充実していくことが必要であり，教育委員会等の積極的な努力が期待される。併せて，これらの専門的職員の資質向上に対応する任用や処遇の改善等について，関係者の配慮が望まれる。
　なお，博物館・図書館以外の社会教育施設やその他の生涯学習関連施設においても，その事業や施設運営の充実のため，社会教育主事，学芸員，司書のような社会教育についての専門的知識経験を有する職員が置かれることが望ましい。特に，公民館は，地域における最も身近な社会教育施設であり，生涯学習推進のための地域の拠点として他の生涯学習関連施設等との連携の中心的な役割を担うことが期待されており，社会教育主事の資格を有する職員の配置など，専門的知識・技術を有する職員体制の整備が進むことが望まれる。

資　　料

III　改善の基本的方向
1　養成内容の改善・充実と資格取得方法の弾力化

　大学（短期大学を含む。以下，同じ。）及び資格取得講習における養成内容については，それぞれの業務を的確に遂行し得る基礎的な資質を養成する観点から，見直しを行う必要がある。特に，生涯学習及び社会教育の本質についての理解は，生涯学習時代における社会教育指導者に求められる基本的な内容であり，社会教育主事，学芸員及び司書の3資格に共通的な科目として，「生涯学習概論」を新たに設ける。学芸員及び司書については，情報化等の社会の変化や学習ニーズの多様化，博物館・図書館の機能の高度化に対応する観点から，科目構成を見直し，必要な修得単位数を増やす。

　大学における社会教育主事の修得単位数は現行通り24単位以上，学芸員の修得単位数については現行の10単位以上から2単位増やし12単位以上とし，司書講習における修得単位数は現行の19単位以上から1単位増やし20単位以上とする。

　社会教育主事及び学芸員については，社会教育主事講習及び学芸員試験認定の科目代替の対象となる学習成果の認定範囲並びに資格取得及び講習受講等の要件としての実務経験の対象範囲を拡大する。司書については新たに，司書講習において実務経験等による科目代替措置を設ける。

2　研修内容の充実と研修体制の整備

　多様化，高度化する人々の学習ニーズ，社会の変化や新たな課題等に的確に対応していくためには，現職研修の内容を充実し，専門的な知識・技術等の一層の向上を図る必要がある。また，情報の活用や高齢化社会の進展などの現代的課題や，ボランティア活動との連携などの新たな課題への対応などを含め，常に研修内容の見直しを図りながら，効果的な研修の実施に努めることが必要である。

　研修方法については，従来からの講義や実習・演習形式の研修に加え，国内外の大学，社会教育施設等への研修・研究派遣，大学院レベルのリカレント教育など，高度で実践的な研修機会を充実する必要がある。

　現職研修の抜本的な充実のためには，国，都道府県，市町村，関係機関・団体等が相互の連携と役割分担の下に，研修体制の整備を進め，体系的・計画的な研修機会を提供していく必要がある。

　教育委員会等においては，研修体制の整備に積極的に取り組むとともに，研修への参加の奨励・支援に努めることが望まれる。

3　高度な専門性の評価

　今後，社会教育主事，学芸員，司書等の社会教育指導者は，高度な専門的職業人として一層の資質向上を図ることが期待される。特に，学芸員及び司書については，社会教育施設の専門的職員としての資質・能力をより一層高めていくために，その業績・経験等が適切に評価され，それが任用や処遇の面にも反映されるシステムを作っていくこと

が重要である。このため，養成内容の充実や研修体制の体系的整備を図る中で，高度で実践的な能力を有する学芸員及び司書に対し，その専門性を評価する名称を付与する制度を設けることが有意義と考えられる。

　このような制度は，学芸員・司書の資格制度のみならず博物館・図書館制度全体の在り方とも関連するものであり，その具体化のために，国をはじめ関係機関や関係団体等が連携しながら研究を進めていくことを期待したい。

　また，社会教育主事についても，今後，職務内容の高度化等に伴い，その専門性の評価の在り方が課題となっていくことが考えられる。

4　幅広い人事交流等の配慮と有資格者の積極的活用

　社会教育主事，学芸員，司書等の社会教育指導者の幅広い人事交流を進めることは，生涯学習の一層の推進の上で有意義である。異なる種類の施設・機関等や他部局も含めた交流により，業務運営の活性化とともに，それぞれの資格を持つ者が実務を通じて幅広い経験と視野を得ることが可能となる。さらに，今後とも，公民館等の社会教育施設やその他の生涯学習関連施設に社会教育主事等の有資格者を積極的に配置し，その専門的な知識や能力を施設運営の充実のために活用することが必要と考えられる。このような人事交流や組織運営体制の充実という課題とも関連し，社会教育主事，学芸員，司書の任用や処遇などについて，教育委員会等の積極的な配慮が望まれる。

　また，大学等において資格を取得しても，実際はその職に就いていない人が相当数いる。一方，その資格取得を通して得られた知識や技術を生かして，社会教育施設等でボランティアとして活躍している人も増えつつある。こうした状況を踏まえ，社会教育主事等の有資格者のうち希望する者を登録し，その専門的知識・経験等の活用を図る「有資格者データベース（人材バンク）」制度等を設け，これら有資格者の専門的な知識・能力や幅広い経験等を，地域の生涯学習・社会教育の推進のために活用することは極めて有意義である。国と関係機関・団体等の連携・協力により，その早急な整備が期待される。

（略）

Ⅵ　司書

1　改善の必要性

　図書館は，住民の身近にあって，図書やその他の図書館資料を収集，整理，保存し，その提供を通じて住民の学習を支援するという役割を担っており，昭和40年代以降，それまでの図書保存を重視した館内閲覧を中心とする施設から，レファレンスサービスの一層の充実を図るとともに，資料の館外貸出しにも重点を置き，積極的なサービスを行う施設に変化している。

　近年，情報化，国際化，高齢化等の進展による社会の急速な変化に伴い，人間の生き方や価値観，行動様式が変化し，人々が社会生活を営む上で理解しておくことが望まれ

資　料

る新たな学習課題が生じている。また，所得水準の向上，自由時間の増大等に伴い，心の豊かさや生きがいなどを求め，人々の学習ニーズはますます強まり，かつ多様化・高度化している。今日，これらに適切に対応し，学習機会の充実を図り，人々の学習活動がより活発に行われるよう支援していくことが求められている。

　こうした中にあって，図書館は，住民の生涯にわたる学習活動を積極的に援助する上で，地域における中核的役割を担う施設として，現代的課題に関する学習の重要性や住民の学習ニーズの高まりにこたえて，広範な情報を提供し，自主的な学習を支援する開かれた生涯学習施設として，一層発展することが期待されている。

　司書は，図書館法に基づき図書館に置かれる専門的職員であり，図書等の資料の選択・収集・提供，住民の資料の利用に関する相談への対応などの業務に従事し，図書館活動に重要な役割を果たしている。今日，社会における図書館に期待される役割を理解し，多種多様な資料に関する豊富な知識を備え，様々な住民の学習ニーズにこたえる広範な情報提供サービスを積極的に行うことが求められている。

　このため，司書の養成及び研修については，時代の要請に応じ，住民の学習ニーズ等に適切に対応できる能力を養うとともに，情報化をはじめとする社会の急速な変化に的確に対応した図書館運営の向上を図る観点から，その改善・充実を図る必要がある。また，図書館には，専門的職員として司書補が置かれ，司書の職務を助け図書館の業務に従事している。したがって，司書の養成及び研修の見直しに当たっては，司書補についても同様な観点から見直すことが必要である。さらに，これらに関連して，司書及び司書補の資質向上に対応する処遇の改善等についても，関係者の積極的な配慮が望まれる。

　なお，司書及び司書補となる資格を有しながら，図書館には勤務していない人が相当いるが，図書館サービスの充実や生涯学習推進の観点から，それらの人々を活用することは有意義であり，そのための方策を推進していくことも重要である。

2　改善方策
1.　養成内容の改善・充実と資格取得方法の弾力化

　司書の養成については，昭和43年に司書講習の科目・内容の改善が行われているが，司書補の養成については，その制度創設以来，見直しは行われていない。昭和40年代以降，図書館は，住民に積極的なサービスを行う施設に変化している。さらに今日では生涯学習推進の中核的な拠点としての役割を果たすためにも，情報化等の社会の変化への対応が強く求められている。司書及び司書補がこうした時代の要請にこたえ，図書館の専門的職員として活躍するために必要な基礎を養うことができるよう，養成内容を見直し，充実する必要がある。

　また，司書及び司書補の養成においても，生涯学習による学習成果を適正に評価していくことは重要であり，様々な実務経験等で培われた職務遂行能力を積極的に評価することが必要と考えられる。

(1) **講習における養成内容の改善・充実**
ア **司書**

　司書講習は，司書となる資格を付与するため，図書館法及び同法施行規則に基づき，文部大臣の委嘱を受けた大学が実施する講習である。司書の養成内容の見直しに当たっては，これからの図書館において，専門的職員としての職務を遂行するための基礎を培う観点から，生涯学習の理念・施策や他の社会教育施設との関係の理解，図書館経営に関わる基礎的知識の修得，情報サービスや児童サービス，高齢者・障害者サービスなど各種の図書館サービスの基礎の履修，図書館における情報化に関する知識・技術の修得などを重視する必要があると考えられる。

　以上から，司書講習の養成内容を，次のように改善・充実することが適当である。
① 生涯学習時代における基本的養成内容として「生涯学習概論」を新設し，生涯学習及び社会教育の本質について理解を深める内容とする。
② 生涯学習社会における図書館という視点を重視して，「図書館経営論」を新設し，図書館の管理，運営等に関する内容により構成する。
③ 今日の情報化社会に対応するため，「情報サービス概説」，「情報検索演習」を設置し，情報関係科目の充実を図る。
④ 子どもの読書の振興にかんがみ，「児童サービス論」を設置し，充実を図る。
⑤ 図書館を取り巻く社会の変化に的確に対応できるよう「図書館特論」を新設し，図書館における今日的な諸課題に即応する内容により構成する。
⑥ 選択科目を整理するとともに，必修科目を拡大する。
⑦ 総単位数は，現行の19単位以上から20単位以上に１単位増やす。
　各科目の単位数・内容等を一覧の形でまとめたのが，別紙３である。

イ **司書補**

　司書補講習は，司書補となる資格を付与するため，図書館法及び同法施行規則に基づき，文部大臣の委嘱を受けた大学が実施する講習である。現行の講習科目は，司書補講習が開始されて以来見直しは行われていない。

　司書補は，図書館法上，「司書の職務を助ける」と位置付けられており，その養成内容の見直しに当たっても，生涯学習についての理解，図書館に関する基礎的知識，情報サービスや児童サービスなどの各種図書館サービスの基本など，時代の要請に即した内容とし，これからの図書館の専門的職員として必要な基礎的知識，技術を身に付けさせる必要がある。

　以上から，司書補講習の養成内容を，次のように改善・充実することが適当である。
① 生涯学習時代における基本的養成内容として「生涯学習概論」を新設し，生涯学習及び社会教育の本質について理解を深める内容とする。
② 今日の情報化社会に対応するため，「情報検索サービス」を設置し，充実を図る。
③ 子どもの読書の振興にかんがみ，「児童サービスの基礎」を設置し，充実を図る。

資　料

④　「図書館特講」を新設し，図書館業務に係る基礎的な内容や，図書館における今日的な諸課題に即応する内容により構成する。
⑤　図書館の基礎的事項を習得する観点から，選択科目を廃止し，全科目必修とする。
⑥　総単位数は，現行と同じく15単位以上とする。
　　各科目の単位数・内容等を一覧の形でまとめたのが，別紙4である。

(2)　養成を行っている大学の連携・協力の推進

　現在，司書講習科目に相当する科目を設置して，司書の養成を行っている大学は，220ほどある。今後，大学における養成内容等の一層の充実を図るため，司書養成に関する情報交換・交流の推進等をはじめ，大学間の連携・協力が進められることが期待される。

(3)　講習における実務経験等の評価

　生涯学習社会にふさわしい開かれた資格制度とする観点から，司書講習においては，司書資格の水準の維持に留意しつつ，司書資格取得のための専門知識の修得として適当と思われる実務経験又は他の資格を適正に評価して，相当する分野の科目を免除することが適当である。具体的には，各種の図書館の職員で，一定以上の経験年数のある者や，司書補，司書教諭，社会教育主事，学芸員の資格の保持者，国家公務員採用試験（II種図書館学）合格者について，一部の科目を免除することが適当である。

　また，司書補講習における実務経験等の評価についても，司書に準じて適正に評価して，相当する分野の科目を免除することが適当である。

　その際の経験年数，免除する科目などの具体的な内容は，別紙5及び別紙6である。

2.　研修内容の充実と研修体制の整備

　現在の司書及び司書補資格は，図書館の専門的職員としての基礎的な資格であり，社会の変化等に適切に対応して，より高度な図書館サービスを実施していくためには，現職者の職場内，職場外での研修を充実する必要がある。

　現在，国レベル（文部省及び国立教育会館社会教育研修所），都道府県レベル，市町村レベル，図書館関係の団体等において，それぞれ研修が行われているが，全体として見た場合，必ずしも体系的なものとはなっていない。今後は，相互の連携の下に，体系的・計画的な研修機会を提供できるような研修体制を整備していくことが重要な課題となっている。

　また，各図書館やその設置者においては，司書及び司書補の業務の向上に資する研修の意義を十分に理解し，司書及び司書補が積極的に各種の研修に参加できるよう，奨励・支援することが期待される。

(1)　研修内容及び方法

　研修内容に関しては，図書館業務の各専門領域における知識・技術の向上を目指すに

とどまらず，生涯学習社会の進展，情報化，国際化等の社会の変化に対応して，広い観点から図書館サービスの充実が図られるよう，研修領域・内容を設定することが求められる。

　生涯学習社会の進展や社会の変化に対応する観点から，生涯学習の理念と施策の動向，情報技術の動向，新しい教育メディアの利用，図書館における著作権の処理，障害者・高齢者へのサービスなど多様化した利用者のニーズへの対応，地球環境問題などの現代的課題，地域の国際化に対応した語学と多文化サービス，カウンセリングやインターパーソナル・コミュニケーションなどに関する研修のほか，一般教養的な研修，行政実務に関する研修なども有効である。その際，教育委員会以外の行政機関で実施する研修を活用することも考えられる。

　また，高度かつ専門的な知識・技術を習得する観点から，情報サービスの動向と技術，レファレンスサービス及びレフェラルサービスの実務，資料の収集・整理・保存の実務，児童サービスの技術，種々のメディアの操作と習熟，図書館経営に関する研修などが望まれる。

　研修の方法としては，従来から行われている都道府県立図書館等における集合研修によるほか，国内外の大学，図書館，民間企業等への留学及び研修派遣や，海外の図書館との交流事業などが考えられる。さらに，大学におけるリカレント教育のための特別のコース，プログラムの設置等が期待される。

(2)　**研修体制の整備**

　国レベル，都道府県レベル，市町村レベル，図書館関係団体等の各段階で実施されている研修の有機的連携を図り，体系的・計画的に司書等の研修機会を提供していくため，それぞれの役割分担の下に，研修体制の整備を図っていく必要がある。

　国レベルでは，各都道府県における指導的立場の司書，図書館長等の管理職を対象に，高度かつ専門的内容の研修を行う。さらに，都道府県が行う研修を支援するため，都道府県レベルでの研修を担当できる指導者の育成，司書等の活動に関連する情報の収集・提供などを行う必要がある。特に，国立教育会館社会教育研修所においては，社会教育に関する専門的・技術的研修を実施する中核機関として，都道府県レベルでの研修実施機関とのネットワーク形成や，地方公共団体における研修内容のデータベース化を進めるなど，そのナショナルセンター機能を一層強化することが望まれる。

　都道府県・市町村においては，都道府県教育委員会，都道府県立図書館，都道府県の図書館協会等の連携の下に，初任者研修，中堅研修など，経験年数に応じた研修や，地域の課題や日常業務に関わる実務研修等を充実していくことが望まれる。

　司書等の研修体系についての考え方を整理したものが，別紙9である。

3.　**高度な専門性の評価**

　司書が，意欲をもって研修等に取り組み，その専門性を高め，図書館の専門的職員と

資　　料

して各種の図書館サービスを向上させていくためには，研修等による専門性の向上が図書館の内外において適切に評価されることが重要である。

このため，実務経験，研修等を積んで，図書館の業務について，高度で実践的な専門性を有する司書に対し，その専門性を評価する名称を付与する制度を設けることも有意義と考えられる。こうした名称付与制度が定着することによって，当該名称を付与された司書の任用や処遇について，設置者等が適切な配慮を行うことも期待される。

このような高度な専門性を評価する名称付与制度の具体的な検討に当たっては，図書館の現状等を考慮しつつ，その実施機関，評価の対象，具体的名称，評価の方法等について，国をはじめ関係機関や図書館関係団体等が連携しながら研究を進めていくことを期待したい。

この制度についての基本的考え方を整理したものが，別紙11である。

4. 幅広い人事交流等の配慮と有資格者の積極的活用

司書及び司書補の専門性を生かし，生涯学習を援助するために必要な広い知見を得させるとともに，図書館の活力ある運営を確保するため，図書館相互や図書館と関連する施設，学校等との間の異動など，司書及び司書補の任用や処遇などについて，教育委員会等の積極的な配慮が望まれる。

また，司書及び司書補の資格を有しながら，実際には図書館関係の職に就いていない人も相当いる。これらの司書等の資格を有する者の持つ専門的知識や経験等を積極的に活用することができれば，図書館サービスの充実や生涯学習を推進する観点から有意義である。

このため，司書及び司書補有資格者のうち図書館等で活躍することを希望する者を，都道府県，国立教育会館社会教育研修所又は図書館関係団体に登録し，各種の図書館や地域の文庫のボランティア等として活用を図る「司書有資格者データベース（人材バンク）」制度等を創設することが考えられる。国と関係機関・団体等との連携・協力のもとに，その早急な整備が進められることを期待する。

Ⅶ　おわりに

本分科審議会では，生涯学習社会における社会教育行政の推進，博物館及び図書館の機能の充実への対応等の観点から，これらの業務に携わる専門的職員である社会教育主事，学芸員及び司書の資質の向上を図るための養成，研修等の改善・充実方策を検討し，提言をとりまとめた。

本報告の趣旨を踏まえ，国においては，関係規程等の改正など必要な措置を速やかに講ずるとともに，現職研修の充実のための方策の推進や，これらの資格を有する者の知識経験等を活用する仕組みの整備などにより，幅広い社会教育指導体制の充実に積極的に取り組む必要がある。

また，これらの専門的職員の養成に当たる大学等においては，改善の趣旨を踏まえた

教育内容や教育方法の充実，工夫を図るとともに，高度な再教育の機会の提供にも努力することが期待される。なお，今後の科学技術の進歩に伴い，コンピュータ，光ファイバー等の高度情報通信網，衛星通信，衛星放送等の情報手段が一層発展すると予想される。これらを活用した遠隔教育等による養成や研修の実施も有効と考えられ，大学関係者等により，その活用方策について検討されることも期待される。

　教育委員会等においては，現職研修機会の確保により，関係職員の一層の資質向上に努めるとともに，公民館等の社会教育施設やその他の生涯学習関連施設等を含め，適切な人材の確保による地域全体の社会教育指導体制の充実に従来に増して努力することにより，生涯学習・社会教育の指導体制の一層の整備促進と関係施設の運営の充実を図ることを期待したい。

　社会教育主事，学芸員及び司書の養成は，生涯学習社会の進展や社会の様々な変化の中における社会教育行政の在り方や，博物館，図書館に期待される役割と密接に関連するものである。特に，今後の社会の進展に伴う社会教育主事，学芸員及び司書の職務の一層の高度化，多様化に対応するためには，高度な専門的職業人の養成という観点が，これまで以上に重要となると考えられる。このため，今回提言した改善方策の実施状況を踏まえながら，今後も適切な時期に見直しを行っていくことが必要である。
（別紙1・2・4・6～8，10　略）

別紙3．　司書養成科目の改善

科目名・単位数	ね　ら　い	内　　容
必修科目 生涯学習概論 ［1単位］	生涯学習及び社会教育の本質について理解を図る。	1）生涯学習の意義 2）生涯学習と家庭教育，学校教育，社会教育 3）生涯学習関連施策の動向 4）社会教育の意義 5）社会教育の内容・方法・形態 6）社会教育指導者 7）社会教育施設の概要 8）学習情報提供と学習相談の意義
図書館概論 ［2単位］	図書館の意義，図書館の種類，図書館の機能・課題・動向，図書館政策，関係法規，図書館と類縁機関等との関係について解説する。	1）図書館の意義（生涯学習と図書館，社会の変化と図書館を含む） 2）図書館の種類 3）図書館の機能と課題（館種別） 4）図書館の動向（図書館の現状と歴史，情報技術の図書館への影響，外国の図書館事情を含む） 5）図書館行政（図書館政策，図書館法，社会教育法，地方自治法，著作権法等を含む） 6）他の図書館及び類縁機関等との関係（図書館相互協力・ネットワークを含む）

資　　料

科目名・単位数	ね ら い	内　　　　容
		7）図書館の自由，図書館関係団体等
図書館経営論 ［1単位］	生涯学習社会における図書館という視点を重視して，図書館経営にかかわる組織，管理・運営，各種計画について解説する。	1）図書館経営の在り方 2）自治体行政と図書館（他部局等との関係を含む） 3）図書館の組織と管理・運営 4）図書館長・館員の責務及び養成・研修（ボランティアの養成・活用を含む） 5）図書館サービス計画の意義と方法（各種調査，広報を含む） 6）図書館の整備計画と施設，備品 7）図書館業務・サービスの評価 8）情報ネットワーク形成の意義と方法（類縁機関等との連携を含む）
図書館サービス論 ［2単位］	利用者と直接関わる図書館サービスの意義，特質，方法について解説するとともに各種サービスの特質を明らかにする。	1）図書館サービスの意義と種類（貸出，読書案内，情報サービス，利用者援助，教育・文化活動など） 2）利用者理解と利用対象別サービス（多文化サービスを含む） 3）図書館サービスと著作権 4）図書館サービスとボランティア 5）図書館サービスの協力（他の図書館，関連との連携・協力等）
情報サービス概説 ［2単位］	図書館における情報サービスの意義を明らかにし，レファレンスサービス，情報検索サービス等について総合的に解説する。	1）情報サービス一般の広がりと図書館が行う情報サービスの位置付け 2）図書館における情報サービスの意義と種類（レファレンスサービス，レフェラルサービス，カレントアウェアネスサービス等） 3）情報及び情報探索行動についての基本的理解 4）レファレンスプロセス（レファレンス質問の受付から回答まで，マニュアル検索とコンピュータ検索を含む） 5）情報検索サービスの方法・プロセス・評価 6）主要な参考図書，データベースの解説と評価 7）参考図書及びその他の情報源の組織（二次資料の作成も触れる） 8）各種情報源の特質と利用法
レファレンスサービス演習 ［1単位］	参考図書その他の情報源の利用や作成，レファレンス質問の回答処理の演習を通して，実践的な能力の養成を図る。	1）レファレンスサービスの方法と実際 2）参考図書評価の実際 3）レファレンスコレクション構築の実際 4）インフォメーションファイルの編成の実際 5）二次資料作成の実際 6）レファレンスインタビュー・質問回答の実際
情報検索演習 ［1単位］	データベースの検索の演習を通して，実践的な能力の養成を図る。	1）データベース検索の実際（オンラインの他，オンディスクの演習も含む）

科目名・単位数	ね ら い	内　　容
図書館資料論 ［2単位］	図書館資料全般の特質を論じ，その出版と流通，選択，選書ツール，保存管理について解説する。新しいメディアの特質やその利用等についても触れる。	1）情報と資料，資料の類型とその特質（資料の歴史，一次・二次資料についても触れる） 2）資料の出版と流通（外国事情にも触れる） 3）蔵書構築の方針・評価（資料選択の基準を含む） 4）選書ツールの利用法 5）資料の受入・除籍・保存・管理（紙の劣化防止，共同保管等を含む） 6）新しいメディアの収集，整理，利用等及び留意点
専門資料論 ［1単位］	人文科学，社会科学，自然科学・技術の各分野における知識の構造と資料との関係についての理解を図るために，それぞれの分野の資料の特性とその分野を代表する資料について解説する。	1）専門分野の特性 2）主題文献の特性と種類 3）主要な一次・二次資料
資料組織概説 ［2単位］	資料組織の意義・目的と方法，図書館資料の組織化について解説し，併せてコンピュータ目録について言及する。	1）書誌コントロール・資料組織の意義，資料組織と利用者 2）目録の意義・機能・種別，目録規則の解説と適用（主題目録形成を含む） 3）分類の意義，日本十進分類法（NDC）等の解説と適用 4）件名標目表の解説と適用 5）コンピュータ目録の意義と構成，管理・運用（書誌ユーティリティの利用を含む） 6）機械的処理の方法（情報処理機器の種類と概要を含む）
資料組織演習 ［2単位］	資料組織の演習を通して，実践的な能力の養成を図る。	1）目録記入・資料分類・件名目録作成の実際 2）書誌ユーティリティ利用の実際 3）データの収集と編集，データの入力・加工
児童サービス論 ［1単位］	児童を対象とする各種のサービス，児童室の運営，児童図書等について総合的に解説する。併せてヤングアダルトサービスについても解説する。	1）児童サービスの意義及びその企画・立案 2）児童室の運営 3）集会・展示サービス 4）児童サービスの実際と技術（ストーリーテリング，読み聞かせ，ブックトーク等） 5）児童図書の収集，整理，利用上の留意点 6）児童資料の特色と主要な資料の解説 7）ヤングアダルトサービスの意義及びその企画・立案等 8）学校図書館等との連携・協力
必修科目　小計18単位		
選択科目 図書及び図書館史	図書の形態，印刷，普及，流通等に関し歴史的に概説	

資　料

科目名・単位数	ね　ら　い	内　　容
［1単位］	し，併せて図書館の歴史的発展について解説する。	
資料特論 ［1単位］	郷土資料，行政資料，視聴覚資料などの各種資料の特質を論じ，その生産と流通，評価，選択・収集，利用等について解説する。	
コミュニケーション論 ［1単位］	インターパーソナルなコミュニケーションを中心に，現代におけるコミュニケーションの特性とその概要について解説する。	
情報機器論 ［1単位］	各種情報機器の機能，種類，利用等について解説する。	
図書館特論 ［1単位］	図書館における今日的な諸課題について取り上げ解説する。	
選択科目　小計2単位		
合　計　　20単位		

別紙5．司書講習における実務経験等の評価

評価する実務経験（経験年数）	免除する科目（単位数）
公・私立図書館の職員（2年以上）	図書館サービス論(2)
国立国会図書館，大学・高等専門学校の図書館の職員（2年以上）	資料組織概説(2)
司書補として公・私立図書館に勤務する者（2年以上）	生涯学習概論(1)　図書館サービス論(2) 資料組織概説(2)　資料組織演習(2)
国立国会図書館，大学・高等専門学校図書館の職員で司書補に相当する者（2年以上）	生涯学習概論(1)　資料組織概説(2) 資料組織演習(2)

評価する他の資格	免除する科目(単位数)
司書補	生涯学習概論(1)　資料組織概説(2)
司書教諭	児童サービス論(1)　コミュニケーション論(1)
社会教育主事	生涯学習概論(1)
学芸員	生涯学習概論(1)　情報機器論(1)
国家公務員採用試験合格者（Ⅱ種図書館学）	図書館概論(2)　図書館資料論(2)　資料組織概説(2)

別紙9． 司書等の研修体系について

	国 （関係機関を含む）	都道府県 （関係機関を含む）	市町村
目的・ねらい	① 高度かつ専門的な内容の研修を行う。 ② 全国的・国際的動向の理解など広い視野から職務を遂行するための研修を行う。 ③ 管理職の資質向上を図る。 ④ 参加者相互の研鑽と交流により，全国的な人的ネットワークの形成に資する。	① 経験年数に対応して実務上必要な事項の研修を行う。 ② 地域社会の動向に対応した図書館の運営に関する研修を行う。	① 日常業務に係わる実務研修を中心に行い図書館サービスの向上を図る。
対象	・図書館長 ・指導的立場にある中堅の司書	・市町村立図書館長 ・当該都道府県内の司書及び司書補	・図書館職員全般
研修領域・内容	① 高度かつ専門的内容の研修（レファレンスサービス，児童サービス等） ② 全国的・国際的動向に関する研修（情報化と図書館，施策等） ③ 図書館経営に関する高度な研修（サービス計画，マネジメント等）	① 初任者・中堅等の経験別の実務全般についての研修（事業計画・各種サービス，図書館間協力等） ② 地域社会の動向に関する研修（ニーズの把握，関係機関との連携等）	① 図書館業務全般
研修方法	① 講義の他，課題別のグループワークによる演習等 ② 長期にわたる宿泊研修 ③ 海外研修 ④ 通信教育，遠隔教育等	① 講義・研究協議等 ② 図書館等視察研修 ③ 市町村立図書館からの長期派遣研修の受入れ	① 館内研修 ② 職員相互の指導・助言
支援体制	① 都道府県レベルの研修を企画・指導できる人材を育成 ② 関連する情報の収集・提供，研修プログラムの開発・提供などを通じて都道府県・市町村を支援	① 関連する情報の収集・提供を通じて市町村を支援	

別紙11． 司書の高度な専門性を評価する名称の付与制度について

1 趣旨

　司書が，意欲を持って研修等に取り組み，その専門性を高め，図書館の専門的職員として各種の図書館サービスを向上させていくためには，研修等による専門性の向上が図書館の内外において適切に評価されることがきわめて重要である。

資料

このため、職務経験、研修等を積んで、図書館の専門的業務について、高度で実践的な専門性を有する司書に対し、その専門性を評価する名称を付与する制度を設けることが適当である。

2 実施についての基本的事項
(1)実施機関
　国立教育会館社会教育研修所又は図書館関係の全国的団体が実施する。
(2)評価の対象・名称
　司書の専門業務全般にわたる高度な専門性を評価し、総合的な名称とする。
(3)評価の方法
　実施機関の審査により、名称付与を認定する。
　①申請要件（ア及びイをともに満たすこと）
　　ア　一定年数（例えば10年）以上司書（国立国会図書館又は大学若しくは高等専門学校の付属図書館の職員で司書に相当するものを含む）として勤務した経験を有していること。
　　イ　国立教育会館社会教育研修所などが主催する一定の専門的な研修を修了し、かつ、所属する図書館の館長が図書館の専門的業務について高度で実践的な専門性を有すると認めていること。
　②審査
　　論文又は口頭試験等の方法により行うものとする。
(4)評価の手続き
　①実施機関に審査委員会を設置する。
　②名称の付与を希望する司書の所属する図書館の館長が推薦し、教育委員会を経由して、実施機関に申請する。
　③実施機関は審査委員会を開催し、その意見を聴いた上で合否を決定する。
出典：『図書館雑誌』Vol.90, No.6, 1996年6月, p.416-425.

司書35

図書館法施行規則の一部を改正する省令

○ **文部省令 第二十七号**

　図書館法（昭和二十五年法律第百十八号）第六条第二項の規定に基づき、図書館法施行規則の一部を改正する省令を次のように定める。
　平成八年八月二十八日

文部大臣　奥田　幹生

　　　　図書館法施行規則の一部を改正する省令
　図書館法施行規則（昭和二十五年文部省令第二十七号）の一部を次のように改正する。
　第四条第一項中、「並びに」を「及び」に改め、「及び丙群」を削り、「それぞれ二以

上の科目」を「二以上の科目」に改め，表を，次のように改める。

群	科　目	単位数
甲　群	生涯学習概論	一
	図書館概論	二
	図書館経営論	一
	図書館サービス論	二
	情報サービス概説	二
	レファレンスサービス演習	一
	情報検索演習	一
	図書館資料論	二
	専門資料論	一
	資料組織概説	二
	資料組織演習	二
	児童サービス論	一
乙　群	図書及び図書館史	一
	資料特論	一
	コミュニケーション論	一
	情報機器論	一
	図書館特論	一

　第四条第二項中，「司書の講習を受ける者が，」を「司書の講習を受ける者が」に，「修得した科目の単位であつて」を「修得した科目の単位であつて，」に改める。
　第四条に，次の一項を加える。
3　文部大臣が別に定めるところにより，司書の講習を受ける者が，第一項の科目の単位の修得に相当する勤務経験又は資格等を有する場合には，これをもつて前項のこれに相当する科目の単位を修得したものとみなす。
　第五条を次のように改める。
第五条　司書補の講習において司書補となる資格を得ようとする者は，次の表に掲げるすべての科目について，それぞれ単位数の欄に掲げる単位を修得しなければならない。

科　目	単位数
生涯学習概論	一
図書館の基礎	二
図書館サービスの基礎	二
レファレンスサービス	一
レファレンス資料の解題	一
情報検索サービス	一
図書館の資料	二
資料の整理	二
資料の整理演習	一
児童サービスの基礎	一
図書館特講	一

資　料

2　文部大臣が別に定めるところにより，司書補の講習を受ける者が，前項の科目の単位の修得に相当する勤務経験又は資格等を有する場合には，これをもつて前項のこれに相当する科目の単位を修得したものとみなす。

第八条第一項及び第二項の「行なう」を「行う」に改める。

同条第二項の「氏名」を「氏名等」に改める。

　　　附　則
1　この省令は，平成九年四月一日から施行する。
2　この省令の施行の日前に，改正前の図書館法施行規則（以下「旧規則」という）の規定により司書の講習を修了した者は，改正後の図書館法施行規則（以下「新規則」という）の規定により司書の講習を修了したものとみなす。
3　この省令の施行の日前に，旧規則第四条の科目のうち一部の科目の単位を修得した者は，第八条の規定による修了証書の授与に関しては，この省令の施行の日から起算して三年間は，新規則第四条のこれに相当する科目の単位を同条の規定により修得したものとみなす。
4　附則第二項及び第三項の規定は，司書補の講習について準用する。この場合において，附則第二項及び第三項中「司書」とあるのは「司書補」と，「旧規則第四条」とあるのは「旧規則第五条」と，「新規則第四条」とあるのは「新規則第五条」と，それぞれ読み替えるものとする。

出典：『官報』号外第195号，1996年8月28日，p.2.〔原典縦書き〕

司書36

司書及び司書補の講習において履修すべき科目の単位の修得に相当する勤務経験及び資格等（抄）

○文部省告示 第百四十九号

図書館法施行規則（昭和二十五年文部省令第二十七号）第四条第三項及び第五条第二項の規定に基づき，司書及び司書補の講習において履修すべき科目の単位の修得に相当する勤務経験及び資格等を次のとおり定める。

平成八年八月二十八日

文部大臣　奥田　幹生

第一条　司書の講習を受ける者が，次の表の上欄の勤務経験を有する場合には，それぞれ，中欄に掲げる講習の科目について，下欄に掲げる数の単位を修得したものとみなす。

二年以上図書館法（昭和二十五年法律第百十八号）による図書館に勤務した経験（単純な労務に雇用されたものを除く）	図書館サービス論	二
二年以上国立国会図書館又は大学若しくは高等専門学校の附属図書館に勤務した経験（単純な労務に雇用された者を除く）	資料組織概説	二

二年以上図書館法（昭和二十五年法律第百十八号）による図書館に司書補として勤務した経験	生涯学習概論	一
	図書館サービス論	二
	資料組織概説	二
	資料組織演習	二
二年以上国立国会図書館又は大学若しくは高等専門学校の附属図書館で司書補に相当する職員として勤務した経験	生涯学習概論	一
	資料組織概説	二
	資料組織演習	二

2　司書の講習を受ける者が，次の表の上欄の資格を有する場合には，それぞれ，中欄に掲げる講習の科目について，下欄に掲げる数の単位を修得したものとみなす。

図書館法（昭和二十五年法律第百十八号）の規定により司書補となる資格	生涯学習概論	一
	資料組織概説	二
学校図書館法（昭和二十八年法律第百八十五号）の規定により司書教諭となる資格	児童サービス論	一
	コミュニケーション論	一
社会教育法（昭和二十四年法律第二百七号）の規定により社会教育主事となる資格	生涯学習概論	一
博物館法（昭和二十六年法律第二百八十五号）の規定により学芸員となる資格	生涯学習概論	一
	情報機器論	一

3　司書の講習を受ける者が，人事院規則八－一八（採用試験）第三条に規定する国家公務員採用Ⅱ種試験に，同規則第四条に規定する図書館学の区分で合格している場合において，合格後三年を経過した日以降における最初の三月三十一日までの間に司書となる資格を取得するときは，図書館概論，図書館資料論，資料組織概説の各科目について，それぞれ二単位を修得したものとみなす。

（略）

　　　附　則
この告示は，平成九年四月一日から適用する。

出典：『官報』号外第195号，1996年8月28日，p.23.〔原典縦書き〕

司書37

社会の変化に対応した今後の社会教育行政の在り方について（答申）（抄）

　　　　　　　　　　　　　　　　　　平成10年9月17日生涯学習審議会

○司書等の資格取得における学歴要件の緩和

　図書館法第五条の規定において，司書又は司書補となる資格を取得するための要件が定められているが，資格取得を拡大する方向で，学歴要件などの基礎要件の見直しを行う必要がある。現行では司書補となる資格の取得に当たり，高校卒業又は高等専門学校第三学年の修了を基礎要件として求めている（同条第二項第二号）が，大学入学資格検

資　料

定合格等も司書補となる基礎要件となるように見直すべきである。

　また，司書の資格の取得に当たっては，司書補として実務経験を有する者以外は大学卒（短期大学卒等を含む。）を基礎要件として求めており，学位授与機構による学士の学位の取得等によっては司書となることができないが，これについても見直す必要がある。

　　出典：『図書館年鑑』1999年，p.267.

司書38

これからの図書館像—地域を支える情報拠点をめざして—（抄）

これからの図書館の在り方検討協力者会議

(9) 図書館職員の資質向上と教育・研修

① 図書館職員の資質向上

　社会の変化に対応して図書館を改革するには，図書館職員が意識を改革し，自身が持っている図書館の古いイメージを払拭するとともに，図書館が住民の学習や地域課題の解決に貢献できる力を持っていることをアピールする能力を身につけることが必要である。そのためには，司書の養成課程や研修において，地域社会の課題やそれに対する行政施策・手法，地域の情報要求の内容，図書館サービスの内容と可能性を学び，情報技術や経営能力を身につけ，さらに，コスト意識や将来のビジョンを持つことなどが必要である。

② 図書館職員の研修，リカレント教育

　今後は，図書館職員の研修，リカレント教育に一層力を入れるべきである。

　図書館職員の研修では，1）体系的な研修プログラムの作成，2）論文・レポート，ワークショップ（演習・討論）形式等の研修方法の導入，3）その実績を評価・認定する制度の検討が必要である。リカレント教育では，社会人大学院での学習も奨励されるべきである。現在，国レベルでは「新任図書館長研修」や「図書館司書専門講座」等の研修を実施しており，これらの研修への積極的な参加も望まれる。

　多忙な職員が都合の良い時間に希望する研修内容を必ず受けられるように自己研修用のテキスト，ビデオ教材の整備などの充実が必要である。また，eラーニングを含む遠隔研修の検討が必要である。

　図書館長に対する研修も重要である。図書館勤務年数の多い図書館長には，自治体行政に関する研修，図書館勤務年数の少ない館長には，図書館の社会的役割，地域社会における意義に関する研修が重要である。また，司書は，地方公共団体の行政施策や行政手法についても認識を深める必要がある。

　図書館に配属された事務職員向けに初任者研修のプログラムを開発し，図書館の社会的役割や可能性について重点的に取り上げることが必要である。

また、研修においては、地方公共団体は、国や地方公共団体が提供する行政情報や審議会情報、業務改革の事例報告等を周知し、活用することが必要である。

③ 司書の養成

司書の養成課程では、実践的かつ専門的な知識・能力を身に付けるとともに、地域社会の課題やニーズを把握する能力、情報技術、図書館経営能力など、改革の進んだ図書館で必要となる能力を身に付けるための教育を行うことが必要である。

司書を目指す人々の中には、旧来の図書館のイメージに魅かれている人や貸出・リクエストサービスだけを重要視している人も少なくない。新しい図書館に対する展望を持ち、現状を積極的に改革できる人材が司書となることが必要であるため、養成段階から、新しい図書館の在り方を理解できるようにすることが重要である。司書資格の修得科目の改正から既に10年が経過しており、社会の変化に対応して、科目の見直しの検討を行うことも必要であると考えられる。

また、司書資格については、司書資格の修得科目改正の際に、従来の科目で資格を取得した司書の再教育を行うこともあわせて検討する必要がある。また、一定期間ごとに何らかの教育・研修を行って資格を更新する更新制度の検討も必要である。

④ 専門主題情報担当者の教育

今後、医療、法律などに関する情報提供サービスを行うために、各分野の情報について高度な教育を受けた司書を養成する必要がある。

アメリカでは、法律分野では修士以上の資格を持つ図書館職員など専門性の高い職員の養成を組織的に行っている。日本の現状を考慮すると、専門的な司書を養成するには時間がかかるため、現職の図書館司書のスキルアップを図ることが考えられる。また、他分野で専門的な知識を持つ人（企業関係者、法曹関係者、医療関係者等の専門家）との協力により、サービスを実施することも考えられる。

出典：これからの図書館の在り方検討協力者会議『これからの図書館像～地域を支える情報拠点をめざして～』これからの図書館の在り方検討協力者会議、2006年3月、p.31-32.

司書39

平成18年度における司書養成に関する議論のまとめ（平成19年3月）

これからの図書館の在り方検討協力者会議（平成19年3月）

I．司書養成のカリキュラムに関する今後の検討課題

本協力者会議は、平成18年7月の設置以降これまでに7回開催し、主に大学における司書養成及び司書講習の在り方について、委員及び図書館関係者、大学関係者より意見

資　料

を聴取するとともに，意見交換を行ってきた。

　その中で，司書養成の在り方に関する様々な意見（別紙参照）が出されたが，本協力者会議における検討課題としている司書養成のカリキュラムに関し，今後検討が必要と考えられる事項は以下の通りである。

　なお，本協力者会議でのもう一つの検討課題である図書館職員のキャリアアップ等，研修の在り方に関する意見については，別途整理し，示すこととする。

1. 大学における図書館に関する科目について
   (1) 「大学における図書館に関する科目」を定める必要性
   (2) 司書養成の段階で，最低限，どのような内容をどのレベルまで学習するのか。
       ① 「ねらい・内容」「単位数」の設定
       ② （現行司書講習科目に）新たに加える科目，単位数等について
          ・図書館に関わる基礎的な知識を学習するための科目の新設について
          ・図書館実習科目の，選択科目としての新設について
          ・専門科目の新設について
   (3) 司書講習との関係について

2. 司書講習科目について
   ① 司書講習を継続して実施する意義について
   ② 現行科目の「ねらい・内容」「単位数」の見直し
   ③ 新たに加える科目，単位数等について
      ・図書館に関わる基礎的な知識を学習するための科目の新設について
      ・図書館実習科目の，選択科目としての新設について
      ・専門科目の新設について
   ④ 実務経験に基づく科目免除について

Ⅱ．司書課程，司書講習の科目等に関する今後の検討の方向性

1. 「大学における図書館に関する科目」に関する検討の方向性
   (1) 「大学における図書館に関する科目」を定める必要性について
       ○ 現行の司書課程の科目は，司書講習科目に対応して開設されているため，大学教育として位置づけられているとは言えない。
       ○ 司書講習科目は，専門的職員を養成する上で，単位数・内容のいずれにおいても不足している部分がある。
       ○ 社会教育主事，学芸員の場合は，大学で修得すべき科目が省令で規定されているが，司書では規定されておらず，社会教育における専門的職員としてバランスを欠く。

(2) 司書養成の段階で，最低限，どのような内容をどのレベルまで学習するのか
- 科目と単位数を明確に示すべきである。
- キャリア形成のどの時点で，どのレベルまで学習するのかを明確にし，養成段階と，より上のプログラムを区別することが必要である。
- 司書養成の段階では，必要な知識や技術は漏れなく，体系的，総合的に学習する必要がある。
- 養成段階では，基礎的・理論的な教育をしっかり行うことが必要である。司書としての基本的な考え方の十分な理解を図ることにより，現場で役立つ人材が養成できる。
- 時代に合った養成カリキュラムにしなければならない。

(3) 司書課程と司書講習との関係について
- 同じ資格である以上，科目はおおむね同一であるべきではないか。単位数についても，講習の受講者を現職者に限定する場合以外は，大きな差があることは考えられない。
- 司書課程を，現行の司書講習よりも多くの科目と単位数とし，かつ司書講習もそれに近い科目・単位数とする場合，司書講習の負担が増えることとなる。その点をどう解決するか。
- 今後，大学における養成を基本とし，司書講習でもおおむね同等の単位数を必要とするならば，司書講習では，実務経験によって講習科目の免除を行うことも考えられる。
- 司書課程で取得する資格と，司書講習で取得する資格で，差別化を図ることも考えられる。

2. 司書講習の科目に関する検討の方向性
- 当面「ねらい・内容」の検討と修正が必要である。「ねらい・内容」の修正で対応できない場合は，科目を修正する。
- 現行の時間，単位数では，即戦力となる人を育成するのが困難であるため，充実する必要がある。

(生涯学習政策局社会教育課)

別紙
参考：司書養成の在り方に関するその他の意見
○司書補の制度について，在り方の検討が必要。
○司書講習は，図書館法制定当時の図書館職員に司書資格を取得させるための臨時的措置という意味合いが強かったため，在り方の検討が必要。
○司書講習，司書課程の水準を維持するための，課程や修了者，教員等の評価の仕組みや基準が必要。

資　　料

○司書の学歴要件について，アジアの近隣諸国を含めて国際的に情報専門職を学部専門課程ないし大学院修士レベルで養成する方向に移行しつつある状況と比べると，ギャップが大きくなっている。
○生涯学習社会の構築の観点から，多様なルートで司書となる者がいてもよいのではないか。
○資格取得とともに，どの段階で何を学ぶべきかを示す必要がある。より高度な専門性を身につけるための大学院での教育や，段階別（新任者，中堅，館長など）の研修内容など，どの段階で，何をどこまで学ぶべきかを示す必要がある。

出典：これからの図書館の在り方検討協力者会議「平成18年度における司書養成に関する議論のまとめ（平成19年3月）」文部科学省生涯学習政策局社会教育課，2007. http://www.mext.go.jp/b_menu/shingi/old_chukyo/old_gakushu_index/toushin/1315178.htm（2014年10月27日確認）

司書40

新しい時代を切り拓く生涯学習の振興方策について
～知の循環型社会の構築を目指して～（答申）（抄）

(3)生涯学習・社会教育の推進を支える人材の在り方（抜粋）

（司書等の在り方）

○　図書館に置かれる専門的職員である司書及び司書補には，図書館等の資料の選択・収集・提供，住民の資料の利用に関する相談への対応等の従来からの業務とともに，地域が抱える課題の解決や行政支援，学校教育支援，ビジネス（地場産業）支援，子どもの学校教育外の自主的な学習の支援等のニーズに対応し，地域住民が図書館を地域の知的資源として活用し，様々な学習活動を行っていくことを支援していくことが求められている。そのため，司書及び司書補が，時代の要請に応じ，住民の学習ニーズに適切に対応できる能力を養うため，その資格取得要件の見直しや資質の向上を図るための研修の充実等が必要との指摘がなされている。

○　このため，具体的な方策の一つとしては，司書の資格要件として大学において履修すべき図書館に関する科目について法令上明確に定めること等が考えられる。なお，司書等が現代的課題に対応し，より実践力を備えた質の高い人材として育成されるよう，司書講習及び大学における司書養成課程等において履修すべき科目，単位についての具体的な見直しについては，今後引き続き検討する必要がある。

○　さらに，司書補の資格要件については，幅広く多様な人材を育成する上で，その資格要件を緩和することが適当であるとの指摘がなされているところである。この観点から現行制度を見直す場合に，同様の資格試験において受験資格として高等学校卒業程度認定試験の合格者を対象としていない例は少ないことからも，司書補について高等学校卒業程度認定試験の合格者等，大学に入学することのできる者を対象とすることが適当である。

○　このほか，多様化，高度化する人々の学習ニーズや地域における課題に対応し，専門的な知識・技能の習得と資質の向上を図るために，司書及び司書補の研修の充実は重要である。このため，国，都道府県，図書館関係団体等でそれぞれ実施されている研修の有機的連携を図り，体系的・計画的に研修体制の整備を図っていくことが必要であり，任命権者のほか，文部科学大臣及び都道府県が司書及び司書補の研修を行うよう努める旨の規定を新たに法令上設けることが考えられる。

○　また，図書館も自らの事業として，司書研修や研究会の実施に努めるとともに，図書館等における学習成果を活用したボランティア活動の機会の確保や図書館に関する人材の養成及び研修等を積極的に行うことも重要である。

（略）

（社会教育に関する専門的職員について）

○　このほか，社会教育主事，司書，学芸員について共通に求められる知識や資質を共通科目を通じて身に付けられるようにするべきではないかとの指摘がある。他方で，これらの専門的職員については，それぞれ勤務する場所も専門性も異なるとの指摘もなされている。また，現在も養成における共通科目として「生涯学習概論」が設けられているが，社会教育主事，司書，学芸員の3つの資格が社会教育に係る専門的な資格として共通する部分も多い。このことにかんがみれば，例えば，大学等で必要な科目を取得していない者が社会教育主事の資格を得るためには，社会教育主事補として3年勤務し，講習を受講する必要があるが，司書や学芸員等の社会教育の専門職としての実務経験を同等のものと評価できるようにし，同様に司書や学芸員の資格を得るための実務経験についても他の社会教育の専門職としての実務経験を評価できるようにすること等が必要と考える。

○　また，社会教育主事，司書，学芸員等の社会教育に関する専門的職員について，「社会教育士」や「地域教育士」のような汎用資格を設けることを検討することについて指摘がなされている。これについては，各地域において社会教育に関わる専門的職員が社会教育を推進するに当たり，各専門的職員にはその地域の実情やニーズを広く吸い上げるとともに，それぞれの分野で高度化するニーズ等への対応も求められていること，また，教育サポーター等各地で活用されている人材制度の現状等を踏まえ，社会教育に関わる専門的な人材の在り方全体を今後どのように考えるかということとあわせて検討する必要がある。

出典：中央教育審議会「新しい時代を切り拓く生涯学習の振興方策について～知の循環型社会の構築を目指して～（答申）」2008．http://www.mext.go.jp/component/b_menu/shingi/toushin/_icsFiles/afieldfile/2008/12/080219_01.pdf（2014年10月27日確認）

資料

司書41

社会教育法等の一部を改正する法律（抄）

社会教育法等の一部を改正する法律をここに公布する。
　御　名　御　璽
　　平成二十年六月十一日

　　　　　　　　　　　　　　　　　　　　内閣総理大臣　福田　康夫
法律第五十九号
　　社会教育法等の一部を改正する法律

（略）
（図書館法の一部改正）
第二条　図書館法（昭和二十五年法律第百十八号）の一部を次のように改正する。
（略）
　　第五条第一項中「左の」を「次の」に，「一に」を「いずれかに」に改め，同項第二号を削り，同項第一号中「第六条」を「次条」に改め，同号を同項第二号とし，同項に第一号として次の一号を加える。
　　　一　大学を卒業した者で大学において文部科学省令で定める図書館に関する科目を履修したもの
　　第五条第一項第三号を次のように改める。
　　　三　次に掲げる職にあつた期間が通算して三年以上になる者で次条の規定による司書の講習を修了したもの
　　　　イ　司書補の職
　　　　ロ　国立国会図書館又は大学若しくは高等専門学校の附属図書館における職で司書補の職に相当するもの
　　　　ハ　ロに掲げるもののほか，官公署，学校又は社会教育施設における職で社会教育主事，学芸員その他の司書補の職と同等以上の職として文部科学大臣が指定するもの
　　第五条第二項第二号中「高等学校若しくは中等教育学校を卒業した者又は高等専門学校第三学年を修了した者で第六条」を「学校教育法（昭和二十二年法律第二十六号）第九十条第一項の規定により大学に入学することのできる者で次条」に改める。
　　第七条を次のように改める。
　（司書及び司書補の研修）
第七条　文部科学大臣及び都道府県の教育委員会は，司書及び司書補に対し，その資質の向上のために必要な研修を行うよう努めるものとする。
（略）

附則第十項中「第二条第一項，第三条及び第十五条の学校には学校教育法（昭和二十二年法律第二十六号）附則第三条の従前の規定による学校を，」を削り，「旧大学令」を「，旧大学令」に，「，第五条第二項の高等学校」を「含み，第五条第二項第二号に規定する学校教育法第九十条第一項の規定により大学に入学することのできる者」に，「旧高等学校令又は」を「旧高等学校令若しくは」に，「及び青年学校本科並びに」を「若しくは青年学校本科又は」に，「含む」を「卒業し，又は修了した者を含む」に改める。

（略）

　　　附　則
（施行期日）
1　この法律は，公布の日から施行する。ただし，第二条中図書館法第五条第一項第二号を削る改正規定及び同項第一号を同項第二号とし，同項に第一号として一号を加える改正規定並びに附則第三項及び第四項の規定は，平成二十二年四月一日から施行する。

（略）

（図書館法の一部改正に伴う経過措置）
3　附則第一項ただし書に規定する規定の施行の日前に第二条の規定による改正前の図書館法第五条第一項第二号に規定する図書館に関する科目のすべてを履修した者の司書となる資格については，なお従前の例による。
4　附則第一項ただし書に規定する規定の施行の日前から引き続き大学に在学し，当該大学において図書館に関する科目を履修する者の司書となる資格に関し必要な経過措置は，文部科学省令で定める。

　　　　　　　　　　　　　　　　　　　　　文部科学大臣　　渡海紀三朗
　　　　　　　　　　　　　　　　　　　　　内閣総理大臣　　福田　康夫

出典：『官報』号外第123号，2008年6月11日，p.4-5.〔原典縦書き〕

資　　料

司書42

司書資格取得のために大学において履修すべき図書館に関する科目の在り方について（報告）（抄）

これからの図書館の在り方検討協力者会議

I．はじめに

　図書館は，人々の生涯学習の場として，教育と文化の発展のために幅広い活動を通して，社会の発展に大きく寄与してきた。今後も一層積極的な役割を果たしていくことが期待されているが，それには，社会の変化や新たな課題等に対応して，図書館運営に新しい視点や方策を取り入れていくことが求められている。

　このため，「これからの図書館の在り方検討協力者会議」では，平成18年3月に，地域を支える情報拠点を目指した「これからの図書館像」を示し，各図書館が特に取り組むべき新たな課題について，取組の視点や具体的な方策をとりまとめ，提言を行った。

　「これからの図書館像」を実現し，図書館の改革を一層進めるためには，図書館職員の資質向上が不可欠である。とりわけ司書は，図書館運営上の中核的な役割を担っており，司書の意識と行動が大きくその成否に関わっていると言っても過言ではない。

　そこで，本協力者会議では，さらに図書館職員の養成・研修の在り方をテーマに検討を重ね，平成20年6月に，図書館職員の研修の充実方策について報告書「図書館職員の研修の充実方策について（報告）」をとりまとめた。そして，今般，司書資格取得のために大学において履修すべき図書館に関する科目（以下，「図書館に関する科目」という。）について，司書に必要な基礎的な知識・技術の内容を検討するという視点から，幅広く関係者から意見を聞きつつ検討を進め，その結果を本報告書「司書資格取得のために大学において履修すべき図書館に関する科目の在り方について（報告）」としてとりまとめた。

　今後，この報告をもとに，大学における司書養成の充実が図られ，今後の図書館で必要となる知識・技術の基礎を身に付けた司書が，「これからの図書館像」を実現し，図書館の改革を一層進めていく担い手として活躍していくことを期待する。

II．図書館に関する科目（改正図書館法第5条第1項第1号）の基本的な考え方

1. これからの司書に求められる資質・能力
○　図書館は，住民の身近にあって，図書やその他の資料を収集，整理，保存し，その提供を通じて住民の学習を支援するという役割に加え，特に近年は，地域が抱える課題の解決を支援するための図書館サービスを行うことが求められている。平成20年2月の中央教育審議会答申「新しい時代を切り拓く生涯学習の振興方策について」においても，図書館について，社会教育施設の中でも利用度の高い，いわば「地域の知の

拠点」として，今後も国民が生涯にわたって自主的な学習を行っていく上で，大きな役割を果たしていくことが期待されていると指摘されている。
○ 社会の変化に対応して図書館を改革し，地域を支える知の拠点として必要な機能を備えた「これからの図書館像」を実現するには，司書が，地域社会の課題や人々の情報要求に対して的確に対応できるよう，図書館に関する基礎的な知識・技術とともに，課題解決を支援するための行政施策・手法や図書館サービスの内容と可能性を理解することが必要である。また，情報技術に関する知識，法制度や行政に関する知識，図書館の経営能力を身につけ，特にコスト意識や将来のビジョンをもつことが重要である。
○ このため，今後，大学における司書の養成においては，これからの司書に求められるこれらの知識・技術について，その基礎となる教育を体系的に行なうことが必要である。また，新しい図書館に対する展望を持ち，現状を積極的に改革できる人材が司書資格を取得することが強く求められるため，養成段階から，新しい図書館の在り方を理解できるようにすることも重要である。
○ 一方，専門的職員の養成は，大学における教育だけでは十分とは言えないため，図書館に就職した後の研修や自己研鑽については，平成20年6月にとりまとめた「図書館職員の研修の充実方策について（報告）」を参考に，地域の特色や各図書館の役割等に応じて，各地方公共団体においてさらに検討を進めることが望まれる。

2. 図書館に関する科目を定める必要性
○ 大学及び司書講習における司書の養成は，専門的職員が図書館において職務を遂行するための基礎を培うものであり，これから図書館の業務に就く者にとって必要不可欠なものである。
○ 図書館法が昭和25年に施行された当時は，図書館に関する科目を開講する大学が極めて少なかったことから，法律上も，大学が行う司書講習での資格取得を主たる手段として位置づけていた。そして，図書館に関する科目については，図書館法施行規則第4条第2項により，司書講習の科目の単位に相当するものとして文部科学大臣が認めることで運用されてきた。
○ その後，大学において図書館に関する科目の開講が広がり，平成19年度には，4年制大学153校，短期大学（部）65校で開講されている（平成19年度の司書講習実施大学は13校）が，これまで図書館法改正の機会がなかったため，制度上の位置づけは同じ状態が続いてきた。
○ しかしながら，元来，司書講習は，現職者を対象として設定されたものであり，修得すべき科目・単位数については，昭和25年の制定以来，2度の改正を経てより充実したものとなってきているが，あくまでも司書講習のための構成となっている。このため，必ずしも大学の教育課程において行うにふさわしいものとなっていないという指摘や，講習科目を大学の課程に適用することに対して，非常に強い抵抗感があるという指摘もあった。そして，これらを背景として，図書館関係団体や大学教員等から，

資　　料

社会教育主事，学芸員と同様に措置を講じ，「図書館に関する科目」を明確化することについての強い要望が出されていた。
○　このような状況を踏まえ，本協力者会議では，平成18年9月以降，「図書館に関する科目」の明確化に向けて，大学及び図書館関係団体からのヒアリングや意見照会を行いつつ，その科目・内容等の具体的な検討を進めてきた。
○　こうした中，平成20年6月には，18年12月の教育基本法の改正等を踏まえて図書館法の改正が行われ，同法第5条の第1項第1号に，大学において履修すべき図書館に関する科目を文部科学省令で定めることが新たに定められた。
○　本報告を踏まえ，国においては関係規定等の改正など必要な措置を速やかに講じ，高度化・多様化する学習ニーズに応えられる専門的職員を養成できるよう，司書の養成内容を改善・充実することが必要である。なお，司書講習については，今後も現職者等に対する資格付与の役割を担っていくことが期待される。

3.　図書館に関する科目内容の基本的な考え方

(1)科目の位置付けについて
○　図書館に関する科目は，図書館で勤務し専門的職員として図書館サービス等を行うための基礎的な知識・技術を修得するためのものであり，その後，さらに専門的な知識・技術を身に付けていくための入口として位置付けることが適切である。すなわち，司書に必要な資質・能力は，司書資格を取得した後，図書館の業務経験や研修及びその他の学習機会等による学習等を通じて，徐々に形成されていくものであり，図書館に関する科目はそのための基盤を形成するものと考える。
○　このため，大学は，学生に資格取得後も学習を続けるよう奨励し，図書館の設置者は，司書に資質・経験等に応じて継続的に研修に参加させ，知識・技術を向上させるように努め，図書館職員は自主的に学習を積み重ねることが重要である。
○　大学で，専門的職員としての職務を遂行するための基礎を培うには，体系的な基礎理論を確実に学ぶことが必要であり，理論を中心に，基礎的な知識を修得することが重要である。さらに，修得した理論を演習科目において実践的に活用することにより，理論を現実と結び付け，さらに深く理解できるようにすることが必要である。
○　また，大学は，司書資格取得を目指す人たちが，初めて図書館について専門的に学ぶ場所である。このため，学生が実際の図書館の現状を十分理解し，関心を持つように配慮するとともに，図書館の社会的意義や必要性などの理解を図ることによって，図書館について認識を深めることが重要である。
○　さらに，新しい図書館の在り方に対する展望を持ち，目的意識を持って学習意欲を継続できるよう，変化しつつある社会や改革が進む図書館の状況を反映させるなど，教育内容等に工夫を図る必要がある。
○　一方で，図書館への就職は非常に厳しい状況が続いているが，司書資格取得者の就業の場としては，公立図書館以外にも，各種の図書館や行政機関，企業，民間団体等の資料関係業務や調査・情報提供業務などが考えられることから，これらに関する情

報の提供も望まれる。
○ 司書資格取得者が図書館を利用する場合には良き利用者となることが期待され，また，図書館のボランティアや図書館活動の支援者となることも考えられることから，図書館利用教育や支援者の育成の役割についても配慮すべきである。
○ 一部の大学や大学院では，図書館に関するより専門的な知識・技術を身につけるための科目を開講している。専門的な知識・技術の向上の観点から，さらに多くの大学等で，より多様な内容の科目が開講され，さらに，社会人のための様々な教育機会や各種の研修の機会の拡大を通じて，これらの科目内容や教育内容が広く普及することが期待される。このために，今後，これらの科目のあり方について，関係者の間で検討が行われることが望まれる。
○ また，社会の変化に対応して，図書館に関する科目の見直しについて一定期間ごとに検討を行うことが必要であると考える。

(2)これからの司書の養成内容に必要な新たな視点
○ 「これからの図書館像」を実現するためには，司書が，今日の社会において図書館に期待される役割を理解し，社会の変化や住民のニーズに対応して図書館を改革していくことが必要である。
○ 協力者会議における検討を通じて，これまでの司書の図書館業務やサービスへの取り組みやそのための学習について，下記のような改善すべき点が指摘された。今後の司書の養成においては，従来の養成内容に加えて，これらの観点から，内容を見直す必要があると考える。
　・今後の社会における図書館の役割や意義の理解が必要である。このためには，情報提供における図書館の役割，公共サービスの役割，子どもの読書の意義等の理解を図ることが必要である。
　・急速に進行する情報化に対応するために，図書館の業務やサービスの基礎となる情報技術の知識や技術の向上が必要であり，そのための科目を設ける必要がある。あわせて，図書館資料にネットワーク情報資源を加えて，図書館情報資源としてとらえる必要がある。
　・自治体行政・施策の中に図書館を位置付け，関係機関・団体と連携・協力して，地域や住民の課題解決の支援に取り組むには，図書館の役割を定めた法制度，自治体行政の制度・政策，生涯学習の制度・政策に関する知識の充実が必要である。
　・図書館サービスについては，レファレンスサービスの体制作りと質的向上，最近注目されている課題解決支援サービスや発信型情報サービスが重要である。それとともに，利用者に対する接遇やコミュニケーションの改善と図書館職員の情報資源に関する知識の充実が必要である。
　・大学教育のための科目にふさわしく，各科目の基本となる理論的内容を明確にし，体系的に構成する必要がある。

(3)科目の設定と体系について

資　　料

○　協力者会議では，司書に必要と考えられる基礎的な知識・技術を学ぶために必要な教育内容について検討を行い，それを科目として整理した。また，全国の大学・短期大学における開講単位数・授業時間・講義時間数を調査し，それをもとに，司書の専門的知識・技術を向上させ，現状を改善するために，科目を設定した。その結果，資格取得のために修得すべき科目数は，必修科目11科目，選択科目2科目の合計13科目となった。このうち，必修科目の内容については，それぞれ2単位で開講することが適切であると判断した。

○　これらの科目は，①基礎科目，②図書館サービスに関する科目，③図書館情報資源に関する科目，④選択科目の体系に分類を行い，講義科目と演習科目を設定した。

○　これら科目のうち，各区分の中でも基本的なものと位置づけられる科目を「概論」とし，それ以外は講義を主体とするものを「論」，演習を主体とするものを「演習」とした。

○　図書館に関する科目とこれまでの司書養成科目との相違点を，体系に沿って示すと，下記のとおりである。

　①　基礎科目では，「生涯学習概論」の行政に関する内容等を充実するとともに，「図書館経営論」に法制度・政策についての内容を加えて，科目名を「図書館制度・経営論」に改め，いずれも2単位に充実した。そのほか，情報化の進展に対応した能力育成のための「図書館情報技術論」を新設した。

　②　図書館サービスに関する科目では，これまでの「図書館サービス論」を「図書館サービス概論」と名称変更し，その下に「情報サービス論」「児童サービス論」を位置付けた。「レファレンスサービス演習」と「情報検索演習」を発展的に統合するものとして「情報サービス演習」を新設し，子どもの読書活動の推進の観点から，「児童サービス論」の内容について，子どもの読書の意義の明確化を図り，2単位に充実した。

　③　これまでの「図書館資料」にネットワーク上の情報資源を加え，これらを包括するものを「図書館情報資源」と位置付けた。図書館情報資源に関する科目では，「図書館資料論」「資料組織論」「資料組織演習」の科目名を，それぞれ「図書館情報資源論」「情報資源組織論」「情報資源組織演習」と改め，また，「専門資料論」については，主題部門別の資料の知識は，一部を「図書館情報資源概論」に組み入れるものとして，この科目を整理統合した。

　④　このほか，必修科目で学んだ内容をさらに深めるため，各大学で科目を選択して開講できる選択科目を7科目設定した。これについては，2科目2単位以上履修する必要がある。

○　各大学においては，必要な知識・技術を持った司書を養成するために，これらの科目を開設するとともに，必要に応じて，適宜その他の科目を開設し，適切なカリキュラムを編成することが期待される。

(4)選択科目について

○ 司書に必要な基礎的な知識・技術は，司書資格取得を目指す全ての人々が学習できるように必修科目に盛り込まれている。さらに，そこで学んだ内容を発展的に学習し，理解を深める観点から，選択科目を引き続き設けることとした。選択科目の内容は，ある程度まで必修科目で学んでいるため，大学の創意・工夫で講義や演習形式により柔軟に構成できるよう1単位科目としたが，単位数を増やして内容を深めることも可能であることから，大学の事情に応じて充実を図ることが望まれる。

○ 区分を横断する内容の選択科目として，「図書・図書館史」，「図書館施設論」を設け，各科目で学んだ個別テーマを掘り下げて学習するために各区分の特論を設けた。さらに，各区分の演習科目に関する専門的な演習，講義科目に関する演習及び図書館に関する課題研究等を行うために「図書館総合演習」，図書館での実習を行うために「図書館実習」を設けた。

○ 本科目は，各大学の特色を活かした内容によって構成し，多数の科目が開講されることが望ましい。

(5)実習について

○ 実習は，地域の様々な利用者と接し，多様なサービスを提供することが求められる公立図書館業務の実態を知り，学生自らが司書としての適性を考えるための効果的な機会である。

○ しかしながら，それぞれの地域の図書館によって実習生の受け入れに関する事情は一様でないことから，それぞれの地域の状況と各大学の判断により，「図書館実習」を選択科目で実施することが好ましいと考えられる。

○ ここでいう図書館実習とは，図書館に関する科目の学習で得た知識・技術をもとに，事前・事後学習の指導を受けつつ，原則として公立図書館における業務を経験することを指す。

○ 充実した図書館実習を実施するために，図書館と大学の間で，相互に協力的な連携関係を結ぶことが必要である。

(6)基礎的な知識や主題専門領域の学習について

○ 司書として図書館業務に従事するには，図書館に関する基礎的な知識・技術の習得はもちろんのこと，憲法や外国語，情報技術などの大学の教育課程における基礎的な知識を身につけることも必要である。

○ 図書館業務に関する知識の基礎となる，行政学，法学，経済学，経営学，社会学，教育学，心理学，歴史学，情報学などの様々な分野の知識を，大学等で，又は図書館就職後に学習することが望ましい。

○ 図書館業務の遂行に際しては，利用者との受け答えなど社会人としての総合的な能力が求められることから，このような能力の育成を目指すインターンシップあるいは体験型学習等の学習機会を活用して取り組むことが望まれる。

○ 高度化・多様化する住民の学習ニーズに応え，課題解決支援のためのサービスを提供するには，人文，社会，科学技術，医学・生物学，地域社会などの主題専門分野に

資　　料

ついても学習することが必要である。これらの主題専門知識については，大学等で学習に努めるとともに，図書館就職後も継続的に学習し，常に最新の情報を把握することが望まれる。
○　大学は，上記の科目の開講に努め，学生が学習する機会を提供し，さらに，その学習の奨励に努めることが望ましい。各図書館においても，これらに関する研修の機会を提供し，学習を奨励することが望ましい。

(7)単位数・授業時間数について
○　本報告で示す協力者会議の試案では，計13科目24単位となる。現行の司書講習科目と比較すると，科目数は1科目減るが，単位数は4単位分増加している。
○　講義及び演習の授業時間数については，現行の大学設置基準で，1単位当たり，15時間から30時間までの範囲で大学が定める時間の授業をもって構成することとされているが，図書館に関する演習科目については，1単位30時間で授業を行うところが多いことを踏まえ，単位数を定めた。

　この趣旨を踏まえ，特に演習科目を1単位15時間としうる大学においても，各科目の内容に応じて必要な授業時間数及び単位数を確保し，適切な演習が行われるよう努めることが望まれる。また，実習についても同様に，事前・事後学習と実務の経験に必要な授業時間数を確保することが望まれる。
○　また，幅広い知識に立脚した司書が養成されるよう，大学の教育課程における学習内容のバランスを図りつつ，図書館に関する科目を各大学の状況に応じて大学の卒業単位として認定するなど，学生が受講しやすい配慮が望まれる。

Ⅲ．図書館に関する科目の各科目の考え方

1．基礎科目
　①生涯学習概論
　　　生涯学習及び社会教育の本質と意義の理解を図り，教育に関する法律・自治体行財政・施策，学校教育・家庭教育等との関連，並びに社会教育施設，専門的職員の役割，学習活動への支援等の基本を解説する。
　②図書館概論
　　　図書館の機能や社会における意義や役割について理解を図り，図書館の歴史と現状，館種別図書館と利用者のニーズ，図書館職員の役割と資格，類縁機関との関係，今後の課題と展望等の基本を解説する。
　③図書館情報技術論
　　　図書館業務に必要な基礎的な情報技術を修得するために，コンピュータ等の基礎，図書館業務システム，データベース，検索エンジン，電子資料，コンピュータシステム等について解説し，必要に応じて演習を行う。
　④図書館制度・経営論
　　　図書館に関する法律，関連する領域の法律，図書館政策について解説するととも

に，図書館経営の考え方，職員や施設等の経営資源，サービス計画，予算の確保，調査と評価，管理形態等について解説する。
2. 図書館サービスに関する科目
　①図書館サービス概論
　　　図書館サービスの考え方と構造の理解を図り，資料提供，情報提供，連携・協力，課題解決支援，障害者・高齢者・多文化サービス等の各種のサービス，著作権，接遇・コミュニケーション等の基本を解説する。
　②情報サービス論
　　　図書館における情報サービスの意義を明らかにし，レファレンスサービス，情報検索サービス等のサービス方法，参考図書・データベース等の情報源，図書館利用教育，発信型情報サービス等の新しいサービスについて解説する。
　③児童サービス論
　　　児童（乳幼児からヤングアダルトまで）を対象に，発達と学習における読書の役割，年齢層別サービス，絵本・物語等の資料，読み聞かせ，学校との協力等について解説し，必要に応じて演習を行う。
　④情報サービス演習
　　　情報サービスの設計から評価に至る各種の業務，利用者の質問に対するレファレンスサービスと情報検索サービス，積極的な発信型情報サービスの演習を通して，実践的な能力を養成する。
3. 図書館情報資源に関する科目
　①図書館情報資源概論
　　　印刷資料・非印刷資料・電子資料とネットワーク情報資源からなる図書館情報資源について，類型と特質，歴史，生産，流通，選択，収集，保存，図書館業務に必要な情報資源に関する知識等の基本を解説する。
　②情報資源組織論
　　　印刷資料・非印刷資料・電子資料とネットワーク情報資源からなる図書館情報資源の組織化の理論と技術について，書誌コントロール，書誌記述法，主題分析，メタデータ，書誌データの活用法等を解説する。
　③情報資源組織演習
　　　多様な情報資源に関する書誌データの作成，主題分析，分類作業，統制語彙の適用，メタデータの作成等の演習を通して，情報資源組織業務について実践的な能力を養成する。
4. 選択科目
　　必修の各科目で学んだ内容を発展的に学習し，理解を深める観点から，各区分の特論や図書・図書館の歴史，施設・設備に関する科目の中から各大学の判断で選択し，解説または演習・実習を行う。
　　なお，各科目のねらい・内容・司書講習科目からの変更点等を一覧の形にしたのが，

資　　料

別紙1，別紙2である。

Ⅳ．司書の養成に関するその他の事項

1. 司書講習について

　図書館法第6条に基づき大学で行われる司書講習は，平成20年度には14の大学で実施されており，引き続き，大学を卒業した者，司書課程のない大学の学生や3年以上司書補として勤務した経験を有する者等に対する司書資格付与の役割が期待されている。司書の養成水準は，司書講習についても大学の司書養成課程と同等であるべきことから，大学における図書館に関する科目・単位数と同様に科目・単位数を改めることが適当と考える。

2. 司書及び司書補講習において履修すべき科目の単位の修得に相当する勤務経験及び資格等について

　平成8年8月28日付文部省告示第149号において，一定の勤務経験及び資格等をもって司書・司書補講習科目の一部の科目を免除することが告示されているが，今後は，図書館での勤務経験をもって履修したものとみなす科目は図書館実習に限ることとし，修得したとみなす学修は，大学や社会教育主事講習などにおける科目の修了等を原則とすることが適当と考える。

3. 新たな図書館に関する科目・単位数の施行の経過措置について

　教育現場で支障なく実施するには，教育体制を準備し，学生・関係者に対する十分な周知期間を設ける必要があること等を考慮し，新たな科目・単位数を定めた文部科学省令の公布から施行まで3年間程度の周知・準備期間を置くことが適当と考える。

　また，施行日前に旧科目を履修した学生が不利益を被ることのないよう，適切な経過措置を設けることが必要と考える。

4. 司書資格の取得の要件について

　司書講習を受講して司書資格を取得するには「大学」又「は高等専門学校」（ママ）（司書講習受講者に限る）を卒業していることが要件の一つとされているが，この「大学」は短期大学のほか，旧大学令等の規定による大学，大学予科，高等学校高等科などに限定されていることから，今後は，外国において学校教育における14年の課程を修了した者など，短期大学の専攻科への入学に関し，短期大学を卒業した者と同等以上の学力があると認められる者にも対象を拡大することが適当と考える。

5. 今後の司書養成の更なる充実に向けて

○　これまでに得た司書資格は今後も有効であるが，今回，科目内容が改善されたことから，これまでの司書有資格者は，新たに設置された科目の内容について，科目等履修生，司書講習，通信教育等を活用して学習することが期待される。これは社会のニーズに合った最新のサービスを行う上で効果的である。

○　司書養成教育の水準の向上を図るには，新しい科目の授業の実施とともに，司書養成課程の管理，学生に対する指導，並びに教育内容等に関する組織的な研修を着実に

実施していくことが必要である。このためには，これらを担当することができる，図書館に関する領域を専門とする専任教員を十分に確保することが重要である。
○ 大学設置基準等においては，教育内容等の改善のための組織的な研修等を行うものとされており，大学における図書館に関する科目についても実施されることを期待する。
○ 大学及び司書講習における養成体制の整備が重要であるため，大学評価の一環として，大学及び司書講習における司書養成体制に対する外部評価が行われることが望ましい。
○ 今後，大学における養成内容等の一層の充実を図るため，司書養成を行っている大学間で，司書養成に関する情報交換・交流の推進等をはじめとする連携・協力を推進することを期待する。
○ アジア地域を含む諸外国では，図書館の専門的職員の養成が主として大学院修士課程で行われている。こうした現状を踏まえ，今後わが国においても，大学院での教育体制を整備する方向で関係者間での検討を進めることを期待する。
○ 本協力者会議で，図書館に関する科目の在り方について議論する中で，司書の養成の在り方そのものに関しても，①司書講習の在り方，②司書の学歴要件，③司書補の制度の在り方等について，今後検討する必要があるといった意見があった。
○ これらの事項については，まず，現状の把握を行うことが必要であると考えられる。また，図書館関係の学会や団体等で必要な調査を行い，図書館関係者間で継続的に議論を深めることが重要であると考える。

(別紙1・2　略)

出典：これからの図書館の在り方検討協力者会議『司書資格取得のために大学において履修すべき図書館に関する科目の在り方について（報告）』これからの図書館の在り方検討協力者会議，2009年，p.1-12.

司書43

図書館法施行規則の一部を改正する省令（抄）

○文部科学省令第二十一号

　図書館法（昭和二十五年法律第百十八号）第六条第二項の規定に基づき，図書館法施行規則の一部を改正する省令を次のように定める。

　　平成二十一年四月三十日　　　　　　　　　　　　文部科学大臣　塩谷　　立

　　　図書館法施行規則の一部を改正する省令

　図書館法施行規則（昭和二十五年文部省令第二十七号）の一部を次のように改正する。

　目次中

「第一章　司書及び司書補の講習（第一条—第九条）

　第二章　準ずる学校（第十条・第十一条）　　　」

資　　料

を
「第一章　図書館に関する科目（第一条）
　第二章　司書及び司書補の講習（第二条―第十二条）
　第三章　準ずる学校（第十三条・第十四条）　　　」
に改める。
　第十一条に見出しとして「（高等学校に準ずる学校）」を付し，同条を第十三条とする。
　第十条に見出しとして「（大学に準ずる学校）」を付し，同条を第十二条とする。
　第二章を第三章とする。
　第九条に見出しとして「（実施細目）」を付し，同条中「及び」を「，講習を行う大学，」に改め，第一章中同条を第十一条とする。
　第八条に見出しとして「（修了証書の授与）」を付し，同条中「第四条又は第五条」を「第五条又は第六条」に改め，同条を第九条とし，同条の次に次の一条を加える。
　　（講習の委嘱）
　第十条　法第五条第一項第一号の規定により文部科学大臣が大学に講習を委嘱する場合には，その職員組織，施設及び設備の状況等を勘案し，講習を委嘱するのに適当と認められるものについて，講習の科目，期間その他必要な事項を指定して行うものとする。
　第七条に見出しとして「（単位修得の認定）」を付し，同条を第八条とする。
　第六条に見出しとして「（単位の計算方法）」を付し，同条中「この章」を「講習」に，「第五条第一項第二号」を「第五条第一項第三号」に改め，同条を第七条とする。
　第五条に見出しとして，「（司書補の講習の科目の単位）」を付し，同条第二項を次のように改める。
　２　司書補の講習を受ける者がすでに大学（法附則第十項の規定により大学に含まれる学校を含む。）において修得した科目の単位であつて，前項の科目の単位に相当するものとして文部科学大臣が認めたものは，これをもつて前項の規定により修得した科目の単位とみなす。
　第五条に次の一項を加える。
　３　司書補の講習を受ける者がすでに文部科学大臣が別に定める学修で第一項に規定する科目の履修に相当するものを修了していると文部科学大臣が認めた場合には，当該学修をもつてこれに相当する科目の単位を修得したものとみなす。
　第五条を第六条とする。
　第四条に見出しとして「（司書の講習の科目の単位）」を付し，同条第一項の表を次のように改める。

群	科目	単位数
甲群	生涯学習概論	二
	図書館概論	二
	図書館制度・経営論	二
	図書館情報技術論	二
	図書館サービス概論	二
	情報サービス論	二
	児童サービス論	二
	情報サービス演習	二
	図書館情報資源概論	二
	情報資源組織論	二
	情報資源組織演習	二
乙群	図書館基礎特論	一
	図書館サービス特論	一
	図書館情報資源特論	一
	図書・図書館史	一
	図書館施設論	一
	図書館総合演習	一
	図書館実習	一

第四条第三項を次のように改める。

3 司書の講習を受ける者がすでに文部科学大臣が別に定める学修で第一項に規定する科目の履修に相当するものを修了していると文部科学大臣が認めた場合には，当該学修をもつてこれに相当する科目の単位を修得したものとみなす。

第四条を第五条とする。

第三条に見出しとして「(司書補の講習の受講資格者)」を付し，同条を第四条とする。

第二条に見出しとして「(司書の講習の受講資格者)」を付し，同条中「一に」を「いずれかに」に改め，同条第四号中「各号」を「前三号」に改め，同条を第三条とする。

第一条に見出しとして「(趣旨)」を付し，同条中「図書館法(以下「法」という。)」を「法」に改め，同条を第二条とする。

第一章を第二章とし，同章の前に次の一章を加える。

　　第一章　図書館に関する科目

第一条　図書館法(昭和二十五年法律第百十八号。以下「法」という。)第五条第一項第一号に規定する図書館に関する科目は，次の表に掲げるものとし，司書となる資格を得ようとする者は，甲群に掲げるすべての科目及び乙群に掲げる科目のうち二以上の科目について，それぞれ単位数の欄に掲げる単位を修得しなければならない。

資　料

群	科　目	単位数
甲　群	生涯学習概論	二
	図書館概論	二
	図書館制度・経営論	二
	図書館情報技術論	二
	図書館サービス概論	二
	情報サービス論	二
	児童サービス論	二
	情報サービス演習	二
	図書館情報資源概論	二
	情報資源組織論	二
	情報資源組織演習	二
乙　群	図書館基礎特論	一
	図書館サービス特論	一
	図書館情報資源特論	一
	図書・図書館史	一
	図書館施設論	一
	図書館総合演習	一
	図書館実習	一

2　前項の規定により修得すべき科目の単位のうち，すでに大学において修得した科目の単位は，これをもつて，前項の規定により修得すべき科目の単位に替えることができる。

附則（略）

出典：『官報』号外第93号，2009年4月30日，p.3-5.〔原典縦書き〕

司書44

図書館情報学検定試験受験者数

実施年度	受験者数
2007	549
2008	277
2009	302
2010	238
2011	260
2012	299
2013	202
合計	2,127

出典：学会運営に関する臨時委員会「学会運営に関する課題について(答申)」図書館情報学学会，2013.4，12p. および日本図書館情報学会図書館情報学教育特別委員会「2013年度図書館情報学検定試験の結果分析」より作成。

3
司書教諭養成関係資料

- 司教1 1953 学校図書館法案…495
- 司教2 1953 学校図書館法案…498
- 司教3 1953 第十六回国会　参議院文部委員会　第十二号（抄）…501
- 司教4 1953 第十六回国会　参議院文部委員会　第十四号…506
- 司教5 1953 審査報告書〔学校図書館法案〕（第16回国会）…530
- 司教6 1954 昭和二九年度司書教諭養成講習会開催について…530
- 司教7 1954 特別資料　本年度　司書教諭講習規程…532
- 司教8 1954 決議要望書／その熱意を要望書に託す　司書教諭講習　当局の改善策に期待…534
- 司教9 1956 学校図書館審議会答申（第三回答申）…536
- 司教10 1957 学校図書館司書教諭講習修了証書交付者数および司書教諭の発令について（通達）…538
- 司教11 1961 学校図書館法の一部を改正する法律案（第38回国会）…540
- 司教12 1963 学校図書館法の一部を改正する法律案（第43回国会）…541
- 司教13 1963 第四十三回国会　参議院文教委員会　第十四号（抄）…544
- 司教14 1969 学校教育法及び学校図書館法の一部を改正する法律案（第61回国会）…548
- 司教15 1969 第六十一回国会　参議院文教委員会　第二十四号（抄）…552
- 司教16 1969 大詰めにきた学校図書館法改正問題…556
- 司教17 1972 学校図書館法の一部を改正する法律案（第68回国会）…561
- 司教18 1972 学校図書館法の一部を改正する法律案（第68回国会）…564
- 司教19 1972 学校図書館法の一部を改正する法律案（第68回国会）…567
- 司教20 1972 審査報告書〔学校図書館法の一部を改正する法律案（継続案件）〕（第68回国会）…567
- 司教21 1973 学校教育法及び学校図書館法の一部を改正する法律案（第71回国会）…568
- 司教22 1973 審査報告書〔学校教育法及び学校図書館法の一部を改正する法律案（継続案件）〕（第71回国会）…571
- 司教23 1974 第七十二回国会　参議院文教委員会　第十七号（抄）…572
- 司教24 1975 昭和五十年度学校図書館司書教諭講習の実施及び司書教諭の発令について…589
- 司教25 1975 学図法改正運動についての覚え書…592
- 司教26 1977 学校図書館法改正法律案要綱…593
- 司教27 1978 学校教育法及び学校図書館法の一部を改正する法律案…595
- 司教28 1978 学校図書館法改正運動の中間総括…598

資　料

| 司教29 | 1978 | 司書教諭および学校司書の資格基準（第１次案）…600
| 司教30 | 1979 | 学校図書館法の改正運動について…603
| 司教31 | 1979 | 学校図書館法改正法案に対する要請事項…609
| 司教32 | 1980 | 学校教育法及び学校図書館法の一部を改正する法律案要綱…610
| 司教33 | 1980 | 司書教諭および学校司書の資格基準（第２次案）…611
| 司教34 | 1981 | 図書館事業基本法の付則で改正されるべき学校図書館関係法律案要綱…614
| 司教35 | 1987 | 教育は人――すべての学校図書館に専任教諭を…616
| 司教36 | 1987 | 学校図書館法を改正して豊かな教育を‼…621
| 司教37 | 1990 | 専任司書教諭制度案　科目・単位数　第一次素案…627
| 司教38 | 1996 | 「学校図書館法の一部を改正する法律案」の提案に関する報告…635
| 司教39 | 1996 | 学校図書館法等の一部を改正する法律案の仕組み（案）…640
| 司教40 | 1996 | 学校図書館職員養成制度の改善に関する要望書…642
| 司教41 | 1996 | 学校図書館法の一部を改正する法律案（第136回国会）…646
| 司教42 | 1996 | 審査報告書〔学校図書館法の一部を改正する法律案（継続案件）〕（第136回国会）…647
| 司教43 | 1997 | 学校図書館司書教諭講習規程の一部を改正する省令…647
| 司教44 | 1997 | 学校図書館法の一部を改正する法律案（第140回国会）…648
| 司教45 | 1997 | 審査報告書〔学校図書館法の一部を改正する法律案〕（第140回国会）…649
| 司教46 | 1997 | 第百四十回国会　衆議院文教委員会　第十七号（抄）…650
| 司教47 | 1997 | 学校図書館法の一部を改正する法律案（参議院提出）に関する報告書（第140回国会）…696
| 司教48 | 1997 | 学校図書館司書教諭講習規程の一部を改正する省令…697
| 司教49 | 1997 | ≪緊急共同声明≫学校図書館法「改正」に対し，「専任・専門・正規」職員の配置を求める声明…698
| 司教50 | 1997 | 学校図書館法一部改正について…699
| 司教51 | 1998 | 司書教諭講習等の改善方策について　報告…702
| 司教52 | 1998 | 学校図書館司書教諭講習規程の一部を改正する省令…710
| 司教53 | 1998 | 司書教諭養成課程を考える―提案（抄）…711
| 司教54 | 1998 | 学校図書館司書教諭講習講義要綱　第２次案…720
| 司教55 | 1999 | 司書教諭養成科目（第二次案）…727
| 司教56 | 2000 | 専任司書教諭の養成科目…729
| 司教57 | 2003 | 専任司書教諭養成課程案（抄）…732
| 司教58 | 2009 | 学校図書館司書教諭講習講義要綱…745

[司教1]

学校図書館法案

昭和二十八年七月二十一日提出
衆法第四一号

学校図書館法案
右の議案を提出する。
　　昭和二十八年七月二十一日
　　提出者
　　　大西正道　相川勝六　天野公義　伊藤郷一　尾関義一　岸田正記　坂田道太　竹
　　　尾弌　辻寛一　原田憲　山崎猛　山中貞則　今井耕　田中久雄　中嶋太郎　町村
　　　金五　高津正道　辻原弘市　野原覺　山崎始男　前田榮之助　松平忠久　北昤吉
　　　世耕弘一　小林信一

　　学校図書館法
目次
　第一章　総則（第一条―第七条）
　第二章　学校図書館審議会（第八条―第十二条）
　第三章　国の負担（第十三条―第十五条）
　附則
　　　第一章　総則
　（この法律の目的）
第一条　この法律は，学校図書館が，学校教育において欠くことのできない基礎的な設
　備であることにかんがみ，その健全な発達を図り，もつて学校教育を充実することを
　目的とする。
　（定義）
第二条　この法律において「学校図書館」とは，小学校（盲学校，ろう学校及び養護学
　校の小学部を含む。），中学校（盲学校，ろう学校及び養護学校の中学部を含む。）及
　び高等学校（[編者注：「（」が原典では抜けており，昭和28年7月25日付けの正誤表あり]盲学
　校，ろう学校及び養護学校の高等部を含む。）（以下「学校」という。）において，図
　書，視覚聴覚教育の資料その他学校教育に必要な資料（以下「図書館資料」とい
　う。）を収集し，整理し，及び保存し，これを児童又は生徒及び教員の利用に供する
　ことによつて，学校の教育課程の展開に寄与するとともに，児童又は生徒の健全な教
　養を育成することを目的として設けられる学校の設備をいう。
　（設置義務）
第三条　学校には，学校図書館を設けなければならない。

資　　料

（学校図書館の運営）

第四条　学校は，おおむね左の各号に掲げるような方法によって，学校図書館を児童又は生徒及び教員の利用に供するものとする。
　一　図書館資料を収集し，児童又は生徒及び教員の利用に供すること。
　二　図書館資料の分類排列を適切にし，及びその目録を整備すること。
　三　読書会，研究会，鑑賞会，映写会，資料展示会等を行うこと。
　四　図書館資料の利用その他学校図書館の利用に関し，児童又は生徒に対し指導を行うこと。
　五　他の学校の学校図書館，図書館，博物館，公民館等と緊密に連絡し，及び協力すること。
2　学校図書館は，その目的を達成するのに支障のない限度において，一般公衆に利用させることができる。

（司書教諭）

第五条　学校には，学校図書館の専門的職務を掌らせるため，司書教諭を置かなければならない。
2　前項の司書教諭は，教諭をもつて充てる。この場合において，当該教諭は，司書教諭の講習を修了した者でなければならない。
3　前項に規定する司書教諭の講習は，大学が文部大臣の委嘱を受けて行う。
4　前項に規定するものを除く外，司書教諭の講習に関し，履修すべき科目及び単位その他必要な事項は，文部省令で定める。

（設置者の任務）

第六条　学校の設置者は，この法律の目的が十分に達成されるようその設置する学校の学校図書館を整備し，及び充実を図ることに努めなければならない。

（国の任務）

第七条　国は，学校図書館を整備し，及びその充実を図るため，左の各号に掲げる事項の実施に努めなければならない。
　一　学校図書館の整備及び充実並びに司書教諭の養成に関する総合的計画を樹立すること。
　二　学校図書館（国立学校の学校図書館を除く。）の設置及び運営に関し，専門的，技術的な指導及び勧告を与えること。
　三　前各号に掲げるものの外，学校図書館の整備及び充実のため必要と認められる措置を講ずること。

　　　　第二章　学校図書館審議会

（設置）

第八条　文部省に学校図書館審議会（以下「審議会」という。）を置く。

（組織）

第九条　審議会は，二十人の委員で組織する。

2　委員は，学校図書館に関し学識経験のある者の中から，文部大臣が任命する。
3　委員の任期は，二年とする。但し，欠員が生じた場合の補欠の委員の任期は，前任者の残任期間とする。
4　委員は，再任されることができる。
　（権限）
第十条　審議会は，第七条各号に掲げる事項，第十三条に規定する学校図書館の設備又は図書の基準その他学校図書館に関する重要事項について，文部大臣の諮問に応じて調査審議し，及びこれらの事項に関して文部大臣に建議する。
　（委員の費用弁償等）
第十一条　委員は，非常勤とする。
2　委員は，その職務を行うために要する費用の弁償を受けることができる。
3　費用弁償の額及びその支給方法は，文部大臣が大蔵大臣と協議して定める。
　（政令への委任）
第十二条　この法律に規定するものを除く外，審議会に関し必要な事項は，政令で定める。

　　　第三章　国の負担
　（国の負担）
第十三条　国は，地方公共団体が，その設置する学校の学校図書館の設備又は図書が審議会の議を経て政令で定める基準に達していない場合において，これを当該基準にまで高めようとするときは，これに要する経費の二分の一を負担する。但し，義務教育費国庫負担法（昭和二十七年法律第三百三号）の適用を妨げない。
　（負担金の返還等）
第十四条　文部大臣は，前条の規定により負担金の交付を受けた者が左の各号の一に該当するときは，当該年度におけるその後の負担金の交付をやめるとともに，すでに交付した当該年度の負担金を返還させるものとする。
一　この法律又はこの法律に基く政令の規定に違反したとき。
二　負担金の交付の条件に違反したとき。
三　虚偽の方法によつて負担金の交付を受けたとき。
　（政令への委任）
第十五条　前二条に規定するものを除く外，第十三条の規定による国の負担金の交付に関し必要な事項は，政令で定める。

　　　附　則
　（施行期日）
1　この法律は，昭和二十九年四月一日から施行する。
　（司書教諭の設置の特例）
2　学校には，当分の間，第五条第一項の規定にかかわらず，司書教諭を置かないことができる。

資　料

（地方財政法の一部改正）
3　地方財政法（昭和二十三年法律第百九号）の一部を次のように改正する。
　　第十条第二十四号の次に次の一号を加える。
　　二十五　学校図書館の設備及び図書の充実に要する経費
（文部省設置法の一部改正）
4　文部省設置法（昭和二十四年法律第百四十六号）の一部を次のように改正する。
　　第二十七条第一項の表中中央産業教育審議会の項の次に次の一項を加える。

学校図書館審議会	学校図書館法（昭和二十八年法律第〔ママ〕号）に基き文部大臣の諮問に応じ，学校図書館に関する重要事項を調査審議し，及び学校図書館に関する重要事項に関して文部大臣に建議すること。

　　　　　理　由
　学校図書館が学校教育において欠くことのできない基礎的な設備であることにかんがみ，その健全な発達を図り，学校教育を充実するために必要な措置を講ずる必要がある。これが，この法律案を提出する理由である。

出典：国立国会図書館議会官庁資料室蔵『法律案』（衆法　第16回国会）〔原典縦書き〕

司教2

学校図書館法案

衆第四一号

　学校図書館法案
右の本院提出案をここに送付する。
　　昭和二十八年七月二十一日

　　　　　　　　　　　　　　　　　　　　　　　衆　議　院　議　長　堤　　康次郎
　　　　　　参議院議長　河井彌八殿
　　　　　　　　　　　　　　　　　　　　　　　衆議院事務総長　大　池　　眞

　　　　学校図書館法
目次
　第一章　総則（第一条―第七条）
　第二章　学校図書館審議会（第八条―第十二条）
　第三章　国の負担（第十三条―第十五条）
　附則

第一章　総則
（この法律の目的）
第一条　この法律は，学校図書館が，学校教育において欠くことのできない基礎的な設備であることにかんがみ，その健全な発達を図り，もつて学校教育を充実することを目的とする。
（定義）
第二条　この法律において「学校図書館」とは，小学校（盲学校，ろう学校及び養護学校の小学部を含む。），中学校（盲学校，ろう学校及び養護学校の中学部を含む。）及び高等学校（盲学校，ろう学校及び養護学校の高等部を含む。）（以下「学校」という。）において，図書，視覚聴覚教育の資料その他学校教育に必要な資料（以下「図書館資料」という。）を収集し，整理し，及び保存し，これを児童又は生徒及び教員の利用に供することによつて，学校の教育課程の展開に寄与するとともに，児童又は生徒の健全な教養を育成することを目的として設けられる学校の設備をいう。
（設置義務）
第三条　学校には，学校図書館を設けなければならない。
（学校図書館の運営）
第四条　学校は，おおむね左の各号に掲げるような方法によつて，学校図書館を児童又は生徒及び教員の利用に供するものとする。
　一　図書館資料を収集し，児童又は生徒及び教員の利用に供すること。
　二　図書館資料の分類排列を適切にし，及びその目録を整備すること。
　三　読書会，研究会，鑑賞会，映写会，資料展示会等を行うこと。
　四　図書館資料の利用その他学校図書館の利用に関し，児童又は生徒に対し指導を行うこと。
　五　他の学校の学校図書館，図書館，博物館，公民館等と緊密に連絡し，及び協力すること。
２　学校図書館は，その目的を達成するのに支障のない限度において，一般公衆に利用させることができる。
（司書教諭）
第五条　学校には，学校図書館の専門的職務を掌らせるため，司書教諭を置かなければならない。
２　前項の司書教諭は，教諭をもつて充てる。この場合において，当該教諭は，司書教諭の講習を修了した者でなければならない。
３　前項に規定する司書教諭の講習は，大学が文部大臣の委嘱を受けて行う。
４　前項に規定するものを除く外，司書教諭の講習に関し，履修すべき科目及び単位その他必要な事項は，文部省令で定める。
（設置者の任務）
第六条　学校の設置者は，この法律の目的が十分に達成されるようその設置する学校の

資　料

学校図書館を整備し，及び充実を図ることに努めなければならない。
（国の任務）
第七条　国は，学校図書館を整備し，及びその充実を図るため，左の各号に掲げる事項の実施に努めなければならない。
　一　学校図書館の整備及び充実並びに司書教諭の養成に関する総合的計画を樹立すること。
　二　学校図書館（国立学校の学校図書館を除く。）の設置及び運営に関し，専門的，技術的な指導及び勧告を与えること。
　三　前各号に掲げるものの外，学校図書館の整備及び充実のため必要と認められる措置を講ずること。
　　　第二章　学校図書館審議会
（設置）
第八条　文部省に学校図書館審議会（以下「審議会」という。）を置く。
（組織）
第九条　審議会は，二十人の委員で組織する。
2　委員は，学校図書館に関し学識経験のある者の中から，文部大臣が任命する。
3　委員の任期は，二年とする。但し，欠員が生じた場合の補欠の委員の任期は，前任者の残任期間とする。
4　委員は，再任されることができる。
（権限）
第十条　審議会は，第七条各号に掲げる事項，第十三条に規定する学校図書館の設備又は図書の基準その他学校図書館に関する重要事項について，文部大臣の諮問に応じて調査審議し，及びこれらの事項に関して文部大臣に建議する。
（委員の費用弁償等）
第十一条　委員は，非常勤とする。
2　委員は，その職務を行うために要する費用の弁償を受けることができる。
3　費用弁償の額及びその支給方法は，文部大臣が大蔵大臣と協議して定める。
（政令への委任）
第十二条　この法律に規定するものを除く外，審議会に関し必要な事項は，政令で定める。
　　　第三章　国の負担
（国の負担）
第十三条　国は，地方公共団体が，その設置する学校の学校図書館の設備又は図書が審議会の議を経て政令で定める基準に達していない場合において，これを当該基準にまで高めようとするときは，これに要する経費の二分の一を負担する。但し，義務教育費国庫負担法（昭和二十七年法律第三百三号）の適用を妨げない。
（負担金の返還等）

第十四条　文部大臣は，前条の規定により負担金の交付を受けた者が左の各号の一に該当するときは，当該年度におけるその後の負担金の交付をやめるとともに，すでに交付した当該年度の負担金を返還させるものとする。
　一　この法律又はこの法律に基く政令の規定に違反したとき。
　二　負担金の交付の条件に違反したとき。
　三　虚偽の方法によつて負担金の交付を受けたとき。
　　（政令への委任）
第十五条　前二条に規定するものを除く外，第十三条の規定による国の負担金の交付に関し必要な事項は，政令で定める。
　　　附　則
　　（施行期日）
1　この法律は，昭和二十九年四月一日から施行する。
　　（司書教諭の設置の特例）
2　学校には，当分の間，第五条第一項の規定にかかわらず，司書教諭を置かないことができる。
　　（地方財政法の一部改正）
3　地方財政法（昭和二十三年法律第百九号）の一部を次のように改正する。
　　第十条　第二十四号の次に次の一号を加える。
　　二十五　学校図書館の設備及び図書の充実に要する経費
　　（文部省設置法の一部改正）
4　文部省設置法（昭和二十四年法律第百四十六号）の一部を次のように改正する。
　　第二十七条第一項の表中中央産業教育審議会の項の次に次の一項を加える。

| 学校図書館審議会 | 学校図書館法（昭和二十八年法律第　号）(ママ)に基き文部大臣の諮問に応じ，学校図書館に関する重要事項を調査審議し，及び学校図書館に関する重要事項に関して文部大臣に建議すること。 |

出典：国立国会図書館議会官庁資料室蔵『法律案』（衆法　第16回国会）〔原典縦書き〕

司教3

第十六回国会　参議院文部委員会　第十二号（抄）

　　　　昭和二十八年七月二十四日（金曜日）　午前十時四十六分開会

───────────

　委員の異動
本日委員山縣勝見君辞任につき，その補欠として横川信夫君を議長において指名した。

───────────

　　出席者は左の通り。

資　料

　　委員長　　　　川村　松助君
　　理事　　　　　木村　守江君
　　　　　　　　　荒木正三郎君
　　　　　　　　　八木　秀次君
　　委員　　　　　大谷　饗雄君
　　　　　　　　　大野木秀次郎君
　　　　　　　　　剱木　亨弘君
　　　　　　　　　谷口弥三郎君
　　　　　　　　　横川　信夫君
　　　　　　　　　吉田　萬次君
　　　　　　　　　高橋　道男君
　　　　　　　　　安部キミ子君
　　　　　　　　　相馬　助治君
　　　　　　　　　深川タマエ君
　　　　　　　　　長谷部ひろ君
　　衆議院議員　　町村　金五君
　　　　　　　　　大西　正道君
　　政府委員
　　　文部政務次官　　福井　勇君
　　　文部省初等中等教育局長
　　　　　　　　　田中　義男君
　　　文部省大学学術局長
　　　　　　　　　稲田　清助君
　　事務局側
　　　常任委員会専門員　竹内　敏夫君
　　　常任委員会専門員　工樂　英司君

　本日の会議に付した事件
○学校図書館法案（衆議院提出）
○教育職員免許法及び教育職員免許法施行法の一部を改正する法律案（内閣提出・衆議院送付）
○市町村立学校職員給与負担法の一部を改正する法律案（内閣提出・衆議院送付）

○**委員長（川村松助君）**　只今から文部委員会を開会いたします。先ず最初に学校図書館法案を議題に供します。発議者衆議院議員町村金五君から提案理由の説明を求めます。
○**衆議院議員（町村金五君）**　只今議題となりました学校図書館法案につきまして御審議を願いまするに当り，その提案理由を御説明申し上げたいと存じます。

戦後の我が国は，教育制度の改革を断行いたしまして，教育の機会均等と，教育の劃期的振興とを図りまして，漸次その成果を収めて参つたのでございますが，学校教育における内容の充実とその発達を促進いたしますためには，学校図書館は，極めて必要なる設備であると存ぜられるのであります。

　即ち，学校教育におきましては，学校図書館が設置されますことにより，図書その他の教材教具が収集され，整理され，提供せられまして，その結果，児童生徒を指導いたします場合，著しく便宜が供せられ，学習指導の能率が高まり，自発的学習態度が養成せられ，以て個性の伸展と教養の向上に資すること極めて顕著なるものがあります。

　次に又学校図書館はそれ自体一つの指導機関としての機能を持つものであります。

　即ち，学校図書館の資料を活用いたしまして読書指導の徹底が達せられ，又図書館利用を通じて，社会的民主的な生活態度を経験させる等実に学校教育において欠くことのできない基礎的な設備であるのでございます。

　以上申し述べましたように，学校図書館は，学校教育において，極めて重要なる地位を占めておるにもかかわりませず，今日まで法的措置が講ぜられず，そのため，学校図書館の設置については全国的に甚だ低調なる状態にあり，又，財政上の確立がございませんために，もつぱら父兄の犠牲的な負担に任されており，そのため経費の不足により学校図書館の円滑なる運営に支障を来しており，更に又，学校図書館の本質的機能を十分に発揮せしめ得るに足る優れたる専門的教職員をも求め得ない現状であります。

　ここにおいて学校図書館の設置，運営，並びに財政の制度を確立し，学校図書館に必要なる教職員を養成配置し，以て学校教育の充実と更に発達とを図りまするための措置を講じますことは，まさに目下の急務であると存ずるのでございます。

　以上の理由によりまして，ここに学校図書館法案を提出いたす次第であります。

　次にこの法案の骨子について簡単に申し上げます。

　第一に，この法律案は，学校教育において学校図書館の目的を明確に規定をし，更にこれが設置及び運営に関しまして必要なる事項を規定いたしておるのであります。

　第二に，学校には，当然，学校図書館が設置されなければならないということを，明確に規定いたしたのであります。

　第三に，学校図書館の教職員養成のために必要なる制度の確立を図り，以て学校図書館の機能を十分に発揮し得まするような措置を講じたような次第であります。

　第四に，学校図書館に対しまする国庫負担であります。現在学校図書館に要しまする経費は，もつぱら，父兄の負担に任されておりますが，本法案におきましては国庫負担の途を開きましてその結果父兄の負担を軽減いたすよう考慮いたしておるのであります。

　以上，この法案の趣旨及び大要について申し述べましたが，本法案が成立し，施行せられますならば，学校教育は充実いたし，更に著しい発達を遂げ，以て我が国の教育の振興に貢献いたすところ，極めて大なることを確信いたす次第であります。本法案は去る二十二日衆議院におきまして全会一致可決されたものでございます。

　何とぞ慎重に御審議の上，速かに御賛同下さいますよう，お願い申し上げます。

資　　料

○委員長（川村松助君）　次に発議者衆議院議員大西正道君の補足説明を求めます。
○衆議院議員（大西正道君）　学校図書館法案の提案理由につきまして，只今，町村委員から御説明がありましたが，私から補足説明を申し上げます。
　今日，学校教育におきましては，先ず第一に，教育の指導理念が，児童生徒の個性を重んじ，その自発的学習の啓発育成にあることは申すまでもありません。この指導理念に従いますれば，又，指導方法におきましても，従来の画一的詰込式教授法によらずして，児童生徒の自発的学習形態がとられなければならぬことは，当然なことであります。このような指導理念や指導方法に応えて，児童生徒の自発的学習に必要な図書及びその他の資料を収集し，整備し，提供する設備たる学校図書館の設置は，当然必要不可欠なものと思料せられるのであります。換言すれば，学校図書館の設備なくしては，新教育の十分なる効果が期待し得ないとも，申されるのであります。さればこそ，最近，新教育の理念が普及徹底いたしますに従い，各学校現場から，学校図書館設置の必要性が強い要望となつて現われて来たのであります。
　然るに，学校図書館の設置の現状を見ますと，昭和二十八年五月現在におきましては，小学校につきましては，学校総数二万一千五百二十八校に対して，学校図書館の設置せられてある学校の数は，一万五千五百七十六校，全体に対する比率は約四九％に過ぎないのであり，その設置校の殆どが都市に偏重いたしておるのであります。
　中学校におきましては，学校総数一万二千三百八十二校に対し，学校図書館設置校は，六千五百七十一校，設置率は約五三％であります。
　更に，高等学校におきましては，学校総数三千百八十七校に対して，学校図書館の設置せられている学校の数は二千七百六十四校，設置率は約八七％であります。而して，中学校，高等学校の場合も，小学校の場合と同様，その設置校は，都市偏重の傾向にあるのであります。
　新教育における基礎的な而も必要不可欠な設備たる学校図書館の設置状況は，只今申し述べましたるごとく，極めて憂うべき現状にあり，大半の学校が未だに詰込式，画一的な教育を余儀なくさせられているのであります。
　又一方，学校図書館の運営に従事する職員の現状について，少しく申述べてみたいと存じます。
　すべての設備につきましても同様なことが言えると思いますが，その設備の効果が十分に現われるか否かは，その運営者の資質努力如何にかかつていると申しましても過言ではないと存じます。学校図書館におきましても，この例外たることはできないのであります。即ち，学校図書館の運営の中心となる司書教諭の資質努力如何で，その学校の図書館の機能が左右せられるのであります。
　然るに，この人の面におきましても，先に申し述べました設備の場合以上の憂うべき現状が見られるのであります。
　昨年十二月，文部省の調査によれば，専任図書館係職員の数は，小，中，高等学校を通じて，教諭百四十六名，助教諭九十名，事務職員五百三十二名となつております。尤

もこれには未報告の六県と二市教育委員会分が入つておりませんが，それにしても専任図書館係の数は千名にも足りない僅かな数であります。而して，これら専任の職員も，教育委員会又は各学校が少からぬ無理をして人員の差繰りをして置かれている現状なのであります。

これら専任職員を持つ以外の学校は，すべて，学年を担任し，又は教科指導を担当する教師の，兼任の形で運営されて来たのであります。

司書教諭の職務内容は，昨年六月十六日，初等中等教育局長，社会教育局長の連名で各教育委員会へ出された通達によれば，非常に多岐に亘るもので，その労働量も相当なものと思料せられるのであります。このため，最近では労働過重のため病に倒れたり，又は図書館係を忌避しようとする傾向さえも現われて来たのであります。

先に述べた設置状況といい，この人的要素の面といい，共に憂うべき現状にあるわけでありますが，この底に流れる根本的な隘路は財政的な問題であります。現在設置せられておる約二万の学校図書館では，年間約三十億の図書諭費（ママ）を使つております。而してその九〇％がすべてＰ・Ｔ・Ａの寄附又は児童生徒職員の労力によつて得た金で賄われており，僅かに一〇％が，地方公共団体の費用から賄われているのであります。こうしたわけで，既に設置せられておる学校も常に資金難に喘ぎ，経費，人手不足等から，学校図書館の十分なる運営が期待し得ない現状にあるのであります。

以上，申し述べました学校図書館の現状に鑑みまして，学校図書館法案の制定の必要を痛感せざるを得なかつたのであります。

次に，法案の内容につきまして，各章別に簡単に御説明申し上げます。

第一章は，総則でありまして，「この法律の目的」「定義」「設置義務」「学校図書館の運営」「司書教諭」「設置者の任務」「国の任務」等を規定しております。

本法案の目的は，第一條に規定してあります通り，学校図書館が，学校教育の十分なる効果を期待するために，必要不可欠な基礎的な設備でありますので，その健全な発達を図り，それによつて，学校教育の充実に資そうとするところにあります。

学校図書館は，新教育遂行の上に必要欠くべからざる設備であるところから，学校には当然，学校図書館が設けられなければならないのであります。この旨を第三條に設置義務として明確に規定してあります。

又学校図書館を運営し，その機能を十分に活用するためには，中心となる人が必要であり，これには教諭を以て当てるところの司書教諭を置くわけでありますが，専門的な技能を必要といたします関係上，一定の講習を修了した教諭でなければならないと規定してあります。なお講習に当つては種々の準備もあり，短い期間に司書教諭の充足を期することは，やや困難な点も考えられますので，附則第二項において，当分の間，第五條第一項の規定にかかわらず，司書教諭を置かないことができる旨を記し，この点を緩和いたしてありますが，司書教諭の養成並びにその充足配置は，極めて重要なことでありますので，文部省当局の十分なる考慮と熱意とを要望するものであります。

第二章は，学校図書館審議会につきまして規定してあります。この審議会は文部省に

資　　料

設置いたしまして、文部大臣の任命する二十人の委員で組織し、第七條各号に掲げる事項第十三條に規定する学校図書館の設備、又は図書の基準、その他学校図書館に関する重要事項について、文部大臣の諮問に応じて調査審議し、及びこれらの事項に関して文部大臣に建議する機関であります。基準の制定、司書教諭養成の計画樹立等、この審議会に期待するところ大なるものありと思料せられるのであります。

　第三章は、国の負担に関する規定であります。即ち、地方公共団体が、その設置する学校の学校図書館の設備又は図書が、政令で定める基準に達していない場合において、これを当該基準にまで高めようとするときは、これに要する経費の二分の一を国が負担する旨を規定したのであります。

　なお本法法（ママ）における図書費は、最低、基本図書の充実を旨とし、基本図書以外の各種の教授用参考図書は、これを義務教育費国庫負担法の教材費によることとし、本法案においては、負担法の適用を妨げない旨を規定してあるのであります。

　附則におきましては、第一項で、この法律は昭和二十九年四月一日から施行するものであることを明らかにいたしております。第二項司書教諭の養成配置に当分の間の猶予期間を設けましたことは、先に述べた通りであります。第三項、第四項は、本法律施行に伴う関係法規の一部改正であります。

　以上を以ちまして、補足説明といたします。

（略）

午後二時二十一分散会

出典：「第十六回国会　参議院文部委員会　第十二号」1953年7月24日、国会会議録検索システム、http://kokkai.ndl.go.jp/（2014年10月31日確認）

司教4

第十六回国会　参議院文部委員会　第十四号

昭和二十八年七月二十八日（火曜日）　午前十時三十九分開会

出席者は左の通り。
　　委員長　　　　　川村　松助君
　　理事　　　　　　荒木正三郎君
　　　　　　　　　　八木　秀次君
　　委員　　　　　　大谷　贇雄君
　　　　　　　　　　剱木　亨弘君
　　　　　　　　　　谷口弥三郎君
　　　　　　　　　　横川　信夫君
　　　　　　　　　　吉田　萬次君
　　　　　　　　　　杉山　昌作君

	高橋　道男君
	安部キミ子君
	相馬　助治君
	深川タマヱ君
	長谷部ひろ君
衆議院議員	天野　公義君
	大西　正道君
	前田榮之助君
政府委員	
文部政務次官	福井　勇君
文部省初等中等教育局長	
	田中　義男君
文部省管理局長	近藤　直人君
事務局側	
常任委員会専門員	竹内　敏夫君
常任委員会専門員	工楽　英司君
衆議院事務局側	
常任委員会専門員	横田重左衛門君
説明員	
文部省初等中等教育局中等教育課長	
	大田　周夫君

本日の会議に付した事件
○学校図書館法案（衆議院提出）

○**委員長（川村松助君）**　只今から文部委員会を開会いたします。先ず学校図書館法案を議題にいたします。本法案は去る七月二十四日に発議者から提案の理由の説明を承わつております。質疑は本日が初めてでございます。

　なお天野代議士，前田代議士，大西代議士がお見えになつておられます。なお文部省のほうからは田中局長，近藤局長が見えております。御質疑のあるかたは逐次御質疑を願います。

　なお念のために伺いますが，質疑は総括質問と逐条審議と別々に分けておやりになりますか。差別なしにおやりになりますか。
○**荒木正三郎君**　一緒に……。
○**委員長（川村松助君）**　それでは総括，逐条の差別なしに御質疑を願います。
○**大谷贇雄君**　この法案につきまして発議者に御質問を申上げます。この法案の第一条は学校図書館が学校教育において欠くことのできない基礎的な設備である。従つてその

資　　料

健全な発達を図つて学校教育を充実すると，こういうことが目的とされております。而して第二条にはこの学校図書館が小学校，中学校，高等学校においてこれを持つのであるということが説明をされておるのでありまして，公の学校，私立の学校もこの中に当然含まれておると解せられるのであります。然るに第十三条に至りまして，国の負担の条項がありまして，この負担の点については，地方公共団体が，その設置をする学校図書館の云々ということで私立の学校に対しましては何らの条文が入つておらんのでありますが，これに対する御意見を承わりたいと思います。

○衆議院議員（大西正道君）　私立学校が我が国の教育の発展の上に果した役割は非常に重大なものでありまして，この私立学校の将来の発展のためには国は十分なる用意をしなきやならんと我々は考えておるのであります。併しながら現在の財政事情を勘案いたしますというと，この際私立学校の重大性は十分考えておりますが，国においての援助におきましてはこの際この法案においては省かざるを得なかつたということを御了解願いたいのであります。併しながら私立学校振興会法その他の面におきまして，統一的に一つこの私立学校に対して援助の手を差延べることのできるように我々は期待をいたしておる次第であります。

○大谷贇雄君　財政上の点から私学に対する補助の条項を設けなかつた，こういうお話でございますが，この法案が成立いたしますと，大体総額どのくらいになる御予定なんでありますか。

○衆議院議員（大西正道君）　大体これは図書の購入の費用といたしまして十八億を五カ年間にこれは均等に割当てておるわけであります。従いまして年間三億五千万円を計上しておるわけであります。

○大谷贇雄君　恐らくこの私立の学校を加えましてもその数の上から申しましてそれほどの財政負担ではないと考えられるのであります。今お話がありましたように今日私学は国家がこれを経営いたしまするならば非常な負担となるのでありますが，私学の設置されておりまするととによつて国の経費も軽減をされており，又その貢献はお話のように非常なものであると存ずるのであります。従つて恐らく公立学校の図書館に要する経費と比べますれば，財政的負担も極めて少いものであると思われるのでありますが，大体若し私立学校を加えるとするならばどのくらいな(ママ)その以外の経費を要すると御計算になつておりますか。

○衆議院議員（大西正道君）　ここには私立学校を省いておりますが，若し私立学校を加えますというと大体九千万円増加すると，こういうことになります。

○大谷贇雄君　私は今大西さんから私学振興会等においてそういうような考慮を払うことを期待をするというお話でありますが，私学振興会は御承知のごとく土地建物等に関しまして，殊に戦災の教育施設におきましては公立学校のほうは本年もすでに本予算に計上されております。私立のほうは私学振興会ができたためにその中に含まれておるのでありまして，主としてその方面に費用を出すのであります。従つてこういうような方面に出すということにはならんと思うのであります。そこでこの産業教育の法律におき

ましても，公私均衡を保つた措置が講ぜられておるのでありまして，この法案に義務だけを，学校図書館を設けねばならんとか，司書を置かなきやならんとか，義務だけを負うて，そうしてその措置がとられておらんということは甚だ遺憾に実は思うのでありますが，その点に関しましてどういうお考えをお持ちでありますか。

○衆議院議員（大西正道君）　今義務だけを平等に私立に負わして，これに対する援助については片手落ちだと，こういうお話でありますが，少しまあ理窟を申上げますれば，これは学校教育法の第三条に基くところの学校教育法の施行規則の第一条には次のように規定されておるのであります。「学校には，別に定める設置基準に従い，その学校の目的を実現するために必要な校地，校舎，校具，運動場，図書館又は図書室その他の設備を設けなければならない。」このように明らかに設置義務を負わせているのであります。従いまして私立学校も当然この設置義務を負うていると，こういうことでありまして，この法案の第三条に「学校には，学校図書館を設けなければならない。」このように規定しておりますけれども，新たにこれで設置義務を課したというわけではないのであります。この点を一つ御了解を願いたいと思います。

○大谷贇雄君　今のお話でありますとこれはまあ理窟になりますが，学校教育法においても設置義務があるということであり，ここにはそれを明確にしたということであるならば，なお更私立の学校に関しましては助成の途を講ずるということが，先ほどお話があつたように，私立学校に対してのなお一層の助成をいたすということになると思うのであります。私はここに私学のことが入れてないということを実は非常に遺憾と思うのでありますが，この点に関しましては文部当局のほうはどういうような御見解をお持ちでありましようか。

○政府委員（田中義男君）　只今いろいろ御答弁がございましたが，一応私立学校振興会法によりますと法文の上から申しますれば私立学校に関する助成，援助はこれをなすことになつておりますので，予算その他の措置ができますなら，すべての学校における事業に対しまして，これをあまねく助成することは可能なわけでございますが，ただ現実の問題として現在私立学校の実情は，その施設，設備等，その他まあ経営上の問題で非常に悩んでおる実情でございますから，従つて積極的な各事業等についてまで一々これを助成するだけの必要はあるものの，なかなか国家財政としてもそれだけの助成を，これのみを通じて成し得る状態では実はないと考えます。併しこれもやはり国家財政の実情から申しまして，各方面それぞれの必要に応じてそれにあまねく均霑をさせるというほどの財力もないようでございますので，従いまして文部当局におきましても，現実の情勢からいたしまして，今回は止むを得なかつた，かように考えておるのでございます。

○大谷贇雄君　只今田中局長の御答弁では，私学振興会法でもでき得る措置になつているということでありますが，これに関しましては又改めて御質問を申上げますが，後段におきまして，今回は止むを得んがというお言葉であつたわけでありますが，そうしますると将来につきましてはこの公立学校に対しては経費の負担をし，私立の学校に対し

資料

ましては補助をするという御意思があるかどうか承わりたいと思います。
○政府委員（田中義男君）　先ほど申しましたように財政上の措置等の都合からいたしまして，私立学校振興会法等のあの法律の完全なる実施ができ得るだけの措置があれでできますればそれで結構だと存じます。ただそれで不十分である場合に，更に他の方法においてそれを考えるかというお話でございますが，私どもとしては事情許しますならさようなこともそのときの状態に応じまして考慮しなければならんと考えます。
○大谷贇雄君　この問題に関しましては，本員は是非とも私学に対しましても不均衡なあれでなくて，将来において是非とも助成，補助の途を開かれんことを強く希望をいたしまして質問を打切ります。
○深川タマエ君　十三条がやはりどなた様も問題になるらしうございますけれども，この原案によりますと「国は，地方公共団体が，その設置する学校の学校図書館の設備又は図書が審議会の議を経て政令で定める基準に達していない場合に」これは二分の一を補助するというようなことに書いてありまするけれども，今日の地方財政の実情から考えますと，なかなかこれは重い負担になつておりますので，当然必ずしも狭くなくとも，じつと放つて置いたら国家が経費の二分の一を負担してくれるということになりますと，成るべく手を着けないで放つて置く府県が多いと思います。少しばかり手を着けまして，成るべくあとは未完成のままにあれで置いておきますと，国家の補助のほうが多いわけです。ですから，府県によつてこういうふうに狭いところと正直にやるところと随分差ができますので，こういうふうな学校の図書館というようなものは，やはりこれは義務教育の一部分でございますので，これは機会均等，教育無償の原則がここにもやはり普及されると思いますので，むしろ府県の差別なく学校図書館というものを作るなら，きまりよく最初から半額国庫負担というふうにおきめになるほうがいいと思うのです。大抵大蔵省が渋つたからこんなことになつたのだろうと思うのですけれども，それともう一つ連関するのですけれども，附則のところで司書教諭を置いても置かんでもいいというのです。当分の間は置かないでもいいというのであります。そうすれば大抵置かんと思う。専任のこういう教諭を置くと金がかかるのだから，たいがいは置きません。ところが司書教諭という者が相当重い役目を負担しておるということは，この原文の中でもわかります。文部大臣が指定した特別の施設におきまして特別の履修科目とか単位なんかを履修した専門の司書教諭を置かなければならないというほど重要視しているほどの司書教諭ならば，置いても置かんでもいいような，どつちでもいいような，こういうふうな条文になさいませんで，必ず置く，置くなら経費が要るのだから必ず経費の半額は国庫が負担とかなんとか，財政的にもはつきりしておきませんと，狭いところとそうでない県とは非常に子供のこうむる，何と言いますか，利益が違つて参ります。そこのところを……。
○衆議院議員（大西正道君）　今深川先生のおつしやることは，私たちの，この法案を作る考えと全く合致しているのであります。そのような考えでこの政府その他に一応の打診をして見たのでありますけれども，どうしても現下の財政事情におきましては，そ

のような理想的な形が一挙にして実現し得ないという，こういう状況でございます。国家において半額負担をするということも，ここでは地方がこの一定の基準に達するまでのものを置こうとした場合には，自動的に国家においてこれを半額国庫負担にする，こういう形をとつていることも，これは地方の財政状態が逼迫しておりますので，これが抜きになつては困るという，こういう配慮からでございます。又司書教諭は非常に重大な仕事を持つているのでありますけれども，定員の問題にいたしましても今まで算定基準で以て非常に低い基準で抑えなければならないこの現状におきましては，これも又緩和規定を設けざるを得なかつたわけであります。併しながら先生のおつしやることは私どもの考え通りでございますから，できるだけ早い機会にそういうふうな基準に達するように又教育の機会均等の目的を実現するように努力をいたしたいと思つておる次第であります。

○深川タマエ君　司書教諭を置かないといたしますと，当然学校の教員の中のどなた様かがこういうふうな司書教諭の代役を務めるだろうと思うのですけれども，相当な負担になると思います。そのときその先生に対して勤労手当のことなどお考えでございますか。

○衆議院議員（大西正道君）　これは，むしろこの問題につきましては，文部省のほうからのお答えを頂きたいと思うのでありますが，大体文部省の考えておりますところの学校図書館基準案というものがございます。これによりますと大体四百五十名以下の生徒のある学校におきましてはこの司書教諭は兼任しておいて，それ以上は学校においては専任を置くとこういうふうな基準を立てておるのであります。で，現在におきましても，この先生方が一般の授業を担当いたしながら，その余暇を割いてそうしてこの司書教諭の仕事に没頭いたしております。併しながら当然我々が考えますれば，このような過重な労働に対しましては，やはり特別の配慮をしなければならんかと思つておりますが，これとてもやはりこの財政事情を勘案いたしまして，十分のその考え通りにならんということは遺憾に思つておる次第であります。

○深川タマエ君　備えつけの図書などにつきましては，文部省から指導でもあるのでございましようか。私も折角図書館を作りまして，子供に書物をたくさん読ますということは，結構なことのようではございますけれども，この書物の選択を誤まりますと，飛んでもない方向に行くと思います。私が現に東京都の或る高等学校の読書会に呼ばれて，その子供達の質問を聞いてみますと，まあ酷い赤なんです。ここの司書教諭になる人が，特に文部大臣の指定されるところの講習を受けるという……，講習する人が大学の教授だというのですけれども，どういう講習を受けてくれるかわかりませんが，恐らく図書館で子供の指導に当りますかたは，読書力の強い先生ですね。幸いにして赤でなければ幸いなんですけれども，現在歴史も，地理も，お修身も，学校で教えていないようなことで，教科書も全然ないわけですね。そういうときに，一体図書館あたりに書物を備えつけるのは，徹頭徹尾読ましてしまつたら自己批判も起きるでしようけれども，生半可噛りに部分的に本を読んで，飛んでもない方向へ行つたら，却つて百害あつて一利なし

資　　料

というようなことにもなると思いますので，この備えつけの図書につきまして，一体誰が指導するのですか。

○衆議院議員（大西正道君）　これは何かこの法律によって画一的なことを押しつけるということはいたしません。併し大体この備えつけの図書が偏らないように，文部省のこの学校図書館基準の案では次のような大体バランスを考えておるのでありますが，参考のためにちよつと申上げたいと思うのであります。大体哲学，宗教，歴史，化学，社会科学，自然科学，光学(ママ)，工芸(ママ)，産業，芸術，語学，文学，これらを小学校，中学校，高等学校の学校種別に応じまして，それぞれパーセントをきめまして，大体この辺のこの割合で書物を選ぶことが望ましい，こういう程度のものをこの中央において示しておるだけでありまして，その他はやはりこれは地域社会の要求に応じ，又指導する先生方の自主的な判断におきましてこの子供の要求を容れ，又教育の一つの理想から適当なものを選定することが必要であろうと考えます。

　なお参考までに申上げますというと，全国のこの司書教諭，或いは図書館を預つております先生方が，全国で結成いたしておりますところの，全国学校図書館協議会では，これは何ら文部省，或いはその他に拘束されないで先生方の自主的な立場からこの書物の選定推薦をいたしております。

○深川タマエ君　御指摘になりました科目の中で，歴史というのが入つておりました。先日日本の国では，総理大臣が文部大臣に対して歴史と地理との教育を本年度からするということになつているのに，一体どうなつているかという催促があつております。そのときに文部大臣が，至急に準備を整えると答弁されていらつしやるくらいでございますので，まだ日本に歴史教育が行われておりません。従つて歴史の新らしい(ママ)教科書もできていないわけなんですけれども，ここで用いる歴史の書物というものは，戦争以前乃至戦争中に使つていたその歴史の本を，そのまま備えつけるのでしようか。

○衆議院議員（大西正道君）　これは一つここで立法の前提として解決を私しておかなかつた問題ではなかろうと思います。これは私，私見として戦争以前の図書というものについては十分なる取捨選択，戦後の新らしい(ママ)教育の考え方から，これは考えなければならん問題だと考えておる。考えておるのでありますが，そのような問題は，この法文の中に規定をいたしておりまするところの，中央の図書館審議会等におきましても，十分検討された上で，法の適用の上においてこれは解決されるものであると考えます。

○深川タマエ君　では最後に，これは独り図書館のみでございません。今日の情操教育の監督は一体誰がしているのか，まあ恐らく教育委員がしているのだろうと思いますけれども，最近問題になつているのは，この町村程度の教育委員の人達は，失礼ですけれども，それはいろいろありましよう。能力にいろいろ差別がございましようけれども，その能力が問題視されているのも多いようでございます。それから県にいたしましても，そのところでは，ここにお差支えのかたが大分いらつしやると存じますけれども，教育委員の選挙に当ります有力な団体が左傾していた場合には，その県に出て来ている教育委員の先生が，非常に赤い人が出て来ていると言われておるところへ行つて，先生が情

操教育を監督したのでは、およそ結果が思い知られるわけなんでございます。そういうこともございますところへ持つて来て、今度のこの図書館に備えつける書物は、学校の先生が自由自在に選択なさるのだという、教育のほうでしたら、恐らく今日では教授準則とか何とかいうところがあつて、文部省も監督はしておるだろうと思うのですけれども、先生は自由自在に図書館に備えつける書物を選択をなされると思いますが、これは誠に失礼ですけれども、そういう危険なこともあると思いますので、今後図書館に本を備えつけるのに、今後国家を担う青少年のための教育ですから、余ほど一つ備えつける図書の選択、及び指導する先生につきましては、文部省当局もこの際十分考えて頂きたいと思うのです。この際文部当局から一つ御答弁を。

○政府委員（田中義男君）　学校図書館に備えつけますその資料が、学校教育上非常に大切であることはお説の通りでございます。従つてその資料の選択等については、学校教育法の精神、進んでは更に根本的には教育基本法等、それぞれの教育に関する在り方についての一定の基準というものもあるのでございますから、その線に沿つて学校教育が完全に行われるように取捨選択されることを期待いたします。又我々といたしましても、さように相成るように指導、助言をいたすつもりでございます。

○杉山昌作君　この法案の第十三条の但書の場合でありますが、但し義務教育費国庫負担法の適用を妨げないという、この意味がはつきりしないのですが、或いは何ですか、図書館の制度に要する経費の二分の一を負担したからといつて、国庫負担法の金を減さない、ダブつてやるのだというような意味なんでございますか。はつきりこの意味をしておいてもらいたいと思います。

○衆議院議員（大西正道君）　今おつしやつた通りの考え方なんであります。教材費のほうはこれは教授用の一般参考図書の購入に当て、こちらは半額国庫負担をいたします。ここで十三条に規定いたしておりますのは、これは一定の規準に達するまでの図書館資料の充実のために充てるのであります。

○杉山昌作君　それから同じ条文の今の本文のほうですが、「これに要する経費の二分の一を負担する」と言い切つちやつているのですが、予算との関係はどうなりますか。こうなりますと国家としては法律上の義務として、必らずその必要な額は出さなければならない。例えば予算は一億しか組んでいない。併し市町村のほうは設備費に三億かかつたというときには一億五千万円やらなきやならん。するとそこに予算不足の問題が起きるのですが、そういうふうなことについては、これは義務ですから、予算がないと言つてやらないとは言えない、これに対する政府のほうは、そこらのことは大蔵省のほうと十分御連絡がありますかどうか。

○衆議院議員（大西正道君）　この法案は各派の共同提案でございまして、この提出いたしますまでには、与党の委員も十分これは検討いたしまして、十分その点は了解を得ているものとお答えを申上げます。

○荒木正三郎君　ちよつと関連して……。ちよつと今の問題は、今の義務教育国庫負担法の適用を妨げない、言い換えれば、義務教育費国庫負担法を適用しても行ける、こう

資　　料

いう意味だろうと思うのですが，そこで義務教育費国庫負担法の内容は，御存じのように給与の問題と教材費の問題に限つて国庫補助をするということになつております。それから設備については，別に補助をするということはなかつたわけですが，で，教材費については二分の一というのでなくて，一部負担をするということになつておるんですが，実際に義務教育費国庫負担法を適用する場面が私はないように思うんですが，提案者のほうではどういうふうに解釈しておられますか。

○衆議院議員（大西正道君）　これは今申上げましたように，最低の基準に達するまでの図書館の資料，特に図書についてその費用の二分の一を国庫が負担する，こういうのであります。

　最低の基準と申しますのは，我々はこの予算を弾き出す根拠といたしまして，小学校におきましては一校当り三百冊，中学校には五百冊，高等学校においては七百冊，これを最低基準と抑えましてそれに要する費用の半額を国庫が負担をする，こういうことにしておるわけです。

○荒木正三郎君　今の説明はよくわかるわけなんです。それで結構なんですが，そうであれば，但書は要らないという私は解釈です。二分の一を負担するというふうにはつきり明記されておるわけなんですから，「義務教育費国庫負担法の適用を妨げない。」という但書は要らない，こういうふうに考えておりますが。

○衆議院議員（大西正道君）　本年度はこの教材費が十九億になつておりますが，これを図書館の基本図書充実のための費用をこの中から差引くということは，我々は希望しない。従つてそこに区別を立てるということを謳つておるのがこの但書です。

○荒木正三郎君　ちよつと了解しかねるわけですが，勿論義務教育費国庫負担法の中にある教材費の予算をこちらのほうに流用するということはできないと思いますし，そういうことはしてはならん。飽くまでもこれはやはりここに書いてあるように一定の基準に達するまでですね，国家が二分の一を補助する，この精神は私はよくわかりますし，非常に結構なことなんです。それだけで法文としては事足りるのであつて，「但し，」以下の事柄は私は不必要のように思うし，これがあるためにどうもうまく了解しがたい点がある，こういうことを言つておるわけです。

○衆議院議員（大西正道君）　今この一定の基準に達するまでということを申上げましたが，従来は図書というものは，これは備品と考えられておつた。併しながら図書は多く五年経てばこれは使用不能になるので，償却というふうな考え方を文部省もとつております。従いまして一定の基準に図書を充実いたしますけれども，五年経てばその図書は順々に償却されて行くということで，その費用は一つこれは一般の教材費のほうで賄つてもらうことが含まれております。従いまして，この但書は生きて来ると思います。

○荒木正三郎君　それで提案者の趣旨が大分はつきりして来たように思うんですが，そういたしますと何ですね，一定の基準に達した場合ですね，それ以後は二分の一負担ということはなくなつて，その代りに義務教育費国庫負担法の中で謳われている教材費の予算からこつちへ廻して来ることができるんだ，こういう意味ですね。

○衆議院議員（大西正道君） いや違います。この最低の基準と申しますのは，今申しました小学校が三百冊，中学校が五百冊，高等学校が七百冊，こう言つておりますが，これは実は全く財政的(ママ)の関係を考慮いたしましての最低の基準でありまして，これは教育の充実と共に，他の施設，設備等と同時に，順次に高められなければならないと我々考えておる。今のままの校舎の坪数の在り方とか，或いは教室の人数だとか，そういうものはこれは全く基準以下の暫定的な措置なんだ。従いまして図書もやがてはこれが基準を高めて十分この図書館本来の運営を有効ならしめるようにしなければならない。そういうことを考えておりますから，当然五年経ちましてもこれは継続するものだ，かようにお考え願いたいと思うのであります。

○荒木正三郎君　どうもたびたびお尋ねいたすようで何ですが，そうすると但書が私は不必要じやないかという感じがやはりするのです。基準に達しない場合は二分の一を補助する，逆に言えば二分の一に達すればもう補助する必要はなくなる，こういうことになるわけです。併し只今の提案者の説明によつて二分の一に達しても図書なんかは消耗して行くのですから，なお続いて消耗した分は補充して行かなければならんから二分の一の負担は継続する，これはよくわかります。併しやはり但書に「義務教育費国庫負担法の適用を妨げない。」というのでありますから，義務教育費国庫負担法を適用する。実際にどこを適用するか，義務教育費国庫負担法は給与と教材費の問題しかないが，給与は適用がされないということははつきりしている，教材費になるとその教材費は二分の一じやなしに一部を負担するという内容であります。その負担法を適用するということはどういうふうに適用するのかよくわからないのですがね，或いはこの負担法に盛られている教材費の予算をこつちに廻すことができるのだということならばそれはわかります。その善し悪しは別として筋はわかります。併しその予算も流用できないのだ，そこで負担法を適用するということが実際にどういうことになるか。これは文部省からでもいいのですが，伺いたい。

○衆議院専門員（横田重左衛門君）　今の義務教育費国庫負担法の適用を妨げずというところでございますけれども，この案を作りますときに頭の中に入れましたことは，大体義務教育費国庫負担法のほうで負担してもらう金は，先ほども或いは提案者からお話があつたと思いますが，償却費にあたるものであつて，それから負担法の適用をしないで別個に出すお金のほうは基本図書費，こういう概念でやつたのでございまして，これは現に実は実際の問題になるのでありまして，文部省の財務課長などの意見も実際の問題を聞いて考えて，こういう表現をいたしたのでありますが，産業教育振興法の補助の状態を見ますと，あれは或る程度の準備のあるところから出発して，政令できめた基準に達するまで補助するということで，出発点がゼロというところに補助金を注いで行くのではないようになつているそうでありまして，大体今までのそういつた補助金のやり方がそうなつているというので，財務課長にいたしましても，従つて適用を妨げずという，こういう方法でやりますと，負担法の適用を受けない基本図書の負担分はこれで行きますれば一定の基準に達するまでゼロのところから補助して行くことができるという

資　料

ことで，非常に図書館にとつては設備充実のために有利ということであり，又担当者の補助金を配分する場合におきましても，そのほうがやり易い，大蔵省に対してもそのほうが又話がし易いのだということでございましたので，実は実際に財務課でやつている担当者の意見も容れましてこういう表現をしたようなわけであります。

○荒木正三郎君　横田君の説明はこの法律は申すまでもなく地方において負担したと同額の国庫補助をしよう，こういうところにある。零であろうが，何ほであろうがそんなことは関係なしに，地方で負担をしたと同額を国で補助しよう。併し国で補助をする限界は政令で定める基準に達するまでということがはつきりしております。その後はどうするのか。基準に達した以後はどうするのか。横田君の説明では，そのあとは義務教育費国庫負担法の中の教材費を充当し得るのだ，こういうような説明であつたのですが，そうですか。

○衆議院専門員（横田重左衞門君）　政令で定める基準と申しますのは，現存学校図書館と言い得る最低の基準を実は作つて，それを予想しておるのでございまして，最低の基準でありまして，それだけでは存分な図書館活動ができるところまで充たされるということにはならないのでございまして，取りあえずこの法律によつて図書館と名のつくと申しますか，言い得る程度の最低の基準まではこういう方法で援助して行こう……。

○荒木正三郎君　こういう方法というのは，二分の一を負担するという方法ですか。

○衆議院専門員（横田重左衞門君）　国庫負担法とそうでない分との両方の費用をその最低の基準に達するまで援助して行こうというわけでございます。

○荒木正三郎君　ちよつと待つて下さいよ。最低基準に達するまでは，二分の一の負担と義務教育費国庫負担法の教材費の予算を持つて行つてやつて行こうというのですか。

○衆議院専門員（横田重左衞門君）　そうでございます。

○荒木正三郎君　それは大変な説明ですよ。これはそんなものじやないですよ。

○衆議院議員（大西正道君）　荒木さんのおつしやつていることが私には最後のほうがよくわからないのですが，今申しました基準というのは非常に最低の基準ですから，この基準というものは他の施設とか或いは教材，人員の補充というようなことでどんどん高まらなければならないと思うのです。ですからこの基準というものは五年経つたらこれをストップするというものではない。この基準に達するまでの経費は半額は国庫で負担をして行く。併しながら図書は五カ年で一応これは償却されるものと見られるから，その償却分はこの中からは持たないで，いわゆる別の教材費の中からこれを充てるというのだから，これはこの但書というのがここで生きて来る。

○荒木正三郎君　大体趣旨はわかりましたが，そうすると，基準に達するまでは但書の前の条文で達するまでやつて行こう，併しだんだん高めなければならん。図書は償却するものだから，次に補充して行かなければならん。その補充して行く金はいわゆる義務教育費国庫負担法の中に含まれておる教材費から出して行く，こういう説明ですね。

○衆議院議員（大西正道君）　そうです。

○荒木正三郎君　そういう説明ならこれは私はわかります。「適用を妨げない。」という

そのことの善し悪しは併し非常に重大であります。それで義務教育費国庫負担法の教材費を充当するということになれば，私は問題はこれは予想しなかつた重大な問題で，あれは義務教育の教材を整備するために特に立法されたものである。そうしてあれは本年度は十九億という非常に僅かな額ですが，これが図書館の方面に使われて行くということになれば，これは僕は問題があると思います。

○衆議院議員（大西正道君）　十九億の教材費の積算の基礎は，この中には大体二割の図書費が入つておる。ですから十九億の中で約四億というのは，これは当然図書に振り向けなければならん。併しながら現実にはこれはピアノを買つたり，ほかのほうに廻されているのです。これは，当然二割というものは図書の費用に充てられるのですから，それが図書館のほうの償却分に充てられるということはこれは何ら不合理でも何でもない。私が申上げたいのは，文部省の要求した十分の一にも足りない十九億の中から，その中から更にこれをへずつて取るということは非常に困るというような考え方でありますけれども，十九億というものは，これは将来もつと理想的な形に拡げなければならん。ですからそういう意味で決して教材費の中からこれをへずつて取るというような考え方は私は成立たないと思う。

○相馬助治君　発議者の最初の答弁を聞いていると，やはり荒木委員が疑問にしたような疑問が当然起きたと思うのですが，大体御説明を聞いているとはつきりわかつて参つたような気がしますが，念のためにこのことは明確にしておきたいと思うのですが，荒木委員が疑問と言われるのは半額国庫負担法における規定に対して本法案が積極的に教材費をどうこうするということを規定した積極規定であるかないか，こういう意味で問題だと思うが，私はこれは積極規定ではなくて，「適用を妨げない。」ということでそういう幅を持たせた，積極規定ではないという意味で私は問題ないと思うのだが，それでそういう理解で差支えないかどうか。

　それからもう一つは，こういうふうな公共のために設けられるものに対する補助の方法に三つあるわけですね。即ち今から新たに新設しようとするものに対してその意欲を起させるために積極的にその費用を国が負担するというのが一つ。それから第二には，或る基準を定めてそこまで行く努力をするならばその線に達するまでは一つ面倒を見てやろうというのか二つ。第三は，むしろ無制限に立派なものを作るならばどんどんそれに対して見合つて行こう。これに対して衆議院発議者は第二の道を選んだということは，飽くまで国の財政の実情に応じた賢明な策であろうと私は考えて本法案を読んで来たのであるが，さように理解してよろしいかどうか。

○衆議院議員（大西正道君）　第一の点はおつしやる通りにこれは消極的な調整の規定をここに謳つたのであります。第二の点もおつしやる通りであります。

○相馬助治君　私はこの際政府当局に二，三お聞きしたいと思うのです。その前に一言附加えておきたいと思うことは，学校図書館法は十五国会で緑風会の，今議席におりませんが，堀越委員，それからここにいらつしやる高橋委員，それから議席を持つておりませんが，山本委員等が中心になつて非常に努力されたのですが，これを提案する段階

資　　料

にまで至らなかつた。これに対して衆議院が今回全会一致を以てこういう法律案を出して来たということに私はあなたに敬意を表するにやぶさかではありません。ただ残念なことには財源等のことについてはこれは考慮されておらないということ，これは将来発議者において善意の意思，積極的な意思があろうと思う。これについては先ほどの質疑で大体その意思はわかつておりまするが，若し発議者において積極的な意思があるとするならば，この際それらを明確にされたい。これが第一点。殊に政府に聞くことは，この法案は肝腎なところが政令に待つ，或いは文部省令に待つというふうに規定されておるのです。そこで第五条の第四項の「司書教諭の講習に関し，履修すべき科目及び単位その他必要な事項は，文部省令で定める。」，こういうことになつております。それでこの文部省令で定めるという謳い文句に対して，これは議員立法でありますが，文部省としては当然衆議院を通過したこの段階においては腹案をお持ちであろうと思うのであります。あるとするならばその腹案を承りたい。これが政府に対する質問の第一点であります。これに関連いたしまして質問の第二点は，具体的な内容でありますが，何と申しましても図書館の事業を発展せしめるためには幾つかの必須要件があるが，人を得るということが重大な問題であることは先ほど深川委員が御指摘の通りでございます。従いましてこの司書教諭の履修すべき単位というものについては，私自身は一つの案を持つておりますが，現在文部省としてはどの程度を予想しておるか。このことをお尋ねいたします。

○**政府委員**（福井勇君）　相馬委員のお尋ね御尤もでございます。五条の4にあります「司書教諭の講習に関し，」云々，これは「文部省令で定める。」こうなつておりますが，この点につきましては司書教諭の職務を完全に成し遂げますには専門的な多くの仕事がございます。公立の小，中，高等学校は約三万五千人，それに学校増加数等を見込みますと，四万五千人に上る司書教諭を養成しなければなりませんので，理想とする単位数の全部の講習を行うことは大変むずかしいのではないかと考えます。このような理由で講習計画は約十年間に互りまして一年間に約四千五百人に対し図書館通論，学校図書館学概論，図書選択法，図書目録法，図書分類法，読書指導及び図書館利用指導法，青少年文献などの課目について講習する腹案でございます。なお司書教諭の必修単位といたしましての御指摘は文部省といたしましては大体四単位乃至八単位を履修できるように，その講習をするように研究中でございます。

○**相馬助治君**　第一段の答弁は私を満足せしめましたが，第二段の答弁は，四乃至八というのは少きに失すると思うのです。併しこれは議論に互りますから，いずれ他の機会に触れることにいたします。

　次にお尋ねしたいことは，附則の第三項に「地方財政法の一部を次のように改正する。」とありまして，「第二十四号の次に次の一号を加える。」とございまして，「学校図書館の設備及び図書の充実に要する経費」と，こういうふうに規定しております。従いましてこれは他の法案に波及をするのでございますから，ここで一つ政府自身の意思を私はどうしてもお尋ねしなければならないのでございます。これを見ますると第十条

に「地方公共団体又は地方公共団体の機関が法令に基いて実施しなければならない事務であつて，国と地方公共団体相互の利害に関係がある事務のうち，その円滑な運営を期するためには，なお，国が進んで経費を負担する必要がある」として次の一項が加えられているのです。ところがこれに対しては先般の国会できまりました産業教育法についての産業教育の振興に要する経費というのが一項加えられておるのです。ところがこの産業教育の振興に要する経費というものはこの地方財政法で規定しているように円滑に現在支給されていないことは大かたの委員諸君が知る通りです。うまく行つておりません。そこで特にこれが議員立法で，そうして地方財政法の一部をこういうふうに手入れいたしまして一項を差入れるということになると，ただ法案の問題だけでは私は済むものではないと思うのであります。従いましてこれに対してはかなり地財委も，地方自治庁は勿論のこと，大蔵省との交渉に今後文部省は手を焼くと思うのですが，何かこの辺については大蔵省と事務局をして話合いをせしめておりますかどうか，これは立案者の諸君にお尋ねしなくちやならないのですけれども，問題は政府のかたのほうがこの際適任であろうと思うので，政府にお尋ねする次第でございます。

○政府委員（福井勇君）　お答えいたします。地方財政法の第十条，御指摘になりましたこの点，即ち「地方公共団体又は地方公共団体の機関が法令に基いて実施しなければならない事務であつて，国と地方公共団体相互の利害に関係ある事務のうち，その円滑な運営を期するためには，」云々と，これには国が進んで経費を負担する必要がある。左の各号のそれぞれに該当するもの云々とあつて，第二十四に「産業教育の振興に要する経費」と，こういうものもここに御指摘の通り謳つてあるのでありますが，この点につきましては学校図書館の設置が義務付けてございまするから，地財法の十条の規定即ち今申しました国と地方公共団体の利害関係の密接な事項については国が負担するということに当嵌ることになると考えております。なお大蔵省との関連について御指摘でございましたが，本件につきましては立案者の一人である大西委員が先ほどちよつと言及されたかと存じますが，提案議員の各位が殆ど各党各派の全部を網羅して非常に御熱心に本件を推進するために審議して下さつておりまするので，これらのかたがたの御熱意と大蔵省との今までの話合いなどで必ず相馬委員の御心配になるような点については円滑に進むものと期待しておりますし，又文部当局といたしましても更に努力いたしたいと存じております。

○相馬助治君　今の御答弁の前段の，この一項を差加えることが合法的であるかどうかということに私は問題があるのではなくて，これは当然地財法の十条の中に一項を設けられるべきものであるというのは，今の福井次官と見解を等しうするものでございます。ただこれが運営に当つては皆さまも御承知の通りに全国知事会が集まるといつも決議をすることがある。それは何かというと，国会の最近は怪しからん，経費の支出を義務付ける法律案を勝手に作つて，そうして二分の一は国が持つとか，或いは三分の一は国が持つからあとはそつちのほうでやれと言つて一向に財源を与えないじやないか，怪しからん，こういう抗議がありますから，本法案も全国の知事会からは極めて歓迎されざる

資料

法案であるということは,これは余りにも明瞭でございます。そういう意味合いで私は地財法の中にこの一項が加わつた場合において文部省がどれだけ積極的にこの費用獲得のために働くかということに多くの関心なきを得ないので,要望をかねて御所見のほどを質したのでございまして,これについては一つ十分不渡手形にならんように,前者の轍を踏まざるように超党派的に生れ,而も衆議院は自信満々として委員会省略をもつて,前例を見ざる方式をもつてあげて来たこの法案が,幸いに若しも本院において成立をした場合に,財政支出については一つ関係者は勿論,全国の次代を担う子供達の期待を裏切らざるように政府はやることをこの際きつく要請しておきます。

　それで最初の質問に戻りますが,私立学校の分について発議者は何か積極的にこの法律案成立後に考えておることがございますか。

○衆議院議員（大西正道君）　この点は初めに申上げました通りに私立学校の財政的な補助というものは私立学校振興会法の改正その他におきまして統一的な援助の手を差延べなければならないと思いますと,こういうふうに考えておるわけでございまして本法案につきましてもそのような御意見を一つ皆さんの御審議の中におきまして希望条件として附されれば私たちは非常に幸いだと思つております。

○相馬助治君　次に文部省に対してお尋ねしたいのですが極めて事務的なことですから,係員をして答えせしめて下さつて結構です。この現在ありまする学校図書館基準というものはこれは現在の国家の財政規模に適応して,且つ又学校図書館を振興するための基準としてこれらの両面と見合つた立場からできておると思うのです。今回このような議員立法がなされ幸いにこれが通過した場合におきましては,文部当局は学校図書館基準というものを早急に改訂してそのレベルを向上せしめる用意があるのかないのか。これらの点について御見解を質しておきたいと思います。

○政府委員（福井勇君）　お尋ねの点につきましては,当分の間改訂はしない予定でおります。

○剱木亨弘君　私は先ず私の意見としましては,新教育につきまして図書館活動が本質的なものであるという意味合いにおきまして,提案者の提案理由にもありましたように,これを法制化して立案されましたことに対しまして心から私としましては実は感謝をしておるのでございます。ただこれは衆議院において満場一致可決されましてこの法案は参議院に参つたわけでございますが,私どもはこの法案が将来この現段階におきまして,これはこの程度で止むを得ないと思いますが,将来学校図書館の基準を増加し,又活動を活発にして,本当に新教育の中心になつて行くという意味合いにおきましては,なお私どもとしては相当研究しなければならん点があると思うのでございまして,その意味におきまして国会がこの法案を何らそういうことにつきまして論議しないで来たという点も如何かと思いますので,そういう意味合いにおきまして二,三の点について御質問を申上げたいと思います。

　第一点は私立学校の問題でございますが,大谷議員,相馬議員からお話がございました特にこの義務といたしましては,図書館の設置義務は命じてあると申しますが,学校

教育法におきまして設置を命じたものはただ形式的な設置だけでありまして，図書館の内容をなすものはこの図書館の設備と，それから運営の衝に当る専門職員の設置ということが重大な内容をなすものとも思います。ところがこの法案におきまして，その図書館の図書その他の設備につきましては，公共団体の場合は十三条におきまして基準を定めて，その基準に達しようとする場合には二分の一を補助するということがございますが，その基準は同時にやはり私は最低基準としましては，私立学校の図書館においてもこれを適用することを期待さるべきものだと考えております。従つて私立学校においてはその基準に達しようとしましても，現在達していない場合におきましては二分の一の国庫補助はこれはないという形になりますし，従つてその財力その他においてやることができなければ仕方がないというような，一つのこの法案だけから考えますと，一応理論的には言えると思います。

なお第五条におきましてこれは司書教諭を当分の間置かないでもいいということになつておりますが，大理想を掲げまして「司書教諭を置かなければならない」という一つの義務をつけておるのでございます。このことは同時にやはり私立学校の図書館につきましてもこの「司書教諭を置かなければならない」というその理想はやはり適用になるのでございまして，この意味合いにおいて，内容においてはやはりその図書館について私立学校に対しても少くともこの公立学校と同じような義務的なものを命じておると考えていいんじやないかと思います。

併し私立学校につきましては，先ほど提案者の御答弁にありましたように，私学振興会等をして適時これをさせるというようなことがございましたが，その御趣旨から私はここで法律の建前から言えば，或る一定の義務を命ずる限りにおきましては，やはり同様に，公立学校と同様に取扱うべきものであるが，併し私学の特殊性と申しますか，この自主性を尊重する意味におきまして，その助成は別個の方法を考える。そこで私学振興会をして考えるという意味合いにおいて，私学振興会に持つて参りましたのは，私学の自主性という意味からお考えになつておるのでございましようか。又そういう場合におきましてやはり公立の場合と同じように，若し私立学校振興会をして助成されるならば，国家として私学振興会に，公立学校と同じような助成が行くように，これを私学振興会に対しても，それだけの国が助成するというだけの何か目当があつてのことでございましようか，その点一応お伺いしたいと思います。

〇衆議院議員（大西正道君）　この私立学校の特色を生かして，官公立の学校では達成され得ない教育の目的を実現して行くということは，これは私は積極的な面から申しました私立学校の特殊な与えられたる権利だと思います。これは諸外国の例を見ましても，官公立の学校よりも，私立学校がその学校独特の校風を以て人材を養成し，国家の進展に寄与しておるということは，諸外国に多くの例を見るのであります。私立学校の本来の趣旨はそのようなものでありますけれども，我が国における私立学校の現状を見まする場合には，このような高遠なる理想を達成するためには，余りにも財政的な拘束面が私は多いと考え，従いまして私は現在国家が私立学校に対する態度は，そのような基本

資　　料

的な私立学校の本来の趣旨を達成させるためにも，財政的な面におきましてはこれを援助する。そうしてこの運営の問題におきましては，私立学校本来のよさを発揮させるという，こういう点をもとらなければならないと考えております。

　従いまして，私は目的の面におきましては，私立学校の自主性を大いに高揚させるために，その運営の基礎を培うために，財政的な面においてはできるだけ公立の学校に近寄せた援助を国家がやるべきだと考えております。

○劔木亨弘君　先に国会を通過しました産業教育振興法におきましても，私立学校に対しましてはやはり公立と同じように補助する，それから又今国会に衆議院に提案されておりまする定時制高等学校の場合におきましても，私立学校について援助するようにきまるやに聞いております。私はもとより私学の自主性を阻害するようなことはいけないと思いますけれども，今提案者のおつしやいましたようにやはり私学の財的な面というものはやはり国が如何なる形かで見なければ，どうしても私学の振興ということはできない現状でございますので，本来この点につきましては，私はこの法案といたしましては今日それが達成されるかどうかは別としまして，この法案の完全なる理想としましては，私学に対しましても同様な取扱いがなさるべきだと考えておるのでございまして，この点将来の点として申上げます。

　ただ次いでもう一つ申上げたいと思いますのは，これもこの学校図書館の理想的な形態と申しますか，達する意味においてお伺いしたいのでございますが，この法案の一条及び二条の規定から申しますと，相当学校図書館の本質的な定義を表わしておると思います。この点については私異論はございませんが，ただその中でその定義に，「図書，視覚聴覚教育の資料その他」とございまして，視聴覚の関係をここに取入れられております。私どもは又図書館活動が，今後の図書館活動として視覚聴覚教育ということを考えない図書館活動というものはあり得ないとすら思つておるのでございますが，然るにこの法案の定義にはこう掲げておりますが，法案の中をずうつと眺めて参りますと，たんだん視聴覚というものは薄らいで参ります。例えばこの審議会の議案の仕事の中におきましても，視聴覚ということは恐らくその他ということで含まれておるということになるかも知れませんが，なお又第十三条におきましても「設備又は図書が」とございまして，視聴覚につきましては最低基準におきましてもこれを定めるというところに至つていないと思います。現段階において視聴覚について理想的な基準を定めるということは非常に困難であろうとは思いますけれども，併しやはり図書館活動の本質的なものと考えられるならば，やはり視聴覚という問題につきましてもこれは御考慮を頂くべきではなかつたかと考えるのでございまして，この点につきまする提案者の御意見を承わりたいと思います。

○衆議院議員（大西正道君）　おつしやいます通りにこの図書館の視聴覚資料につきましては是非ともこれは十分なる設備を，備え付けをしなければならんということはお説の通りでございます。今申しました意味におきまして，この財政的な制限から止むを得ず最低基準として図書の，而も最も低い基準をこの際考えざるを得なかつたということ

を一つ御了解願いまして，将来基準の向上の暁には，これらも含めて一つ考えて行きたいと思う次第であります。

○劔木亨弘君　この点は実は私は今まで質問しました点と多少逆になるきらいはございますが，第五条におきまして司書教諭を設置義務として置かれておるのであります。これは学校図書館の一つの理想的形態といたしまして，前に視聴覚につきましては一つの理想ではあるけれども，その実施につきましては実ははずされておる，いわゆる理想がはずれておるというのでございますが，その司書教諭につきましては一つの大理想を掲げられておると考えられるのでございます。ただ併しこの司書教諭という問題につきましては，やはり或る程度現実の問題を考えなければなりませんので，附則に当分の間これを置かなくてもいいとございますが，実はこの前本委員会におきまして審議いたしました教育職員の免許法につきましても，例えば僻陬地の教員につきましては，免許状を持たない科目教課につきましても教授することができると，はずされておるのでございます。やはり一般の学校の正規の授業においてすら免許状を持たないでもできるとはずしておる現状におきまして，僻陬地等の学校に必ず司書を置かなければならんということになりますと，これは勿論当分の間というのは相当長く続くかも知れませんが，併し殆んど近く実現の可能性のないような理想ということは，現実の法案としては如何かと思います。それでやはり私といたしましては現段階においては司書教諭を置くことができるという程度のほうが良心的ではないかと思うのでございますが，その点について一つ御答弁を頂きたい。

○衆議院議員（大西正道君）　この山間僻地の小さな学校にもこの規定によりますと置かなければならんということでありまするけれども，これは文部省の学校図書館設置基準にも，これは私は非常に理想的なものだと思っておりますけれども，この基準によりましても四百五十人未満の学校には兼任でよろしい，こういうふうに考えております。私は現在のこの教育財政の事情を見ますというと，四百五十名で区切るということさえもなおこれは非常に困難であろう，全国の学校の基本的な形態でありますところの六百名乃至九百名で区切つてもよかろうと考えておるわけであります。併しながら法律のこの一つの規定の仕方といたしましては，やはり人の力というものは偉大なものであります。十分なる司書教諭の知識，技能を如何に身につけさせるということがこの図書館運営の最も眼目だと考えますので，規定は理想を高く掲げまして，現実的な財政面を考慮いたしまして緩和規定をあとに設けた次第でございます。この点御了解願いたいと思います。

○深川タマエ君　最後に，どう考えて見ましてもやや不安が残りますので，もう一言附言いたしておきますけれども，初等教育の教科書を検定いたしますのは，やはり大事な第二国民の養成だからであろうと思うのです。更に子供の知識を発達さすために多読を誘うというのがこの図書館法の趣旨なんですが，その書物の選択に当りまして先生が銘々に選択するということは，失礼ですけれどもやや行き過ぎだと思います[。] 今日の日本の実情では。そこで文部大臣が指定されまして特別な審議会ができるそうですけれ

資　　料

ども，広汎に亙りまして大体ここの審議会で学校の図書館が備えてよい書物の認定ぐらいはすることが私はこの際大切だと思います。それは大分古くなりますけれども，ヨーロッパの例を見ましても，軍隊が赤化しない間は革命は成功しないという時期がございまして盛んに軍隊に赤化教育をいたしまして，とうとう革命に成功いたしました。日本には今軍隊がございませんけれども，警察が赤くならなければいけないというので盛んに警察の赤化に手を着けておる人があるそうであります。現に機密が全部警察のフラクション活動の手を通つて漏れているような状態でございまして，第二の国民の養成，そうして双葉の芽生えと言いますか，こういう少年の教育に赤い方面から目を着けない道理はないと思いますので，検定も何もございません本を学校の先生が選択して，無制限に図書館に入れて子供に読ますということになりますと，やや危険性が伴う，小さい球根栽培ができると大変でございますので，一つやはり教育審議会で非常に大きな枠を入れましてそこで一応全国の図書館に備え付けられてよい本は大体でいいから認定してもらつて，その範囲で一つ選んでもらいたいと私は考えます。

　それともう一つ，小学校の教科書の選択に当つてさえも，本屋の商人から盛んに贈収賄というのですか，中に賄賂が行くのですが，そういう実情でございますので，検定をとつていない図書館に備え付ける書物に当つては私は猛烈な運動が行われると思います。国庫の負担金があつたりいたしますと，ここを先途として盛んに猛烈なる売込み競争が始まりますと思いますが，そういうことも考えますと，まあちよつとやはり大きい検定の枠を入れてもらいまして，大体そこで書物の値段などをきめて，その範囲で選定してくれまするならば，私たちも安心でございますし，第一父兄が安心だろうと思います。学校の図書館で夜遅くまで子供が本を読んで帰つて来て，一体何を読んでいるのか，今日の日本の御時勢ではやはりさぞ親が不安だろうと存じます。こういうことについてちよつと心配でしたからお尋ねいたします。

○衆議院議員（大西正道君）　深川先生の御心配は私はよくわかるのでございますが，これはこの法を制定したからその不安が急に増すというものではなかろうかと思うのであります。現在全国の学校におきまして小学校は二万一千五百二十八ございますが，そのうちの一万五百七十六，四九％がこの基準以上の図書館を持つて運営されておるし，中学校におきましても五三％，高等学校においては八七％，実際この基準以上の図書館が運営されております。而もこれに対して別段赤の侵入とかいうようなことは私は教育の面におきましては図書館と関連して私は考える必要は今のところないのではないかと思うのであります。併しながら先生の御心配の点は，我々はこの法案の問題と別個にいたしまして十分考えなくちやならんことだと私は考えておる次第であります。

○高橋道男君　十三条但書の解釈の問題につきましては私も若干疑念を持つておりますが，同じことを繰返すまいと思いますので，あとで休憩して解釈の統一なりその他の問題をきめられることを希望いたします。

　私が今お尋ねしたいと思いますのは，学校図書館は当然学校単位に，小学校，中学校，高等学校その単位ごとに設けられるものだと了解するのでありますが，公立学校にはそ

ういうものが固まつて学校が設けられておる場合はないとは言いませんが，極めて少い（ママ）と思うのですが，私立単校の場合には一つの法人の下に，経営の下に高等学校，或いは中学校，小学校が経営されている場合が，これは非常に多いと思うのであります。そういう場合にも学校図書館というものは各学校別に設けるべきものか，私はこれはまあ法人ごとに，法人を一つの単位として設けてもよいというように解釈をいたしたいのでありますが，その点は如何でございますか。

○衆議院議員（大西正道君）　それは別段どうなけりやならんというようなことは，私はこの法律の面では問題にはならんと思うのでありますが，大学から小学まで同じような一つの法人におきましては，各学校種別ごとに十分この教育活動を発展させるために必要な図書を備えられるということは，私はむしろこれはいいのではないかと考えておる次第であります。

○高橋道男君　只今の御答弁の通りのことがこの法律案には載つていないと私は思うのであります。ですから確かめるのでありますが，法人ごとに法人を一単位として設けるというような解釈が許されるならば，むしろ結構だと存じますし，勿論その法人の規模の如何によつては学校の種別ごとに設けられることも勿論これは可能であり，そういうことは望ましいことでありまして，私立学校におきましても同様に財政問題がありますから，法人ごとに一つ持つということを基準にして考えてもよいというように御考慮願いたいと思います。

　それから次にもう一点お尋ねしたいのは，図書館法によつてこれは社会教育面から公共団体などで図書館を設けることが，これは義務設置ではありませんが肯定されておるのでありますが，それとこの学校図書館との関係について勿論緊密な連絡を図る云々と書いてありますけれども，どういうようにお考えになつておるか，私がお尋ねしたいと思う主眼の点は，先ほど来財政問題が一つの問題の中心になつておるのでありますが，そういう点から考えますと，すでに公共団体で以て一般の利用に供する図書館を設けておるところもあると思うのであります。そういうような図書館を学校図書館に準用するということも私はその内容如何によつては可能だと思うのであります。従つてそういうすでに図書館を設けておる公共団体にあつては，或いは今後も含んで考えてもいいと思うのでありますが，学校図書館の準用の機関にするというようなことについては如何お考えになつておるか，それを伺いたいと思います。

○衆議院議員（大西正道君）　図書館はこれは社会教育法の考え方に則りまして一般の成人に対しての一つのサービス機関であります。学校図書館は教育課程を展開するために寄与する学校教育法に基くところの一つの施設でありますから，おのずからそこに差別がございますが，先生がおつしやいましたように，これは非常に緊密な間柄にあるのであります。又これは当然十分なる関係を保ちつつ一つの教育の進展のために使わなきやならんと考えるのであります。で，具体的な今の公共団体で一般の図書館のあるところにおきましては，これは十分その内部におきまして学校図書館の理想とするところを実現させるような一つの運営の方法を一つ考究して頂きまして，できるだけこの間が緊

資　　料

密に進むことは私はこれは学校図書館法本来の考え方から申しましても，又一般公共図書館の考え方から申しましても至極尤もなことであると考えるわけであります。

○高橋道男君　文部当局に念を押しておきたいと思うのでありますが，只今の立案者のお考えでは，公共図書館も，学校図書館の運営に対して，或いはこれに代つて協力することが望ましいことの御発言がございましたが，この法律だけによりますれば，当然各学校に設ける義務設置を命じることになるわけであります。従つてこの法律そのままを適用いたしますれば，必ず学校には図書館を置かねばならんということになるし，勿論それは結構なことでありますけれども，地方の財政事情によつてそれが渉々しくないというような場合には，どういう措置を考えられるか，その点文部当局の御所信を伺つておきたいと思います。

○説明員（大田周夫君）　お答え申上げます。私どもは学校にこの法案では義務設置を命じておりますので，学校図書館が一般の地域社会のかたがたのために公共図書館の役割を果してもらいたいということを考えております。今お尋ねの公共図書館が学校図書館の役割をすることができるかどうかということにつきまして，私どもまだ十分研究いたしておりませんので，ここでお答えいたすことができませんので，御了承願いたいと思います。

○荒木正三郎君　大体質疑が終つたら暫らく休憩してこの取扱について協議をしたいと思います。先ほどから私立学校の点については多くの委員から意見が出ておりますし，この問題についていろいろ御意見があると思います。それでその問題について，それから十三条の但書の点，これは解消しておりませんので，若干懇談をして，私もこの法案に賛成なんで是非上げたいと思つておりますが，やはり疑義は疑義として明らかにしておく必要があります。

○委員長（川村松助君）　速記を止めて。
　　　　午後零時十一分速記中止

　　　　─────────────

　　　　午後零時三十八分速記開始
○委員長（川村松助君）　それでは再開いたします。
　質問を続行いたします。
○杉山昌作君　十三条の但書につきまして私最初に質問申上げ，それからいろいろ質疑を聞いておりますと，却つてその意味がはつきりしないように思うのですが，私の解釈するところでは，この但書をもう少し正確に言うならば，但しこれがために義務教育費国庫負担法による教材費の国庫補助を削減又は減額してはならないぞと，これだけの意味がはつきりすればいいのだと考えるのですが，その通り解釈してよろしうございましようか。

○衆議院議員（大西正道君）　その通り一つ考えておりますから御解釈願いたいと思います。

○委員長（川村松助君）　大体質疑はお済みのようでございますが，本案に対する御質

疑は終了したものと認めて御異議ありませんか。
　〔「異議なし」と呼ぶものあり〕
○委員長（川村松助君）　御異議ないものと認めます。
　それではこれより討論に入ります。御意見のおありのかたは賛否を明らかにしてお述べを願います。
○大谷贇雄君　この学校図書館法案に関しましては本委員も賛成をいたすのでありますが，先ほど来各委員から本法案の第十三条におきまして前の個条には私立の学校も含めて学校図書館を設置をするということになつておりまするのに，第十三条におきましては国が公立学校にのみ負担をいたし，私立の学校に対しては補助をすることが記載されておりませんので，皆様がたの御賛成を得まするならば，本委員会は，学校図書館法案について，次の附帯決議を附して賛成する。

　　学校図書館の設置について必要な経費は，私立学校に対しても国が補助するよう適当な法的措置を可及的速かに講ずべきものと認める。

という附帯決議をしたいと思うのでございまするので，この案に対しましても併せて御審議を頂きまするよう，お願いを申上げるのであります。
○荒木正三郎君　私は社会党第四控室を代表いたしまして，本法案に賛成をするものであります。ただ，質疑の途中において，各委員から述べられましたように，私立学校についてもできるだけ近い機会に，この法案に含まれるように，政府においても特に配慮されるよう要望して賛成いたします。
○相馬助治君　私は社会党の第二控室を代表して，只今議題と相成つておりまする学校図書館法について，賛成の意思を表明いたします。
　学校図書館の，教育上における重要な意味を持つておるということは，もう申上げるまでもないことでございまして，法律によつてその設置を義務付けるということは極めて当を得たことであろうと存じます。ただ問題はその内容，その設備，これに従事する人，これらが問題でありまして，本法律が成立いたしたといたしましても，この法律の精神に従つて，政府当局並びに地方の公共団体，これらが財政的な面においてこの支出を喜ぶ，積極的にこれに当らなければ，画に描いたぼた餅になる心配があろうと存じます。従いまして質疑の段階において明らかになつたことではございまするが，特に文部当局におきましても司書教諭の資格向上の問題，或いは関係当局との財政的な交渉において，十分本法の精神に則つて適合したところの国の財政支出をなすと共に，地方の公共団体においても，これに見合うところの財政支出をなすように指導監督をするということが当面の責務であろうと存じます。特に学校教育というものが現在の日本においては，官立のもののみをもつて達成し得ないことは明らかでありまして，その観点からいたしまするならば，本法案に私立学校を含めてないということは，何としても片手落ちのそしりを免れないところであります。併しながら国の財政規模，その他種々の制約があつたために，かかる立法措置と相成つたのであろうと存じまして，これらのことに対しまして，只今大谷委員提案の通りの附帯決議を附することによつて，私は本法案に対

資料

して賛成するものでございます。
　なお，本法案を積極的に提案されました衆議院の発議者各位に対して深甚なる敬意を表し，同時に政府当局，特に文部省は先ほど来申します通り，本法案の精神が貫徹するように格段の努力をこの際要請するものであります。
○深川タマエ君　学校図書館施設につきまして，国と地方財政との負担の分担の方法につきましてやや遺憾の点があると存じますので，たとえ貧弱府県といえども教育の機会均等の趣旨に副いまして，子供がその利益を公平に受けることができますよう，格別の御配慮をされることと，備え付け書物の内容，指導教員の思想的傾向，書物売り込みに伴うスキャンダル等々の点につきまして，文部省は十分監督され，いやしくも第二国民の教育に当り遺憾なきを期せられんことの希望を付して，改進党を代表いたして賛成いたします。
○高橋道男君　私も本法案に賛成をいたすものであります。
　先ほど質疑の段階において相馬委員から，前国会において我々有志のものが，この法案の準備をいたしたことに言及いたされましたが，残念ながらその機を得なかつたのでありますが，今回衆議院の有志各位におかれて本法案を立案いたされ，この運びにまでお持ち頂きましたことに対して，厚く敬意の念を表する次第でございます。学校教育が将来の国民教育の上に欠くべからざることであることは申すまでもないのでありますが，その一つの要素として殊に民主的な思想の涵養というような上からいたしまして，この図書館の受持つ役割というものは極めて大きいものがあると思うのであります。現代におきましては学校教育法などにその片鱗は出ておりましても，強くその実現を促進することはむずかしい状態にあつたのでありますが，この法案が成立いたしますればそういう気運も全国的に澎湃として起ることが予想いたされますし，従つて我が国の学校教育の上に画期的な成果を挙げることも期待されると思うのでございまして，その意味において私は衷心この成立を期待するものでございます。ただ本法案の審議の途中におきまして，法文の解釈について，特に十三条但書のことが問題になつたのでありますが，この点につきましては，学校図書館の充実を期する上に大切な解釈であると思います上から，私は先ほど杉山委員から申されたように，この但書の規定が，そのまま義務小学校の教材費に充てられるべき額がこの図書館の図書のために圧縮されないという解釈を厳守することを条件として本法案に賛成いたしたいと思うのであります。
○委員長（川村松助君）　速記をとめて下さい。
　　　　〔速記中止〕
○委員長（川村松助君）　速記を始めて。
　ほかに御発言ございませんか。御発言がなければ討論は終局したものと認めて御異議ございませんか。
　　　　〔「異議なし」と呼ぶ者あり〕
○委員長（川村松助君）　御異議ないと認めます。
　それではこれより採決に入ります。学校図書館法案を議題といたします。本案を可決

することに賛成のかたの御起立を願います。
　　〔賛成者起立〕
○委員長（川村松助君）　全会一致でございます。
　よつて学校図書館法案は全会一致を以て可決することに決定いたします。
　なお大谷君提出の動議を議題といたします。
　学校図書館法案に附帯決議を付することに賛成の諸君の起立を求めます。
　　〔賛成者起立〕
○委員長（川村松助君）　全会一致でございます。よつて大谷君提出の附帯決議を付する動議は可決せられました。
　なお本会議における委員長の口頭報告その他の事務的手続は先例通り取扱うことを委員長に御一任願いたいと思いますが，如何でございますか。
　　〔「異議なし」と呼ぶ者あり〕
○委員長（川村松助君）　そういうことに決定いたします。
　御署名を願います。
　　多数意見者署名
　　　　荒木正三郎　　　八木　秀次
　　　　大谷　瓊雄　　　剱木　亨弘
　　　　谷口弥三郎　　　横川　信夫
　　　　吉田　萬次　　　杉山　昌作
　　　　高橋　道男　　　安部キミ子
　　　　相馬　助治　　　深川タマエ
○衆議院議員（大西正道君）　本法案は学校図書館の教育上に果す役割の重要性に鑑みまして，衆議院におきまして各派の共同提案でありまして，参議院の文部委員会の皆さんにおかれましては，始終御熱心に検討の結果，ここに全会一致で御賛成を頂きましたことは誠に感謝に堪えない次第であります。今後の運営の面につきましてもいろいろと御配慮のほどをお願いいたします。これを以て挨拶といたします。
○委員長（川村松助君）　速記をとめて。
　　〔速記中止〕
○委員長（川村松助君）　速記を始めて。
　それではこれを以て散会いたします。
　　　　　　　　　　　　　　　　　　　　　　　　　　　　午後零時五十四分散会

出典：「第十六回国会　参議院文部委員会　第十四号」1953年7月28日，国会会議録検索システム，http://kokkai.ndl.go.jp/（2014年10月31日確認）

資　料

> 司教5

審査報告書

（衆第四一号）

　　　　　　　　　　　　　審査報告書
　学校図書館法案
　右全会一致をもつて可決すべきものと議決した。よつて多数意見者の署名を附し，要領書を添えて，報告する。
　　昭和二十八年七月二十八日

　　　　　　　　　　　　　　　　　　　　　　　　　　文部委員長　川村松助

　　　参議院議長　河井彌八殿

多数意見者署名
　安部キミ子　荒木正三郎　高橋道男　杉山昌作　谷口弥三郎　大谷瑩雄　横川信夫
　吉田萬次　劔木亨弘　深川タマエ　相馬助治　八木秀次

　　要　領　書
一、委員会の決定の理由
　　戦後の新教育の効果を十全に達成するためには，学校に学校図書館を設置し，その充実を図ることが緊要である。本法案は，学校図書館の設備又は図書を一定の基準にまで高める場合，国庫負担の途を開かんとするものであつて，妥当な措置と認めたが，次の附帯事項を決議した。
　（一）　学校図書館の設置についての必要な経費は，私立学校に対しても，国が補助するよう，適切な法的措置を可及的速やかに講ずべきものと認める。
二、事件の利害得失
　　小，中，高等学校の生徒，児童の学習を容易ならしめ，その教育効果を向上することができる。
三、費用
　　本法施行に伴う経費は，約十八億円を必要とするが，昭和二十九年度以降，三億六千万円ずつ支出し，五ケ年計画である。
　出典：国立国会図書館議会官庁資料室蔵『法律案』（衆法　第16回国会）〔原典縦書き〕

> 司教6

昭和二九年度司書教諭養成講習会開催について

学校図書館法による司書教諭養成の講習につき，このほど左記の要領で開催することに

なりました。つきましては諸事務等で御多用のことと存じますが，貴管下教育委員会等に御連絡の上受講者等について，あらかじめ御配慮くださるようお願いします。
　なをこのことにつきましては，司書教諭養成講習に関する省令公布の上正式にその実施要綱をお送りします。
一、開催大学（会場及び受講範囲）東京学芸大学（東京都世田谷区下馬三ノ三五）静岡　山梨　長野［　］新潟以東の各都道府県
　大阪学芸大学（大阪市　住吉区平野流町二五四）愛知　岐阜　富山以西の各府県
二、開講日及び講習期間
昭和二十九年八月十五日より三十一日まで
三、講習科目
　学校図書館通論　学校図書館の管理運用　図書の選択収集　図書の整理　図書以外の資料　学校図書館の利用とその指導　等
四、受講者数及び都道府県別の割当数
　イ　両大学とも約三〇〇名
　ロ　貴都道府県割当数（各県別数）この数を基準として貴都道府県教育委員会が貴都道府県（私立学校を主管する関係部課）及び貴県下付属学校を有する国立大学と連絡協議の上，受講者を一括して関係大学へ申込むこと。
五、受講者の資格及び選定
　イ　小学校中学校又は高等学校（盲ろう養護の各学校を含む）の教諭免許状（普通及び仮免を含む）を持ち昭和二十四年四月以降二年以上司書教諭に相当する職務に従事し所轄庁が推薦する者
　ロ　なお受講者申込には貴都道府県（私立学校主管部課）並に附属学校を有する国立大学と協議の上貴都道府県分としての推せん順位を付すること
　ハ　申込は左記の様式によること
　　申込様式（都道府県名）

順位	氏　名	学校名及び所在地
1		
2		
3		

六、諸経費
　イ　受講料は無料，ただしテキストその他の資料のため若干徴集の予定。(ママ)
　ロ　受講者の旅費，宿泊費，その他諸経費について文部省から負担はできない。
七、宿泊
　受講者の宿泊あつせんはできない見込なので，なるべく早く，都道府県の宿舎などを利用されるよう便宜を図られたい。
備考

資　　料

受講申込は都道府県教育委員会から来る八月五日までに前記各養成学芸大学教務課あて送付されたい。

出典：『学校図書館速報版』No.8，1954年7月20日，p.2.〔原典縦書き〕

司教7

特別資料　本年度　司書教諭講習規程

文部省自身司書教諭問題の重要性を明記しておきながら，このように一方的でしかも形式的な省令を出し多分に現場側を憤慨させている。予算その他の問題と独善的に関連ずけ（ママ），「量」においてのみその解決策を見出そうとした文部省側の安易な意図には全く解しかねるものがある

文部省令第二十一号

　学校図書館法（昭和二十八年法律第百八十五号）第五条第四項の規定に基き，学校図書館司書教諭講習規定（ママ）を次のように定める。

　昭和二十九年八月六日

　　　　　　　　　　　　　　　　　　　　　　　　　　　文部大臣　大達茂雄

　学校図書館司書教諭講習規程

第一条（この省令の趣旨）学校図書館法第五条に規定する司書教諭の講習（以下「講習」という。）については，この省令の定めるところによる。

第二条（受講資格）講習を受けることができる者は，教育職員免許法（昭和二十四年法律第百四十七号）に定める小学校，中学校，高等学校，盲学校，ろう学校又は養護学校（以下「学校」という。）の教諭普通免許状を有する者（教育職員免許法の一部を改正する法律（昭和二十九年法律第百五十八号）附則第二項から第四項までの規定により教諭の職にあることのできる者を含む。）とする。

第三条（履修すべき科目及び単位）司書教諭の資格を得ようとする者は，講習において，左表の上欄に掲げる科目について，それぞれ下欄に掲げる数の単位を修得しなければならない。

科　　目	単位数
学校図書館通論	一
学校図書館の管理と運用	一
図書の選択	一
図書の整理	二
図書以外の資料の利用	一
児童生徒の読書活動	一
学校図書館の利用指導	一

第四条（単位計算の基準）前条に規定する単位の基準は，左の各号に定めるところによ

る。
一　一時間の授業につき，二時間の予習又は復習を必要とする講義によるものについては，十五時間の授業課程
二　二時間の授業につき，一時間の予習又は復習を必要とする演習によるものについては，三十時間の授業課程
三　前二号に掲げるものを除く外予習又は復習を必要としない実験又は実習によるものについては，四十五時間の授業課程

第五条（単位修得の認定）単位修得の認定は，講習を行う大学が，試験，論文，報告書その他による成績審査に合格した受講者に対して行う。
第六条（修了証書の授与）文部大臣は，第三条の定めるところにより八単位を修得した者に対して，講習の修了証書を与えるものとする。
第七条（雑則）受講者の人数，選定の方法並びに講習を行う大学，講習の期間その他講習実施の細目については，毎年官報で公告する[。]但し，特別の事情がある場合には適宜な方法によつて公示するものとする。

　附　則
1　この省令は，公布の日から施行する。
2　文部大臣は，受講者のうち，この省令施行の日までに又は施行の日以後に大学（文部省設置法（昭和二十四年法律第百四十六号）附則第十一項に規定する図書館職員養成所を含む。）において，第三条に規定する講習の科目の単位に相当する単位等を修得した者については，当該単位等に相当する同条に規定する講習の科目の単位を修得したものとすることができる。
3　文部大臣は，受講者のうち，左表の上欄に掲げる図書館法（昭和二十五年法律第百十八号）第五条の規定による司書講習の科目について必要な単位を，当該司書講習において修得し又は図書館法施行規則（昭和二十五年文部省令第二十七号）附則第二項の規定により修得を要しないものとされた者については，それぞれ，中欄に掲げる講習の科目について，下欄に掲げる数の単位を修得したものとすることができる。

上欄	中欄	下欄
図書館実務及び図書運用法	学校図書館の管理と運用	一
図書選択法	図書の選択	一
図書目録法及び図書分類法	図書の整理	二
視聴覚資料	図書以外の資料の利用	一
兒童に対する図書館奉仕	兒童生徒の読書活動	一

4　文部大臣は，受講者のうち，左表の上欄に掲げる者については，それぞれ中欄に掲げる講習の科目について，下欄に掲げる数の単位に（ママ）修得したものとすることができる。

資　料

上欄	中欄	下欄
昭和二十四年度から昭和二十九年度までの間において文部省主催初等教育又は中等教育の研究集会に参加して学校図書館に関する課程を修了した者	学校図書館の管理と運用又は図書以外の資料の利用	一

5　文部大臣は，当分の間，受講者のうち，左表の上欄に掲げる者については，それぞれ中欄に掲げる講習の科目について，下欄に掲げる数の単位を修得したものとすることができる。

上欄	中欄	下欄
昭和二十四年四月一日以降，学校において二年以上良好な成績で司書教諭に相当する職務に従事した旨の所轄庁の証明を有する者	学校図書館通論 学校図書館の管理と運用 図書の選択 児童生徒の読書活動	一 一 一 一
昭和二十四年四月一日以降，学校において四年以上良好な成績で司書教諭に相当する職務に従事した旨の所轄庁の証明を有する者	学校図書館通論 学校図書館の管理と運用 図書の選択 図書以外の資料の利用 児童生徒の読書活動 学校図書館の利用指導	一 一 一 一 一 一

これは省令とは別に蛇足になるが，文部省はこの六月付省令に前後して数回にわたり同公報を発している。そのため関係者及受講者側においてはその通達全文をとおして司書教諭講習問題を解釈されることが望ましい。

出典：『学校図書館速報版』No.10，1954年8月20日，p.3．〔原典縦書き〕

司教8

決議要望書

文部省当局への要望書

一，学校図書館の充実に関する件

①司書教諭を定員のわくを拡張して早急に配置されたい。（略）もし早急な実施が不可能であれば，これに代るものとして学校司書（註・学校図書館基準案にいう事務助手を学校司書と称す〔ママ〕）を定員として置かれたい。

②司書教諭の劇職の負担が過重であることにかんがみ，司書教諭に職務給をつけられたい。

③学校図書館に対する国庫負担金が，市町村に於て確実に支給される様御配慮願いたい（略）

④教員養成大学又は学部に，少くとも必修科目として学校図書館学概論及び読書指導の講座を設けられたい。

534

二、今後の司書教諭講習について
　①今次の講習は準備期間のなかつたため諸種の混乱がみられたが，今後はより慎重な計画を立て，混乱を生じないように御配慮願いたい。
　②各教育委員会に省令の主旨を徹底させ，特に受講資格認定の基準を明確にされ，同時にその徹底化をはかられたい。
　③今後司書教諭講習は各都道府県の官公私立大学を会場として行う様御努力頂きたい。
　④東京，大阪等中心地では指導者養成講習を実施されたい。
　⑤実施計画の立案に際しては現場の意見を充分に聴取されたい[。]
この他，教育委員会，各都道府県国立大学，次回講習開催大学あてそれぞれ決議を行った。

出典：『学校図書館速報版』No.11, 1954年9月5日, p.2.〔原典縦書き〕

その熱意を要望書に託す
司書教諭講習　当局の改善策に期待

二十九年度・文部省学校図書館司書教諭講習

東京第一期生会総会における要望

　　　　　　　　　　　　　　　　　　文部省当局への要望書は前号既載

　　教育委員会へ
一、学校図書館の充実に関する件
　①司書教諭を定員のわくを拡張して早急に配置されたい。
　②司書教諭の有資格者中より専任指導主事を任用されたい。もし不可能であれば指導員を置かれいた。(ママ)
　③学校図書館の充実に対する国庫補助金を平衡交附金として取扱わず，確実に学校へ支給される様御配慮頂きたい。
　④学校長，教頭に図書館学の課程を課し，学校図書館への理解を深ある(ママ)様御配慮願いたい。
二、司書教諭講習に関する件
　①司書教諭講習への参加は出張とし，旅費を学校配当旅費のわく外で支給されたい。
　②司書教諭講習の受講資格の認定は確たる基準により，明確にされたい。

　　各都道府県大学へ
一、出来る限り早急に貴学（又は貴学部）内に学校図書館学の講座を設け，必修科目に入れて頂きたい。少くとも学校図書館学概論及び図書館及図書利用法を学校選択に指定される程度に御努力頂きたい。

資　　料

二、文部省に働きかけて司書教諭講習を貴学（又は貴学部）に於て開催される様御努力願いたい[。]

大　阪
受講生一同よりの要請

　　要請書
一、学校図書館の国庫負担金を増額されたい。
二、定員増となる司書教諭及び学校図書館事務職員を早急に設置されたい。
三、司書教諭の資質向上につき省令を更に検討し研究を願いたい[。]
四、司書教諭の地位確立について研究されたい。
五、大学の教養課程に「学校図書館通論」及び「学校図書館利用の指導」の講座を必須科目に加えられたい。
六、文部省学校図書館司書教諭の講習会場を増設されたい。
七、受講者に対する旅費その他の費用の公費支給の方途を講じられたい。

出典：『学校図書館速報版』No.12, 1954年9月20日, p.7.〔原典縦書き〕

司教⑨

学校図書館審議会答申（第三回答申）

　　　　　　　　　　　　　　　　　　　　　昭和三十一年七月十七日
　　　　　　　　　　　　　　　　　　学校図書館審議会長　阪本　一郎

文部大臣　清瀬一郎殿

　　　学校図書館振興の総合的方策について

　本審議会は，学校図書館振興の総合的方策について慎重に審議した結果，次の結論を得たので答申いたします。
　なお，これは現下緊急を要するものと思いますので，すみやかに適切な措置をとられるよう要望します。

　　　　　　記

　学校図書館は，学校教育において欠くことのできない基礎的な設備として戦後急速に発達したが，しかし，全般的にみると，設置・運営ともにその使命をじゅうぶん達成しえない実情である。そこで，特に下記の諸点について適切な施策を行い学校図書館の振興を図ることが肝要である。

1　司書教諭に関する事項

　　司書教諭は，学校図書館の専門的職務をつかさどり，学校図書館運営の中枢的立場にあるが，過去三年間にわたる養成および設置の実情にかんがみ，特に次の諸点につき改善を図る必要がある。

A　司書教諭の養成について
　(1)　司書教諭講習を拡充し，養成数の増加を図ること。(2)　司書教諭養成のための指導者の育成を図ること。(3)　大学における図書館学講座の充実を図ること。(4)　大学における図書館学の履修により，司書教諭の資格を取得しうるよう学校図書館[法]第五条の改正を行うこと。(5)　学校図書館司書教諭講習規程附則に規定する単位軽減の規定を改正するとともに，その適用を厳正にするよう指導すること。(6)　司書教諭の養成については，図書館法に基く司書養成との関連を考慮し，その養成課程の改善を図ること。(7)　司書教諭その他学校図書館関係者の研修を強化すること。
　B　司書教諭の設置について
　(1)　司書教諭の補職を促進すること。(2)　専任司書教諭の設置を図ること。(3)　学校図書館における図書館技術の専門職員および事務職員の配置等につき適切な措置を講じること。
2　学校図書館法に基く負担金に関する事項
　　学校図書館の図書および設備は，負担金制度により充実されつつあるが，しかし，全国的にはきわめてふじゆうぶんな状態であるので，さらに下記の措置をとることが必要である。
(1)　学校図書館法施行令に定められた基準が早急に満たされるよう国庫負担金の増額を図ること。(2)　学校図書館法を改正し，私立学校に対する補助金の制度を設けること。(3)　学校図書館法施行令に定められた基準および基準額については，今後実情に応じその改訂を図ること。(4)　負担金に関する事務を簡素化すること。
3　学校図書館を活用する教育方法に関する事項
　　現代の教育においては，その本質上学校図書館を活用する教育方法がとられなければならないにもかかわらず，その実情はかならずしもじゆうぶんとはいいがたいので，特に下記の点について適切な措置をとることが必要である。
(1)　教科および教科外の学習において，児童・生徒が図書館資料を活用していっそう効果的な学習活動を行うよう，学習指導要領その他指導書等により適切な指導をすること。(2)　学校図書館の利用指導および読書指導の徹底を期するため，適切な助言を行うこと。(3)　人間形成における読書の役割を重視し，読書を生活全体の上に生かすよう指導の徹底を期すること。(4)　教科書の編集においても，上記の趣旨に沿うよう適切な助言を行うこと。
4　学校図書館と地域社会との連絡協力に関する事項
　　読書は学校・家庭・社会を通じて，随時随所に営まれる生活活動であるので，特に次の諸点について適切な指導を行う必要がある。
(1)　学校図書館について，地域社会の理解と認識を高め，その整備について協力を得るようにすること。(2)　学校図書館が地域文化の向上に寄与するように努めること。(3)　学校図書館相互および学校図書館と公共図書館，公民館その他の読書施設等との連絡協力を密にすること。

資　　料

5　青少年向き図書およびその他の資料に関する事項

　わが国の青少年向き図書の向上には近年見るべきものがあるが，俗悪出版物はなおあとを絶たず，これが青少年の非行の一因となつている。そこで特に下記の方策を強力に実行して出版文化の向上を期する必要がある。

⑴　優良な青少年向き図書の出版を奨励促進するとともに，俗悪出版を排除するよう世論を喚起すること。⑵　視聴覚資料その他学校図書館に必要な資料の製作を奨励すること。

6　盲学校およびろう学校の図書館の充実に関する事項

　盲学校およびろう学校の図書館の実態は，施設・設備において貧弱であるばかりでなく，その図書館資料もきわめて乏しい現状であるので，これらの学校の特殊性にかんがみ，次のような措置をとることが必要である。

⑴　盲学校およびろう学校の特殊性に応じ，その施設・備品，資料等の充実整備を図ること。⑵　点字出版に対する助成を行い，その促進を図ること。⑶　特に地域の盲者・ろう者に対する図書館奉仕を拡充すること。

7　学校図書館に対する指導機能に関する事項

　学校図書館振興のため，中央および地方における指導機能の充実につき，次の措置をとることが必要である。

⑴　教育委員会における学校図書館に対する指導機能を充実すること。⑵　文部省における学校図書館に対する行政機構を強化し，その指導機能の充実を図ること。

8　その他の事項

⑴　図書・スライド・レコード等の学校図書館資料について，その目的，性質，用途等に応じ，物品管理上適切な取扱をすること。⑵　学校図書館用品につき，免税の措置を拡大すること。

　　出典：文部省初等中等教育局『学校図書館法関係法令通達集　昭和32年度』文部省初等中等教育局初等特
　　　　殊教育課，1957年，149p., p.105-109.〔原典縦書き〕

司教10

学校図書館司書教諭講習修了証書交付者数および司書教諭の発令について（通達）

　　　　　　　　　　　　　　　　　　（昭和三二年五月二日　委初第一六五号）
　　　　　　　　　　　　　　　　　　文部省初等中等教育局長　内藤誉三郎

各都道府県教育委員会殿

　学校図書館法に基く，司書教諭講習の受講者に対し，文部省から修了証書を交付した都道府県別員数は，別表のとおりでありますのでお知らせします。

　つきましては，その発令かたについて，格別御配慮の上学校図書館の振興を期せられるようお願いします。

3 司書教諭養成関係資料・10

なお，司書教諭の発令について，山口県教育委員会からの照会およびその回答を御参考までに添付します。

上記の回答については，市町村教育委員会にも御連絡ください。

（別表）都道府県別，司書教諭講習修了証書交付者数

（昭和32年3月15日現在）

	昭和29年度	昭和30年度	昭和31年度	計		昭和29年度	昭和30年度	昭和31年度	計
北海道	13	201	133	347	京都	17	170	93	280
青森	2	5	8	15	大阪	68	132	88	288
岩手	12	16	73	101	兵庫	64	395	115	574
宮城	3	146	13	162	奈良	7	7	3	17
秋田	6	7	40	53	和歌山	2	4	2	8
山形	9	18	94	121	鳥取	5	7	14	26
福島	11	16	8	35	島根	2	11	16	29
茨城	21	15	115	151	岡山	10	17	234	261
栃木	15	136	115	266	広島	3	23	279	305
群馬	13	34	172	219	山口	29	78	17	124
埼玉	27	69	75	171	徳島	5	31	6	42
千葉	34	190	34	258	香川	3	105	3	111
東京	283	297	250	830	愛媛	0	19	118	137
神奈川	31	151	76	258	高知	3	17	130	150
新潟	39	254	110	403	福岡	12	135	19	166
富山	3	10	11	24	佐賀	4	36	6	46
石川	1	11	11	23	長崎	5	13	8	26
福井	9	115	62	186	熊本	6	11	11	28
山梨	0	7	6	13	大分	4	115	65	184
長野	23	139	12	174	宮崎	2	196	10	208
岐阜	10	22	86	118	鹿児島	1	46	105	152
静岡	62	26	22	110	学校以外勤務の者	0	84	109	193
愛知	2	124	133	259	合計	894	3,689	3,262	7,845
三重	3	16	92	111					
滋賀	10	12	60	82					

注：上記の数字は，各年度における修了証書交付者の勤務地による数字である。
出典：文部省初等中等教育局『学校図書館法関係法令通達集 昭和32年度』文部省初等中等教育局初等特殊教育課，1957年，149p., p.65-67.〔原典縦書き〕

資料

司教11

学校図書館法の一部を改正する法律案

参第一七号

　学校図書館法の一部を改正する法律案
右の議案を発議する。
　　昭和三十六年四月十四日
　　発議者
　　　矢嶋三義　平林剛　豊瀬禎一　千葉千代世　米田勲　中村正雄　柏原ヤス
　　賛成者
　　　阿具根登　阿部竹松　相澤重明　秋山長造　荒木正三郎　伊藤顕道　内村清次　占部秀男　江田三郎　小笠原二三男　大河原一次　大倉精一　大森創造　大矢正　岡三郎　加瀬完　加藤シヅエ　亀田得治　木下友敬　北村暢　清澤俊英　久保等　小酒井義男　小林孝平　小柳勇　近藤信一　佐多忠隆　坂本昭　重盛壽治　鈴木強　鈴木壽　田中一　高田なほ子　武内五郎　千葉信　椿繁夫　鶴園哲夫　戸叶武　中田吉雄　中村順造　永岡光治　成瀬幡治　野上元　野溝勝　羽生三七　藤田進　藤田藤太郎　藤原道子　松澤兼人　松永忠二　松本治一郎　光村甚助　森元治郎　森中守義　大和与一　安田敏雄　山口重彦　山本伊三郎　横川正市　吉田法晴　赤松常子　東隆　天田勝正　片岡文重　曾祢益　相馬助治　田上松衞　田畑金光　棚橋小虎　永末英一　松浦清一　向井長年　村尾重雄　基政七　山田節男　石田次男　市川房枝　牛田寛　小平芳平　白木義一郎　竹中恒夫　千田正　辻武壽　天坊裕彦　中尾辰義　原島宏治　北條雋八

　参議院議長　松野鶴平殿

　　学校図書館法の一部を改正する法律
　学校図書館法（昭和二十八年法律第百八十五号）の一部を次のように改正する。
　第五条の見出しを「（司書教諭及び司書助教諭）」に改め，同条第三項及び第四項中「司書教諭」の下に「及び司書助教諭」を加え，同条第三項及び第四項をそれぞれ同条第四項及び第五項とし，同条第二項後段中「当該教諭」の下に「又は助教諭」を加え，「司書教諭」を「それぞれ司書教諭又は司書助教諭」に改め，同項前段を次のように改め，同項を同条第三項とする。
　　司書教諭又は司書助教諭は，それぞれ教諭又は助教諭をもつて充てる。
　第五条第一項の次に次の一項を加える。
2　学校には，司書教諭の職務を補助させるため，司書助教諭を置くことができる。
　第七条第一号中「司書教諭」の下に「及び司書助教諭」を加える。
　　　附　則

この法律は，昭和三十七年四月一日から施行する。

　　理　由
　司書教諭の職務を補助させるため，学校に司書助教諭を置くことができることとする必要がある。これが，この法律案を提出する理由である。

　　この法律施行に要する経費
　この法律施行に要する経費は，昭和三十七年度において，約一億円の見込みである。
出典：参議院事務局蔵〔原典縦書き〕

司教12

学校図書館法の一部を改正する法律案

参第二四号

　学校図書館法の一部を改正する法律案
右の議案を発議する。
　昭和三十八年三月二十七日
　　発議者
　　　豊瀬禎一　米田勲　小林武　千葉千代世　成瀬幡治
　　賛成者
　　　阿具根登　阿部竹松　相澤重明　秋山長造　伊藤顕道　稲葉誠一　占部秀男　大河原一次　大倉精一　大森創造　大矢正　岡三郎　岡田宗司　加瀬完　加藤シヅエ　亀田得治　木村禧八郎　北村暢　久保等　小酒井義男　小柳勇　近藤信一　佐多忠隆　佐野芳雄　柴谷要　杉山善太郎　鈴木強　鈴木壽　瀬谷英行　田中一　武内五郎　千葉信　椿繁夫　鶴園哲夫　戸叶武　中田吉雄　中村順造　永岡光治　野上元　野々山一三　野溝勝　羽生三七　林虎雄　藤田進　藤田藤太郎　藤原道子　松澤兼人　松本賢一　松本治一郎　光村甚助　森元治郎　矢山有作　安田敏雄　柳岡秋夫　山本伊三郎　大和与一　横川正市　吉田忠三郎　渡辺勘吉

　　　参議院議長　重宗雄三殿

　　学校図書館法の一部を改正する法律
　学校図書館法（昭和二十八年法律第百八十五号）の一部を次のように改正する。
　目次中「第三章」を「第四章」に，「第二章　学校図書館審議会（第八条—第十二条）」を「第二章　学校図書館の専門的職員（第七条の二—第七条の六）第三章　学校図書館審議会（第八条—第十二条）」に改める。
　第五条を次のように改める。

資　　料

第五条　削除

　第七条第一号中「司書教諭」の下に「及び学校司書」を加える。

　第三章を第四章とし，第二章を第三章とし，第一章の次に次の一章を加える。

　　　　第二章　学校図書館の専門的職員

　（司書教諭，学校司書及び学校司書補）

第七条の二　学校図書館の専門的職務に従事する専門的職員は，司書教諭，学校司書及び学校司書補とする。

2　司書教諭は，教諭をもつて充てる。

3　司書教諭は，学校図書館の専門的職務をつかさどる。

4　学校司書は，司書教諭の職務を助ける。

5　学校司書補は，司書教諭及び学校司書の職務を助ける。

　（司書教諭の資格）

第七条の三　司書教諭に充てられる教諭は，次の各号の一に該当する者でなければならない。

　一　学校図書館に関する文部省令で定める授業科目を開設する大学が文部大臣の委嘱を受けて行なう司書教諭の講習を修了した者

　二　大学において学校図書館に関する授業科目の単位で前号の講習において修得すべきものとされる科目の単位に相当するものとして文部大臣の認めるものを修得した者

2　司書教諭の講習に関し，履修すべき科目，修得すべき単位その他必要な事項は，文部省令で定める。

　（学校司書の資格）

第七条の四　次の各号の一に該当する者は，学校司書となる資格を有する。

　一　学校司書補として三年以上勤務した経験を有する者で，前条第一項第一号の大学又は都道府県知事若しくは都道府県教育委員会が文部大臣の認定を受けて行なう学校司書の講習を修了したもの

　二　大学に二年以上在学し，学校図書館に関する授業科目の単位で前号の講習において修得すべきものとされる科目の単位と同等以上のものとして文部大臣の認めるものを含めて六十二単位以上を修得した者

　三　文部大臣が，文部省令で定めるところにより，前各号に掲げる者と同等以上の資格を有するものと認めた者

2　学校司書の講習に関し，履修すべき科目，修得すべき単位その他必要な事項は，文部省令で定める。

　（学校司書補の資格）

第七条の五　次の各号の一に掲げる者は，学校司書補となる資格を有する。

　一　高等学校を卒業した者

　二　文部大臣が，文部省令で定めるところにより，前号に掲げる者と同等以上の資格

を有するものと認めた者

(司書教諭,学校司書及び学校司書補の設置義務)
第七条の六　学校には,司書教諭を置かなければならない。この場合において,政令で定める学校規模を有し,かつ,政令で定める冊数の図書を当該学校図書館に備える学校にあつては,当該司書教諭は,専任の者でなければならない。
2　政令で定める学校規模を有し,かつ,政令で定める冊数の図書を当該学校図書館に備える学校には,政令の定めるところにより,当該学校規模及び当該図書の冊数に応じて必要な数の専任の学校司書を置かなければならない。ただし,当該学校に置かなければならない学校司書の数の半数をこえない範囲内においては,専任の学校司書補をもつてこれにかえることができる。

附則第二項を削り,附則第三項を附則第二項とし,附則第四項を附則第三項とする。

　　　附　　則
(施行期日)
1　この法律は,公布の日から起算して三月をこえない範囲内において政令で定める日から施行する。
(経過規定)
2　この法律による改正前の学校図書館法第五条の司書教諭の講習を修了した者は,この法律による改正後の学校図書館法(以下「新法」という。)第七条の三第一項の規定の適用については,同項第一号に該当する者とみなす。
3　この法律施行の際現に学校図書館において新法第七条の二第四項及び第五項に規定する学校司書又は学校司書補の職務に相当する事務に従事する者は,この法律施行後五年間は,新法第七条の四及び第七条の五の規定にかかわらず,それぞれ学校司書又は学校司書補となる資格を有するものとする。
4　この法律施行の際現に学校図書館において新法第七条の二第四項及び第五項に規定する学校司書又は学校司書補の職務に相当する職務に従事する学校の職員は,別に辞令を発せられない限り,それぞれ学校司書又は学校司書補となるものとする。
5　附則第三項に規定する者がこの法律施行後五年間に新法第七条の四の学校司書の講習を修了したときは,その者に対する同条第一項第一号の規定の適用については,その者の当該学校司書又は学校司書補の職務に相当する事務に従事した期間及び新法第七条の二の学校司書として勤務した期間は,学校司書補として勤務した期間とみなす。
6　新法第七条の六第一項の規定については昭和四十年三月三十一日まで,同条第二項の規定については昭和四十二年三月三十一日までは,政令の定めるところにより,それぞれその規定の一部を適用しないことができる。

　　　理　　由
学校図書館の専門的職務に従事する専門的職員として,司書教諭のほかに新たに学校司書及び学校司書補の制度を設けるとともに,学校におけるこれらの専門的職員の設置

資　料

義務を定める等の必要がある。これが，この法律案を提出する理由である。

出典：国立国会図書館議会官庁資料室蔵『法律案』（参法　第43回国会）〔原典縦書き〕

[司教13]

第四十三回国会　参議院文教委員会　第十四号（抄）

昭和三十八年三月二十八日（木曜日）　午前十時四十分開会

　　委員の異動
三月二十七日
　　辞任　　　　　補欠選任
　　　近藤　鶴代君　青柳　秀夫君
三月二十八日
　　辞任　　　　　補欠選任
　　　辻　　武壽君　浅井　　亨君

　　出席者は左の通り。
　　　委員長　　　　北畠　教真君
　　　理　事　　　　二木　謙吾君
　　　　　　　　　　吉江　勝保君
　　　　　　　　　　豊瀬　禎一君
　　　委　員　　　　木村篤太郎君
　　　　　　　　　　久保　勘一君
　　　　　　　　　　笹森　順造君
　　　　　　　　　　斎藤　　昇君
　　　　　　　　　　野本　品吉君
　　　　　　　　　　森田　タマ君
　　　　　　　　　　米田　　勲君
　　　　　　　　　　辻　　武壽君
　　　　　　　　　　浅井　　亨君
　　　　　　　　　　高山　恒雄君
　　　発　議　者　　豊瀬　禎一君
　　　発　議　者　　米田　　勲君
　　国務大臣
　　　文　部　大　臣　荒木萬壽夫君
　　政府委員
　　　文部政務次官　　田中　啓一君

文部大臣官房長　　　　蒲生　芳郎君
　　文部省初等中等教育局長
　　　　　　　　　　　　福田　　繁君
　　文部省大学学術局長　　小林　行雄君
　　文部省体育局長　　　　前田　充明君
　　文部省管理局長　　　　杉江　　清君
　事務局側
　　常任委員会専門員　　　工楽　英司君
　　─────────────

　本日の会議に付した案件
〇学校図書館法の一部を改正する法律案（豊瀬禎一君外四名発議）
〇日本学校給食会法の一部を改正する法律案（内閣提出，衆議院送付）
〇国立学校設置法の一部を改正する法律案（内閣提出，衆議院送付）
〇私立学校振興会法の一部を改正する法律案（内閣提出，衆議院送付）
　　─────────────

〇**委員長（北畠教真君）**　ただいまより文教委員会を開会いたします。
　委員の変更について御報告いたします。昨二十七日，近藤鶴代君が辞任され，その補欠として青柳秀夫君が選任されました。

〇**委員長（北畠教真君）**　本日の委員長理事打合会について御報告いたします。
　本日の委員会は，まず，学校図書館法の一部を改正する法律案の提案理由の説明を聴取した後，日本学校給食会法の一部を改正する法律案，国立学校設置法の一部を改正する法律案及び私立学校振興会法の一部を改正する法律案の審議を行なうことに決定いたしました。なお，本日の適当の機会に再び理事会を開き，法案の取り扱い等を協議することにいたしました。
　以上御報告いたします。

〇**委員長（北畠教真君）**　それでは，学校図書館法の一部を改正する法律案を議題といたします。まず，発議者より提案理由の説明を聴取いたします。豊瀬君。
〇**豊瀬禎一君**　ただいま議題となりました学校図書館法の一部を改正する法律案について，提案の理由と内容の概略を御説明申し上げます。
　学校図書館は，今日の日本の教育をささえ，推し進めるために重要な使命をになっているものでありますが，これが健全な発達を期して法律が制定されてから早くも十年になります。この間，関係者のなみなみならぬ努力によって逐年その充実がはかられて参りましたが，現実にはまだ解決すべき問題が多々あるのであります。申すまでもなく，学校図書館は，学校図書館法第一条に明記されているとおり，学校教育に欠くことのできない基礎的設備であります。すなわち学校図書館は，第一には，教材資料センターと

資料

して，第二には，読書活動の基地としての役目を持つことにより，将来の日本を背負う青少年の人格形成と，さらには，科学技術の進歩に伴う高度複雑な人間社会に適応する能力を彼らに与えることを目標としておるのであります。したがって，これが設備と機能の一そうの充実は，わが国社会の進展の上から喫緊の要事と申さなければなりません。しかしながら，現状は，先にも申し上げたとおり多々問題がありますが，わけても大きな障害は，その運営維持に当たる人の配置に隘路があり，一部の関係者の熱意や努力だけでは十分な機能が発揮できない状態になっていることであります。このままでは，せっかく年間約六十億円の巨費を投じてきた学校図書館も全く画餅にひとしい存在で，その高邁な理想もかけ声だけに終わる懸念が感じられるのであります。現行の学校図書館法には，高等学校以下のすべての学校には，学校図書館を置き，専門的な司書教諭を置かなければならないとされております。ただし，附則において司書教諭の必置制を当分の間延期しておりますが，これは法制定当時において，その養成が緊急には間に合わないところからやむを得ずとられた措置であり，当時の提案者は，この「当分の間」を一応十年間ぐらいと説明されております。では，その十年目を迎えた今日，司書教諭の配置状況はどうかと申しますに，有資格者は約二万二千名に達しているにかかわらず，専任の司書教諭として発令されているものは，わずかに百八十六名というありさまで，百四十名の東京都のほかは，愛知，高知，徳島の三県にそれぞれ十名前後の例を見るのみであります。この数字は，全国の小・中・高等学校の九〇％以上に当たる約四万の学校図書館から見ればまさに九牛の一毛にひとしいものであります。したがって，事実上学校図書館の維持運営に当たっている人々は，第一には，学校図書館主任等の名で呼ばれている一般教科担当の教員であり，第二には，学校司書その他各種の名称で呼ばれている学校図書館事務従事者であります。これでは満足な運営を期すべくもありません。そこで，第一には，専任の司書教諭を相当数増員すること，第二には，学校図書館事務従事者に法的根拠を与え，その職務，身分を明らかにし，もって待遇等を安定化するとともに，一定規模以上の学校には，これらの職員の設置を義務づけることが急務と信ずるのであります。特に公立学校の学校図書館事務従事者は現在九千名に上っておりますが，その七〇％はPTA負担に依存している現状で，それらの人々の賃金は安く，何の社会保障もないというありさまで，地方財政法第二十六条の三の規定に照らしても，早急に，地方公務員として採用されるとともに，その身分，待遇の確立がはからねばなりません。以上の措置が，学校図書館の機能充実のために当面ぜひとも必要であると考え，本法律案を提出した次第であります。

　本法律案の内容といたしましては，第一には，学校図書館の維持運営に当たる人的要素を特に重視して「第二章　学校図書館の専門的職員」の章を新たに起こし，従来からの司書教諭制度のほかに，司書教諭の職務を助けるものとしての学校司書の制度並びに学校司書の職務を助けるものとしての学校司書補の制度を新しく設け，それぞれの資格を定めるとともに，司書教諭を義務設置とすること，また，政令で定める一定以上の学校規模及び学校図書館規模を有する学校には，その区分に応じて，それぞれ専任の司書

教諭，学校司書，学校司書補等を置くべきことを規定いたしました。したがって，今後は，政令で定める規模の別によって，兼任の司書教諭のみを置く学校，次には専任の司書教諭を置く学校，その次には専任の司書教諭と学校司書を置く学校，さらには専任の司書教諭と学校司書のほかに学校司書補をも置く学校という区分けが，標準的には予想されるわけであります。しかして，この政令にゆだねている学校規模並びに学校図書館規模（図書の冊数）の区分については，生徒児童数，学級数の増減，図書の冊数の増加の度合い等，動態的要素を多分に含んでいるために，慎重な取り扱いを希望するものでありますが，現段階においては，文部省が「学校図書館運営の手引」において示しております学校図書館基準の生徒児童数四百五十人以上の学校には専任の司書教諭一名を置き，九百人未満の学校には学校司書一名を，さらに千八百人未満の学校には学校司書または学校司書補二名を，千八百人以上の学校には三人を置くという線が一応の目安かと考えるものであります。

　第二は，司書教諭の資格付与に関してであります。現行法は，文部大臣の委嘱を受けて行なう大学において，司書教諭の講習を受け，それを修了した者に資格が与えられることとなっておりますが，本案では，この講習のほかに，直接，文部大臣の認める大学において前述の講習相当の単位を修得した者については資格を付与されることといたしました。このことは，実は今日でも事実上行われていることで，五十以上の各大学において，講習相当の単位を修得した者は，文部大臣が講習を委嘱した大学を通じて資格を付与される仕組みになっているのであります。それゆえ，かような煩瑣な手続を省くとともに，大学における学生たちにさらに意欲的に単位を修得せしめ，司書教諭資格者の養成確保に万全を期することを目ざしたのであります。

　第三には，従来の司書教諭設置義務の延期を規定した附則を削除するとともに，新たに附則において，本法の施行期日を，準備等の都合上，公布の日から三カ月以内の政令で定める日といたしました。また同じく附則二項以下において，経過規定を設け，一，従前の司書教諭有資格者は新法上の有資格者とみなすこと，二，本法施行の際，現にPTA雇用等の形で事実上学校図書館事務に従事している者は，法施行後五年間は，新法にいう学校司書，学校司書補となる資格を有するものとすること，三，本法施行の際，現に学校図書館事務に従事している新法の学校司書または学校司書補相当職員は，別に辞令を発せられない限り，それぞれ新法の学校司書または学校司書補となったものとすること，四，この法律施行前における学校図書館事務従事期間並びにこの法律施行後における学校司書とみなされて勤務した期間等は，新法上の学校司書講習受講の際，新法上の学校司書補として勤務したものとみなし，経験年数に算入する，五，司書教諭の設置義務の規定については昭和四十年三月三十一日まで，学校司書，学校司書補等の設置義務規定については昭和四十二年三月三十一日まで，政令の定めるところにより一部を適用しないことができるとして，具体的には学校規模及び学校図書館規模の大きな学校から順次整備充実してゆくことを企図しております。したがいまして，この猶余期間は非常に重要であり，政府はこの間において公立小中学校の教諭の余剰人員を専任の司書教諭

資　　料

に振りかえてゆくよう都道府県とともに努力するとともに，地方財政法の趣旨にのっとり，地方交付税法上の措置の手直しを行なってまずPTA雇用の該当者を市町村支弁の学校司書，学校司書補に任用すること，またさらには，所要の学校司書・学校司書補を順次増員してゆくことの努力を重ね，本法が円滑に実施されることを期待するものであります。

　何とぞ慎重御審議の上，すみやかに御賛成下さいますようお願い申し上げます。

○委員長（北畠教真君）　以上で本案についての提案理由説明聴取を終わりました。

──────────

（略）

午後五年五十八分散会

　　出典：「第四十三回国会　参議院文教委員会　第十四号」1963年3月28日，国会会議録検索システム，http://kokkai.ndl.go.jp/（2014年10月31日確認）

司教14

学校教育法及び学校図書館法の一部を改正する法律案

参第二〇号

　学校教育法及び学校図書館法の一部を改正する法律案
右の議案を発議する。
　　昭和四十四年七月十四日
　　　発議者
　　　　安永英雄　　小林武
　　　賛成者
　　　　足鹿覺　　阿具根登　　秋山長造　　上田哲　　占部秀男　　小野明　　大橋和孝　　大森創造　　大矢正　　岡三郎　　加瀬完　　加藤シヅエ　　亀田得治　　川村清一　　木村禧八郎　　木村美智男　　北村暢　　久保等　　小柳勇　　近藤信一　　佐野芳雄　　沢田政治　　杉原一雄　　鈴木強　　鈴木力　　瀬谷英行　　田中寿美子　　田中一　　竹田現照　　竹田四郎　　武内五郎　　達田龍彦　　千葉千代世　　鶴園哲夫　　戸田菊雄　　中村波男　　中村英男　　永岡光治　　成瀬幡治　　西村関一　　野上元　　羽生三七　　林虎雄　　藤田進　　藤原道子　　前川旦　　松井誠　　松澤兼人　　松永忠二　　松本英一　　松本賢一　　村田秀三　　森勝治　　森元治郎　　森中守義　　矢山有作　　山崎昇　　山本伊三郎　　大和与一　　横川正市　　吉田忠三郎　　和田静夫

　　　　参議院議長　　重宗雄三殿

　学校教育法及び学校図書館法の一部を改正する法律
（学校教育法の一部改正）

第一条　学校教育法（昭和二十二年法律第二十六号）の一部を次のように改正する。
　　第二十八条第一項中「養護教諭」の下に「，学校司書」を加え，同項ただし書中「事務職員」を「学校司書及び事務職員」に改め，同条第五項の次に次の一項を加える。
　　　学校司書は，学校図書館法（昭和二十八年法律第百八十五号）第五条の二第一項に規定する専門的職務を掌る。
　　第五十条第一項中「教諭」の下に「，学校司書」を加え，同項に次のただし書を加える。
　　　ただし，特別の事情のあるときは，学校司書を置かないことができる。
　　第五十一条中「第七項」を「第八項」に改める。
　　第七十条中「第六項」を「第七項」に改める。
　　第七十条の九中「第六項」を「第七項」に改める。
（学校図書館法の一部改正）
第二条　学校図書館法（昭和二十八年法律第百八十五号）の一部を次のように改正する。
　　第五条第一項中「学校図書館の専門的職務」を「学校図書館に関する専門的職務のうち前条第一項第三号から第五号までに掲げる事項に係るもの」に改め，同条第三項及び第四項を削る。
　　第五条の次に次の二条を加える。
（学校司書）
第五条の二　学校教育法（昭和二十二年法律第二十六号）の規定により置かれる学校司書は，学校図書館に関する専門的職務のうち第四条第一項第一号及び第二号に掲げる事項に係るものを掌る。
2　次の各号の一に該当する者は，学校司書となる資格を有する。
　一　大学を卒業した者又は図書館法（昭和二十五年法律第百十八号）の規定により司書となる資格を有する者で，大学において文部省令で定める学校図書館に関する科目を履修したもの又は学校司書の講習を修了したもの
　二　五年以上司書補（図書館法に規定する司書補をいう。以下同じ。）として勤務した者（国立国会図書館又は大学若しくは高等専門学校に附属する図書館において司書補に相当する職員として勤務した者を含む。）又は司書補となる資格を得た後五年以上学校司書の職務を助ける事務に従事した者で，学校司書の講習を修了したもの
　三　高等学校を卒業した者又はこれと同等以上の学力があると文部大臣が認めた者で，六年以上学校司書の職務を助ける事務に従事し，かつ，学校司書の講習を修了したもの
（司書教諭及び学校司書の講習）
第五条の三　第五条第二項の司書教諭の講習及び前条第二項各号の学校司書の講習は，文部大臣の委嘱を受けて，大学が行なう。

資　　料

2　前項の講習に関し，履修すべき科目及び単位その他必要な事項は，文部省令で定める。

　　　　附　　則
（施行期日）
1　この法律は，昭和四十五年四月一日から施行する。
（経過措置）
2　この法律による改正前の学校図書館法（以下「旧法」という。）第五条第三項及び第四項に規定する司書教諭の講習は，この法律による改正後の学校図書館法（以下「新法」という。）第五条の三に規定する司書教諭の講習とみなす。
3　新法第五条の二第二項の規定の適用については，旧法第五条第一項に規定する司書教諭の職務を助ける事務に従事した者の当該事務に従事した期間は，学校司書の職務を助ける事務に従事した期間とみなす。
（旧大学令等による学校の取扱い）
4　新法第五条の二第二項第一号の大学を卒業した者には，旧大学令（大正七年勅令第三百八十八号），旧高等学校令（大正七年勅令第三百八十九号），旧専門学校令（明治三十六年勅令第六十一号）又は旧教員養成諸学校官制（昭和二十一年勅令第二百八号）の規定による大学，大学予科，高等学校高等科，専門学校及び教員養成諸学校並びにこれらの学校に準ずる学校で文部省令で定めるものを卒業（大学予科にあつては修了）した者を，同項第二号の大学には，旧大学令，旧高等学校令，旧専門学校令又は旧教員養成諸学校官制の規定による大学，高等学校，専門学校及び教員養成諸学校並びにこれらの学校に準ずる学校で文部省令で定めるものを含むものとする。
（関係法律の一部改正）
5　市町村立学校職員給与負担法（昭和二十三年法律第百三十五号）の一部を次のように改正する。
　　第一条中「講師」の下に「，学校司書」を加える。
6　教育公務員特例法（昭和二十四年法律第一号）の一部を次のように改正する。
　　第二条第二項中「及び講師」を「，講師」に改め，「以下同じ。）」の下に「及び学校司書」を加える。
7　一般職の職員の給与に関する法律（昭和二十五年法律第九十五号）の一部を次のように改正する。
　　別表第五ロの備考中「助教諭」を「助教諭，学校司書」に改め，同表ハの備考中「助教諭」を「助教諭，学校司書」に改める。
8　女子教育職員の出産に際しての補助教育職員の確保に関する法律（昭和三十年法律第百二十五号）の一部を次のように改正する。
　　第二条第二項中「実習助手」を「学校司書，実習助手」に改める。
9　公立義務教育諸学校の学級編成及び教職員定数の標準に関する法律（昭和三十三年法律第百十六号）の一部を次のように改正する。

第二条第三項中「寮母」を「学校司書，寮母」に，「第九条」を「第十条」に，「第十四条」を「第十六条」に改める。

第六条中「第九条」を「第十条」に改める。

第七条中「第十一条」を「第十二条」に改める。

第十九条を第二十一条とし，第十八条を第二十条とし，第十七条中「第十条」を「第十一条」に改め，同条を第十九条とし，第十六条中「第九条」を「第十条」に，「第十一条」を「第十二条」に改め，同条を第十八条とし，第十五条各号列記以外の部分中「第九条」を「第十条」に，「第十一条」を「第十二条」に改め，同条を第十七条とし，第十三条及び第十四条を二条ずつ繰り下げ，第十二条を第十三条とし，同条の次に次の一条を加える。

第十四条　学校司書の数は，特殊教育諸学校の小学部及び中学部の部の数の合計数に一を乗じて得た数とする。

第十一条を第十二条とし，第十条中「第十四条」を「第十六条」に改め，同条を第十一条とし，第九条を第十条とし，第八条中「第十二条」を「第十三条」に，「次条」を「第十条」に改め，同条の次に次の一条を加える。

第九条　学校司書の数は，六学級以上の小学校の数に一を乗じて得た数と三学級以上の中学校の数に一を乗じて得た数とを合計した数とする。

10　公立高等学校の設置，適正配置及び教職員定数の標準等に関する法律（昭和三十六年法律第百八十八号）の一部を次のように改正する。

第二条第一項中「実習助手」を「学校司書，実習助手」に改める。

第十条の次に次の一条を加える。

（学校司書の数）

第十条の二　学校司書の数は，生徒の数が百三十五人から八百十人までの全日制の課程又は定時制の課程の数に一を乗じて得た数と生徒の数が八百十人をこえる全日制の課程又は定時制の課程の数に二を乗じて得た数を合計した数とする。

第十八条の次に次の一条を加える。

（学校司書の数）

第十八条の二　学校司書の数は，特殊教育諸学校の高等部の数に一を乗じて得た数とする。

11　公立義務教育諸学校の学級編制及び教職員定数の標準に関する法律の一部を改正する法律（昭和四十四年法律第二十九号）の一部を次のように改正する。

附則第三項中「第十条」を「第十一条」に改める。

12　国立及び公立の学校の教員に対する研修手当の支給に関する法律（昭和四十四年法律第〿号〔ママ〕）の一部を次のように改正する。

第一項中「実習助手」を「学校司書，実習助手」に改める。

理　由

資　　料

　学校図書館に関する専門的職務の一部をつかさどる職員として，小学校等に学校司書を置く必要がある。これが，この法律案を提出する理由である。

　　　この法律施行に要する経費
　この法律施行に要する経費は，昭和四十五年度において約十八億六千七百万円の見込みである。

出典：国立国会図書館議会官庁資料室蔵『法律案』（参法　第61回国会）〔原典縦書き〕

司教15

　　　　第六十一回国会　参議院文教委員会　第二十四号（抄）

　　　　　　　　　　　昭和四十四年七月十七日（木曜日）　午前十時三十八分開会

　　　委員の異動
　　七月十六日
　　　　　辞任　　　　　　　　補欠選任
　　　　　　小林　国司君　　　　上田　　稔君
　　　　　　平泉　　渉君　　　　林田悠紀夫君
　　七月十七日
　　　　　辞任　　　　　　　　補欠選任
　　　　　　青柳　秀夫君　　　　佐藤　一郎君

　　出席者は左のとおり。
　　　　委員長　　　　　　　　久保　勘一君
　　　　理　事　　　　　　　　楠　　正俊君
　　　　　　　　　　　　　　　田村　賢作君
　　　　　　　　　　　　　　　小林　　武君
　　　　　　　　　　　　　　　安永　英雄君
　　　　委　　員　　　　　　　上田　　稔君
　　　　　　　　　　　　　　　佐藤　一郎君
　　　　　　　　　　　　　　　大松　博文君
　　　　　　　　　　　　　　　中村喜四郎君
　　　　　　　　　　　　　　　永野　鎮雄君
　　　　　　　　　　　　　　　林田悠紀夫君
　　　　　　　　　　　　　　　二木　謙吾君
　　　　　　　　　　　　　　　秋山　長造君
　　　　　　　　　　　　　　　川村　清一君

		鈴木　　　力君
		内田　善利君
		柏原　ヤス君
		萩原幽香子君
		小笠原貞子君
発　議　者	安永　英雄君
国務大臣	
文　部　大　臣	坂田　道太君
政府委員	
内閣法制局第三部長	荒井　　勇君
文部省管理局長	岩間英太郎君
事務局側	
常任委員会専門員	渡辺　　猛君
説明員	
農林省農政局参事官	中沢　三郎君

　本日の会議に付した案件
○学校教育法及び学校図書館法の一部を改正する法律案（安永英雄君外一名発議）
○昭和四十四年度における私立学校教職員共済組合法の規定による年金の額の改定に関する法律案（内閣提出，衆議院送付）

○委員長（久保勘一君）　ただいまから文教委員会を開会いたします。
　委員の異動について報告いたします。
　昨日，小林国司君，平泉渉君が委員を辞任され，その補欠として上田稔君，林田悠紀夫君が委員に選任されました。
　また，本日，青柳秀夫君が委員を辞任され，佐藤一郎君が委員に選任されました。

○委員長（久保勘一君）　学校教育法及び学校図書館法の一部を改正する法律案を議題といたします。
　まず，発議者から提案理由の説明を願います。安永君。
○**安永英雄君**　学校教育法及び学校図書館法の一部を改正する法律案につきまして提案の理由と内容の概要を御説明申し上げます。
　御承知のとおり，昭和二十八年に学校図書館法が成立して以来，関係者のなみなみならぬ努力によりまして，今日，ほとんどの学校では，何らかの形で学校図書館を持つに至りました。
　申すまでもなく，学校図書館は学校図書館法第一条に明記されておりますとおり，学校教育に欠くことのできない基礎的設備であります。すなわち，学校図書館は，児童生

資　　料

徒の個人差に適合したしかも個性を豊かに育てます上にきわめて大きな機能を持っております。その他，学習指導の能率化，自発的学習態度の養成，教養の向上，読書指導の徹底及び図書館の利用を通じての社会的，民主的生活態度の養成などに資することきわめて顕著なものがあるからであります。

　しかしながら，学校図書館の運営の現状を見ますと，施設設備及び資料につきましても十分とは申せませんが，今日，最も大きな障害となっておりますのは，その運営維持に当たる人の問題であります。現行の学校図書館法では，その運営を専門的に行なうものとして司書教諭のみを掲げ，その必置制を定めております。ただし，同法の附則におきまして，必置制を当分の間延期しているのであります。

　同法施行後十五年を過ぎた今日における司書教諭の配置状況を見てみますと，公立の小・中・高等学校を合わせて学校図書館の数は約四万ありますが，そのうち，司書教諭として発令された数は，わずか一千名余りであります。その上，発令者のほとんどは兼務であり，専任の司書教諭の数は東京などわずか二百名足らずといった状況にあります。

　したがって司書教諭の置かれていない学校図書館では事実上，学校司書などの名称で呼ばれている職員などによって運営されているのであります。現在，公立学校で以上のような図書館を担当している職員は約四千名おりますが，その四五％はPTA負担に依存している現状であり，これは地方財政法第二十七条の三に照らしてもゆゆしい問題であります。

　以上のように大多数の学校図書館には専任の教職員が不在であります。そして，事実上置かれている司書的な職員の資格について，何ら法的な措置がなされておらず，その上，それらの約半数は，地位・身分及び待遇の面で不安定な状態に置かれているのであります。このことは，学校図書館制度を有名無実にしているといっても過言ではありません。

　そこで私たちは，学校図書館の本来の目的を達成するためには，図書館業務に必要な司書としての能力と学校図書館に必要な教育的能力との両者を兼ね備えた者を配置しなければならないと考え，新たに学校司書制度を設けることといたしました。学校司書には以上の立場から高い資格を求め，もって学校図書館の運営の強化をはかることが現実的かつ緊急な施策と考えた次第であります。

　また本国会におきまして，政府提出にかかる公立義務教育諸学校の学級編成及び教職員定数の標準に関する法律の一部改正案が成立し，これによって，初めて学校図書館を担当する職員の数が確保され，国庫負担の対象となりました。このような学校図書館に対する関心の高まりをも考慮し，私たちは，一そうの改善をはかるため，学校司書制度を創設し，また，一定の資格を有する学校図書館担当の職員に学校司書としての法的根拠を与え，その職務・身分を明らかにし，待遇の安定をはかり，一定規模以上の公立の小・中学校には学校司書を年次計画で配置することとし，その給与の半額は国庫で負担すること等の措置によって，学校図書館の機能充実をはかろうとするのが，本法律案を提出した理由であります。

次に本法律案の内容について申し上げます。
　まず第一は、学校司書制度の創設についてであります。すなわち小・中・高等学校及び特殊教育諸学校に必要な職種として、新たに学校司書を学校教育法の中で定め、またその職務については、現行の学校図書館法第四条に定める図書館業務のうち、第三号から第五号を司書教諭の専門的職務とし、第一号及び第二号つまり、図書館資料の収集、分類配列及びその目録の整備等の専門的職務を学校司書の職務といたしました。
　第二は、学校司書の資格付与に関するものであります。資格取得に三つの方法を定めました。その一は、大学卒または図書館法に基づく司書の有資格者で、大学において学校図書館に関する科目を履修した者または学校司書の講習を終了(ママ)した者であります。その二は、五年以上図書館法で定める司書補として勤務した者または司書補となる資格を得た後五年以上学校司書の職務を助ける事務に従事した者で、学校司書の講習を修了した者、その三は、高校卒またはこれと同等以上の学力のある者で、六年以上学校司書の職務を助ける事務に従事し、かつ学校司書の講習を修了した者といたしました。なお、右の学校司書の講習は文部大臣の委嘱を受けて大学が行なうものとしました。以上によって学校司書の質の確保とともに養成の確保にも万全を期することを目ざしたのであります。
　また経過規定を設け、一、従前の司書教諭有資格者は、新法上の有資格者とみなすこと。二、本法施行前における司書教諭の職務を助ける学校図書館事務に従事した期間は学校司書の職務を助ける事務に従事した期間とみなすこととしました。
　第三は、公立学校における学校司書の数についてであります。すなわち、公立義務教育諸学校の学級編制及び教職員定数の標準に関する法律を改め、小学校は六学級以上、中学校は三学級以上の規模の学校に、学校司書を一名ずつ、また、特殊教育諸学校の小学部及び中学部に一名ずつ配置できるよう措置いたしました。また、高等学校につきましても、公立高等学校の設置・適正配置及び教職員定数の標準等に関する法律を改正し、生徒数百三十五人から八百十人までの全日制または定時制の課程に一名ずつ、八百十人をこえる課程では二名ずつ、そして特殊教育諸学校の高等部にも一名ずつ配置することといたしました。
　第四は市町村立学校職員給与負担法を改正して、学校司書の給与も国庫負担の対象に加えました。
　また、学校司書の俸給については一般職の職員の給与に関する法律を改めて、教育職俸給表の中に学校司書を明記し、身分については、教育公務員特例法の対象に学校司書を加え教育公務員とするなど所要の改正を行ないました。
　最後に、本法律案の施行期日は昭和四十五年四月一日といたしました。
　以上をもちまして、本法案の提案理由を申し述べましたが、何とぞ慎重御審議の上、すみやかに御賛成くださいますようお願い申し上げます。
○委員長（久保勘一君）　以上で本法案についての提案理由の説明聴取は終わりました。
（略）

資　　料

午後三時五十分散会

出典：「第六十一回国会　参議院文教委員会　第二十四号」1969年7月17日, 国会会議録検索システム, http://kokkai.ndl.go.jp/（2014年10月31日確認）

司教⑯

大詰めにきた学校図書館法改正問題

　大学立法など，与野党の争点になっている重要法案が目白押しに並んだ延長国会に学校図書館法の一部を改正する法律案がひそかに上程されようとしている。

　参議院に議員立法（自民党教育部会）のかたちで提出されるとのことで，一部関係者以外には，この法案の内容さえ知らされていなかった。

　これが明るみに出されたのは，この法案の一部が，図書館法の改正にもつながっているので，文部省初等中等教育局から社会教育局に話があり，このため社会教育局より日本図書館協会に対して意見を求めてきたことによる。

　はじめて法案の内容を知らされた公共図書館関係者は，協議の上，図書館法改正にかかわる部分（公共図書館との人事交流に道を開こうとした）については，強く反対の意向を示した。しかし学校図書館法の改正案そのものについては，学校図書館協議会の意志を尊重する，との態度であったという。

　図書館問題研究会では，この情報をつかむと同時に，改正案の全文を入手し，これに検討を加えるとともに，学校図書館関係者から，巾広く意見をきくことにした。その結果学校図書館法の改正については，従来からの懸案でもあり，年次大会でも改正の促進について決議されていることから，当然のこととうけとめている人が多い。しかし，法案の内容は公開されておらず，学校図書館協議会の幹部に対する白紙委任の状態であることが明らかになった。

　そこで，図書館問題研究会では，とりあえず，東京地区の高等学校の司書教諭の研究グループに呼びかけて，このたびの改正案について一緒に勉強することにした。その第一回の会合が，七月十日に日比谷高校で行なわれた。出席メンバーは，都高教組に所属する司書教諭数名と，図問研，図全協，児図研の各代表である。

　まず，このたびの自民党の改正案についての報告がなされた。

　　　改正案の要点
1　司書教諭を学校図書館主事とする
2　学校図書館に学校司書（事務職員）をおく
3　児童・生徒数の少い学校には，学校図書館主事又は学校司書をおかないことができる
4　図書館主事は校長の監督のもとに図書館に関する校務を処理し，学校司書は図書館主事の監督下に資料の整理・保存その他の専門的事務に従事する。
5　学校司書の資格は，大学・高専卒で学校図書館に関する科目を履習（ママ）したもののほか，

高卒で四年以上学校図書館にかかわる事務に従事し，学校司書の講習を修了したもの。図書館法による司書有資格者で，学校図書館に関する科目を履習(ママ)したものに与えられる。
6　学校司書が公共図書館と交流できるよう図書館法を改正する。
7　学校図書館審議会（文部省内の機関）は廃止する。
　これらの点について，意見交換を行った結果，次のような問題点が指摘された。

1　まず，この法案のだされ方が非民主的であること。
　学校図書館法の改正運動については，かつては学校図書館協議会の機関誌を通じて，巾広く全国の学校図書館関係者の意見を結集する努力がなされていた。それが，このたびは，極めて内密に準備が進められ，しかもこのような異常な延長国会に急いで提出されようとしているのはなぜだろうか。本来ならば，このような重大な改正案については，今年度の大会にかけて，関係者の意見を聴くのが筋道である。
2　司書教諭を図書館主事にすることは，単なる名称の変更ではない。さらにその下に事務職員である学校司書をおくことを考えると，明らかに管理体制の強化であり，差別に道を開くことになる。
　このたびの話し合いでは，この点に意見が集中し，出席の司書教諭からは，くわしい実状報告がなされた。
　現行法では，「学校に司書教諭を置かなければならない」となっているのに，実際には法は守られていない。そこでPTA会費のような私費負担の事務職員をおいている学校がふえた。最近，東京都では，これを公費負担に切りかえているが，これが業務員という低い身分であるため問題を残している。このたびの改正案は，そのような現状を肯定して，司書有資格者で学校図書館に勤務するさまざまな身分の人々を，正規の事務職員として位置ずけ(ママ)ようとしているものである。
　これを，現在配置されている専任の司書教諭についてみると，同じ教諭の身分でありながら，専任では，将来昇進の道が閉されてしまうので，他教科との兼務にしてほしいとの根強い要望が出されているという。この要望を「差別撤廃」という旗印にして，組合運動の中に持ちこんでいる人々もいると報告された。これらの人々にとって，校務分掌としての図書館主事（教諭の補職）となることは望ましいことにちがいない。その結果，学校司書（事務職員）を置くという考え方も，ごく自然のこととしてうけとめられるだろう。
　しかしそれでは学校司書の昇進の道が閉されてしまう。差別を撤廃したつもりが新たな差別を生むことになる。そこで改正案では，公共図書館との人事交流を想定し，図書館法の改正まで考慮しているのはさすがである。
　しかし，これに対しては公共図書館から猛反対がでている。現在，公共図書館では司書資格を高めようと努力しているときに，高校卒でも簡単になれる学校司書との人事交流に道を開くことは，司書の資質を低下させることになる，というのが反対の主な理由

資　　料

のようである。図問研としては、学校図書館との人事交流を頭から否定する考えはない。しかし差別の思想、管理体制上のご都合主義からでた人事交流には反対せざるをえない。

さらに、図書館主事は二～四単位の講習で簡単に資格がとれる。一方の学校司書は少くとも十二単位以上の科目を履習(ママ)することが要求されている。これで、専門・技術的なことがらについて、図書館主事が学校司書を指導監督できるだろうか。結局、図書館主事というものは有名無実の存在になるおそれがある。そうなると、学校図書館の基本的業務と考えられる読書指導を誰が行うというのだろう。このたびの改正案では、学校図書館法の精神を忘れ、人事対策に終始しているといわれてもしかたがあるまい。

3　児童・生徒数の少ない学校には、学校図書館主事または学校司書をおかなくてもよいということは、小規模校に対する許すことのできない差別である。

文部省令によってその基準を定めることになっているが、十七学級以下の学校にはおかなくてもよいことになるといわれている。

現行法では、学校には学校図書館をおき、学校図書館には司書教諭を置かなければならない、とされているのに、改正案によると、最も図書館を必要とする離島や僻地の学校、それに定時制高校などに対する不当な差別を合法化することにはならないだろうか。

以上の話し合いの中からこのたびの改正案は単に学校図書館だけの問題ではなく、勤評以来着々と実施されてきた学校の管理体制の強化として位置ずけ(ママ)ることができるということを確認した。

したがって、このような危険な改正案を阻止するみちは、図書館員だけでなく、すべての教師、母親たちにこの法案の内容を知らせ討議の輪をひろげていくことである。先の母親大会では、すでに学校図書館法改悪反対を決議しているという。

このように、学校図書館法問題についてのとりくみがはじめられているときに、突然、社会党から学校図書館法改正についての議案が提出された、とのニュースがはいった。その内容は、自民党案にくらべてかなり民主的なものになっているということである。

学校司書は事務職でなく教育職に位置ずけ(ママ)られている。十七学級以下の小規模校にも、学校司書を一名配置し、十八学級以上には二名おくことを規定するなど、現行法の改善をめざしていることがうかがわれる。しかし社会党案も一般に公開されず、大衆的な討議もなされないままに国会に上程されるということは問題である。

今、一番のぞまれることは、学校図書館協議会が初心にたちかえって、自民党・社会党それぞれの改正案を、機関誌などを通じて全会員に知らせることである。そして、本当に学校図書館を発展させる道は何かということを、皆で考える場を保障することである。

われわれはこれを機会に、学校図書館関係者との連帯を強め、教育の民主化のために力を尽したいと考える。

(K)

《資　料》
学校図書館法の一部を改正する法律案（四四・六・九）

学校図書館法（昭和二十八年法律第百八十五号）の一部を次のように改正する。

目次を削る。

第一章の章名を削る。

第二条中「小学校（盲学校, 聾学校及び養護学校の小学部を含む。）中学校（盲学校, 聾学校及び養護学校の中学部を含む。）及び高等学校（盲学校, 聾学校及び養護学校の高等部を含む。）」を「小学校, 中学校, 高等学校, 盲学校, 聾学校及び養護学校（盲学校, 聾学校及び養護学校にあっては, 幼稚部のみを置くものを除く。）」に改める。

第五条を削り, 第六条を第五条とし, 第七条第一号中「司書教諭」を「学校図書館主事及び学校司書」に改め, 同条を第六条とする。

第二章及び第三章を削る。

本則に次の四条を加える。

（学校図書館主事及び学校司書）

第七条　学校には, 学校図書館主事及び学校司書を置かなければならない。ただし, 児童又は生徒の数が少ないことその他の特別の事情がある場合には, 文部省令の定めるところにより, 学校図書館主事又は学校司書を置かないことができる。

2　学校図書館主事は教諭をもって, 学校司書は事務職員をもって充てる。

第八条　学校図書館主事は, 校長の監督を受け, 学校図書館に関する校務を処理する。

2　学校司書は, 学校図書館主事の監督を受け, 図書館資料の整理, 保存その他の専門的事務に従事する。

（学校図書館主事及び学校司書の資格）

第九条　学校図書館主事に充てることができる教諭は, 次の各号の一に該当する者でなければならない。

一　大学において文部省令で定める学校図書館に関する科目を履習(ママ)した者

二　学校図書館主事の講習を修了した者

2　学校司書に充てることができる事務職員は, 次の各号の一に該当する者でなければならない。

一　大学若しくは高等専門学校を卒業した者又は文部省令の定めるところによりこれらと同等以上の学力があると認められた者で, 大学において文部省令で定める学校図書館に関する科目を履習(ママ)したもの又は学校司書の講習を修了したもの

二　高等学校を卒業した者又は文部省令の定めるところによりこれと同等以上の学力があると認められた者で, 四年以上学校図書館に係る事務に従事し, かつ, 学校司書の講習を修了したもの

三　図書館法（昭和二十五年法律第百十八号）の規定により司書となる資格を有する者（同法第五条第一項第一号, 第二号及び第四号に掲げる者を除く。）で大学において文部省令で定める学校図書館に関する科目を履習(ママ)したもの又は学校司書の講習を修了したもの

（学校図書館主事及び学校司書の講習）

資　　料

第十条　前条第一項第二号の学校図書館主事の講習及び同条第二項各号の学校司書の講習は，文部大臣の委嘱を受けて，大学が行なう。
2　前項の講習に関し，履習すべき科目及び単位その他必要な事項は，文部省令で定める。
　付則第二項を次のように改める。
（学校司書の設置の特例）
2　当分の間，第七条第一項中「学校図書館主事及び学校司書」とあり，「学校図書館主事又は学校司書」とあるのは，それぞれ「学校図書館主事」と読み替えるものとする。
　付則第四項を付則第五項とし，付則第三項を付則第四項とし，付則第二項の次に次の一項を加える。
3　学校には，当分の間，必要がある場合には，学校司書を置くことができる。
　付則
（施行期日）
1　この法律は，公布の日から起算して六月をこえない範囲内において，政令で定める日から施行する。
（経過措置）
2　この法律による改正前の学校図書館法（以下「旧法」という。）第五条第二項に規定する司書教諭の講習は，この法律による改正後の学校図書館法（以下「新法」という。）第九条第一項第二号に規定する学校図書館主事の講習とみなす。
3　この法律施行の日から起算して五年を経過するまでの間は，学校図書館主事に充てることができる教諭は，新法第九条第一項の規定にかかわらず，同項各号の一に該当する者であることを要しない。
4　新法付則第三項の規定により学校司書を置く必要がある場合において，新法第九条第二項の規定による学校司書の資格を有する者を採用することができないと認められるときは，当分の間事務職員で高等学校を卒業したもの又は文部省令の定めるところによりこれと同等以上の学力があると認められたものに学校司書の職務を行なわせることができる。
5　新法第九条第二項第二号の規定の適用については，旧法第二条に規定する学校図書館に係る事務に従事した者の当該事務に従事した期間は，学校図書館に係る事務に従事した期間とみなす。
（旧大学令等による学校を卒業した者等の取扱い）
6　新法第九条第二項第一号に規定する大学を卒業した者には，旧大学令（大正七年勅令第三百八十八号），旧高等学校令（大正七年勅令第三百八十九号），旧専門学校令（明治三十六年勅令第六十一号）又は旧教員養成諸学校官制（昭和二十一年勅令第二百八号）の規定による大学，大学予科，高等学校高等科，専門学校及び教員養成諸学校並びにこれらの学校に準ずる学校で文部省令で定めるものを卒業（大学予科にあっ

ては修了)した者を含むものとする。
（地方財政法の一部改正）
7 地方財政法（昭和二十三年法律第百九号）の一部を次のように改正する。
第十条中第二十五号を削り，第二十六号を第二十五号とする。
（図書館法の一部改正）
8 図書館法（昭和二十五年法律第百十八号）の一部を次のように改正する。
第五条第一項に次の一号を加える。
四 学校図書館法（昭和二十八年法律第百八十五号）第九条二項第一号及び第二号に掲げる者で，大学において文部省令で定める図書館に関する科目を履習(ママ)したもの又は第六条の規定による司書の講習を修了したもの

出典：『月刊 社会教育』No.141, 1969年8月, p.54-58.〔原典縦書き〕

司教17

学校図書館法の一部を改正する法律案

昭和四十七年五月二十六日提出
衆法第三四号

文教委員会付託

学校図書館法の一部を改正する法律案
右の議案を提出する。
　昭和四十七年五月二十六日
　提出者
　　西岡武夫　久野忠治　久保田円次　河野洋平　谷川和穗
　賛成者
　　安倍晋太郎　足立篤郎　阿部文男　相川勝六　愛知揆一　青木正久　赤澤正道　秋田大助　天野公義　天野光晴　荒木萬壽夫　荒舩清十郎　有田喜一　有馬元治　井出一太郎　伊東正義　伊能繁次郎　池田清志　池田正之輔　石井桂　石井一　石井光次郎　石田博英　稲葉修　稲村利幸　宇田國榮　宇都宮徳馬　宇野宗佑　上村千一郎　植木庚子郎　内田常雄　内海英男　浦野幸男　江藤隆美　小川半次　小川平二　小此木彦三郎　小沢一郎　小沢辰男　小渕恵三　大石八治　大久保武雄　大竹太郎　大坪保雄　大野明　大野市郎　大橋武夫　大平正芳　大村襄治　岡崎英城　奥田敬和　奥野誠亮　加藤常太郎　加藤六月　加藤陽三　鹿野彦吉　賀屋興宣　鍛冶良作　海部俊樹　笠岡喬　梶山静六　金丸信　金子一平　金子岩三　亀岡高夫　亀山孝一　鴨田宗一　唐沢俊二郎　仮谷忠男　川崎秀二　神田博　菅太郎　菅野和太郎　木野晴夫　木村武雄　木村武千代　菊池義郎　岸信介　北澤直吉　草野一郎平　鯨岡兵輔　熊谷義雄　倉石忠雄　倉成正　藏内修治　小金

資　　料

義照　小坂善太郎　小坂德三郎　小島徹三　小平久雄　小峯柳多　小宮山重四郎　小山長規　河本敏夫　國場幸昌　佐藤恵　佐伯宗義　佐々木秀世　佐々木義武　佐藤文生　佐藤守良　斉藤滋与史　齋藤邦吉　坂田道太　坂村吉正　坂元親男　坂本三十次　櫻内義雄　笹山茂太郎　始関伊平　椎名悦三郎　塩川正十郎　塩崎潤　塩谷一夫　篠田弘作　澁谷直藏　島村一郎　正示啓次郎　白濱仁吉　進藤一馬　菅波茂　鈴木善幸　瀬戸山三男　關谷勝利　園田直　田川誠一　田澤吉郎　田中伊三次　田中榮一　田中龍夫　田中正巳　田村元　田村良平　髙島修　高橋英吉　高橋清一郎　竹内黎一　谷垣專一　千葉三郎　地崎宇三郎　中馬辰猪　辻寛一　坪川信三　德安實藏　床次德二　中尾栄一　中垣國男　中川一郎　中川俊思　中島源太郎　中島茂喜　中曾根康弘　中野四郎　中村梅吉　中村弘海　中村拓道　中村庸一郎　中山利生　中山正暉　永田亮一　永山忠則　灘尾弘吉　南條德男　二階堂進　丹羽久章　西村直己　西銘順治　根本龍太郎　野田卯一　野田武夫　野中英二　野原正勝　羽田孜　羽田野忠文　葉梨信行　橋口隆　橋本登美三郎　橋本龍太郎　長谷川峻　八田貞義　服部安司　浜田幸一　濱野清吾　早川崇　林義郎　原健三郎　原田憲　福井勇　福田繁芳　福田篤泰　福田一　福永一臣　福永健司　藤井勝志　藤田義光　藤波孝生　藤本孝雄　藤山愛一郎　古井喜實　古内広雄　古川丈吉　古屋亨　別川悠紀夫　保利茂　坊秀男　細田吉藏　本名武　前田正男　益谷秀次　増岡博之　増田甲子七　松浦周太郎　松澤雄藏　松田竹千代　松永光　松野幸泰　松野頼三　松本十郎　三池信　三木武夫　三ツ林弥太郎　箕輪登　水野清　湊徹郎　宮澤喜一　武藤嘉文　向山一人　村上勇　村上信二郎　村田敬次郎　毛利松平　森美秀　森喜朗　森下國雄　森下元晴　森田重次郎　森山欽司　安田貴六　山口シヅエ　山口敏夫　山崎平八郎　山下元利　山下德夫　山田久就　山手滿男　山村新治郎　山本幸雄　豊永光　吉田重延　吉田実　早稲田柳右エ門　綿貫民輔　渡部恒三　渡辺肇　渡辺美智雄

　　学校図書館法の一部を改正する法律

　学校図書館法（昭和二十八年法律第百八十五号）の一部を次のように改正する。
　目次を削る。
　第一章の章名を削る。
　第二条中「小学校（盲学校，聾学校及び養護学校の小学部を含む。），中学校（盲学校，聾学校及び養護学校の中学部を含む。）及び高等学校（盲学校，聾学校及び養護学校の高等部を含む。）（以下「学校」という。）」を「小学校，中学校，高等学校，盲学校，聾学校及び養護学校（幼稚部のみを置く盲学校，聾学校及び養護学校を除く。以下「学校」という。）」に改める。
　第五条を削り，第六条を第五条とし，第七条各号列記以外の部分中「左の」を「次の」に改め，同条第一号中「司書教諭」の下に「及び学校司書」を加え，同条を第六条とする。

第二章及び第三章を削る。

本則に次の三条を加える。

(司書教諭及び学校司書)

第七条　学校には，司書教諭を置かなければならない。ただし，児童又は生徒の数が少ないことその他の文部省令で定める特別の事情がある場合は，この限りでない。

2　学校には，文部省令で定めるところにより，学校司書を置くものとする。

3　司書教諭は，校長の監督を受け，学校図書館に関する校務を処理する。

4　学校司書は，司書教諭の監督を受け，図書館資料の整理，保存その他の専門的事務に従事する。

第八条　司書教諭は，教諭をもつて充てる。この場合において，当該教諭は，次の各号の一に該当する者でなければならない。

一　大学において文部省令で定める学校図書館に関する科目を履修した者

二　司書教諭の講習を修了した者

2　学校司書は，事務職員をもつて充てる。この場合において，当該事務職員は，次の各号の一に該当する者でなければならない。

一　大学若しくは高等専門学校を卒業した者又は文部省令で定めるところによりこれらの者と同等以上の学力があると認められた者で，大学において文部省令で定める学校図書館に関する科目を履修したもの又は学校司書の講習を修了したもの

二　高等学校を卒業した者又は文部省令で定めるところによりこれと同等以上の学力があると認められた者で，三年以上学校図書館に係る事務に従事し，かつ，学校司書の講習を修了したもの

三　教育職員免許法(昭和二十四年法律第百四十七号)による教諭の普通免許状を有する者で，前項各号の一に該当するもの

(司書教諭及び学校司書の講習)

第九条　前条第一項第二号に規定する司書教諭の講習並びに同条第二項第一号及び第二号に規定する学校司書の講習は，大学が，文部大臣の委嘱を受けて行なう。

2　前項の講習に関し，履修すべき科目及び単位その他必要な事項は，文部省令で定める。

附則第二項を次のように改める。

2　削除

　　　附　則

(施行期日)

1　この法律は，公布の日から起算して六月をこえない範囲内において政令で定める日から施行する。

(経過措置)

2　この法律の施行後五年間は，司書教諭に充てる教諭は，この法律による改正後の学校図書館法(以下「新法」という。)第八条第一項の規定にかかわらず，同項各号の

資　料

一に該当する者であることを要しない。
3　当分の間，新法第七条第二項の規定により学校司書を置こうとする場合において，新法第八条第二項に規定する学校司書の資格を有する者が得られないときは，事務職員で，高等学校を卒業したもの又は文部省令で定めるところによりこれと同等以上の学力があると認められたものに学校司書の職務を行なわせることができる。
（旧大学令等による学校を卒業した者等の取扱い）
4　新法第八条第二項第一号に規定する大学を卒業した者には，旧大学令（大正七年勅令第三百八十八号），旧高等学校令（大正七年勅令第三百八十九号），旧専門学校令（明治三十六年勅令第六十一号）又は旧教員養成諸学校官制（昭和二十一年勅令第二百八号）の規定による大学，大学予科，高等学校高等科，専門学校若しくは教員養成諸学校（師範学校及び青年師範学校の予科を除く。）又はこれらの学校に準ずる学校で文部省令で定めるものを卒業し，又は修了した者を，新法第八条第二項第二号及び前項に規定する高等学校を卒業した者には，旧中等学校令（昭和十八年勅令第三十六号），旧高等学校令又は旧青年学校令（昭和十四年勅令第二百五十四号）の規定による中等学校，高等学校尋常科若しくは青年学校本科又はこれらの学校に準ずる学校で文部省令で定めるものを卒業し，又は修了した者を，それぞれ，含むものとする。
（地方財政法の一部改正）
5　地方財政法（昭和二十三年法律第百九号）の一部を次のように改正する。
　　第十条中第二十五号を削り，第二十六号を第二十五号とする。

　　　理　　由
　小学校，中学校及び高等学校等に司書教諭のほかに学校司書を置くことにより，学校図書館の整備及び充実を図る等の必要がある。これが，この法律案を提出する理由である。

出典：国立国会図書館議会官庁資料室蔵『法律案』（衆法　第68回国会）〔原典縦書き〕

司教18

学校図書館法の一部を改正する法律案

昭和四十七年六月七日提出
衆法第三八号

　学校図書館法の一部を改正する法律案
右の議案を提出する。
　　昭和四十七年六月七日

　　　　　　　　　　　　　　　　　　　　　　提出者　文教委員長　丹羽兵助

学校図書館法の一部を改正する法律

学校図書館法(昭和二十八年法律第百八十五号)の一部を次のように改正する。

目次を削る。

第一章の章名を削る。

第二条中「小学校(盲学校, 聾(ろう)学校及び養護学校の小学部を含む。), 中学校(盲学校, 聾学校及び養護学校の中学部を含む。)及び高等学校(盲学校, 聾学校及び養護学校の高等部を含む。)(以下「学校」という。)」を「小学校, 中学校, 高等学校, 盲学校, 聾学校及び養護学校(幼稚部のみを置く盲学校, 聾(ろう)学校及び養護学校を除く。以下「学校」という。)」に改める。

第五条を削り, 第六条を第五条とし, 第七条各号列記以外の部分中「左の」を「次の」に改め, 同条第一号中「司書教諭」の下に「及び学校司書」を加え, 同条を第六条とする。

第二章及び第三章を削る。

本則に次の三条を加える。

(司書教諭及び学校司書)

第七条 学校には, 司書教諭を置かなければならない。ただし, 児童又は生徒の数が少ないことその他の文部省令で定める特別の事情がある場合は, この限りでない。

2 学校には, 文部省令で定めるところにより, 学校司書を置くものとする。

3 司書教諭は, 校長の監督を受け, 学校図書館に関する校務を処理する。

4 学校司書は, 司書教諭の指示の下に, 図書館資料の整理, 保存その他の専門的事務に従事する。

第八条 司書教諭は, 教諭をもつて充てる。この場合において, 当該教諭は, 次の各号の一に該当する者でなければならない。

一 大学において文部省令で定める学校図書館に関する科目を履修した者

二 司書教諭の講習を修了した者

2 学校司書は, 当分の間, 事務職員をもつて充てるものとする。この場合において, 当該事務職員は, 次の各号の一に該当する者でなければならない。

一 大学若しくは高等専門学校を卒業した者又は文部省令で定めるところによりこれらの者と同等以上の学力があると認められた者で, 大学において文部省令で定める学校図書館に関する科目を履修したもの又は学校司書の講習を修了したもの

二 高等学校を卒業した者又は文部省令で定めるところによりこれと同等以上の学力があると認められた者で, 三年以上学校図書館に係る事務に従事し, かつ, 学校司書の講習を修了したもの

三 教育職員免許法(昭和二十四年法律第百四十七号)による教諭の普通免許状を有する者で, 前項各号の一に該当するもの

(司書教諭及び学校司書の講習)

第九条 前条第一項第二号に規定する司書教諭の講習並びに同条第二項第一号及び第二

資　料

　号に規定する学校司書の講習は，大学が，文部大臣の委嘱を受けて行なう。
2　前項の講習に関し，履修すべき科目及び単位その他必要な事項は，文部省令で定める。

　附則第二項を次のように改める。
2　削除

　　　附　則
（施行期日）
1　この法律は，公布の日から起算して六月をこえない範囲内において政令で定める日から施行する。
（経過措置）
2　この法律の施行後五年間は，司書教諭に充てる教諭は，この法律による改正後の学校図書館法（以下「新法」という。）第八条第一項の規定にかかわらず，同項各号の一に該当する者であることを要しない。
3　当分の間，新法第七条第二項の規定により学校司書を置こうとする場合において，新法第八条第二項に規定する学校司書の資格を有する者が得られないときは，事務職員で，高等学校を卒業したもの又は文部省令で定めるところによりこれと同等以上の学力があると認められたものに学校司書の職務を行なわせることができる。
（旧大学令等による学校を卒業した者等の取扱い）
4　新法第八条第二項第一号に規定する大学を卒業した者には，旧大学令（大正七年勅令第三百八十八号），旧高等学校令（大正七年勅令第三百八十九号），旧専門学校令（明治三十六年勅令第六十一号）又は旧教員養成諸学校官制（昭和二十一年勅令第二百八号）の規定による大学，大学予科，高等学校高等科，専門学校若しくは教員養成諸学校（師範学校及び青年師範学校の予科を除く。）又はこれらの学校に準ずる学校で文部省令で定めるものを卒業し，又は修了した者を，新法第八条第二項第二号及び前項に規定する高等学校を卒業した者には，旧中等学校令（昭和十八年勅令第三十六号），旧高等学校令又は旧青年学校令（昭和十四年勅令第二百五十四号）の規定による中等学校，高等学校尋常科若しくは青年学校本科又はこれらの学校に準ずる学校で文部省令で定めるものを卒業し，又は修了した者を，それぞれ，含むものとする。
（地方財政法の一部改正）
5　地方財政法（昭和二十三年法律第百九号）の一部を次のように改正する。
　　第十条中第二十五号を削り，第二十六号を二十五号とする。

　　　理　由
　小学校，中学校及び高等学校等に司書教諭のほかに学校司書を置くことにより，学校図書館の整備及び充実を図る等の必要がある。これが，この法律案を提出する理由である。

出典：国立国会図書館議会官庁資料室蔵『法律案』（衆法　第68回国会）〔原典縦書き〕

司教⑲

学校図書館法の一部を改正する法律案

衆第三八号

（衆議院提出案はさきに予備審査のため配付した衆議院送付案と同様であるから印刷を略す）

　学校図書館法の一部を改正する法律案
　右の本院提出案をここに送付する。
　　昭和四十七年六月九日
　　　　　　　　　　　　　　　　　　　　　　　　衆議院議長　　船田　　中

　　　参議院議長　河野謙三殿

　　　　　　　　　　　　　　　　　　　　　　衆議院事務総長　　知野虎雄
　出典：国立国会図書館議会官庁資料室蔵『法律案』（衆法　第68回国会）〔原典縦書き〕

司教⑳

審査報告書

（第六十八回国会衆第三八号）
　　　　　　　　　　　　　審査報告書
　学校図書館法の一部を改正する法律案（継続案件）
　右については、審査を終わらなかつた。よつて経過の概要を添えて報告する。
　　昭和四十七年七月五日
　　　　　　　　　　　　　　　　　　　　　　　　文教委員長　　大松博文

　　　参議院議長　河野謙三殿

　　　経過の概要
　本法律案は、第六十八回国会開会中において、趣旨説明を聴取し、資料の収集を行なつた。
　また、同閉会中においては、短期間のため、委員会は開会されず、審査を終了するに至らなかつた。
　出典：国立国会図書館議会官庁資料室蔵『法律案』（衆法　第68回国会）〔原典縦書き〕

資　料

司教21

学校教育法及び学校図書館法の一部を改正する法律案

参第二〇号

　学校教育法及び学校図書館法の一部を改正する法律案
　右の議案を発議する。
　　昭和四十八年六月二十一日

　　　　　　　　　　　　　　　　　　　　　　発議者　小林武　安永英雄

　　賛成者
　　　足鹿覺　阿具根登　茜ケ久保重光　秋山長造　伊部真　上田哲　占部秀男　小野明　大橋和孝　大矢正　加瀬完　加藤シヅエ　片岡勝治　川村清一　神沢浄　工藤良平　小谷守　小柳勇　佐々木静子　沢田政治　須原昭二　杉原一雄　杉山善太郎　鈴木強　鈴木力　瀬谷英行　田中寿美子　田中一　竹田現照　竹田四郎　辻一彦　鶴園哲夫　田英夫　戸叶武　戸田菊雄　中村波男　中村英男　成瀬幡治　西村関一　野々山一三　羽生三七　林虎雄　藤田進　藤原道子　前川旦　松本英一　松本賢一　村田秀三　森勝治　森元治郎　森中守義　矢山有作　山崎昇　横川正市　吉田忠三郎　和田静夫

　　　参議院議長　河野謙三殿

　　学校教育法及び学校図書館法の一部を改正する法律
　（学校教育法の一部改正）
第一条　学校教育法（昭和二十二年法律第二十六号）の一部を次のように改正する。
　　第二十八条第一項中「養護教諭」の下に「，学校司書」を加え，同項ただし書中「事務職員」を「学校司書及び事務職員」に改め，同条第三項中「掌り」を「つかさどり」に改め，同条第四項及び第五項中「掌る」を「つかさどる」に改める。
　　第二十八条第五項の次に次の一項を加える。
　　　学校司書は，学校図書館法（昭和二十八年法律第百八十五号）第五条の二第一項に規定する専門的職務をつかさどる。
　　第五十条第一項中「教諭」の下に「，学校司書」を加え，同項に次のただし書を加える。
　　　ただし，特別の事情のあるときは，学校司書を置かないことができる。
　　第五十一条中「第七項」を「第八項」に改める。
　　第七十条中「第六項」を「第七項」に改める。
　　第七十条の九中「第六項」を「第七項」に改める。
　（学校図書館法の一部改正）

第二条　学校図書館法（昭和二十八年法律第百八十五号）の一部を次のように改正する。
　　第五条を次のように改める。
　　（司書教諭）
　第五条　学校には，司書教諭を置かなければならない。
　2　前項の司書教諭は，教諭をもつて充てる。この場合において，当該教諭は，司書教諭の講習を修了した者でなければならない。
　3　司書教諭は，前条第一項第三号に掲げる事項，同項第四号に掲げる事項のうち図書館資料の利用に関するもの及び同項第五号に掲げる事項に係る専門的職務をつかさどる。
　　第五条の次に次の二条を加える。
　　（学校司書）
　第五条の二　学校司書は，第四条第一項第一号に掲げる事項，同項第二号に掲げる事項及び同項第四号に掲げる事項（図書館資料の利用に関するものを除く。）に係る専門的職務をつかさどる。
　2　次の各号の一に該当する者で，大学において文部省令で定める学校図書館に関する科目を履修したもの又は学校司書の講習を修了したものは，学校司書となる資格を有する。
　　一　大学若しくは高等専門学校を卒業した者又は文部省令で定めるところによりこれらの者と同等以上の学力があると認められた者
　　二　図書館法（昭和二十五年法律第百十八号）の規定により司書となる資格を有する者
　　三　二年以上司書補（図書館法に規定する司書補をいう。以下この号において同じ。）として勤務した者（国立国会図書館又は大学若しくは高等専門学校に附属する図書館において司書補に相当する職員として勤務した者を含む。）又は司書補となる資格を得た後二年以上学校司書の職務を助ける事務に従事した者
　　四　高等学校を卒業した者又は文部省令で定めるところによりこれと同等以上の学力があると認められた者で，三年以上学校司書の職務を助ける事務に従事したもの
　　（講習）
　第五条の三　第五条第二項の司書教諭の講習及び前条第二項の学校司書の講習は，文部大臣の委嘱を受けて，大学が行なう。
　2　前項に規定するもののほか，司書教諭の講習及び学校司書の講習に関し，履修すべき科目及び単位その他必要な事項は，文部省令で定める。
　　第七条第一号中「司書教諭」の下に「及び学校司書」を加える。
　　附則中第二項を削り，第三項を第二項とし，第四項を第三項とする。
　　　附　　　則
　　（施行期日）

資　　料

1　この法律は，昭和四十九年四月一日から施行する。
（経過措置）
2　この法律による改正前の学校図書館法（以下「旧法」という。）第五条第三項及び第四項の規定による司書教諭の講習は，この法律による改正後の学校図書館法（以下「新法」という。）第五条の三の規定による司書教諭の講習とみなす。
3　この法律の施行後三年間は，司書教諭に充てる教諭は，新法第五条第二項の規定にかかわらず，同項に規定する司書教諭の講習を修了した者であることを要しない。
4　新法第五条の二第二項の規定の適用については，旧法第五条第一項に規定する司書教諭の職務を助ける事務に従事した者の当該事務に従事した期間は，学校司書の職務を助ける事務に従事した期間とみなす。
（旧大学令による大学を卒業した者等の取扱い）
5　新法第五条の二第二項第一号の大学を卒業した者には，旧大学令（大正七年勅令第三百八十八号），旧高等学校令（大正七年勅令第三百八十九号），旧専門学校令（明治三十六年勅令第六十一号）又は旧教員養成諸学校官制（昭和二十一年勅令第二百八号）の規定による大学，大学予科，高等学校高等科，専門学校及び教員養成諸学校（師範学校及び青年師範学校の予科を除く。）並びにこれらの学校に準ずる学校で文部省令で定めるものを卒業（大学予科にあつては修了）した者を，同項第三号の大学には，旧大学令，旧高等学校令，旧専門学校令又は旧教員養成諸学校官制の規定による大学，高等学校，専門学校及び教員養成諸学校並びにこれらの学校に準ずる学校で文部省令で定めるものを含むものとする。
6　新法第五条の二第二項第四号の高等学校を卒業した者には，旧中等学校令（昭和十八年勅令第三十六号），旧高等学校令又は旧青年学校令（昭和十四年勅令第二百五十四号）の規定による中等学校，高等学校尋常科及び青年学校本科並びにこれらの学校に準ずる学校で文部省令で定めるものを卒業（高等学校尋常科にあつては修了）した者を含むものとする。
（関係法律の一部改正）
7　市町村立学校教職員給与負担法（昭和二十三年法律第百三十五号）の一部を次のように改正する。
　　第一条中「講師」の下に「，学校司書」を加える。
8　教育公務員特例法（昭和二十四年法律第一号）の一部を次のように改正する。
　　第二条第二項中「及び講師」を「，講師」に改め，「以下同じ。）」の下に「及び学校司書」を加える。
9　一般職の職員の給与に関する法律（昭和二十五年法律第九十五号）の一部を次のように改正する。
　　別表第五ロの備考中「助教諭」を「助教諭，学校司書」に改め，同表ハの備考中「助教諭」を「助教諭，学校司書」に改める。
10　高等学校の定時制教育及び通信教育振興法（昭和二十八年法律第二百三十八号）の

一部を次のように改正する。

　　第五条第一項中「講師」を「講師，学校司書」に改める。
11　女子教職員の出産に際しての補助教職員の確保に関する法律（昭和三十年法律第百二十五号）の一部を次のように改正する。

　　第二条第二項中「実習助手」を「学校司書，実習助手」に改める。
12　公立の小学校及び中学校の学級編制及び教職員定数の標準に関する法律（昭和三十三年法律第百十六号）の一部を次のように改正する。

　　第二条第二項中「及び」を「，学校司書及び」に改める。
　　第八条の次に次の一条を加える。
　（学校司書の数）
　　第八条の二　学校司書の数は，六学級以上の小学校の数に一を乗じて得た数と三学級以上の中学校の数に一を乗じて得た数とを合計した数とする。
13　国立及び公立の義務教育諸学校等の教育職員の給与等に関する特別措置法（昭和四十六年法律第七十七号）の一部を次のように改正する。

　　第二条第二項中「限る。）」の下に「，学校司書」を加える。

　　　理　由
　学校図書館に関する専門的職務の一部をつかさどる職員として，小学校等に学校司書を置く必要がある。これが，この法律案を提出する理由である。

　　　この法律施行に要する経費
　この法律施行に要する経費は，昭和四十九年度において約百九十四億円の見込みである。
出典：国立国会図書館議会官庁資料室蔵『法律案』（参法　第71回国会）〔原典縦書き〕

司教22

審査報告書

（第七十一回国会参第二〇号）
　　　　　　　　　　審査報告書
　学校教育法及び学校図書館法の一部を改正する法律案（継続案件）
右については，審査を終わらなかつた。よつて経過の概要を添えて報告する。
　昭和四十八年十一月三十日

　　　　　　　　　　　　　　　　　　　　　文教委員長　永野鎮雄

　　参議院議長　河野謙三殿

　　　経過の概要
　本法律案については，第七十一回国会及び同閉会中において，趣旨説明を聴取し，資

資　料

料の収集等を行なつたが，審査を終了するに至らなかつた。

出典：国立国会図書館議会官庁資料室蔵『法律案』（参法　第71回国会）〔原典縦書き〕

司教23

第七十二回国会　参議院文教委員会　第十七号（抄）

昭和四十九年五月三十日（木曜日）　午後二時二十九分開会

委員の異動

五月二十三日
　辞任　　　　　　補欠選任
　　竹内　藤男君　　田中　茂穂君

五月二十八日
　辞任　　　　　　補欠選任
　　金井　元彦君　　永野　鎮雄君
　　中村　登美君　　今　　春聴君

五月二十九日
　辞任　　　　　　補欠選任
　　永野　鎮雄君　　金井　元彦君
　　今　　春聴君　　中村　登美君
　　志村　愛子君　　鬼丸　勝之君
　　安永　英雄君　　宮之原貞光君

五月三十日
　辞任　　　　　　補欠選任
　　鬼丸　勝之君　　志村　愛子君

出席者は左のとおり。
　　委員長　　　　世耕　政隆君
　　理　事　　　　斎藤　十朗君
　　　　　　　　　内藤誉三郎君
　　　　　　　　　片岡　勝治君
　　　　　　　　　小林　　武君
　　委　員　　　　今泉　正二君
　　　　　　　　　梶木　又三君
　　　　　　　　　金井　元彦君
　　　　　　　　　志村　愛子君
　　　　　　　　　中村　禎二君

	中村　登美君	
	二木　謙吾君	
	鈴木美枝子君	
	宮之原貞光君	
	矢追　秀彦君	
	加藤　　進君	
発　議　者	片岡　勝治君	
発　議　者	加藤　　進君	
発　議　者	小林　　武君	
発　議　者	鈴木美枝子君	

　国務大臣
　　文　部　大　臣　　　奥野　誠亮君
　政府委員
　　文部政務次官　　　　藤波　孝生君
　　文部大臣官房長　　　井内慶次郎君
　　文部省初等中等教育
　　局長　　　　　　　　岩間英太郎君
　　文部省大学学術局長　木田　　宏君
　　文部省体育局長　　　澁谷　敬三君
　　文部省管理局長　　　安嶋　　彌君
　　文化庁長官　　　　　安達　健二君
　　厚生省医務局次長　　宮嶋　　剛君
　事務局側
　　常任委員会専門員　　渡辺　　猛君

――――――――――

　本日の会議に付した案件
○国立学校設置法の一部を改正する法律案（内閣提出，衆議院送付）
○公立義務教育諸学校の学級編制及び教職員定数の標準に関する法律等の一部を改正する法律案（内閣提出，衆議院送付）
○文化功労者年金法の一部を改正する法律案（内閣提出，衆議院送付）
○昭和四十四年度以後における私立学校教職員共済組合からの年金の額の改定に関する法律等の一部を改正する法律案（内閣提出，衆議院送付）
○学校教育法及び学校図書館法の一部を改正する法律案（第七十一回国会小林武君外一名発議）（継続案件）
（略）
○学校図書館の充実発展に関する請願（第四五二〇号）（第四五二一号）（第四五二九号）（第四五三〇号）（第四五三一号）（第四五三三号）（第四五五八号）（第四五五九号）

資　　料

（第四五六〇号）（第四五六一号）（第四五六二号）（第四五六六号）（第四五六七号）（第四五六八号）（第四五六九号）（第四五七〇号）（第四五七一号）（第四五七二号）（第四六一二号）（第四六一三号）（第四六一四号）（第四六一五号）（第四六一六号）（第四六一七号）（第四六二五号）（第四六二六号）（第四六二七号）（第四六三六号）（第四六三七号）（第四六三八号）（第四六三九号）（第四六四〇号）（第四六四一号）（第四六五八号）（第四六七七号）（第四六七八号）（第四六七九号）（第四六八〇号）（第四六八一号）（第四六八二号）（第四七〇五号）（第四七六〇号）（第四七六一号）（第四七七九号）（第四七八〇号）（第四八二四号）（第四八三一号）（第四八五七号）（第四八八一号）（第四九〇一号）（第四九〇二号）（第五〇〇六号）（第五〇〇七号）（第五一五四号）（第五一五五号）（第五二五一号）（第五二五二号）（第五四七八号）（第五五一二号）
（略）

○委員長（世耕政隆君）　ただいまから文教委員会を開会いたします。
（略）

○委員長（世耕政隆君）　次に、学校教育法及び学校図書館法の一部を改正する法律案（第七十一回国会参第二〇号）を議題といたします。
　本案はすでに趣旨説明を聴取いたしておりますので、これより質疑に入ります。
　質疑のある方は順次御発言を願います。
○片岡勝治君　今回の国会におきましては、議員立法につきましても各位の深い御理解と御協力によりまして審議の俎上にのぼったということについて、私は率直に評価をしたいと思います。各位議員の皆さんの御理解に対して心から敬意と感謝を申し上げる次第であります。
　ただ、残念なことに教頭法が強行採決をされた、こういうことについてはたいへん遺憾に存ずる次第でありますけれども、そのことは、本日はこの程度にいたします。しかし、いま冒頭申し上げましたように、今後も議員立法の取り扱いについては、せっかく築き上げた文教委員会のよき慣習でありますので、お互いに尊重して措置せられますよう心から期待をするわけであります。
　さて、いま小林委員ほかの提出にかかる学校図書館法の改正案について、若干提案者のほうに質問をしてみたいと思うわけであります。
　御承知のように、学校教育というのは、それぞれの領域というか、分野があるわけでありますけれども、学校図書館法として独立して学校の機能の中で学校図書館法という法律をわざわざ制定をされたところには、一つの大きなそれなりの意味があると思うわけでありまして、そうした意味というものを私どもが正しく理解をする。その上で図書館法の施行にかかるいろいろな問題が切り開かれていくだろうと思うわけでありまして、提案者が考えております学校図書館法についてまず冒頭お伺いをしたいと思うわけであります。

○小林武君　学校図書館法の第一条に，「学校図書館が，学校教育において欠くことのできない基礎的な設備であることにかんがみ」ということがあります。「欠くことのできない基礎的な設備である」と，この第一条に書かれておりますように，このことは，単に本を読ませる便宜を与えるというようなもの以上に，教育全体の仕組みの中で人類が築き上げた科学，芸術，思想のすぐれた成果を，図書館のこの役割りを通して子供たちに教育活動の一助とすることがこの法律の趣旨でございます。したがって，私ども現在学校図書館に行ってみますというと，その点ではまあすぐれた設備を持っているところは大体その方向に進みつつあるところもだんだん出てまいりまして，この点は，私どもとして一そう今後努力をしながら，その所期の目的がもっと速度を速めて前進することが必要だと，こう考えているわけであります。そういうことを考えますというと，当然学校図書館というものの重要性から教職員の定数をどうするかという問題，あるいは図書，資料，施設，設備の充実というようなものに教育行政当局そのものが大きな責務を感じて努力をする必要があると，こう考える次第であります。

○片岡勝治君　この法案が議員立法ということで出されたわけでありますが，法律が制定されましてからすでに二十年余たっておるわけであります。私は，せっかく議員立法で出したということは，まあ国民の総意で図書館活動というものがきわめて重大であるということでつくられた法律だろうと思うんですが，肝心のこの施設あるいはそれに伴う司書ですか，そういうものが法律では置かなければならない。しかし，あとで当分置かなくてもいいというようなことになっておる。これは初中局長でいいのかどうか，ちょっとわかりませんけれども，この議員立法に対する，同じ法律に対するいわゆる政府側――文部省側の取り組む姿勢というものについて何か差別があるように私は見えるんですよ，特にこの法律については。今度は学校図書に，図書館等にかかる施設費についてはたしかことしから国庫負担の補助対象として計上されたような，たしかことしからだと思います，それまでは学校の教室は国が三分の一なり，二分の一なり見るんだけれども，図書館については一切考えていない，考えなかった。結局はせっかく議員立法でいい法律をつくりながら，文部省の対応の行政姿勢というものが非常に消極的であったということが私は言えるような感じがするわけです。それはいま言った施設の問題もそうだし，あるいは学校司書の必置というものをほんとうに義務づけるような法律改正というものを二十何年間もほっぽっておくというようなことは，そういう姿勢にとられてもいたし方がないような気がするんですが，文部省側のひとつ見解をこの際承っておきたいと思います。

○政府委員（岩間英太郎君）　議員立法はたくさんあるわけでございますけれども，たとえば産業教育振興法，それから理科教育振興法，そういう一連の学校の教育の実際の内容に即応した施設設備の充実というふうな観点から，国会でもって法律を制定される。それらにつきましては，特に戦後荒廃をいたしました学校教育というものを立て直す上に非常に役に立ってきたというふうに私ども考えております。また，毎年の予算の充実等につきましても私どもは進めてきたつもりでございます。ただ，理科教育とか，何か

資料

産業教育，これは戦前から長い伝統のあった教育でございますが，学校図書館というもの，これは戦後，アメリカにおきましてある程度成功しておるというふうなことで，戦後の新しい学校制度とともにわが国にも取り入れられてきたものであります。ところが，昭和三十一年から三十三年ぐらいをピークにいたしまして，学校図書館というものにつきましての教育というものがあまり具体的にいえばふるわなかったというふうな傾向がございます。たとえば，司書教諭の人数も千人ぐらい，実際に司書教諭の資格を持っております者は六万人以上もあるわけでございますけれども，そういうふうな状態，それから図書の内容も昭和四十四年現在で，大体基準に比べまして一五〇％から一六〇％以上というふうな充実を見せてきておりますけれども，実際に図書館教育がどの程度活用されておるかと申しますとまだ心もとないというふうな実態がございます。これが一つは戦後の新しい教育のやり方で，まだわが国に定着しておらなかったというふうな点が，言ってみれば，日本の教育の体質に必ずしも合っていなかったというふうな面があって今日に至っておるわけでございます。しかしながら，ただいま先生が御指摘になりましたように，たとえば図書館の施設の問題，こういうものにつきましても国庫補助の対象にするというふうな努力，それから教材費を通じましても設備の充実の努力，そういうものは私ども重ねてまいったわけでございます。今後の図書館教育というものは，わが国の教育の体質から考えましてどういうふうに伸ばしていったらいいのか，この問題につきましては，非常に私どもも重要な問題だというふうに考えておりますけれども，まだいろいろ問題がございましてさらに一そう努力をする必要があろうというふうに考えます。

○**片岡勝治君** いま文部省側の答弁がありましたけれども，これはわれわれのひがみかなんかわかりませんけれども，やっぱり議員立法たりといえども法律でありますので，二十何年かもこの改正が行なわれていないということに私はたいへん大きな不満を感ずるわけであります。そういう意味から提案者もいわば政府にかわってこういう法律案を出さざるを得なくなったと思うわけであります。

それで，次に，まあ図書館教育に欠かせない人的な配置としては司書教諭ということになるわけでありますけれども，すでに文部省等でも講習会などを開いて司書教諭の養成に当たっているという事実は私も認めるわけでありますけれども，資格を持っている方が多数いるにもかかわらず，発令がされていない，司書教諭としての活動ができていないという実態がいまあるわけなんですけれども，こういう問題については，提案者のほうはどのようにお考えになっておりますかお伺いをしたいと思います。

○**小林武君** いまの文部省の答弁の中に，ちょっと問題だと思うのは，図書館教育というものが日本の教育になじまないというものの考え方は，これは文部省の偏見だとぼくは思うんです。それは，一般の図書館に対する運営のしかたなどをわれわれがごく身近なところで見てまいりましても，図書館等は何といいますか，車に本を載せて移動して歩く図書館，そういう運営をやっている一般図書館がある。これに対する一般の市民あるいは子供というようなものがどれほどの何といいますか，たより方をしているといい

ますか，この利用というものは，ちょっと驚くべきものなんです。これは私どもはきわめて身近な問題として感じているわけでありますが，学校の場合にいたしましても，教育になじまないという考え方は，なじまないなん（ママ）というような言い方をしたら幾らでもなじまないようにできるわけで，なじまないならばなじませるというそういう働きかけがなければならぬ。私は，先ほど来質問者の質問中にございましたが，二十年たった，しかし，その間にどういうことになったかといったら，私たちが少なくとも見て回ったところ，片岡委員もぼくと一緒に行ったところもあるわけですが，大体ぼくらの見たところというのは標準以上のところです，日本で言えば。標準以上のところ，そういうところの状態を見て，教育になじまないなん（ママ）ということは考えられないわけです。しかし，二十何年たって，これはある国立大学の教員養成大学の中の教授の論文がちょっと出ているんですけれども，この中に書いてある中に，二十何年たって顕著に目立ったのは何かといったら，その格差がものすごくできたということだと言っている。条件の恵まれたところはものすごく進歩してきた，条件の恵まれないところというのは，なかなか遅々として進まない，そういう状況で非常に格差が大きくなったということを言う。だから私は，この間われわれが見に行った場合には，標準以上のところを見ようじゃないか，標準以上のところを見て，その中で今度はどうしなければならぬかということを考えなければならぬということで見たわけでございますけれども，見たとおりなんです。私はそういう意味で，やっぱり格差が大きくなったということは，これは力の入れたところと入れないところ，入れるだけのいわゆる力のあるところ，いわゆる国が冷淡であるならば，その学校なりあるいは父兄の力によるというようなところでこれができるわけですね。だからこれではいかぬと思うのです。

　これは何といいますか，議員提案だからというようなことを言えば，そういうものの見方で言えば，文化財の保存法なんかもあれは議員提案です。議員提案やっているから文化財なんていうのはあんまり保存しなくてもいいと考えたかどうかしらぬけれども，文化財の破損というのはこのごろものすごい。きょうもちゃんとあれに出ていますね，われわれのあれした請願にちゃんと出ている。日本の文化財の保存のしかたがひどいというようなことも，私はそうだとしたらたいへんだと思うんです。これはそんな問題じゃない。国会を通したものについては，全力をあげてやるということ。それから文部省は，なじまないなん（ママ）というようなことを言ってもらいたくない。

　もう一つ，やっぱり問題は，あなたの御指摘のように，専門の人がいなきゃだめなんです。行ってみるというと，いまのところは，司書教諭というものが置かれましても，ほんとうに司書教諭としてそのことに全力をあげてやれる立場にある人というのは，わりあいに少ないんです。だから，有資格者があっても，もう数はきわめて少ないと。あとはどうかというと，大体校務分掌のたてまえなんです。校務分掌ですから，一年間やったらあとかわるというやり方です。中には先生方率直なこと言って，私，当たりましたけれども，実はやっぱり専門のほうは教えるほうですから，なるべく，毎年やられるんじゃ困りますというようなことを，われわれに正直におっしゃった先生もいらっ

資　　料

しゃった。しかし，いまの制度の中では，そういうことになると思うんですね。だから，私は，やはり司書教諭というものの有資格者が，ほんとうに全力をあげて，自分の学校の図書館教育をりっぱにやるような，そういうやり方をするとすれば，いまの置かなくてもよろしいなんという(ママ)，置くべきものを置かないでいくというようなやり方は，もう日本の場合，学校図書館の場合，許されてはいかぬと，こう考えているわけであります。そういう意味で，文部省に対しましては，やはり，なじまないと言うのはどういうところなのかよくわかりませんけれども，私は十分なじんでいると思う。「学校図書館法はもだえている」という見出しで書いた，この北海道の教育大学の教授の方のあれを考えてみますというと，ほんとうにもだえているような現状だと，こう考える次第です。

○片岡勝治君　学校図書館活動，あるいは図書館教育といいますか，非常に重要な意義を持ちながら，たいへん疎外されてきたと，条件が整理されていないという点がはっきりするわけでありますけれども，さらに，学校図書館活動をより充実させるために，司書教諭以外のつまり職員――学校図書館にかかる職員が必要だろうと思うわけでありまして，その現状あるいはその構想，図書館教育にかかる人的な配置というものは，どうあるべきかということについて提案者のほうから御意見を賜わりたいと思うわけであります。

　さらに，それにあわせて，当然これは定数法と関係をしてくるわけでありまして，それとの関係もあわせてお答えをいただきたいと思うわけであります。

○小林武君　この「司書教諭は，教諭をもつて充てる。」というのが，法の第五条に書かれているわけです。これは先ほど来申し上げましたように，そうはなっておりますけれども，先ほど来初中局長も答弁されましたように，現在のところ約一千名ぐらいであると，しかし，実際に全国一千百名ぐらいであると。そうして有資格者はどのぐらいいるかというと，約六万人おられるということになりますから，これは発令してやらせるということになると不可能なことではないわけですね。ところが，司書教諭を置くということに十分に力を出しておらないということだと思います。こういうことでございますから，図書館関係者が一番重点を置いて，図書館の前途のために，情けないのはここだということをだれもが言うわけですね。だから，私はやはり司書教諭の充当には，これはやはり文部省においても十分に力をそそいでもらわなけりゃならぬとこう思うんです。数は，全国で約一千百名，専任というのは，まあ百二十名だというのですからね。だから司書教諭にあっては，さっき私言った，その司書教諭とはなっておりますけれども，実際は校務分掌の都合でもって別に変わっていくという人が相当多数いるわけですね。だから，これはやっぱり専任の司書教諭を置くということが，図書館教育をほんとうに定着させるということでは最大の急務であると，それに対して全力をこれは国が出すべきであると，その意味で，この法律案が提案されたと，こう理解していただかなきゃならぬと思います。

○片岡勝治君　これは文部省のほうにお伺いしますけれども，まあ定数法との関係で，司書教諭なり，要するに，図書館教育に専任する職員，あるいは半専任でもいいんです

が、この定数法の中における人的配置の考えが、具体的に図書館教育にかかる文部省の姿勢をあらわしていると思うんですが、いま、どういうふうに考えておられるんですか、図書館関係の職員と定数との関係、将来はどういうふうに改善をしていくのか、文部省側の構想もひとつお示し願いたいと思います。

〇政府委員（岩間英太郎君） いま、いわゆる司書教諭は、格別に定数上の措置はしておらないわけでございますから、一般の教諭の方が図書館の教諭を兼ねていただくと申しますか、そういうふうな図書館の司書教諭として発令をしていただくというふうな形になっているわけでございますが、司書につきましては、小学校では三十学級以上の学校に一人、中学校では二十四学級以上の学校に一人、高等学校では生徒八百十人以上の学校、大体十八学級ぐらいになるわけでございますが、それ以上に一人ということで、合計いたしまして四千六百七十人の定数の措置をいたしているわけでございます。

ただいま小林先生からお話がございましたように、専任の方が非常に少ないわけでございますが、専任でやってこられた方のお話も聞きますと、非常に脳んでおられる面もあるようでございます。つまり、児童生徒は学校の先生だと思ってくれないというふうなことも申しておりましたけれども、図書館におられる担当の職員というふうにも見られるというふうな脳み（ママ）も言っておられました。

先ほどちょっと、いまの日本の学校教育になじまないというふうな言い方を申し上げましたが、その点につきましては、まだその図書館教育というものが、日本の学校教育にほんとうにとけ込んでいないというふうな意味で申し上げたわけでございまして、用語にやや不適当な点がございましたことは、おわびを申し上げたいと思います。

まあアメリカでは、たとえば国語の授業をやっているときも、図書館を利用して、図書館に行ってかってに本を読むというふうなことが、これはごく普通に行なわれているというふうな話も聞いております。日本の学校図書館が、そこまでまだとっても利用されていない。それからまた、そういうふうな利用のしかたというものが、いまの日本の国語教育なり、学校教育を行なう先生方に、ほんとうにとけ込んでやっていただいているかどうかという点は、私はまだ疑問だと思います。したがって、日本独自の図書館教育というもののあり方、そういう面について、もう一度いろいろ考えて見る、ほんとうに日本的な利用のしかたというものは必ずあるんじゃないか。まあ昔から日本人は非常に書物を大事にするということでございましたけれども、最近では子供はちょっと本を読まない、理由を聞いてみますと、いや、学校で読んでいるんだからいいんだというふうなことも言われているわけでございまして、そういう学校教育と、その家庭教育、それから社会生活の中における児童の読書の問題、そういうものなんかとかね合せまして、この辺でもう一度考え直してみる必要があるのじゃないかというふうな気持ちでお答えしたわけでございまして、別に他意はないわけでございます。

〇小林武君 そこらあたりが、文部省と提案者と議論をしてもしようがないのですけれども、これはやっぱり教育問題をとらえる場合に初中局長さんはやっぱり役所育ちの方、提案者は現場育ちのいわば教員です、だから学校の中に入っていってぼくらが接した場

資　　料

合の見方と，それから文部省の見た場合との違いというのはだいぶ出てきていると，こう思うのです。私は，なじまないとかなじむとかというようなことは，これは教育の場においては，かけるべき金はかけ，教師にそれだけのよい授業のできるような環境を与え，それに相応する環境ですから設備その他等も十分にやってやるということになりますれば，なじまないということはないわけです。アメリカの流儀とか日本の流儀とかいいますけれども，これは多少国の違いによってあれができましても，学校の中における図書館の問題についてそんなに妙な違いが，アメリカではよくて日本ではだめだということはぼくはないと思うのです。ぼくは一番問題なのは，先ほど言った日本の国の学校図書館の中に専任百二十名しかいないということが問題だと思うのです。専任百二十人というのが，これがいまほんとうの数どのくらい正確度があるかといったらぼくはよくわかりませんけれども，大体そこらだと，皆さんおっしゃる。それでは，これはもう図書館教育というものはうまくいかないと思う。しかし，専任のところをぼくらは見た。専任のところへ行ってみたら，いまの文部省のお考えになっているようなぐあいではなくて，逆に定着していると思う。

　それからもう一つ，本を読む読まないという問題については，ぼくらもいまのような考え方[を]一時持ったことがあって，見学に回ったりして，そういうことを聞いたことがある。漫画ばかり読んでさっぱり文字で書いた本のほうは読まないのじゃないかというようなことをいいましたけれども，これは図書館の中に示された――きょうはちょっと忘れてきたのですけれども，この数字をあげてみるというと，図書館における本の読み方，それからたとえば高等学校であれば一年の生徒が読む本，二年になると二年の場合の違い，三年になってくるとどういうように変わっていくのかというような詳細なやはりデータも出ている，こういうのを見ますというと，私は何というか，教育環境を整備しないでやって独断的な一つの結論を出すというようなことは，図書館の教育の問題については言うべきではない。私はその意味では，ひとつ文教委員会に所属していらっしゃる方ばかりではなく，広く議員も，近くに相当ありますから，いいところも悪いところも，悪いところなんというとちょっとあれですけれども，相当われわれが見学をして勉強になるところがありますからごらんになればよくわかるとこう思うのです。その点はどうもぼくは，いささか議論じみてまいりましたけれども，問題がある。

　それからたとえば，いまの場合専任がその程度では，これはなかなか学校の先生も容易でないのです。中学なら二十四時間から二十七時間というのが大体受け持ち時間，小学校だというと週三十時間をこえるものさえあるという状況です。高校で二十時間ぐらいと，こういう。これだけのことをやって，そのほかにクラブ活動もあれば，いろいろなことをやって，そうして図書館のあれを持たされたら，この間われわれが聞いた先生の話でもなかなか容易じゃない，購入した図書の整理だけでもこれはえらいことだと，そういうことを聞いているわけでありますから，この点はひとつ，やはりまずなじまないとか何とかという考え方でなくて，私は条件を整えるということにまず重点を置かなければならぬ。人の条件，この図書館についてのさまざまな設備の条件というものに重

点を置いて，私はやはり学校教育の中に法律の第一条に書いてありますように，欠くことのできないところの施設としての整備をやるべきである，こう考えています。
○片岡勝治君 それじゃ最後に，いまの行政がたいへん学校図書館について私に言わしても積極的でないということが，そう感じておるわけです。しかし，なおかつその中で何とかしようということで，これに対応するいろいろな措置を自主的にとっておるところがあるわけですよ。たとえばPTAで人を雇って，実際には司書教諭ないし図書館担当の事務をやっている，こういうようなところがあるわけでありまして，これはたいへん私は大きな問題だろうと思う。つまりPTAで雇っておる学校図書館職員については，健康保険もなければ賃金についてもきわめて低い，悪い，そういうような状態をなおかつ続けなければいけないというようなことになっているわけであります。これは私は，いまの文部省なり教育行政の図書館教育に対する非常に熱心でない証左であろうと思うわけでありますけれども，こういった問題について一体どういうふうに対処するおつもりか，これは提案者にも聞きたいと思いますし，文部省側にも聞きたい。

　それから，最近はやや減少しましたけれども，図書費として地域によってはPTAから相当額の寄付金をとる，それによって施設あるいは図書の整備をしておるところが今日なおかつあるわけであります。当然公費としてまかなわねばならないこうした問題も，なおかつ父兄負担におんぶしているというようなことについてどう対処したらいいか，これは提案者なりそれから文部省なり，両方からお聞かせいただきたいと思います。
○政府委員（岩間英太郎君） この点は，私どものほうでもたいへん恐縮に存じているところでございまして，その解消につきましては，私ども今後とも全力を尽くしてまいりたいというふうに考えております。特に父兄負担の中で人件費，これは地方財政法にもはっきり書かれておりますように，人件費まで父兄に負担させるということはいけないのだというふうなことで，私どもも地方交付税等を通じまして財源措置をすると同時に，市町村の教育長さん方のお集まりにはもう重ねて何度も何度もお願いをしているわけでございます。ずいぶん減ってまいってはおりますけれども，四十八年の五月一日現在で図書館関係でなお千百五十人程度の私費負担の方がおられます。たいへん申しわけないと私どもも考えておりまして，その解消につきましては，今後とも私どもの全力をあげましてその改善につとめたいというふうに考えております。
○小林武君 学校図書館の中に先ほど来学校司書という，司書教諭という専門の者を置かなければならぬということと同時に，この司書教諭だけではこれはやっぱり学校図書館の運営というのはできないわけですから，したがって，この新たに提案された法律案では学校司書というのを置いてもらいたいと，こう言っているわけです。なぜそういうことを言いますかというと，現在のところ一万人ぐらいの人が全国にいて，それらの人たちの約小学校では五〇％，それから高校あたりでは二五％ぐらいがこれがまあどこから金を出しているかというと，正当のところから出していない。結局子供の親から集めているとか，そういういわば何といいますか身分のきわめて不安定な，どこから金ももらっているのかわからぬような，そういうやり方でやられている。あるいは学校の中の

資　　料

校務分掌の上に出てくるんでしょうけれども，事務職員をそこに流用するというようなやり方をやりますというと，これは常時かわらなければならぬということになる。だからそういうことになりますというと，学校の図書館の業務というものは一つのやはり専門的な業務になりますから，そんなに毎年かわられたんじゃ能率もあがらなくなりますし，図書館の学校における重要さに沿っていくだけの力が出てこないということになりますから，そこで，学校司書という一つの資格を持ったところのものを置かなければならぬということ，それからその金はどこからか集めるというような，そういう父母の負担に訴えるとかというようなことは，これはもうやめるべきであって，正当な教職員としての待遇を与える採用のしかたをするべきだ，こういうのがこのわれわれの出している法律案の趣旨なんであります。でありますから，現在学校図書館というものが，あるいは学校図書館の学校教育の中において果たすべき機能というようなものは，まあ正直なところ言って，まずまず相当なところにいっているなんというのはきわめて少なくて，そうして名前は図書館であっても貸し本屋のちょっと毛のはえたなんていうと悪いですけれども，その程度のものに終わるおそれが十分にある。だからここで抜本的な対策を国がやっぱり講ずるべきだということは，これはもうだれが見てもあたりまえのことだと思うわけであります。でありますから，これは何といっても国の思い切ったこれに対する対策を待たなければならぬ。したがって，こういう法律案を十分御検討いただいて，どうぞひとつきょう皆さんの御賛成をいただいて，これが成立するようにお願いをしたいと思うわけです。

○片岡勝治君　質問をこれで終わりたいと思います。

　いま大臣が見えましたが，ずっと大臣，実は聞いていただきたかったのですが，特に強調したことは，この法律は，議員立法で二十年前につくられた，私から言わせれば，二十年間ほっぽっておいたんじゃないかというふうにとれるわけです。たとえば，司書教諭を置くということになっているのに，附則のほうで当分置かなくていい，それが二十年も何十年も置かなくていい状態がずっと続いてきたことは，この図書館教育，図書館活動に対する率直に言って文部省のかまえが消極的であったと，私はそう言いたいんです。そのために，提案者のほうにも答弁をしていただいたわけでありますけれども，PTAから金を出して事務職員にかわるようなものを雇っておるというようなことが現実にあるわけですね。これはいま局長さんが具体的に数字を出してその実態の発表があったわけでありますが，少なくともこういうりっぱな法律，それは議員立法であれ，政府提案であれ法律ができた以上，私はもっと積極的に取り組んでいただきたい。悪い点があれば，それはまた法律の悪い点は直したっていいと思うんですが，とにかくこの法律についての取り組みがきわめて弱いということは率直に言えると思うんです。それを補完する意味で今回の提案だろうと思うわけであります。したがって，今後はむしろ政府のほうが積極的にこういったものについてどんどん改善の法律案を出していくような，そういうぜひ教育行政というものをお願いをしたい。あまりむし返す気持ちはありませんけれども，教頭法を出すんならば，その前にこういった法律があるんじゃないか

ということを私は率直に感ずるわけなんです。

以上で私の質問を終わりたいと思います。

○委員長（世耕政隆君）　ほかに御発言もなければ，質疑は終局したものと認めて御異議ございませんか。

　　〔「異議なし」と呼ぶ者あり〕

○委員長（世耕政隆君）　異議ないと認めます。

片岡君から委員長の手元に学校教育法及び学校図書館法の一部を改正する法律案について修正案が提出されております。修正案の内容はお手元に配付のとおりでございます。

この際，本修正案を議題といたします。

片岡君から修正案の趣旨説明を願います。

○片岡勝治君　私は，日本社会党を代表いたしまして，ただいま議題となっております学校教育法及び学校図書館法の一部を改正する法律案に対する修正案について御説明申し上げます。

修正案の案文はお手元に配付いたしてありますので朗読は省略いたします。

修正案の趣旨は，本法律案の施行期日がすでに経過いたしておりますので，これを昭和五十年四月一日に施行することに改めるなどの所要の修正を行なおうとするものであります。

何とぞ委員各位の御賛同をお願い申し上げる次第であります。

○委員長（世耕政隆君）　学校教育法及び学校図書館法の一部を改正する法律案は予算を伴うものでありますので，国会法第五十七条の三の規定により内閣から本案に対する意見を聴取いたします。奥野文部大臣。

○国務大臣（奥野誠亮君）　意見を求められました学校教育法及び学校図書館法の一部を改正する法律案につきましては，学校図書館の現状におきましては，学校司書の職を新設することがほかの事務職員等との均衡上問題があり，また給与体系，定数の算定についても問題があることからいたしまして，政府としては賛成いたしかねます。

○委員長（世耕政隆君）　これより原案並びに修正案について討論に入ります。

御意見のある方は賛否を明らかにしてお述べ願います。

速記をとめて。

　　〔速記中止〕

○委員長（世耕政隆君）　速記を始めてください。

別に御発言もないようですから，これより直ちに採決に入ります。

まず，片岡君提出の修正案を問題に供します。

片岡君提出の修正案に賛成の方の挙手を願います。

　　〔賛成者挙手〕

○委員長（世耕政隆君）　全会一致と認めます。よって，片岡君提出の修正案は可決されました。

次に，ただいま可決されました修正部分を除いた原案全部を問題に供します。

資　　料

修正部分を除いた原案に賛成の方の挙手を願います。
〔賛成者挙手〕
○委員長（世耕政隆君）　全会一致と認めます。よって，修正部分を除いた原案は可決されました。
　以上の結果，本案は全会一致をもって修正議決すべきものと決定いたしました。
　なお，審査報告書の作成につきましては，これを委員長に御一任願いたいと存じますが，御異議ございませんか。
〔「異議なし」と呼ぶ者あり〕
○委員長（世耕政隆君）　御異議ないと認め，さよう決定いたします。

─────────

（略）
〔理事内藤誉三郎君退席，委員長着席〕
［○片岡勝治君］　次に，今度の新しくできました栄養職員の問題でありますが，これにはいろいろ問題がありますけれども，特に今度は県費負担職員になるということであります。そのことによって待遇なり職務なりあるいは身分というものがさらに確立をするというところではさして問題がないわけであります。特に端的に申し上げれば，給与が，待遇がこれによってむしろよくなるというところがあるわけであります。しかし問題は，政令都市等によって，この措置をとることによって給与が，給料表が政令都市のほうがいいということがありますから，そのまま適用していけば下がるという，非常に大きな問題があるわけであります。これはかつて警察が，市の警察が都道府県警察になったときに同じような問題が出てきた。これに附帯決議でも，この点については万全の措置をしろという衆議院の附帯決議がついておりますけれども，具体的に一体どういう措置によってこの問題を解決をしていくのか，お答え願いたいと思います。
○政府委員（澁谷敬三君）　いま先生御指摘のように，学校栄養職員を県費負担の対象教職員にしていただきたいという理由の一つにも，多くの場合，栄養士さんの方々に本来支払われるべき給与より低くなっておるということもあったわけでございますが，また，ただいま御指摘のように，一部の市町村におきましては，市町村の職員の給与自体がかなり高くなっておるところがございまして，現実に県費負担教職員に切りかえます場合に，単純なる給与の再計算方式でいきますと，給与が下がる方々が一部出てまいります。多くの場合は上がりますが，一部にそういう方々が出てまいります。そこで，単純な給与の再計算方式でなく，国の新しい法律制度によりまして切りかわるわけでございますので，この国の新しい法律制度の趣旨，目的に即しまして，そういうことのないように，いわゆる現給保障的な考え方を原則的に取りまして，現行給与制度の許される範囲のいろいろな考え方，適用方法を使いまして，原則として，現給保障をするということで強く行政指導をいたすことにいたしております。
○片岡勝治君　現実に，この給与がそのまま横すべりという，これは当然考えなきゃならぬと思うのです。これは非常にむつかしい問題ですけれども，個々の職員にしてみる

と期待権もあるわけです。つまり，いま身分が市の職員である。今度は栄養職員ということで教育職員になるという場合に，いまことしはそのまま横すべりになる。市にいれば大体こういうことでずうっと昇給がある。何十年つとめれば幾らになるという期待権が，そこまで保障するということは，これはないわけでしょう。現実的には非常にむつかしい問題ですけれども，そういった期待権に対して何がしかの考えがあるのかどうか。
○政府委員（澁谷敬三君）　先ほど申し上げましたようなこの一部下がる――単純な再計算ですと下がる方々に対しまして給与の現給保障をするという考え方でやりますと，一般的には次の場合の昇給延伸という問題が起きてまいります。ただ，長期にわたりましてその昇給延伸が行なわれるということは，勤労意欲その他の点から非常に問題でございますので，長期にわたる昇給延伸はしないということも含めまして，先ほど申し上げたような考え方で強い行政指導をいたしたいというふうに考えております。
○片岡勝治君　これは都道府県の条例できめることになりますから。こういう経過で栄養職員が県費負担教育職員になるということですから，これはひとつ文部省としてほんとうに強い行政指導をもって，現場職員に不安のないような措置をとってもらうように，ぜひこれはお願いをいたしたいと思います。

　それからもう一つ，要するに，身分の問題で，いわゆる栄養職員の学校職員の中における位置づけ，学校教育法等における位置づけというものが必ずしも明確でないんですけれども，二十八条ですか，これの関係についてはどういうふうな解釈ですか。
○政府委員（澁谷敬三君）　実は，今度の法案で学校栄養職員を定数標準法に入れていただき，県費負担，国庫負担の対象教職員にしていただくにつきまして，学校教育法上，この学校栄養士を明確に位置づけたいというふうに考えたわけでございます。片や，御承知のように，学校給食は単独で実施しているところと共同調理場で実施しているところがございまして，その共同調理場に置かれます学校栄養職員につきましても同じように標準定数法あるいは県費負担，国庫負担の対象にいたしたいというようなことがございまして，この共同調理場のほうは学校教育法の体系でなく，地方教育行政の組織運営に関する法律の三十条の教育機関とそこに置かれる職員ということでございますので，学校教育法に位置づけるだけでは，そちらのほうが落ちてしまいますので，今回の改正では学校給食法のほうに，学校の中に，学校栄養職員のことを規定していただくということになったわけでございますが，ただ将来は，先生御指摘のようなことにつきましても，さらに十分検討をいたす必要がある，そういうふうに思っております。
○片岡勝治君　この点については早急に検討して必要な措置をとっていただきたいと思います。

　最後に，今度の法律の中に停年ということばではありませんけれども，勧奨退職ですか，そういう措置を延長したところについては特別の定数の配慮をするというような意味の改正点があるわけです。この趣旨は，こういうふうに理解していいですか。たとえば五十五でいま勧奨しているような，仮定でありますけれども，できるだけそういうところは五十八なり六十なり停年を少し引き上げるといいますか，延ばすといいますか，

資　　料

そういう一つの指導的な意味があるのではないかというふうに理解してよろしいですか。それから実際はいまどのくらいで，何歳くらいで勧奨退職をしているか，退職の勧奨をしているか，もしそういう資料がありますればお知らせいただきたいと思います。
○政府委員（岩間英太郎君）　いま先生御指摘になりましたような考え方で，私ども定数法上のそういう措置をとるということにいたしたわけでございます。これに該当する県がいまのところ十二県ばかりあるというふうに私ども考えているわけでございますが，私どもが考えておりますような趣旨が実現いたしますことを期待いたしているわけでございます。

現在勧奨退職の年齢でございますが，もう大体平均いたしました場合には，五十八歳をもうこえておると申してよろしいんじゃないかと思います。しかしながら，まだ低いところでは五十五歳，特に女子につきまして五十五歳というふうなところもあるわけでございます。そういうところにつきましても，やはり同じように六十歳までこれを延長すると，さしあたり六十歳まで延長するというふうな方向でそれを指導してまいりたいというのが実情でございます。
○片岡勝治君　それでは，いまの質問で最後ですけれども，二，三要望して終わりたいと思いますが，いまの停年の問題につきましてはそういう趣旨について私はけっこうだと思うのです。ただそれをまた逆に使われて，六十歳が停年だということでそれを一つの停年の手段，いま現在停年制はとっておらぬわけでございますから，それを手段として一率に停年制をしくということについては，これは私どもとして賛成できない。そういう点の指導をしていただきたい。

なおあと複式学級の定数，あるいは障害児教育，特に障害児教育についてはさきに対案を出して私ども審議を願ったわけでありますが，それらに比べればまだ若干私ども不満な点があります。しかしこれを契機に複式学級，あるいは僻地の学校，あるいは障害児教育，そういうものにつきましては何といっても先生の問題であります。人的な配置を充足していくということが，これらの教育を発展させる大きな要因でありますので，定数改善につきましてはさらに一段と努力をぜひお願いしたい。

以上，要望して私の質問を終わります。
○加藤進君　一人一人の子供たちに行き届いた教育を実施する，落ちこぼれをつくらない。これは義務教育の当然の私は任務だと思う。そういう点から見て，いま四十五名をこえるような学級がいまだに全国に相当数のぼっておりますけれども，第一に，このような四十五名をこえる学級の定員に対して，少なくともこれを四十五名に戻すということのためにどのような御計画を持っておられるのか，解消のためにどのような御決意で臨んでおられるのかということが第一。

第二には，四十五名でもまだ多過ぎるということは，これは今日の常識になっています。それは先生たちの声でもありますし，また父兄の声でもあります。また先進諸国の例から見ても四十五名定員というのは多過ぎる。これはもうはっきりしていると思う。少なくとも四十名にこれを削減する，四十名に減らすということのためにどのような決

意とさらに計画を持っておられるのか。何年くらいでそれを実現しようというふうに考えられるのか。あるいはそういう考えはないのか，その点をまず正確にお答えをしていただきたいと思います。

○政府委員（岩間英太郎君）　現在，四十五名以上収容しております学校と申しますと，これは過密地域等の校舎の建設が間に合わないようなところに集中をしているわけでございます。これは何よりもまず過密の校舎の対策というものに力を注ぐことによりまして，そういうものを改善する方向でまいりたいと考えております。それから四十五人というのは，先生も御案内のとおりこれは最高でございまして，ヨーロッパ等におきます四十人あるいは三十五人というふうな標準とはきめ方が違うわけでございます。したがいまして，実質的には先ほど申し上げましたように小学校では三十二，三名，それから中学校では三十六，七名というふうなところになっているわけでございます。義務教育でございますから，子供さんがおればこれはどうしても収容しなければいけないというふうなことで，最高というふうな表現の定め方をしているわけでございまして，これは技術上どうしてもそういうふうな措置をとらざるを得ないということでございます。これから十年間に子供が二〇％ふえるというふうな現状でございますと，特に過密地帯におきます校舎とか校地の問題などを考えますと，まあ事務的に考えまして私どもその生徒の急増が続いております間におきまして学級編制の改善を行なうということはかえって混乱を深めるというふうに考えているわけでございます。しかしながら，学級編制の改善をはかることによりまして行き届いた教育を行なうというふうなこと，それから集団生活を行なうことによりまして社会性を身につけるという二つの要素，これをどういうふうなかね合いで進めてまいるかというふうな点につきましては，さらに先生方の御意見を承りながら改善につとめてまいりたいというふうに考えておるわけでございます。

○加藤進君　いまそういう答弁でございますけれども，現に小中学校含めて四十名以上の定員で授業をやっているという学級数というのは四〇％ですね，これは，もう現実の数字ですよ。四〇％です。こういう状況から見るなら四十五名をいわば上限とするような定員数を四十名にまで下げる，こういうことは私は行き届いた教育を実施するというたてまえから言うなら，これは今後当然やらなくてはやらぬ（ママ）重要な課題だと考えておりますけれども，その点でいま御答弁いただいた限りにおきましては文部省はそれほどこれを重要視しておられないというふうに理解していいんでしょうか。

○政府委員（岩間英太郎君）　現在のところ四十一名以上の学級の数は小中平均いたしますと二九・六％でございます。ただいま先生がおっしゃいましたように学級編制を下げますことによりましてそれだけの効果が出てくるということでございますが，しかしながら，下げることによりまして現実問題として出てまいりますマイナス，これは当然行政を担当しておる者といたしましては考えざるを得ない，どちらのプラスが多くてどちらのマイナスがまた少ないかというふうなことはこれは常に考えなければならないことでございまして，そういう意味から考えまして，学級編制を下げるということにむしろマイナスの大きな面が出てくる，それを心配しているわけでございます。そういうふ

資　　料

うな点を十分考えまして総合的に判断をしながら行政を進めていくという必要があるんじゃないかというのが私の考えでございます。
○加藤進君　この点は，相当長時間を要する議論になると思いますし，今後長期にわたってひとつ私も問題を提起していきたいと考えております。しかし，言えることは，学校の先生はこれでは多過ぎると言っている，これでは十分に手が届きませんと言っている。しかも現実には，とにかく半数の子供たちが確実についていけぬ，こういう現実があるわけでございますから，そのための有効適切な措置をとらなければ，教育は荒廃の方向にさらに進んでいかざるを得ない，私は，その点は少なくとも警告しておきたいと思います。
　そこで，第二の問題でございますけれども，先ほども片岡委員が触れられました養護教諭，事務職員，司書教諭をいつまでに必置される予定なのか，いつまでに必置が可能なのか，その点を明確にお尋ねしたい。
○政府委員（岩間英太郎君）　御案内のとおり，このたびの改正では約五〇％の学校に配置をされております養護教諭，事務職員を七五％まで引き上げてまいりたいというのが大体の骨子でございます。そういうふうな進め方から申しますと，この次の機会に養護教諭につきましては全校に必置できますように，それから事務職員につきましては，まあ必要のある小規模学校につきましては，まあむしろ教員の配置というふうなことが望ましいのではないかと考えておりまして，そういうふうな例外を除きまして一定規模以上の学校には事務職員を置く，そういうふうな方向で努力をしてまいりたいというふうに考えております。
○加藤進君　それは事務職員ばかりでなしに，養護教諭あるいは司書教諭についてもそういう同様の考えでいかれるわけですか。
○政府委員（岩間英太郎君）　養護教諭につきましては，いま申し上げますように全校必置の方向で努力をしてまいりたい。
　それから司書教諭につきましては，これは先ほども御討議をいただいたわけでございますが，学校図書館のあり方，これにつきましてなお検討すべき問題もございますので，そういうものとの関連で考えていきたいというふうに思っております。
○加藤進君　答弁は決して満足のいくものではありませんけれども，本日はこれくらいにしておきます。
　それで最後に，先ほどこれも触れられましたけれども，栄養職員の県費負担の問題ですが，今回の措置によりまして定員を上回る県が十八県出てきますね。十八県出てくるというふうに私考えておりますが，その人数としては九百二十六人，こういう方が出られるわけでございますけれども，この定員オーバーの方たちの取り扱いについてどうされるのか，オーバーになった方たちについても県費職員としての保障をされるのかどうか，この点ひとつお聞きしたいと思います。
○政府委員（澁谷敬三君）　この点も今回法律でお願いいたしております大きな理由でございますが，非常にアンバランスになっておりまして，熱心なところは非常に置いて

いただいておるのでございますが，かなり下回っている市町村，県が多いということで，適正な配置ということでそれが大きな提案理由になっているわけでございます。
　いま先生，御指摘の上回る県でございますが，これにつきましては国庫補助の対象に従来いたしてきております。その国庫補助の対象人員が今度の標準より上回る県がいま先生御指摘の県になるわけでございます。これは大蔵省とこの県はだいぶやりまして，国庫補助対象人員がこの定数を上回りましてもそれは保障をするという考え方で政令をつくることになっております。
○加藤進君　なお，聞きたい点が山々ありますけれども，ピリオドをここで打ちまして，また次回に譲りたいと思います。
○委員長（世耕政隆君）　ほかに御発言がなければ，質疑は終局したものと認めて御異議ございませんか。
　〔「異議なし」と呼ぶ者あり〕
○委員長（世耕政隆君）　御異議ないと認めます。
────────────
（略）
○委員長（世耕政隆君）　本日は，これにて散会いたします。
　　　　　　　　　　　　　　　　　　　　　　　　午後七時五十分散会

出典：「第七十二回国会　参議院文教委員会　第十七号」1974年5月30日，国会会議録検索システム，http://kokkai.ndl.go.jp/（2014年10月31日確認）

司教24

昭和五十年度学校図書館司書教諭講習の実施及び司書教諭の発令について

（昭和五十年五月十二日文初小第二一三号　文部省初等中等教育局長通知）

　昭和五十年度学校図書館司書教諭講習の実施及び司書教諭の発令について（通知）
　標記の講習は，別添昭和五十年五月二日付け文部省告示第六七号「昭和五十年度学校図書館司書教諭講習実施要項」（以下「実施要項」という。）のとおり実施されることとなりましたので，下記を御参照のうえ，市町村教育委員会，学校及び教員に対する周知方についてよろしくお取り計らい願います。
　なお，前年度までに学校図書館法に基づく，司書教諭講習の受講者に対し，文部省から修了証書を交付した都道府県別人数は別表のとおりとなりました。つきましては，貴管下の学校について司書教諭の発令が促進されるよう特に御配慮の上，学校図書館の一層の振興を期せられるようお願いします。

　　　　　　　　　　　　　記
1　実施要項における「司書教諭に相当する職務に従事した者」について学校図書館司

資　料

　書教諭講習規程（昭和二十九年文部省第二一号。以下「規程」という。）附則第五項の規定による「司書教諭に相当する職務に従事した者」とは、実施要項一に定める「受講資格者」が教諭の職（常勤講師の職を含む。）にあつて学校図書館運営の職務に従事した場合をいう。
　従つて、非常勤講師、助教諭、事務職員、助手等の職にある者が学校図書館の職務に従事した場合は、含まれないことに留意すること。
2　所轄庁の証明について
　上記1の「司書教諭に相当する職務に従事した者」についての証明は、その者が勤務した学校の所轄庁（実施要項九の㈢の(1)～(4)参照）が行う。
　なお、証明が有効である期間は、昭和二十四年四月一日から昭和五十年五月三十一日までであるので証明する際に注意願います。
　また、二つ以上の学校において司書教諭に相当する職務に従事した者で、一つの学校における司書教諭に相当する職務年限が「規程附則第五項」の適用を受けるに足らない者は、二つ以上の学校の職務年限を加算することができるが、その場合には、学校ごとにそれぞれの所轄庁が証明するものとする。

学校図書館司書教諭講習修了証書交付者数（昭和29年～49年）

	受講者の勤務先 勤務先住所の県別	小学校	中学校	高等学校	特殊学校	その他	計
1	北海道	1,090　(24)	612　(16)	351　(8)	17　(0)	815　(77)	2,885　(125)
2	青　森	55　(2)	46　(2)	45　(4)	3　(1)	150　(14)	299　(23)
3	岩　手	110　(0)	107　(3)	62　(4)	8　(1)	235　(19)	522　(27)
4	宮　城	119　(2)	78　(0)	64　(1)	2　(0)	132　(7)	395　(10)
5	秋　田	101　(2)	86　(8)	63　(0)	4　(0)	179　(15)	433　(33)
6	山　形	200　(2)	103　(0)	122　(3)	7　(0)	229　(22)	661　(27)
7	福　島	92　(1)	75　(0)	66　(0)	4　(0)	289　(8)	526　(9)
8	茨　城	281　(3)	154　(1)	167　(7)	3　(0)	433　(49)	1,038　(60)
9	栃　木	339　(5)	177　(4)	80　(3)	9　(0)	437　(34)	1,042　(46)
10	群　馬	353　(4)	155　(1)	121　(3)	12　(0)	1,070　(79)	1,711　(88)
11	埼　玉	1,176　(95)	400　(21)	162　(8)	10　(4)	827　(79)	2,575　(207)
12	千　葉	315　(24)	189　(11)	137　(4)	7　(1)	906　(126)	1,554　(166)
13	東　京	1,961　(99)	906　(34)	631　(36)	49　(3)	7,675　(668)	11,222　(840)
14	神奈川	536　(50)	263　(7)	247　(11)	18　(3)	1,708　(179)	2,772　(250)
15	新　潟	612　(6)	354　(2)	176　(5)	14　(2)	657　(37)	1,813　(52)
16	富　山	142　(1)	103　(1)	57　(2)	5　(0)	308　(39)	615　(43)

17	石川	185	(5)	89	(0)	61	(4)	3	(0)	242	(18)	580	(27)
18	福井	226	(4)	90	(0)	36	(1)	6	(1)	318	(27)	676	(33)
19	山梨	51	(2)	36	(0)	44	(2)	[0]	(0)	216	(17)	347	(21)
20	長野	268	(34)	133	(10)	99	(7)	11	(1)	423	(31)	934	(83)
21	岐阜	263	(8)	189	(3)	76	(3)	5	(1)	829	(165)	1,362	(180)
22	静岡	216	(4)	157	(7)	155	(7)	15	(2)	1,047	(76)	1,590	(96)
23	愛知	1,201	(90)	483	(12)	274	(15)	24	(6)	2,166	(196)	4,148	(519)
24	三重	401	(11)	193	(3)	122	(6)	11	(1)	506	(60)	1,233	(81)
25	滋賀	175	(6)	105	(1)	67	(0)	4	(0)	253	(33)	604	(40)
26	京都	345	(4)	207	(3)	119	(8)	16	(1)	1,527	(115)	2,214	(131)
27	大阪	1,818	(121)	578	(16)	327	(12)	58	(2)	2,287	(176)	5,068	(327)
28	兵庫	1,362	(75)	385	(13)	241	(7)	57	(4)	1,249	(80)	3,294	(179)
29	奈良	71	(0)	58	(2)	37	(4)	5	(0)	296	(37)	467	(43)
30	和歌山	69	(5)	37	(2)	62	(1)	4	(1)	348	(35)	520	(44)
31	鳥取	93	(2)	52	(2)	36	(0)	8	(1)	232	(21)	421	(28)
32	島根	107	(25)	74	(16)	65	(6)	8	(1)	226	(20)	480	(68)
33	岡山	437	(7)	215	(4)	118	(1)	5	(0)	495	(32)	1,270	(44)
34	広島	463	(28)	224	(7)	145	(16)	17	(1)	1,199	(176)	2,048	(228)
35	山口	270	(3)	114	(0)	75	(1)	5	(1)	470	(35)	934	(40)
36	徳島	179	(5)	108	(0)	55	(0)	10	(1)	558	(45)	910	(51)
37	香川	115	(3)	69	(0)	73	(0)	2	(0)	336	(26)	595	(29)
38	愛媛	334	(5)	158	(1)	98	(4)	10	(0)	567	(40)	1,167	(50)
39	高知	268	(3)	173	(0)	54	(0)	9	(0)	356	(25)	860	(28)
40	福岡	310	(4)	209	(3)	165	(4)	9	(1)	811	(111)	1,504	(123)
41	佐賀	135	(6)	123	(2)	98	(2)	16	(2)	324	(29)	696	(41)
42	長崎	161	(0)	95	(0)	60	(0)	10	(0)	552	(39)	878	(42)
43	熊本	191	(2)	121	(3)	85	(2)	16	(1)	389	(57)	802	(65)
44	大分	223	(12)	107	(3)	49	(6)	11	(2)	219	(12)	609	(41)
45	宮崎	140	(3)	105	(0)	55	(1)	7	(0)	500	(50)	807	(54)
46	鹿児島	206	(1)	150	(1)	70	(3)	7	(0)	682	(93)	1,115	(98)
47	沖縄	36	(5)	44	(6)	17	(2)	3	(2)	262	(47)	362	(62)
48	その他	1	(0)	0	(0)	0	(0)	0	(0)	6	(0)	7	(0)
	計	17,802	(803)	8,689	(237)	5,589	(238)	544	(48)	35,941	(3,376)	68,565	(4,702)

備考1　この表には，①すでに教員として退職した者及び②教員として未採用者等を含んでいる。
　　2　（　）内の数字は昭和49年度終了証書交付者数を示し，内数である。

資　料

出典：全国学校図書館協議会編『図書館六法　第1版』全国学校図書館協議会，1979年，665p., p.109 - 111．〔原典縦書き〕

司教25

学図法改正運動についての覚え書

全国学校図書館協議会（「SLA」）と日本教職員組合，日本高等学校教職員組合（以上「組合側」）との学校図書館法改正運動についての覚え書

「SLA」と「組合側」とは，昨年9月以来こんにちまで，学校図書館法改正問題について10数次にわたり協議を進めてきた。この結果「SLA」と「組合側」の代表は，学校図書館法の一部改正にあたって，すくなくとも下記の諸点が盛りこまれるべきであること，および，これらをもとに法改正が実現されるよう共同して運動を進めることを確認した。

記

1　学校には司書教諭を置かなければならないものとする。但し，児童・生徒がいちじるしく少い等の特別の事情がある場合は，この限りでないものとする。
2　司書教諭は，教諭としての相当の経験と，司書教諭の資格を有する教諭をあてるものとする。
3　司書教諭の資格は，大学において文部省令で定める科目を修得するか，もしくは文部大臣が大学に委嘱して行なう司書教諭講習を修了したものに与えられるものとする。
4　司書教諭は学校図書館に関する校務をつかさどるものとする。
5　この法律施行のとき現に司書教諭の職にある者および10年以上司書教諭あるいはこれに相当する職務を行なった者は，改正後の司書教諭になれるものとする。
6　学校司書の制度を法制化する。
7　学校司書は，学校図書館の専門的業務にあたるものとする。
8　学校司書の資格は，大学に2年以上在学したもので，教職に関する科目10単位，学校図書館に関する科目24単位以上履修した者，または文部大臣が大学に委嘱して行なう学校司書の講習を修了したもの，および高等学校を卒業し，3年以上学校図書館に係る事務に従事し，かつ学校司書の講習を修了したもの，および司書教諭の資格を有するものに与えられるものとする。
9　学校司書は教育公務員特例法上の教育職員とする。
10　学校司書の定数は公立義務教育諸学校および公立高等学校教職員の定数の標準に関する法律に，それぞれ規定するものとする。
11　学校司書の給与は，教育職俸給表㈡及び㈢の二等級を適用する。
12　この法律施行後5ヶ年は司書教諭にあてる教諭は司書教諭の資格を有しなくてもよいものとする。
13　文部省令で定めた期間，学校司書を置こうとする場合において，その資格を有する

者が得られないときは，高等学校以上の学校を卒業した者をもって，学校司書の職務を行なわせることができるものとする。

14　現行法において司書教諭の資格を有する者が法律改正後の司書教諭の資格を取得する場合，また教諭免許状，社会教育主事資格，司書資格などを有する者が，学校司書の資格を取得する場合，及び，改正後の法律施行以前において高等学校以上の学校を卒業し，かつ学校図書館の事務に従事した者が，学校司書の資格を取得しようとする場合は，それぞれの当該者の学校図書館に係る経験年数，資格等をじゅうぶんに考慮して，第3項および第8項で規定する講習の科目，単位を減免する措置を行なうものとする。

(以上)

1975年6月6日

　　　　　　　　　　　　　　日本教職員組合　　　　湯浅秀夫
　　　　　　　　　　　　　　　　同　　　　　　　　梅島重市
　　　　　　　　　　　　　　日本高等学校教職員組合　金子毅
　　　　　　　　　　　　　　日本高等学校教職員組合　田村耕三
　　　　　　　　　　　　　　全国学校図書館協議会　　佐野友彦
　　　　　　　　　　　　　　　　同　　　　　　　　芦谷清
　　　　　　　　　　　　　　　　同　　　　　　　　岩田斉

出典：『学校図書館速報版（旬刊）』No.752，1975年6月25日，p.2.

司教26

学校図書館法改正法律案要綱

(＊注・ゴチック体のところは先の合意をさらに明確にした点)

1、学校には司書教諭を置かなければならないものとする。但し，児童・生徒がいちぢ(ママ)るしく少[な]い等の特別の事情がある場合は，この限りでないものとする。

2、司書教諭は，教諭としての相当の経験と，司書教諭の資格を有する教諭をあてるものとする。**この場合，相当の経験とは教諭として良好な成績で6年以上勤務したものをいう。**

3、司書教諭の資格は，大学において文部省令で定める科目を修得するか，もしくは文部大臣が大学に委嘱して行なう司書教諭講習を修了したものに与えられるものとする。

4、司書教諭は学校図書館に関する校務をつかさどるものとする。

5、この法律施行のとき現に司書教諭として**5年以上**その職にある者，および10年以上司書教諭あるいは**司書教諭の有資格で文部省令で定める**職務を行なった者は，改正後の司書教諭になれるものとする。

6、学校司書の制度を法制化する。

7、学校司書は，学校図書館の専門的業務にあたるものとする。

資　料

8、学校司書の資格は，大学に２年以上在学したもので，教職に関する科目10単位，学校図書館に関する科目24単位以上履修した者，または文部大臣が大学に委嘱して行なう学校司書の講習を修了したもの，および高等学校を卒業し，３年以上学校図書館に係る事務に従事し，かつ学校司書の講習を修了したもの，および司書教諭の資格を有するものに与えられるものとする。

9、学校司書は教育公務員特例法上の教育職員とする。

10、学校司書の定数は公立義務教育諸学校および公立高等学校教職員の定数の標準に関する法律に，それぞれ規定するものとする。**各都道府県ごとの公立小学校・中学校・高等学校及び特殊教育諸学校の学校数の総数に４分の３を乗じて得た数を学校司書の数とする。ただし，分校および定時制・通信制の課程はそれぞれ１校とみなす。**

11、学校司書の給与は，教育職俸給表(二)及び(三)の２等級を適用する。

12、この法律施行後５ヶ年は司書教諭にあてる教諭は司書教諭の資格を有しなくてもよいものとする。

13、文部省令で定めた期間，学校司書を置こうとする場合において，その資格を有する者が得られないときは，高等学校以上の学校を卒業した者をもって，学校司書の職務を行なわせることができるものとする。

14、現行法において司書教諭の資格を有する者が法律改正後の司書教諭の資格を取得する場合，また教諭免許状，社会教育主事資格，司書資格などを有する者が，学校司書の資格を取得する場合，及び，改正後の法律施行以前において高等学校以上の学校を卒業し，かつ学校図書館の事務に従事した者が，学校司書の資格を取得しようとする場合は，それぞれの当該者の学校図書館に係る経験年数，資格等をじゅうぶんに考慮して，第３項および第８項で規定する講習の科目，単位を減免する措置を行なうものとする。

(以上)

付帯事項

1、第４項，第７項において司書教諭ならびに学校司書の職務を定めたがさらに，具体的にする必要がある場合には，つぎのとおりとする。
　　現行法第４条の各号の前につぎの２号を加え，以下順次くり下げて，第１号より第７号までを司書教諭の職務とし，第３号より第７号までを学校司書の職務とする。
　　(1)　学校の教育課程にもとづく図書館運営計画を立案すること。
　　(2)　読書指導の全校計画を立案し，その実施について教員に助言すること。

2、法案改正にともない改正を要すると思われる関連法案
　①学校教育法
　②教育公務員特例法
　③定数法（小中）
　④定数法（高）

⑤市町村立学校職員給与負担法
⑥定時制教育及び通信教育振興法
⑦女子教育職員の出産に際しての補助教育職員の確保に関する法律
⑧義務教育諸学校の女子教育職員の育児休業に関する法律
⑨国立及び公立の義務教育諸学校等の教育職員の給与に関する特別措置法
⑩一般職の職員の給与に関する法律
3、学校司書を免許法上の職員とすることも検討する。
出典:『学校図書館速報版(旬刊)』No.838, 1977年11月15日, p.2.

司教27

学校教育法及び学校図書館法の一部を改正する法律案

(学校教育法の一部改正)
第1条　学校教育法(昭和22年法律第26号)の一部を次のように改正する。
　第28条第1項中「養護教諭」の下に「,学校司書」を加え,「教頭又は」を「教頭,学校司書又は」に改め,同条第7項の次に次の1項を加える。
　学校司書は,学校図書館法(昭和28年法律第185号)第5条の2第1項に規定する専門的職務をつかさどる。
　第50条第1項中「教諭」の下に「,学校司書」を加え,同項に次のただし書を加える。
　ただし,特別の事情のあるときは,学校司書を置かないことができる。
　第51条中「第11項」を「第12項」に改める。
　第70条中「第8項」を「第9項」に改める。
　第70条の9中「第8項」を「第9項」に改める。
(学校図書館法の一部改正)
第2条　学校図書館法(昭和28年法律第185号)の一部を次のように改正する。
　第5条を次のように改める。
　(司書教諭)
　第5条　学校には,司書教諭を置かなければならない。
　2　前項の司書教諭は,教諭をもって充てる。この場合において,当該教諭は,次の各号のいずれかに該当する者で,6年以上教諭の職にあったものでなければならない。
　　(1)　大学において文部省令で定める学校図書館に関する科目を履修した者
　　(2)　第5条の3の規定による司書教諭の講習を修了した者
　3　司書教諭は,学校図書館に関する専門的職務をつかさどる。
　(学校司書)
　第5条の2　学校司書は,学校図書館に関する専門的職務のうち第4条第1項各号に掲げる事項に係る職務をつかさどる。

資　　料

　2　次の各号のいずれかに該当する者は，学校司書の資格を有する。
　⑴　大学に2年以上在学して，62単位以上を修得した者若しくは高等専門学校を卒業した者又は文部大臣がこれらの者と同等以上の資格を有すると認めた者で，文部省令で定める教職に関する科目及び学校図書館に関する科目を履修したもの又は次条の規定による学校司書の講習を修了したもの
　⑵　教育職員の普通免許状を有する者で，前条第2項各号のいずれかに該当するもの
（司書教諭及び学校司書の講習）
第5条の3　司書教諭の講習及び学校司書の講習は，文部大臣の委嘱を受けて，大学が行う。
　2　前項に規定するもののほか，同項の講習に関し，履修すべき科目及び単位その他必要な事項は，文部省令で定める。
　　　第7条第1号中「司書教諭」の下に「及び学校司書」を加える。
　　　附則第2項中「かかわらず」の下に「，児童又は生徒の数が少ないことその他の文部省令で定める特別の事情があるときは」を加える。
　附　則
（施行期日）
1　この法律は，昭和54年4月1日から施行する。
（経過措置）
2　この法律による改正前の学校図書館法第5条第3項及び第4項の規定による司書教諭の講習を修了した者は，この法律による改正後の学校図書館法（以下「新法」という。）第5条の3の規定による司書教諭の講習を修了した者とみなす。
3　この法律の施行後5年間は，司書教諭に充てる教諭は，新法第5条第2項の規定にかかわらず，同項各号のいずれかに該当する者であることを要しない。
4　当分の間，新法第5条の2第2項の規定にかかわらず，高等学校を卒業した者又は文部大臣がこれと同等以上の資格を有すると認めた者で，3年以上学校司書の職務に相当する職務に従事したものは，新法第5条の3の規定による学校司書の講習を修了して学校司書の資格を取得することができる。
5　この法律の施行後5年間は，学校には，この法律による改正後の学校教育法第28条第1項（同法第40条において準用する場合を含む。）及び第50条第1項の規定にかかわらず，学校司書を置かないことができる。
（旧大学令による大学を卒業した者等の取扱い）
6　新法第5条の2第2項第1号の規定の適用については，旧大学令（大正7年勅令第388号），旧高等学校令（大正7年勅令第389号），旧専門学校令（明治36年勅令第61号）若しくは旧教員養成諸学校官制（昭和21年勅令第208号）の規定による大学，大学予科，高等学校高等科，専門学校若しくは教員養成諸学校（師範学校及び青年師範学校の予科を除く。）又はこれらの学校に準ずる学校で文部省令で定めるものを卒業

し，又は修了した者は，大学に2年以上在学して，62単位以上を修得した者と，附則第4項の規定の適用については，旧中等学校令（昭和18年勅令第36号），旧高等学校令又は旧青年学校令（昭和14年勅令第254号）の規定による中等学校，高等学校尋常科若しくは青年学校本科又はこれらの学校に準ずる学校で文部省令で定めるものを卒業し，又は修了した者は，高等学校を卒業した者と，それぞれ，みなす。
（教育公務員特例法の一部改正）
7　教育公務員特例法（昭和24年法律第1号）の一部を次のように改正する。
　　第2条第2項中「及び講師」を「，講師」に改め，「以下同じ。）」の下に「及び学校司書」を加える。
（一般職の職員の給与に関する法律の一部改正）
8　一般職の職員の給与に関する法律（昭和25年法律第95号）の一部を次のように改正する。
　　第19条の5第4項中「助教諭」の下に「，学校司書」を加える。
　　別表第5ロの備考中「助教諭」を「助教諭，学校司書」に改め，同表ハの備考中「助教諭」を「助教諭，学校司書」に改める。
（高等学校の定時制教育及び通信教育振興法の一部改正）
9　高等学校の定時制教育及び通信教育振興法（昭和28年法律第238号）の一部を次のように改正する。
　　第5条第1項中「講師」を「講師，学校司書」に改める。
（女子教職員の出産に際しての補助教職員の確保に関する法律の一部改正）
10　女子教職員の出産に際しての補助教職員の確保に関する法律（昭和30年法律第125号）の一部を次のように改正する。
　　第2条第2項中「実習助手」を「[「]学校司書，実習助手」に改める。
（国立及び公立の義務教育諸学校等の教育職員の給与等に関する特別措置法の一部改正）
11　国立及び公立の義務教育諸学校等の教育職員の給与等に関する特別措置法（昭和46年法律第77号）の一部を次のように改正する。
　　第2条第2項中「実習助手」を「学校司書，実習助手」に改める。
（学校教育の水準の維持向上のための義務教育諸学校の教育職員の人材確保に関する特別措置法の一部改正）
12　学校教育の水準の維持向上のための義務教育諸学校の教育職員の人材確保に関する特別措置法（昭和49年法律第2号）の一部を次のように改正する。
　　第2条第2項中「及び教育職員免許法」を「，教育職員免許法」に，「教員」を「教員及び学校司書」に改める。
（義務教育諸学校等の女子教育職員及び医療施設，社会福祉施設等の看護婦，保母等の育児休業に関する法律の一部改正）
13　義務教育諸学校の女子教育職員及び医療施設，社会福祉施設等の看護婦，保母等の

資　料

　育児休業に関する法律（昭和50年法律第62号）の一部を次のように改正する。
　第2条第3項中「講師」の下に「，学校司書」を加える。
出典：『学校図書館速報版』No.854，1978年4月25日，p.4-5．

司教28

学校図書館法改正運動の中間総括

1．はじめに

　全国学校図書館協議会，日教組，日高教両組合（以下「四者」という）は，学校図書館法改正についての四者による合意をまとめ，それにもとづいて今次第84通常国会に提案する努力をすすめてきましたが，次のような経過から提案を断念せざるを得ない情勢となったため，ここに四者合同による中間総括を行い送付することにしました。

2．学図法改正に向けてのとり組みの経過

　四者は1974年末以来，学校図書館充実のため，司書教諭の必置，学校司書の制度化を中心とする法改正の話し合いを20数次にわたってすすめてきました。その結果，1977年10月15日四者の合意（第838号既報）をみることができました。私たちは合意事項にもとづいて，文部省，各政党に対する申入れ，ならびに現在開会中の第84通常国会への提案をめざし，社会党（学図法改正小委員会・委員長・小川仁一衆議院議員）を通じて，衆議院法制局に法案作業を要請してきました。

　3月2日，四者は衆議院法制局から提示された学校図書館法改正「試案」について，後述のような検討結果を指摘しました。

　3月7日，社会党学図法改正小委員会における衆議院法制局の説明会のあとをうけ，3月8日，四者代表は試案についての検討結果をもち寄り，小川議員を中心とする関係議員と話し合いました。

　そのなかで，四者代表は，さきの検討結果にもとづき，司書教諭と学校司書の職務規定について不明確な点があることや，学校司書の位置づけが教育職俸給表㈡，㈢表2等級に結びつかないこと等，基本的問題点を中心に修正するよう法制局に迫る必要があることを強調しました。

　　小川議員はそれに対し，――この学図法は過去何回となく法改正の提案を行ってきた。今度提案するなら必ず成立させなければならない。そのためには，文教委員会の理事会段階でも合意を得るよう努力する必要がある。場合によっては試案がさらに変更されることもあり得る。昨日（3月7日）の法制局の説明段階で問題点の修正を迫ったが，受け入れられなかった。なお，司書教諭と学校司書の職務内容，つまり専門的事項と責任体制の明確化については，各政党の間で上下関係が問題となる可能性もあるだろう。さらに人事移動(ママ)の面でも問題があり，なかんづく，小・中学校段階での議論が不足していることを，私がいくつかの学校をまわった範囲内でも感じた。今後も改めて修正させるよう努力するが，情勢はきわめてきびしい。――との説明があ

りました。
　四者代表はその説明をうけて、改めて協議し、引続き衆議院法制局に対し、重ねて修正するよう要請するとともに、これが受け入れられないという最悪の場合を予想し、今後の取扱いも含めて次のような文書確認を行いました。

記

1978年3月8日

確認事項

1．合意事項にもとづき、法制局から提示された改正内容を検討した結果、我々としてはきわめて不満足である。
2．問題点についての修正は、きわめてきびしい情勢であるが、その実現をめざして努力する。
3．その結果については、四者で検討・協議し、今後の取り扱いを決める。

（以上）

3．学図法改正「試案」の基本的問題点ならびに今後の課題
1．法制局から提示された試案は、基本的に次のような問題点がある。
　① 司書教諭の「学校図書館に関する専門的職務をつかさどる」という職務規定と、学校司書の「学校図書館に関する専門的職務のうち第4条第1項各号に掲げる事項に係る職務をつかさどる」という職務規定の関係については、四者の合意事項に副った内容となっていない。
　② 学校司書の資格条件にかかわって、四者の合意事項である教職に関する科目10単位、学校図書館に関する科目24単位が法律に規定されず、省令委任になっている。このことは省令化段階で大幅に切り下げられ、教育職俸給表㈡、㈢表2等級への道がなくなる布石となっている。
　③ 学校教育法、教特法等関連法における各職種の序列配置が、助教諭や講師の次に位置づけられている。これまた必然的に2等級への道を閉ざすことになる。
2．今次第84通常国会での提案を断念する。
　前記で指摘したとおり、試案の問題点について、法制局に再三、その修正を迫ったが遂にうけ入れるところとならず、この結果今次国会に提案することは断念する。
3．次期国会をめざして。
　四者は、次期国会への提案をめざして、今後も学図法改正について従来の合意を尊重しながら、改正実現のための意志統一に努力する。

（以上）

出典：『学校図書館速報版』No.864, 1978年4月25日, p.3.

資料

司教29

司書教諭および学校司書の資格基準（第1次案）

全国SLA学校図書館職員養成計画委員会

　わが国の学校教育および学校図書館の充実発展をはかるためには，有能な学校図書館職員の養成が，欠くことのできない急務である。全国SLAでは学校図書館法改正の運動と相まって，学校図書館職員の養成問題について専門委員会を設置し検討を行なってきた。以下はその中間報告である。職員の養成については，大学における養成と，現職者等に対して実施する講習による方法の2つがあるが，今回は，大学における養成についてのみとりあげている。大学における基本的な養成方針が決定しだい単位の減免などを含めた現職者の講習の方針を考えていきたい。

I　司書教諭の資格

　司書教諭は，学士の称号を有し，かつ，次の各号のいずれにも該当する者でなければならない。（なお，司書教諭の任用については，教諭として6年以上の経験を有するものでなければいけない。）

1．教育職員の普通免許状を所有すること。
2．次に掲げる学校図書館に関する専門科目32単位以上を修得した者であること。

(1)　必修科目　8科目22単位以上

学校図書館通論	4単位
学校図書館管理運用論	2 〃
教育メディア論[*1]	4 〃
資料組織法I[*2]	4 〃
資料組織法II[*3]	2 〃
メディア利用指導法[*4]	2 〃
参考調査法	2 〃
学校図書館実習	2 〃

(2)　選択科目（単位数はいずれも2単位とする）

　次の各群に掲げる科目のうち各群からそれぞれ1以上の科目について，5科目10単位以上修得しなければならない。

A群〔基礎原理部門〕
　学校図書館原論　　図書館概論　　学校図書館史　　学校図書館法規　　児童文化論
　コミュニケーション論　　読書教育論　　情報処理概論[*5]

B群〔管理運営部門〕
　学校図書館の施設計画　　調査統計法　　図書館システム論[*6]

C群〔メディア部門〕
　児童青少年文献I[*7]　　児童青少年文献II[*8]　　メディア制作法演習[*9]

D群〔資料組織法部門〕
　資料組織法特講*10　　主題目録法*11
E群〔教育活動部門〕
　参考調査法演習　　資料紹介法*12　　学校図書館の文化活動*13　　学校図書館の地域活動　　読書指導演習
以上の各群のほかに，学校図書館巡検（2単位）を選択できるものとする。

II　学校司書の資格
　学校司書は，次の各号のいずれにも該当する者でなければならない。
1．大学に2年以上在学し，62単位以上を修得した者であること。
2．次に掲げる教職に関する専門科目10単位以上を修得した者であること。
　(1)　必修科目
　　教育原理　　　　4単位
　　教育心理　　　　4　〃　（児童心理・青年心理をもって代えてもよい）
　　教育方法論　　　2　〃
　(2)　選択科目
　　（未検討）
3．次に掲げる学校図書館に関する専門科目26単位以上を修得した者であること。
　(1)　必修科目　　　9科目20単位以上
　　学校図書館通論　　　　2単位
　　資料運用法　　　　　　2　〃
　　児童青少年文献　　　　2　〃
　　メディア制作法演習　　2　〃
　　資料組織法I　　　　　4　〃
　　資料組織法II　　　　　2　〃
　　資料組織法演習　　　　2単位（ママ）
　　参考調査法　　　　　　2　〃
　　学校図書館実習　　　　2　〃
　(2)　選択科目（単位数はいずれも2単位とする）
　次に掲げる科目のうち，各群からそれぞれ1以上の科目について，3科目6単位以上修得しなければならない。
A群〔基礎原理部門〕
　児童文化論　　読書教育論　　学校図書館の施設計画　　教育メディア論
B群〔学校図書館活動部門〕
　主題目録法　　メディア利用指導法　　資料紹介法　　視聴覚機器運用法　　学校図書館巡検

資　　料

【付】学校図書館専門科目についての補足説明
＊1「教育メディア論」
　学校教育におけるさまざまなメディアの意義と特性を明らかにし，学校図書館の立場からそれぞれのメディアの活用をはかる方法を論ずる。資料論・資料評価法・資料選択法・出版文化論をも含む。
＊2「資料組織法Ⅰ」
　学校教育との関連のなかで，学校図書館資料のうち主として図書資料をいかに有効に組織化するか，その基本的方法と技能を体得させる。図書分類法および図書目録法を含む。洋書目録法にも触れる。
＊3「資料組織法Ⅱ」
　図書以外の資料について，その組織化の原理と方法を体得させる。
＊4「メディア利用指導法」
　学校図書館におけるさまざまなメディアを，児童生徒が自主的創造的に活用できるようメディア利用に関する知識・技能・態度の育成をどのように行なうか，その意義・方法・計画を，明らかにする。従来の「学校図書館の利用指導」を含む。
＊5「情報処理概論」
　情報の意義・発生・記録・伝達など，情報についての基本的概念および情報処理の原理と方法について講述する。とくに，図書館業務や情報処理の機械化について論ずる。
＊6「図書館システム論」
　情報システムとしての各種図書館の地域的，専門的相互協力，連絡調整などの問題について考察し，図書館ネットワークの発達について論ずる。
＊7「児童青少年文献Ⅰ」
　小学生および中学生を対象とした図書資料の特性を説明し，主要な資料についての解説および各分野の出版や研究の動向，参考資料等について触れる。児童文学をも含む。
＊8「児童青少年文献Ⅱ」
　中学校上級生から高校生を対象とした図書資料を扱う。
＊9「メディア制作法演習」
　学校図書館における二次資料の作成法，資料複製法等についての実際を演習する。図書の修理・製本をも含む。
＊10「資料組織法特講」
　資料組織法ⅠおよびⅡの発展として，各国の代表的分類法や目録法，および電算機による資料組織化の方法等について論ずる。ドキュメンテーションにも触れる。
＊11「主題目録法」
　件名目録，分類目録等，主題目録について学校図書館の立場から，その意義と原理をあきらかにし，具体的な作成法について指導を行なう。ドキュメンテーションをも含む。
＊12「資料紹介法」
　学校図書館の広報活動全般についてその意義と方法を考察し，特に，ブックトーク，

ストーリィ・テリング等の具体的な資料紹介法の実際を学習させる。
*13「学校図書館の文化活動」
　校内の文化センターとして学校図書館が実施する各種の集会等の文化活動について，その意義と方法を具体的に考察する。

出典：『学校図書館速報版』No.867, 1978年9月5日, p.4-5.

司教30

学校図書館法の改正運動について

はじめに

　学校図書館法改正運動は，関係教職員を中心に全国的な盛り上がりを示し今日的課題となっています。今までの運動は，後掲の経過で明らかにしているように，従来の学図法改正要求の視点では，その実現性からみて問題点がないとはいえない状況にあります。
　日教組はここに，あらたな学図法改正の問題を提起し，職場討議資料として組合員の皆さんに提示しますので，組織内討議をすすめ意思統一をはかってください。

学校図書館法改正運動の経過

一、第八四通常国会（一九七八年）提案を断念するまで

　一九五三年（昭二八）に制定された現行の学校図書館法は，学校図書館を「学校教育において欠くことのできない基礎的設備」（第一条）とその目的を規定し，「学校には学校図書館を設けなければならない」（第三条）とその設置を義務づけています。また，その役割については「学校の教育課程の展開に寄与するとともに，児童又は生徒の健全な教養を育成する」（第二条）とし，児童・生徒の学力，人格の形成をめざしています。しかし現行学図法は学校図書館の具体的活動を保障するための措置がきわめて貧弱なものにとどまっています。すなわち「学校図書館の専門的職務」にあたるべき司書教諭配置の事実上の骨抜き，学校図書館の設備・資料の貧困などは，教育活動上の諸問題ともあいまって，学校図書館の果たすべき役割を低水準にしかも部分的におしこめています。
　このような法律上の問題点，文部省の消極的行政指導がつづいている過程で，過去の学図法改正運動は，何回か国会提出が試みられた経過があります。改正案が国会に正式に提案されたのは，一九七二年（昭四七）自民党議員立法として衆議院本会議で可決され，また一九七四年（昭四九）日教組が社会党を通じて参議院に提案し，本会議で可決されたいきさつがありますが，いずれも一院のみの可決で遂に日の目を見ることができませんでした。
　日教組は一九七四年以来，学図法の改正を実現するためにはどうしても関係団体の話し合いによる一致した改正方針と運動が必要であるという立場にたって，両日高教や全国学校図書館協議会（以下日教組を含めて四者という）とともに，現行学図法改正について前向きに話し合いをすすめてきました。その結果，❶現行法の司書教諭制度を存続

資　　料

させる❷あらたに学校司書制度を確立して教育職に位置づけ，教育職(二)(三)表二等級に格付し，教職員定数法で定数を規定する❸学校教育法など関連法を改正する，などを骨子とする内容で一九七七年（昭五二）十月，四者による合意をまとめることができました。そして，その合意にもとづき法改正を要求して直ちに文部省，各政党に申入れを行うとともに，第八四通常国会に提案するため，社会党を通じて衆議院法制局に改正作業を要請してきました。

　衆議院法制局から提示された学図法改正「試」案は，大筋において私たちの合意事項をふまえていながらも，私たちが重視してきた基本的事項について問題点をはらんでいました。それは❶司書教諭の「学校図書館に関する専門的職務をつかさどる」という職務規定と，学校司書の「学校図書館に関する専門的職務のうち第四条第一項各号（現行法と同じ）に掲げる事項に係る職務をつかさどる」という職務規定の関係について，学校司書の職務内容が具体的に明示されているのに対し，司書教諭の職務内容は現行学図法第四条第一項各号以外に，さらに「教育課程にもとづく図書館運営計画，読書指導の全校計画立案」を重視した学校教育全般の職務にかかわる規定をするよう要請したにもかかわらず，法律「試」案では「専門的職務をつかさどる」という文言にとどまっており，専門的職務の内容が不明確である❷学校司書の資格条件にかかわって，四者の合意事項である「教職に関する科目一〇単位，学校図書館に関する科目二四単位」が法律に規定されず，省令委任になっている。このことは省令化段階で大幅に切り下げられ，教育職俸給表(二)(三)表二等級への格付けが困難となる布石になっている❸学校教育法，教特法関連法における各職種の序列配置が，助教諭や講師の次に位置づけられている。これまた必然的に二等級への道を閉ざす弱点をもっている，という内容でした。

　そのため，四者は法制局に対し，合意事項にそった修正を行うよう迫りましたが，情勢はきわめて厳しい状態に立ちいたり，遂に八四通常国会への提出を断念しました。

二，今次第八七通常国会に向けて

　日教組は第八四通常国会提出を断念後も，四者合意にもとづく改正要求の追求，学図法改正の全国的運動を盛り上げることを中心に具体的対策をすすめてきています。

　すなわち第一に，四者は合意事項にもとづく改正実現の可能性について，今日まで数回にわたる論議をすすめてきましたが，いまだにその意見一致をみていません。そのなかでとくに全国学校図書館協議会（SLA）は，従来どおりの法改正の実現をあくまで追求すべきであるとし，組合側はこのままでは教育職位置づけ・二等級格付けなどの実現は困難であるとの判断をもっています。

　しかし，なお私たちは，さらに衆議院法制局，人事院，文部省に働きかけ，そのみきわめをつけるための努力をつづけています。現時点でとくに人事院は，他の官公庁に勤務する関係職員が行政職であることとの均衡論，授業のみを教育とみる狭い意味の考え方と学校司書の職務内容の関係から否定的見解を示しています。

　第二に日教組は，全国の小・中・高校約一千校を抽出して学校図書館の実態調査にとり組み，「学校図書館白書」を作成し，去る一月各都道府県（高）教組に配布しました。

実態調査の結果は後掲図表でも明らかなように，図書館運営の主たる担当者はほとんど教諭が兼任しています。しかし兼任の教諭（校務分掌上の係教諭）は，週当り授業時数が他の教諭となんら変わらないため，図書館運営に実質的に機能していないことなどが明らかになっています。
　一方，学図法改正運動を通じて，とくに小・中学校の盛り上がりが不十分であったという反省から，一月十七日，日教組独自の学校図書館職員全国集会を開催しました。その集会では，今までのとりくみの経過と現状を明らかにしながら討論をすすめてきましたが，圧倒的多数の県から，あらたな専任の「司書教諭」制度を確立し，教育職員免許法を改正して，「司書教諭免許状」を制度化すべきであるとの意見が集中しました。しかし一部のところからは，従来の司書教諭と学校司書のいわゆる「二本建」を固執する意見もありました。
　これらの経過をふまえて，すみやかに日教組全体の意思統一をはかることに努力することが重要となっています。

学校図書館の現状と実現すべき課題
　一，学校図書館活動は，当該校の全教職員が参画し，共同してとり組み，教育計画・教育実践をすすめることを基本としなければなりません。
　現行学図法は，学校教育に不可欠の基礎的設備としてその設置を義務づけ，学校の教育課程の展開に寄与するとともに，児童・生徒の健全な教養を育成することである，とその役割を明確にしています。
　それらの目的，役割をふまえて，各県では学校と関係者の努力，さらには地方自治体や地域父母住民の協力を得て，全国ほとんどの学校に図書館（室）を設置し，図書を購入し，学校図書館に働く職員も不充分な実態とはいえ配置され，現在まで維持されてきています。
　また，各学校では教職員の代表でつくられている「学校図書館運営委員会」等を構成し，さらには児童・生徒を図書館運営に参加させ，図書購入，読書指導，教育課程とのかかわりでの図書館利用等，年間計画を協議し，運営しているところが多くあります。
　しかし一方，学校では授業をもつ兼任の司書教諭や担当の教諭が図書館に不在のときは，開店休業の実態であったり，日常の学習指導が図書館の働きをほとんど「必要としない」ですすめられている実態もあります。
　したがって，学校図書館を学校教育のなかに大きく位置づけ，教育課程と深いかかわりをもたせる全教職員の参加体制を確立するための法的規定を講ずる必要があります。
　二，学校図書館は，その目的を達成するため，図書館の充実とその運営改善に日常的にとり組んでいく専任の「担当者」を配慮しなければなりません。
　現行学図法によれば，司書教諭は，教諭からのいわゆる「充て職」制度となっています。あわせて，現行法では付則によって「当分の間，置かないことができる」とされ，しかも教職員定数法の裏づけもなく，その結果，有資格者が多くいるにもかかわらず，

資　　料

司書教諭の発令がほとんどされていない実態となっています。また発令されている司書教諭でも，絶対的に不足している教職員定数の現状から，日常的に図書館運営に専念できる保障がないため，授業を担当する兼任の司書教諭であったり，校務分掌上の係教諭となっています。そのことともかかわって，学校図書館職員は制度上ないにもかかわらず，職務の実態があるため高校や小・中学校の一部のところに司書，事務職員，実習職員，労務職員など多様な職名での職員が配置されています。しかし，これら職員は，身分・賃金・その他の問題がきわめて不十分であり，不合理な実態におかれています。

　したがって，私たちは学校図書館の運営に専念できる「専任の担当者」を制度化するとともに，教職員定数法による裏づけをはかることが当面の緊急課題となっています。

　三，教職員や児童・生徒の期待にこたえるため，学校図書館の施設・設備を充実強化することも重要課題となっています。

　現在，学校図書館の設備等は児童・生徒の自主的意欲にこたえ得る実態となっていないし，また教職員や児童・生徒の需要をみたす図書がない場合もたびたびあったり，とくに過密地域の学校では，児童・生徒増にともなう学級増のしわよせが，図書館（室）に向けられていることも指摘されています。これらは，全国的に公費補助が決定的に少ないことに起因するものです。

　そのため，学校図書館に対する大幅な国庫補助をかちとり，かなりの部分を占めている父母負担を軽減し，学校図書館を充実発展させることを重視しなければなりません。

基本方向（案）

　以上のことから，現行の司書教諭制度の理念をふまえ，司書教諭と学校司書を統一的にとらえる観点で，学校図書館運営の改革と，専門的職員の制度化を求めることが適切であると判断します。よってその基本的方向は次のとおりとします。
一，学校図書館職員を三原則（教育職位置づけ，教育職㈡㈢表の二等級格付け，教職員定数法位置づけ）にもとづき制度化する。
　そのため，
　⑴　現行学校図書館法を改正して，あらたに専任の「司書教諭」（仮称）制度を確立する。
　⑵　教育職員免許法を改正し，「司書教諭免許状」を制度化する。
　⑶　「司書教諭」の免許取得条件は，大学に二年在学し，六二単位以上を修得した者（高専卒業者等を含む）で，教職に関する科目と学校図書館に関する科目を一定単位以上修得したものとする。
　（注＝その場合の単位数は，教育職員免許法による教諭なかんずく養護教諭「別表第二，第六」と，従来の四者合意事項「教職科目一〇単位，専門科目二四単位」を参考にしながら，学校教育のなかでの学校図書館のあり方を重視して具体化します）。
　⑷　教職員定数法を改正して，「司書教諭」の定数化をはかる。また学校教育法，教特法など関連法の改正を行う。

（注＝全校必置を原則とし，大規模校には複数配置を指向します）
二、学校図書館の運営は，学校教育の重要な一環として位置づけ，全教職員の協議と協力で行うものとする。
　このようなことを意義づける基本的理念を法律で規定する。
三、現行司書教諭制度は廃止の方向で検討する。
四、現行の司書教諭をふくむ学校図書館職員は，経過規定によって措置する。
　その場合，
　(1)　現に司書教諭に補されている教員及び司書教諭の有資格者は，それぞれあらたな「司書教諭」に切り替えることができるものとする。
　(2)　現に勤務する学校図書館職員は，学歴，勤務年数，単位修得ならびに公共図書館司書・司書補など，一定の条件をみたして「司書教諭」への任用替えをはかる経過措置を規定する。
　(注＝右(1)(2)にかかわって，現に専任の司書教諭は希望によって，「教科」教諭に任用替えします。専任の司書教諭・あるいは有資格者，さらには学校司書として現に勤務している者を，あらたな「司書教諭」に切り替え，または任用替えする場合は，教育職員免許法「別表第二」を参考にして措置します。また，あらたな「司書教諭」の資格基準に達しない者については，「司書助教諭」を制度化し，教育職員免許法の助教諭，養護助教諭の資格条件を勘案して任用替えをはかります）

当面の具体的すすめ方
　一、基本方向の取り扱いについては，
　(1)　組織内の職場討議に付し，早急に集約します。
　(2)　両日高教，全国学校図書館協議会をふくむ四者による意見一致をみるよう努力します。
　二、学校図書館充実のため，県・職場段階では当面，学校図書館職員の配置，待遇改善，公費切り替えのたたかいを強化するとともに，学校図書館職員の三原則（教育職位置づけ，教育職㈡㈢表二等級格付け，教職員定数法位置づけ）を基本に，組織内学習をすすめ，学図法を中心とする法改正闘争を盛り上げます。

資　　料

〈資料〉全国小・中・高校1,000校調査結果（日教組）

①図書館運営の主たる担当者について

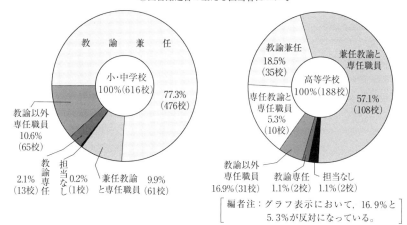

[編者注：グラフ表示において，16.9％と 5.3％が反対になっている。]

②兼任司書教諭の週当たり平均授業時数と図書館運営時数について

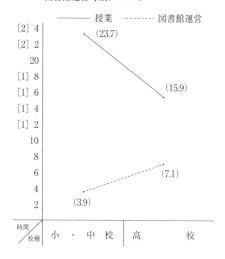

出典：『日教組教育新聞』1979年3月1日号外，p.1-2. 〔原典縦書き〕

学校図書館法改正法案に対する要請事項

1．法案第5条の2において学校司書の職務を明確に入れて欲しい。例えば「学校司書は，学校図書館の教育的・専門的職務をつかさどるものとする。」。これに関連して，司書教諭については「司書教諭は，学校図書館に関する校務をつかさどるものとする。」といったように改める。
2．法案第5条の2第2項第1号において文部省令で定める科目については「教職に関する科目10単位，学校図書館に関する科目24単位を下ってはならない」旨を規定して欲しい。
3．つぎの各法律を改正するにあたって学校司書の職名配列の位置は，教育職俸給表3等級格付職員のまえに配列して欲しい。例えば，
①一般職の職員の給与に関する法律……第19条の5第4項，別表第5ロ
②教育公務員特例法……第2条第2項
③高等学校の定時制教育及び通信教育振興法……第5条第1項
④女子教職員の出産に際しての補助教職員の確保に関する法律……第2条第2項
⑤国立及び公立の義務教育諸学校等の教育職員の給与等に関する特別措置法……第2条第2項
⑥義務教育諸学校等の女子教育職員及び医療施設，社会福祉施設等の看護婦，保母等の育児休業に関する法律……第2条第3項
4．法律第4条第1項をつぎのようにして欲しい。
（学校図書館の運営）
第4条　学校図書館は，第2条の目的を達成するためにおおむね左の各号に掲げる事項を実施するものとする。
①学校図書館の運営計画を立案し，教育課程の編成および展開に寄与すること。
②学校図書館の利用指導および読書の指導について全校計画を立案するとともにその実施について教員を援助すること。
③図書館資料を収集し児童又は生徒及び教員の利用に供すること。
④図書館資料の分類排列を適切にし，及びその目録を整備すること。
⑤図書館資料の利用について児童・生徒の指導にあたり教員の照会，相談に応ずること。
⑥読書会，研究会，講演会，鑑賞会，映写会，資料展示会等を行うこと。
⑦他の学校図書館，図書館，博物館，公民館等と緊密に連絡し及び協力すること。

出典：『学校図書館速報版』No.903，1979年9月5日，p.1.

資料

司教32

学校教育法及び学校図書館法の一部を改正する法律案要綱

昭和55年1月14日

(学校教育法)
1 学校司書を学校に置かなければならないものとする。ただし，特別の事情のあるときは，置かないことができるものとする。
2 学校司書は，学校図書館法に定める学校図書館に関する専門的業務にあたるものとする。

(学校図書館法)
1 学校は，おおむね次の各号に掲げる事項の実施によって学校図書館を運営し，その目的を達成するものとする。
 (1) 学校図書館の運営計画を立案し，教育課程の編成および展開に寄与すること。
 (2) 学校図書館の利用指導および読書の指導について全校計画を立案するとともにその実施について教員を援助すること。
 (3) 図書館資料を収集し児童又は生徒及び教員の利用に供すること。
 (4) 図書館資料の分類排列を適切にし，及びその目録を整備すること。
 (5) 図書館資料の利用について児童・生徒の指導にあたり，教員の照会，相談に応ずること。
 (6) 読書会，研究会，講演会，鑑賞会，映写会，資料展示会等を行うこと。
 (7) 他の学校図書館，図書館，博物館，公民館等と緊密に連絡し及び協力すること。
2 学校には司書教諭を置かなければならないものとする。但し児童・生徒がいちじるしく少[な]い等の特別の事情がある場合は，この限りでないものとする。
3 司書教諭は，教諭としての相当の経験と，司書教諭の資格を有する教諭をあてるものとする。この場合，相当の経験とは教諭として良好な成績で6年以上勤務したものをいう。
4 司書教諭の資格は，大学において文部省令で定める科目を修得するか，もしくは文部大臣が大学に委嘱して行う司書教諭講習を修了したものに与えられるものとする。
5 司書教諭は，学校図書館に関する校務をつかさどるものとする。
6 この法律施行のとき現に司書教諭とと[ママ]して5年以上その職にある者，および10年以上司書教諭あるいは司書教諭の有資格で文部省令で定める職務を行った者は，改正後の司書教諭になれるものとする。
7 学校司書の制度を法制化する。
8 学校司書は，学校図書館の専門的業務にあたるものとする。
9 学校司書の資格は，大学に2年以上在学したもので，教職に関する科目10単位，学校図書館に関する科目[ママ]24単位以上履修した者，または文部大臣が大学に委嘱して行う

学校司書の講習を修了したもの，および高等学校を卒業し，3年以上学校図書館に係る事務に従事し，かつ学校司書の講習を修了したもの，および司書教諭の資格を有するものに与えられるものとする。
10　学校司書は教育公務員特例法上の教育職員とする。
11　学校司書の定数は公立義務教育諸学校および公立高等学校教職員の定数の標準に関する法律に，それぞれ規定するものとする。各都道府県ごとの学校司書の最低数は，小学校・中学校の学校数の総数に4分の3を乗じて得た数と高等学校・特殊教育諸学校の学校数に1を乗じて得た数との合計数とする。ただし，分校および定時・制通信制の課程はそれぞれ1校とみなす。（ママ）
12　学校司書の給与は，教育職俸給表㈡及び㈢の2等級を適用する。
13　一般職の職員の給与に関する法律・女子教職員の出産に際しての補助教職員の確保に関する法律・国立及び公立の義務教育諸学校等の教育職員の給与等に関する特別措置法・義務教育諸学校等の女子教育職員及び医療施設，社会福祉施設等の看護婦，保母等の育児休業に関する法律の改正にあたっては，学校司書の職名は，教育職2等級格付職員につづけて配列する。ただし，教育公務員特例法・高等学校の定時制教育及び通信教育振興法については，常勤の講師の前に配列するものとする。
14　この法律施行後5ヶ月は司書教諭にあてる教諭は司書教諭の資格を有しなくてもよいものとする。
15　文部省令で定めた期間，学校司書を置こうとする場合において，その資格を有する者が得られないときは，高等学校以上の学校を卒業した者をもって，学校司書の職務を行わせることができるものとする。
16　現行法において司書教諭の資格を有する者が法律改正後の司書教諭の資格を取得する場合，また教諭免許状，社会教育主事資格，司書資格などを有する者が，学校司書の資格を取得する場合，及び，改正後の法律施行以前において高等学校以上の学校を卒業し，かつ学校図書館の事務に従事した者が，学校司書の資格を取得しようとする場合は，それぞれの当該者の学校図書館に係る経験年数，資格等をじゅうぶんに考慮して，第4項および第9項で規定する講習の科目，単位を減免する措置を行うものとする。
(以上)
出典：『学校図書館速報版』No. 917, 1980年1月25日, p. 2-3.

司教33

司書教諭および学校司書の資格基準（第2次案）

全国SLA学校図書館職員養成計画委員会

　わが国の学校教育と学校図書館の充実発展をはかるためには，有能な学校図書館職員を養成し，全国の小・中・高等学校に配置することが，緊急の課題である。全国SLAでは，学校図書館法改正の運動と相まって，学校図書館職員の養成問題について，1977

資　料

年3月以来,専門委員会を設置し検討を行ってきた。そして,1978年8月には,「司書教諭および学校司書の資格基準・第1次案」を作成・公表し,この問題に関心ある方がたから意見を積極的に寄せていただきたいと要望した。その結果,この第1次案に対し全国の大学・学校図書館の関係者から,多くの貴重な意見が寄せられた。全国SLAでは,これらの意見を参考にするとともに,1979年11月,新たに,第2次の学校図書館職員養成計画委員会を設け,さらに慎重な検討を加えることになった。以下は,この第2次拡大委員会による検討結果である。この報告は,第1次案と同様に,大学における養成のみをとりあげ,現職者等に対して実施する講習についてはふれていない。単位の減免などを含めた現職者の講習については,大学における基本的な養成方針の確定をまって,今後,慎重に検討していきたい。本案について,関係各位の積極的なご意見ご提言をお願いしたい。なお,本委員会の委員は,下記の11名である。　▽北島武彦（委員長・東京学芸大学）▽芦谷　清（専修大学）▽岩田　斉（全国学校図書館協議会）▽裏田武夫（東京大学）▽笠原良郎（東京都立九段高等学校）▽黒岩高明（図書館情報大学）［▽］佐野友彦（全国学校図書館協議会）▽塩見　昇（大阪教育大学）［▽］杉山久夫（和洋女子大附属国府台女子高校）▽松本龍雄（練馬区立早宮小学校）▽竹内　悊（専修大学）

I　司書教諭の資格

　司書教諭は,学士の称号を有し,かつ,次の各号のいずれにも該当する者でなければならない。(なお,司書教諭の任用については,教諭として6年以上の経験を有するものでなければならない。)

1．教育職員の普通免許状を所有すること。
2．次に掲げる学校図書館に関する専門科目24単位以上を修得した者であること。
(1)　必修科目　9科目20単位以上
　　〔基礎原理部門〕
　　学校図書館通論　　　　　　　2単位
　　学校教育と学校図書館　　　　2 〃
　　〔経営・教育活動部門〕
　　学校図書館経営論　　　　　　2単位
　　図書館利用教育論　　　　　　2 〃
　　レファレンス・サービス　　　2 〃
　　〔メディア部門〕
　　学校図書館資料論　　　　　　2単位
　　児童青少年資料ⅠまたはⅡ　　2 〃
　　〔資料組織部門〕
　　資料組織法Ⅰ（演習を含む）　3単位
　　資料組織法Ⅱ（演習を含む）　3 〃

(2) 選択科目
　次に掲げる科目のうちA～C群の二群以上にわたって2科目4単位以上を修得しなければならない。（単位数は，いずれも2単位とする。）
　　〔A群〕
　　図書館概論　　学校図書館史　　学校図書館施設　　図書館システム論
　　〔B群〕
　　教育情報論　　二次文献制作法　　教育メディア制作法　　資料紹介法　　児童青少年資料ⅡまたはⅠ　　読書教育論　　参考図書解題
　　〔C群〕
　　学校図書館実習
Ⅱ　学校司書の資格
　学校司書は，次の各号のいずれにも該当する者でなければならない。
1．大学に2年以上在学し，62単位以上を修得した者であること。
2．次に掲げる教職に関する専門科目のうち，教育原理，教育心理，教育方法論各2単位以上を含む合計10単位以上を習得した者であること。
　(1) 必修科目（3科目6単位以上）
　　教育原理　　　2単位
　　教育心理学　　2　〃　　（児童心理学・青年心理学で代替可）
　　教育方法論　　2単位(ママ)
　(2) 選択科目（2科目4単位以上）
　　教育史　　　　　　　　　2単位
　　教育社会学　　　　　　　2　〃
　　教育行政学　　　　　　　2　〃
　　学校教育の指導および管理　2　〃
　　社会教育　　　　　　　　2　〃
　　教育工学　　　　　　　　2　〃
　　視聴覚教育　　　　　　　2　〃
3．次に掲げる学校図書館に関する専門科目24単位以上を修得した者であること。
　(1) 必修科目
　　学校図書館通論　　　　　　2単位
　　学校図書館活動論　　　　　2　〃
　　学校図書館資料論　　　　　2　〃
　　資料組織法Ⅰ（演習を含む）　3　〃
　　資料組織法Ⅱ（演習を含む）　3　〃
　　資料紹介法　　　　　　　　2　〃
　　教育メディア制作法　　　　2　〃
　　レファレンス・サービス　　2　〃

資　料

　　　児童青少年資料ⅠまたはⅡ　　　　　2　〃
(2) 選択科目
　　次に掲げる科目のうちA～C群の二群以上にわたって，2科目4単位以上を修得しなければならない。(各科目の単位数は，いずれも2単位とする。)
　　〔A群〕
　　　図書館概論　　学校図書館史　　学校図書館施設　　図書館システム論
　　〔B群〕
　　　児童青少年資料ⅡまたはⅠ　　読書教育論　　参考図書解題　　図書館利用教育論
　　〔C群〕
　　　学校図書館実習
　　出典：『学校図書館速報版』No.937, 1980年8月15日, p.4.

司教34

図書館事業基本法の付則で改正されるべき学校図書館関係法律案要綱

(学校教育法)
1．小学校，中学校，高等学校，盲学校，聾学校，養護学校には，学校司書を置かなければならないものとすること。
2．学校司書は，学校図書館法に定める学校図書館に関する専門的業務にあたるものとすること。

(学校図書館法)
1．学校には，学校図書館を置かなければならないものとすること。ただし，児童・生徒の数がいちじるしく少ないなど特別の事情のある学校にあっては，学校図書館と公立図書館とを兼ねた図書館を設けることができるものとすること。
2．国は毎年度，各都道府県及び市町村ごとに，その設置する学校における学校図書館の資料を購入するに要する経費の二分一を負担すること。ただし，その負担額は政令で定めるところにより，学校の種別，児童・生徒の数等を基礎として，各学校ごとに算出した額の合算額とすること。
3．学校は，おおむね左の各号に掲げる事項によって学校図書館を運営し，その目的を達成するものとすること。
　(1) 学校図書館の運営計画を立案し，教育課程の編成，及び展開に寄与すること。
　(2) 学校図書館の利用指導，及び読書の指導について全校計画を立案するとともに，その実施について教員を援助すること。
　(3) 図書館資料を収集し児童又は生徒及び教員の利用に供すること。
　(4) 図書館資料の分類配列を適切にし，及びその目録を整備すること。
　(5) 図書館資料の利用について児童・生徒の指導にあたり，教員の照会，相談に応ず

ること。
(6) 読書会，研究会，講演会，鑑賞会，映写会，資料展示会等を行うこと。
(7) 他の学校図書館，図書館，博物館，公民館，児童館と緊密に連絡し，及び協力すること。
(8) 学校図書館の活動，資料の紹介を行うため広報活動を行うこと。
(9) 図書館ネットワークに参加し，総合図書館奉仕を実施すること。
4．学校図書館は，基準を設けてその所蔵する資料を共同保管図書館等に移管することができるものとすること。
5．学校には司書教諭を置かなければならないものとすること。ただし，児童・生徒がいちじるしく少ない等の特別の事情がある場合はこの限りでないものとすること。
9．(ママ) 司書教諭は，教諭としての相当の経験と，司書教諭の資格を有する教諭をあてるものとすること。この場合，相当の経験とは，教諭として良好な成績で六年以上勤務したものをいうものとすること。
7．司書教諭は，大学において文部省令で定める科目を修得したものに与えられるものとすること。この場合，学校図書館に関する科目24単位を下ってはならないものとすること。文部省令で定めた期間は，文部大臣が大学に委嘱して行う司書教諭講習を修了したものに支えられるものとすること。
8．司書教諭は，学校図書館に関する校務をつかさどるものとすること。
9．この法律施行のときに現に司書教諭として五年以上その職にある者，及び十年以上司書教諭として又は司書教諭の有資格者で，文部省令で定める職務を行った者は，改正後の司書教諭になれるものとすること。
10．学校司書は，学校図書館の専門的業務にあたるものとすること。
11．学校司書の資格は，大学に2年以上在学し62単位以上を履修した者で，教職に関する科目10単位，学校図書館に関する科目24単位を履修した者とすること。また，文部省令で定めた間文部大臣が大学に委嘱して行う学校司書の講習を修了したもの，および高等学校以上の学校を卒業し3年以上学校図書館に係る事務に従事かつ，学校司書講習を修了したもの，および司書教諭の資格を有するものに与えられるものとすること。
12．この法律施行後5年間は，司書教諭にあてられる教諭は司書教諭の資格を有しなくてもよいものとすること。
13．文部省令で定めた期間，学校司書を置こうとする場合，その資格を有する者が得られないときは，高等学校以上の学校を卒業したものをもって学校司書の職務を行わせることができるものとすること。
14．現に相当する職にある者の移行・資格取得については特別に配慮すること。

(その他の法律)
1．学校司書は，教育公務員特例法上の職員[と]すること。

資　料

2．学校司書の定数は、公立義務教育諸学校及び公立高等[学校教]職員の定数の標準に関する法学校教律に規定するものとすること。（ママ）
3．学校司書の給与は、教育職俸給表㈡及び㈢の二等級を適用すること。
4．一般職の職員の給与に関する法律、女子教職員の出産に際しての補助教職員の確保に関する法律、国立及び公立の義務教育諸学校等の教育職員の給与等に関する特別措置法、義務教育諸学校等の女子教育職員及び医療施設、社会福祉施設等の看護婦[、]保母等の育児休業に関する法律の改正にあたっては、学校司書の職名は、教育職二等級格付職員につづいて配列すること。ただし、教育公務員特例法、高等学校の定時制教育及び通信教育振興法については、常勤の講師の前に、学校教育の水準の維持向上のための義務教育諸学校の教育職員の人材確保に関する特別措置法については、教員の次に配列すること。

　以上は、全国SLAが提出を予定している学校図書館関係の「付則」案である。他の団体は9月末日を期限に目下検討中。各団体のものを合せて検討し、図書館事業基本法の付則として提出する。

出典：『学校図書館速報版』No.976, 1981年9月15日、p.5.

司教35

教育は人——すべての学校図書館に専任教諭を

今こそ図書館教育を

　戦後、教科書以外も広く教材として利用し、「つめこみ教育と教科書暗記の教育から訣別する」（「新制中学校・高等学校の望ましい運営方針」一九四九年文部省）とともに、一人ひとりがもっている能力を開花させることを願って、学校に図書館が設置されました。

　すなわち、学校図書館は、学校において欠くことのできない基礎的な施設・設備です。そこでは、図書だけでなく視聴覚資料など学校教育に必要な資料を子ども・教職員のために収集し、整理・保存し、利用に供し、学校教育の展開に寄与するとともに、子どもの健全な発達を図ろうとするものです。

　学校図書館は、教科書に頼らず、児童・生徒の体験作業を重視する教員の自由で創造的な授業実践を、側面から支え保障します。また、児童・生徒の学習要求・読書要求に応じて、その都度適切な資料を提供する活動は、それだけにとどまらず、資料に関する相談を通じて授業を援助し、支えるものです。

　そして、このように過程を通じて、読書体験の豊富な自学・自習能力を身につけた子どもたちの個性豊かな能力を開花させます。全国教研集会では、そうした観点の実践報告も数多く出されています。

　ところが、臨教審答申など教育内容統制の動きは、教科書内容を規制するだけでなく、

学校図書館内の図書にも介入しはじめており，おちこぼれをつくり，学校格差をつくり，入試競争をあふる教育は，学校教育のなかでの図書館の位置を低め，子どもたちを遠ざける方向に拍車をかけるものでした。

しかも，文部省は図書館を「学校教育の源泉」（前掲資料）などといいながら，学校図書館に専任の職員を配置しませんでした。人のいない図書館は書庫です。人の配置を欠いたことも，利用しようとする者さえも図書館から遠ざけることになりました。

学校教育のなかに図書館をとりもどす運動は，臨教審路線と対決し，今日の荒廃を生んだ教育を正す運動に結びつくものです。

教育活動の担い手として定着——学校図書館職員（学校司書）の現状

図書館の重要性を認識していた教職員や係教諭は，図書館を機能させるため献身的な努力をしました。しかし，それには限りがあり，全国各地で「図書館に専任職員を」という運動が起り発展しました。全国各地で実習助手，事務職員，現業職員，臨時職員，パート職員，私費雇用職員などさまざまな身分の学校図書館職員（学校司書）が主に高校を中心に配置されるようになりました。

とくに，東京都立高校の専任司書教諭制度（一九六〇年～一九六九年採用中止）は，特筆するものがありました。

こうした運動におされて文部省も，一八学級以上の高校（一九六七年），三十学級以上の小学校，二十四学級以上の中学校（一九六九年）の学校図書館に事務職員一名の配置を通達しました。

しかし，この通達は，定数法上の規定を伴わなかったため，小・中では配置されない県も多くありました。また，最近は臨調行革のもとで欠員不補充など，しだいに後退的傾向がでています。

現在，学校司書は全国で，七千人～八千人いるといわれていますが，小・中学校では約一割強の配置であり，市町村費職員が圧倒的に多くなっています。そのため，なお今日，日教組に組織されていない人も多くいます。また，障害児学校には，ほとんど置かれていない状況です。

高校の学校司書の実態調査では，行政職員が多く，学歴資格は，短大卒以上が多くなっています。（一九八五年，日教組高校部調べ）

資　料

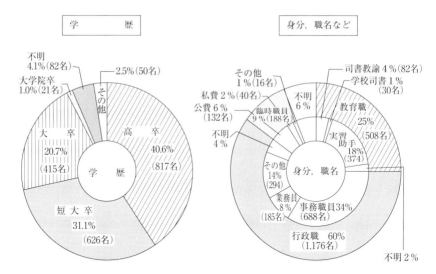

　学校司書の行っている業務は、児童・生徒に対するさまざまな資料提供のほか、図書館運営の企画立案や図書委員会の指導、読書指導、教科教諭と協力しての教材整備など教育活動が多くふくまれています。しかし、行政職身分などによる制約によって、十分な教育活動が展開できない悩みを多くの人が感じています。

　小・中・高校ともに、専任職員がいる図書館は「常時」開館されています。このことは、図書館が機能するための第一条件といえます。

　小・中学校に、専任教員が配置されていないことが、子どもたちに自学・自習の習慣をつける機会を失わせ、その後の学習態度に大きな影響を与えることが指摘されています。まず、学校図書館を機能させるのは「人」の配置です。

　学図法改正運動の中心課題は、図書館教育の一層の充実発展のために、専任の図書館職員を制度化し「教育職㈡㈢表二級」「定数法」に位置づけ、小・中・高、障害児の全学校に配置しようとするものです。

　現行学校図書館法（学図法）の司書教諭は「教諭をもって充てる」職であるため、定数法上の規定もありません。専任の図書館職員の配置をかちとるためには、学図法の付則撤廃だけでなく、学校教育法・定数法をはじめ、教育関連法規全般の改正が必要です。

専任教諭の配置を——学図法改正運動の経過

　一九七五年六月、日教組は、両日高教、全国SLA（全国学校図書館協議会）との四者の間で学図法改正についての覚書をかわしました。

　その構想の基本ベースは、「学校図書館に専任の教員（学校司書）（教育職二級・短大卒以上）を配置する。学校司書は定数法に位置づけ、現職者を移行させる。」というものであり、同時に「教諭としての相当の経験を必要とする」教員（司書教諭）を配置す

るというものでした（二職種併置）。

　その教諭の位置づけについて，全国 SLA が「専門性の極めて高い教員」（専門分野二十四単位以上履習）を主張したのに対し，組合側は，「係教諭的な教員」とすべきと主張し，合意をみないまま運動をすすめました。

　ところが，法制化をするにあたり，「司書教諭」「学校司書」の二職種併置では「学校司書」の教育職二級位置づけが人事院等から保証されず，四者は国会上程を断念しました。

　こうした状況を打開するため，八一年に日教組は「『四者』でも一致し，広範な教職員から合意をえられる学校司書の制度化と学校図書館基準の改善の課題を最重点に運動をすすめる」こととし，両日高教とともに文部省交渉等を行いました。

　さらに八四年に，学校図書館職員対策委員会を設置し，運動上の問題，制度上の問題を整理し検討を重ねました。

　その到達点として「専任司書教諭」の基礎資格は，対応する学校の免許状の基礎資格にすることを展望しつつ，当面，現行制度の中で緊急の課題である専任教諭の配置を実現するために，「新しい司書教諭＝専任司書教諭」制度（案）をまとめました。この案は八六年八月の学校図書館職員全国集会で圧倒的な支持を得ています。

新しい図書館職員制度とは

　1、「新しい司書教諭＝専任司書教諭」制度（案）は，その運動の基調に次の三つの原則を置くものです。

　①その身分・待遇を教育職二級に位置づける。
　②定数法に規定する専任職員である。
　③現職者が完全に移行できるものである。

　2、その具体的内容は，次のとおりです。

① 　小・中・高校，障害児学校をふくむ新しい「司書教諭」制度をつくる。
② 　学校図書館には，「司書教諭」を必置することを原則とする。大規模校は複数配置とする。
③ 　現在，司書の半数以上が短大卒以上の学歴となっていること，小・中学校の教諭免許状が短大卒で得られることなどをふまえ，「司書教諭」の基本資格は短大卒以上とし，教職に関する分野十六単位，図書館に関する分野二十四単位を最低取得するものとする（二級普通免許状）。学士号をもち，教職員に関する分野十六単位，図書館に関する分野二十八単位をとったものは，「一級普通免許状」とする。
④ 　学校教育法，学図法，各定数法，免許法等，関係諸法規を改正し，「司書教諭」を位置づける。
⑤ 　次のような移行措置をとる。

(1) （勤務年数による単位の代替）

　高卒無資格者は勤務年数四年，司書補は二年，司書，短大・大学卒業者は零年で，以降の学校図書館にかかわる職にある勤務年数一年につき，教職分野一単位，専門分野二

資　　料

単位を減ずる。
　ただし，教職分野四単位，専門分野六単位は，勤務年数で代替することはできないものとする。
　(2) (資格および免許状による単位の減免)
　a　教諭普通免許状所有者は，必要な教職の単位を修得したものとする。
　b　司書教諭の資格所有者は，必要な教職の単位および，専門の単位八単位を取得したものとする。
　c　司書の資格所有者は，専門の単位十九時間を修得したものとする。
　d　司書教諭・司書の両資格所有者は専門の単位二十一単位を修得したものとする。
　e　司書補の資格所有者は，司書補になるのに必要であった単位（十五単位）の内容と司書になるのに必要な単位の内容のうち，重複する部分を二単位とみなし，すでに修得したものとする。
　なお，「専任司書教諭」とは，図書館の専門職員として採用されることを意味します。
　3、日教組は，いま学校図書館の充実・発展にとっての緊急課題は「専任教諭」の配置であるととらえています。学図法改正の三原則を実現するために，学校図書館の専門教員は「専任司書教諭」一職種とし，免許法に位置づけます。
　「専任司書教諭」は校務分掌上の係教諭と協力・協同して，図書館を学校運営全般の中に位置づけ，その機能を十分発揮させるようにします。

「専任司書教諭」の実現にむけて

　1、学校図書館に「専任司書教諭」を配置するための運動は，同時に，学校図書館教育の見直しの契機となり，教育改革と民主教育再生への道にまで発展するものといえます。
　「新しい司書教諭＝専任司書教諭」制度（案）の検討をすすめるとともに，それぞれの学校で，いま学校図書館が児童・生徒・教職員の要求にこたえる機能をもっているか，を問い直していきます。
　2、学校図書館教育の実践を深めます。学校司書は，教育活動領域を広げ，教育職（二級）としての実態をつくり上げ，制度改革案の内実を豊富にします。係教諭等との間に制度改革案について共通理解を深め，全教職員のものとします。
　3、各県（高）では，当面，①各学校図書館に学校司書を配置する，②私費・パート・臨時職員を正規職員にきりかえる，③条例・規則等への位置づけ，独自採用など「制度化」をすすめる——など，それぞれの実情にあった運動をすすめるとともに，各県SLA，校長会，教育諸団体との共闘の輪を広げていきます。
　4、私費負担を軽減し，公費によって学校図書館の施設設備，蔵書など資料の充実・整備をすすめます。
　　出典：『日教組教育新聞』1987年6月25日号外，p.1-2.〔原典縦書き〕

司教36

学校図書館法を改正して豊かな教育を!!

全国学校図書館協議会

なぜ，いま学校図書館法の改正なのか

　自己教育力の育成とか，自ら学ぶ力をつけることの重要性が，最近声高に言われるようになりました。入試に合格することが学校教育の目的であるかのような教育のありかたは，いま大きく変わろうとしています。

　これまでの「詰め込み，一斉画一教育」は，教育投資を少なくし安上がりの国家負担で，諸外国に追いつけ追い越せの教育体制であり，その結果教育に大きなひずみを生じさせました。個性の抹殺，創造性の抑圧，弱者の切り捨て，協調性の欠落などが，その特徴的なことです。当今のいじめ，非行，中途退学，校内暴力，万引きの激増なども，その延長上にある問題で，すべて，詰め込み教育のもたらした弊害と言っても過言ではありません。

　こうしたひずみを是正するため，臨教審においても，また教課審でも，これからの教育には自ら学ぶ力を育成することが重要であると強調するようになりました。そのため，学習は一斉画一でなく，問題解決学習や研究調査学習つまり主体的学習を展開することがたいせつであるとしています。そのためには，豊富な教材や資料があってこそ，はじめて研究調査学習ができ，主体的学習ができるのです。つまり，十分な学校図書館があってこそ，はじめて成立する学習なのです。

　残念ながら，このような学校図書館の重要性について，教育界においてすらまだ十分に思いを致しているとは言えません。明日の教育の展望を考えたとき，「いまこそ学校図書館の充実を！」と叫ばずにはおられません。それには，学校図書館法を現代に見合う内容の法律にしなければなりません。

学校図書館法をどう改正すればよいか

　学校図書館法（学図法）は，一九五三年（昭和二八年）に制定された法律です。学校図書館を「学校教育において欠くことのできない基礎的な設備である」と定め，学校への必置と，整備充実を義務づけたものでした。この画期的な法律のおかげで，現在，わが国の学校には，ほぼ一〇〇パーセント学校図書館が置かれています。

　しかし，現在，学校図書館は学校教育のなかで十分に活用され，その機能を発揮しているとは残念ながら言えません。こんな残念な現状をつくり出した最大の要因は，学校図書館法の不備を二〇年も三〇年もそのままにしておいたことにあります。

　私たちは，学校図書館法を改正して，学校図書館を充実させ，学校教育をより豊かなものにしようと，これまで長い年月にわたり運動を続けてきました。その法改正の内容は，「学校図書館法改正の三原則」と呼ばれる次の三点です。

　一，学校図書館の任務を現代にふさわしいものに拡充し，法に明記すること

　情報化社会の進行と生涯学習重視の気運のなかで，自ら学ぶ力を育てることこそ，学

資　　料

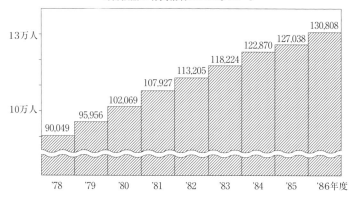

司書教諭の有資格者はこんなにいる

校教育の中心的課題であり，そうした学習を保障する機関として学校図書館があります。現行法（第四条）では，学校図書館の内部の仕事を中心にその運営法が述べられ，こうした現代的要請が十分に描かれていません。従来の学校図書館の任務に加え，「教育課程の編成・展開への寄与」「利用指導や読書指導の全校計画の立案」「資料利用についての指導や教員への援助」などを，法に明記しようというものです。それは，学校図書館を教育のなかにしっかりと根づかせ，わが国の教育改革を大きく前進させることになるでしょう。

　二、附則2項を撤廃し，司書教諭を学校に配置すること

　現行の学図法は，第五条で「学校には……司書教諭を置かなければならない」と明確に規定しておきながら附則2項で「当分の間……司書教諭を置かないことができる」と緩和されています。この附則2項の短い文言が，日本の学校図書館の発展を遅らせてきたまさに「元凶」であり，このために学校図書館は，「人のいない図書館」のまま三〇年余もほうっておかれたのです。この緩和規定は，法律ができた当時，司書教諭の有資格者がいないためその養成に必要な年月を見込んでつけられたものです。しかし，現在では，司書教諭の有資格者は，グラフで明らかなように一三万人を超えています。一日も早く附則をはずして，立法の趣旨どおりに，学校に司書教諭を配置したいものです。

　三、学校司書の制度を法制化すること

　司書教諭の配置が進まず，学校図書館は「人」のいないまま放置されてきたため，一九五〇年代から高校を中心に全国各地でPTA費等の私費で図書館事務職員を雇用する学校が増えていきました。一九六〇年代になると事務職員として公費採用される職員もしだいに増加し，一九八〇年の全国SLAの悉皆調査では，そうした「学校司書」は，全国で七，六〇〇人を超えていました。この数字には，劣悪な労働条件の私費雇用や臨時職員も含んでいますが，この数年「行革」の動きのなかで，減少傾向にあります。正規職員として採用されている場合でも，ほとんどが行政職に位置づけられているため，

学校司書が配置されている学校は

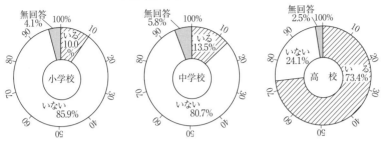

(『学校図書館白書』全国SLA・1984)

職務上さまざまな制約や矛盾があり，十分に専門職員としての活動が保障されません。そこで学校図書館法や学校教育法を改正し，学校司書という職名を設け，定数法で規定し，教育職二級適用の職員として配置をはかりたいというものです。

|どのように，改正運動を進めてきたか|

　全国SLAは，学校図書館法を改めるために，教育関係の諸団体や図書館の専門団体などに幅広く協力を求めながら，長い間ねばり強く運動を続けてきています。

　改正運動の歴史は，一九五五年に始まり，現在までいろいろな曲折を経てきましたが，その教訓に学びつつ，最近では，特に次のような点に力を尽くしてきました。

　一、全国SLA事務局や各県SLA事務局長等を中心に，国会・文部省等へ繰り返し法改正の促進を要請してきました。

　二、全国および各県SLAに学校図書館法改正推進委員会を設け，それぞれの組織が自主的に運動を展開するようはかってきました。

　三、全国SLAは，全国都道府県教育委員長協議会，都道府県教育長協議会，全国都市教育長協議会，全国連合小学校長会，全日本中学校長会，全国高等学校長協会，日本PTA全国協議会，全国高等学校PTA協議会等の教育関係の諸団体に理解と協力を求める運動も進めてきました。また，多くの図書館専門団体と共同で運動を進めるよう努力してきました。

　四、法改正運動は要求する側の足並みが乱れていては実現は不可能です。全国SLAは，一九七四年，それまで別個に運動を進めていた日教組・日高教（一ツ橋派）・日高教（麹町派）に対し共同して運動を進めることを提案し，二年間の慎重な討議を経て，いわゆる「四者合意案」をつくりあげました。その内容は，前述した学図法改正の「三原則」と一致するものです。

　五、一九八三年には，学図法制定三〇周年を記念し，『学校図書館法改正—その課題と展望』を刊行し，法改正の必要性を広く世間に訴えました。

　こうしたさまざまな運動の結果，一定の成果が上がりつつあり，ようやくその展望も開けようとしています。例えば，国会の衆参与野党議員二七〇名によって結成されてい

資料

る図書議員連盟（会長＝細田吉蔵議員）は，私たちの要請にこたえて学図法改正促進を総会で決議し，その実現のために努力してくれています。

本年二月には，新聞・テレビ・ラジオなどが一斉に学図法改正の重要性について全国SLAの要請を報道し大きな反響を呼びました。

|日教組の「新方針」は法改正を停滞させる|

日教組は，一九八七年六月二十五日付『日教組教育新聞』（号外「職場討議資料」）で，「新しい図書館職員制度」なるものを打ち出しました。

このビラに関して，各地の学校図書館関係者から「四者合意はどうなったのか」「全国SLAはどう考えているのか，見解を発表せよ」といった問い合わせや意見が寄せられています。全国SLA事務局では，慎重に検討した結果，日教組のこうした動きは法改正運動を混乱させ，せっかく展望の見えてきた法改正の実現を停滞させるものと考えざるを得ないという結論に達しました。

一、「新方針」は，四者合意の基本線を大きく逸脱し，運動を矮小化している。

日教組が提案している「新しい司書教諭」とは，「四者合意案」にある学校司書の資格に教職に関する単位を若干増加させたにすぎない職員だけを「専任司書教諭」として「必置」し，現行法の司書教諭を廃止しようというものです。これは，合意案の三原則のうちの一つだけをとりあげて法改正を進めるという考えかたであり，運動を矮小化するものと言わざるを得ません。

一九八六年一〇月一七日に行われた「四者会談」では，「四者合意の基本線は相互に尊重する」という確認を行っています。にもかかわらずこうした案を提案するというのは，とうてい責任ある団体のとるべき態度とは考えられず，理解に苦しみます。教職員団体である日教組が，だれが見ても明らかなこうした不誠実な行動をとることに大きな悲しみを覚えます。

	学図の任務の明確化	司書教諭の発令（附則撤廃）	学校司書の法制化
四者合意の改正運動方針	○	○	○
全国SLAの改正運動方針	○	○	○
日教組の改正運動方針	×	×	新司書教諭と名をかえて ○

二、日教組は，なぜ方針をめまぐるしく二転三転させるのか。

よく知られているように，日教組は一九七九年三月にも，今回の案とほぼ同趣旨の案を「職場討議資料」として組合内部に配布しました。この案は，「長い改正運動の経過を無視し，学校図書館職員のレベルダウンを招く"安上り合理化路線"である」（都高教司書教諭対策委員会の見解）といった強い反対意見が組合内部からあがり，たちまち撤回されました。この事実が今回の「討議資料」の「学図法改正運動の経過」の項でひ

と言もふれられていないのも不可解ですが，それはともかくとして，一九八一年には，再び「四者合意」のうち当面学校司書の制度化のみを進めるという方針に変わりました。そして今回またまた「新方針」ということで一九七九年案とほとんど同じ案が出たわけです。責任ある団体として，自らも参加してつくりあげた「四者合意案」の実現を誠実に追求することなく，なぜ，こうめまぐるしく方針を変更しなければならないのか，これもまことに理解に苦しむところです。

　三、「新方針」は，学校図書館から教員を排除している。

　学校図書館は「教育課程の展開に寄与する」（学校図書館法第二条）ために設けられた機関であり，学校のなかに地域文庫や公共図書館を設けることとは本質的に違っています。教員である司書教諭は，児童生徒の自主的・自発的学習を援助・指導するための専門家として教師集団の任務の一部を分担するためにこそ配置されるべきです。そのために「四者合意案」は，「教諭としての相当の経験と，司書教諭の資格を有する教諭をあてる」としたわけです。「新方針」は一般の教諭よりかなり資格要件の低い学校図書館の事務職員を名称だけ「司書教諭」として配置し，学校図書館の仕事はすべてこの職員にゆだねようというものです。授業経験もない職員に学校図書館を任せるという学校図書館の本質を無視した発想が感じられます。学校図書館から教員を排除する「新方針」は，現行学図法の理念と比較しても，大きく後退した「改悪」と言わざるを得ません。

　四、「新方針」は「四者合意案」よりも実現が困難です。

　「新方針」は，「免許法に位置づけ」た「専任司書教諭」を「必置することを原則」とし，大規模校には「複数配置とする」ことをうたっています。この案の是非はともかくとして，日教組はこうした案が本当に実現可能であると本気で考えているのでしょうか。免許法改正まで戦線を拡大することはそれだけで学校図書館法改正以上に困難であり，法改正の実現をいっそう遅らせることになります。このことは，合意案作成の過程で早くから，四者の意見が一致したところであったという事実を思い出すと不安を覚えずにはいられません。

　この「行革」の時代に専任の職員を「必置」したり「複数配置」したりすることも，スローガンとしては勇ましくて結構ですが言うはやすく実現はまことに困難です。全国約四二，五〇〇校の学校のうち小学校で各学年一学級に満たない学校が，四，一二七校，中学校で全生徒が一四九名以下の学校が二，四五六校，高校で生徒数二〇〇名以下の学校が一，〇六四校（以上いずれも文部省調べ）あるという事実だけをここでは指摘しておきます。

　また，日教組が主張するのは現行学図法が規定する「司書教諭」を廃止し，名称だけ同一で内容のまったく異なる「新司書教諭」の配置です。これは，一般にはきわめてわかりにくく，いきおい「附則を撤廃」し，現行の司書教諭の専任化だけをめざせばいいという意見につながりかねません。これでは，学校司書法制化の道を自ら閉ざすことになり，日教組の主張は，結果として学校司書の切り捨てという事態を招くおそれが十分あります。

資　料

　五、「職場討議資料」には事実の誤りが多く，その誤りの上に立論されている。

　こういった法改正を進めるにあたっては，何よりも正確で事実に基づいた情報やデータが判断の基礎となるべきです。日教組の「討議資料」にはあまりにも事実の誤りが多く，その誤った事実が立論の根拠になっています。

　そのいくつかをあげてみると，例えば，「法制化をするにあたり，『司書教諭』『学校司書』の二職種併置では『学校司書』の教育職二級位置づけが人事院等から保証されず」と述べていますが，当会も日教組とともに人事院へ何回も足を運び交渉しましたが，人事院は一度も学校司書の教育職二級の格付けが困難であるとは表明していません。人事院は，「一般職の職員の給与等に関する法律」に基づいて，「その職務の複雑，困難及び責任の度に基き，且つ，勤労の強度，勤務時間，勤労環境その他の勤務条件を考慮」（同法第四条）して判断すると繰り返して表明しています。そして，「具体的には，①学校司書となるための資格要件②職務内容③主務官庁である文部省の考えかたなどが問題となる」と述べているという事実を指摘しておきます。

　今回の「討議資料」には，高校の学校司書の「学歴資格は，短大卒以上が多くなっています」として，円グラフが掲げられています。これが今回の「新方針」の根拠ともなっていますが，学校図書館法改正の運動は，小・中・高校を対象とした運動で，高校だけのしかも一部のみの運動ではありません。したがって掲げられるべきは，小・中・高校全体のしかも調査母数の多い実態であるべきです。また，「身分・職名」などのグラフには「学校司書」の実態調査といいながら「司書教諭」が含まれているなど不思議な集計となっています。

　また，日教組は一九六七年の高校定数法，一九六九年の義務教育学校の定数法改正においては，学校司書の配置について，文部省は通達を出しただけで，「定数法上の規定を伴わなかった」としています。これは明らかな誤りであり，この改正は高校一八学級以上，中学校二四学級以上，小学校三〇学級以上に学校図書館事務担当の事務職員を定数措置をするための法律改正でした。

　さらに，「障害児学校には（学校司書が）ほとんど置かれていない状況です」とありますが，事実は一般の小中学校よりはるかに高い率で配置されています。

法改正を成功させるため何をなすべきか

　私たちは，学校図書館の充実なしに学校教育の豊かな発展はあり得ないと考えています。私たちが主張する学校図書館法改正運動は，とりもなおさず豊かな教育を求める教育運動であり，この国の未来を創り出す文化運動でもあります。

　豊かな教育を望むすべての人たちに理解と協力を求め，みんなで力をあわせて運動を盛りあげることが，いま，何よりも必要であると考えています。それなのに同じ要求する側から，対立したこういった文書が配布されなければならないのはまことに悲しいことです。

　学図法改正運動を待遇改善や人事問題に矮小化したり，ご都合主義的にくるくると方針を変えるような軽挙妄動を排し，確信を持って三原則の実現をはかることに力を尽く

すことがたいせつです。運動する側の要求が分裂していたのでは、それを理由に法改正はさらに棚上げされ、実現は遠のいてしまいます。一致した要求でねばり強く運動を持続することが、要求実現の結局は早道です。そして、それぞれの現場の学校図書館関係者が、日常の実践を強化し、学校図書館の有用性やその教育的意義を、児童生徒・同僚の教職員・父母・行政関係者等に具体的にわかってもらうことが基本的に必要です。いかなる事情があるにせよ要望する側の分裂は戦いを困難にするだけです。私たちは、今後とも日教組に反省を求め、「四者合意」の線で共同して運動を進めることを求めていきます。

このような低迷を続けているうちに、児童生徒の減少を理由に、学校図書館予算が削減されたり、行革を理由に、臨時職員の学校司書が整理の対象となるなどの残念な事態が各地で起きています。私たちは要求を統一し、法改正をはじめ学校図書館充実の運動を今こそ、強めなければなりません。

各県、各都市の学校図書館研究団体を中心に、この問題に主体的に取り組み、巨大な運動のうねりをつくり出すことで、一日も早く学図法改正を実現させようではありませんか。

(一九八七・八・一)

出典:『学校図書館』No.445, 1987年11月, p.63-66, 68-69.〔原典縦書き〕

司教37

専任司書教諭制度案　科目・単位数　第一次素案

1990.2.7
日本学校図書館教育協議会

1．教職に関する分野
　①必修科目（3科目6単位以上）
　　　教育原理　　　　　　　2単位
　　　教育心理学　　　　　　2単位
　　　教育方法論　　　　　　2単位
　②選択科目（5科目10単位以上）
　　　児童心理　　　　　　　2単位
　　　青年心理　　　　　　　2単位
　　　教育史　　　　　　　　2単位
　　　教育社会学　　　　　　2単位
　　　教育行政学　　　　　　2単位
　　　学校教育の指導および管理　2単位
　　　社会教育　　　　　　　2単位
　　　教育工学　　　　　　　2単位

資　　料

　　　　視聴覚教育　　　　　　　　2単位
2．図書館に関する分野
　①必修科目（7科目18単位）
　　　　図書館概論　　　　　　　　2単位
　　　　学校教育と学校図書館　　　3単位（学校図書館史を含む）
　　　　学校図書館の管理運営論　　3単位（活動論，施設，設備も含む）
　　　　学校図書館資料論　　　　　2単位
　　　　資料組織法　　　　　　　　3単位
　　　　レファレンス・サービス論　3単位（演習を含む）
　　　　学校図書館実習　　　　　　2単位
　②選択科目（5科目6～10単位）
　　　　児童資料Ⅰまたは青少年資料Ⅱ　2単位
　　　　資料紹介法ⅠまたはⅡ　　　2単位
　　　　教育メディア論　　　　　　2単位
　　　　参考図書解題　　　　　　　2単位
　　　　子供と生活文化　　　　　　2単位
　　　　情報科学　　　　　　　　　2単位
　　　　コミュニケーション論　　　2単位
　　　　読書教育論　　　　　　　　2単位
　　　　ジャーナリズム論　　　　　2単位

1．図書館概論　　　　　　　　　　　　　　　　　　　　　　　　〔2単位〕
　本科目は，学校図書館をふくむ図書館の意義・機能などに対する基本的理念と経営上の諸問題について理解するとともに，各種図書館の運営・活動などについて概観し，他の科目に対するオリエンテーション的役割を果たすものである。
　本科目でとりあげるべきおもな講義内容はつぎのとおりである。なお，講義の実施に当たっては本科目の性格上他科目との関連性に十分配慮し，細部については各科目に委ねることがたいせつである。

　　　　　Ⅰ　図書館の意義と機能　　Ⅵ　図書館職員
　　　　　Ⅱ　図書館の種類と特性　　Ⅶ　図書館資料
　　　　　Ⅲ　図書館の歴史と現状　　Ⅷ　図書館の施設・設備・備品
　　　　　Ⅳ　図書館と行・財政　　　Ⅸ　図書館の奉仕活動
　　　　　Ⅴ　図書館の経営　　　　　Ⅹ　今後の課題と展望

2．学校教育と学校図書館　　　　　　　　　　　　　　　　　　　〔3単位〕
　本科目は，学校図書館に対する基本的な理念を理解するとともに，学校図書館が学校教育の中で果たす役割を学校図書館の歴史との関連において把握し，学校図書館の全体的様相を概観することを目的としている。

したがって，本科目は他の科目を学習するに際してのオリエンテーション的役割を果たすとともに，細部については他の科目に委ねることが大切である。

  Ⅰ 学校図書館の意義と学校教育における役割
  Ⅱ 学校図書館の歴史と現状
  Ⅲ 教科学習と学校図書館
  Ⅳ 児童・生徒の読書活動と学校図書館
  Ⅴ 学校図書館職員の諸活動
  Ⅵ 学校図書館資料
  Ⅶ 学校図書館の経営と行・財政
  Ⅷ 学校図書館の施設・設備・備品

3．学校図書館の管理運営論 〔3単位〕

　この科目は，学校図書館を学校の教育機関としていかに効率的に管理運営するかについて，その具体的な方法を明らかにする。「学校教育と学校図書館」が学校図書館の全容をながめその基本的概念の解明をめざすのに対し，この科目は学校図書館の管理・運用など具体的な方法について取り扱う。

  Ⅰ 学校図書館管理運営の意義と目的
  Ⅱ 運営組織のあり方
  Ⅲ 学校図書館活動の実際
    1）資料提供（図書館相互協力も含む） 3）広報・文化活動
    2）利用教育   4）児童・生徒図書委員の指導
  Ⅳ 施設・設備
    1）学校建築と学校図書館 3）必要な諸室とその条件
    2）学校図書館施設   4）設備と備品
  Ⅴ 運営計画 予算 決算 調査 統計

4．学校図書館資料論 〔2単位〕

　この科目では，学校図書館資料が学校の教育活動に必要な資料という側面と，児童生徒の読書資料という側面をもつこと，そのために学校図書館には図書だけでなく，必要に応じて選択・活用できる多様なメディア（図書以外の資料）が収集・組織化される必要があることの理解を深め，そうした資料の収集・選択，資料構成，除籍の理論と実際を学ぶことを中心的な内容とする。それに関して，資料と資料を必要とする利用者とのたしかな出会いを生みだす図書館というしくみについての資料の面からの基礎的な認識，資料の扱いや評価をめぐって顕在化する知的自由の問題，さらに資料（図書）を生みだす出版流通の問題についてもとりあげることが必要である。選択必修の「児童青少年資料」に対する総論という関係で扱うとよい。

  Ⅰ 図書館と図書館資料，知的自由
  Ⅱ 学校図書館資料の意義と種類
  Ⅲ 学校図書館資料の収集と選択（資料構成も含めて）

資　　料

　　　　Ⅳ　資料の評価と選書基準

5．資料組織法　　　　　　　　　　　　　　　　　　　　　　　〔3単位〕

　資料組織法は，図書館業務における収集・選択→蓄積・検索→利用という流れの中で，収集された図書館資料群の中から必要な情報や資料を検索できるようにするしくみの原理と実際を説き，学校図書館活動の基礎形成に資するものである。

　この科目は，図書資料を中心として取りあつかう。従来，図書整理法とか分類・目録法と呼ばれていたものである。本科目3単位のうち1単位は演習とする。

　　　　Ⅰ　資料組織化の意義と目的
　　　　Ⅱ　図書資料組織化の過程
　　　　Ⅲ　記述目録法
　　　　Ⅳ　分類原理と分類法（図書記号を含む）
　　　　Ⅴ　件名作業と件名目録
　　　　Ⅵ　目録編成と配列
　　　　Ⅶ　図書の装備と配架
　　　　Ⅷ　資料組織化の集中処理
　　　　Ⅸ　図書以外の資料
　　　　Ⅹ　コンピューターによる資料組織法

6．レファレンス・サービス　　　　　　　　　　　　　　　　　〔3単位〕

　学校図書館におけるレファレンス[・]サービスのあり方とその具体的方法について研究する。とくに教育機関としての学校図書館の機能にかんがみ公共図書館等におけるレファレンスサービスと異なる学校図書館独自のあり方を明らかにする。科目の性格上，演習的方法をできるだけとり入れ，「図書館利用教育論」や「参考図書解題」等の関連科目と内容的な調整をはかる。

　　　　Ⅰ　レファレンス・サービスの意義
　　　　Ⅱ　学校図書館におけるレファレンス[・]サービスのあり方
　　　　Ⅲ　レファレンス・サービスの方法と資料
　　　　Ⅳ　レファレンス・サービスの演習
　　　　Ⅴ　レファレンス・サービスの評価と改善

7．学校図書館実習　　　　　　　　　　　　　　　　　　　　　〔2単位〕

　よく活動をしている学校図書館に学生を派遣して2週間にわたる実習を課すものである。実習内容については，実習館などの事情もあることなので大学側の要望のみによって編成することは困難であるにしても，図書の整理のみ，利用教育のみ，貸出返却事務のみなど学校図書館の活動の一部分のみ実習することは望ましくない。でき得る限りその全体について実習することが望ましい。

　なお，諸般の事情から一応集中して2週間の実習を考えているが，この期間の他に，学校図書館の巡検などを実施して実習館一館のみしか実際の活動に接したことにならないように配慮することは望ましいことである。また，実習を7日間ずつ二分して，卒業

あるいは全科目終了に近い時期に7日間を集中して実施し，他を2日間ずつ3回にとり，これを観察，参加などにあて，科目履修開始直後に実施するなどのくふうは実習の効果という点からさらに検討されてよい。なお，本科目は科目の性格上できるだけ履修させることが望ましい。

  Ⅰ オリエンテーション（大学，実習校で）
  Ⅱ 観察，参加
  Ⅲ 実習
   1）カウンター 3）資料紹介 5）資料組織
   2）レファレンス 4）利用教育

8．児童資料Ⅰ 〔2単位〕

 学校図書館資料のいわば各論にあたる「児童資料Ⅰ」「青少年資料Ⅱ」は選択必修科目として，受講生の関心，将来の進路等に照らしていずれか一方を必ず履修させる。この科目では，まず，児童の読書興味，読書能力の発達との関連で児童を対象とする資料（図書以外の資料を含めて）の特徴，歴史，出版の現状等を概観し，その上で各ジャンル別に児童資料について知ること，評価力を修得することを中心的な内容とする。そのためには，各ジャンルごとに基本的な資料をできるだけ多く読み，それらを比較，検討する演習的な授業方法が重視される必要がある。

  Ⅰ 児童の発達と読書資料
  Ⅱ 児童資料の歴史
  Ⅲ 児童資料の出版
  Ⅳ ジャンル別児童資料とその評価
   1）絵本 4）詩，童謡 7）参考図書 10）紙芝居
   2）童話 5）児童文学 8）マンガ 11）AV資料
   3）民話 6）ノンフィクション 9）新聞・雑誌
    ※「ノンフィクション」には伝記，紀行，エッセイ，ルポルタージュ，社会科学・自然科学など知識の本，リクリエーションの実用書などフィクション以外のものをすべて包括している。適宜グルーピングしてとりあげるとよい。

9．青少年資料Ⅱ 〔2単位〕

 この科目は，中学校・高校生を対象とする青少年資料（図書以外の資料を含む）をとりあげ，科目の位置づけおよび授業のすすめ方については，児童資料Ⅰと同様に扱う。

  Ⅰ 青少年の発達と読書資料
  Ⅱ 青少年資料の歴史
  Ⅲ 青少年資料の出版
  Ⅳ ジャンル別青少年資料とその評価
   1）児童文学 4）ノンフィクション 7）参考図書
   2）小説 5）絵本 8）新聞・雑誌

資　料

　　　　　　　3）詩歌　　　6）マンガ　　　　9）AV資料
　　　　Ⅴ　主題別青少年資料とその評価
　　　　　　　性に関する資料，政治に関する資料，宗教に関する資料，その他

10.　資料紹介法Ⅰ　　　　　　　　　　　　　　　　　　　　　　〔2単位〕

　資料紹介法ⅠおよびⅡは，「児童資料Ⅰ」「青少年資料Ⅱ」に対して児童生徒ひとりひとりの読書生活を豊かにし学習効果を高めるため，資料に関する情報の提供のしかたについて具体的に講述するものである。指導にあたっては，学校図書館管理運営論における利用教育，読書教育論などの科目との関連を考慮する。また，実習・実演等を多く取り入れるものとする。

　この科目は児童資料を対象とする。
　　　　Ⅰ　資料紹介の意義と目的
　　　　Ⅱ　ブック・トーク
　　　　Ⅲ　読みきかせ　ストーリー・テリング
　　　　Ⅳ　ブック・レビュー　ブックリスト
　　　　Ⅴ　校内放送の利用　資料の展示
　　　　Ⅵ　その他の紹介法

11.　資料紹介法Ⅱ　　　　　　　　　　　　　　　　　　　　　　〔2単位〕

　この科目は，青少年資料を対象とし，科目の位置づけについては資料紹介法Ⅰと同様に扱う。
　　　　Ⅰ　資料紹介の意義と目的
　　　　Ⅱ　主題別ブックリスト　ブック・レビュー
　　　　Ⅲ　ブック・トーク　読みきかせ　ストーリー・テリング
　　　　Ⅳ　資料の展示　広報活動
　　　　Ⅴ　その他の紹介法

12.　教育メディア論　　　　　　　　　　　　　　　　　　　　　〔2単位〕

　本科目で取り扱う「教育メディア」には，印刷メディアをはじめ，視聴覚メディア・触覚メディアなど，教育活動に用いられるすべてのメディアがふくまれる。したがって，本科目では各種のメディアを制作・利用する際に必要な印刷機器・複写機器・製本用機器・撮影用カメラ・プロジェクター・OHP・テープレコーダーなどの各種機器の操作・管理法もふくむものとする。また，可能な限り閉回路テレビ・システム（CCTV），教育活動に用いられるマイクロ・コンピュータなどのコンピュータ・システム，放送設備などの概要についてもふれることが望ましい。なお，本科目の講述に際しては，「学校図書館資料論」，「資料組織法Ⅰ・Ⅱ」，「教育情報論」，「二次文献制作法」などの授業内容との関連を十分考慮しながら実施し，特に，二次文献の制作については概説するにとどめ，具体的な制作技術については「二次文献制作法」に委ねるものとする。また，指導の実際に際しては，できるだけ演習的要素を重視することが望ましい。

　本科目でとりあげるべき授業内容としてつぎの事項があげられる。

　　　　Ⅰ　教育メディアの意義と役割
　　　　Ⅱ　教育メディアの類型と特性
　　　　Ⅲ　印刷メディア制作法
　　　　Ⅳ　視聴覚メディア制作法
　　　　Ⅴ　触覚メディア制作法
　　　　Ⅵ　視聴覚機器の操作と保守
　　　　Ⅶ　教育メディアと教育工学

13．参考図書解題　　　　　　　　　　　　　　　　　　　〔2単位〕
　本科目においては，主要な参考図書の特色，構成，利用法について取り扱う。指導にあたっては，図書館利用教育論・学校図書館資料論・児童資料Ⅰ，青少年資料Ⅱ・レファレンスの諸科目との関連を考慮する。また，受講者が現物を手にとることができるように配慮することが必要である。
　　　　Ⅰ　参考図書の意義と役割　　　　Ⅵ　図鑑・図録
　　　　Ⅱ　辞書　　　　　　　　　　　　Ⅶ　年表
　　　　Ⅲ　百科事典・専門事典　　　　　Ⅷ　書誌・索引・目録
　　　　Ⅳ　年鑑・白書・統計資料　　　　Ⅸ　その他
　　　　Ⅴ　人名・地名資料

14．子どもと生活文化　　　　　　　　　　　　　　　　〔2単位〕
　この科目は，図書館活動の効果をあげるために不可欠である子どもの生活実態把握を目的とする。児童生徒をとりまく文化環境を広範囲にわたって学習することにより，新しい学校図書館活動の可能性を展望する。指導にあたっては，児童資料Ⅰ，青少年資料Ⅱ，資料紹介法Ⅰ，Ⅱの諸科目との関連を考慮する。
　　　　Ⅰ　情報化社会と子ども
　　　　Ⅱ　子どもの本と読書，図書館
　　　　Ⅲ　マンガと雑誌
　　　　Ⅳ　テレビと映画，演劇，音楽
　　　　Ⅴ　ファミコンとおもちゃ

15．情報科学　　　　　　　　　　　　　　　　　　　　〔2単位〕
　本科目は，図書館学ともっとも関連が深く今日的な学問である情報科学についての基本的な理解を得ることを目的としている。情報か(ママ)社会といわれる現在において，学校図書館も本科目で取り扱われる情報理論，情報処理の発達と無縁ではない。学校図書館そのものが異なる形になることも考えられ，基礎的知識が必要である。
　　　　Ⅰ　情報理論とシステム
　　　　Ⅱ　情報と社会，及び図書館
　　　　Ⅲ　情報処理　　コンピューター・システムと情報処理機器
　　　　Ⅳ　情報蓄積　　データベースの基礎から作成まで
　　　　Ⅴ　情報検索

資　料

　　　　Ⅵ　情報管理
16. コミュニケーション論　　　　　　　　　　　　　　　　　　　〔2単位〕
　本科目は，学校図書館の重要な要素であるコミュニケーションについての基本的概念を理解することを目的としている。コミュニケーションの問題は今日的な課題であり，対人関係や学校教育においても重要である。
　　　　Ⅰ　コミュニケーションの構造と概念
　　　　Ⅱ　コミュニケーションと文化
　　　　Ⅲ　個人内コミュニケーションと対人関係
　　　　Ⅳ　言語と非言語コミュニケーション
　　　　Ⅴ　情報環境とコミュニケーション行動
17. 読書教育論　　　　　　　　　　　　　　　　　　　　　　　　〔2単位〕
　この科目は，児童生徒の読書活動の全領域にわたる指導法について講述する。講義に際しては，読書教育が学校図書館のみにかぎるものでなく，各教科をはじめ学校教育活動のすべてにわたるものであることを十分にふまえることが必要である。特に，児童生徒のおかれた文化環境に留意し，ひとりひとりの児童生徒の読書生活を豊かにすることを目標とする。
　　　　Ⅰ　児童生徒の読書環境と読書生活
　　　　Ⅱ　読書教育の意義と目的
　　　　Ⅲ　読書教育の計画
　　　　Ⅳ　読書教育の方法
　　　　Ⅴ　個人に対する読書教育
　　　　Ⅵ　集団に対する読書教育
18. ジャーナリズム論　　　　　　　　　　　　　　　　　　　　　〔2単位〕
　この科目は，学校図書館で取り扱う資料の特質を理解するために，ジャーナリズムの基本概念及び出版ジャーナリズムと流通の状況把握を目的とする。
　　　　Ⅰ　ジャーナリズムの理念と現状
　　　　Ⅱ　出版ジャーナリズムの現状と流通
　　　　　　　1）新聞　　2）雑誌　　3）単行本　　4）マンガ
　　　　Ⅲ　出版ジャーナリズムとテレビ報道，他のメディア

＊原案作成にあたっては，全国SLAの資料を参照・一部引用させていただきました。
　出典：『全国学図法改正をめざす会だより』No.54, 1990年4月28日，付属資料

司教38

「学校図書館法の一部を改正する法律案」の提案に関する報告

自民党「学校司書教諭に関する小委員会」報告

「学校図書館法の一部を改正する法律案」の提案に関する報告

平成8年2月8日
学校司書教諭に関する小委員会
委員長　木宮和彦

1．学校図書館法第5条第1項及び付則第2項の成立過程

現行図書館法は昭和28年7月議員立法により成立（第16国会衆法41号），8月公布され，昭和29年4月1日より施行された。

同法第5条第1項には「学校には，学校図書館の専門的職務を掌らせるため，司書教諭を置かなければならない」とある。

一方，付則第2項には「学校には，当分の間，第5条第1項の規定にかかわらず，司書教諭を置かないことができる」と規定されている。

付則第2項が置かれた趣旨は，昭和28年7月24日参議院文教委員会で発議者大西正道衆議院議員が補足説明として以下のように述べられている。

「（司書教諭は，）専門的な技能を必要といたします関係上，一定の講習を修了した教諭でなければならないと規定してあります。なお講習に当たっては種々の準備もあり，短い期間に司書教諭の充足を期することは，やや困難な点も考えられますので，付則第2項において，当分の間，第5条第1項の規定にかかわらず，司書教諭を置かないことができる旨を記し，この点を緩和いたしてありますが，司書教諭の養成並びにその充足配置は，極めて重要なことでありますので，文部省当局の十分なる考慮と熱意を要望するものであります。」

そして，同年7月28日の参議院文教委員会で福井勇政府委員は，約10年間で司書教諭要請（ママ）を行う講習計画を示している。

また，文部省広報課『文部広報』（昭和28年8月23日）においても，「…事務的には，ほぼ10年間で将来の学校増加を見こんでこの講習を進める計画を研究中である。」とある。（レファレンスNo527-77頁）

2．過去の改正の動き

学校図書館法の一部を改正する法律案は，①第38回国会（参法17号）②第43回国会（参法24号）③第61回国会（参法20号）―以上は審議未了。

④第68回国会（衆法38号）⑤第71回国会（参法20号）―④は衆院で可決，⑤は参院で可決，④⑤とも送付されたが何れも未了。

以上計5回議員提出されている。

資　　料

　特に，第68回国会に提出された法案は興味深い。当初発議者は西岡武夫衆議院議員外4名の自由民主党議員であった（昭和47年5月26日提出）。
　その後，西岡法案を取下げ，ほとんど西岡法案と同じ内容の法案を委員会提出法案とすることを多数決で可決した（昭和47年6月7日提出，6月9日可決）。
　この法案は「児童生徒数が少ないこと，その他の文部省令で定める特別の事情がある場合」以外は「司書教諭を置かなければならない」とし，法施行後5年間はその資格を有しない教諭をもって充てることができるとしている。これは今回の法案と極めて類似性がある。すなわち，省令で非配置校の範囲を定めることができること，5年間の猶予期間を設ける点は今回の法案と同じである。

　そして，衆議院で同案の起草が決定された際，渡辺栄文部政務次官は以下のように述べている。
　「本法案が成立をいたしました暁におきましては，これを機会に学校図書館の内容の充実をはかるため，図書設備の基準の整備，司書教諭及び学校司書の配置等につきまして，今後十分努力してまいる所存でございます。」
　これは，当時でも5年の猶予期間で配置が可能とされていたからの発言であると考えられる。現在では，例えば放送大学の活用等，より多様な司書教諭養成を図ることが可能になっていると思われる。

　ともあれ，第68国会の提出法案は，国鉄，健康保険法改正等の対決法案があり参議院で継続審議となった。第69回国会（7月6日～7月12日の7日間）は佐藤内閣退陣，田中内閣組閣の国会であった。この第69回国会でも継続となった。そして，第70回国会（10月27日～11月13日解散の18日間）は，18日間で解散されたため同法案は審査未了廃案となり，日の目を見ることがなかったのである。
　この法案が成立していれば，その後の学校図書館は今とは全く異なった発展を遂げたであろう。現状の鍵がかかったままの学校図書館をみるにつけ残念でならない。

3．司書教諭・学校図書館に関する近年の国会及び行政の動向と発令状況
　最近においても，司書教諭の問題は，予算委員会，文教委員会，決算委員会等で度々取り上げられ［て］いる。
　また，政府においても学校図書館の重要性は認識されている。例えば第126会国会の参議院文教委員会（平成5年2月23日）において，森山文部大臣は「（新学習指導要領についての答弁で）みずから学ぶ意欲や思考力，判断力，表現力などの能力の育成を重視する新しい学力観に立った教育を進めている訳で，このような教育を実現するために学校図書館が重要な核の役目を果たしていると思います。」と答弁されている。
　そして，新学習指導要領の総則の中にも「視聴覚教材や教育機器などの教材・教具の適切な活用を図るとともに，学校図書館を計画的に利用しその機能の活用に努めるこ

と。」が新たに加えられた。

　加えて，平成 6 年11月「児童生徒の読書に関する調査研究協力者会議・中間まとめ」においても，学校図書館の重要性を指摘している（中間まとめ，4頁以下）。

　この「中間まとめ」の「学校図書館の機能を充実する校内の協力体制」という項目（6 項）で，司書教諭の重要性を指摘している。

　以上のような先達の努力，そして現在もその重要性が認識されているにもかかわらず，昭和29年の学校図書館法施行後41年が経過した司書教諭の発令の状況は，文部省平成 6 年学校基本調査では，小学校で0.4％（90人），中学校1.2％（133人），高等学校6.3％（349人）に過ぎない（平成 7 年学校基本調査では，それぞれ75人，116人，345人と前年より減少している）。

　このままでは何時までたっても，学校図書館法第 5 条第 1 項は死文化したままではないか。21世紀の子供たちには「鍵のかかった図書館」の前を素通りさせてはならない。

4．今回の法案の特徴とその目的

　これまで提出された法律案は，第38回国会提出法案を除いて，何れも「学校司書の制度化」をその内容としていた。しかし，今回の法案は対立のある制度には触れていない。

　また，小規模校については，学校図書館に関する業務量の少なさ，司書教諭有資格者の人事の硬直化の恐れ等を勘案した結果，政令に定める小規模校にあっては，なお当分の間は司書教諭の設置を猶予することとしている。

　これは，今回の法案の主たる目的が，司書教諭制度の早期の立ち上げにあるからである。

　尚，文部法令上「小規模校」の定義はない。

　学校教育法施行規則第17条に「小学校の学級数は，12学級以上18学級以下を標準とする。ただし，土地の状況その他により特別の事情のあるときは，この限りでない。」とある。

　学校教育法施行規則第18条に「小学校の分校の学級数は，特別の事情のある場合を除き，5 学級以下とし，前条の学級数に算入しないものとする。」とある。

　学校教育法施行規則第55条は，中学校に第17条を準用している。また，中学校に第18条も準用し，「5 学級」を「2 学級」に読み替えている。

　文部省は，法目的を勘案して小規模校の政令で定めることとなる。

　これからの学校図書館は，自発的・自由な読書を行う場であるだけでなく，子供の主体的学習活動を支える学習センターとしての機能，社会の情報化が進展する中で情報センターとしての機能を備えさせ学習情報センターとしての学校図書館が必要となる（平成 6 年11月「児童生徒の読書に関する調査研究協力者会議・中間まとめ」）。

　日本においても，インターネットの商業接続は，平成 5 年秋より開始されている。すでに国境を飛び越えて140か国以上が結ばれている。近い将来到来するマルチメディア

資　　料

社会から，学校だけが無縁であるということはありえないし，あってはならない。

　たしかに，司書教諭にはマルチメディア社会にも対応できる情報処理技術を有していて，かつ読書指導も十分できる人材を充てるべきであるとの考えもあろう。

　しかし，そのために講習規定を見直し，実施して，その講習を受けた教員が採用されるのを待っていたのでは，40年後の学校図書館も施錠されているのではないか。

　コンピューターの構造や理論まで司書教諭が理解している必要はない。端末のパソコンを操作できれば充分である。むしろ，文部省は現場の司書教諭が簡単に利用できるソフトを開発する努力をすべきである。

　制度の受け皿となる人材を確保して，それから制度を充実させるべきであると考え今回の法案を提案した。

5.「児童生徒の読書に関する調査研究協力者会議」の最終報告について

　昨年6月9日，自由民主党文教部会・文教制度調査会による「学校図書館法改正に関する確認事項」が示された。

　上記，4までの文章はその当時説明資料として作成したものである。

　その後，平成7年8月に「児童生徒の読書に関する調査研究協力者会議」で最終的な報告がとりまとめられた。この報告の7頁に司書教諭の養成・発令の促進という項目を独立して設けている。以下該当個所の全文を掲載する。

　『司書教諭は，本や読書活動の指導についての専門的知識及び技能を備え，本に親しみ，学校図書館の活用や読書活動の指導における校内の協力体制の中心となることが期待されている。

　しかしながら，司書教諭の実態を見ると，昭和29年以来，毎年，司書教諭講習が行われており，現在18の国立大学に講習が委嘱されているが，平成7年3月の調査では，公立の小・中・高等学校及び特殊教育諸学校における司書教諭の有資格者数は，約12,600人にとどまっている。また，司書教諭として発令されている者も極めて少ない現状にある。このため，司書教諭の養成・発令を一層促進するための施策に積極的に取り組む必要がある。

　司書教諭の資格は，校内の協力体制の中心となる教師が持つべき専門性を示すものであるが，司書教諭としての実力は，単に専門的知識や技能だけでなく，実務経験を積むことによって高められていくものである。

　校内の協力体制を確立するためにも，各教師が司書教諭になるための素養を身に付け，経験を積んでいくことが求められている。したがって，教師を目指す人であればできるだけ早い時期に司書教諭になるための素養を身に付けることが望ましい。そのため，現在，教育職員免許状を有していることを前提条件としている司書教諭講習受講資格を改め，教育職員免許状取得前の大学在学中から受講し修了できるようにするとともに，教師の採用に当たっても，司書教諭の資格を有していることを考慮していくことが考えら

れる。司書教諭講習の履行科目やその内容，単位などについても，社会の情報化など時代の進展に応じて見直しを行っていくことが重要であり，今後，専門的な観点から，別途検討を行う必要がある。

　また，司書教諭資格の取得を希望するものができるだけ身近な場所で円滑に受講できるよう，講習実施大学数を拡充するとともに，講習機関，講習場所，講習方法，講習期間などを多様化するなどの措置を講じ，引き続き司書教諭の養成の充実に努める必要がある。そうした講習機会の拡充を図るに当たっては，将来，マルチメディアを活用した遠隔教育の方法を導入することも，有効な方策の一つとして考えられる。

　このような大学などにおける司書教諭養成の取組みを促進するため，支援措置を積極的に講ずることも検討すべきである。司書教諭の有資格者を増やし，発令を促進するためには，国及び地方公共団体が積極的かつ計画的に取り組んでいくことも重要である。

　なお，専任の司書教諭の配置については，様々な意見があり，学習指導や学校経営の在り方及び今後の学校図書館像も踏まえつつ，中長期的な課題として研究していく必要がある。』

　学校図書館の活性化のためには，司書教諭の要請(ママ)，発令の一層の促進が必要であるとの考えは同じである。

　しかし，「司書教諭の有資格者数は，約12,600人にとどまっている」と評価している点は，12,569人の有資格者がいるなら，この資格者を基礎に41年間放置された課題を解決すべきであると考える。

　なお，時代の変化に合わせて講習科目を見直すことは当然である。それは，本来その時々で対応すべき問題であり，仮りに科目の見直しを理由に発令に時間[が]かかるというのであれば承服できない。今回の法改正とは別途に検討されるべきと考える。

　司書教諭の有資格者を増やすためには「教師の採用に当たっても，司書教諭の資格を有していることを考慮」が必要と考えている点は評価できる。

　平成7年度の公立学校教員の採用者数は，16,388人である。競争率は7.7倍にもなる。採用の際に資格を考慮すれば飛躍的に有資格者の教員が増加すると思われる。

　ただし，司書教諭を現職の教員に限定する必要はない。閉鎖社会である学校に，アルバイトやボランティアで外部から人材を登用することにより，開かれた学校，地域に根ざした学校という意味[を]与えることは重要なことである。多様な講習形態だけでなく多様な人材の配置も考慮すべきである。

6．学校図書館の新しい機能

　学校図書館の機能は，本を読まなくなった子供たちに，読書の楽しみを知ってもらうというだけではない。

　「いじめ問題」についても，子供たちに授業以外で接することにより，極めて有効なセンサーとなりうる。養護教諭との連携，図書館のインターネットを通じた専門家の判

資　料

断など，マルチメディア社会においての学校図書館は無限の可能性を有する。

　インターネットを通じて，多様な情報に接する窓口となる学校図書館を運用すべき司書教諭の発令は21世紀の学校にとって不可欠であると考える。

以　上

出典：『ばっちわーく』No. 34，1996年3月，p. 4-8.

司教39

学校図書館法等の一部を改正する法律案の仕組み（案）

社会民主党法案

　　　　　　　　学校図書館法等の一部を改正する法律案の仕組み（案）
一　司書教諭の設置に関する改正〔学校教育法及び学校図書館法の改正〕

現行制度
> ①　学校には教諭をもって充てる司書教諭（※1）を置かなければならないとされている。〔学校図書館法〕
> ②　学校には，当分の間（※2），司書教諭を置かないことができるとされている。〔学校図書館法附則〕

　　　※1　司書教諭は，教諭の中から校務分掌の一つとして発令されるものであり，授業を受け持つものであってもさしつかえないものと解されている。
　　　※2　昭和28年の法制定以来，司書教諭の設置は進んでいない（平成7年学校基本調査によると，小学校の0.3％，中学校の1.0％，高等学校の8.3％，特殊学校の0.3％に発令されているに過ぎない。）

改正案
> ①　学校には，教諭とは別に，専任の司書教諭を置かなければならないこととする。ただし，特別の事情があるときは（※1），司書教諭に代えて司書助教諭を置くことができることとする。
> ②　学校には，平成　年　月　日までの間（※2），司書教諭を置かないことができることとする。

　　　※1　当分の間は，司書教諭の免許状を有する者が少ないことを考慮したものである。
　　　※2　猶予期間の制限については，今後各方面に諮って確定する。

二　司書教諭及び司書助教諭に係る教育職員免許に関する改正〔教育職員免許法等の改正〕

現行制度
> 司書教諭に充てられる教諭は司書教諭の講習（※）を修了した者でなければならないとされている。〔学校図書館法〕

　　　※　司書教諭講習の修了には，7科目8単位の修得が必要であるが，①図書係，図書主任等の司書教諭に相当する職務の実務経験がある者，②大学等や司書講習において司書教諭講習相当科目の単位を取得した者について，司書教諭講習の修了に必要な単位の一部を取得したものとして認

3 司書教諭養成関係資料・39

改正案　　定する制度がある。

> ① 新たに司書教諭について，次の免許制度を設ける。
>
> 　　　　　　　　┌司書教諭専修免許状
> 　普通免許状　┤司書教諭一種免許状
> 　　　　　　　　└司書教諭二種免許状
> 　臨時免許状───司書助教諭免許状
>
> ② 普通免許状は，一定の基礎資格（※1）を有するとともに，大学等において教職に関する科目及び学校図書館に関する科目につき一定の単位数（※2）を修得した者等に授与することとする。なお，一定期間学校図書館事務に従事した事務職員は，従事した年数に応じて一定の単位を修得したものとみなす。
>
> ③ 臨時免許状は，普通免許状を有する者を採用することができない場合に限り，欠格事由に該当しない者で教育職員検定に合格したものに授与することとする。（※3）

※1　専修免許状は修士の学位，一種免許状は学士の学位又はそれに相当する学歴，二種免許状は準学士の称号又はそれに相当する学歴を想定している。

※2　養護教諭のそれぞれの免許状と同程度の単位数を想定している。

※3　当分の間，司書教諭普通免許状を有する者を採用することが困難であることから，学校図書館に係る事務に従事している事務職員に臨時免許状を授与し，その有効期間（最長6年）内にその者が普通免許状を取得することができるようにすることを想定している。

三　公立学校の教職員定数の標準に関する改正〔公立義務教育諸学校標準法及び公立高等学校標準法の改正〕

現行制度　　司書教諭についての定数の標準は定められていない（※）。

※　現行法では，司書教諭は教諭をもって充てるとされていることによる。なお，一定規模以上の学校（27学級以上の小学校，21学級以上の中学校並びに12学級以上の高等学校全日制の課程及び定時制の課程）には，学校図書館に係る事務に従事することができるよう事務職員の定数が定められている。

改正案

> 司書教諭又は司書助教諭の定数の標準は，小学校，中学校，高等学校及び特殊教育諸学校ごとに1人（一定数の学級以上の場合は2人）とし（※1），司書教諭配置の猶予期限までの間は，この数に段階的に近づけるように定数を増加させる（※2）。

※1　それぞれの学校数は次のとおりである（平成7年学校基本調査）。
　　　小学校　24,548，中学校　11,274，高等学校　5,501，特殊学校　967

※2　そのために，順次，学校図書館担当の事務職員に代えて司書教諭を

資　料

　　　置くほか，司書教諭を採用する。なお，現在学校図書館担当の専任の
　　　事務職員の数（配置率）と新規に採用する必要のある司書教諭の数は
　　　次のとおりである（平成4年文部省学校図書館現状調査）
　　　　　小学校　　　2.139人（ 8.9%）→約22.000人の新規採用
　　　　　中学校　　　1.045人（10.0%）→約10.000人　　〃
　　　　　高等学校　　2.450人（59.1%）→約 3.000人　　〃
　　　　　特殊学校　　　42人（ 4.8%）→約　 900人　　〃

出典：『ぱっちわーく』No.34．1996年3月．p.10-11．

司教40

学校図書館職員養成制度の改善に関する要望書

全国学校図書館協議会　学校図書館職員養成制度検討委員会

　本委員会はわが国における学校図書館職員養成のありかた，及び内容を検討し，その改善に関する提言を行うことを目的に設置されました。文部省が，ここ数年来，学校図書館の振興のために，さまざまな施策を講じておられることは，私どもにとって大きな喜びであります。小・中学校図書館の図書充実のために，5カ年間に500億円を計上され，また「児童生徒の読書に関する調査研究協力者会議」を設置して，子どもの読書とその豊かな成長を図るために必要な提言を求められ，さらに教職員配置改善計画における学校図書館事務職員の配置基準を高められるなど，いずれも学校図書館の振興にとってきわめて重要なことであります。

　しかし，学校図書館の運営にあたる専門職の配置状況はきわめて貧弱であり，その養成制度も理想とは程遠いといわざるを得ません。私どもは諸外国における学校図書館職員養成制度等をも参考に，種々検討を重ねて参りましたが，その結果，文部省に対し，下記について要望する必要があるとの結論に達しました。学校図書館が十分に機能を果たすためには，質の高い学校図書館職員を専任で配置することが不可欠であります。職員の養成制度の確立に関して，格別のご尽力をお願い申しあげます。

記

Ⅰ　改善の視点

　現行の学校図書館職員養成制度は，次の視点から大幅な改善が図られる必要があります。

　1　学校図書館へのコンピュータ導入をはじめ，学校図書館資料のマルチメディア化に伴い，これを活用し，またその利用法を指導するのにふさわしいメディア・スペシャリストとしての司書教諭の養成を図る。

　2　司書教諭の形式的有資格者を，安易に養成する方式を改め，専門職として自立して，効果的な図書館運営ができる実力ある司書教諭を養成することへの転換を図る。

　3　司書教諭と共に学校図書館に勤務し，その業務を担当する専門職員を「学校司

書」の職名のもとに配置できるよう，法的な整備を図る。
4 学校司書が専門職員として学校図書館の業務を遂行できるよう，その資格要件を定め，養成制度の確立を図る。

Ⅱ 改善の内容
(1) 現行の講習による司書教諭養成制度を大学における養成制度に改め，これに伴う法的整備を行うこと。

　昭和28年に学校図書館法が制定され，学校に学校図書館を設置することが義務づけられ，その職務を掌るための司書教諭の配置が制度化されました。
　司書教諭の資格取得には，講習を受けることが定められておりますが，その内容は7科目8単位に過ぎません。しかも学校で司書教諭に相当する職務に一定期間従事した場合には，履修単位の大幅な減免が認められております。
　この講習は，元来①すでに大学を卒業し，②教職員免許状を有し，③教員として任用され，④良好な成績で司書教諭に相当する職務に従事しているものを対象に，⑤可及的速やかに，⑥大量の司書教諭を養成することを目的に行われてきたものであります。
　しかし，司書教諭が学校図書館を担当する専門職として，十分にその役割を果たすのには，このような安易な講習で目的を達成することは到底不可能といわざるを得ません。とくに，学校教育や学校図書館をめぐる状況が大きく変化した現在，司書教諭に要求される専門的な知識・技能は，高度なものになりつつあります。したがって，司書教諭の養成は大学で行われるべきで，そのための法的整備がすみやかに講ぜられることを要望いたします。
　司書教諭を大学において養成することは，司書教諭講習を開講することとは，基盤が根本的に異なります。したがって，カリキュラムを新たな観点から編成しなければなりません。
　司書教諭養成のために必要な科目は，学校図書館学，図書館情報学，教育工学，教育技術など，多岐にわたります。全国学校図書館協議会は，昭和55年に『司書教諭および学校司書の資格基準（第2次案）』をまとめておりますが，すでにその段階で司書教諭の資格取得の要件として，専門科目24単位以上の履修が必要であるとしています（別添資料）。しかし，現在ではここに掲げられた科目以外に，例えば「文献検索法及び演習」「CAI学習法及び演習」「情報検索法及び演習」「情報システム経営法」などの追加が必要であると考えられます。
　大学での養成を前提に，新たな構想に基づく履習科目の設定がなされ，情報化時代，国際化時代の学校教育を支える学校図書館の責任者としての司書教諭が養成されることを期待いたします。
(2) 現行の司書教諭講習は暫定的なものとし，受講資格，科目編成などを，現代の学校教育の進展に対応した学校図書館担当者を養成するのにふさわしい内容に改訂すること。

資　　料

　司書教諭の養成が大学の課程で実施されれば，講習は当然廃止されることになります。ただし，大学での養成が制度化されたとしても，これを修得した学生が卒業するまでには一定の年限を必要とします。したがって，大学での養成が開始されても，5年間は暫定的に現職教員を対象とした講習を継続させる必要があります。しかし，現在の講習では，7科目8単位を履修すれば資格を取得することができ，しかも，学校で司書教諭に相当する職務に従事した場合には，経験年数2年以上で4単位，4年以上で6単位の受講免除が認められております。受講者全員が履習しなければならないのは「図書の整理」2単位だけであります。また，国立大学で実施される講習では，経験年数2年以上ある者のみを対象とする4単位しか開講されておりません。これでは，専門職としての司書教諭を養成しているとは到底考えられません。元来この講習は，法制定当時司書教諭有資格者の養成が早急に求められたための便宜的な措置でありました。しかし，それ以来40年間，講習の制度はまったく改善されることなく今日に及んでおります。新しい暫定的講習においては，例えば大学における司書教諭資格取得の科目のうち必修科目を履習させるなど，内容の充実を図り，現代の学校図書館を担当するのにふさわしい司書教諭が養成されることを要望いたします。この場合，経験年数による履習単位の減免はすべて廃止するべきであります。

　なお，現行の司書教諭講習においては，その大部分を図書館法による司書講習で修得した科目で振替えることができるようになっております（講習規定附則3項）。いうまでもなく，学校図書館は学校教育の目的達成のために設けられる教育機関であり，一般公衆の利用を目的とした公共図書館とは，その任務，性格を全く異にします。学校図書館における司書教諭と図書館法に定める司書とは，その専門性に基本的な相違があり，果たす役割も技能も当然異なります。学校図書館の専門性を確立するためにも，原則としてこのような振替措置は講じないようにするべきであります。

　(3)　学校司書について，その職名を設置するための法的整備を図ると共に，資格要件を定め，その養成制度を確立すること。

　現在，学校図書館に「公立義務教育諸学校の標準法」および「公立高等学校の標準法」にもとづく事務職員を配置している学校があります。しかし，これは学校事務職員の定数を増し，それを学校図書館に配置するという措置であるために，他の部署に流用されている例も少なくありません。これまで数次にわたり，学校図書館事務職員のための定数が改善されたにもかかわらず所期の目的を達し得ない要因はここにあります。身分が事務職員であるため，学校図書館を担当するのに必要な資格要件に関しても，まったく考慮されておりません。

　一方，自治体等で独自に学校図書館の職務を担当する職員を採用している例もあります。その場合も法的根拠がないために，採用の資格要件，雇用形態，身分，給与，配置方法などがさまざまになっております。複数の図書館を兼務する者，他の業務と兼務している者もいます。さらに，臨時職員，嘱託などの身分の者も少なくありません。

　このような状態では，専門的な職務を遂行することは到底不可能であります。学校図

書館に配置する事務職員を，学校司書の名称のもとに専門職として位置づけ，学校図書館業務に専念できるよう，法的整備が図られることを要望いたします。

　学校司書を専門職として配置するとなれば，当然その資格要件を明確に規定する必要があります。全国学校図書館協議会は，上述の『司書教諭および学校司書の資格基準（第2次案）』に，学校司書の資格要件に関する案を掲げてあります。そこでは，①短期大学以上の学校を卒業している者，②教職科目を10単位以上修得していること，③学校図書館に関する科目を24単位以上修得していることを，資格要件としております。現在では，さらに学校図書館の機械化や，資料，情報の多様化に対応するための科目履修が必要であります。質の高い学校司書を養成するための制度の確立を併せて要望する次第であります。

　現在，学校図書館を担当する事務職員を養成する制度がないために，図書館法にもとづく司書資格の取得を採用の条件としているという状況もあります。図書館法による司書は，公共図書館を対象とする資格であり，学校図書館を対象とする資格の取得には，当然それにふさわしい科目の履修が必要であります。学校司書養成制度を確立することにより，このような流用（ママ）は当然廃止されなければなりません。また，司書養成のための科目を学校司書養成のための科目に振替えることも，原則として認めないようにするべきであります。

　(4)　教職課程の必修科目として，学校図書館に関する科目を設けること。

　学校図書館は，教科学習をはじめ教育活動全般にかかわりを持ちます。学習指導要領においても，総則で"学校図書館を計画的に利用し，その機能の活用に努めること"を明記し，各教科や特別活動のなかにも学校図書館の利用や利用指導，読書活動や読書指導に関係のある内容が多く掲げられており，資料を活用した児童生徒の主体的な学習の重要性が強調されています。すべての教師が，学校図書館や資料を活用した学習指導，読書指導等を実践しなければなりません。それには，学校図書館の機能や資料を利用した指導について理解を深める必要があります。

　したがって，教育職員免許法を改正し，教職課程の必修科目として「学校図書館原理」（仮称）4単位を設置し，教員を志す者全員に学校図書館の意義，役割，資料情報の検索法および利用法，情報処理などについて履修（ママ）させることが，学校図書館の利用を盛んにし，学校教育の改善を図る上できわめて大切であります。そのことが子どもたちの自ら学ぶ力を伸長させ，情報化時代を生きぬく力を養う上で大きな力を発揮するはずであります。

全国学校図書館協議会　学校図書館職員養成制度検討委員会委員

委員長　　芦谷　清　（専修大学教授）
委　員　　浅井昭治　（全国学校図書館協議会常務理事）
　　　　　今村秀夫　（実践女子大学教授）

資　料

　　　笠原良郎　（全国学校図書館協議会専務理事）
　　　柴田正美　（三重大学教授）
　　　長倉美恵子（東京学芸大学教授）
　　　渡辺信一　（同志社大学教授）

出典：『学校図書館』No.545，1996年3月，p.26-29.

司教41

学校図書館法の一部を改正する法律案

参第四号

学校図書館法の一部を改正する法律案
右の議案を発議する。
　　平成八年六月十二日
　　発議者
　　　木宮和彦　井上裕　田沢智治　南野知惠子　森山眞弓　上山和人　山本正和　奥村展三
　　賛成者
　　　石渡清元　上野公成　大木浩　大島慶久　太田豊秋　岡利定　尾辻秀久　小野清子　笠原潤一　加藤紀文　狩野安　釜本邦茂　亀谷博昭　佐藤静雄　清水嘉与子　関根則之　中曽根弘文　成瀬守重　西田吉宏　橋本聖子　林芳正　二木秀夫　真島一男　松村龍二　溝手顕正　矢野哲朗　山本一太　吉川芳男　吉村剛太郎　菅野久光　竹村泰子　千葉景子　角田義一　渕上貞雄　前川忠夫　村沢牧　堂本暁子

　　　　参議院議長　斎藤十朗殿

　　学校図書館法の一部を改正する法律
学校図書館法（昭和二十八年法律第百八十五号）の一部を次のように改正する。
第五条第三項中「大学」の下に「その他の教育機関」を加える。
附則第二項中「当分の間」を「平成十五年三月三十一日までの間（政令で定める規模以下の学校にあつては，当分の間）」に改める。
　　　附　則
この法律は，公布の日から施行する。

　　　理　由
　学校図書館における司書教諭の職務の重要性にかんがみ，大学以外の教育機関が司書教諭の講習を行うことができることとするとともに，司書教諭の設置の特例を政令で定

める規模以下の学校を除き平成十五年三月三十一日までの間とする必要がある。これが，この法律案を提出する理由である。

出典：国立国会図書館議会官庁資料室蔵『法律案』（参法　第136回国会）〔原典縦書き〕

司教42

審査報告書

（第百三十六回国会参第四号）

審査報告書

　学校図書館法の一部を改正する法律案（継続案件）
右については，審査を終わらなかった。よって経過の概要を添えて報告する。
　　平成八年九月二十六日

文教委員長　清水嘉与子

　　　参議院議長　斎藤十朗殿

　経過の概要
　本法律案については，第百三十六回国会において，趣旨説明を聴取し，同閉会中において，資料の収集等を行ったが，審査を終了するに至らなかった。

出典：国立国会図書館議会官庁資料室蔵『法律案』（参法　第136回国会）〔原典縦書き〕

司教43

学校図書館司書教諭講習規程の一部を改正する省令

文部省令第七号
　学校図書館法（昭和二十八年法律第百八十五号）第五条第四項の規定に基づき，学校図書館司書教諭講習規程の一部を改正する省令を次のように定める。
　平成九年三月二十六日

文部大臣　小杉　隆

　学校図書館司書教諭講習規程の一部を改正する省令

　学校図書館司書教諭講習規程（昭和二十九年文部省令第二十一号）の一部を次のように改正する。
　附則第三項の表昭和四十三年四月一日以後の司書講習の科目の項中「四月一日以後」の下に「平成九年三月三十一日以前」を加え，同項の次に次のように加える。

資　料

平成九年四月一日以後の司書講習の科目	図書館経営論及び図書館サービス論	学校図書館の管理と運用	一
	児童サービス論	児童生徒の読書活動	一
	図書館資料論	図書の選択	一
		図書以外の資料の利用	一
	資料組織概説	図書の整理	二

　　附　　則
　この省令は，平成九年四月一日から施行する。
　出典：『官報』第2103号，1997年3月26日，p.2.〔原典縦書き〕

司教44

学校図書館法の一部を改正する法律案

参第四号

　学校図書館法の一部を改正する法律案
　右の議案を発議する。
　　　平成九年四月二十五日
　　　　発議者
　　　　　南野知惠子　木宮和彦　馳浩　石田美栄　山下栄一　上山和人　本岡昭次　奥村展三
　　　　賛成者
　　　　　大木浩　小野清子　加藤紀文　釜本邦茂　亀谷博昭　佐藤静雄　林芳正　真島一男　山本一太　吉川芳男　小林元　菅川健二　高橋令則　田村秀昭　西川玲子　浜四津敏子　林久美子　日下部禧代子　角田義一　渕上貞雄　村沢牧　山本正和　一井淳治　菅野久光　竹村泰子　千葉景子　前川忠夫　堂本暁子

　　　　参議院議長　斎藤十朗殿

　　学校図書館法の一部を改正する法律
　学校図書館法（昭和二十八年法律第百八十五号）の一部を次のように改正する。
　第五条第三項中「大学」の下に「その他の教育機関」を加える。
　附則第二項中「当分の間」を「平成十五年三月三十一日までの間（政令で定める規模以下の学校にあつては，当分の間）」に改める。
　　　附　則
　この法律は，公布の日から施行する。

　　　理　　由
　学校図書館における司書教諭の職務の重要性にかんがみ，大学以外の教育機関が司書

教諭の講習を行うことができることとするとともに，司書教諭の設置の特例を政令で定める規模以下の学校を除き平成十五年三月三十一日までの間とする必要がある。これが，この法律案を提出する理由である。

出典：国立国会図書館議会官庁資料室蔵『法律案』（参法　第140回国会）〔原典縦書き〕

司教45

審査報告書

（参第四号）

審査報告書

学校図書館法の一部を改正する法律案

右は多数をもって可決すべきものと議決した。よって要領書を添えて報告する。

平成九年五月八日

文教委員長　清水嘉与子

参議院議長　斎藤十朗殿

要領書

一、委員会の決定の理由

本法律案は，学校図書館の一層の充実を期し，司書教諭の設置の計画的拡充を図るとともに，司書教諭養成のための講習を行う教育機関の拡充を図ろうとするものであり，おおむね妥当な措置と認める。

なお，別紙の附帯決議を行った。

二、費用

本法施行のため，別に費用を要しない。

附帯決議

一　政府及び地方公共団体は，司書教諭の養成・発令を計画的に促進すること。なお，小規模校への設置についても検討すること。

二　政府は，司書教諭講習について，社会の情報化などの進展に応じて，講習内容の現代化を図るとともに，教員免許状取得前の受講を可能にするなど受講資格を弾力化すること。

三　政府は，学校図書館の利用の状況，学校図書館において司書教諭の果たす役割等を勘案し，司書教諭の教諭としての職務の在り方に関し，専任の司書教諭の在り方を含め，検討を行い，その結果に基づいて所要の措置を講ずること。

四　政府及び地方公共団体は，司書教諭の設置及びその職務の検討に当たっては，いわゆる学校司書がその職を失う結果にならないよう配慮すること。

五　政府及び地方公共団体は，学校週五日制の完全実施の時期を目途に，学校図書館の

資　　料

図書の充実を図るとともに，マルチメディア時代に向けた学習情報のセンターとしての機能の充実に努めること。
六　政府は，学校図書館の充実強化に対する国民の期待に応えるよう，将来の学校図書館の総合的な政策について引き続き検討を行うこと。
　右決議する。
出典：国立国会図書館議会官庁資料室蔵『法律案』（参法　第140回国会）〔原典縦書き〕

司教46

第百四十回国会　衆議院文教委員会　第十七号（抄）

平成九年五月三十日（金曜日）　午前九時一分開議

出席委員
　委員長　　二田　孝治君
　　理事　稲葉　大和君　　理事　河村　建夫君
　　理事　栗原　裕康君　　理事　田中眞紀子君
　　理事　佐藤　茂樹君　　理事　藤村　　修君
　　理事　山元　　勉君　　理事　石井　郁子君
　　　　　岩永　峯一君　　　　　嘉数　知賢君
　　　　　栗本慎一郎君　　　　　佐田玄一郎君
　　　　　阪上　善秀君　　　　　桜井　郁三君
　　　　　島村　宜伸君　　　　　戸井田　徹君
　　　　　中山　成彬君　　　　　柳沢　伯夫君
　　　　　山口　泰明君　　　　　渡辺　博道君
　　　　　井上　義久君　　　　　池坊　保子君
　　　　　漆原　良夫君　　　　　旭道山和泰君
　　　　　西　　博義君　　　　　西岡　武夫君
　　　　　三沢　　淳君　　　　　鳩山　邦夫君
　　　　　肥田美代子君　　　　　山原健二郎君
　　　　　保坂　展人君　　　　　粟屋　敏信君
　　　　　前田　武志君
出席国務大臣
　　　　　文　部　大　臣　　小杉　　隆君
出席政府委員
　　　　　文部政務次官　　　佐田玄一郎君
　　　　　文部大臣官房長　　佐藤　禎一君
　　　　　文部省生涯学習局長
　　　　　　　　　　　　　　草原　克豪君

　　　　　　文部省初等中等教育局長
　　　　　　　　　　　　　　辻村　哲夫君
　　　　　　文部省教育助成局長
　　　　　　　　　　　　　　小林　敬治君
　　　　　　文部省高等教育局長
　　　　　　　　　　　　　　雨宮　　忠君
　　　　　　文化庁次長　　　小野　元之君
　委員外の出席者
　　　　　　議　　　員　　田中眞紀子君
　　　　　　議　　　員　　河村　建夫君
　　　　　　議　　　員　　住　　博司君
　　　　　　議　　　員　　中谷　　元君
　　　　　　議　　　員　　栗原　博久君
　　　　　　議　　　員　　秋葉　忠利君
　　　　　　議　　　員　　藤村　　修君
　　　　　　議　　　員　　山元　　勉君
　　　　　　参議院議員　　南野知恵子君
　　　　　　参議院議員　　木宮　和彦君
　　　　　　参議院議員　　馳　　　浩君
　　　　　　参議院議員　　石田　美栄君
　　　　　　参議院議員　　山下　栄一君
　　　　　　参議院議員　　上山　和人君
　　　　　　参議院議員　　本岡　昭次君
　　　　　　参議院議員　　奥村　展三君
　　　　　　厚生省社会・援護局施設人材課長
　　　　　　　　　　　　　　井上　恒男君
　　　　　　文教委員会調査室長
　　　　　　　　　　　　　　岡村　　豊君
　　　─────────────

委員の異動
五月三十日
　辞任　　　　　　補欠選任
　　阪上　善秀君　　嘉数　知賢君
　　島村　宜伸君　　桜井　郁三君
　　西岡　武夫君　　漆原　良夫君
　　粟屋　敏信君　　前田　武志君
同日

資　料
　辞任　　　　　　　補欠選任
　　嘉数　知賢君　　　阪上　善秀君
　　桜井　郁三君　　　島村　宜伸君
　　漆原　良夫君　　　西岡　武夫君
　　前田　武志君　　　粟屋　敏信君

―――――――――――

（略）

―――――――――――

本日の会議に付した案件
　学校図書館法の一部を改正する法律案（参議院提出，参法第四号）
　小学校及び中学校の教諭の普通免許状授与に係る教育職員免許法の特例等に関する法律案（田中眞紀子君外九名提出，衆法第三一号）

―――――◇―――――

○二田委員長　これより会議を開きます。
　参議院提出，学校図書館法の一部を改正する法律案を議題といたします。
　これより質疑に入ります。
　質疑の申し出がありますので，順次これを許します。渡辺博道君。
○渡辺（博）委員　皆さん，おはようございます。これから質問をさせていただきますが，自由民主党の渡辺博道でございます。
　最近は子供たちが本を読む機会が大変少なくなったというお話がよく聞かれるわけでございますが，その背景はと申しますと，いろいろあろうかと思いますが，やはりテレビやそしてファミコンや漫画，こういった，子供たちにとって大変魅力的な媒体がふえてきたということが一つの大きな理由ではないかというふうに思います。そしてまた何よりも，受験戦争に追われてゆとりのない学校生活を営んでいる，こういったことが子供たちの本離れの一つの原因ではないかというふうに思うわけであります。
　確かにそのとおり私も考えているわけでございますが，大人たちの側から見れば，本を読む場所や指導者の提供，読書に関するこういった環境づくりをすることによって，子供たちは本をもっと愛する機会が得られるのではないかというふうに思うわけであります。今までのように知識を植え込むだけの教育から，みずから学び，考え，判断する力をはぐくむ教育へという転換を求められている今，子供の心を耕し，想像力，思考力を育てる読書，そして学校図書館の役割はますます重要になっていると思うわけであります。
　このような観点から，学校図書館法の一部改正，議員立法として提案なさいました先生方の御努力は大変なものであったと御推察いたします。本当に御苦労さまでございます。学校図書館の充実は極めて今日的課題であると同時に重要な課題であるという観点に立ちまして，賛成の立場に立ち，この法律案の質問を順次させていただきます。
　学校図書館法は，もう既に御案内でありますが，昭和二十八年に制定された法律であ

ります。この法律の目的でありますが、第一条には、「学校図書館が、学校教育において欠くことのできない基礎的な設備であることにかんがみ、その健全な発達を図り、もって学校教育を充実することを目的とする。」というような目的が規定されてございます。

さらに、その定義の中には、学校図書館とは、「児童又は生徒の健全な教養を育成することを目的として設けられる学校の設備をいう。」ということで、昭和二十八年というその時代背景からするならば、極めて先進的な規定であるのではないかというふうに思うわけであります。学校の教育課程の展開に寄与し、児童生徒の健全な教養を育成することを目的とするものというふうにうたわれておりますから、まさに、現在この教育改革の中で問われているそのものではないかというふうに思うわけであります。

この法律制定に当たりまして、立法の趣旨については、第十六回国会の参議院文教委員会議事録においてこのように述べられております。「戦後の我が国は、教育制度の改革を断行いたしまして、教育の機会均等と、教育の画期的振興とを図りまして、漸次その成果を収めて参つたのでございますが、」「学校教育におきましては、学校図書館が設置されますことにより、」「学習指導の能率が高まり、自発的学習態度が養成せられ、以て個性の伸展と教養の向上に資すること極めて顕著なるものがあります。」というような形で、学校の図書館の重要性を説いております。

それが今、法が制定されて四十年余りを経過しているわけでございますが、現在では、学校や児童を取り巻く環境、その当時とはまさに大きくさま変わりしているわけであります。でも、学校図書館の大切さは少しも減ってはいない、むしろ、ますますこれからは重要になっていく、私はそのように思うわけであります。

今回法律を改正して、学校図書館の一層の充実を図ろうとしているわけでありますが、これを契機として、今後の学校図書館にどのような役割を期待されているのか、法案の提出者にお伺いしたいと思います。

○南野参議院議員　自民党の南野でございます。

ただいまいただきました渡辺先生からの御質問は、今後の学校図書館にどのような役割が期待されているか、学校図書館の意義ということについてのお尋ねかというふうに思っております。

今日の学習社会、または生涯学習社会、情報化社会、そういったものの進展というものは、やはり学校教育のあり方に対してもその転換を迫っていると思います。これからの学校の基本的な役割というものは、児童生徒に、生涯にわたって学習をし続ける基礎学力を身につけさせるとともに、みずから、必要な知識、技能そして情報を獲得し、さらに、主体的にそれらを判断し、そして行動できる資質それから能力、そういったものをはぐくむことが要請されているというふうに思っております。

このようなことから、これからの学校図書館は、児童生徒の自発的それから自主的な学習活動を支援し、教育課程の進展に寄与する学習情報センターとして、学校教育の中で中核的な役割を果たすことが期待されております。

資　　料

　そのためには，学校図書館が児童生徒の心のオアシスとなるように，ゆったりとしたスペースを設けたり，その隣には談話室を設けるなど，環境整備ということも必要であり，読書センターとしての機能を充実していく，こういったものも不可欠になってくるというふうに思っております。
　また，情報社会への対応に対しましては，学校図書館にもインターネットだとかパソコン，そういったものを導入しながら，さらに能力を育成するということも必要なことになってくるだろうと思っております。そして，ここで学んだことを生かすということが子供たちにとって大きな効果になってくると思います。
　そういうことでは，インターネット，パソコンを通じてお絵かきの下絵を出し，そして，それを高齢社会に持っていき，おじいちゃま，おばあちゃまたちとお絵塗りをする，また，世代間の交流を通して，こういうことがあるんだというボランティアの活動精神というものもはぐくむことができるのではないかなと思っております。
　学校の校長先生のいわゆる発想の転換から司書教諭の先生方の発想の広がり，それが子供たちに対して，もっと自発的な展開，自立，そういったものを育成することにつながっていくというふうに思っております。そういうものが学校図書館として整備されていくならば，そういうものが学校図書館のいわゆる発信基地として展開していく，そういった学校図書館のあり方を私は思っております。
　どうぞよろしく御審議いただきたいと思っております。ありがとうございます。
○渡辺（博）委員　ありがとうございます。南野先生の思い入れ，この学校図書館に関する充実をぜひとも進めて，そしていろいろな機能を持ちます学習支援センターや情報の発信基地等，そしてまたボランティアの中心的な役割を担うということで，大変すばらしいお話を聞かせていただいたわけでございます。
　さて，このような重要な学校図書館でありますけれども，今後それをどのように充実していくかということになりますが，例えば施設の面であれば，今先生がおっしゃったように，子供たちがゆったりと読書が楽しめる，そして自由に楽しめる，そういったスペースが必要であろう。また，最新の図書資料をそろえて，どんな情報でも対応できるというようなことも必要であろうかと思うわけでありますが，こういった物理的な面もさることながら，やはり一番大事なのは人であります。その中心となる人の問題について若干質問をさせていただきたいと思うわけであります。
　昭和二十八年に制定された学校図書館法において，図書館活動の中心となる司書教諭の職が必置とされたことは大変すばらしいことであり，まさに先見性のあることだと思うわけであります。しかし，残念なことに，司書教諭の設置は附則第二項の規定により，当分の間置かないことができるとされたまま四十年余りがたってしまったわけであります。無論，附則第二項の規定があったとしても，原則としては司書教諭の配置をするということでありましょうし，それにもかかわらず司書教諭の設置が進まないという状況は大変残念な気がするわけであります。
　現在でも司書教諭の発令率は，いまだ極めて低い水準にとどまっているというふうに

聞き及んでおります。そこで，司書教諭の発令数についてはどのような状況であるのか，また，司書教諭の資格を持っている教員自体は学校にどれくらいいるのか，さらに，司書教諭の発令がこれほどまでに進まなかった理由は一体何なのか，これについてお伺いしたいと思います。

○辻村政府委員　三点のお尋ねがございました。

　まず第一点の司書教諭の発令状況でございますが，平成八年度現在，国公私立を通しまして，全体で五百二十四名ということになってございます。内訳といたしましては，小学校七十二名，中学校百十一人，高等学校三百三十六人，特殊教育諸学校五人という状況でございます。

　それから，では司書教諭について資格を持った人はどのくらいいるかということでございますが，これは平成六年度の調査でございますが，公立学校につきまして，小学校，中学校，高等学校，特殊教育諸学校，合わせまして一万二千五百六十九人となってございます。若干内訳を申しますと，小学校の一九・九％，中学校の二八・一％，高等学校の二七・三％，特殊教育諸学校の二六・三％という状況でございます。

　この設置が進まなかった理由ということでございますが，私ども，平成四年に調査をいたしました。各学校において司書教諭の発令が進まない理由は何かということで尋ねたところ，小学校，中学校につきましては，学校の規模等からして図書係等の校務分掌で担当することで足りる，あるいは，有資格者はいるけれども学校図書館ではなくてほかの校務分掌を担当しているといった理由が高い率を占めました。高等学校につきましては，事務職員等が図書館事務を担当しているので司書教諭の発令は不要であるというような理由を挙げるところが多うございました。また，小中高共通の理由といたしまして，小規模校のため，あるいはその方が学級担任をしているため，あるいは学校図書館法附則第二項によって，先ほど先生［が］御紹介されましたが，当分の間これを置かないことができる，こういう規定があるからという理由を挙げる学校が多い状況でございました。

　これらを総括いたしますと，附則によって当分の間置かないことができるというのはあくまで特例であって，原則はすべての学校に置かれるということでありますけれども，附則の運用，解釈において，これは置かなくてもある意味で差しさわりがないというような理解がされていたというふうに思われる点，それから，学校図書館や司書教諭に対します認識の問題，司書教諭を引き受けるということによって新たに負担がふえるということに対する抵抗感といったようなもの，こういったものが主な要因として挙げられるのではないか，こんなふうに私どもは分析をいたしているところでございます。

○渡辺（博）委員　そうしますと，やはり現場の方の認識がかなり低かったというのが一つの大きな理由ではないかなというふうに理解させていただくわけでございますけれども，こういった状況の中で今後どのように発令をしていくのか。法律改正によって平成十五年三月三十一日までには司書教諭を設置するというふうな内容でございますが，これを具体的にどのような形で発令していくのか，今後の見通しについてお話をいただ

資　料

きたいと思います。
○辻村政府委員　この法律改正が行われますと，一定規模以上に司書教諭の設置が義務づけられるわけでございます。平成十五年四月からは，そうした形で義務づけが行われるわけでございます。

　一定規模以上をどのようなものに定めるか，これは政令で定めることになっておりますので，この国会審議での状況を踏まえまして政府として検討していくことになるわけでございますが，話を具体的に申し上げる意味で一つの仮定を置きまして御説明をさせていただきますと，適正規模と言われております十二学級，それ以上の学校に設置を義務づけるというふうにいたしますと，全国で小中高等学校あるいは特殊教育諸学校，四万二千校ございますが，そのうち十二学級以上の規模の学校は約二万四千校ございます。それで，一校に一人ということですと人事異動の問題その他さまざまな支障が生じてまいりますので，仮に一校に二人というふうに仮定を置きますと，二万四千校の二倍ということで四万八千人の司書教諭が必要になるということになります。

　それで，私ども調査いたしました結果では，平成九年時点で一万二千五百六十九人の有資格者がいるということでございますので，差し引きいたしますと，おおよそ三万六千人を平成十五年三月三十一日までの六年間で養成をしていくということになります。単純に六で割りますと毎年六千名ずつ養成をしていくというようなことになるわけでございます。

　これへの対応でございますけれども，平成八年度，三十六大学で行っておりました講習の場を，平成九年度におきましては五十九大学にふやしております。また，この法律改正が行われますと，大学以外の教育機関におきましても講習をすることができるということになるわけでございます。私ども，こうした大学の場あるいは大学以外の教育機関の場等を十分に活用いたしまして，ただいま申し上げましたような数の養成を図っていく。同時に，各県の教育委員会あるいは市町村教育委員会，学校等と連携を密にいたしまして，講習を終えた方から確実に発令をしていただくというようなことをこうした関係機関と十分連携を取りながら促進してまいりたい，こんなふうに考えているところでございます。
○渡辺（博）委員　ありがとうございます。
　かなりの人数が必要だということでございますけれども，今大学が五十九大学ということで増設されたということですけれども，それ以外の機関というのは幾つぐらいありますか。
○辻村政府委員　現在の司書教諭の養成のあり方といたしまして，これは法律に書いてございますけれども，文部大臣の指定をした大学において講習を行い，その講習を受けた者が資格を得る，こういうふうになってございます。したがいまして，現在はこの五十九大学に限られているというのが現状でございます。
○渡辺（博）委員　改正した後，その想定はどのようにしているかということです。
○辻村政府委員　どうも大変失礼いたしました。

この法律改正が行われますと、大学以外の教育機関においても講習し得る、こうなるわけでございます。教育機関といたしましては、研修所、教育センター、博物館等いろいろあるわけでございますけれども、やはり司書教諭の講習にふさわしいものとしては、私ども、各都道府県あるいは大きな市等に置かれております教育センターに委嘱をしてはいかがかな、こんなふうに考えておるところでございます。

○**渡辺（博）委員** 司書教諭の役割というのは大変重要だということはもう私自身も認識しておるわけでございますけれども、こういった職責を十分果たすためには、司書教諭本人の力量ももちろん問題でありますけれども、校長先生や教師全体が司書教諭の重要性、学校図書館の大切さというものをどの程度理解しているかにかかわってくるのではないかと思われます。図書指導や学校図書館利用について専門的な識見を有する司書教諭を取り巻いている学校内全体の協力体制をどのように整えていくか、司書教諭が学校図書館業務に責任を持って携わっていけるような校務分掌の作業をどうしていくのかといった問題が重要だと思うわけであります。

この点、司書教諭の専任化ということも言われているようでありますが、そういった法制度自体を改正しなくても、現在の司書教諭の担当する授業時間数を軽減したり、あるいは全く授業を持たせないという意味での専任状態にするという工夫は各学校でもっとされてもよいのではないかと思うのでありますが、文部省としてはどのようにお考えでありますか。

○**辻村政府委員** 司書教諭の仕事は、教諭をもって充てられた先生が当たる、「司書教諭は、教諭をもって充てる。」こういうふうになってございます。そして、司書教諭の仕事は、各学校内の校務分掌の一つとして行われているものでございます。したがいまして、この司書教諭に充てられた先生の仕事をどのように支え、円滑な司書教諭の仕事がやれるように支えるかというのは各学校の工夫にまたれているところでございます。

それで、私ども、平成四年の十月にその関連の調査をいたしておりますが、そこでは、小学校、中学校につきましては一・四時間あるいは一・五時間授業時間を軽減する、あるいは高等学校では十一・八時間授業時間を軽減するというような対応が行われているところでございますし、また、司書教諭で担任を持っていない、担任を持たせないというような例は、小学校で二〇・四％、中学校で五八・二％、高等学校で九六・九％というような数になっているところでございます。

私ども国として、一律に、司書教諭に充てられた先生に対してこのようにという御指導と申しましょうか要請をするのは、校務分掌という意味でなかなか難しい点があるわけでございますけれども、ただ、司書教諭の仕事の重要性ということを十分に各学校において共通理解を持っていただきまして、ただいま御紹介いたしましたような授業時間の問題、その他さまざまな御工夫を各学校において行っていただくように、そういう御要請はしていきたいというふうに考えております。

○**渡辺（博）委員** 司書教諭が充実して各学校に配置されることが学校図書館としても充実する内容だというふうに思うわけでありますが、片や、現在学校図書館の中に担当

資　　料

事務職員という方がいらっしゃいます。そういう人たちとのかかわり，この中で大変危惧しているという話があります。
　一例でありますが，はがきを私もいただきまして，その中にこういう話があります。
　　今回の「改正」案は，司書教諭を発令するという内容ですが，現在クラス担任や授業をしている，司書教諭の有資格者に辞令が出るだけで，授業時間の軽減などの保障もなく，今でも多忙な先生方に過重な負担をおわせることになります。
　　逆に自治体独自で専任，専門の学校司書を配直してきたことにストップがかかり，現職者の首切りもかんがえられます。
というようなはがきもいただいているわけでございますが，司書教諭が配置されると学校図書館担当の事務職員が削減されるだろうというようなこの危惧に対して，文部省はどのようにお考えでございましょうか。
○辻村政府委員　学校図書館におきまして勤務をしております事務職員，学校司書というふうに言われているケースもございますけれども，こういった方々は，学校図書館運営の中心でございます司書教諭を補佐をいたしまして，図書館の円滑な運営ということで，事務的，技術的な職務に従事をしておるわけでございます。
　例えば，図書館サービスの職務として，館内の閲覧あるいは館外貸し出し，資料の利用案内といった仕事はこの学校司書の方々の仕事でございますし，また技術的職務として，さまざまな資料の発注あるいは資料の購入，廃棄に伴います会計上，経理上あるいは事務上のさまざまな処理というのはこの学校司書の方々に任されているわけでございます。
　それで，司書教諭の職務は，主として教育活動という観点から学校の先生が充てられるということからも推測されますように，教育に関する職務に携わるわけでございまして，学校司書は学校図書館の事務的な支えとして大きな役割を果たすということで，私どもは，職務の内容が違う，お互いに協力し合って学校図書館の充実を期す，こういう立場にあるだろうと思っております。
　したがいまして，今回の法律改正によりまして司書教諭の発令が行われたといたしましても，そのことをもって直ちに学校司書の仕事が軽減されるとか必要なくなるとかということではない，こういうふうに認識をしているところでございます。
○渡辺（博）委員　ただいま文部省のお考えもお伺いし，学校図書館の充実を図る上ではお互いに共存していく，お互いに力を出し合っていくことがこれからの図書館の充実にどうしても必要なものだというふうに私も理解さしていただきました。
　さて，私が一番この法案の中で危惧している点でございます。それは，小規模校に対する考え方であります。
　今回の法律案によりましては，平成十五年の三月三十一日までに司書教諭を設置する，ただし政令に定める小規模校については当分の間というような記述でございます。この点は，基本的には教育というものはすべて国民が共通の土俵の上に立って，そして機会均等に受けられなければならない，そういった権利があるわけでございますが，私自身

は，そういった，小規模校だというだけの理由によって学校図書館の充実がおくれるということは，まさに教育そのものに対する差別ではないかというふうにちょっと危惧しているわけでございます。

　私たちは，子供が同じような環境の中で育って，そして同じような教育を受けてまいっておりますが，この学校図書館の重要性というもの，先ほど南野先生がおっしゃったように，これからの二十一世紀を担う子供たちにとって大変重要な役割を担うものであるというお話がありました。そうであれば，現在，全体の中の四割近いというふうに私も理解しておるわけですが，小規模校の生徒たちはその恩恵をこうむることができないわけでございます。同じ時代を生きてきた子供たちにこういった差を設けていくことは，本来は私はあるべき姿ではないというふうに思うわけであります。

　ただ，学校図書館法の一部改正というこの問題については，制定から四十年余りがたっていまだ十分な設置ができない，こういった現況を踏まえて，まずは学校図書館に司書教諭を設置することを最優先に考えた，まあやむを得ざる選択ではないかというふうに思うわけでございます。教育を受ける子供たち，その子供たちをぜひとも同じような環境の中で育てていきたいというその気持ちを文部省の方もお持ちいただきたいと思うわけでございます。

　そしてまた，最後になりますが，ぜひとも提案者の南野先生に，この学校図書館法の一部改正の成立をもって，さらにこの図書館の充実を今後どのように図って，どのように活用していくか，これをもう一度お伺いして，私の質問を終わりにさせていただきたいと存じます。

〇南野参議院議員　先生の大変含蓄あるお言葉をいただきました。先生の御期待に沿うように，我々は，この法案を通させていただいたならば，その次に待っている課題はいっぱいいっぱいあると思います。それを一つずつ通していく，一つずつ片づけていくことが二十一世紀を担う子供たちの夢を育てることになるのではないかなと思っております。先生の御示唆どおり，司書教諭が置かれましたならば，その方の活動をまって，さらにいい子供たちの読書環境，さらには図書館環境というものを整備していきたいと思っております。

　どうもありがとうございました。以上でございます。

〇渡辺（博）委員　ぜひとも頑張っていただきたいと思います。
　ありがとうございました。終わります。

〇二田委員長　次に，佐藤茂樹君。

〇佐藤（茂）委員　新進党の佐藤茂樹でございます。きょうは，参議院の先生方，大変に御苦労さまでございます。

　昭和二十八年にできましたこの学校図書館法を改正して，学校図書館を何とか充実，活性化させよう，そういう思いで議員立法をされてきたこの御努力と，また五月の初頭に五時間以上おかけになってこの学校図書館法の改正案について御審議されてきたことに対しまして，まず敬意を表したいわけでございます。ただ，参議院を通られた後も，

資料

　やはりいろいろなところから声も上がっておりますが，今回の改正案に対してまだまだやはり若干の疑問や懸念というものを私どもも持っておりますので，そういう疑問や懸念，さらに今後の課題等につきまして，三十分でありますけれども，何点かお聞きをしてまいりたいと思います。
　まず最初に，提出者の方にお尋ねをしたいのですが，今回，大きく二本の柱になる改正案を提出されたわけでして，その一つが，大学その他の教育機関で司書教諭の講習ができるようにするというものである。もう一つは，先ほど来の質問にもありました附則第二項の「当分の間，」というものを取っ払って「平成十五年三月三十一日まで」というように期限を切って司書教諭を置く，そういう形にされたということなのです。ただ，そういう内容は理解した上で，今までのこの文教委員会，先輩方が議論されてきた過去のものと若干内容が違うのではないか，そういうことについてちょっとお尋ねしたいのです。
　要するに，過去において，特に，第六十八回国会，昭和四十七年，また第七十一回国会，昭和四十八年に提出されて，それぞれ衆議院，参議院を，片方の院ずつ通過しながら審査未了となりました法案の改正ポイントというのを見ますと，どちらも学校司書の制度化問題に切り込もうという努力をされていたということが共通のポイントであったのではないのかな。もう一つの柱は，今回と同様，司書教諭の制度というものをきちっと整備するというものももう一つの柱としてあったのですけれども，その昭和四十六年，四十七年の第六十八回国会，七十一回国会でそれぞれ，衆議院を通過しながら参議院で審議未了となり，また参議院を通過しながら衆議院で審議未了となったものを見ますと，どうしても学校司書の制度を何とか設けたい，そういう過去の先輩の思いがあったように思うわけですね。
　しかしながら，今回の法案については，その問題に触れずに，冒頭に申し上げましたように，何とか司書教諭の設置の促進というところに力を入れよう，そういう観点が非常に強いと思うのですけれども，何ゆえ過去の改正ポイントであったこの学校司書の制度化問題に今回の改正案では切り込まれなかったのか，まずその点につきまして，提出者にお考えをお聞きしたいと思います。
○山下（栄）参議院議員　発議者の一人の平成会の山下でございます。
　佐藤委員の大変鋭い質問でございまして，私よりも木宮先生に答えてもらいたいと思っていますけれども，答えさせていただきたいと思います。
　先ほど南野発議者からもお話がございましたけれども，今回の改正案は完璧なものじゃない，やらなきゃいかぬことがいっぱいあるけれども，ともかくまず第一歩なのだと。ほとんど発令されてこなかった司書教諭を発令できる体制にしよう，そういう法改正である。たくさんの課題はこれから検討していかなければならないというお話であったわけでございまして，まさに今おっしゃったいわゆる学校司書の問題もその一つではないかな。先ほども局長は学校司書と言っておられましたけれども，この言葉そのものもまだちゃんと認定されていない言葉であるわけでございます。

先ほどの議論にもございましたように，昭和二十八年にこの非常にすばらしい法律ができた。学校には学校教育に必要不可欠な施設として学校図書館が大事だ，そのためには専門家としての司書教諭が必要である，そういうふうに法律には書いてあったわけでございますけれども，日本の教育の基本的な方針の変化もあったのではないかと私は思うわけでございます。体験学習と系統学習という大きな二つの流れが，いろいろ紆余曲折がございまして，最近またこの体験学習の観点というのが大きくクローズアップされて，新しい学力観という観点からの位置づけの中でこの学校図書館の役割が大きくまた見直されている，そういう時期ではないかなと思うわけでございます。

　今お話がございましたように，いわゆる学校司書の問題は，昭和四十年代後半に検討されたことがあり，法律の中でも案として出てきたことはあった。ただ，今申し上げしたように，基本的には，学校図書館は死んだままというかそういう状況がずっと続いていた。そんな中で，最近また，発令されていない司書教諭のかわりとして学校司書といいますか学校図書館担当事務職員の配置がずっと進んできておるという状況があるわけでございます。

　したがって，全国的な広がりの中で，勤務形態そしてどういう資格の人を事務職員として配置するかということ，これも全部地域によってばらばらの状況がございまして，まず司書教諭の位置づけと，具体的な活躍の中で，いわゆる事務職員の位置づけをどうしていくか，学校司書をどうしていくかということもきちっと検討していかなければならない，今後の検討課題である，こういう観点から，とりあえず今回の法改正は，第一歩として司書教諭の発令の促進のための法改正から始めよう，こういうことになったという位置づけでございますので，どうぞ御理解をお願いしたいと思います。

○佐藤（茂）委員　今，提出者の方が代表して，今回の改正案で完璧なものじゃないのだ，まず第一歩であって，特に，いわゆる学校司書と言われる方々の問題については今後の検討課題である，そういう答弁がございましたけれども，いわゆる学校司書，学校図書館担当職員と言った方がいいのでしょうか，そういう方々のことについてもう少しやはりこの質疑の中で明らかにしていきたいわけです。

　今，全国各地で，学校生徒の御父兄の皆さんであるとか市民の皆さんなどの熱意によりまして，各自治体において，財政状況は大変厳しい折ながら，学校図書館に自治体の単独予算，単費によって職員を置いていこう，そういうことをやり出している自治体というのが年々ふえております。

　私も先ほどお答えになった山下先生と同様に大阪に住んでおりますけれども，大阪府下でも平成に入って年々広がりを見せておりまして，例えば，北からいくと箕面市とか豊中市とか池田市，高槻市，羽曳野市，町でいうと豊能町，熊取町，五市二町ですけれども，そういうところがどんどん独自の単費で職員を置かれていっている。その中でも，特に豊能町なんかはもう，学校数が少ないこともありますけれども，小中全校で設置しているという，そういうところもあるように聞いております。きょうお越しになっている先生方の中でも，大阪以外でも，石田美栄先生のところの岡山市なんかはさらに進ん

資　　料

でいるというようなお話も聞いておりますけれども。
　まず文部省にお聞きしたいのですけれども，いわゆる学校司書と言われる学校図書館の職員がどのくらい配置されているのかということを，簡潔で結構なのですが，小中高別，さらには正規職員，非正規職員別にお答えいただきたいと思います。
○辻村政府委員　学校図書館担当事務職員，いわゆる学校司書の数でございますが，私ども，平成四年時点の数字でございますが，小学校三千六十七人，中学校千四百四十三人，高等学校二千九百三十二人，特殊教育諸学校七十一人，合計七千五百十三人というふうに把握をいたしております。
　また，正規職員の関係でございますが，これはちょっと時点が違いまして恐縮でございますが，平成七年時点での公立学校を対象にいたしました調査では，正規職員を置く学校は，小学校三五・一％，中学校三八・七％，高等学校の全日制が八六・七％，定時制が八二・三％，こういう数字を承知いたしております。
○佐藤（茂）委員　今，全体で，平成四年の段階で七千五百人を超える方がいわゆる学校司書という立場でお働きになっているという話でしたけれども，大阪の声だけですけれども，この五市二町なんかでどんどん広がりを見せている，そういうところの方々の声を聞きますと，学校司書と言われる方々の果たしてきた役割というのは，非常にやはり教育現場において大きなものがあったのではないのかな，またあるのではないのかなという，そういう感想を持っているわけです。
　この職員の方々の努力によりまして，まず一つは，やはり本当に目をみはるほど子供たちが生き生きと学校図書館を利用する様子というもの，私もお話を伺いましたし，また逆に，教師の皆さんが調べ学習といいますか，さまざまな資料を使って豊かな授業の展開が実現して，まさに現行の学習指導要領にありますように，子供たちがみずから学ぶ方法を知って，また学ぶ楽しさを体験するということが可能になったという，そういう話もどんどん聞いておるのです。
　まず文部省として，先ほどの御答弁とちょっと重なるかもわかりませんが，このいわゆる学校司書と言われる職員の皆さんの持っている職務，またその役割をどのように認識されているのか。また，そういう意味でいうと，先ほど申し上げましたように，自治体で単費で配置されている状況というのはどんどん広がってきているわけですね。このことをどのように評価されているのか文部省にお聞きしたいのと，その後，提出者の方にぜひ，自治体でそういう広がりがどんどん出てきているということも今回の議員立法の提出者としてどういうように評価されているのか，重ねてお尋ねをしたいと思います。
○辻村政府委員　学校図書館担当事務職員の仕事は，いわゆる司書教諭の仕事を補佐して，その学校図書館の運営の円滑な実施という点で大変重たい仕事をしているというふうに認識をいたしております。
　「司書教諭は，教諭をもつて充てる。」ということで，学校の教育活動全体の中で学校図書館をどのように活用していくかという，そういう大きな方針と申しましょうか，教育的な側面からその企画立案等に携わるということが大きな仕事になるわけでございま

すけれども，そうした各学校の方針のもとで，その学校図書館を，いかに円滑に子供たちや教師にサービスを提供するかという点では，この学校事務職員の仕事は大変大きいと思っております。

その仕事の中身としては，先ほどお答えいたしましたので繰り返しませんが，学校図書館のサービスの提供という点と，それから学校図書館を最善の状態で維持していくという面での職務，大きくこの二つの職務に分けられるというふうに我々は理解しているわけでございますけれども，その二つの仕事を通しまして，今申し上げましたような学校図書館の円滑な運営という点で重責を担っている，こういうふうに理解をいたしております。

そして，各自治体の努力によってこれが広がっているということは，この学校図書館の事務職員の仕事というものの重要性がそれぞれの自治体において評価されているその結果であるというように認識をいたしております。

○山下（栄）参議院議員　佐藤委員から具体的なお話がございましたように，死んでいた図書館，かぎのかかっていた図書館に人を配置することがいかに大事かということを，いわゆる事務職という立場であるけれども，自治体の努力で配置されたことがやはり学校図書館の役割の重要性ということを訴えているというふうに私は評価しておるわけでございます。

その事務職の具体的な闘いによりまして，授業改革につながり，そして子供たちが元気になる。場合によっては不登校の生徒までも学校に来るようになったというふうなこともあるわけでございまして，自治体の独自の予算で，費用で，もちろん住民の方々の強い願いもあったと思いますけれども，具体的な人の配置が行われてきたということにつきましては，本当に大変な闘いであったなということを評価しておるわけでございます。

以上でございます。

○佐藤（茂）委員　今，文部省の局長さんも，また提出者の皆さんも口をそろえて，いわゆる学校司書という立場で働いておられる方々の果たしている役割というのを非常に強調されているわけでございますが，しかし先ほど自民党の先生も質問されましたけれども，現場では本当に，そういうここでの評価とは別に，今回の改正によって司書教諭が配置されることによって，逆にそういう学校司書の職というか職務というのがどんどん奪われていくのではないのかという，そういう不安や懸念というものが出ているわけです。

大阪府下の先ほど挙げたような市の中でも，具体的，間接的にであろうと，学校司書の方に対して，あなたたちは今回この司書教諭が配置されるまでの間ですよ，そういうニュアンスのことを言われたというような声も私は聞いておりますけれども，そのような現場での不安や懸念というものに対して文部省としてはどのように考えておられるのか。特に，今回の法改正の趣旨を自治体がどう理解するのかということが一番のポイントになってくるのではないのかな。

資　　料

　要するに，先ほど局長さんもおっしゃっていましたけれども，いわゆる学校司書と言われる方々の職務とか役割と，この司書教諭と言われる，今回置かれていく司書教諭の方々の職務，役割を誤解し，また混同するような自治体が出てくると，これはもう大変な，いわゆるどちらかというと弱い立場にある学校司書と言われる方々は不利な状況に追い込まれる。

　そういう意味で，今回のこの法改正をきっかけにして，特に学校司書の任用権者である自治体に対して，文部省として何らかの措置であるとか指針というものを出す必要があるのではないかな，そういうふうに考えておるのですが，文部省の見解をまずお聞きしたいと思います。

○辻村政府委員　今回の法改正で行われますことは，一定規模以上の学校に司書教諭の配置を義務づけるということでございます。その司書教諭は一定の講習を受けた教諭の中から発令するということでございまして，専らいわゆる教育に携わる教育職の中におきます改善措置であるわけでございます。したがいまして，先ほどから御説明申し上げておりますように，学校図書館で事務を担当しておる職員とは別の問題として今この学校図書館法の改正が御議論されているというふうに思います。

　今，先生から御指摘されました点はほかの場でも御指摘を受けたことがございまして，私どもも，今回の法改正の趣旨というものを，成立の暁には，各県の教育委員会等を通しまして学校にきちっと伝えるということが大変重要なのではないかというふうに認識いたしております。

○佐藤（茂）委員　私は，そういう趣旨を伝えて，今回学校司書の皆さんが不利にならないような状況をつくるだけではなくて，現に文部省としても，先ほど提出者も言われていましたが，学校図書館に人が配置されるということによってどれだけ学校図書館が活性化され，またそれが具体的に小学校，中学校，高校の教育現場を変えていったのかという事例をさらに研究していただいて，今自治体が進めているような単費による施策というものをさらに文部省としても支援する，そういう具体策をぜひ今後とも前向きになって考えていただきたいということを要望いたしまして，次の質問に移らせていただきます。

　先ほど自民党の委員の方の質問に対しまして，司書教諭の発令ということで文部省として答弁された。これは，平成四年の調査に基づいて答弁をされたと思うのですけれども，ずっと司書教諭の発令数の推移というものを見ていきますと，今の状態というのは先ほど御答弁されたので，重なるのでお聞きしませんけれども，昭和三十年代から四十年代の初めにかけては今に比べて非常に多かったのですね，発令数というのは。年に四百を超す発令を小学校なんかでも行っていた時代というのが十年ぐらいあった。ところが，一時また下がってきて，四十九年にぽんと発令数が四百近くなった後，ずっと右下がりに下がってきて，最近はもう小中高ともにほとんど二けたの前半，五十前後でずっと来ている，そういう状態になっておるのです。

　そこで，まず基本的なことをお聞きしたいのですけれども，そもそも司書教諭の発令

というのはだれがされるのか。だれがその発令の権限を持っているのかということをまずお尋ねしたいと思います。
○辻村政府委員　司書教諭を発令いたしますのは，司書教諭講習を修了した教諭の中から，校長または教育委員会が発令をするというふうになってございます。
○佐藤（茂）委員　今，御答弁の中で，校長または教育委員会が発令するということになっているということなのですけれども，これは何か文部省として出されたきちっとした通知というのがあるのですか。
○辻村政府委員　一つの指導の手引のようなものの中に，発令の一つのモデルの例というような形で，校長または教育委員会が発令する書式のようなものを示して通知をした例がございます。

それに従いまして，各市町村では，市町村の教育委員会が発令する場合もございますし校長が発令する場合もある。ちょうど主任につきまして，各種のさまざまな主任がございますが，それぞれの市町村によって，教育委員会が発令する場合もありますし校長が発令する場合もあるわけでございますけれども，それと同じような扱いがこの司書教諭についてもとられているということでございます。
○佐藤（茂）委員　今の御答弁ですと，要するに，司書教諭が発令されなかったのは，ケースによって違うのでしょうけれども，市町村の教育委員会か校長の判断によって発令されなかったということで，どちらが一体責任を持っておったのかということが一言で言うとはっきりしないわけですね。余り時間をかけたくないのですけれども，もう一回確認したいのです。これは私の認識していたのと違うので，もう一回明確に答弁いただきたいのです。

これは，昭和三十二年五月二日に出されている，各都道府県教育委員会あての初等中等教育局長の通達というのがありまして，「司書教諭の発令について」という文書なのです。これは，山口県の教育委員会から照会があったことに対して回答を寄せられていて，それを御参考までに送付しますということで各県に打たれているのですけれども，その中の抜粋ですが読みますと，「発令について」「県費負担教職員たる教諭を司書教諭に命ずる場合の発令者は，当該市町村教育委員会である。」こういうふうに明確に言われているのですね。

先ほどの局長の答弁ですと，教育委員会または校長というように言われているのですけれども，私の調べた限り，そういう文書はなかったわけです。一体いつ変わったのですか，この昭和三十二年の段階から。
○辻村政府委員　ただいま先生御指摘のとおりの通知は承知いたしております。

ただ，平成四年に私ども学校図書館の現状に関する調査を行いまして，その調査結果を各県の教育委員会を通しまして市町村教委あるいは学校にお知らせする，そういう通知を平成五年十月二十七日に発しております。そのときに，こういった通知を出してございます。

「司書教諭は，」と言って，中間はちょっと省略いたしますが，「校務分掌の一つとし

資　料

て発令されるものであり，」云々とありまして，「したがってその発令は，服務監督権者である教育委員会又は校長が行うものであること。」こういうような通知を発してございます。

　今先生から御指摘いただいた通知とこの平成五年の間につきましてはちょっと詳細を把握しておりませんが，平成五年の時点では，このような通知を発しているということでございます。

○佐藤（茂）委員　要するに，昭和三十二年から平成五年まで，平成五年の段階でいつの間にかそういうようにぱっと校長もという形で入れているわけですけれども，私は，今回法改正になったとしても一体だれが責任を持って，市町村の教育委員会なのか校長なのか，どちらが責任を持ってこの法改正の趣旨にのっとってきちっと司書教諭が配置されるようにしていくのかというのは非常に大きなポイントであるのではないかというふうに思うのです。

　これは，同じく，先ほどから土台として出されている資料にもありますが，平成四年の調査でも，司書教諭資格者がいる学校があるにもかかわらず，市町村において，また都道府県において，全く発令していないという割合が非常に高いのですね。有資格者がいるにもかかわらず，都道府県では九三・六％が全く発令されていない，市町村でも九八・四％が全く発令されていないのですね。

　なぜそういう状態が起きてきたのか。確かに附則第二項というのが法令上あったといっても，現場において，教育委員会の責任だったのか，それとも校長に責任があったのかということは，そういう反省に立たないといけないでしょうし，これからの法改正にのっとっても，教育委員会なのか校長なのか，どちらが責任を持ってきちっとこの司書教諭を配置していくのかわからぬ，そういう状態を放置していくのはよくないと思うのですけれども，もう一度文部省としての見解を伺いたいと思います。

○辻村政府委員　これまでは当分の間ということであったわけでございますけれども，平成十五年四月一日以降は一定規模以上には設置が義務づけられる，それに反すればこれは法律違反であるという状態になるわけでございます。

　したがいまして，私どもとしてはきちっと養成は養成として行う，その講習を受けた人が確実に発令されるということが大変重要であるわけでございます。したがいまして，だれがきちっと責任を持って発令を行うかということは大変重要なことでございまして，私ども，十分考えていかなければいけないと思います。

　ただ，やり方といたしましては，これは学校内の校務分掌のものでございますから，教育委員会が形式的に発令するというふうにするか，あるいは校長の意見を聞いて教育委員会が発令するとするか，あるいは規模にもよると思いますけれども，教育委員会から委任をして校長が発令するか，いろいろな形が考えられると思いますが，いずれにしろ，学校内の校務分掌の現実というものを踏まえた対応が行われなければいけない。

　そういう意味で，私どもといたしましては，発令権者をどういう名義にするかということも大変重要でございますけれども，各学校と教育委員会がしっかりと連携をとって

この法律の趣旨をきちっと踏まえた運用をする，このためにきちっとした連携協力を図っていく，こういうことにつきましては，十分に意を用いてまいりたいというふうに思います。

○佐藤（茂）委員　この校務分掌のことについては，本当は時間があれば，あいまいな部分や，また改正の余地があるので聞きたかったのですが，時間もないので，あと二分ほどでもう一つ。

　先ほど自民党の先生も質問されていたのですが，いわゆる小規模校というものの目安を局長が答弁されて，十一学級以下なのだ，これは学校教育法施行規則十七条に標準学級というものが出ていて，それに基づいた話だと思うのです。しかし，それでいくと，小学校は，全小学校の四九・七五％が小規模校とされる，さらに，中学校は四七・八％が小規模校とされる。一言で言ったら五〇％に近いわけです。約半分が小規模校とされて，今回せっかく法改正したにもかかわらず，この司書教諭の配置というのは当面は見送られていく，そういう状態になっているのです。

　私は，これはやはり何とか変えないといけないのじゃないか，最初からそういう目安を文部省がこの質疑の中で答弁するというのはやはりおかしいのじゃないのかなと。

　というのは，要は，毎年六千名の司書教諭の養成とか発令というのは，もっと超えることができると思うのですよ。それは，今回の法改正の趣旨を学校現場にきちっとおろして，教員の皆さんが，自分も司書教諭の重要性というものをきちっと自覚して，なろう，やはりそういうやる気を起こしてもらうかどうかということがまずポイントであると思います。さらには，今回の改正によって，講習会場も五十九大学プラスアルファで，各教育センターなんかずっとふえるわけですね。

　だから，一言で言うと，教員の受けよう，受講しようというやる気と，受講会場，さらには講師の問題をクリアすれば，さらにふやすことができるのじゃないのかな，それを平成十五年というようなことで区切らずに，やはり，どれだけの学校に対して置くのか，そういうことを優先した方がいいのじゃないのかと。例えば，少なくとも全学校の三分の二とか，全学校の四分の三はこの司書教諭を配置していきましょう，やはりそういう展望を持って司書教諭を配置していくような流れにしないと，せっかくの法改正でありながらこの趣旨が勝手に文部省令によって半分にとどめられる，そういうことはよくないのではないかなという懸念を持っているのですけれども，文部省の見解をお聞きしたいと思います。

○辻村政府委員　十分な説明ができずに誤解を与えたかもわかりませんが，もちろんこの規模は政令で定めますので，その政令で定めるのは，ここでの，さまざまな国会の御審議等を踏まえまして政府として決定するわけでございます。ただ，話を具体的に説明するという意味で，一つの目安として先ほど御説明をいたしました。そういう計算を仮に置きまして，六千名の養成が求められる，それはなかなか努力を求められる数でございますということを申し上げたわけでございます。

　今後，国会の御審議等を踏まえまして，この政令改正について検討させていただきた

資　　料

いと思っておりますが，これまでのいろいろな経緯や大学のキャパシティーの問題その他いろいろ考えますと，毎年六千名を養成していくということも，これまたなかなか努力の要ることであるということでございまして，そういった，実質的なと申しましょうか物理的な能力というような問題もこの規模を定める際には大きく考慮しなければならない要素であろうということだけは御理解を賜ればというふうに思う次第でございます。
○佐藤（茂）委員　三十分というのは短いもので，もう時間が参りましたが，ともかく，提出者も最初に言われていましたが，まず今回の改正が第一歩である，また，今後の学校図書館の活性化，充実のために我々衆議院もやはり知恵を出して，さらに改正する余地があるのならば変えていきたいと思いますし，今回の法改正に基づく問題でも，ぜひ文部省の方として，今回の法改正の趣旨にのっとった運用がきちっと各自治体，学校現場でされるようにお願いを申し上げまして，質問を終わらせていただきます。
　ありがとうございました。
○二田委員長　次に，西博義君。
○西委員　学校図書館法の一部改正に当たりまして大変御尽力をいただいてまいりました参議院の提案者の先生方に，まずもって感謝を申し上げたいと思います。
　また，さらには，お忙しいところ大臣にもお越しいただきまして，ありがとうございます。
　早速質問に入らせていただきます。
　まず初めに，今回のこの学校図書館法の一部改正に当たって，教育における学校図書館の位置づけについて大臣にお聞きをしたいと思います。
　二十一世紀を展望した我が国の教育のあり方を審議しております第十五期の中央教育審議会，この一次答申にこういうふうに書かれております。先ほどもちょっと例が挙がりましたが，自分で課題を見つけ，みずから学び，みずから考え，主体的に判断し，行動し，よりよく問題を解決する能力を養成する，そして，そのために学校は，知識を教え込む教育から，みずから学び，みずから考える教育を通じて，ゆとりの中でみずから生きる力を育成する教育を重視していく，こういう趣旨だと理解をしております。
　急激な変化を遂げる現代社会にあって，我々の得た知識というのはすぐ過去のものになってしまいます。こんな社会にあって生きる力を育成するということは，もちろん基礎的な知識を習得するということは大変重要なことでございますが，その上に立って，自分で問題あるいは課題を解決する方法を身につける，これがこれからの我々の生き方にとって大変重要なことではないかというふうに確信をしております。
　そのためには，学校教育においてこの図書館の果たす役割は大変に大きい，また，今後さらにその役割は増していくのではないかと私自身は思っておりますが，大臣は，これから二十一世紀にかけてこの学校図書館に何を期待されるのかということをまずもってお伺いしたいと思います。
○小杉国務大臣　おおむね西委員が発言された内容に私も同感でございますが，特に，今までの教育，一方的に教え込むという姿勢から，これからは，子供たち一人一人が考

え，そして調べ，学習して判断していく，こういうことが物すごく大事だと思っております。

そこで，学校図書館を整備するということは，そうした子供たちが，情操の面あるいは豊かな心をはぐくむという点からも重要でありますし，また，主体的に勉強する，こういうことの習慣をつける絶好の場であろうと思っておりますので，私どもは図書館の充実にこれからも努力してまいりたいと思います。

ただ，従来のように図書の充実だけではなくて，最近は高度情報化社会ということでありますから，図書以外のソフト，あるいはコンピューターというようなハード，そういったものも備えていく必要があるのではないか，こう考えております。

○西委員　さらに中教審の答申の中の項目をちょっと引かせていただくのですが，第二部「学校・家庭・地域社会の役割と連携の在り方」，この中で，「高度情報通信社会の進展を踏まえ，学校教育の質的改善や情報教育に資するため，情報のネットワーク環境の整備や学校図書館の充実などに積極的に取り組んでいく必要がある。」と，学校図書館の充実の必要性が強調されている箇所がございます。

文部省は，この答申の審議と歩調を合わせて学校図書館の充実に取り組んできたというふうに承知をしております。細川政権が発足した平成五年度から，学校図書館図書整備新五カ年計画が開始されておりまして，今年度で最終年度だと思いますが，合計で五百億円を地方交付税措置をする，こういうことで，そのほかの施策もございますが，学校図書館の充実のために既に数々の施策を講じてきているようでございます。

その概要と，それから大臣の現在に至るこの施策の評価をまずお聞きしたいと思います。

○小杉国務大臣　お話しのとおり，平成五年度から学校図書館図書整備新五カ年計画というのがスタートしまして，今年度で終結をするわけでありますが，五百億円のうち既に昨年度までで三百八十億円が使われているわけですけれども，実際に措置された予算の状況を見ますと，達成状況はおおむね五〇％にしか達していない。これは地方交付税ですから，その辺はひもつきでありませんので，地方によっては学校図書を購入する費用をほかへ回してしまうというようなこともあるので，実際には半分しか目的に使われていないというのが実情でございまして，さらに詳しい現状について今調査を続けているところでございます。

○西委員　今申しましたように，ことしで五カ年の計画が終了するわけですが，この計画が終了した段階で目安となります各学校の規模に応じた蔵書数が平成五年度に設定をされております。学校図書館図書標準でしょうか，これが平成五年度に改定をされておりまして，同時に，この年から先ほどの五カ年計画によって以前の蔵書の一・五倍をめどに書籍をふやしていく，こういう計画を立てておられるわけです。この水準は，将来にわたってある程度の年月，今後の図書館の蔵書数の水準となっていく数字であろう，こう思うわけです。

そういう意味合いからいたしましても，これから期待される学校図書館の蔵書数とし

資　　料

て今の図書館標準というものが十分なものであるのかどうか，この点について文部省の御見解をお答え願いたいと思います。

○辻村政府委員　ただいま大臣から説明がございました五カ年計画のもとになりました図書標準でございますけれども，これは，学校図書館の専門家の団体でございます全国学校図書館協議会が定めておりました基本的な基準冊数というものをベースにしながら，その時点での全国の蔵書数の状況というようなものをベースに，これからの学校教育においてこれくらいは望まれるであろうということで，現状の一・五割増しに充実するという形で整備したものでございまして，現在最終年度を迎えておりまして，現時点ではこれが目指すべき水準だというふうに理解をしておるわけでございます。

　ただ，教育課程審議会の動向等，これからの学校教育活動のありようも変わっていく。先ほどの大臣のお話にもあったとおりでございますけれども，そういった要素や，それから，今細かくこの五カ年計画の実施状況を調査いたしておりますが，その調査結果の状況というようなものを十分に分析をいたしまして，平成五年度に設定いたしましたこの水準というものをどう考えるか，これはそうしたものを踏まえながら検討をしていきたいというふうに思っております。

○西委員　御趣旨はよくわかりました。

　と申しますのは，この前の標準というのは昭和三十二年の標準をそのまま平成五年まで使っていたのではないかと思うのですが，そういう時代おくれにならないようにきちっとその都度その都度の標準としてこれからも見ていくという必要があるのではないか，こういう思いで提起をさせていただきました。

　話を変えまして，少し細かいことを御質問申し上げるのですが，この図書館の図書整備新五カ年計画によって公立の義務教育諸学校の図書館の充実が進んでまいります。そんな中で，高等学校の学校図書館の図書の整備が立ちおくれているように思われます。ある調査によりますと，高等学校一校当たりの図書の購入費は減少の傾向にある，こういう調査もございます。

　高等学校の学校図書館図書の整備については，学校図書館法第十三条の中で「国は，」「学校図書館の設備又は図書が政令で定める基準に達していない場合において，これを当該基準にまで高めようとするときは，これに要する経費の二分の一を負担する。」こういうふうになっております。そこで，その「政令で定める基準」というのがこの学校図書館法の施行令第一条の別表に載ってございまして，「設備及び図書」として規定をされております。この別表といいますのが実は四十年前に決められました基準で，もう既に現在では全く現状にそぐわなくなっておる，見直しが必要なわけでございます。例えば，高等学校の蔵書数の基準は，生徒数によって違うわけですが，百人以下の学校の場合は七百冊，今ではおよそ考えられないような数字がそのまま載っております。

　さて，新五カ年計画では，平成五年三月の通知で，今申しました新しい学校図書館図書標準を学校図書館の図書の目標として今整備が進められておるわけですが，小学校の

場合，一学級の場合でも二千四百冊が最低必要である，こう認定をされているわけです。一方の昔のままの高等学校の場合は七百冊，もうレベルが全く違ってしまっているということがよくおわかりだと思います。中学校になりますと四千八百冊，これが一学級ないし二学級の場合でも最低必要だ，こういうふうな記載がございます。

　さらに，この施行令の第三条に「法第十三条の経費の算定基準」，これが決められておりまして，「書架の間口一メートルごと，カードケースの奥行一センチメートルごと又は図書一冊ごとの基準額と書架の充足延間口，カードケースの充足延奥行又は図書の充足冊数とを基礎として算定する」，こういうふうな記載がございます。この施行令の算定基準についても，もう最近ではカードではなくコンピューターでもって蔵書の管理をする，また検索をしていく，こういう時代になっております。新しく規定をやり直す必要があるのではないかというふうに考えます。

　文部省に以前にも指摘をしておきましたけれども，今後見直すつもりがあるのかどうか，御見解をお示し願いたいと思います。

○辻村政府委員　ただいま先生の方から御紹介がされました学校図書館法施行令の高等学校の図書基準の関係でございますけれども，若干沿革を申し上げさせていただきたいと思いますが，義務教育小学校と同じように，学校図書館法ができまして，それを受けた学校図書館法施行令が定められて，当時は国庫負担という形でこの整備が図られておりました。高等学校につきましては，昭和二十九年度から三十六年度まで国庫負担基準としてこの政令の規定は運用されたわけでございます。

　その後，昭和三十六年度に私ども調査をいたしましたところ，先生から先ほど紹介をいただきましたその基準についてはおおむね達成をされているというような調査結果がまとまったところでございます。

　それを受けまして，今後どのようにするかということで種々検討がなされたと承知いたしておるわけでございますけれども，三十七年度以降は，国庫補助ということではなくて，一般財源として，交付税としてこれを措置をしていくという形で財源措置の方式が切りかわりまして，以後地方交付税の財源措置によって高等学校の図書の整備を図るというやり方がこれまで続けられてまいりました。

　そこで，ただいま先生から御紹介いただきましたように，これは古い基準でございまして，この基準をどうということであれば当然現状に合っていないわけでございます。私どもといたしましては，現在の財政負担のあり方，国庫補助のあり方その他を考えましたときに，高等学校の基準としてもう一度この政令を活用するということよりも，これまで三十七年度以降交付税措置でやってまいりましたそのときの単位費用その他の考え方，これを踏まえまして，交付税の措置によってこれを充実していくという方向で考えてはどうか。この設置基準を見直してこれを活用してということではなく，そういう方向で高等学校の図書の整備を図っていくということが妥当なのではないか。これからいろいろな検討をしなければなりませんが，私どもとしては現時点ではそんなふうなことを考えておるところでございます。

資　　料

○西委員　もう一つ，細かなことで恐縮なんですが，せっかくの発議者の皆さんにお待たせして申しわけないのですが，盲学校のことについて若干御質問をさせていただきます。

　盲学校についても学校図書館の図書基準がございますが，通常の図書一冊というのが点訳の場合にはかなり冊数がふえるということをお聞きしております。例えば辞書などは小さな文字でたくさん書き込んでおりますので，我々が持っている辞書一冊が点訳しますと百冊にもなるというようなお話がございます。普通でも我々が持っている一冊の本が十冊から十五冊，十倍程度になる，こういうことでございます。そういう基準で見てまいりますと，盲学校の高等部の場合では，五十人以下の学校の場合には四百五十冊の標準になっている。これは，我々の本に直しますと，十分の一といいますと実質四十五冊くらいになってしまう，こういうことで，実質の盲学校の点訳本の冊数が非常に少ないということを思うわけでございます。

　そういう意味で，盲学校に対しては実情に合わせた基準を設定してあげるというような細かな配慮がぜひ必要だな，こう思うわけでございます。このことにつきまして，もし大臣御見解がございましたら，ひとつよろしくお願いいたします。

○小杉国務大臣　特に，視覚障害を持つ子供さんに対して，その学習活動，読書活動を助けるために果たす図書館の役割は非常に大きいと思っております。今いろいろ具体的な御指摘がありましたことは，そのとおりだと思います。

　文部省としても，学校図書館図書標準に基づきまして，ほかの聾学校や養護学校よりも高い基準を盲学校には適用しておりまして，例えば盲学校点字情報ネットワークシステム，この整備のための補助を行うというようなことで盲学校における図書整備に努めてきたところでありますが，今後とも，その実情をよく見きわめながら整備充実に努めていきたいと思っております。

○西委員　積極的な大臣の御発言，ありがとうございました。

　それでは，提案者の皆様に質問をさせていただきたいと思います。

　この法案の提案理由を拝見いたしますと，司書教諭に関しては，「学校図書館が真にその機能を発揮し，その役割を果たすためには，これらの施策だけではまだ不十分であり，学校図書館運営の中心となる司書教諭についてその早急な設置の拡充が不可欠」である，こういうふうに述べられております。

　提案者は，これからの学校図書館のあり方，これを，どのような姿を想定して，その中で司書教諭はどのような役割を担ってもらいたいと考えて提案されたのか，また，今回の法律改正によってそれがどのように達成されていくというふうにお考えなのか，特に，今回の提案の中心的役割を果たしていただきました木宮先生にお伺いできればというふうに思っておりますが，よろしくお願いいたします。

○木宮参議院議員　御指名をいただきましてありがとうございます。

　なかなか番が回ってきませんので，うずうずしておったのですが，それはどうでもいいですけれども。

ともかく今回，もう御存じのように四十数年間にわたって眠っておったわけで，これを何とかほこりを払って，そして図書館をあけたい，この一心で実はこの法案をつくったことは事実でございます。
　それと同時に，最近，日本人もやはりライフスタイルが変わってまいりました。今までのように，ともかく追いつけ追い越せ，あるいはなるべく安上がりな教育をしながら成果を上げなくちゃいかぬ，均等な労働力をたくさんつくらにゃならぬ，それは私は大成功したと思います。しかし，もうここまで来れば，本来の学校教育は何であるべきかということをやはり考えていかなくちゃならないという時代になった，これが一つの証拠だと思います。過去，それは，衆議院で一回，参議院で一回通ったのですが，まだ機が熟さないと。それは，やはり日本の経済が許さなかった，私はそう理解しておりますが，ここへ来たら，もう建物も要らぬし，また，やるべきことは何かというと，やはりこれからマルチメディアを含めた図書館の仕事が大事だ，私はそう思います。その中心的な人物がこの図書館の司書教諭ではないかと思います。
　何を司書教諭がやるべきかといいますと，先ほど来のお話を聞いていますと，多少司書教諭と，それから学校に置かれている司書，正式な司書じゃございません，事務員です，これとが混同されているような気がしてなりませんが，司書教諭というのは，いわゆる図書館の管理人，番人じゃないのです。むしろ，先生の中へ入って，先生のカリキュラムつくったり，あるいは指導方法を先生方に啓蒙しながら図書館の使い方を教えるということがやはり私は第一の責任だと思います。
　それから，第二は，やはりこれからマルチメディアがありますから，それをその人が率先して子供たちあるいは先生方にやる，それと同時に，また，他の図書館あるいは大学の図書館をインターネットでもって検索して，先生にも資料を与えるというようなこともこれからは必要ではないかな，私はそう思っております。
　それだけではなくて，まさにこれからの図書館の使い方によっては活性化が十分できるし，今までのように，単に詰め込みでもって子供たちを教えて，そして偏差値でもって受験ばかりになってしまうということをこの辺でこれでもって食いとめたい，食いとどまるかどうか，それはわかりませんけれども，そういう願望を持っているということだけをひとつお伝えいたしたいと思います。
○西委員　ありがとうございました。
　続きまして，今回の学校図書館法の改正に関係あると思うのですが，平成七年八月の児童生徒の図書に関する調査研究協力者会議報告（ママ）というものがございまして，その報告書を読ませていただきますと，図書館の役割として，読書センター，学習情報センター，そして地域に開かれた図書館，こんな三つの機能を果たすことが学校図書館に期待をされているわけでございます。
　学校図書館のあり方についてはいろいろな考え方があろうかと思いますが，この次の質問は，外国で長年生活された経験や，それから御自身教職の経験もおありの石田先生に，学校図書館の望ましいあり方といいますか，これからの学校の中における図書館の

資　　料

役割みたいなものを，もしいろいろな経験から御提言いただけることがありましたら，お願いをしたいと思います。
○石田参議院議員　お答えいたします。
　今議論になっている学校図書館の形，その理想の形はこれからみんなで考えていかなくちゃいけないと思うのですけれども，この議題になっているライブラリーそしてライブレアリアン，これをそのままとても日本語の司書には訳せないのですけれども，今問題になっているのは，図書，本や視聴覚教材等，そういうものは，昭和二十八年にこの法律ができて以来，図書館の図書と人とのつなぎの部分で非常におくれている，ほとんど発展してきていないのではないか，それが凝縮されてこの法案の取っかかりとしての修正になってきていると思うのです。図書と人あるいは学生，研究者，市民，児童生徒といったところをつなぐライブレアリアンの役割，司書とイコールではないこの部分のおくれが非常に問題だと思います。
　私は，アメリカの大学院でしばらく勉強しました。それからまた，イギリスでは特殊な作家の研究でイギリスの大学あるいはシティーライブラリーのコレクション，特殊なコレクションですが，そこでしばらく研究をした経験の中で，図書とのかかわりなんですが，アメリカで勉強しましたときに，ライブレアリアンというのは，もう大学ですと大体マスターかPhDを持っているような人がおります。大学院生ですと，まず最初にビブリオグラフィー・アンド・メソッド・オブ・リサーチという科目が必修でとらなくちゃいけないのですね。研究のやり方は専門性（ママ）の教授がつきますけれども，ビブリオグラフィーという文献の検索という部分はライブレアリアンの指導を受けます。例えば，ピアリオディカル，新聞，雑誌をどう利用しなければいけないのか，その専門について文献をどう検索して，まずビブリオグラフィーをつくることが研究の第一歩，そういった指導をするのがライブレアリアンでありました。
　そして，もう一つ日本の問題というのは，図書館というのはみんなの共有のものであり地域に開かれたものでなければいけない，こういう点でもおくれていると思うんです。ですから，大学の図書館，地域もそうですけれども，日曜日の午前中は宗教的な意味で閉ざされますけれども，土日あいております。あるいは夜もあいております。そこでは，図書，本の貸し出しですから，この下役目は学生アルバイトで賄っているんですね。それでいいわけです。しかし，図書と人をつなぐ部分での非常に専門性，ですから，大学でマスター，ドクターが図書館学で取れるという体系があるところにいろいろな現象が違ってきていると思うのです。
　このお話をさせていただくのですと，もっと時間が要るんですが，そのように，本当に戦後物が豊かになり，本はあふれるようになったのかもしれませんが，人とのつながりという，日本のあらゆる面で今反省しなくちゃいけない部分にこれが凝縮されているというふうに思うのです。
　もう一つ，私もアメリカにも何回か行ってホームステイもしたんですけれども，そんな中で，ある友達のうちに行ったときに，お母さんのきょうの予定に，ショッピングを

してどこに寄って，自分の仕事のことでコンタクトがあって，一つ近所の町の図書館に寄るというのが入っているんですね。ついていきましたら，坊やが，ちょうど小学校に入る前だったんです，一緒に来ていて，お母さんが本を借りるのかと思ったら，子供がその町の図書館にぱっと行って，ライブレアリアンがいてやりとりして，さっさと二，三冊本を抱えて帰ってくるという，こういうこと。

それから，もう一つちょっとお話ししたいんですけれども，大学院というのは割と夜の講座がありまして，大学院の授業をとっている人というのは結構社会人が多いんですけれども，友達，牧師の奥さんでしたけれども，仲よくしていました。御主人が車で送ってきますと，奥さんが授業を受けている間，御主人は図書館でいろいろ自分の趣味にしてもやりたいことを勉強して一緒に帰る。

こういう何点かの経験を申し上げまして，こういうことから，小学校，中学校，高等学校の図書館，そこでの司書あるいは司書教諭のあり方，また日本全体の図書と人をつなぐ部分のアカデミックな学問体系としても，司書養成にもかかわる，ライブレアリアンの養成にもかかわる，そういう面でこれから文化としてみんなで考えていかなくちゃいけないし，この法律の改正をきっかけに一歩一歩いい形をつくっていくのが私たちの役目でもあろうと思いますので，本当に理想の姿をきちっと申し上げられたかどうかわかりませんけれども，経験上のことを申し上げて，みんなで考えていきたいなというふうに思います。

○西委員　皆さんにお待たせして，その勢いがどっと出てきまして，時間がもうなくなってしまいました。最後に，一問だけ文部省の方にお尋ねをしたいと思います。

今回の司書教諭の資格並びに養成のことについてですが，現在の司書教諭の講習は，講師によっては認定の仕方が若干異なるようですが，基本的には資格というよりも研修に近いものではないかというふうに想像されます。先ほどのお話にありましたように，やはりこれからの司書教諭の講習も，時代に合わせてもっともっと充実し，科目についても中身についても変えていくところは変えていくべきではないか，こういうふうに思っております。

そういう前提の上でございますが，もし今のカリキュラム程度の講習ということになってまいりますと，私は，研修として，小学校については，人数，スペースその他いろいろ条件はございましょうけれども，やはり全員が講習を受けていただく，こういう方向が一番いいんではないかというふうに考えております。

というのは，一般的に小学校の先生はほとんどの先生が担任を持っておられます。そういう意味で，この司書教諭という，これから学校運営における中心的な役割を担うという意味では，時間的にも制約があろうと思うんです。同時に，クラスのすべての時間にわたって担任の先生が中心になって運営をされているわけですが，そういう意味でも，図書の利用についても担任の先生がおやりになるのが一番いいんではないか，もちろん校内的には図書の司書教諭という立場の人がおられて，そしてその人が全体的な運営をやられるのはいいんですが，そういう認識を持っていただくということが非常にいいん

資　　料

ではないかというふうに思っているわけです。
　中学校や高校の先生の場合は若干の余裕があろうかと思いますが，忙しい中でもやれる立場があると思いますが，小学校の先生の場合は，そういう特殊な校内の事情を考えて，できるだけ大勢の先生が，望ましいのは全員でございますが，講習を受けて，そして図書館の利用を考える体制をお一人お一人がもっともっと考えていくという機会になればいいんではないかというふうに御意見として申し上げたいんですが，御答弁をお願いしたいと思います。
○辻村政府委員　学校図書館が大変重要であり，そのためには学校図書館につきまして専門的な知識を持った先生がいらっしゃるということは大変重要である。それは，単に司書教諭に限定されるということではなくて，すべての先生にかかわることでありますので，すべての先生がそういう素養を身につけるということは大変重要なことだというふうに思います。
　ただ，供給すると申しましょうか，そういう受講するその体制のあり方その他さまざまな制約があろうかと思いますけれども，今の御指摘を踏まえまして，私どもとしても，どんなふうな形でできるだけ多くの先生方にこうした司書教諭についての素養を身につけるような機会を与えることができるのか，十分に検討していきたいというふうに思います。
○西委員　どうもありがとうございました。終わります。
○二田委員長　次に，山元勉君。
○山元委員　発議者の皆さん，大変御苦労さんでございます。私自身にとっても積年の課題でございましたから，一歩前進ということで喜んでいますし，御苦労さんと本当に申し上げたいというふうに思います。
　今の子供たちの状況というのは，十分御案内のように，基礎的な学習だとかあるいは基礎学力だとかいうのが低下をしている，不足している，こういうふうに言われています。これは日本だけではないわけで，アメリカ，イギリスでもそういうことが言われているわけですけれども，そのためにはいろいろな手だてを尽くさなければなりませんが，一つは，やはりこの今問題になっております学校図書館の役割が大きいというふうに思っています。子供たちがみずから学ぶ意欲を持つあるいは主体的に学習をする，そういうためにも学校図書館というのは大きな役割を果たすんだというふうに思います。
　よく言われますように，図書館で行われます調べ学習というのがあります。図書館に行っていろいろ勉強する，こういうことがあるわけですが，先ほど大臣もおっしゃいましたように，今の図書館というのは，高度情報化時代になってソフトの面でも大変大きな役割を果たさなければならない。家にいろいろなゲームとか，そういうものが買ってもらえる子とそうでない子とがあるわけですから，子供がみんな同じようにそういうことを経験をする，そういう場としての図書館の充実というのは大変大事に余計なってきているんだろうというふうに思います。
　そういう意味で，私もそうですけれども，実際に学校で，現場で教師の経験を持って

いらっしゃる本岡先生に幾つか実態を踏まえてのお答えをいただきたいわけです。先ほどから問題になっておりますけれども，四十四年間もこの学校図書館法というのがなぜ生かされてこなかったのか。先ほど文部省がおっしゃった五百二十四人ですか，配置をされているのは。数で言うと，四万二千校のうち五百二十人ほどしか配置をされていない。当分の間というのが四十四年間，五百二十四人。四万二千中五百人という実態があるんですが，本岡先生，一体これはどう考えたらいいんでしょうか。この原因は何なんですか。こういう法律というのは余りないだろうというふうに思うんですが，いかがでしょうか。

○本岡参議院議員　お答えいたします。

　私は，三つあると思います。一つは，今も山元委員がおっしゃったように，現行の学校図書館法の附則第二項で，当分の間，学校司書を置かないことができるという，当分の間置かなくてもいい，このことが，四十四年近くもずっと放置されていたということにあると思います。二番目は，司書教諭の有資格者の絶対数が少ない。これはなぜ少ないか。やはりそれは魅力がないからだと思います。なぜ魅力がないのか。学校現場の問題が三点目にあります。学校教育の中で，学校図書館の重要性というものがなかなかこれは全体のものにならないという，そういう状況があります。

　それと，有資格者の教諭は，司書教諭という形で校務分掌上任命された場合，これは「教諭をもつて充てる。」という別の条項のところから，学級を担任し，また教科を持つということの中で非常に負担が重くなる。あるいはまた，一たん司書教諭という発令を受けると，やはりそれがずっと固定化をしていくという抵抗感というものがあるように思うのです。だから，こうしたものをどうするかということをやっていかなければ，基本的な問題は解決しないのではないかというふうに思っております。

　以上です。

○山元委員　さっき同じような問題で文部省もお答えになりました。学校全体の意識が薄い，あるいは負担がふえる，当然のことなのですよ。

　実は私は，この法律ができた三年後くらい，昭和三十一年，一九五六年，現場の小学校の教師になりました。ですから，この法律ができて三年後ですから，学校図書館というものに皆注目をする。そして，私はたまたま図書館主任というのになりました。私の勤めた学校というのは大きくて，小学生二千人ほどのマンモス校でした。そこで図書館の主任をするというのは大変です。学級担任をもちろんしながらです。たくさんの本を京都から，問屋さんから買ってきて，分類をしてラベルを張って，カードをつくって本棚へ入れて，そして廊下には，こういう本が来ましたよという仕事は，これは並大抵の仕事じゃないわけです。

　意識が皆薄かった，負担増になることを嫌がったという，文部省は，これは理由にしてはいけないと思うのです。私は，文部省の長い間の怠慢だったというふうに一言言うてほしい。そうでないと，先ほども言いましたように，当分の間というのが四十四年も続くというような法律は余りないし，そのことについて行政は責任を持たなければいか

資　　料

ぬだろうと思うのですね。そこのところ，今，本岡先生も現場の状況をそういうふうにおっしゃいましたけれども，私は，この機会に行政がしっかりと四十四年間のことについて，反省といったらおこがましいですけれども，考えて，この機会にどうあるべきかということについて御論議をいただきたいし，施策を立ててほしいなと。いたずらに，ただ負担増を教員が嫌がっているんだ，意識が低いんだ，これは教師の責任だというふうなことを，ひがんで聞くのかもわからぬけれども，そういうふうに先ほど聞かしてもらいましたから，これは間違っているというふうに思うのですね。

　そこで，私はたったの十五分しか時間をもらっていないので。大事なことですが，さきにこの法案が参議院でも論議がされたときに，専任なのか兼務なのか，専任にならぬかという，これは現場の強い願いですから，そういう論議があって，これからその論議をするということになったようですし，先ほどの答弁もそういうふうに出ていましたけれども。これは実際に，現場で兼務をしながらの任務は，木宮先生がおっしゃったように，校務を投ぐるのではない，学校全体の図書指導とかそういうことに目を配るのが司書教諭だとおっしゃいましたけれども，できるのかどうか，これをこのままきれいごとで，法律改正したということだけでいいのかどうか，本岡先生，どうでしょうか。

○本岡参議院議員　私は，学校の実態はとても耐えられないと思います。しかし，だからといって学校図書館のありようをこのまま放置することはできないわけで，司書教諭の発令をする，そうすると，その発令された司書教諭の学級担任時間とか教科の受け持ち時間とか，そういうふうなものを，司書教諭の仕事を十分できるだけの削減をし，学校の協力体制を行い，その学校の中の最重要課題に図書館教育を位置づけるというその体制ができれば可能な道がある，私はこう思います。

　しかし，根本にあるのは，やはり五条二項にある「司書教諭は，教諭をもつて充てる。」という「教諭をもつて充てる。」というところにあると思うのです。教諭というのは，子供を教える，児童生徒を教えるのが仕事でありますから，教えながら司書の仕事もする，こうなるわけで，そこの問題をどうするか，いわゆるそこに専任化の問題が出てこよう，こう思うのであります。しかし，今直ちにその専任化の問題を持ち出して解決できるほどの生易しい状況にあるとは，私も思っておりません。今後，これをどのように中長期的に検討していくのかということが，この法律が改正されたら直ちに私たちが取り組まなければならぬ問題だというふうに思っております。

　以上です。

○山元委員　文部省にもお尋ねをしたいわけですけれども，実際に，発令をして兼務で実が上げられるのかどうか，そのための配慮といいますか，手だてというのは何だとお考えですか。

○辻村政府委員　司書教諭の先生方の仕事が重たければ重たいほど，その先生が安んじて司書教諭の職務に従事できるという環境をどう整えるかということだと思いますが，そのためにはさまざまな条件整備ということが大切だと思います。もちろん，人的な問題ということも大変重要なポイントだとは思うわけでございますけれども，ただいま先

生の方からもお答え[が]ございましたように，大変厳しい状況の中で，定数の問題というのを云々するというのはなかなか困難な状況があるわけでございます。

そういう状況の中で，しかし一方，学校図書館というものの重要性を，司書教諭の先生方にお願いをしてその充実を図っていただくという意味で，私どもとしては，他の図書館との連携でありますとか，あるいは地方公共団体あるいは国も含めて，行政機関がさまざまな，学校図書館との連携を図って学校図書館の活動が支えられるような，そういうことをやっていく。そのためには，例えば巡回指導でありますとか，あるいは図書のネットワークとか，人的，物的さまざまな状況があろうかと思いますが，ただいまの御指摘も踏まえまして，私どもとしても与えられた状況の中で，どんなふうにこの学校図書館の仕事に携わる司書教諭の先生を支えるか，十分に検討をしていきたい，こういうふうに思っております。

○山元委員　本岡先生，先ほどお話がありました，充てということで困難だとおっしゃっていたのですが，そのことは，例えば五条についてどう考えるのかということもあろうかと思うのですが，これは今も局長[が]おっしゃった難しいということなんですが，どういうふうに考えたらいいですか，充て職ということについては。

○本岡参議院議員　私が文部省でありましたらもう少しきちっと答えるのですが，そういう立場でありませんので，お許しいただきたい。

やはり，五条二項は検討の対象にすべきだと思いますので，これは私たちは，文部省ときちっと対応していかなきゃいかぬと思います。そのことと同時に，現在，地方自治体の大変な努力で，学校司書というのがさまざまな形態で置かれているわけで，学校司書の皆さんの職務，そしてまた位置づけ，そうしたものを明確にしながら，やはりこの五条二項の問題に対して，司書教諭の専任化という問題をあわせて検討をしていけば，厳しい定数削減がされていくという状況ではありますけれども，学校図書の教育における重要性というところから解決の道は見出せるんではないかというふうに思っております。

○山元委員　時間なんですが，最後に文部大臣に，今の状況から，どういうふうにこれから取り組めばいいかという御決意をお聞かせをいただきたいと思うのです。

確かに，今，本岡先生からもありましたように，専任化をしていきたいという方向はもちろんあります。あるいは，自治体にも協力をしてもらって，現にそれぞれ地方自治体が人件費を出して，保護者の皆さんにパートで来てもらったりなんかして図書館を生き返らせていただいている，そういう状況はあります。けれども，やはり国の政策として，今附則を直す，次には五条を直す，こういうのが望ましい法の精神だろうというふうに思うのですね。

けれども，そう甘いことない。今の財政改革あるいは財政再建の大嵐の中で，そんなことを言うてみても夢みたいな話になるのと違うかという気が私自身もします。けれども，やはり文部行政として本当に，先ほども申し上げましたように，学校の図書館というだけではない，センターにならなきゃならぬ，そういう図書館を，ヨーロッパなんか

資　　料

の図書館に負けないような日本の学校図書館をつくっていこうと思うと，相当の行政の皆さんの努力が必要だというふうに思うのですね。

　大臣，今こういう財政状況の中ですけれども，どのようにこれから文部省の皆さんにあるいはそれぞれ自治体の皆さんに，そしてさらに現場の学校でしんどいけれども発令されたらやるんだと，先ほどの話じゃないけれども，二万四千人つくらなきゃならぬわけですから，それはきっちりと文部省として頑張ってくれと，協力をしてくれと，自治体やあるいは文部省の人たちに大臣として鼓舞をしていただかなければいけないんだというふうに思いますが，今の時点で大臣のお気持ちを聞かせていただいて，質問を終わらせていただきたいと思います。

○小杉国務大臣　時間が制約されておりますので余り多くを申せませんが，学校図書館の重要性は再々今までもお話が出たとおりでございまして，できることなら司書教諭の専任化ということはしたいところでありますが，学校にはもうさまざまな役割分担がありまして，今も充て職というような形でやらざるを得ない状況にあります。

　今，危機的な財政状況の中で最大の焦点となっております教職員の定数問題，これも極めて厳しい状況にある中で，今直ちに専任化ということは難しいわけでありますが，先ほど来お話がありますように，すべての学校，すべての教職員が学校図書館の重要性の認識というか意識というものを持つということを，現状の中ではそれをしっかりやっていきたいし，また，この法案を出された皆様の御努力に深く敬意を表しますとともに，これが成立をいたしましたら，毎年この司書教諭の資格化を六千人ぐらいずつ進めていかなきゃいけないわけですから，そういう点では文部省としても一丸となって努力を続けていきたいと思っております。

○山元委員　終わります。ありがとうございました。

○二田委員長　次に，肥田美代子君。

○肥田委員　本日，当委員会におきまして四十数年ぶりに学校図書館法の改正案が審議され，採決されますことを無上の喜びと感じております。まず，党派を超えて，選挙権のない子供たちのために法案提出にこぎつけていただいた参議院の提案者の皆さんに，そして学校図書館よ輝けと不断の努力をされてこられた関係者の皆様に深い敬意を表したいと思います。

　私は，今回の改正は，学校図書館の改正への入り口となるものであり，決して終着駅にしてはならないと思っております。なぜならば，既に同僚議員からの質問にもるるございましたように，司書教諭が専任でなくて充て職であること，小規模校が除かれていること，既に歩き出していらっしゃる自治体採用のいわゆる学校司書さんの問題等々が未解決のまま残されており，いずれも一日も早く解決しなければならない課題ばかりであるからでございます。

　しかし，私は，行政の怠慢によって当分の間が四十数年間も続いてきた学校図書館法の附則，それに伴う学校図書館の整備の遅れを一気に取り戻すことは困難であり，ゼロか一〇〇かの二者択一は選択できないという考えに落ちついたわけでございます。私は，

今回の法改正を改革その一と受けとめ，賛同することにいたしました。そうした気持ちを申し上げて，質問をさせていただきます。

　ある人が，学校図書館は，言うならばドラえもんのどこでもドアみたいなものだ，そう言っておられるのです。このことは，子供たちが学校図書館に一歩足を踏み入れたときに，古代から果てしない未来まで旅することができる。そればかりか，地球上のみならず広い宇宙を駆け回ることもできる。すなわち，想像の海や知識の海を自由に泳ぎ回ることができるとても不思議な場所だというふうに考えておられるからだと思います。

　しかし，現状は，子供たちが学齢期になって初めて出会う学校図書館はドラえもんのどこでもドアではなくて，あかずのドアになっている，そういう現状がございます。これは，私も大人の一人として深く反省しなければいけないと思っております。

　そこで，この学校図書館の運営の最高責任者であります小杉文部大臣にお伺いいたしたいと思います。大臣が理想とされる学校図書館，あるべき学校図書館像はどんなものであるか。お立場のしがらみから離れていただいて，高らかにお答えいただきたいと思います。

○小杉国務大臣　読書離れというのは，もう社会一般の風潮になっておりますし，特に子供のときから読書に親しむということの重要性，昨今ますます高まっていると思います。

　今，理想像をという話ですが，なかなか難しい質問です。今までの教育はどちらかというと先生から一方的に教え込むという教育でしたけれども，これからは一人一人の子供の個性を生かし，創造性をはぐくむ教育ということを目指す以上，子供が主体的に自分から調べ，自分から関心を持ってそれに徹底して取り組んでいく，こういうことが必要だと思うので，その一つのよりどころが学校図書館じゃないかと思います。

　それに対しまして，今の図書館というのは，先生御指摘のとおりあかずの図書館というようなお話もありましたが，もう少し魅力のある図書館でなければいけない。それは，私は，ハード，ソフト，両方あると思います。蔵書数とかあるいは教える司書教諭の問題，そういったソフト，ハード万般にわたって，もう少し，子供たちがぜひ行きたいと，魅力ある図書室にしていくことがすなわち理想の学校図書館だというふうに考えております。

○肥田委員　昭和二十八年に議員立法で制定されてから四十数年，今この法改正を出発点として，大臣がお答えくださった理想とそれから現実のギャップをどう埋めていくかが今後問われる課題でございます。よほどの覚悟で省内を陣頭指揮してくださらないと，眠っていたと申しますよりもむしろ瀕死の状態にあった学校図書館に息を吹き返させることは容易なことではないと思っております。

　御決意を伺いたいと思います。

○小杉国務大臣　現実と理想とのギャップということで，やむにやまれず，今回，超党派の議員の方々が立ち上がってこうした法案を出されたと思います。肥田議員も大変熱心な推進者の一人ですが，これはあくまでも図書館改革の第一歩だ，スタートラインに

資　　料

立ったという認識は私も同じでございまして，私は，もっともっと学校図書館の重要性というものを学校関係者のみならず社会一般が認識を深めるということが必要だと思いますし，今度のこの法案の審議を通じてそうした啓蒙の一助にもなり得るんじゃないかと思っておりまして，私ども，真剣に取り組んでいきます。

　ありがとうございました。

○**肥田委員**　存在そのものがわくわくするような学校図書館を未来の人たちに届けるために，今後，あるべき学校図書館像をめぐる話し合いを持つ，今おっしゃいましたように，本当に国民的議論にまで高めていく，そして実践していく必要があろうかと存じます。そのためには，今後，柱となるべき学校図書館のことを中長期的に検討していく機関がぜひ必要かと思いますが，この法案提出に当たってリーダーとして御尽力くださいました木宮議員の御意見を伺いたいと思います。よろしくお願いします。

○**木宮参議院議員**　私よりも肥田先生の方が図書館への情熱の大変熱い方でございまして，私が述べるのは大変恐縮ではございますけれども，中長期的にこれからの学校図書館をいかにすべきかということは，まず最初には，平成十五年三月三十一日までには，全部じゃありませんけれども一定の——これは必ず文部省はやると約束をしてくれました。やらなければ違法状況になりますから，沖縄みたいになっちゃうんですから，ぜひこれはやってもらう。同時にまた，これから先に進展していかないと図書館の脳死になっちゃいますので，判別が困るのでして，ぜひこれが生き生きと動くためには，やはりこれは国民全体の問題だと私は思います。

　特に，私は，学校図書館，最近少子化でどこの学校も空き教室がありますので，空き教室を使うなり，あるいはできれば校舎とは違う場所，子供というのは学校嫌いですから，授業には行きますけれども放課後行きたがらないんですよ，これは私もそうだったんですが，恐らく大勢の人がそうだと思うんですけれども，だから，そこに非常にメルヘンで楽しい図書館をつくって，しかも親と一緒に子供が来て読書するとか，あるいは，一緒になって司書教諭がそこでもって図書の指導をするというような構築をしていかなくちゃならない。

　それにはやはり，実は参議院でも附帯決議を出しまして，その附帯決議の第六項で「政府は，学校図書館の充実強化に対する国民の期待に応えるよう，将来の学校図書館の総合的な政策について引き続き検討を行うこと。」こう実は附帯決議をしまして，大臣も誠実にこれをやりましょうという御答弁をいただいておりますので，これからひとつ皆さんと一緒になって学校図書館の活性化のために頑張っていきたい，私はそう思いますし，また，一人や二人でできるわけじゃございません，文部省もやらなければいかぬ，教育委員会もやらなければいかぬし，PTAもやらなければいかぬし，それから教師の皆さんもやってもらわなくちゃいけないし，それから子供たちもその気になって本を，ひとつ読書離れにならないように，そっちの方へ足を向けるような方策をやっていかなくちゃならない，私はそう思っております。

　以上でございます。

○肥田委員 熱い思いをありがとうございました。

　大臣，ただいまの提案者の御意見を受けて，あるべき学校図書館像を検討していく場を早急に設けていただきたいんですけれども，具体的にお考えがあればお聞かせいただけますでしょうか。

○小杉国務大臣 学校図書館の役割は，私は大きく分けて三つあると思います。一つは，子供たちが読書に親しむという読書センター。そして学習センターという機能もあると思います，いろいろ調べ物をする。それからもう一つは情報センター。これからの情報化時代に向かって，例えばクリントン政権などでも，すべての教室とすべての図書館を結ぶとか，肥田委員はその辺は疑問に思っておられるかもしれませんが。そのほかに，言われたように，社会の人たちがそこを気楽に利用できるというような機能もつけ加えるべきかどうか。そういったさまざまな点について，文部省としても学校図書館の今後のあり方について十分検討する必要があろうと思います。そこで，専門家の協力を得て検討する場を設けるというようなこともひとつ考えたいと思っております。

○肥田委員 うれしいお話を伺いました。ぜひ何とか早目に設置していただいて，みんなを安心させてください。お願い申し上げます。

　これでもう最後の発言になるんですが，このたびの法改正をプラスにするのもマイナスにするのも，文部大臣初め文部省の皆さん方，そして私たち政治家，そして現場の皆さん方の今後の心意気にひとえにかかっていると私は思っております。学校図書館の主人公は，申し上げるまでもなく子供でございます。そのことを片時も忘れることなく，五年，十年，二十年後に，学校図書館がこんなにすばらしくなったのはあのときの改正が第一歩だったねと言ってもらえるように，きょう皆様にまいていただきました学校図書館改革の種を皆さんと力を合わせて大きく伸びやかに育ててまいりたい，そういう気持ちでおりますことを申し上げまして，私の質問を終わります。

　ありがとうございました。

○二田委員長 次に，石井郁子君。

○石井（郁）委員 日本共産党の石井郁子でございます。

　学校図書館について，その役割につきましては近年ようやく光が当てられてきたかなという感をしております。このことに向けて本当に関係者の皆さんが大変な努力をされてきているということと，そういう努力に対して行政，政治がもっとバックアップしなければいけないということを私はまず何よりも感じているところでございます。

　今回の改正案ですが，附則二項の撤廃ということですよね。図書館職員の専任の配置ということには触れられていないわけであります。このことをもって，しかし図書館の充実に一歩前進だという声もございますし，いや，これが一歩となり得るのかという厳しい声もあるのも事実であります。

　そこで，私は，文部省と提案者に率直にお伺いをしたいんでございますけれども，もしこれが一歩としたら，二歩，三歩目というのはどういうことになるのか。学校図書館のそういう意味でのビジョンにつきましてお伺いをしたいというふうに思います。

資料

○木宮参議院議員 今回のは第一歩というのは，今の現状を打破するという意味でございまして，ともかく今は，実際には置かなくちゃならないと書いてあったんですが四十何年間附則のために置かないという現状が続いていたのを何とかとめたい，それが一つは大きな動機でございます。

それと二つ目は，先ほどもちょっと申し上げましたが，やはり日本人のライフスタイルが変わりましたし，それから学校の環境も変わりましたし，いろんな意味で，私は，今後図書館が充実していくことによって，より人間性豊かな子供が育っていくのではないかなというふうなつもりでございます。

そのためには，人間のこともありますけれども，まず今の図書館のままではどうもぐあいが悪い，やはりもう少し組織的にきっちりとしたものをつくらなければならぬ。そのためにはやはりある程度の管理をしていかなくちゃならない，これは私はよくわかります。ただ，管理が余り激し過ぎて，今はそうでもないんですが，かつて小学校へ行きますと，私ももともと教員もやったことございますので，公立学校へ行きましたら，図画室へ行ったら，戸棚の中にリンゴの模型やらバナナの模型やら三角錐がいっぱいありましたけれども，きれいなんですね。どうして使わないんですかと言うと，これは傷んだりなくなると後で怒られるから，ともかく置いておけばいいんだ，こう先生がおっしゃった事実がございます。それは困る，やはり子供の手で触れて，それで壊れたらいいじゃないか，私はそう思っているんですが，現場の職員はなかなかそう思わないところに，現在の小学校教育，中学校教育の一つの，何というか，まずい点があるのではないかと思います。ですから，私は，図書館をつくった以上は，やはりそれが活用できるようにひとつ人間も配置していかなきゃならない。

ただ，司書教諭のことが触れていないと今先生がおっしゃいましたが，かつて改正案にはこれが盛られておりました。しかし今回は盛らなかった。というのは，やはりともかく一歩前進していかないと次なる構築ができませんので。今までなぜそれが廃案になったか，廃案といいますか，日の目を見なかったかというと，やはり司書教諭が一番の問題だと思います。

それからまた，司書につきましては，先ほど石田先生からもお話ありましたが，アメリカあたりでは大変高度なライブラリーがありますけれども，日本の学校の司書というものの位置づけ，これが図書館に毛が生えたような状況で現在あるわけですけれども，これは少なくとも今大学なり短大で単位を修得してくれば司書資格というものは取られますので，そういう人たちを事務の中に入れて，そして交互に，ひとつ手のすいたときにはみんなでもってすき間のないように図書館に行ってもらうというようなことができれば一番いいと思います。

長くなりました。

○辻村政府委員 学校図書館法の改正によりまして，一定規模以上の学校に司書教諭が必置として置かれるということになります。

それを十分に生かして，学校の図書館がさらに活性化するということが大事でござい

ますが，そのためには，行政としても，蔵書のさらなる充実，それから学校図書館に対しまして，国，地方公共団体挙げて，これに対してのさまざまな物的，人的，あるいは学校図書館がより活発に活用されるような，学校図書館に対するあるいは司書教諭に対する認識の強化，その他さまざまな課題があろうかと思いますけれども，今回の学校図書館法の改正を生かして学校図書館の一層の充実のために努力をしていきたい，そのきっかけとしてぜひこの学校図書館法の改正を位置づけさせていただきたいというふうに思います。

○石井（郁）委員　短い時間なものですからちょっと急いでいるので大変失礼いたしますが。

　文部省の方でも，学校図書館の役割やどういうふうに機能させるかということでいろいろ研究もされているかなと思うのです。研究指定校も設けて研究をされているということも伺いましたが，その研究指定校の中に，学校司書が置かれている図書館ということ，あるいは司書教諭との連携とか，そういうことを視野に入れて研究はされているのでしょうか。

○辻村政府委員　今ここに詳細な各指定校のテーマを持っておりませんが，ただいま御指摘になりましたような点，人的な連携協力のあり方ということも研究テーマの一つになっている学校があるというふうに思っております。

○石井（郁）委員　私は，今実践的にはそういうことが大変大事だというふうに思っているものであります。

　司書教諭の発令は，文部省も通達，指導等々でいろいろされてきたけれども，なかなか現状は進まなかったということは当委員会でもいろいろ議論されたところでありますから，現場が大変矛盾を抱えている，いろいろ問題を持っている，この実態から出発しなければいけないというふうに思うのです。

　そこで，次の問題に移りますけれども，近年，学校図書館が生き返ったとかよみがえったという声をあちこちで聞くわけですけれども，そういう学校図書館のいわば再生というか蘇生というか，ということで役割を果たしてきたのが，よい本を，図書館に人を，そういう運動なんですね。

　本当にその中では感動的な話がたくさんございます。あかずの図書館という話は今まででもよくありましたけれども，学校司書が配置されまして，古い本を片づけるのに一カ月ぐらいかかる。そして，カードをつくり，子供たちに読まれるような状況にするまでにも大変な努力がまずあるということで，学校司書の仕事はそういう図書館の整備，一言で言えば整備ですけれども，分類から貸し出しからあるいは本の購入という膨大な量の仕事がありますけれども，とてもじゃないけれどもこれは片手間ではできない。やはり専門家としての知識と技術が今は必要だ。そういう人でないとできないということを私も実感しているわけであります。

　ですから，こういう学校図書館をよみがえらせる上で重要な役割を果たしてきた学校司書の位置づけというか問題についても，本当に議論されてきたところですけれども，

資　　料

あえて提案者の皆様方に，どなたでも結構ですけれども，この改正に当たってどうして取り上げられなかったのでしょうかということを端的にお答えいただければというふうに思います。

○木宮参議院議員　私個人の考えでございますが，学校司書そのものを事務員と位置づけて今現在やっておりますので，それを改正するのは，協議会でやっていただくなり，あるいは社会教育の図書館，いわゆる公立図書館なりその他の図書館に置かれる司書資格，こういうものを持った方にやってもらうという現行を生かしながら，余り屋上屋を重ねて新しい資格をつくるのはいかがなものかな，私はこう思っております。

○石井（郁）委員　先ほど同僚議員からも大阪の話がございましたが，私は大阪・箕面市というところの図書館を見てまいりました。私自身も子育てをしましたので，やはりこれは二十年前の水準の認識だったなということをいたく反省させられたのですけれども，本当にすばらしい学校図書館でございました。

　箕面市は，小学校に全部，全校に学校司書が配置されている。近く中学校にもそうされるということですけれども，学校司書の皆さんの仕事というのは，時間表が全部いっぱいなんです。図書の時間というのが小学校にはありますから，きょうは何学年の何クラスの子供が見えるということがございました。これも本当に一日いっぱいの仕事をしていらっしゃるということもわかりましたし，おっしゃったことは，子供と教師へのサービスに徹するんだという，情報のサービスですね，そういうことや，それから教師との連携が本当にすばらしくて，子供たちが，調べ学習をしますと先生が言ったら図書館に飛んでいく。そういうことがたくさん出てきて，先生からも，子供たちが随分変わった，子供が変わるということが本当にうれしいという話がございました。

　それから，学校図書館，そこで資料が足りない場合は公立図書館，そういう連携もされるわけです。そういうアクセスも十分あるということも，随分機能しているということもありました。

　そして，もう一つは，今の日本の教育の中で保健室登校と言われるような実態がございますよね。不登校の子供たちが必ずおられるわけですから，そういう子供たちが図書館には行きたいという，そこで学校司書の皆さんと会話されて，その子の新しい面を発見される，そしてまた教育実践に生かされるということもありました。だから，学校図書館というのは，子供にとって教室と別なもう一つの世界なんですよね。本当にそういう大きな役割を果たすのだなというふうに思いました。

　そこで，私はあえて先ほどの木宮先生の御発言にちょっと食いつくようで申しわけないのですが，現場の方々は，有資格者の皆さんですから，教諭ではありませんけれども皆さんが司書の有資格者です，だから，司書のプロとしての自覚に立って仕事をされる。司書のプロと教師，学校には教師の皆さんがいて，それが連携し合うということが学校教育の全体を豊かにしていくのだということがございます。

　先生，先ほど，学校司書の方は事務員という発言がちょっとございましたので，私はそれはやはり実態に合わないのじゃないかというふうに申し上げておきたいというふう

に思います。それぞれが専門家なんですよ。教師も専門家ですけれども、司書の皆さんも専門家だ。その専門家の目でこの学校図書館にかかわることが大変子供たちにとって大きな意味を持つのだというふうに思うのですね。

そういう点で、重ねて、この司書の問題、どういう認識を今後されていくつもりなのか、とりわけ文部省に伺いたいというふうに思うのです。司書の配置という問題を文部省としてやはり積極的に考えるべきではないのか。今地方自治体に任されているという状態でいいのかという点で伺いたいと思います。

○辻村政府委員　先生御指摘の学校司書の職務の重要性ということは、ほかの先生方の御質問に対しましてもお答えしたとおり、私どもも認識をしているつもりでございます。

ただ、全国的に見ますと、学校にも、規模の違いその他もございますし、また財政の事情その他あるわけでございます。そういうことで、学校司書の職務の重要性は十分認識しつつ、また地方公共団体において、先ほど数字を申し上げましたが、全国で七千を超える数の職員が配置されているということは十分評価しつつも、ここで一定の方向性を持って学校司書について定数措置云々ということについてお答えすることは大変困難だということを御了解賜ればというふうに思います。

○石井（郁）委員　確かに、新しい動きではあります。しかし、今急速に広がりつつある地方自治体の努力がございます。私が今強調いたしましたように、学校司書の皆さんが、司書の有資格者としてのプロの目で学校図書館をよみがえらせている、そしてまた教師とも連携しながら学校全体を豊かにされているわけであります。司書の配置を独自に進めてこられた地方自治体の教育委員会の方からも私はお聞きしました。これまでの取り組みの芽を摘まないでほしい、財政的な援助をしてほしい、国は一体何もしないのかということまで厳しく言われているわけです。

文部省として、学校司書の法的な身分保障というのはまだもう少し先のことかもしれませんけれども、こういう取り組みを励ます立場にぜひ立ってほしいというふうに思うわけであります。この点では文部大臣の御見解もぜひお聞かせいただきたいと思います。

○小杉国務大臣　なかなか財政上から手が回りかねるというのが実情でございますが、学校図書館の重要性にかんがみまして文部省として何ができるか、それは今配置している事務職員をできるだけふやすことで何とか努力したいということで、例えば、現在進行中の教職員配置改善計画では、高等学校については十二学級、それから中学校では二十一学級、小学校では二十七学級以上の大規模校については、事務職員を一人加算をしたり複数配置ができるようにしているところでございます。

これも学校図書館の事務量が増大をすることにかんがみて考えているところでございまして、御承知のとおり定数改善は大変厳しい状況にありますので、今後ともそういう中で精いっぱいの努力は続けたいと思っております。

○石井（郁）委員　けさ、私の部屋にもファクスがまた入りまして、またというのは失礼ですけれども、このところ関係者の皆さんが本当にこの審議を見守っておられるというふうに思います。

資　　料

　もう既に出ておりますけれども，十一学級以下の小規模校の問題，全国的には平均で四三％でございますけれども，北海道では六五％だ。そういう都道府県がいろいろあるだろうと思うのですね。ですからこれだけの数の学校を置き去りにしていいのかという問題になるわけであります。
　そういう点では，教育条件の平等を著しく欠くという点でも，今後とも，この改正案にはどう盛り込まれるかということはありますけれども，非常に問題を持っているということを指摘をさせていただきたいと思います。
　最後に，いよいよ中教審も審議のまとめが出され，本答申も出されるということで，二十一世紀に向けての日本の教育がどうあるべきかという大きな議論もされてこようとするわけですけれども，今言われているような，生きる力を伸ばすとか，子供たちの意欲とか創造性ということを大変強調されている。ならばこそ，この学校図書館こそ最も保障するものだと言わなければならないと思うのですね。
　そういう点で，重ねて，本当にこの改正が，早い機会に第二歩，第三歩へと，具体的な措置として，具体的な施策として実りを上げていくということが要ると思うのです。そういう点での文部省の御決意をもう一度伺っておきたいと思います。
○辻村政府委員　今回の法改正で，司書教諭につきましては一定規模以上の学校に義務として配置される。前進だと思うわけでございますけれども，まだ残された学校もあるという点も御指摘のとおりだと思います。やむを得ず一定規模以上ということにするわけでございますけれども，だからといってその規模以下に置かれなくてもいいということではもちろんないわけでございます。そういう意味で，この法改正を一つのきっかけにして，学校図書館全体の充実のためにこれを生かしていく，そういう努力をしていきたいというふうに考えております。
○石井（郁）委員　終わります。
○二田委員長　次に，保坂展人君。
○保坂委員　社会民主党の保坂展人です。
　私は，振り返ってみますと，図書館っ子，学校図書館っ子という言い方があるのかどうかわかりませんが，小学校の高学年から学校図書館で本を借り始めて，ピークが中学校でして，大体一日二冊借りて，電車通学だったので一日二冊読むということを続けて，多分学校で一番本を借りた生徒ということで何か言われた覚えがあります。そういう意味でも，学校図書館の意味というのは極めて大きいということを自分自身の体験から思います。本を読む習慣というのはまさに図書館あってのことだなというふうに思います。
　一方で，二十代の初めから，中高生の現場を取材しまして，中高生あるいは小学生向けの本を二十冊近く書いてきました。その読者から，学校図書館に置いてあったのを読んだんだというふうな手紙が返ってくると，ひときわうれしいのですね。本の著者としては印税が減るというようなことを考えないわけでもないのですけれども，しかし，やはり一人の子供が読むのではなくて，図書館に継続的に置かれていて何人もがというのは，著者としてもとてもうれしいのですね。したがって，取材あるいは見学等で学校へ

行きますと，必ず図書館を見せていただくようにしています。

ところが，図書館を見せていただいたときに，学校によって本当に違う。確かに図書室はあるのだけれども棚にはあいているスペースの方が多いんじゃないか，置いてある本は私が生まれる前の児童書だったりとか，ほとんどだれも出入りしないという図書室もあるわけですね。

今，日本の教育は大きく揺らいでいて，例えば，これは根本的なことですけれども学級担任制も含めていろいろ考え直してもいいんじゃないかという時期に，子供たちが心の居場所として保健室にたびたび行くというような状況があります。実は，学校によっては，もう保健室が満杯で，休み時間に二十人近くもいる，一応儀式として体温をはからなきゃいけませんからセルフサービスで体温をはからせている，そういう学校すらあるわけです。

もう一つ心の居場所という意味では，図書室，学校図書館というのがあると思います。やはり保健室に子供が来るのは養護教諭の先生がいるからですね。教えない先生というか，身近なところで，学校の授業の教科を持っている先生とは違った意味でいろいろな話ができる。そんな意味で，学校図書館にだれかがいるということは絶対に大事だろうと思います。

そういうことを踏まえて，質問に入りたいと思います。

この法案が成立をいたしますと，平成十五年四月一日から，いわゆる小規模校を除き，それぞれの学校に司書教諭が配置されることになると思います。「司書教諭は，教諭をもつて充てる。」という第五条二項の規定との関連で，配置される司書教諭の職務の態様についてどのように理解をされているかということと，もう一つ，これも気になるところなんですが，「政令で定める規模以下の学校」の具体的な規模というのはどのように考えておられるのかということを，提案者の上山議員の方からお答えいただきたいと思うのです。

○上山参議院議員　社会民主党の上山和人でございます。

今先生御指摘のように，この改正案が成立いたしますと，平成十五年四月一日の司書教諭配置に向けて直ちに諸条件の整備に着手しなければならなくなると思います。その場合，何よりも重要なことは，図書館における司書教諭の果たす役割を勘案しながら，しかも司書教諭の教諭としての職務のあり方について検討を行い，その結果に基づいて所要の措置が講じられなければならないと思うのでございます。

司書教諭のあり方については，教諭の職務と兼任したままでいいのか，それとも専任とすべきかについて，これまで私ども参議院文教委員会でもさまざまな議論がございますけれども，これから学校五日制の完全実施を数年後に控えまして，図書館の果たすべき役割がますます重要になることを考えつつ検討されなければならないことだと思います。

なお，先ほどの御質問の中で触れておられましたけれども，一昨年の平成七年八月の児童生徒の読書に関する調査研究協力者会議の報告の中には，専任の司書教諭について

資　　料

「専任の司書教諭の配置については，様々な意見があり，学習指導や学校経営の在り方及び今後の学校図書館像も踏まえつつ，中長期的な課題として研究していく必要がある。」と記されておりますように，これからの司書教諭の専任化の問題は大変重要な課題になると思います。

　さらに，先ほど文部大臣の御答弁をお聞きしておりまして大変うれしかったのでありますけれども，文部大臣も，できることなら専任の司書教諭を配置したい，しかし現実の問題として，今日ではさまざまな問題があるから今すぐにはできないという趣旨の御答弁をなさいました。文部大臣御答弁にもありますように，将来の方向性としては，図書館の司書教諭については専任化を目指すべきだということについて国民的なコンセンサスを得られる問題だと思っております。

　司書教諭を配置する場合の学校規模の問題でありますけれども，これは，規模の大小にかかわらずすべての学校に司書教諭を配置されることが望ましいことはだれだって同じ思いだと思いますけれども，しかし，現実問題として，小規模校の取り扱いについては慎重にしなければいけないと思っています。学校教育法施行規則十七条で，小学校の標準学級数につきましては「十二学級以上十八学級以下」と規定しておりますから，しかも中学校もこれを準用しております，そういうことを考えますと，こういう規定を参酌しながら，国会審議などを経て政令で定められることになるんじゃないでしょうか。

○保坂委員　今の上山議員の御説明を聞いてさらにお尋ねをしたいと思うんですけれども，いわゆる司書の資格を持ってそれぞれの学校司書として非常に小まめに本の紹介をされたりとか，あるいは子どもたちと読書サークルをつくったりとか，画期的な活動をされている学校司書の皆さんの存在があると思います。今回の法改正の意図がそこにあるものではないと私も思うんですが，万が一でも，現在これだけ多くの本離れと言われる中で子どもたちの読書のパートナーとして活躍をされている，そして職業として積み上げてこられたプライドもしっかりお持ちのその方たちが身分を脅かされるようなことがあってはならないと思うんですね。

　例えば，私のところにもはがきが来ているんですが，小規模校の中で，七十八名，六学級という規模の学校で今私はやっていますよというそういう方が，やはり堂々と，理想的にはその形なんですから，今後もやっていけるような趣旨をぜひ踏まえていただきたいと思うんですが，その点についてもう一度上山議員にお願いします。

○上山参議院議員　現在学校図書館に勤務していらっしゃる皆さんは，申し上げるまでもないんですけれども，図書館運営に大変意欲的な人たちばかりだと思うんです。しかも豊かな経験の持ち主でございますから，今後も，やはりこれらの人たちの豊かな経験と，そして大変積極的な図書館運営に対する御熱意が生かされるように最大限の配慮が必要だと思っております。

○保坂委員　これは，現在の学校司書の方たちがますます安心して，しかもユニークな存在であり続けられるように，もう絶対にこの法改正の中で万が一でもその身分が脅かされるようなことがあってはならないというふうに重ねてお願いをしておきたいと思い

ます。特に，PTAがお金を出し合ってお願いをしていくとかいろいろなスタイルがありますので，そうやって努力をされてきた方たちの存在によっていわば子供の読書が支えられてきたという現実を私たちも踏まえていかなければいけないというふうに思います。

　続いて，五月八日の参議院文教委員会で，小野清子先生の質問に答えて木宮先生が，「今後，学校図書館が充実され，専任の教職員なしでは運営できないほどの大きな機能と役割を」「果たすようになった際には，司書教諭の専任化についても検討する必要があろうかと思います。」と答えられていますが，この点について上山議員にもう一度お答えいただきたいと思います。

○上山参議院議員　今先生御指摘のように，確かに，前回の参議院の文教委員会で小野清子先生の御質問に対して木宮先生がお答えになりました。その中で，最後の方で，将来の方向として「司書教諭の専任化についても検討する必要があろうかと思います。」というふうに先生お答えになっていらっしゃいます。

　仮に司書教諭の専任化を考えるとすれば，やはり先ほど，山元先生と本岡発議者との間の質問，それに対する答弁でもいろいろ論議が行われましたけれども，やはり，現行法の五条二項が「司書教諭は，教諭をもって充てる。」と規定しているものですから，果たしてそれが適当であるかどうかということをまず検討しなくちゃいけないのではないでしょうか。もし仮に教諭をもって充てることが困難であると判断をされる場合は，現行法の五条二項の改正が必要になると思うのでございます。

　そして，先ほど先生が保健室の例をお話しになりましたけれども，保健室の養護教諭の例に倣って図書館専任の職としての司書教諭の制度をとるとすれば，所要の定員確保，さらには教員免許法の改正などの諸条件の整備が急がれなければならないと思います。

　以上です。

○保坂委員　先ほど保健室の例を出しました。これは，文部省の方でも，いじめの対策に対して保健室が大変大きな役割を果たしているということを御指摘されて，したがって，養護教諭がいじめの解決の大きな役割を果たすようにという御提言が関係の審議会などからあったわけですが，この点に対して若干私は疑問を持っておりますのは，つまり，養護教諭の皆さんが，健康診断はします，そしていろいろ身長や体重を書きますけれども，あるいは血圧をはかったりしますけれども，しかし，評価をしない先生であるというところがとてもやはり子供たちにとって心が開ける存在だったんじゃないか，このように思うわけです。ですから，今，司書教諭の専任化への道と法改正というお話がありましたけれども，教えない先生，あえて言えばですね，横から支えてあげる先生，こういう役割がやはり今の時代の子供たちには大切なのかなと。

　私，私見ですけれども，読書感想文というのは，あれはやめたらどうだろうかというふうに本当に思っているんですね。確かに感想文というのはいい文章が出ます。先生は，金賞とか何か子供がとるとうれしいというのはあるとも思うんですけれども，読書感想文で本が嫌いになった子というのは結構多いんですね，宿題として出てきますから。

資　　料

　やはり専任化への道はもう最初から子供と本のパートナーという形でやれるんだと，それから，学校司書の皆さんも，そこのところはそういう役割を合流していけるような道を，入り口のところの議論ですが，今後この機会に，またあと四十年後にやるんじゃなくて，もうこの数年先の間にこの道を開くべきではないかと思うんですが，木宮先生にちょっとその点伺いたいと思います。
○木宮参議院議員　御意見，大変よくわかります。私も全く同感でございます。
○保坂委員　それでは，くどいようですけれども，子供たちと本と，それこそきずなで結ばれて，そして本当に想像力の中で貴重な仕事をされてきた，これまでのいわば図書館の空白を支えてきた皆さんの御努力と現在の御苦労に深く敬意を払って，そしてその方たちの努力の上に，今回の法改正が，きちっと子供の利益のために，そして精神を豊かにするためにあることを強く願いまして，一層の努力を私どもも続けていきたいというふうに思います。
　これで私の質問を終わりにしたいと思います。
○二田委員長　これにて本案に対する質疑は終局いたしました。
　────────────
○二田委員長　この際，本案に対し，山原健二郎君外一名から修正案が提出されております。
　提出者から趣旨の説明を求めます。山原健二郎君。

（略）
　────────────
○山原委員　私は，日本共産党を代表して，学校図書館法の一部を改正する法律案に対し，修正の動議を提出いたします。その内容は，お手元に配付されております案文のとおりでございます。
　まず，修正案提案の理由及びその内容について御説明申し上げます。
　学校図書館は，学校教育をより豊かにする上で欠くことのできない基礎的な設備であり，学校における図書活動の中心として大きな役割を発揮することが期待されています。
　しかし，現状は，学校図書館法が制定されて四十年以上経過した今も，学校図書館の充実に欠かせない専任の教職員が配置されていないため，昼休みと放課後に開館するのが精いっぱいという学校が多く，中にはかぎのかかったままのあかずの図書館すらあるという状況さえ生まれています。
　学校図書館を図書館として機能させるかぎは専任の人の配置であります。そのためには，国の責任で学校図書館の専任職員を配置する必要があります。また，既に配置されている職員については，正規の専任職員としての身分の安定を図るとともに，給与や研修の保障など処遇の改善を図るべきであります。
　しかし，今回の改正案は，教科や学級を担任しながら兼任で学校図書館の運営に当たる司書教諭の配置を進める内容にとどまり，父母，教職員が求めている専任の職員配置

には全く触れていません。これでは，貧困な学校図書館の現状を解決するには不十分でございます。

そこで，開店休業状態の学校図書館を一日も早くなくし，豊かな学校図書館活動を発展させるために，司書教諭と力を合わせて学校図書館の運営に当たる専任，専門，正規の学校図書館担当職員，学校司書を新たに制度化する修正案を提出するものでございます。

次に，修正案の内容について御説明申し上げます。

第一は，学校には，司書教諭に加えて，学校司書を置かなければならないこととし，その職務は，司書教諭と協力して学校図書館の専門的職務に従事することとしています。

第二は，学校司書の資格及び講習について規定を設けています。その際，現に学校図書館職員である者については，雇用形態のいかんを問わず，一定の経験年数と講習で学校司書に移行できるようにしています。

第三は，学校司書は，特別の事情のあるときを除き小学校，中学校に各一名，高校，障害児学校に各一名を置くこととし，五年間で段階的に配置することとしています。義務教育諸学校においては，県費負担職員とし，給与の半額を国庫負担の対象としています。

第四は，学校図書館及び学校教育において学校司書の果たす役割を勘案し，改正法施行後三年以内を目途として，学校司書の職務に応じた給与，研修その他の処遇に関し検討を行い，その結果に基づいて所要の措置を講ずることとしています。

第五は，司書教諭制度のあり方について，改正法施行後三年以内を目途として，司書教諭を専任とすることも含めその職務のあり方に関し検討を行い，その結果に基づいて所要の措置を講ずることとしています。

これによる初年度の国庫負担の増額は約二百億円を見込んでいます。

以上が，修正案提案の理由及びその内容でございます。

何とぞ，委員各位の御賛同をいただけますようお願い申し上げまして，提案の理由を終わります。

○二田委員長　これにて趣旨の説明は終わりました。

この際，本修正案について，国会法第五十七条の三の規定により，内閣において御意見があればお述べいただきたいと存じます。小杉文部大臣。

○小杉国務大臣　学校図書館法の一部を改正する法律案に対する修正案につきましては，政府としては反対であります。

──────────

○二田委員長　これより原案及びこれに対する修正案を一括して討論に入ります。

討論の申し出がありますので，これを許します。石井郁子君。

○石井（郁）委員　私は，日本共産党を代表して，学校図書館法の一部を改正する法律案に対する修正案に賛成し，原案に反対する討論を行います。

二十一世紀を目前に控え，学校図書館は，学校教育に欠くことのできない基礎的な設

資料

備として、子供たちの学ぶ喜びをはぐくむためにも、その充実は緊急の課題となっています。

ところが、図書館担当の職員がいる学校は、小中学校では十数％しかなく、高校でも七割程度にとどまっています。しかも、その身分は公費による正規の職員のほか、臨時職員やPTAによる私費雇用などさまざまです。

この間、学校図書館を機能させるために専任の人をという父母、教職員の運動が広がり、独自に図書館職員を配置する自治体もふえています。既に、図書館職員が配置されている学校では、子供たちが生き生きと読書に親しむとともに、授業などの教育活動に欠かせない重要な役割を果たしていることが共通して指摘されています。

学校図書館法が制定され、四十年以上が経過しています。学校図書館が、教育活動の展開の上でも、子供たちの幅広い教養を培う上でも、大きな役割を発揮できるようにするために、国の責任で学校図書館の仕事に専任できる人を配置する必要があります。

ところが、今回提案された改正案は、教科や学級を担任しながら兼任で学校図書館の運営に当たる司書教諭の発令にとどまり、専任の職員配置には全く触れていません。司書教諭がその職務に専念できる定数上の措置もありません。

学校図書館法に基づいて司書教諭の発令を進めること自体、否定するものではありませんが、今回の改正案では学校図書館に専任、専門、正規の人をという父母、教職員の願いともかけ離れたものとなってしまいますので、反対せざるを得ません。

以上で討論を終わります。

○二田委員長　これにて討論は終局いたしました。

―――――――――――――

○二田委員長　これより採決に入ります。

参議院提出、学校図書館法の一部を改正する法律案及びこれに対する修正案について採決いたします。

まず、山原健二郎君外一名提出の修正案について採決いたします。

本修正案に賛成の諸君の起立を求めます。

〔賛成者起立〕

○二田委員長　起立少数。よって、山原健二郎君外一名提出の修正案は否決されました。

次に、原案について採決いたします。

原案に賛成の諸君の起立を求めます。

〔賛成者起立〕

○二田委員長　起立多数。よって、本案は原案のとおり可決すべきものと決しました。

―――――――――――――

○二田委員長　ただいま議決いたしました法律案に対し、河村建夫君外五名から、自由民主党、新進党、民主党、日本共産党、社会民主党・市民連合及び太陽党の六派共同提案による附帯決議を付すべしとの動議が提出されております。

提出者から趣旨の説明を求めます。山元勉君。

○山元委員　私は，提出者を代表いたしまして，本動議について御説明申し上げます。案文を朗読して説明にかえさせていただきます。

　　　学校図書館法の一部を改正する法律案に対する附帯決議（案）
　　政府及び地方公共団体は，次の事項について特段の配慮をすべきである。
　一　学校図書館は次世代の知と生きる力を育む宝庫であり，政府及び地方公共団体は不断の努力でその充実に取り組み，学校教育における図書館の重要性を広く啓蒙するとともに，今後中長期の学校図書館の在り方を総合的に検討すること。
　二　政府及び地方公共団体は，この法律の趣旨を体し，司書教諭の計画的養成・発令に努めるとともに，小規模校への設置についても配慮すること。
　三　政府は，司書教諭講習について，講習内容の現代化及び教員免許状取得前の受講を可能にするなど受講資格の弾力化を図り，時代の進展に応じたものとなるよう努めること。
　四　政府は，学校教育における学校図書館の意義・機能，司書教諭の果たす役割等を勘案し，司書教諭の教諭としての職務の在り方に関し，担当授業時間数の軽減や司書教諭の専任化を含め，検討を行い，その結果に基づいて所要の措置を講ずること。
　五　政府及び地方公共団体は，司書教諭の設置及びその職務の検討に当たっては，現に勤務するいわゆる学校司書がその職を失う結果にならないよう配慮するとともに，職員配置を含めた，学校図書館整備のための地方公共団体独自の施策を，より一層充実するよう配慮すること。
　六　政府及び地方公共団体は，ひきつづき，学校図書館資料の充実を図るとともに，マルチメディア時代に向けた学習情報センターとしての機能の充実に努めること。
以上であります。
　何とぞ御賛同くださいますようお願い申し上げます。
○二田委員長　これにて趣旨の説明は終わりました。
　採決いたします。
　本動議に賛成の諸君の起立を求めます。
　　〔賛成者起立〕
○二田委員長　起立総員。よって，本動議のごとく附帯決議を付することに決しました。
　この際，本附帯決議に対し，文部大臣から発言を求められておりますので，これを許します。小杉文部大臣。
○小杉国務大臣　ただいま御決議がございました事項につきましては，御趣旨に沿って十分検討いたしたいと存じます。

──────────

○二田委員長　お諮りいたします。
　ただいま議決いたしました法律案に関する委員会報告書の作成につきましては，委員長に御一任願いたいと存じますが，御異議ありませんか。
　　〔「異議なし」と呼ぶ者あり〕

資　　料

○二田委員長　御異議なしと認めます。よって，そのように決しました。

———◇———

（略）

○二田委員長　次回は，公報をもってお知らせすることとし，本日は，これにて散会いたします。

午後三時三十七分散会

出典：「第百四十回国会　衆議院文教委員会　第十七号」1997年5月30日，国会会議録検索システム，http://kokkai.ndl.go.jp/（2014年10月31日確認）

司教47

学校図書館法の一部を改正する法律案（参議院提出）に関する報告書

平成九年五月三十日報告
委第一二二号

委（参法の　四）（ママ）

　　学校図書館法の一部を改正する法律案（参議院提出）に関する報告書
一　議案の目的及び要旨
　本案は，学校図書館における司書教諭の職務の重要性にかんがみ，司書教諭の設置の計画的拡充を図るとともに，その養成を行うための教育機関の拡充を図ることを目的とするもので，その内容は次のとおりである。
　1　大学に加え，新たに大学以外の教育機関が，文部大臣の委嘱を受けて司書教諭の講習を行うことができることとすること。
　2　司書教諭の設置についての猶予期間を，政令で定める規模以下の学校を除き，平成十五年三月三十一日までの間とすること。
　3　この法律は，公布の日から施行すること。
二　議案の可決理由
　本案は，学校図書館における司書教諭の職務の重要性にかんがみ，妥当なものと認め，可決すべきものと議決した次第である。
　なお，本案に対し，山原健二郎君外一名より日本共産党提案に係る修正案が提出されたが，少数をもって否決された。
　本修正案に対して，国会法第五十七条の三の規定に基づき，内閣の意見を求めたところ，小杉文部大臣より「政府としては反対である。」旨の意見が述べられた。
　また，本案に対し，別紙のとおり附帯決議を付することに決した。
　右報告する。
　　　　平成九年五月三十日

文教委員長　二田孝治

衆議院議長　伊藤宗一郎殿

　学校図書館法の一部を改正する法律案に対する附帯決議

政府及び地方公共団体は，次の事項について特段の配慮をすべきである。

一　学校図書館は次世代の知と生きる力を育む宝庫であり，政府及び地方公共団体は不断の努力でその充実に取り組み，学校教育における図書館の重要性を広く啓蒙するとともに，今後中長期の学校図書館の在り方を総合的に検討すること。
二　政府及び地方公共団体は，この法律の趣旨を体し，司書教諭の計画的養成・発令に努めるとともに，小規模校への設置についても配慮すること。
三　政府は，司書教諭講習について，講習内容の現代化及び教員免許状取得前の受講を可能にするなど受講資格の弾力化を図り，時代の進展に応じたものとなるよう努めること。
四　政府は，学校教育における学校図書館の意義・機能，司書教諭の果たす役割等を勘案し，司書教諭の教諭としての職務の在り方に関し，担当授業時間数の軽減や司書教諭の専任化を含め，検討を行い，その結果に基づいて所要の措置を講ずること。
五　政府及び地方公共団体は，司書教諭の設置及びその職務の検討に当たっては，現に勤務するいわゆる学校司書がその職を失う結果にならないよう配慮するとともに，職員配置を含めた，学校図書館整備のための地方公共団体独自の施策を，より一層充実するよう配慮すること。
六　政府及び地方公共団体は，ひきつづき，学校図書館資料の充実を図るとともに，マルチメディア時代に向けた学習情報センターとしての機能の充実に努めること。

出典：国立国会図書館議会官庁資料室蔵『法律案』（参法　第140回国会）〔原典縦書き〕

司教48

学校図書館司書教諭講習規程の一部を改正する省令

文部省令第二十九号

　学校図書館法（昭和二十八年法律第百八十五号）第五条第四項の規定に基づき，この省令を定める。

　平成九年六月十一日

　　　　　　　　　　　　　　　　　　　　　　　　　文部大臣　小杉　隆

　　学校図書館司書教諭講習規程の一部を改正する省令

　学校図書館司書教諭講習規程（昭和二十九年文部省令第二十一号）の一部を次のように改める。

　第五条及び第七条中「大学」の下に「その他の教育機関」を加える。

　　　附　則

資　料

この省令は，公布の日から施行する。

出典：『官報』号外第115号，1997年6月11日，p.17.〔原典縦書き〕

司教49

≪緊急共同声明≫
学校図書館法「改正」に対し，
「専任・専門・正規」職員の配置を求める声明

　私たちは，子どもたち・学生・市民・障害者など全ての国民・地域住民の知る権利を保障し，豊かな読書環境を実現するため，学校・公共・大学・専門の各図書館で働く図書館員・研究者・住民等で構成している研究団体です。

　学校図書館についても，小・中学校の段階から日常的に本と親しみ，図書館を利用してわからないこと・知りたいことを探求し，生涯にわたる学習の基本となる力を育てる場として，その一層の充実を願ってきました。近年，全国各地から「学校図書館に専任・専門の『人』を」という父母・住民の声が高まり，自治体の努力により，ここ10年間で小・中学校への職員配置が大きく進んできました。新しく学校司書が配置された学校図書館では，子どもたちが「ほんまの図書館みたいや」と歓声を上げ，授業等にも活発に利用されるという状況が生まれています。

　このような学校図書館に対する国民的関心の高まりを背景に，学校図書館法「改正」案が一昨年より浮上してきました。

　ところが，この法「改正」は学校図書館の改善にはならず，むしろ後退を招くものであり，現場の学校図書館職員をはじめ，多くの関係者・住民から危惧の声が寄せられました。私たちも図書館の専門団体として，「改正」案の問題点を指摘し，「専任・専門・正規」職員の配置を求める要請書を数度にわたって国会議員に提出し，共同アピールを出すなどの取組みをしてきました。

　しかし，1997年6月3日，ついに学校図書館法「改正」は共産党を除く各党の賛成で可決・成立しました。「改正」の中身は，①政令で定める小規模校を除く学校に2003年までに司書教諭を発令する，②司書教諭の講習を大学以外の教育機関でも行えるようにする，というものです。

　当初から指摘されていたように，全国4万2千の小・中・高校のうち半数ちかくを占める11学級以下の小規模校には，この法律のいう司書教諭すら配置されません。また法「改正」にともなう定員増などの措置は行われないので，授業軽減のない教諭が担任やクラブ活動を持ちながら図書館を担当することになり，ますます教師の過重負担を強いることになります。

　これでは，学校司書のいない学校の現状は何ら変わるところがないばかりか，法的な裏付けのない悪条件の中で頑張ってきた学校司書の立場を危うくすることになりかねません。さらに，住民の声に応えて自治体が独自に進めてきた学校図書館への職員配置も

後退を余儀なくされることになります。

　ただし，提出されたほとんどの法案が十分な審議もなく通過するこの国会において，衆・参両院合わせて7時間，学校図書館法「改正」に関わる審議が行われました。文教委員会で，学校司書からの葉書が読み上げられたり，学校図書館問題研究会が行った小規模校調査が資料として使われたり，新たに学校司書が配置された学校の様子が紹介されたりしたことは大変画期的なことであり，国民的関心の高さを反映したものと言えます。

　こうした関心を反映して学校図書館法「改正」に伴い，衆・参両院で6項目の付帯決議が全会一致で採択されました。付帯決議の中には，「政府及び地方公共団体は不断の努力でその充実に取組み……」とか「学校司書がその職を失う結果にならないよう配慮すると共に，職員配置を含めた学校図書館整備のための地方公共団体の施策をより一層充実する……」等，積極的な文言も盛り込まれました。

　私たちは，子どもたちの自由な読書と豊かな学びを保障する機関として学校図書館の充実を心から願っており，そのためには，専任・専門・正規の職員が欠くことのできない存在であると確信しています。小規模校や盲学校・聾学校・養護学校を例外とすることなく，日本の全ての学校図書館に，専任・専門・正規の職員配置を求めると共に，地域住民の学校図書館に寄せる熱い思いをしっかり受けとめて，実践や研究を深めていく決意を表明し，共同声明とします。

　　1997年6月11日
　　　　学校図書館問題研究会・児童図書館研究会・大学図書館問題研究会
　　　　点字図書館問題研究会・図書館問題研究会　（50音順）

　出典：『がくと』Vol. 13，1997年12月10日，p. 116-117．

司教50

学校図書館法一部改正について

社団法人　日本図書館協会

　1997年6月3日，学校図書館法一部改正案が衆議院本会議で可決された。1953年に制定されたこの法のごく初期以来，早期の撤廃が求められてきた附則2項の「当分の間」が，ようやく44年ぶりに原則撤廃され，学校に「専門的職務を掌る」人として司書教諭が発令されることとなった。その限りにおいて，これは学校図書館の整備にとって歓迎すべきことのはずであるが，近年の学校図書館の整備・振興を求める広範な人々が希求してきた「学校図書館に専任で専門の職員を」という願いからすれば，ほとんど事態の前進を約束する内容をもたず，極めて遺憾，というほかない。しかし，学校図書館に専門職員がいなければならないことが原則的に制度として確認され，改正案可決に至る参議院・衆議院での論議において，学校図書館の人をめぐって数時間の論議がされたことは，それなりの評価ができようし，それを今後の学校図書館の整備・振興に活かすこと

資　　料

が必要であろう。事態が一層の厳しさを増幅したという面も否めないが，これを新たな運動の起点としていかねばなるまい。

今回の改正は，①第5条3項に「その他の教育機関」を挿入することで，司書教諭の講習開催を大学以外に広げたこと（国会の審議で，文部省は県教育センターを想定していることを述べている），②司書教諭の発令猶予を「政令で定める小規模学校を除いて平成15年3月31日まで」とすることで，「当分の間」を原則的に撤廃したこと，の2点である。①は②の措置（司書教諭の発令）を期限内に進めるために，司書教諭有資格者の大量養成を早期に進めねばならず，それには講習開催の場を広げる必要があるとの考えに立つもので，②に連動した措置である。

改正案の採決に当たって参議院・衆議院それぞれで6項目の附帯決議がなされた。決議自体は法規的に何らの拘束力を持つものでもない。この改正案が超党派の議員立法であることから，それぞれの思惑，妥協のためのすり合わせがここに集約されたものである。その結果，この改正案がもつ矛盾や問題点の多さを改めて確認する結果となっており，懸案課題の先送りでしかないが，その内容の実現をめざす新たな運動の起点を確かめたものとして，それなりの意義はあろう。

以下，附帯決議及び国会審議の記録等に即して，今回の改正の意義，問題点を整理し，今後の運動の課題を提起する。

1）学校図書館に関心を抱く大方が期待した，学校図書館に専任で専門の職員が常駐し，子どもたちや教師の資料・情報ニーズに応える体制の整備を，という点では何ら事態の改善になる具体的な措置，根拠をもたらさなかった。

国会審議を通じて，学校図書館には資料の整備だけでなく「人」が必要なことが再三論じられ，そのことでの合意はよほど進んだかにみえる。これまで文部省が頑なに使用を拒んできた「学校司書」という名称が，国会の場でごく普通に語られた。これは全国的な市民レベルの学校図書館整備運動の進展，その関係者からの国会・政党等への働きかけ，法案に対する疑問や要請が重ねられたことがもたらした大きな成果である。しかし，今回の改正案は「人に金をかけない」ことを前提にしての合意であるため，充て職司書教諭と学校司書は職務が違う，司書教諭が発令されたからといって司書が職を失うことがあってはならない，という政府答弁を引き出しながら，では司書を制度化しよう，ということには踏み込まないことで発議者，質問者，文部省関係者ともに堅く「節度」を守った。

遺憾ながら「学校図書館に人が必要だ」ということの認識はごく浅いレベルにとどまり，その実態を広げ，強めるための確かな根拠は得られなかった。

2）原則として司書教諭の発令が進むことで，これまで学校図書館の働きを担ってきた学校司書が，その配置の基盤を失うことになるのでは，という危惧は，「そういうことがあってはならない」との文部省の答弁があっても依然として残る。自治体が厳しい財政事情の中で単独に措置している施策をどう支援するのか，そのための具体的な方策

がなければ，いま以上の前進が望みにくいだけでなく，縮減の恐れも決してなしとしない。

さしあたって，現在のところ学校司書配置の唯一の根拠である定数法の「学校図書館の重要性に鑑みて」の事務職員加配枠の完全実施，配置規模の拡大を図るとともに，国費・県費による教職員枠を学校司書に適用させる行政指導，学校司書のための人件費補助制度の新設を文部省に求めることが必要である。そうした施策を求める前段として，学校司書の働きの中身，それが学校教育の充実にいかにつながるかを実践的に明らかにする取り組みが，これまで以上に必要なことはいうまでもない。

3）発令される司書教諭がどこまで「学校図書館の人」たり得るかは疑問の余地が大きい。しかし，まったく望めないということではないだろう。多分にその人なり，個々の学校の条件しだい，ということは否めないが，正式に司書教諭として発令されることで，学校現場の理解による授業等の負担軽減（限りなく専任化への接近）が進み，学校図書館の働きを幾分なりとも具体化し，図書館教育の活性化をもたらす人が生まれることは期待できる。それを促進するには，学校内外の図書館教育への理解の浸透を図る研修の実施，司書教諭養成教育の改善が必要である。

4）現行の司書教諭講習規程に定めるように，4年以上の実務経験者なら「図書の整理」2単位で資格が取得できるという安易な養成教育の内容では，とても学校図書館の専門的職務を担える専門家の確保など望むべくもない。早期に有資格者を増やさねばという当面の方向とは相いれないが，だれの目にも不備が明らかな現行の講習内容を抜本的に見直し，真に専門家の養成と言い得るものに改めることを文部省は急ぐべきである。

5）充て職とはいえ司書教諭の配置が現実に進行し，かつ学校司書の配置をさらに促進していこうとなると，学校図書館の仕事に専任の保障はないが2種の職員がかかわることになる。その際，両者の関係，役割分担をどう考えるかは，日常的で差し迫った課題である。とりわけこれまで実態をほとんどもたなかった司書教諭が何をするのか，いかなる専門的職務を担うのかを，学校の事実に即して具体的に明らかに示すことが必要である。

国会の論議では学校司書の存在に焦点が集まった。これまでに果たしてきた実績にそったものであり，評価できる。しかし，文部省答弁が一貫して主張するように，「教育の職務に携わる」司書教諭を補佐し，「図書館の円滑な運営ということで，事務的，技術的な職務に従事」しており，それぞれ職務内容が違うため，司書教諭が発令されたからといって「直ちに司書の仕事が軽減されるとか，必要なくなるということではない」という認識では，図書館の働きを活用して新しい教育を創造する展望は，とても望めない。この把握は1970年代半ばに法改正が論議された当時の両者の関係理解を一歩も出ていない。

学校司書の身分保全をその前提にするのは本末転倒であるが，現に司書の働きとその成果が確実に広がりつつある事実を認めたところからの現実的な協力・協同の体制を理論的・実践的に明らかにすることが必要である。

資 料

　学校司書を学校の中の自立した専門職員として位置づけ，その定着を図る新たな取り組みが重要である。

　6）教育改革における学校図書館の果たすべき役割，果たし得る可能性を探り，図書館教育についての認識・理解を広げる教育社会の積極的な取り組みの進展が期待される。学校図書館をめぐって国会で数時間の論議がされ，ある程度課題の所在が明らかにされたことの意義は大きい。この事実を有効に活かすことが重要である。文部省に対しては，学校図書館政策を立案するしかるべき機関（審議会等）の設置，広く衆知を結集する努力を望みたい。これは自治体（教育委員会）レベルにおいても同様である。

　学校図書館法第6，7条は，学校図書館の整備のための国及び設置者の任務を求めている。これの実のある履行をしっかり迫っていくことが肝要である。文部省，あるいは県教育委員会等が職員体制を含む学校図書館についての望ましい整備基準を備え，行政施策や現場の実践にとっての目標を提示することを要求するのもその一つである。

　半世紀に近い学校図書館法改正に向けての運動は，その間に払われた労苦の大きさに比してあまりにも些少で，かつ課題の多くを積み残した結果で一応の収束をみた。関係者の努力は多とするにしても，この結末についてはとても高い評価は与えるべくもない。しかし，この事実からさらなる学校図書館整備の運動の再構築を図るほかない。これまでとかくぎくしゃくしがちであった学校図書館関係者間の相互理解を深め，連帯と協同を回復し，強めるとともに，学校図書館を教育改革，生涯学習振興のキー概念として広く教育社会の共通の関心事としていく努力が重要である。

　今回の国会論議をここまで盛り上げた最大の力は，全国各地の自治体における司書配置の施策，学校現場の実践，地域における学校図書館整備を求める住民の熱い願いの蓄積にあった。学校教育のありようにことのほか厳しい目が集まるいま，21世紀へ向けての教育改革のカギとして，学校図書館の整備・振興と図書館教育の活性化への運動を，日本図書館協会としても確信をもって推進していくこととしたい。

　　　　出典：『図書館雑誌』Vol.91，No.8，1997年8月，p.616-618.

司教51

司書教諭講習等の改善方策について　報告

　　　　　　　　　　　　　　　　　　　　　　　　平成10年2月25日
　　　　　　　　　　　　　　　　　学校図書館の充実等に関する調査研究協力者会議

司書教諭への期待に応えるための基本的な視点と提言

知的刺激にあふれた学びの場を提供するために
1　学校を児童生徒にとって真に魅力的で，快適な，知的刺激にあふれた，生きがいのある学びの場となるようにしよう。
2　学校教育の改革は学校図書館から。

魅力ある学校図書館づくりのため，学習情報センターとしての機能の充実を図るとともに，心の教育を推進する読書教育の専門家としての司書教諭の確保に努めよう。

専門職としての意識を高めるために
3　児童生徒に夢を与える学校図書館に。
　　まず，司書教諭自らが専門職としての意識を培い，豊かな資質や能力を高めよう。
　　　　○　読書活動等を通した児童生徒の豊かな人間性の育成に関する見識
　　　　○　学校図書館の経営能力
　　　　○　時代の変化に迅速に対応し得る情報教育の担い手としての力量や柔軟性，知的探究心，責任感
　　　　○　学校の教育課程の展開と各種資料の活用に対する深い理解・見識
　　　　○　児童生徒や教師，地域の人たちとのコミュニケーション能力

豊かな教育活動に役立つ司書教諭講習とするために
4　授業を中心に様々な教育活動を豊かにするための力量を司書教諭講習で修得しよう。
　　　　○　司書教諭講習の科目構成を大きく改善。
　　　　○　大幅な単位軽減措置は見直し。
　　　　○　教師を目指す大学在学中の学生への受講機会を拡大。

司書教諭講習等の改善方策について

1　はじめに
　本協力者会議は，平成9年6月に発足して以来，新しい時代に対応する学校図書館の充実方策等について，様々な角度から鋭意審議を行ってきた。
　このうち，司書教諭講習等の改善方策については，とりわけ早急な対応が必要であることから，内部に小委員会を設け，他の課題に先行して集中的に調査審議を進めてきた。
　我々は，新しい時代を担う青少年の健全な育成を図るためには，学校が児童生徒にとって真に魅力的で，快適な，知的刺激にあふれた，生きがいのある学びの場となるべきであり，このような学校においては，学校図書館の機能を十分に活用した豊かな教育活動が展開されているものと考えるところである。
　また，魅力ある学校図書館づくりのためには，情報教育の一翼を担う学習情報センターとしての機能の充実を図るとともに，教師としての使命感と専門性を備え，心の教育を推進する読書教育の専門家としての司書教諭の確保が不可欠であり，司書教諭講習の内容等の改善充実も，単なる資格取得の難易の問題ではなく，このような視点に立った上で論じられるべきものと考える。
　これまでの審議に当たっては，児童生徒の自発的な学習活動を推進し，学校の教育課程の展開を支える『新しく魅力的な学校図書館』づくりを進め，学校図書館を学校の『学習情報センター』及び『読書センター』としていく必要があるとの平成7年8月の「児童生徒の読書に関する調査研究協力者会議」報告の視点を十分に踏まえつつ，個を大切にする教育課程の展開や情報化などの時代の進展に対応した司書教諭講習科目の内

資　料

容の見直し，実施方法の改善等について精力的に検討を進めてきた。

　今回，これらに基づき，司書教諭講習等の改善方策について最終的なとりまとめを行ったので，ここに報告する。また，併せて，「司書教諭への期待に応えるための基本的な視点と提言」を示すこととしたい。

　本協力者会議としては，すべての関係者が本報告の趣旨を正しく理解され，必要な施策の実施に速やかに取り組まれるよう強く期待するものである。

2　改善の理念と方向性

(1) 司書教諭に求められるもの

　我が国の学校図書館司書教諭講習は，これまで，全国の学校図書館の活動を支える多くの関係者の資質向上に寄与してきたが，昭和29年にその内容が定められてから，既に40余年が経過しているため，その後の学校図書館を取り巻く大きな社会の変化に対して，必ずしも十分に対応し切れていない面があり，その改善は緊喫の課題となっている。

　学校図書館は，平成7年8月の「児童生徒の読書に関する調査研究協力者会議」報告でも指摘されているように，各種の学習資料や読み物等を児童生徒や教師に供することによって，児童生徒の自発的な学習活動を推進するとともに，心豊かな人間の育成を図る重要な機関である。

　これまでも学校図書館は学校の教育活動を支える大切な役割を果たしてきたが，特にこれからの教育においては，いかに社会が変化しようと，自分で課題を見つけ，よりよく問題を解決できる資質・能力や豊かな人間性など，いわゆる『生きる力』を育成することが求められており，教師の教育指導を豊かにするのみならず，児童生徒の主体的な学習活動を支え，心のオアシスとなる学校図書館への期待はますます高まっている。

　これらのニーズに適切に応えるためには，学校図書館が学校教育の中心となり，情報化・国際化の進展等に対応してさらに高機能・多機能化するとともに，健康的で快適な学習空間を創出し，生涯学習時代にふさわしい様々な役割を果たしていかなければならない。

　この多様な機能を有する学校図書館運営の中心となる司書教諭には，読書活動等を通した児童生徒の豊かな人間性の育成に関する見識はもとより，学校図書館の経営能力，時代の変化に迅速に対応し得る情報教育の担い手としての力量や柔軟性，知的探究心，責任感，学校の教育課程の展開と各種資料の活用に対する深い理解・見識，さらには児童生徒や教師，地域の人たちとのコミュニケーション能力等の様々な資質を備えることが期待される。

(2) 改善の基本的方向

　このような視点に立って，現在の司書教諭講習の状況を見ると，次のような点で改善を図る必要があると考えられる。

(ア) 講習科目の内容等の見直し

　まず第一に，個を大切にする教育課程の展開や社会の変化に対応した講習科目の内容等の見直しである。

学校図書館運営の中心となる司書教諭には様々な資質が求められるが，現在の司書教諭講習においては，学校図書館内の管理業務に係る知識等に比較的重点が置かれてきた傾向がある。
　しかし，今後の生涯学習の基盤としての学校教育という観点に立てば，個を大切にする教育課程の展開とそのための資料活用との関連について，これまで以上により深い見識を持つことが期待される。また，児童生徒の発達段階に応じて，人生や人間に対する深い洞察力を身につけさせるとともに，児童生徒の夢や空想力をかきたて，豊かな心を育んでいくための読書活動を一層充実させる力量が必要とされる。
　さらに，近年の社会の情報化の進展等に対応して，体系的な情報教育の推進が重要となっており，学校図書館は，学校の情報化推進の中枢となることが期待されている。このため，その運営の中心となる司書教諭には，インターネット等の整備や教育用ソフトウェアに関する情報の蓄積などへの幅広い見識とともに，学校図書館の活用を通じて，児童生徒にコンピュータ等の情報機器のみならず多様な情報手段から必要な情報を選択し正しく判断するための情報活用能力を身につけさせる力量が求められる。
　また，これまで，図書の分類や目録に関する技能の修得のみと一般的に思われがちであった科目「図書の整理」（2単位）については，図書のみならず視聴覚メディアその他の多様な情報メディアを含めた「学校図書館メディア」という観点から発展的に再構成することが必要となっている。
　本来，学校図書館は，公共図書館のような広く一般公衆を対象とする施設とは異なり，「学校の教育課程の展開に寄与するとともに，児童又は生徒の健全な教養を育成すること」（学校図書館法第2条）を目的とするものであるから，単に児童生徒の求めに応じるだけではなく，学校としての組織的・計画的な学校図書館の利用と指導を教育課程に沿って能動的・積極的に展開していくことが重要であり，司書教諭の講習はこの点を十分に踏まえて展開されることが望まれる。
　上記のようなこれからの司書教諭に求められる資質等を踏まえ，総合的に検討した結果，現在の司書教諭講習科目は，別表1のように改めることが適当であると考える。
　また，新科目への移行に際しては，講習実施大学等の状況に鑑み，1年間程度の準備期間を設けることが望ましいと思われる。
　なお，修得すべき総単位数については，大幅な単位数増を求める意見が審議の中でもあったところであり，諸外国の中には司書教諭に相当する職に高度の専門性を求め，多くの必要単位数の修得を要求しているところも見受けられる。しかし，我が国の場合，①現在の司書教諭講習では，実務経験による大幅な単位軽減を受けた修了者が大半で，実際に講習科目のすべてを履修する比率は低く止まっているのが現実であること，②教員免許状とあわせて司書教諭講習相当科目を取得しようとする大学の学生や現職教員の負担等に鑑みて慎重に判断すべきこと，等もあわせて勘案すれば，今回は，総単位数は10単位とすることが適当であると考える。
　また，現在の司書教諭講習科目はほとんどが1単位ごとに細分化されているが，大学

資料

が相当科目を開設する場合,実際上は,半年科目(2単位)以上の方が開設しやすいという面を考慮して,新科目案を構成したところであり,今後,各大学が教職課程の授業科目を開設していくに際しては,これらの司書教諭講習科目を教職専門科目の一部とする措置について一層配慮していくことが期待される。

(イ)司書教諭講習修了者の水準の確保

第二に,司書教諭講習修了者の水準の確保である。

現在,司書教諭の資格を得るためには,講習において7科目8単位を修得することが必要とされている。

しかし,実際の司書教諭講習を見ると,修了者によって学校図書館に対する知識や理解の程度にはかなり差があり,その原因の一つに,昭和29年以降現在まで「当分の間」の措置として行われている実務経験による単位軽減制度があるものと考えられる。例えば,平成8年度に司書教諭講習を修了した現職教諭2,486名のうち,「司書教諭に相当する職務に従事した旨の所轄庁の証明」により修得単位数の軽減を受けた者は,4年以上の実務経験の者(=軽減により1科目2単位のみで資格取得可)1,520名,2年以上の実務経験の者(=軽減により2科目4単位のみで資格取得可)584名になっており,軽減措置なしで7科目8単位を実際に修得したのは382名となっている。また,各学校における実務経験も,同一校で一定期間まとまった実務に従事した者,複数校での断片的な実務期間を足し合わせている者,図書主任や図書館部長の立場で実務に従事した者からそれ以外のものまで様々な場合が含まれており,このことが,司書教諭の重要性に対する学校関係者の十分な理解が得られない遠因にもなっているのではないかと思われる。

したがって,これらを総合的に勘案すれば,実務経験による司書教諭講習科目の単位軽減の仕組みは廃止するべきであり,また,経過措置期間終了時までの実務経験認定も連続勤務した期間のみに限定するなど厳格な運用に努めることが望ましい。

また,移行に際しては,実務経験を有する者がいることに鑑み,4年間程度の経過措置期間を設けることが適当である。

なお,この点については,審議の中で様々な意見があったところであるが,経過措置期間終了までの間に,特段の情勢の変化等があった場合の対応などについては,必要に応じ,改めてその時点で検討を行うとしておくことが,現時点では実際的であると考える。

(ウ)教師としての役割の明確化

第三に,教師としての役割の明確化である。

これからの学校図書館は,「学習情報センター」としての機能を一層充実していくべきであり,単なる図書の貸出・保管所などに止まってはならない。このため,学校図書館運営の中心となる司書教諭に期待される資質能力も,単なる日常的な学校図書館業務遂行の技能等ではなく,教師としての力量や学校図書館に係る教育論,経営論などがより一層求められるようになっている。

しかし,現在の司書教諭講習を見ると,公共図書館の司書資格を有する者については大幅な単位の読替え措置があるため,あたかも司書教諭資格が公共図書館の司書資格の

付加的なものに過ぎないかのごとき印象を与えている。
　司書教諭の資格が他の資格と隔絶したものでないことは当然であるが，本来，司書教諭の資質向上は，教諭として求められる資質能力，言い換えれば教育職員免許や現職研修と深く関連して論じられるべきものであり，現行のような大幅な読替えは，司書教諭の使命・役割に対する学校関係者の理解を誤らせるおそれがあるものと考える。
　これらの点を総合的に勘案すれば，公共図書館の司書講習科目との読み替えの仕組みを存続させる場合には，別表2を参考に，関連の深い科目についてのみ取扱うこととすることが適当であると考える。
　なお，移行に際しては，相当科目開設大学の学生等に配慮し，4年間程度の経過措置期間を設けることが望ましい。
(エ) 大学在学中の学生への配慮
　最後に，大学在学中の学生への配慮である。
　学校図書館を支える校内の協力体制を確立するためには，司書教諭のみならず，すべての教師が学校図書館の経営に関する知識等を身に付け，経験を積んでいくことが求められる。したがって，教師を目指す人であれば，できるだけ早い時期に司書教諭や学校図書館に係る素養を身に付けることが望ましい。
　そのため，現在，教育職員免許状を有していることを前提条件としている司書教諭講習受講資格を改め，大学に2年間在学し62単位以上を修得している学生は教育職員免許状取得前の大学在学中から司書教諭講習実施大学において受講できるようにするべきである。
　また，相当科目開設大学に在学する学生の便宜に資するため，現在，司書教諭講習申込後に文部大臣が個別に行っている相当科目認定の仕組みを改め，あらかじめ文部大臣が大学からの希望に基づいて相当科目群の認定を行うとすることも有意義であると考えられる。
3　おわりに
　司書教諭講習の改善については，上記のとおりであるが，司書教諭としての資質能力は，単に専門的知識や技能だけではなく，児童生徒の発達段階や学校の状況等を熟知することによって高められていくものであり，かつ，司書教諭を支える校内の協力体制の確立や校長等の管理職の理解，教育長や学校法人等の熱意と見識などがなければ，それを十分に発揮することは期待できないものである。
　また，学校図書館を活用した学校教育の一層の充実を図るためには，社会人等を，読書指導員や学校図書館ボランティアなどの様々な形態で活用し，地域に開かれたものとしていくことが有益であり，司書教諭はこれらの人々との連携協力にも一層努めていくことが望まれる。
　このような観点から，本協力者会議としては，今後とも，教員の養成，採用，研修の方向性を踏まえた上で，これらの全体を視野に入れた司書教諭の資質向上の方策を検討していく必要があるものと考える。

資　料

（別表１）司書教諭講習科目の改善（5科目10単位）

科目・単位数	ねらい	内　容
学校経営と学校図書館 （2単位）	学校図書館の教育的意義や経営など全般的事項についての理解を図る[。]	1）学校図書館の理念と教育的意義 2）学校図書館の発展と課題 3）教育行政と学校図書館 4）学校図書館の経営（人，施設，資料，予算，評価等） 5）司書教諭の役割と校内の協力体制，研修 6）学校図書館メディアの選択と管理，提供 7）学校図書館活動 8）図書館の相互協力とネットワーク
学校図書館メディアの構成 （2単位）	学校図書館メディアの構成に関する理解及び実務能力の育成を図る[。]	1）学校図書館メディアの種類と特性 2）学校図書館メディアの選択と構成 3）学校図書館メディアの組織化 　・分類の意義と機能，日本十進分類法等の解説 　・件名標目表の解説 　・目録の意義と機能，日本目録規則の解説 　・目録の機械化 4）多様な学習環境と学校図書館メディアの配置
学習指導と学校図書館 （2単位）	学習指導における学校図書館メディア活用についての理解を図る。	1）教育課程と学校図書館 2）発達段階に応じた学校図書館メディアの選択 3）児童生徒の学校図書館メディア活用能力の育成 4）学習過程における学校図書館メディア活用の実際 5）学習指導における学校図書館の利用 6）情報サービス（レファレンスサービス等） 7）教師への支援と働きかけ
読書と豊かな人間性 （2単位）	児童生徒の発達段階に応じた読書教育の理念と方法の理解を図る。	1）読書の意義と目的 2）読書と心の教育（読書の習慣形成を含む） 3）発達段階に応じた読書の指導と計画 4）児童・生徒向け図書の種類と活用（漫画等の利用方法を含む） 5）読書の指導方法（読み聞かせ，ストーリーテーリング，ブックトーク等） 6）家庭，地域，公共図書館等との連携
情報メディアの活用 （2単位）	学校図書館における多様な情報メディアの特性と活用方法の理解を図る[。]	1）高度情報社会と人間（情報メディアの発達と変化を含む） 2）情報メディアの特性と選択 3）視聴覚メディアの活用 4）コンピュータの活用 　・教育用ソフトウェアの活用 　・データベースと情報検索 　・インターネットによる情報検索と発信 5）学校図書館メディアと著作権

（別表２）最も関連の深い司書科目

司書科目	司書教諭講習科目
「資料組織概説」（２単位）及び「図書館資料論」（２単位）の２科目４単位	「学校図書館メディアの構成」（１科目２単位）

学校図書館の充実等に関する調査研究協力者会議　委員名簿

(平成９年８月１日現在：敬称略)

井口　磯夫	十文字学園女子大学教授	※
大内　敏光	東京都荒川区立峡田小学校長	
落合　恵子	作家（子どもの本の専門店「クレヨンハウス」主宰）	
笠原　良郎	全国学校図書館協議会専務理事	※
角野　栄子	童話作家	
川端　幹雄	淑徳与野高等学校長	※
古賀　節子	青山学院大学教授	※
子安　一徳	岐阜県大垣市教育委員会教育長	
鈴木　昌子	日本図書館協会学校図書館部会長（東京都立羽田高等学校勤務）	
関　市五郎	東京都立杉並ろう学校長	
高木　清文	東京都青梅市立第一中学校長	
田中　宣秀	日本経営者団体連盟教育部長	
天道佐津子	東京学芸大学非常勤講師	※
長倉美恵子	実践女子大学教授	※
町田　義昭	千葉県教育庁学校教育部指導課長	
間中　孝貴	東京学芸大学教育学部附属世田谷小学校副校長	※
本島　久	千葉県市川市立南新浜小学校教諭	
◎森　隆夫	元お茶の水女子大学大学院人間文化研究科長	
矢倉　久泰	元毎日新聞社論説委員	※
○保岡　孝之	玉川大学講師（元東京都学校図書館協議会会長）	※
吉岡日三雄	横浜市教育委員会幼児教育センター主任指導主事	

　　　　　　　　　　◎：主査
　　　　　　　　　　○：副主査，司書教諭講習等に関する小委員会委員長
　　　　　　　　　　※：司書教諭講習等に関する小委員会委員

出典：学校図書館の充実等に関する調査研究協力者会議『司書教諭講習等の改善方策について　報告』
　　　［文部省］，1998年２月25日

資　料

司教52

学校図書館司書教諭講習規程の一部を改正する省令

文部省令第一号

　学校図書館法（昭和二十八年法律第百八十五号）第五条第四項の規定に基づき，学校図書館司書教諭講習規程の一部を改正する省令を次のように定める。

　平成十年三月十八日

文部大臣　町村　信孝

　　　学校図書館司書教諭講習規程の一部を改正する省令

　学校図書館司書教諭講習規程（昭和二十九年文部省令第二十一号）の一部を次のように改正する。

　第二条及び第三条を次のように改める。

　　（受講資格）

第二条　講習を受けることができる者は，教育職員免許法（昭和二十四年法律第四十七号）に定める小学校，中学校，高等学校，盲学校，聾学校若しくは養護学校の教諭の免許状を有する者又は大学に二年以上在学する学生で六十二単位以上を修得した者とする。

　　（履修すべき科目及び単位）

第三条　司書教諭の資格を得ようとする者は，講習において，次の表の上欄に掲げる科目について，それぞれ，同表の下欄に掲げる数の単位を修得しなければならない。

科　　目	単位数
学校経営と学校図書館	二
学校図書館メディアの構成	二
学習指導と学校図書館	二
読書と豊かな人間性	二
情報メディアの活用	二

2　講習を受ける者が大学において修得した科目の単位又は図書館法（昭和二十五年法律第百十八号）第六条に規定する司書の講習において修得した科目の単位であつて，前項に規定する科目の単位に相当するものとして文部大臣が認めたものは，これをもつて前項の規定により修得した科目の単位とみなす。

　第六条中「八単位」を「十単位」に改める。

　附則第二項から第六項まで及び附則第一項の項番号を削る。

　　　附　則

1　この省令は，平成十一年四月一日から施行する。ただし，第二条の改正規定は，平成十年四月一日から施行する。

2 この省令の施行の日（以下「施行日」という。）前に，改正前の学校図書館司書教諭講習規程（以下「旧規程」という。）の規定により講習を修了した者は，改正後の学校図書館司書教諭講習規程（以下「新規程」という。）の規定により講習を修了したものとみなす。

3 文部大臣は，平成十五年三月三十一日までは，施行日前に旧規程第三条第一項に規定する科目のうち一部の科目の単位を修得した者，平成九年三月三十一日以前に図書館法（昭和二十五年法律第百十八号）第六条に規定する司書の講習の科目の単位を修得した者（図書館法施行規則の一部を改正する省令（昭和四十三年文部省令第五号）による改正前の図書館法施行規則（昭和二十五年文部省令第二十七号）附則第二項の規定により修得を要しないものとされた者を含む。），昭和二十四年度から昭和二十九年度までの間において文部省主催初等教育若しくは中等教育の研究集会に参加して学校図書館に関する課程を修了した者又は昭和二十四年四月一日以降，小学校，中学校，高等学校，盲学校，聾学校若しくは養護学校（海外に在留する邦人の子女のための在外教育施設で，文部大臣が小学校，中学校又は高等学校の課程と同様の課程を有するものとして認定したものを含む。）において二年若しくは四年以上良好な成績で司書教諭に相当する職務に従事した旨の所轄庁の証明を有する者については，新規程第六条の規定による修了証書の授与に関しては，修得した単位その他の事項を勘案して，新規程第三条第一項に規定する科目の単位の一部又は全部を同項の規定により修得したものとみなすことができる。

出典：『官報』第2342号，1998年3月18日，p.5-6.〔原典縦書き〕

司教53

司書教諭養成課程を考える―提案（抄）

部会長：本間ますみ

学校図書館部会では，今の報告のように，学校図書館職員の仕事について研究会を続けてきており，制度上の問題，職務内容の検討，具体的な日常の実践からみた専門性など，かなり，部会としての職員像ができてきていると思います。

このテーマの資料「司書教諭養成課程を考える」は，今年4月に発送した部会報でも経過を報告した上で同封し，すでにご覧いただいてご意見をお寄せくださるようお願いしてきているものです。これは，昨年の6月，学校図書館法の一部改正があり，その時発足した文部省の「学校図書館の充実等に関する調査研究協力者会議」の中で，短期的な課題として司書教諭養成課程を検討するという小委員会に対し，協力者会議に参加していた学校図書館部会からも，これまで学校図書館職員にどういう養成が必要なのか，これまで考えてきているものをまとめて出そうという話し合いをして作成したものです。

ただし，これは，部会全体ではかったものとは言えないので，文部省の協力者会議に

資　　料

提出する時には常務理事会ではかっていただき，部会長の私案という形で認められても（ママ）のです。今日の研究集会ではこれをキチンとした案として持つために，みなさんの意見や考えを出していただいて，さらに検討を重ねて，今後の司書教諭養成の改善要求になるものをまとめていきたいと考えています。

　協力者会議では，今年2月25日，司書教諭養成課程についての報告をまとめ，文部省はそれを受けて早速3月，養成科目の改定について省令を出しています。これは2003年までに12学級以上の学校に司書教諭を発令するために養成を急がれたわけです。出された報告の中でも触れられているように「時代の進展に対応したとする」「これから重要な役割を持つ」ということで見直すという司書教諭の講習科目の内容が，これで結論が出されたとするのはやや拙速であった，再度の見直しが必要であるという見方をしております。

　その点で今回，7科目8単位が科目の内容も変わって5科目10単位になっていますが，部会から出した意見が反映されているとは言えませんし，将来的な学校図書館教育を担う職員の養成科目としては不十分なものとして，今後も養成科目の内容がさらに検討され，よりいっそう充実した改善がされなければならないということを期待して，要求していく必要があります。

　初めに，この科目と単位数の案は，学校図書館職員がさまざまな職務を担うことをあげ，それをもとに，専任の専門性を備えた職員を「免許制」とすることを前提に作成しました。現行制度では司書教諭は免許制にはなっていませんが，あくまでも，本来制度としてはこうあるべきだということで提案するものです。ただし，免許制については，このたび6月に教育職員免許法が改正されて，教職教養の科目の単位数が大幅に増えましたので，当初考えていたこの免許制の司書教諭の専門科目の単位数では，とても習得し切れないものになります。その点は改めて教免法との整合性を持たせて検討する必要があります。

　まず，資料にあるように養成科目の内容と講習内容を作成しました。その次に基礎資料としたものを6点あげてあります。そして考え方の基本について書き出しております。

　部会ではこれまで，学校図書館職員の職務内容について日常的な業務の点検，サービスの内容などの点検を行なう研究会を続けていましたが，ここで養成を考えるために，学校図書館の仕事にはどういうものがあるか，日常，私たち現場の職員が学校図書館ではどういう仕事をしなければならないか，学校図書館職員の職務内容をあげていきました。それらを書き出したものが〈A〉の「司書教諭の仕事」です。

　そしてこのような職員はどのような専門知識や専門技術が必要なのか，何を科目として学ぶか，職務内容に対応した科目をあげたものが，「司書教諭『免許』専門科目」です。その次に，この科目というのが実際の講義ではどんな勉強をするのか，あわせて検討して「科目」と「内容」を書き出してみました。

　この試案では，二つの柱を立てています。

　ひとつには，司書教諭の仕事として従来からある「図書館の整備や管理・運営」で，

基礎的な業務をこなすための科目です。ここでは，さまざまな館種に通ずる図書館観を踏まえたうえで学校図書館の特性を重視して，図書館の基礎的な知識・技術の中でも，特に公共図書館との違いを盛り込みます。

　もうひとつの柱に，これからの時代に必要とされる「学校図書館教育」を担う内容として，情報技術・利用教育や読書教育論をあげています。特にこれは，これからの司書教諭の仕事として情報化社会に対応するためのメディアリテラシーの内容，目録や検索といったこれまでの利用指導の内容だけでなく，学校図書館の利用，公共図書館の利用，さまざまの図書館の特性を学んだ上で，情報をいかに収集して判断していくかというような情報技術・利用教育を重要に考えています。そして児童・生徒を主体とする読書教育論を盛り込んでいます。

　科目を少し説明します。

　「学校図書館教育概論」ここの科目の内容は学校図書館の中で毎日の仕事というよりも学校図書館の専門家としての基礎知識です。図書館の歴史や概念を整理したうえで，教育施設としての学校図書館の特性や役割，位置付けの違いを学び，司書教諭の役割を明らかにします。コミュニケーション論は，特にこれからの教育の課題である「心の教育」や教科書にはない「総合学習」「情報教育」などを積極的に担うことのできる司書教諭という観点から，子どもたちの集団生活の場で司書教諭がそれぞれの発達段階にある児童・生徒たちとどのようなコミュニケーションを築いていくか，学校図書館という場から子どもたちへのアプローチ，人間関係の重要性やカウンセリングの必要性も含めて，学びます。

　「学校図書館の管理と運営」これも日常業務の基礎知識です。これまでこの分野は公共図書館についての管理・運営を中心に学ぶことになっていましたが，ここではその学校版で，教育法規や学校図書館の施設・設備の基準とその管理知識，教育行政や財政等の解説を含みます。ここの情報機器に関する科目は，今後おおいに中身が変化し得ると思いますが，学校図書館に情報機器が導入され，それらを使いこなす，あるいは使い方を教えるという意味では，指導の部分の情報技術・利用教育にも関わってきます。ここでは，図書館のネットワーク化や教科指導にインターネットを使って調べ学習などを行なう場合の学校図書館と教科の連携，また学校図書館システムに必要なコンピュータプログラムを作成することも学びます。

　「学校図書館資料論」「資料組織論」これは従来からある内容ですが，図書資料だけでなくビデオテープやCD・LDといったメディアも含めて，特に教科学習に必要な資料と子どもたちに必要な資料について総合的に学んだ後，小学校と中学・高校と，専門を持つよう選択するのがよいと考えています。

　指導・提供の部分について，ここからは2本目の柱として新しい学校図書館教育に関わる内容になってきます。

　「情報技術・利用教育」これは，学校図書館教育の中にメディアリテラシーを組み込んでいくという考え方です。これからの学校教育の中で特に重要になってくると考えら

資　　料

れるメディアリテラシーは，子どもたちがあらゆる情報を自分で選び，自分で考え批判・判断していく，自分でそれを使う能力を身に付けるというように理解していますが，今後それはどういうカリキュラムの中に組み込まれるか検討されていくと思いますが，ここでは教科別ではなく，学校図書館がその中心的な役割を持つために，ティームティーチングの導入なども含めて司書教諭がその直接的な役割を果たすこととしています。

「参考業務」について，学校図書館におけるレファレンス業務は公共図書館とは大きく違う，教育機関としての特殊性があります。ここにいる方は毎日経験していらっしゃることと思いますが，たとえば子どもたちが図書館に調べに来たことの答えや探している本を，学校図書館では無条件に差し出すということをしない場合もあります。場合によってはなぜそれを調べているのか，その背景や，公共図書館では禁じられている子どもの生活を知ることも必要ですし，調べ方だけを教えて資料提供はしない，あるいは求めようとしていないものも合わせて資料提供する場合もあります。学校図書館での参考業務は，これからの利用教育の前提として，司書教諭自身がさまざまの場合のレファレンス業務を計画・提供していく能力を備えたうえで，次の読書教育や情報教育の方法論につなげます。

「読書教育論」は，主に学校図書館活動として，本その他の資料の紹介，広報活動やさまざまな図書館行事など読書の楽しさへの動機付けや，読書力を身に付ける指導について，担当者個々人の創意工夫に任せるのではなく，学校図書館として欠かせない必要な活動として位置付けるとしたものです。

「教科教育法」情報科としてカッコしていますが，教免を取得する場合の教科の専門科目としての教科指導法に当たる科目です。最近あるコンピュータ操作を中心とする科目とは別のもので，情報の収集・判断というようなメディアリテラシーの内容，利用指導・読書指導など，司書教諭がつかさどる学校図書館教育についての指導法を学ぶものです。

ここまでがこの試案〈A〉の説明です。

しかし，現実問題としてこれを提案するとしても，司書教諭は免許制にはなっていないという制度上の問題がありますし，たとえ，これだけの科目と単位がどうしても必要であると主張しても，現在の制度の中で，講習だけでこれを習得することは不可能です。

そこで〈A〉案の中で当面の必要最低限をより現実的にまとめたものが，次の〈B〉案で，現行制度に沿ってすでに教員免許を持っている者が受講する司書教諭講習の内容を検討したものです。〈B〉案も，学校図書館の基本的な業務と学校図書館教育を担うという二つの柱をもっています。したがってここでは〈B〉案は，現在2003年までに発令する司書教諭の当面の経過措置案と考えることができます。将来的には〈A〉の案で免許制の専任の司書教諭が養成されるよう整備されることが望ましいと考えています。

〈B〉の右に〈C〉，現行（当時）今回改正されたものの前の7科目8単位のときのものですが，これではいかに不足しているかを比較するためにあげた資料です。

最後に今後に向けて考えていくこととして，とにかく，司書教諭の仕事はたくさんある，数も種類も多く幅も広く奥も深い。学校では生活指導や委員会指導，日常的には子どもたちの悩み相談も受けなければなりません。しかも今，総合学習の時間とか調べ学習などの新しい教育内容とか情報化や国際化など，教科に捕らわれない教科も出てきています。

養成科目の内容は，今回の協力者会議の「報告」では，まとめて「個を大切にする教育課程の展開や社会の変化に対応した講習科目」としています。また「人生や人間に対する深い洞察力」「児童生徒の夢や空想力をかきたて豊かな心を育む読書活動」「情報教育の推進」「情報活用能力を身に付けさせる力量」など，これまであまりはっきりされていなかった司書教諭の職務について検討された結果として，新しい講習内容になって出てきています。そして，そのために専門性を盛り込む内容にしたことは，これから司書教諭を配置していくことに対する期待の大きさがうかがえます。

しかしこれだけの期待は，教諭に充てて兼務する司書教諭の仕事とするにはあまりにも多過ぎ，またそれだけの専門性を持つ司書教諭としては，習得すべき講習科目と単位数が，あまりにも少な過ぎるものとなっています。小委員会にこの案を出す時に「司書教諭講習等に関する小委員会での検討課題」についての意見を付けました。これは今でも通用すると思います。

今，「心の教育」とか「生きる力」を育成する，そのために，学校図書館が有効に機能する必要があることが言われ，この間，教育改革の流れの中で明らかになってきたように，そのための学校図書館教育を担当する学校図書館職員が必要になっている訳です。だから，学校図書館の重要性から法改正があり，この職をつかさどる司書教諭を置くことになった訳です。だから司書教諭は充てで発令すればいいのではなく，きちんと専任の専門家として制度化する，その上で，その養成をすすめていくことが必要だと思います。

さまざまな方策がまだまだ検討される余地があると思います。たとえば，小・中と高校を別に考えるとか，現職者を生かす配置など，養成課程もより十分な内容に改善されていくように要望していきたいと思います。部会でも，みなさんの意見を集め，他の各方面からのご意見も頂きながら，これからの学校図書館職員としての司書教諭のあり方，その養成課程を考えていきたいと思っています。

（略）

司書教諭養成課程（試案） 〈A〉

	司書教諭の仕事	司書教諭『免許』専門科目	単位
総論	学校図書館の経営・管理 校務分掌上の位置付け 年間計画の企画・立案 予算の編成・管理と運営 学校行事の企画・立案，運営 コンピュータ管理 施設・設備の整備 施設・設備の調査・点検・管理	学校図書館教育概論 学校図書館の管理と運営	4 2

資　　料

収集	選書 収集 教科との連携・協力 新聞・雑誌等の資料収集 図書以外のメディア収集 独自資料	学校図書館資料論 児童資料論 青少年資料論	4 ＊2 ＊2
組織	整理・組織化 分類 目録 更新・廃棄	資料組織論・演習	3
指導 提供	参考業務 読書指導 資料利用のしかた 図書館利用のしかた 他のメディアの利用のしかた 生徒委員会活動の指導 読書―参考業務 教科との連携 広報活動	情報技術・利用教育 参考業務・演習 読書教育 学校図書館教育実習 情報科教育	4 2 2 3 ＊4

必修32単位（＊必修選択科目を含む）以上

(ママ)
左ページに続けてつなげてごらんください。

	科　　目	内　　容	
総論	学校図書館教育概論	学校図書館に関する図書館通論 図書館史と学校図書館史 コミュニケーション論	◎
	学校図書館の管理と運営	学校図書館の管理と運営 学校図書館情報システム論 学校図書館機械化論 コンピュータプログラム	
収集	学校図書館資料論	教科学習における資料の特質 視聴覚資料等を含む資料全般	
	児童資料論	小学校図書館資料	
	青少年資料論	中・高校図書館資料	
組織	資料組織論	目録法・演習 分類法・演習 データベース形成・演習	
指導 提供	情報技術・利用教育	情報検索・演習 メディア教育・演習 マス・コミュニケーション論 インターフェイス	◎
	参考業務	レファレンスサービス論・演習	

読書教育論・演習	学校図書館活動 資料紹介法・演習	
教科（情報科）教育法	情報教育 総合教育 教育メディアの活用	◎
学校図書館教育実習		

〈B〉教員免許＋20単位（当面）　　現行：教員免許＋8単位〈C〉

司書教諭『講習』科目	単位
学校図書館教育概論	4
学校図書館の管理と運営	2
学校図書館資料論	4
資料組織論・演習	2
情報技術・利用教育	4
教科（情報）教育法	4

司書教諭講習規程	［単位］
学校図書館通論	1
学校図書館の管理と運用	1
図書の選択	
図書の整理	2
学校図書館の利用指導	1
図書以外の資料の利用	1
児童・生徒の読書活動	1

【文部省研究協力者会議に提出した資料および意見書】

司書教諭養成課程を考える

JLA 学校図書館部会長　鈴木昌子

　学校図書館部会では，研究集会等の中で「学校図書館職員の職務内容」について，日常的な業務の点検を行なってきました。具体的には，学校図書館の仕事として必要なことをあげ，学校図書館職員として「できていること・不十分なこと・すべきであるができないこと・付随する周辺の仕事・学校の一機関としての留意事項・検討事項等々」の見直しを行なってきています。

　その過程で，それらの学校図書館の仕事を受け持つ職員は，十分な専門性を持たなければならないことが確認されてきました。したがって，そのような専門性を持つために，職員はどのような教育を受ける必要があるか，何を学び修得する必要があるか，というように，現在，学校図書館職員の養成課程を検討している段階です。

　今回，学校図書館法の一部改正に伴ない発令される司書教諭について，文部省内「協力者会議」で法改正時の附帯決議に基づく検討が始まり，小委員会が設置され，現行の司書教諭講習についての不備も見直されています。部会研究会でも，これまでの「学校図書館職員の職務内容」の検討と合わせて，司書教諭養成課程の問題点を整理し，講習

資　　料

科目をあげて単位数についても検討しています。
　検討中の内容は今後も検討を重ねていくものですが，小委員会において参考にされますよう，部会長私案として別紙のようにまとめてみました。

■検討内容
①学校図書館の仕事を見直し，司書教諭の職務内容をあげる。
②職務内容に見合う養成の内容とその科目・単位数を設定する。
③当面は，講習内容として最低限，必要な科目と単位数を設定する。
■検討した基礎資料
①司書教諭の職務内容（文部省1962）
②司書のカリキュラム案（JLA1994）
③学校図書館におけるサーヴィス面の総点検（JLA 学校図書館部会1975）
④澤利政（私案「図書館界」vol.47. no.6, 1996）
⑤専任司書教諭制度科目単位第1次案（日本学校図書館教育協議会1990）
⑥司書教諭および司書の資格基準第2次案（全国SLA1980）
■考え方の基本
①単位数は，司書教諭免許を前提に〈A〉を設定し，養護教諭免許に準ずる。
　選択科目も必修として合計単位数とする。
②現行では司書教諭講習終了［ママ］で資格取得としているため，当面の，司書教諭講習の場合を〈B〉とする。この単位数は，司書資格に準じて20単位とし，教員免許を有する場合とする。
③免許制あるいは講習による資格取得，いずれの場合も，実務経験あるいは司書講習等の読み替えによる単位減免は前提としていない。
　ただし，他の修得科目で読み替えができるもの（◎）も設け，司書教諭の修得単位数はその合計とする。
④現行，司書教諭講習科目（学校図書館司書教諭講習規程第3条）〈C〉と照合し，これを改正するものとする。
⑤新しい学校教育の教科内容を検討し，司書教諭の新しい役割を追及する。
⑥司書教諭は情報科教諭等の，将来的に設けられる可能性のある新しい教科の教諭に相当し得ることも検討する。

「司書教諭講習等に関する小委員会での検討課題」について（意見書）

1．司書教諭に必要とされる資質能力について
　　＊別紙にあげたように，司書教諭の仕事は多岐にわたり，学校教育の全般に関わる重要な役割を持っています。そのため，司書教諭は学校図書館に専任で置かれ，他の教員と同等の立場で学校教育全般に関わっていかなければならないと考えます。司

書教諭が専任で置かれるためには，司書教諭免許の制度を設け，教職員定数にも位置付けることが必要です。
  * 当面は，司書教諭講習による資格取得者で，現に教諭に採用されている者の中から発令されます。司書教諭は，教科の専門性とは別の，学校図書館教育に必要な新しい知識・技術を身に付け，高めていくことが必要です。

2．講習科目・講習内容の現代化について
  * 情報科社会に対応することや，総合学習や国際理解教育などの新しい教育内容や，学校図書館のコンピュータ機器の導入による管理・運営など，司書教諭の職務内容の変化している実態に合わせて，司書教諭の講習科目・内容は，必要に応じて大幅に改善する必要があります。
  * 学校教育の多様化・複雑化の中で，学校図書館教育の果たす役割は増大しており，司書教諭はそれらに対応する十分な専門性を身に付ける必要があります。
  * とくに子どもたちの生活は，マスコミの影響，メディアの日常化等によって日々変化しています。そうした流れを常に観察・掌握し，必要な情報提供，児童生徒の個別に的確な判断と指導が，司書教諭には求められています。

3．実務経験による単位軽減措置の見直しについて
  * 図書係や図書主任等，司書教諭に相当する職務の実務経験が，講習の単位修得の際に軽減される措置について，現実的には図書係や図書主任等は校務分掌上の係であり，学校図書館の専任ではないために，日常的に学校図書館教育を担当しているとはいえません。広範な職務内容の，司書教諭のあり方としては不十分でもあり，校務分掌上の係をそのまま司書教諭の経験として講習の単位に換算し軽減することが有効とはいえません。
  * 今後，司書教諭の養成・発令に当たって講習が実施される際には，学校司書などすでに，学校図書館の専任職員として経験を重ねている者が，所持資格・免許などを生かせるようにし，司書教諭講習についても受講資格を与えて資格取得することが，現実的に，実務経験の単位軽減に相当するものであると考えます。

4．大学在学中からの受講について
  * 教員免許と同様に司書教諭免許を設ける必要があると考えていますが，当面は，大学在学中，教員免許取得中に司書教諭講習を受講し，資格取得できるようにすべきと考えます。現行で，教員免許取得の後に講習を受講する場合は，時間的・内容的に不十分にならざるを得ず，在学中に受講した者と実務経験による単位軽減の措置等の受講者では，講習内容や専門知識に大きな差が生じます。

出典：『第28回学校図書館部会夏季研究集会報告集：学校図書館法の改正について―学校図書館職員の専門性と「養成課程」―』1998年10月31日, p.23-27, 36-41.

資　料

司教54

学校図書館司書教諭講習講義要綱　第2次案

全国学校図書館協議会学校図書館司書教諭講習講義要綱作成委員会

学校経営と学校図書館

〈ねらい〉

　学校教育における学校図書館の果たす役割を明らかにし，学校図書館の理念・発展過程と課題・教育行政との関わり・学校図書館経営のあり方など，学校図書館全般についての基本的理解を目指す。また，教師として，学校図書館経営の責任者としての司書教諭の任務と担うべき役割とを明確にし，校内の協力体制作り，司書教諭としての研修の重要性にふれる。さらに，学校図書館のメディア・学校図書館活動・他の館種を含めた図書館ネットワーク等についての基本的な理解を図る。この科目は，講習科目全体の総論的性格を持つので，実務的な内容は最小限に抑え，他の各科目との関連に留意する。できるだけ今日の学校教育の諸課題をふまえ，学校図書館の教育的意義及び司書教諭の果たすべき任務を明らかにし，意欲的・創造的な活動を促す学習内容とする。

〈内　容〉

Ⅰ．学校図書館の理念と教育的意義
　1．学校教育の意義と理念
　2．学校教育における学校図書館の役割
　　　　（カリキュラム計画と学校図書館等）
　3．現代学校教育の課題と学校図書館
　　　　（学習・情報センター，教材センター，読書センター，メディアセンター）
　4．生涯学習と学校図書館（知的自由，学習権，アクセス権等）
　5．図書館の世界における学校図書館（他の館種との共通点・相違点）
　6．学校図書館の発展と課題（学校図書館法の成立と展開，国際的な動向と将来展望，「ユネスコ学校図書館宣言」等，外国の先進的事例，わが国の事例）

Ⅱ．教育行政と学校図書館
　1．学校教育法と学校図書館法（含・憲法・教育基本法）
　2．社会教育法・図書館法と学校図書館
　3．教育サービスとしての学校図書館施策（国・地方公共団体）
　4．図書館ネットワークの理念と学校図書館（公共図書館ほかの館種を含む）
　5．情報ネットワークの形成とリソースシェアリング

Ⅲ．学校図書館の経営（人，施設，資料，予算，評価等）
　1．学校経営組織における学校図書館
　2．学校図書館の組織と運営
　3．学校図書館の経営要素（教職員・予算・施設と設備・資料・サービス）

4．学校図書館におけるマネジメント・サイクル（計画・実行・評価）
　　5．学校図書館プログラムとその評価（サービスの種類・サービス・ポイント・利用者の動機付けや満足度などマーケティングの概念を導入する）
　　6．学校図書館環境のあり方とその整備
　　　　（配置，施設，設備等）
　　7．情報ネットワークの中の学校図書館
　　　　（地域メディアシステム，学校図書館支援センターなどを含めた相互協力システム）
Ⅳ．司書教諭の任務と職務
　　1．司書教諭の任務と役割
　　2．学校内の協力体制と司書教諭の職務
　　3．司書教諭の養成と研修
Ⅴ．学校図書館メディアの構築と管理（一般論としての図書館資料論を含む）
　　1．学校図書館メディアの教育的意義
　　2．学校図書館メディアの内容と構築
　　3．学校図書館メディア（機器類を含む）の選択と収集
　　4．学校図書館メディアの管理と提供
Ⅵ．学校図書館活動
　　1．学校図書館活動の対象（教職員，児童生徒，その他）
　　2．教育計画と学校図書館（生活指導，進路指導等を含む）
　　3．学校図書館活動の内容と方法（読書活動の推進，行事企画，広報等を含む）
　　4．学校図書館活動の拡大（保護者に対して，卒業生に対して，地域社会に対して等の図書館活動を含む）

　学校図書館メディアの構成

〈ねらい〉
　当科目は，学校図書館メディアの構成に関する理解および実務能力の育成を目指しながら，司書教諭としての基本的な考えの構築を図るものである。
　まず高度情報社会における学習環境の変化にともなうメディアの教育的意義と役割について論じ，同時に各種メディアの種類と特性を説明する。さらには学校図書館のよりすぐれたメディアの構築のために，適正な資料の選択と収集を目指し評価を行う能力を植え付ける。また学校図書館メディアの維持と発展とを支えるものとして，司書教諭は選択のための情報源に精通し，選択・収集・更新・廃棄の基準を策定し実行する能力を身につける。組織化に関しては，その意義とプロセスを理解したうえで，将来の学校図書館の当分野における新しい展開と方向性を見定めながら講義を展開し必要に応じて演習や実習を行う。
〈内　容〉
Ⅰ．高度情報社会における学校図書館メディア

資　料

　　1．学校図書館におけるメディアの教育的意義と役割
　　2．学習環境の変化と学校図書館メディア
Ⅱ．学校図書館におけるメディアの種類と特性
　　1．学校図書館メディアの種類
　　2．学校図書館メディアの特性と学習への活用（教材論を含む）
Ⅲ．学校図書館メディアの構築
　　1．学校図書館メディアの構築の基本
　　2．学校図書館メディアの選択と収集方針（評価方法を含む）
　　3．学校図書館メディアの選択のための情報源
　　4．学校図書館メディアの維持と発展（更新，廃棄を含む）
Ⅳ．学校図書館メディアの組織化の意義と展開
　　1．学校図書館メディアの組織化の意義とプロセス（視聴覚メディアを含む）
　　2．学校図書館メディアの組織化の新しい展開（カード目録からコンピュータ目録
　　　 へ，MARC，CD－ROMの利用など）
Ⅴ．学校図書館メディアの組織化の実際
　　1．学校図書館メディアの分類法
　　　 分類の意義と機能，分類表の特性，学校図書館のための分類表ほか（沿革，
　　　 構成など），図書記号の意義と種類，分類作業など（日本十進分類法新訂9
　　　 版を中心に）
　　2．学校図書館メディアの件名目録法
　　　 主題検索の意義と機能，件名目録の特性，学校図書館のための件名標目表ほ
　　　 か，件名作業など（基本件名標目表第3版を含む）
　　3．学校図書館メディアの目録法
　　　 目録の意義と機能，調べ学習と目録，目録の構成と種類，学校図書館のため
　　　 の目録［規則］ほか，目録作業など（日本目録規則1987年版を中心に）

　学習指導と学校図書館

〈ねらい〉
　学校図書館は，学習指導の展開に寄与するという，他の図書館とは異なる役割を有する。児童生徒は図書館に備えられたさまざまなメディアを活用して，自主的に学習を進めることができるのである。しかし，図書館を利用した学習が，効果的かつ積極的に行われるためには，学習目的に合ったメディアを選択収集し，活用し，研究調査した結果をまとめて発表する能力，即ちメディアを活用する能力が一定の計画のもとに育成されなければならない。しかも，この能力は高度情報社会を生きて行くうえにも極めて大切である。この科目では，メディア活用能力育成のための指導の基本と実際を扱うとともに，その指導に当たる教員に対するサービスや支援のありかたを取りあげる。
〈内　容〉
Ⅰ．教育課程の展開と学校図書館

1．学習と学校図書館
2．メディアセンターとしての学校図書館
3．学習指導の展開と学校図書館（発達段階に応じた学校図書館メディアの選択を含む）
Ⅱ．主体的学習とメディア活用能力育成
1．メディア活用能力育成の意義と目的
2．メディア活用能力の育成のための指導内容（メディア選択能力，メディア評価能力，表現能力を含む）
Ⅲ．メディア活用能力育成の計画と方法
1．計画作成のための基本原則と条件
2．メディア活用能力育成の全体計画
3．メディア活用能力育成のための指導方法
4．メディア活用能力の評価
Ⅳ．メディア活用能力育成の展開
1．特設時間を設定してのメディア活用能力育成
2．教科等と融合して行うメディア活用能力育成
3．メディア活用能力育成の事例
4．教科学習等とメディアの活用
Ⅴ．学校図書館における情報サービス
1．児童生徒に対する情報サービス
2．教職員に対する情報サービス
　1）学習指導，教育研究等に対する情報サービス
　2）学校経営，学級経営に対する情報サービス
3．レファレンス・ツールの整備
4．ネットワークの活用（リソースセンター）
Ⅵ．教員に対する支援と働きかけ

読書と豊かな人間性

〈ねらい〉

　現代社会に生きる子どもたちの発達や，読書から遠ざかっている子どもの存在が問題になっている一方，読みの多様化などの進展している実態に即した読書教育の理念を探る。さらに，子どもたちの読書生活の実情と読書資料の現状についての理解に基づき，子どもと本を結びつけ，読書の生活化を図る方法を探る。これらを通じて子どもたちの豊かな人間性の涵養に資するため，全校の教員の指導活動を援助し，父母や社会の人々に働きかけるなど幅広い資質と活躍が司書教諭には要求される。このような，多くの人々の読書推進活動への参加とその活動を支援する司書教諭の役割と自らの責務を中心に，活動の原理と方法，技能についても，学習者に，より具体的に体得してもらう。

〈内　容〉

資　　料

Ⅰ．子どもの読書の意義
　　1．多メディア時代の社会と読書
　　2．読書資料の多様化と読みの多様性
　　　　（心の教育と読書も）
Ⅱ．子どもの読書実態と指導
　　1．子どもの読書実態
　　2．子どもの実態に基づく指導（不読者への対応も，情報読み，も）
Ⅲ．読書資料の種類と活用
　　1．児童文学の歴史的問題
　　2．読書資料の種類と問題点
　　3．読書資料の選択
Ⅳ．発達段階に応じた読書指導
　　1．読みのレディネスの促進
　　2．基礎読書力の発達と読書領域の拡大
　　3．読書の自律性と図書選択・評価
　　4．ヤングアダルトの読書活動の援助
Ⅴ．子どもと本を結ぶための方法
　　1．集団的指導と個別的指導
　　2．指導の諸方法（ストーリーテリング，読み聞かせ，朝の10分間読書，読書相談
　　　　とフロアーワーク，読書不振・読書過多への対策）
　　3．読書資料の紹介状（読書資料紹介の原理，音声による図書紹介法，紙面による
　　　　図書紹介法，視覚的図書紹介法）
　　4．読書体験の表現と交流（読書感想文，読書感想画，読書郵便，ドラマ化，舞踊，
　　　　ゲーム。(ママ)読書クラブ，対談など）
　　5．読書推進のための図書館環境設定
　　　　（学校，社会，(ママ)の子どもの読書環境整備）
Ⅵ．読書指導推進活動と教員の責務
　　1．読書推進計画と司書教諭の役割
　　2．教科担任及び学級担任等による指導活動の諸相
　　3．学校図書館を場とする司書教諭の指導活動
　　4．教科担任との提携による学習過程への参加による指導
　　5．家庭・社会への働きかけ
Ⅶ．地域社会の関連施設等との連携
　　1．公共図書館との連携
　　2．地域文庫，生涯教育施設等との協力
　　3．家庭との連携
　情報メディアの活用

〈ねらい〉

　現代社会には各種のメディアが存在し，学校教育においてもそれらは積極的に取り入れられようとしている。学校図書館は，こうした動向に敏感に反応出来るように，多様な情報メディアについての知識を深めることが必要とされる。それぞれのメディアは，情報媒体としての特性・特色をもつと同時に物理的媒体としての特性・特色をも持っている。そうした特性・特色についての理解を持つとともに，特性・特色を生かした活用方法を認識し，学校教育に有用なように準備できることが求められる。学校図書館への情報機器の導入を積極的に図り，その活用が出来るような知識の修得を目指す。これらのことは，メディア専門職として情報教育に重要な役割を果たすことが期待されている司書教諭として重要なことである。併せて，情報メディアの有している「負の要素」にも目を向け，児童・生徒がそれらの要素に染まらないように指導することの必要性も認識しなければならない。

〈内　容〉

Ⅰ．高度情報社会と人間（情報メディアの発達と変化を含む）
　　1．学校教育における情報メディア
　　2．情報とメディア
　　　1）資料と情報の関係
　　　2）メディアの歴史と学校教育・学校図書館
　　　3）新しいメディアと学校教育・学校図書館
　　　4）現代社会におけるメディア
　　3．高度情報社会における図書館の役割
Ⅱ．情報メディアの特性と選択
　　1．情報メディアの特性（視聴覚メディア，コンピュータを利用したメディア，マルチメディア）
　　2．情報メディアの生産と流通
　　3．情報メディアの選択（着眼点及びそのための参考資料等の紹介）
　　4．情報メディアに関する機器・設備
Ⅲ．視聴覚メディアの活用
　　1．視覚メディア（写真，絵はがき，複製絵画，ポスター，紙芝居等）
　　2．映像メディア（ビデオカセット＝ビデオテープ，ビデオディスク＝レーザーディスク，スライド，映画リール＝映画フィルム，トランスペアレンシー＝OHPシート等）
　　3．音声メディア（録音ディスク＝CD・フォノディスク：レコード盤，録音リール＝録音テープ，録音カセット等）
　　4．教育・学習等における事例紹介（教室で，学校図書館で，各種行事の中で，その他）
　　5．視聴覚メディアの利用者に与える影響

資　　料

Ⅳ．コンピュータの活用と情報検索
　　1．学校図書館におけるコンピュータの利用
　　　　1）メディアとしての利用
　　　　2）情報検索と収集のための利用
　　　　3）情報発信のための利用
　　　　4）教材開発のための利用
　　　　5）学校図書館事務のための利用
　　2．教育用ソフトウェアの活用
　　　　1）教育用ソフトウェアの定義・特性
　　　　2）選択上の留意点
　　3．情報検索
　　　　1）情報検索の意義
　　　　2）情報検索の形式
　　　　3）情報検索の基本原理
　　　　4）情報検索のプロセス
　　　　5）情報検索の評価方法の指導
　　4．情報検索の実際
　　　　1）各種のデータベースの特性と利用法
　　　　2）データベース検索の実際（オンディスク）
　　　　3）データベース検索の実際（オンライン）
　　5．インターネット
　　　　1）その仕組み
　　　　2）情報の検索と収集
　　　　3）情報の発信
　　　　4）有害情報・不適切な情報，著作権
Ⅴ．情報メディアと著作権
　　1．知的所有権と情報メディア
　　2．情報メディアと著作権
　　　　1）情報発信と著作権
　　　　2）ソフトウェアと著作権
　　　　3）マルチメディアと著作権

学校図書館司書教諭講習講義要綱作成委員

古賀節子（委員長・青山学院大学教授）　　朝比奈大作（横浜市立大学助教授）　　芦谷清（全国学校図書館協議会）　　今村秀夫（立正大学講師）　　笠原良郎（全国学校図書館協議会理事長）　　北嶋武彦（東京学芸大学名誉教授）　　柴田正美（三重大学教授）　　高山正也（慶應義塾大学教授・日本図書館協会教育部会長）　　天道佐津子（東京学芸

大学講師)　長倉美恵子(実践女子大学教授)　渡邊信一(同志社大学教授)

出典:『学校図書館』No.578, 1998年12月, p.25-29.

司教55

司書教諭養成科目 (第二次案)

1999. 8. 4.　日本図書館協会学校図書館部会

司書教諭の仕事		司書教諭に関する専門科目	単位
学校図書館の経営・管理 校務分掌上の位置付け 年間計画の企画・立案, 運営 予算の編成・管理と運営 学校行事の企画・立案, 運営 コンピュータ管理 施設・設備の設営・整備・管理	総論	学校図書館概論 学校図書館の管理と運営 図書館の相互ネットワークに関する科目 学校図書館関連法規	
図書資料の収集 教科学習に関する資料収集 教科外学習・生活に関する資料収集 電子メデイア(ママ)等新しいメディア収集 逐次刊行物等の資料収集 独自(校内・郷土・出身著名人等)資料収集	収集	学校図書館資料論 児童資料論 青少年資料論	
分類・目録・配架(資料の組織化) 電子メデイア(ママ)等新しいメディアの組織化 更新・廃棄	組織	資料組織論・演習	
参考業務	指導	参考業務(レファレンスサービス)・演習	
図書館利用のしかた 図書資料の利用のしかた 読書指導 電子メデイア(ママ)等新しいメディアの利用のしかた 総合的な学習の時間への対応 教科との連携 新設教科「情報」への関わり 生徒委員会活動の指導 広報活動 図書館で行なう行事の企画・運営	提供	利用教育 読書指導・読書教育 教育課程と学校図書館 情報教育法 学校図書館教育実習*	

①教員免許法改正(98年6月)に伴って履修単位数は, 専門科目9科目28単位と教職または司書教諭に関する(選択履修)科目7単位, 教職に関する科目は上表とは別に21単位(学校図書館教育実習*を含む)合計56単位とする。ただし, 専修免許状の場合は, 教職または司書教諭に関する科目31単位, 合計80単位。2種免許状の場合は専門科目24単位, 選択履修科目4単位, 教職に関する科目14単位, 合計42単位とする。

資　料

②新設教科「情報」の教科教員免許の創設への対応を視野に入れ「司書教諭」免許を検討する。

司書教諭に関する専門科目	内　容	備　考
学校図書館概論	学校図書館に関する図書館通論 図書館史と学校図書館史	教職に関する科目と関連する
学校図書館の管理・運営	学校図書館の管理と運営 学校図書館情報システム論 コンピュータプログラム	館内整備等を含む
図書館の相互ネットワークに関する科目	図書館・博物館等の相互協力とネットワーク インターネット	
学校図書館関連法規	学校図書館法 図書館の自由に関する宣言 著作権法 人権問題等に関する法律（等）	学校教育法・教育基本法等，教職に関する科目と関連する
学校図書館資料論	電子メディア等新しいメディアを含む資料全般（ママ） 教科学習における資料の特質	利用教育と関連する
児童資料論	小学校の図書館資料	
青少年資料論	中・高校の図書館資料	
資料組織論・演習	目録法・演習 分類法・演習 データベース形成・演習 電子メディア等新しいメディアの特性と構成（ママ）	
参考業務（レファレンスサービス）・演習	レファレンスサービス論・演習	
読書指導・読書教育	資料紹介の方法論・演習	教職に関する科目と関連する
利用教育	情報探索・情報整理・情報表現等 電子メディア等新しいメディアの活用・演習（ママ） マス・コミュニケーション論 インターフェイス	
教育課程と学校図書館	学習指導における学校図書館の利用 学校図書館活動 委員会活動等	教職に関する科目と関連する
情報教育法	教育メディアの活用 総合的な学習の時間の教育内容等	新設科目「情報」Cの教員免許に対応する②

＊新たな科目の名称と各科の履修単位数　　は，第一次案に準じて再検討します。

出典：『第29回学校図書館部会夏季研究集会報告集：学校図書館の基本を問いなおす』2000年3月25日，p.56-57．

専任司書教諭の養成科目

日本学図教専任司書教諭養成課程第2次素案について

(日本学図教2000埼玉大会で提示)

★日本学図教専任司書教諭養成科目第2次素案　科目名一覧
1　教職に関する科目　21単位
　☆教職の意義等に関する科目及び教育の基礎理論に関する科目（4～6）

　　必修科目：教育原理（2）　　教育心理（2）
　　選択科目：教育法規（2）　　教育行政学（2）　　教育史（2）
　　　　　　　学校経営論（2）　児童心理学（2）　　青年心理学（2）
　　　　　　　教育社会学（2）
　☆教育課程及び指導法に関する科目（2～4）
　　必修科目：教育課程論（2）
　　選択科目：特別活動（2）　　道徳教育（2）　　視聴覚教育（2）
　☆生活指導，教育相談及び進路指導等に関する科目（2～4）
　　選択必修科目：生徒指導（2）　　カウンセリング（2）　　進路指導（2）
　☆総合演習（2）
　　必修科目：総合演習（2）
　☆学校図書館教育実習（4～5）
　　学校図書館教育実習Ⅰ及びⅡ（4または5）
　　　Ⅰで事前及び事後の指導，Ⅱで学校図書館に実際に出向いて，カウンター業務，資料紹介，資料組織，レファレンス，図書委員会活動など学校図書館活動全般について行う。
2　学校図書館に関する科目28単位（必修）
　学校図書館教育概論（4）　　　学校図書館の管理運営論（2）
　教育課程と学校図書館（2）　　学校図書館資料論（2）
　児童資料または青少年資料（2）　学校図書館資料組織法及演習（4）
　読書教育論（2）　　情報活用法（2）　　情報検索演習（1）
　メディア教育論（2）　図書館利用教育論（2）
　レファレンスサービス論（2）　レファレンスサービス演習（1）
3　学校図書館または教職に関する科目7単位（選択）
　　どのような科目を設定するかについては，今後検討。
　　　ちなみに，第1次素案で示した科目のなかで，「教職に関する科目」「学校図書館に関する科目」のどちらにも入れなかった科目は，

資　料

児童文学論または青少年文学論　子どもと生活文化　ジャーナリズム論　コミュニケーション論　ネットワーク論　参考図書解題

「学校図書館に関する科目」のそれぞれの内容
　学校図書館教育概論（4単位）
　　学校図書館教育及び専任司書教諭について総合的に学ぶ教科。他の科目に対するオリエンテーション的役割を果たすもの。学校図書館を含む図書館の意義，機能，基本理念，経営上の諸問題などについて概観するとともに，学校教育における学校図書館の役割，歴史と現状，行財政，施設・設備，資料，教科との関連などについて学び，学校図書館及び学校図書館教育の全体像を把握することを目的とする。

〔学校図書館教育概論の内容と他の科目との関連〕

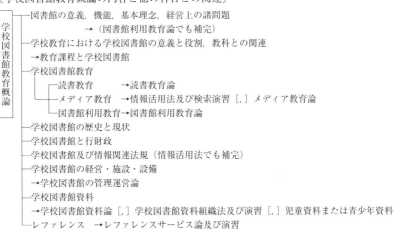

学校図書館の管理運営論（2単位）
　「学校図書館教育概論」で，学校図書館の基本理念，機能や経営上の諸問題について学んだうえで，学校図書館を学校の教育機関としていかに効率的に管理運営を行うか，校務分掌上の位置づけ，運営組織のあり方，年間計画の企画立案，予算編成，施設・設備，広報活動，図書委員会活動などその具体的な方法について学ぶことを目的とする。また学校図書館管理用ソフトについてもここでふれておく。

教育課程と学校図書館（2単位）
　「教職に関する科目」の「教育課程及び指導法に関する科目」よりも，さらに教育過程と学校図書館を関連づけた科目。カリキュラムと学校図書館の果たすべき役割について把握し，学校図書館が学校教育のなかでどのような役割を果たすべきかを学ぶ。

学校図書館資料論（2単位）
　学校図書館資料に関する総論的な科目。学校図書館資料の種類，特性，選択，構成，組織化，紹介法について，児童生徒の発達段階や教科学習の内容，障害児学校における資料（点字・音声図書，映像資料等）など，教育課程とあわせて総合的に学ぶ。

児童資料または青少年資料（2単位）
　学校図書館資料論において総論的に学んだ上で，児童生徒の年齢や発達段階にあわせてどのような資料をどういったかたちで提供するかについて学ぶ。小学校においては児童資料論，中学校及び高校においては青少年資料論のどちらかを選択必修とする。

学校図書館資料組織法及び演習（4単位）
　学校図書館における目録法，分類法について学ぶ。コンピュータを利用した方法についてもふれる。目録法，分類法とも演習を行う。前期に講義を行い，後期に演習を行うこととする。

読書教育論（2単位）
　児童生徒の読書活動の全領域にわたる指導法について行う。「子どもと本の出会いをコーディネートする」読書教育をめざし，子どもたちに自ら読みたい本，必要な本を探し出せる能力を身につけさせることを目的とする。また子どもと本が出会うための様々なアプローチの方法について学ぶ。点字図書，音声図書，電子出版物などについてもふれる。

情報活用法及び検索演習（3単位）
　学校図書館において「調べ学習」を行うという観点から，情報とは何かについて学ぶとともに，利用の仕方や情報の収集，検索，整理，分析，統合のそれぞれについて学ぶ。またコンピュータ利用やデータベースの活用法について学ぶ。個人情報保護や情報モラル，著作権の問題についてもふれる。さらに情報の収集，検索，整理，分析，統合のそれぞれについて，コンピュータ利用，データベースの作成，インターネットの利用などの方法を用いて実際に行う。

メディア教育論（2単位）
　高度情報化社会のなかで学校図書館が「学習情報センター」「メディアセンター」として位置づけられることをふまえて，各種メディアの特性と選択，活用について把握する。子どもの発達段階に応じて，様々なメディアを主体的に活用できる能力を育成するメディアリテラシーについての教育方法を学ぶ。学校図書館資料論で学んだことを補完する趣旨も含めて学ぶ。

資　料

図書館利用教育論（2単位）
　目録や分類のみかた，参考図書の活用法，各種機器の使い方など，館内における利用指導の方法について学ぶとともに，学校図書館教育概論においてふれた図書館の意義，機能，基本理念についてこの科目で補完し，生涯学習の一環として各種図書館の機能と利用方法についても身につけるといった観点から学ぶ。

レファレンス・サービス論及び演習（3単位）
　学校図書館におけるレファレンス・サービスを，公共図書館のそれとは異なった教育的・指導的な立場で行うものととらえ，学校図書館独自のレファレンス・サービスのあり方について学び，実際に演習を行う。

　　出典：［日本学校図書館教育協議会］『学校図書館教育の課題：「日本学図教2008大阪大会」の記録』同協議会，2009年7月，69p.（学図教ブックレット No.5），p.56-60.

司教57

専任司書教諭養成課程案（抄）

2．養成課程案をまとめるにあたって
　21世紀を迎え学校教育は大きく変わりつつある。生涯学習時代における学校教育には，基礎・基本の充実と自ら学ぶ力の育成が課題となっている。
　学校図書館は学校教育の中心として，従来以上に，子どもたちの自由な読書を支援し，学校図書館を利用した教育指導をより豊かにしていくことが求められている。そこには専任の司書教諭がいて，そうした支援的活動と教育指導的活動をより充実していくことが期待される。
　このたび私たち新しい学校図書館と専任司書教諭制度研究会（以下新学図）は，学校図書館の専門的な職務をつかさどる専任司書教諭になるための大学院，大学，短期大学における養成課程について協議してきた。そこで，専任司書教諭の養成課程は，すでにある養護教諭の養成課程に準じて作成することが適当であるという結論を得た。そして，専任司書教諭は，小学校，中学校，高等学校に共通する免許状を必要にすることにした。ただし，専修・一種・二種免許状によって次のように修得すべき単位数を設定した。

免許状の種類	専修	一種	二種
基礎資格	修士	学士	準学士
1．学校図書館に関する科目	28	28	24
2．教職に関する科目	21	21	14
3．学校図書館または教職に関する科目	31	7	4

　履修科目の名称と単位数は次項の通りである。今回は，「1．学校図書館に関する科目」について以下のように考えた。その際に参照したのは，私たち新学図が，すでに学校図書館の機能と専任司書教諭の職務として提起した次の4点である。

1）運営的活動　学校図書館の全体的計画・実行・評価
2）技術的活動　資料構築等を通した学校図書館づくり
3）支援的活動　情報・資料の提供
4）教育指導的活動　利用教育，教科指導との連携，読書教育

　これに基づき，まず，学校図書館の運営的活動についての基本的な考え方を示す科目として「現代社会と学校図書館」（2単位），「学校図書館概論」（2単位），「学校図書館の管理と運営」（2単位）の3科目を置いた。これらは，「学校図書館入門」ともいうべき科目であり，この後の科目を学ぶ際の基礎にあたる。

　次に，学校図書館の技術的活動に関わり，資料の収集と組織化によって学校図書館を創る科目として「学校図書館メディアの選択と構成」（2単位），「学校図書館メディアの組織化と管理」（2単位），「資料組織化演習」（1単位），「情報メディアの活用」（2単位）の4科目を置いた。今日，学校図書館には，本だけでなくインターネット等の電子メディアも完備されるようになった。そうしたメディアを使い，自ら求める情報にアクセスし，さらにその情報の内容を吟味していくメディア・リテラシーの育成が求められている。

　これらの科目は，情報化社会に生きる子どもたちのメディアへの向き合い方を示す科目となるのである。

　また，学校図書館の機能で中核的な位置にある，学校図書館の支援的活動に関わる科目として「学校図書館活動」（2単位），「レファレンス／情報サービス演習」（1単位）の2科目を，教育指導的活動に関わる科目として「教育課程と学校図書館」（2単位），「学校図書館利用教育と情報活用能力の育成」（2単位）の2科目を置いた。前者の2科目では，子どもたちが読みたい本や触れたいメディアに出会うことができるようにしていくことが，後者の2科目では，新しい学習指導要領の中で打ち出されている「総合的な学習の時間」をはじめとする学習活動に，学校図書館がどのように関わっていけばよいか，さらに生涯にわたる図書館利用能力，情報リテラシーの育成をどのようにすすめたらよいかを探ることが期待されている。

　さらに，子どもたちの読書に関する科目として「読書と学校図書館」（2単位），「読書材の種類と活用」（2単位），「読書活動の方法と実際」（2単位）の3科目を置いた。これは子どもたちの活字離れが指摘されて久しい中，子どもが生きている生活文化に即した読書を充実していくことが，学校図書館に求められているからである。2001年12月に成立した「子どもの読書活動の推進に関する法律」の精神もここに関わっていると言えるだろう。

　最後に，学校図書館に関わる選択科目として，学校図書館で培われた力を生涯にわたって発揮できるようにするための科目として「生涯学習と学校図書館」（2単位）を置いた。これは，「学校図書館は生涯学習への入り口」の役割を果たすことを念頭に置いている。子どもたちが，学校在学中，あるいは学校卒業後も，さまざまな図書館を利用することによって，生涯にわたる人間形成に役立てていくことを期待するものである。

資　　料

　その他に，選択科目として，「著作権法概論」（2単位），「特殊資料論」（2単位），「情報機器概論」（2単位），「学校図書館とコミュニケーション」（2単位），「学校図書館の調査・統計」（2単位）という科目を掲げた。これらの科目は，上記に挙げた科目での学習を補足するものとして位置付けられるが，学校図書館の運営的・技術的活動に関する重要な科目である。

　なお，専任司書教諭の養成にあたっては，文部科学省から課程認定されている大学院，大学および短期大学の教職課程の中に，構想された科目を位置付けることが必要である。

3．専任司書教諭養成課程案
学校図書館に関する科目
● 《必修科目》
　現代社会と学校図書館（2単位）
　学校図書館概論（2単位）
　学校図書館の管理と運営（2単位）
　学校図書館メディアの選択と構成（2単位）
　学校図書館メディアの組織化と管理（2単位）
　資料組織化演習（1単位）
　情報メディアの活用（2単位）
　学校図書館活動（2単位）
　レファレンス／情報サービス演習（1単位）
　教育課程と学校図書館（2単位）
　学校図書館の利用教育と情報活用能力の育成（2単位）
　読書と学校図書館（2単位）
　読書材の種類と活用（2単位）
　読書活動の方法と実際（2単位）
　生涯学習と学校図書館（2単位）
● 《選択科目》
　著作権法概論（2単位）
　特殊資料論（2単位）
　情報機器概論（2単位）
　学校図書館とコミュニケーション（2単位）
　学校図書館の調査・統計（2単位）

学校図書館に関する科目
● 《必修科目》

現代社会と学校図書館　2単位
　学校図書館の成立
　外国の学校図書館
　現代の文化・社会と学校図書館

　学校図書館の成立と発展の背景には，各国の学校教育と，それを支える文化，社会的な条件がある。したがって学校図書館は，その国全体の歴史や教育観，人々が学校に期待する役割と密接に関連して発展してきたといえる。この観点から，日本の学校図書館の成立と発展を総合的にたどり，次に日本が，戦後，規範として採用した学校図書館先進諸国の学校図書館を，その社会・文化的な背景のもとに考察する。さらに外国との比較によって，日本の学校図書館の問題点を明らかにし，高度に情報化された現代社会にあって，日本独自の教育風土に根ざした学校図書館は，何をめざし，どうあるべきか，を検討し，現代の学校教育の中心的な存在としていかに活動するべきか，存在意義はなにか，を幅広い視点から追及する。

学校図書館概論　2単位
　学校の教育目標と学校図書館
　学校図書館の基本理念：学校図書館法
　学校図書館の目的と意義
　学校内の位置付けと組織
　司書教諭の役割

　学校教育における学校図書館の果たす役割を理解するために，まず学校教育についての法的な仕組みや国の教育的施策とそれを実行する教育行政について基本的な事項を学ぶ。
　学校教育になぜ学校図書館が必要なのか，ユネスコの学校図書館宣言や学校図書館法に基づいて，その基本的な理念を明らかにする。すなわち，学校図書館は本来の機能を充分に発揮することで「学校教育の充実に寄与する」という目的を達成することができる。そのために，学校図書館はどのようにあるべきか，学校図書館を効果的に運営するためには校内の位置付けや協力体制がどのようにあるべきか，を考察する。また学校での児童・生徒が置かれている状況やさまざまな問題をも概観する。
　さらに，現代の学校教育の中心的な存在である学校図書館を担う専門職として専

資　料

任で置かれる司書教諭の基本的な役割を明らかにし，その職務内容を体系的に理解する。

学校図書館の管理と運営　2単位
　学校図書館基準，運営方針の策定，年間計画
　活動の基盤としての環境整備（施設と設備）
　予算の策定と執行
　学校内の協力体制
　学校図書館の評価

　学校図書館の管理と運営のあり方全般について理解を深めるために，学校図書館法および「学校図書館基準」により，学校図書館の運営の基本的な考え方を把握する。そのうえで学校の教育目標に合致する運営方針の策定，運営計画・年間計画の立案，運営組織のあり方と委員会設置などについて具体的に学び，それらについての司書教諭の役割を認識する。また，地域のボランティアやPTAなどから自発的に学校図書館を援助する申し出があった場合の対応の実際についても考える。また，学校図書館活動の基盤となる予算・施設・設備などについての基本的な考え方を知るとともに，実際の例なども考察する。学校図書館の運営を標準化し，継続的に発展させるためには，スタッフマニュアルに基づく管理運営が必要であり，その意義や作り方も学ぶ。学校図書館の定期的な内部評価，外部評価は学校図書館の発展のために不可欠であり，量的，質的な評価の意義と方法についても理解を図る。

学校図書館のメディアの選択と構成　2単位
　学校図書館の基本的理念とメディア選択の意義
　資料選定方針の策定
　選択の実務：選定委員会，予算の配分
　選択のための補助資料
　購入方法，受け入れ

　学校図書館でどのような種類の資料をどの程度備えて利用者に提供するかは，学校図書館自体の質的評価に関わると同時に図書館活動を左右する重要な問題である。自校の教育目標やカリキュラムに基づいて，生徒の自発的な学習活動と自由な読書を充実させるためには，どのような方針で資料選択するか，その基本的な考え方を学ぶことは，司書教諭の必要不可欠な条件である。教職員全体の意見も充分に取り入れ，自校にふさわしい選択方針と資料選定の過程を確立することをまず学ぶ。そ

のうえで，限られた予算や空間の範囲内でもっとも効果的な資料の構成はどのようになされるべきか，選書の実務すなわち，選書委員会の組織と運営，利用者からの要望を受け止める方針の設定，予算の配分，発注購入などの方法とその効果的な手順を学ぶ。また，資料（印刷メディア，その他のメディア全体）の流通や選定のための各種の資料も概観し，使い方を理解する。

学校図書館メディアの組織化と管理　2単位
　　資料組織化の意義と目的
　　資料組織方針の策定
　　分類の基礎概念：自校の分類規定の作成
　　目録：目録のコンピュータ化
　　件名とキーワード

　いかによい資料を充分に備えた学校図書館でも，児童・生徒をはじめとする利用者全員が自分で検索手段を駆使して必要な資料を自由に手に取れるよう適切に組織され，充分に活用できるように管理されていなければ図書館とはいえない。これは利用指導や情報活用教育の成否とも密接に関わる学校図書館の基本である。自校の学校図書館の状況を把握し，それに合致した資料組織化の方針を確定することは司書教諭の主要な仕事である。組織化の実務をすすめるための基本的な知識を獲得することが，この科目の目標となる。学校図書館での分類法，目録法，件名やキーワードなどの考え方，さらに，自校の現在の状況と将来に配慮して，コンピュータを利用した資料組織化の範囲や方法をどのように確立するかなども学ぶ。そのうえで資料をどのように管理することがよりよい利用につながるか，についての考え方の基本を知ることも重要である。この科目は資料組織化演習において分類，目録の実際を学ぶことと相互に補完される。

資料組織化演習　1単位
　学校図書館にふさわしい資料組織化の実務を，日本十進分類法その他を実際に利用して学ぶことを目的とする。

情報メディアの活用　2単位
　　高度情報化社会と人間
　　学校図書館のコンピュータ：導入目的と活用の方針
　　情報メディアの種類と特性

資　　料

　　情報メディアの評価と選択
　　データベースと情報検索の実際
　　インターネットと情報検索・情報発信

　高度情報化社会の今日，情報化は学校図書館で避けて通れない重要な課題である。学校のコンピュータ教室と学校図書館でのコンピュータ利用はどのような点で異なるかを認識し，図書館にはどのような目的のもとでコンピュータを設置し，どういう方針に沿って使用するか，児童・生徒の情報活用能力を育成する基盤づくりをも含めて広い視野から検討できるような司書教諭が求められる。コンピュータを利用した新しいメディアが開発され，次々に市場に出まわる現実の中で，各種のソフトウエアの何をどのように取り入れ，どう活用するかは確固とした専門知識を持った司書教諭が中心となって考え，決定する問題である。一過性の情報や，売り込みなどに惑わされないように基本的なメディア活用の考え方を確立することが重要である。そのためには実際に各種データベースをはじめとするメディアの長所・短所，使い方などの基礎を習得し実際に応用できるよう学ぶ必要がある。

学校図書館活動　2単位
　　学校内の図書館活動の特性
　　サービスの基本：利用，貸し出し，返却，リクエスト，予約
　　レファレンス　サービス（情報サービス）
　　相互協力とネットワーク
　　広報活動：図書館報，展示
　　図書館行事：読書会・講演会・映写会・その他
　　児童・生徒図書委員会

　学校図書館は，児童・生徒および教職員にとって日常的に使うもっとも身近な図書館であり，学習活動やその他の活動のための館内および校内での利用が中心となるという特性をもっている。この特性に基づいて，効果的な館内整備やサービスの基礎的な条件整備は何かを考察し，学校図書館活動の活性化を図るために，貸し出し方法の簡素化や予約・リクエストの方法などを含めて具体的な知識を獲得する。
　教科との連携をはじめとして教育的な観点も加味したレファレンス・サービス／情報サービスの方式や留意点を知ることも必要である。さらに学校図書館の存在とそこで得られるサービスを全校に周知し，より活発な利用を促すための広報活動は非常に重要である。
　また，学校図書館の特色の一つである，児童・生徒図書委員会の活動を通じて行う幅広い広報活動や集会活動も，児童・生徒を図書館の効果的な利用へ直結してい

くものであり，その具体的な方法も知る必要がある。
　さらに，学校内外の他の機関との相互協力，ネットワークの活用もサービスの幅を広げるうえで重要である。

レファレンス／情報サービス演習　1単位
　学校図書館におけるレファレンス／情報サービスの実際を，各種レファレンスブックおよび電子メディアの特徴と利用方法を学び，利用者から寄せられるさまざまなレファレンスを予想して，質問内容の的確な把握，もっとも適したメディアの選択，そこから効率的な情報や資料をどのように検索するか，回答の方法とその内容の評価，記録法などを実例に沿って演習する。

教育課程と学校図書館　2単位
　学習と学校図書館
　学習指導における司書教諭の役割
　各教科と学校図書館
　ティームティーチングと司書教諭
　個別学習とクラス活動への援助：総合的な学習の時間

　「教育課程の展開に寄与する」という学校図書館の目的を理解するために，教育課程，学習指導，教科学習についてその法的な根拠や「学習指導要領」との関連などを考え，教育課程の展開に資料と情報の面から寄与するためにはどのように学校図書館を整備し，どう活動するかを具体的に概観する。司書教諭は教育課程の編成にどう参加し，各教科の学習指導にどのように関わるか，ティームティーチングやクラス単位の学習，図書館での個別学習における協力，児童・生徒への援助などについても充分な基礎知識を得ることが必要である。
　特に課題学習については，個々の計画から実施まで，学校図書館としての対応，担当教員との連携，校外の諸機関との連絡調整など，具体例から考察する。

学校図書館利用教育と情報活用能力の育成　2単位
　学校図書館の利用教育の意義
　利用教育とメディアリテラシー／情報活用能力の育成
　利用教育計画とその実際

　今日，学校図書館利用教育は，単に図書館の利用方法を伝えるオリエンテー（ママ）

資　　料

ションだけでなく，図書館が所蔵する資料や各種のメディアによって得られる情報をいかに評価し，それぞれの学習目的に沿って活用するか，を学ぶことも含まれる。すなわち学校図書館利用教育は，児童・生徒が情報活用能力を身につけ，自由に学習に応用できるようにすることを目標とする。実際に図書館の使い方から始めて各種資料の長所や特色を知り，さらに同一の主題に関する複数の情報（マスコミュニケーションやインターネット情報を含めて）を検討したうえで，児童・生徒自身が情報を主体的に選別し，判断し，批判し，それぞれの目的にしたがって活用できる能力を育てるのは司書教諭が中心となって行うべき重要な責務である。そのためには，各種の既存の体系表やガイドラインなどを知り，各校の実情にあった利用教育／情報活用能力育成の計画を立案することを学び，対象の学年にふさわしい学習方法についてもさまざまな事例から独自の方法を開発できる能力を身につけるよう努めたい。

読書と学校図書館　2単位
　児童・生徒の成長における読書の意義と重要性
　読書センターとしての学校図書館の存在意義
　読書環境の整備
　読書と非印刷メディアの影響

　児童・生徒の内面の成長に果たす読書の役割の大切さはすでに久しく言われてきたが，必ずしも彼らの読書の質や読書量が向上していない，という現実を踏まえ，今日の学校教育における読書の意義を改めて確認し，その重要性を考える必要がある。これまでの学校における読書指導は主に国語科を中心として行われてきたが，学校図書館も独自の立場から，各教科とも連携して，児童・生徒それぞれの個性や能力に対応するきめ細かな読書をすすめ，援助する役割がある。読書センターとしての学校図書館はいかにあるべきか，読書環境の整備，各教科教員との連携，外部の関連機関との協力などの具体的な活動をどのように行うか，学校図書館における読書を総合的に考察し，司書教諭としての基本的な考え方を確立することを目的とする。

読書材の種類と活用　2単位
　児童・生徒，青少年向けの図書出版の現状と問題点
　学校階梯に応じた読書材の評価：絵本，児童文学，伝記，青少年文学，SF［,］
　　　　　　　　　　　　　　　ミステリー，ノンフィクション　その他
　書評やブックリスト，主題別書誌の活用

児童・生徒向けの読書材の紹介の有効な書き方

　毎年，全国で約6万点，児童書だけでも3000点を越える新刊が出版され，これに電子資料，視聴覚資料などを加えれば，膨大な資料が出ている。出版・流通の現状を把握し，どのように読書材に関する必要な情報を漏れなく入手し，学校図書館の蔵書の構築に役立てるかをまず概観する。そのうえで自校の児童・生徒に適した優れた図書を選び，読書をすすめていくには，まず司書教諭自身が児童・生徒向けの個々の作品を熟知し，何を購入すべきか判断する。そのためには各種の図書を相当数，実際に読み，正しい評価ができる実力を養う必要がある。自分が本を読まないで児童・生徒に読書をすすめることは不可能であり，望ましい効果は得られない。また，真に児童・生徒が楽しんで読み，それぞれの潜在的な要求を満たし，成長に寄与するような，長く読み継がれてきた定評のある基本図書をも読み，知っておく。また，読書材の効果的な紹介の方法について学ぶ。

　この授業を通じて，体系的・総合的に実際の読書材を知り，児童・生徒に結び付ける基礎を作ることを目的とする。この科目は，小・中・高の各学校のレベルに合わせた内容を加味する。

読書活動の方法と実際　2単位 　読書の歴史：黙読と音読 　読書能力，読書興味と読書 　読書の心理と読書の科学 　読書活動の実際：個人的な読書の奨め，読み聞かせ，お話，ブックトーク，読書会

　児童・生徒と本を結び付け，読書を自発的に楽しむように習慣づけるには，読書の歴史，読書の心理学的側面，読書興味や読書のメカニズム，などを基本的に知る必要がある。

　そのうえで，現代の児童・生徒へどのような方法で働きかければもっとも効果があるかを考える。読書を奨めるための活動は，大きく分けて，学級やグループなど集団を対象とする場合と個人個人を相手とする方法がある。学校図書館ではできる限り児童・生徒それぞれの興味や潜在的なニーズに応じたきめ細かい働きかけを中心とし，本についての気楽な話し合いをし，個々の児童・生徒にもっともふさわしい本をすすめることが望ましい。これは司書教諭の主要な仕事の一つであり，国語科での読書指導とは別の，個人の好みや能力をふまえた読書のすすめとして大切である。ブックトーク，読み聞かせ，お話，読んだ本について話し合う読書会などの方法は，集団にも小グループにも個人にも応用が可能である。実際のやり方を学ぶ

資　　料

だけでなく，どのような場合にどのようなやり方がもっとも効果的か，専門家として判断し，実践できる能力を身につけることを目的とする。

生涯学習と学校図書館　2単位
　生涯学習における図書館の意義
　生涯学習の入り口としての学校図書館
　学校図書館以外の図書館の特性と機能：国立図書館，大学図書館，公共図書館，
　　　　　　　　　　　専門図書館
　生徒に対する学校図書館以外の図書館の利用についての教育
　図書館以外の専門機関：博物館，文学館

　生涯学習は，今日の社会の基本的な理念として広くその意義が認識されており，図書館は生涯学習を支える重要な機関である。この観点から学校図書館は，児童・生徒にとって生涯学習の出発地として公共図書館とは別の役割を持つ場と位置付けることができる。学校図書館以外の各図書館の目的や意義，機能，実情について充分に学び，生涯学習をすすめるうえでの各館種の役割を認識し，地元の公共図書館と密接に関連してその活動や利用方法を児童・生徒に伝える。大学に進学する生徒には大学図書館の概要や利用方法を卒業前に指導し，就職する生徒には企業内の専門図書館の存在や，職業，生活上の情報や資料を入手する手段などを周知させ，生涯の図書館利用者として育つように充分な配慮をすることも，司書教諭の役割である。そのためには司書教諭は，各図書館の果たす役割，特色など図書館全体の知識を総合的に身につけ，自分でも他の館種の図書館の利用体験を持つことが必要である。

● 《選択科目》

著作権法概論　2単位
　著作権の概念
　著作権の保護に関する法律の概要
　各種資料の著作権保護の実際

　著作権の問題は，現代の図書館活動全般と大きく関わっており，学校図書館も例外ではない。印刷資料複写の問題から，ビデオ，電子媒体資料などについてさまざまな利用上の条件が，法的にも倫理的にも付与されており，媒体の種類の増加と表現方法の多様化とともに複雑化の一途をたどっている。教職員や生徒が安易に資料

を複写したり，印字したり，複製した結果，知らないうちに著作権を侵すことのないよう，司書教諭は図書館と著作権の関係についてしっかりとした基礎知識を獲得することが必要である。また，学校図書館独自の教育的な見地をも加味した諸問題も知る必要がある。さらにその内容を正確に教職員に伝え，生徒にわかりやすく指導できるような能力を備えることを目的とする。

特殊資料論　2単位
　参考資料
　官公庁資料・法令資料
　郷土資料
　逐次刊行物資料
　校内資料

　レポート作成や調べ学習，その他の学習活動には，標準的な市販の資料だけでは充分でないことが多々ある。司書教諭は流通ルートには乗らない資料についても，自校の蔵書に加えるか否かは別として，図書館の責任者としてその存在の有無や近隣の図書館での所蔵を熟知したうえで必要に応じて情報を提供し，利用をすすめねばならない。
　また，その地方でなくては入手できない地元の郷土資料，自校の卒業生の著作，業績などについては，特別に注意を払って収集し，組織し，管理保存することが必要である。ここから自分の学校図書館の特色を生かした独自の資料を構成することもできる。特殊資料それぞれの特性，入手経路，利用方法などを，その社会的背景とともに幅広く学ぶ。

情報機器概論　2単位
　視聴覚機器の維持と管理
　機器の構成と利用法
　情報の蓄積媒体と入力媒体
　情報機器の整備と維持管理

　情報化社会の今日，学校図書館では，多かれ少なかれ情報機器を備え，日々の業務に使用するとともに，児童・生徒，教職員にも提供し，効果的な利用を図る必要がある。学校図書館が備え得る各種の機器については，情報活用教育との関連性をも含めて基礎的な知識を獲得する。自館でどういう機器がどの程度必要か判断し，機器の日常の維持管理を行うことも司書教諭の重要な役割となる。それぞれの機器

資　　料

の特色や利用法を熟知すると共に，修理や買い替え，リースなどに際しての基本的な考え方を習得することを目的とする。

学校図書館とコミュニケーション　2単位
　パーソナルコミュニケーション
　社会とコミュニケーション
　マスコミュニケーション
　学術情報コミュニケーション
　新しい情報技術とコミュニケーション

　現代の図書館員にとってコミュニケーションはあらゆる面でもっとも重要な問題である。司書教諭が，利用者である児童・生徒や教職員に直接対応する個人のコミュニケーションの技術に加えて，対外的にも社会的にも良好な人間関係を持つことは図書館の仕事の成否を握る大切な鍵である。これまで個人の資質や努力に任せられてきた個々のコミュニケーション能力を総合的に充実させ，意識的に活用することを学ぶ必要がある。他方，社会のコミュニケーションは，情報技術の発展と共に，学術情報からマスコミュニケーションに到るまで重層化し，複雑化しつつあり，その実態を基本的に把握し，意義を明確に認識し，専門職として仕事に生かすことが目的である。

学校図書館の調査・統計　2単位
　調査・統計の意義
　学校図書館の調査と統計の方法
　調査・統計の結果の応用と評価
　学校図書館の評価と調査・統計

　現在の学校図書館の調査・統計は，主に児童・生徒図書委員などによってごく初歩的な形で小規模に行われている場合が多い。しかし，学校図書館の現状を調査・統計の手法によって客観的に把握し，それを実務に活かすことは司書教諭にとって大切な仕事である。そのためには，司書教諭が中心になって継続的かつ組織的に調査・統計を実施し，その結果を学校図書館のサービス向上の手掛かりとするとともに，利用者の要望によりよく対応する手段とすることが必要である。一方，調査・統計の数値上の結果にのみ左右されては図書館の質的な向上は望めない。ここでは調査・統計の意義，学校図書館に適した手法を学び，結果からなにを読み取りどう活かすか，効果的な利用方法を知って，自己評価の手掛かりの一つとすることを学

ぶ。同時に調査結果を周囲に適切な方法で知らせ，総合的な学校図書館の発展に結び付けることが目的である。

出典：日本教職員組合新しい学校図書館と専任司書教諭制度研究会編『日教組・専任司書教諭養成課程案』同研究会，2003年10月，47p．，p.7-34.

司教58

学校図書館司書教諭講習講義要綱

2009年10月15日
全国学校図書館協議会学校図書館
司書教諭講習講義要綱作成委員会制定

学校経営と学校図書館

ねらい

　当科目は，学校教育における学校図書館の果たす役割を明らかにし，その理念・発展過程と課題・教育行政との関わり・学校図書館経営のあり方など，学校図書館全般についての基本的理解を目ざす。また，教師として，学校図書館経営の責任者としての司書教諭の任務と担うべき役割とを明確にし，校内の協力体制作り，司書教諭としての研修の重要性にふれる。さらに，学校図書館メディア・学校図書館活動・他の館種を含めた図書館ネットワーク等についての基本的理解を図る。

　この科目は，講義科目全体の総論的性格を持つため，実務的な内容は最小限に抑え，他の各科目との関連に留意する。可能なかぎり今日の学校教育の諸課題をふまえ，学校図書館の教育的意義及び司書教諭の果たすべき任務を明らかにし，意欲的・創造的な活動を促す学習内容とする。

内容
Ⅰ．学校図書館の理念と教育的意義
　1．学校教育の意義と理念
　2．現代学校教育における学校図書館の位置づけ
　3．学校図書館の役割
　4．生涯学習社会・知識基盤社会と学校図書館
　5．日本の学校図書館の発展と課題
　6．図書館の世界における学校図書館
　7．学校図書館の国際的な動向と将来展望
Ⅱ．教育行政と学校図書館
　1．学校教育法と学校図書館法
　2．社会教育法・図書館法と学校図書館

資　料

　　3．教育サービスとしての学校図書館施策
　　4．図書館ネットワークの理念と学校図書館
　Ⅲ．学校図書館の経営
　　1．学校経営組織における学校図書館
　　2．学校図書館の組織と運営
　　3．学校図書館の経営要素
　　4．学校図書館におけるマネジメント・サイクル
　　5．学校図書館プログラムとその評価
　　6．学校図書館環境のあり方とその整備
　　7．情報ネットワークの中の学校図書館
　Ⅳ．司書教諭の任務と職務
　　1．司書教諭の任務と役割
　　2．学校内の協力体制と司書教諭の職務
　　3．司書教諭の養成と研修
　Ⅴ．学校図書館メディアの構成と管理
　　1．学校図書館メディアの教育的意義
　　2．学校図書館メディアの内容と構成
　　3．学校図書館メディアの選択と収集
　　4．学校図書館メディアの管理と提供
　Ⅵ．学校図書館活動
　　1．学校図書館活動の対象と領域
　　2．学校図書館活動の内容と方法
　　3．学校図書館活動の拡大

学校図書館メディアの構成

ねらい
　　当科目は，学校図書館メディアの構成に関する理解および実務能力の育成を目ざしながら，学校図書館メディアの専門職である司書教諭としての基本的な知識を獲得することを目的とする。
　　まず高度情報社会における学習環境の変化にともなうメディアの教育的意義と役割について論じ，同時に各種メディアの種類と特性を説明する。
　　さらにはよりすぐれた学校図書館メディアの構築のために適正な資料・情報の選択と収集・提供を目ざし，多様なメディアの評価を行う能力を獲得する。また学校図書館メディアの維持と発展とを支えるものとして，司書教諭は，選択・収集・更新・廃棄の基準を策定し実行する能力を身につける。
　　メディアの組織化に関しては，その目的・意義とプロセスを理解したうえで，将来の学校図書館の当分野における新しい展開と方向性を見定めながら講義を展開し，必要に

応じて演習や実習を行う。
内容
Ⅰ．高度情報社会における学校図書館メディア
　1．学校図書館におけるメディアの教育的意義と役割
　2．学習環境の変化と学校図書館メディア
Ⅱ．学校図書館におけるメディアの種類と特性
　1．学校図書館メディアの種類
　2．学校図書館メディアの特性と学習への活用（教材論を含む）
Ⅲ．学校図書館メディアの構築
　1．学校図書館メディアの構築の基本
　　1）図書館業務の基本
　　2）コレクション構築の方法
　　3）学校教育の下位概念としての学校図書館
　2．学校図書館メディアの選択と収集方針（評価方法を含む）
　　1）学校図書館図書標準
　　2）選択と収集
　3．学校図書館メディアの選択のための情報源
　4．情報ファイル資料の構築
　5．学校図書館メディアの維持と発展（更新・廃棄を含む）
Ⅳ．学校図書館メディアの組織化の意義と展開
　1．学校図書館メディアの組織化の意義とプロセス（デジタルネットワーク情報資源を含む）
　2．学校図書館メディアの配架
　3．学校図書館メディアの組織化の新しい展開
　　1）カード目録からコンピュータ目録へ
　　2）地域総合目録と相互協力
　　3）全国総合目録
Ⅴ．学校図書館メディアの組織化の実際
　1．学校図書館メディアの目録
　　1）目録の意義と機能（典拠コントロール機能を含む）
　　2）調べ学習と目録
　　3）目録の構成と種類
　　4）現在のコンピュータ目録
　2．学校図書館メディアの目録法
　　1）学校図書館の目録制作，目録作業，目録の水準
　　2）学校図書館のための目録［規則］
　　3）MARCの利用，OPACからのダウンロード

資　　料

　　3．学校図書館メディアの主題索引法
　　　1）学校図書館メディアの主題索引
　　　2）学校図書館メディアの分類法
　　　　　分類の意義と機能，分類表の特性と構成，分類作業など
　　　3）学校図書館メディアの件名標目法
　　　　　件名目録の特性と件名標目，学校図書館のための件名標目表，件名作業など
Ⅵ．特別な支援を要する児童生徒と学校図書館メディア
　　1．視覚や聴覚などの障害のある児童生徒への支援
　　2．学習障害のある児童生徒への支援
　　3．日本語を母語としない児童生徒への支援

学習指導と学校図書館

ねらい

　現在，持続可能な社会を担う次世代市民としての児童生徒は，知識基盤社会・高度情報通信社会において，多様な現代的諸課題に関する知識・概念やリテラシー，スキルを持ち，多様な課題に立ち向かう学習への意欲や行動力が求められている。

　学校図書館は，学校教育において，次世代市民としての児童生徒に対して，自ら問題意識を持ち，さまざまな情報やメディアを選択・活用することによって，主体的に学び暮らし，究めることができる人間に育てるためのセンターである。

　学校図書館は，他の館種の図書館とは異なり，読書センター及び学習・情報センターとしての機能を有し，教科・領域等と連携・協働して児童生徒の学習指導の展開や学習活動を支え，学校における教育目標を達成するという重要な役割を持っている。

　学校図書館を活用した学習が，効果的かつ積極的に行われるためには，学習目的に合った情報メディアを選択・収集し，活用し，研究調査した結果をまとめて発表する能力，即ち広義の情報活用能力が一定の計画のもとに育成されなければならない。

　当科目では，学習指導と学校図書館との関わりを軸に，児童生徒の情報活用能力育成のための指導の基本と実際を扱うとともに，その指導に当たる教職員等に対する情報サービスや授業支援のあり方について取り上げる。

内容
Ⅰ．持続可能な社会のための学びと学校図書館の役割
　　1．多様な現代的諸課題に応える学びの必要性
　　2．教科・領域等を超えてつながる学びを創造する学校教育
　　3．これからの学びを支える学校図書館の役割
Ⅱ．学校教育カリキュラムと学校図書館
　　1．カリキュラム編成と学校図書館
　　2．学習・情報センターとしての学校図書館
　　3．学習指導の展開と学校図書館

4．主体的な学びと学校図書館メディア
Ⅲ．**主体的学習と情報活用能力の育成**
　　1．情報活用能力育成の意義と目的
　　2．課題解決と情報探索プロセス
　　3．情報活用能力育成のための指導内容
　　4．図書館利用指導から情報活用能力の育成へ
Ⅳ．**情報活用能力育成の計画と方法**
　　1．計画作成のための基本原則と条件
　　2．計画の作成
　　3．指導内容の体系化
　　4．指導方法（特設時間設定，融合授業，個別方式を含む）
　　5．計画の評価
Ⅴ．**学校図書館における情報サービス**
　　1．情報サービスとは何か
　　2．学校における情報サービス（レファレンス・ツールの整備を含む）
　　3．学校における情報サービスの実際
　　4．ネットワーク情報源の活用
Ⅵ．**教職員に対する支援と働きかけ**
　　1．学習支援と司書教諭の役割
　　2．教科学習における支援
　　3．総合的な学習の時間における支援
　　4．特別活動・道徳における支援
　　5．特別な支援を要する児童生徒，帰国児童生徒・外国籍児童生徒への支援
　　6．多様な教育方法及び評価方法等への支援

読書と豊かな人間性

ねらい
　生涯学習社会と呼ばれる今日の社会において，子どもの生涯にわたる読書習慣を形成し，豊かな人間性を育むためには，初期の段階からの読書教育が重要である。
　当科目では，児童生徒の発達段階に応じた読書教育のあり方について論じる。また，子どもの読書実態に基づいた読書指導や，子どもと図書を結びつけ，読書習慣を形成するための方法や技能について，理解を図る。さらに，全校の教職員，保護者，地域社会に，子どもの読書活動への参加を促し，その活動を支援する司書教諭の役割と責務について，より具体的な理解を図る。
内容
Ⅰ．**読書指導と読書教育**
　　1．読書の意義

資　　料

　2．読書指導の系譜
　3．読書指導と学校図書館
Ⅱ．子どもの読書環境
　1．子どもの読書実態
　2．学校図書館・公共図書館の現状
　3．子ども読書活動の推進
Ⅲ．多様な読書資料
　1．児童・YA 資料の出版動向
　2．読書資料の種類と特性
　3．読書資料の選択
Ⅳ．発達段階に応じた読書指導
　1．読書力の発達
　2．小学校期の読書とその指導
　3．中学・高校期の読書とその指導
Ⅴ．子どもと本を結ぶための方法
　1．読書環境の整備
　2．読書材の提供
　3．本の紹介
　4．本の世界の共有
　5．読書体験の表現と交流
　6．読書機会の創出
Ⅵ．読書指導の実際
　1．集団的指導と個別的指導
　2．教科等における読書指導
　3．総合的な学習の時間における読書指導
　4．特別活動における読書指導
　5．個別的な読書指導
　6．特別な支援を要する児童生徒への読書指導
　7．地域との連携による読書指導
Ⅶ．読書活動の推進と司書教諭
　1．学校経営と読書教育
　2．読書活動推進計画と司書教諭の役割
　3．教科担任及び学級担任等との連携
　4．家庭との連携
　5．ボランティアとの連携
Ⅷ．地域社会との連携
　1．学校図書館・公共図書館との連携

2．生涯学習施設等との連携
3．家庭文庫・地域文庫との連携

情報メディアの活用

ねらい

　現代社会は知識基盤社会へ変わりつつあり，そこで生きていく人間にとって生涯学習はますます不可欠なものとなる。情報化の進展により，生涯学習の機会がさまざまな情報メディアによって与えられるようになれば，情報リテラシーを持たない人間は学習の機会を失うことになる。学校教育はそのための基本的な学習指導を積極的に行うべきである。

　一方，教育へのICTの導入は積極的に進められており，情報やメディアの活用による効果的な授業展開をはじめ，種々の教育活動におけるより積極的な応用が求められている。

　メディア・センターとしての機能を担う現代の学校図書館には，教員に対する情報や情報メディア活用の支援機能や，情報活用能力育成のための教育を支援する機能が期待されている。このような機能・役割を果たすために，司書教諭にはメディアの専門家としての役割が求められており，多様な情報メディアに関する知識やその運用に関する知識・技能を深めることが要求される。

　当科目では，他の司書教諭講習各科目で取り上げられる事項も補いつつ，学校や学校図書館で用いられる情報メディアのうち，とりわけ新しいメディアを中心に，教授＝学習という観点からそれらの種類と特性，実際の活用法や事例，情報機器の導入や運用について学ぶ。さらには，情報メディアを活用するにあたり，学校や児童生徒が留意しなければならない，情報メディアがもたらす問題点とその対処に関する知識の習得を目ざす。

内容
Ⅰ．知識基盤社会と人間
　1．情報メディアとは何か
　2．情報メディアの歴史
　3．知識基盤社会，生涯学習，情報メディア
　4．学校教育における情報メディアの意義とその活用
Ⅱ．情報メディアの特性と選択
　1．情報メディアの種類
　　1）社会における情報メディア
　　2）学校教育における情報メディア
　2．情報メディアの特性
　3．情報メディアの選択
　4．機器や設備の管理

Ⅲ．情報メディアの教育利用
　1．コンピュータ
　　1）アプリケーション・ソフトウェア
　　2）教育用ソフトウェア
　　3）コンピュータの周辺機器
　2．インターネット
　　1）さまざまなサービスとその仕組み
　　2）検索
　3．その他の情報機器（携帯電話を含む）
　4．情報メディアを活用した学校図書館運営
Ⅳ．情報メディアの活用事例
　1．授業におけるコンテンツの活用
　2．授業におけるICTの活用
　3．学校図書館ホームページの活用
　4．司書教諭と他の分掌との連携
　5．特別な支援を要する児童生徒への活用
Ⅴ．情報メディアと児童生徒の保護・支援
　1．情報メディアの活用と知的財産権
　2．自己防衛（情報モラルと個人情報保護）
　3．情報メディアに関わるトラブルとその対策

出典：『学校図書館』No. 710，2009年12月，p. 43-46．

4
共 通 資 料

- 共通1　1964　図書館学教育改善委員会（小委員会）中間報告…754
- 共通2　1965　図書館学教育改善試案（抄）…759
- 共通3　1972　図書館学教育改善試案…769
- 共通4　1981　図書館事業の振興方策について（第一次案報告）…777
- 共通5　2006　『情報専門職の養成に向けた図書館情報学教育体制の再構築に関する総合的研究』第一部　研究成果報告／第二部　改革案の提言…782

資料

共通1

図書館学教育改善委員会（小委員会）中間報告

公共図書館小委員会

　　　　　　　　　　　　　　委員長　　竹田　平
　　　　　　　　　　　　　　幹　事　　渡辺茂男
　　　　　　　　　　　　　　委　員　　伊東正勝，小河内芳子
　　　　　　　　　　　　　　　　　　　中村初雄，長久保由次郎
　　　　　　　　　　　　　　　　　　　服部金太郎，和田吉人

A　公共図書館小委員会は，昭和39年4月24日都道府県立図書館長の求めにより文部省会議室において開催された同館長会議の席上で出席諸館長の意見を聴取し，同時に当委員会から将来にわたる協力方を要望した。

席上表明された諸館長の意見および質問の要旨はおよそ次のとおりである。

1. 専門職員として体得してほしい資質・技能に関して
    - (イ) 専門職員以前の問題として，全人格教育および社会心理学的素養の面を充実し，特に人間関係を円滑に処理出来るようにしてほしい。
    - (ロ) 専門的技術教育にのみ終始して職人的な仕事しかできない人間をつくるのでは困る。図書館管理・行財政などについて基礎的な知識をもち，図書館経営の実際を大局的に把握・理解する素地を養ってもらいたい。
    - (ハ) 専門技術教育がおろそかになってはこまる。
        さらに充実してほんとうに仕事の出来る人間をつくれ。
    - (ニ) ことに科学・技術面の素養について，応用のきく基礎的な知識の付与を一般教養面で充実させよ。
2. 養成機関について
    - (イ) 今日までの養成機関はいかなる館種向けの職員を養成しているのかあいまいである。
        現在では「図書館職員一般」を養成して送り出すだけでは不十分で，その基礎の上にたつ専門分化を要する。
    - (ロ) 現行の司書と司書補の講習内容にはほとんどなんの差異もない。明確に差別せよ。また両講習科目の内容を検討しなおせ。
    - (ハ) 派遣実習は有用であるからさらに充実せよ。
    - (ニ) 現職中堅職員に対する本格的な再教育が欠けている。

B　同5月16日第1回小委員会を召集し，上記の会合で提起された意見や問題点を中心として予備的な意見を交換し，活動方針決定の準備会談とした。

大学図書館小委員会

　　　　　　　　　　　　　　委員長　　団野弘之

幹　事　前島重方
委　員　青野伊予児，奥村藤嗣，鈴木賢祐
　　　　関野真吉，高井　望，武田虎之助
　　　　藤田　豊

　大学小委員会は，発足後2回（4月13日，5月15日）合会（ママ）がもたれた。

　委員会の運営について，委員が一堂に会する事は，各委員の本務の都合で非常に困難である事が予想されるので，止むを得ず欠席する場合は，当日の議題に対して，書面で意見を述べることを特に申し合わせた。

　2回の委員会では，改善委員会第3回総会に提出された，教育部会幹事会案を中心にして，種々意見を交換し，討議した。

　第1回小委員会では，
1. 逐次刊行物を含めて，文献資料の解題（内外書誌の解説）を広くやってほしい。
2. 自然科学・人文科学・社会科学に関する文献サービスの講義や，逐次刊行物の整理と利用法の講義が，図書館学講座に加えられようとしている。
3. 一般の学生に対し，図書館の利用法，文献の利用法を教えたら良いという意見もある。
4. 現在の大学図書館員は，語学の能力が低く，又司書そのものの教養が低い。

等々の意見が述べられた。ここで先ず，幹事会試案に対して，プラス・アルファーとして「文献解題（逐次刊行物を含めて）のコース——人文・社会・自然科学にわけたもの——を，少なくとも4単位を必修にする」という点が確認された。

　第2回は，前回の中心課題であった「文献解題」の内容について討議した。（他に藤田委員から，書面による意見提出があった。）
1. 履修内容が多くなると，1カ月や3カ月の短期間で，所定単位をとることは不可能なわけで，従来の短期講習式のものは存在出来なくなる。
2. 各教育機関で，これら文献解題等の講義を担当する人が得られるかどうか。
3. 今迄の図書館学教育に対して，批判的な向もある。15単位では，充分な実習も出来ない。
4. 図書館学教育では，既製品の，直に使える人物を養成するよりも，コモン・センスとして与えるものが必要ではないか。
5. 昭和39年度文部省主催の，大学図書館中堅職員の講習課目で問題点としてクローズ・アップしているのは，逐次刊行物と文献解題である。
6. 人文・社会・自然科学文献解題に関連して，それぞれの概論をやる必要はないか。
7. 大学図書館特有の問題を研究するために大学図書館管理に関する課目単位を入れる必要があろう。等の意見が述べられた。（資料の鈴木案・椎名案・森案等を参照する）

　結論として「文献解題のコースは，人文科学・社会科学・自然科学分野文献解題各2単位ずつで，4単位を履修する。外に，大学図書館管理に関する課目2単位を加える」ということになった。

資　料

　当委員会の経過は以上であるが，この結果幹事会試案に加えるのが，計6単位となったわけである。しかしながら，試案に6単位を加えて40単位とするか，必修科目や選択科目の内容や単位数を増減して，然るべき単位数を決定するかは，今後の諸討議にゆだねるべきものである。又加えられるべき「文献解題」各分野の講義内容や，「大学図書館」の内容も，他の共通する必修，選択科目と共に，慎重に討議されるべきものである。更に，これら司書職養成コースは少なくとも現在では，4年制大学で，専門の課程として実施されるべきものであろう。
　参考資料として提出するもの
1. 私立大学図書館研修及び司書職に関する委員会編[,]私立大学図書館司書職実態調査，昭和34年度，東京，私立大学図書館協会，昭和35，26，17p 表1，25cm
2. 私立大学図書館研修，司書職に関する調査研究委員会関西委員会編，私立大学司書職制度に関する調査・研究報告，前篇調査資料篇，東京，私立大学図書館協会[,] 1963，146p 表4，25cm

特殊専門図書館小委員会

　　　　　　　　　　　委員長　井出　翁
　　　　　　　　　　　幹　事　北島武彦
　　　　　　　　　　　委　員　石井秀雄，河野徳吉，椎名六郎
　　　　　　　　　　　　　　　甘日出逸暁，藤川正信

Ⅰ　一般教養課程において学習させた方がよいと思われるもの
　　一般的資料の利用法
　　論文作製法
　　専門的資料の利用法
Ⅱ　関連課目として教養課程において学習すべきもの
　　言語学
　　論理学（記号論理学，数理的論理学を含めること）
　　数　学
　　工　学
　　統計学
　　社会学
　　社会心理学（特にPR論を重視）
　　経済学
　　経営学
　　行政学
　　外国語（第1，第2外国語必修，第3外国語，選択，4年間を通じて学習）
Ⅲ　共通科目（これは2月24日の全体委員会に提案したもの）
　　図書館通論

　　　　図書資料並びに解題
　　　　レファレンスワーク
　　　　資料と図書館史
　　　　資料運用法
　　　　資料分類法
　　　　資料目録法
　　　　資料配架法
　　　　図書館工学（建築・各種機械・検索機械を含む）
備考：これは文献情報活動委員会の協力を得て同委員と共同審議したものである。
　　　　図書館協力
Ⅳ　専門科目として履修すべき科目
• 専門図書館概論（機能と運営管理）
• ドキュメンテーション概論（総論，歴史，事情）
• 情報概論（情報の分析，調査法，情報伝達の歴史と理論，情報資料の形式と種類，情報源の所在と型，情報の収集）
• 情報理論（Information theory）
• Communication 論
• 情報処理の技術
　　　　資料記述法（目録）
　　　　資料分類法
　　　　書誌作成法（抄録法，索引法，書誌編さん法）
　　　　情報検索法
• 情報処理機械（機械検索技術を主とする）
• 情報の管理
　　　　資料の管理（配架，書庫管理）
　　　　情報の提供サービス（Circulation），情報の配布（content sheet ほん訳等）
• 複製技術
• 一次資料作成法（報告書作成法）
• 特殊資料（特許公報等）
• 資料論（重要文献の解題・書誌・利用法）
　　　　人文科学の書誌
　　　　社会科学の書誌
　　　　科学技術の書誌
　　＊さらに専門科目の書誌は設置学部の特色を生かして選択科目として履修せしむ。
• 演習
附記　以上の案をまとめる段階で特に問題となった点は次の通りである。
　1．1962年に発表された文献情報活動委員会のドキュメンタリスト養成のためのカリ

資 料

キュラム案に必ずしもとらわれないで考えてゆく。
2. Ⅲ共通科目を各部会により確認してもらう必要がある。
3. 各科目の講義内容について各部会とも明記する必要がある。
4. 各科目への単位数の配分は他部会の案,大学の科目,総単位数等を勘案して決定する。

学校図書館小委員会

　　　　　　　　　委員長　横山孝次郎
　　　　　　　　　幹　事　室伏　武
　　　　　　　　　委　員　金沢　考,鈴木英二,成田喜英
　　　　　　　　　　　　　野津直久,深川恒喜

Ⅰ　原　則

この報告は,大学における学校図書館学教育に関する最低必要条件を示したものである。

本案の実施に際しては,それぞれの大学の事情に応じて12～18単位の教育計画とするよう配慮した。

Ⅱ　科目及び単位数*

	科目名	単位数
1.	学校図書館学概論	2—2—2
2.	学校図書館資料論	3—4—4
	(資料選択,参考図書,児童・青少年文献,視聴覚資料など)	
3.	図書館資料組織論[1)]	3—4—4
	(図書,逐次刊行物[,]パンフレット,視聴覚資料の整理)	
4.	学校図書館経営論[1)2)]	2—2—4
	(管理,運用,財政,行政[,]施設,設備など)	
5.	読書指導	2—2—4
	(利用指導を含む)	
		12—14—18

〔注〕1) 演習,または実習を行なう科目として取り扱う。
　　　2) 見学を適宜行なう。
　　　　[*]この科目は,大学2～4年にわたって履修させることが望ましい。また,大学によっては,2～6(ママ)までのそれぞれの科目を細分化し,例えば,児童・青年文献(2)のように展開拡充したり,特殊講義を設ける事が望ましい。「視聴覚教育」は教育学の科目を必修とする。また,大学に「児童文学」に関する科目がある場合も,それを必修とすることが望ましい。

Ⅲ　学　生

学校図書館の性格上，教員免許状取得に必要な科目を履修したもの，あるいは現に履修中である学生であること。
Ⅳ　教職員
学校図書館学教育に必要な教員数は，専任教員1名，兼任教員1名を置くこと。
また，図書室あるいは研究室を附設する場合，専任司書1名と事務職員1名を置くこと。
Ⅴ　必要な施設
学校図書館学教育の性格上，内外の児童，青少年文献を中心とする図書館資料――図書資料約1,000冊以上，視聴覚資料や機材を備えること。
そのために必要な専用図書室，ないしは研究室を持つ事が望ましい。
学生の実習や教育に必要な学校図書館の機能を持った附属学校ないしは実験学校を持つことが望ましい。

出典：『図書館雑誌』Vol.59, No.1. 1965年1月, p.26–29.

共通2

図書館学教育改善試案（抄）

1. **公共図書館専門職員の養成に必要な図書館学教育の課程**
A　必修科目（30単位）
　1　基礎部門
　　(1)　図書館学概論（2単位）
　　　　（ライブラリアンシップの本質を説明し，社会におけるその重要性と役割を考察する）
　　(2)　図書・図書館史（2単位）
　　　　（文化史との関係において図書，印刷及び図書館の歴史を論述する）
　2　経営・管理部門
　　(1)　図書館経営論（2単位）
　　　　（図書館経営上の原理を明らかにし，人事，行財政，関係法規，統計，評価，Public relations, Publicity などを論ずる）
　　(2)　公共図書館管理論（2単位）
　　　　（公共図書館の業務機構を明らかにし，その社会教育における重要性と役割を考察し，公共図書館管理上特有の問題を解明し，図書館対外活動をも論ずる）
　3　奉仕部門
　　(1)　図書運用法（2単位）
　　　　（館内閲覧から館外貸出，さらに対外活動の1部をなす貸出文庫，巡回文庫，自動車文庫をも含めて図書の運用を論述する）
　　(2)　レファレンス・ワーク（2単位）
　　　　（調査および参考事務に必要な資料を解説，評価し，その利用法を論ずる）

資　　料

4　資料部門
　⑴　図書選択論（2単位）
　　（図書選択の目的ならびに基準原則を述べ，蔵書構成の諸問題を論じ，併せて書評，解題等に関する問題も取扱う）
　⑵　人文科学資料（2単位）
　　（人文科学分野の資料・文献の特徴を説明し，この分野の代表的研究・参考資料を解説し，その利用法を論ずる）
　⑶　社会科学資料（2単位）
　⑷　科学技術資料（2単位）
　⑸　視聴覚資料（2単位）
　　（視聴覚資料の種類・特質を解明するとともに，その整理，利用についても併せて論ずる）
5　整理部門
　⑴　資料分類法（4単位）
　⑵　資料目録法（4単位）

B　選択科目（6単位）
1　児童図書館経営論（2単位）
　（児童に対する図書館奉任（ママ）の重要性を論じ，児童室の設備，備品および読書指導の方法について述べる）
2　児童青少年文献（2単位）
　（児童文学，児童青少年の読書資料について論じ，その利用について考察する）
3　特殊資料（2単位）
　（新聞，雑誌，パンフレットの組織について考察し，地方行政資料，郷土資料をも含めて，その収集，整理，利用をも論ずる）
4　ドキュメンテーション概論（2単位）
　（ドキュメンテーションの重要性を明らかにし，その検索方法を考察し，機械検索についても述べる）
5　図書館建築，施設（2単位）
　（図書館建築の基準，施設，備品について述べる）

C　関連課目（28単位）
1　社会教育　　（4単位）
2　社会調査　　（4単位）
3　教育行政　　（4単位）
4　社会心理学　（4単位）
5　統計学　　　（4単位）
6　書誌学　　　（4単位）
7　古文書学　　（4単位）

D その他
1 実習は50時間以上を必要とする。
2 語学は2カ国語，10単位以上が必要
3 科外講義として次のものをおく。
   (a) 製本，複写，印刷技術
   (b) 論文作成法
   (c) 編集技術
   (d) Story Telling と Book Talk

2. 大学図書館専門職員の養成に必要な図書館学教育の課程
A 必修科目（30単位）
   1 理論および管理
   (1) 図書館学概論（2単位）
     （ライブラリアンシップの本質を説明し，その重要性と役割を考察する）
   (2) 図書館経営論（2単位）
     （図書館経営上の理論を明らかにし，図書館の機構および各種事業の組織について概説し，実務，対外活動についても言及する）
   (3) 大学図書館管理論（2単位）
     （大学図書館の大学における役割について考察し，教官，学生に対するサービスのあり方を説明し，さらに大学図書館管理上の固有の問題点について考察する）
   (4) 図書・図書館史（2単位）
     （文化史との関係において，図書・印刷および図書館の歴史について論述する）
   2 図書館資料論
   (1) 参考図書解題（4単位）
     （レファレンス業務に有用な資料を解説評価して，その特性と利用法を論ずる）
   (2) 特殊資料（2単位）
     （逐次刊行物，パンフレット等の資料の組織について考察するとともに，その目録，分類，利用法等についても考察する）
   (3) 視聴覚資料（2単位）
     （視聴覚資料の種類，特質を解明するとともに，図書館における利用法について考察する）
   (4) 図書選択論（2単位）
     （図書選択の目的ならびに基準原則を講述し，図書館利用者に対するサービスと関連して考察する。書評，解題等に関する問題も取扱う）
   3 図書館奉仕
   (1) 図書[館]運用論（2単位）
     （図書館の利用法に始まり，図書の閲覧，貸出しから対外活動までについて，図

資　　料

　　　　書館の運用を考察する）
　　　(2) レファレンス・ワーク（2単位）
　　　　（調査およびレファレンス・ワークに関する原則的な方法論，情報探索の実務，索引法等について考察する）
　　4　資料の組織
　　　(1) 資料分類法（4単位）
　　　　（資料を対象とする各種の分類法について，その理論を考察し，実務訓練を行なう）
　　　(2) 資料目録法（4単位）
　　　　（資料を対象とする目録法について考察し，各種の資料の目録作製の実務訓練を併せて行なう）
B　選択科目（8単位）
　　1　文献解題（6単位のうち4単位）
　　　（人文科学，社会科学，科学技術資料〈各2単位〉文献の特徴を説明し，各分野の代表的研究，参考資料を解説し，その利用法を論ずる。なお各分野の概論について講義すると一層よい）
　　2　ドキュメンテーション（2単位）
　　　（ドキュメンテーションの重要性について論ずるとともに，その検索方法を考察する。機械検索についても言及する）
　　3　図書館建築，施設（2単位）
　　　（図書館の建築基準，施設，備品等について考察する。備品中には複写機械のことも加えるべきである）
　　4　古文書学（2単位）
　　5　書誌学（2単位）
C　関連科目
　　（各学問分野の概論，方法論，学説史等を選択履修する）
D　その他
　　1　語学
　　　（大学図書館員としては少なくとも2カ国語以上の国語を解読しうる能力を有することが必要である。そのためには原書講読等の方法を採用することが望ましい）
　　2　統計学
　　　（統計学の理論一般についての知識を有すべきである）
　以上の科目が大学図書館専門職員となるべき者にとって必要な科目である。大学図書館理論2単位と，文献解題4単位以外の科目は，他の種類の図書館専門職員の教育に必要な共通科目としてさしつかえない。

3. 特殊専門図書館専門職員養成に必要な図書館学教育の課程
A 必修科目（38単位）
  1 理論および管理
   (1) 図書館通論（2単位）
    （図書館経営上の原理を明らかにし，図書館の機構および各種業務の組織，人事，財政，図書館相互協力，その他経営上の一般論とともにライブラリアンシップの本質を説明し，その重要性と役割を考察する）
    注）図書館学概論，経営論，管理論などに含まれるような項目は，「図書館通論」以外の授業科目に分散されている。
   (2) 専門図書館概論（2単位）
    （各主題分野，調査機関，研究機関，企業体，大学学部などの各種タイプの専門図書館について，機能，組織，運営，経営論，情報サービスの経済性などについて考察する。情報サービスに関する母体機関全般の組織化，情報センター，データ・センターについても論及する）
   (3) ドキュメンテーション概論（2単位）
    （ドキュメンテーションの発生から発展の状況，ドキュメンテーション機能全般を説明し，図書館学，情報科学および近接関連科学分野との関係および将来の方向について考察する）
   (4) 資料と図書館史（2単位）
    （文化史，科学技術史との関連において，図書・資料・印刷・記録方法および図書館の歴史を論ずる）
  2 情報・資料とその処理・管理技術
   (1) 情報概論（2単位）
    （情報伝達の歴史と理論，情報科学，情報・資料の形式と種類，情報源の所在とタイプ，情報源の収集のための調査法，情報の分析法について論ずる）
   (2) 資料分類法（1単位）
    （資料を組織化するための分類の原理を論じ，演習を行なう。諸分類法の比較研究も行なう）
   (3) 資料目録法（2単位）
    （資料を組織化するための目録法，件名法の原理を論じ，演習を行なう。目録カードの編成，ファイリングについても考察する）
    注）(2)，(3)は，30時間1単位とする。
   (4) 図書・資料の解題（2単位）
    （各種タイプの資料について取り上げ，各分野の主要基礎となるものについて解題評価し，その特性と利用法を論ずる。レファレンス・ワークとの関連を持たす図書・資料の選択の目的並びに基準原則をも講述する）

資　料

(5) 特殊資料（4単位）

(各種主題分野に現われる特殊なタイプの資料，例えば，パンフレット，リーフレット，特許資料，政府刊行物，規格，テクニカルブルテン，ハウスオーガン，商品カタログ，新聞，楽譜，地図，古文書，郷土資料，マイクロ資料，視聴覚資料，技術報告類，議事録など——の探索法，処理，蓄積から検索利用提供までの一連のプロセスについて論述する)

(6) 一次資料作成法（2単位）

(報告書，論文のまとめ方，執筆，出版に必要な基準規格の研究，出版物の編集，索引作成・発行の理論と方法について考察し，演習する)

(7) 情報資料の管理（4単位）

(配架，書架管理，ファイリングなどの資料管理および貸出し，配布，コンテンツ・シート・サービス，KWICサービス，情報の選択配布（SDI），翻訳などの提供サービスの特性，方法についてレファレンス・ワークと関連させて講述する。さらに情報検索システムについても考察する)

(8) 情報の処理技術（I）（4単位）

(蓄積，検索のための情報の処理技術を論じ，演習を行なう。識別のための単行書，逐次刊行物を主体とする資料の目録法，件名法，主題分析法，資料分類法および書誌作成法を取扱う)

(9) 情報の処理技術（II）（4単位）

(同上（I）に引続いて，索引法，抄録法，電子計算機などによる情報検索法および情報処理の機械化，自動化について講述する)

3　サービス

(1) レファレンス・ワーク（2単位）

(調査および参考業務に有用な資料の解題・分析とその利用法を論ずる。情報源の探索と適切な回答を与えるために利用者の要求分析法を考察する)

(2) 資料運用法（2単位）

(資料の探索，収集，分析，評価，蓄積，検索から提供までのプロセスのシステムデザインおよび情報・資料流通のサイクルについて，各側面から考察する。視聴覚媒体の特性と利用についても述べる)

B　選択科目（10単位）

1　情報理論およびコミュニケーション（2単位）

(情報理論の概容として，その全容および情報の数学的理論，符号化の問題，数理統計学，オペレーションズ・リサーチ，通信問題，サイバネティックス，心理学との関連を論じ，さらにコミュニケーションのプロセス，コミュニケーションサイクルを扱い，言語，記号，文字の媒体とチャンネルとしての伝送機器全般について論述する)

2　図書館工学（2単位）

(図書館建築,レイアウト,施設,複製関係機器,整理機械,伝送装置,データ処理機械などを講述し,さらにシステム・エンジニアリングについて考察する)
3 複製技術(2単位)
(印字機,複写・印刷機の原理の説明と主要機器の使用法,印刷製版の基礎,印刷工程について述べ,複製のプロセスのシステムデザインをも考察する)
4 和漢資料(2単位)
(和漢資料のうち,基礎的および古典的資料を取り上げ,その特性と利用法を論ずる)
5 人文科学の書誌
6 社会科学の書誌　(各4単位,いずれかを専門分野に応じ設置学部の特色を生かして選択する)
7 科学技術の書誌
(各分野の書誌,重要文献の解題,書誌的ツールの利用法,文献の内容分析とその検索様式の編成法について論じ,専門分野の書誌的ガイドの作成演習を行なう)
8 特殊主題分野の書誌(2単位)
(上記5,6,7の分野から,さらに特殊主題を選び,その分野の知識と結びつけて書誌的ツールの徹底的研究を行なう。大学の設置学部によって主題をきめる)

C 関連科目
1 言語学　　(2単位)
2 論理学　　(2単位)
3 統計学　　(2単位)
4 工学　　　(2単位)
5 社会心理学(2単位)
6 行政学　　(2単位)
7 書誌学　　(2単位)
8 古文書学　(2単位)
注)ここにあげたものは,最小限必要と思われるものであって,必要に応じ,専攻主題に応じて,その他の関連科目をもとり入れる。

D その他
1 演習(6単位)
(特殊科目,特殊問題をケース・スタディとして取り上げる)
2 実習(8単位)
(指定された図書館において実習を行ない,その実習に基づいて論文を作成提出する。卒業論文に代わるものである)

E 以上の実施のためには,4年制の図書館学科,または4年制の課程の上に大学院の課程をもつことが必要である。なお,卒業後の現職教育についても考慮が望ましい。

F 4年制大学の1つの専門課程として実施可能なものとしては次の諸科目を必要とする。

資　料

1　専門科目
(1)　専門図書館概論（2単位）
(2)　情報概論（2単位）
(3)　ドキュメンテーション概論（2単位）
(4)　情報の処理技術（4単位）
(5)　情報・資料の管理（2単位）
(6)　人文科学の書誌（2単位）｜
(7)　社会科学の書誌（2単位）｝うち4単位
(8)　科学技術の書誌（2単位）｜
(9)　特殊資料（2単位）
(10)　実習（4単位）

4. 学校図書館の専門的職務に従事する教育(ママ)の養成に必要な図書館学の課程
A　必修科目（14〜20単位）
  1　図書館学概論（2単位）
   （図書館の本質を明らかにし，社会における役割や機能を考察する）
  2　学校図書館学概論（2単位）
   （学校教育における図書館の役割や機能を明らかにし，学校図書館の本質を考察する）
  3　学校図書館資料論（3〜4単位）
   （学校図書館資料の本質や資料選択と利用の一般的原則を述べ，児童，青少年文献，参考図書，逐次刊行物，視聴覚資料などの特性やその教育的利用について論及する）
  4　学校図書館資料組織論（3〜4単位）
   （学校図書館資料組織化の原則を明らかにし，図書資料，逐次刊行物，パンフレット，学習資料ファイル，視聴覚資料などの分類，目録法について述べ，目録の編成や組織化の諸問題について論及する）
  5　学校図書館経営論（2〜4単位）
   （学校図書館経営の原理を明らかにし，人事，行財政，関係法規，調査，統計，施設，設備，P・Rや評価などの諸問題について論ずるとともに，学校図書館の管理，運用についても考察する）
  6　読書指導（2〜4単位）
   （学校教育における読書指導の役割を明らかにして，その原理，指導方法，性格形成としての読書指導，読書治療，読書療法，マス・コミと読書や地域社会における読書指導などについて考察する。なお，この中には利用指導をも含めて論及する）
B　選択科目（6単位）
  1　児童，青少年文献（2単位）
   （児童，青少年文献史，絵本，詩，戯曲，児童文学，伝記，民話，神話，などの特

性やその主要作品について考察するとともに，人文科学，社会科学，自然科学文献についても論及する）
2 スト[ー]リー・テリング（2単位）
（スト[ー]リー・テリングやブック・トークの本質を述べ，その方法について述べ，その実際を学習させる）
3 学習資料（2単位）
（学習指導における学習資料の役割を述べ，各種の教材について考察するとともに，簡単な資料の作成について述べ，その実際を学習させる）
4 視聴覚資料（2単位）
（視聴覚教育の本質を明らかにし，それぞれの資料の特性や利用を考察するとともに，機材の操作について学習させる）
5 学校図書館学特殊講義（2単位）
（学校図書館の特別な主題を選び，原典講読なども加えて論及する）
6 学校図書館実習（2単位）
C 関連科目
 1 教育行政
 2 教育管理
 3 教育課程
 4 学習指導
 5 ガイダンス（カウンセリング）
 6 コミュニケーション
 7 教育調査，研究
 注）上記の学校図書館学の履修にあたって司書教諭(ママ)の資格取得を目的とする場合は，教育職員免許状取得に必要な学科科目を専攻することが前提となるのでその履修の性格は教員養成を目的とする大学学部のカリキュラムにおいては副次的専攻となる。
　しかし，教員養成を目的とする大学学部においても，現行の資格にかかわりなく，教育研究の一分野として図書館学の科目，課程が設置，増加されることが望ましい。
D その他
 1 この試案は，大学における学校図書館学教育に関する最低必要条件を示したものである。
 2 本案の実施に際しては，それぞれの大学の事情に応じて14～20単位ぐらいの教育計画とすべきである。
 3 この教育計画の実施に関して，最低必要担当教員数は，専任教員1名，兼任教員2名を置くことが必要である。
 4 学校図書館学教育の性格上，内外の児童，青少年文献を中心とする学校図書館資料──図書1,000冊以上，逐次刊行物10種以上，視聴覚資料とその機材を完備した図書室，ないしは研究室を持つことが必要である。この場合，専任司書1名，事務職

資　　料

員1名を配置すること。そして，学校図書館学教育の充実を図る。
5　学生の実習や教育に必要な学校図書館の機能を持った付属学校，ないしは実験学校を持つことが望ましい。
6　この教育計画の他に一般教育の課程として，図書館の利用に関する科目（2単位）を置くとともに，「図書館学概論」，「学校図書館資料論」「読書指導」などの科目を各学科等の学校の課程における必修，ないしは選択科目とすることが望ましい。
7　現行の学校図書館法に基づく「司書教諭講習」はこれを廃止するとともに，現職教育による養成方式については，改めて検討しなおすことが必要である。
8　この教育計画は，教育職員免許状取得に必要な科目を履修したもの，また履修中の学生であることを条件としている。したがって，文科系学生のみならず理科系の学生の履修も可能である。
9　この教育計画は，教育職員免許法の体系の中に位置づけられることが望ましい。しかしながら免許制をとることに関しては，本委員会ではじゅうぶん討議できなかったので別にあらためて検討することが必要である。

5. 大学における図書館[学]教育の課程編成についての諸類型

A　4年制大学の場合
1　「図書館学科」として実施する場合――この場合は現在のところは，「図書館学教育基準」に準拠して，その部門分け等に下記のような修訂を加えて，上記の4種の図書館学教育の諸科目を改めることができる。この際，資格としては，司書と司書教諭とをとりうることとなろう。

　この場合のカリキュラム編成にあたっては，たとえば，次の諸科目（かっこ内は単位数）を各職種の教育に共通するコアとして設定し，これに公共，大学，専門，学校の各分野の特殊性を加え，各職種の専門的教育の課程を構成することができよう。

コアとなる共通的科目（必修）（20単位）
基礎部門　　　図書館学概論　　（2）
　　　　　　　図書，図書館史　（4）
資料部門　　　図書館資料論　　（4）
整理部門　　　資料組織論　　　（4）
（資料組織論では，1単位を30時間とすることが望ましい）
管理部門　　　図書館経営　　　（2）
奉仕部門　　　図書館奉仕論　　（4）
　　　　　　　図書館学実習　　（2）

2　講座や学科目として開設する場合――前記に準じた規模でコアを設定し，かつ各館種にわたる専攻科目を加えることができる。
3　講座や学科目としてでなく専門の課程（コース）として開設する場合――大学の

学部・学科・講座・学科目等の専攻に加えて，いくつかの学科・講座学科目等に関連をもちつつ，一種の専門の形で図書館学コースを設けることができる．この場合も，1のように，コアを設け，さらに各館種の専門分野を適宜加え，資格としても，司書，司書教諭をあわせ含みうるものとすることができる．単位数は，およそ30単位前後の履修が可能である．
4 大学院・専攻科等における履修を考慮する場合――図書館学について，より高度の履修をなさしめようとする場合，大学院や専攻科において図書館学を開設することを今後考うべきである．
5 教員養成を目的とする大学・学部・学科では司書教諭のみの資格を付与しうる課題（ママ）をおくことができるが，その際も既述の4によって設置することが望ましい．

B 短期大学の場合

短期大学においては，図書館学科を置く場合と図書館学の課程をおく場合とがある．いずれも，前掲Aの1，2，3，4，5に準じて開設することができる．ただし，短期大学においては，図書館学専攻についてはもちろん，そのための基礎教育科目や関連科目についても，その授業内容の充実を図るようじゅうぶん留意する必要がある．

出典：『図書館雑誌』Vol.59, No.9, 1965年9月, p.26-31．
なお，日本図書館協会編『図書館学教育改善委員会報告 1965』同協会，1965年6月20日，[23p.]．も刊行されており，表記の異同があるが，本書では『図書館雑誌』を出典とした．

共通3

図書館学教育改善試案

日本図書館協会教育部会
図書館学教育基準委員会

われわれ教育部会図書館学教育基準委員会は，すぐれた司書を図書館界に送致し，その専門性を確立するために，大学における図書館学教育について審議し，その推進を図ることを目的として設置された．

本委員会は，今日の図書館学教育の現状や問題点の検討を基礎として，図書館学教育の将来計画を明らかにし，それの具体化の諸施策について討議を深め，これまでの審議の成果を「図書館学教育改善試案」としてまとめて，ここに発表するものである．

したがって，この改善試案は，図書館学教育の将来計画へのかけ橋にすぎない．そのために，本試案は，「図書館法」の第6条に規定されている司書および司書補の講習，「学校図書館法」の第5条第4項の規定による「学校図書館司書教諭講習規定」を廃止し，大学における図書館学教育の拡充を前提条件としている．このことは，同時に，「図書館法」「学校図書館法」に規定されている司書，司書補，司書教諭の資格のあり方をも検討することが要請される．大学における図書館学教育の改善充実，司書職制度の確立は，現状の整備充実を図ることだけではじゅうぶんに達成されない．そのためには，

資　　料

学歴		短期大学卒	大学（4年制）卒		大学院卒
改善試案	事務職員	非専攻／司書補	非専攻／普通司書	二級／普通司書一級	専門司書
将来計画	事務職員	司書補（専攻）	普通司書		専門司書
区分	非専門職	図書館技術職員	準専門職		専門職

抜本的な改善が必要である．

　図書館学教育は，司書職の専門性の確立と，豊かな人間形成に寄与することである．また，情報社会における図書館は，利用者の要求が高度化してきている．そのために，図書館業務は，最新の諸科学の発展に伴う知識と技術の開発に応じて，拡充されることが必要である．したがって司書は，図書館学の高度の理論と技能を必要とされるだけではなく，一般教育，外国語教育や各学問分野の専門教育が必要とされる．このような図書館学教育は，大学院課程でなければじゅうぶんに行なうことができない．今日の図書館学教育は，大学院（修士）課程を有する大学1校，学科（専攻）を有する大学2校にすぎない．大部分が司書課程にゆだねられているのが現状である．したがって，司書課程は，早急に図書館学科に移行し，大学院を設置することが基本的な課題である．

　このような図書館学教育は，公共・学校・大学・専門の各種図書館のすべての業務に必要な理論と技術の総合，分化が必要である．図書館学科においては，一般的な総合教育を，大学院課程においては，高度の分化した教育がなされることが必要である．また，短期大学においては，図書館技術が教育されるべきである．このことは，司書資格のあり方に密接な関係がある．司書資格は，学歴と図書館学教育によって区分される必要がある．大学院課程で図書館学を専攻した者は，専門司書，大学（4年制）で図書館学を専攻した者は，普通司書，短期大学で図書館学を専攻した者は，司書補とする．このようにして，はじめて司書職の専門性は保証される．われわれの改善試案は，こうした将来計画を推進するためのものである．（図参照）

　この改善試案は，司書の専門職としての身分や給与などの処遇の抜本的な改善，教育内容の充実や司書を志す者に対する奨学制度など，司書職を魅力あるものとする諸施策の推進とあいまって，法的な権威のもとに具体化されることが必要である．また，司書

の需要供給を考慮し，国公私立大学に図書館学科を計画的に設置することが要請される．そのために，現在の養成機関は，再編成されることが望ましい．このような図書館学教育の改善充実は，われわれ図書館学教育担当者のあり方にかかっている．（なお，この改善試案は，その実現の時点から5年後に将来計画に沿って改訂されなければならない．）

昭和47年5月8日

図書館学教育基準委員会
　委員長　室伏　武（亜細亜大学）
　委　員　大田和彦（図書館短期大学），岡田　温（東洋大学），北島武彦（東京学芸大学），黒岩高明（図書館短期大学），久保輝巳（関東学院大学），今　圓子（独協大学），鈴木徳三（大妻女子大学），友野玲子（共立女子大学），中村初雄（慶応義塾大学），浜田敏郎（慶応義塾大学），深川恒喜（東京学芸大学），前島重方（国学院大学），和田吉人（東洋大学）

（五十音順）

図書館学教育基準

1. 目的
　図書館学教育は，大学（4年制）において図書館学を教授・研究し，あわせて社会の進展に資するための応用能力を涵養することを目的とする．
2. 授業科目および単位数
　ア　専門科目
　　(1) 基礎部門　　　6単位以上
　　　　図書館学概論，図書館史，情報科学，読書科学など
　　(2) 資料部門　　　12単位以上
　　　　図書館資料論，人文科学文献解題，社会科学文献解題，自然科学文献解題，逐次刊行物（政府刊行物を含む），視聴覚資料，児童・青少年文献，資料作成法など
　　(3) 資料組織部門　9単位以上
　　　　図書館資料組織論（情報検索を含む）
　　　　二次資料作成法など
　　(4) 奉仕部門　　　7単位以上
　　　　図書館奉仕論，参考書誌活動，図書館利用指導，読書指導など
　　(5) 経営管理部門　4単位以上
　　　　図書館経営論（システム論を含む），公共図書館，児童・青少年図書館，学校図書館，大学図書館，専門図書館，図書館行財政，図書館施設など
　イ　専門科目は，各部門にわたり38単位以上履習（ママ）すること．また，専門科目の履習は，公共・学校・大学・専門図書館・情報管理などのコースを設定することが望ましい．

資　　料

　　ウ　関連科目
　　　　人文・社会・自然科学の諸科学から適切な科目を選定すること．
　　エ　実習，演習は，必ず行なうこと．
3. 専門科目担当の専任教員
　　ア　専任教員は，1学年当り学生数50名まで最少4名と助手若干名を置くこと．
　　イ　1学年当り学生数50名を超える場合，30名ごとに1名の専任教員を増員すること．
　　ウ　司書課程，司書補課程，司書教諭課程を併設する大学は，学科（専攻）とは独立したものとして扱うこと．
4. 施設・設備
　　図書館学の教授・研究を効果的に行なうために，研究室，実習図書館，および図書，雑誌やその他の資料を持つこと．
5. 学科（専攻）の認可
　　学科（専攻）の設置は，文部大臣が大学に対して認可する．認可は，5年ごとに更新すること．

司書課程基準

1. 目的
　　司書課程は，大学（4年制）における図書館学の非専攻課程であり，普通司書（二級）を養成することを目的とする．
2. 授業科目および単位数
　　ア　専門科目
　　　（1）　基礎部門　　　　4単位以上
　　　　　　図書館原理（図書館史を含む），情報科学，読書科学など
　　　（2）　資料部門　　　　4単位以上
　　　　　　図書館資料論，視聴覚資料，児童・青少年文献など
　　　（3）　資料組織部門　　6単位以上
　　　　　　図書館資料組織論，二次資料作成法など
　　　（4）　奉仕部門　　　　4単位以上
　　　　　　図書館奉仕論，参考書誌活動など
　　　（5）　経営管理部門　　4単位以上
　　　　　　図書館経営論，公共図書館，児童・青少年図書館，大学図書館，専門図書館など
　　イ　図書館実習は，行なうことが望ましい．
　　ウ　授業は，原則として3・4年の2か年で履習（ママ）できるようにすること．
3. 専門科目担当の専任教員
　　ア　専任教員は，1学年当り学生数50名まで最少2名と助手1名を置くこと．
　　イ　1学年当り学生数が50名を超える場合，30名ごとに1名の専任教員を増員するこ

と．
4. 施設・設備
　図書館学教育を効果的に行なうために必要な研究室，実習図書館，および図書，雑誌やその他の資料を持つこと．
5. 課程の認可
　司書課程の設置は，文部大臣が大学に対して認可する．認可は，5年ごとに更新するものとする．

司書教諭課程基準
1. 目的
　司書教諭課程は，大学における学校図書館学の非専攻課程であり，司書教諭（二級）の養成を目的とする．
2. 授業科目および単位数
　ア　専門科目
　　(1)　基礎部門　　　2単位以上
　　　　学校図書館原理，情報科学，読書科学など
　　(2)　資料部門　　　4単位以上
　　　　学校図書館資料論，視聴覚資料，児童・青少年文献，資料作成法など
　　(3)　資料組織部門　6単位以上
　　　　学校図書館資料組織論，二次資料作成法など
　　(4)　奉仕部門　　　6単位以上
　　　　学校図書館奉仕論，図書館利用指導，読書指導など
　　(5)　経営管理部門　2単位以上
　　　　学校図書館経営論など
　イ　図書館実習は，行なうことが望ましい．
3. 専門科目担当の専任教員
　ア　専任教員は，1学年当り学生数50名まで最少2名と助手1名を置くこと．
　イ　1学年当り学生数が50名を超える場合，30名ごとに1名の専任教員を増員すること．
　ウ　司書課程と併設する場合は，学校図書館学の専任教員1名を置くこと．（ただし，1学年当り学生数50名までの場合）
4. 施設・設備
　学校図書館学教育を効果的に行なうために必要な研究室，実習図書館，および図書，雑誌やその他の資料を持つこと．
5. 課程の認可
　司書教諭課程の設置は，文部大臣が大学に対して認可する．認可は，5年ごとに更新するものとする．

資　料

司書補課程基準

1. 目的

　司書補課程は，短期大学における図書館学の非専攻課程であり，司書補を養成することを目的とする．

2. 授業科目および単位数

　ア　専門科目
　　(1)　基礎部門　　　　4単位以上
　　　　図書館通論，コミュニケーション論など
　　(2)　資料部門　　　　4単位以上
　　　　図書館資料，視聴覚資料，児童・青少年文献など
　　(3)　資料組織部門　　6単位以上
　　　　資料組織法，特殊資料組織法など
　　(4)　奉仕部門　　　　6単位以上
　　　　図書館奉仕など
　イ　図書館実習は，行なうことが望ましい．
　ウ　授業は，1・2年の2か年間にわたって履習(ママ)できるようにすること．

3. 専門科目担当の専任教員

　ア　専任教員は，1学年当り学生数50名まで最少1名と助手1名を置くこと．
　イ　1学年当り学生数が50名を超える場合，30名ごとに専任教員1名を増員すること．

4. 施設・設備

　図書館学教育を効果的にするために必要な研究室，実習図書館，および図書，雑誌やその他の資料を持つこと．

5. 課程の認可

　司書補課程の設置は，文部大臣が大学に対して認可する．認可は，5年ごとに更新すること．

司書資格

1. 種類

　資格の種類は，次の通りとする．
　　ア　専門司書
　　イ　普通司書一級
　　ウ　普通司書二級
　　エ　司書補

2. 資格の条件

　司書資格取得に必要な条件は，次の通りとする．

種類 \ 所用資格		基礎資格	大学における最低修得単位
専門司書		修士の学位を有すること 図書館学を専攻すること	30
普通司書	一級	学士の称号を有すること 図書館学を専攻すること	38
	二級	学士の称号を有すること	25
司書補		大学に2年以上在学し，62単位（内2単位は，体育とする）以上を修得すること	20

3. 資格に必要な専門科目および単位数

司書資格の取得に必要な専門科目および単位数は，次の通りとする．

ア　専門司書

専門科目	最低修得単位
図書館学基礎論演習	6
図書館資料研究	8
図書館資料組織論演習	8
図書館経営管理論演習	8

イ　普通司書一級

専門科目	最低修得単位
図書館学基礎論	6
図書館資料論	12
図書館資料組織論	9
図書館奉仕論	4
参考書誌活動	3
図書館経営論	4

ウ　普通司書二級

専門科目	最低修得単位
図書館原理	4
図書館資料論	4
図書館資料組織論	6
図書館奉仕論	4
参考書誌活動	3
図書館経営論	4

エ　司書補

専門科目	最低修得単位
図書館通論	4
図書館資料	4
資料組織法	6
図書館奉仕	6

資　料

4. 上級資格の取得

　普通司書二級から一級の資格を取得しようとする者は，一年課程または図書館経験3年を経て検定試験によって取得できる制度を設ける．

5. 司書資格付与者

　司書資格は，文部大臣より認可された大学が付与する．認可は，5年ごとに更新する．

司書教諭資格

1. 種類

　司書教諭の資格は，次の通りとする．

　　ア　司書教諭一級免許状

　　イ　司書教諭二級免許状

2. 資格の条件

　司書教諭の資格取得に必要な条件は，次の通りとする．

種類＼所用資格	基礎資格	大学における最低必修単位	
		専門科目	教職に関する科目
司書教諭一級免許状	学士の称号を有すること 学校図書館学を専攻すること	38	10
司書教諭二級免許状	小学校，中学校，高等学校の教諭の普通免許状を有すること	18	

3. 資格に必要な専門科目および単位数

　司書教諭資格の取得に必要な専門科目および単位数は，次の通りとする．

　　ア　専門科目

専門科目	最低必修単位	
	司書教諭一級	司書教諭二級
学校図書館原理	4	2
学校図書館資料論	4	2
学校図書館資料各論	4	—
学校図書館資料組織論	6	6
学校図書館奉仕論	4	2
図書館利用指導	4	2
読書指導	4	2
資料作成法	2	2
学校図書館経営論	4	—
学校図書館実習	2	—

　　イ　下表の左欄に掲げる科目・単位数は，右欄に掲げる司書資格取得に必要な科目・単位数を修得した者については左欄に掲げる科目・単位数を取得したものとする．

	左欄		右欄	
	学校図書館資料論	4(2)単位	図書館資料論	4単位
	学校図書館資料組織論	6〃	図書館資料組織論	6〃
	学校図書館奉仕論	4(2)〃	図書館奉仕論	4(2)〃

4. 上級資格の取得

　下級資格から上級資格を取得しようとする者は，一年課程または学校図書館経験3年を経て検定試験によって取得できる制度を設ける．

5. 司書教諭資格は，教育職員免許法による免許制とする．

　出典：『図書館雑誌』Vol.66，No.6，1972年6月，p.30-34．

共通4

図書館事業の振興方策について（第一次案報告）

昭和56年9月

図書館事業振興法（仮称）検討委員会

図書館事業振興方策の提案について

（趣旨説明）

　図書館は，人類文化の進歩発展の成果を，資料および情報として，自由かつ広範に収集，保存し，公開する施設である．その保有する資料と情報は各館種をこえる協力体制により，国民の貴重な共有財産として公平，自由に利用できるようにしなければならない．

　現在の日本における国民各層の知的情報に対する要求は，図書館法（昭和25年），学校図書館法（昭和28年）が制定された当時に較べ，生活水準・教育水準の向上，知識の大衆化，文化活動の日常化等によって，大幅に増大し多様化している．その要望に対応する機関としての図書館は，今や国民の日常生活に必要欠くべからざるものとなってきた．

　具体的には，①国民の生きがいとして，生涯学習の意欲が高まり，その充足の場として図書館が主要な役割を果すものとなってきたことである．

　②生涯学習の基礎となる自学能力を培うためには，学校図書館の充実発展が不可欠となってきたことである．

　③高齢化社会の進展，福祉水準の向上により，障害者を含めた国民すべての文化活動の場，いこいの場として，図書館の社会的機能が重要視されてきたことである．

　④あらゆる分野の学術・文化・教育の発展，科学技術の急速な進歩，それに応じた産業構造の高度化により，大学，政府機関および民間企業等における調査・研究・開発活動が活発となり，これにともなって，各種の知的資源蓄積の場として，図書館の果すべき機能がきわめて重要となってきたことである．

資　　料

　⑤日本の国際的地位の向上とその責任の増大とにより，学術情報をはじめとする各種情報の国際交流が重要になってきていること，さらには，資源の乏しいわが国が国際社会に位置づけられるには，人的・知的能力のいっそうの開発・向上が必要となっていることである．

　以上の点は，国民の新たな精神文化を求める証左であり，今日の情報社会への対応である．

　資料と情報の蓄積提供の場である公共図書館，学校図書館，大学図書館，専門図書館など，各館種の図書館がこの変化に効率的に対応することが要請されるゆえんである。

　そのためには，次の点のすみやかな改善や確立が望まれる．

1. 図書館政策の確立

　　図書館の重要性にかんがみ，国はその責任において，長期および短期の総合的図書館政策を確立しなければならない．

2. 公立図書館の必置

　　あらゆる地域に図書館をつくり，未設置市町村を解消し，さらに住民の身近かに利用できる図書館を数多く設置しなければならない．

3. 学校図書館の充実強化

　　学校教育の中核となる学校図書館の充実強化は緊急を要するものである．さらには，過疎地域においては，学校・公共の共同利用図書館の設置による，より効率的運営が望まれる．

4. 障害者へのサービス

　　図書館の充実は障害者を含め，国民全体のためのものである．特に，視覚障害者に対する点字図書，録音テープ等の提供は，これまでまことに不十分であった．これらの製作・普及はもちろん，著作権法，郵便法等の検討をも含めて，障害者に対する図書館サービスの充実は急務である．

5. 専門職員の充実と必置

　　情報サービスを受けるのは直接には人であるが，これを保障してゆくのも人である．専門職として養成され，資格を有する職員なくして図書館奉仕の十分な実現はありえない．

　　情報を収集し，整理し，提供していくのは高度の教育を受けた専門職員でなくてはできない仕事である．

　　そのためには，一定のレベルの専門的教育と館種の特殊性に応じた教育が必要である．また，これらの人びとには専門職員にふさわしい処遇がなされるべきである．

6. ネットワークの確立

　　国民の誰もがどこでも，図書館の資料と情報を利用できるためには，図書館のネットワークの確立が必要である．

　　このためには，すべての図書館が一体となって，地域別，館種別または専門分野別に，多重的な図書館ネットワークが構想され，確立されなければならない．

一方，現に科学技術庁のNIST構想，国立国会図書館のジャパンマーク関連構想，文部省の学術情報センター構想などの各種全国的情報ネットワーク構想が検討されている．これらの専門分野ごとのネットワークはいずれも今後のわが国の情報化社会への重要な意義をもつものである．これら各構想の機能を効果的に活用するには，今後さらに充実される多重的ネットワークと相まって，それぞれの特長を活かしながら相互に補完協力しあうことが必要である．

　また，ネットワークが有効に機能するためには，全国的な図書館相互協力に対するコンセンサスの形成，それに参加する図書館の機能と資料収集範囲（リソース・シェアリング）についての原則確立など長期的な計画と努力が必要となる．

7. 共同保管図書館の設置

　増大する資料・情報に効果的に対応するためには，新たに共同保管図書館を整備する必要がある．これは，ネットワークがより有効的に機能するための条件でもある．このためには，地域別，専門分野別，あるいは資料の種類別などに共同保管図書館を整備することが必要である．

　以上のようにして整備された図書館は，一方において情報公開の窓口として最適の機関ともなり得るものであり，他方また，図書館の充実発展が出版文化の発展をうながす大きな要因となろう．

　これまで，国や地方自治体，各館種図書館さらには個々の図書館員は，生きた図書館づくりを目ざして可能なかぎり努力してきた．

　そしていま，生涯学習の場として，文化蓄積の施設として，図書館は国民生活に必要不可欠の機関という地位に，まさに到達しようとしている．

　新しい時代の基盤となる図書館をつくるためには，将来に向けての展望をふまえた政策の立案とともに，新たな立法・財政の措置がすみやかに講じられなければならない．

図書館事業基本法　要綱（案）

　　第1章　総則

（目的）

1. この法律は，図書館が学術，文化，教育などあらゆる分野の知的資源の蓄積と利用の場であり，また，自主的な学習を展開する基本的な場であることの重要性にかんがみ，その運営の改善をはかるとともに，国民生活に不可欠な機関として，すべての図書館が一体となって活発な活動を展開することを目的とすること．

（定義）

2. この法律において「図書館」とは，学校教育法に規定する学校に設けられた図書館または図書室，図書館法第2条，地方自治法第100条，身体障害者福祉法第33条によって設けられた図書館，商工会議所法によって設けられた機関および政府出資によって設けられた特殊法人などに設置された図書館および，国立国会図書館または法人企業体等に設置された施設など，資料や情報を整理し保管して利用に供することを

資　　料

目的としている施設をいうものとすること．

（図書館の任務）

3. 図書館は相互に協力して，資料や情報に対する利用者の需要を充足するように努めなければならないものとすること．

（図書館の基本条件）

4. 図書館には必要とする施設および資料が整備され，かつ専門職員が配置されなければならないものとすること．

（図書館の設置義務）

5. 学校教育法に定める学校の設置者はその設置する学校に図書館または図書室を設置し，地方公共団体は公立図書館を設置しなければならないものとすること．

（図書館設置の特例）

6. 人口過疎など別に定めた特別の事情のある地域では，学校図書館と公立図書館を一体化した共同利用の図書館を設置して，児童・生徒および地域住民が共同して利用できる図書館を設置することができるものとすること．

（国の任務）

7. 国は図書館の相互協力に関する事業を促進するとともに，必要な調査研究を行い，専門職員に対する研修を行うなど，図書館の振興のための施策を講ずる．このため，地方公共団体および図書館の設置者，または図書館をもって構成する団体等に対し，必要な財政的援助を行わなければならないものとすること．

（設置者の任務）

8. 図書館の設置者は，その設置する図書館の機能を高めるため，整備充実につとめるとともに，専門職員の配置，研修などについて必要な措置の確保につとめなければならないものとすること．

第2章　図書館政策

（図書館政策の策定）

9. 国は，わが国における図書館の健全な発展を期するため，長期および短期の図書館政策を策定しなければならないものとすること．

（図書館政策委員会）

10. 国は，内閣に図書館政策委員会を置き，次の各号に掲げる事項をつかさどるものとすること．

　(1) 図書館政策を策定すること．
　(2) 図書館政策の実施に要する経費を関係機関に配分するとこ．（ママ）
　(3) 図書館行政に関する調整を行うこと．
　(4) 専門職員の養成，研修，採用，待遇の検討を行うこと．
　(5) 国会に対して図書館事業の振興について年次に報告を行うこと．
　(6) 図書館事業の振興に関する広報活動を行うこと．

（委員）

11. 図書館政策委員会の委員は5名以内とすること．委員は，図書館政策に関し学識経験のある者のうちから任命するものとすること．
（事務職）
12. 図書館政策委員会に事務局として図書館対策室をおくものとすること．

第3章　図書館の相互協力

（総合的な図書館サービス）
13. 図書館は相互に協力して，ネットワークの形成および資料の共同保管を行い，利用者に総合的な図書館サービスを提供するものとすること．
（図書館ネットワーク）
14. 図書館は，地域，都道府県域，ブロック域，あるいは全国域などの地域別，または館種別，または専門分野別に図書館ネットワークを組織し，資料および情報の有効利用をはかるものとすること．
（共同保管図書館）
15. 図書館資料および図書館施設の有効利用をはかるため，各種図書館によって共同に利用される共同保管図書館を，都道府県域あるいはブロック域などの地域別，または専門分野別に設置するものとすること．
（図書館センター）
16. 図書館に対する資料および情報の提供，共同集中整理作業の実施および図書館ネットワークの中継などの機能を備えた，図書館センターを地域に設置できることとすること．
（国の負担）
17. 国は，本章各条の実施に必要な経費を別に定める基準にしたがい負担するものとすること．

第4章　専門職員

（専門職員の必置）
18. 図書館の種別をとわず，図書館には専門的職務を掌らせるため，人口，児童・生徒・学生の数あるいは，所蔵資料の量などをもとに，別に定める基準によって専門職員を置かなければならないものとすること．
（専門職員の資格）
19. 図書館政策委員会は，本法施行の3年以内に専門職員の資格要件について基準を定めるものとすること．
（研修の義務）
20. 専門職員は，その職務を遂行するために，常に研究と修養につとめなければならないものとすること．
（研修の機会）
21. 専門職員には，研修を受ける機会が与えられなければならないものとすること．

第5章　図書館振興財団

資　料

（図書館振興財団）
22.　図書館の振興のために必要とされる理論，技術の研究・開発をすすめるために，図書館振興財団を設立するものとすること．

（法人格）
23.　図書館振興財団は法人とするものとすること．

（資本金）
24.　図書館振興財団の資本金は，政府，地方公共団体および民間よりの出資とすること．

　　付則
1.　図書館政策委員会が，第19の専門職員の資格要件を制定するまでの間，専門職員の資格は，大学に2年以上在学し，62単位以上を修得した者で，かつ図書館に関する専門科目24単位以上を履習（ママ）したもの，または，専門職員の講習を修了したものとすること．
2.　図書館政策委員会は，第5及び第6の規定にかかる施設の設置を促進するため，計画的な実施をはかるものとすること．
3.　この法律施行に要する経費は，法制定年度において約10億6150万円の予定である．

出典：『図書館雑誌』Vol. 75, No. 10, 1981年10月, p. 660-662.

共通5

『情報専門職の養成に向けた図書館情報学教育体制の再構築に関する総合的研究』

第一部　研究成果報告

I　研究の概要

A　研究の全体像

　本研究は，長年，改善課題とされてきたが具体的進展のなかった図書館員養成教育の問題を実証的に研究し，あわせてその再構築のための提言を行おうとするものである．

　アメリカでは2000年に図書館員養成教育の情報学へのシフトの状況を調査したKALIPER（Kellogg-ALISE Information Professionals and Education Reform Project）報告書が公表された．イギリスでは2002年に図書館協会（LA）と情報専門家協会（IIS）が統合して図書館情報専門職協会（CILIP）となった．21世紀の図書館員養成の動向を国際的に見ると高度情報社会への対応にシフトしていることははっきりしている．

　しかしながら，日本でこの問題について議論をする際には，そのようなカリキュラムの現代化という課題以前に，図書館員養成の制度的枠組みがこの50年間ほとんど変わっておらず国際的に大きなギャップがあるという現実がある．そのために，この研究では養成内容をどのようにするかに取り組むだけでなく，養成制度の基本的問い直しを視野

に入れることにした。

研究の枠組みは図に示したとおりである。

ここで「情報専門職」という用語を用いているのは，国際的に information profession が高度情報社会における図書館員の職務を指し示すものとして一般的に用いられてきた経緯があるからである。日本では時期尚早なようにも思えるが，短期的な改革ばかりでなく中長期的な展望をあわせてもつのにふさわしいと考えられるために採用した。ただ，ここではあくまでも図書館を中心とした機関における情報専門職について対象としていることに留意されたい。

研究プロジェクト全体としては，年度ごとに公開シンポジウムを実施して図書館関係団体および現場関係者の意見を積極的に聴取する努力を行った。また，機会をとらえて，小さな研究会を9回開催した。とくに，アジア地域の図書館情報学教育について，韓国，中国，台湾，タイ，シンガポールから専門家を招請して詳しい議論を行っている。

研究活動は図書館情報学教育班，公共図書館班，大学図書館班，学校図書館班の四つの実態調査班を中心にして進めた。調査班のそれぞれが教育現場ないし各館種の現場における職員養成状況に踏み込んでインタビューや質問紙調査を行うことで詳細な分析を行い，日本図書館情報学会をはじめとする学会でその成果を口頭発表した。また，それ以外に，参加者の個別の関心に基づいて，医学図書館や法律図書館，そしてアートドキュメンテーションなどの主題分野の検討も行った。

B　図書館情報学教育についての共通認識

本研究プロジェクトは図書館情報学教育についての次のような共通の認識を前提として進められた。

- ■ 日本の図書館情報学教育の法的な枠組みは，戦後間もない時期に制定された図書館法，学校図書館法によってつくられた。それらに基づく省令による司書・司書補，司書教諭の養成カリキュラムは，講習で実施することを前提としたものである。大学における司書養成は現在でもその講習カリキュラムを準用して実施されている。世界的に見ると専門職教育が大学教育から大学院教育に移ろうとしている今の時期において，これはあまりにも旧態依然としたものである。
- ■ この法的枠組みは，公共図書館と学校図書館の専門的職員について規定されたものにすぎず，図書館員のための単一の専門的資格は存在しない。主題別の学協会レベルで，医学図書館協会が「ヘルスサイエンス情報専門員」資格を認定している事例があるだけである。ただ，司書資格が公共図書館以外の場においても図書館員の基礎的な資格と考えられている事実はある。
- ■ 国際的にみると，図書館情報学教育は大学における学部専門教育か，大学院修士課程での専門職教育で実施されるのが一般的である。また，徐々に図書館員養成から情報専門職養成へと間口を拡げつつある。これは，今回実施したアジアの近隣諸国から専門家を招請して行った国際セミナーでも確認されている。

資　料

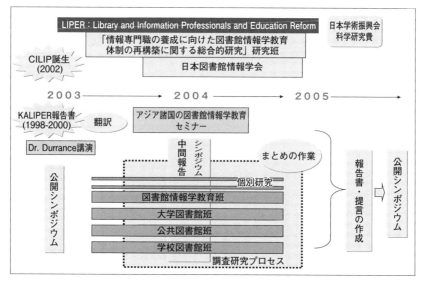

図　LIPER 研究の枠組み

　その議論の過程で，そうした専門家から日本の図書館情報学教育機関との単位互換などの面での協力を求められる場面があった。日本でも至急，国際的な水準での教育制度の整備を進める必要性を強く意識させられた。

■　こうした制度面の遅れもあり，司書や司書補資格は十分な社会的認知を受けていない。図書館員の専門的資格といってもこれによって就職できる機会は極めて限られている。たとえば，全国に公立図書館の数は2700，設置する自治体の数は1500程度あるにも関わらず，司書として発令される新規の正規職員数は年間に30人程度といわれている。

■　しかしながら，司書資格の取得を希望する学生や社会人の数は多く，年間に1万人以上の有資格者を輩出している。文部科学省の調べによると，平成17年度に司書講習を行う大学は全国で13校，通信教育が7校，講習相当の単位認定を行う四年制大学が148校，短期大学が98校などとなっている。全国で司書資格をもつ人は20万人以上いると推測される。

■　制度的には講習という枠組みに基づいていることもあって，司書養成において教授される知識・技術が大学教育カリキュラムとして検討される機会があまりない。また，資格の認定は所定の単位の修得によって個別の機関毎に行われるだけなので，教育内容や修得された技術レベルに大きな格差が存在している可能性がある。資格取得者のレベルで競争原理が働く機会は数少ない就職試験など限られた場にしか存在しない。

C 研究のまとめ方と提言の方向

　現行の司書資格を前提とした図書館員の養成体制は，構造的に安定しているように見える。資格取得者にとっては，すぐに役立たなくとも，国家資格だからいずれは役に立つかもしれないというばくぜんとした期待がある。開講する大学にとっては学生がそうした期待をもつであろうことが学生募集の比較的容易な手段になるとの考えがあり，教職課程などとならんで開講を是とする選択につながる。教員はそこに問題があることを意識しながらも職務上の教育活動に従事することを最優先にする。一方，図書館の現場関係者も養成体制に問題があることを感じながらも，大学教育は大学関係者の領分なので口を出すことにためらいがあり，批判を自粛してしまう。

　図書館関係の団体はそれぞれに研修の制度化や独自の資格を検討することで対応しようとはしているが，こと養成の問題を根本的に変えようということになると法改正も必要となり，現在ではあきらめの気分が強い。だが，多くの関係者はこの安定しているように見えながら実は脆弱な構造と国際的に拡大している教育格差について，何とか対策を打つ必要を感じている。

　ということで，長年突破できなかったこの状況に対して，本研究は，四つの調査班による実証的な検討を通じて，その解決のための手がかりをえようというものである。その際に，次のような考え方の枠組みで全体をまとめていくことにした。

1）図書館情報学教育には，図書館員の養成以外にも専門知識（ディシプリン）教育，情報リテラシー教育や現職教育などの側面がある。そのなかで，本研究では大学における図書館員養成教育の再構築に焦点を絞って検討する。したがって，講習や研修については直接的には扱わない。

2）長期的には大学院での専門職養成教育の確立を目標にするが，そこに至るまでの短期的，中期的な戦略として，現行の法的枠組みのなかで可能な改革を提案し，それが実を挙げた段階で次の改革に結びつくようなものにする。

3）制度的に館種ごとに分断されている図書館員養成であるが，少なくともカリキュラムの基本的部分においては共通するところが多いことを確認し，そこから出発して多様な館種や多様な主題に発展していけるような養成制度の構築をめざす。

4）四つの実態調査班は独立に調査研究を進め，研究成果はそれぞれが学会等で発表する。常に情報と意見の交換を行い，最終提言はできるだけ図書館情報学全体をカバーする体系的なものにする。

Ⅱ　図書館情報学教育班

A　研究計画

　図書館情報学教育班は，2003年度最初の2回の研究会においてメンバーで議論を重ね，日本の図書館情報学教育機関の教育目標，カリキュラム，教育体制等の多様性に関する認識を共有し，調査・分析の留意点を検討した。検討過程において，図書館情報学および司書課程教育の現状を把握することを研究の主たる目標と定め，3年間にわたる研究

資　　料

計画を作成した。
B　研究概要

　図書館情報学教育班の３年間の研究活動は，概ね研究計画に沿って下図の順序で進められた。

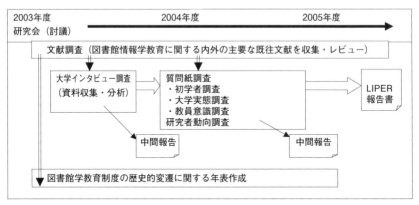

図１　LIPER図書館情報学教育班の研究計画

C　ケーススタディ

　研究計画に基づき，2003年７月から2004年８月にかけて，図書館情報学科および司書課程の多様な事例を対象にケーススタディを実施し，全体像を描き出す際の枠組みに用いることのできる要素を抽出した。具体的には，16大学（短期大学を含む）の図書館情報学・司書課程担当教員を対象にインタビュー調査を実施し，併せてカリキュラムや教育内容を示す資料を収集した。ケーススタディにおけるインタビュー調査結果および収集資料の定性的分析に基づき，大学における図書館情報学教育，司書教育および司書教諭教育に関する仮説を構築し，それらを質問紙調査（2004年度以降に実施）の調査票設計に利用した。ケーススタディの詳細については，三輪他（2004）を参照されたい。また，図書館情報学教育に関する内外の文献を収集しレビューを行った。さらに，日本における図書館情報学教育制度の変遷を明らかにするために，年表の作成に着手した。

D　質問紙調査

　2004年度には，（１）初学者調査（2004年４月－８月），（２）大学調査（2004年10月－12月），および（３）教員意識調査（2004年12月－2005年１月）の３種類の質問紙調査を実施した。各調査の概要を以下に示す。

（１）初学者調査

　大学における司書資格・司書教諭資格取得希望者の資格取得動機と図書館利用経験を明らかにするために，全国の18大学（短期大学を含むにおいて計1,901名（有効回答1,810）の司書課程・司書教諭課程受講学生を対象に，無記名によるクラス内質問紙調査を実施した。回答を分析した結果，大学入学前の読書や図書館利用経験が司書課程受講

動機となっていること，彼らの図書館イメージを形成している「公共図書館」での実践が，学生の司書資格および司書教諭資格の取得動機に影響を及ぼしていると思われることが明らかとなった。また，積極的に資格取得を希望する回答者では，司書資格取得理由のトップが「図書館で働きたいから」（29.3％）であったのに対して，司書教諭資格取得理由では「就職に有利」（19.8％）であった。一方，教育プログラム種別でみると，特に図書館情報学分野の専門学部・学科で学ぶ学生の場合，「図書館で働きたい」という理由で資格を取得しようとしているものが圧倒的に多かった。初学者調査の詳細については，竹内他（2005）を参照されたい。

（2）大学調査

大学の司書課程・司書教諭課程における教育の現状を把握し，ケーススタディから得られた教育機関の実態に関する仮説を確認するために，2004年10月15日に両課程のいずれかまたは両方を提供している全296大学（短期大学を含む）を対象に質問紙を郵送し，231大学より回答を得た（回答率78.0％）。回答を分析した結果，2003年度には大学（短期大学を含む）において約12,000人が司書資格を，約12,500人が司書教諭資格を取得したことが明らかとなった。司書課程の学則上の扱いについて，国立大学では学則等に記載していないものが多いことが明らかとなった。一方，私立大学では司書資格教育および司書教諭資格教育を卒業単位として認めないものが多く，通常の大学教育とは別のものと位置づけられている傾向が強いことが判明した。また，文部科学省令で1単位とされている科目を，2単位で開講，他の1単位科目と合併等の形態で開講しているものが多いこと，司書課程のカリキュラムはインターネット等の情報通信環境の変化にほとんど影響を受けていないことが明らかとなった。大学調査の詳細については，三輪他（2005a）および三輪他（2005b）を参照されたい。

（3）教員意識調査

大学で司書課程を担当する教員の意識に関するケーススタディから得られた仮説を確認すると共に，情報専門職に必要な知識・技術に関する1989年に実施された東大調査結果と比較するために，2004年12月10日に，司書課程を担当する教員835名（非常勤を含む）を対象に質問紙を郵送し，397名より回答を得た（回答率47.5％）。回答を分析した結果，重視している教育目標について，「基礎的な情報リテラシー教育」と「図書館業務に役立つ教育」の二極分化が見られた。特に重要な図書館員の知識・技術については，上位5つが「レファレンスサービス」，「個人情報保護」，「著作権」，「情報検索」，「コミュニケーション能力」であった。自由記述回答の内容分析結果から，司書課程の現状に関して，教員のレベルが低く現場との連携が乏しい，学生は就職に有利との判断から安易に資格を取得している，司書の専門職としての社会的認知度が低い，といった現在の司書課程に関する問題点が浮き彫りになった。なお，短大での専門職教育は困難であること，より高度な大学院レベルの教育プログラムが求められていることも明らかとなった。教員意識結果の詳細については，辻他（2005）を参照されたい。

資　　料

（4）研究者動向調査

　2004年度には，日本の図書館情報学分野の研究動向の実態を把握するとともに，既往研究（1982年調査）と比較することを目的に，図書館情報学の専門課程担当教員と司書課程担当教員を含む，149大学の257名の専任教員について，所属，年齢，教育歴，論文執筆状況について文献調査を実施した。調査の結果，1982年調査と比較して専任教員数の増加，平均年齢の低下（平均56.1歳），図書館勤務経験を有する教員の減少（81.8%⇒50.7%），論文を発表する者の増加，日本図書館情報学会に所属する者の比率の増加が見られた。性別では，女性比率が25.9%で，大学全体の女性比率（16.7%）より高いことが判明した。

E　調査結果の考察と提言

　LIPER 図書館情報学教育班による一連の調査を通じて，わが国における情報専門職教育のさまざまな問題点が明らかになった。

　初学者調査を通じて，「図書館で働きたい」との明確な目標を持って司書資格を取得する学生がかなり存在すること，大学調査等を通じて司書資格取得者（年間12,000人以上）と就職機会（30名程度）のアンバランスがあること，その結果，図書館で働くことを望んで司書課程を修了して司書資格を取得した学生の多くが公共図書館司書としての就職機会を得られないこと，が明らかとなった。また，大学調査を通じて，司書課程科目は司書講習のための省令科目に準拠し，多くの場合大学の正規カリキュラムに組み込まれておらず，卒業に必要な単位とされていないこと，が明らかとなった。ケーススタディでは，司書課程の科目および担当教員が学内評価や第三者評価の対象から除外されている例もみられた。これらの知見は，司書教育が第三者評価認証機関による高等教育の質保証のための取組から除外されていることを示唆している。したがって，司書教育の質保証を図るためには，図書館法5条2項の「図書館に関する科目」を新たに導入して，各大学が独自のカリキュラムを作ることを可能にした上で，大学の正規のカリキュラムに組み入れるか，あるいは，司書教育の質保証に関する新たなメカニズムを作ることの必要性が認識された。

　更に，教員意識調査を通じて，司書課程カリキュラムおよび省令科目に対する担当教員の様々な意見が明らかになるとともに，教育の現状にかかわる課題が浮かび上がった。司書課程科目全般にかかわる課題としては，時間数の不足と内容の重複，開設科目としての自由度の低さ，受講者の習熟度が考慮されないことが問題として指摘された。また，資格付与を目的とした内容構成となっているために教授内容が図書館の実態と乖離し，多様な職場環境における業務への対応が困難であることも問題として挙げられた。また，現在の司書課程科目は，印刷媒体の図書に基づいて科目の内容が組み立てられているが，情報環境の変化に対応可能な情報専門職養成の観点から，電子メディアを中心とする図書以外の資料・メディアを視野に入れた教育内容が必要であることが認識された。これらの認識を踏まえて，現行の省令科目の各々について欠けている部分を整理した（表参照）。

なお，現行の科目群は情報の収集，組織化，利用に焦点を当てており，これらを実際に利用して知的活動を行う主体者である人間の情報行動への視点が極めて弱いことも明らかとなった。したがって，図書館利用者に対する情報リテラシー教育も含め，情報行動に関わる内容が必要であることも認識された。

一方，省令科目に準拠した現行司書課程のカリキュラムは，公立図書館の「司書」を養成するためのものであり，公立図書館以外の図書館の職員や情報専門職の養成のためには教授内容が不十分であるため，司書課程カリキュラムとは別のカリキュラムが必要であることも指摘された。すなわち，高度なITスキルの獲得，学術情報の流通にかかわる高度な知識の習得，主題知識を踏まえた専門職教育を目指す新たな教育カリキュラムが必要とされていることが明らかとなった。この前提に立って，LIPER図書館情報学教育班は，公共図書館司書以外の図書館や類縁機関の専門職を包括した情報専門職の全体像と養成に必要なコア領域を描き出すとともに，主に「教員意識調査」の自由記述欄に記載された回答の内容分析結果に基づき，LIPERの提言の基礎資料として「図書館情報学カリキュラム案」を準備した。

LIPER図書館情報学教育班の既発表研究成果一覧

三輪眞木子，村主朋英，上田修一，竹内比呂也，吉田右子，柴田正美．（三輪他，2004）日本における図書館情報学・司書・司書教諭教育の現状．2004年度図書館情報学会春季研究集会，発表要綱，2004.5，35−38p．

竹内比呂也，辻慶太，三輪眞木子，村主朋英，上田修一，吉田右子，柴田正美．（竹内他，2004）司書・司書教諭資格取得希望学生の意識についての調査．2005年度図書館情報学会春季研究集会，発表要綱，2005.5，43−36p．

三輪眞木子，村主朋英，上田修一，竹内比呂也，吉田右子，柴田正美．（三輪他，2005a）大学における司書・司書教諭教育の実態．2005年度図書館情報学会春季研究集会，発表要綱，2005.5，39−42p．

三輪眞木子，村主朋英，竹内比呂也，吉田右子，辻慶太，柴田正美．（三輪他，2005b）大学における司書教諭資格科目の現状．日本教育情報学会，2005年度大会，2005.8，20−21p．

辻慶太，吉田右子，三輪眞木子，竹内比呂也，村主朋英，柴田正美．（辻他，2005）司書資格科目担当教員に対する意識調査．日本図書館情報学会＆三田図書館・情報学会合同研究大会，2005.10，22−23p．

Tsuji, Keita ; Yoshida, Yuko ; Miwa, Makiko ; Takeuchi, Hiroya ; Muranushi, Tomohide ; Shibata, Masami. Survey on Faculty of Library and Information Science Education in Japan. A−LIEP Asia−Pacific Conference on Library & Information Education and Practice. 2006.4.（発表予定）

資　料

表　現在の省令科目で不足している内容

	省令科目名	各科目で不足している内容
必修科目	生涯学習概論	
	図書館概論	・電子図書館
	図書館経営論	・電子図書館を視野に入れた経営 ・人事・組織・財務 ・企画立案，評価
	図書館サービス論	・個人情報保護 ・電子メディアを視野に入れた図書館サービス ・広報
	情報サービス概説	・電子メディアを視野に入れた情報サービス
	レファレンスサービス演習	・電子メディアを視野に入れたレファレンス業務 ・主題別レファレンス演習（人文・社会・自然）
	情報検索演習	・インターネットを含むネットワーク情報資源 ・問題解決型の検索技法
	図書館資料論	・電子メディアを視野に入れた図書館資料 ・外国語の資料についての理解 ・図書メディアの特徴 ・ウェブ上の情報の収集・整理・利用 ・サブジェクトゲートウェイの理解
	専門資料論	・人文科学，社会科学，自然科学ごとの主要文献
	資料組織概説	・インターネット上の情報の組織化 ・ウェブ情報の組織化技法 ・セマンティックウェブ
	資料組織演習	・メタデータ作成の実際
	児童サービス論	・読書指導 ・読書サービス ・読書心理学
選択科目	図書及び図書館史	
	資料特論	・書誌学 ・古典籍 ・古文書の取り扱い ・図書の修復 ・資料保存・保護・製本
	コミュニケーション論	
	情報機器論	・図書館に配置された複数の情報機器の管理方法 ・サーバ管理 ・ウェブサイトの設計・構築・メンテナンス
	図書館特論	

Ⅲ 公共図書館班

A 問題意識

公共図書館を巡る諸状況は，近年，大きく変わりつつある。地方自治体の合併，PFIや指定管理者制度の導入，サービスの計画・評価の必要性に対する認識の高まり，ビジネス支援や学校支援といったサービスの広がり，課題解決型図書館の提唱など，要因ならびに事象は枚挙にいとまがない。こうした変容に伴い，図書館職員が有すべき知識や技術の内容や構造もまた変わりつつある。また，修得方法や学習機会についても，これまでとは異なるあり方を追い求めて行かなくてはならない。

こうした問題意識に基づき，LIPER 公共図書館班（以下，公共班と略す）では，現在の公共図書館職員の多くは，どのような知識や技術を重視しているのか，また，そうした知識や技術の獲得に対してどのような認識を持っているのか，明らかにすることが重要と考えた。その上で，実態に即しながら，あるいは，実態との「接続性」を保ちながら，現行の図書館情報学教育の改善に資する知見を見出すべきであると判断した。具体的には，LIPER 全体の活動方針に基づきながら，2003年度から2005年度までの３年間を通じて，公共図書館職員の意識等の実態を把握するための諸調査を段階的に実施することを活動の中心に据えた。

以下，2003年度から2005年度までの研究の進展状況を摘記し，その上で，現行の図書館情報学教育の改善に資する知見について触れる。なお，活動概要と成果発表の詳細は，本報告書に掲載する資料を参照されたい。

B 研究の進展状況

公共班の研究は，すべてメンバーによる共同作業として進めた。すなわち，2003年7月以降ほぼ毎月定期的に，青山学院大学で研究会を開催し，研究計画の確認，作業手順の決定，結果の分析，公開する報告内容の検討などを行った。また，日常的な連絡や情報交換には，公共班独自のメーリングリストを多用した。

公共班の活動概要は，下記のようになる。

2003年度
・2004年調査の方針決定
・予備調査の実施

2004年度
・2004年調査の実施
・調査結果に対する有識者聴き取り調査の実施（ママ）

2005年度
・2005年度日本図書館情報学会春季研究集会での研究発表（野末俊比古ほか．"公共図書館職員の知識・技術に関する意識等の実態：LIPER 公共図書館班アンケート調査における傾向の分析"．)
・平成17年度西日本図書館学会春季研究発表会での研究発表（大谷康晴ほか．"公共図書館職員養成教育研究者と職員の意識：LIPER 公共図書館班聴き取り調査

資　　料

　　に見る養成教育の方向性".)
・日本図書館情報学会,三田図書館・情報学会合同研究大会2005での研究発表（大谷康晴ほか."公共図書館職員の知識・技術に関する意識を形成する要因：LIPER 公共図書館班アンケート調査におけるクロス集計を中心に".）
・平成17年度西日本図書館学会秋季国際交流研究発表会での研究発表（小田光宏ほか."公共図書館職員の知識・技術に関する意識の変化：LIPER 公共図書館班アンケート調査と1989年調査の比較".）
・『日本図書館情報学会誌』への投稿（小田光宏ほか.公立図書館長を対象にした図書館学教育に関するアンケート調査（1989年実施）の集計結果.）

C　図書館情報学教育の改善に向けて

　調査とその分析の結果に基づいて,現行の図書館情報学教育の改善に向けての知見を得ようとした場合,大きく二つの視座が存在する。一つは,現行の司書養成制度の枠組みを変革するという視座である。もう一つは,制度の枠組みは維持したまま,養成教育の課程,すなわち,教育の内容,時間数（単位数),方法などを変質させるという視座である。公共班では,予備調査における聴き取り調査と有識者聴き取り調査において,前者の視座の現実性について確認しようと試みた。しかし,調査結果からは,制度そのものを変革することを目指すべきであるという結論を導き出すには至らなかった。それゆえここでは,後者の視座に立つことを,基本姿勢とする。

　改善の第一は,単純な結論ではあるが,養成科目の構成の見直しである。すなわち,調査結果において,公共図書館職員が重要とみなしている上位の知識や技術を中核に,養成科目を組み立て直す必要がある。ただし,再構築にあたっては,時間数（単位数）の配分も考慮に入れる必要がある。ただ単に内容の充実ばかりを意識していたのでは,時間数（単位数）のいたずらな増加につながり,現行の制度の枠組みを結果的に崩しかねないからである。

　改善の第二は,柔軟な対応ができる構成にすることである。1989年の調査と今回の調査の比較をするとわかるが,公共図書館職員の認識がそれほど変わっていない知識や技術もあれば,大きく変動しているものもある。変わっていないものは,普遍性の高い,中核となる知識や技術であると考えられ,改善の第一を進める上で参考になる。一方,変動が大きいものに対しても,配慮が必要である。すなわち,そのときどきで,新規性や話題性の高い内容を扱えるよう,科目上の配慮をする必要がある。これには,現行の養成科目の利点を継承した改善を図ることが求められる。具体的には,選択科目の一つである「図書館特論」は,そのときどきで必要性の高い内容を柔軟に扱えるよう設けられているものである。それゆえ,公共図書館を取り巻く環境の変化が激しい現代社会において,この科目の存在は,養成教育の「品質」を維持するために欠かせない。再構築にあたっては,この科目に限らず,柔軟な対応ができるしくみにすることが望まれよう。

　改善の第三は,養成教育の方法への着眼である。公共班の調査では,知識や技術の修得の場を尋ね,公共図書館職員の認識を明らかにしている。特に,実務現場における修

得が望ましいとされたものは、「実践性」が高いものであると解釈されることから、そうした知識や技術を扱う科目においては、「演習」あるいは「実習」を基調としたものに改善すべきである。

なお、以上の改善では、現行の図書館法施行規則の改正を要するものではない。すなわち、科目のねらいや内容を大きく改めたり、講義科目を演習科目へと変えたり、科目そのものの廃止・統合・新設を行ったりすることにつながるわけでは必ずしもない。現行科目による教育を行う続ける場合であっても、それぞれの科目で扱うこととなっている内容について、時間の配分や説明の深度、取り扱う順序などを工夫すれば、改善に結びつくことが多いからである。あるいは、図書館法施行規則において1単位と定められている科目を、大学の裁量で2単位科目として開講しているような場合においては、いわば1単位分の「自由度」がそもそも存在するわけであるから、その範囲で「新しい内容」や「重要な内容」などを取り上げることもできよう。また、講習であれば科目の履修順序を検討すること、大学であれば学生の履修学年を定めることなど、対応できることは少なくない。さらには、講義科目とされている科目であっても、演習・実習を取り入れた指導方法を展開することはできるし、授業時間以外の学習に関する指示や対応を徹底し、演習あるいは実習の要素を組み込むことも可能である。

なお、大学において、図書館法第5条1項2号を根拠として科目を開設し、教育を実施することも十分に検討されるべき余地がある。これについては、そのための教育内容や教育方法を検討する過程において、現在実施されている科目をめぐる諸状況を分析することが不可欠である。上記の三つの改善点は、そうした分析にあたって一定の示唆を与えるものであると確信する。

以上、結論に代えて、調査結果を忠実に解釈し、改善に向けての意見とする。

IV 大学図書館班

A 研究のねらいと研究計画

近年、高等教育のユニバーサル化や情報通信技術の急速な進展によって大学における教育研究のあり方が大きく変わりつつある。大学図書館についても、それに沿って、従来とは異なったサービス展開が求められ、組織運営の合理化や職員の役割の再構成が迫られている。

LIPER大学図書館班のねらいは、このような状況において、わが国の大学図書館員はどのように位置づけられているか、また、今日の大学図書館員に求められる専門的知識・技術はなにか、さらにそれらを習得するためには、いかなる学習機会が望ましいかなどを、研究調査によって明らかにすることである。

本研究には、先行研究がある。1989年に東京大学教育学部で実施された「図書館学教育の実態とその改善に関する調査」である。しかし、東大調査からは、すでに十数年が経過しているばかりか、その間の社会変化や情報通信技術の進展は目覚しく、その後の変化を把握することは不可欠となっている。そのため本研究はまず、いわば「定点観測

資料

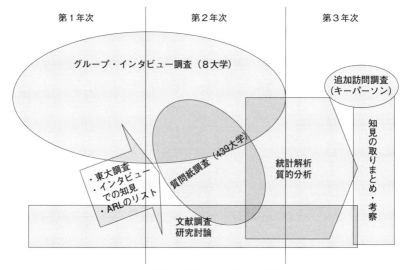

図　研究（調査）法の構成と手順

的」な調査を目指す。しかし同時に，東大調査の枠組みでとらえられない変化をつかむために問題探索的な調査も実施する必要があり，質問紙調査だけではなく，グループ・インタビュー調査等を実施した。

図に示すようにこの研究計画では，第1年次に訪問調査によるグループ・インタビューに取り組み，第2年次当初からその結果を踏まえて質問紙調査を設計・実施する。さらに，グループ・インタビューによる問題探索を継続するとともに，調査結果の分析・考察を行って，最終年次においてこの調査の全体をとりまとめるという流れである。なお，この図では「追加訪問調査」が想定されていたが，これは本研究の結果に対する評価を意図したものであり，この期間においては，その実施を見合わせた。

B　研究の概要
（1）グループ・インタビュー調査

問題探索のための，グループ・インタビュー調査は，8大学（23グループ）において実施した。インタビューの対象は大学図書館員全体とし，職位や経験年数で区別したグループ（館長グループ，管理者グループ，中堅職員グループ，若手職員グループ。大学の規模によっては館長・管理者グループや職員グループ）に分けて行った。

図書館員が必要とする知識・技術などをどのようにとらえるかは一般に，それぞれが置かれたコンテクストによる。このグループ・インタビューでは，そうしたコンテクストを形成する人的資源経営の方針（たとえば，職員の採用・異動・評価，職員の業務と委託業務，教育・訓練，情報専門職の位置づけなど）に着目し，それを議論の導入とし

て用いた。

　グループ・インタビュー中で採集されたさまざまな「職場物語」はつぶさにトランスクリプトに起こされ，それから各インタビューにおける重要な特徴点を取り出した。また，談話分析のためのソフトによってキーワードをグラフ化しこの作業の補助として使った。各グループの特徴点を整理すると次のようになる。

　若手職員グループでは，スキルアップへの意欲の高さがみられ，たとえば，長期のオフ・ザ・ジョブ形式のもの，あるいは主題知識を蓄積できる機会（講義の聴講を含む）が求めてられている(ママ)。中堅職員グループでは，キャリアパスと自己の職位におけるあるべきイメージが把握できないこと，回転の速い人事異動，研修の体系性のなさなどへのいらだちや不満が感じられる。また，主題知識と図書館情報学の知識が情報専門職の要件であると考えられていた。

　これらに対して，管理職グループでは，専門性よりも一般的な能力・教養（コミュニケーション能力，企画能力，積極性など）を優先する傾向が顕著である。また，人事異動が専門性向上を阻害していることは認めつつも，それなりの合理性があるとし，またアウトソーシングに対しておおむね「楽観的」に対応していた。

　館長グループについては，ケースが少ないため必ずしも普遍的な結論だとはいえないが，「ポスト至上主義的な」現在の人事体制を見直し，漸進的な形で，改革を推進すべきことや図書館員に適正な養成・訓練が必要であるとの見解が示され，情報専門職に必要な知識・技術としては，ITとコンテンツという領域が挙げられた。

　グループ横断的には，新たな状況への対応できる図書館員が必要だという点から，企画力・発想力，及びプレゼンテーション能力といったものが強調された。また，図書館員に求められるコンペテンシーの議論は，①企画力等の一般的能力・教養，②主題・コンテンツ知識，③図書館情報の知識・技術，④情報技術の四つの領域にわたっていた。

　職員の階層化（正規職員と種々の非正規職員）が進展する中で，一部私立大学ではこの関係をあいまいにせず，それぞれの任務・役割を明確に規定した積極的な図書館運営もみられた。専門的職員の位置づけの一つのタイプとなりうるものである。

（2）質問紙調査

　質問紙調査は，2004年の6月から8月にかけて実施した。この調査の対象は，687すべての大学図書館の図書館員である。ただし，それぞれの図書館でグループ・インタビューの四つのグループに該当する者各1名に回答を求めた。回収率は，大学図書館のベースでは63.9％で，各回答グループ・ベースでは館長が55.6％，管理職57.4％，中堅職員58.8％，若手職員55.8％であった。

　調査の内容は，東大調査にみる「大学図書館員の知識ベース」とその習得機会に関する設問を中心に研修の現状や「司書」資格について尋ねるものであった。中心となる，図書館職員に必要な知識・技術については，東大調査の39項目から52項目（表の右欄の括弧内の項目）に更新された。

　調査集計の結果では，必要な知識・技術の重心は組織化に関わるものからサービスに

関わるものにシフトしていることが把握できた。また，サービスそのものでなくとも，それに関わる知識・技術に対しても高い評価である。一方，マネジメントやコンピュータに関する知識・技術は相対的に低かった。他方，東大調査との順位比較によると，全般的な傾向と同様参考業務や情報リテラシー教育は順位を上げたが，「業務機械化」や主題知識の部分が大きく下げた（この比較は管理者のみが対象であることに注意）。

しかし，各知識・技術項目は，いかなる場合も同様に必要とするわけではないから，このように全項目をおしなべて比較・判断することには無理がある。実際，この結果から，グループ・インタビューで強調された企画力のようなものの「必要度」が浮かんでこない。同一のカテゴリーの範囲内において，関連項目の「必要度」を比較すべきであろう。

そこで，英国図書館情報協会（CILIP）の「専門職知識の体系」（Body of Professional Knowledge）で示唆された観点，すなわち情報専門職を特徴づける知識ベースには，中核的な知識・技術と，それらと一体となって機能する知識・技術があるとした，三つの知識ベースの領域（下表の左欄）に基づき，52の項目を分け，各領域で共通する項目を集約したところ（因子分析），それぞれの因子（下表の右欄の項目：下線部分）が明確に抽出できた。

表　大学図書館員に必要な知識・技術の体系

領域	項目
中核となる知識・技術領域	①既存サービス（二次資料・参考図書，資料目録法・オンライン目録システム，参考調査サービス，情報検索技術，図書館・文献利用教育，閲覧・貸出サービス） ②図書と図書館（古典籍，資料保存，メディアの歴史，障害者サービス，図書館建築，図書館史，書誌学） ③新しいサービス（ネットワーク情報資源，逐次刊行物，電子ジャーナル，官庁刊行物・特許資料，その他の非図書資料および利用機器，ドキュメントデリバリーサービス，図書館業務システムの運用，管理） ④資料組織化（メタデータ，分類法・件名法，索引法，抄録法，二次資料／DB作成） ⑤コレクション形成（分野別専門資料，資料選択，コレクション構築と評価，主題専門知識）
実現環境の知識・技術領域	①図書館の基準やネットワーク（知的財産権・著作権，図書館ネットワーク・図書館協力，利用者のプライバシー，図書館関係法規・基準） ②情報・出版流通（知的自由・検閲，外国大学図書館事情，出版流通／学術情報流通，高等教育事情）
汎用的・移転可能な知識・技術領域	①コミュニケーション（カスタマケア，広報活動，ウェブコンテンツの構築・管理，プレゼンテーション技術，文書・企画書の作成，会話・接遇，研究調査法，利用教育などにおける教授法） ②基盤情報技術（データベース等の運用・管理，ネットワークの運用・管理，プログラミング） ③経営管理（経営理論・手法，大学行財政，予算管理・会計） ④外国語（英語，英語以外）

中核となる知識・技術領域では，五つの因子が抽出された。第一の既存サービスは文献サービスといいかえてもいいし，第三の新しいサービスは情報サービスといってもい

い。この領域で「必要度」により因子に順位をつけると，既存サービス→資料組織化→新しいサービス→コレクション形成→図書と図書館であり，現状の理解が容易になった。また，たとえば館長・管理職グループと職員のグループとは異なった順位になり，グループ間に有意な相違が存在するようである（コレクション形成に対して，職員層の「必要度」の評価は高いが，館長・管理者グループの評価は限定的なものとなっている）。さらに，大学図書館の性質（設置者，規模，あるいは大学院課程別）といった観点でみると，たとえば国立では新たしい（ママ）サービスの「必要度」が資料組織化を超えているといった特徴点を見出すことができた。

またそれぞれの因子（例：コミュニケーション，基盤情報技術，経営管理など）をこの領域区分（例：汎用的・移転可能な知識・技術領域）に位置づけたとき，グループ・インタビューでの指摘と矛盾なく，それぞれの位置が理解できる。

C　調査結果に基づく提言

大学図書館員の「司書」資格の取得率は公共図書館員などよりもかなり高い。なんらかの形で専門的な知識・技術を大学図書館員が必要としているという証左である。しかし，「司書」資格自体は，公共図書館のものであり，学術情報コンテンツや高等教育における学習支援に関わる知識・技術を要求される大学図書館員にとっては，その内容では不十分である。

そこで，この調査によって明らかになった，大学図書館員に必要な知識・技術の体系の有用性を主張するとともに，必要な知識・技術の習得を可能にする養成教育や現場での研修機会の整備が求められる。また，体系の中核部分の修得を「大学図書館情報専門職」という上級資格として位置づける必要がある。

V　学校図書館班

A　研究経過

学校図書館班は，「学校内情報メディア専門家」の実現可能性を探ることを目的にこの研究に取り組み，次の三つの方法による調査を行った。

(1)専門家インタビュー調査（2003年後半）
(2)質問紙調査（2004年度前半）
(3)フォーカス・グループ・インタビュー調査（2005年度後半）

専門家インタビュー調査によって，学校内で図書館を中心とする情報メディアを扱う専門職の可能性の糸口を見いだした上で，全国の学校図書館職員を対象にサービスの実施度を明らかにする質問紙調査を行った。そして，その結果の背景を探るためにフォーカス・グループ・インタビュー調査を実施した。これらの研究成果について，日本教育工学会全国大会（2004年9月），日本図書館情報学会研究大会（2004年11月），同春季研究集会（2005年5月）の計3回の場で学会発表を行った。2006年4月のA-LIEP国際

資　　料

会議（シンガポール）でも発表予定である。

　(1)から(3)までの研究成果の概要は，2005年9月に「「情報専門職の養成に向けた図書館情報学教育体制の再構築に関する総合的研究（LIPER）」学校図書館班中間報告－「学校内情報メディア専門家」の可能性－」(http://plng.p.u－tokyo.ac.jp/liper/report050906.pdf）という報告書にまとめ，関係者に広く配布し意見を聴取した。この最終報告は中間報告に対するたくさんのコメントを踏まえてまとめ直したものである。率直なご意見をくださった方々に感謝申し上げたい。

B　学校図書館の現状についての認識

　学校図書館に関わる職務の成否を左右するものとして，配置されている教職員個人の能力にもまして，学校の組織構造の重要性が指摘されてきた。このことは，LIPER学校図書館班の行った研究でも追認されている。私たちは学校図書館の教育的・専門的な使命の実現のために，職員養成の充実と合わせて学校図書館を担当する教職員をとりまく以下の構造的な問題について取り組まれる必要があると考える。

・　学校図書館とその専門的職務を担う司書教諭は，戦後の教育法制度（学校教育法・同施行規則（1947），及び学校図書館法（1953））の中に位置づけられた。しかし，成立当時の学校図書館法では，司書教諭の配置は「当分の間」猶予されており，その制度は同法成立時点で既に制度の欠陥を内包していたといえる。これに対して学校図書館を担当する職員として制度的位置づけと職務内容の不明確な職員を採用・配置したところも多い。そうした職員をまとめて学校司書（学校図書館事務職員）と呼ぶことが広まり，また現実にそうした職員の実践については一定の蓄積がもたらされている。

・　司書教諭は1997年の学校図書館法の一部改正によって，12学級以上の大規模校に配置されたが，学級担任や授業時間が軽減されている例は少なく，実際に学校図書館に関わる職務を果たすことのできる状況にはない。一方で多くの学校司書は非常勤の事務職員として位置づけられているので，学校図書館の教育的・専門的な使命を実現することが困難な状況である。このように司書教諭は機能せず学校司書の配置すら行われていない地方自治体の方が多く，それは学校図書館活動の地域格差を生み出し，教育の機会均等を阻害するものとなっている。

・　戦後の学校図書館の発展過程を見ると，学校図書館に複数の担当職員が存在する構造は，学校図書館の教育的・専門的職務の遂行に必要な一体性を阻害する方向に作用してきた。しかし，この事態が生じたのは，理論的な根拠があってのことではなく，学校図書館法の不備への現実的な対応の結果としてである。

・　また，学校内で，学習情報・メディアを一元管理し，教育・学習活動におけるその効果的な利用を可能にする学習情報センターとしての学校図書館実現のためには，関係教員の職務分担が旧態依然であることも問題である。学校の学習情報・メディアの管理は，図書，視聴覚資料，電子メディア（コンピュータ）を異なる校務分掌で管理する学校がいまだに多く見られる。これらの統合化は，本来，学習観，教授

法，教育課程などの理解を深めた上での学校教育全体の変革を基礎に実現されうるものであり，学校経営と学校図書館経営が有機的に連携するよう図っていくことが必要である。

このように私たちは，司書教諭も学校司書等のいずれの職種も現在までのところ法的措置・現実的配置・専任化等の面で全国的な制度として機能しえていないこと，さらに，学校図書館の新しい課題を担った情報専門職像を論じるにあたって，これまでの学校図書館職員についての議論が学校図書館および学校図書館専門職の理念や意義を裏付けるに足る理論的根拠を有していないこと，以上の2点の基本的認識を研究の出発点にしている。

C 学校図書館担当者のあるべき姿としての情報専門職（学校）

本研究では，上記のような認識から，求めるべき学校図書館専門職を，現実の延長上に考えるのではなく，まず，原点に立ち戻ってあるべき姿として追求することとした。あるべき姿というのは，従来，「図書館」，「視聴覚」，「情報（コンピュータ）」として各係がそれぞれに担当してきた校内の情報やメディアを一元的に管理し，その利用について支援・指導する専門職である。これを仮に情報専門職（学校）と呼ぶこととする。これは中間報告まで「学校内情報メディア専門家」と呼んでいた名称をLIPERの全体的な枠組みに合わせて変更したものである。

この情報専門職（学校）の使命は，以下のとおりである。

○ 学習コミュニティを構成する児童生徒や教師等に対して，情報やメディアへの利用を保証する。
○ 学習コミュニティを構成する児童生徒や教師等が，情報やメディアを効果的に利用できるように支援・指導する。

情報専門職（学校）は，上述の使命を果たすべく，学習／教育のための知識や情報を体系的に収集・組織・提供し，学校およびそれを支える地域社会を含めた学習コミュニティ全体の形成に貢献する。この専門職の役割は，大きく3つに分けて考えることができる。

第1は，「知の組織化」である。知識を具現化したメディアや情報を選択・収集し，組織化して学習／教育に役立つ知の体系を構築する。メディアや情報を活用するための学習環境をデザインし，校内の知的情報資源全体の管理を担う。

第2は，「知の共有」である。情報専門職（学校）は，学習コミュニティの構成員に対して，学習／教育に関わる情報（著作権情報を含む）や多様なメディアを提供することを通して情報格差を是正し，総合的・多面的に知の共有化を図り学習コミュニティの成長を促進する。また，他の教育機関や情報提供機関と連携しつつ，地域学習コミュニティの発展を支援する。

第3は，「知の活用」である。児童生徒の知の活用には「読書」と「情報利用」がある。これらの土台に「リテラシー」（読み書き能力）があることを忘れてはならない。最近強調されている「読解力」や「言語力」，「国語力」などと呼ばれている，読み書き

資　料

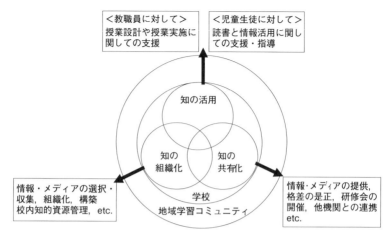

図　情報専門職（学校）の役割体系

の実践的能力としての機能的リテラシーに対する支援・指導を含めて，読書と情報活用に関する支援・指導を行うことが重要である。読書と情報活用に関する支援・指導は，どの教科においても含まれる要素であるために，情報専門職（学校）は，教科横断的な指導計画を立案し運営することが必要である。また，教職員の知の活用については，教科における情報やメディアの利用に関連して授業設計や授業実施における支援を提供する。

　以上の役割を果たすために，情報専門職（学校）は，学習／教育のための情報やメディアに関する性質や，利用者である児童生徒や教職員の情報行動の性質等を知り，支援・指導のための知識や技術を身につけることが必要である。とくに，次表の五つの領域に関する知識や技術が必要である。

領域	内容
学校教育論	学校制度および学校における教授学習プロセス全般の理解。カリキュラム，教科の構造，教育方法，教育評価など。なお，教職資格を前提とする場合は不要である。
学習情報メディア論	児童生徒の情報・メディア利用特性と知の組織化の理論。学習情報メディアの構築とデジタルコンテンツ。著作権
学習環境デザイン論	学習における各種情報・メディア利用の意義と特性。学習環境のIT化と空間デザイン。学習コミュニティの構築
教授・学習支援論	児童生徒の情報行動モデル。情報・メディア教育の原理と指導法。カリキュラムの企画・実施・評価
子ども読書論	児童生徒の発達と読書の意義。読書の原理と指導法。国語力・読解力の育成

　これらの知識や技術の育成を通して，学校図書館の担当者が学校内においては全校的視野に立って専門的職務を遂行し，学校外においては地域学習コミュニティの発展に寄

与することのできる情報専門職（学校）として確立されることが必要である。
C　情報専門職（学校）の配置について想定される課題

　情報専門職（学校）をいかに学校組織の中に位置付けていくかに関しては，学校図書館法だけでなく教育関連諸法の改正をも視野に入れて次のような展開を想定することができる。

・現行の司書教諭の発展形として「情報専門職（学校）」を設置する。この場合もさらに複数の実現化の可能性が考えられる：

1）　現行の学校図書館法の枠内で司書教諭に代わる職種として情報専門職（学校）を位置づけ，養成課程を含め付随する規程を改正することで対応する。

2）　学校図書館法に加えて学校教育法および教育職員免許法等の関連諸法を改正し，養護教諭・栄養教諭等と並び，司書教諭の学校内における専門職としての位置づけを明確化する。養成は旧来の司書教諭と区別し，情報専門職（学校）として大学院における専門教育を受けたものとする。

・現行の司書教諭とは別個の資格として「情報専門職（学校）」を位置づける。

3）　学会をはじめとする関係者が努力することによって大学院レベルの「情報専門職（学校）」の養成制度を設置する。その場合，カリキュラムの整備とともに養成機関の認定基準および認定方法のような制度的課題を解決しなければならない。

　以上のプランのなかで，1）の学校図書館法の枠組みのなかの改正では本報告が主張するような学校制度に正当に位置づけられる情報専門職（学校）制度をつくることは困難である。本来，学校関係諸法全体の改正を伴う2）が望ましいが，それがすぐには難しい場合には，まず自主努力によって3）を確立させることを目指し，専門職の養成の実が上がったところで2）の法改正を目指すというのが妥当な中長期的プランであると考えられる。LIPER全体では，館種共通の大学院レベルの情報専門職養成制度をつくることを目指しているので，他の情報専門職養成とも連動しあうものである。なお，その場合でも，教職免許の有無が学校内での配置に多大な影響を及ぼす学校図書館の専門職において，教職免許状の取得および教職関係科目の履修をどのように位置づけるかについては十分議論ができておらず今後の課題である。

D　おわりに

　高度情報化社会において，教育機関における学習情報の管理運営はきわめて重要な任務である。近年，続々と制定されてきた「子どもの読書活動の推進に関する法律」（2001年12月），「文字・活字文化振興法」（2005年7月），および来年度から本格的に実施が予定されている文部科学省の「読解力向上プログラム」においては，読書の振興という視点ばかりではなく子どもたちの学力の向上を多様な読解力の育成に求める視点が取られ，それを支援する機関として学校図書館が位置づけられている。

　しかしながら，学校現場では，教員の兼任業務の一部として学校図書館業務が扱われ

資　料

ているにすぎない。こうした現状を打開し，視聴覚教育，情報教育などに分割して負担されてきた学校内の情報・メディア関連業務を効率的・集約的に実施・運営するために，学習情報センター，読書センターとして長年に亘る学習資源活用の知見を持つ学校図書館とその専門職の果たすべき役割は非常に大きいと考えられる。その意味で，本研究の成果は今後の教育政策に重要な示唆を与えるであろうことを信ずるものである。

［研究発表一覧］
河西由美子，中村百合子．学校図書館専門職の養成に関する調査研究―情報専門職の養成に向けた図書館：情報学教育体制の再構築に関する総合的研究．LIPER (Library and Information Professions and Education Renewal)　第20回日本教育工学会全国大会，東京工業大学，2004－09－25．

堀川照代，平久江祐司，片岡則夫，河西由美子，中村百合子，根本彰．学校図書館の業務に関する調査研究．第25回日本図書館情報学会研究大会要綱，関西大学，2004－11－6／7，p. 81－84．

河西由美子，堀川照代，根本彰．学校図書館運営担当者を対象としたフォーカス・グループ・インタビュー調査に関する報告　―LIPER（情報専門職の養成に向けた図書館情報学教育体制の再構築に関する総合的研究）学校図書館班―．2005年度日本図書館情報学会春季研究集会発表要綱，専修大学，2005－05－18，p. 51－54．

Yumiko KASAI. "School Library Challenge in Japan" A－LIEP Asia－Pacific Conference on LIBRARY & INFORMATION EDUCATION AND PRACTICE―Preparing Information Professionals for Leadership in the New Age ―Nanyang Technological University, Nanyang Executive Centre, Singapore, 3－6 April 2006.（予定）

［中間報告書］
「情報専門職の養成に向けた図書館情報学教育体制の再構築に関する総合的研究（LIPER)」学校図書館班中間報告－「学校内情報メディア専門家」の可能性－」2005年9月「情報専門職の養成に向けた図書館情報学教育体制の再構築に関する総合的研究」学校図書館班（http://plng.p.u－tokyo.ac.jp/liper/report050906.pdfで入手可能）

第二部　改革案の提言

　この「改革案の提言」は，科学研究費「情報専門職の養成に向けた図書館情報学教育体制の再構築に関する総合的研究」研究班が，研究成果をもとにまとめたものであり，図書館情報学教育改革案と「図書館情報学検定試験」（仮称）の二つの部分からなる。

I　図書館情報学教育改革案
A　司書課程科目の問題点
　2004年12月に図書館情報学教育班が行った司書科目担当教員の意識調査（以下，教員

意識調査とする）においては，司書課程科目全般にかかわる課題として，時間数の不足と内容の重複，開設科目としての自由度の低さ，習熟度が考慮されないことが指摘されている。資格付与のための内容構成となっているために教授内容が司書が実際に配置される図書館の実態と乖離し，多様な職場環境における業務への対応が困難であることも問題として挙げられている。教授内容という点から見た場合，現在の図書館法に基づく省令科目が公共図書館における司書の養成を講習で行うという目的のために規定されている以上，公共図書館以外の図書館の職員を含む「情報専門職」の養成のためには不十分であるのは当然である。

また現在の司書課程科目は，印刷媒体の図書に基づいて科目の内容が組み立てられている。情報環境の変化に対応するという観点から電子メディアを中心とする図書以外の資料・メディアを視野に入れた教育内容が必要である。さらに現行の科目群は資料・情報の収集，組織化，利用に焦点を当てており，これらを実際に活用して知的活動を行う主体者である人間の情報行動への視点が極めて弱い。図書館利用者に対する情報リテラシー教育も含め，情報行動に関わる内容が必要である。

B　図書館情報学カリキュラムの検討

このように公共図書館の専門的職員を養成するという現在の省令科目の位置づけでは，それ以外の図書館の職員や情報専門職の養成のためには教授内容が不十分であるという結果が得られたため，LIPERでは，図書館情報学の標準的なカリキュラム案を作成し，そのなかに司書の養成も合わせて位置づけることにした。「情報専門職」を養成する際に省令科目では不足していると考えられる点を考慮して総合的な見地から構成したものである。

このカリキュラムは，一般社会や学術コミュニティ，学校コミュニティにおける情報の利用行動にかかわる高度な知識，情報通信技術の急速な発展を反映した情報組織化や情報サービスの高度な知識や技術，主題知識を踏まえた個々の情報提供の現場の経験の共有化，といったものに基づき専門職の養成を行おうというものである。これは基本的に大学院で実施することを前提に作成したものであるが，同時に，そのコアの部分を大学の学部における司書養成の場への適用も可能とする。

大学院レベルの専門職教育の必要性はLIPERの枠組みで行われたアジア諸国の専門職養成の現状についての聞き取り調査の結果からも明らかとなっている。今後さらに重要度が増すと想定される専門職教育の国際通用性と学生の国際的な交流，そのための情報専門職養成カリキュラムの相互認定や単位互換などの制度整備という観点からも，具体的に大学院レベルのカリキュラムを提案することが必要であると判断した。こうして作成したものが別表のカリキュラムである。

C　コア領域の特定

最初にカリキュラムのコアとなる領域を特定した。その際に基礎としたのは教育班の調査結果（主に教員意識調査）とその解釈についての教育班での議論である。わが国ではこれまで大学院レベルでの図書館員の養成について具体的に検討されたことがないた

資　　料

めに，土台にすべき先行研究がない。これらの事情に鑑み，「大学院レベルの教育」に対してわが国の図書館情報学担当教員がイメージすると思われる，米国の図書館情報学大学院における必修科目の現状を調査して参考にすることにした。参考としたのは，ワシントン大学，シラキューズ大学，ノースカロライナ大学，イリノイ大学，ミシガン大学およびテキサス大学である。これらの6大学はLIPERの活動の一環として招聘したミシガン大学のデュランス教授の特別講演会（2003年10月27日）で言及された大学，および教育班で比較的最近カリキュラムの変更を行ったと把握していた大学を中心に選定された。また，わが国の例として慶應義塾大学，筑波大学，愛知淑徳大学のカリキュラム，およびかつて日本図書館協会によって提案された24単位案も参考にした。調査対象とした日米の多くの大学が複数のプログラム（コース，主専攻）を開設しているので，それらのうち，これまでLIPERで議論されてきた専門職の養成にイメージが近いものを選んだ。

　この結果，「図書館情報学基礎」「情報利用者」「情報資源組織化」「情報メディア」「情報サービス」「情報システム」「経営管理」に「デジタル情報」を加えた8つをコア領域とした。

　上記の日米各大学のカリキュラムを参照し，必修だけではなく選択科目まで含めてどのような科目が開設されているかを展望し，コア領域の科目の候補を検討した。表では，そのなかでとくに重要な科目にアスタリスク（*）をつけてある。これは大学院カリキュラムの構造化を考える際の参考となるように作成したものである。

D　個別情報領域

　コアとならんで個別情報領域がある。個別情報領域は，主題や情報メディアの形態，利用者という観点から特定できる情報領域を設定して，それを支えるディシプリンやプロフェッションについての知識，そこでの情報の発生から流通，人間の情報行動についての知識，情報サービスの方法およびそれを支える情報技術などにわたる複数の科目からなる科目群を学ぶものである。主題，メディアの形態，利用者によって多様な科目群を設定できる。表では三つの領域を例示してあり，科目名はそうした領域のなかで代表的なものを挙げた。

　この情報領域に入るものは，現時点では情報専門職領域とするほどの制度的な背景をもっていないが，なかには将来的に情報専門職領域に発展する可能性をもつものもある。

E　情報専門職領域

　公共図書館の専門職である「情報専門職（公共図書館）」，大学図書館の専門職である「情報専門職（大学図書館）」，および初等・中等教育における情報専門職である「情報専門職（学校）」の三つの領域を設定し，各々で必要と思われる科目を検討した。これらは，LIPERの実態調査班が取り組んだそれぞれの館種の図書館現場の調査結果を踏まえて最終的に決定したものである。その意味では，これら三つの館種に限らず，今後，他の種類の情報専門職の養成をめざすこともできるようになっている。

　これら三つの領域は大学院における履修コースとして，コア領域にプラスして個別情

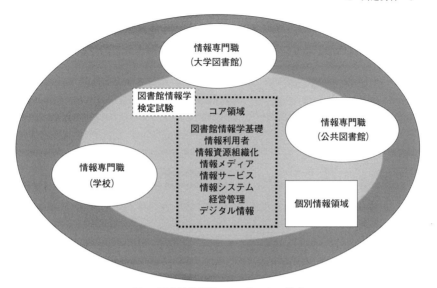

図1　図書館情報学のカリキュラム構造

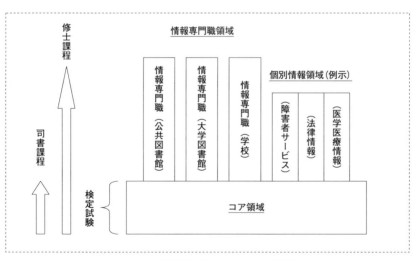

図2　図書館情報学カリキュラムの履修

報領域の科目とそれぞれの情報専門職領域の科目を指定する。指定した科目群の単位を取得して修了すればそれぞれの領域で専門職資格を取得したことを意味するものである。なお,「情報専門職」にかっこで個々の領域を付け加える形式の名称は仮のものである。実際に大学院レベルの養成制度を検討する際には,日本における専門的資格の名称の一

資　　料

般的な付け方を参照しながら，もっともふさわしい名称を検討すべきであろう。

F　カリキュラムの構造と制度化の方向
　以上の説明を図で示したのが，図1である。中心に「コア領域」の科目がある。これが図書館情報学の中心に来る科目群である。司書課程においてはこれらの科目を学ぶことが中心になる。後に述べる「図書館情報学検定試験」（仮称）はこの領域の科目を対象に試験を行うことを想定している。
　その外側に，主題やメディアの形態，情報利用者などによって構成される科目群である「個別情報領域」がある。
　そして，大学図書館，公共図書館，そして学校についての情報専門職が配置される。
　これを履修という観点から見ると，図2のようになる。
　司書課程においては，コア領域を中心に学ぶものとし，大学院修士課程ではコア領域の科目に加えて個別情報領域を選択的に学び，さらに三つの情報専門職領域のいずれかを学ぶことになる。
　大学院と司書課程との関係であるが，大学院への入学者にはすでにコアの領域を学んで司書資格をもっている人と図書館情報学を初めて学ぶ人がいる。初めて学ぶ人はカリキュラムの構造に従って履修することになる。すでに学んでいる人については，単位取得証明と「図書館情報学検定試験」（仮称）の成績証明を示すことによって一定の部分について単位認定をすることが可能であるだろう。

G　制度的検討の必要性
　中央教育審議会「大学の質の保証に係る新たなシステムの構築について（答申）」（2002年8月5日）は，大学の質の保証に関する国の事前規制である設置認可制度を見直し，設置後も含めて大学の質を保証していくシステムの必要性を指摘した。この答申を受けて，第三者である認証評価機関が大学を定期的に評価し，その基準を満たすものかどうかについて社会に向けて明らかにする制度が2004年4月から導入された。
　司書養成教育を，質の保証を含めた大学全体の制度的枠組みの中で実施することは，司書養成カリキュラムの質の保証のみならず，担当教員の学内での基盤を確立するためにも重要である。ところが，本報告書の冒頭で指摘したように，司書課程が依拠するカリキュラムは図書館法5条1項2号に「大学を卒業した者で，大学において図書館に関する科目を履修したもの」の規定があるにもかかわらず，制度化されておらず，いわゆる省令科目と呼ばれる講習のカリキュラムを準用している。それぞれの大学が責任をもって司書課程を運営するための制度的基盤が弱いことが指摘される。
　しかしながらこの問題については種々議論したが，司書課程はこの枠組みのもとですでに50年以上の期間存続しており，現時点でラジカルな変革の必要性を確認することができず，今回は司書になるために学ぶべき領域について提言することにとどめた。むしろ，司書課程で学ぶ内容とそのレベルを，最新の図書館情報学の研究成果をもとにした高度なものに高める努力をすることの方が重要と考えられたからである。その際に，あ

とで述べる「図書館情報学検定試験」(仮称)を実施することが大きな効果をもつとの期待がある。制度的にはもとのままでも、この試験を導入することによって実質的に変化させる努力を行うものである。

ただし、中長期的には法改正を含めた図書館員養成プログラム全体の見直しが必要であり、継続して検討を加えていくべきであろう。その際には、「図書館に関する科目」の制度化を中心に、司書講習の必要性、司書講習と司書課程の関係、短大での養成の是非、司書課程の認証評価機関の設置などの項目について検討する必要がある。ここで提案した大学院カリキュラムが「図書館に関する科目」に相当すると考えることも可能であり、本提言を十分に考慮に入れることが望まれる。

大学院での養成の実施についてもここで行ったカリキュラム面での検討だけではなく、制度面での検討が必要である。司書に関しては法的根拠があるが、現時点で大学院についてはそうしたものはない。したがって、一定の基準に基づいた大学院をつくるためには、図書館情報学における課程認定および設置後の継続的な評価を行う機関の設置が必要である。この機関は図書館情報学の学問的な水準を反映するものでなくてはならず、日本図書館情報学会を中心として設置することになるだろう。

なお、この報告書では情報専門職の大学院課程を論じているが、現行制度における専門職大学院として設置することは可能であるとは思えないし、またそれがよいとも言えない側面がある。実際の大学院としてどのように設置するのかは、今後の検討課題である。

Ⅱ 「図書館情報学検定試験」(仮称)の実施

A 経緯

図書館法第5条では、公立図書館と私立図書館の専門的職員の資格として、司書および司書補となる資格を有する者を定めている(以下では、司書補についての議論は省略する)。

日本では、「司書となる資格」は、①司書講習、②大学の通信教育、③短期大学の司書課程、④4年制大学の司書課程、⑤4年制大学の図書館情報学の専門課程、のいずれかで学ぶことによって、得ることができる。①から⑤までの教育機会は、履修時間数や履修内容の面で違いがあるが、受講者は同一の「司書となる資格」を得ている。日本では、①から⑤までの教育機会を通じて、毎年、約1万人が「司書となる資格」を得ている。しかし、個々の教育機会によって履修時間数、履修内容、履修環境が大きく異なるため、司書資格取得者の専門的知識が、高度でかつ一定の水準に保たれている訳ではない。したがって、現行の司書養成体制から輩出される司書資格取得者が、情報専門職に必要とされる高度な一定水準の専門的知識を保持しているとはいえない状況にある。

司書資格取得者の専門的知識を高度な一定水準に高めるためには、今後、図書館法および図書館法施行規則を改正して、「司書となる資格」を4年制大学卒業レベル、もしくは、欧米諸国のような大学院修士課程修了レベルに位置づけることも考えられる。し

資　料

別表【図書館情報学カリキュラム案】（*はとくに重要なもの）

カテゴリー	領域名	科目名	内容
コア領域	図書館情報学基礎	図書館情報学基礎論*	情報流通の基礎，図書館や情報に関わる諸制度・政策などについての理解
		情報基礎論	情報の理解，社会における情報，知識論，などについての理解
		インターンシップ	図書館や様々な情報サービス機関における実務経験
		調査研究法	情報専門職にとって必要な調査研究法の理解
	情報利用者	情報探索行動論*	人間の情報探索行動についての理解，探索行動モデルなど
		利用者教育論	利用者教育のためのカリキュラム，情報リテラシー教育の方法など
	情報資源組織化	情報資源組織論a*	目録法，典拠コントロールなど書誌記述についての基礎的理解
		情報資源組織論b*	主題分析と表現（分類，件名，ディスクリプタ）についての基礎的理解
		情報資源組織演習*	目録，分類，件名の演習
		情報資源組織特殊演習a	特殊性の強い資料についての書誌記述（マルチメディア，古典籍，文書など）の作成演習
		情報資源組織特殊演習b	特定分野の主題分析，抄録・索引法などの演習
	情報メディア	情報メディア論*	印刷メディアおよび各種のメディアの特性についての基本的理解
		コレクション形成論	コレクションの歴史と意義，コレクション形成方針，出版流通論，資料選択論
		情報メディア特殊	各種のメディアの知識と収集・保存・提供技術
	情報サービス	情報サービス論*	情報サービスの基本的な考え方，社会における情報サービスの必要性の理解
		情報サービス演習*	レファレンスツールの知識，質問回答演習，パスファインダー作成等
	情報システム	図書館情報システム基礎論*	図書館情報システムの概要，ネットワーク，データベースの基礎など

		情報検索論*	情報検索の基本技法についての理解
		データベース構築演習	多様なデータベースの構築，DBMSの活用など
		情報検索演習	オンラインデータベースの検索の実際
	経営管理	経営管理基礎論*	図書館，情報機関の経営管理についての一般的な理解
		知的情報資源管理論*	知的情報資源管理の基礎（著作権，権利管理，ライセンシング，コンソーシアム等）。知的財産管理も含む
		図書館／情報サービス計画演習	図書館情報サービスの計画とマーケティングについての実際的理解
	デジタル情報	デジタルライブラリ管理*	デジタルライブラリの歴史と現状，権利管理（DRM），デジタルデータの著作権，デジタルデータに関する基準などの理解
		デジタルコンテンツ基礎論	ネットワーク，データベース，自然言語処理など，デジタルコンテンツを扱う上で必要な基礎的な情報技術の習得
		デジタルコンテンツ応用論	デジタルコンテンツの収集，組織化（メタデータの作成），保存（デジタルプリザベーション），提供についての理解
個別情報領域（主題，情報利用者，メディアの形態によって多様な科目群を設定できる。ここに挙げた領域は例示にすぎない。科目は総論的なものにとどめた）	医学医療情報	医学医療情報論	医学の基礎知識をベースにした医学・医療情報と医学・医療領域における情報探索行動の知識
	法律情報	法律情報論	法学の基礎知識をベースにした，法律情報と法律領域における情報探索行動の知識
	障害者サービス	障害者サービス論	社会福祉における情報アクセス論，点字図書館，デジタル録音図書（DAISY），公立，学校，大学図書館における障害者サービス
情報専門職領域	情報専門職（公共図書館）	地域社会論	地方自治，住民運動，生涯学習，ボランティア活動，町おこしなど図書館が置かれた地域社会全般についての基本的理解
		公共図書館メディア論	地域資料，児童資料，ビジネス資料等，公共図書館に特有の資料や公共図書館のコレクション構築について

資　　料

		地域情報サービス論	課題解決支援，ビジネス支援，地域における情報提供など
		児童サービス論	子どもの発達，読書活動，児童資料，学校支援など
		公共図書館経営論	教育委員会（地方教育行政），地方行財政論（NPO，PFI，指定管理者制度なども含む），公共サービス論，公共図書館評価など公共図書館に特有の経営問題についての理解
	情報専門職（大学図書館）	高等教育論	現代社会における高等教育のあり方，制度，諸問題についての理解
		学術情報論	科学コミュニケーションの特性，学術情報を巡る諸制度・政策など
		学術情報メディア論a〈自然科学〉	学術情報流通に関わる諸メディアについての理解。主題の特性を踏まえたサービスについての理解
		学術情報メディア論b〈人文社会科学〉	学術情報流通に関わる諸メディアについての理解。主題の特性を踏まえたサービスについての理解
		学術情報サービス論	授業との連携，情報リテラシ[ー]教育等，大学図書館を中心とした学術情報サービスについての理解
		学術情報資源マネージメント論（ママ）	大学図書館や学術研究機関の図書館の管理と運営を中心とした学術情報のマネージメント（ママ）に関わる諸知識
	情報専門職（学校）	学校教育論	学校制度および学校における教授学習プロセス全般の理解。カリキュラム，教育方法，教育評価など資料・情報利用の前提となるものの知識
		学習情報メディア論	児童生徒の情報・メディア利用特性と知の組織化の理論。学習情報メディアの構築とデジタルコンテンツ。著作権
		学習環境デザイン論	学習における各種情報・メディア利用の意義と特性。学習環境のIT化と空間デザイン（図書館建築を含む）。学習コミュニティの構築
		教授・学習支援論	児童生徒の情報行動モデル。情報・メディア教育の原理と指導法。カリキュラムの企画・実施・評価
		子ども読書論	児童生徒の発達と読書の意義。読書の原理と指導法。国語力・読解力の育成

かし，図書館および図書館職員の位置づけに対する社会的な関心は近年高まりつつあるが，現時点で法改正を進めるには機が十分に熟しておらず，時期尚早のように見える。

そこで，現在の司書養成の多様な教育体制の存在を認めた上で，「司書となる資格」に求められる専門的知識を一定の水準に維持するために，「図書館情報学検定試験」（仮称）（以下，「検定試験」と略す）の実現の可能性を検討することを提案したい。近年，経済学，法学，経営学などの分野では学術団体が主催して知識達成度の自己評価試験が行われている。ここで提案しようとする「図書館情報学検定試験」はそれらと似ているが，受験者をオープンなものとせず司書資格取得者および取得中のものに限定することを想定している点で異なっている。

これまでに何人かの識者によって類似の試験制度が提案されている。たとえば1994年に河井弘志氏によって「図書館学専門試験」が提案され，1999年には薬袋秀樹氏によって「司書の専門的知識の自己評価試験」が提案された。いずれの案も，民間団体が主催し，司書資格を前提としてその知識・技術の習得度を筆記試験で判定しようとするものである。学習者にとっても教育者にとっても知識技術習得の目標が明確になることが最大のメリットであるが，それによって結果的にこの分野の水準向上とその維持に寄与する効果が指摘されている。また，試験の実績が社会的に評価されれば，その判定の結果を就職試験や大学院進学試験などにおいて代替させられる可能性があり，受験のインセンティブが上がることが期待される。

B 「図書館情報学検定試験」（仮称）の概要（案）

以下に検定試験の基本的な考え方を示す。これが実現されるためには，しかるべき学術団体との協同事業として「図書館情報学検定試験」検討委員会（仮称）が設置され，LIPERの研究成果を踏まえながら検定試験のあり方を具体的に調査・検討することが必要である。

（1）目的

この検定試験の目的は，現在の司書養成の多様な教育体制の存在を認めた上で，「司書となる資格」に求められる専門的知識の習得程度を判定し，司書有資格者の質の向上に寄与することである。

（2）受験資格

検定試験の受験対象は，司書資格を取得した者あるいは取得中の者とする。具体的な受験資格や受験機会（回数）等については，今後，詳細に検討する。

（3）試験方式

検定試験の試験方式は，多肢選択式試験と記述式試験の併用が考えられる。試験方式の詳細は，今後，検討する。

（4）出題分野

図書館法の司書資格は，公立図書館と私立図書館の専門的職員の資格として規定されている。しかし，この司書資格は，他館種の図書館も含めて専門職員の一般的な資格とみなされ，活用されている側面もある。そこで，この検定試験では，各館種（国立，公

資　　料

共,学校,大学,専門図書館)に共通する専門的知識を問う出題とする。
　検定試験の出題分野としては,LIPER が提唱する情報専門職養成のためのコア領域科目に設定することが望ましいと考えられる。
　　　図書館情報学基礎
　　　情報利用者
　　　情報資源組織化
　　　情報メディア
　　　情報サービス
　　　情報システム
　　　経営管理
　　　デジタル情報
　出題分野の詳細は,今後,検討する。
(5) 試験の評価
　検定試験の評価方法は,次のようなものが考えられる。
　(案1) 総得点のみ示す。
　(案2) 総得点を示し,合格点(たとえば70%の正答率)も設定する。
　いずれの場合も,受験者の得点の平均点や分散・標準偏差などの基礎的なデータは公開し,それぞれの受験者が全体のどの程度にいるのかを分かるようにする。
　試験の評価方法は,今後,詳細に検討する。
(6) 実施主体
　検定試験の実施には,司書養成および図書館情報学研究に携わる多数の教員が所属している日本図書館情報学会が中心となるのが望ましい。問題作成能力があり,その質の管理に責任をもつことができるからである。その際には次のような組織方法が考えられる。
　(案1) 日本図書館情報学会が単独で担当する。
　(案2) 図書館情報学に関する学会が共同で任意団体を設立し,その団体が担当する。
　(案3) 図書館情報学に関する学会が共同で NPO を設立し,その NPO が担当する。
　検定試験の実施について,継続的かつ安定した運営基盤が整備・確立できるかどうか十分に検討する必要がある。
(7) 実施方法
　検定試験の実施方法としては,最初の段階では,毎年4月に,関東地方の大学を会場として実施することが考えられる。検定試験が定着した段階では,複数の試験会場を開設することを検討する。実施方法の詳細は,今後,検討する。
C　今後の課題
　以上のように実務的な検討課題は多い。とくに実質的に試験を担う機関をどのように設立し,それをどのように安定的に運用していくかが最大の課題である。将来的に,年間1万人以上の取得者がいる司書有資格者の一定割合が受験できる体制をつくるために

関係者は努力をしなければならない。

　加えて試験問題の作成体制をどのようにつくるかも重要な検討課題である。公開を前提とした問題を毎年用意し続けることは簡単なことではない。それと連動して，受験者のみならず教育者が参照できるように，最新の研究成果を盛り込んだ標準的な教科書の出版とその継続的な改訂も課題となるだろう。図書館情報学の研究がかつて明らかにしたように，学術分野においては蓄積された個々の研究成果を評価し整理することで標準的な教科書やハンドブックが書かれる。これは次の研究を進展させるために欠かせないステップである。このように，「図書館情報学検定試験」（仮称）を行うことは研究活動の活性化にもつながるものである。

　出典：「第一部　研究成果報告」「第二部　改革案の提言」『情報専門職の養成に向けた図書館情報学教育体制の再構築に関する総合的研究』上田修一研究代表，慶應義塾大学文学部図書館・情報学専攻，2006年，p.1-31.

第Ⅱ部

データでたどる図書館情報専門職の養成と教育

第5章

司書および司書教諭の資格取得者の実績

本章は3つの表を掲載した。「表5－1　各機関の設置年，資格取得者数等」(p.822) は，大学等機関ごとに，養成を開始した年，司書および司書教諭の資格取得者数，図書館等への就職者数をまとめたものである。「表5－2　司書教諭講習資格取得者数」(p.846) は，司書教諭講習における資格取得者数をまとめたものである。「表5－3　学校図書館司書教諭講習・修了証書発行数」(p.847) は学校図書館司書教諭講習の修了証書発行数をまとめたものである。

1.　情報源

表5－1および表5－2のデータは，日本図書館協会図書館学教育部会編『図書館学教育担当者名簿』（日本図書館協会）の昭和47年版，昭和52年版，昭和57年版，同『日本の図書館学教育』（日本図書館協会）の1988年版，同『日本の図書館情報学教育』（日本図書館協会）の1995年版，2000年版，2005年版に基づいている[1]（以下，1972年版以降の調査を「図書館学教育部会調査」と呼ぶ）。1972年以前より同様の調査は行われているが，資格取得者数のデータは採られていない。

表5－3は，文部科学省に対する行政文書開示請求で得られた，1954年から2013年までの司書教諭講習・修了証書発行数である（学校図書館司書教諭講習規程第6条に基づく）。開示請求に際しては学校図書館法による毎年の司書教諭資格取得者総数（機関別）を請求したが，機関別のデータは得られなかった。なお，その際の行政文書開示請求から，現在，文部科学省では，司書資格取得者数について，直近5年間の司書講習実施校における資格付与者数のみ管理していることを確認している。

2.　図書館学教育部会調査

各年版の調査票は，それぞれ採録の基準が異なっている。各年版の基準は以下のとおりである。

1972年版：表5－1に示した資格取得者数は，大学等において1971年度に司書，司書教諭の資格を取得した学生数である。同様に，図書館等への就職者数は，それぞれの有資格者のうち「図書館・資料室などへの就職者」数の合計である。なお，1972年版では，就職者数の記入において，資格保持を条件とする職場に限定していない。また，通信教育・司書講習の資格取得者数は別には集計されていない。

1977年版：表5－1に示した資格取得者数は，大学等において1976年度に司書，司書教諭の資格を取得した学生数である。それ以外は1972年版と同様である。

1982年版：表5－1に示した資格取得者数は，大学等において1981年度に司書，司書教諭の資格を取得した学生数である。それ以外は1972年版と同様である。

1988年版：表5－1に示した資格取得者数は，大学等において1986年に司書，司書教諭の資格を取得した学生数である（両方の資格を取得した場合，重複して計上。以下2005年版まで同様）。図書館等への就職者数は図書館，あるいは司書・司書教諭の資格をもっていることを条件とする職場に就職したものの人数である。通信教育・司書講習の資格取得者数が集計されている（以下同様）。ただし，1988年版にはその調査票が付されていない。

1995年版：表5－1に示した資格取得者数は，大学等において，1992年度に司書，司書教諭の資格を取得した学生数である。図書館等への就職者数は，1988年版と同様の基準である。

2000年版：表5－1，5－2に示した資格取得者数は，1998年度に司書・司書教諭の資格を取得した学生数である。図書館等への就職者数は，1988年版と同様の基準である。

2005年版：表5－1，5－2に示した資格取得者数は，2003年度に司書・司書教諭の資格を取得した学生数である。図書館等への就職者数は調査していな

い。

　データの解釈に際しては，上記の採録基準をふまえる必要がある。特に注意を要する事項としては，一覧中の大学等は，これまで開講したことのある大学等であり，すでに開講をやめているものが含まれている点である。なお，司書補講習において司書補の資格を取得した者の数は，今回，掲載していない。他に，以下のような方針に基づいて項目をとった。
・年版により大学等の漢字表記が異なっている場合でも，同一と考えられる場合，一つの項目にまとめた（「國學院」「国学院」）。
・大学等の名称変更については，合併や修業年限の変更がない場合に限り項番を統一したが，資格取得者数等は別に載せた。
・図書館に関する科目を設置している場合であっても，資格取得を目的としていないと考えられる場合は除外した。
・同一の大学であっても，学部単位で回答している場合，項番は統一したが資格取得者数等は別に載せた。その場合，設置年は，同一キャンパスと考えられる場合，重ねてはとらず空欄とした。
・複数のキャンパスで開講し別々に回答している場合，別項目としてとった。
・設置が最近のため就職者がいない等，「図書館学教育部会調査」に注として付されている事項は載せていない。

3. 養成開始年について

　養成開始年については，課程を設置するなどして，養成を始めた年を載せた。養成開始年を確定するため，1972年版から順次新しい年版を確認していった。参考にした年版は備考に載せている。司書課程と司書教諭課程を両方開設している場合は，その順番に備考に載せた。丸数字と年版の対応は，凡例に示した。

　養成開始年は参考データにとどまることに注意が必要である[2]。理由は以下のとおりである。まず，「図書館学教育部会調査」の調査票における質問文は年版により異なる。また，「設置」「開設」という言葉の解釈が回答者により異なることが考えられる。たとえば従来，司書課程の開設に際しては，学内的な検討・決定ののち，文部省に対し相当科目の申請を行い，文部省の確認後，通知がくる。その後（または並行して），教員を募集するとともに，入学希望者に周知され実際に開講される。ただしその場合も配当年次によっては，実際の授業

819

開始はさらに遅れる。こうした一連の作業は複数年かかるが，回答者が「開設」をいつの時期と捉えたかによって，回答が異なる。

養成を始めた年の確定に際しては，「図書館学教育部会調査」の開講大学一覧に「司書課程設置」，「司書教諭課程設置」と書かれている場合，その年を採った。しかし，明らかでないものは各年版の表の備考および開設されている科目から推測した。空欄は開設していないと判断したものである。他に，採録に際しては，以下のような方針をとった。

・設置年として書かれている年が，制度的に資格取得が可能になる以前の場合（司書は1951年，司書教諭は1954年よりも前の場合）は，採用しなかった。
・設置年は書かれていないが，資格取得に対応した科目が開講されている場合，「不明」と記載した。

4. 表の見方

表ごとに見方を述べる。

4.1. 各機関の設置年，資格取得者数等（表5−1）

まず左から項番，大学，学部，所在する都道府県，司書・司書教諭での養成開始年の順番で並べた。養成開始年は確認できたもののみ記載し，それ以外は空欄とした。学部は「図書館学教育部会調査」の項目として採られているとおりとした。さらに，各年版ごとの司書資格取得者数，司書教諭資格取得者数，就職者数の順番で並べた。なお，2005年版では就職者数のデータをとっていないが形式を統一した。

データは，4年制の国立大学，公立大学，私立大学，次に，短期の国立大学，公立大学，私立大学と並べ，そのあとに通信教育，司書講習と並べた。それぞれ，所在している都道府県順に並べた。同一都道府県内は現在の機関名の五十音順に並べた。

4.2. 司書教諭講習資格取得者数（表5−2）

2000年版と2005年版の司書教諭講習資格取得者数を『日本の図書館情報学教育』をもとにまとめた。左側から，大学・機関名，都道府県，資格取得者数である。表5−1に掲載されている情報と重複して掲載されていることもあるが，そのまま掲載した（たとえば表5−1〔2005年〕では放送大学は1,770名となってい

るが，同様に表5-2でも1,770名となっている）。

4.3. 学校図書館司書教諭講習・修了証書発行数（表5-3）
　左の列が修了証書を発行した年で，右側が発行数である。

【凡例】
表5-1，表5-2の資格取得者数および就職者数に係わる表中の記号は以下を表している。また備考欄の丸数字は参考にした「図書館学教育部会調査」の以下の年版を表す。①1972年版，②1977年版，③1982年版，④1988年版，⑤1995年版，⑥2000年版，⑦2005年版。

／：該当の年版に大学等が掲載されていない。このことは，司書・司書教諭の
　　養成が行われていないか，調査に回答をしていないことを意味する。
－：該当の年版に大学等が掲載されているが，空欄または「－」となっている。
　　これは，調査票の回答はあったが，当該の質問に回答していないか，司書・
　　司書教諭いずれかの養成は行っていないことを意味している。
不明：図書館学教育部会調査に「不明」と書かれている。
未確認：図書館学教育部会調査に「未確認」と書かれている。

注
(1) 以下の資料である。①図書館学教育部会編『図書館学教育担当者名簿　昭和47年調査』日本図書館協会，1974，114p.②図書館学教育部会編『図書館学教育担当者名簿　昭和52年調査』日本図書館協会，1978，137p.③日本図書館協会図書館学教育部会編『図書館学教育担当者名簿　昭和57年調査』日本図書館協会，1983，148p.④日本図書館協会図書館学教育部会編『日本の図書館学教育1988』日本図書館協会，1988，214，7p.⑤日本図書館協会図書館学教育部会編『日本の図書館情報学教育1995』日本図書館協会，1995，239p.⑥日本図書館協会図書館学教育部会編『日本の図書館情報学教育2000』日本図書館協会，2000，279p.⑦日本図書館協会図書館学教育部会編『日本の図書館情報学教育2005』日本図書館協会，2008，345p.
(2) このことについては柴田による検討がある。柴田正美「省令科目をふりかえる：戦後における司書・司書教諭養成体制を整理する」『図書館文化史研究』No.27，2010，p.5-30．

第Ⅱ部　データでたどる図書館情報専門職の養成と教育

表 5-1　各機関の設

No	大学	学部	都道府県	養成開始年		1972			1977		
				司書	司書教諭						
			国立大学								
1	北海道大学		北海道		不明	/	/	/	—	—	—
2	北海道教育大学	旭川校	北海道	1966		/	/	/	/	/	/
	北海道教育大学	岩見沢校	北海道		1999	/	/	/	/	/	/
	北海道教育大学	札幌校	北海道		不明	/	/	/	/	/	/
	北海道教育大学	函館校	北海道		1999	/	/	/	—	—	—
3	岩手大学		岩手		1958	/					
4	秋田大学		秋田	1998	1962	/	6	—	/	1	0
5	山形大学		山形		不明	/					
6	茨城大学		茨城		1999	/					
7	筑波大学	図書館情報専門学群	茨城	2002	不明	/					
8	図書館情報大学		茨城	1979	不明	/					
9	群馬大学		群馬		1993	/					
10	埼玉大学		埼玉		1957	/	45	0	—	105	—
11	放送大学		千葉		不明	/	/	/	/		
12	東京大学		東京	1952	不明	1	1	0	不明	不明	不明
13	東京学芸大学		東京	1952	1955	21	50	3	不明	20	不明
14	上越教育大学		新潟		1981	/					
15	新潟大学		新潟		不明	/	17	—	—	—	—
16	福井大学		福井		不明	/			—	2	—
17	山梨大学		山梨		1996	/					
18	信州大学		長野		不明	/			—	75	—
19	岐阜大学		岐阜		1996	/					
20	静岡大学		静岡		1962	/	20	0	—	0	—
21	愛知教育大学		愛知		不明	/	9	—			
22	名古屋大学		愛知		1954	/	0				
23	三重大学		三重		1956	/					
	三重大学	教育学部	三重		1956	/					
	三重大学	人文学部	三重	1985	1985	/					
24	滋賀大学		滋賀		1997	/					
25	京都大学		京都	1951	不明	—	—	—	2	0	1
26	京都教育大学		京都		1959	/	3	0	—	8	0
27	大阪外国語大学		大阪		不明	/					
28	大阪教育大学		大阪	1986	不明		52	—		93	—
	大阪教育大学	教育学部第一部	大阪		不明	/	/	/	/	/	/
	大阪教育大学	教育学部第二部	大阪		1956						
29	神戸大学		兵庫		1965	/	21	—	—	69	—
30	奈良教育大学		奈良		1997	/			—	—	—
31	奈良女子大学		奈良		不明	/	/	/			
32	鳥取大学		鳥取		1955	/	1	0	—	2	—

第5章 司書および司書教諭の資格取得者の実績

置年，資格取得者数等

司書資格取得者数（左），司書教諭資格取得者数（中），就職者数（右）															備考
1982			1988			1995			2000			2005			
国立大学															
-	0	0	-	-	-	-	8	-	/	/	/	-	-	/	
/	/	/	/	/	/	/	/	/	/	/	/	35	81	/	⑦
/	/	/	/	/	/	/	/	/	/	/	/	-	106	/	⑦
/	/	/	/	/	/	/	/	/	/	/	/	-	71	/	
-	-	-	-	-	-	-	-	-	-	-	-	-	69	/	⑦
/	/	/	/	/	/	/	/	/	/	/	/	/	/	/	①
-	10	-	10	0	-	10	1	-	-	-	-	10	2	/	⑦①
-	-	-	-	-	-	-	-	-	-	-	-	-	不明	/	
-	-	-	-	-	-	-	-	-	-	-	-	-	不明	/	⑦
/	/	/	/	/	/	/	/	/	/	/	/	157	10	/	⑦
-	-	-	90	-	34	-	-	56	97	23	-	/	/	/	③
-	-	-	-	-	-	-	-	-	-	-	-	-	89	/	⑤
-	102	-	-	123	-	-	-	-	-	-	-	-	59	/	①
/	/	/	/	/	/	/	/	/	/	/	/	-	1770	/	
0	0	0	0	0	0	2	-	1	-	-	-	不明	不明	/	①
98	92	2	-	-	-	-	-	-	-	-	-	不明	不明	/	①⑦
/	/	/	/	/	/	/	/	/	/	/	/	-	不明	/	⑦
0	2	0	-	-	-	-	-	-	-	-	-	-	-	/	
-	6	-	-	-	-	-	2	-	-	-	-	-	-	/	
/	/	/	/	/	/	/	/	/	/	/	/	-	32	/	⑦
/	/	/	/	/	/	/	/	/	/	/	/	-	9	/	②
/	/	/	/	/	/	/	/	/	/	/	/	-	51	/	⑦
-	0	0	-	-	-	-	-	-	-	-	-	-	-	/	①
-	-	-	-	-	-	-	-	-	-	-	-	-	58	/	
-	2	-	6	0	-	2	-	1	-	1	-	-	-	/	①
-	0	0	/	/	/	12	6	3	-	-	-	/	/	/	④③
/	/	/	-	3	-	-	-	-	-	-	-	-	9	/	③
/	/	/	0	1	1	/	/	/	15	4	2	24	4	/	④④
-	-	-	-	-	-	-	-	-	-	-	-	-	28	/	⑥
3	-	1	3	-	3	1	-	-	-	-	-	未確認	未確認	/	①
-	28	-	-	14	-	-	9	-	-	39	1	-	73	/	③
/	/	/	/	/	/	/	/	/	/	/	/	-	9	/	
-	114	-	0	120	-	60	8	6	/	/	/	55	139	/	④
/	/	/	/	/	/	/	/	/	44	129	4	/	/	/	
/	/	/	/	/	/	/	/	/	-	-	-	-	40	/	⑥
-	116	0	-	39	0	-	20	-	-	-	-	-	20	/	①
/	/	/	/	/	/	/	/	/	/	/	/	-	102	/	⑦
-	-	-	-	-	-	-	-	-	-	-	-	-	-	/	
-	2	0	-	7	-	-	-	-	-	-	-	-	40	/	①

第Ⅱ部　データでたどる図書館情報専門職の養成と教育

No	大学	学部	都道府県	養成開始年		1972			1977		
				司書	司書教諭						
33	岡山大学		岡山		1989	/	/	/	−	−	−
34	広島大学		広島		1958	/	/	/	−	−	−
35	山口大学		山口		1978	/	/	/	/	/	/
36	鳴門教育大学		徳島		1981	/	/	/	−	−	−
37	香川大学		香川		1986	/	/	/	−	−	−
38	高知大学		高知		1964	/	10	0	−	1	0
39	九州大学	文学部	福岡			/	/	/	/	/	/
	九州大学		福岡	1979		/	/	/	/	/	/
40	福岡教育大学		福岡		1998	/	/	/	/	/	/
41	長崎大学		長崎		1956	/	/	/	/	/	/
42	熊本大学		熊本		不明	/	/	/	/	/	/
43	琉球大学		沖縄		1972	/	/	/	−	−	−
	公立大学										
1	横浜市立大学		神奈川	1955	1955	13	4	9	13	8	3
2	都留文科大学		山梨	1988	1999	/	/	/	/	/	/
3	静岡女子大学		静岡	1968	1968	27	23	3	33	31	4
4	愛知県立大学		愛知		1998	/	/	/	/	/	/
5	大阪女子大学		大阪	1960	1956	21	9	1	37	27	2
6	神戸市外国語大学		兵庫	1986	1999	/	/	/	/	/	/
7	山口県立大学		山口	1976	1980	/	/	/	/	/	/
8	山口女子大学		山口	1976	1980	/	/	/	−	−	−
9	高知女子大学		高知		1966	/	/	/	/	/	/
	私立大学										
1	苫小牧駒澤大学		北海道		1999	/	/	/	/	/	/
2	藤女子大学		北海道	2001		/	/	/	/	/	/
3	北海学園大学		北海道	1970	1970	18	7	1	58	20	−
4	青森中央学院大学		青森	1998		/	/	/	/	/	/
5	弘前学院大学		青森		1975	/	/	/	−	24	0
6	奥州大学		岩手	1966		15	8	2	/	/	/
	富士大学		岩手	1966	1966	/	/	/	4	0	0
7	盛岡大学		岩手	1987		/	/	/	/	/	/
8	東北学院大学		宮城	1978	1978	/	/	/	/	/	/
9	東北福祉大学		宮城	1972		/	/	/	38	−	2
10	宮城学院女子大学		宮城	1967	1996	90	/	15	94	−	5
11	いわき明星大学		福島	1988	1988	/	/	/	/	/	/
12	奥羽大学		福島	1990	1990	/	/	/	/	/	/
13	常磐大学		茨城	1985	2004	/	/	/	/	/	/
14	作新学院大学		栃木	2002	2004	/	/	/	/	/	/
15	跡見学園女子大学		埼玉	1968	1968	48	18	15	59	27	7
16	埼玉学園大学		埼玉	2003		/	/	/	/	/	/
17	十文字学園女子大学		埼玉	2002	2001	/	/	/	/	/	/

第5章 司書および司書教諭の資格取得者の実績

司書資格取得者数（左），司書教諭資格取得者数（中），就職者数（右）															備考
1982			1988			1995			2000			2005			
−	−	−	/	/	/	/	/	/	/	/	/	−	132	/	⑦
/	/	/	−	−	−	−	−	−	−	−	−	−	211	/	②
−	−	−	−	−	−	27	−	−	35	−	−	70	−	/	⑥
/	/	/	/	/	/	/	/	/	/	/	/	−	48	/	⑦
−	−	−	−	−	−	−	−	−	−	−	−	−	60	/	⑦
−	14	−	−	7	−	/	/	/	/	/	/	/	/	/	①
0	−	0	11	−	1	/	/	/	/	/	/	/	/	/	
/	/	/	/	/	/	8	/	/	/	/	/	/	/	/	③
/	/	/	−	−	−	−	−	−	−	−	−	−	324	/	⑥
/	/	/	−	−	−	−	−	−	−	−	−	−	−	/	②
−	−	−	−	−	−	−	−	−	−	−	−	−	58	/	
−	0	0	−	10	−	−	−	−	−	−	−	−	60	/	②
公立大学															
16	6	−	13	10	0	8	−	−	16	5	−	22	9	/	①②
/	/	/	/	/	/	30	−	3	69	−	−	69	138	/	⑤⑥
39	26	2	49	25	2	/	/	/	/	/	/	/	/	/	①①
/	/	/	/	/	/	/	/	/	/	/	/	−	32	/	⑦
/	/	/	43	15	1	46	34	2	40	27	−	/	/	/	①①
/	/	/	/	/	/	/	/	/	15	5	−	2	3	/	⑥⑥
/	/	/	/	/	/	/	/	/	16	6	−	19	11	/	⑥⑥
35	35	1	43	31	1	37	21	−	/	/	/	/	/	/	②④
−	−	−	−	−	−	−	−	−	−	−	−	−	−	/	③
私立大学															
/	/	/	/	/	/	/	/	/	/	/	/	−	17	/	⑦
/	/	/	/	/	/	/	/	/	/	/	/	76	−	/	⑦
41	16	0	20	14	0	27	6	1	24	3	−	46	21	/	①①
/	/	/	/	/	/	/	/	/	/	/	/	15	2	/	⑦
−	45	6	/	/	/	/	/	/	/	/	/	−	29	/	②
/	/	/	/	/	/	/	/	/	/	/	/	/	/	/	①
−	−	−	11	1	0	10	−	−	25	4	−	11	0	/	②⑦
/	/	/	−	−	−	44	−	4	35	−	−	33	−	/	④
49	69	−	43	30	0	55	18	−	57	5	−	98	29	/	③③
100	−	4	73	−	2	−	−	−	25	−	1	/	/	/	②
92	−	4	75	−	3	33	−	5	66	−	−	122	56	/	①⑥
/	/	/	/	/	/	36	7	1	/	/	/	22	10	/	⑦⑦
/	/	/	/	/	/	6	16	4	92	40	−	55	21	/	⑤⑤
/	/	/	27	−	1	18	1	1	58	15	1	48	8	/	④⑦
/	/	/	/	/	/	/	/	/	/	/	/	不明	不明	/	⑦⑦
/	/	/	72	15	1	42	8	3	85	24	2	88	34	/	①①
/	/	/	/	/	/	/	/	/	/	/	/	不明	−	/	⑦
/	/	/	/	/	/	/	/	/	/	/	/	24	0	/	⑦⑦

第Ⅱ部　データでたどる図書館情報専門職の養成と教育

No	大学	学部	都道府県	養成開始年		1972			1977		
				司書	司書教諭						
18	駿河台大学		埼玉	1995	不明	/	/	/	/	/	/
19	聖学院大学		埼玉	1999	不明	/	/	/	/	/	/
20	獨協大学		埼玉	1968	1969	33	4	5	26	6	6
21	文教大学		埼玉		2000	/	/	/	/	/	/
22	川村学園女子大学		千葉	1991	1995	/	/	/	/	/	/
23	淑徳大学		千葉	1972					−	−	−
24	聖徳大学		千葉	1990	1990	/	/	/	/	/	/
25	帝京平成大学		千葉	1998	2000	/	/	/	/	/	/
26	麗澤大学		千葉		1959				−	16	2
27	和洋女子大学		千葉	1997	1968	/	65	17	−	49	0
28	青山学院大学		東京	1963	1961	39	37	0	72	68	3
29	亜細亜大学		東京	1965	不明	18	3	1	13	1	−
30	桜美林大学		東京		1996						
31	大妻女子大学		東京	1968	1968	14	6	2	24	9	0
32	学習院女子大学		東京	1998							
33	共立女子大学		東京	1969	1957	52	89	不明	77	52	
34	杏林大学		東京		不明						
35	慶應義塾大学		東京	1951	不明	67	3	46	46	0	17
36	國學院大學		東京	1960	1955	63	49	3	46	45	30
37	国士舘大学		東京	1969	1969	62	202	14	31	126	−
38	駒澤大学		東京		1960		70	10	−	169	0
39	駒沢女子大学		東京		2001	/	/	/	/	/	/
40	実践女子大学		東京	1967	1967	82	32	5	52	11	−
41	上智大学		東京	1971	1974	/	/	/	16	4	0
42	昭和女子大学		東京	1984	1963	/	67	−	−	92	−
43	白百合女子大学		東京	1981	1981						
44	成蹊大学		東京		1997						
45	聖心女子大学		東京		1978						
46	清泉女子大学		東京	1979	1979						
47	専修大学	二部	東京	1958	1955	12	8	6			
48	大正大学		東京	1979	1979						
49	大東文化大学		東京	1961	1961	77	77	10	49	49	1
50	玉川大学		東京	1989	1960	/	19	若干	−	22	0
51	中央大学		東京	1981	1981						
52	帝京大学		東京	1987	1989						
53	東京家政大学		東京	2000	2000	/	/	/	/	/	/
54	東洋大学		東京	1959	不明	60	10	15	−	−	−
54	東洋大学	二部社会学科	東京	1959							
55	二松学舎大学		東京		1996	/	/	/	/	/	/
56	日本大学		東京	1958	1999	67	59	5	84	43	−
56	日本大学	文理学部	東京	1958	1999	/	/	/	/	/	/

第5章　司書および司書教諭の資格取得者の実績

司書資格取得者数（左），司書教諭資格取得者数（中），就職者数（右）													備考
1982			1988			1995			2000			2005			
/	/	/	/	/	/	-	-	-	63	-	-	48	0	/	⑦
/	/	/	/	/	/	/	/	/	-	-	-	14	2	/	⑥
28	6	3	32	1	1	38	4	-	53	20	-	40	38	/	①①
/	/	/	/	/	/	/	/	/	/	/	/	-	227	/	⑦
/	/	/	/	/	/	/	/	/	-	-	-	48	17	/	⑥⑦
7	-	0	13	-	0	13	-	-	28	-	-	35	-	/	①
/	/	/	/	/	/	/	/	-	29	7	-	58	27	/	⑤⑤
/	/	/	/	/	/	/	/	/	/	/	/	63	12	/	⑦⑦
-	5	-	-	2	0	-	4	-	-	12	-	-	10	/	②
-	59	0	-	36	-	-	32	-	37	20	-	89	21	/	⑦①
58	80	2	51	48	-	42	43	-	-	-	-	36	54	/	①①
20	1	1	20	-	3	14	-	1	36	4	-	17	4	/	①
/	/	/	/	/	/	/	/	/	/	/	/	-	28	/	⑦
22	8	-	18	2	0	18	10	1	103	18	-	/	/	/	①①
/	/	/	/	/	/	/	/	/	/	/	/	47	-	/	⑥
40	48	1	39	21	0	40	18	1	65	33	1	42	17	/	①②
/	/	/	/	/	/	/	/	/	/	/	/	-	11	/	
70	2	35	39	0	11	45	2	18	-	-	-	30	6	/	①
71	40	7	51	29	4	55	23	5	62	14	/	67	56	/	①①
41	147	5	60	120	13	35	70	-	28	40	-	43	69	/	①①
-	225	-	-	132	-	-	-	-	25	-	-	65	-	/	③
/	/	/	/	/	/	/	/	/	/	/	/	-	3	/	⑦
46	44	1	21	11	1	38	8	-	76	9	-	48	21	/	①③
74	20	-	28	8	1	-	-	-	-	-	-	-	-	/	①③
-	43	-	53	28	2	35	13	-	-	-	-	-	-	/	④①
/	/	/	50	7	0	58	6	4	84	10	-	69	19	/	④④
/	/	/	/	/	/	/	/	/	/	/	/	-	-	/	⑦
12	4	-	-	-	-	-	-	-	-	-	-	-	-	/	③
28	2	0	17	4	0	17	1	-	84	5	-	59	30	/	④④
/	/	/	/	/	/	/	/	/	/	/	/	5	8	/	①①
56	9	6	44	8	2	70	-	-	/	/	/	156	23	/	③③
68	57	1	134	100	3	-	56	-	/	/	/	169	67	/	①①
-	22	0	-	9	0	5	10	-	12	26	-	19	92	/	⑤①
16	3	3	74	35	7	36	9	-	34	7	-	53	16	/	③③
/	/	/	0	-	0	58	4	10	60	32	-	-	-	/	④⑤
/	/	/	/	/	/	/	/	/	/	/	/	109	94	/	⑦⑦
43	21	11	95	-	26	57	12	15	64	7	6	不明	不明	/	②
/	/	/	/	/	/	/	/	/	/	/	/	97	37	/	⑦
/	/	/	/	/	/	/	/	/	/	/	/	-	94	/	⑦
68	32	2	81	18	1	-	19	-	/	/	/	/	/	/	③⑥
/	/	/	/	/	/	/	/	/	-	32	-	/	/	/	⑥⑥

827

第Ⅱ部　データでたどる図書館情報専門職の養成と教育

No	大学	学部	都道府県	養成開始年 司書	養成開始年 司書教諭	1972			1977		
57	日本女子大学		東京	1963	1967	40	6	1	61	9	2
	日本女子大学	家政・文・理学部	東京	1963	1963	/	/	/	/	/	/
58	日本体育大学		東京		1965	/	/	/	/	/	/
59	文化女子大学		東京	1995	1995	/	/	/	/	/	/
60	法政大学		東京	1964	1964	69	24	−	−	−	−
61	武蔵野女子大学		東京	1969	1969	67	50	−	58	28	4
	武蔵野大学		東京	不明	不明	/	/	/	/	/	/
62	明治大学		東京	2000	2000	/	/	/	−	−	−
63	明星大学		東京	1981	1977	/	/	/	/	/	/
64	立教大学		東京	1967	1967	57	17	2	70	21	15
65	立正大学		東京		1968	/	/	/	−	62	−
66	和光大学		東京	1968	1968	17	0	3	39	5	3
67	早稲田大学		東京	不明	1957	33	16	10	51	20	−
68	関東学院大学		神奈川	1971	1971	8	11	3	38	10	2
69	相模女子大学		神奈川	1961	1960	47	47	9	40	55	5
	専修大学		神奈川	1958	1955	/	/	/	15	7	5
70	鶴見大学		神奈川	1966	1966	298	145	50	137	103	2
71	東海大学		神奈川	1974	不明	/	/	/	41	9	3
72	東洋英和女学院大学		神奈川	1999		/	/	/	/	/	/
	日本女子大学	人間社会学部	神奈川	1963	1963	/	/	/	/	/	/
73	八洲学園大学		神奈川	2004	2004	/	/	/	/	/	/
74	山梨英和大学		山梨	2003		/	/	/	/	/	/
75	岐阜聖徳学園大学		岐阜		2000	/	/	/	/	/	/
76	中部学院大学		岐阜	2003		/	/	/	/	/	/
77	東海女子大学		岐阜	1997	1999	/	/	/	/	/	/
78	静岡産業大学		静岡		1998	/	/	/	/	/	/
79	静岡文化芸術大学		静岡	2000	2000	/	/	/	/	/	/
80	常葉学園大学		静岡		1980	/	/	/	/	/	/
81	愛知大学		愛知	1958	1958	80	57	不明	47	36	不明
82	愛知学院大学		愛知	1964	1969	30	0	5	34	10	0
83	愛知淑徳大学		愛知	1985	不明	/	/	/	/	/	/
84	桜花学園大学		愛知	1998	不明	/	/	/	/	/	/
85	金城学院大学		愛知	不明	不明	/	/	/	/	/	/
86	椙山女学園大学		愛知	2000	2002	/	/	/	/	/	/
87	中京大学		愛知	1966	1966	42	35	−	67	35	−
88	東海学園大学		愛知	2000		/	/	/	/	/	/
89	市邨学園大学		愛知		1980	/	/	/	/	/	/
	名古屋経済大学		愛知		1980	/	/	/	/	/	/
90	南山大学		愛知	2000	2000	/	/	/	/	/	/
91	皇學館大学		三重	1971	1971	15	29	1	44	49	0
92	大谷大学		京都	1965		35	/	−	33	−	2

第5章 司書および司書教諭の資格取得者の実績

| 司書資格取得者数（左），司書教諭資格取得者数（中），就職者数（右） ||||||||||||||| 備考 |
1982			1988			1995			2000			2005			
46	17	5	/	/	/	68	9	3	76	15	5	/	/	/	①①
/	/	/	/	/	/	/	/	/	/	/	/	70	58	/	⑦
/	/	/	/	/	/	/	/	/	/	/	/	−	27	/	⑦
/	/	/	/	/	/	/	/	/	47	4	1	36	−	/	⑥⑥
118	43	2	92	90	−	80	17	−	/	/	/	不明	31	/	①②
64	34	6	56	30	1	78	16	−	23	6	−	/	/	/	①①
/	/	/	/	/	/	/	/	/	/	/	/	97	7	/	
−	−	−	−	−	−	−	−	−	−	−	/	127	75	/	⑦⑦
−	56	−	69	25	−	56	43	3	50	39	1	38	56	/	③②
80	25	8	28	4	2	30	4	4	33	16	−	53	46	/	①①
−	89	12	−	14	0	−	27	−	−	50	−	−	58	/	②
53	15	1	39	9	0	25	4	−	18	2	−	19	4	/	①①
54	47	2	−	−	−	−	−	−	50	20	10	不明	16	/	⑦
74	31	2	62	25	0	66	20	−	39	11	−	60	10	/	①①
93	69	3	35	23	0	42	15	1	74	25	−	58	29	/	①①
38	9	15	18	3	8	15	4	4	30	5	2	34	35	/	①①
125	102	6	85	41	6	68	13	6	101	31	−	59	10	/	①③
77	34	11	32	7	3	55	10	3	41	16	−	49	17	/	②
/	/	/	/	/	/	/	/	/	/	/	/	62	−	/	⑦
/	/	/	/	/	/	/	/	/	/	/	/	22	41	/	⑦⑦
/	/	/	/	/	/	/	/	/	/	/	/	−	−	/	⑦⑦
/	/	/	/	/	/	/	/	/	/	/	/	0	−	/	⑦
/	/	/	/	/	/	/	/	/	/	/	/	−	269	/	⑦
/	/	/	/	/	/	/	/	/	/	/	/	0	−	/	⑦
/	/	/	/	/	/	/	/	/	−	−	−	29	8	/	⑥⑥
/	/	/	/	/	/	/	/	/	/	/	/	−	0	/	⑦
/	/	/	/	/	/	/	/	/	/	/	/	60	6	/	⑦⑦
−	0	0	−	35	0	−	−	−	−	16	−	−	−	/	③
67	26	1	49	17	1	26	5	−	57	8	−	24	2	/	①①
63	25	0	28	8	1	41	15	−	135	18	1	99	28	/	①①
/	/	/	−	−	−	−	−	2	209	−	6	154	22	/	④
/	/	/	/	/	/	/	/	/	/	/	/	26	9	/	⑥
/	/	/	/	/	/	/	/	/	/	/	/	0	0	/	
/	/	/	/	/	/	/	/	/	/	/	/	36	0	/	⑦⑦
105	69	2	59	32	−	−	44	2	97	18	−	156	31	/	①①
/	/	/	/	/	/	/	/	/	/	/	/	24	12	/	⑦
0	0	0	/	/	/	/	/	/	/	/	/	/	/	/	③
/	/	/	−	4	−	/	/	/	/	/	/	−	3	/	④
/	/	/	/	/	/	/	/	/	/	/	/	100	27	/	⑦⑦
46	80	1	54	78	3	−	−	1	41	31	1	22	84	/	①①
42	−	0	36	−	1	−	−	3	100	−	2	−	−	/	①

第Ⅱ部　データでたどる図書館情報専門職の養成と教育

No	大学	学部	都道府県	養成開始年 司書	養成開始年 司書教諭	1972			1977		
93	京都外国語大学		京都	1977	1977	／	／	／	－	－	－
94	京都学園大学		京都	2000	2000	／	／	／	／	／	／
95	光華女子大学		京都	1970	1970	84	78	－	54	40	1
	京都光華女子大学		京都			／	／	／	／	／	／
96	京都女子大学		京都	1992	1954	／	117	－	－	94	－
97	京都精華大学		京都	1968		／	／	／	／	／	／
98	橘女子大学		京都	1972	1969	／	37	1	62	46	1
	京都橘女子大学		京都			／	／	／	／	／	／
99	ノートルダム女子大学		京都	1974	2003	／	／	／	14	－	4
	京都ノートルダム女子大学		京都			／	／	／	／	／	／
100	同志社大学		京都	1952	1962	56	32	2	79	75	10
101	花園大学		京都	1997	1965	／	－	－	－	9	－
102	佛教大学		京都	1966	1961	11	10	0	32	52	／
103	立命館大学		京都	2003	2003	／	／	／	／	／	／
104	大阪学院大学		大阪	1997	1998	／	／	／	／	／	／
105	大阪芸術大学		大阪	1982	1990	／	／	／	／	／	／
106	大阪樟蔭女子大学		大阪	1965	1965	66	68	2	51	10	2
	大阪樟蔭女子大学	学芸学部	大阪	不明	不明	／	／	／	／	／	／
	大阪樟蔭女子大学	人間科学部	大阪	2001	2001	／	／	／	／	／	／
107	大谷女子大学		大阪	1973	1998	／	／	／	96	－	－
108	関西大学		大阪	1963	1963	38	6	－	93	51	不明
109	関西外国語大学		大阪	1994	1994	／	／	／	／	／	／
	関西外国語大学	外国語学部	大阪	1994	1994	／	／	／	／	／	／
	関西外国語大学	国際言語学部	大阪	1997		／	／	／	／	／	／
110	近畿大学		大阪	1972		／	／	／	45	－	0
111	四天王寺国際仏教大学		大阪		1972	／	／	／	／	／	／
112	千里金蘭大学		大阪	2004	2004	／	／	／	／	／	／
113	帝塚山学院大学		大阪	1968	1998	19	／	3	41	－	0
	帝塚山学院大学	文学部	大阪	1968	1998	／	／	／	／	／	／
	帝塚山学院大学	人間文化学部	大阪	1998	1998	／	／	／	／	／	／
114	梅花女子大学		大阪	1983	1983	／	／	／	／	／	／
115	羽衣国際大学		大阪	2002		／	／	／	／	／	／
116	阪南大学		大阪	1969	1969	6	0	－	2	1	0
117	桃山学院大学		大阪	1962	1991	21	／	不明	30	－	不明
118	英知大学		兵庫	1995		／	／	／	／	／	／
119	大手前女子大学		兵庫	1975		／	／	／	30	－	－
120	関西学院大学		兵庫		1957	／	31	－	－	11	－
121	甲南大学		兵庫	1962	1984	111	／	0	69	－	0
122	甲南女子大学		兵庫	1971		21	／	－	61	－	3
	甲南女子大学	文学部	兵庫	1971		／	／	／	／	／	／
	甲南女子大学	人間科学部	兵庫	2001		／	／	／	／	／	／

第5章　司書および司書教諭の資格取得者の実績

司書資格取得数（左），司書教諭資格取得者数（中），就職者数（右）												備考
1982			1988			1995			2000		2005	
23	8	7	31	0	2	35	5	2	17	3	－	/	/	/	②③
/	/	/	/	/	/	/	/	/	35	5	/	⑦⑦
129	97	3	－	－	－	20	3	1	61	21	－	/	/	/	①①
/	/	/	/	/	/	/	/	/	41	12	/	
－	79	－	－	60	－	62	60	－	154	58	4	/	/	/	⑤①
/	/	/	/	/	/	26	－	－	23	－	－	－	－	/	⑦
71	50	1	77	43	2	/	/	/	/	/	/	①①
/	/	/	/	/	/	－	28	6	89	16	3	181	50		
23	－	0	45	0	10	41	－	4	/	/	/	②⑦
/	/	/	/	/	/	/	/	/	25	－	2	30	12	/	
76	48	8	118	51	13	72	15	18	69	22	18	－	－	/	①①
－	26	－	－	20	0	－	－	－	－	32	3	31	11	/	⑥①
39	40	0	70	62	－	－	48	2	106	65	－	/	/	/	①①
/	/	/	/	/	/	/	/	/	0	0	/	⑦⑦
/	/	/	/	/	/	/	/	/	21	－	－	7	7	/	⑥⑥
/	/	/	11	－	1	46	18	－	82	13	－	78	27	/	④⑤
54	21	5	42	19	0	30	8	－	76	33	－	/	/	/	①①
/	/	/	/	/	/	/	/	/	/	/	/	32	22	/	
/	/	/	/	/	/	/	/	/	/	/	/	0	0	/	⑦⑦
169	－	4	236	－	－	－	－	2	146	131	2	109	84	/	②⑦
23	25	－	80	55	－	67	19	－	83	24	－	141	37	/	①①
/	/	/	/	/	/	/	/	/	50	4	1	/	/	/	⑥⑥
/	/	/	/	/	/	/	/	/	/	/	/	36	19	/	⑦⑦
/	/	/	/	/	/	/	/	/	/	/	/	19	－	/	⑦
44	－	1	39	－	－	27	－	1	68	－	－	56	－	/	①
－	37	－	－	－	－	－	52	－	－	－	－	－	69	/	④
/	/	/	/	/	/	/	/	/	/	/	/	－	－	/	⑦⑦
44	－	0	57	－	0	73	－	1	81	10	2	/	/	/	①⑥
/	/	/	/	/	/	/	/	/	/	/	/	27	12	/	①⑦
/	/	/	/	/	/	/	/	/	/	/	/	27	0	/	⑦⑦
/	/	/	96	14	2	76	19	－	109	14	1	53	7	/	④④
/	/	/	/	/	/	/	/	/	/	/	/	1	－	/	⑦
9	3	1	6	1	0	18	4	－	24	3	－	16	3	/	①①
16	－	2	16	－	2	28	－	2	41	11	1	38	7	/	①⑦
/	/	/	/	/	/	/	/	/	17	－	1	13	－	/	⑦
81	－	1	27	－	0	34	－	1	72	－	1	/	/	/	②
－	－	－	－	7	－	－	1	－	－	－	－	－	44	/	①
152	－	－	100	13	0	52	10	－	41	13	－	87	18	/	①④
58	－	－	49	－	0	72	－	5	87	－	2	/	/	/	①
/	/	/	/	/	/	/	/	/	/	/	/	38	－	/	①
/	/	/	/	/	/	/	/	/	/	/	/	0	－	/	⑦

831

第Ⅱ部　データでたどる図書館情報専門職の養成と教育

No	大学	学部	都道府県	養成開始年 司書	養成開始年 司書教諭	1972			1977		
123	松蔭女子学院大学		兵庫	1972		/	/	/	79	−	0
	神戸松蔭女子学院大学		兵庫	1966							
124	神戸女子大学		兵庫	2000	2000	/	/	/	/	/	/
125	親和女子大学		兵庫	1968		36	/	2	40	−	2
	神戸親和女子大学		兵庫	1968	2000						
126	園田学園女子大学		兵庫	1970	1970	7	5	0	16	11	1
127	姫路獨協大学		兵庫	1992	1990	/	/	/	/	/	/
128	武庫川女子大学		兵庫	1960	1960	83	100	−	75	53	55
129	帝塚山大学		奈良	1966	2004	33	/	1	42	−	1
130	天理大学		奈良	1951	不明	29	11	6	28	8	1
131	奈良大学		奈良	2004	2004	/	/	/	/	/	/
132	岡山学院大学		岡山	2002							
133	就実女子大学		岡山	1983	1999						
	就実大学		岡山	1979	1979						
134	ノートルダム清心女子大学		岡山	2003	1973	/	/	/	−	−	−
135	広島文教女子大学		広島	1969	1969	45	26	8	16	16	2
136	安田女子大学		広島	1980	1967	/	60	4	−	66	−
137	梅光女学院大学		山口	1969	1970	51	6	2	38	19	1
	梅光学院大学		山口	2000	2000						
138	四国女子大学		徳島	1973	1970		2	0	/	/	/
	四国大学		徳島	1973	1970						
139	徳島文理大学		徳島	1966	不明						
140	松山商科大学		愛媛	1976	1976	/	/	/	−	−	−
	松山大学		愛媛	1976	1976						
141	八幡大学		福岡	1977	1960		80	−	0	30	−
	九州国際大学		福岡	1977	1960						
142	九州産業大学		福岡	1968	1968	58	18	2	23	5	1
143	九州女子大学		福岡	1975	1976				−	−	−
144	久留米大学		福岡	1992	不明						
145	筑紫女学園大学		福岡		2003						
146	活水女子大学		長崎	2001	1997						
147	長崎純心大学		長崎	1994	1997						
148	熊本学園大学		熊本	1994	1994						
149	尚絅大学		熊本	1997	1997						
150	別府大学		大分	1961	1961	32	30	7	35	31	1
151	鹿児島経済大学		鹿児島	1983							
	鹿児島国際大学		鹿児島	1973	2001						
152	鹿児島純心女子大学		鹿児島		2002	/	/	/	/	/	/
153	鹿児島女子大学		鹿児島	1979	1979	/	/	/	/	/	/
	志學館大学		鹿児島	1979	1979						

第5章　司書および司書教諭の資格取得者の実績

司書資格取得者数（左），司書教諭資格取得者数（中），就職者数（右）													備考
1982			1988			1995			2000			2005			
/	/	/	50	−	2	48	−	2	/	/	/	/	/	①
/	/	/	/	/	/	/	/	/	54	−	−	67	−	⑥
/	/	/	/	/	/	/	/	/	/	/	/	125	90	⑦⑦
71	−	3	73	−	2	42	−	1	/	/	/	/	/	①
/	/	/	/	/	/	/	/	/	71	−	−	55	80	⑤⑦
60	41	1	63	36	0	58	21	1	120	30	3	21	6	①①
/	/	/	/	/	/	/	/	/	35	38	−	−	28	⑥⑥
66	16	5	65	7	0	52	1	2	241	75	2	177	165	①①
46	−	2	31	−	0	10	−	−	/	/	/	33	−	①⑦
35	13	1	36	9	−	33	4	2	51	4	−	32	13	①
/	/	/	/	/	/	/	/	/	/	/	/	−	−	⑦⑦
/	/	/	/	/	/	/	/	/	/	/	/	0	−	⑦
/	/	/	51	−	6	−	−	7	144	−	10	/	/	④⑥
/	/	/	/	/	/	/	/	/	/	/	/	100	11	⑦⑦
−	65	3	−	66	−	−	22	−	−	39	3	20	82	/	⑦②
/	/	/	45	28	1	24	12	1	40	−	1	46	71	①①
31	29	1	48	41	5	86	35	4	108	60	−	146	128	③①
43	32	5	36	12	2	34	7	2	34	8	1	/	/	①①
/	/	/	/	/	/	/	/	/	/	/	/	15	2	⑦⑦
25	55	1	8	31	2	/	/	/	/	/	/	/	/	③①
/	/	/	/	/	/	70	88	3	/	/	/	82	63	⑤⑤
/	/	/	/	/	/	/	/	/	35	22	−	−	0	⑥
88	13	0	28	1	1	/	/	/	/	/	/	/	/	②②
/	/	/	/	/	/	−	−	−	46	5	−	53	10	⑤⑤
−	−	−	7	6	1	/	/	/	/	/	/	/	/	②①
/	/	/	/	/	/	12	−	−	20	−	1	4	10	⑤⑤
21	7	−	−	−	−	11	4	−	43	6	−	35	5	①①
76	72	−	18	18	2	16	10	−	71	51	3	/	/	②④
/	/	/	/	/	/	/	/	/	28	−	−	74	−	⑥
/	/	/	/	/	/	/	/	/	/	/	/	−	34	/	⑦
/	/	/	/	/	/	/	/	/	/	/	/	20	17	⑦⑦
/	/	/	/	/	/	/	/	/	36	−	1	15	0	⑥⑥
/	/	/	/	/	/	/	/	/	77	7	1	87	4	⑥⑥
/	/	/	/	/	/	/	/	/	−	−	−	16	8	⑥⑥
61	49	−	64	46	0	80	48	3	101	37	2	159	70	①①
/	/	/	12	−	−	26	−	−	23	−	−	/	/	④
/	/	/	/	/	/	/	/	/	/	/	/	32	0	⑦⑦
/	/	/	/	/	/	/	/	/	/	/	/	−	0	⑦
−	−	−	34	35	1	58	47	3	/	/	/	/	/	③③
/	/	/	/	/	/	/	/	/	57	60	1	10	27	/	⑥⑥

833

第Ⅱ部　データでたどる図書館情報専門職の養成と教育

No	大学	学部	都道府県	養成開始年		1972			1977		
				司書	司書教諭						
154	沖縄国際大学		沖縄	1995	1995	/	/	/	/	/	/
国立短期大学											
1	図書館短期大学		東京	1964		132	2	110	149	-	111
公立短期大学											
1	山形県立米沢女子短期大学		山形	1971	1973	-	/	-	52	31	3
2	長野県短期大学		長野	2004	2004	/	/	/	/	/	/
3	静岡女子短期大学		静岡	1970	1962	42	13	5	27	5	3
	静岡県立大学短期大学部		静岡	1987	1987	/	/	/	/	/	/
4	島根県立島根女子短期大学		島根	1988							
私立短期大学											
1	岩見澤駒澤短期大学		北海道		1965	/	/	/	/	/	/
2	釧路短期大学		北海道	1994	不明	/	/	/	/	/	/
3	國學院短期大学		北海道	1988	1988	/	/	/	/	/	/
4	苫小牧駒沢短期大学		北海道		1971	/	/	/	-	98	-
	駒澤大学苫小牧短期大学		北海道		1965						
5	札幌香蘭女子短期大学		北海道	1968		8		5			
6	静修短期大学		北海道	1974					57	-	5
	札幌国際大学短期大学部		北海道	1974							
7	札幌大学女子短期大学部		北海道	1976	1969	/	21	0	15	30	-
8	北海道武蔵女子短期大学		北海道	1967		120	/	3	91	/	9
9	青森短期大学		青森	1985							
10	青森中央短期大学		青森	1978	1978						
11	聖和学園短期大学		宮城	1981	1981						
12	山形女子短期大学		山形	1967	1967	39	0	2	138	54	5
	山形短期大学		山形								
13	郡山女子大学短期大学部		福島	1983							
14	桜の聖母短期大学		福島	1998							
15	茨城キリスト教短期大学		茨城	1977	1977				-	-	-
	シオン短期大学		茨城			/	/	/	/	/	/
	茨城キリスト教大学短期大学部		茨城			/	/	/	/	/	/
16	茨城女子短期大学		茨城	1970		8	6	2	34	15	5
17	土浦短期大学		茨城	1976	1966	/	/	/	0	40	0
	つくば国際短期大学		茨城	1976	1976						
18	常磐学園短期大学		茨城	1975	1975	/	/	/	51	17	2
	常磐大学短期大学部		茨城	1975	1975	/	/	/	/	/	/
	常磐短期大学		茨城	1975	1975	/	/	/	/	/	/
19	國學院大学栃木短期大学		栃木	1969	1969	37	20	6	51	21	3
20	作新学院女子短期大学		栃木	1968		26	/	3	45	-	2
	作新学院大学女子短期大学部		栃木	1967		/	/	/	/	/	/

第5章 司書および司書教諭の資格取得者の実績

司書資格取得者数（左），司書教諭資格取得者数（中），就職者数（右）															備考
1982			1988			1995			2000			2005			
/	/	/	/	/	/	/	/	/	7	42	–	85	78	/	⑥⑥
国立短期大学															
/	/	/	/	/	/	/	/	/	/	/	/	/	/	/	①
公立短期大学															
51	43	1	137	48	2	–	43	5	133	28	3	102	20	/	①②
/	/	/	/	/	/	/	/	/	/	/	/	0	0	/	⑦⑦
21	5	0	25	2	0	/	/	/	/	/	/	/	/	/	①①
/	/	/	–	–	–	36	–	1	/	/	/	/	/	/	⑤⑤
/	/	/	/	/	/	28	–	–	41	–	2	33	–	/	⑤
私立短期大学															
/	/	/	–	3	0	/	/	/	/	/	/	/	/	/	④
/	/	/	/	/	/	/	/	/	11	–	5	19	4	/	⑥
/	/	/	/	/	/	/	/	/	27	3	4	9	4	/	⑥⑦
–	56	0	/	/	/	/	/	/	/	/	/	/	/	/	⑥
/	/	/	/	/	/	–	24	–	–	38	–	/	/	/	⑤
/	/	/	/	/	/	/	/	/	/	/	/	/	/	/	①
–	–	–	61	–	7	86	–	4	/	/	/	/	/	/	②
/	/	/	/	/	/	/	/	/	75	–	1	33	–	/	⑥
32	7	–	24	7	–	36	2	–	14	–	–	31	–	/	②①
58	–	–	44	–	9	60	–	7	95	–	7	83	–	/	②
/	/	/	4	–	0	4	–	–	10	–	–	15	–	/	④
/	/	/	/	/	/	/	/	/	82	3	–	53	3	/	⑥⑥
–	–	–	35	10	1	67	–	1	112	12	1	52	18	/	④④
141	30	2	53	14	1	72	9	1	51	15	2	/	/	/	①①
/	/	/	/	/	/	/	/	/	/	/	/	25	12	/	
/	/	/	/	/	/	72	–	4	54	–	4	/	/	/	⑥
/	/	/	/	/	/	/	/	/	/	/	/	29	–	/	⑦
63	13	–	7	0	0	/	/	/	/	/	/	/	/	/	②②
/	/	/	/	/	/	29	1	–	31	–	–	/	/	/	
/	/	/	/	/	/	/	/	/	/	/	/	10	–	/	
48	17	4	11	1	–	30	12	–	24	1	–	16	–	/	①
48	9	0	32	6	–	52	2	–	/	/	/	/	/	/	②②
/	/	/	/	/	/	/	/	/	33	2	1	20	3	/	⑥⑥
52	8	–	28	6	0	/	/	/	/	/	/	/	/	/	⑤⑤
/	/	/	/	/	/	28	3	–	/	/	/	/	/	/	②②
/	/	/	/	/	/	/	/	/	19	3	–	28	–	/	⑥⑥
52	36	7	28	4	3	24	3	5	33	9	1	12	4	/	②②
79	–	0	32	–	4	56	–	2	/	/	/	/	/	/	①
/	/	/	/	/	/	/	/	/	30	–	2	/	/	/	⑥

835

第Ⅱ部　データでたどる図書館情報専門職の養成と教育

No	大学	学部	都道府県	養成開始年		1972			1977		
				司書	司書教諭						
21	関東短期大学		群馬	1988		/	/	/	—	151	—
22	群馬女子短期大学		群馬	1972	1973	/	/	/	64	19	1
	高崎健康福祉大学短期大学部		群馬	2003		/	/	/	/	/	/
23	秋草学園短期大学		埼玉	1985		/	/	/	/	/	/
24	埼玉純真女子短期大学		埼玉	1983	1983	/	/	/	/	/	/
25	十文字学園女子短期大学		埼玉	1973	1973	/	/	/	20	0	—
	十文字学園女子短期大学部		埼玉	1973	1973	/	/	/			
26	女子聖学院短期大学		埼玉	1975		/	/	/	23	5	3
27	昭和学院短期大学		千葉		1955	/	/	/	—	88	4
28	聖徳学園短期大学		千葉	1970	1970	15	12	1	215	138	0
	聖徳大学短期大学部		千葉	1969	1969	/	/	/	/	/	/
29	千葉敬愛短期大学		千葉		2000	/	/	/	—	—	—
30	千葉経済短期大学		千葉	1974	1986	/	/	/	50	—	5
	千葉経済大学短期大学部		千葉	1972	1986	/	/	/			
31	和洋女子短期大学		千葉		1968	/	59	1	/	46	0
	和洋女子大学短期大学部		千葉		1968	/	/	/			
32	青葉学園短期大学		東京	1973	1971	/	/	/	52	17	3
33	青山学院女子短期大学		東京	1966		51	/	0	55	—	1
34	日本経済短期大学		東京	1965		38	—	7	31	—	2
	亜細亜大学短期大学部		東京	1965							
35	大妻女子大学短期大学部		東京	1968	1968	64	8	4	73	8	6
36	学習院女子短期大学		東京	1977	1977	/	/	/	0	0	0
37	共立女子短期大学		東京		1959	/	/	/	—	45	不明
38	国士舘短期大学		東京		1954	/	/	/	/	/	/
39	駒澤短期大学		東京		1963	/	/	/	/	/	/
40	産業能率短期大学		東京	1977		/	/	/	/	/	/
	産能短期大学		東京	1977		/	/	/	/	/	/
41	実践女子短期大学		東京	1967		82	32	5	32	4	—
42	淑徳短期大学		東京	1974		/	/	/	43	—	1
43	昭和女子大学短期大学部		東京	1984	1963	/	/	/	—	50	—
44	白梅学園短期大学		東京	1995		/	/	/	/	/	/
45	戸板女子短期大学		東京	1995	1995	/	/	/	/	/	/
46	東洋大学短期大学		東京	1963		185	53	15	143	—	5
47	東横学園女子短期大学		東京	1967	1968	68	18	2	123	9	5
48	文化女子大学短期大学部		東京	1995	1995	/	/	/	/	/	/
49	文教大学女子短期大学部		東京	1972	1963	/	/	/	102	11	2
50	武蔵野女子大学短期大学部		東京	1969	1969	68	10	—	103	5	1
51	横浜創英短期大学		東京	1989		/	/	/	/	/	/

第5章 司書および司書教諭の資格取得者の実績

| 司書資格取得者数（左），司書教諭資格取得者数（中），就職者数（右） ||||||||||||||| 備考 |
1982			1988			1995			2000			2005			
/	/	/	/	/	/	32	–	3	12	–	–	15	18	/	⑤
100	31	7	33	1	0	60	10	1	46	10	4	/	/	/	①②
/	/	/	/	/	/	/	/	/	26	–	/	/	/	/	⑦
/	/	/	/	/	/	/	/	/	28	–	/	/	/	/	⑦
/	/	/	10	0	0	13	4	2	19	5	–	14	3	/	④④
/	/	/	–	–	0	–	–	3	104	14	–	/	/	/	②②
/	/	/	/	/	/	/	/	/	21	0	/	/	/	/	⑦⑦
26	–	3	59	–	9	21	–	1	/	/	/	/	/	/	②
–	69	2	–	44	1	–	–	–	–	37	–	–	3	/	②
30	27	1	128	21	7	/	/	/	/	/	/	/	/	/	①①
/	/	/	/	/	/	–	11	–	113	17	–	45	6	/	⑤⑤
–	–	–	/	/	/	/	/	/	/	/	/	–	23	/	⑦
51	–	15	50	0	3	/	/	/	/	/	/	/	/	/	②④
/	/	/	/	/	/	25	10	2	19	–	–	18	–	/	①⑤
–	6	–	–	12	–	–	8	–	/	/	/	/	/	/	③
/	/	/	/	/	/	/	/	/	35	3	–	/	/	/	⑥
49	7	4	67	16	0	–	5	9	45	3	–	11	–	/	②②
58	–	3	108	–	1	85	–	–	/	/	/	51	–	/	①
28	–	1	12	–	1	/	/	/	/	/	/	/	/	/	①
/	/	/	/	/	/	15	–	–	6	–	–	0	–	/	⑤
64	8	–	117	13	3	–	8	–	/	/	/	/	/	/	①①
39	1	2	97	0	–	9	–	9	/	/	/	/	/	/	②②
–	35	–	–	23	0	–	–	–	/	/	/	/	/	/	②
–	18	–	–	69	0	–	16	–	–	4	–	/	/	/	④
–	32	–	–	11	–	–	–	–	–	7	–	–	1	/	④
25	–	1	31	–	7	/	/	/	/	/	/	/	/	/	②
/	/	/	/	/	/	47	–	4	24	–	–	36	–	/	⑤
75	–	2	28	–	0	25	–	–	31	–	–	24	–	/	①
65	–	3	–	–	–	–	–	1	–	–	–	4	–	/	②
–	57	–	115	16	1	67	8	4	108	44	2	108	56	/	④②
/	/	/	/	/	/	/	/	/	37	–	/	/	/	/	⑥
/	/	/	/	/	/	/	/	/	11	–	–	6	–	/	⑥⑥
100	11	1	75	40	6	45	1	–	/	/	/	/	/	/	①
91	–	1	26	–	0	70	–	–	60	–	–	11	–	/	①①
/	/	/	/	/	/	/	/	/	19	1	–	/	/	/	⑥⑥
111	18	5	146	19	3	–	6	–	82	6	–	/	/	/	②②
84	10	2	85	7	1	77	–	1	/	/	/	/	/	/	①①
/	/	/	/	/	/	/	/	/	–	–	–	/	/	/	⑥

第Ⅱ部　データでたどる図書館情報専門職の養成と教育

No	大学	学部	都道府県	養成開始年 司書	養成開始年 司書教諭	1972			1977		
52	関東学院女子短期大学		神奈川	1971	1971	8	10	0	49	8	1
53	相模女子大学短期大学部		神奈川	1961	1960	125	48	11	70	11	3
54	鶴見大学女子短期大学部		神奈川	1966	1966	298	145	50	184	35	6
	鶴見大学短期大学部		神奈川	1953		／	／	／	／	／	／
55	新潟短期大学		新潟		1956	／	3	0	－	7	－
56	新潟中央短期大学		新潟	1982		／	／	／	／	／	／
57	富山女子短期大学		富山	1968	1971	41	／	4	85	25	－
	富山短期大学		富山	1968		／	／	／	／	／	／
58	北陸学院短期大学		石川	1970		37	／	6	44	－	－
59	山梨英和短期大学		山梨	1969	1969	14	12	4	59	25	4
60	上田女子短期大学		長野	1987	1987	／	／	／	／	／	／
61	信州豊南女子短期大学		長野	1983	1986	／	／	／	／	／	／
	信州豊南短期大学		長野	1983		／	／	／	／	／	／
62	松商学園短期大学		長野	1977		／	／	／	／	／	／
	松本大学松商短期大学部		長野	1977		／	／	／	／	／	／
63	中部女子短期大学		岐阜	1970	1970	23	5	3	－	26	0
	中部学院大学短期大学部		岐阜	1970		／	／	／	／	／	／
64	東海女子短期大学		岐阜	1973	1968	／	99	0	67	113	3
65	常葉女子短期大学		静岡	1969		29	18	3	98	－	10
	常葉学園短期大学		静岡	1969		／	／	／	／	／	／
	日本大学短期大学部		静岡		1966	／	10	1	－	－	－
66	日本大学短期大学部（三島）		静岡		1966	／	／	／	／	／	／
67	愛知大学短期大学部		愛知	1959	1959	／	／	／	74	25	不明
68	愛知学泉女子短期大学		愛知	1967	1967	／	／	／	／	／	／
	愛知学泉短期大学		愛知	1967		／	／	／	／	／	／
69	安城学園女子短期大学		愛知	1967		66	66	7	82	42	3
70	一宮女子短期大学		愛知	1967	1967	75	68	6	53	34	7
71	市邨学園短期大学		愛知		1966	／	122	1	－	147	2
72	椙山女学園大学短期大学部		愛知	1969	1969	46	8	16	47	2	10
73	東海学園女子短期大学		愛知	1995		／	／	／	／	／	／
74	名古屋自由学院短期大学		愛知		1976	／	／	／	－	31	1
75	名古屋女子大学短期大学部		愛知		1969	／	21	0	／	／	／
76	松阪女子短期大学		三重	1965	1965	／	／	／	102	45	5
	松阪大学女子短期大学部		三重	1965	1965	／	／	／	／	／	／
77	滋賀文教短期大学		滋賀	1995	1972	／	／	／	－	－	－
78	大谷大学短期大学部		京都	1964		／	／	／	66	－	2
	光華女子短期大学		京都		1954	／	／	／	－	70	0
79	京都光華女子大学短期大学部		京都		不明	／	／	／	／	／	／

第5章　司書および司書教諭の資格取得者の実績

司書資格取得者数（左），司書教諭資格取得者数（中），就職者数（右）															備考
1982			1988			1995			2000			2005			
94	3	4	77	2	2	65	1	-	/	/	/	/	/	/	①①
106	12	1	63	8	1	47	-	2	46	1	-	23	-	/	①①
169	25	9	133	12	7	87	7	2	70	8	-	/	/	/	①③
/	/	/	/	/	/	/	/	/	20	-	/	/	/	/	⑦
-	8	-	-	1	-	/	/	/	/	/	/	/	/	/	①
/	/	/	11	-	1	43	-	-	/	/	/	/	/	/	④
77	7	1	56	10	4	60	3	5	26	3	1	/	/	/	①①
/	/	/	/	/	/	/	/	/	14	-	/	/	/	/	⑦
54	-	-	44	-	8	33	-	2	18	-	-	13	-	/	①
76	25	6	46	16	4	-	10	2	65	23	3	/	/	/	①②
/	/	/	0	0	0	88	11	-	60	8	1	32	1	/	④④
/	/	/	67	9	2	-	9	3	41	7	2	/	/	/	④④
/	/	/	/	/	/	/	/	/	/	/	/	39	-	/	⑦
21	-	1	5	-	0	15	-	-	15	-	-	/	/	/	③
/	/	/	/	/	/	/	/	/	/	/	/	17	-	/	⑦
45	18	3	23	6	1	40	8	2	/	/	/	/	/	/	①①
/	/	/	/	/	/	/	/	/	23	-	-	18	-	/	⑥
117	104	3	63	56	6	47	79	5	72	66	3	51	5	/	②①
/	/	/	/	/	/	/	/	/	/	/	/	/	/	/	①
73	-	7	84	0	0	-	-	3	/	/	/	21	8	/	③
-	41	-	/	/	/	/	/	/	-	27	-	/	/	/	①
/	/	/	-	9	-	-	17	-	/	/	/	/	/	/	④
100	11	1	60	5	1	43	1	-	33	4	-	12	1	/	②②
84	3	-	/	/	/	/	/	/	38	-	2	/	/	/	③③
/	/	/	/	/	/	/	/	/	/	/	/	23	-	/	⑦
/	/	/	/	/	/	/	/	/	/	/	/	/	/	/	①
38	29	0	66	16	1	60	21	-	/	/	/	/	/	/	①④
-	28	-	/	/	/	/	/	/	/	/	/	/	/	/	①
44	1	0	18	0	6	17	-	1	28	-	3	/	/	/	①①
/	/	/	/	/	/	/	/	/	64	-	-	/	/	/	⑥
-	94	-	-	39	1	-	29	-	-	32	-	/	/	/	②
/	/	/	/	/	/	/	/	/	/	/	/	/	/	/	①
73	13	3	37	9	0	/	/	/	/	/	/	/	/	/	②②
/	/	/	/	/	/	44	13	1	/	/	/	/	/	/	⑤⑤
-	26	0	-	7	-	-	46	-	55	13	-	32	7	/	⑥③
41	-	1	53	-	0	-	-	-	50	-	-	-	-	/	②
-	36	0	-	-	-	-	5	-	/	/	/	/	/	/	②
/	/	/	/	/	/	/	/	/	/	/	/	-	2	/	

第Ⅱ部　データでたどる図書館情報専門職の養成と教育

No	大学	学部	都道府県	養成開始年 司書	養成開始年 司書教諭	1972			1977		
80	京都女子大学短期大学部		京都	1992	1954	/	/	/	-	94	-
81	京都精華大学短期大学部		京都	1968		/	/	/	28	-	-
82	京都文化短期大学		京都	1983		/	/	/	/	/	/
83	平安女学院短期大学		京都		1970	/	3	0	-	-	-
84	大阪青山短期大学		大阪	1981	1981	/	/	/	/	/	/
85	大阪城南女子短期大学		大阪	1970		16	/	2	21	-	0
86	大阪成蹊女子短期大学		大阪	1993	1999	/	/	/	/	/	/
86	大阪成蹊短期大学		大阪	1993	1999	/	/	/	/	/	/
87	関西外国語大学短期大学部		大阪	1994	1994	/	/	/	/	/	/
87	関西外国語大学短期大学部	英米語学科	大阪			/	/	/	/	/	/
87	関西外国語大学短期大学部	国際コミュニケーション学科	大阪								
88	近畿大学短期大学部		大阪	1970		5	/	-	45	-	0
89	愛泉女子短期大学		大阪	1968		/	/	/	37	-	-
89	堺女子短期大学		大阪	1968		/	/	/	/	/	/
90	四天王寺女子短期大学		大阪		1972	/	/	/	-	52	0
90	四天王寺国際仏教大学短期大学部		大阪		1972						
91	金蘭短期大学		大阪	1966	1965	74	29	5	205	75	1
91	千里金蘭大学短期大学部		大阪	1966							
92	羽衣学園短期大学		大阪	1984		/	/	/	/	/	/
93	東大阪短期大学		大阪		1969	/	60	0	-	61	-
94	神戸学院女子短期大学		兵庫		1961	/	/	/	-	51	0
95	明石短期大学		兵庫	1970	1981	19	/	5	14	-	3
95	神戸文化短期大学		兵庫	1970	1981						
96	神戸山手女子短期大学		兵庫	1969	1969	77	7	1	64	-	-
97	夙川学院短期大学		兵庫	1969	1969	/	/	/	45	5	-
98	武庫川女子短期大学		兵庫	1960	1960	72	130	-	66	27	30
98	武庫川女子大学短期大学部		兵庫	1962	1962	/	/	/	/	/	/
99	帝塚山短期大学		奈良	1966	1966	78	7	11	106	51	10
100	奈良文化女子短期大学		奈良	1966	1966	/	/	/	66	66	-
101	鳥取女子短期大学		鳥取	1973					50	-	0
101	鳥取短期大学		鳥取	1973							
102	岡山女子短期大学		岡山	1980		/	/	/	/	/	/
102	岡山短期大学		岡山	1980							
103	就実短期大学		岡山	1983	1999	/	/	/	/	/	/
104	美作短期大学		岡山	1960		/	/	/	-	-	-
104	美作女子大学短期大学部		岡山	1978							
105	大下学園女子短期大学		広島		1970	/	58	-	-	26	0

第5章　司書および司書教諭の資格取得者の実績

司書資格取得者数（左），司書教諭資格取得者数（中），就職者数（右）													備考
1982			1988			1995			2000			2005			
-	47	-	-	60	-	6	40	-	-	-	-	/	/	/	⑤②
17	-	1	11	-	0	/	/	/	/	/	/	/	/	/	②
/	/	/	26	-	-	68	-	1	33	-	-	/	/	/	④
/	-	/	/	/	/	/	/	/	/	/	/	/	/	/	①
-	-	-	/	/	/	73	7	1	88	14	1	22	-	-	③③
51	-	0	60	-	1	67	-	1	43	-	-	20	-	/	①
/	/	/	/	/	/	/	/	/	53	-	-	/	/	/	⑥⑥
/	/	/	/	/	/	/	/	/	/	/	/	45	22	/	⑦⑦
/	/	/	/	/	/	-	-	-	/	/	/	/	/	/	⑤⑤
/	/	/	/	/	/	/	/	/	12						
/	/	/	/	/	/	/	/	/	18						
2	-	-	39	-	-	5	-	-	56	-	-	/	/	/	①
/	/	/	/	/	/	/	/	/	/	/	/	/	/	/	①
45	-	11	27	-	-	55	-	2	27	-	2	12	-	-	②
/	/	/	/	/	/	/	/	/	/	/	/	/	/	/	①
-	37	-	-	-	-	-	11	-	-	-	-	-	2	/	③
301	55	8	180	30	0	-	15	-	-	10	-	-	-	-	①①
/	/	/	/	/	/	/	/	/	28	-	-	/	/	/	⑦
/	/	/	60	-	0	60	-	-	26	-	-	2	-	-	④
-	102	0	-	50	-	-	42	-	-	-	-	-	-	-	①
-	74	1	-	27	0	-	12	-	-	-	-	-	-	-	②
19	0	4	5	1	1	/	/	/	/	/	/	/	/	/	②③
/	/	/	/	/	/	6	-	-	11	1	2	8	2	/	⑤⑤
34	-	0	21	-	0	26	-	-	/	/	/	/	/	/	①①
20	0	0	35	0	0	20	9	1	34	15	-	31	20	/	③③
48	21	0	/	/	/	/	/	/	/	/	/	/	/	/	①①
/	/	/	43	0	1	72	-	6	/	/	/	/	/	/	④④
103	7	-	42	6	0	82	6	-	/	/	/	/	/	/	①①
139	112	4	82	52	0	82	52	-	13	3	-	5	-	/	③③
58	-	0	17	-	0	56	-	-	28	-	-	/	/	/	②
/	/	/	/	/	/	/	/	/	39	-	-	/	/	/	⑦
/	/	/	55	-	5	55	-	4	-	-	-	/	/	/	④
/	/	/	/	/	/	/	/	/	13	-	-	/	/	/	⑦
/	/	/	84	-	1	88	-	2	22	-	-	22	2	/	④⑥
/	/	/	/	/	/	/	/	/	/	/	/	/	/	/	②
8	-	1	7	-	2	-	-	-	7	-	-	/	/	/	③
-	14	0	-	7	0	/	/	/	/	/	/	/	/	/	①

第Ⅱ部　データでたどる図書館情報専門職の養成と教育

No	大学	学部	都道府県	養成開始年		1972			1977		
				司書	司書教諭						
106	広島文教女子大学短期大学部		広島	1969	1969	45	26	8	51	23	1
107	宇部短期大学		山口	1967	1987	40	／	2	69	－	3
108	梅光女学院大学短期大学部		山口	1969	1970	45	8	0	97	21	3
	梅光学院大学女子短期大学部		山口	1968		／	／	／	／	／	／
109	萩女子短期大学		山口	1969	1969	14	7	2	17	10	4
110	四国女子短期大学		徳島	1969	1965	42	37	0	44	45	1
	四国女子大学短期大学部		徳島	1969	1965	／	／	／	／	／	／
	四国大学短期大学部		徳島	1970	1965						
111	徳島文理大学短期大学部		徳島	1967	1966				64	34	2
112	香川県明善短期大学		香川	1977	1977				－	－	－
113	今治明徳短期大学		愛媛	1970	1969	16	11	2	18	15	2
114	九州大谷短期大学		福岡	1971		／	／	／	30	－	0
115	純真女子短期大学		福岡	1972	1978	／	／	／	46	－	－
116	福岡女子短期大学		福岡	1966	不明	59	38	10	126	61	15
117	佐賀龍谷短期大学		佐賀	1966	1957				82	56	－
	九州龍谷短期大学		佐賀	1959	1956	／	／	／	／	／	／
118	佐賀女子短期大学		佐賀	1978	1978						
119	活水女子短期大学		長崎		1977						
120	純心女子短期大学		長崎	1963	1964				55	29	－
121	鎮西学院短期大学		長崎	1969	1973	4	／	1	－	8	0
	長崎ウェスレヤン短期大学		長崎		1974	／	／	／	／	／	／
122	熊本短期大学		熊本	1966	1966	94	42	0	147	56	3
123	別府大学短期大学部		大分	1986	1986						
	別府大学短期大学部大分キャンパス		大分	1986	1986						
	別府大学短期大学部別府キャンパス		大分			／	／	／	／	／	／
124	宮崎女子短期大学		宮崎	1966	1966	42	29	3	62	150	11
125	鹿児島短期大学		鹿児島	1968	1968	35	17	3	66	35	3
	鹿児島国際大学短期大学部		鹿児島	1968	1968	／	／	／	／	／	／
126	鹿児島女子短期大学		鹿児島	1967	1967	52	45	6	168	81	5
	鹿児島女子短期大学	教養学科	鹿児島	1966	1966						
	鹿児島女子短期大学	児童教育学科	鹿児島		1999						
通信教育											
1	聖徳大学通信教育部通信教育課程		千葉	2001							
2	聖徳大学短期大学部通信教育部		千葉	不明							

第5章　司書および司書教諭の資格取得者の実績

司書資格取得者数（左），司書教諭資格取得者数（中），就職者数（右）													備考
1982			1988			1995			2000			2005			
/	/	/	26	2	0	35	-	-	15	-	-	/	/	/	①①
30	-	0	16	0	0	24	3	3	19	3	2	/	/	/	①④
77	8	0	64	5	1	49	1	-	16	-	-	/	/	/	①①
/	/	/	/	/	/	/	/	/	/	/	/	10	-	/	⑦
11	6	-	/	/	/	49	12	4	/	/	/	/	/	/	①①
/	/	/	/	/	/	/	/	/	/	/	/	/	/	/	①①
29	12	1	26	9	0	/	/	/	/	/	/	/	/	/	③③
/	/	/	/	/	/	32	13	-	不明	-	/	/	/	/	⑤⑤
74	18	7	18	6	2	70	22	3	/	/	/	12	1	/	②④
22	1	1	5	0	0	14	5	-	/	/	/	/	/	/	③③
-	-	-	11	8	-	12	2	1	2	-	-	3	-	/	①①
21	-	2	23	-	-	42	-	2	39	-	1	11	-	/	②
50	37	-	19	9	0	/	/	/	29	1	2	15	5	/	①④
173	37	5	100	20	7	-	36	17	81	30	7	38	10	/	①
29	9	3	/	/	/	/	/	/	/	/	/	/	/	/	③③
/	/	/	20	10	-	35	4	6	/	/	/	/	/	/	④④
31	54	6	10	6	0	41	14	1	-	-	-	25	14	/	③③
/	/	/	/	/	/	/	/	/	/	/	/	-	5	/	⑦
62	26	7	29	3	1	69	6	7	/	/	/	/	/	/	②④
/	/	/	/	/	/	/	/	/	/	/	/	/	/	/	①②
-	13	0	-	3	0	/	/	/	/	/	/	/	/	/	④
87	14	1	64	11	0	-	-	-	/	/	/	/	/	/	①①
/	/	/	0	0	0	56	21	1	94	38	2	/	/	/	④④
/	/	/	/	/	/	/	/	/	/	/	/	20	3	/	⑦⑦
/	/	/	/	/	/	/	/	/	/	/	/	23	13	/	
59	40	-	-	-	-	46	13	1	45	10	6	26	4	/	②⑤
35	18	7	18	2	2	40	5	8	62	7	3	/	/	/	①①
/	/	/	/	/	/	/	/	/	29	7	/	/	/	/	⑦⑦
205	54	16	-	-	-	33	20	4	/	/	/	/	/	/	①①
/	/	/	/	/	/	/	/	/	-	-	/	/	/	/	⑥⑥
/	/	/	/	/	/	/	/	/	23	26	-	/	/	/	⑥
通信教育															
/	/	/	/	/	/	/	/	/	/	/	/	-	-	/	⑦
			/	/	/	/	/	/	/	/	/	58	-	/	

843

第Ⅱ部　データでたどる図書館情報専門職の養成と教育

No	大学	学部	都道府県	養成開始年 司書	養成開始年 司書教諭	1972	1977
3	玉川大学通信教育部		東京	1986			
4	帝京平成大学通信教育課程		東京	不明			
5	東洋大学通信教育部		東京	2004	2004		
6	日本女子大学家政学部通信教育課程		東京		2003		
7	明星大学通信教育部		東京	1985			
8	佛教大学通信教育部		京都	1967	1967		
9	大阪芸術大学通信教育部		大阪	2001	1990		
10	近畿大学通信教育部		大阪	1971	不明		
司書講習等							
1	富士大学		岩手	1967			
2	筑波大学		茨城	1968			
3	図書館情報大学		茨城	1981			
4	聖学院大学		埼玉	2000			
5	聖徳大学		千葉	1993			
6	亜細亜大学		東京	2001			
7	大正大学		東京	1980			
8	鶴見大学		神奈川	1954	1954		
9	中部学院大学短期大学部		岐阜	不明			
10	愛知学院大学		愛知	1952			
11	滋賀文教短期大学		滋賀	1996			
12	桃山学院大学		大阪	1960			
13	広島文教女子大学		広島	1972			
14	九州国際大学		福岡	1962			
15	別府大学		大分	1961			
16	鹿児島経済大学		鹿児島	1986			
17	沖縄国際大学		沖縄	不明			

第5章　司書および司書教諭の資格取得者の実績

司書資格取得者数（左），司書教諭資格取得者数（中），就職者数（右）													備考
1982	1988			1995			2000			2005			
/	20	16	-	-	-	-	124	121	-	130	92	/	⑤
/	/	/	/	/	/	/	/	/	/	20	12	/	
/	/	/	/	/	/	/	/	/	/	-	-	/	⑦⑦
/	/	/	/	/	/	/	/	/	/	-	-	/	⑦
/	65	56	-	-	-	-	283	267	-	100	118	/	④
/	143	31	-	-	-	-	201	104	-	109	100	/	④⑦
/	/	/	/	/	/	/	/	/	/	-	-	/	⑦⑦
/	261	48	-	-	-	-	600	-	-	671	110	/	④
司書講習等													
/	22	-	-	39	-	-	82	-	-	-	-	/	④
/	/	/	/	/	/	/	/	/	/	26	-	/	⑦
/	31	-	-	37	-	-	27	-	-	-	-	/	④
/	/	/	/	/	/	/	/	/	/	94	-	/	⑦
/	/	/	/	40	-	-	/	/	/	98	-	/	⑤
/	/	/	/	/	/	/	/	/	/	161	-	/	⑦
/	125	-	-	138	-	-	/	/	/	/	/	/	④
/	116	20	32	131	-	-	142	-	-	129	-	/	④④
/	/	/	/	/	/	/	/	/	/	37	/	/	
/	140	-	-	200	-	-	163	-	-	187	-	/	④
/	/	/	/	/	/	/	57	63	-	56	-	/	⑥
/	109	-	-	207	-	-	/	/	/	168	-	/	
/	84	-	3	146	-	-	113	-	-	66	-	/	④
/	/	/	/	-	-	-	95	-	-	78	-	/	⑤
/	85	-	2	147	-	-	154	-	-	169	-	/	④
/	/	/	/	50	-	-	/	/	/	/	/	/	⑤
/	/	/	/	/	/	/	91	104	-	68	-	/	

845

表5-2 司書教諭講習資格取得者数

	機関名	都道府県	2000	2005		機関名	都道府県	2000	2005
1	北海道教育大学	北海道	274	451	37	岡山大学	岡山	132	/
2	北海道教育大学釧路校	北海道	31	/	38	広島大学	広島	180	194
3	弘前大学	青森	37	4	39	山口大学	山口	118	26
4	秋田大学	秋田	28	4	40	香川大学	香川	89	12
5	宮城教育大学	宮城	103	116	41	鳴門教育大学	徳島	88	260
6	岩手大学	岩手	109	33	42	愛媛大学	愛媛	127	1
7	山形大学	山形	93	19	43	高知大学	高知	/	78
8	福島大学	福島	81	/	44	福岡教育大学	福岡	197	1
9	茨城大学	茨城	108	0	45	佐賀大学	佐賀	74	0
10	筑波大学	茨城	/	19	46	長崎大学	長崎	192	61
11	図書館情報大学	茨城	78	/	47	熊本大学	熊本	54	98
12	宇都宮大学	栃木	103	0	48	大分大学	大分	35	15
13	群馬大学	群馬	63	/	49	宮崎大学	宮崎	89	37
14	埼玉大学	埼玉	124	1	50	鹿児島大学	鹿児島	80	169
15	千葉大学	千葉	161	不明	51	琉球大学	沖縄	/	50
16	放送大学	千葉	4457	1770	52	十文字学園女子大学	埼玉	189	46
17	東京学芸大学	東京	76	2172	53	聖学院大学	埼玉	101	23
18	横浜国立大学	神奈川	92	72	54	常葉学園大学	静岡	16	/
19	新潟大学	新潟	126	1	55	沖縄国際大学	沖縄	104	78
20	上越教育大学	新潟	145	62	56	茨城女子短期大学	茨城	/	−
21	富山大学	富山	86	1	57	千葉敬愛短期大学	千葉	44	35
22	金沢大学	石川	60	/	58	青葉学園短期大学	東京	−	28
23	福井大学	福井	67	/	59	羽衣学園短期大学	大阪	173	/
24	山梨大学	山梨	35	不明	60	滋賀文教短期大学	滋賀	63	58
25	信州大学	長野	182	58	61	青森県総合学校教育センター	青森	31	24
26	岐阜大学	岐阜	376	288					
27	静岡大学	静岡	133	/	62	千葉県総合教育センター	千葉	/	0
28	奈良教育大学	奈良	146	98	63	神奈川県教育委員会	神奈川	/	/
29	和歌山大学	和歌山	159	73	64	川崎市教育委員会	神奈川	/	/
30	愛知教育大学	愛知	158	180	65	横浜市教育センター	神奈川	/	0
31	三重大学	三重	39	129	66	大阪府教育委員会	大阪	/	1
32	滋賀大学	滋賀	98	133	67	大阪府教育センター	大阪	−	/
33	京都教育大学	京都	190	14	68	奈良県教育委員会	奈良	43	65
34	大阪教育大学	大阪	199	2	69	神戸市総合教育センター	兵庫	135	/
35	兵庫教育大学	兵庫	276	/	70	兵庫県教育委員会	兵庫	68	/
36	鳥取大学	鳥取	73	0	71	福岡県教育センター	福岡	77	2

表5-3 学校図書館司書教諭講習・修了証書発行数

発行年度	発行数（枚）	発行年度	発行数（枚）
1954（S29）	894	1985（S60）	4,168
1955（S30）	3,537	1986（S61）	3,771
1956（S31）	3,416	1987（S62）	3,728
1957（S32）	2,781	1988（S63）	3,532
1958（S33）	2,368	1989（H1）	3,424
1959（S34）	2,622	1990（H2）	3,332
1960（S35）	2,201	1991（H3）	3,197
1961（S36）	2,147	1992（H4）	2,908
1962（S37）	2,077	1993（H5）	3,340
1963（S38）	1,851	1994（H6）	3,387
1964（S39）	2,247	1995（H7）	4,125
1965（S40）	2,537	1996（H8）	5,599
1966（S41）	2,704	1997（H9）	6,818
1967（S42）	3,460	1998（H10）	15,802
1968（S43）	4,183	1999（H11）	14,195
1969（S44）	5,056	2000（H12）	15,210
1970（S45）	5,111	2001（H13）	16,120
1971（S46）	5,039	2002（H14）	19,992
1972（S47）	4,978	2003（H15）	10,784
1973（S48）	4,679	2004（H16）	11,332
1974（S49）	4,698	2005（H17）	11,357
1975（S50）	4,762	2006（H18）	10,149
1976（S51）	3,980	2007（H19）	9,907
1977（S52）	5,442	2008（H20）	8,950
1978（S53）	5,917	2009（H21）	7,795
1979（S54）	5,907	2010（H22）	7,470
1980（S55）	6,116	2011（H23）	7,000
1981（S56）	5,854	2012（H24）	6,135
1982（S57）	5,278	2013（H25）	6,286
1983（S58）	5,019	計	351,318
1984（S59）	4,644		

第6章

司書養成および司書教諭養成のテキスト一覧

本章では，司書養成および司書教諭養成で用いられてきたテキストを一覧にした。以下，資料の概要や掲載の基準，データの収集方法等について述べる。一覧の作成においては，養成に関わるテキストの一覧を作成するという大枠を確認した上で，司書養成と司書教諭養成でそれぞれ設定した掲載の基準に基づきデータを収集した。

以下，「1．司書養成テキストの一覧」「2．司書教諭養成テキストの一覧」の順番に述べていく。

1. 司書養成テキストの一覧 （表6-1）

（1）一覧資料の概要

図書館法第5条は，司書及び司書補の資格について定めており，図書館法施行規則は，その養成に関わる具体的な科目名を挙げている。司書および司書補の資格を取得するためには，そこに掲げられた科目を履修し単位を取得する必要がある。

司書講習または司書課程におけるこれらの科目の教授においては，さまざまな教材が活用されてきたが，なかでも科目ごとにシリーズで刊行されるテキストがよく利用されてきた。これらのテキストは，主に初学者を対象としており，司書養成という枠組みのなかでの図書館学・図書館情報学領域の標準的知識を整理したものと考えられる。本章では，養成において利用されることを想定して刊行されたテキストの一覧を掲載した。

（2）掲載の基準

上に述べたように，図書館法施行規則が定める科目について，①ほぼ全体を網羅していること，②シリーズになっていること，を条件に掲載した。判断に迷った場合は，前付の「はじめに」等を確認し，司書養成を意図した図書かど

うかを確認し採否を決定した。資料集成についても掲載した。シリーズ中に司書教諭養成に関わる科目が含まれている場合も，全体として上記①②に合致する場合は含めて掲載した。

　図書館法および図書館法施行規則が想定する養成での利用を必ずしも主目的としていないテキストシリーズは除外した（たとえば雄山閣の「日本図書館学講座」「講座図書館の理論と実際」，勁草書房の「図書館・情報学シリーズ」，東京大学出版会の「シリーズ図書館情報学」等）。また，各科目の教授内容を箇条書きにした「要綱」「要目」と呼ばれるものも除外した（たとえば『図書館員指導資料・司書講習講義要綱案』）。

（3）データの収集

　1950年から2013年までに刊行された図書を対象とした。データは以下のように収集した。まず，NDL-OPACおよびCiNii Booksを用いて「（2）掲載の基準」に合致するテキストシリーズを探した。その際，「図書館通論」「図書館概論」等，図書館法施行規則で示された科目名称を入力して探した。ただし，そうした巻が未完になっている可能性があること，他の名称がタイトルに使われている可能性があることから，他の科目名称もキーワードに検索をして対象を探した。

　探したテキストシリーズは，「（4）掲載した書誌情報」に載せた事項を確認した上で，現物を確認した。

（4）掲載した書誌情報

　掲載した書誌情報は以下のとおりである。

　シリーズ名，巻番号，版，出版社，出版年，ページ数，監修，編集，著者

　情報は基本的に現物の奥付から採った。「版」と書かれていても，実質的に「刷」に該当する場合は採っていない。「監修」にはシリーズの監修者も記載した。シリーズ全体の編集委員等とされているものは監修的立場から関わっていると考え，監修に含めた。「編著」と書かれている場合は，「編集」と「著者」の両方に記載した。

（5）配　列

　配列は以下のとおりである。まず，テキストシリーズで最初に刊行されたも

のを基準に，シリーズごとに並べた。同一シリーズは巻順とし，異なる版が刊行された場合は，版の出版年順につづけて掲載した。異なる版かどうかは，奥付の版に関わる記載を基準とした。表は左から，以下の順番で並べた。

シリーズ名，未刊，巻番号，タイトル，版，出版社，年（出版年），ページ，監修，編集，著者，備考

なお，「未刊」の欄には，刊行が予定されていたが実際には刊行されなかったものについて「＊」印をつけている。巻番号の記載がない場合は空欄になっている。

2. 司書教諭養成テキストの一覧（表6-2）

（1）一覧資料の概要

学校図書館法第5条4項の規定に基づき，学校図書館司書教諭講習規程（以下文部省令）第3条において司書教諭の資格を取得するために履修すべき科目名が定められている。具体的には，1997年以降の新科目では，「学校経営と学校図書館」，「学校図書館メディアの構成」，「学習指導と学校図書館」，「読書と豊かな人間性」，「情報メディアの活用」の5科目，1997年以前の旧科目では，「学校図書館通論」，「学校図書館の管理と運用」，「図書の選択」，「図書の整理」，「図書以外の資料の利用」，「児童生徒の読書活動」，「学校図書館の利用指導」の7科目である。

司書教諭講習または司書教諭課程におけるこれらの科目の教授においては，さまざまな教材が活用されてきた。初学者だけでなく，初等中等学校の現場の教師も対象とするテキストがよく利用されてきた。これらのテキストは，図書館学，図書館情報学領域の標準的な知識および，関連する教育学，学校教育学，教育臨床学領域の知識も掲載したものと考えられる。本章では，養成において利用されることを想定して刊行されたテキストの一覧を掲載した。

（2）掲載の基準

上に述べたように，文部省令・文部科学省令が定める科目について，①教授の際に用いられることを想定してシリーズ化されていること，②シリーズ化されていない場合でも教授されることを想定していることが明らかであること，を条件に掲載した。また，資料集成についても掲載した。各科目の教授内容を箇条書きにした「要綱」「要目」など（たとえば『学校図書館司書教諭講習

講義要綱　改定試案』）は除外した。

（3）データの収集
　1948年から2013年までに刊行された図書を対象とした。データは以下のように収集した。まず，NDL-OPAC および CiNii Books を用いて「（2）掲載の基準」に合致するテキストを探した。その際，「学校経営と学校図書館」や「学習指導と学校図書館」等，文部省令で定められた科目名称を入力して探した。ただし，これらの科目名をタイトルに掲げていない場合は探せないため，「学校図書館」「司書教諭」等，複数の用語をキーワードに検索をして対象を探した。
　探したテキストは，以下の書誌事項を確認した上で，現物を確認した。また，その際，「（2）掲載の基準」に合致しているかを確認した。ただし，現物を確認できなかった図書については，備考に「現物未確認」としている。

（4）掲載した書誌情報
　シリーズ名，巻番号，版，出版社，出版年，ページ数，監修，編集，著者

（5）配　列
　配列は以下のとおりである。出版年の古い順に並べた。ただし，シリーズでは，最初に刊行されたものを基準に，シリーズごとに並べた。同一シリーズは巻順とし，異なる版が刊行された場合は，版の出版年順につづけて掲載した。異なる版かどうかは，奥付の版に関わる記載を基準とした。
　また，シリーズ名が変更になっていても，同一シリーズと判断できるもの（たとえば学芸図書による「学校図書館通論」「新編学校図書館通論」「新学校図書館通論」など）は，刊行年が離れていても同一シリーズとして並べた。
　表は左から，以下の順番で並べた。
　シリーズ名，未完，巻番号，タイトル，版，出版社，年（出版年），ページ，監修，編集，著者，備考

　なお，「未刊」の欄には，刊行が予定されたが刊行されていないものについて「＊」印をつけている。巻番号の記載がない場合は空欄になっている。「備

考」には，必要に応じて，掲載基準に合致していると判断した根拠，責任表示に関する注意事項，その他の注記を記載した。

第Ⅱ部　データでたどる図書館情報専門職の養成と教育

表6-1　司書養

シリーズ名	未刊	巻番号	タイトル	版	出版社	年	ページ
新日本図書館学叢書	*	1	図書館学通論				
		2	日本図書館史		蘭書房	1952	329
	*	3	西洋図書館史				
			図書館の対外活動		蘭書房	1956	244
		4	図書の選択　理論と実際		蘭書房	1955	194
		5	図書整理法		蘭書房	1952	191
		6	図書館の統計		蘭書房	1953	178
		7	図書目録の作り方		蘭書房	1952	290
		8	件名目録の作り方		蘭書房	1953	214
		9	図書分類と図書記号		蘭書房	1952	208
		10	図書運用法　図書館奉仕の理論と実際		蘭書房	1955	271
		11	視聴覚資料整理法		蘭書房	1956	252
	*	12	図書館利用法				
	*	13	索引と索引法				
	*	14	学校図書館概論				
		15	特殊図書館		蘭書房	1955	286
図書館学シリーズ	*	1	図書館学				
		2	図書館通論		明治書院	1966	326
		2	図書館通論	改訂増補	明治書院	1970	364
	*	3	図書館史				
	*	4	図書選択法				
	*	5	古文献整理法				
		6	図書分類法概説		明治書院	1966	188
		6	図書分類法概説	新版	明治書院	1980	217
		7	洋書目録法概説		明治書院	1965	197
		7	洋書目録法概説	改訂増補版	明治書院	1976	228
	*	8	図書館資料運用法				
	*	9	レファレンスワーク				
	*	10	図書館の対外活動				
	*	11	図書館統計				
			図書館資料概説：インフォメーション源資料を中心に		明治書院	1969	196
			図書館資料概説：インフォメーション源資料を中心に	訂正再版	明治書院	1970	196
			図書館資料概説：インフォメーション源資料を中心に	改訂増補	明治書院	1976	209
図書館学テキストシリーズ		1	図書館通論		理想社	1979	236
	*	2	図書館資料論				
		3	資料分類法概論		理想社	1974	166
		3	資料分類法概論	改訂版	理想社	1979	163
		4	資料分類法演習		理想社	1985	124
		4	資料分類法演習	改訂版	理想社	1995	156
	*	5	資料目録法				

第6章 司書養成および司書教諭養成のテキスト一覧

成テキストの一覧

監修	編集	著者	その他・備考・注記など
天野敬太郎, 小野則秋, 木寺清一, 仙田正雄		小野則秋	
		竹林熊彦	
		竹林熊彦	
天野敬太郎, 小野則秋, 木寺清一, 仙田正雄		木寺清一	
天野敬太郎, 小野則秋, 木寺清一, 仙田正雄		小畑渉	
		小野則秋	
		山下栄	
		仙田正雄	
		南諭造	
		大塚鐙, 高橋重臣	
天野敬太郎, 小野則秋, 木寺清一, 仙田正雄		竹林熊彦, 小野則秋, 宮田平三	
		石塚正成	
		石塚正成	
		服部金太郎	
		服部金太郎	
		木寺清一	
		木寺清一	
		木寺清一	
		木寺清一	
		木寺清一	
		彌吉光長	
		もり・きよし	
		もり・きよし	
	菅原春雄	菅原春雄	
	菅原春雄	菅原春雄	

855

第Ⅱ部　データでたどる図書館情報専門職の養成と教育

シリーズ名	未刊	巻番号	タイトル	版	出版社	年	ページ
	＊	6	資料目録法演習				
	＊	7	逐次刊行物概説				
		8	参考業務		理想社	1987	196
		8	参考業務	改訂版	理想社	1991	198
		9	参考業務演習		理想社	1995	248
		10	図書館活動		理想社	1983	262
講座新図書館学		1	図書館通論		教育出版センター	1977	233
		2	図書館資料論		教育出版センター	1976	208
		3	資料目録法		教育出版センター	1976	236
		4	資料分類法		教育出版センター	1976	269
		5	参考業務		教育出版センター	1977	226
		6	図書館活動		教育出版センター	1976	177
		7	青少年の読書と資料		教育出版センター	1977	195
		8	資料整理法特論		教育出版センター	1977	278
		9	情報管理		教育出版センター	1976	222
		10	人文科学及び社会科学の書誌解題		教育出版センター	1977	198
		11	自然科学と技術の書誌解題		教育出版センター	1977	198
		別巻	図書館用語ハンドブック		教育出版センター	1978	165
図書館学教育資料集成		1	図書館通論		白石書店	1978	158
		2	図書館資料論		白石書店	1978	160
		3	図書館活動論		白石書店	1978	198
		3	図書館活動論	第2版	白石書店	1981	208
		3	図書館活動論	第2版補訂版	白石書店	1987	216

第6章 司書養成および司書教諭養成のテキスト一覧

監修	編集	著者	その他・備考・注記など
	北嶋武彦	北嶋武彦, 安藤勝, 竹内悊, 田澤恭二, 高橋和子	
	北嶋武彦	北嶋武彦, 安藤勝, 竹内悊, 田澤恭二, 高橋和子	
	北嶋武彦	北嶋武彦, 安藤勝, 毛利和弘, 前島重方, 田澤恭二, 山本順一	
		前島重方	
	図書館科学会	安部垰巳, 中森強, 松本収正, 吉澤輝夫	
	高田克太郎, 図書館科学会	高田克太郎, 中嶋正夫, 吉澤輝夫	
	図書館科学会	松本収正	
	図書館科学会	真田茂, 西条恵子	
	図書館科学会	松本収正, 中佐古勇	
	図書館科学会	埜上衞	
	図書館科学会	松本収正, 林嘉子, 滝石さち子	
	図書館科学会	長谷川宏, 中佐古勇	
	図書館科学会	中嶋正夫, 和田弘名	
石沢澂	図書館科学会	石倉賢一, 小野沢永秀, 木原美恵子, 西条恵子, 崎村俊夫, 田上貞一郎, 滝石さち子, 橋本健一, 林嘉子, 吉沢輝夫	
	図書館科学会	和田弘名, 中嶋正夫	
	長谷川宏, 松本収正, 吉澤輝夫	西条恵子, 佐藤もとえ, 新藤康子, 鈴木美子, 永井明美, 長谷川宏, 松本収正, 吉澤輝夫, 吉田礼子, 度会美子	
石井敦, 伊藤松彦, 久保輝巳, 塩見昇, 清水正三, 森崎震二	清水正三		
石井敦, 伊藤松彦, 久保輝巳, 塩見昇, 清水正三, 森崎震二	久保輝巳		
石井敦, 伊藤松彦, 久保輝巳, 塩見昇, 清水正三, 森崎震二	塩見昇		
石井敦, 伊藤松彦, 久保輝巳, 塩見昇, 清水正三, 森崎震二	塩見昇		
石井敦, 伊藤松彦, 久保輝巳, 塩見昇, 清水正三, 森崎震二	塩見昇		

857

第Ⅱ部　データでたどる図書館情報専門職の養成と教育

シリーズ名	未刊	巻番号	タイトル	版	出版社	年	ページ
		4	図書館史. 近代日本篇		白石書店	1978	178
		5	参考業務		白石書店	1980	182
		6	児童奉仕論		白石書店	1979	174
		7	学校図書館論		白石書店	1979	166
図書館学シリーズ		1	図書館通論		樹村房	1982	184
		1	図書館通論	改訂	樹村房	1993	192
		2	図書館資料論		樹村房	1983	186
		2	図書館資料論	改訂	樹村房	1990	190
		3	参考業務及び演習		樹村房	1982	158
		3	参考業務及び演習	改訂	樹村房	1987	172
		4	資料目録法及び演習		樹村房	1982	169
		4	資料目録法及び演習	改訂	樹村房	1990	195
		5	資料分類法及び演習		樹村房	1984	189
		6	図書館活動		樹村房	1984	184
		6	図書館活動	改訂	樹村房	1995	194
		7	青少年の読書と資料		樹村房	1981	159
		7	青少年の読書と資料	改訂	樹村房	1989	202
		8	情報管理：情報と図書館の機械化		樹村房	1985	160
		8	情報管理：情報の蓄積と検索	改訂	樹村房	1991	163
		9	図書館建築：施設と設備		樹村房	1986	180
現代図書館学講座		1	図書館通論		東京書籍	1983	163
		2	図書館資料論		東京書籍	1983	185
		2	新図書館資料論		東京書籍	1993	291
		3	資料目録法		東京書籍	1983	191
		3	資料目録法	新訂	東京書籍	1989	202
		4	資料分類法		東京書籍	1984	323

第6章　司書養成および司書教諭養成のテキスト一覧

監修	編集	著者	その他・備考・注記など
石井敦，伊藤松彦，久保輝巳，塩見昇，清水正三，森崎震二	石井敦		
石井敦，伊藤松彦，久保輝巳，塩見昇，清水正三，森崎震二	伊藤松彦		
石井敦，伊藤松彦，久保輝巳，塩見昇，清水正三，森崎震二	森崎震二		
石井敦，伊藤松彦，久保輝巳，塩見昇，清水正三，森崎震二	塩見昇		
中村初雄，前島重方		中村初雄，前島重方，高橋和子	
中村初雄，前島重方		中村初雄，前島重方，高橋和子	
中村初雄，前島重方		古賀節子，加納正巳，渋川雅俊，平野英俊	
中村初雄，前島重方		古賀節子，加納正巳，渋川雅俊，平野英俊	
中村初雄，前島重方		森睦彦，京藤松子，武田元次郎，渋谷嘉彦	
中村初雄，前島重方		森睦彦，京藤松子，武田元次郎，渋谷嘉彦	
中村初雄，前島重方		田辺広，鈴木勘也，金子豊	
中村初雄，前島重方		田辺広，菅原春雄，牛崎進	
中村初雄，前島重方		今まど子，近川澄子，河島正光，松戸保子	
中村初雄，前島重方		服部金太郎，北原圀彦，岡田靖，鈴木喜久一	
中村初雄，前島重方		前島重方，天野哲雄，金中利和，室伏武	
中村初雄，前島重方		友野玲子，豊口隆太郎，岡内重信，中多泰子	
中村初雄，前島重方		友野玲子，豊口隆太郎，中多泰子，鮎沢修	
中村初雄，前島重方		牛島悦子，田中功，渡辺敏一	
中村初雄，前島重方		牛島悦子，田中功	
中村初雄，前島重方		植松貞夫，木野修造	
渡邊正亥		小野泰博，安部埜巳，常盤繁，林收正，中森強，吉澤輝夫	
北嶋武彦		前園主計，北嶋武彦，河井弘志，菅原春雄，吉澤輝夫	
	河井弘志	河井弘志，安藤勝，大串夏身，小黒浩司，加納正巳，瀬島健二郎，都築埴雅，戸室幸治，前村安昭，宮部頼子	
渡邊正亥		林收正，高島涼子	
		林收正	
渡邊正亥		鮎澤修，芦谷清	

第Ⅱ部　データでたどる図書館情報専門職の養成と教育

シリーズ名	未刊	巻番号	タイトル	版	出版社	年	ページ
		5	参考業務		東京書籍	1983	280
		6	図書館活動		東京書籍	1983	190
		7	青少年の読書と資料		東京書籍	1983	195
		8	資料整理法特論		東京書籍	1983	246
		9	情報管理		東京書籍	1983	248
		10	人文科学及び社会科学の書誌解題		東京書籍	1983	210
		11	自然科学と技術の書誌解題		東京書籍	1983	187
		12	視聴覚教育		東京書籍	1988	238
		13	図書館の施設と設備		東京書籍	1988	243
		14	図書及び図書館史		東京書籍	1988	258
		別巻	資料目録法・資料分類法・参考業務演習		東京書籍	1983	208, 42
新図書館学教育資料集成		1	図書館通論		教育史料出版会	1989	186
		2	図書館資料論		教育史料出版会	1989	201
		3	図書館活動論		教育史料出版会	1989	198
		4	図書館史：近代日本篇		教育史料出版会	1989	176
		5	参考業務		教育史料出版会	1989	198
		6	児童奉仕論		教育史料出版会	1990	190
		7	学校図書館論		教育史料出版会	1989	200
		8	情報管理論		教育史料出版会	1990	216
JLA図書館情報学テキストシリーズ		1	図書館概論		日本図書館協会	1998	284
		1	図書館概論	新訂版	日本図書館協会	2000	284
		1	図書館概論	3訂版	日本図書館協会	2001	284
		1	図書館概論	4訂版	日本図書館協会	2004	284
	*	2	図書館経営論				
		3	図書館サービス論		日本図書館協会	2005	252

第6章 司書養成および司書教諭養成のテキスト一覧

監修	編集	著者	その他・備考・注記など
北嶋武彦		安藤勝, 阿津坂林太郎, 小森秀治, 高梨章, 高橋則雄, 田村俊作, 東田全義, 東山陽光	
北嶋武彦		埜上衞, 鈴木四郎, 中森強, 福嶋礼子, 吉澤輝夫	
北嶋武彦		小河内芳子, 辰巳義幸, 江森隆子, 赤星隆子, 大倉玲子, 福嶋礼子, 嶋袋ワカ子	
渡邊正亥		長谷川宏, 成井恵子	
中嶋正夫		中嶋正夫, 西村徹, 和田弘名	
北嶋武彦		中森強, 石倉賢一, 江川照子, 小野澤永秀, 西修惠子, 橋本健一, 村上悦也, 吉澤輝夫	
中嶋正夫		田中功, 笠井利彦, 西村徹	
	野田一郎	野田一郎, 小野寺孝志, 岸本唯博, 黒岩高明, 瀬го隆三郎, 高村久夫, 土橋義歩, 中野目直明, 宮原一夫	
	栗原嘉一郎	栗原嘉一郎, 小川俊彦, 菅原峻, 冨江伸治, 中村恭三	
	北嶋武彦	北嶋武彦, 赤星隆子, 朝倉治彦, 石井敦, 小川徹, 小野泰博, 加納正巳, 埜上衞, 藤野幸雄	
		林收正, 中村泰正, 長谷川宏	
		清水正三, 河井弘志	
		久保輝巳, 森崎震二	
		塩見昇	
		石井敦	
		伊藤松彦	
		森崎震二	
		塩見昇	
		柴田正美	
塩見昇, 三浦逸雄, 柴田正美, 小田光宏	塩見昇	塩見昇, 井上靖代, 小田光宏, 阪田蓉子, 呉建中	
塩見昇, 三浦逸雄, 柴田正美, 小田光宏	塩見昇	塩見昇, 井上靖代, 小田光宏, 阪田蓉子, 呉建中	
塩見昇, 三浦逸雄, 柴田正美, 小田光宏	塩見昇	塩見昇, 井上靖代, 小田光宏, 阪田蓉子, 呉建中	
塩見昇, 三浦逸雄, 柴田正美, 小田光宏	塩見昇	塩見昇, 井上靖代, 小田光宏, 阪田蓉子, 呉建中	
塩見昇, 三浦逸雄, 柴田正美, 小田光宏	小田光宏	小田光宏, 戸田あきら, 乙骨敏夫, 井上靖代, 堀川照代	

第Ⅱ部　データでたどる図書館情報専門職の養成と教育

シリーズ名	未刊	巻番号	タイトル	版	出版社	年	ページ
		4	情報サービス概説		日本図書館協会	1997	244
		5	レファレンスサービス演習		日本図書館協会	1997	138
	＊	6	情報検索演習				
		7	図書館資料論		日本図書館協会	1998	250
		7	図書館資料論	新訂版	日本図書館協会	2004	260
		8	専門資料論		日本図書館協会	2005	140
		9	資料組織概説		日本図書館協会	1998	264
		9	資料組織概説	新訂版	日本図書館協会	2001	268
		10	資料組織演習		日本図書館協会	1998	270
		10	資料組織演習	新訂版	日本図書館協会	2002	270
		11	児童サービス論		日本図書館協会	1998	158
		11	児童サービス論	新訂版	日本図書館協会	2005	158
		12	図書及び図書館史		日本図書館協会	2000	140
		別巻	図書館員のための生涯学習概論		日本図書館協会	1998	152
新・図書館学シリーズ		1	図書館概論		樹村房	1998	183
		1	図書館概論	改訂	樹村房	2005	198
		2	図書館経営論		樹村房	1997	184
		2	図書館経営論	改訂	樹村房	2002	183
		3	図書館サービス論		樹村房	1999	181
		3	図書館サービス論	改訂	樹村房	2005	183
		4	情報サービス概説		樹村房	1998	163
		4	情報サービス概説	改訂	樹村房	2004	174
		5	レファレンスサービス演習		樹村房	1998	191
		5	レファレンスサービス演習	改訂	樹村房	2004	181

第6章　司書養成および司書教諭養成のテキスト一覧

監修	編集	著者	その他・備考・注記など
塩見昇, 三浦逸雄, 柴田正美, 小田光宏	小田光宏	小田光宏, 宮部頼子, 斎藤泰則, 大串夏身, 戸田愼一	
塩見昇, 三浦逸雄, 柴田正美, 小田光宏	大串夏身	大串夏身, 村上清子, 斎藤泰則, 佐川祐子	
塩見昇, 三浦逸雄, 柴田正美, 小田光宏	馬場俊明	馬場俊明, 井上靖代, 山本昭和	
塩見昇, 三浦逸雄, 柴田正美, 小田光宏	馬場俊明	馬場俊明, 井上靖代, 山本昭和	
塩見昇, 三浦逸雄, 柴田正美, 小田光宏	三浦逸雄, 野末俊比古	三浦逸雄, 野末俊比古, 菅野育子, 高橋昇, 仁上幸治	
塩見昇, 三浦逸雄, 柴田正美, 小田光宏		柴田正美	
塩見昇, 三浦逸雄, 柴田正美, 小田光宏		柴田正美	
塩見昇, 三浦逸雄, 柴田正美, 小田光宏	吉田憲一	吉田憲一, 山野美贊子, 吉田暁史, 野口恒雄, 山中秀夫	
塩見昇, 三浦逸雄, 柴田正美, 小田光宏	吉田憲一	吉田憲一, 山野美贊子, 吉田暁史, 野口恒雄, 山中秀夫	
塩見昇, 三浦逸雄, 柴田正美, 小田光宏	堀川照代	堀川照代, 根岸貴子, 佐藤凉子, 辰巳義幸, 竹中淑子, 半田雄二	
塩見昇, 三浦逸雄, 柴田正美, 小田光宏	堀川照代	堀川照代, 根岸貴子, 佐藤凉子, 辰巳義幸, 竹中淑子, 半田雄二	
塩見昇, 三浦逸雄, 柴田正美, 小田光宏	小黒浩司	小黒浩司, 石井敬三, 松野高徳, 寺田光孝, 山本順一, 嵯峨山あかね, 中林隆明, 小川徹, 奥泉和久, 横山道子, 木下通子	
塩見昇, 三浦逸雄, 柴田正美, 小田光宏	朝比奈大作	朝比奈大作, 池田雅夫	
前島重方, 高山正也	前島重方, 志保田務	前島重方, 志保田務, 高橋和子, 高山正也, 渡辺信一	
高山正也, 植松貞夫	植松貞夫	植松貞夫, 志保田務, 寺田光孝, 永田治樹, 薬袋秀樹, 森山光良	
前島重方, 高山正也	高山正也	高山正也, 加藤修子, 岸田和明, 田窪直規, 村田文生	
高山正也, 植松貞夫	高山正也	高山正也, 加藤修子, 岸田和明, 田窪直規, 村田文生	
前島重方, 高山正也	金中利和	金中利和, 天野哲雄, 斎藤泰則, 斎藤陽子, 須永和之	
高山正也, 植松貞夫	高山正也	高山正也, 池内淳, 斎藤泰則, 阪田蓉子, 宮部頼子	
前島重方, 高山正也	渋谷嘉彦	渋谷嘉彦, 京藤松子, 倉田敬子, 武田元次郎	
高山正也, 植松貞夫	渋谷嘉彦	渋谷嘉彦, 大庭一郎, 杉江典子, 梁瀬三千代	
前島重方, 高山正也	堀込静香	堀込静香, 渋谷嘉彦	
高山正也, 植松貞夫	木本幸子	木本幸子, 原田智子, 堀込静香, 三浦敬子	

第Ⅱ部　データでたどる図書館情報専門職の養成と教育

シリーズ名	未刊	巻番号	タイトル	版	出版社	年	ページ
		6	情報検索演習		樹村房	1998	205
		6	情報検索演習	改訂	樹村房	2004	197
		6	情報検索演習	3訂	樹村房	2006	203
		7	図書館資料論		樹村房	1998	186
		7	図書館資料論	改訂	樹村房	2004	182
		8	専門資料論		樹村房	1998	175
		8	専門資料論	改訂	樹村房	2002	172
		9	資料組織概説		樹村房	1997	197
		9	資料組織概説	改訂	樹村房	2002	217
		9	資料組織概説	3訂	樹村房	2007	199
		10	資料組織演習		樹村房	1998	186
		10	資料組織演習	改訂	樹村房	2002	190
		10	資料組織演習	3訂	樹村房	2007	183
		11	児童サービス論		樹村房	1997	179
		11	児童サービス論	改訂	樹村房	2004	182
		12	図書及び図書館史		樹村房	1999	215
	*	13	資料目録法及び演習				
		14	資料分類法及び演習	第2版	樹村房	1999	192
新現代図書館学講座		1	生涯学習概論		東京書籍	1998	207
		2	図書館概論		東京書籍	1998	267
		2	図書館概論	新訂	東京書籍	2005	286
		3	図書館経営論		東京書籍	1998	223

第6章 司書養成および司書教諭養成のテキスト一覧

監修	編集	著者	その他・備考・注記など
前島重方, 高山正也	渡部満彦	渡部満彦, 北克一, 澤井清, 原田智子	
高山正也, 植松貞夫	渡部満彦	渡部満彦, 北克一, 澤井清, 原田智子	
高山正也, 植松貞夫	原田智子	原田智子, 江草由佳, 小山憲司, 澤井清	
前島重方, 高山正也	平野英俊	平野英俊, 海野敏, 加納正巳, 岸田和明	
高山正也, 植松貞夫	平野英俊	平野英雪, 岸田和明, 村上篤太郎	
前島重方, 高山正也	戸田光昭	戸田光昭, 金容媛, 澤井清, 玉手匡子, 坂口蕉	
高山正也, 植松貞夫	戸田光昭	戸田光昭, 金容媛, 澤井清, 玉手匡子, 仁上幸治	
前島重方, 高山正也	大城善盛, 倉橋英逸	大城善盛, 倉橋英逸, 岡田靖, 渡部満彦	
高山正也, 植松貞夫	大城善盛, 倉橋英逸	大城善盛, 倉橋英逸, 岡田靖, 渡部満彦	
高山正也, 植松貞夫	田窪直規	田窪直規, 岡田靖, 小林康隆, 村上泰子, 山崎久道, 渡邊隆弘	
前島重方, 高山正也	岡田靖	岡田靖, 牛崎進, 菅原春雄, 野崎昭雄	
高山正也, 植松貞夫	岡田靖	岡田靖, 菅原春雄, 野崎昭雄, 渡部満彦	
高山正也, 植松貞夫	岡田靖	岡田靖, 榎本裕希子, 菅原春雄, 野崎昭雄, 渡部満彦	
前島重方, 高山正也	中多泰子	中多泰子, 宍戸寛, 土橋悦子	
高山正也, 植松貞夫	中多泰子	中多泰子, 汐崎順子, 宍戸寛	
前島重方, 高山正也	寺田光孝	寺田光孝, 加藤三郎, 村越貴代美	
前島重方, 高山正也		今まど子, 西田俊子	
	山本恒夫	浅井経子, 伊藤俊夫, 上條秀元, 坂井知志, 原義彦, 山本和人, 山本恒夫	
	北嶋武彦	安部垫巳, 石田嘉和, 小川徹, 加納正巳, 川越和信, 菊池佑, 北嶋武彦, 齋藤友介, 竹内紀吉, 千代正明, 戸田光昭, 長倉美恵子, 中根憲一, 中森強, 森正克, 渡辺信一	
	北嶋武彦	安藤友張, 石川亮, 石田嘉和, 枝元益祐, 小川徹, 加納正巳, 菊池佑, 北嶋武彦, 齋藤友介, 竹内紀吉, 立花明彦, 千代正明, 戸田光昭, 長倉美恵子, 中根憲一, 中村克明, 中村百合子, 西川馨, 森正克, 山本順一, 渡辺信一	
	竹内紀吉	磯野嘉城, 大石豊, 押樋良樹, 竹内紀吉, 常世田良, 西川馨, 山本宣親	

第Ⅱ部　データでたどる図書館情報専門職の養成と教育

シリーズ名	未刊	巻番号	タイトル	版	出版社	年	ページ
		4	図書館サービス論		東京書籍	1998	199
		4	図書館サービス論	新訂	東京書籍	2009	223
		5	情報サービス概説		東京書籍	1998	245
		5	情報サービス論	新訂	東京書籍	2010	214
		6	レファレンスサービス演習		東京書籍	1998	179
		7	情報検索演習		東京書籍	1998	231
		7	情報検索演習	新訂	東京書籍	2004	239
		8	図書館資料論		東京書籍	1998	222
		8	図書館資料論	新訂	東京書籍	2008	231
		9	専門資料論		東京書籍	1998	219
		9	専門資料論	新訂	東京書籍	2004	247
		10	資料組織概説		東京書籍	1998	325
		11	資料組織演習		東京書籍	1998	186
		12	児童サービス論		東京書籍	1998	214
		13	図書及び図書館史		東京書籍	1998	271
		14	資料特論		東京書籍	1998	227
		15	コミュニケーション論		東京書籍	1998	231
		16	情報機器論		東京書籍	1998	255

第❻章 司書養成および司書教諭養成のテキスト一覧

監修	編集	著者	その他・備考・注記など
	前園主計	竹内紀吉, 田村俊作, 内藤衛亮, 前園主計	
	前園主計	竹内比呂也, 田村俊作, 内藤衛亮, 前園主計	
	田村俊作	阿津坂林太郎, 安藤勝, 高梨章, 高橋則雄, 田村俊作, 東田全義, 東山陽光, 吉田昭	
	田村俊作	杉江典子, 谷藤優美子, 田村俊作, 長野裕恵, 原田奈都子, 松本和子, 森嶋桃子, 吉田昭子	
	田澤恭二	安藤勝, 小笠原あや子, 田澤恭二, 山本順一	
	緑川信之	谷口祥一, 長田秀一, 藤田岳久, 緑川信之, 梁瀬三千代	
	緑川信之	大庭一郎, 谷口祥一, 長田秀一, 藤田岳久, 松林麻実子, 緑川信之, 梁瀬三千代	
	河井弘志	安藤勝, 大串夏身, 小黒浩司, 河井弘志, 小泉徹, 瀬島健二郎, 都築埴雅, 戸室幸治, 宮部頼子	
	小黒浩司	岡谷大, 小黒浩司, 河井弘志, 小泉徹, 鈴木均, 瀬島健二郎, 宮部頼子, 安江明夫, 都築埴雅	
	中森強	飯塚健, 石川光二, 石倉賢一, 板橋慶造, 岩澤聡, 田中功, 中野猛, 中森強, 箕輪成男, 山本信男	
	中森強	飯塚健, 大戸隆信, 木藤淳子, 小林美奈子, 佐藤信行, 関野陽一, 田中功, 中森強, 春山明哲, 松下均	
	岩淵泰郎	鮎澤修, 岩淵泰郎, 石井啓豊, 千賀正之	
	岩淵泰郎	鮎澤修, 岩淵泰郎, 千賀正之	
	辰巳義幸	赤星隆子, 江森隆子, 大倉玲子, 川上博幸, 嶋袋ワカ子, 辰巳義幸	
	北嶋武彦	赤星隆子, 朝倉治彦, 石井敦, 小川徹, 小野泰博, 加納正巳, 北嶋武彦, 埜上衞, 藤野幸雄	
	木野主計, 高木浩子, 高橋元夫, 成井惠子	木野主計, 高木浩子, 高橋元夫, 成井惠子, 山田敏之	
	中森強	阿部汎克, 新井久爾夫, 井上如, 兼高聖雄, 河村一樹, 清原慶子, 中森強, 諸橋泰樹	
	田畑孝一	阪口哲男, 杉本重雄, 藤田岳久	

867

第Ⅱ部 データでたどる図書館情報専門職の養成と教育

シリーズ名	未刊	巻番号	タイトル	版	出版社	年	ページ
		17	図書館特論		東京書籍	1998	267
新編 図書館学教育資料集成		1	図書館概論		教育史料出版会	1998	215
		1	図書館概論	補訂版	教育史料出版会	2002	215
		1	図書館概論	改訂版	教育史料出版会	2004	215
		1	図書館概論	改訂2版	教育史料出版会	2009	221
		2	図書館経営論		教育史料出版会	1999	229
		2	図書館経営論	補訂版	教育史料出版会	2004	245
		2	図書館経営論	改訂版	教育史料出版会	2009	230
		3	図書館サービス論		教育史料出版会	1998	230
		3	図書館サービス論	補訂版	教育史料出版会	2002	240
		3	図書館サービス論	補訂2版	教育史料出版会	2006	244
		3	図書館サービス論	補訂3版	教育史料出版会	2008	244
		3	図書館サービス論	新訂版	教育史料出版会	2011	246
		4	情報サービス論		教育史料出版会	1998	227
		4	情報サービス論	補訂版	教育史料出版会	2003	244
		4	情報サービス論	補訂2版	教育史料出版会	2006	246
		4	情報サービス論	新訂版	教育史料出版会	2010	229
		5	図書館資料論		教育史料出版会	1998	228
		5	図書館資料論	補訂版	教育史料出版会	2003	229
		5	図書館資料論	改訂版	教育史料出版会	2007	234
		6	児童サービス論		教育史料出版会	1998	230
		6	児童サービス論	補訂版	教育史料出版会	2003	238
		6	児童サービス論	補訂2版	教育史料出版会	2004	238
		6	児童サービス論	改訂版	教育史料出版会	2009	229

第6章　司書養成および司書教諭養成のテキスト一覧

監修	編集	著者	その他・備考・注記など
	北嶋武彦, 中森強, 中野猛, 山本恒夫, 小川俊彦	田中功, 中森強, 相田満, 中野猛, 間島由美子, 浅井経子, 氣谷陽子, 越田幸洋, 坂井知志, 福島裕子, 山本恒夫, 湯浅冨士夫, 植松貞夫, 小川俊彦	
	河井弘志	河井弘志	
	河井弘志	河井弘志	
	河井弘志, 宮部頼子	河井弘志, 宮部頼子	
	河井弘志, 宮部頼子	河井弘志, 宮部頼子	
	竹内紀吉	竹内紀吉	
	竹内紀吉	竹内紀吉	
	三村敦美	三村敦美	
	塩見昇	塩見昇	
	塩見昇	塩見昇	
	塩見昇	塩見昇	
	塩見昇	塩見昇	
	塩見昇	塩見昇	
	阪田蓉子	阪田蓉子	
	阪田蓉子	阪田蓉子	
	阪田蓉子	阪田蓉子	
	阪田蓉子	阪田蓉子	
	後藤暢	後藤暢	
	後藤暢	後藤暢	
	後藤暢, 松尾昇治	後藤暢, 松尾昇治	
	佐藤涼子	佐藤涼子	
	佐藤涼子	佐藤涼子	
	佐藤涼子	佐藤涼子	
	佐藤涼子	佐藤涼子	

第Ⅱ部　データでたどる図書館情報専門職の養成と教育

シリーズ名	未刊	巻番号	タイトル	版	出版社	年	ページ
		7	図書館史：近代日本篇		教育史料出版会	1998	218
		7	図書館史：近代日本篇	補訂版	教育史料出版会	2003	230
		8	情報管理・機器論		教育史料出版会	1998	234
		8	情報管理・機器論	補訂版	教育史料出版会	2001	234
		9	学校図書館論		教育史料出版会	1998	209
		9	学校図書館論	補訂版	教育史料出版会	1999	209
		9	学校図書館論	補訂2版	教育史料出版会	2003	216
		10	学校教育と学校図書館（学校図書館論1）		教育史料出版会	2005	229
		10	学校教育と学校図書館（学校図書館論1）	新訂版	教育史料出版会	2009	230
		10	学校教育と学校図書館（学校図書館論1）	新訂2版	教育史料出版会	2012	230
		11	学校図書館メディアと読書教育（学校図書館論2）		教育史料出版会	2007	214
新図書館情報学シリーズ		1	生涯学習概論		理想社	2002	207
	＊	2	図書館概論				
	＊	3	図書館経営論				
	＊	4	図書館サービス論				
		5	情報サービス論		理想社	1998	237
		5	情報サービス論	改定版	理想社	2003	247
		5	情報サービス論	新訂版	理想社	2008	253
		6	レファレンスサービス演習		理想社	1999	247
		6	レファレンスサービス演習	改定版	理想社	2005	297
	＊	7	情報検索演習				
	＊	8	図書館資料論				
	＊	9	専門資料論				

第6章　司書養成および司書教諭養成のテキスト一覧

監修	編集	著者	その他・備考・注記など
	小川徹, 山口源治郎	小川徹, 山口源治郎	
	小川徹, 山口源治郎	小川徹, 山口源治郎	
	柴田正美	柴田正美	
	柴田正美	柴田正美	
	塩見昇	塩見昇	
	塩見昇	塩見昇	
	塩見昇	塩見昇	
	塩見昇	塩見昇	
	塩見昇	塩見昇	
	塩見昇	塩見昇	
	塩見昇, 北村幸子	塩見昇, 北村幸子	
北嶋武彦, 岩淵泰郎, 佐藤政孝		浅井経子	
北嶋武彦, 岩淵泰郎, 佐藤政孝	大串夏身	大串夏身, 山本順一, 小黒浩司, 伊香佐和子, 大野亜希代, 金沢みどり, 宮沢厚雄, 坂川和彦, 須永和之	
北嶋武彦, 岩淵泰郎, 佐藤政孝	大串夏身	大串夏身, 山本順一, 小黒浩司, 伊香佐和子, 川原亜希世, 金沢みどり, 宮沢厚雄, 須永和之	
北嶋武彦, 岩淵泰郎, 佐藤政孝	大串夏身	大串夏身, 山本順一, 小黒浩司, 伊香佐和子, 川原亜希世, 金沢みどり, 宮沢厚雄, 須永和之, 前之園香世子	
北嶋武彦, 岩淵泰郎, 佐藤政孝	山本順一	山本順一, 伊香佐和子, 小黒浩司, 大野亜希世, 金沢みどり, 吉田肇吾, 宮沢厚雄, 坂川和彦, 須永和之, 大庭一郎, 桂啓壯	
北嶋武彦, 岩淵泰郎, 佐藤政孝	山本順一	山本順一, 桂啓壯, 小黒浩司, 宮沢厚雄, 山田美幸, 大庭一郎, 金沢みどり, 須永和之, 伊香佐和子, 吉田肇吾, 藤原是明	

第Ⅱ部　データでたどる図書館情報専門職の養成と教育

シリーズ名	未刊	巻番号	タイトル	版	出版社	年	ページ
		10	資料組織概説・分類編		理想社	1998	148
		11	資料組織演習		理想社	1998	262
		12	児童図書館サービス論		理想社	1998	238
		12	児童図書館サービス論	新訂版	理想社	2009	237
図書館情報学の基礎	*	1					
		2	図書館経営論		勉誠出版	2002	116
		2	図書館経営論	改訂版	勉誠出版	2006	133
		3	図書館情報サービス論		勉誠出版	2003	194
	*	4					
		5	レファレンスサービス演習		勉誠出版	2002	157
		5	レファレンスサービス演習	改訂版	勉誠出版	2006	146
	*	6					
		7	図書館資料論		勉誠出版	2003	213
	*	8					
		9	資料組織演習		勉誠出版	2003	153
		10	児童サービス論		勉誠出版	2002	112
		11	図書館文化史		勉誠出版	2003	142
	*	12					
		13	生涯学習概説		勉誠出版	2003	197
		14	学校図書館概論		勉誠出版	2002	196
図書館情報学シリーズ		1	図書館概論		学文社	2010	148
		2	図書館経営論		学文社	2007	154
		3	図書館サービス論		学文社	2011	217
		4	情報サービス論及び演習		学文社	2011	159
		5	図書館資料論・専門資料論		学文社	2006	193
	*	6	資料組織概説および演習				
		7	児童サービス論		学文社	2006	165
		8	図書館文化史		学文社	2006	148
JLA図書館情報学テキストシリーズⅡ		1	図書館概論		日本図書館協会	2008	276
		1	図書館概論	新訂版	日本図書館協会	2008	276
		2	図書館経営論		日本図書館協会	2011	150
		3	図書館サービス論		日本図書館協会	2010	246
	*	4	情報サービス概論				
	*	5	レファレンスサービス演習				
		6	情報検索演習		日本図書館協会	2011	142
		7	図書館資料論		日本図書館協会	2008	262

第6章　司書養成および司書教諭養成のテキスト一覧

監修	編集	著者	その他・備考・注記など
北嶋武彦, 岩淵泰郎, 佐藤政孝		千賀正之, 宮内美智子	
北嶋武彦, 岩淵泰郎, 佐藤政孝		菅原春雄, 下村陽子, 石田嘉和	
北嶋武彦, 岩淵泰郎, 佐藤政孝	赤星隆子, 荒井督子	赤星隆子, 荒井督子, 嶋袋ワカ子, 塚原博, 張替恵子	
北嶋武彦, 岩淵泰郎, 佐藤政孝	赤星隆子, 荒井督子	赤星隆子, 荒井督子, 塚原博, 張替恵子	
		宮沢厚雄	
		宮沢厚雄	
		金沢みどり	
		吉田右子	
		吉田右子	
		郡司良夫	
		平井尊士, 藤原是明	
		伊香左和子	
		水谷長志	
	新海英行, 竹市良成	新海英行, 竹市良成, 篠田弘, 山田徳男, 井上知則	
		渡辺重夫	
大串夏身, 金沢みどり		大串夏身, 常世田良	
大串夏身, 金沢みどり		柳与志夫	
大串夏身, 金沢みどり		金沢みどり	
大串夏身, 金沢みどり		中西裕, 松本直樹, 伊藤民雄	
大串夏身, 金沢みどり		伊藤民雄	
大串夏身, 金沢みどり		金沢みどり	
大串夏身, 金沢みどり		綿抜豊昭	
塩見昇, 柴田正美, 小田光宏	塩見昇	塩見昇, 井上靖代, 小田光宏, 吉田右子, ソーデルマン・淳子, 呉建中, 金容媛	塩見を除き, 筆者は「執筆協力者」とあり
塩見昇, 柴田正美, 小田光宏	塩見昇	塩見昇, 井上靖代, 小田光宏, 吉田右子, ソーデルマン・淳子, 呉建中, 金容媛	塩見を除き, 筆者は「執筆協力者」とあり
塩見昇, 柴田正美, 小田光宏	永田治樹	永田治樹, 池内淳, 乙骨敏夫, 村井麻衣子, 米澤誠, 小山永樹, 吉田右子, 小林真理	
塩見昇, 柴田正美, 小田光宏	小田光宏	小田光宏, 戸田あきら, 乙骨敏夫, 井上靖代, 堀川照代	
塩見昇, 柴田正美, 小田光宏	大谷康晴	安形輝, 石田栄美, 大谷康晴, 中島玲子	
塩見昇, 柴田正美, 小田光宏	馬場俊明	馬場俊明, 井上靖代, 山本昭和	

873

第Ⅱ部 データでたどる図書館情報専門職の養成と教育

シリーズ名	未刊	巻番号	タイトル	版	出版社	年	ページ
		8	専門資料論		日本図書館協会	2008	140
		8	専門資料論	新訂版	日本図書館協会	2010	140
		9	資料組織概説		日本図書館協会	2008	270
		10	資料組織演習		日本図書館協会	2007	270
		11	児童サービス論		日本図書館協会	2009	158
		12	図書及び図書館史		日本図書館協会	2010	142
	＊	別巻	図書館員のための生涯学習概論				
現代図書館情報学シリーズ		1	図書館概論		樹村房	2011	195
		2	図書館制度・経営論		樹村房	2013	216
	＊	3	図書館情報技術論				
		4	図書館サービス概論		樹村房	2012	214
		5	情報サービス論		樹村房	2012	209
		6	児童サービス論		樹村房	2012	191
		7	情報サービス演習		樹村房	2012	213
		8	図書館情報資源概論		樹村房	2012	192
		9	情報資源組織論		樹村房	2011	209
		10	情報資源組織演習		樹村房	2013	263
		11	図書・図書館史		樹村房	2012	227
	＊	12	図書館施設論				
ベーシック司書講座・図書館の基礎と展望		1	図書館の基礎と展望		学文社	2011	135
		2	図書館情報技術論		学文社	2012	135
		3	情報資源組織論		学文社	2012	153

第6章　司書養成および司書教諭養成のテキスト一覧

監修	編集	著者	その他・備考・注記など
塩見昇, 柴田正美, 小田光宏	三浦逸雄, 野末俊比古	三浦逸雄, 野末俊比古, 菅野育子, 高橋昇, 仁上幸治	
塩見昇, 柴田正美, 小田光宏	三浦逸雄, 野末俊比古	三浦逸雄, 野末俊比古, 菅野育子, 高橋昇, 仁上幸治	
塩見昇, 柴田正美, 小田光宏		柴田正美	
塩見昇, 柴田正美, 小田光宏	吉田憲一	野口恒雄, 山野美贊子, 山中秀夫, 吉田憲一, 吉田暁史	
塩見昇, 柴田正美, 小田光宏	堀川照代	堀川照代, 根岸貴子, 佐藤凉子, 伊藤明美, 竹中淑子, 井上靖代	
塩見昇, 柴田正美, 小田光宏	小黒浩司	小黒浩司, 呑海沙織, 中山愛理, 松﨑博子, 三浦太郎, 泉山靖人	
高山正也, 植松貞夫	高山正也, 岸田和明	高山正也, 岸田和明, 逸村裕, 渋谷嘉彦, 平野英俊	
高山正也, 植松貞夫	糸賀雅児, 薬袋秀樹	糸賀雅児, 薬袋秀樹, 市川恵理, 内野安彦, 荻原幸哉, 桑原秀哉, 高山正也, 鑓水三千男	
高山正也, 植松貞夫	宮部頼子	宮部頼子, 逸村裕, 荻原幸子, 齋藤泰則, 松本直樹, 宮原志津子	
高山正也, 植松貞夫	山﨑久道	山﨑久道, 大庭一郎, 渋谷嘉彦, 杉江典子, 原田智子, 松下鈞, 村上篤太郎	
高山正也, 植松貞夫	植松貞夫, 鈴木佳苗	植松貞夫, 鈴木佳苗, 岩崎れい, 河西由美子, 高桑弥須子, 平澤佐千代, 堀川照代	
高山正也, 植松貞夫	原田智子	原田智子, 江草由佳, 小山憲司	
高山正也, 植松貞夫	高山正也, 平野英俊	高山正也, 平野英俊, 岸田和明, 岸美雪, 小山憲司, 村上篤太郎	
高山正也, 植松貞夫	田窪直規	田窪直規, 小林康隆, 原田隆史, 山﨑久道, 山本昭, 渡邊隆弘	
高山正也, 植松貞夫	小西和信, 田窪直規	小西和信, 田窪直規, 川村敬一, 小林康隆, 時実象一, 鴇田拓哉, 松井純子, 渡邊隆弘	
高山正也, 植松貞夫	佃一可	佃一可, 久野淳一, 佐藤達生, 鈴木良雄, 呑海沙織, 中田節子, 山田真美	
二村健		二村健	
二村健	齋藤ひとみ, 二村健	齋藤ひとみ, 二村健, 石井大輔	
二村健		榎本裕希子, 石井大輔, 名城邦孝	

第Ⅱ部　データでたどる図書館情報専門職の養成と教育

シリーズ名	未刊	巻番号	タイトル	版	出版社	年	ページ
		4	情報サービス論		学文社	2013	122
		5	図書館制度・経営論		学文社	2013	152
	＊	6	図書館サービス概論				
	＊	7	児童サービス論				
	＊	8	図書館情報資源概論				
		9	図書館施設特論		学文社	2012	122
	＊	10	図書・図書館史				
ライブラリー図書館情報学	＊	1	生涯学習概論				
		2	図書館概論		学文社	2012	160
		3	図書館情報技術論		学文社	2013	190
		4	図書館制度・経営論		学文社	2013	147
	＊	5	図書館サービス概論				
		6	情報サービス論及び演習		学文社	2012	159
		7	児童サービス論		学文社	2012	187
		8	図書館情報資源概論		学文社	2012	180
		9	情報資源組織論及び演習		学文社	2012	215
	＊	10	図書・図書館史				
JLA図書館情報学テキストシリーズⅢ		1	図書館概論		日本図書館協会	2012	284
		1	図書館概論	新訂版	日本図書館協会	2013	284
	＊	2	図書館制度・経営論				
	＊	3	図書館情報技術論				
	＊	4	図書館サービス論				
		5	情報サービス論		日本図書館協会	2012	254
	＊	6	児童サービス論				
	＊	7	情報サービス論				
		8	図書館情報資源概論		日本図書館協会	2012	270
		9	情報資源組織論		日本図書館協会	2012	270
	＊	10	情報資源組織演習				
		11	図書・図書館史		日本図書館協会	2013	158
	＊	12	図書館施設				
		別巻	図書館員のための生涯学習概論		日本図書館協会	2013	254
実践図書館情報学シリーズ	＊	1					
	＊	2					

第6章　司書養成および司書教諭養成のテキスト一覧

監修	編集	著者	その他・備考・注記など
二村健	竹之内禎	竹之内禎, 河島茂生, 鈴木亮太, 中山愛理, 二村健, 吉田隆, 西田洋平, 千錫烈, 竹之内明子, 坂本俊, 藤倉恵一, 氣谷陽子, 長谷川昭子, 高田淳子	
二村健	手嶋孝典	手嶋孝典, 二村健	
二村健		福本徹	
大串夏身, 金沢みどり		大串夏身, 常世田良	
大串夏身, 金沢みどり		日高昇治	
大串夏身, 金沢みどり		柳与志夫	
大串夏身, 金沢みどり		中西裕, 松本直樹, 伊藤民雄	
大串夏身, 金沢みどり		金沢みどり	
大串夏身, 金沢みどり		伊藤民雄	
大串夏身, 金沢みどり		那須雅熙	
塩見昇, 柴田正美, 小田光宏, 大谷康晴	塩見昇	塩見昇, 井上靖代, 小田光宏, 吉田右子, 小林Söderman淳子, 呉建中, 金容媛	塩見を除き, 筆者は「執筆協力者」とあり）
塩見昇, 柴田正美, 小田光宏, 大谷康晴	塩見昇	塩見昇, 井上靖代, 小田光宏, 吉田右子, 小林Söderman淳子, 呉建中, 金容媛	塩見を除き, 筆者は「執筆協力者」とあり）
塩見昇, 柴田正美, 小田光宏, 大谷康晴	小田光宏	小田光宏, 間部豊, 野末俊比古, 齋藤泰則, 畑田秀将	
塩見昇, 柴田正美, 小田光宏, 大谷康晴	馬場俊明	馬場俊明, 井上靖代, 山本昭和	
塩見昇, 柴田正美, 小田光宏, 大谷康晴		柴田正美	
塩見昇, 柴田正美, 小田光宏, 大谷康晴	小黒浩司	小黒浩司, 呑海沙織, 中山愛理, 松﨑博之, 三浦太郎, 泉山靖人	
塩見昇, 柴田正美, 小田光宏, 大谷康晴		朝比奈大作	

第Ⅱ部　データでたどる図書館情報専門職の養成と教育

シリーズ名	未刊	巻番号	タイトル	版	出版社	年	ページ
		3	図書館サービス概論		学芸図書	2013	261
		4	読書で豊かな人間性を育む児童サービス論		学芸図書	2012	256
	＊	5					
	＊	6					
	＊	7					
	＊	8					
		9	図書・図書館史：此処に無知終わり，「知」始まる		学芸図書	2013	143
講座図書館情報学	＊	1	生涯学習概論				
	＊	2	図書館概論				
		3	図書館制度・経営論：ライブラリー・マネジメントの現在		ミネルヴァ書房	2013	194
		4	図書館情報技術論：図書館を駆動する情報装置		ミネルヴァ書房	2013	273
	＊	5	図書館サービス概論				
	＊	6	情報サービス論				
	＊	7	児童サービス論				
	＊	8	情報サービス演習				
	＊	9	図書館情報資源概論				
	＊	10	情報資源組織論				
	＊	11	情報資源組織演習				
	＊	12	図書・図書館史				

第6章 司書養成および司書教諭養成のテキスト一覧

監修	編集	著者	その他・備考・注記など
志保田務, 高鷲忠美	志保田務, 杉山誠司, 家禰淳一	志保田務, 杉山誠司, 家禰淳一, 高鷲忠美, 石橋進一, 南亮一, 常世田良, 日置将之, 立花明彦, 渡邉斉志	
志保田務, 高鷲忠美	難波博孝, 山元隆春, 宮本浩治	難波博孝, 山元隆春, 宮本浩治, 寺田守, 小迫洋子, 平井尊士, 林美千代, 設樂馨, 兼松芳之, 細恵子, 佐野宏, 吉川五百枝, 今井美都子, 山本ひとみ, 河内鏡太郎, 川崎安子	
志保田務, 高鷲忠美		原田安啓	第X章コラム執筆者として平野翠
山本順一	安藤友張	山本順一, 松本直樹, 安藤友張, 薬師院はるみ, 野村知子, 福永智子, 永田潤子, 青柳英治, 野口武悟	
山本順一	河島茂生	若松昭子, 久保誠, 桑原尚子, 河島茂生, 橋本渉, 坂内悟, 国分道雄, 竹之内禎, 児玉閲, 新保史生, 植村八潮	

第Ⅱ部　データでたどる図書館情報専門職の養成と教育

表6-2　司書教諭

シリーズ名	未刊	巻番号	タイトル	版	出版社	年	ページ
学校図書館の手引き			学校図書館の手引き		師範学校教科書	1948	137
日本図書館研究会ブックレット		1	日本十進分類法指針		綜文館	1949	73
		1	日本十進分類法指針	改訂2版	綜文館	1950	73
		2	簡易圖書記號法		綜文館	1949	52
		4	図書修理と製本の手引		綜文館	1950	92
		5	小・中・高等学校における図書館活動の指導		綜文館	1949	61
		6	新しく学校図書館をつくるには		綜文館	1949	98
		9	教員司書のために		綜文館	1949	74
		10	洋書目録の作り方		綜文館	1949	113
		10	洋書目録法入門		綜文館	1952	123
		11	小学校における読書指導：体験廿年		綜文館	1949	112
		12	町村の読書施設とその運営：町村小中学校図書館，町村公民館図書部，町村通俗図書館活動の指針		綜文館	1950	79
		別	児童書件名標目表とその使い方		綜文館	1950	394
学校図書館学叢書		1	学校図書館学概論		学芸図書	1950	310
		1	学校図書館学概論	修正再版	学芸図書	1951	310
		1	学校図書館学概論	改訂	学芸図書	1953	294
		1	学校図書館学概論	改訂3版	学芸図書	1953	294
		1	学校図書館学概論	改訂4版	学芸図書	1954	294
		1	学校図書館学概論	改訂5版	学芸図書	1955	290
		2	図書館教育：読書指導の手引		学芸図書	1951	387
		2	図書館教育：読書指導の手引	第4版	学芸図書	1954	320

第6章　司書養成および司書教諭養成のテキスト一覧

養成テキストの一覧

監修	編集	著者	その他・備考・注記など
	文部省	深川恒喜, 滑川道夫, 鳥生芳夫, 加藤宗厚, 阪本一郎	注記：図版2p分あり
	日本図書館研究会	仙田正雄	
	日本図書館研究会	仙田正雄	
	日本図書館研究会	木寺清一	
	日本図書館研究会	間宮不二雄	
	日本図書館研究会	西藤嘉太郎	
	日本図書館研究会	小野則秋	
	日本図書館研究会	竹林熊彦	
	日本図書館研究会	天野敬太郎	巻番号重複
	日本図書館研究会	天野敬太郎	巻番号重複
	日本図書館研究会	岸田勝三	
	日本図書館研究会	三宅千代二	
	日本図書館研究会	仙田正雄	
	図書館教育研究会, 深川恒喜, 小山田勝治, 阪本一郎	深川恒喜, 木村不二彦, 水谷道一, 小山田勝治, 阪本一郎	他に直接間接に参加した者25名の氏名が「記」にあり（討議参加者13名を含む）。アメリカの指導官フェアウエザー女史への謝辞あり
	図書館教育研究会, 深川恒喜, 小山田勝治, 阪本一郎	深川恒喜, 木村不二彦, 水谷道一, 小山田勝治, 阪本一郎	
	図書館教育研究会, 深川恒喜, 小山田勝治, 阪本一郎	深川恒喜, 木村不二彦, 水谷道一, 小山田勝治, 阪本一郎	図版1枚あり
	図書館教育研究会	記載なし	
	図書館教育研究会	記載なし	図版1枚あり
	図書館教育研究会, 深川恒喜, 小山田勝治, 阪本一郎	深川恒喜, 木村不二彦, 水谷道一, 小山田勝治, 阪本一郎	
	図書館教育研究会, 深川恒喜, 新国重人, 小山田勝治, 阪本一郎, 鈴木英二, 渡辺正, 山本勝吉, 横山孝次郎	深川恒喜, 木村不二彦, 久米井東, 松尾彌太郎, 新国重人, 小山田勝治, 阪本一郎, 鈴木英二, 若林元典, 渡辺正, 山本勝吉, 横山孝次郎	他に「研究過程に, 直接間接, 協力した会員」として56名の氏名が「後記」にあり
	図書館教育研究会, 深川恒喜, 新国重人, 小山田勝治, 阪本一郎, 鈴木英二, 渡辺正, 横山幸次郎	深川恒喜, 木村不二彦, 久米井東, 松尾彌太郎, 新国重人, 小山田勝治, 阪本一郎, 鈴木英二, 若林元典, 渡辺正, 山本房左, 横山幸次郎	目録では53年第3版となっているが, 現物は4版

第Ⅱ部　データでたどる図書館情報専門職の養成と教育

シリーズ名	未刊	巻番号	タイトル	版	出版社	年	ページ
		2	図書館教育：読書指導の手引	第5版	学芸図書	1955	320
		3	学校図書館資料の整理		学芸図書	1952	200
		3	学校図書館資料の整理	改訂版	学芸図書	1954	222
		4	学校図書館資料の選択		学芸図書	1953	239
		4	学校図書館資料の選択	再版	学芸図書	1955	236
		5	学校図書館の活動：運営と管理		学芸図書	1954	370
		別	中学生の読書指導		学芸図書	1952	224
		別	小学生の読書指導		学芸図書	1953	293
		別	小学生の読書指導	3版	学芸図書	1956	293
読書指導―原理と方法―			読書指導―原理と方法―		牧書店	1950	384
			読書指導―原理と方法―	改訂増補版	牧書店	1953	524
学校図書館学講座		1	図書の解題		明治図書	1946	
		2	図書以外の資料の収集と整理		明治図書	1952	
		1-1	レコードの整理		明治図書	1953	123
		1-2	閲覧机と椅子		明治図書	1953	49
		1-3	図書の解題		明治図書	1953	69
		1-4	目でみるアメリカの学校図書館		明治図書	1953	99

第6章　司書養成および司書教諭養成のテキスト一覧

監修	編集	著者	その他・備考・注記など
	図書館教育研究会, 深川恒喜, 新国重人, 小山田勝治, 阪本一郎, 鈴木英二, 渡辺正, 横山幸次郎	深川恒喜, 木村不二彦, 久米井束, 松尾彌太郎, 新国重人, 小山田勝治, 阪本一郎, 鈴木英二, 若林元典, 渡辺正, 山本勝吉, 横山孝次郎	
	図書館教育研究会, 武田虎之助, 鈴木英二, 深川恒喜, 阪本一郎	尾原淳夫, 芦谷清, 武田虎之助, 鈴木英二, 佐野友彦, 新国重人, 渡辺正, 深川恒喜, 阪本一郎	
	図書館教育研究会, 武田虎之助, 鈴木英二, 深川恒喜, 阪本一郎	尾原淳夫, 芦谷清, 武田虎之助, 鈴木英二, 佐野友彦, 新国重人, 渡辺正, 深川恒喜, 阪本一郎	
	図書館教育研究会	小山田勝治, 横山孝次郎, 阪本一郎, 深川恒喜, 若林元典, 芦谷清, 鈴木英二, 佐野友彦	他に討議参加者として9名の氏名が「あとがき」にあり
	図書館教育研究会	小山田勝治, 横山孝次郎, 阪本一郎, 深川恒喜, 若林元典, 芦谷清, 鈴木英二, 佐野友彦	
	図書館教育研究会	阪本一郎, 伊藤太平, 伊藤義道, 鈴木英二, 武田虎之助, 芦谷清, 甲斐清通, 山口勇, 小針孝哉, 原田泰三, 山本房吉, 柏木敬三, 遠藤英三, 原光昭, 池上輝雄	
	図書館教育研究会, 阪本一郎, 八木徹夫, 勝又昌義	阪本一郎, 有馬敏行, 八木徹夫, 川口玲雄, 森秀夫, 勝又昌義, 山下政太郎, 長谷川宏	他に「プリントによって意見を寄せ, 間接に研究に参加した図書館教育研究会員」として15名の氏名あり
	図書館教育研究会, 阪本一郎, 新国重人, 渡辺正	阪本一郎, 新国重人, 渡辺正, 真仁田昭, 高木正三, 中島彦吉, 腰山太刀男, 竹之内一郎	
	図書館教育研究会, 阪本一郎, 新国重人, 渡辺正	阪本一郎, 新国重人, 渡辺正, 真仁田昭, 高木正三, 中島彦吉, 腰山太刀男, 竹之内一郎	
		阪本一郎	
		阪本一郎	
	全国学校図書館協議会	弥吉光長	現物未確認
	全国学校図書館協議会	山口勇	現物未確認
	全国学校図書館協議会	小川昻	
	全国学校図書館協議会	志賀福太郎	
	全国学校図書館協議会	弥吉光長	
	全国学校図書館協議会	小針孝哉	

第Ⅱ部　データでたどる図書館情報専門職の養成と教育

シリーズ名	未刊	巻番号	タイトル	版	出版社	年	ページ
		1-5	学校図書館法の解説		明治図書	1953	172
		2-1	図書館法の解説		明治図書	1954	90
		2-2	学校図書館経営の工夫		明治図書	1954	106
		2-3	閲覧と貸出し		明治図書	1954	93
		2-4	図書以外の資料の収集と整理		明治図書	1954	92
		3-1	本のできるまで		明治図書	1954	114
		3-2	視聴覚教育と学校図書館		明治図書	1954	154
		3-3	辞書・事典の利用		明治図書	1954	86
		4-1	書架と受付台		明治図書	1954	54
		4-2	図書委員		明治図書	1954	88
		4-3	予算のたてかた		明治図書	1954	64
		5-1	図書の修理と製本		明治図書	1955	135
		5-2	ヴァーティカル・ファイル		明治図書	1955	78
		5-3	マンガとその与えかた		明治図書	1955	81
		6-1	学校図書館と情操教育		明治図書	1956	149
		6-2	図書記号の与え方		明治図書	1956	75
		6-3	読書指導のための調査活動		明治図書	1956	163
		7-1	件名目録		明治図書	1957	101
		7-2	図書の歴史		明治図書	1957	166
		7-3	新聞・雑誌の利用と整理		明治図書	1957	161
		8-1	小学校の読書指導		明治図書	1959	167
		8-2	図書の管理		明治図書	1959	125
		8-3	図書目録の作り方		明治図書	1959	142
			目でみるアメリカの学校図書館		明治図書	1957	99
		1	図書館法の解説		明治図書	1957	90

第6章　司書養成および司書教諭養成のテキスト一覧

監修	編集	著者	その他・備考・注記など
	全国学校図書館協議会	阪本一郎, 松尾彌太郎, 杉江清, 深川恒喜, 町村金五, 大西正道	
	全国学校図書館協議会	井内慶次郎	
	全国学校図書館協議会	遠藤英三	
	全国学校図書館協議会	平塚善定	
	全国学校図書館協議会	山口勇	
	全国学校図書館協議会	江守賢治	
	全国学校図書館協議会	西村三郎	
	全国学校図書館協議会	新国重人	
	全国学校図書館協議会	志賀福太郎	
	全国学校図書館協議会	堀内輝三	
	全国学校図書館協議会	尾原善夫	
	全国学校図書館協議会	伊藤明	
	全国学校図書館協議会	鳥生芳夫	
	全国学校図書館協議会	四方田正作	
	全国学校図書館協議会	山岡寛章	
	全国学校図書館協議会	尾原淳夫	
	全国学校図書館協議会	今村秀夫	
	全国学校図書館協議会	若林元典	
	全国学校図書館協議会	庄司浅水	
	全国学校図書館協議会	甲斐清通	
	全国学校図書館協議会	竹ノ内一郎	
	全国学校図書館協議会	芦谷清, 小川敬一, 鈴木英二	
	全国学校図書館協議会	鈴木英二	
	全国学校図書館協議会	小針孝哉	
	全国学校図書館協議会	井内慶次郎	合本

885

第Ⅱ部　データでたどる図書館情報専門職の養成と教育

シリーズ名	未刊	巻番号	タイトル	版	出版社	年	ページ
			予算のたてかた		明治図書	1957	64
			学校図書館経営の工夫		明治図書	1958	106
		2	学校図書館と情操教育		明治図書	1958	149
			図書委員		明治図書	1958	88
			図書目録の作り方		明治図書	1959	142
		3	件名目録		明治図書	1959	101
			図書記号の与え方		明治図書	1959	75
			図書の管理		明治図書	1959	125
		4	図書の修理と製本		明治図書	1959	135
			ヴァーティカル・ファイル		明治図書	1959	78
			図書以外の資料の収集と整理		明治図書	1958	92
		5	レコードの整理		明治図書	1958	123
			新聞・雑誌の利用と整理		明治図書	1958	161
			閲覧と貸出し		明治図書	1958	93
		6	視聴覚教育と学校図書館		明治図書	1958	154
			閲覧机と椅子		明治図書	1958	49
			書架と受付台		明治図書	1958	54
			小学校の読書指導		明治図書	1959	167
		7	辞書・事典の利用		明治図書	1959	86
			マンガとその与えかた		明治図書	1959	81
			読書指導のための調査活動		明治図書	1959	163
			書架と受付台		明治図書	1959	54
		8	図書委員		明治図書	1959	88
			予算のたてかた		明治図書	1959	64
教職叢書		34	学校図書館		岩崎書店	1952	226
教育全書学校経営編		2	学校図書館		岩崎書店	1953	207
		2	学校図書館		岩崎書店	1955	218

第6章　司書養成および司書教諭養成のテキスト一覧

監修	編集	著者	その他・備考・注記など
	全国学校図書館協議会	尾原善夫	
	全国学校図書館協議会	遠藤英三	
	全国学校図書館協議会	山岡寛章	合本
	全国学校図書館協議会	堀内輝三	
	全国学校図書館協議会	鈴木英二	
	全国学校図書館協議会	若林元典	合本
	全国学校図書館協議会	尾原淳夫	
	全国学校図書館協議会	芦谷清, 小川敬一, 鈴木英二	
	全国学校図書館協議会	伊藤明	合本
	全国学校図書館協議会	鳥生芳夫	
	全国学校図書館協議会	山口勇	
	全国学校図書館協議会	小川昴	合本
	全国学校図書館協議会	甲斐清通	
	全国学校図書館協議会	平塚善定	
	全国学校図書館協議会	西村三郎	合本
	全国学校図書館協議会	志賀福太郎	
	全国学校図書館協議会	志賀福太郎	
	全国学校図書館協議会	竹ノ内一郎	
	全国学校図書館協議会	新国重人	合本
	全国学校図書館協議会	四方田正作	
	全国学校図書館協議会	今村秀夫	
	全国学校図書館協議会	志賀福太郎	
	全国学校図書館協議会	堀内輝三	合本
	全国学校図書館協議会	尾原善夫	
		三輪計雄	
		三輪計雄	
		三輪計雄	

第Ⅱ部　データでたどる図書館情報専門職の養成と教育

シリーズ名	未刊	巻番号	タイトル	版	出版社	年	ページ
		2	学校図書館		岩崎書店	1957	220
		2	学校図書館		岩崎書店	1958	263
司書教諭講習演習資料			司書教諭講習演習資料　前編		全国学校図書館協議会	1955	75
			司書教諭講習演習資料　後編		全国学校図書館協議会	1955	75
			司書教諭講習演習資料　前編	改訂版	全国学校図書館協議会	1956	91
			司書教諭講習演習資料　後編	改訂版	全国学校図書館協議会	1956	81
			司書教諭講習演習資料　前編	増補3訂版	全国学校図書館協議会	1957	99
			司書教諭講習演習資料　後編	増補3訂版	全国学校図書館協議会	1957	83
			司書教諭講習演習資料　前編	第4版	全国学校図書館協議会	1958	104
			司書教諭講習演習資料　後編	第4版	全国学校図書館協議会	1958	103
学校図書館学演習資料			学校図書館学演習資料	改訂5版『司書教諭講習演習資料』（1955年刊）の改訂版	全国学校図書館協議会	1964	277
			学校図書館学演習資料	改訂6版	全国学校図書館協議会	1967	303
図書館学演習資料			図書館学演習資料		全国学校図書館協議会	1970	420
			図書館学演習資料		全国学校図書館協議会	1973	420
			図書館学演習資料　前編		全国学校図書館協議会	1974	420
			図書館学演習資料　後編		全国学校図書館協議会	1974	420
			図書館学演習資料　前編	新訂版	全国学校図書館協議会	1975	273
			図書館学演習資料　後編	新訂版	全国学校図書館協議会	1975	255

第6章　司書養成および司書教諭養成のテキスト一覧

監修	編集	著者	その他・備考・注記など
		三輪計雄	「昭和26年刊の改訂」と注記あり
		三輪計雄	
	全国学校図書館協議会	記載なし	附録：ブックカード他カード11枚（袋入）低学年用読書能力診断検査用紙 他2編（袋入）
	全国学校図書館協議会	記載なし	
	全国学校図書館協議会	記載なし	
	全国学校図書館協議会	記載なし	
	全国学校図書館協議会	記載なし	
	全国学校図書館協議会	記載なし	
	全国学校図書館協議会	記載なし	付：表（1枚）
	全国学校図書館協議会	記載なし	付：図書館教育カリキュラム（案）（2枚）
	全国学校図書館協議会演習資料編集委員会	記載なし	「改訂六版の刊行にあたって」に第5版について、「司書教諭演習資料」に「抜本的な改訂を加え」図書館学、学校図書館学のテキストとしての要望に応えたという趣旨の記載あり
	全国学校図書館協議会演習資料編集委員会，横山幸次郎，芦谷清，後藤純郎，佐野友彦，鈴木英二，松尾彌太郎，室伏武	横山幸次郎，芦田玉仙，芦谷清，石田公道，大谷時中，居石正文，加賀栄治，加藤宗厚，川口鉄男，北島武彦，清井義雄，後藤純郎，境沢和男，佐野大和，佐野友彦，仙田正雄，鈴木英二，高柳桃太郎，園野弘之，堀田鶴好，松尾彌太郎，三輪計雄，室伏武	「改訂六版の刊行にあたって」に，日本目録規則が改訂になったため全面的な改訂を行った旨，また「第4版を刊行する頃から，単に司書教諭講習のテキストとして採用するだけでなく，大学の平素の課程における，図書館学，学校図書館学の講義のテキストとして採用される傾向が急増した」との記載あり
	全国学校図書館協議会演習資料編集委員会	記載なし	
	全国学校図書館協議会演習資料編集委員会	記載なし	
	全国学校図書館協議会演習資料編集委員会	記載なし	
	全国学校図書館協議会演習資料編集委員会	記載なし	
	全国学校図書館協議会演習資料編集委員会	記載なし	
	全国学校図書館協議会演習資料編集委員会	記載なし	

第Ⅱ部　データでたどる図書館情報専門職の養成と教育

シリーズ名	未刊	巻番号	タイトル	版	出版社	年	ページ
			図書館学演習資料　前編	新訂2版	全国学校図書館協議会	1976	273
			図書館学演習資料　後編	新訂2版	全国学校図書館協議会	1976	255
			図書館学演習資料　前編	新訂3版	全国学校図書館協議会	1978	273
			図書館学演習資料　後編	新訂3版	全国学校図書館協議会	1978	255
			図書館学演習資料　前編	新訂4版	全国学校図書館協議会	1979	310
			図書館学演習資料　後編	新訂4版	全国学校図書館協議会	1979	294
			図書館学演習資料　前編	新訂5版	全国学校図書館協議会	1982	329
			図書館学演習資料　後編	新訂5版	全国学校図書館協議会	1982	324
			図書館学演習資料　前編	新訂6版	全国学校図書館協議会	1984	329
			図書館学演習資料　後編	新訂6版	全国学校図書館協議会	1984	329
			図書館学演習資料　前編	新訂7版	全国学校図書館協議会	1987	337
			図書館学演習資料　後編	新訂7版	全国学校図書館協議会	1987	335
			図書館学演習資料　前編	新訂8版	全国学校図書館協議会	1988	367
			図書館学演習資料　後編	新訂8版	全国学校図書館協議会	1988	335
			図書館学演習資料　前編	新訂9版	全国学校図書館協議会	1989	343
			図書館学演習資料　後編	新訂9版	全国学校図書館協議会	1989	431
			図書館学演習資料　前編	新訂10版	全国学校図書館協議会	1992	343
			図書館学演習資料　後編	新訂10版	全国学校図書館協議会	1992	435

第6章　司書養成および司書教諭養成のテキスト一覧

監修	編集	著者	その他・備考・注記など
	全国学校図書館協議会演習資料編集委員会	記載なし	
	全国学校図書館協議会演習資料編集委員会	記載なし	
	全国学校図書館協議会演習資料編集委員会	記載なし	
	全国学校図書館協議会演習資料編集委員会	記載なし	
	全国学校図書館協議会演習資料編集委員会	記載なし	
	全国学校図書館協議会演習資料編集委員会	記載なし	
	全国学校図書館協議会演習資料編集委員会	記載なし	
	全国学校図書館協議会演習資料編集委員会	記載なし	
	全国学校図書館協議会演習資料編集委員会	記載なし	
	全国学校図書館協議会演習資料編集委員会	記載なし	
	全国学校図書館協議会演習資料編集委員会	記載なし	
	全国学校図書館協議会演習資料編集委員会	記載なし	
	全国学校図書館協議会演習資料編集委員会	記載なし	
	全国学校図書館協議会演習資料編集委員会	記載なし	
	全国学校図書館協議会演習資料編集委員会	記載なし	
	全国学校図書館協議会演習資料編集委員会	記載なし	
	全国学校図書館協議会演習資料編集委員会	記載なし	
	全国学校図書館協議会演習資料編集委員会	記載なし	

第Ⅱ部　データでたどる図書館情報専門職の養成と教育

シリーズ名	未刊	巻番号	タイトル	版	出版社	年	ページ
			図書館学演習資料　前編	新訂11版	全国学校図書館協議会	1996	352
			図書館学演習資料　後編	新訂11版	全国学校図書館協議会	1996	427
			図書館学演習資料　前編	新訂12版	全国学校図書館協議会	2001	399
			図書館学演習資料　後編	新訂12版	全国学校図書館協議会	2001	383
読書指導講座		1	読書指導の原理		牧書房	1955	168
		2	読書指導の心理と生理		牧書房	1955	175
		3	読書指導の計画		牧書房	1955	210
		4	幼年期の読書指導		牧書房	1955	191

第6章　司書養成および司書教諭養成のテキスト一覧

監修	編集	著者	その他・備考・注記など
	全国学校図書館協議会演習資料編集委員会	記載なし	
	全国学校図書館協議会演習資料編集委員会	記載なし	
	全国学校図書館協議会演習資料編集委員会	記載なし	
	全国学校図書館協議会演習資料編集委員会	記載なし	
	亀井勝一郎	天野貞祐, 亀井勝一郎, 岡田温, 関計夫, 堀秀彦, 細谷恒夫, 吉田行範, 阪本一郎, 清水幾太郎, 滑川道夫, 藤沢衛彦, 彌吉光長, 石山修平, 裏田武夫, 鈴木博, 岡田真吉, 伊達兼三郎, 宮原誠一, 坂西志保, 蝋山政道, 波多野完治, 須田寿	
	亀井勝一郎	関計夫, 岡本奎六, 小口忠彦, 鈴木清, 佐藤泰正, 阪本一郎, 草島時介, 福田雅俊, 日野貞雄, 滝沢武久, 中野佐三, 滑川道夫, 牛島義友, 大西誠一郎, 森久保仙太郎, 近藤益雄, 須田寿	
	亀井勝一郎, 滑川道夫, 阪本一郎, 波多野完治	滑川道夫, 大西久一, 青柳幸一, 中村道雄, 阪本一郎, 高橋禎三, 船越準蔵, 綿田三郎, 青柳敏郎, 飛田文雄, 上飯坂好美, 今村秀夫, 長谷川宏, 清水晴夫, 箱島潔, 赤池徳平, 鴨志田栄作, 新国重人, 佐藤茂, 宮原喜美子, 小山玄夫, 須田寿, 亀井勝一郎, 波多野完治	
	亀井勝一郎, 滑川道夫, 阪本一郎, 波多野完治	滑川道夫, 波多野勤子, 阪本一郎, 高橋さやか, 清水晴男, 大胡源治, 泉節二, 馬場正男, 依田敏子, 野村純三, 近藤益雄, 山本藤枝, 竹田俊雄, 石森延男, 石黒修, 山村きよ, 赤坂包夫, 井上正義, 柳内達雄, 杉山勝栄, 石川光男, 三石巌, 平野婦美子, 早川元二, 串田孫一, 丸岡秀子, 金久保通雄, 亀井勝一郎, 波多野完治	

第Ⅱ部　データでたどる図書館情報専門職の養成と教育

シリーズ名	未刊	巻番号	タイトル	版	出版社	年	ページ
		5	児童期の読書指導		牧書房	1955	229
		6	少年期の読書指導		牧書房	1955	224
		7	青年期の読書指導		牧書房	1955	243
		8	学校図書館と読書指導		牧書房	1955	255

第6章　司書養成および司書教諭養成のテキスト一覧

監修	編集	著者	その他・備考・注記など
	亀井勝一郎	滑川道夫, 松村康平, 阪本一郎, 浅野ヒナ, 馬場正男, 青柳敏郎, 杉本静枝, 鎌田拾九一, 増村王子, 道下彰, 渡辺正, 上飯坂好実, 小川利雄, 高木正三, 清輔道生, 堀内輝三, 新国重人, 四方田正作, 加藤達馬, 藤田圭雄, 田所太郎, 宗像誠也, 櫃田祐也, 山本藤枝, 加藤地三, 山室民子, 吉田精一, 巌谷大四, 須田寿, 城文作, 柏木敬三	
	亀井勝一郎	滑川道夫, 阪本一郎, 長島貞夫, 奥ело潔, 藤田光, 黒沢信夫, 吉田友治, 松山市造, 田宮輝夫, 平間初男, 森久保仙太郎, さがわ・みちお, 堀内輝三, 倉沢栄吉, 野田弘, 阿部繁治, 今泉章, 金沢嘉市, 永田義夫, 中村万三, 飛田多喜雄, 神崎清, 与田凖一, 平岩八郎, 秋山ちえ子, 天野貞祐, 秋田雨雀, 古谷綱武, 斎田喬, 須田寿, 川上繁, 村上菀爾	
	亀井勝一郎	滑川道夫, 吉田昇, 阪本一郎, 八木徹夫, 石川税, 小山義明, 甲斐清通, 松本茂, 椎野正之, 刑部正三, 宮沢三二, 望月衛, 平野婦美子, 亀井勝一郎, 吉田精一, 高橋健二, 石井庄司, 石川春男, 佐瀬仁, 青江舜二郎, 李家正文, 青野季吉, 唐木邦雄, 坪田譲治, 波多野完治, 今井誉次郎, 佐藤功, 末広恭雄, 石山脩平, 高山毅, 宮津博, 福田豊四郎, 須田寿, 古谷綱武	
	亀井勝一郎	阪本一郎, 深川恒喜, 松尾彌太郎, 久米井束, 山本房吉, 菊地租, 芦谷清, 四方田正作, 堀内輝三, 鈴木英二, 遠藤英三, 嶋田正生, 春藤孝雄, 原田泰三, 上飯坂好実, 伴憲三郎, 庄司馨治, 鳥生芳夫, 小針孝哉, 井上唯雄, 小西謙, 竹内実, 原田種雄, 秋山ちえ子, 古谷綱武, 加藤いさ子, 滑川道夫, 巽聖歌, 西原慶一, 日高第四郎, 須田寿	

895

第Ⅱ部　データでたどる図書館情報専門職の養成と教育

シリーズ名	未刊	巻番号	タイトル	版	出版社	年	ページ
		9	児童読物と読書指導		牧書房	1955	273
		10	教科学習と読書指導		牧書房	1955	242
件名目録の作り方			件名目録の作り方		全国学校図書館協議会	1955	138
学校図書館実務シリーズ		1	図書の目録：学校図書館		学芸図書	1956	102
		1	図書の目録：学校図書館	修正再版	学芸図書	1958	102
		1	図書の目録：学校図書館	改訂3版	学芸図書	1961	102
		2	図書の分類：学校図書館		学芸図書	1958	172
		2	図書の分類：学校図書館	改訂版	学芸図書	1961	172
		2	図書の分類：学校図書館	3訂版	学芸図書	1963	172
	＊	3	インフォメーションファイル：学校図書館				
	＊	4	視聴覚資料：学校図書館				
	＊	5	件名目録の作り方				
読書指導研究叢書		1	教科学習と読書活動		学芸図書	1956	219
		2	読書記録の指導		学芸図書	1956	221
		3	読書問題児の指導		学芸図書	1957	173

第6章 司書養成および司書教諭養成のテキスト一覧

監修	編集	著者	その他・備考・注記など
	亀井勝一郎	藤田圭雄, 高山毅, 光吉夏弥, 植田敏郎, 早川元二, 古野健雄, 滑川道夫, 菅忠道, 川原信, 山室静, 福井研介, 斎藤秋男, 鴻巣夏雄, 石黒修, 村岡花子, 馬場正男, 関英雄, 島田謹二, 高橋健二, 吉田勝江, 高橋健, 国分一太郎, 波多野完治, 斎藤長三, 須田寿, 塚原亮一	
	亀井勝一郎	阪本一郎, 滑川道夫, 石黒修, 野村純三, 大橋富貴子, 高城正三, 御子柴秀, 増淵恒吉, 柳内達雄, 村井実, 樋口澄雄, 新国重人, 松村謙, 稲垣友美, 三木亘, 中村浩, 関合義男, 増田耕一, 堀山欽哉, 高田利貞, 竹下寿, 小塚芳夫, 森久保仙太郎, 堀内輝三, 大胡源治, 高野勇夫, 波多野完治, 須田寿	
	全国学校図書館協議会	阪本一郎, 鈴木英二, 若林元典, 加藤弘, 武田虎之助, 芦谷清	「件名目録に関する指導法」とのSLA「五十年史」に記述あり 他に協議司会者あり
	図書館教育研究会	鈴木英二, 後藤純郎	他に討議参加者として, 6名の氏名が「あとがき」にあり
	図書館教育研究会	鈴木英二, 後藤純郎	
	図書館教育研究会	鈴木英二, 後藤純郎	
	図書館教育研究会	芦谷清	他に討議参加者として, 7名の氏名が「あとがき」にあり
	図書館教育研究会	芦谷清	
	図書館教育研究会	芦谷清	
	図書館教育研究会, 阪本一郎, 黒沢信夫, 松本武,	阪本一郎, 黒沢信夫, 松本武, 渡辺正, 岡崎修, 原晋, 川島茂, 長沢俊夫, 大和淳二, 高田早穂見, 志賀福太郎, 大和マサノ, 亀岬嘉子, 古屋三郎, 三上好次, 甲斐清通	「もっと細密で具体的な研究にわけ入る段階になった」として, 「一昨年の秋（1954年）会を二部会に分け, 学校図書館の実務を追究するものと, 読書指導の研究をするものとした。」と「あとがき」に記載あり
	図書館教育研究会	記載なし	
	図書館教育研究会, 尾原淳夫, 黒沢信夫, 竹ノ内一郎, 松本武, 阪本一郎	尾原淳夫, 黒沢信夫, 竹ノ内一郎, 松本武, 阪本一郎, 安藤登美子, 米山朝生, 鶴村豊, 中野昭, 二宮勝美, 岡本まさ子, 間瀬泰男, 小山美明, 佐藤勝次, 飯田公一, 河原栄, 鈴木久七, 青柳幸一, 深井和昭, 近田昇, 越山太刀男, 松井幸雄, 福田庸三, 佐々木元一, 小暮新八, 渡辺明, 小田島静子, 三木一逸	阪本一郎, 責任表示に「編集責任者」, 尾原淳夫, 黒沢信夫, 竹ノ内一郎, 松本武, 責任表示に「編集協力者」と記載あり

第Ⅱ部　データでたどる図書館情報専門職の養成と教育

シリーズ名	未刊	巻番号	タイトル	版	出版社	年	ページ
		4	読書会の指導		学芸図書	1957	204
		5	読書による道徳教育		学芸図書	1959	221
学校図書館司書教諭必携			学校図書館司書教諭必携	昭和30年版	学校図書館司書教諭講習後援会	1955	116
			学校図書館司書教諭必携	昭和31年改訂版	学校図書館司書教諭講習後援会	1956	148
			学校図書館司書教諭必携	昭和32年改訂版	学校図書館司書教諭講習後援会	1957	189
			学校図書館司書教諭必携	昭和33年改訂版	学校図書館司書教諭講習後援会	1958	244
			学校図書館司書教諭講習資料・司書教諭必携	昭和34年度版	学校図書館司書教諭講習後援会	1959	173
			学校図書館司書教諭講習資料	昭和35年度版	学校図書館司書教諭講習後援会	1960	168
			司書教諭必携学校図書館司書教諭講習資料	昭和36年度版	学校図書館司書教諭講習後援会	1961	191
学校図書館法関係法令通達集			学校図書館法関係法令通達集		文部省初等中等教育局初等・特殊教育課	1957	149
			学校図書館法関係法令通達集	昭和33年改訂版	学校図書館司書教諭講習後援会	1958	213
学校図書館運営の手びき			学校図書館運営の手びき		明治図書	1959	497
佛教大学通信教育部テキスト			学校図書館通論		佛教大学通信教育部	1961	88

第6章 司書養成および司書教諭養成のテキスト一覧

監修	編集	著者	その他・備考・注記など
図書館教育研究会, 尾原淳夫, 黒沢信夫, 竹ノ内一郎, 松本武, 阪本一郎	図書館教育研究会, 尾原淳夫, 黒沢信夫, 竹ノ内一郎, 松本武, 阪本一郎	尾原淳夫, 黒沢信夫, 竹ノ内一郎, 松本武, 秋津和夫, 阪本一郎, 新国重人, 深井和昭, 木村昌文, 野村鈴子, 米山朝生, 下山政一, 原晋, 大西治郎, 河原栄, 飯田公一, 秋山明, 小暮新八, 見理文周, 関宰, 青柳敏郎, 三木一逸	阪本一郎, 責任表示に「編集責任者」, 尾原淳夫, 黒沢信夫, 竹ノ内一郎, 松本武, 責任表示に「編集協力者」と記載あり
	図書館教育研究会	木下一雄, 阪本一郎, 滑川道夫, 深川恒喜, 勝部真長, 平井信義, 増村王子, 今村秀夫, 湯川進平, 青柳幸一, 大江一道, 生沼好之, 榊原泰男, 大熊喜代松, 竹ノ内一郎, 松本武	
	学校図書館司書教諭講習後援会	記載なし	
	学校図書館司書教諭講習後援会		
	学校図書館司書教諭講習後援会		
	学校図書館司書教諭講習後援会		
	学校図書館司書教諭講習後援会		
	学校図書館司書教諭講習後援会		
	学校図書館司書教諭講習後援会		
	文部省初等中等教育局初等・特殊教育課		
	学校図書館司書教諭講習後援会		
	文部省		「編集委員等氏名」として以下記載あり。(青木章心, 秋岡梧郎, 芦谷清, 有山崧, 岩崎民子, 今村秀夫, 裏田武夫, 小川昂, 尾原淳夫, 上飯坂好美, 久米井束, 黒瀬りか, 阪本一郎, 佐野友彦, 志賀福太郎, 鈴木英二, 鈴本勉, 武田虎之助, 鳥生芳夫, 土井重茂, 滑川道夫, 新国重人, 甘日出逸暁, 荻原博, 深川恒喜, 藤川信, 古野健雄, 堀内輝三, 増村王子, 松尾弥太郎, 松本茂, 松本武, 森清, 山崎哲男, 弥吉光長, 山本房吉, 若林元典, 渡辺正)
	佛教大学通信教育部	小野則秋, 坪井俊映	

第Ⅱ部　データでたどる図書館情報専門職の養成と教育

シリーズ名	未刊	巻番号	タイトル	版	出版社	年	ページ
学校図書館通論			学校図書館通論		創元社	1961	99
			学校図書館通論	再販	創元社	1962	99
			学校図書館通論	改訂版	創元社	1966	119
学校図書館通論			学校図書館通論	39年刊「学校図書館学概論」の改題改訂	学芸図書	1964	277
			学校図書館通論	7版	学芸図書	1967	281
			学校図書館通論	12版	学芸図書	1970	281
			学校図書館通論	14版	学芸図書	1970	281
			学校図書館通論	新版	学芸図書	1972	279
			学校図書館通論	新版4版	学芸図書	1974	279
			学校図書館通論	新版改訂版	学芸図書	1978	298

第6章 司書養成および司書教諭養成のテキスト一覧

監修	編集	著者	その他・備考・注記など
		三輪和敏	
		三輪和敏	
		三輪和敏	
	図書館教育研究会	岡田温, 尾原淳夫, 加藤宗厚, 北島武彦, 草野正名, 後藤純郎, 阪本一郎, 佐野友彦, 椎名六郎, 鈴木英二, 武田虎之助, 土井重義, 深川恒喜, 藤川正信, 室伏武, 横山幸次郎, 和田吉人	
	図書館教育研究会	岡田温, 尾原淳夫, 加藤宗厚, 北島武彦, 草野正名, 後藤純郎, 阪本一郎, 佐野友彦, 椎名六郎, 鈴木英二, 武田虎之助, 土井重義, 深川恒喜, 藤川正信, 室伏武, 横山幸次郎, 和田吉人	
	図書館教育研究会	岡田温, 尾原敦夫, 加藤宗厚, 北島武彦, 草野正名, 後藤純郎, 阪本一郎, 佐野友彦, 椎名六郎, 鈴木英二, 武田虎之助, 土井重義, 深川恒喜, 藤川正信, 室伏武, 横山孝次郎, 和田吉人	
	図書館教育研究会	岡田温, 尾原敦夫, 加藤宗厚, 北島武彦, 草野正名, 後藤純郎, 阪本一郎, 佐野友彦, 椎名六郎, 鈴木英二, 武田虎之助, 土井重義, 深川恒喜, 藤川正信, 室伏武, 横山孝次郎, 和田吉人	
	図書館教育研究会	芦谷清, 井沢純, 岡田温, 尾原敦夫, 加藤宗厚, 北島武彦, 草野正名, 阪本一郎, 佐野友彦, 椎名六郎, 鈴木英二, 武田虎之助, 平賀増美, 深川恒喜, 室伏武, 彌吉光長, 和田吉人	
	図書館教育研究会	芦谷清, 井沢純, 岡田温, 尾原敦夫, 加藤宗厚, 北島武彦, 草野正名, 阪本一郎, 佐野友彦, 椎名六郎, 鈴木英二, 武田虎之助, 平賀増美, 深川恒喜, 室伏武, 彌吉光長, 和田吉人	「はしがき」に「大学でのテキスト用をも兼ねて編集したもの」との記載あり
	図書館教育研究会	芦谷清, 井沢純, 岡田温, 尾原敦夫, 加藤宗厚, 北島武彦, 草野正名, 阪本一郎, 佐野友彦, 椎名六郎, 鈴木英二, 武田虎之助, 平賀増美, 深川恒喜, 彌吉光長, 和田吉人	

第Ⅱ部　データでたどる図書館情報専門職の養成と教育

シリーズ名	未刊	巻番号	タイトル	版	出版社	年	ページ
			学校図書館通論	新版3訂版	学芸図書	1979	284
新編学校図書館通論			新編学校図書館通論		学芸図書	1985	294
			新編学校図書館通論	改訂版	学芸図書	1992	237
			新編学校図書館通論	3訂版	学芸図書	1997	239
新学校図書館通論			新学校図書館通論		学芸図書	1999	247
			新学校図書館通論	改訂版	学芸図書	2006	287
			新学校図書館通論	3訂版	学芸図書	2009	295

第6章　司書養成および司書教諭養成のテキスト一覧

監修	編集	著者	その他・備考・注記など
	図書館教育研究会	芦谷清，井沢純，岡田温，尾原敦夫，加藤宗厚，北島武彦，草野正名，阪本一郎，佐野友彦，椎名六郎，鈴木英二，武田虎之助，平賀増美，深川恒喜，彌吉光長，和田吉人	
	図書館教育研究会，北嶋武彦，深川恒喜	芦谷清，飯干陽，伊藤明，大串不二雄，岡田温，尾原敦夫，笠原良郎，加藤宗厚，北嶋武彦，草野正名，黒岩高明，古賀節子，小山郁子，阪本一郎，塩見昇，鈴木英二，瀬戸真，長倉恵美子，長澤雅男，浜田敏郎，深川恒喜，室伏武，彌吉光長，若林元典	
	図書館教育研究会，北嶋武彦，古賀節子，瀬戸真，長倉恵美子，深川恒喜，増田信一	芦谷清，岡田温，小畑信夫，北嶋武彦，古賀節子，下村陽子，東海林典子，瀬戸真，高橋元夫，長倉美恵子，長代重春，深川恒喜，増田信一	
	図書館教育研究会，北嶋武彦，古賀節子，瀬戸真，長倉恵美子，故深川恒喜，増田信一	芦谷清，岡田温，小畑信夫，北嶋武彦，古賀節子，下村陽子，東海林典子，瀬戸真，高橋元夫，長倉美恵子，長代重春，深川恒喜，増田信一	
北嶋武彦，朝比奈大作，瀬戸真，長倉美恵子，増田信一	朝比奈大作，北嶋武彦，瀬戸真，長倉美恵子，増田信一	朝比奈大作，片岡則夫，北嶋武彦，後藤満彦，小林申幸，佐元光子，塩見昇，東海林典子，須永和之，瀬戸真，高梨佐智子，高橋元夫，塚原博，長倉美恵子，中野目直明，堀川照代，増田信一，山上優，山崎慶子，米谷茂則	
北嶋武彦，朝比奈大作，天道佐津子，長倉美恵子，増田信一	朝比奈大作，北嶋武彦，天道佐津子，長倉美恵子，増田信一	朝比奈大作，安藤友張，小野寺孝，片野裕嗣，北嶋武彦，黒澤浩，後藤純一，斉藤規，塩見昇，鈴木伸一，須永和之，高梨佐智子，高橋由紀子，塚原博，天道佐津子，長倉美恵子，二村健，平久江祐司，堀川照代，増田信一，宮島昭子，山崎慶子，米谷茂則，若松昭子	
北嶋武彦，朝比奈大作，天道佐津子	朝比奈大作，北嶋武彦，天道佐津子，長倉美恵子，増田信一	朝比奈大作，安藤友張，片野裕嗣，北嶋武彦，黒澤浩，斉藤規，塩見昇，鈴木伸一，須永和之，高梨佐智子，高橋由紀子，塚原博，天道佐津子，長倉美恵子，二村健，平久江祐司，堀川照代，増田信一，宮島昭子，山崎慶子，米谷茂則，若松昭子	

第Ⅱ部　データでたどる図書館情報専門職の養成と教育

シリーズ名	未刊	巻番号	タイトル	版	出版社	年	ページ
講座現代学校図書館		1	学校図書館の経営		岩崎書店	1970	254
		2	図書の選択		岩崎書店	1970	177
		3	図書の分類		岩崎書店	1971	183
		4	図書の目録		岩崎書店	1970	195
		5	図書の管理		岩崎書店	1970	181
		6	図書以外の資料		岩崎書店	1970	184
		7	学校図書館の活動		岩崎書店	1970	179
		8	学校図書館の読書指導		岩崎書店	1971	192
学校図書館の利用指導の計画と方法			学校図書館の利用指導の計画と方法		全国学校図書館協議会	1971	191
			学校図書館の利用指導の計画と方法	改訂版	全国学校図書館協議会	1979	191

第6章 司書養成および司書教諭養成のテキスト一覧

監修	編集	著者	その他・備考・注記など
	芦谷清, 井沢純, 尾原敦夫, 阪本一郎, 佐野友彦, 鈴木英二, 室伏武	尾原淳夫	
	芦谷清, 井沢純, 尾原敦夫, 阪本一郎, 佐野友彦, 鈴木英二, 室伏武	井沢純	
	芦谷清, 井沢純, 尾原敦夫, 阪本一郎, 佐野友彦, 鈴木英二, 室伏武	芦谷清	
	芦谷清, 井沢純, 尾原敦夫, 阪本一郎, 佐野友彦, 鈴木英二, 室伏武	鈴木英二	
	芦谷清, 井沢純, 尾原敦夫, 阪本一郎, 佐野友彦, 鈴木英二, 室伏武	佐野友彦	
	芦谷清, 井沢純, 尾原敦夫, 阪本一郎, 佐野友彦, 鈴木英二, 室伏武	室伏武	
	芦谷清, 井沢純, 尾原敦夫, 阪本一郎, 佐野友彦, 鈴木英二, 室伏武	室伏武	
	芦谷清, 井沢純, 尾原敦夫, 阪本一郎, 佐野友彦, 鈴木英二, 室伏武	今村秀夫	
	全国学校図書館協議会	第1期：青木住久, 青柳敏郎, 春日井三郎, 木下善博, 佐々木戒禅, 松原耕一, 山崎哲男, 山下朝春／第2期：青柳敏郎, 飯干陽, 笠原良郎, 松原耕一, 本橋久雄, 矢田劫土, 山崎哲男	
	全国学校図書館協議会	第1期：利用指導の決定：青木住久, 青柳敏郎, 春日井三郎, 木下善博, 佐々木戒禅, 松原耕一, 山崎哲男, 山下朝春／第2期：執筆：青柳敏郎, 飯干陽, 笠原良郎, 松原耕一, 本橋久雄, 矢田劫土, 山崎哲雄	「当協議会においては，下記の4名が編集その他の事務にあたった。小川敬一, 佐野友彦, 芦谷清, 石井宗雄」と記載あり

905

第Ⅱ部　データでたどる図書館情報専門職の養成と教育

シリーズ名	未刊	巻番号	タイトル	版	出版社	年	ページ
近畿大学通信教育部テキスト			学校図書館通論		近畿大学通信教育部	1976	356
			学校経営と学校図書館	第2版	近畿大学通信教育部	2005	233
読書指導通論―児童と青少年の読書活動―			読書指導通論―児童と青少年の読書活動―		学芸図書	1978	183
新編図書館学教育資料集成		7	学校図書館論		白石書店	1979	166
		7	学校図書館通論	第2版	白石書店	1985	198
		7	学校図書館論	初版（『図書館学教育資料集成』（白石書店刊）の新版）	教育史料出版会	1989	200
		7	学校図書館論	第2版	教育史料出版会	1994	204
		9	学校図書館論	初版第2刷	教育史料出版会	1998	209
		9	学校図書館論	増補版	教育史料出版会	1999	209
		9	学校図書館論	増補改訂2版	教育史料出版会	2003	216
		10	学校教育と学校図書館（学校図書館論Ⅰ）	初版	教育史料出版会	2005	229
		10	学校教育と学校図書館	新訂版	教育史料出版会	2009	230
		10	学校教育と学校図書館	新訂2版	教育史料出版会	2012	230
		11	学校図書館メディアと読書教育（学校図書館論Ⅱ）		教育史料出版会	2007	214

第6章　司書養成および司書教諭養成のテキスト一覧

監修	編集	著者	その他・備考・注記など
	近畿大学通信教育部	中佐古勇	
	近畿大学通信教育部	木邊円慈	
	図書館教育研究会	井沢純, 尾原敦夫, 阪本一郎, 友野玲子, 滑川道夫, 深川恒喜, 室伏武	「司書教諭科目の「児童生徒の読書指導」「学校図書館の利用指導」司書科目の「青少年の読書と資料」(児童に対する図書館奉仕)のテキストとして利用されるものとし,」との記載あり
	塩見昇	塩見昇	
	塩見昇	塩見昇	
	塩見昇	塩見昇	
	塩見昇	塩見昇	
	小川徹, 塩見昇, 河井弘志, 柴田正美, 後藤庸, 竹内紀吉, 阪田蓉子, 山口源治郎, 佐藤涼子	塩見昇	「はしがき」に「本シリーズは, 当初1978年に白石書店から刊行し, 1989年に教育史料出版会に引き継いで以来10年若干の手直しを加えつつ現在に至った。」との記載あり
	小川徹, 塩見昇, 河井弘志, 柴田正美, 後藤庸, 竹内紀吉, 阪田蓉子, 山口源治郎, 佐藤涼子	塩見昇	
	小川徹, 塩見昇, 河井弘志, 柴田正美, 後藤庸, 竹内紀吉, 阪田蓉子, 山口源治郎, 佐藤涼子	塩見昇	増補資料: 子どもの読書活動の推進に関する法律　2002年
		塩見昇	2分冊。「はしがき」に,「シリーズの中で長らく「学校図書館論」1冊で全体をカバーしてきたものを, 今回2分冊に組み替え, 拡大を図った。」「1『学校教育と学校図書館』は,「学校経営と学校図書館」「学習指導と学校図書館」への対応 2は, それ以外の3科目への対応」との記載あり
		塩見昇	2分冊。「はしがき」に,「2006～2008年の教育基本法等の改正を受けて, 2005年7月刊行の初版を一部修訂し, 新訂版とした。」との記載あり
		塩見昇	2分冊。「はしがき」に,「その後のデータ更新と文科省の新たな政策資料を1点追補した。」との記載あり
		塩見昇, 北村幸子	2分冊

第Ⅱ部　データでたどる図書館情報専門職の養成と教育

シリーズ名	未刊	巻番号	タイトル	版	出版社	年	ページ
シリーズ・活動する学校図書館		1	図書の閲覧と貸出し		全国学校図書館協議会	1982	136
		2	図書の修理と製本		全国学校図書館協議会	1982	128
		3	集団読書の指導		全国学校図書館協議会	1982	143
		3	集団読書の指導	改訂版	全国学校図書館協議会	1992	143
		4	小学校の利用指導の実際		全国学校図書館協議会	1982	145
		5	中学・高校の利用指導の実際		全国学校図書館協議会	1984	145
		6	図書委員会の指導		全国学校図書館協議会	1983	140
		7	読書記録の指導		全国学校図書館協議会	1984	149
		7	読書記録の指導	改訂版	全国学校図書館協議会	1992	149
学校図書館通論			学校図書館通論		樹村房	1990	191
学校図書館実践テキストシリーズ		1	情報メディアの意義と活用		樹村房	1999	167
		2	学校図書館メディアの構成		樹村房	1999	208
		3	学校経営と学校図書館		樹村房	1999	218
		3	学校経営と学校図書館	改訂版	樹村房	2006	221
		4	学習指導と学校図書館		樹村房	1999	175
		5	読書と豊かな人間性		樹村房	1999	187
学校図書館・司書教諭講習資料			学校図書館・司書教諭講習資料		全国学校図書館協議会	1999	221
			学校図書館・司書教諭講習資料	改訂版	全国学校図書館協議会	2001	225

第6章　司書養成および司書教諭養成のテキスト一覧

監修	編集	著者	その他・備考・注記など
	浅井昭治, 芦谷清, 笠原良郎, 黒沢浩, 佐野友彦	紺野順子, 笠原良郎, 佐野友彦	
	浅井昭治, 芦谷清, 笠原良郎, 黒沢浩, 佐野友彦	光田実, 浅井昭治, 佐野友彦	
	浅井昭治, 芦谷清, 笠原良郎, 黒沢浩, 佐野友彦	池田信夫, 浅井昭治, 黒沢浩	
	浅井昭治ほか	池田信夫	
	浅井昭治, 芦谷清, 笠原良郎, 黒沢浩, 佐野友彦	山崎哲男, 笠原良郎, 佐野友彦	
	浅井昭治, 芦谷清, 笠原良郎, 黒沢浩, 佐野友彦	後藤満彦, 笠原良郎, 佐野友彦	
	浅井昭治, 芦谷清, 笠原良郎, 黒沢浩, 佐野友彦	東海林典子, 笠原良郎, 黒沢浩	
	浅井昭治, 芦谷清, 笠原良郎, 黒沢浩, 佐野友彦	水野寿美子, 笠原良郎	
	浅井昭治ほか	水野寿美子	
	古賀節子	古賀節子, 朝比奈大作, 今村秀夫, 北本正章, 小山郁子, 今野喜清, 高桑康雄, 武田元次郎, 渡辺信一	
	大串夏身	大串夏身, 井口磯夫, 志村尚夫, 高橋昇, 田中均, 中山伸一, 森田信一	
	志村尚夫	志村尚夫, 石田嘉和, 山中秀夫, 井上靖代, 山本貴子, 鳴海敦子, 吉田憲一	
	福永義臣	福永義臣, 紺野順子	
	福永義臣	福永義臣, 紺野順子	
	朝比奈大作	朝比奈大作, 下村陽子, 堀川照代	
	赤星隆子	赤星隆子, 荒井督子, 皆川美恵子, 菅田紀代子, 渡谷京子, 高梨佐智子	
	全国学校図書館協議会	記載なし	
	全国学校図書館協議会	記載なし	

909

第Ⅱ部　データでたどる図書館情報専門職の養成と教育

シリーズ名	未刊	巻番号	タイトル	版	出版社	年	ページ
			学校図書館・司書教諭講習資料	第3版	全国学校図書館協議会	2002	229
			学校図書館・司書教諭講習資料	第4版	全国学校図書館協議会	2004	252
			学校図書館・司書教諭講習資料	第5版	全国学校図書館協議会	2006	261
			学校図書館・司書教諭講習資料	第6版	全国学校図書館協議会	2009	271
			学校図書館・司書教諭講習資料	第7版	全国学校図書館協議会	2012	274
新学校図書館学		1	学校経営と学校図書館		全国学校図書館協議会	2006	166
		2	学校図書館メディアの構成		全国学校図書館協議会	2000	175
		3	学習指導と学校図書館		全国学校図書館協議会	2000	134
		4	読書と豊かな人間性		全国学校図書館協議会	2006	163
		5	情報メディアの活用		全国学校図書館協議会	2002	171
放送大学テキスト			学校経営と学校図書館		放送大学教育振興会	2000	242
			学校経営と学校図書館	3刷	放送大学教育振興会	2002	249
			学校経営と学校図書館	改訂版	放送大学教育振興会	2004	258
			学校経営と学校図書館	改訂版第3刷	放送大学教育振興会	2006	260
			学校経営と学校図書館	3訂版	放送大学教育振興会	2009	327
			学校経営と学校図書館	新訂	放送大学教育振興会	2013	327
			学習指導と学校図書館		放送大学教育振興会	2000	201
			学習指導と学校図書館	改訂版	放送大学教育振興会	2005	244
			学習指導と学校図書館	新訂	放送大学教育振興会	2010	282
			情報メディアの活用		放送大学教育振興会	2000	210
			読書と豊かな人間性		放送大学教育振興会	2000	202
			読書と豊かな人間性	改訂版	放送大学教育振興会	2004	210

第6章　司書養成および司書教諭養成のテキスト一覧

監修	編集	著者	その他・備考・注記など
	全国学校図書館協議会	記載なし	
	全国学校図書館協議会	記載なし	
	全国学校図書館協議会	記載なし	
	全国学校図書館協議会	記載なし	
	全国学校図書館協議会	記載なし	
	全国学校図書館協議会「新学校図書館学」編集委員会	記載なし	
	全国学校図書館協議会「新学校図書館学」編集委員会	記載なし	
	全国学校図書館協議会「新学校図書館学」編集委員会	記載なし	
	全国学校図書館協議会「新学校図書館学」編集委員会	記載なし	
	全国学校図書館協議会「新学校図書館学」編集委員会	記載なし	
	放送大学教育振興会	渡辺信一, 天道佐津子	
	放送大学教育振興会	渡辺信一, 天道佐津子	
	放送大学教育振興会	渡辺信一, 天道佐津子	
	放送大学教育振興会	渡辺信一, 天道佐津子	
	放送大学教育振興会	天道佐津子, 柴田正美	
	放送大学教育振興会	野口武悟, 前田稔	
	放送大学教育振興会	高橋元夫, 堀川照代, 平久江祐司	
	放送大学教育振興会	高橋元夫, 堀川照代, 平久江祐司	
	放送大学教育振興会	堀川照代	
	放送大学教育振興会	渡部満彦, 山本順一, 堀川照代	
	放送大学教育振興会	増田信一, 朝比奈大作	
	放送大学教育振興会	増田信一, 朝比奈大作, 米谷茂則	

第Ⅱ部　データでたどる図書館情報専門職の養成と教育

シリーズ名	未刊	巻番号	タイトル	版	出版社	年	ページ
メディア専門職養成シリーズ			読書と豊かな人間性	3訂版	放送大学教育振興会	2009	213
			学校図書館メディアの構成		放送大学教育振興会	2000	263
			学校図書館メディアの構成	改訂版	放送大学教育振興会	2005	263
			学校図書館メディアの構成	新訂	放送大学教育振興会	2012	258
		1	学校経営と学校図書館		学文社	2002	216
		1	学校経営と学校図書館	第2版	学文社	2008	172
		2	学校図書館メディアの構成		学文社	2000	155
		2	学校図書館メディアの構成	第2版	学文社	2008	168
		3	学習指導と学校図書館		学文社	2000	183
		3	学習指導と学校図書館	第2版	学文社	2008	183
		3	学習指導と学校図書館	第3版	学文社	2013	179
		4	読書と豊かな人間性		学文社	2007	185
		5	情報メディアの活用		学文社	2006	171
		5	情報メディアの活用	第2版	学文社	2010	180
司書教諭テキストシリーズ		1	学校経営と学校図書館		樹村房	2002	193
		2	学校図書館メディアの構成		樹村房	2002	177
		3	学習指導と学校図書館		樹村房	2002	172
		4	情報メディアの活用		樹村房	2002	191
		5	情報メディアの活用		樹村房	2002	174
学校図書館図解・演習シリーズ		1	情報メディアの活用と展開		青弓社	2003	190

第6章 司書養成および司書教諭養成のテキスト一覧

監修	編集	著者	その他・備考・注記など
	放送大学教育振興会	朝比奈大作, 米谷茂則	
	放送大学教育振興会	高鷲忠美, 志保田務, 北克一	
	放送大学教育振興会	志保田務, 高鷲忠美, 北克一	
	放送大学教育振興会	北克一, 平井尊士	
山本順一, 二村健	山本順一	山本順一, 中村克明, 平井歩実, 八木浩雄, 金沢みどり, 山口真也, 吉田肇吉, 田中岳大, 二村健	
山本順一, 二村健		山本順一, 若松昭子, 安藤友張, 山田美幸, 後藤敏行, 田嶋知宏, 中山愛理, 篠原由美子, 松戸宏予, 稲井達也, 山口真也, 吉田肇吉, 川戸理恵子, 野口武悟, 石川賀一, 松崎博子, 二村健	
山本順一, 二村健	緑川信之	緑川信之, 椛澤賢治, 白石英理子, 田代尚子	
山本順一, 二村健	緑川信之	緑川信之, 谷口祥一, 大作光子, 横田さおり, 三宅和恵	
山本順一, 二村健		渡辺重夫	
山本順一, 二村健		渡辺重夫	
山本順一, 二村健		渡辺重夫	
山本順一, 二村健	黒古一夫, 山本順一	黒古一夫, 山本順一, 若松昭子, 望月道浩, 野口武悟, 里澤浩, 稲井達也, 篠原由美子, 岡野裕行	
山本順一, 二村健		二村健, 平井歩実, 阪口哲男, 宇陀則彦, 山本順一	
山本順一, 二村健		二村健, 平井歩実, 阪口哲男, 宇陀則彦, 山本順一	
		古賀節子, 北本正章, 天道佐津子, 東海林典子, 中島正明, 林孝, 平久江祐司, 八木澤壮一, 渡辺信一	
	小田光宏	小田光宏, 高橋知尚, 斎藤康江, 村上泰子, 野末俊比古	
	堀川照代	堀川照代, 河西由美子, 斎藤陽子, 東海林典子, 福永智子, 山内祐平	
	井口磯夫	井口磯夫, 安達一寿, 成田雅博, 野末俊比古, 波多野和彦, 村山功	
	朝比奈大作	朝比奈大作, 池田茂都枝, 蔵元和子, 小林功	
志村尚夫, 天道佐津子		中山伸一, 村上泰子, 田中均, 村上晴美, 斎藤康江, 高橋瑞江, 吉田肇吾, 北原俊一, 山本順一, 志村尚夫, 天道佐津子	

913

第Ⅱ部　データでたどる図書館情報専門職の養成と教育

シリーズ名	未刊	巻番号	タイトル	版	出版社	年	ページ
		1	情報メディアの活用と展開	改訂版	青弓社	2009	194
		2	学校図書館メディアの構成とその組織化		青弓社	2004	196
		2	学校図書館メディアの構成とその組織化	改訂版	青弓社	2009	194
		3	学習指導・調べ学習と学校図書館		青弓社	2003	190
		3	学習指導・調べ学習と学校図書館	改訂版	青弓社	2009	190
		4	学校経営と学校図書館，その展望		青弓社	2004	187
		4	学校経営と学校図書館，その展望	改訂版	青弓社	2009	189
		5	読書と豊かな人間性の育成		青弓社	2005	222
		5	読書と豊かな人間性の育成	改訂版	青弓社	2011	229
シリーズ学校図書館学		1	学校経営と学校図書館		全国学校図書館協議会	2011	205
		2	学校図書館メディアの構成		全国学校図書館協議会	2010	199
		3	学習指導と学校図書館		全国学校図書館協議会	2010	229
		4	読書と豊かな人間性		全国学校図書館協議会	2011	175

第6章 司書養成および司書教諭養成のテキスト一覧

監修	編集	著者	その他・備考・注記など
志村尚夫, 天道佐津子		中山伸一, 村上泰子, 田中均, 村上晴美, 斎藤康江, 高橋瑞江, 吉田肇吾, 北原俊一, 山本順一, 志村尚夫, 天道佐津子	
志村尚夫, 天道佐津子		北克一, 米谷優子, 下村陽子, 村木美紀, 須永和之, 見形宗子, 鳴海敦子, 志村尚夫, 天道佐津子	
志村尚夫, 天道佐津子		北克一, 米谷優子, 下村陽子, 村木美紀, 須永和之, 見形宗子, 鳴海敦子, 志村尚夫, 天道佐津子	
志村尚夫, 天道佐津子		大串夏身, 足立正治, 小山響子, 金沢みどり, 池田美千絵, 上滝栄治, 藤森馨, 小川哲夫, 北原俊一, 山田万紀恵, 志村尚夫, 天道佐津子	
志村尚夫, 天道佐津子		大串夏身, 足立正治, 小山響子, 金沢みどり, 池田美千絵, 上滝栄治, 藤森馨, 小川哲夫, 北原俊一, 山田万紀恵, 志村尚夫, 天道佐津子	
志村尚夫, 天道佐津子		北克一, 森田盛行, 岩崎れい, 米谷優子, 若松昭子, 村木美紀, 戸田久美子, 村上泰子, 志村尚夫, 天道佐津子	
志村尚夫, 天道佐津子		北克一, 森田盛行, 岩崎れい, 米谷優子, 若松昭子, 村木美紀, 戸田久美子, 村上泰子, 志村尚夫, 天道佐津子	
志村尚夫, 天道佐津子		川島隆太, 萩原昌好, 浅井昭治, 宅間紘一, 村上淳子, 黒澤浩, 小林路子, 天道佐津子, 志村尚夫	
志村尚夫, 天道佐津子		川島隆太, 萩原昌好, 浅井昭治, 宅間紘一, 村上淳子, 黒澤浩, 小林路子, 天道佐津子, 志村尚夫	
	全国学校図書館協議会「シリーズ学校図書館学」編集委員会	記載なし	
	全国学校図書館協議会「シリーズ学校図書館学」編集委員会	記載なし	
	全国学校図書館協議会「シリーズ学校図書館学」編集委員会	記載なし	
	全国学校図書館協議会「シリーズ学校図書館学」編集委員会	記載なし	

第Ⅱ部 データでたどる図書館情報専門職の養成と教育

シリーズ名	未刊	巻番号	タイトル	版	出版社	年	ページ
		5	情報メディアの活用		全国学校図書館協議会	2010	191

第6章　司書養成および司書教諭養成のテキスト一覧

監修	編集	著者	その他・備考・注記など
	全国学校図書館協議会「シリーズ学校図書館学」編集委員会	記載なし	

第7章

図書館情報学専門課程の動向と実績

1 図書館情報学専門課程の同定作業

（1）既存データの調査

　まず，「図書館情報学専門課程」に相当する大学を挙げている情報源を調査し，以下の結果を得た。

　『日本の図書館情報学教育　2005』（日本図書館協会図書館学教育部会編『日本の図書館情報学教育：図書館情報学開講大学一覧：図書館情報学教育担当者名簿』日本図書館協会, 2005）では，図書館情報学教育を行っている大学として挙げられているのは，筑波大学，東京大学，東京学芸大学，大阪教育大学，聖徳大学，慶應義塾大学，中央大学，八洲学園大学，愛知淑徳大学，京都ノートルダム女子大学，福岡女子短期大学の11校。大学院として挙げられている大学は，筑波大学，東京大学，東京学芸大学，三重大学，京都大学，大阪教育大学，横浜市立大学，大阪市立大学，駿河台大学，青山学院大学，慶應義塾大学，愛知淑徳大学，同志社大学の13校である。

　『図書館年鑑　2012』（図書館年鑑編集委員会編『図書館年鑑2012』日本図書館協会, 2012, p.805-813）では「図書館学開講大学」のうち専門教育を行っている機関に関して，学部として，筑波大学，駿河台大学，川村学園女子大学，聖徳大学，聖徳大学短期大学部，東京学芸大学，青山学院大学，慶應義塾大学，国際基督教大学，中央大学，東京家政大学，日本体育大学，鶴見大学，名古屋大学，愛知淑徳大学，愛知大学，金城学院大学，三重大学，京都大学，京都ノートルダム女子大学，大阪教育大学の21校が，大学院として筑波大学，駿河台大学，東京学芸大学，青山学院大学，慶應義塾大学，愛知淑徳大学，三重大学，京都大学，京都ノートルダム女子大学，同志社大学，大阪教育大学，大阪市立大学，九州大学の13校が挙げられている。

『シリーズ図書館情報学1　図書館情報学基礎』（東京大学出版会，2013，p.244）では，図書館情報学が学べる機関に関して，学部として慶應義塾大学，筑波大学，駿河台大学，愛知淑徳大学，東洋大学，鶴見大学，青山学院大学，東京大学，京都大学，東京学芸大学，大阪教育大学の11校が，大学院として慶應義塾大学，筑波大学，青山学院大学，東京大学，京都大学，東京学芸大学，九州大学の7校が挙げられている。

（2）専門課程同定のための作業および結果

上記の既存のデータをふまえ，以下の手順で2013年度時点での専門課程の同定を行った。図書館情報学専門課程を以下のように定めた。

(1) 狭義：図書館情報学を学ぶことができる独立した学科・課程が存在する
(2) 中間：図書館情報学を学ぶことができるコース・研究室が存在する，あるいは大学院で図書館情報学の研究者養成（博士後期課程）まで行っている
(3) 広義：図書館情報学関連のゼミナールや研究室があり，教員が卒業研究等を通して図書館情報学の教育を行っている。歴史的に「図書館情報学専門課程」であることが大学において表明されてきた課程

次いで，『図書館年鑑　2012』での「図書館学開講大学」のリストや，各大学がウェブで公開しているシラバスやゼミの説明をもとに，(1)から(3)に該当する機関を同定する作業を行った。

以上の結果，専門課程であると同定された機関は表7－1の25大学である。

（3）結果の考察

司書の養成と資格付与を主目的とする司書課程の担当教員は図書館情報学の研究者であるため，司書課程開講機関において司書課程科目の教授に加えて図書館情報学関係のゼミをいくつか開講したり，司書課程科目の教授に加えて図書館情報学関係のゼミを担当し，さらに卒業研究の指導を行うというパタンはよくみられる。しかしそれだけで専門課程と同定する論拠としては弱い。換言すれば，司書課程科目以外に3～5つ以上の専門科目をもつ，あるいは毎年3～5名の卒業研究の指導を継続的に行っている，大学院において図書館情報学関連の講義をもち学位論文の指導が行われている等の実施的な教育がなされていれば，専門課程機関とみなすことが可能である。

上記のリストに掲載された機関は，図書館情報学（あるいは周辺領域）を専門

第7章　図書館情報学専門課程の動向と実績

表7-1　図書館情報学専門課程のある大学（五十音順）

1	愛知大学	文学部　人文社会学科　現代文化コース　図書館情報専攻
2	愛知淑徳大学	人間情報学部　人間情報学科　リソースマネージング系列（図書館情報学系） 大学院　文化創造研究科　文化創造専攻　図書館情報学領域
3	青山学院大学	教育人間科学部　教育学科　第Ⅲ群　教育情報・メディアコース
4	大阪市立大学	大学院　創造都市研究科修士課程　都市情報学専攻・博士（後期）課程　創造都市専攻
5	大阪教育大学	教養学科　人間科学専攻　生涯学習計画論コース
6	大谷大学	文学部　人文情報学科　デジタルライブラリーコース
7	沖縄国際大学	総合文化学部　日本文化学科
8	関西大学	文学部　総合人文学科　情報文化学専修
9	岐阜女子大学	文化創造学部　文化創造学科　文化創造学専攻　アーカイブ専修司書コース
10	九州大学	大学院　統合新領域学府　ライブラリーサイエンス専攻
11	京都大学	大学院　教育学研究科　教育科学専攻　生涯教育学講座
12	京都ノートルダム女子大学	人間文化学部　人間文化学科 大学院　人間文化研究科
13	慶應義塾大学	文学部　図書館・情報学専攻 大学院　文学研究科　図書館・情報学専攻
14	駿河台大学	メディア情報学部　図書館アーカイブズコース 大学院　現代情報文化研究科　文化情報学専攻
15	聖徳大学（※）	人文学部　日本文化学科　図書館情報コース
16	千葉大学	大学院　人文社会科学研究科　図書館情報学演習
17	中央大学	文学部　人文社会学科　社会情報学専攻 大学院　文学研究科　社会情報学専攻
18	筑波大学	情報学群　知識情報図書館学類 大学院　図書館情報メディア研究科
19	鶴見大学	文学部　ドキュメンテーション学科
20	東京大学	大学院　教育学研究科　生涯学習基盤経営／教育実践・政策学コース
21	東京学芸大学	総合教育科学系　教育学講座　生涯教育学分野
22	同志社大学	社会学部　教育文化学科
23	東洋大学（※）	社会学部　メディアコミュニケーション学科 大学院　社会学研究科　社会学専攻　メディアコミュニケーション学コース
24	三重大学	人文学部　文化学科
25	立命館大学	文学部　日本文学研究学域　日本文化情報学専攻

注：※印のある大学は通信制課程あり。

に学ぶコースの存在が認められた場合である。新しい傾向として図書館情報学研究者に加えてデジタルライブラリー，アーカイブズ学など周辺領域の研究者が着任し，アーカイブズ学，デジタルライブラリーを冠したコースを開設する機関がみられる。

上記に挙げた大学院のほか，総合研究大学院大学情報学専攻（国立情報学研究所所属教員による指導）が当てはまると考えられるが，必ずしも図書館情報学に特化した専門課程とは言えないと判断したため，前述（表7-1）の25校には加えなかった。

2　調査とその考察

（1）調査の実施

1節の同定作業をふまえ，「図書館情報学専門課程」と同定された各校に対して，より詳細な状況を確認すべく，質問紙調査を実施した。主な質問項目は以下の通りである。

(1) 図書館情報学専門課程の設置形態等
(2) 図書館情報学専門課程の開設に際し，文部省／文部科学省に提出した文書（基本計画書・設置趣旨など）の公開
(3) 開設時からの学部・学科・課程・専攻・コース名等の名称変更
(4) 開設時から現在までの，図書館情報学専門課程への入学・卒業者数
(5) 開設時から現在まで在籍した（している）専任教員とその在職期間

当研究グループでは質問紙調査と併せ，いくつかの大学については公開されている資料やウェブサイトを参照し，(1)〜(5)の事項を前もって確認できるように努めた。

（2）調査結果からみた各大学の動向

質問項目の意図を，調査対象校に十分伝えきれなかった面もあり，回答を返送いただいた大学は7校にとどまった。特に上記(4)の入学・卒業者数については，「図書館情報学専門課程」独自の人数をカウントしていない大学もあり，十分なデータを得るに至らなかった。以下では事前調査分も含め，特に質問項目の(1)と(3)に焦点を当てて結果をまとめたい。

上記25校の動向をまとめると，以下のようになる。主に，司書課程ないし司

書教諭課程の設置の時期，および現在の学部・学科・専攻体制が成立した時期を中心にまとめている。なお，通信制については省略する。

1　愛知大学
　1958年4月　司書教諭課程設置
　1959年4月　司書課程設置
　2005年4月　文学部の学科・専攻改編，文学部人文社会学科に図書館情報学専攻を設置

2　愛知淑徳大学（詳細は本書第1章4および第8章インタビュー2を参照）
　1985年4月　文学部図書館情報学科および司書資格課程設置
　1989年4月　大学院文学研究科修士課程図書館情報学専攻設置
　1991年4月　大学院文学研究科博士後期課程図書館情報学専攻設置
　2010年4月　学部改編，人間情報学部人間情報学科を設置，同学科にリソースマネージング系列（図書館情報学系）を置く
　2013年4月　大学院改編，文化創造研究科文化創造専攻図書館情報学領域を設置

3　青山学院大学
　1959年4月　司書教諭科目開講
　1962年4月　司書科目開講
　2009年4月　学部改編，教育人間科学部教育学科を設置，同学科に教育情報・メディアコースを置く

4　大阪市立大学
　2003年4月　大学院創造都市研究科修士課程　都市情報学専攻を開設
　2005年4月　大学院創造都市研究科博士（後期）課程　創造都市専攻を開設

5　大阪教育大学
　1950年4月　学校教育学科目開講
　1988年4月　教育学部を改組し同学部に教養学科を設置，同学科に生涯教育論コースを置く

6　大谷大学
　1964年4月　文学部図書館学課程を設置
　2000年4月　文学部に人文情報学科を設置
　2013年4月　文学部人文情報学科にデジタルライブラリーコースを設置

7　沖縄国際大学
　1995年10月　短期大学部国文科に図書館司書資格取得および学校図書館司書教諭資格取得のための課程設置（短期大学部は1999年12月に廃止認可）
　1996年4月　文学部国文学科に図書館司書資格取得および学校図書館司書教諭資格取

　　　　　　　　得のための課程設置
　　2001年4月　文学部国文学科を総合文化学部日本文化学科に名称変更，引き続き同学科に図書館司書資格取得および学校図書館司書教諭資格取得のための課程設置

8　関西大学
　　1959年　　　司書教諭科目設置
　　1967年　　　図書館学課程設置
　　1999年　　　図書館情報学課程設置
　　2000年4月　文学部インターディパートメントとして図書館・人文情報コースを開設
　　2002年4月　図書館・人文情報コースを人文情報コースとする
　　2010年4月　インターディパートメントを廃止，文学部に情報文化学専修を設置

9　岐阜女子大学
　　2004年　　　図書館司書科目開講（学校図書館司書教諭科目の開講時期は不明）
　　2005年4月　文学部を改組し文化創造学部を設置，文化情報コースを置く
　　2006年4月　大学院文化創造学研究科を設置，文化創造分野を置く（デジタルアーカイブ関連科目など）。併せて文化創造学部が2専攻制（初等教育学専攻，文化創造学専攻）となり，文化情報コースは後者の専攻に
　　2011年4月　文化創造学部文化創造学専攻のコース制を再編，文化創造学専攻アーカイブ専修（デジタル・アーキビストコース，博物館学芸員コース，図書館司書コースを設置）とする

10　九州大学（詳細は本書第1章6を参照）
　　2011年4月　大学院統合新領域学府にライブラリーサイエンス専攻　修士課程を設置
　　2013年4月　同専攻　博士後期課程を設置

11　京都大学
　　1953年4月　教育学部に図書館学講座を設置
　　1998年4月　大学院教育学研究科　生涯教育学講座として再編

12　京都ノートルダム女子大学
　　1972年4月　司書課程設置
　　2000年4月　文学部を人間文化学部に名称変更，人間文化学科を置く
　　2003年4月　司書教諭課程設置
　　2005年4月　大学院人間文化研究科人間文化専攻　修士課程を設置

13　慶應義塾大学（詳細は本書第1章1，2を参照）
　　1951年4月　文学部に図書館学科を設置
　　1967年4月　大学院文学研究科図書館・情報学専攻修士課程を設置
　　1968年4月　図書館学科を図書館・情報学科に改称
　　1975年4月　大学院文学研究科図書館・情報学専攻博士課程を設置

2000年4月 図書館・情報学科（図書館情報学専攻）を人文社会学科 図書館・情報学系 図書館・情報学専攻に改称
2004年4月 大学院文学研究科図書館・情報学専攻の下に情報資源管理分野を設置

14 駿河台大学（詳細は本書第1章4および第8章インタビュー3を参照）
1994年4月 文化情報学部知識情報学科を設置
1999年4月 大学院文化情報学研究科文化情報学専攻を設置
2005年4月 大学院改編，大学院現代情報文化研究科文化情報学専攻を設置
2009年4月 学部改編，メディア情報学部メディア情報学科 図書館・アーカイブズコースを設置
2014年4月 大学院改編，総合政策研究科メディア情報学専攻を設置

15 聖徳大学
1990年4月 人文学部に司書課程および司書教諭課程設置
1999年4月 人文学部日本文化学科図書館情報コースに名称変更

16 千葉大学
2000年4月 司書課程科目一部開講
2003年4月 司書課程科目全部開講。併せて人文社会科学研究科に図書館情報学関係科目を開設

17 中央大学
1981年 文学部に司書・司書教諭課程設置
1990年4月 文学部社会学科社会情報学コース図書館情報学専修設置
2006年4月 文学研究科社会情報学図書館情報学専攻設置

18 筑波大学（詳細は本書第1章5を参照）
2002年10月 図書館情報大学が筑波大学図書館情報専門学群として統合
2007年4月 改組により筑波大学情報学群知識情報・図書館学類設置

19 鶴見大学（詳細は本書第1章5および第8章インタビュー4を参照）
1963年4月 司書課程および司書教諭課程設置
2004年4月 文学部ドキュメンテーション学科設置

20 東京大学（詳細は本書第8章インタビュー1を参照）
1951年 図書館学講座設置
1994年 教育行政学講座に再編
1995年 教育行政学コースから生涯教育計画コースへ移行
2006年 大学院生涯学習基盤経営コースへ名称変更
2010年 学部改革により教育実践・政策学コースへ移行

21 東京学芸大学

1955年4月　司書教諭科目および司書科目開講
1988年4月　「A類学校教育選修　司書教諭」および「N類生涯教育専攻　司書」に名称変更
2000年4月　「教養系　生涯学習課程（L類）学習社会文化専攻　司書教諭」および「教養系生涯学習過程（L類）学習社会文化専攻　司書」に名称変更
2007年4月　「教養系　人間社会科学課程（N類）　生涯学習専攻」に再編

22　同志社大学
1952年4月　図書館司書課程設置
1962年4月　学校図書館司書教諭課程設置
2005年4月　学部再編，文学部文化学科教育学専攻を社会学部教育文化学科とする

23　東洋大学（詳細は本書第1章2, 5を参照）
1959年4月　社会学部応用社会学科図書館学専攻コース設置
2000年4月　社会学部メディアコミュニケーション学科に再編

24　三重大学
1985年4月　人文学部司書教諭課程設置
1986年4月　人文学部司書課程設置

25　立命館大学
2003年4月　図書館司書課程および学校図書館司書課程設置
2012年4月　文学部日本文学研究学域（日本文学専攻・日本文化情報学専攻）を開設

　以上のように，各大学の動向は，2000年代に特色ある動きが見て取れるといえるだろう。たとえば「文学部のなかで，司書課程・司書教諭課程から図書館情報学方面の専攻に移行する」という点では，愛知大学（2005年）と鶴見大学（2004年）に類似した状況が見られる。また教育系の大学として「生涯学習」の位置づけの変化を示しているのが，大阪教育大学（1988年）と東京学芸大学（2000年以降）と東京大学（1995年）である。
　これらに加え，いくつかの大学では独自の動きを示している。たとえば岐阜女子大学は2000年代より「デジタルアーカイブ」ないし「デジタル・アーキビスト」を教育の中核に据えており，この方面の人材養成と司書養成を並行して行っている。また立命館大学は司書課程設置が2003年と新しいが，2012年からは「日本文化情報学専攻」の名で電子出版やデジタルヒューマニティーズをも視野に入れた専門教育に着手している。九州大学も「ライブラリーサイエンス」の名で新たな大学院専門教育を始めているところである。

駿河台大学が専門課程の学部・大学院設置以来，再編を繰り返していることも特筆しておきたい。

3　図書館情報学専門課程の実績

この節では，調査で得られたデータから図書館情報学専門課程5校における実績を表7-2にまとめた。各校における設置年などはさまざまであるが，2013年までの実績について動向を一覧することができる。

第Ⅱ部　データでたどる図書館情報専門職の養成と教育

表7-2　図書館情報学専門

年度	慶應義塾大学 文学部*1			慶應義塾大学 大学院*2								図書館情報大学／筑波大学 学部*3				大学院*4				
	入学者数	卒業者数	教員数	入学者数			卒業者数			教員数	入学者数	卒業者数		教員数	入学者数		卒業者数		教員数
				修士		博士	修士		博士						前期	後期	前期	後期	
				正科生	委託研究生		正科生	委託研究生				新名称	旧名称						
1950																			
1951	42																		
1952	37																		
1953	44																		
1954	39		1																
1955	30		1																
1956	30		3																
1957	23		4																
1958	28		6																
1959	24		6																
1960	31		6																
1961	44		6																
1962	111		6																
1963	55		7																
1964	53		7																
1965	69		7																
1966	72		7																
1967	71		8	11	3					4									
1968	75		8	3	4					4									
1969	71		7	6	1					4									
1970	70		6	6	2					3									
1971	76		8	2	0					4									
1972	59		8	2	2					4									
1973	50		7	2	2					5									
1974	37		7	2	1					5									
1975	38		6	4	0	1				5									
1976	39		5	7	1	1				3									
1977	67	38	4				4			3									
1978	47	34	5				5		1	4									
1979	70	65	6				5		1	5									
1980	39	45	6				3		2	5	119								
1981	42	70	6				3		1	5	119								
1982	52	36	6				4		3	5	126								
1983	57	37	6				4			5	123								
1984	45	49	7				3		2	6	126								
1985	38	57	7				7		1	6	125								
1986	44	39	6				4		1	5	140								
1987	48	36	6				10		1	5	150								

課程5校における実績データ

愛知淑徳大学								駿河台大学							鶴見大学		
学部 *5			大学院 *6					学部 *7			大学院 *8				学部 *9		
入学者数	卒業者数	教員数	入学者数		卒業者数		教員数	入学者数	卒業者数	教員数	入学者数		教員数		入学者数	卒業者数	教員数
編入学等			前期	後期	前期	後期					前期	後期					
125		4															
123		7															
138		10															

第Ⅱ部　データでたどる図書館情報専門職の養成と教育

年度	慶應義塾大学							図書館情報大学／筑波大学						
	文学部[*1]			大学院[*2]					学部[*3]			大学院[*4]			
	入学者数	卒業者数	教員数	入学者数		卒業者数		教員数	入学者数	卒業者数	教員数	入学者数		卒業者数		教員数
				修士	博士	修士	博士					前期	後期	前期	後期	
				正科生	委託研究生	正科生	委託研究生			新名称	旧名称					
1988	42	40	6			3		6	150								
1989	44	43	7			4	1	1	7	150							
1990	64	41	7			3		2	7	151							
1991	44	40	7	1			2	7	170								
1992	57	54	7			3			7	180							
1993	42	43	7			3	2		7	180							
1994	55	51	7			3			7	187							
1995	83	44	7			2			7	182							
1996	81	50	7			2		1	7	183							
1997	74	69	7			5			7	173							
1998	61	76	7			6			7	160							
1999	71	71	7					4	7	157							
2000	65	55	7			3		3	7	152							
2001	73	62	8			4		2	7	152							
2002	52	61	8			6		1	7	159		60 g					60 h
2003	65	71	8			2		1	7	155		62	47	21			62
2004	47	47	8			3		1	7	157	178	65	43	23	49	7	65
2005	64	65	8			19		1	7	159	174 b	63	41	26	44	10	63
2006	48	33	8			19		3	5	151	153	62	40	22	36	3	62
2007	27	60	8			11		2	5	107 a	175	49	49	22	29	6	61
2008	32	45	8			5		7	5	100	194	47	44	14	41	7	60
2009	57	24	8			14		2	5	102	165	46	32	15	40	7	59
2010	50	26	8			11		4	5	127	105	22 c	48	41	18	35	7	61
2011	45	48	7			10		3	5	103	95	11 d	46	48	17	35	7	60
2012			8						6	115	101	1 e	45	44	10	46	4	59
2013									6	106	127	1 f	43	40	8	39	3	58

【凡例】
原則として年度当初（4月1日）の人数とする
編入者等の数値を分けて記載している場合は外数
各大学の学部等の名称は下記の通りである
＊1　慶應義塾大学　文学部　人文社会学科　図書館・情報学系　図書館・情報学専攻
＊2　慶應義塾大学　大学院　文学研究科　図書館・情報学専攻
＊3　図書館情報大学　（～2003年度）
　　　筑波大学　図書館情報専門学群　（2004年度～）
　　　筑波大学　情報学群　知識情報・図書館学類　（2007年～）
＊4　筑波大学　大学院　図書館情報メディア研究科
＊5　愛知淑徳大学　文学部　図書館情報学科
　　　愛知淑徳大学　人間情報学部・人間情報学科・リソースマネージング系列 図書館情報学系（2012年度～）
＊6　愛知淑徳大学　大学院　文学研究科　文学専攻　図書館情報学コース
　　　愛知淑徳大学　大学院　文化創造研究科　文化創造専攻　図書館情報学領域　（2013年度～）
＊7　駿河台大学　文化情報学部

第7章　図書館情報学専門課程の動向と実績

愛知淑徳大学 学部[*5]				愛知淑徳大学 大学院[*6]					駿河台大学 学部[*7]			駿河台大学 大学院[*8]			鶴見大学 学部[*9]		
入学者数	編入等	卒業者数	教員数	入学者数 前期	入学者数 後期	卒業者数 前期	卒業者数 後期	教員数	入学者数	卒業者数	教員数	入学者数 前期	入学者数 後期	教員数	入学者数	卒業者数	教員数
120		120	11														
118		121	12	9				9									
114		135	12	4		7		8									
164 i		119	15	10	2	3		10									
188		122	16	8	0	7		11									
210		133	17	3	0	10	2	12									
172		175	18	5	2	1	0	13	327	—	8			8			
180		195	15	4	0	4	1	14	269	—	9			9			
201	4	210	14	4	0	3	2	11	259	—	9			9			
191	5	174	14	2	2			12	233	283	9			9			
174	3	189	13	2	3			11	233	244	9			9			
177	1	194	12	4	1			8	245	234	9			9			
169	4	176	12	4	2			7	286	242	9			9			
153	4	169	12	5	1			9	275	241	9			9			
140	4	170	12	6	1			25	293	266	9	3	2	9			
109	2	161	11	3	2			24	284	276	8	7	3	8			
122	2	146	11	7	0			25	NA	NA	9	2	0	9	76		6
124		100	10	2	0			24	NA	NA	9	1	2	9	75		7
122		99	10	1	0			25	NA	NA	7	4	1	7	75		7
155		109	10	4	1			23	NA	NA	7	1	1	7	77	54	7
115		122	9	1	1			14	NA	NA	7	2	1	7	73	51	7
112		109	14	2	1			14	NA	NA	7			7	84	52	7
267		144	19	1	0			13	NA	NA	7			7	80	54	7
224		105	20	1	2			7	169	NA	6			6	67	63	7
222		110	22	1	0			9	141	167	6	3		6	68	58	7
247		247	23					9	165	185	6			6	81	58	7

　駿河台大学　メディア情報学部（2009年～）
＊8　駿河台大学　大学院　文化情報学研究科　文化情報学専攻（1999年～），駿河台大学　大学院　現代情報文化研究科　文化情報学専攻（2005年～）
＊9　鶴見大学　文学部　ドキュメンテーション学科

【注】
a　知識情報図書館学類
b～f　図書館情報専門学群
g，h　2012年10月時点
i　入学定員には平成3年度より平成11年度までの期間付定員各50人を含む
j　単位取得者数

第Ⅱ部　データでたどる図書館情報専門職の養成と教育

【参考文献】
データの作成にあたっては，各大学の教員への質問紙調査の回答の他，下記の資料も参照した。

慶應義塾大学：
「図書館・情報学科年譜」『Library and Information Science』No. 14, 1976, p. 397-407.
田村俊作・倉田敬子「図書館・情報学科の年譜および学科資料・関連文献目録」『Library and Information Science』No. 28, 1990, p. 83-95.
『慶應義塾大学文学部図書館・情報学科50年記念誌』慶應義塾大学文学部図書館・情報学専攻, 2001.
『慶應義塾大学文学部図書館・情報学専攻要覧』2001年～.

図書館情報大学：
筑波大学大学院図書館情報メディア研究科 『図書館情報大学史　25年の記録』 筑波大学大学院図書館情報メディア研究科, 2005, p. 269.
筑波大学 情報学群 知識情報・図書館学類 http://klis.tsukuba.ac.jp/index_jp.html

愛知淑徳大学：
Journal of Library and Information Science「愛知淑徳大学文学部図書館情報学会　会告」（2003年度から2009年度までの入学者掲載）　http://www2.aasa.ac.jp/faculty/DLIS/jlis/index.html
愛知淑徳大学　文学部　図書館情報学科（2009年度以前）http://www2.aasa.ac.jp/faculty/DLIS/kakudo/tosyo1.html
愛知淑徳大学　人間情報学部・人間情報学科（2010年度以降）http://www2.aasa.ac.jp/faculty/human_info/index.html
愛知淑徳大学大学院『文学研究科10周年誌』愛知淑徳大学大学院, 2000, p. 84.

駿河台大学：
金容媛「知識情報学科 知識コミュニケーションコース（1994-2005），メディア情報学科 図書館情報メディアコース（2006-2011）を中心に（文化情報学部終了にあたって）」『文化情報学』18（2），2011-12, p. 69-77.
「文化情報学部関連略年表」『文化情報学』18（2），2011-12, p. 105-106.
駿河台大学学生数・教員数 http://www.surugadai.ac.jp/about/gaiyo/gakuseisu.html

第8章

図書館情報学専門課程4校の変遷と現在

インタビュー1　東京大学における図書館学講座の歴史

根本　彰
聞き手：河村俊太郎，吉田右子

（1）図書館学講座と3つの視点

河村：図書館学講座の歴史ということで年表（年表8-1，8-2）をいただいたわけですが，議題順にお話しいただければと思います。

根本：はい。ご依頼を頂いた時に私が最初にいうべきと思ったことは，3点あります。一つは，東京大学教育学部と教育学研究科における関係です。今，図書館情報学と呼んでいるものは，公式の名称ではありません。ここは生涯学習基盤経営コースという大学院のコース名で，学部は教育実践・政策学コースというのです。そのへんの経緯については，あとでお話します。特に教員は大学院のコースに所属しているので，生涯学習基盤経営コースとなっていますが，その中で一体どういう分野の人を入れるかということに関しては，研究科内である程度の合意はあります。ここは3つの分野があるとなっていて，それは生涯学習論と社会教育学と図書館情報学です。ただし，それはやや流動的な存在で，このあとも十分変更がありうるものです。

　昔の講座制という概念でいうと，1990年代前半まで教育学部にも講座がありました。講座は最小の学問単位で，東京大学で講座制をもつというのは，やっぱりそれぞれの重要性に鑑みて，ずっと継続させるという意図があり，たとえば文学部では現在もそれが継続しています。その意味での固定的な講座は教育学部では1990年代中頃に廃止し，大学院重点化といって教員が大学院組織に所属すると切り替えた時に，現在の流動的な組織に変更になっています。というのが，まず教育学部教育学研究科の内部の話です。

　第2に，学会，つまり日本図書館学会，日本図書館情報学会との関係，それから場合によっては日本図書館協会との関係についてがもう一つの外部的な関

第Ⅱ部　データでたどる図書館情報専門職の養成と教育

年表8-1　東京大学教育学部図書館学講座の歴史

1923年	関東大震災により東京大学図書館炎上
1928年	ロックフェラー財団による援助で再建・竣工式
1946年	第一次教育使節団メンバーとしてシカゴ大学カーノフスキー教授来日
1948年	イリノイ大学ライブラリースクールのダウンズ教授来日 （NDLのサービス業務のアドバイス，ライブラリースクールのアイディア）
1949年	南原繁総長による「図書館研究所」設立の予算請求，ロックフェラー財団への支援要請
1950年	図書館法公布（大学における司書養成の法制化）
1950年	ダウンズ教授が再来日してライブラリースクール候補校を訪問（東大，早稲田，日大，京大，同志社），東大と京大を推す
1951年	ワシントン大学ギトラー教授が来日してライブラリースクールを慶應大学に選定
1951年	文部省が東大，京大，東京学芸大に図書館学課程のための予算措置
1951年	司書講習専門講習会の開催（1953年まで）
1953年	裏田武夫講師着任（1956年助教授，1971年教授，1985年退任） 司書資格，司書教諭資格を出し始める
1962年	小川剛　修士論文「明治末通俗図書館研究」
1972年	朝比奈大作　修士論文「コミュニケーションとコミュニティ：「情報共同体」の進化論」 （この頃から，大学院生が定着し始める）
1973年	長澤雅男助教授着任（1986年教授，1993年退任）
1974年	Theodore Welch, "Toshokan, Libraries in Japanese Society"（論文博士）
1985年	三浦逸雄助教授着任（1994年教授，2005年退任）
1986年	河井弘志　博士論文「アメリカにおける図書選択論の学説史的研究」（論文博士）
1995年	教育行政学コースの生涯教育計画コースへの移行 （大学院重点化，講座制廃止）
1995年	根本彰助教授着任（2003年教授）
1997年	黄純元　博士論文「中国における情報流通体制の形成過程に関する研究」（この頃から，課程博士論文が出始める）
2003年	東京大学が国立大学東京大学法人へ移行する
2005年	影浦峡助教授着任（2009年教授）
2006年	社会教育とともに生涯学習基盤経営コースへの名称変更 （教育行政学が学校教育高度化専攻に移る）
2010年	学部改革により，新たに教育実践・政策学コースがスタートする
2011年	学芸員，司書等の資格が全学の教育運営委員会教職課程・学芸員等部会で議論されるようになる

年表8-2　助手・助教の人事

1968年	河井弘志助手着任（1970年退任）
1971年	原田勝助手（1976年退任）
1976年	平野英俊助手（1977年退任）
1977年	常盤繁助手（1981年退任）
1981年	三浦逸雄助手（1984年退任）
1984年	戸田愼一助手（1991年退任）
1991年	海野敏助手（1995年退任）
2004年	三浦太郎助手（2007年助教，同年退任）

係です。つまり，アカデミックなディシプリンとかプロフェッショナルな分野に関する議論です。さらに，第3に，東京大学附属図書館との関係があります。この点について，どちらかというと個人的な事で関わっているといったほうがいいのですが，図書館の専門家がいるということで，附属図書館全体といろいろと関わりをもっています。

以上の3つ，つまり教育学部研究科，それから学会・協会，それと学内の関係ですね。これらについてお話しするのがよいのだろうなと思いました。今作成してある年表（年表8－1，8－2）に従ってお話ししたいと思います。

全体に前史的なものがやや重いのですが，この辺はある程度研究されているので分かっているからなのです。これを見て分かるように，1950年代までは結構いろいろあるわけですが，そのあとはあまり出てきません。

（2）戦前・占領期までの東京大学における図書館

根本：さっき言った3つのコンテクストのなかでいうと，まず東大の中での図書館という位置づけからスタートせざるを得ないわけです。1923（大正12）年に関東大震災で図書館が炎上し，国際的な支援によって図書館が再建されることから始まります。これについては，前に総合図書館の方で作成した資料である「総合図書館の歴史と現在」がホームページに置かれていますのでご覧ください。[(1)]

ともかく関東大震災で旧館は，完全に焼けてしまいます。江戸期以前からの非常に貴重な資料があったはずで，もったいないと思うのですけれども，ともかく東京帝国大学図書館の全体が焼け，国際的にかなり報道されたりして，国際的な支援が多数ありました。政府筋やあるいは大学当局からしたら，図書館がなぜこんなに注目されるのかというのは，あまり分からなかったかもしれないのです。国際的には，こういう時に図書館というのはかなり注目されます。旧ユーゴスラビア紛争の際にセルビア国立図書館が焼かれたことがありましたが同様です。ともかく，国際的な支援があったなかで，特に建物の再建という事でアメリカのロックフェラー財団がかなり多額の寄付をしてくれ，それによって1928（昭和3）年に今の総合図書館の建物が建てられました。1923年に震災にあって5年で再建したっていうのは，やっぱりすごく早いと思いますね。

余計な話だけれども，今，総合図書館前の地下に自動化書庫を深く埋め，地下一層はラーニングコモンズをつくるという施設建設が始まっています。これ

とともに，旧館を改築する計画が進んでいるのですが，これがものすごくがっちりした建物で，あれをもう少し自由にいじって新しいものにできないのかという議論はあったのですが，骨組みががっちりしていて簡単にはいじれないという事がわかったので，やれる範囲で内装を変える工事くらいにとどめることになりました。これは震災によって再建されたことが，80年以上も拘束していることを意味します。

ともかく1928年にロックフェラー財団による支援がありました。このあたりから，東京大学とロックフェラー財団の関係ができたわけですね。その事は戦前から始まって戦後しばらくまで続きます。この年表（年表8－1）に名前はないけど，河合博さんという戦後まもない時期の司書官の人が，戦前にロックフェラーのお金でアメリカの大学図書館を調査に行っています。河合さんは戦後もしばらくのあいだ，東京大学図書館のキーマンとしてアメリカとの折衝等に非常に重要な役割を果たします。

戦後ですが，一つは，第一次教育使節団のメンバーとしてレオン・カーノフスキーという人が入っていました。当時，アメリカの図書館学ではアカデミックな研究を始めていたシカゴ大学が最先端をいっていたわけですが，そこの有力な研究者であったカーノフスキーです。使節団報告のなかに図書館というセクションがあるのですが，彼が書いたと思われます。ただカーノフスキーは日本との関係づくりにそれほど積極的だったわけではないように思います。

ただ，教育改革の一環に図書館を位置づけたということが重要で，それはカーノフスキーがというよりは，アメリカの図書館協会の東洋委員会委員長チャールズ・H・ブラウンが，こういう使節団ができる時に図書館を入れろと掛け合ったので入ったという事です。また，アメリカのGHQのなかで図書館のセクションが，一応最初の頃はきちんとあって，担当者がいてしばらく続いていたというのが知られている訳です。

東京大学との関係を一番意識できるのは，イリノイ大学の図書館長ロバート・ダウンズという人が来日した時です。アメリカから2名の使節が来てアドバイスして，1948（昭和23）年に国立国会図書館ができるわけですが，その後に，ダウンズが来日して新しくできる国会図書館のサービス，特に整理業務についてアドバイスしました。そして，そのとき東京大学の図書館の関係者と面談をしています。

その辺との関連で，1949（昭和24）年に，当時の南原繁総長が「図書館研究

所」というものを東京大学に作ろうとしたという動きがありました。文書に研究所と書いてありますし，英語ではinstituteという言葉を使っています。けれどもロックフェラー財団に支援を要請しますがうまくいきませんでした。

その後にもう1回ダウンズが来るのですけれども，この時は，アメリカ政府の支援で日本にライブラリースクールを作るという話ができて，そのアドバイスのためにくるわけです。それが最終的に慶應（義塾大学）になるわけですけれども，その前の段階として，要するに日本で図書館が重要になり図書館員の養成が必要になるのだが，その時に日本ではきちんとした大学のなかに教育施設・教育機関がないから，責任をもってやれるところが図書館員養成を始めるべきだという考え方が，アメリカの関係者にありました。当時，同志社大学とか京都大学で図書館員の養成や研修のための講習会のようなものをやっていたという事も分かっています。

文部省は1950（昭和25）年に，図書館法という法律を作ります。これによって，図書館司書という専門的資格が法制化されることになります。ただこれは，それ以前からずっと図書館法の案がいくつも出ていたなかでは，一番尻すぼみのものでした。というのはこの時点で占領期の最初の理念・意気込みみたいなものは，朝鮮戦争が始まる国際情勢の変化と，GHQの構成メンバーの変化で変わってしまったからです。最初の頃は野心や違った思想をもっているような人達がGHQにいました。この分野だと，民間情報教育局（CIE）で最初の図書館の担当者だったキーニーは共産主義者で国際的なスパイだったことが分かっています。[2] しかしだんだんと入れ替わって，GHQの構成そのものが非常に官僚的なものになっていくのだと思います。それから日本の政府としても，最初は新しい日本を作るのだということで，文部省も学校改革や教育行政においてきわめて理想主義的な対応をしようとしてきた部分があるわけですが，国際情勢の変化のなかで徐々に現実的になっていきました。1950（昭和25）年前後の時期の社会教育関係の法律，すなわち，社会教育法が1949年，図書館法が1950年，博物館法が1951年に成立しますが，この3つに関してはかなり抑えられたものになってしまったのです。

その事があとに尾を引くというか，関わりをもってくるわけですけれども，同じ1950年前後に，CIEインフォメーションセンターがつくられていきます。占領軍によってこのように呼ばれた図書館が全国23カ所につくられ，占領軍の広報施設として日本国民に定着します。これは英語の本や雑誌を中心に自由に

利用できた施設です。当時，メディアに対しては裏側で検閲制度があってかなり制約があった部分があるのに対して，日本人にもアメリカからの情報を積極的に入れようとした動きがあり，CIEインフォメーションセンターはそれを支援する重要な役割を果たしていました。ただインフォメーションセンターといっても図書館なわけで，担当者としてアメリカ人の専門的な図書館員が必ずいました。日本側には占領が終わった後でもそうしたものを継承しようという意図があったようです。

ともかくその図書館のための図書館員養成機関が必要だということで，たまたまGHQのところで使えるお金があったのでライブラリースクールを作るという話が，1950（昭和25）年にありました。それでダウンズが2回目の来日をして，候補校として，東京大学，早稲田大学，慶應義塾大学，日本大学，京都大学，同志社大学，このあたりの大学が挙がり，図書館を見たり，図書館の関係者と話をしたりして，最終的には，東京大学と京都大学を推すことになります。

資料によって，ダウンズは京都大学がいいと考えていたという見方のものもあります。京都大学は東京大学より前にそういう講習会を始めていますので，ライブラリースクールのようなものに対して理解があったのだと思います。

翌1951（昭和26）年の早い頃，アメリカの方でもその担当者の選出をしていたのですけれども，そのなかで最終的にはロバート・ギトラーという当時，シアトルのワシントン大学のライブラリースクールのディレクターをしていた人が来日して責任者になります。最初は一時的に日本に来るということで始めたのですが，最終的には5年間くらいこれを担当してくれました。来日して，まずどこにライブラリースクールを作るかという事で，候補校を当たったなかで，最終的には，慶應義塾大学に来てここに決めます。東京大学にも来たわけですけれども，印象が良くなかったようです。東京大学の方でも熱意が冷めていたのでしょうね，この頃は。南原繁さんはもういないし，河合博さんもこの時点で図書館を去っていました。もちろん，東京大学の図書館の方でも司書官の土井重義さんあたりを中心に，やりたいということはあったと思うのですが，最終的には慶應義塾大学に養成機関が設置されるという事になります。

GHQがそういう援助をしたことと，同時期に文部省が，東京大学，京都大学，東京学芸大学に図書館学の教育課程を支援する予算措置をしたことがどのような関係になるのかはわかっていません。文部省の方でも検討がいろいろ

あったことは確かです。それでともかく1951年に予算措置があって，東京大学，京都大学には講座（つまり教授1，助教授1，助手1の体制）という形をとり，東京学芸大学は講座制ではなかったので，そういう人を付けるという事だったと思います。東京大学に実際に作られるのは1953年ですね。少々遅れて京都大学と東京学芸大学にも人が付けられることになります。ともかくこれで予算措置によって講座ができるということは非常に大きいわけです。

それについてはですね，『東京大学教育学部30年誌』という資料があり，一応講座がいつできてどういう人が担当だったのかというような，細かいことを記録しています。予算措置としては，図書館学の講座が昭和26（1951）年度から付けられています。ちょっと後で出てくるのですが，この資料によると社会教育学の講座は，1965（昭和40）年まで予算措置が行われていません。資料によっては，社会教育講座への予算措置は最初からあるというものもあるので，このあたりは今後明らかにしていく必要があります。

ともかく，社会教育学の先達者，宮原誠一さんが入ってくるのが，1949（昭和24）年でした。昭和24年の教育学部開設時に最初からいる人は，牧野巽さん，大田堯さんという教育学の先生，それから教育心理の清水義弘さん，教育行政の宗像誠也さんと社会教育の宮原誠一さんです。それぞれ非常に重要な役割を果たします。文学部にあった教育学講座にいた海後宗臣さんはちょっと遅れます。

ちょうどこの頃に図書館を重要視したひとつの理由は，この司書講習の専門講習会が東京大学図書館で開催されたからです。そして，並行して，研究教育の拠点として，図書館学講座を最初は文学部に付けるという話になっていきました。それは，ずっと伝えられてきている話なのです。後でお話しする図書館学会の会長に海後さんがなるのは，この講座が文学部から教育学部に移ったのと，海後さんが同様に移ったのが重なるからかもしれません。

ともかく東京大学の附属図書館，今の総合図書館が図書館学の拠点的な位置づけになり，文部省からお金が付いて第1回の指導者講習会を開きます。これはそのあと始まる司書講習の講師のための上級講習会だったものです。2回目，3回目は慶應義塾大学で開催されます。それに引き続き，現職図書館員のための図書館専門職員養成講習が旧帝大系の大学で始まります。東京大学でも，1951年から54年までの最初の4年間やりました。これは図書館の事業だったわけですが，文学部に講座が付くという事も含めて，あまり外に出ていない

議論があったのではないかと思います。ともかく，それで裏田武夫さんが1953年4月に，講師として着任します。このことは裏田先生が図書館学研究室の広報紙『しょいこ』に書いていました。専門講習会の何回目かに出席して，感激したという話です。東京大学の先生が，図書館の話をいろいろしてくれたというような事がでていました。

　正確な講座名は不明ですが，宮原教授がいて，次に裏田講師が着任したことは確かです。おそらくはいろいろと融通しながら運営していたのではないでしょうか。また，この頃から始まっている司書資格とか司書教諭についても，講習ではなく大学の授業のなかでどのように始まったのかはっきりしていません。少なくとも司書資格を出すというのは，その頃もう始まっていると思います。図書館法にも大学での科目について言及されていますから。しかし，司書教諭資格は講習で授与するものなので，何年から始まったのかは分かりません。

　そんなことで，もう一度整理してみると，関東大震災後にロックフェラー財団と東京大学の関係があって，その関係で占領の初期までロックフェラー財団からいろいろ人が来たり，また総合図書館にロックフェラー財団から，図書館学関係の本がかなりまとまって寄贈されたりしてきます。私が大学院生の頃は，図書館学資料室というのが総合図書館の3階の奥の方にありまして，そこに担当者の人がいました。ここにかなりまとまった図書館学関係の資料が置いてありました。今はなくそこにあった図書館学の蔵書は，書庫の中にバラバラになって置かれています。そういうことで，総合図書館として図書館学への対応があったという事です。その後に，教育研究のための講座ができるという事で，それが文学部ではなくて教育学部に移り，最終的には，裏田先生が1953（昭和28）年に着任したところまでが，前史に当たるところでしょう。

（3）1950年代から60年代の状況　裏田時代

根本：前史はある程度たどって行けるのですが，その後どのように展開していったのか，あまり分からないところがあります。というのは，裏田武夫先生は1956（昭和31）年に助教授になっているのですが，裏田先生をどう評価するかはなかなか難しいところはあります。東京大学にいる図書館学の唯一の教員として，きわめて実務方面の外の仕事でご多忙な面があったといわれています。たとえば，1953年に日本図書館学会ができて，海後さんが会長，裏田先生が事務局長になります。最初は活発な研究発表や学会誌に論文発表も行われるので

すが，1960年代になるとその動きが弱まっていきます。

裏田先生は1960年代前半の時期に東京大学の医学図書館に関わりをもちます。やはり外国の資金で医学図書館ができて，副館長をやっていました。あと，大学図書館との関係ももちろんあり，さらに専門的には公共図書館の研究者であったので，その方面でもさまざまな事をやっていたといわれています。学校図書館についても関わりがあります。医学，高等教育・学術研究，社会教育，学校教育と多面的な分野で図書館に関わるというのは，図書館学・図書館情報学の重大な特性の1つですが，裏田先生は1人で全部に関わるという，ある意味で超人的な活動をしていたようです。

ただ，学部内では何をどういうふうにされていたのかはあまりわかっていません。年表8−1，8−2に書いてあることで言えば，小川剛さん（弘前大学，お茶の水女子大学）は図書館研究者を志向して取り組んでいた図書館法成立史研究は，裏田先生と共編の『図書館法成立史資料』（日本図書館協会，1968）の「はじめに」という解説論文になっています。

小川さんがお茶の水女子大学を退官される少し前の時期に東京大学にお呼びしてお話しする機会がありました。その時うかがったところによれば，図書館史の研究者としてスタートしたわけですが，裏田先生との関係がうまくいかなくなり，弘前大学に就職するわけです。その時点で，もう図書館学からかなり離れていて，社会教育学の研究者としてそのあとずっとやっていく事になって，お茶の水女子大学の文教育学部に移りました。業績としてはそちらのほうがずっと知られていると思います。

私たちにとっては伝説の先輩であり，そのときまでお会いすることもなかったので感激しました。その後，たまたま私の方に大学を紹介する機会があって，小川さんは獨協大学の司書課程の教員になります。ただ，彼の家が横浜の方にあったのだけれども，獨協大学は埼玉県の草加市でかなり遠くて，通うのが大変で，1年半くらいで辞められてしまったと思います。その後まもなく病気で亡くなられて，無理な通勤が原因かと申し訳なく思ったことがあります。

河村：なるほど。裏田先生が，最初の図書館学講座の担当になった経緯といったものはお聞きになられましたか？

根本：裏田先生は文学部教育学科の卒業生で，卒業した後に総合図書館に入ります。戦後の1950年代初めにアメリカの財団の奨学金でアメリカに短期間行く機会があって，その時に図書館学の事にも触れてきたという話です。なにしろ，

先生の卒業論文がアメリカの公共図書館についてのもので，裏田先生の亡くなられた後に出た著作集に出ています。「アメリカにおける近代公共図書館の成立」という論文がそれです。だから学部の時にもうすでに図書館学をやろうとしていた。それでその後，附属図書館に入って，アメリカに行く機会があり，向こうの図書館学の講義等を受けて帰ってきた時に，この話があったと，『しょいこ』に出ていました。

もう一つ，舟木重彦という帝国図書館から当時の上野図書館の職員で同時に文部省図書館職員養成所長だった人が重要な役割を果たすはずだったのですが，途中で亡くなってしまったのです。この人はもともとドイツ文学専攻で帝国図書館に入った人です。文学的な活動もしていましたが，アメリカに留学していて，東京大学の教員の話があり，帰って来たらそれに着任する事になっていたという話だけど，船の中で病気になってしまい，帰ってきて暫くして亡くなるのです。

舟木さんが東京大学の教員として着任していたら，図書館研究所と図書館職員養成所の2つを統合するという話だったかもしれないですね。本当はもっと実績があった人を採りたかったのかもしれないけど，他に人がいなかったのかもしれない。もちろん，河合博さんがもしいたら，なっていた可能性があると思うのだけど，もう出られた後ですね。あと土井重義さんとかはどうだったかちょっと分からないです。

河村：土井さんもたしか，卒論などで図書館学をやられたわけではなかったと思います。

根本：研究業績があるかどうかが重要だったでしょう。論文をきちんと書いていたかどうかということです。裏田先生はやっぱり卒論でそういう事やっていたから，注目されていたのだとは思うのですが，まだ若いですよね。1953年着任って，1924年生まれくらいで，まだ30歳前くらいです。そういう方が抜擢されたという事だと思います。

60年代に裏田先生はいろんなものに駆り出されたりすることが多かったと思います。1965年の社会教育学の講座というのは，一応この資料に出ているけれども，ともかく，50年代60年代については，あんまり書かれているものがなくて，ここあたりで何があったのかは実際のところよく分からないところがありますね。

(4) 1970年代, 1980年代　裏田・長澤・三浦時代

根本：私が比較的分かるのは，70年代以降です。1970年くらいから，大学院を本格的に充実させるというのが，大学紛争の後の措置という事かと思うのですが全学部的にあったと思います。それで最初の方に入ってこられた方が，横浜市立大学にいた朝比奈大作さん，今，日本大学にいる平野英俊さん，あと学習院女子短期大学にいた菊池しづ子さん。そのあとちょっと遅れて，東洋大学や筑波大学にいた常盤繁さんです。もうそのあたりの人たちは，平野さん以外みんな辞められてしまったけれど，団塊の世代の方々です。それらの人達は1970年代の前半に大学院に来て，私たちが入ってきた頃にはもうみんな就職した後でした。私は，1973年に学部に入って，1978年4月に大学院に入ります。資料の助手のところを見て欲しいのですが（年表8-2），68年から河井弘志さんが2年くらい助手をやって，その後原田勝さんが5年くらいやり，その後平野さんが1年くらい，常盤さんが4年やりました。私たちが入った時は常盤さんが助手をやっていた頃でした。平野さんの頃も，私は知っています。

　という事で，60年代の末から少し動き始めて，70年代に大学院生が論文を書いて，司書課程に就職するという動きができてきます。それから大きいのは，73年長澤雅男先生が助教授として，慶應義塾大学から引き抜かれた形で着任したという事ですね。だから，私が学部に入った時にはもうすでに，長澤先生も裏田武夫先生もお2人いらっしゃいました。裏田先生が豪快な感じの人であるのに対して，長澤先生は着実にこなすようなタイプで，そのへんなかなか面白い組み合わせだなと思いましたね。

　どちらかというと，私は長澤先生に面倒見てもらっていて，ちょうど長澤先生が『日本の参考図書：解説総覧』という大きな本の編集責任者だった時で，私たちが学部から大学院に入った時に駆り出されて，いろいろ解題を書いたり，書誌を作ったりしました。また，雑誌『情報管理』を出していたJICST（特殊法人，今はJSTの一部門）はJOISという名前の科学技術文献データベースを作っていましたが，それのもとになるものの手伝いをしたこともあります。とくに図書館情報学に近い分野の英語論文を読んで，抄録を作るという仕事に駆り出されてやっていました。学部の終わりから，大学院修士課程の頃です。

吉田：その仕事は無報酬だったんでしょうか？
根本：いやいや，若干のお金は出たと思いますよ。
吉田：そうなんですね。

根本：アルバイトでもあるのだけど，大した金額じゃないけどね，『解説総覧』も原稿料みたいなものがあったと思います。だけどどちらかというと，勉強ですよね。そういう意味では，図書館に見学に行くといったこともやりました。長澤先生は最初，国際基督教大学（ICU）の図書館にレファレンスライブラリアンとして勤めていた事があったので，その関係でICUとつながりがありました。

河村：なるほど。

根本：学部4年生の夏休みに実習と称して，ICUの図書館で1週間くらいかな，見習いというか，実習の真似事みたいなことをやらせてもらった事があります。そのときには，その直前まで修士課程にいた阪田蓉子さんにお世話いただきました。そういうふうに長澤先生に面倒見てもらって，私と糸賀雅児さん，戸田愼一さん，この3人がほぼ一緒に大学院に入りました。その時点ではもう三浦逸雄さんしか大学院にいなかったですね。

吉田：この方たちで全部ですか？

根本：大学関係に就職した先輩といっても先ほど名前を挙げた人くらいですが，1970年代になるとやっぱり司書課程で教員を採用するところが増えてきたので，比較的早く就職したと思います。

　三浦さんも慶應義塾大学を出てICUの図書館に行った人です。また，私たちの後に薬袋秀樹さんが慶應義塾大学を出て，都立中央図書館に数年いた後に大学院にきます。そういう人たちも含めて70年代から80年代にかけて，ようやく東京大学の大学院も人がある程度まとまっているようになりました。

吉田：深井耀子先生は，社会教育研究室に移られましたよね？

根本：深井さんは元々社会教育研究室にいたけれども，研究分野としては多文化的な状況における社会教育サービスを扱い，特に欧米の公共図書館の多文化サービスを研究した方です。

吉田：そうなんですか。深井先生はいついらっしゃったんですか？

根本：深井さんはね，私より10歳くらい上じゃないかな。

吉田：じゃあ，朝比奈先生とほぼ同時期ですね。

根本：深井さんは，社会教育の方に行ったけど，関心としては図書館の方に近いっていうのがあって，そのあたりの間のことをやられたのですね。だからずっと図書館関係者ともつながりもあり，日本図書館研究会でも発表したりしています。

だから在学中は，あんまり知らなかったですね，その後に関わりをもつことになります。あと年表8－1で書いてあることでいうと，ウェルチですか。ここで図書館関係での博士号として最初のものは，シオドア・ウェルチの「トショカン：日本社会における図書館（Toshokan：Libraries in Japanese society）」という英語の論文です。

吉田：この方は在籍していたんですか？

根本：いやこの方は論文博士なので，たぶん裏田先生がどこかで知り合ったのだと思います。アメリカのウィスコンシンかどこかの図書館長だった人で，ある程度日本語ができたのです。日本に関心をもって書いた日本の図書館の通史ですね。

吉田：論文をアメリカの大学にではなく東京大学に提出したということは，ここに在籍していたことがあるのでしょうか？

根本：いや。だから裏田先生との関係で，論文博士という日本の制度の事を知ったから，こっちのほうがいいだろうという事で出したのでしょう。あちらだとどうしても，一定期間，在籍する必要があります。ともかくこれは出版もされていますよね。(4)

吉田：Toshokanという本になっていましたね。

根本：そこから，さらに10年くらいとぶのですが，1981年に，常盤さんに代わって三浦さんが助手になって1984年に退任しています。ちょうど裏田先生が辞めたあとの1985年に助教授として着任します。

　長澤先生としては三浦さんを引き上げたいと思っていたのだけど，そのまま昇格させるわけにはいかなかったので，一度学外へ出る必要があって，三浦さんは少しの期間，アメリカに行っていたのですよ。カリフォルニア大学バークレイ校の研究員として。

吉田：そこがちょっと分からないのですけど，すぐに昇進させるわけにはいかないのですか？

根本：ルールとして，助手をすぐ助教授に昇進させた例はありません。ここの当時の助手は，完全に事務助手的な位置づけでした。いったん，外部に出た後で，再度業績を評価してという形ですね。なので，やや例外的だと思うのだけど，ともかく三浦さんが助教授に着任します。このあたりの時期は，ほかには大学には小田光宏さんが入り，海野敏さん，影浦峡さんあたりが入ってくるのは，それからしばらくしてからですね。あと，大きいのは河井弘志さんの博士

論文ですね。これは論文博士として提出されます。アメリカの公共図書館の選書理論を整理したもので，かなりしっかりした論文という事で受け止められています。⁽⁵⁾

河村：日本の方で，初めて博士……。

根本：そうだと思いますね，この分野では。

河村：分野全体で初めてですか？

根本：いや，ちょっとほかの大学でどうかは分かりません。ほかの大学で出せるところって，博士課程までもっているところはあまりなかったはずです。

河村：もう，慶應義塾大学はもっていたんですよね？

根本：慶應義塾大学は1970年代中頃に博士課程がつくられたと思いますが，文学部に所属していることもあってなかなか出されなかったわけです。今でもあまり出していません。

　河井さんは京都大学を出た方なのだけど，さっき言ったように東京大学の助手を60年代の末にやってから，日本体育大学の図書館にいて最後は図書館の事務長をやっていました。その後に，大東文化大学にいて最終的に立教大学に移ります。そういえば，大東文化大学で思い出したのは裏田先生のお弟子さん，柿沼隆志さんです。

河村：もっと年齢が上でしょうか？

根本：年代的には河井さんとそんなに変わらないんじゃないかな。

河村：小川剛先生くらいですか？

根本：そうですね。60年代，柿沼さんは，都立高校の教員をやったあとで，大東文化大学の司書課程の教員になりました。学校図書館を専門にしながら，また図書館資料論もやられていましたね。

（5）1990年代から2000年代　三浦・根本・影浦時代

根本：少し話を戻しますと，河井弘志さんの博士論文までお話ししましたが，さらにここから10年とんで，80年代後半っていうのは，私が博士課程を終えて図書館情報大学に移った後です。この頃には戸田愼一さんが長く助手をやっていて，それこそ海野敏さん，影浦峡さんあたりが入ってきて，3人でいろいろな共同研究を始めた時期ですね。長澤雅男先生は1993年退官という事です。

　その長澤先生の退任後に，私が1995年に着任します。ちょうどその1995年頃が大学院重点化が始まったときです。それまで学部に所属していた教員が大学

院に所属するというもので，これは東京大学に限らず帝大系の大学や筑波大学もそうなります。そういう形にして，大学院の定員を増やした。ただ，これが成功したとは必ずしもいえない部分があります。日本では今に至るまで，大学や大学院で学んだことが重要なのではなく，終身雇用の社会のなかで一人一人の能力を評価することが重要です。だから，大学院の重点化ということで，とくに文科系も含めて大学院の定員が圧倒的に増えるのですが，実際には，入学者はそれほどは増えずあまりうまく行きません。

1995年から教育学研究科としては，同時に，講座制を廃止して，冒頭で述べたコース制に移るわけです。新しいコースとして教育行政学と社会教育学を一緒にして，図書館情報学も含めてね，生涯教育計画コースという新しいコースができたのがこの年です。そこに私が着任します。この流れのなかで図書館情報学関係の課程博士論文としては，1997年の黄純元さんが最初に取っているわけです。

このあと，重要なのは国立大学の法人化です。2003年。ちょうど私は総長補佐で出ていた年です。その前の年の準備の年が一番大変だったと聞きましたが，法人化1年目にも新しいことがいろいろあって結構大変でしたが，大学全体の変化を見聞きすることができました。附属図書館の担当をしました。全学の変化のなかで図書館の位置づけがほかには同様のものがないだけに，なかなか難しいところがありました。

次に同僚のことですね。三浦逸雄さんは1994年に教授になられ2005年退任ですが，附属学校の校長になったことが結構大きいと思いますね。退任される何年か前だったと思います。2001年から3年まででした。今は2年任期ですが前は3年だったのですね。実はその前の期には，小川正人さんが途中で退任し，浦野東洋一さんが後を1年間だけ引き継いだという事があったのです。2004年から汐見稔幸先生。これらの人々は教育学の専門家ですからいかにたいへんかが分かりますね。だから，三浦さんが3年間やられたのは結構大きいことだと思います。というのは，三浦さんは教員免許はもっていなかったし，教育学研究科の教員のなかでもそういうのに遠そうな感じがあるからです。教員免許がなくても校長ができるようにするための法改正があり，最初の頃の適用ケースだったと思います。今は，結構外部から来て校長をやるというのがあるけど，そういうものの走りです。

河村：三浦先生が校長をなされたというのは，何かルールがあったのでしょう

か？　持ち回りなんですよね。たしか。コースごとの持ち回りみたいな？
根本：そんな事はないですよ。持ち回りなんて事はない。教授会に選考委員会がつくられて厳密に選考し投票します。いろいろなもののバランスを見ながら，執行部で話し合って決めるのだと思いますね。

　2005年に影浦さんが着任します。三浦さんが2005年の3月に辞められて，その後影浦さんがきます。あとは2006年に，内部改革がありました。この頃は佐藤学先生が研究科長でした。あの方は学内的なポリティクスが上手な人で，本研究科に初めて新しい専攻をつくります。学校教育高度化専攻というものです。学校教育の新しいことにチャレンジするという意味合いがありました。これは一つには，対外的に言えば，帝大系の教育学部・教育学研究科の生き残り策でもあります。教員養成系のところで，もう大学院ができ始めています。高校の教員になるには，修士課程を修了するのが当たり前という状況ができつつあったと思います。そういうなかで大学院重点化が始まっている帝大系大学の教育学研究科が何をするかが問われるようになります。同じように大学院で高校教員を養成するだけではだめで，あるいは研究者を養成するだけでも十分じゃなくて，むしろちょっと違う視点から教員の再教育みたいな事がやれないかという事で，大学院重点化の時に，高度化専攻っていうのを作ったわけです。

　うまくいったといえるかどうかはわからないけれども，うちの生涯教育計画コースは昔の教育行政学コースが一緒になって構成されていたわけだけれど，教育行政学の専門のところがこの新しい専攻の方に移ってしまうのですね。これによりここは昔の社会教育コースに戻ってしまうわけです。ともかく社会教育と図書館情報学だけになってしまうので，すごくやせ細ったという印象を与えます。その時には私がここの中心だったのですが，これで大丈夫かっていう議論がいろいろありました。けれども，最終的にはそのまま残るって事になりました。元からある大学院コースとしては，生涯学習基盤経営コースは一番小さいところです。

　ともかくそういうことで，生涯学習基盤経営コースという名前に変更します。長ったらしい名前で，そもそも生涯学習基盤とは何なのだという疑問は今でも聞くことがあります。それまでそんな言葉はなかったのですね。やっぱり教育行政学が抜けた事があり，じゃあ社会教育でいいかというと疑問でした。文科省としても生涯学習政策局を筆頭局としていたはずです。ただし，21世紀になってから学力低下論争などがあって学校教育に対する揺り戻しがあった状況

のなかで，生涯学習の考え方と政策をきちんと残していく必要があると考えたので，このような名前にしました。あと，2010年代のところで，学部もちょっと少し遅れて改革の話があって，これもいろいろあるのです。

　大学院と学部に関しての再編成が2005年から2010年くらいのあいだに議論されます。大学院のコースは従来からの教員の所属組織でありもっとも基本的なものですが，もともとの総合教育科学専攻に7コース，新しい学校教育高度化専攻に3コースできます。そのときに従来の総合教育科学の再編の考え方としては，ディシプリン，つまり研究のスタイルを重視するという考え方と特定分野の専門職を重視する考え方の2つがありました。ディシプリンというのは人文学・社会科学・自然科学の3つの基礎的な分野の方法をベースにしたもので，もともとあったコースはこれになります。生涯学習基盤経営コースはこれでいうと，社会科学の方法をベースにしたものと一応は見なされます。

　学部は，さらにディシプリンベースの5コースに再編されます。その際には，社会科学のところで，教育実践・政策学コースと名前を変えます。教員養成や司書，学芸員などの専門職的な要素も取り入れてここに取り込みます。この学部コースは大学院としてはうちのコース以外に，学校教育高度化専攻の3コースの教員の一部も参加しています。

　学部と大学院の関係はねじれた関係になっているのですね。あと最初の構想としては，人文系と社会科学系と数理系とこの3つに分けることになっていたのですが，教育実践・政策学というのはその意味でちょっと曖昧ですね。元々あった寄せ集めみたいな要素が今でも残っています。これは，本当は社会科学系でいかなくてはならなかったのですが，最初の構想とは，ずれています。

　ともかくそういう事で，新しい学部としては，教育実践・政策学コースがスタートしました。だから，コースのなかにも，生涯学習，教育行政学，学校教育学などいくつかの分野があって，卒論を指導する時もそういうことをある程度意識しながらやっています。最近にいたるまでの年表的な動きの整理としてはそのくらいかと思います。

（6）東京大学と日本の図書館学

河村：私たちがいた2000年代は，うち（図書館学旧講座）と社会教育で，助手を順番に出すという時代だったと思いますが，昔は2人助手がいたとお聞きしました。

根本：講座制の時代は，講座の助手は必ず1人いました。だから2講座あるいは3講座のコースであれば，助手は2人か3人いたということになります。

河村：そうですよね。

根本：しかし90年代のなかばに，生涯教育計画コースになった時にコースに助手1人になったのですね。海野敏さんがその前の制度の最後の人です。これで行政と社会教育と図書館の3講座が一つの新コースになった時に，交代制で担当することになりました。そこで図書館の順番で当たったのが三浦太郎さんでした。何年かやって，さらに再編が進み生涯学習基盤経営になった時にはすでに助手の定員は付けられなくなります。だから，三浦さんは最後の助手ということになります。

河村：そうですね。年表とは少し違うのですが，根本先生が着任される時や，影浦先生の着任を決めるのは，基本的に残った先生が選んでいるんでしょうか？

根本：教授会での人事だから，個人の意向だけでは，決められない。つまり，人事委員会は基本的に投票なんですよ。人事選考の最初に，誰が人事委員会の委員になるかは投票で決まりますから，誰が選ばれるかは本当のところわからないですね。そういう人の間で業績を評価しながら，最終的に誰かを選考して教授会に提案するという形ですね。それはずっと変わっていないと思う。

河村：それでは，そこまでコントロールできないとは思いますけど，根本先生としては，図書館情報学講座というのは，図書館学の世界のなかでどう位置づけようかということと，他方で，教育学部あるいは東京大学のなかのどこに位置づけようかと考えて運営をされてきたということをお聞きしてよろしいでしょうか？

根本：私が？

河村：昔の先生のことがわかれば，ちょっと嬉しいですけど。先生は自身のことが一番おわかりなると思いますので。

根本：やはり大学院重点化になってからというか，その以前からそうだったと思うのだけど，大学院が中心になって研究生活を支援することが第一の役割だったことは確かです。学部の方で実際に司書や司書教諭の資格をとる人もいるわけですが，本当にその資格で図書館の現場に就職をした人はかなり限定されています。これはもう，別にうちに限らずこの分野の全体がそうだと思いますね。つまり学部生ってやっぱり中途半端で，一時的にここにはいるけれども

基本的には外に出てしまう人です。まして図書館関係の卒論を書く人が少ないわけですよね。そういう意味で，下から上がってきて図書館関係の卒論を書いて，図書館に勤める人も何年かに一人くらいはいるのですが，どちらかというと，大学院生と一緒に生活しているようなイメージが強いわけです。

　私は基本的に日本図書館情報学会とか，図書館情報学の発表の場を意識しながら，たとえば，ゼミで何を読むかとかね，何についてどういう議論をするかとかそういう事を決めたりしますし，自分自身がやっている研究的な関心から選んだりもしています。もちろん，どういう人が入ってきたかにもよりますね。最近学校図書館関係の人が多いから，少し意識的に学校図書館の事をやろうと思っています。この分野ではかなりベテランの人も含めて大学院に入学するようになって，私自身も最後の頃になってきて，一番やり残していた事は学校図書館関係かなというふうに思って，対応しています。これについてはアカデミックディシプリンよりも，プロフェッショナリズムの関係を意識しながら，運営しようとしています。

　ただ，教育学研究科全体のなかで，図書館系がどう見られているかはよく分からない。以前はマイナーな分野という意識がやっぱりありました。しかし，ある時期から，たとえば臨床心理学はもう完全に認知されたでしょう。これはまさにプロフェッショナルな領域ですよね。今だって，修士課程の全体の受験者の3分の1くらいが臨床心理学コースを志望してくるように圧倒的に多いし，臨床心理はコース自体の定員も前に比べて増やしています。そんなふうにして，それなりにパワーポリティクスが働いているのです。臨床心理士という資格は民間資格ではあってもかなりしっかりとしたものになりつつあります。もともと河合隼雄の京都大学から始まったものですが，東京大学の臨床心理学は京都大学とは別の一つの拠点を目指して作られています。そういう事で，そこは理念と実践の方向がはっきりしていて，やりやすいと思います。

　ただ，私たちの分野はやっぱりねじれが大きい。館種間のねじれもそうだし，司書と司書教諭の関係もねじれている，もちろんその司書っていうもの自体が取り残された資格です。つまり戦後まもない時期にできた資格で，やっぱり教職の新しい動きをベースにして，文部省系の資格として作ったものですが，そのまま取り残されて今に至っているのです。教員をベースにして作った部分が確かにあるのだけれども，教員はその後ずっと進化していると思います。たとえば，大学の教員養成課程の認証や教育実習とかボランティア実習，また，現

職者の講習会なども含めてです。

　社会教育系は文部科学省が本気でやる気がないというのがよくわかります。もしかしたら，1990年代の終わりくらいに，文部科学省の組織で生涯学習関係を筆頭局にするというところで，少し仕掛けがあって，動く可能性が十分あったと思うのだけど，21世紀になる頃から先ほど言ったように学力への議論が高まり，生涯学習への関心は低下したままです。

　で，そこからもう10年以上過ぎてしまいました。そういう事もあって，なかなか教員以外の資格に関して，きちんと東京大学のなかで議論することがしにくいですね。まだ，学芸員の方がいいのですよ。それは，やっぱり学芸員は主題的な専門がまずきちんとあった上で実際の就職があるからです。特に美術館関係は専門知識がなければ，展示の専門家であるキュレータにはなれません。キュレータになるためには，学芸員資格が必要だという事になっているから，文学部の先生，特に美術史の先生が熱心に資格を出そうとしています。東京大学のなかでも資格に関しては，もともと教職について全学的な委員会があってそこに位置づけられていました。法的な根拠がある司書，学芸員，司書教諭，社会教育主事については，全学的な位置づけはなく，教育学部，文学部，理学部が協力してやっていることになっていました。個別部局の資格だったのですが，2～3年前に提案して，その全学委員会の教育運営委員会に置かれた教職課程等部会とあったのを，「教職課程・学芸員等部会」と変更し，学芸員や司書を入れてもらうことになりました。学芸員が入ったのは，文学部がかなり熱心だったのと，学芸員の資格が今回の法改正（2009年，施行は2012年）で単位数がいきなり増えたのですね。すでに個別学部で講義を出しきれなくて，複数の学部で協力しながら，出さざるを得ない状況になったのです。

　そういう事で，全学的に位置づけがないと調整がやりにくいといって，当時の武藤芳照研究科長がうまく全学の議論に載せてくれて全学委員会で議論できるようになりました。

河村：学内ですね。

根本：こうした資格は学内に位置づけられている部分ですが，もう一つはやはり図書館との関係です。附属図書館で，全学と部局との関係があります。あまり外に見せているものではないですが，附属図書館の全学的運営は，河村さんが博士論文で書いてくれたように，今は図書行政商議会というところで決めています。部局の代表者が集まる全学的な国会みたいなところです。こうした組

織は他には全学評議会くらいしかないです。この委員は私が来た時は三浦逸雄さんが，三浦さんが退職された後はずっと私がやってきました。だから一応，教育学部を代表して図書館へ物申すっていう立場です。そこの下に図書館開発室という組織があってさまざまな協力をすることになっています。私は東京大学に来てからかなり早いうちにそのメンバーになって，今に至るまで，十何年かやっています。

そのなかで，何年か商議会の副委員長をやりました。これは投票で選びます。この商議会が生きるかどうかは，やっぱり図書館長のリーダーシップです。現館長古田元夫先生は，教養学部のベトナム史の研究者です。教養学部長を何年か勤めた後，副学長をやって，それで，その任期が終わった後に，館長としてこられたのですね。元々，法人化以前の東京大学の図書館長というのは，かなり学内での位置づけが高かったものです。総長がいて，副学長が2〜3人いて，それと並ぶような形で館長が名誉職的に位置づけられていました。しかしながら法人化以降は，位置づけがずいぶん下がっています。というのは，学内の部局が自ら研究費等を取ってこれる部局とそうでないサービス部局に分けられて，附属図書館はサービス部局扱いなのです。法人化後の大学が財政的なものを中心に動いていることがよく分かる例です。

先ほど図書行政商議会が国会に似ていると言ったのは，それなりに歴史的意味があることだと思います。今形式的にそれは残っているのですが，東京大学図書館の位置づけは下がり，学内の秩序を反映したものになっています。図書行政商議会に出ると，学内のランクがそのまま座る位置に反映されています。まず，法学部から始まり，医学部，工学部，文学部，理学部というようにできた順番になり，本当にそのランクを示しています。それでいうと，教育学部，薬学部までが学部をもっている研究科で，その後は学部がない数理科学とか情報学環の研究科があって，それから地震研究所や社会科学研究所などの附置研究所があります。商議会にメンバーを出せるのはこの附置研究所までですね。ここまででそこはかなり厳密です。それ以外にも全学センターがあります。

今東京大学の館長が出る全学的な会議っていうのは，基本的にはセンター長会議というのがあり，年何回か開催されます。別にセンターではないのですが，附属図書館の位置づけが曖昧で，随分変更になっている気がしますね。

そういうところにずっと関わりをもってきていました。あともう一点言っておきたいのは，研究科内での図書室の運営に関してです。研究科の中の図書委

員会というのがありますが，これもだいたい商議会のメンバーが委員長を兼務することが多いです。だから私もここ何年かずっとやってきています。

　全学的なものとしては，そういう図書館に関わるような分野です。あと，学内でミュージアム，ライブラリーそしてアーカイブズの3分野についてのMLA連携という議論をした事がありました。情報学環とか人文社会系研究科の文化資源専攻なんかと組んで新しい教育組織が作れないかと，その後副学長になった吉見俊哉さんや筑波大学から史料編纂所に来られた石川徹也さんなんかとやりました。佐藤学研究科長のときに仕掛けを少しやり，『つながる図書館・博物館・文書館：デジタル化時代の知の基盤づくりへ』を出しましたが，結果としてあまりうまくいかなかったですね。その理由のなかで一番大きいのは，人文社会系研究科に文化資源専攻という教育研究組織ができていて，これ自体がMLAの要素を強くもつものだったということです。つまり，二重の組織をつくることは難しいわけです。

吉田：情報学環とか，人文社会系研究科文化資源学研究専攻と組んで，何かできないかというのは，今，お話に出た本でお書きになっていた，何か新しい文化資源にかかわる横断的な専門職みたいなそういうような話ですよね？　筑波大学では，最近，アーカイブズ学の領域に力を入れています。先生が指摘されていたような文化資源やアーカイブにかかわる新たな専門職についての議論が，筑波大学ではこれから盛んになっていくことが予想されます。

河村：そのあたりの人材は確かに必要ですよね。

根本：それから，デジタルヒューマニティーズ関係の動きも，文学部のなかにあって，あれは科学研究費でやっていると思います。また本も出ています。こういうものとの関係を付けるのが，なかなか難しくてね。それでいうと，人文系に関わりある人って，みんな少しずつ資料や情報に関わりがあるわけです。歴史をやろうが，哲学をやろうが，文学をやろうが。みんなどこかで，そういうアーカイブズ的なものを使っているわけだから，文学部の本質的な問題ですよね。つまり分野があって，それぞれが方法のなかにそういう資料やアーカイブズみたいなものが含まれていて，どちらを中心に研究組織や教育組織を作るかということです。

吉田：中身の部分がすごく難しいですよね。結局，図書館情報学とアーカイブズ学の関係を考えた場合，図書館情報学はそもそも文献や情報を扱う学問領域なので，そこにアーカイブズ的な手法を持ち込む際，他の主題分野とは違った

難しさがあります。

根本：これは，世界的な問題ではあると思います。どこだって，同じような問題があると思う。それぞれの個別学問と情報問題の関係を付けざるを得ない。学問に限らず，プロフェッショナルでも職業でもなんでもいいのですが，制度というのはそういうものです。どこにでも情報っていうのはあるわけで，基本的に原理だけで生き残れるかというとなかなか難しくて，裾野を広げて横断的に仕掛けていく必要があるのですが，日本の図書館情報学は，なかなかそこを作れていません。

それは，ひとつは図書館法による司書養成の限界ですね。新しい省令での養成科目では専門分野の情報を扱う領域の位置づけが小さくなっています。前は「人文科学の書誌解題」といった科目があり，直近の必修科目にも「専門資料論」というのがあったのだけど，今や選択科目の「図書館情報資源特論」だけになっています。

大学図書館に話しを移すと，東京大学の新図書館構想のなかで，アジア図書館をつくることが予定されています。同時に組織として図書館に主題専門の教員を配置して資料の整備をしてもらうということが，動いています。これは東京大学への寄付金をうまく利用して行っているのですが，配置する特任教員を公募しました。そういう事があって，東京大学の図書館の組織も変わりつつあります。図書館員にもそういう専門家がいれば応募してほしいと知らせたのですが，うまくいくかどうかはわかりません。

あとは教員と図書館職員の関係です。ここがなかなか難しいと思っています。少なくとも国立大学の図書館職員は結局，図書館ジェネラリストなのです。テクニシャンというのかな。だから，図書館関係の目録規則や分類法，レファレンスの知識だとか，そういった技術的なものをある程度もつ事によって共通性を保っている。しかし，学問分野の個別の中身に入っていかないと，専門研究者や教育者とはうまく渡り合えない。そこのつながりがうまくなければ，できないと思うのですが，特に日本のあの帝大系の大学の組織は教員と職員をはっきり分けることが前提になっています。そのためにうまくまわせていけないわけです。

河村：2年間で司書を取るということも東京大学の特色になっていると思いますが。

根本：教育学部で出している司書資格科目は1年で半数ずつしか開講していな

いので，2年かけないと資格にならないのです。司書資格を取る人が少ない理由はここにあります。特に，教育学部の学生が少なくて，文学部とか教養学部の学生あるいは院生に取りたいという人が多いのですが，こちらの学部の時間割で出しているので，あちらの時間割の関係でうまく全部は取りきれない。これで大変だっていうことを聞いていて，今年も最終的に資格を取る人は2人くらいですね。

河村：うん。なるほど。

根本：学芸員はそういう意味で，教育学部，文学部と理学部で共通で毎年全部の科目を出していますし，博物館実習系の科目はそれぞれ出していますから，とりやすいです。実際に，文学部ではさっき言ったように，美術史関係では学芸員資格取得者は結構いるみたいですね。特に大学院生ですね。だから，美術史だけは人の流れが博物館に直結していて，現場と学問が密接に関わっています。それをつなぐ方法のひとつとして，学芸員の資格があるのです。

　そのような主題専門学芸員であるキュレータがどのように形成されたかをもっと研究した方がいいかもしれないですね。キュレータは展示の企画をするとか，展示品を集めるために外国の美術館と折衝するとか，解説書を書くとか，かなり専門的です。他の分野の博物館でも似たような例はあるとは思うのだけど，そこまでまとまってあるところまでいっていないと思いますね。

吉田：アーカイブズ学の研究者も歴史学など個別主題をもっている研究者が多いので，アーカイブズの手法も個々の文書の中身も理解できる，両方を統合して研究している場合が多いように思えます。たとえば歴史学の学位をもち，アーキビストとして文書館のマネジメントに携わってきた方が，図書館情報学に刺激を与えるということが起こりはじめました。

根本：それは，ありますね。筑波大学で学芸員資格は出してないのですか？

吉田：学芸員の養成は，全学向けの専門科目が開講されています。

根本：筑波大学のなかに？

吉田：はい。

根本：今後，一回再編みたいなことはあってもいいかもしれないですね。

吉田：そうですね。それはありうるかもしれません。

根本：ただ今のアーカイブズは民間の資格であるので，柔軟性をもたせることができるのですね。司書や学芸員はこのままではどうしようもないですね。ただ学芸員は，動く可能性があります。前回の文部科学省での議論の時に，学芸

員の資格を修士課程を前提として今より高度な専門職とすることが提案されたのに，学士課程で学芸員の資格を出している多くの大学関係者が猛反対して潰されています。けれども，次の議論ではそれが現実化して大学院を出たものとなるという可能性があります。

　けれども図書館司書はかなり難しい位置づけです。日本の知識社会は，ある意味であらゆる人が司書みたいなもので，本を知っていることが前提です。書店で本を自分で選んで買い，自宅や研究室に置くことが一般的です。だから今のようなトレーニングを受けた図書館員には聞かなくても十分だということになります。図書館のシステムをもたらしたアメリカは逆で，アメリカ人は本を知らなすぎます。それは身近に本をもたらす書店市場が成り立たなかったからで，だから図書館員の専門職化が成り立ったのだと思います。日本は書物に対する態度が歴史的に全然違っていたのに，同じようなものを作ってもうまくいかないというのが，一番根本的なところにあるのでしょう。

（7）日本の図書館情報学の将来

根本：まあ，図書館情報学というものの，可能性はないとは思わないし，面白い分野だと思うけど，東京大学という組織のなかでの位置づけの難しさを感じます。つまりここは元々日本特有の縦割り組織ですね。ところが図書館情報学関係は横断的なものです。文学部だって，さっきも言ったように，文学とか哲学とか，社会学とかのディシプリンに分かれているのに，文化資源みたいな横断的な専攻を作るわけでしょ。そうすると，そのあたりの関係を作るのがあのなかでも簡単ではないのに，まして，全学的な関係をつくるのはもっと難しいという話になるわけです。

河村：なるほど。

根本：じゃあ慶應義塾大学の文学部にある図書館・情報学専攻はうまくいっているのかといったら，どうなのでしょう。あそこは60年前にスタートしたのですが，その位置づけは先ほどからの文化資源専攻と似ていますが解決されているわけではありません。ましてや図書館関係への就職は少なく，慶應義塾大学の名前で企業等に就職できてしまうのでしょう？　これはまさに，日本の伝統的学部教育が提供しているものによっているのではなく，何らかの別の評価基準で就業構造と結びついていることを示していると思います。ただ，筑波大学はまた違う考え方と理解していますが。

河村：それでは，根本先生にとっては図書館情報学を今，学問として文学部的なものに位置づけるよりも，教育学部的なものに位置づける方が，自然ということですか？

根本：どっちもうまくいっていないと思います。教育学部自体が横断的なものですから，構造的には合いやすいでしょう。しかし日本の教育全体のなかで学校教育が圧倒的に力をもっていることがいびつなものをもたらしています。文科省は，学校教育を中心に最近では高等教育やスポーツ，芸術文化を前面にだしていますけど，社会教育関係は，今でも位置づけが難しい訳ですよね。だから，むりやり戦後改革のなかで社会教育，それもアメリカの影響で作られた図書館政策が，日本の制度のなかで，特に占領が終わったあと，日本の新しい再編のなかでの位置づけが非常に難しかったというのがまだ続いているということかと思います。

ただし，こういうものは相対的なもので，時間的には一定の方向に進むことも考えられるのでしょう。歴史的にアメリカは新世界であり，図書館に力を入れた理由は，旧世界の知を新世界にどうやってもってくるかという時に役に立つと考えた人たちがいたからです。図書館関係者，特に19世紀の後半のメルヴィル・デューイといった人たちの力でそれが制度化され，横断的な技術として位置づけができたのです。日本は少なくとも20世紀の中頃まではそれは不要で，一定の知の蓄積とアクセス法があったのですが，その後の急速な変化でそれはあやしくなっています。

では，21世紀社会はどうなのか。今のデジタル情報時代はネットへのアクセスができればそれでOKと思われていますが，それでは十分でないというのが，図書館情報学の存在根拠の一つです。私は図書館の存在意義は単なるアクセス手段に限らない知の全体性を表現する手段にあると考えています。西洋思想には知の統合性，総合性というのがあり，それが学問や教育の基盤にあり，それを体現する場が図書館ではないかというのが仮説です。だから，大学図書館も公共図書館も一部そうですし，大きな図書館はみんなそういう知の全体像をどこかで把握できるような場を作るという考え方が，非常に重要だと思います。東京大学の場合，総合図書館にはそういう理念は少しあったと思いますが，東京大学という巨大な知の集合体のごく一部しか体現できていない。東京大学は個別部局の集合体であって，あくまでもその個別性によって原理が貫かれています。また，外国の知と日本の知をどう調整するというせめぎ合いがあり，

なかなか全貌をとらえることができないのです。

　結局，日本の図書館ってある意味ではこれからのものだと思います。これまで本っていうのは当たり前に身近にあったのです。こんな国はあまりないと思うのですね。今，江戸時代の出版とか書物販売とか，寺子屋の研究がすごく盛んになっています。あれはやっぱり，明治維新じゃなくて江戸時代から近代が始まっていたことを突き詰めようとしているのだと思うのですね。その時代，もう江戸や他の都市の庶民は本に出会っている。知というものに出会っていたわけです。もちろん，いろんなレベルがあります。そして，明治以降，西洋的な知と日本的な知をどうやりくりするかで，いろんな迷いがあって，今に至るまで整理しきれていないということです。

　しかし本屋さんはきちんとあるから，そこに行けば，全体像が自分で入手できていたというのも事実です。東京大学の生協の書籍部に行くと，新しい学術書がまとまって置いてありいつも何か新しい発見があります。全体は分からないけど，少なくとも人文社会系のものだったら，あの新刊書の棚を毎週見ていると新しいものの動向がよく分かりました。

　だが，こうした書店はきわめて特殊で多くは商業的な出版物を中心にしており，学校教育も大学教育も特定の出版物で成り立つことを前提にしていました。教育そのものが，そうした知の構造を前提としていて，勉強部屋を中心として，何か特定の資料だけマスターすれば，それで知が自分で得られるという構造です。しかしやっぱりこれは20世紀で終わりでしょう。20世紀後半の図書館を出版の後追いで発展させていったことによる限界はありますね。

　こういった図書館が，別の知の構造を媒介する場に変わることが要求され始めるとにらんできます。特に，これまでは大学入試がそういう構造を強化する装置でした。これもだけどいずれ変わると思っています。2016年度に東京大学で推薦入試が行われるっていうのは，まさにひとつの兆候だと思っています。ただ時間がかかりますね，こういうのって。簡単に変わるものじゃない。何十年もかかって，少しずつ変わっていくのではないかな。ヨーロッパでも，200〜300年かけて，少しずつ変化してきたのです。

河村：わかりました。ちょっと時間をオーバーしましてすみません。ありがとうございました。

吉田：ありがとうございました。

　（インタビュー：2014年2月27日（木）　東京大学教育学研究科図書館情報学研究室にて）

第Ⅱ部　データでたどる図書館情報専門職の養成と教育

注

(1) http://www.lib.u-tokyo.ac.jp/sogoto/contents/history0.html（2014年10月23日最終確認）
(2) Rosalee McReynolds, Louise S. Robbins, *The Librarian Spies : Philip and Mary Jane Keeney and Cold War Espionage*, Greenwood Publishing Group, 2009, 183p.
(3) 裏田武夫『図書館学の創造』日本図書館協会, 1987, 340p.
(4) Theodore F. Welch, *Toshokan : Libraries in Japanese Society*, Bingley and American Library Association, 1976, 306p.
(5) 河井弘志『アメリカにおける図書選択論の学説史的研究』日本図書館協会, 1987, 483p.
(6) 石川徹也, 根本彰, 吉見俊哉編『つながる図書館・博物館・文書館—デジタル化時代の知の基盤づくりへ』東京大学出版会, 2011, 272p.

インタビュー2 愛知淑徳大学における図書館情報学科の創設

村主朋英
聞き手：河村俊太郎

（1）図書館情報学科の創設まで——初期のコンセプト

河村：それでは図書館情報学科について時代を追って説明していただければと思います。

村主：4年制の大学としての愛知淑徳大学は，英文・国文2学科の文学部から始まりました。周囲の女子大としては，短期大学から4年制大学に変わるのはおそかったのですが，愛知淑徳学園自体先進気質が高く，新しいことをやろうということで，情報系の学科を，10周年の記念で作ろうということになったとのことです。

その際慶應義塾大学，特に文系の大学に情報系の学科を作るということで，工学系ではなく，図書館・情報学科が目に留まり，津田良成先生に声をかけたらしいです。その意向と津田先生のお考えになっていたこととが合流して図書館情報学科の構想が始まりました。津田先生が後でしきりにおっしゃっていたのですが，慶應義塾大学も本当は情報学科にしたかったが，情報科学という言葉が理系のものとなっていたので，文系のものとしての情報学という学科は難しかったそうです。愛知淑徳大学に関しても，情報学科としてスタートさせたいと考えられていたようですが，同様の事情で難しかったようです。

また，もう一つ曰くがあって，図書館情報大学も，図書館学と情報学の両方をするというところから，図書館とコンピュータという図式へと両極化したと聞きます。津田先生は，東京大学や慶応義塾大学の研究者が途中から入ったおかげで，アメリカ流の情報学によって間をつないでくれようとしたことはよかったけど，基本的に2つの人材に分かれてしまったと嘆いておられました。

こういった名前の問題からも分かるように，津田先生は，「図書館」という三文字をどうしても抜きたい，と考えておられました。私が入った1982年頃の慶應義塾大学の図書館・情報学科も，図書館のことは当たり前に勉強しますが，それ以上に学術情報に関する事項が強調されていました。そのことからも，津田先生はかなり本気でそう考えていたんだなあ，と感じました。

こういったことを受けて，慶應義塾大学とも図書館情報大学とも違うことを，愛知淑徳大学ならもっと自由にやれそうだとお考えになり，愛知淑徳大学にとっても新しい方向を打ち出せる文系の情報学科を作ろうというコンセプトが

一気にまとまったそうです。

　図書館情報学を改革しようというコンセプトだったので，いいところは残そうということになりました。そのなかでも，女子大ということで，司書資格に加えて学芸員資格を取得できるようにしました。一方，情報工学や「情報科学」という意味の情報関連学科としては，斉藤孝先生が「テクノレディ」という造語を作って，人数分のコンピュータを置いた施設を設置するという，当時の地方女子大どころか全国でもまだ少なかった贅沢な学習環境を実現しました。これを活用した教育が学科のもう一つの主軸となっています。

　就職を考えて図書館とコンピュータの両方を教えた訳ですが，その意味で「図書館と情報」と称するのではなく，コンピュータ教育とはまったく別のところで情報学が両者をつなぐものと位置づけられました。情報学を基礎とし，応用として図書館学とコンピュータサイエンスがあるという位置づけです。これで，図書館とコンピュータは両極で引っ張るのではなくて，情報学という下地があって，両方があるという非常にわかりやすい基礎と応用という図式になりました。

　それで，情報学というのをどう捉えるかという点では，マハルプの[1]"The Study of Information"が影響を与えました。このなかでは60年代に成立し70年代に確固としてまとまったinformation scienceを「狭義の情報学」と見なしていますが，この狭義の情報学以上のものをやろうという構想へと発展しました。その上で，卒業後は，もちろん立派な司書もでてほしいし，コンピュータが得意な人はシステムエンジニアになる，あるいはコンピュータが得意なOLになる，というようなビジョンになりました。

　カリキュラムの編成上は，コンピュータは1年次からがっちりやるようにする一方，図書館に関する学習は比較的上の学年で展開する形になりましたが，原則上この2つはどちらも応用であり，その基礎が情報学，それも，幅広い範囲の学際的な情報学であるというベースコンセプトが固まりました。

　この頃，津田先生は慶應義塾大学をやめられましたが，その後も慶應義塾大学の大学院の授業を続けられていました。その授業では，情報学の枠組みについて論じられ，その際に愛知淑徳大学の図書館情報学科で具現化しつつあった考えもまな板にのせられました。そんな感じで，院生時代からそういうお話におつきあいしてきました。その頃に書かれたのが，この図（図8－1）です。これは愛知淑徳大学のメンバーの間の会議の際，ファックスボードという装置を

第8章　図書館情報学専門課程4校の変遷と現在

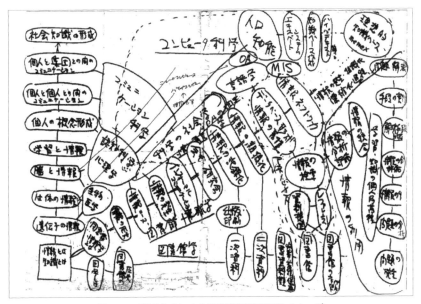

図8-1　津田良成による情報学周辺分野のイメージ

出典：竹村：2013, p. 3.

使って，ホワイトボード上に書かれたのをそのまま印刷したので，誤字脱字などもあったりしますが，同様の図を慶應義塾大学の大学院の授業でもホワイトボードで描かれていたのを覚えています。下の横軸が司書課程の教育内容に相当し，マハルプのいうような幅広い情報学を左の縦軸に置いて，このような情報教育を行うべきだと示したものです。縦軸には，ベルキンの情報のスペクトル(2)に関しても気に入っていられたので，これが反映しています。そして重要なのが，コンピュータの技術的な要素はその左縦軸に入らない，ということです。

　ただ，当面はカリキュラムの中心を図書館情報学に置く必要がある。それは慶應義塾大学時代に津田先生がイメージされていた図書館（・）情報学で，アメリカ情報学会が追究している information science，ドキュメンテーションに由来する枠組みに相当します。それが斜め線として加えられています。その上で，それではいけないんだよ，としきりにいっておられました。要するに，従来の図書館学（下横軸）をふまえながら自分が目指してきた図書館情報学の枠組みを自分で乗り越えようとして，学際的な情報学（左縦軸）を志向していたという訳なのです。

この間，慶應義塾大学の図書館情報学科を模範に，その内容，つまりこの斜め線に当たる教育を堅持しつつ，もっと縦軸方向に起こしたものにしなくちゃいけないとおっしゃっていました。そこで愛知淑徳大学では，この左縦軸全部に対応できるような教員を専任で揃えました。そのため，慶應義塾大学の大学院で図書館情報学を専攻した研究者以外に，分子生物学の研究者，山田洋子先生という心理学者，宇野善康先生というイノベーション普及学を開拓した社会心理学者を揃えました。宇野先生については，アメリカ，カナダ流のコミュニケーション・スタディーズを担当してもらうというイメージだったようです。ちなみに，少し後に短大で（さらにその後大学にも）コミュニケーション学科（現心理学部の前身）ができましたが，その内容は心理学をベースとした個人間のコミュニケーションの探求に焦点を置くものだという解釈で見ていました。

河村：コミュニケーション学科との関係はどのようにイメージすればよいのでしょうか。

村主：基本的には別の，独立した課程です。図書館情報学科をやっているうちに，別の構想がでてきた，というものです。結果として，心理学（山田先生）と社会心理学（宇野先生）はそちらに異動することになりましたが，当初はその部分もすべてまかなうという，学科としては少し無理な規模の構想でした。それでも終わらず，当初分子生物学の研究者に脳の話も含めて生体情報全般を教えてもらっていたのを，さらに神経と人工知能にまたがるハードな研究分野の脳の専門の研究者を呼ぼうとしました。その適任者を探していたところで津田先生は退職されることとなりました。

　この図（図8-1）では，学習と概念形成と個人間のコミュニケーションあたりを広い意味での心理学と対応させています。社会心理学には宇野先生が対応し，併せて図書館情報学と違う形での情報を教えてくれると期待されたようです。一方で，ジャーナリズムに関して，新聞記者を退職された方を呼んでいました。基本的に図書館系の勉強（司書資格の科目）も慶應義塾大学で学んでいたメンバーを当てるという考えだったようですが，純粋な図書館学を教える必要があるという意識から，名古屋市の図書館長を歴任された方を，図書館学の軸として据えた。イメージとしてはこのように人材を配置した。津田先生含め慶應義塾大学の大学院をでたメンバーは，主として図の斜め線のところを担当しました。

　最初は，こうしてスタートしました。その頃のメンバーはこの3月でゼロに

なります（2014年）。その間，心理学系の教員がいなくなりましたが，生体情報担当者は退職で交替しながら存続する一方，この斜め線のメンバーを少しずつ強化しながら進んだ感じです。

　津田先生は，この図（図8-1）をもとに，脳の研究者が欲しいというのと，情報システムの開発に携われるようなメンバーが欲しいと強調していました。斉藤孝先生とその後任の西荒井学先生が情報システムの枠だったのですが，もっと「ハードな」，ハードウェアを作るという訳ではなく，情報科学の世界に身を置いた人が欲しいとおっしゃるのです。アルゴリズム理論や回路設計を専門とするまでにはいかないとしても，その仲間をもっている人，そういうコミュニティにいる人が欲しかったようです。この図では，斜め線の縦軸よりのところですね。これができる人を入れることで，斜め線，図書館学から起き上がりかけて学術情報やデータベース・情報検索などで構成される図書館情報学をさらに起こそうとした。その，起き上がらせるためのバネが，コンピュータ科学，さらに人工知能や認知科学であった訳です。

　ここは議論の余地があって，コンピュータサイエンス，アメリカ流のコミュニケーション，認知科学も津田先生の考えておられた情報学には入っていない。これはマハルプの"The Study of Information"の定義とは違う。なかでも，コミュニケーション科学についてはイメージギャップがあって分からないままなんですが，少なくとも心理学を母体とした愛知淑徳大学のコミュニケーション学科でいうコミュニケーション論ではなくて，アメリカ，カナダ流のコミュニケーションサイエンス。純粋なジャーナリズムでもないので，新聞記者出身の先生でもまかなえない。それがこの図の縦軸の中には入っていない。これはむしろすでに確立したディシプリンだからかもしれません。それを含めた周辺分野の力を借りることによって斜め線を縦軸へと起こして，単一の学科で学際的な分野をやろうということになります。だとすると，めざす先はマハルプの"The Study of Information"の枠組みではなくベルキンの情報のスペクトルを総合的に扱う領域であって，マハルプの取り上げた諸領域はその過程を促進する媒介要因と位置づけられていたと見ることができると思います。

河村：津田先生のなかでは自分なりの新しい学問を作ろうとなされていたというイメージでよいのでしょうか。

村主：津田先生の用語で「知識の情報」，学術情報つまり科学的知識を中心とする蓄積主体の情報を扱うのが斜め線で，その「知識の情報」以外も含めた，

あらゆる情報を扱うのが縦軸。ある意味，認知科学も心を解き明かすために情報概念を用いるものであり，コミュニケーションサイエンスも人間やコミュニケーションプロセスの方に重心がある。コンピュータサイエンスも，情報処理という語に現れるように処理過程を中心としている。それに対して，情報を主たる研究対象として扱うのが縦軸と考えられるのかなと思います。

河村：処理という点でみると，コンピュータサイエンスとコミュニケーションがこの図（図8-1）で少しかぶっているのも分かりますね。

村主：はい。コンピュータサイエンスについては，慶應義塾大学の図書館・情報学科時代に，情報を同じキーワードとしながら，当時の工学部で，もっともっと元気に研究がなされていて，それと連携しなければならないと考えておられたことが下地だと思います。慶應義塾大学では，情報センターやメディアセンターという組織名のもとで，いわゆるコンピュータセンターと図書館を合体させようと2回ぐらい試みています。そのような試みとその結果も心の片隅にあったのでしょうね。つまり，連携はするけれども，統合はされない。マハルプも，そういう分野を並べてみせながら，統合の道筋までは示さず，多様性を指し示すだけで亡くなっちゃった。そういう状況では，これらの分野は情報学の一部ではなく，周辺の異分野として，この図（図8-1）で斜めになったところを縦軸に起き上がらせる力となってもらいたいと考えていたのかもしれません。ともかく，図書館情報学科はこのようにしてでき上がった。

河村：そうすると，伝統的横軸に関してはどのように考えておられたのでしょうか。必要ないと考えておられたのでしょうか。

村主：司書の資格を出す以上は，そこもおろそかにしてはいけない，ということで図書館系の教員も置くけれども，中心ではない。情報技術と同じで，図書館もあくまで応用という形で，基礎的な情報学をやった後で積み重ねればいいと考えられていました。

河村：図書館や情報技術は応用ということですが，心理学など他の学問の力を借りつつ，情報学をめざすということになると，いったい本当の基礎はどこにあるのでしょうか。

村主：この図（図8-1）は本来，カリキュラムの話ではなく，教員をリクルートする際の領域概念の話をしているものだと思います。基本的には「地政学」，バックグラウンドの違うものをうまく構造化して，この愛知淑徳大学の図書館情報学科でめざす学問をイメージするというものだと思います。たとえば，学

科内にコンピュータの人たちが入るかどうかという点では，最初はいらないということだったけど，学科を立ち上げてみるともっと「ハードな」コンピュータ屋さんをという話になって人探しを進めた。そんなふうに人をあちこちからリクルートしたり，大学院から送り込む際にこの図（図8-1）ができたという感じでしょうか。

　そうやっていろいろな分野の人間が混ざり合うことで，特に慶應義塾大学の図書館情報学の院で育った人間の目をもっと左縦軸側に起こし，それを通じて，幅広い情報学を扱っていく。そうやって創られた情報学が基礎となる，という企てだったと理解しています。

河村：ちょっと答えづらいことかもしれないのですが，津田先生も含めて慶應義塾大学出身の方を集められていたというのは身近だからということなのでしょうか。

村主：それがスムーズに意思を共有できるからだと思います。当時は長澤雅男先生の指導する東京大学と慶應義塾大学の大学院が図書館情報学の人材の供給源だったといえますが，司書課程より広い学問を志向するメンバーとしては，慶應義塾大学の院生がよかったということはあると思います。あとは，良い意味でのコネクションで呼んでくるというものだったと言えそうです。東京大学については，もっと違う考えでキャリア形成をなさっていると思うので，話しづらいというよりわからないというところですね。

（2）初期のカリキュラムの構成

村主：片や人間情報，片やホルモン，物質のレベルの情報概念，片や心理学で，心のなかの情報の生成過程を学ぶ。そこに組み込まれるものとして，学術情報，その生産と流通，蓄積・検索がある。そしてもっと飛んで噂や広告を含めた社会心理，コミュニケーションがある。一通り，2年生までにこれらを学ぶ。実際のカリキュラムの学年進行は少し異なりますが，だいたいそんな感じです。これを科学的な基礎として想定し，その基礎と純粋な応用をつなぐ間にもう一つ科目群があります。

　1年生の段階で，津田先生の『図書館・情報学概論』を教科書とする図書館情報学概論を学ぶ。それがすべての中心にある。そして，2年生で「概論」の上にある「概説」という科目を用意していて，そして，3年生と4年生で，種々の演習と各論が展開する。ちなみに，1年次にはコンピュータリテラシー

の授業が置かれましたが,これは,応用領域である情報技術の基礎と見るべきだと思います。

このうち,概説科目は「柱」と呼ばれ,それが当初しばらくの特徴だったと言えます。情報検索概説や情報システム概説といったものがありました。番頭さんにあたるような科目です。これができたのは,この図(図8-1)とはまったく別の事情です。

これは,1977年の大学基準協会による「図書館情報学教育基準」に基づいた部門構成でした。最初の大学院カリキュラムも,その枠にそった上で異分野を加えたという構成になっています。概説科目の範囲は,基本的には図(図8-1)の斜め線にあたります。

心理や生体情報(遺伝子など)の科目はこの「柱」に含まれません。しかしその担当者もゼミを担当しましたので,生体情報の担当教員のゼミ生は生物医学系のテーマを研究するのですが,実験ができないなどの苦労があったようです。卒論はアンケートなどの社会調査法をとるものが目立ちましたが,新聞や広告,たとえば折り込みチラシの調査や論述をジャーナリストの先生が指導なさったりしていました。

このように1年生で概論,2年生で概説,3年生でレファレンスなども含めた図書館学にとって重要なものも含めた各論,4年生でゼミやその他の専門科目という構成でした。その他,この体系に含まれないものの学芸員資格取得には必要な博物館関連科目などを順次とっていくという感じです。

河村:概説はどのようにイメージすればよいのでしょうか。

村主:情報の生産から流通・蓄積・検索・利用の過程を図書館情報学教育基準に基づいて再構成したとイメージしていただければよいと思います。概論と各論の中間レベルの科目ですから,各論は変わっても,ここまでは変えないという基本科目でした。

(3) 図書館情報学の強化

村主:この後,若干の軌道修正があって,図(図8-1)の斜め線の強化,すなわち図書館情報学に対する帰属・継承意識を高めるとともに,学術的な形式を大事にする教育を始めました。その主体は「調査研究法」という科目で,若手が担当しました。2014年度より人間情報学部で始まる基礎ゼミに近い役目もはたされていますが,あくまで卒論に直結するようなアカデミックマインドをつ

くるというイメージをもって展開していました。4人の若手教員が輪講で12回の授業を3コマずつ分担する。教員が3クラスをぐるぐるとわたり歩いて，各クラス同じ教員構成で同じ内容になるようにしていました。早い段階で図書館情報学の枠組みや最終的には卒論基準となるような意識を吹き込むことをめざし，その一環として，学際領域にいるという意識を重視しながらも，まずは狭義の情報学，ドキュメンテーション以来の伝統があって図書館とも仲のよい情報学という学問を学んでいるんだという，いわゆるパラダイムとか規範意識をもたせることに熱心に取り組みました。それにより，散漫な学際学科にならないように，真ん中をおさえる。むしろ真ん中をおさえたからこそ逆にさまざまな勉強が生きるから，分子生物学も博物館もやってくださいという感じになりました。「求心力」を保つことによって，「遠心力」も生かすというようなそんな構造に少し転換しました。これが中間段階です。それが90年代前半の動きで，学科としての一貫性を強化し，どのゼミにいても一定の水準の論文が書ける，図書館情報学について一通り分かっている，というところまで持ち込んだつもりです。

　心理学や新聞記者出身の教員が異動や退職でいなくなったこともあって，幅広さという点では弱体化しましたが，分子生物学を担当されたのが名古屋大学から移ってこられた，遺伝情報データベースに名前が残っているような遺伝学の領域ではたいへん著名な先生でした。その方の見識も含めて，図書館情報学にとらわれない情報学教育になんとかつなげるようにしていました。あと，学科内には入れられなかったんですが，アメリカのコミュニケーション学を学んでこられた方がずっと学内にいらっしゃって，コミュニケーション学科に移られた宇野先生とともに，遠心力の源となっていました。

（4）長澤先生の就任

村主：そうこうするうちに長澤先生がいらっしゃってそこでまた大きく転換します。初期段階では，司書課程としては，短大でも密度濃くやっているところには勝てないというところがあって，たとえば図書館の自由宣言一つとっても，ちゃんと丁寧に教えることがなく，関連資料を自分で読めばわかるでしょうという空気がありました。その結果，「愛知淑徳大学の学生が実習に来ても図書館のことなんにも知らない」などと陰口を叩かれるようなこともあった。大学では基礎を教える，応用は現場で覚えられればいい，という考えが強かったの

で，図書館の詳細な内容が授業のなかであまり扱われないというところがありました。すぐ近くに伝統ある椙山女学園大学の司書課程がありますし，他にもたくさんの司書課程をもっている大学があるなかで，図書館情報学の総合的な力はありつつも，図書館色が弱いという烙印が押されつつあったと思います。

　そのようなときに，長澤先生が来てくださることになり，レファレンスの関連科目をあらためて整備することになりました。当初，各論，具体的には図書館学特殊という科目群の一つとして設置しようとしたところ，特殊というのはまずいだろう，レファレンスは基礎ですよ，と指摘されました。その時はカリキュラムの柱構造をいじらず，柱や図書館学特殊に入らない独立科目という位置づけとなりましたが，長澤先生が教えてくだされば重みがあるので，実質的に基幹科目の一つとなりました。長澤先生の教えは非常に影響が強く，そこから図書館に関するてこ入れが果たされました。だいたい90年代半ばにそうなりました。

　その段階で，新聞記者の先生が退職されて，徐々に初期の学際的なムードというのはなくなってきました。宇野先生も含めた心理系の方はコミュニケーション学科ができると同時に異動され，唯一，分子生物学の先生だけが専任のメンバーとして残りました。ただ，その際，基幹科目ではなく，「情報学特殊」の枠で遺伝情報などを教えるという形だったので，カリキュラム上は各論に入る。津田先生の最初の構想では基幹科目だったのに，だんだんと内容が他の科目と離れて，人気はあるんだけど，なんで図書館情報学科で遺伝情報やるのって言われたりするようになってしまいましたね。

　ところで，先の図（図8-1）では下の方に書いてありますが，津田先生は図書館学が基礎にあるという考えでそうしたわけではないようです。長澤先生が来られて図書館に関する側面が強化されましたが，図書館学を基礎にそれを拡張して情報学に近づけるという発想はありませんでした。情報学自体については，ドキュメンテーションというクッションを間にはさんで，図書館学を源流とし，その発展過程と密接に関わると意識する一方，位置関係としては古くからある図書館学の方が新しくできた情報学の応用であると理解していました。たとえばベルキンやイングヴェルセンとかあのあたりの古い議論の中でも図書館学も情報学の応用であるというイメージがあり，これに沿ったものとなっています。時期的にはコンピュータサイエンスや日本でいう情報科学は一緒の頃に成立したものですけれど，それもあくまで応用領域と考えていました。これ

が図書館情報学科の基調の一つとなっていました。

　一方で，図書館に関する意識が薄すぎるという問題意識を全員が共有していました。そこで，長澤先生のレファレンスの科目が軸になれば，資料論であれ，サービス論であれ，すべてつながる。そこがつながることによって，図書館学の科目を強化できたということになったかと思います。一方，情報サービスに関する概説科目，これは途中から新設したもので，図書館サービス全般の実践から評価までという科目ですが，それがレファレンスと連結することにより，情報学を基礎と位置づける枠組みを変えることなく，図書館学をよい形で位置づけることができるようになったと思っています。

　最終段階のカリキュラムでは概説は「基礎」という科目名になりましたが，その科目が各論に当たる講義・演習や情報学特殊・図書館学特殊へと展開するという構造は変えませんでした。情報学特殊のなかには遺伝などの生体情報やアメリカ流のコミュニケーション等が入りました。図書館史も，情報史という名目で「情報学Ⅲ」「情報学特殊Ⅲ」といった名称で設置しました。レファレンスについては，重要な位置づけは変わりませんでしたが，最後には情報検索教育と連合するものになりました。レファレンスブックもデータベースもまたぐ形で，レファレンスの演習もその一環として展開しました。だから，レファレンスライブラリアンとなるための実践演習という面以外に，ある意味情報リテラシーの高度バージョンという性格をもつようになりました。そのまま，最後の10年は，カリキュラム構造を大きくいじらずにいきました。新任教員の専門を活かして医療情報や科学コミュニケーション関連の教育を特徴として押し出したくらいだったと思います。

　まとめると，90年代を通して，まず図（図8-1）の斜め線のてこ入れを進めました。サーチャー試験の対策を，科目外ですが，入れたりとかしていましたね。実は津田先生は辞める予定ではなかったタイミングで辞められ，それゆえに若干のちぐはぐもあったのですが，その頃に長澤先生，野添篤毅先生・山崎茂明先生がそれぞれ移ってこられて，重鎮の先生方がおさえつつ，カリキュラム構成をあまり変えずに内容の強化によって90年代終盤を過ごしたかっこうです。その途中，調査研究法は科目運営が次第に難しくなって，廃止しました。アカデミックなマインドをなかなかもってもらえないということが大きかったです。2000年代は，「概説」が「基礎」に，レファレンス演習が情報検索と連合したといった改定を行いましたが，この頃は若手ががっちりスクラム組んで

科目構成を考えながら運用にも奔走するというようなことはなくなっていました。若手の補充採用が長らく途絶え，かつての若手が年齢を重ねてしまい，学科全体としての動きは薄くなってしまいました。

　90年代では，学術情報は概説と調査研究法で達成していたので，一番注力したのは情報検索です。サーチャー試験の対策を大々的に行うようなことはなくなっていきましたが，情報検索演習とそれの場である情報検索室という演習室（今のコンピュータルームの一つを昔は学科専用の部屋として使っていました），そしてそれを管理する実習助手を揃えて，情報検索の教育を強化することで情報学全体をまとめあげるような形にしていました。もちろん情報検索の現場は図書館の資料検索に近いものですから，そこから二次資料などを学ぶ，そこで足りない所はゼミも含めた科目でカバーする。卒業論文はレファレンスの強力な実践演習の機会ですので。一方でコンピュータについては，当初のコンピュータ・リテラシー＋プログラミングという発想を換え，表計算やデータベース管理の科目を展開する一方で，情報システムの設計・開発を前面に出すようになりました。社会環境も変化して，コンピュータ教育の上位バージョン，つまり手習いではないものがやれる段階に来ましたから，アルゴリズムの設計からプログラミングまでといういわゆるシステム開発，つまり環境分析から要求仕様の決定までの流れを軸に，そこから各論としてコンピュータプログラムの科目が配置されるようにもなりました。

（5）人間情報学部への合流

河村：人間情報学部に入るという大きな転換が次にあったと思うのですが，そのあたりはいかがでしょうか。

村主：そこに関しては，学部構想に携わった西荒井学先生や伊藤真理先生しか答えられない部分があると思います。全くの私事ですが，ちょうど体調を壊しており，学部構想原案を図書館情報学科で議論する時でさえもあまりついていっていなかったという状況なのですが，わかる範囲で述べます。大まかな流れとしては，津田先生とともに図書館情報学科の創設に深く関わった先代の学長が，自分が肝いりで作ったような学科を少し再整理しようとなさったみたいです。ここまで話が出なかったなかでは，現代社会学部が，社会科学領域の教育のなかで情報を軸にするということを最初から謳っていました。ある意味情報教育を売りにするところがまた一つできた。意味合いが違うものですが，そ

れを言い出すとコミュニケーション学科も，名前だけでなくコンピュータを触らせる情報教育という点でも，うちよりしっかりやっているくらいでした。このように情報教育の分散が進むなかで，図書館情報学科のなかですべての情報教育をまかなおうという当初の意図がどんどん崩れていました。軋轢はないもののチグハグ感は否めなかったと思います。その整理が必要だということも少しあったかもしれません。実際，現代社会学部のなかで情報系に当たる先生方が人間情報学部に移ることになりました。それは図らずも，図書館情報学科が基盤強化を果たす流れのなかで学際性を失ったことへの揺り戻しとなったかと思います。

　津田先生はきわめて「ハードな」情報システムの教員を入れたがって果たせませんでした。その後，図書館情報学科では西荒井先生を中心に情報システム開発を一つの基軸に位置づけましたが，津田先生は，もっと完全に，つま先から頭まで情報工学，という人を入れたかったみたいですね。西荒井先生は遠心力方向に働くような方ではなく，むしろ融和型の方ですので，図書館情報学の中核にあわせてその中核から外れない形でコンピュータ教育を展開するようなイメージだったと個人的に思っています。一方で，図書館学教育を強化したので，当初の図書館情報学科のもっていた大幅な拡張志向から，図書館を軸にしたある程度のまとまりができ，さきの図でいえば横軸側に寝た形になったと言えそうです。それが我々図書館情報学科の教員としては進化だと思っていたのですけど，こじんまりとしたといえばこじんまりしていった。なおかつ，地味になっていったり，形骸化していったり，組織疲労がたまり，元気がなくなった様子も見られたと思うのです。

　そんな背景のもとで人間情報学部の構想が進みました。先ほど述べましたように，学部構想にタッチしていないため，人間工学・心理・図書館情報学の3本の矢という今の図式になった経緯について詳しく知りませんが，少なくとも結果としては，津田先生が考えておられたハードな情報工学が差し込まれた形になりました。ただ，ハードな情報工学を入れるとはいっても，文系であって理工系のものとは違い，人間を中心に考える，それゆえ人間工学という軸線が形成されたのかと推測しています。同時に，もう一つ重要なのは，心理学が加わったことです。最初に図書館情報学科がもっていた要素が再び加わった。心理学部がある大学でなぜ人間情報学部にも心理学の研究・教育を入れたかという点はわかりませんが，少なくとも，結果的にせよ，「人間と情報」というコ

ンセプトのもとで，心理が欠かせない要素と見なされたと言えると思います。そして，やはり結果的にせよ，図書館情報学科時代終盤の小さくまとまった状況から再び反転し，でも漠然と広がるわけではないような，ほどよいものとなったと思います。

（インタビュー：2014年3月19日（水）　愛知淑徳大学共同研究室にて）

注

(1) マハルプ（Fritz Machlup）：ジョンズ・ホプキンズ大学，ニューヨーク大学などの教授を歴任。専攻は経済学だが，幅広い関心を持ち，情報産業，情報についての研究も残している。邦訳に『知識産業』（高橋達男，木田宏訳，産業能率短期大学出版部，1969，477 p.）などがある。

(2) ベルキン（Nicholas J. Belkin）：ラトガース大学教授。情報行動を中心に研究を行い，情報探索が行われるのは，人が「変則的な知識状態（ASK）」を認識し，それを解消しようとするためであるという仮説を唱えた。

(3) イングヴェルセン（Peter Ingwersen）：コペンハーゲン大学教授。情報検索を中心に研究を行い，情報や情報システムに対して認知的なアプローチから検討を行っている。邦訳に『情報検索研究：認知的アプローチ』（細野公男，後藤智範，岸田和明訳，トッパン，1995，378p.），『情報検索の認知的転回―情報捜索と情報検索の統合』（Kalervo Järvelinとの共著，細野公男，緑川信之，岸田和明訳，丸善，2008，316p.）がある。

参考文献

竹村彰祐「図書館情報学科と私」『Journal of Library and Information Science』26, 2013, p. 1-8.

[インタビュー3] 駿河台大学における図書館情報学に関するコースの変遷

金　容媛
聞き手：宮原志津子

現在の所属と職名

メディア情報学部メディア情報学科，教授です。

着任時期

新しく文化情報学部が設立された1994年です。

コースの特徴

　図書館情報学に関するコースの名称は，学部設立当初は「知識コミュニケーションコース」，次に「図書館情報メディアコース」，2009年より「図書館・アーカイブズコース」です。

　文化情報学部設立時，2学科（文化情報学科，知識情報学科），各学科2コースの計4コースで始まりました。知識情報学科には，図書館情報学に関する「知識コミュニケーションコース」と記録管理およびアーカイヴズに関する「レコード・アーカイヴズコース」がありました。現在メディア情報学部ではこれらが統合され，「図書館・アーカイブズコース」になっています。

　2001年には各学科3コースの計6コースになり，知識情報学科は「知識コミュニケーションコース」，「アーカイブコース」，「情報デザインコース」となりました。従来のコースに加えて，情報系のコースである「情報デザインコース」が追加された背景には，情報デザインや情報管理システムが必要であるという認識や志願者を増やす目標がありました。

　文化情報学部の特徴の一つが，設立当初より観光情報コースがあることです。文字により情報として形成される知識情報か文字によらない情報である知覚情報か，オリジナルであるかコピーであるか，この4つの軸（図8-2参照）に分ける考え方がありました。こうした設立時の考え方は1990年代のもので，今ではそう区別もつかなくなり，少し違和感があるかもしれません。文字か非文字か，オリジナルかコピーかに分けると，図書館情報学は主に扱うのが文字情報で，コピーされて大量生産される情報を扱う部類に入ります。対して，景観や観光資源は非文字でオリジナルであり，文化遺産・文化資源として価値があるため，観光情報としたわけです。

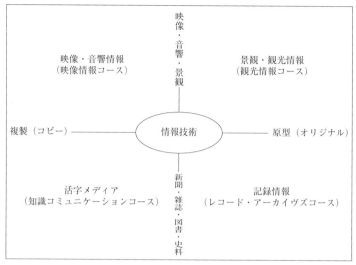

図8-2 情報資源と履修コース
出典：駿河台大学『Surugadai University 1999』p. 49 参照

　2009年にメディア情報学部を1学科に改編した際，観光情報の志願者確保のために，観光サービスコースとして現代文化学部に移しました。メディア情報学部は，(1)映像・音響デザインコース，(2)デジタルデザインコース，(3)図書館・アーカイヴズコース，の3コースとしました。
　2008年度が文化情報学部の最終年度でしたが，私は文化情報学部の最後の学部長であり，2009年度からは新しいメディア情報学部の学部長を3年間務め，計4年間，大変な時期に重責を担いました。

学科名称における「図書館」の使用について
　志願者に聞くと，「図書館」のことをやりたいという学生が多いのです。最初は「知識コミュニケーション」という専門用語を使いましたが，それだとやや難しいので，高校生，保護者，高校の先生にもわかりやすい「図書館」という名称を使うことにしました。

志願者数の変化
　名称変更による変化というより，大学全入時代に入ったため，大きな増加はありません。ただ名称がわかりやすくなったことで，志願者へのアピールはし

やすくなりました。「図書館・アーカイブズコース」には図書館，記録管理，アーカイブズ，博物館も含まれます。

学科名称の変化に伴う教育目標の変化について

　教育目標は基本的に変わりません。近年さまざまなメディアが変化しデジタル化が進んだなかで，文化情報では範囲が広すぎるため，メディアというものを強調してメディア情報学部としました。

　そこでも「図書館・アーカイブズコース」という名称からもわかるように，図書館情報学そのものは変わりません。ただささまざまな情報資源が生産され，流通，蓄積，利用されるまでのプロセスにおいて，メディアが大きく変わってきました。そのメディアに焦点を当てて，「映像・音響デザイン」「デジタルデザイン」「図書館・アーカイブズ」の各コースとすることで，非常にわかりやすくシンプルになったのです。

　文化情報学部のときには，演習や実習など自分で何かを作りたいという学生たちの強い要望に十分応えられませんでした。そこでメディア情報学部にするときに，デジタル工房やデザイン工房などを作って設備を大幅に充実させ，実習・演習科目を増やすカリキュラムへと変更しました。

　科目には理論と実習・演習科目があり，図書館情報学の場合は情報検索実習，情報サービス演習などの実習・演習を必ず履修するようになっています。メディアセンターにそうした設備を入れて，なるべく学生たちの要望に応えるようにしています。

学生の要望をすくいとるシステムについて

　志願者確保が厳しい状況のなかで，大学全体のグランドデザインや，評価・自己評価も含めて，1年生には授業評価以外にもアンケートをとり，さまざまな意見を聞くようにしています。学生の要望を反映させて，施設・設備を充実させるために相当の経費を使っています。

　設備のみならず教員の補充もしています。以前は理論を主に教える教員，博士課程を修了した教員がほとんどでしたが，メディア情報学部になるときに，テレビ局のディレクターやウェブデザインの専門家など実務系教員を4名補充しました。現在では理論と実務の双方の教員がいます。

専門学校へ行っていた層の取り込みも図っているのか

　専門学校の卒業生については編入生として受け入れています。専門学校では主に技術を中心とした教育ですが，大学4年間では理論と実務を教えます。技術は刻々と変化しますが，基礎理論は変わらないので，それをきちんと学ぶことで今後の技術の変化にも対応できるようにします。図書館情報学を学ぶ学生も，映像・音響デザインコースやデジタルデザインコースに設置された科目を履修できるようになっており，理論と実務を習得できます。

コースの選択時期について

　2年の春学期にコース選択を行います。1年次にはオリエンテーション・ゼミがあり，2年次にはプレゼミナールがあり，3・4年次には専門のゼミナールがあります。

　学生は志望するコースに必ず進むことができるため，年度によって各コースの人数が異なります。毎年平均して30～40名が「図書館・アーカイブズコース」を選択しています。図書館情報学自体が広くなってきていますので，「図書館・アーカイブズコース」についても MLA（博物館・美術館：Museum，図書館：Library，文書館：Archives の連携のこと）の実現というように広く考え，司書・学芸員の資格，記録管理はもちろんのこと，企業に就職した場合のホームページ作成，データベース検索，文書管理，と広く対応できるようにしています。

設立当初から司書でなく，情報専門職の育成をめざしていたのか

　そうです。コンピュータ技術を基本にして，その上に図書館情報学に関するさまざまな理論と技術，たとえば分類，目録，情報分析があり，さらにその上に，博物館，文書館や一般企業の情報資源管理があります。この考え方は現在も変わっていません。

　こうした文化情報学は日本では初めてで，アーカイブズで有名な安澤秀一先生（初代学部長），図書館情報学の高山正也先生（慶應義塾大学），情報系で情報処理の専門家である他大学の先生，この3人の先生が作ったものなのです。

文化情報学部の設立背景

　文化情報学という文化情報資源の管理に関わる学部として，先見の明をもっ

た3人の先生が新学部の構想をつくり，日本で初めて設立されました。その後いくつかの大学で文化情報学部ができました。

なぜ駿河台大学につくることになったのか

当時の理事長兼総長に文化情報資源管理に関する考えが明確にありました。文化情報学部という学部設立のみならず，メディアセンターの設備も充実させています。

創立者や理事会が3人に話をもって行ったのか

創立者からの呼びかけなのか，もしくは安澤先生が理事長に説明をしたのか，それはわかりません。新学部構想があったけれども，文部省（当時）などへの説明が大変で，2年を費やしたと聞いています。

教員の採用

1994年設立当時36名の教員が採用され，うち7名が図書館情報学関連の教員でした。その後教員数が減り，2011年から3年間は2名，2014年には3名になっています。

先駆的な取り組みの大学にもかかわらず，学生数が厳しくなった背景は？

19歳人口の激減が志願者数の減少に影響していると考えています。入試についてあらゆる努力を懸命にしています。

他学部との関係

資格課程を全学に公開しています。学部設立翌年の1995年に司書および学芸員，その後に司書教諭課程を設置しています。コースの科目と資格課程の科目はほぼ同じであるため，図書館コースの学生は司書資格が，レコード・アーカイブズコースの学生は学芸員資格がとりやすいシステムです。当初は文化情報学部の学生のみ履修可能としていましたが，2001年度に全学に開放されました。2004年度には司書教諭の課程が全学に開設され，2006年度からは高校の「情報」の教職課程が加わっています。司書資格課程登録者は，全学で1学年50名前後となっています。

全学のカリキュラムとして，全学横断的な副専攻制度が設けられています。

大学の方針で，自分の専門科目だけでなく，広く多様な科目を学ぶことが目的です。クラスタとテーマが設定されており，たとえば図書館情報学では「ライブラリーの科学」のテーマがあります。このテーマに沿った図書館情報学の科目（2009年以降では，図書館情報学，情報資料論，記録情報概論など），さらに生涯学習の基本となる科目を広く他の4学部の学生に提供しています。この副専攻の他に資格科目も他学部に公開しており，少ない教員数でこれを行っています。

学生数の推移

初年度（1994年）は定員180名に対して812名が志願し，入学者280名と好調でした。現在は160名定員です。図書館コースは平均して20～40名で推移しています。

卒業生の進路状況

地方公務員は少なく，図書館への就職はそれほど多くありません。近年ではTRC（図書館流通センター）が少し増えてきています。一般企業への就職が圧倒的に多く，IT系のデータベース作成会社，情報提供などの会社が多いです。データベース作成や情報検索といった，大学での学びを生かすことのできる仕事に就く学生が比較的多いとみられます。

就職に関する指導

就職指導は積極的に行っています。2年次の秋学期に必修科目「メディア情報とキャリア」を設け，メディア情報学部の学生に必要なキャリアとは何か，どうすればよいのかを指導しています。3年次の春学期には必修科目「キャリアディベロップメント」を設け，3つの分野の教員が担当して，図書館，アーカイブズ，IT，雑誌編集，企業など，各専門家の特別講義も交えて，メディア情報学部で学んだ後に就職をどうするかを指導しています。また，本学の司書資格は30単位ですが，それのみでは就職がなかなか厳しいため，学生たちにはなるべく多くの資格を，たとえば情報検索，記録管理，ITパスポートなどを積極的に取るように勧めています。

学生の男女比

メディア情報学部では男子が多く，図書館・アーカイブズコースでも男子が

多いです。私のゼミの場合，12名のうち男子8名，女子4名です。

他大学との関係
　特にありません。

文化情報学部の廃止について
　廃止の決定は，大学上層部によるものです。メディア情報学部に改編することで，学部の目標がより明確になり，現在は強固な基盤ができたと思っています。

日本での文化情報学の定着について
　たとえばこれが東京大学や筑波大学など影響力の強い大学で行われていたら，一層効果があったかもしれません。大学の知名度，立地，その他さまざまな要因があることは否めません。
　本学部では，図書館情報学教育は司書資格に限らず，専門教育をきちんと行うことが必要であると考え，図書館学よりは図書館情報学に焦点をおいて，理論と実務の専門教育に尽力してきました。こうしたメッセージは確実に伝わっており，実際に「図書館・アーカイブズコース」には優秀な学生が多く集まっています。このために地方から進学してくる学生も多いのです。先駆的な学部の目標は生き続け，これに連なる学生たちが今後の希望につながっています。
　　　　　　（インタビュー：2014年5月19日（月）　駿河台大学　金研究室にて）

> インタビュー4　鶴見大学におけるドキュメンテーション学科の設立

長塚　隆
聞き手：宮原志津子

現在の所属と職名
文学部教授の長塚隆です。

着任時期
今年で11年目になります。ドキュメンテーション学科の設立時に赴任しました。

ドキュメンテーション学科とコースの特徴
ドキュメンテーション学科は10年前の2004年4月に鶴見大学文学部に新学科として開設されました。

最初のころは，ドキュメンタリーと間違われることもありました。新学科の名称を説明するのに苦労しました。新学科の名称として，ドキュメンテーション学科を選択したのは，鶴見大学の「大学案内」にも紹介されていますが，新学科は従来の図書館情報学の枠を超えて，コンピュータの知識や利用技術を習得した学生を養成し，企業で幅広く活躍できることをめざして，ドキュメンテーション（文書処理）という，情報管理の分野では古くから使用されている言葉を学科名として選択しました。

ですから，学科全体としては，図書館情報学や図書館にだけターゲットを当てているというわけでは必ずしもありません。学科は，図書館学，書誌学，情報学の3つのコースに分かれており，この3つのコースに配置された教科を総合的に学べるようにすることに力を入れています。

新学科の設立時に，さまざまな検討のなかで，これから特に情報管理などの分野で，企業で必要とされる人材の育成を視野に入れて，学科を構成してゆくことが社会のニーズにマッチしているのではないかということになりました。一般の企業での情報管理への需要は，今後もおおきくなってくるでしょうし，そういう人材を養成していくことを，全体的な学科の大きな中心として設立されました。企業での経験を有する教員を新たに採用しました。特に情報学の教員は全員企業で情報関係の業務経験のある人でした。図書館学の担任教員は，司書課程担任の経験のある方たちでした。

教員の構成は，図書館学 2 名，情報学 3 名，書誌学 2 名の 7 名でスタートしました。本学での書誌学は，日本の古典文学を対象とする書誌学です。

　この新学科の構成は，米国でもその時代，Library School という名称から Information Management（情報管理）などに変わっている状況を反映していたといえます。アジアでも，中国の大学では情報管理学科などに名称が変更され，学科の名称から Library が消えていった時代でした。新学科の名称は，さまざまな議論があったようですが，結果的には，「情報」という言葉も多くのところで，さまざまに使用されていましたので，学科の名称に「図書館」や「情報」を入れないでということになったようです。文学部の中で情報に関係する学科を設立するわけですので，コンテンツを理解して情報処理ができる人材を育てることを目標にしました。図書館への就職があまり期待できない状況でしたので，新しい学科を作るときには，社会の要請に合う学科ということが大きく意識されていました。

ドキュメンテーション学科の設立前
　文学部と短大両方に司書課程があって，司書課程の専任の先生が，文学部が 2 名，短大が 1 名ということで，3 名の専任教員の先生がおられました。司書課程は短期大学部国文科の設立時からありました。また，鶴見大学では学科とは別に，司書・司書補講習を毎年実施しており，今年でちょうど60年になります。

司書課程の教員がドキュメンテーション学科に移ったのか
　そうですね。司書課程を担当されていた教員が新学科の設立準備の中心になりました。新学科の設立後は，新学科の中で図書館学を担当されました。

ドキュメンテーション学科の設立は，図書館学の先生からの要望か，あるいは大学上層部からの意向か
　私が聞いているところでは，物事みんなそうですが，両面があると思います。その当時の状況のもとで，文学部での議論の中で，新しい学科を設立しようということがスタートであったようです。司書課程の先生だけでなく文学部としてどうしていくかということでの検討のなかで生まれてきたということだと思います。

983

新学科を作るときのコンセプトは，図書館学だけではない新しい領域の学科を作ろうということで，情報学・図書館学・書誌学が融合した新しい学科ということで，「ドキュメンテーション」という新学科名が採用されたのだと思います。

　新学科では，全員にノートパソコンを貸与して，初年次から学科の全学生にコンピュータ利用の基礎的な教育を実施しています。2年次の前期で，全学生に，情報基礎演習科目として，プログラミング，ネットワーク，データベースなどの授業を実施しています。2年次の後期からは，情報学・図書館学・書誌学の3コースの専門の講義や演習が増えて，学生の関心や興味によって，選択する科目が分かれてゆきます。3年次から3コースに分かれます。
　学科の卒業生は，2013年度ですと，企業に就職した学生が90％以上になっています。そのなかで，情報サービス関係に就職した学生は20％と，文学部の他の学科より多くなっています。図書館の司書として就職した学生は，全体の7％でした。

カリキュラムの改編について
　2004年の創設から4年経ったところで，2008年に一度行っています。基本的な考え方は変わっていませんが，情報学関係の科目などを，時代の進展に合わせて，再編成したりしています。

教育目標は情報専門家の育成か
　広い意味では，図書館に限らず広く情報の専門家を育てるということです。学部ですから専門家というところまで行きませんが。情報に関してのスキルをもった人を育てるということです。

職業としてはシステムエンジニア（SE）が多いのか
　すでに説明しましたが，学生の就職先は幅広い職種にわたっています。2013年度ですと，情報サービス関係に就職した学生は20％でした。

大学で勉強したことが職業に活かせているのか
　就職した学生から，大学でコンピュータ利用技術を学んだことが，役だって

第8章　図書館情報学専門課程4校の変遷と現在

いますと言われることも多く，そのような点では，新学科としての目標の一部は達成できているのではと考えています。

海外の大学での研修の実施

学科として，海外の研究者との研究交流や教育交流は，学科の設立時からかなり意識してやってきました。最初の頃は毎年1人，海外から講師を呼んで英語で学生に授業をやってもらったり，司書・司書補講習と共催で「デジタルライブラリー国際セミナー」の名称で公開セミナーを実施してきました。学科としては，2011年に，台湾の世新大学と最初に大学間の姉妹校協定を締結しました。その後，世新大学情報コミュニケーション学科とドキュメンテーション学科の学科間での学術交流協定も締結しました。その後，2012年度に学科の専門科目の集中授業として，「特別実習Ⅱ」を新設しました。この授業は，学生が海外でのインターンシップを体験できるものです。先方の大学で一緒に授業を受け，図書館や施設の見学をします。また，一昨年から，毎年海外の学部生・大学院生を受け入れています。本年（2014年）も7月1日から15日まで，世新大学の学部生・大学院生と，中山大学の教員・学部生，合わせて25人を受け入れる予定です。一緒に授業を受け，国会図書館や公共図書館などの見学を行います。去年（2013年）の12月には姉妹校を中心とする情報や図書館に関する国際会議を鶴見大学で開催しました。全体で200名近くの参加者があり，海外の大学から教員・大学院生・学部生が約50名参加しました。

開設から現在までの教員数の推移

教育スタッフとしては専任教員が7名と実習技術員が2名です。専任教員の内訳は，図書館コースが2名，書誌学コースが2名，情報学コースが3名です。

学生数の推移

「大学案内」に公表しています。学科の募集人員は60名です。3年生になるときにコース選択をします。ただし，卒業論文ゼミは必ずしも図書館学コースに進んだからといって，図書館学の先生に限定されるわけではありません。

図書館情報学の専門課程はどのコースになるのか

図書館学のコースという認識です。情報学のコースでは，学ぶ内容は図書館

に限定されません。専門に特化しないで，多様な知識や技術を身に付けてもらうため，あまり狭くならないようにしています。それで，図書館学コースの人も情報学関係の授業をとれるようにしています。

司書課程について

　司書課程は文学部全体で取得できるようになっています。ドキュメンテーション学科では，専門課程の科目で，司書課程の科目との読み替えになっているものもあり，司書資格が取りやすくなっていますので，司書の資格を取る人は多いです。

学内の他学部・他学科との関係

　学科とは別に，資格課程として，教職，学芸員と司書があります。図書館学の専任教員が司書課程教員を兼務しています。

国内の他の大学との交流

　大学全体では神奈川県内の大学が加盟している単位互換制度があり，学生が利用できるようになっていますが，関連領域の学科間での交流協定は締結していません。

（インタビュー：2014年5月26日（月）　鶴見大学 長塚研究室にて）

図書館情報専門職教育戦後史年表

凡　例

1．収録範囲・対象

　本年表には1949年から2013年までの，日本の図書館情報専門職に関係する項目を収録した。

2．構成・内容

　本年表は，専門課程，司書養成，司書教諭養成，図書館界および社会の主要な出来事の4つの欄から構成されている。

　各欄に収録した事項は，本文と対応している。すなわち「専門課程」欄には専門課程の変遷に関わる主要事項が，「司書養成」欄には，日本図書館協会（JLA），文部省・文部科学省などの提案や答申，法令などを中心とした司書養成に関する主要事項が，「司書教諭養成」欄には学校図書館法改正関連資料を中心とした司書教諭養成に関する主要事項が収録されている。「図書館界および社会の主要な出来事」欄には，図書館界で起こった主な出来事や司書養成，司書教諭養成，専門課程に影響を与えた出来事に加えて社会的，文化的，政治的な主要事項を収録した。また，専門課程，司書養成，司書教諭養成の複数の領域にまたがる事項も第4欄に入れた。

3．年号について

　年月日は判明する範囲で記した。月，日が特定できない場合は，特定できた範囲にとどめた。

4．資料番号について

　本文に掲載した資料については，事項の記述の末尾の【　】内に，専門課程，司書養成，司書教諭養成，共通資料のいずれかの種別（それぞれ専門，司書，司教，共通と略記）と資料番号を付与した。

　例：全国SLA，「司書教諭および学校司書の資格基準（第1次案）」を発表【司教29】

5．典拠

　各事項は原典がある場合は原典の記述に従い，それ以外の事項については複数の信頼度の高い情報源で確認して年月日を同定した。

6．記述について

- 書名は『　』，洋書名はイタリック体で記した。
- 法令・省令，答申，報告などは，原典の記載に基づき「　」に記した。
- 法令は公布日を記し施行日を（　）で補記した。
- 組織名は以下の略表記を使った。
  学図研＝学校図書館問題研究会
  JLA＝日本図書館協会
  全国SLA＝全国学校図書館協議会
  日教組＝日本教職員組合
  日高教＝日本高等学校教職員組合
  LIPER＝Library and Information Professions and Education Renewal＝情報専門職の養成に向けた図書館情報学教育体制の再構築に関する総合的研究

	専門課程		司書養成
1949.2.28	大学基準協会,「圖書館員養成課程基準」決定【専門1】		
		1950.3.10	第七回国会衆議院文部委員会,「図書館法」について審議【司書1】
		1950.4.30	「図書館法」公布（1950.7.30施行）【司書2】
		1950.9	文部省,「司書および司書補の職務内容」について事務次官通牒【司書3】
		1950.9.6	文部省,「図書館法施行規則」公布,施行【司書4】
		1951.1.11	文部省,「司書講習の相当科目の単位認定について」文部次官通達【司書5】
1951.4.1	慶應義塾大学 Japan Library School 設置【専門2】		
1951.6.7	東京大学教育学部教授会で図書館学講座を文学部から教育学部への移管を決定	1951.6.6	文部省,「昭和二十六年度図書館専門的職員養成講習実施要綱」を告示【司書6】
		1951.6.11-7.31	文部省,図書館専門職員養成講習第1回指導者講習会実施
		1951.8	昭和26年度図書館専門職員養成講習第1回指導者講習会,『図書館学講義要綱』出版【司書7】
		1952.3.19	第十三回国会衆議院文部委員会,「図書館法」改正について審議【司書8】
1952.4.28	日本図書館学会設立の趣旨【専門3】		
		1952.6.12	「図書館法の一部を改正する法律」公布,施行【司書9】
1954.4.27	大学基準協会,「図書館学教育基準」決定【専門4】		

司書教諭養成		図書館界および社会の主要な出来事	
		1950.9.25	国際十進分類法協会設立
		1951.3.20	学習指導要領改訂される
		1951.9	サンフランシスコ平和条約・日米安全保障条約の調印
		1952.3.28	専門図書館協議会設立
		1952.4	サンフランシスコ平和条約発効
1952.6.16	文部省,「図書館法の改正に基く小・中・高等学校等の司書および司書補の職員調査について」通達,調査を実施。このなかで,学校図書館の司書の職務内容を列挙		
		1953.1	文部省,「国立大学図書館改善要項」発表
1953.8.8	学校図書館法の成立(1954.4.1施行)【司教1】【司教2】【司教3】【司教4】【司教5】		
		1954.5.26	JLA,「図書館の自由に関する宣言」(主文のみ)を採択

989

	専門課程		司書養成
		1954.6.1	文部省,「図書館法施行規則の一部を改正する省令」公布,施行
		1956.3.28	社会教育審議会,「社会教育施設振興の方策はいかにすべきか」を答申【司書10】
		1956.3.31	文部省,社会教育施設課を廃止。図書館に関する業務を社会教育課に移管
1956.6.30	慶應義塾大学図書館学科におけるロックフェラー財団の財政援助終了		

図書館情報専門職教育戦後史年表

	司書教諭養成		図書館界および社会の主要な出来事
1954.7.17	文部省,「昭和二九年度司書教諭養成講習会開催について」を発表【司教6】		
1954.8.6	「学校図書館司書教諭講習規程」公布,施行 【司教7】		
1954.8.15-31	東京学芸大学,大阪学芸大学で,第1回司書教諭講習会が開催され,受講生より司書教諭養成方法その他について要望書が提出される【司教8】		
1954.9	学校図書館審議会設置		
1954.9.13	文部省,「二十九年度司書教諭講習の申込について」通達		
1954.10.1	学校図書館審議会答申(第1回答申)が文部大臣に提出される		
		1954.10.11	第1次全国国立大学図書館長会議開催
1954.11	全国SLA, 東京と京都の二会場で件名目録作成の講習会を開催		
1955.2.6-11	文部省, 東京学芸大学, 日本教育大学協会の共催による司書教諭養成研究集会が開催される		
1955.2.23-27	全国SLA主催, 文部省後援「件名目録作成指導者講習会」開催		
1955.7	日本教育大学協会,『学校図書館司書教諭講習講義要綱 改訂試案』を出版		
1955.9.3	学校図書館審議会答申(第2回答申)が文部大臣に提出される		
1956.2.6-11	文部省主催, 司書教諭養成指導者研究集会が開催される		
		1956.4	高等学校の学習指導要領改訂される
		1956.5.19	科学技術庁設置
1956.6	日本教育大学協会,『学校図書館司書教諭講習講義要綱 改訂試案』(第二版)を出版		
1956.7.17	学校図書館審議会答申(第三回答申)「学校図書館振興の総合的方策について」が文部大臣に提出される【司教9】		
		1956.10.22	大学設置基準の制定

専門課程		司書養成	
		1957.2.21	文部省,「試練に立つ公共図書館」（官報資料）を発表【司書11】
		1957.11.10	JLA, 図書館法改正委員会開催,「図書館法改正草案」を決定【司書12】
1959.4.1	東洋大学社会学部応用社会学科図書館学専攻コース設置【専門5】	1959.5.28－29	JLAに教育部会が発足【司書13】【司書14】
		1960.3.22	JLA,「大学における図書館学科目の設置を拡大増強するの件」を文部省社会教育課長に手交【司書15】
1962.5.24	JLA, 全国図書館大会全体会議で文部省図書館職員養成所の大学昇格の推進を決議		

司書教諭養成		図書館界および社会の主要な出来事	
1957.5.2	文部省,「学校図書館司書教諭講習修了証書交付者数および司書教諭の発令について」通達【司教10】		
1957.8	第8回全国学校図書館研究大会(札幌)にて,はじめて学校図書館事務職員の分科会が設置される	1957.8.16	日本科学技術情報センター(JICST)設立
1957.9.1	愛知県で県立高校への専任司書教諭配置がはじまる		
1958	栃木県で学校図書館の事務職員の公費支弁開始		
		1958.5.10	国際十進分類法協会が日本ドクメンテーション協会に改称
1959.4	高知県で専任司書教諭配置(小学校3校,中学校4校,高校2校) 静岡県で学校司書公費配置(県立高校64校)		
1959.10	全国SLA,図書館職員委員会を設置		
1960.2	東京都立高校に専任司書教諭配置を決定(定員増33名),採用試験の開始 神奈川県で学校司書公費配置(県立高校14名)		
1960.5.27	全国SLA,「学校図書館職員の配置方針」第1次案(素案)発表		
1960.12	全国SLA,「学校図書館職員の配置方針」第2次案発表 文部省,「教育費に対する住民の税外負担の解消について」通達	1960.12.27 1961.4.1	所得倍増計画閣議決定 小学校の学習指導要領改訂(1958年告示,1961年度から実施)
1961.5	全国SLA,「学校図書館職員の配置方針」第3次案発表		
1961.6	「学校図書館法の一部を改正する法律案」(日本社会党案),審議未了で廃案【司教11】		
		1962.4.1	中学校の学習指導要領改訂(1958年告示,中学校は1962年度から実施)

	専門課程		司書養成
		1962.6.19	JLA,全国図書館大会決議に基づき「図書館学教育の改善刷新に関する陳情」を文部大臣に提出【司書16】
1962.11.26	文部省図書館職員養成所同窓会,「文部省図書館職員養成所の大学昇格に関する陳情書」を文部大臣に提出		
1962.12.6	JLA,「図書館学教育の改善刷新に関する陳情」の別紙を添えて再度文部省へ陳情,国会への陳情		
1963.5.30	JLA総会,「図書館職員養成所の大学昇格を促進するための委員会(図書館学教育改善委員会)」の設置議決。以後総会6回,小委員会19回		
1964.4.1	図書館短期大学設立【専門6】		
1965.4.1	文部省大学学術局情報図書館課,設置		

司書教諭養成		図書館界および社会の主要な出来事	
1962.8	全国SLA，学校図書館法改正を求める請願書（130万人の署名）の国会提出を完了		
1962.12	全国238団体からの学校図書館法改正請願書が国会に提出される		
1963	文部省，「司書教諭，学校図書館事務職員の職務」収載の『学校図書館の管理と運用』（東洋館出版社）を出版		
1963.3.27	「学校図書館法の一部を改正する法律案」（日本社会党案）審議未了で廃案【司教12】【司教13】		
		1963.3.31	JLA，中小公共図書館運営基準委員会報告書『中小都市における公共図書館の運営』発行
		1963.4.1	高等学校の学習指導要領改訂（1960年告示，1963年度から学年進行で実施）
		1963.12.16	JLA，図書館学教育改善委員会を設置（委員長：深川恒喜）
		1964.6	JLA図書館学教育改善委員会，「図書館学教育改善委員会（小委員会）中間報告」【共通1】
		1964.10.10	東京オリンピック開催
1965.4	東京都公立中学校60校に専任司書教諭配置		
		1965.5.10	JLA図書館学教育改善委員会，「図書館学教育改善試案」を発表【共通2】
		1965.6	JLA図書館学教育改善委員会，『図書館学教育改善委員会報告』刊行
1966	沖縄県小学校，中学校に学校司書25名配置		
1966.6.30	審議会等の整理に関する法律が成立し，学校図書館法が一部改正される。学校図書館審議会関係全文削除		

	専門課程		司書養成
		1967.1.24	文部省,「司書資格証明書交付のとり止めについて」を通知【司書17】
1967.4.1	慶応義塾大学大学院文学研究科図書館・情報学専攻修士課程設置【専門7】		
		1967.6.20	文部省,司書講習等の改善に関する会議の委員を委嘱
1967.10.5-7	JLA図書館学教育研究集会で「図書館学教育改善試案」についての研究集会		
		1967.12.20	司書講習等の改善に関する会議,「司書講習等の改善に関することについて（報告）」をまとめる【司書18】
		1968.3.29	「図書館法施行規則の一部を改正する省令」を公布,施行は1968.4.1【司書19】
1968.4.1	慶應義塾大学文学部図書館学科を図書館・情報学科に改称		
		1968.4.20	文部省社会教育局長,「図書館法施行規則の一部改正について」を通知【司書20】
		1969.3	JLA,『図書館員指導資料・司書講習講義要綱案』を刊行【司書21】
		1970.1.28	JLA,図書館員の問題調査研究委員会が発足
1970.7.20	国立大学協会図書館特別委員会,「図書館学の振興について」発表		
		1970.9.22	社会教育審議会,「急激な社会構造の変化に対処する社会教育のあり方について」の中間報告を発表
		1970.11	図書館員の問題調査研究委員会,「図書館員の専門性とは何か」を『図書館雑誌』に発表
1971.4.1	図書館短期大学文献情報学科を設置【専門8】		

	司書教諭養成		図書館界および社会の主要な出来事
		1968.6.7	国立大学図書館協議会設立総会
1969	沖縄県，専任司書教諭配置を開始		
1969.7	「学校教育法及び学校図書館法の一部を改正する法律案」（日本社会党案）廃案　【司教14】【司教15】 自由民主党の「学校図書館法の一部を改正する法律案」が検討される【司教16】		
		1970.3.15－9.13	日本万国博覧会開催（大阪府吹田市）
		1970.3.31	よど号ハイジャック事件
		1970.5.30	JLA, 『市民の図書館』発行
1970.8	JLA 学校図書館部会再発足		
		1971.4.1	小学校学習指導要領改訂（1968年告示，1971年度から実施）

997

専門課程		司書養成	
		1971.4.30	社会教育審議会,「急激な社会構造の変化に対処する社会教育のあり方について」を答申【司書22】
		1971.6	JLA教育部会,図書館学教育基準委員会を設置
		1971.8	JLA図書館専門職員の資格認定の調査を行う専門職委員会発足
		1971.11	JLA図書館員の問題調査研究委員会,「図書館員の専門性とは何か その現実と課題—社会教育法改正に関連して—」(続・委員会の中間報告)を『図書館雑誌』に発表
		1972.9.13	図書館学教育改善試案検討のための東地区公聴会を開催
		1972.11	JLA図書館員の問題調査研究委員会,「図書館員の専門性とは何か 委員会の中間報告・Ⅲ」を『図書館雑誌』に発表
		1972.12.16	日本図書館研究会,図書館教育研究グループ結成
		1973.3.11	図書館学教育改善試案検討のための西地区公聴会を開催
1973.7.31	国立大学図書館協議会,文部大臣への要望書で「図書館情報学総合研究機関の設置」を求める		
1973.8.23	文部省学術審議会特別委員会,「学術情報の流通体制の改善について」のなかで「学術情報流通体制における情報処理専門家」について言及		
1973.8.25	国立大学協会長林健太郎,「大学図書館の振興についての昭和49年度予算に関する要望書」のなかで「図書館情報学の教育・研究体制の拡充強化および司書職制度の確立」を要望		

図書館情報専門職教育戦後史年表

	司書教諭養成	図書館界および社会の主要な出来事	
		1971.7.10	化学情報協会設立（第1回理事会開催）
		1972.4.1	中学校学習指導要領改訂（1969年告示，1972年度から実施）
		1972.5.8	JLA図書館学教育部会図書館学教育基準委員会，「図書館学教育改善試案」を発表【共通3】
		1972.5.15	沖縄返還
1972.11	「学校図書館法の一部を改正する法律案」（自由民主党案）廃案 【司教17】【司教18】【司教19】【司教20】		
		1973.4.1	高等学校の学習指導要領改訂（1970年告示，1973年度から学年進行で実施）
1973.11	「学校教育法及び学校図書館法の一部を改正する法律案」（日本社会党案）廃案 【司教21】【司教22】【司教23】		

999

	専門課程		司書養成
		1974.3	JLA 図書館員の問題調査研究委員会,「図書館員の専門性とは何か（最終報告）」を『図書館雑誌』に発表
1974.7.16	大学基準協会・図書館学教育研究委員会第1回委員会（1977年1月6日まで計20回開催）		
1975.4.1	慶應義塾大学大学院文学研究科図書館・情報学専攻博士課程設置【専門9】	1975.3.26	「図書館法の一部を改正する法律案」（公明党案）を発議【司書23】
		1976.5.1	JLA 図書館学教育部会,『図書館学教授要目』を刊行【司書24】
1976.8	IFLA "Standards for Library Schools" 発表		
1977.2.15	大学基準協会「図書館・情報学教育基準」決定【専門10】 大学基準協会「図書館・情報学教育の実施方法について（案）」決定【専門11】		
1977.9.16	国立大学協会「大学図書館の昭和53年度予算に関する要望書について」のなかで「図書館情報学の教育研究体制拡充・強化の措置」を要望		
		1978.6.30	全国公共図書館協議会定期総会,「図書館のナショナルプラン（全国計画）について」を決定

司書教諭養成		図書館界および社会の主要な出来事	
		1974.5.30	JLA 教育部会，JLA 図書館学教育部会に改称（規定改正）
1975.5.12	文部省，「昭和五十年度学校図書館司書教諭講習の実施及び司書教諭の発令について」通知【司教24】		
1975.6	全国 SLA，日教組，日高教（一ツ橋派，麹町派）との間で「学図法改正運動についての覚え書」を交換【司教25】		
		1976.4	日本科学技術情報センター，情報検索サービス JOIS を開始
1977.10.15	全国 SLA，日教組，日高教（一ツ橋派，麹町派）の四者合意による「学校図書館法改正法律案要綱」提出される【司教26】		
1978.2	衆議院法制局，「学校教育法及び学校図書館法の一部を改正する法律案」を提示【司教27】		
1978.3.30	全国 SLA，日教組，日高教（一ツ橋派，麹町派），「学校図書館法改正運動の中間総括」を発表【司教28】		
		1978.5.12	衆参両院議員による図書議員連盟発足

	専門課程		司書養成
1978.7.31	図書館大学（仮称）創設準備委員会，『図書館大学（仮称）の構想について』を発表【専門12】	1978.8.21	JLA図書館学教育部会，図書館学教育全国計画委員会を設置
1978.9.19	図書館情報大学創設準備委員会，「図書館情報大学の創設準備について―まとめ」		
1979.10.1.	図書館情報大学設立【専門13】		
1980.1.29	学術審議会，「今後における学術情報システムの在り方について」を答申		
		1980.5	JLA図書館学教育全国計画委員会，『図書館職員の需要に関する調査研究―図書館学教育全国計画委員会中間報告』を刊行

司書教諭養成		図書館界および社会の主要な出来事	
1978.8.22-24	全国SLA，はじめての図書館学担当大学教員全国研究集会を開催		
1978.9	全国SLA，「司書教諭および学校司書の資格基準（第1次案）」を発表【司教29】		
1979.3.1	日教組，職場討議資料「学校図書館法の改正運動について」を配布【司教30】		
		1979.5.30	「図書館の自由に関する宣言」改訂
1979.8	全国SLA主催，第1回学校司書全国研究集会開催		
1979.8.6	全国SLA，日教組，日高教（一ツ橋派，麹町派）が，衆議院法制局に，「学校教育法及び学校図書館法の一部を改正する法律案」に対する要請を行う【司教31】		
1980.1.14	全国SLA，日教組，日高教（一ツ橋派，麹町派）の四者，衆議院法制局へ第2次「学校教育法及び学校図書館法の一部を改正する法律案要綱」を提出【司教32】		
		1980.4.1	小学校学習指導要領改訂（1977年告示，1980年から実施）
		1980.6.4	JLA総会で「図書館員の倫理綱領」承認
1980.7	全国SLA，学校図書館法改正研究討議資料「学図法改正を成功させよう」を作成し，各都道府県SLAに配布		
1980.8.15	全国SLA学校図書館職員養成計画委員会，「司書教諭および学校司書の資格基準（第2次案）」の発表【司教33】		
1981.3	全国SLA，日教組，日高教（一ツ橋派，麹町派）の四者の会合で，日教組から「司書教諭配置運動の凍結」が提案される	1981.3.6	全国的図書館関係団体10団体代表者，図書館事業振興法（仮称）の立法化について図書館議員連盟事務局と懇談会
		1981.4.1	中学校学習指導要領改訂（1977年告示，1981年度から実施）

	専門課程		司書養成
		1981.7.7	JLA 図書館学教育部会,部会内に「専門職制度検討委員会」を設置
		1982.5	JLA 図書館学教育部会,『図書館職員の採用制度に関する調査―九州地区,関東地区』を刊行
1982.6.15	大学基準協会,「図書館・情報学教育に関する基準およびその実施方法」制定【専門14】		
1983.4	東京大学文献情報センター設置		
		1984.3	JLA 図書館学教育部会,『図書館職員の採用制度に関する調査―東海・北陸地区』を刊行
1984.12	東京大学文献情報センター,目録所在情報サービス(NACSIS-CAT)開始		
1985.4.1	愛知淑徳大学文学部図書館情報学科設置【専門15】		
1986.4	文部省,学術情報センター設置		
		1986.12.20	近畿地区図書館学科協議会,JLA に「司書養成科目(省令)改定につき文部省への働きかけについて(要請)」を提出【司書25】
		1987.2.7	日本図書館研究会・図書館学教育研究グループ,図書館法施行規則の省令科目の改定に向けて検討に着手
1987.4	学術情報センター,情報検索サービス(NACSIS-IR)開始		

	司書教諭養成		図書館界および社会の主要な出来事
1981.9	全国SLA,「図書館事業基本法の付則で改正されるべき学校図書館関係法律案要綱」を作成【司教34】	1981.9	図書館事業振興法検討委員会,図書議員連盟へ「図書館事業の振興方策について（第一次案報告）」を提出【共通4】
1982.3	学図法改正をめざす全国学校司書の会発足		
		1982.4.1	高等学校学習指導要領改訂（1978年告示,1982年度から学年進行で実施）
1985.8	学図研発足		
1985.12.18	日教組図書館対策委員会,「学校図書館職員制度の考え方」を作成		
1986.5	東京都高等学校教職員組合司書教諭対策委員会,「日教組図書館対策委員会「学校図書館職員制度改革の考え方」に反対する―司書教諭対策委員会の見解―」を発表		
		1986.8.24－29	IFLA東京大会開催
1987.6.25	日教組,「教育は人――すべての学校図書館に専任教諭を」を発表【司教35】		

専門課程		司書養成	
		1987.10.29	第73回全国図書館大会「司書養成科目（省令）の改定に向けて」を決議
		1987.12.24	JLA,「『図書館法施行規則』における司書等養成科目等の改定について（要望）」を文部省社会教育局長に提出【司書26】
		1988.2.9	社会教育審議会社会教育施設分科会,「新しい時代に向けての公共図書館の在り方について　中間報告」を発表
1989.4.1	愛知淑徳大学文学研究科・修士課程・図書館情報学専攻設置【専門16】	1989.4.3	JLA図書館学教育部会,「文部省令科目の改正に向けて（要望）」の中間報告をJLA理事長に提出
		1989.8.3	JLA,「文部省令科目の改正に向けて（要望）」を文部省生涯学習局長に提出【司書27】
		1989.12.21	臨時行政改革推進審議会,「国と地方の関係等に関する答申」を提出
		1990.2.28	文部省生涯学習局学習情報課,「社会教育審議会社会教育施設分科会図書館に関するワーキンググループによる検討会」を設置
		1990.3.29	社会教育審議会社会教育施設分科会図書館に関するワーキンググループ事務局,「司書講習科目素案」を提案【司書28】
		1990.5.30	JLA常務理事, 教育部会と文部省学習情報課が懇談

	司書教諭養成		図書館界および社会の主要な出来事
1987.8.1	全国SLA,「学校図書館法を改正して豊かな教育を!!」を発表【司教36】		
		1987.9.20	JLA図書館政策特別委員会,「公立図書館の任務と目標」最終報告を発表
		1989.6.4	天安門事件
		1989.7.23	参議院議員通常選挙で土井たか子委員長率いる日本社会党が躍進, マドンナ旋風
		1989.11.9	ベルリンの壁の崩壊
1990	学図法改正をめざす全国学校司書の会, 日本学校図書館教育協議会に改称		
1990.2.24	図書館問題研究会, 親子読書地域文庫全国連絡会, 児童図書館研究会, 学図研の4団体主催で, シンポジウム「学校図書館に専任の専門職員を!」開催		
1990.7.30	日本学校図書館教育協議会,「専任司書教諭制度案 科目・単位数 第一次素案」を発表【司教37】		

	専門課程		司書養成
		1990.10.25	第76回全国図書館大会「司書養成科目（省令）の改定について（要望）」を決議【司書29】
1991.4.1	愛知淑徳大学文学研究科・博士課程・図書館情報学専攻設置【専門17】	1991.4.19	中央教育審議会,「新しい時代に対応する教育の諸制度の改革について」を答申
		1991.6.19	文部省, 図書館法施行規則の一部を改正
		1991.6.28	生涯学習審議会社会教育分科審議会施設部会図書館専門委員会,「司書, 司書補講習科目の内容（案）」を発表
		1991.10.6	JLA 図書館学教育部会, 省令科目の改訂をめぐって緊急研究集会
		1991.10.22	JLA, 第77回全国図書館大会「司書講習科目（新カリキュラム案）について（要望）」を決議（10.24）
		1991.12.5	JLA, 第77回全国図書館大会決議「司書講習科目（新カリキュラム案）についての要望」を文部省生涯学習局長に送付【司書30】
		1992.1.13	JLA 理事および有志,「望ましい基準（案）」「司書養成科目」について, 文部省学習情報課関係者と懇談
		1992.5.13	生涯学習審議会,「今後の社会の動向に対応した生涯学習の振興方策について（中間まとめ）」を公表
		1992.7.29	生涯学習審議会,「今後の社会の動向に対応した生涯学習の振興方策について」を答申
		1992.7.30	朝日新聞,「図書館司書など資格要件,『大卒』なくす方向 審議会答申受け文部省」と報道【司書31】
		1992.11.4	JLA 常務理事会,「生涯学習審議会答申にかかわる日本図書館協会の見解」を発表【司書32】

司書教諭養成		図書館界および社会の主要な出来事	
		1991.1.17	多国籍軍，イラク空爆を開始。湾岸戦争はじまる
		1991.2.8	大学審議会，「大学教育の改善について」答申。大学設置基準の大綱化と自己点検・評価システムの導入の提言
		1991.7.1	学位授与機構設置
		1991.12.25	ソ連崩壊
		1992.4.1	小学校学習指導要領改訂（1989年3月に告示，1992年度から実施）
		1992.6.17	文部省，「公立図書館の設置及び運営に関する基準」を発表

	専門課程	司書養成	
		1993.3	生涯学習審議会社会教育分科審議会計画部会,司書の養成等について調査・審議を開始
1994.4.	駿河台大学文化情報学部知識情報学科知識コミュニケーションコース設置【専門18】	1994.3.9	生涯学習審議会社会教育分科審議会計画部会によるJLAへのヒアリング
		1994.4	JLA図書館学教育部会,「司書養成カリキュラム案」を報告・提案
		1995.12.22	生涯学習審議会社会教育分科審議会計画部会,「社会教育主事,学芸員及び司書等の養成及び研修の充実の在り方についての意見照会について(依頼)」を送付
		1996.1.31	JLA,「社会教育主事,学芸員及び司書等の養成及び研修の充実の在り方についての意見照会について」を生涯学習審議会社会教育分科審議会計画部会あてに提出【司書33】

	司書教諭養成		図書館界および社会の主要な出来事
1993.3	子どもと本の出会いの会発足		
1993.3.29	文部省，学校図書館図書標準制定		
		1993.4.1	中学校学習指導要領改訂（1989年3月に告示，1993年度から実施）
1993.5.31	『ぱっちわーく』創刊（全国各地の学校図書館充実運動の取り組みを紹介する情報交流紙）		
		1993.8.9	細川護熙首相の連立政権発足。自由民主党ははじめて野党に転落
1993.12	子どもと本の議員連盟発足		
		1994.4.1	高等学校学習指導要領改訂（1989年3月に告示，1994年度から学年進行で実施）
		1994.6.30	自社さ連立政権，村山富市（日本社会党）内閣発足
		1995.1.17	阪神淡路大震災
		1995.3.20	地下鉄サリン事件
1995.8	文部省，児童生徒の読書に関する調査研究協力者会議最終報告「児童生徒の読書に関する調査研究協力者会議報告」公表		
		1996.1.19	日本社会党，社会民主党に改称
1996.2.20	自由民主党文教制度調査会・文教委員会が「学校司書教諭に関する小委員会」がまとめた「学校図書館法の一部を改正する法律案」を了承し，与党文部調整会議に提出【司教38】		
1996.3	社会民主党，「学校図書館法等の一部を改正する法律案の仕組み（案）」を作成【司教39】		
	全国SLA学校図書館職員養成制度検討委員会，「学校図書館職員養成制度の改善に関する要望書」を文部省に提出【司教40】		

専門課程		司書養成	
		1996.4.24	生涯学習審議会社会教育分科審議会,「社会教育主事,学芸員及び司書の養成,研修等の改善方策について」を発表【司書34】
		1996.8.28	文部省,「図書館法施行規則の一部を改正する省令」を公布,施行は1997.4.1【司書35】,文部省,「司書及び司書補の講習において履修すべき科目の単位の修得に相当する勤務経験及び資格等」を告示【司書36】

	司書教諭養成		図書館界および社会の主要な出来事
1996.3.1	学図研,学校図書館を考える関東情報交換会,児童図書館研究会,図書館問題研究会の主催で緊急集会「学校図書館法を考えるつどい」開催		
1996.4.17	JLA,「学校図書館法の一部を改正する法律案要綱（素案）に対する見解」を発表		
1996.8.6	学図研第12回全国大会（京都）で「〈大会決議〉連立与党の『学校図書館法改正』に反対し,廃案をめざす特別決議」が採択される		
1996.9.26	「学校図書館法の一部を改正する法律案」（自由民主党案),廃案【司教41】【司教42】	1996.9.28	民主党結成
1997.2.17	JLA,「司書教諭資格取得要件の改善について」公表		
1997.3	学校図書館を考える全国連絡会発足		
1997.3.26	図書館法施行規則の改正による,「学校図書館司書教諭講習規程の一部を改正する省令」交付【司教43】		
1997.5.8	参議院文教委員長より「学校図書館法の一部を改正する法律案」に関する「審査報告書」が参議院議長に提出される【司教44】【司教45】		
1997.5.30	衆議院文教委員長より「学校図書館法の一部を改正する法律案（参議院提出)に関する報告書」が衆議院議長に提出される 【司教46】【司教47】		
1997.6.11	「学校図書館法の一部を改正する法律」公布,施行 「学校図書館司書教諭講習規程の一部を改正する省令」交付,施行【司教48】 学図研ほか4団体合同で「＜緊急共同声明＞学校図書館法「改正」に対し,「専任・専門・正規」職員の配置を求める声明」を発表【司教49】		
1997.8	JLA,「学校図書館法一部改正について」の見解を公表【司教50】		

専門課程		司書養成	
		1998.3.9	JLA，専門性の確立と強化を目指す研修事業検討ワーキンググループ発足
		1998.9.17	生涯学習審議会，「社会の変化に対応した今後の社会教育行政の在り方について」を発表【司書37】
		1998.10.27	生涯学習審議会社会教育分科審議会計画部会図書館専門委員会，「図書館の情報化の必要性とその推進方策について―地域の情報化推進拠点として（報告）」を発表
		1998.11.17	文部省，「図書館法施行規則」の一部を改正
		1998.12.10	文部省，文部事務次官通牒「司書及び司書補の職務内容」を廃止

	司書教諭養成		図書館界および社会の主要な出来事
1997.12.6	日本学校図書館学会設立総会・記念講演会		
1998.2.25	文部省，学校図書館の充実等に関する調査研究協力者会議による「司書教諭講習等の改善方策について　報告」を公表【司教51】		
1998.3.18	文部省，「学校図書館司書教諭講習規程の一部を改正する省令」公布（1998/1999.4.1施行）【司教52】		
1998.4.18	全国SLA，学校図書館司書教諭講習講義要綱作成委員会設置		
1998.5.29	全国SLA，司書教諭問題特別委員会発足		
1998.8.1	文部省，情報化の進展に対応した初等中等教育における情報教育の推進等に関する調査研究協力者会議の最終報告「情報化の進展に対応した教育環境の実現に向けて」公表		
1998.8.6－7	JLA学校図書館部会夏季研究集会「学校図書館法の改正について―学校図書館職員の専門性と「養成課程」―」開催		
1998.8.7	JLA学校図書館部会，「司書教諭養成課程を考える―提案」を発表【司教53】		
		1998.10.1	日本図書館学会，日本図書館情報学会に改称
		1998.10.9	UNESCO　世界高等教育宣言 World Declaration on Higher Education for the Twenty-first Century: Vision and Action
1998.12.1	全国SLA，「学校図書館司書教諭講習講義要綱　第2次案」発表【司教54】		
1999.3.29	JLA学校図書館問題プロジェクトチーム，「学校図書館専門職員の整備・充実に向けて―司書教諭と学校司書の関係・協同を考える―」を発表		

図書館情報専門職教育戦後史年表

1015

	専門課程		司書養成
1999.4.1	駿河台大学大学院文化情報学研究科文化情報学専攻設置【専門19】		
2000.4.1	東洋大学社会学部図書館学専攻をメディアコミュニケーション学科に改組【専門20】 図書館情報大学図書館情報学研究科区分制博士課程大学院情報メディア研究科設置【専門21】 慶應義塾大学文学部図書館・情報学科，人文社会学科図書館・情報学専攻に改組		
		2000.9－2001.1	JLA，中堅職員ステップアップ研修（LIST）実施
2000.12	IFLA, Guidelines for Professional Library/Information Educational Programs を発表		
		2001.7.18	文部科学省，「公立図書館の設置及び運営上の望ましい基準」施行
2001.10.1	図書館情報大学，筑波大学と統合		
2002.4.1	筑波大学図書館情報専門学群／図書館情報メディア研究科設置【専門22】		

図書館情報専門職教育戦後史年表

	司書教諭養成		図書館界および社会の主要な出来事
		1999.6.19	ボローニャ宣言（Bologna Declaration）
		1999.7.8	「地方分権の推進を図るための関係法律等の整備に関する法律」成立。国庫補助金の要件であった館長の司書有資格の規定廃止
1999.8.4	JLA学校図書館部会、「司書教諭養成科目（第二次案）」を発表【司教55】		
		2000	欧州高等教育質保証協会（European Association for Quality Assurance in Higher Education：ENQA）設立
2000.3.29	文部省、「教育職員免許法の改正に伴う学校図書館司書教諭講習規程の改正」を告示		
		2000.4.1	学位授与機構、大学評価・学位授与機構へ改組
2000.7.30	日本学校図書館教育協議会、「専任司書教諭の養成科目」を発表【司教56】		
		2001.6.11	遠山敦子文部科学大臣、経済財政諮問会議で「大学の構造改革」（遠山プラン）を発表
		2001.8.5	中央教育審議会答申「大学院における高度専門職業人養成について」
2001.12	「子どもの読書活動の推進に関する法律」公布		
		2002.4.1	小学校・中学校学習指導要領改訂（1998年12月14日告示、2002年から実施） 高等学校学習指導要領改訂（1999年3月29日告示、2002年から実施）

	専門課程		司書養成
		2004.3.29	中央教育審議会生涯学習分科会,「今後の生涯学習の振興方策について（審議経過の報告）」を中央教育審議会総会に提出
2004.4.1	国立大学図書館協会発足 鶴見大学文学部ドキュメンテーション学科設置【専門23】 慶應義塾大学文学研究科図書館・情報学専攻情報資源管理分野を設置		
		2004.7-9	JLA, 中堅職員ステップアップ研修（LIST 2）実施
		2004.7.30	文部科学省,「これからの図書館の在り方検討協力者会議」を設置

司書教諭養成		図書館界および社会の主要な出来事	
		2002.8.5	中教審答申「大学の質保証に関わる新たなシステムの構築について」
2002.8.9	「子どもの読書活動の推進に関する基本的計画」公表		
		2002.11.29	「学校教育法の一部を改正する法律」公布。大学への第三者評価の導入義務化
2003.1.21	文部科学省，各都道府県教育委員会へ「学校図書館司書教諭の発令について」通知		
2003.1.28	文部科学省，「学校図書館司書教諭講習規定の附則による修了者について」通知		
		2003.3.17	文部科学省，「学術情報発信に向けた大学図書館機能の改善について（報告）」を発表
2003.4.1	学校図書館法の改正施行により，12学級以上の学校で司書教諭が必置となる	2003.4.1	情報専門職の養成に向けた図書館情報学教育体制の再構築に関する総合的研究LIPER開始（－2006.3.31）【共通5】
		2003.6.6	「地方自治法の一部を改正する法律」成立（6.13公布）の公布。指定管理者制度の導入
		2003.7.9	国立大学法人法成立（2003年10月1日施行）
2003.10	日教組新しい学校図書館と専任司書教諭制度研究会，「専任司書教諭養成課程案」を発表【司教57】		
		2004	JLA，「公立図書館の任務と目標」を改訂
		2004.4.1	国立大学法人化「学校教育法の一部を改正する法律」施行。大学における認証評価の導入
		2005	UNESCO/OECD, Guidelines for Quality Provision in Cross－border Higher Educationを発表
		2005.1.28	中教審答申「我が国の高等教育の将来像」において認証評価制度の発展に言及

	専門課程		司書養成
2005.4.1	駿河台大学大学院現代情報文化研究科文化情報学専攻設置【専門24】		
		2006.3	これからの図書館の在り方検討協力者会議,「これからの図書館像―地域を支える情報拠点をめざして(報告)」を公表【司書38】
2006.4.1	駿河台大学文化情報学部メディア情報学科設置		
		2007.1.30	中央教育審議会,「新しい時代を切り拓く生涯学習の振興方策について(中間報告)」を発表
		2007.3	これからの図書館の在り方検討協力者会議,「平成18年度における司書養成に関する議論のまとめ」をとりまとめる【司書39】
2007.4.1	筑波大学情報学群知識情報・図書館学類設置【専門25】		
		2007.10.2	JLA,「図書館法の見直しにあたっての意見」を発表
		2008.2.19	中央教育審議会,「新しい時代を切り拓く生涯学習の振興方策について(答申)」を発表【司書40】
		2008.6	これからの図書館の在り方検討協力者会議,「図書館職員の研修の充実方策について(報告)」をとりまとめる
		2008.6.11	改正図書館法を含む「社会教育法等の一部を改正する法律」を公布,施行(一部2010.4.1施行)【司書41】

	司書教諭養成	図書館界および社会の主要な出来事	
2005.7.29	「文字・活字文化振興法」公布		
		2005.8.8	小泉純一郎首相が参議院での郵政民営化法案否決を受け，衆議院を解散
		2005.9.5	中教審答申「新時代の大学院教育―国際的に魅力ある大学院教育の構築に向けて―」
2005.9.30	LIPER学校図書館班，『「情報専門職の養成に向けた図書館情報学教育体制の再構築に関する総合的研究(LIPER)」学校図書館班中間報告－「学校内情報メディア専門家」の可能性－』を公表		
		2006.1.23	LIPER,『情報専門職の養成に向けた図書館情報学教育体制の再構築に関する総合的研究』を発表【共通5】
		2006.4.1	情報専門職の養成に向けた図書館情報学教育体制の再構築に関する総合的研究 LIPER2 （－2010.3.31）
		2007.6.15	これからの博物館の在り方に関する検討協力者会議,「新しい時代の博物館制度の在り方について（報告）」を発表

	専門課程		司書養成
		2008.6.13	JLA,「図書館法改正に基づく司書養成の省令科目について」を文部科学大臣に提出
		2009.1.26	JLA,「大学における図書館に関する科目」について意見提出
		2009.2.16	これからの図書館の在り方検討協力者会議,「司書資格取得のために大学において履修すべき図書館に関する科目の在り方について(報告)」を提出【司書42】
2009.4.1	駿河台大学メディア情報学部図書館・アーカイブズコース設置【専門26】		
		2009.4.30	文部科学省,「図書館法施行規則の一部を改正する省令」を公布,施行【司書43】
		2009.8.3	文部科学省,「図書館法施行規則第5条第3項及び第6条第3項に規定する学修を定める件」を告示
2010.4.1	愛知淑徳大学人間情報学部人間情報学科リソースマネージング系列(図書館情報学系)設置【専門27】		
		2010.11.1	JLA認定司書事業委員会,第1回認定司書申請受付を開始
2011.4.1	九州大学大学院統合新領域学府 ライブラリーサイエンス専攻修士課程設置【専門28】		

	司書教諭養成	図書館界および社会の主要な出来事	
2009.3	文部科学省子どもの読書サポーターズ会議,「これからの学校図書館の活用の在り方等について（報告）」を公表		
2009.12	全国SLA,『学校図書館』誌上で「学校図書館司書教諭講習講義要綱」を公表【司教58】		
2010.7.20	文部科学省, 国民の読書推進に関する協力者会議設置	2010.4.1	情報専門職の養成に向けた図書館情報学教育体制の再構築に関する総合的研究LIPER3（−2015.3.31）
		2010.10.26	2010年度補正予算に地域活性化交付金「住民生活に光をそそぐ交付金」が盛り込まれる
		2011.2.3	JLA常務理事会, 第1回JLA, 認定司書37名を承認
		2011.4.1	小学校学習指導要領改訂（2008年3月告示　2011年4月全面実施）
2011.6.1	子どもの未来を考える議員連盟, 文字・活字文化推進機構, 学校図書館整備推進会議により, 学校図書館活性化協議会が設立され,「学校図書館活性化のための活動計画について」が公表される		
2011.12	学校図書館担当職員配置のための地方財政措置（約150億円）が, 平成24年度予算案に計上される		

	専門課程		司書養成
2012.8	IFLA, Guidelines for Professional Library/Information Educational Programs を発表		
		2012.12.19	文部科学省,「図書館の設置及び運営上の望ましい基準」を告示,施行
2013.4.1	愛知淑徳大学文化創造研究科文化創造専攻図書館情報学領域設置【専門29】 九州大学大学院統合新領域学府ライブラリーサイエンス専攻博士後期課程を設置【専門30】		

	司書教諭養成	図書館界および社会の主要な出来事	
		2012.4.1	中学校学習指導要領改訂（2008年3月告示　2012年4月全面実施）
2012.7.5	学校図書館活性化協議会役員会で，学校司書法制化の方針を確認		
2012.8.4	学図研第28回全国大会（福島大会）大会アピール「すべての学校図書館に，専任・専門・正規の学校司書を求めます」を採択		
2012.10.10	子どもの未来を考える議員連盟，学校図書館活性化協議会，公益財団法人 文字・活字文化推進機構の主催で「学校司書の法制化を考える全国の集い」開催		
2012.10.21	JLA学校図書館部会,「学校司書法制化についての見解」を公表		
		2013.4.1	高等学校学習指導要領改訂（2009年3月告示　2013年4月全面実施）
2013.5.17	文部科学省，学校図書館活用のための人的配置について述べた「第三次子どもの読書活動の推進に関する基本的な計画」を公表		
2013.6.12	子どもの未来を考える議員連盟総会にて，衆議院法制局,「学校図書館法一部改正案（仮称）骨子案」を提示		
2013.8.9	文部科学省，学校図書館担当職員の役割及びその資質の向上に関する調査研究協力者会議開始		
2013.8.29	学図研,「「学校図書館法の一部を改正する法律案（仮称）骨子案」への要望書」を発表		
2013.11.7	JLA,「「学校図書館法の一部を改正する法律案（仮称）骨子案」に対する要望」を衆議院法制局に提出		

あとがき

　本書が企画された経緯，テーマの選定については，すでに「まえがき」に述べたとおりである。本書は根本彰先生の東京大学ご退任にあたり，指導を受けたメンバーにより執筆されている。

　経緯についてもう少し詳しく書くと以下のとおりである。2013年4月，吉田右子，中村百合子が発起人となり戦後の図書館情報専門職教育をテーマとする企画を立案した。その後，松本直樹，三浦太郎がメンバーに加わり本書に関わる研究が本格的に始動した。本書は，図書館情報学教育を構成する3つの領域を射程に入れた研究であり，多くの課題が含まれていたため，根本先生のもとで学んだメンバーに声をかけ共同研究として進めることにした　吉田，中村，松本はそれぞれ専門課程班，司書教諭課程班，司書課程班を構成し，それぞれの分担領域について各班のメンバーとともに検討を行った。そして構成・内容を検討したうえで分担を決め，調査，執筆を行った。また，班長会を定期的に開催し，全体の構成・内容の調整，書式の統一などを行った。さらに，戦後の図書館専門職養成を俯瞰する序章を根本先生に依頼し，「図書館情報学教育の戦後史」としてまとめていただいた。三浦は全体の調整を担当し企画，構成等についてアドバイスを行うとともに索引づくりを担った。

　本書に関わったメンバーを班ごとに紹介する。まず専門課程班では，吉田が第1章「図書館情報学専門課程の変遷」をまとめた。また安井一徳とともに関連資料を文部科学省の行政文書開示請求制度を使用して収集し資料1「図書館情報学専門課程関係資料」として整理した。顔淑娟，林炯延，古賀崇，曹慧麟，宮原志津子，三浦，Kaori Richardsは，各国の状況を第4章「図書館情報専門職養成の国際動向」としてまとめた。また，河村俊太郎，宮原は専門課程を持つ大学の教員にインタビューを行い，それをまとめた（第8章）。さらに，河村，古賀，宮原，安井，吉田は第7章「図書館情報学専門課程の動向と実績」をまとめた。

　司書課程班においては，松本が第2章「司書養成の変遷」をまとめた。また資料2「司書養成関係資料」について松本，三浦が資料の選定・収集を行った。第5章「司書および司書教諭の資格取得者の実績」については，顔，高浪雅洋，辰野直子，松本，若山勇人がまとめた。また，第6章「司書養成および司書教

諭養成のテキスト一覧」のうち司書養成のテキストについては高浪，松本がまとめた。

　司書教諭課程班では，中村が第3章「司書教諭養成の変遷」をまとめた。また資料3「司書教諭養成関係資料」について，今井福司，高橋恵美子，中村が選定を行い収集した。第6章「司書養成および司書教諭養成のテキスト一覧」のうち司書教諭養成のテキストについては松田ユリ子がまとめた。

　年表に関しては，各班の班長および司書教諭課程班については今井，高橋も加わり取り上げる事項の選定と日付の調査を行った。全体に関係する資料については中村が中心になりまとめた。それぞれの成果については担当者が責任を負っている。

　本書執筆に際しては，資料の掲載につき，多くの関係者，関係機関から快く許諾を得ることができた。このことにつき感謝したい。また村主朋英氏（愛知淑徳大学），金容媛氏（駿河台大学），長塚隆氏（鶴見大学），今まど子氏には多忙ななか，インタビューに応じていただいた。このことについても記して感謝の意を表したい。さらに，日本図書館情報学会，日本図書館文化史研究会の研究大会，研究集会では，多くの方より有益なコメントをいただいた。また，ミネルヴァ書房には出版事情が厳しいなか，本書のような専門書の刊行をお引き受けいただくとともに，編集者の堺由美子氏，田引勝二氏からは編集の過程でさまざまな有益なアドバイスをいただいた。このことにも感謝の意を表したい。

　今回，各班がそれぞれの領域に分かれて作業を進め，また，議論をするなかで気づいたのは，各領域の各時代におけるアジェンダは基本的に異なっている点であった。このことは，3領域の史的展開を俯瞰することによって初めて明確にできた点であろう。しかし，そのなかで，図書館学教育改善委員会が1965年に発表した「図書館学教育改善試案」，教育部会図書館学教育基準委員会が1972年に発表した「図書館学教育改善試案」，情報専門職の養成に向けた図書館情報学教育体制の再構築に関する研究研究班が2006年に発表したLIPER研究成果報告は，3領域の横断的な議論の成果として生み出された成果報告であった。これらは，ライブラリアンシップとして共通の基盤を志向する動きとして特記される事柄といえよう。

　また，各時代区分の出来事を微細に見ていくと，いくつかの出来事が他の領域に遅れて影響を与えていると推測できる事柄もあった。そのような領域間の影響関係は，図書館学・図書館情報学の研究者・教育者がもつパラダイムの表

あとがき

出とも捉えられる。しかし，全体としてみるとそうした影響関係は限定的であった。それぞれの領域では自らの内的論理にしたがって課題が設定され固有の利害関係者が活動している。

　このことから以下のような仮説を立てることができそうである。3領域の下層には，変革を促すより大きな政策や社会変化が存在し，それらが，それぞれの領域（時には領域横断的）に作用する。具体的な政策としては行財政改革，高等教育制度改革，学術情報政策，学校教育改革等を，社会変化としては情報技術の進展，高等教育機関への進学率の変化，政権交代等を考えることができる。こうした変化要因が，それぞれの領域に多様な形で影響を与え，固有の，または共通の変化を，同時代的に，さらには時間的遅れを伴って与えていたのであろう。そうした変化の態様を実証的に明らかにすることは，今後の課題となろう。

　今回の研究では，図書館学・図書館情報学教育および司書・司書教諭養成に焦点を当ててきた。研究に取り組むなかで私たちが改めて強く認識したのは，教育と養成に「夢を見た」多くの先人がいたということであった。そしてまた，その思いのいくつかが必ずしも制度に結びつかなかったという事実であった。本書はそうした人たちの「夢のあと」を形にしたものともいえる。半世紀以上にわたる図書館情報学教育の議論の積み重ねを夢にとどめず，図書館情報専門職の実質的な向上へと結びつけるために，本書が今後の図書館情報専門職養成のあり方を考えるための素材となることを願っている。

2015年2月10日

編者を代表して
松本直樹・三浦太郎

人名索引

あ 行

アシャイム，L. A. 61, 114
井内慶次郎 108, 573
伊東正勝 61, 144, 754
岩淵泰郎 54, 59, 867, 871, 873
ウッド，M. 242
裏田武夫 11, 27, 58, 62, 66, 116, 126, 165, 166, 413, 429, 436, 612, 893, 899, 934, 940–943, 945, 946
エーカーズ，S. 7
太田周夫（大田周夫） 162, 507, 526
大西正道 161, 495, 502, 504, 507–517, 520–526, 529, 635, 885
岡田温 10, 27, 28, 58, 116, 117, 121, 123, 125, 177, 413, 431, 432, 771, 893, 901, 903
奥野定通 127
小倉親雄 62, 112

か 行

カーノフスキー，L. 4, 936
海後宗臣 10, 11, 19, 264, 939, 940
加藤宗厚 55, 87, 264, 432, 881, 889, 901, 903
河合博 18, 55, 936, 938, 942
キーニー，P. O. 4, 937
北島武彦（北嶋武彦） 121, 123, 126–128, 177, 612, 726, 756, 771, 857, 859, 861, 865, 867, 869, 871, 873, 889, 901, 903
木田宏 117
ギトラー，R. L. 9, 10, 12, 13, 58, 934, 938
クラップ，V. 4
グラハム，M. 5, 159

さ 行

佐野友三郎 2
沢本孝久 66
椎名六郎 113, 115, 119, 901, 903
鈴木英二 165, 172
スポフォールド，D. 62

た 行

ダウンズ，R. 4, 9, 10, 936, 938
高木八尺 11, 55
武田虎之助 19, 21, 58, 166, 265, 755, 883, 897, 899, 901, 903
竹林熊彦 3, 165, 265
田中稲城 2
沈祖栄 242
津田良成 62, 64, 71, 88, 961–965, 967, 970–973
デュランス，J. 41
土井重義 18, 264, 901, 938, 942
土岐善麿 58

な 行

中島俊教 27, 28, 116, 117
中村初雄 25, 62, 112, 113, 177, 436, 859
南原繁 936, 938
西崎恵 13, 60, 105, 108, 367, 429, 436

は 行

廿日出逸暁 7, 9, 10, 756
フェアウェザー，J. 6, 107
深川恒喜 25, 27, 61, 66, 115, 116, 158, 160, 163, 165, 166, 168, 172, 174, 177, 179, 413, 758, 771, 881, 883, 885, 889, 901, 903, 907
藤川正信 27, 58, 62, 70, 111–113, 116, 131, 132,

165, 166, 901
舟木重彦　11, 55, 942
ブラウン, C.H.　4, 936

ま　行

町村金五　161, 495, 502
松尾弥太郎　160, 166, 167, 169, 899
松田智雄　70

宮原誠一　10, 939, 940
森清　2, 9, 855, 899

わ　行

渡辺茂男　62, 754
和田萬吉　2, 7
和田吉人　27, 28, 59, 116, 166, 178, 901, 903

事項索引

あ行

アーカイブズ学　38, 85, 86, 89, 92, 360, 362, 922, 954, 956

アーキビスト（アーキヴィスト）　74, 82, 84, 290, 295, 297, 342

愛知淑徳大学　32, 37, 54, 71, 72, 82, 84, 88, 89, 280–288, 346–350, 355–359, 804, 828–829, 919, 920, 923, 929–931, 961–974

アメリカ図書館協会→ALAを見よ

医学図書館　941

イリノイ大学　9, 804, 936

インフォメーションプロフェッショナル（情報プロフェッショナル）　74, 89, 288

上野図書館　21, 31, 942

大阪学芸大学　162–165, 531

か行

学芸員　7, 35, 39, 40, 44, 45, 83, 343, 347, 438, 447, 449–466, 469, 472, 475, 476, 480, 924, 934, 949, 952, 956, 957, 962, 968, 978, 979, 986

学習指導要領　15, 39, 193, 537, 636, 645, 662, 733, 739

学術情報センター　30, 88

学術審議会　65, 88, 295, 296

学校教育法　15, 172, 175, 177, 180, 509, 513, 520, 521, 525, 528, 548–551, 553, 555, 568–571, 573, 574, 583, 585, 594–599, 604, 606, 610–614, 618, 619, 623, 637, 640–642, 667, 690, 720, 728, 745, 798, 801

学校教育法施行規則　509, 637, 667, 690, 798

学校司書　157–202, 493–752, 799

学校司書補　170, 171, 542, 543, 546–548

学校図書館学　165, 172, 178, 216, 518, 534, 535, 537, 643, 758, 766, 767, 773

学校図書館学教育　758, 759, 767

学校図書館基準　5, 520, 534, 547, 619, 736

学校図書館司書教諭講習　15, 157–202, 493–752, 754, 768

学校図書館司書教諭講習規程　15, 121, 162, 163, 185, 186, 188, 189, 532–534, 537, 647, 648, 650, 697, 698, 701, 710, 711, 717, 718

学校図書館実習　173, 600, 601, 613, 614, 628, 630, 776

学校図書館事務職員　157

学校図書館主事　172, 556–561

学校図書館職員養成計画委員会　127

学校図書館審議会　163, 167, 191, 495–498, 500, 501, 505, 536–538, 541, 557

学校図書館の充実等に関する研究協力者会議　187

学校図書館法（学図法）　5, 15, 17, 26, 29, 38, 157–202, 493–752, 768, 769, 777, 783, 798, 801

学校図書館問題研究会　183, 186, 699

科目検討ワーキンググループ　138

韓国国立中央図書館　235

韓国図書館協会　236, 237

九州大学　18, 38, 54, 83, 85, 91, 93, 166, 350–355, 359–363, 919, 920, 924, 926

教育指導者講習→IFELを見よ

教育職員免許状（教員免許状, 教諭免許状）　110, 163, 180, 187, 188, 400, 523, 531, 532, 563, 565, 593, 594, 596, 600, 611, 612, 619, 620, 638, 641, 643, 649, 652, 695, 697, 705, 707, 710, 712, 759, 767, 947

教育職員免許法（教員免許法, 教免法）　6, 16, 40, 110, 178, 182, 183, 400, 502, 523, 532,

1033

563, 565, 595, 597, 605-607, 619, 620, 625, 640, 645, 652, 691, 710, 712, 727, 768, 777, 801

京都大学　9, 11, 13, 18, 24, 87, 919, 920, 924, 938, 939, 951

京都大学図書館学校　6

記録管理学　84-86, 91, 240, 241, 351-353, 360, 362

近畿地区図書館学科協議会　129, 438

グレード制　65

慶應義塾大学（慶応大学）　8-12, 14, 21, 24, 31, 32, 53, 54, 56, 57, 59, 63, 64, 71, 76, 87, 88, 90, 92, 165, 270, 272, 273, 287, 362, 382, 398, 726, 771, 804, 919, 920, 924, 937-939, 943, 944, 946, 957, 961-964, 966, 967, 978

公共図書館司書検定試験　3

講座制　11, 933, 939, 947, 950

公明党　119

公立図書館の最低基準　113, 137-141, 377

国際図書館連盟→IFLAを見よ

国立国会図書館　4, 9, 19, 22, 30, 264, 367-369, 381, 383, 391, 398, 399, 404, 416, 419, 420, 422, 423, 433, 436, 464, 466, 468, 469, 476, 549, 569, 779, 936, 985

国立大学協会　65

子どもと本の議員連盟　36

子どもの読書活動の推進に関する法律　36, 193, 801

これからの図書館の在り方検討協力者会議　39, 43, 137-139, 145, 470, 471, 478

コロンビア大学　204, 208, 242

さ　行

サーチャー　31, 971, 972

サブジェクトライブラリアン　84, 351, 352

参議院　161, 162, 170-172, 174-177, 184-186, 506, 520, 529, 544, 552, 556, 572, 603, 635, 636, 652, 653, 659, 660, 668, 673, 678, 680, 682, 689, 691, 694, 696, 699, 700

産業教育振興法　176, 522, 575

シカゴ大学　204-206, 936

司書　3, 7-9, 12, 14, 16-18, 24, 27-29, 32, 33, 35, 39-45, 56, 59, 60, 65, 68, 69, 83, 85, 87, 88, 90, 93, 94, 105-156, 168, 169, 178, 187, 188, 190, 266, 323, 329, 343, 346, 347, 365-491, 509, 523, 555, 557, 559, 569, 575, 579, 593, 619, 620, 644, 673-675, 678, 684, 686, 687, 700-702, 709, 712, 718, 754, 755, 759, 767-770, 772, 774-776, 783-789, 792, 795, 797, 803, 806, 807, 811, 812, 817-845, 849, 934, 937, 949-952, 955-957, 962, 966, 979, 986

司書課程　21, 23-25, 28, 32, 33, 42, 44, 65, 93, 94, 105-156, 191, 323, 365-491, 770, 772, 773, 785-789, 802, 803, 805-807, 819, 820, 849, 920, 926, 941, 943, 946, 963, 967, 969, 970, 982, 983, 986

司書教諭　15, 17, 29, 36, 38, 39, 42, 83, 121, 124, 136, 157-202, 316, 318, 343, 347, 408-410, 418, 458, 464, 469, 493-752, 768, 769, 772, 773, 776, 777, 783, 786, 787, 789, 798, 799, 801, 950-952

司書教諭課程　121, 122, 772, 773, 786, 819, 820, 851, 923, 925, 926, 979

司書教諭講習→学校図書館司書教諭講習を見よ

司書講習　7, 8, 12-14, 23, 27, 28, 35, 40, 43, 59, 93, 105-156, 163, 164, 175, 188, 316, 318, 379-382, 405, 409, 412-416, 418-429, 431, 438, 441-448, 454, 456-458, 464, 471-474, 479, 480, 484-487, 533, 547, 640, 644, 647, 648, 707, 718, 784, 788, 807, 817, 818, 820, 844, 845, 849, 935

司書講習等の改善に関する会議　26

司書助教諭　170, 192, 540, 541, 607, 640, 641

司書補　12, 17, 27-29, 39, 43, 65, 105, 107, 109, 111, 118, 119, 121, 122, 124, 131, 138, 150, 178, 198, 323, 367, 369-378, 380, 381, 384, 386, 396-398, 400-402, 413, 416, 417, 419,

事項索引

420, 425, 429, 439, 444, 446, 448, 450, 456–458, 460, 464, 465, 467–470, 473–476, 486–489, 549, 555, 569, 607, 619, 620, 622, 754, 769, 770, 772, 774, 775, 783, 784, 807, 819, 849

司書補講習　27, 113, 132, 323, 380, 381, 413, 446, 457, 458, 486, 819, 983, 985

児童図書館研究会（児図研）　183, 186, 556, 699

社会教育　5, 10, 16, 26, 27, 35, 36, 105, 108, 114, 116, 119–121, 130, 134, 139, 244, 286, 314, 376, 383, 393, 396, 397, 400, 401, 412, 415, 417, 429–431, 438–443, 452–455, 457, 459–461, 469, 470, 474, 475, 478, 484, 525, 613, 617, 686, 759, 760, 933, 934, 937, 939, 941, 942, 944, 947–950, 952, 958

社会教育主事　7, 14, 15, 35, 106, 108, 129, 130, 132–135, 144, 145, 408, 438, 447, 449–466, 469, 472, 475, 476, 480, 486, 593, 594, 611, 952

社会教育審議会　35, 111, 120, 129, 131, 400, 429, 446

社会教育法　108, 422, 423, 469, 476, 477, 525, 720, 745, 937

社会情報学　217

社会民主党　184, 185, 640, 688, 694

衆議院　161, 171, 172, 174, 175, 177, 180, 184, 186, 187, 367, 396–399, 502–504, 507–517, 520, 522–529, 545, 553, 567, 573, 584, 598, 599, 603, 604, 635, 636, 650–697, 699, 700

自由民主党（自民党）　172, 174, 177, 184, 185, 192, 193, 556, 558, 603, 635, 636, 638, 652, 653, 663, 664, 667, 694

準司書（韓国）　237, 238

生涯学習審議会　35, 131–135, 446–449, 452, 469

情報科学　84–86, 243, 244, 289, 296, 334, 353, 361, 362, 633, 961, 962, 965, 970

情報科学技術協会　31

情報学　38, 57, 67, 69–71, 83, 85, 88, 231, 233,
277, 284, 286, 296, 304, 346, 356, 961–963, 966, 967, 969–971, 982–984, 986

情報資源管理　79, 90, 331, 343, 978, 979

情報資源管理者　74, 82, 343

情報処理技術者　69, 77, 289, 311, 346

情報センター　68, 69, 75, 87, 89, 275–277, 292, 303, 342, 966

情報専門職　41, 68, 74, 87, 90–93, 136, 137, 142, 223, 226, 227, 230, 232, 295–297, 347, 474, 782–813, 978

情報専門職の養成に向けた図書館情報学教育体制の再構築に関する総合的研究→LIPERを見よ

情報図書館学研究センター　30

書誌学　38, 78, 241, 324, 325, 796, 982–984

シラキューズ大学　205, 208, 212, 213, 804

シンガポール大学　230

シンガポール図書館協会　229

駿河台大学　32, 37, 54, 72–74, 79, 81, 82, 88–90, 288–299, 295, 329–333, 340–345, 826, 919–921, 925, 927–931, 975–981

正司書（韓国）　237, 238

青年図書館員連盟　18

全国学校図書館協議会（全国SLA）　5, 127, 130, 158, 160, 162–164, 167, 169–171, 179–182, 184, 185, 189, 191, 192, 195, 198, 201, 396, 428, 512, 556, 557, 592, 593, 598, 600, 603, 604, 611, 612, 616, 618, 621–626, 634, 642–646, 670, 709, 718, 720–727, 745–752, 882–893, 896, 897, 904, 905, 908–911, 914–917

全国図書館大会　3, 19, 21, 25, 27, 28, 35, 61, 106, 111, 113–117, 120, 122, 126, 128, 130, 132, 402, 407–409, 424, 432, 439, 445–447

専任司書教諭　168, 170, 182, 183, 190, 193, 194, 537, 617, 619, 620, 624, 625, 627–634, 718, 729–745

専門課程　21, 24, 25, 28, 31, 32, 37, 38, 53–103, 107, 113, 122, 123, 137, 144, 251–363, 408, 410, 411, 474, 765, 788, 807, 919–932

1035

総合的な学習の時間　39, 727, 728, 733, 739, 749, 750

た 行

大学院重点化　933, 946, 948, 950
大学基準協会　14, 24, 25, 27, 28, 32, 53, 55, 58, 60, 63, 66, 70, 86, 94, 108, 109, 118, 135, 143, 396, 404, 410, 416, 968
大学図書館問題研究会　186, 699
大学附設司書教育院（韓国）　237
知識情報学　32, 89, 287
中央教育審議会（中教審）　139, 184, 474, 475, 478, 668, 669, 688, 806
中国図書館学会　243
朝鮮総督府図書館　235
朝鮮図書館連盟　235
筑波大学　38, 54, 60, 77, 80, 90, 93, 138, 212, 215, 310–323, 333–340, 361, 804, 822, 823, 844–846, 919–921, 925, 928, 930, 943, 947, 954, 956, 957, 981
鶴見大学　38, 78, 323–329, 828, 829, 838, 839, 844, 919–921, 925, 926, 931, 982–986
帝国図書館　3, 942
デジタル人文学　212
デジタルヒューマニティーズ　926, 954
点字図書館問題研究会　186, 699
東京学芸大学　11, 13, 15, 25, 27, 58, 108, 116, 121, 162–167, 531, 612, 646, 709, 726, 771, 822, 823, 846, 919–921, 925, 926, 934, 938, 939
東京大学　1, 8–11, 18, 19, 22, 24, 27, 30, 31, 54, 55, 58, 66, 87, 88, 116, 126, 138, 165, 382, 398, 411, 612, 787, 793, 794, 822, 823, 919–921, 925, 926, 933–960, 961, 967, 981
東京大学教育学部　10, 19, 27, 793, 933–960
東京大学図書館学会　18
東京大学附属図書館　18, 411, 935, 936, 939, 942, 947, 952, 953, 955
東京大学文献情報センター　30, 88
東京帝国大学　2, 935
同志社大学　18, 24, 646, 727, 830, 831, 916, 921, 926, 937, 938
東洋大学　6, 13, 18, 24, 37, 53, 54, 59, 75, 86, 90, 166, 167, 266–268, 299–305, 771, 826, 827, 836, 837, 844, 845, 920, 926, 943
ドキュメンテーション　22, 23, 25, 31, 32, 38, 78, 87, 323, 963, 969, 982–986
読書教育　15, 241, 600, 601, 613, 614, 622, 628, 632, 634, 703, 708, 713, 714, 716, 717, 723, 727–731, 733, 749, 750, 870, 906
読書指導　173, 269, 390, 429, 432, 518, 534, 537, 558, 594, 601, 605, 618, 622, 638, 645, 714, 727, 741, 750, 758, 760, 766, 768, 771, 773, 776, 790, 880, 881, 883–887, 892–897, 904–907
都高等学校教職員組合（都高教）　556, 624
図書館・情報学　31, 53, 57, 63–67, 76, 86–87, 270, 272–275, 278–280, 957, 961, 966, 967
図書館・情報学教育　66, 67, 273, 279
図書館・情報学教育基準　32, 53, 66, 70, 88, 273, 274
図書館・情報学教育に関する基準およびその実施方法　32, 70, 278–280
図書館員の問題調査研究委員会　28, 119, 122, 124, 125
図書館員養成課程基準　14, 24, 53, 86, 108, 109, 252
図書館学　1–7, 9, 11–25, 29, 31, 38, 54, 56, 57, 59–66, 69–72, 86–89, 92, 93, 159, 167, 168, 174, 189, 204, 205, 222, 229, 230, 233, 238, 239, 243, 244, 264, 266, 270, 276, 277, 287, 297, 331, 535, 537, 633, 674, 759–777, 919, 920, 938, 940–942, 961, 962, 964, 965, 970, 971, 973, 981–986
図書館学教育　19, 20, 29, 58, 59, 61, 93, 203, 227, 236, 242, 243, 755, 759, 763, 768–771, 774, 793, 973
図書館学教育改善委員会　25, 61, 114, 143, 754

図書館学教育基準　14, 24–28, 32, 53, 58, 265, 274
図書館学教育基準分科会　58
図書館学教育研究委員会　67
図書館学教育研究グループ　129
図書館学教育全国計画委員会　126, 143
『図書館学教授要目』　123, 179, 431–437
図書館事業基本法　33, 45, 128, 181, 182, 614, 616, 779
図書館事業振興法　126, 128, 181, 777
図書館事項講習会　3, 235, 237
図書館情報学　3, 22, 23, 29, 31–34, 36–38, 41, 43, 45, 53, 54, 63, 65, 66, 68–74, 76–78, 80, 81, 83–93, 203, 205, 222, 223, 226–233, 239–242, 244, 275, 277, 284, 287, 310–312, 324, 325, 347, 351–353, 360, 643, 788, 789, 795, 804, 805, 807, 808, 812, 782–813, 919–986
図書館情報学教育　30, 32, 41, 45, 54, 72, 87, 226–228, 237, 244, 782–813, 919, 981
図書館情報学教育基準　968
図書館情報学検定試験　42, 43, 137, 142, 145, 491, 805–807, 811, 813
図書館情報専門職　93, 230, 797
図書館情報大学　32, 38, 53, 54, 59, 67–69, 71, 76, 77, 80, 86, 88, 90, 93, 276, 305, 311, 612, 961
図書館職員養成所（図書館員教習所，図書館講習所）　3, 11, 13, 17, 22, 25, 31, 60–62, 114, 172, 268, 369, 409, 533, 942
図書館専門職　37, 42, 43, 65
図書館専門職員養成講習　8, 9, 11, 943
図書館短期大学　13, 21, 27, 31, 53, 60–63, 68, 70, 88, 93, 118, 268, 270, 771
図書館法　5, 7, 8, 12–17, 23–26, 29, 39–42, 60, 107, 139, 164, 172, 188, 192, 235–237, 243, 264, 367, 374, 379, 382, 385, 387–390, 399–406, 409, 410, 412, 414, 416–419, 422, 424, 429–431, 436, 438, 439, 441, 443, 448, 449, 452, 453, 456, 457, 461, 466, 468, 469, 473, 476–480, 486, 487, 489, 525, 533, 537, 549, 555–557, 559, 561, 569, 635, 644, 645, 710, 711, 720, 745, 769, 777, 779, 783, 807, 811, 817, 849, 850, 884, 885, 934, 937, 940, 941, 955
図書館法改正委員会　111
図書館法施行規則　13, 24, 26, 28, 35, 109, 110, 112, 116, 118, 128–130, 134, 135, 140–145, 185, 374–379, 396, 416–429, 438, 439, 445, 446, 466–468, 479, 487–490, 533, 711, 793, 807, 849, 850
『図書館法逐条解説』　108
図書館問題研究会　181, 183, 186, 556, 558, 699
図書議員連盟　33, 36, 126, 181, 182, 624
図書行政商議会　952, 953
ドレクセル大学　205, 208, 209, 212, 214, 216

な 行

西日本図書館学会　18, 791, 792
日本科学技術情報センター→JICSTを見よ
日本学校図書館学会　186
日本学校図書館教育協議会（日本学図教）　183, 190, 729
日本教育大学協会　165, 167
日本共産党　185, 683, 692–695, 698
日本教職員組合（日教組）　158, 179, 182–184, 190, 192, 193, 592, 593, 598, 603–605, 617, 618, 620, 623–626
日本高等学校教職員組合（日高教）　158, 179, 182, 192, 592, 593, 598, 603, 604, 607, 618, 619, 623
日本社会党　161, 170–172, 175, 176, 180, 184, 558, 583, 598, 603
日本ドクメンテーション協会　31
日本図書館学会　18–22, 29, 53, 57, 58, 88, 106, 112, 114, 143, 264, 265, 411, 428, 933, 940
日本図書館学校　9, 24
日本図書館協会　3, 19–29, 31, 34, 35, 40, 45, 53, 58, 61, 62, 65, 67, 86, 93, 94, 105–107, 110–

112, 114, 118, 120, 121, 123-130, 132-136, 138, 140-143, 145, 168, 172, 173, 177, 179, 185, 189, 191, 395, 406-409, 427, 429, 431, 432, 435-440, 445, 446, 448-450, 556, 699, 702, 709, 726, 727, 769, 804, 817, 860-863, 872, 873, 876, 877, 919, 933, 941

日本図書館協会教育部会(教育部会)　20, 21, 24, 25, 27, 28, 35, 53, 61, 65, 67, 86, 93, 112-125, 143, 168, 177, 406-411, 769

日本図書館協会教育部会図書館学教育基準委員会　28, 65, 112, 121-123, 143, 177, 431, 769-777

日本図書館協会図書館学教育改善委員会　25, 61, 62, 114, 116, 121, 143, 172-174, 754-759

日本図書館協会図書館学教育部会（図書館学教育部会）　53, 67, 86, 126-145, 179, 189, 431-438, 445, 446, 450

日本図書館研究会　18, 19, 23, 35, 122, 129, 944

日本図書館情報学会　41, 54, 88, 91, 106, 135, 136, 141, 142, 145, 190, 191, 783, 784, 788, 789, 791, 792, 797, 802, 807, 812, 933, 951

日本文庫協会　3

認定司書　40, 142

ノースカロライナ大学　7, 208, 209, 212, 213, 216, 804

は 行

博物館学　75, 92, 281, 283, 297

博物館法　39, 44, 108, 109, 453, 459, 937

ピーボディプロジェクト　236

ピッツバーグ大学　205, 208-210, 212, 213

武昌文華図書学専門学校　242

文化情報学　73, 79, 89, 90, 288, 289, 291, 296, 330, 331, 978, 981

文化情報資源管理　79

文化体育観光部（韓国）　238, 240

文華図書科（台湾）　242

文献情報学　238-241, 287

文書学　73, 79

文書館学　38, 73, 74, 297, 331

米国対日教育使節団　4, 5, 15, 936

法人化（大学の法人化）　947, 953

ま 行

三田図書館・情報学会　789, 792

民主党　694

メディアコミュニケーション学　75, 76, 300, 303, 304

文字・活字文化振興法　193

桃山学院大学　122, 830, 831, 844, 845

文部科学省　35, 39, 40, 43, 44, 54, 91, 94, 140, 323, 734, 784, 922, 948, 952

文部省　2, 3, 5, 11, 13-15, 18-20, 24, 26, 27, 31, 35, 54, 60, 65, 86, 94, 108, 110, 116, 131-135, 162-164, 167, 176, 184, 186-189, 191, 264, 323, 380, 389, 396, 398, 401, 404, 412, 416, 423, 438, 439, 447-452, 458, 496, 500, 504, 505, 507, 511, 513, 515, 520, 532, 534, 535, 538, 553, 556, 575, 576, 578, 579, 581, 587, 598, 617, 635, 642, 650, 651, 658, 664, 677, 678, 683, 700, 711, 754, 755, 779, 881, 899, 922, 934, 937-939, 952, 979

や・ら 行

四者合意　157, 178-183, 192, 604, 623-625, 627

ライブラリアンシップ　3, 10-12, 56, 57, 276, 759, 761, 763

ライブラリーサイエンス　38, 56, 83-86, 91, 353

ライブラリースクール（図書館学校）　9-11, 14, 63, 203-205, 211, 232, 938, 979

理科教育振興法　175, 176, 575

ロックフェラー財団　57, 411, 935-937, 940

アルファベット

ALA（アメリカ図書館協会）　5, 9, 21, 203-232, 361, 936

CIE（民間情報教育局）　4-6, 15, 18, 19, 55, 937,

事項索引

938
CIE図書館　5
CILIP（図書館情報専門家協会）　222, 223, 226, 227
CiSAP（アジア太平洋情報学教育研究コンソーシアム）　93, 233
GHQ/SCAP（連合国軍最高司令官総司令部）　4, 6, 9, 936-938
IFEL（教育指導者講習）　6, 15, 18, 19, 159
IFLA（国際図書館連盟）　34, 35, 91, 92
iSchool（インフォメーションスクール, iCaucus, iConference, iSchools）　93, 203-222, 232, 233
JLS（ジャパンライブラリースクール）　12, 56, 58, 92, 934, 937, 938
JICST（日本科学技術情報センター）　22, 30, 943
LIPER（情報専門職の養成に向けた図書館情報学教育体制の再構築に関する総合的研究）　41-45, 91, 117, 135-138, 140, 145, 190, 782-813
NIST（科学技術情報の全国的流通システム）構想　86, 779

1039

《監修者》

根本　彰（ねもと・あきら）**序章**
　　現　在　東京大学大学院教育学研究科教授
　　主　著　『文献世界の構造——書誌コントロール論序説』勁草書房，1989年
　　　　　　『情報基盤としての図書館』勁草書房，2002年
　　　　　　『続・情報基盤としての図書館』勁草書房，2004年
　　　　　　『つながる図書館・博物館・文書館——デジタル化時代の知の基盤づくりへ』（共編著）東京大学出版会，2011年
　　　　　　『理想の図書館とは何か——知の公共性をめぐって』ミネルヴァ書房，2011年
　　　　　　『探究学習と図書館』（編著）学文社，2012年
　　　　　　『図書館情報学基礎』『情報資源の組織化と提供』『情報資源の社会制度と経営』（シリーズ図書館情報学 1 〜 3 ）（編著）東京大学出版会，2013年

《編著者》

中村百合子（なかむら・ゆりこ）**第3章，資料3，資料4，年表**
　　現　在　立教大学学校・社会教育講座准教授
　　主　著　『占領下日本の学校図書館改革——アメリカの学校図書館の受容』慶應義塾大学出版会，2009年

松本直樹（まつもと・なおき）**第2章，資料2，第5章，第6章1，年表**
　　現　在　大妻女子大学社会情報学部准教授
　　主　著　『図書館サービス概論』（現代図書館情報学シリーズ4）（共著）樹村房，2012年

三浦太郎（みうら・たろう）**第4章，資料2，索引**
　　現　在　明治大学文学部准教授
　　主　著　『図書・図書館史』（JLA図書館情報学テキストシリーズⅢ-11）（共著）日本図書館協会，2013年

吉田右子（よしだ・ゆうこ）**第1章，資料1，第7章1，年表**
　　現　在　筑波大学図書館情報メディア系・知的コミュニティ基盤研究センター教授
　　主　著　『メディアとしての図書館——アメリカ公共図書館論の展開』日本図書館協会，2004年

《分担執筆者》

顔　淑娟（いぇん・すーちゅえん）**第4章6，第5章**
　　國史館采集處第四科（推廣科）

今井福司（いまい・ふくじ）**資料3，年表**
　　白百合女子大学文学部共通科目講師

林　炯延（いむ・ひょよん）**第4章5**
　　慶一大学校文献情報学科教授

河村俊太郎（かわむら・しゅんたろう）**第7章1，第8章インタビュー1，インタビュー2**
　　愛知淑徳大学人間情報学部人間情報学科講師

古賀　崇（こが・たかし）**第4章1，第7章1，2**
　　天理大学人間学部総合教育研究センター准教授

曺　慧麟（じょ・へりん）**第4章4**
　　文化体育観光部

高浪雅洋（たかなみ・まさひろ）**第5章，第6章1**
　　東京大学大学院教育学研究科修士課程

高橋恵美子（たかはし・えみこ）**資料3，年表**
　　法政大学キャリアデザイン学部資格課程兼任講師，東京大学大学院教育学研究科博士課程

辰野直子（たつの・なおこ）**第5章**
　　京都大学附属図書館

松田ユリ子（まつだ・ゆりこ）**第6章2**
　　神奈川県立田奈高等学校学校司書，法政大学キャリアデザイン学部資格課程兼任講師，東京大学大学院教育学研究科博士課程

宮原志津子（みやはら・しづこ）**第4章3，第7章1，2，3，第8章インタビュー3，インタビュー4**
　　相模女子大学学芸学部日本語日本文学科講師

安井一徳（やすい・かずのり）**資料1，第7章1**
　　国立国会図書館（会計検査院に出向中）

若山勇人（わかやま・はやと）**第5章**
　　東京大学附属図書館

Kaori Richards（かおり・りちゃーず）**第4章2**
　　元シェフィールド大学非常勤講師

インタビュー協力
金　容媛（きむ・よんうぉん／駿河台大学）
長塚　隆（ながつか・たかし／鶴見大学）
村主朋英（むらぬし・ともひで／愛知淑徳大学）

資料入力（資料3，資料4）
湯本優希（ゆもと・ゆき／立教大学大学院文学研究科日本文学専攻博士課程後期課程）

図書館情報学教育の戦後史
──資料が語る専門職養成制度の展開──

2015年3月30日　初版第1刷発行　　　　　〈検印省略〉

価格はカバーに
表示しています

監修者　根　本　　　彰

編著者　中　村　百合子
　　　　松　本　直　樹
　　　　三　浦　太　郎
　　　　吉　田　右　子

発行者　杉　田　啓　三
印刷者　藤　森　英　夫

発行所　株式会社　ミネルヴァ書房
607-8494　京都市山科区日ノ岡堤谷町1
電話代表（075）581-5191
振替口座　01020-0-8076

© 根本彰ほか，2015　　　　印刷・製本　亜細亜印刷

ISBN 978-4-623-07212-5
Printed in Japan

理想の図書館とは何か──知の公共性をめぐって
根本 彰 著

四六判・232頁
本体 2500円

実践できる司書教諭を養成するための 学校図書館入門
渡辺暢恵 著

B5判・216頁
本体 2500円

学校司書と先生のための すぐできるブックトーク
──小・中学校・高等学校のわかりやすいシナリオ集
渡辺暢恵・小柳聡美・和田幸子・齋藤洋子 著

B5判・172頁
本体 2200円

シリーズ「自伝」my life my world
情報を読む力，学問する心
長尾 真 著

四六判・332頁
本体 2800円

講座・図書館情報学（全12巻）
山本順一 監修　A5判上製

＊①生涯学習論	前平泰志 監修／渡邊洋子 編著	276頁 本体2800円
②図書館概論	山本順一 著	
＊③図書館制度・経営論	安藤友張 編著	208頁 本体2500円
＊④図書館情報技術論	河島茂生 編著	288頁 本体2800円
⑤図書館サービス概論	小黒浩司 編著	
⑥情報サービス論	高橋 昇 編著	
⑦児童サービス論	塚原 博 著	
⑧情報サービス演習	山田美幸・中山愛理 著	
⑨図書館情報資源概論	郡司良夫 編著	
＊⑩情報資源組織論	志保田務 編著	216頁 本体2600円
⑪情報資源組織演習	竹之内禎・長谷川昭子 共編著	
⑫図書・図書館史	三浦太郎 著	

（＊は既刊）

ミネルヴァ書房
http://www.minervashobo.co.jp/